CONTEÚDO DIGITAL PARA ALUNOS
Cadastre-se e transforme seus estudos em uma experiência única de aprendizado:

1. Entre na página de cadastro:
https://sistemas.editoradobrasil.com.br/cadastro

2. Além dos seus dados pessoais e dos dados de sua escola, adicione ao cadastro o código do aluno, que garantirá a exclusividade do seu ingresso à plataforma.

1769028A2188135

3. Depois, acesse: **https://leb.editoradobrasil.com.br/**
e navegue pelos conteúdos digitais de sua coleção **:D**

Lembre-se de que esse código, pessoal e intransferível, é valido por um ano. Guarde-o com cuidado, pois é a única maneira de você acessar os conteúdos da plataforma.

HISTÓRIA
em curso

ENSINO MÉDIO

Marieta de Moraes Ferreira

Doutora em História pela Universidade Federal Fluminense. Professora titular da Universidade Federal do Rio de Janeiro. Coordenadora Nacional do Mestrado Profissional em Ensino de História.

Mariana Guglielmo

Mestre em História pela Universidade Federal Fluminense. Foi professora em escolas do Ensino Básico na rede pública e privada. Professora e pesquisadora na Fundação Getúlio Vargas.

Renato Franco

Doutor em História pela Universidade de São Paulo. Professor do Departamento de História e do Programa de Pós-graduação em História da Universidade Federal Fluminense. Membro do corpo docente do Mestrado Profissional em Ensino de História.

1ª edição

São Paulo – 2016

COMPONENTE CURRICULAR
HISTÓRIA
VOLUME ÚNICO
ENSINO MÉDIO

© Editora do Brasil S.A., 2016
Todos os direitos reservados

Direção geral: Vicente Tortamano Avanso
Direção adjunta: Maria Lúcia Kerr Cavalcante Queiroz

Direção editorial: Cibele Mendes Curto Santos
Gerência editorial: Felipe Ramos Poletti
Supervisão editorial: Erika Caldin
Supervisão de arte, editoração e produção digital: Adelaide Carolina Cerutti
Supervisão de direitos autorais: Marilisa Bertolone Mendes
Supervisão de controle de processos editoriais: Marta Dias Portero
Supervisão de revisão: Dora Helena Feres
Consultoria de iconografia: Tempo Composto Col. de Dados Ltda.
Licenciamentos de textos: Cinthya Utiyama, Paula Harue e Renata Garbellini
Coordenação de produção CPE: Leila P. Jungstedt

Dados Internacionais de Catalogação na Publicação (CIP)
(Câmara Brasileira do Livro, SP, Brasil)

Ferreira, Marieta de Moraes
  História em curso, volume único : ensino médio / Marieta de Moraes Ferreira, Mariana Guglielmo, Renato Franco. – 1. ed. – São Paulo : Editora do Brasil; Rio de Janeiro: Fundação Getúlio Vargas, 2016. – (Série Brasil : ensino médio)

  Componente curricular: História.
  ISBN 978-85-10-06455-2 (aluno)
  ISBN 978-85-10-06456-9 (professor)

  1. História (Ensino médio) I. Guglielmo, Mariana. II. Renato Franco. III. Título. IV. Série.

16-05847   CDD-907

Índice para catálogo sistemático:
  1. História : Ensino médio   907

Reprodução proibida. Art. 184 do Código Penal e Lei n. 9.610 de 19 de fevereiro de 1998.
Todos os direitos reservados

2016
Impresso no Brasil

1ª edição / 6ª impressão, 2024
Impresso na Forma Certa Gráfica Digital

Editora do Brasil

Avenida das Nações Unidas, 12901
Torre Oeste, 20º andar
São Paulo, SP – CEP: 04578-910
Fone: +55 11 3226-0211
www.editoradobrasil.com.br

Concepção, desenvolvimento e produção: Triolet Editorial e Mídias Digitais
Diretora executiva: Angélica Pizzutto Pozzani
Diretor de operações e produção: João Gameiro
Gerente editorial: Denise Pizzutto
Editores de texto: Vanessa Gregorut, Silvia Lakatos, Carlos Eduardo Matos, Paulo Verano
Assistente editorial: Tatiana Pedroso
Preparação e revisão: Amanda Andrade, Carol Gama, Érika Finati, Flávia Venezio, Flávio Frasqueti, Gabriela Damico, Juliana Simões, Leandra Trindade, Mayra Terin, Patrícia Rocco, Regina Elisabete Barbosa, Sirlei Pinochia
Projeto gráfico: Triolet Editorial/Arte
Editora de arte: Ana Onofri
Assistentes de arte: Kauê Mesquita Rodrigues, Beatriz Landiosi (estag.), Lucas Boniceli (estag.)
Ilustradores: Valter Ferrari, Daniel das Neves, Dawidson França, Suryara Bernardi
Cartografia: Allmaps
Iconografia: Pamela Rosa (coord.), Odete Ernestina Pereira, Etoile Shaw, Priscila Ferraz
Tratamento de imagens: Felipe Martins Portella
Capa: Beatriz Marassi
Imagem de capa: Jans Fritz/AGE Fotostock/Easypix Brasil

Imagem de capa:
Monumento Padrão dos Descobrimentos localizado em Lisboa, Portugal.

A Américo Freire, Marly Motta e Dora Rocha, valiosos exemplos de como é vital acreditar em uma obra de qualidade.

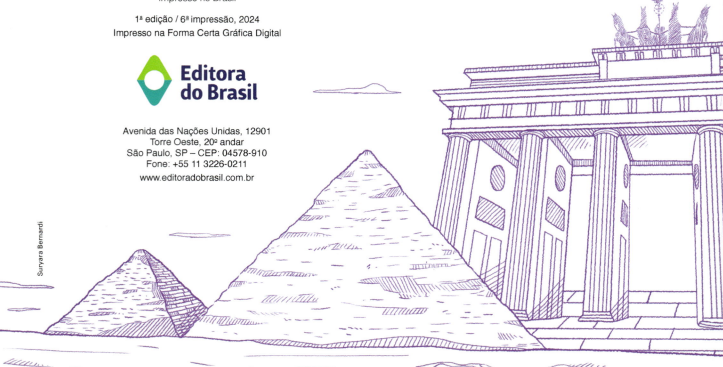

APRESENTAÇÃO

> "Cada estudante precisa se perceber, de fato, como sujeito histórico, e isso só se consegue quando ele se dá conta dos esforços que nossos antepassados fizeram."
>
> **Jaime Pinsky**, historiador

Caro aluno,

Há tempos que o estudo da História não representa apenas a memorização de uma narrativa cronológica repleta de nomes e datas. Apesar disso, você ainda pode se questionar sobre a validade da História ou até mesmo achar que o passado é algo superado. Mas será que é mesmo?

Em toda a coleção, procuramos demonstrar que a História é um conjunto de processos derivado da ação de indivíduos, pessoas como você, sua família ou seu professor, com a única diferença de terem nascido em outras épocas e em outros lugares. Entender esses processos, portanto, é uma maneira de conhecer melhor a experiência humana em toda sua diversidade, desenvolvendo sensibilidade e capacidade analítica que podem nos ajudar a entender nosso próprio mundo.

Temas que nos inquietam atualmente, como a desigualdade social, racial e sexual, ou ainda a corrupção, os problemas ambientais e o extremismo, podem adquirir um novo significado quando lançamos um olhar em direção ao passado. Nesse sentido, o conhecimento histórico vem também carregado de um potencial transformador, pois permite o entendimento e a reflexão da realidade que vivemos e vivenciamos. É somente a partir dessa avaliação dos fatos que desenvolvemos um pensamento crítico e passamos a nos posicionar em relação ao nosso cotidiano, agindo de acordo com nossos valores e nossas convicções. A História revela-se, portanto, um elemento integral do nosso dia a dia, já que é por meio dela que descobrimos como chegamos até aqui. Ora, sendo assim, tanto a História não é ultrapassada como nós somos capazes de interferir nos processos que nos cercam, afinal, somos sujeitos históricos como todos esses que aparecerão nas páginas seguintes e encontram-se dissolvidos em grandes processos, como a formação das primeiras cidades, a Expansão Marítima, a Revolução Francesa, a Independência do Brasil e tantos outros.

Assim, convidamos você a embarcar conosco em uma jornada de exploração desses diversos temas. No caminho, você terá contato com documentos históricos e perceberá suas múltiplas possibilidades de análise, compreenderá um pouco melhor os debates que rondam a nossa disciplina, conhecerá alguns personagens célebres e constatará que a História não caminha só, mas que está em constante diálogo com outros saberes. Esperamos que a sua incursão por esta coleção seja repleta de tudo aquilo que faz uma boa viagem: novidades, aprendizado e muitas histórias para contar!

Os autores

Conheça o livro

Abertura de unidade
Formada por um texto e uma imagem motivadores sobre o tema da unidade.

Construindo o conhecimento
Tem por objetivo iniciar os debates em sala de aula. Seu ponto de partida é o conhecimento prévio dos alunos.

Marcos cronológicos
Têm a função de oferecer uma ferramenta subsidiária para que os estudantes refinem suas concepções de tempo histórico.

Por uma outra perspectiva
Propõe uma abordagem interdisciplinar de um tema estudado no capítulo, enfatizando a importância do cruzamento de saberes.

Glossário
Verbetes que servem para definir ou esclarecer conceitos contidos no texto principal.

Debates historiográficos
Procura demonstrar como a interpretação dos historiadores sobre um determinado tema pode divergir e como os processos históricos constantemente passam por novas releituras.

Saiba Mais
Ao oferecer uma análise mais detida de um tema específico, busca oferecer outro ângulo para a análise do processo histórico, a partir de uma dimensão distinta e complementar.

Atores históricos

A partir dele é possível destacar alguma figura importante para o processo estudado, enfatizando a dimensão humana da história.

História em documento

Permite que se tenha contato com documentos do período estudado para que seja entendido dentro do seu contexto de produção.

Aprofundando o conhecimento

Colocados ao final de cada capítulo, essas atividades buscam estimular o raciocínio crítico e analítico a partir do exame de diferentes fontes.

Organizando as ideias

Atividades que se intercalam com o texto principal e facilitam a sistematização do conteúdo.

Para assistir

Indicação de filmes que estimulam a discussão e a ampliação dos conteúdos abordados no capítulo.

Conecte-se

Atividades que propõem o debate sobre questões atuais por meio das temáticas trabalhadas na unidade com o objetivo de trabalhar a relação entre passado e presente.

Sumário

Introdução ao conhecimento histórico 12

UNIDADE 1   A origem da humanidade

Capítulo 1 De onde viemos? 20
    Teorias sobre a nossa origem 21
    África, berço da humanidade 21
    O povoamento da Terra 23

Capítulo 2 O povoamento da América 27
    As rotas de povoamento da América 28
    Sítios arqueológicos brasileiros 29
    Como viviam os primeiros povoadores da América? 31

UNIDADE 2   Os povos da Antiguidade

Capítulo 3 Os povos do Oriente Próximo 36
    As primeiras civilizações do Oriente Próximo 37
        Sociedades hidráulicas 37
        A civilização mesopotâmica 38
    Egito: uma civilização africana 40
        Política, economia, sociedade e cultura no Egito 40
    Kush, outro império do Nilo 43
    Hebreus, fenícios e persas 45
        Os hebreus e o monoteísmo 45
        Fenícios: comerciantes e navegadores 47
        O poderio dos persas 48

Capítulo 4 As extremidades do mundo: Oriente e Ocidente 51
    O nascimento de culturas milenares 52
        China 52
        Índia 54
    As primeiras civilizações mesoamericanas 56
        Olmecas 56
        Maias 57
        Toltecas 59

Capítulo 5 Grécia Antiga 61
    As origens do mundo grego 62
        Civilização cretense e civilização micênica 62
        Das genos às cidades-Estado 64
    Esparta, uma pólis guerreira 66
    Atenas 66
    O Período Clássico: da Guerra Médica à Guerra do Peloponeso (V a.C.- IV a.C.) 68
    A conquista dos macedônios 69

Capítulo 6 Roma: da formação à construção de um império 72
    Roma: da fundação ao domínio etrusco 73
    Uma nova ordem política: a República Romana 74
        O surgimento de uma nova sociedade e a crise da República 75
    O Segundo Triunvirato e o início do Império 77
    A religião no Império 81
    A crise do Império 83

UNIDADE 3   Idade Média

Capítulo 7 A reorganização do mundo mediterrâneo 90
    As migrações germânicas 92
    O Ocidente latino 93
        Os francos 94
        Os visigodos 95
        O Império Carolíngio no Ocidente 95
    O Império Bizantino 97
    O Islã 98
        A origem 98
        Conquista e expansão territorial 100
        O mundo islâmico 102

Capítulo 8 A Europa do feudalismo 105
    A formação do feudalismo 106
        A segunda onda de migrações na Europa (séculos IX e X) 106
        A fragmentação política e a formação do feudalismo 106
        Senhores e camponeses 108
    As transformações na Igreja 108
        O monaquismo 108
        O papado 109
    A sociedade das três ordens 110
        O surgimento da cavalaria 111
        As Cruzadas: guerras santas 111

Capítulo 9 Expansão, crises e transformações na Baixa Idade Média 115
    Crescimento e transformações no mundo rural 116
        Castelo, aldeia e paróquia 116
    Crescimento e transformações no mundo urbano 118
        As ordens mendicantes no final da Idade Média 119
        As trocas e as transformações na sociedade 120
    Crises e transformações dos séculos XIV e XV 123
        Fome, peste, guerra e desordem social 123
        Dinamismo urbano e afirmação do Estado 125

Capítulo 10 Outras "Idades Médias": África e Ásia entre os séculos V e XV 127
    África 128
        A costa mediterrânea 128
        A expansão do Islã entre os séculos VII e XI 129
    Os grandes reinos e impérios na África subsaariana 131
        Gana 131
        Haussa e Iorubás 132
        Mali 133
        Dinastia almorávida 133
        Congo 134
        O comércio de pessoas escravizadas 135
    Ásia 136
    Os grandes impérios na Ásia 138
        Os mongóis 138
        Os chineses 139

UNIDADE 4   A chegada dos "tempos modernos"

Capítulo 11 Uma nova visão do ser humano 144
    Um novo olhar sobre o mundo: a difusão das ideias humanistas 145

As inovações culturais: o Renascimento nas artes e nas letras 147
O progresso das ciências 149

Capítulo 12 A abertura do mundo (séculos XV e XVI) 153
As motivações da expansão 154
O pioneirismo português 156
A expansão de Castela 159
A América e seus habitantes 161
Dois impérios centralizados 162
A América, entre a fantasia e a realidade 165
Humanismo e América 166
Contatos, colonização e conversão 167

Capítulo 13 O tempo das reformas religiosas 170
O advento das reformas protestantes 171
Os antecedentes das reformas 171
A quebra da unidade cristã: Lutero e a salvação pela fé 172
A difusão de novas correntes protestantes 175
O calvinismo e a teoria da predestinação 175
Um rei reformista: o anglicanismo de Henrique VIII 176
A Reforma Católica: a reação da Igreja Romana e o Concílio de Trento 178
As inquisições 179
A cristandade dividida 182

Capítulo 14 O fortalecimento dos Estados monárquicos 185
A lenta formação dos Estados modernos 186
As rupturas do pensamento político 188
As aspirações absolutistas 191
Ascensão e decadência da monarquia hispânica 191
O esplendor francês 194
Inglaterra: a ascensão do Parlamento 198
A tentação absolutista da dinastia Stuart 198
As revoluções inglesas 199

UNIDADE 5 O mundo atlântico

Capítulo 15 Indígenas, prata e espanhóis no Novo Mundo 206
A conquista espanhola e a colonização da América 207
O Caribe (1492-1519) 207
A conquista dos impérios Asteca e Inca 209
A organização do sistema colonial 212
A mão de obra na América espanhola 212
A administração imperial 214
Autonomia e desenvolvimento no século XVII 215
Economia e poder 215
Sociedades mestiças 216

Capítulo 16 A formação da América portuguesa 219
A apropriação do espaço 220
De Terra de Santa Cruz a Brasil 220
A ocupação do território 222

Aliados e inimigos: as sociedades tupis e a invasão portuguesa 224
Projetos espirituais para a América 226
O padroado e as estruturas da Igreja 226
Jesuítas, indígenas e escravidão 228

Capítulo 17 "Quem diz Brasil diz açúcar?" 233
A economia colonial 234
O sucesso comercial da cana-de-açúcar 234
Escravização de indígenas e de africanos 237
Escavidão e liberdade 239
Sociedades escravistas coloniais 239
Fugir e resistir 240
Para além do açúcar 242
O mercado interno e outros mercados 242
Os paulistas e a escravização dos indígenas 243
O Norte 244

Capítulo 18 Ingleses, franceses e holandeses no processo de expansão europeia 247
A emergência das potências do Norte europeu 248
Os modelos mercantilistas 248
O avanço da Inglaterra e da França 249
A quebra do monopólio ibérico na América 251
Inglaterra: tabaco e puritanismo 251
França: indígenas e peles 253
Holanda: açúcar e comércio 254
Novos atores no Caribe 258

Capítulo 19 A África na formação do mundo atlântico 262
O escravismo como sistema econômico mundial 263
Escravização e tráfico 263
Congo: um reino católico na África Subsaariana 266
Angola: o estabelecimento de uma colônia portuguesa na África Central 268
O Golfo do Benim: comércio atlântico como instrumento de poder 269

UNIDADE 6 O século XVIII: crescimento e transformação

Capítulo 20 Ataques às formas tradicionais de pensamento: a formação da ciência moderna e o Iluminismo 276
Novas formas de pensar o mundo 277
A eclosão das Luzes 280
O surgimento de uma esfera pública 282
A economia política iluminista 284
A tendência na contramão: o absolutismo ilustrado 285
O caso ibérico: Espanha e Portugal 287

Capítulo 21 América dourada 292
As transformações do Império Português 293
A restauração portuguesa e os impactos no Império 293
Da Ásia para a América 294
O novo Eldorado 295
A corrida do ouro 295

Fome e desordem 295
A institucionalização do poder régio 298
A economia das Minas: integração da América
    portuguesa e consolidação de um mercado
    interno 300
Redesenhando a América portuguesa 301
    A expansão para o interior 301
    A administração pombalina e a reorganização do
        Império Português 302

Capítulo 22 A vida social na América portuguesa 305
Uma Babel nos trópicos 306
    Sociedades idealmente aristocráticas 306
    Além das sociedades patriarcais 307
Diferentes formas de ocupação do espaço 309
Sociabilidades e religiosidade popular 310
    Rituais e devoção na América portuguesa 310
    Sociedades católicas e mestiças 312

Capítulo 23 Motores da mudança: o nascimento das
    sociedades industriais 315
Os primeiros tempos da industrialização 316
As consequências do desenvolvimento industrial 319
    Uma revolução social 319
    O crescimento urbano 322
A expansão desigual do comércio mundial 322

UNIDADE 7 A crise do Antigo Regime nos dois lados do Atlântico

Capítulo 24 A Revolução Americana 328
Antecedentes 329
A Guerra dos Sete Anos e suas consequências 329
Da Revolta à Revolução 331
Da Independência à Constituição 333
    A construção de uma nação e a formação de um
        Estado Nacional 334

Capítulo 25 A Revolução Francesa 338
As origens da Revolução 339
    A sociedade francesa às vésperas de 1789 339
    O estopim 340
    A monarquia regenerada 342
O fim da Monarquia e o nascimento da República 344
    Uma segunda revolução 344
    O nascimento da República (1791-1793) 345
O governo revolucionário (1793-1795) 347
O Diretório: governo dos melhores (1795-1799) 348
A ascensão de Napoleão Bonaparte 349
    O Consulado (1799-1804) 349
    O período imperial e a conquista da Europa 351
A Revolução Francesa e seus reflexos 351
    A escola da Revolução 351
    Da colônia de São Domingos ao Haiti (1789-1793) ... 352
A Europa contra a França: a queda de Napoleão 353

Capítulo 26 Entre mares revoltos: a Corte
    portuguesa rumo ao Novo Mundo 356

A Viradeira 357
Conspirações na colônia: a contestação de
    elementos do Antigo Regime 357
    Interesses locais × interesses metropolitanos 357
    A Conjuração Mineira 358
    Conversas perigosas no Rio de Janeiro 359
    Insatisfação e sedição na Bahia 360
Rumo ao Novo Mundo: a Corte portuguesa no Brasil ... 361
    O contexto internacional 361
    Um império em solo americano 362
    A elevação do Brasil a Reino Unido 364
    Pernambuco insurgente 366

Capítulo 27 As independências da América
    espanhola 368
A crise da monarquia espanhola 369
Guerras civis e guerras de independência 370
O caso do Rio da Prata 370
    San Martín: independência do Chile e do Peru 372
Simón Bolívar e o sonho unificador da
    Grã-Colômbia 373
Nova Espanha: a religião como condutora da
    emancipação 377
O pós-independência 378

UNIDADE 8 A força da tradição

Capítulo 28 A Europa no século XIX: a emergência do
    conservadorismo e suas transformações 384
O Congresso de Viena e a Santa Aliança 385
    O retorno da velha ordem 385
A reação ao tradicionalismo 386
    As revoltas liberais de 1820 e 1830 386
Os movimentos de 1848: a Primavera dos Povos 388
Itália, Alemanha e Rússia 390
    Itália: a unificação em três atos 390
    Alemanha: a união através da força econômica 392
    Rússia: uma monarquia na contramão 393
Construir a nação, formar os cidadãos 394
    A língua e o ensino como fatores de integração ... 394

Capítulo 29 A formação dos Estados hispano-
    -americanos 397
As vicissitudes do século XIX 398
    Um panorama geral 398
Análise de casos 399
    Paraguai e Uruguai 399
    As Províncias Unidas do Prata 400
    México 401
    Chile: na contramão da instabilidade 403
O triunfo do liberalismo 405

Capítulo 30 Da independência à construção de um
    império do Brasil 409
Uma revolução constitucionalista em Portugal e a
    emancipação política do Brasil 410
A Constituição de 1824 412
    Os conflitos separatistas 413

A crise do império e a abdicação de Dom Pedro I 415
    O imperador menino e os regentes 416
Revoltas Regenciais 418
    Guerra dos Cabanos 418
    Cabanagem 418
    Balaiada 418
    Revolução Farroupilha 420
    Sabinada 421
A ação do Regresso 421

Capítulo 31 O Segundo Reinado no Brasil: anos de apogeu e ruptura 424

O processo político e a formação da economia cafeeira 425
    Expansão cafeeira (século XIX) 426
    Produção brasileira – produção mundial de café 427
    O café e a expansão da rede ferroviária 427
    Expansão e diversificação econômica: nem só do café vivia o Brasil 428
A extinção do tráfico negreiro 429
    Imigração e colonização 430
A Guerra do Paraguai 431
Mudanças sociais e republicanismo 433
O movimento abolicionista 434
O desgaste da Monarquia e o fim do Império 437

UNIDADE 9 OS LIMITES DO PROGRESSO

Capítulo 32 Os Estados Unidos no século XIX: guerra e expansão 444

Uma nação dividida 445
    A polarização do novo país: federalistas × republicanos-democratas 445
    Guerra contra a Grã-Bretanha 446
Crescimento territorial e expansão econômica 447
    O aprofundamento das diferenças 448
    Rumo à ruptura 449
A Guerra Civil (1861-1865) 451
A Reconstrução 452
    Prosperidade para poucos 453

Capítulo 33 A Segunda Revolução Industrial e o neocolonialismo 456

Economia em mudança 457
    A Segunda Revolução Industrial 457
    A formação dos impérios coloniais 460
A intensificação da exploração: a penetração do colonialismo na Ásia 461
    O caso japonês: de dominado a dominador 463
África: um continente cobiçado 464
    Conquista e partilha 464
    Ocupação, administração e resistência 465
O imperialismo na América Latina 466
    Intervenções e hegemonia estadunidenses 466
O legado imperial 468

Capítulo 34 A construção da República 470

Golpe militar e formação do governo (1889-1894) 471
    O estabelecimento de uma nova Constituição ... 471
    As vertentes republicanas e a instabilidade política 472
A República Oligárquica 474
    Consolidando o funcionamento de um sistema político 474
    Política externa 477
A economia da Primeira República 478
    O café e suas crises 478
    A borracha brasileira e sua crescente importância 479
Urbanização, industrialização e seus aspectos sociais 480
    O crescimento industrial 480
    Condições de vida e trabalho nas cidades 481
    Lutas urbanas 483

UNIDADE 10 O globo em chamas

Capítulo 35 A Primeira Guerra Mundial 490

Uma engrenagem fatal 491
    Os Bálcãs e a questão do nacionalismo 492
Guerra total 494
    O desenvolvimento da guerra e suas diversas frentes ... 494
    A guerra no mar e o desfecho do conflito 496
As consequências da Primeira Guerra Mundial 497
    Uma paz impiedosa com os vencidos 497
    Sociedades transformadas 499

Capítulo 36 As revoluções russas de 1917 e a formação da União Soviética 503

O processo revolucionário 504
    Uma monarquia em agonia e a experiência constitucional 504
    A Rússia na Grande Guerra 506
As revoluções de 1917 507
    A Revolução de Fevereiro 507
    A queda do Governo Provisório 508
A fundação de um governo bolchevique 510
    A guerra civil 510
    Do comunismo de guerra à NEP: economia aberta, política fechada 511
A grande virada de Stálin 513
    A planificação econômica e o terror 513

Capítulo 37 O entreguerras e a crise de 1929 517

O pós-guerra 518
    Uma aparente estabilização 518
    As mudanças sociais e culturais 519
Uma nova era: os loucos anos 1920 e as mudanças na sociedade dos Estados Unidos 521
    Intolerância e prosperidade material 521
O *crash* da Bolsa de Nova York 523
    A Grande Depressão 523
    A experiência do *New Deal* 524

Capítulo 38 A República brasileira em transformação ... 526
- Transformações sociais e econômicas do pós-Primeira Guerra Mundial ... 527
  - O ciclo de greves de 1917 a 1920 ... 527
  - O Partido Comunista do Brasil e o movimento operário ... 528
- Modernização e modernismos ... 529
  - A Exposição Internacional do Centenário da Independência e a Semana de Arte Moderna de 1922 ... 530
- A Reação Republicana ... 531
- O Tenentismo ... 531
  - As "Cartas Falsas" e os "18 do Forte de Copacabana" ... 531
  - A Revolução de 1924 e a Coluna Prestes ... 532
- O governo de Washington Luís e as dissidências oligárquicas ... 532
  - A eleição e a Revolução de 1930 ... 533

Capítulo 39 A ascensão do fascismo e do nazismo ... 536
- Um panorama europeu no pós-guerra ... 537
- A Itália fascista ... 538
  - A ascensão de Mussolini ... 538
  - Da ditadura ao Estado fascista ... 539
- A Alemanha nazista ... 541
  - A frágil República de Weimar ... 541
  - De chanceler a *Führer* ... 544
  - O Terceiro *Reich* ... 546
- A Guerra Civil Espanhola ... 548
- A marcha para o conflito mundial ... 550

Capítulo 40 A Segunda Guerra Mundial (1939-1945) ... 553
- As conquistas do Eixo (1939-1942) ... 554
  - A guerra-relâmpago ... 554
  - A mundialização da guerra ... 556
- A vida nos territórios ocupados pelo Eixo ... 557
  - A "nova ordem" ... 557
  - O Holocausto ... 558
  - As resistências ... 559
- A vitória dos Aliados (1942-1945) ... 559
  - Os Aliados em vantagem ... 559
  - A libertação da Europa ... 560
  - O fim da guerra no Pacífico ... 562
- O difícil retorno à paz ... 563
  - Reorganizando o mundo ... 563
  - A herança de um conflito ... 563

Capítulo 41 Modernização, lutas sociais e populismo na América Latina ... 566
- A inserção no mercado mundial e as transformações sociais ... 567
- Revolução Mexicana: "Terra e Liberdade" ... 567
- Da Primeira Guerra Mundial à Grande Depressão ... 571
- Argentina: a crise da oligarquia ... 572
- México: o aprofundamento das transformações ... 573
- Argentina: os trabalhadores e a política ... 575

Capítulo 42 A Era Vargas (1930-1945) ... 579
- A Revolução de 1930 e a modernização da sociedade brasileira ... 580
  - Diversificação econômica e política industrializante ... 580
  - O Ministério da Revolução e a legislação trabalhista ... 581
  - O Ministério da Educação e Saúde (MES) e a política cultural ... 582
- O Governo Provisório ... 583
  - A Revolução Constitucionalista de 1932 ... 584
- A Constituição de 1934 e o acirramento dos confrontos ... 586
  - Ação Integralista Brasileira (AIB) e Aliança Nacional Libertadora (ANL) ... 586
- O Estado Novo e o projeto autoritário ... 588
  - Departamento de Imprensa e Propaganda (DIP) ... 589
- O Brasil na Segunda Guerra Mundial (1939-1945) ... 590
  - Uma diplomacia ambígua ... 590
  - 1942: a oficialização do alinhamento ao bloco dos Aliados e a política interna ... 591

UNIDADE 11 Mundos em conflito

Capítulo 43 Guerra Fria: a Europa do pós-guerra e o confronto entre EUA e URSS ... 598
- Um planeta dividido ... 599
  - Um mundo bipolar: políticas de contenção e zonas de influência ... 599
  - A Alemanha ... 600
- O risco de guerra nuclear e a *détente* ... 602
  - Cuba e a crise dos mísseis ... 602
- A "Era de Ouro" ... 603
  - Um crescimento excepcional ... 603
  - A Europa rumo à unificação ... 604
  - Cultura e Guerra Fria ... 606

Capítulo 44 O "socialismo real" ... 609
- A URSS, de Stálin a Brejnev (1945-1982) ... 610
  - O stalinismo e a Europa oriental no pós-guerra ... 610
  - O "degelo" (1953-1964) ... 611
  - A Era Brejnev (1964-1983) ... 612
- A China comunista (1949-1980) ... 614
  - Do Império à República ... 614
  - A Guerra Sino-Japonesa, a República Popular da China e a geopolítica do Sudeste Asiático ... 616
  - O Plano Quinquenal e o Grande Salto para Frente ... 617
  - A Revolução Cultural e a abertura do PCC ... 618

Capítulo 45 A formação de novas nações ... 620
- A descolonização da Ásia ... 621
  - A independência da Índia ... 621
  - A Guerra do Vietnã e o Sudeste Asiático ... 623
- A descolonização da África ... 625
- A questão do Oriente Médio ... 628
  - O Oriente Médio e a "paz" com Israel ... 629
  - A Guerra dos Seis Dias e a política israelense ... 630

Capítulo 46 A experiência democrática (1945-1964) 632
   A dissolução do Estado Novo e o início da abertura política 633
      A reorganização do sistema político brasileiro 634
      O movimento queremista e as eleições presidenciais 636
   Os governos do período democrático 636
      O governo Dutra 636
      O segundo governo Vargas 638
      O nacional-desenvolvimentismo de Juscelino Kubitschek 640
      O governo Jânio Quadros 642
      O governo João Goulart 644
   O golpe de 1964 646

Capítulo 47 Modernização e repressão: o Brasil no tempo da ditadura (1964-1985) 649
   "Brasil: ame-o ou deixe-o!" 650
      O governo militar e a legislação autoritária 650
   "É proibido proibir!" 652
      Anos de Chumbo 652
      A luta armada 653
      A resistência cultural 653
      A voz e o voto 654
   O "Brasil Grande" 654
      Do ajuste ao "milagre econômico" 654
   A abertura política 657
      Os caminhos da distensão 657
      O novo sindicalismo 657
      Anistia, partidos e eleições 659

Capítulo 48 O tempo do condor: ditaduras militares na América Latina 662
   América para os (norte-) americanos 663
      Os EUA e as ditaduras de Segurança Nacional 663
   A "República das bananas" 665
      A Guatemala contra a CIA 665
   O terror mora ao sul 666
      Argentina: muitos golpes e duas ditaduras "permanentes" 666
   O céu não é azul para todos 668
      O Uruguai e o autogolpe de Bordaberry 668
   O último avanço do condor 670
      Chile: uma transição frustrada para o socialismo 670

UNIDADE 12   Tempo de mudanças

Capítulo 49 Da Guerra Fria ao mundo globalizado 676
   A crise econômica dos anos 1970 e a Terceira Revolução Industrial 677
      A Terceira Revolução Industrial 678
   O fim do bloco soviético e da Guerra Fria 680
      A *perestroika* e a *glasnost* 681
      O fim do comunismo no Leste Europeu e na União Soviética 682
   A ascensão do neoliberalismo e a Nova Ordem Mundial 683
   A Nova Ordem Mundial 684
   A Organização Mundial do Comércio (OMC) e os movimentos antiglobalização 686

Capítulo 50 A ascensão asiática: um desafio à hegemonia do Ocidente? 689
   Japão: renascimento e preeminência 690
      A ocupação americana (1945-1952) 690
      O milagre japonês (1952-1989) 691
      Estagnação 692
   Os Tigres Asiáticos: da pobreza à prosperidade 692
      Transformações políticas (1945-1965) 692
      Rumo ao desenvolvimento (1961-1997) 693
      Abertura política 694
   China: "não importa se o gato é branco ou preto, desde que cace ratos" 694
      O início das reformas (1976-1984) 694
      Dificuldades (1985-1992) 695
      Rumo ao topo? 696
   Índia: desenvolvimento em meio ao subdesenvolvimento 697
      Dinastia e democracia (1975-1991) 697
      Crescimento e pobreza 698

Capítulo 51 A Nova República: avanços da democracia brasileira e seus obstáculos 701
   "Que país é esse?" 702
      O governo Sarney: o desafio da inflação e as reformas institucionais 702
      Os escândalos de corrupção 704
   Collor, Itamar e a abertura econômica 705
   Estabilização econômica e permanência das desigualdades 706
      O governo FHC 706
   Entre o medo e a esperança 708
      Lula e o lulismo: conciliação de interesses e crescimento econômico 708
   Caminhos abertos, futuro incerto 710
      O governo Dilma: crise econômica e tensões políticas 710

Capítulo 52 O novo milênio e os conflitos contemporâneos 714
   "Guerra ao Terror" 715
      A expansão da *jihad* pelo mundo (1979-2001) 715
      "Eles odeiam nossas liberdades" (2001-2003) 716
   A ocupação do Afeganistão e do Iraque (2001-2014) e o terrorismo internacional 717
   O mundo árabe em ebulição 717
      Israelenses e palestinos: um conflito interminável? 717
      Primavera e Inverno 718
   Globalização e crise 720
      Um mundo cada vez mais conectado (2000-2007) 720
      O retorno da depressão 722
      Países emergentes? 723
      Mudanças climáticas 725

Bibliografia 730

INTRODUÇÃO AO CONHECIMENTO HISTÓRICO

Plano da introdução
- O que é História?
- A Antiguidade e a História
- A concepção moderna de História
- Afinal, o que é História?
- Um trabalho construído com base em vestígios
- A "ciência dos homens no tempo"
- Períodos históricos
- Os calendários

O que é História?

Mito e história

Nas sociedades antigas, os povos costumavam explicar sua origem e contar os grandes eventos de sua história por meio de uma narrativa fantástica, o **mito**, que reunia acontecimentos comprovados ou não e podia misturar realidade e ficção.

Assim, os mitos podem ser de origem (do Universo, de uma nação, de um povo) ou de destruição, e podem envolver profecias e personagens imaginários. Não têm, portanto, compromisso com a realidade, carregando sempre grande dose de imaginação.

Os mitos mais conhecidos até hoje são os que se relacionam à cultura grega, como a Ilíada e a Odisseia, atribuídos ao poeta Homero, e o da fundação da cidade de Roma. Porém, as narrativas míticas não pertencem apenas ao mundo greco-romano: existem diversos mitos relacionados à cultura dos povos indígenas brasileiros e de todo o continente americano, bem como à dos povos africanos e asiáticos.

E qual seria a diferença entre mito e história? Apesar de história e mito serem narrativas, há diferenças fundamentais entre o que configura o mito e o que passou a se entender como história na Grécia Antiga. Uma dessas diferenças é fundamental para os historiadores: ao contrário do mito, a história é escrita a partir de fatos. Foi o grego Heródoto quem fez pela primeira vez o exercício de abandonar, em parte, a narrativa fantástica para escrever com base em fatos que tinham localização no tempo e no espaço.

A Antiguidade e a História

O gênero narrativa histórica teve continuidade pelas mãos de outro grego, Tucídides, que viveu entre 460 a.C. e 396 a.C. Sua história da Guerra do Peloponeso descreve o conflito entre a Liga do Peloponeso (liderada por Esparta) e a Liga de Delos (liderada por Atenas), entre 431 a.C. e 404 a.C. Tucídides foi um general ateniense que serviu na guerra, e, portanto, vivenciou os acontecimentos que registrou.

Na Antiguidade clássica, a história recente era o foco central dos historiadores. A ideia de que o relato dos acontecimentos seria, antes de tudo, útil para os seres humanos, uma vez que teriam uma natureza imutável, é bem sintetizada por Cícero (106 a.C.-43 a.C.), em uma conhecida sentença: *Historia magistra vitae est* ("A História é a mestra da vida"). Assim, havia a noção de que o passado deveria servir de exemplo para o futuro, o que constituiu a base das narrativas históricas até o final do século XVIII.

Representação de uma das cenas da Guerra de Troia, narrada na Ilíada. Nessa imagem, Aquiles faz uma emboscada para o príncipe troiano Troilos em uma fonte. Pintura feita em um copo, cerca de 155 a.C.

Museu do Louvre, Paris/Foto: Ulstein Bild/Easypix Brasil

12 Introdução ao conhecimento histórico

Um mito indígena

O nheengatu, língua derivada do tronco tupi, ainda hoje é falado por povos indígenas da região amazônica. O trecho a seguir apresenta um dos vários mitos indígenas sobre a criação do mundo. Observe que a narrativa, assim como a de outros textos mitológicos, não estabelece temporalidade. A tradição dispensa qualquer necessidade de comprovação.

No princípio, contam, havia só água, céu.

Tudo era vazio, tudo noite grande.

Um dia, contam, Tupana desceu de cima no meio de vento grande; quando já queria encostar na água saiu do fundo uma terra pequena, pisou nela.

Nesse momento, Sol apareceu no tronco do céu, Tupana olhou para ele. Quando Sol chegou no meio do céu, seu calor rachou a pele de Tupana, a pele de Tupana começou logo a escorregar pelas pernas dele abaixo. Quando Sol ia desaparecer para o outro lado do céu, a pele de Tupana caiu do corpo dele, estendeu-se por cima da água para já ficar terra grande.

No outro Sol [no dia seguinte] já havia terra, ainda não havia gente. Quando Sol chegou no meio do céu, Tupana pegou em uma mão cheia de terra, amassou-a bem, depois fez uma figura de gente, soprou-lho no nariz, deixou no chão. Essa figura de gente começou a engatinhar, não comia, não chorava, rolava à toa pelo chão. Ela foi crescendo, ficou grande como Tupana, ainda não sabia falar.

Tupana ao vê-lo já grande soprou fumaça dentro da boca dele, então começou já querendo falar. No outro dia Tupana soprou também na boca dele, já então, contam, ele falou. Ele falou assim:

– Como tudo é bonito para mim! Aqui está água com que hei de esfriar minha sede. Ali está fogo do céu com que hei de aquecer meu corpo quando ele estiver frio. Eu hei de brincar com água, hei de correr por cima da terra, como o fogo do céu está no alto hei de falar com ele aqui de baixo.

Tupana, contam, estava junto dele, ele não viu Tupana.

Noite veio, Lua apareceu no tronco do céu, ele a viu, disse:

– Que fogo é aquele? Chama dele não aquece, não alumia, é fria como água.

Ele via a água, a terra, o céu, o Sol, a Lua, a noite, não via Tupana que estava junto dele. Ele corria, tomava banho, falava com o Sol, com a Lua, eles não respondiam.

Um dia, quando Sol já ia dormir, ele sentou-se, olhando direto para a Lua. Quando noite chegou, quando Lua alumiava já bonito, pareceu-lhe ouvir para a banda do céu barulhar alguma coisa. Ele escutou bem, ouviu uma cantiga. Sentiu alegre seu coração, cantou também.

Ele calou-se quando o dia já vinha vermelho.

Enquanto ele cantava olhando para o céu, Tupana estava fazendo as plantas. Quando noite desapareceu, Sol mostrou tudo a seus olhos, ele disse:

– Ah! Como tudo que eu vejo é bonito! [...]

CASCUDO, Luiz da Câmara. *Antologia do folclore brasileiro*. São Paulo: Livraria Martins Editora, [s.d.]. p. 377-386.

Com o advento do cristianismo, manteve-se esse direcionamento na escrita da História. No entanto, diferentemente da Antiguidade, em que a História era vista como uma possibilidade de evitar erros – pois as ações humanas se repetiriam de tempos em tempos –, na Era Cristã prevaleceu o aspecto religioso das narrativas históricas. Assim, os exemplos fornecidos pela História não tinham somente um caráter preventivo, mas também moralizante. Os textos sagrados ganharam maior importância – caso um relato não pudesse ser comprovado por alguém que vivenciou aqueles momentos, era validado pela Igreja e pela fé. Essa concepção da História permaneceu durante toda a Idade Média, estendendo-se até o advento do Iluminismo.

Introdução ao conhecimento histórico

No Iluminismo, a História passou a ser concebida de acordo com os conceitos de civilização e progresso, que estavam em pauta entre os estudiosos da época. Pensadores como Voltaire (1694-1778), Kant (1724-1804) e Condorcet (1743-1794) acreditavam na "evolução" da humanidade em direção a um estado ideal.

A concepção moderna de História

Foi a Revolução Francesa, ocorrida em 1789, a grande responsável por alterar os rumos da escrita da História. Além de uma ruptura do ponto de vista social, econômico e político, houve uma transformação no modo de perceber o mundo. As agitações sociais do fim do século XVIII não ficaram reduzidas à França e, em um curto espaço de tempo, questões levantadas pela Revolução espalharam-se por diversos lugares. A "ordem natural das coisas" era cada vez mais questionada, e a propagação de valores universais – igualdade, liberdade e fraternidade – representou a falência do Antigo Regime.

Aliado a essas mudanças, teve início o processo de industrialização, que acelerou o ritmo de vida das pessoas. As cidades começaram a receber homens, mulheres e crianças que, vindos do campo, procuravam se estabelecer nos grandes centros. Esse conjunto de acontecimentos afetou profundamente o modo de se ver a História. Afinal, se havia um alto grau de previsibilidade nas ações humanas, como explicar as mudanças inéditas que ocorriam no final do século XVIII? O esforço para compreender a Revolução Francesa e suas consequências ocupou boa parte da intelectualidade europeia no século XIX. Diante dos acontecimentos, o conjunto das ações humanas passou a ser visto de outra maneira: o passado deixava de ser apenas um repositório de ações exemplares para ser compreendido em sua singularidade histórica.

Embora a Revolução Francesa tenha significado uma mudança de paradigma na forma de se perceber o tempo e a História, a importância do conhecimento histórico ainda era bem incipiente no fim do século XVIII. O saber histórico era uma subárea das humanidades, ou seja, ainda não se constituía em um conhecimento específico, dotado de regras próprias e com profissionais especializados. Foi no século XIX, com a consolidação de instituições laicas e o advento do nacionalismo, que a História passou a ocupar um lugar de maior importância como uma área de conhecimento.

Afinal, o que é História?

A palavra "história" tem três significados fundamentais:

- Em primeiro lugar, é o nome dado a uma disciplina que analisa os acontecimentos do passado, com base em conhecimentos específicos e em regras próprias. Para diferenciar este dos outros significados, muitos historiadores, quando se referem à disciplina, escrevem a palavra com a letra inicial maiúscula: História.

- A palavra "história" também designa a matéria-prima de análise dos historiadores, ou seja, tudo aquilo que já ocorreu; as ações dos indivíduos no tempo. É preciso cuidado ao diferenciar a primeira e a segunda noção: a História, organizada pelos historiadores, não corresponde à totalidade da história da humanidade, porque esta é irrecuperável em seu conjunto. Os historiadores, com base em vestígios do passado, recuperam aspectos da história da humanidade.

- O termo "história" pode ter ainda um terceiro sentido, que é o da narrativa. Narrar um acontecimento, verdadeiro ou falso, é contar uma história.

Não há um conceito único de história, tampouco uma definição que abarque todos os sentidos que a palavra pode assumir. O importante é estabelecer a distinção fundamental entre história como disciplina e área do conhecimento – com técnicas e métodos próprios – e as outras concepções. Para facilitar essa diferenciação, pode-se afirmar que, apesar de todos terem história, nem todos são historiadores.

Na imagem, a representação de um dos momentos mais simbólicos da Revolução Francesa: a tomada da Bastilha e a prisão do marquês de Launay, que era governador do local, em 14 de julho de 1798. Autoria anônima, obra produzida entre 1789 e 1799.

Museu Nacional do Palácio de Versalhes e Trianon, Versalhes

Um trabalho construído com base em vestígios

O trabalho do historiador se faz por meio de fontes, que são basicamente os vestígios deixados pelos homens ao longo de sua existência. Sem fontes não há história. Elas podem ter as mais distintas origens e cada uma, à sua maneira, evidencia aspectos que nos levam a conhecer elementos do passado. É por meio desses vestígios que os historiadores reconstroem os fatos e descrevem determinado acontecimento do passado.

> O objeto da história é por natureza o homem. Melhor: os homens. Mais do que o singular, favorável à abstração, convém a uma ciência da diversidade o plural, que é o modo gramatical da relatividade [...]. O bom historiador, esse, assemelha-se ao monstro da lenda. Onde farejar carne humana é que está a sua caça. [...] Ciência dos homens, dissemos nós. É ainda muito vago. Temos de acrescentar: dos homens no tempo. O historiador não pensa apenas o humano. A atmosfera em que o seu pensamento respira naturalmente é a categoria da duração.
>
> BLOCH, Marc. *Introdução à História*. Lisboa: Europa América, 1965. p. 28.

No trecho, o historiador Marc Bloch define o objeto principal da História: o ser humano. Entretanto, como o próprio autor salientou, as pessoas não podem ser entendidas fora da sociedade da qual fazem parte e do tempo em que vivem. Portanto, a História é o estudo das transformações das sociedades humanas ao longo do tempo.

Todo trabalho de História pressupõe, em primeiro lugar, uma delimitação temática (qual é o assunto), temporal (qual é o período) e espacial (qual é a região) do objeto a ser estudado. A partir dessas definições, cabe ao historiador fazer a pesquisa, a seleção e a análise das fontes com as quais ele pretende trabalhar.

Deve-se considerar, porém, que os registros históricos podem trazer uma pluralidade de versões sobre um mesmo fato ou processo, cabendo ao pesquisador analisar o contexto de produção dessas fontes: Por quem elas foram produzidas? Quais são os personagens e interesses relacionados a cada uma delas? Por mais que haja uma grande variedade de fontes disponíveis, elas apenas nos trazem leituras e enfoques parciais do passado, e não uma reconstrução total do que foi vivenciado pelos sujeitos históricos. Por outro lado, o acúmulo de pesquisas permite novas descobertas e abordagens, o que permite que o conhecimento histórico seja constantemente aprimorado.

As diferentes fontes históricas

Para reconstruir as ações dos seres humanos, os pesquisadores recorrem às fontes, ou seja, aos vestígios deixados pelas sociedades do passado: jornais, documentos administrativos, escrituras públicas, pinturas, ferramentas, resquícios de construções, objetos pessoais, entrevistas etc. Todo e qualquer material que esteja marcado pela presença humana pode ser utilizado para construir o conhecimento histórico. A seguir são apresentados alguns deles.

Documentos escritos

Os manuscritos são fontes fundamentais para os historiadores. Esses documentos conservam pistas de como as sociedades se organizavam, como eram as relações e os modos de vida. Como todo documento, esse tipo de fonte não expressa "a verdade", mas fornece dados para a interpretação do historiador sobre determinado período.

Até o início do século XX, os historiadores priorizavam o estudo dos registros escritos, pois consideravam que apenas estes continham a versão correta dos acontecimentos. Além disso, privilegiavam a abordagem de temáticas políticas, legitimando a ideologia dos grupos que estavam no poder, destacando os personagens ilustres e as nações que se consolidavam na época analisada.

Operários trabalham nas escavações dos antigos Cais do Valongo e da Imperatriz, no entorno da área revitalizada do projeto Porto Maravilha, na rua Barão de Tefé, no Rio de Janeiro, em 2011.

Introdução ao conhecimento histórico 15

Na década de 1920, teve início uma grande mudança no processo de construção do saber histórico, com a valorização dos mais diferentes tipos de fontes e com a aproximação da Antropologia, da Sociologia, da Economia e da Psicologia. Os especialistas perceberam que, com a ajuda de outras áreas do conhecimento, o passado da humanidade poderia ser melhor estudado, analisando-se a relação entre os diversos aspectos da vida humana: economia, religião, política e cultura. Os historiadores passaram a estudar não só os homens ilustres e os grandes acontecimentos, mas também o cotidiano das pessoas comuns. Ou seja, o objeto de análise deixou de ser exclusivamente político para abarcar questões culturais, relacionadas ao modo de vida das pessoas: crenças, costumes, festas, alimentação, vestimentas etc.

Vestígios materiais

Ferramentas, arquitetura, fósseis, esculturas, armas e utensílios em geral também são fontes utilizadas pelos pesquisadores para o estudo das sociedades humanas. Elas são fundamentais para a compreensão de culturas que deixaram poucos ou nenhum registro escrito. Logo, esse tipo de fonte constitui a base dos estudos das sociedades ágrafas, ou seja, aquelas que não tinham escrita. Os vestígios materiais, porém, são importantes na análise de qualquer civilização da História, independentemente de haver ou não escrita. No Brasil, por exemplo, **arqueólogos** foram capazes de obter informações importantes sobre o Quilombo de Palmares, existente na Serra da Barriga (Alagoas) durante o século XVII, e sobre o tráfico de escravos no Cais do Valongo (Rio de Janeiro) na primeira metade do século XIX.

Fontes orais

As narrativas e lendas de um povo fazem parte do que costumamos chamar de fontes orais.

As fontes orais são registros que geralmente são passados de geração para geração.

Além dessas histórias tradicionais, aquilo que os parentes contam sobre sua família ou sobre um antepassado também faz parte das fontes orais.

Por meio de entrevistas, por exemplo, podemos saber mais sobre a história de um lugar, de um grupo ou mesmo de um indivíduo.

Arqueólogo: pesquisador que estuda as sociedades do passado por meio de vestígios materiais.

É também por meio dos relatos orais que conseguimos reunir mais informações sobre fatos importantes que já ocorreram. Pessoas que viveram na época de determinado fato podem nos dizer quando ele aconteceu, quem participou, quais foram os motivos, como ele se desenvolveu e como tudo terminou.

Da mesma forma, isso serve para a vida das pessoas: é possível conhecer mais sobre ela conversando com aqueles que a conhecem ou conheceram.

É importante lembrar que esses relatos mostram sempre a visão de quem está contando a história, ou seja, possuem um olhar subjetivo – como o que está presente em todos os tipos de documentos históricos, uma vez que foram produzidos por alguém que está inserido em seu tempo e espaço.

A "ciência dos homens no tempo"

Segundo o historiador francês Marc Bloch, a História é "a ciência dos homens no tempo". Mas, afinal, o que é o tempo? Essa pergunta é feita há séculos por pensadores de diferentes áreas. O tempo é, por excelência, uma invenção humana que procura situar a ação dos indivíduos em uma sucessão diferenciada de acontecimentos. Se todos os dias fossem exatamente iguais, não haveria sentido pensar sobre o tempo. O conceito de tempo existe porque cada dia, para os seres humanos, é diferente de outro: ontem é diferente de hoje, que será diferente de amanhã. Essa é a noção que dá sentido à História, às ações das pessoas, e torna possível localizar os acontecimentos pela perspectiva de presente, passado e futuro.

A natureza, por sua vez, possui um tempo exterior e homogêneo se comparado à temporalidade humana. O tempo da natureza se caracteriza por movimentos que ocorrem de forma repetida e independente. O ciclo da Lua, por exemplo, é regular, ocorrendo sempre da mesma maneira. O tempo humano, por sua vez, não é constante: o dia de hoje não vai se repetir.

Para que possamos medir o tempo, foram criados os calendários. Por meio deles é possível contar, com base no tempo natural (ciclos solar e lunar), a duração das coisas. O calendário permite localizar ações ao longo da existência, seja de pessoas, gerações, culturas, sociedades etc.

Por essa razão, os calendários têm grande importância como fontes de referência. Convém esclarecer, no entanto, que todos eles são convenções sociais e, portanto, não têm valor universal: para os ocidentais, de tradição cristã, o nascimento de Jesus é o marco fundador de uma nova contagem do tempo; para os judeus, o calendário se inicia no Gênesis, que teria ocorrido em 7 de outubro de 3761 a.C.; os muçulmanos, por sua vez, contam o tempo a partir da Hégira, ou seja, da fuga de Maomé de Meca para Medina, em 16 de julho de 622 d.C. É importante lembrar que todas as datas mencionadas correspondem ao calendário cristão.

A maneira como determinada sociedade realiza a contagem do tempo revela muito sobre seu modo de vida. As sociedades urbanas modernas, cada vez mais dinâmicas, organizam-se com base em um rígido controle do tempo; por outro lado, as sociedades amazônicas, por exemplo, vivenciam o tempo de forma bem distinta, embora usem o mesmo calendário. Por isso, é possível dizer que, dentro de uma realidade em análise, existem inúmeras temporalidades. Ou seja, em um mesmo tempo cronológico, como o ano de 2016, há diferentes tempos históricos, como é o caso mencionado acima.

Os calendários

O conceito de tempo é abstrato e de difícil definição. Entretanto, todos nós estamos acostumados a medi-lo de alguma maneira e a notar sua passagem. O tempo, porém, é apreendido de diferentes formas em cada civilização, e o calendário é a maneira mais comum de representá-lo. A divisão do tempo em anos surgiu devido à necessidade das sociedades agrícolas de mensurar a época do plantio e da colheita. Foi por meio da observação das transformações climáticas cíclicas que a passagem do tempo ganhou sentido para os homens. Os calendários baseiam-se, portanto, na observação dos fenômenos naturais, especialmente nos movimentos do Sol e da Lua. A escolha de um ou outro astro como base de observação determina anos de durações ligeiramente distintas: o ano solar possui, por exemplo, 365 dias, enquanto o lunar tem 354 ou 355 dias. Todos os calendários têm seu início marcado por um evento fundamental, como exemplificado anteriormente. Veja a imagem a seguir.

Calendário judaico	Criação do mundo para os hebreus			Dias atuais
	1	3761	4382	5776

Calendário cristão	Antes de Cristo	Nascimento de Cristo	Depois de Cristo	
		1	622	2016

Calendário Islâmico	Antes da fuga de Maomé		Fuga de Maomé para Medina	
			1	1437

Períodos históricos

A História poderia ser dividida de muitas formas, de acordo com as diferentes perspectivas utilizadas para observá-la. Um evento pode ser considerado muito importante para uma população, por exemplo, e não ter relevância alguma para outra comunidade.

Ou seja, estipular os marcos para dividir a História pode ser uma ação influenciada por inúmeros fatores.

E isso não é diferente quando analisamos os períodos em que tradicionalmente costuma-se dividir a História da humanidade: Pré-História, Idade Antiga, Idade Média, Idade Moderna e Idade Contemporânea.

Segundo a convenção ocidental, a Pré-História vai do surgimento do homem à invenção da escrita (4.000 a.C.); a Idade Antiga, da invenção da escrita até a desagregação do Império Romano do Ocidente (476); a Idade Média, do fim do Império Romano do Ocidente até a tomada de Constantinopla pelos turcos (1453); a Idade Moderna, da tomada de Constantinopla até a Revolução Francesa (1789) e a Idade Contemporânea, do fim da Revolução Francesa aos dias atuais.

UNIDADE 1

A ORIGEM DA HUMANIDADE

Ao longo do tempo, formularam-se muitas explicações a respeito do surgimento dos seres humanos e da forma como eles se comportavam ou viviam no passado.

Como não há registros escritos desse período, vestígios como ossos, ferramentas, ruínas e pinturas, encontrados por paleontólogos e arqueólogos, são informações valiosas na tentativa de reconstruir a vida dos primeiros agrupamentos humanos.

Nos últimos 150 anos, informações importantes sobre nossa origem têm sido debatidas por diversos estudiosos. A cada novo fóssil encontrado, as teorias estabelecidas são confirmadas ou modificadas, o que demonstra que o conhecimento histórico e científico está em permanente construção.

Pintura rupestre que pode ser observada na Cova das Mãos (Cueva de las Manos), na província de Santa Cruz, Argentina. Trata-se de um excepcional conjunto de arte rupestre datado entre 13000 e 9500 anos. Leva o nome por causa dos contornos, que se assemelham à técnica do estêncil, usada ainda hoje sobretudo em pinturas artísticas em áreas externas. Contém inúmeras representações de animais e de situações de caça. Os autores das inscrições seriam antepassados de indígenas encontrados por colonos europeus no século XIX. Foto de fevereiro de 2015.

Plano de unidade

▶ **Capítulo 1**
De onde viemos?

▶ **Capítulo 2**
O povoamento da América

CAPÍTULO 1

DE ONDE VIEMOS?

Construindo o conhecimento

- Que tipo de explicações você já ouviu acerca da origem do ser humano?
- Como você acha que os primeiros grupos humanos se organizavam?

Plano de capítulo

▸ Teorias sobre a nossa origem
▸ África, berço da humanidade
▸ O povoamento da Terra

Durante muito tempo, a questão que abre este capítulo consistiu em um mistério para a humanidade. Em meados do século XIX, algumas respostas foram apresentadas: afirmou-se que a vida na Terra surgiu há milhares de anos e que os seres vivos descendem de um mesmo ancestral, originário da África.

De lá para cá, cientistas e pesquisadores de diversas áreas conseguiram recriar de forma geral o ambiente em que viviam nossos ancestrais e delinear o tipo de organização econômica e social que havia.

Neste capítulo veremos como nossos ancestrais, ao longo de milhões de anos, adaptaram-se ao meio e adquiriram diversas habilidades, como a de criar objetos para facilitar as tarefas cotidianas. Todas essas conquistas foram importantes e possibilitaram a vida em grupo das sociedades humanas.

Reconstrução do *Australopithecus afarensis* feita pelo Estúdio Daynes e exposta no Museu Nacional de Antropologia do México. Conhecido por Lucy, esse ancestral humano viveu na savana africana há mais de 3 milhões de anos.

Marcos cronológicos

- Surgimento dos primatas. **c. 60 milhões de anos**
- c. 6 milhões de anos — Aparecimento das primeiras espécies de hominídeos.
- Surgimento do gênero *Homo* e início do Paleolítico. **c. 2 milhões de anos**
- c. 10 mil anos — Início do Neolítico e da revolução agrícola.
- Desenvolvimento das técnicas para utilização dos metais cobre, bronze e ferro. **c. 5 mil anos**

20 · Unidade 1 · A origem da humanidade

Teorias sobre a nossa origem

A origem da humanidade sempre intrigou os estudiosos. Podemos identificar duas correntes de pensamento: a religiosa e a científica.

De modo geral, os relatos religiosos são mitológicos, ou seja, não apresentam localização temporal nem espacial. Muitos povos acreditam que o mundo e os seres humanos surgiram da vontade de uma ou mais divindades, desde os índios tupis-guaranis e diversas etnias africanas até judeus, cristãos, muçulmanos, hinduístas e budistas.

No século XIX, essa visão criacionista foi confrontada por pesquisas científicas. Em 1859, o inglês Charles Darwin (1809-1882) publicou *A origem das espécies*, na qual propôs outra explicação para o desenvolvimento dos seres vivos: todos, inclusive os humanos, seriam resultado da seleção natural e da evolução. Para o naturalista, os organismos vivos derivam de um ancestral comum. Devido a modificações genéticas aleatórias, os seres mais simples evoluíram, tornando-se mais complexos. As modificações benéficas – que auxiliavam a sobrevivência – se disseminaram, uma vez que os organismos que possuíam essas características eram mais adaptados ao meio em que viviam.

Essa teoria evolucionista gerou muitas controvérsias. Foi a partir dela, porém, que arqueólogos, **antropólogos**, **paleontólogos** e outros estudiosos puderam reconstruir a história dos primórdios da humanidade.

Frontispício da edição original do livro *A origem das espécies*, lançado pelo inglês Charles Darwin em 1859. Esta obra foi fundamental para a compreensão da origem da vida na Terra.

ORGANIZANDO AS IDEIAS

1. Explique a diferença entre a teoria darwinista e a teoria religiosa sobre o surgimento da vida e, portanto, do ser humano na Terra.

Para assistir

O elo perdido

França, África do Sul, Inglaterra, 2005, 122 min. Direção de Régis Wargnier.

Filme sobre as discussões científicas e filosóficas travadas no século XIX a respeito da origem do gênero humano.

África, berço da humanidade

A maioria dos cientistas defende a tese de que **símios** e hominídeos tiveram um ancestral comum, mas que entre 7 e 6 milhões de anos os dois gêneros tomaram caminhos evolutivos distintos. Um **fóssil** batizado de Toumai, encontrado em 2002 na África, exemplifica essa teoria.

Toumai apresentava características hominídeas: andava em posição ereta, tinha caninos mais curtos e uma face mais plana. Pesquisadores acreditam que essas mudanças podem estar relacionadas à procura de comida no solo, onde o **bipedismo** era mais eficiente. As mudanças climáticas aceleraram a transformação: há cerca de 2,8 milhões de anos, o fenômeno da glaciação baixaria a temperatura da Terra e faria com que o continente africano se tornasse mais árido, o que diminuiu o número de árvores.

A família dos hominídeos dividiu-se em diversos gêneros, como *Australopithecus*, *Ardipithecus* e *Homo*, os quais deram origem a variadas espécies. O gênero *Homo* destaca-se pelo aumento do volume cerebral, pela elevação da estatura e por uma postura mais ereta.

Provavelmente a primeira espécie do gênero foi o *Homo habilis*, surgido há cerca de 2 milhões de anos. O *Homo erectus*, que viveu na África, Europa e Ásia há 1,5 milhão de anos, foi pioneiro na utilização do fogo e no desenvolvimento de ferramentas com pedra lascada.

Antropólogo: profissional voltado ao estudo do homem e de sua interação com a sociedade.

Paleontólogo: profissional que investiga a vida do passado da Terra e seu desenvolvimento. Em geral, analisa fósseis, buscando descobrir como e quando eles se formaram.

Símios: gorilas, chimpanzés e orangotangos.

Fóssil: conjunto de restos petrificados de seres vivos preservados na crosta terrestre.

Bipedismo: característica dos bípedes, que se locomovem sobre os dois pés.

De onde viemos? Capítulo 1 | 21

Foto do crânio de Toumai, de 2002.

Reconstrução do rosto de Toumai, da espécie *Sahelanthropus tchadensis*, que existiu há cerca de 7 milhões de anos.

O *Homo neanderthalensis*, que ocupou a Europa e a Ásia, apresentava um corpo adaptado a climas frios: tinha estatura baixa e era robusto, o que conservava o calor corporal. Essa espécie viveu entre cerca de 200 mil e 40 mil anos atrás, e provavelmente conviveu com o *Homo sapiens*.

Em 2003 foi encontrado na Etiópia o mais antigo fóssil da espécie *Homo sapiens*, de cerca de 160 mil anos atrás. Essa descoberta fortaleceu a hipótese do monogenismo, segundo a qual o ser humano moderno desenvolveu-se na África e depois se espalhou pelo mundo, uma vez que os fósseis encontrados em outras regiões são mais recentes. Ao aperfeiçoar o pensamento abstrato, a linguagem e a destreza manual, o *Homo sapiens* tornou-se mais adaptado ao meio em que vivia e deu origem ao ser humano moderno.

Reconstituição do *Ardipithecus ramidus*, baseada no fóssil conhecido como Ardi.

Adaptação dos hominídeos à vida no chão

Fonte: LEWIN, Roger. *Human evolution*: an illustrated introduction. 5. ed. Oxford: Blackwell, 2005. p. 134.

A Pré-História em debate

No século XIX, quando o termo foi criado, acreditava-se que não era adequado utilizar o termo História para sociedades que não apresentavam registros escritos, de modo que empregaram o prefixo "pré" para marcar essa diferença. Entretanto, a partir da década de 1970 diversos historiadores afirmaram que a História deveria utilizar uma variedade maior de fontes, como imagens, objetos e relatos orais.

Assim, o termo Pré-História passou a ser utilizado com ressalvas. Povos sem escrita têm uma história tão rica quanto qualquer outro, mesmo que seja difícil estudá-la. Apesar disso, o termo continua a ser utilizado, pois explicita uma distinção em relação aos outros períodos da divisão clássica da História: Antiga, Medieval, Moderna e Contemporânea. Ao mesmo tempo, ele é útil para marcar a especificidade do estudo das sociedades sem escrita, que se baseia na análise da cultura material (ferramentas, armas e esculturas encontradas em sítios arqueológicos), pinturas rupestres e fósseis, muitas vezes com o uso de sofisticados procedimentos científicos.

O povoamento da Terra

Com base em descobertas arqueológicas, é possível compreender como se deu o povoamento do planeta. Baseando-se nos progressos técnicos, os pesquisadores dividiram o longo período do desenvolvimento humano em diferentes fases.

No Paleolítico, que vai do surgimento do gênero *Homo* até c. 10000 a.C., as ferramentas eram confeccionadas com lascas de pedra, madeira ou ossos. Por isso, o Paleolítico é conhecido como Era da Pedra Lascada. As pessoas viviam da caça, pesca e coleta, motivo pelo qual precisavam se deslocar em busca de alimentos.

Os hominídeos habitavam cavernas ou refúgios rudimentares. É dentro das cavernas que estão as pinturas rupestres que retratam parte de seu cotidiano.

Para assistir

A guerra do fogo

França, Canadá, 1981, 100 min. Direção de Jean-Jacques Annaud.

Filme baseado no romance homônimo francês de J. H. Rosny aîné, publicado em 1911. Mostra como e por que os conflitos humanos pela sobrevivência começaram ainda na Idade da Pedra.

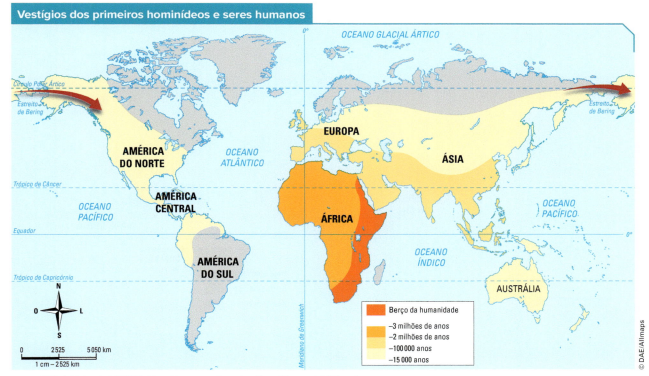

Fonte: CASTA, Michael; SANGER, Alain. *Histoire-geógraphie*. Paris: Magnard, 1994. p. 4.

O domínio do fogo representou um grande avanço. As chamas possibilitavam que os indivíduos se mantivessem aquecidos, além de iluminar as cavernas durante a noite, afastar animais perigosos e cozinhar os alimentos.

O início do Neolítico (c. 10 000 a.C. a 4 000 a.C.) coincide com o fim da última glaciação. O clima tornou-se mais ameno e a umidade no planeta aumentou, o que possibilitou o surgimento de grandes florestas tropicais e a migração de homens e animais para áreas antes inóspitas.

Devido às mudanças ambientais, a produção natural de cereais diminuiu. Para compensar essa queda, as comunidades humanas começaram a cultivar sementes. Com o tempo, as plantações se tornaram seu principal meio de subsistência.

Os animais também foram domesticados nessa época, com o intuito de garantir o abastecimento de diversos gêneros – leite, carne, couro e peles – e para serem usados como meios de locomoção e **tração**.

Tração: ato ou efeito de puxar.

A difusão da agricultura

A divisão do início da história humana em Paleolítico, Neolítico e Era dos Metais baseia-se em uma classificação europeia e, portanto, não se aplica ao estudo de todas as sociedades. Por exemplo, a difusão da agricultura se deu em momentos diferentes pelo mundo. Arqueólogos identificaram sete epicentros agrícolas que se desenvolveram no início do Paleolítico e, com base nisso, perceberam que a domesticação de plantas e animais ocorreu de maneira independente em diversas regiões. Tal fato evidencia a importância de entendermos as particularidades das sociedades humanas, percebendo como cada uma delas é produto de sua própria história. Entretanto, estudiosos consideram que essa preocupação deve coexistir com um esforço em identificar e reconhecer modelos de desenvolvimento e funcionamento, até mesmo para fornecer explicações generalizantes que abarquem as diversas áreas.

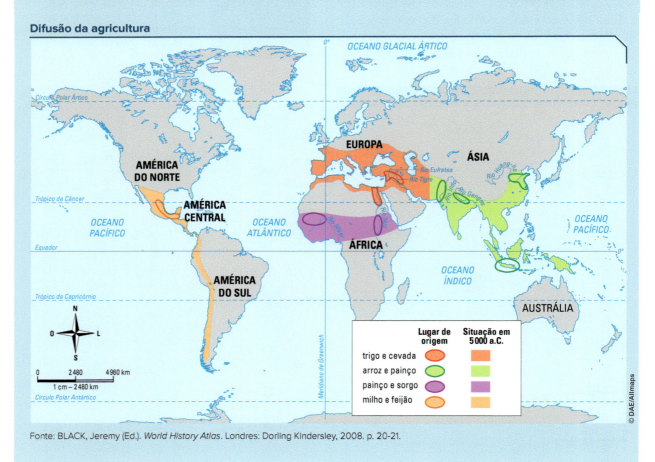

Fonte: BLACK, Jeremy (Ed.). *World History Atlas*. Londres: Dorling Kindersley, 2008. p. 20-21.

AS MÁQUINAS SIMPLES E O SURGIMENTO DAS CIVILIZAÇÕES

Chamamos de máquinas simples quaisquer dispositivos usados para poupar o trabalho do homem. Entre elas destacam-se a **roda**, a **alavanca** e o **plano inclinado**.

Apesar de sua simplicidade, elas promoveram grandes mudanças nas primeiras comunidades humanas, facilitando o transporte, a agricultura e outras atividades necessárias à vida em grupo. Três elementos participam das máquinas simples:

1. Uma **força potente** (**P**), capaz de produzir ou de acelerar o movimento;
2. Uma **força resistente** (**R**), capaz de se opor ao movimento;
3. Um elemento de ligação entre potência e resistência, que pode ser um **ponto de apoio** (**a**), um **eixo** (**e**) ou um **plano** (**p**).

A roda surgiu da necessidade de deslocar grandes cargas por longas distâncias. Na imagem abaixo, à esquerda, a força potente é exercida pelo homem, e a resistente, pelo peso da carga. O papel do que viria a ser a roda é feito pelo elemento de ligação: os vários eixos em torno do qual cada rolo gira.

As primeiras alavancas foram provavelmente criadas para deslocar grandes objetos, como revela a imagem da direita. Os homens logo perceberam que, quanto maior a distância entre **P** e **a**, menor a força necessária para mover a alavanca.

O plano inclinado é qualquer superfície plana e inclinada em um ângulo agudo. Há milhões de anos, é usado instintivamente por animais e homens para escalar montanhas, por exemplo. Quanto menor o ângulo de inclinação, menor a força usada para subir o plano – porém, maior é a distância percorrida.

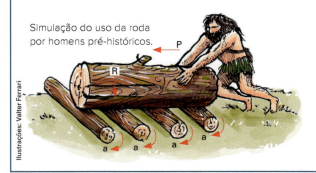

Simulação do uso da roda por homens pré-históricos.

Ilustrações: Valter Ferrari

Simulação do uso de alavanca por um homem pré-histórico.

Muitos objetos encontrados por arqueólogos também atestam, nessas primeiras comunidades, uma religiosidade ainda difusa e que se relacionava sobretudo com as forças da natureza.

O aumento da produção de alimentos possibilitou o crescimento populacional, estimulando a divisão sexual do trabalho: as mulheres seriam responsáveis pela semeadura, colheita, preparação dos alimentos e cuidado dos filhos, enquanto os homens encarregavam-se da derrubada de árvores, caça e fabricação de ferramentas. Eles utilizavam enxadas, foices, machados, arcos, flechas e lanças, feitos de madeira e pedra polida. O polimento consistia em afiar as lascas de pedra utilizando areia e água, o que as tornava mais eficazes. Por isso, o Neolítico é chamado de Era da Pedra Polida. A melhora das ferramentas possibilitou a produção de excedentes, que começaram a ser trocados com outras comunidades.

A utilização dos metais marcaria um novo período, conhecido como Era dos Metais, iniciado por volta de 4 000 a.C. O cobre, o bronze e o ferro passaram a ser empregados na confecção de ferramentas, armas e utensílios domésticos mais resistentes.

ORGANIZANDO AS IDEIAS

2. O filme *A guerra do fogo* retrata a disputa de territórios e do fogo por dois grupos de hominídeos. Por que o fogo era um elemento tão importante para a sobrevivência?

3. Segundo os pesquisadores, o que pode ter determinado o bipedismo? Quais são as diferenças entre o esqueleto atual de um chimpanzé e o de um ser humano? Reveja a página 22.

4. Uma das características dos grupos que viveram no Paleolítico era o nomadismo. O que possibilitou o sedentarismo no Período Neolítico?

Revisando o capítulo

APROFUNDANDO O CONHECIMENTO

1. Em setembro de 2015, pesquisadores da Universidade Witwatersrand, de Joanesburgo, em parceria com a *National Geographic*, divulgaram a descoberta de fósseis na África do Sul que pertencem a uma nova espécie do gênero humano. Os cientistas ainda não conseguiram datar as ossadas, mas, com base em sua análise, classificaram a nova espécie como *Homo naledi*. Observe a imagem e leia o texto a seguir para responder às questões.

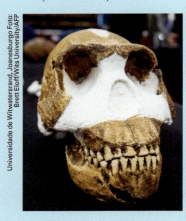

Reconstrução do crânio do *Homo naledi*, apresentada pelos pesquisadores em Joanesburgo, na África do Sul, em setembro de 2015.

Uma nova espécie do gênero humano

[...]
Pelo tamanho dos ossos, é possível afirmar que entre os mortos havia bebês, crianças, adolescentes, adultos e idosos. Nenhum tem marcas de traumatismo por uma possível queda no fosso, tampouco apresentam sinais de terem sido devorados por algum animal ou por sua própria espécie [...] Além disso, partes dos corpos foram encontradas totalmente articuladas. De posse dessas informações, a única hipótese que resta é a de que alguém os deixou no local em vários momentos diferentes ao longo do tempo, segundo os autores do estudo. Um ritual funerário que até agora só se atribuía a humanos mais modernos e com maior cérebro.

[...] Eles [os *Homo naledi*] mediam 1,5 metro e pesavam cerca de 45 quilos. Ainda não tinham começado a desenvolver um cérebro grande [...]. Mas já tinham um corpo estilizado e traços humanos, como a capacidade de andar ereto e dentes relativamente pequenos. Suas mãos já tinham o polegar opositor, que permite fabricar ferramentas de pedra.

[...] "Nossos resultados indicam que a coluna vertebral e o tronco eram muito primitivos, como os de um australopiteco", explica [o pesquisador Markus Bastir]. "Além disso, as falanges de seus dedos eram curvas, uma adaptação para subir em árvores". Essa mistura de traços é única, o que os distingue do *Homo habilis* [...] e, segundo os cientistas, os torna dignos de serem considerados uma nova espécie.

Por causa de sua morfologia, os responsáveis pela descoberta situam o *Homo naledi* justamente na origem do gênero Homo, no ponto intermediário entre os australopitecos e as espécies plenamente humanas, como o *Homo erectus*. Isso significa que eles viveram há pelo menos 2 milhões de anos, e daria a eles um papel fundamental em direção à aparição da nossa espécie. Chris Stringer, do Museu de História Natural de Londres, que não participou do estudo, aponta outra possibilidade muito diferente: e se os restos mortais têm menos de 100.000 anos? "Significaria que o *Homo naledi* sobreviveu até relativamente pouco tempo atrás [...]" [...]. Nesse caso, os naledis não seriam nossos ancestrais diretos e poderiam ser um beco sem saída na história da nossa evolução.

DOMÍNGUEZ, Nuño. Vala com ossos de uma nova espécie humana é encontrada na África. *El País*, 10 set. 2015. Disponível em: <http://brasil.elpais.com/brasil/2015/09/09/ciencia/1441800892_046663.html>. Acesso em: 29 out. 2015

a. Segundo o texto, os cientistas se basearam em quais evidências para classificar as ossadas encontradas na África do Sul como pertencentes a uma nova espécie do gênero humano?

b. Como os pesquisadores chegaram à conclusão de que o *Homo naledi* provavelmente praticava rituais funerários? Por que essa descoberta é inédita?

c. Explique por que a descoberta do *Homo naledi* mostra que a história está em permanente construção.

O POVOAMENTO DA AMÉRICA

CAPÍTULO 2

Quem disse que Cristóvão Colombo descobriu a América?

Quando os europeus chegaram ao continente, ele já estava habitado havia milênios por diversos grupos humanos. Mas, como surgiram os primeiros habitantes do território americano? Essa é uma questão que intriga estudiosos há muito tempo. Além das explicações bíblicas, de início imaginou-se que a humanidade havia se desenvolvido no próprio continente. Pesquisas revelaram, entretanto, que foi por meio de movimentos migratórios que essas populações se fixaram na América.

Um dos principais registros da nossa pré-história encontra-se no sul do Piauí. O Parque Nacional Serra da Capivara, que começou a ser estudado entre as décadas de 1970 e 1980, possui grande variedade de pinturas rupestres. Esse é apenas um dos vários sítios arqueológicos que estão espalhados pelo território brasileiro e que guardam um pouco da história de nossos antepassados.

Construindo o conhecimento

- Quais são as prováveis rotas que os seres humanos fizeram para chegar ao continente americano?
- Desde 1961, os sítios arqueológicos no Brasil são protegidos por lei. Em sua opinião, como poderíamos incentivar ainda mais essa preservação?

Plano de capítulo

- As rotas de povoamento da América
- Sítios arqueológicos brasileiros
- Como viviam os primeiros povoadores da América?

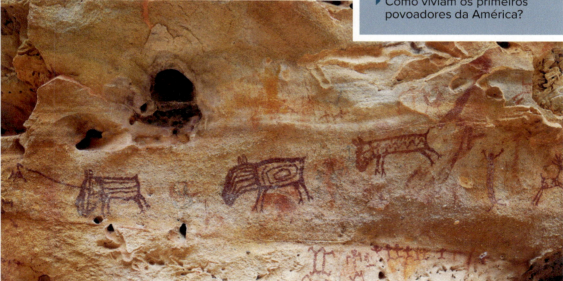

Pintura rupestre na Toca do Vento, no Parque Nacional da Serra da Capivara, Piauí. As inscrições datam de pelo menos 26 000 anos. A partir delas é possível perceber elementos cotidianos dos grupos pré-históricos do Brasil, como a importância da caça e que tipo de animais eram caçados. Foto de abril de 2015.

Marcos cronológicos

c. 10000 a.C.
Fim da última glaciação, que provoca mudanças na vida dos primeiros povoadores da América.

c. 9500 a.C.
Época em que viveu Luzia, o mais antigo fóssil humano encontrado na América.

c. 8000 a.C
A agricultura passa a ser praticada por alguns povos americanos.

c. 5000 a.C.
A agricultura começa a ser praticada no atual território brasileiro.

As rotas de povoamento da América

Já no século XVI se sugeriu que a última glaciação teria provocado uma diminuição no nível do mar, formando uma porção de terra (o Estreito de Bering) que ligava a Sibéria (Rússia) ao Alasca (Estados Unidos), possibilitando a chegada dos primeiros humanos na América.

Grupos de caçadores provavelmente realizaram a travessia a pé em busca de presas, em pelo menos três levas migratórias distintas. De acordo com essa hipótese, os primeiros habitantes tinham traços mongoloides e ocuparam a parte norte do continente, espalhando-se em seguida. Essa explicação se baseia em uma descoberta feita na década de 1930 em Clóvis, no estado norte-americano do Novo México, onde arqueólogos encontraram materiais como pontas de flechas e lanças, datados de 11000 a. C.

Entretanto, a hipótese de que essa cultura seria a mais antiga da América foi contestada em 1976, com base em novos achados arqueológicos em Monte Verde, no Chile. Entre as descobertas estão artefatos de madeira e pedra, pedaços de ossos, restos de alimentos e pegadas humanas que datam de cerca de 12800 a.C.

Para explicar esses achados, desenvolveu-se outra teoria: por meio de embarcações vindas da Polinésia ou da Oceania, os primeiros povoadores teriam atravessado o Oceano Pacífico, realizando paradas em ilhotas que haviam emergido em razão da redução do nível do mar, até chegarem ao sul da América.

Devido a essas e outras evidências, diferentes hipóteses sobre a data aproximada da chegada do ser humano ao continente continuam a ser debatidas. Mesmo assim, os pesquisadores estão de acordo quanto às múltiplas origens e à diversidade cultural dos povos americanos.

Para assistir

A Era do Gelo 2

EUA, 2006, 91 min. Direção de Carlos Saldanha.

Filme que retrata o fim da Era Glacial e suas consequências. O mamute Manfred, o tigre-dentes-de-sabre Diego e o bicho-preguiça Sid descobrem que toneladas de gelo estão prestes a derreter, o que inundaria o vale em que vivem. Logo, o trio de amigos precisa se apressar para avisar a todos do perigo e ainda encontrar um local onde não corram riscos.

Adaptado de: VICENTINO, Cláudio. *Atlas histórico*: geral e Brasil. São Paulo: Scipione, 2011. p. 20-21.

> **ORGANIZANDO AS IDEIAS**
>
> 1. Observe atentamente a ilustração da página anterior. Com suas palavras, indique os trajetos percorridos pelos primeiros seres humanos que chegaram ao continente americano.

Sítios arqueológicos brasileiros

Por muito tempo, os vestígios de um esqueleto humano descoberto na década de 1970 em Lagoa Santa, Minas Gerais, permaneceram guardados. Em 1999, porém, o arqueólogo Walter Neves os analisou e concluiu que se tratava de uma mulher que vivera há aproximadamente 11 mil anos – o mais antigo da América. Além disso, seu crânio apresentava características diferentes das populações ameríndias: a reconstrução de seu rosto revelou que ela apresentava traços negroides e se aproximava mais dos aborígenes da Oceania do que das populações asiáticas. A conclusão causou grande impacto na comunidade científica e reforçou a hipótese de que o povoamento da América foi realizado por diversas correntes migratórias em data anterior a 12 000 a.C.

Confirmando essa linha de pensamento, amostras de carvão e pedras lascadas com pelo menos 41 500 anos, encontradas no Parque Nacional Serra da Capivara, no Piauí, levaram a arqueóloga Niède Guidon a defender que a ocupação da América ocorreu há no mínimo 50 mil anos. No início de 2015, foram encontrados utensílios de quartzo e carvão que datam de mais de 20 mil anos, reforçando essa teoria. Alguns pesquisadores não concordaram, alegando que esses vestígios podem ter sido produzidos por algum tipo de ação natural.

A Serra da Capivara também conta com muitas pinturas rupestres e esqueletos humanos. Para preservar e divulgar esse material foi criado o Museu do Homem Americano, em 1990. Um ano depois, a Serra da Capivara foi declarada Patrimônio Cultural da Humanidade pela Unesco.

Reconstrução da face de Luzia

Fóssil mais antigo encontrado no continente americano, Luzia morreu com cerca de 20 anos. O nome é um paralelo com Lucy, um dos mais antigos esqueletos de *Australopithecus* já descobertos na África.

Reconstituição do rosto de Luzia, o fóssil mais antigo já encontrado no continente americano.

Vista do Parque Nacional Serra da Capivara, no Piauí, em abril de 2015.

ARTE E HUMANIZAÇÃO

Durante muito tempo, acreditou-se que o principal elemento a diferenciar os ancestrais humanos dos outros animais seria sua capacidade de construir ferramentas e, por meio delas, dominar a natureza. Por isso, quando descobriram as pinturas rupestres, no final do século XIX, os cientistas supuseram que os homens pré-históricos atribuíam a essas imagens uma função mágica e utilitária: garantir, por meio da representação visual, o sucesso da caça.

Nas últimas décadas, porém, essa visão tem sido questionada. Pinturas como as da caverna de Chauvet, descoberta na França em 1994, indicam que as imagens criadas por homens pré-históricos tinham uma função estética, ou seja, voltada para os sentidos. É interessante notar que as renas, base da alimentação desse povo, quase não são representadas, enquanto cavalos e mamutes, que não eram caçados, são frequentes. Isso levou os arqueólogos a se perguntar se o que motivava aquelas pinturas não seria o prazer de explorar as formas visuais. O aproveitamento das reentrâncias das paredes da caverna para produzir a sensação de movimento reforça essa hipótese. Além disso, a riqueza de detalhes dos desenhos é impressionante, como se nota nas imagens.

Detalhe de uma pintura encontrada no interior da caverna de Chauvet, na França. Foto de 2014.

Observe um exemplo de pintura rupestre, encontrada no parque, que retrata os aspectos do dia a dia dos habitantes pré-históricos da região. Na imagem, podemos ver a representação de animais da região e de figuras humanoides, que parecem interagir com eles, talvez em uma caçada. Foto de 2015.

30 Unidade 1 A origem da humanidade

Como viviam os primeiros povoadores da América?

Os primeiros habitantes da América eram caçadores-coletores. Dentre suas presas, estavam animais de grande porte, como preguiças gigantes e mastodontes. Alterações climáticas ocorridas há cerca de 10 000 anos a.C. provocaram o desaparecimento desses animais e a mudança no modo de vida dos povos que habitavam a região.

Alguns grupos migraram para o litoral do sudeste e do sul do atual território do Brasil, e a pesca passou a ser uma de suas principais atividades. Moluscos e crustáceos também eram consumidos, e com o passar do tempo restos de conchas, ossos e sementes formaram grandes montes, chamados de sambaquis. Os sambaquis também contêm vestígios de habitações e sepulturas, de modo que se tornaram importantes evidências arqueológicas.

Por volta de 5000 a.C., a agricultura começou a ser praticada no atual território brasileiro, com cultivo principalmente de milho e mandioca. O domínio dessa prática não representou o abandono do nomadismo por parte de muitos grupos, que a encaravam como complemento da caça e da pesca. Alguns se sedentarizam, como os povos que viviam na região amazônica, sobretudo nas atuais Ilha de Marajó e cidade de Santarém, às margens do Rio Tapajós. As culturas marajoaras e tapajônicas formaram sociedades complexas e populosas que produziram objetos de cerâmica altamente elaborados.

Sambaqui Garopaba do Sul, em Jaguaruna, Santa Catarina, estado brasileiro onde se encontram mais sítios arqueológicos. Foto de 2014.

Culturas marajoaras e tapajônicas

Vista da cidade de Santarém, no Pará, em 2014.

Urna marajoara decorada, feita em cerâmica, na Ilha de Marajó, no Pará.

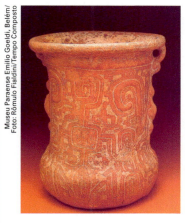

Vaso de gargalo da cultura Santarém feito em cerâmica com apliques zoomorfos, ou seja, com formas de animais.

ORGANIZANDO AS IDEIAS

2. Que teoria a hipótese da arqueóloga Niède Guidon sobre a presença do homem pré-histórico na Serra da Capivara contaria?
3. O que são e onde se localizam os sambaquis?

Revisando o capítulo

APROFUNDANDO O CONHECIMENTO

1. Observe atentamente a foto da face reconstituída de Luzia, na página 29, e compare-a com as imagens a seguir.

Retrato de família aborígine na Península de Gove, Austrália. Foto de 2011.

Adolescentes da etnia Kayapó em São Félix do Xingu, PA. Foto de janeiro de 2015.

Mulheres masai, na Tanzânia. Foto de 2014.

a. Os traços físicos de Luzia se assemelham mais aos da família aborígene australiana, aos das adolescentes indígenas brasileiras ou aos das negras africanas mostradas nas fotos?

b. Explique de que forma a aparência de Luzia reacendeu as discussões sobre o povoamento da América.

2. Leia o texto a seguir, sobre os sambaquis encontrados em Laguna (SC), e responda às questões.

Ossadas de criança e adulto com mãos entrelaçadas em sambaqui de Laguna chamam atenção de arqueólogos

A ossada de uma criança sepultada de mãos entrelaçadas com as de um esqueleto adulto chamou atenção dos pesquisadores do Grupo de Pesquisa em Educação Patrimonial e Arqueologia da Unisul (Grupep-Arqueologia). [...]

As escavações terminaram no final de semana e foram localizados 23 sepultamentos pré--históricos nas escavações do sítio arqueológico Cabeçudas, às margens da BR-101, em Laguna [...]. A maioria dos esqueletos é de adultos.

De acordo com o Grupep-Arqueologia, o sítio arqueológico é um sambaqui, local onde os povos pré-históricos enterravam os mortos há cerca de 5 mil anos. [...] Pela quantidade de camadas sobrepostas, os arqueólogos concluíram que o local foi usado durante muito tempo para enterros. [...]

No espaço, também foram encontrados artefatos como um almofariz (espécie de pilão para macerar ervas), um peso de rede e adornos em pedra e em osso. Segundo os pesquisadores, os materiais eram usados nos sepultamentos.

Uma das ossadas localizadas em 23 sepultamentos pré--históricos nas escavações do sítio arqueológico Cabeçudas, às margens da BR-101, em Laguna, Santa Catarina. 2012.

O sambaqui Cabeçudas é estudado desde o século 19. No local, já foram localizados cerca de 300 esqueletos de povos pré-históricos. O número representa a maior coleção de peças localizadas em um sítio arqueológico no país.

Ossadas de criança e adulto com mãos entrelaçadas em sambaqui de Laguna chamam atenção de arqueólogos. *Diário Catarinense*, Florianópolis, 1º out. 2012. Disponível em: <http://diariocatarinense.clicrbs.com.br/sc/geral/noticia/2012/10/ossadas-de-crianca-e-adulto-com-maos-entrelacadas-em-sambaqui-de-laguna-chamam-atencao-de-arqueologos-3903199.html>. Acesso em: nov. 2015.

a. De acordo com o texto, o que os pesquisadores encontraram nas escavações realizadas no sítio arqueológico Cabeçudas?

b. Como foram chamados os grupos humanos pré--históricos que viviam na região do atual sítio arqueológico Cabeçudas? De acordo com o que você estudou neste capítulo, por que eles se estabeleceram no litoral?

c. Os vestígios encontrados nas escavações do sítio Cabeçudas fornecem que informações sobre o modo de vida dos grupos humanos pré-históricos que se estabeleceram no litoral brasileiro?

Macerar: esmagar.

Conecte-se

Leia o texto e responda às questões.

Megafauna foi crucial para fertilizar a Amazônia

[...]

Durante milhares de anos, os animais gigantes fertilizaram a bacia amazônica ao espalhar nitrogênio, fósforo e outros nutrientes contidos em seus excrementos, antes de desaparecerem abruptamente. Com isso, privaram definitivamente a região deste aporte maciço de adubo, revelou um estudo publicado neste domingo na revista *Nature Geoscience*.

No período do Pleistoceno, a América do Sul se parecia muito com a atual savana africana. E os dinossauros, há muito tempo desaparecidos, deram lugar a uma megafauna impressionante: mastodontes, antepassados dos elefantes, preguiças gigantes de cinco toneladas e os gliptodontes, tatus do tamanho de um pequeno carro.

Predominantemente herbívoros, estes mamíferos gigantes consumiam quantidades importantes de vegetais, absorvendo nitrogênio e fósforo que liberavam nas fezes e na urina por onde passavam. Segundo o estudo, eles também contribuíram para redistribuir esse adubo natural em distâncias muito grandes – sem ele, os solos permaneceriam estéreis, particularmente na bacia amazônica.

Mas o que aconteceu depois que esta megafauna desapareceu há 12 mil anos, depois de uma extinção maciça provavelmente vinculada a uma mudança climática e às atividades humanas?

Segundo cálculos dos pesquisadores, a dispersão do adubo cessou rapidamente com o desaparecimento da megafauna, há 12 000 anos. Assim, a redistribuição de adubo acabou limitando-se aos sedimentos transportados dos Andes por meio dos rios e ribeirões.

Megafauna foi crucial para fertilizar a Amazônia. *Veja*, São Paulo, 11 ago. 2013.
Disponível em: <http://veja.abril.com.br/noticia/ciencia/animais-da-megafauna-foram-cruciais-para-fertilizar-a-amazonia>. Acesso em: nov. 2015.

Aporte: auxílio, contribuição.

ATIVIDADES

1. De acordo com o texto, como a megafauna contribuiu para a fertilização da Amazônia?
2. O que determinou o desaparecimento da megafauna?
3. Atualmente, muitos animais correm risco de extinção na Amazônia. Faça uma pesquisa sobre que animais são esses e quais fatores contribuem para essa ameaça. Em seguida, discuta com os colegas que ações poderiam ser tomadas pelas autoridades públicas e pela sociedade para preservar a fauna amazônica.

UNIDADE 2
OS POVOS DA ANTIGUIDADE

Como vimos na unidade anterior, a agricultura e a vida sedentária possibilitaram uma série de mudanças na vida dos primeiros seres humanos, o que levou à formação de sociedades mais complexas. As diferentes transformações intensificaram a necessidade organizativa. O excedente deveria ser distribuído, o comércio conduzido, alianças negociadas e, nesse processo, surgiram as figuras de liderança que aos poucos começaram a se institucionalizar ao redor do Estado. A aparição dessas mudanças desencadeou uma outra de igual importância: a invenção da escrita. Assim, chegava ao fim o período que denominamos Pré-História.

Fundada pelos fenícios por volta de 1100 a.C., a cidade de Léptis Magna, no norte da África, foi controlada por Cartago, alcançando grande projeção no Mar Mediterrâneo no século IV a.C. Após a Segunda Guerra Púnica, com a derrota de Cartago, foi anexada à República Romana. Durante o governo do imperador Sétimo Severo (193-211 d.C.), que nasceu em Léptis, a cidade foi beneficiada e embelezada com grandes construções, como um mercado e um anfiteatro. Com as invasões bárbaras, Roma foi tomada pelos vândalos em 439, que formaram um reino no norte da África. Em 534, a cidade foi reconquistada e reconstruída pelo Império Bizantino. Na foto, teatro romano em Léptis Magna, atual Líbia. Foto de junho de 2012.

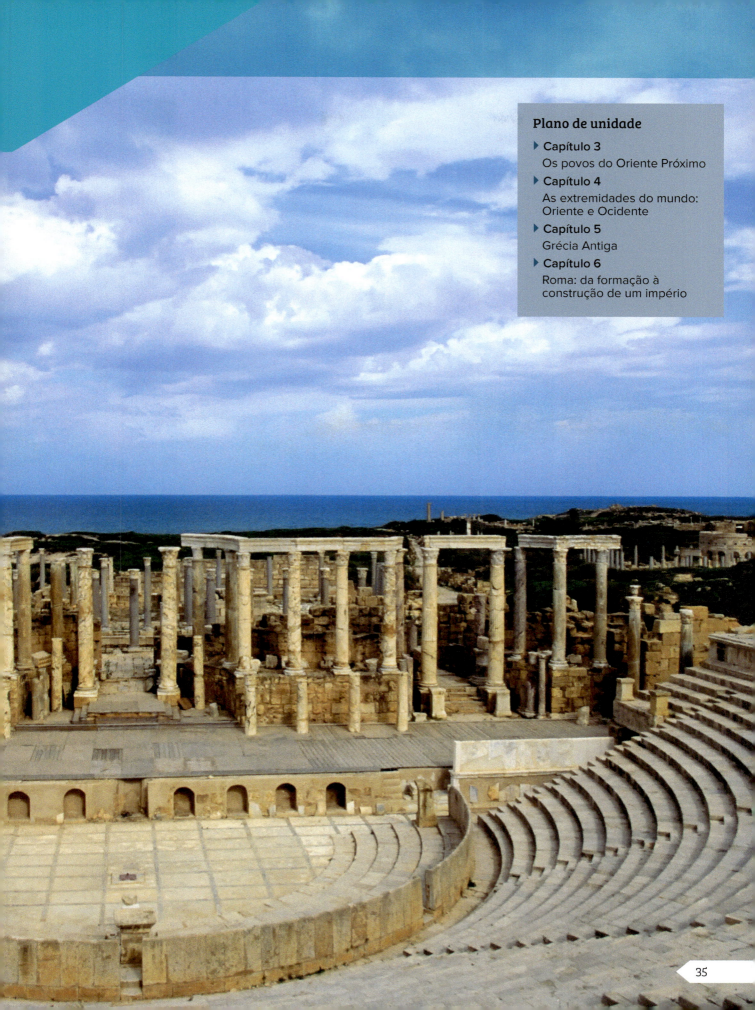

Plano de unidade

▶ **Capítulo 3**
Os povos do Oriente Próximo

▶ **Capítulo 4**
As extremidades do mundo: Oriente e Ocidente

▶ **Capítulo 5**
Grécia Antiga

▶ **Capítulo 6**
Roma: da formação à construção de um império

CAPÍTULO 3

OS POVOS DO ORIENTE PRÓXIMO

Construindo o conhecimento

- Podemos dizer que as pirâmides são as construções mais marcantes da arquitetura egípcia antiga. Você sabe dizer por que elas foram construídas?
- As primeiras formas de escrita e do alfabeto foram criadas pelas civilizações que serão estudadas nesta unidade. Em sua opinião, por que essas formas foram desenvolvidas?

As civilizações da Mesopotâmia e do Egito Antigo tiveram origem em regiões áridas, mas que eram cruzadas por importantes rios: o Tigre e o Eufrates (na Mesopotâmia), e o Nilo (no Egito). Foram os rios que tornaram possível a sobrevivência por meio da prática da agricultura, com o uso coletivo de técnicas de irrigação. No final do quinto milênio antes de Cristo, os avanços na agricultura possibilitaram o surgimento, na Mesopotâmia e, mais tarde, no Egito, das primeiras cidades do mundo.

Além do Egito e da Mesopotâmia, outras civilizações se desenvolveram na costa do Mar Mediterrâneo ou dependiam dele para estabelecer trocas comerciais e culturais. Como veremos neste capítulo, povos como os kushitas, hebreus, fenícios e persas contribuíram de forma significativa para a formação do mundo antigo.

Plano de capítulo

- As primeiras civilizações do Oriente Próximo
- Egito: uma civilização africana
- Kush, outro império do Nilo
- Hebreus, fenícios e persas

Vale dos Reis, em Luxor (antiga Tebas), Egito, onde se encontra o sarcófago de ouro de Tutancâmon (1336-1327 a.C.), faraó da XVIII dinastia do Novo Império. Foto de outubro de 2013.

Marcos cronológicos

- **3400 a.C.** Surgimento das primeiras cidades na Mesopotâmia.
- **3000 a.C.** Estabelecimento dos fenícios na costa do Mediterrâneo.
- **1792 a.C.** Ascensão de Hamurábi ao trono na Mesopotâmia.

- **4500 a.C.** Chegada dos sumérios na Mesopotâmia e surgimento dos primeiros nomos no Egito.
- **3200 a.C.** Unificação do Baixo e do Alto Egito por Menés.
- **2300 a.C.** Unificação da Mesopotâmia pelos acadianos.
- **1630 a.C.** Entrada dos hicsos e fim do Médio Império no Egito.

36 Unidade 2 Os povos da Antiguidade

As primeiras civilizações do Oriente Próximo

Sociedades hidráulicas

Em meados do quarto milênio antes de Cristo, na região conhecida como Crescente Fértil, ocorreu o processo chamado pelos historiadores de Revolução Urbana. Apesar de desértica, a região do Crescente Fértil era abastecida por grandes rios, que enchiam constantemente e traziam para suas margens uma espécie de adubo natural, fertilizando o solo e favorecendo a atividade agrícola. Por outro lado, a cheia dos rios provocava inundações que podiam destruir os campos cultivados. Para controlar a disponibilidade de água, as sociedades que se desenvolveram na Mesopotâmia e no Egito criaram um complexo sistema de diques e barreiras. Assim, elas se organizaram de acordo com os ciclos de cheia ou seca dos rios e os períodos de construção dessas barragens. Por isso, elas são conhecidas como sociedades hidráulicas.

Alguns historiadores defendem que a hierarquia social estava ligada a essas grandes obras. Segundo eles, as construções exigiam numerosa mão de obra, além de alguém para controlar os trabalhadores e dividir as tarefas. Isso possibilitou a formação das primeiras civilizações complexas, ou seja, sociedades com uma **estratificação social** definida e um **Estado**. Entretanto, essa teoria vem sendo questionada: segundo pesquisas recentes, o controle dos sistemas de irrigação pertencia inicialmente às comunidades locais e somente mais tarde passou para os governantes.

Outros fatores parecem ter contribuído para o desenvolvimento das primeiras civilizações: a multiplicação dos excedentes agrícolas, o crescimento demográfico e questões religiosas e políticas. Desse modo, o processo de formação das primeiras civilizações pode ter sido mais complexo do que se imaginava.

Estratificação social: diferenças entre grupos dentro de determinada sociedade.

Estado: entidade que controla um território, interfere na economia (através da cobrança de impostos, por exemplo) e exerce poder sobre a população. Os interesses familiares ou locais passam a se submeter à coletividade, administrados por um núcleo dirigente que frequentemente precisa se legitimar frente à população.

Crescente Fértil

A expressão Crescente Fértil foi utilizada pela primeira vez em 1906 pelo arqueólogo James Henry Breasted. O nome deve-se ao fato da região que se estende do Norte da África até o Golfo Pérsico, local onde se desenvolveram as primeiras civilizações, formar uma meia-lua quando visualizada no mapa.

Crescente Fértil

Fonte: BLACK, Jeremy (Ed.). *World History Atlas*. Londres: Dorling Kindersley, 2008. p. 220.

- **1600 a.C.** — Saída dos hebreus de Canaã rumo ao Egito.
- **1550 a.C.** — Expulsão dos hicsos do território egípcio.
- **1500 a.C.** — Os portos fenícios tornam-se importantes centros comerciais.
- **1360 a.C.** — Incorporação dos portos fenícios ao Império Assírio.
- **751 a.C.** — Início do governo do rei kushita Piye na cidade de Napata.
- **722 a.C.** — Conquista do atual território de Israel pelos assírios.
- **716 a.C.** — Início da XXV Dinastia Kushita no Egito.
- **626 a.C.** — Início do Segundo Império Babilônico.
- **591 a.C.** — Conquista de Jerusalém pela Babilônia.
- **550 a.C.** — Início do Império Persa.

Os povos do Oriente Próximo Capítulo 3

A civilização mesopotâmica

A Mesopotâmia ("terra entre rios" em grego) localizava-se no território dos atuais Iraque e Irã. O controle dessa estreita área fértil provocou embates constantes entre diversos grupos que ocuparam a região. Esses povos não tinham uma unidade política, mas compartilhavam traços culturais comuns.

Os sumérios predominavam no sul da Mesopotâmia, enquanto os acadianos viviam ao norte e eram de origem **semita**. Amoritas e assírios chegaram posteriormente, colaborando para a formação de um legado comum nas mais diversas áreas do conhecimento, como Direito, Arquitetura e Ciências.

Embora a principal atividade econômica fosse a agricultura, o comércio foi intensamente praticado, inclusive com áreas distantes. Itens raros na Mesopotâmia como madeira, metais, pedras e artigos de luxo eram trocados por excedentes agrícolas.

Por volta de 3500 a.C., com o desenvolvimento do comércio e o crescimento populacional, os sumérios construíram as primeiras cidades na região. Surgiu então uma sociedade diversificada e hierarquizada, com governantes, sacerdotes, soldados, mercadores, artesãos, camponeses e escravos.

O Estado responsabilizava-se pela organização do trabalho, pela redistribuição de alimentos e pela cobrança de impostos. Não havia, porém, um governo centralizado, pois cada cidade-Estado era independente. Guerras eram frequentes, pois cada grupo buscava afirmar sua supremacia regional.

A forma de governo era a **teocracia**, em que o governante (*patesi*) desempenhava funções administrativas, estratégicas e militares. Sua autoridade derivava, porém, em grande medida de sua ligação com o divino, pois era considerado um representante dos deuses. Os habitantes da Mesopotâmia eram politeístas, ou seja, acreditavam em diversos deuses, e geralmente as divindades estavam associadas a forças da natureza. Em sua concepção, os deuses defendiam a cidade e traziam prosperidade para a agricultura. Essa proteção deveria ser retribuída através de cerimônias e sacrifícios.

A religião foi ganhando papel cada vez mais destacado. Cada deus tinha seu templo, chamado de zigurate. Assim como os palácios dos governantes, os templos tinham uma importante função econômica: além de controlarem grandes extensões de terra – cultivadas por meio da exploração do trabalho **compulsório** dos camponeses – distribuíam alimentos para a população.

Os sumérios foram os responsáveis por desenvolver um dos mais antigos sistemas de escrita de que se tem conhecimento: a escrita cuneiforme. A escrita assegurava o registro e a transmissão de informações de maneira precisa, o que era essencial para o governo das cidades-Estado. Os sumérios também foram um dos primeiros povos a utilizar o bronze para a confecção de ferramentas, armas e estátuas. Além disso, foram pioneiros em usar carros com rodas – duas ou quatro – puxados por animais.

A disputa entre as cidades-Estado pelo domínio da região enfraqueceu os sumérios e facilitou a invasão dos acadianos por volta de 2300 a.C. Eles formaram um império, no qual a cultura suméria e a acadiana se misturaram. Nesse período, a cidade de Acádia tornou-se o centro desse império e desenvolveu tanto o comércio interno quanto o de longa distância com a Índia e o Egito.

Área de influência de acádios e sumérios na Mesopotâmia

Fonte: HALLO, W. W.; SIMPSON, W. K. *The ancient Near East:* a history. New Haven: Yale University, 1997. p. 24.

Semita: conjunto étnico e linguístico formado por diversos povos – hebreus, árabes, fenícios, caldeus assírios e babilônios –, que têm as mesmas origens culturais.

Teocracia: sistema de governo no qual o poder é exercido por uma autoridade que se justifica pela essência divina.

Compulsório: forçado, obrigatório.

Unidade 2 Os povos da Antiguidade

O nascimento da escrita na Mesopotâmia

A escrita surgiu no quarto milênio antes de Cristo, em regiões dispersas, de forma independente e em diferentes momentos. No início, atendia a funções muito específicas, ligadas à religião e ao governo: registrar e organizar arquivos, calendários, rituais, dados contábeis etc.

A primeira forma de escrita foi a pictográfica, que transmite uma ideia, um conceito ou representa um objeto por meio de desenho figurativo estilizado (pictograma) e não expressa o som da língua falada. Milênios depois, a pictografia continua a ser utilizada, especialmente no *design* gráfico, na sinalização do trânsito e na nomeação de locais públicos.

Um bom exemplo de escrita pictográfica na Antiguidade é apresentado na imagem abaixo. Escrita em tábuas de argila molhada, uma matéria-prima abundante na região, com um estilete em forma de cunha (em latim, *cuneus*), essa técnica ficou conhecida como "escrita cuneiforme". Os responsáveis eram os escribas, e os sumérios construíram diversas escolas com o objetivo de treiná-los para atender às necessidades dos palácios e dos templos. Esse tipo de escrita foi utilizado até a Era Cristã por vários povos que habitavam o Oriente Próximo. Uma vez seca ou cozida, a tabuinha podia ser arquivada. Em escavações arqueológicas, foram encontradas milhares delas em um único palácio, como o de Mari, destruído no segundo milênio antes de Cristo.

Entretanto, os acadianos, enfraquecidos por lutas internas, não permaneceram muito tempo no poder: por volta de 2000 a.C., os amoritas, outro povo de origem semita, invadiram a região, formando o Primeiro Império Babilônico. O sexto rei da dinastia amorita, Hamurábi, conquistou territórios, mas se destacou principalmente por ter criado um dos mais antigos conjuntos de leis escritas. No documento, as penalidades estabelecidas eram baseadas no princípio do "olho por olho, dente por dente". Ou seja, os castigos deveriam ser proporcionais aos delitos cometidos. As punições, porém, variavam de acordo com a categoria social e econômica do criminoso e da vítima, o que evidenciava a desigualdade vigente naquela sociedade.

Ainda que a Babilônia tenha permanecido como uma importante região, depois da morte de Hamurábi, o Império se enfraqueceu após várias revoltas populares e invasões externas. Por volta de 1360 a.C., os assírios, conhecidos por sua força militar e pela violenta dominação a que submetiam as populações conquistadas, incorporaram a região a seu vasto império.

Posteriormente, a aliança entre caldeus e medas pôs fim ao Império Assírio, que foi dividido: a parte norte foi ocupada pelos medas, e a parte sul pelos caldeus, que formaram o Segundo Império Babilônico (626-539 a.C.).

Nabucodonosor, que governou esse império de 605 a.C. a 562 a.C., destacou-se tanto pela construção de obras grandiosas na Babilônia – então capital do Império – como por suas conquistas militares, que incluíram a ocupação do Reino de Judá e a deportação do povo judeu para a Babilônia, no episódio que ficou conhecido como "Cativeiro da Babilônia". Por volta de 539 a.C., os persas, comandados por Ciro II, anexaram o território da Mesopotâmia a seu império, como veremos ao final deste capítulo.

Dois exemplos de objetos sumérios: escultura de mulher carregando cesto e tábua com inscrição summéria, ambas em bronze, de c. 2046-2038 a.C.

Zigurate de Ur, no atual Iraque, foto de 2014.

Os povos do Oriente Próximo Capítulo 3

Código de Hamurábi

Atualmente exposta no Museu do Louvre, em Paris, na França, essa representação do Código de Hamurábi foi encontrada em 1901, no Irã: uma rocha com cerca de 2 metros de altura, com todos os artigos gravados em escrita cuneiforme.

No código, a população está dividida em três categorias: livres (que poderiam ser aristocratas, ricos, proprietários); aqueles que dependiam dos palácios (subalternos); e, por fim, os escravos (em sua maioria prisioneiros de guerra). Nas disposições penais, as diferenças entre essas categorias eram claras: se um subalterno quebrasse a perna de um nobre, sua perna deveria ser quebrada também. Porém, se ele cometesse o mesmo crime contra um homem do mesmo nível social, deveria somente pagar uma quantia em prata. Se o subalterno quebrasse a perna de um escravo, deveria compensar o dono com a metade do valor desse escravo.

Detalhe do Código de Hamurábi. Estela em basalto, c. 1700 a.C.

ORGANIZANDO AS IDEIAS

1. Explique qual foi a importância da construção dos canais de irrigação para o desenvolvimento das primeiras civilizações.
2. Identifique o princípio norteador do Código de Hamurábi.

Egito: uma civilização africana

As fronteiras atuais do Egito são resultado das disputas ocorridas no século XIX. Inicialmente, o Egito Antigo ocupava uma estreita faixa de terra ao longo do curso do Rio Nilo. Rodeado por desertos, o rio tornou-se fundamental para a sobrevivência dos grupos que ali se estabeleceram, pois possibilitou tanto o desenvolvimento da agricultura quanto a criação de animais e a pesca. No dizer do historiador grego Heródoto, o "Egito é uma dádiva do Nilo".

Estima-se que a agricultura começou a ser praticada por volta de 6000 a.C., e que em 4500 a.C. surgiram as primeiras grandes comunidades, chamadas de nomos, que construíram diques e canais de irrigação para melhor aproveitar a água do Nilo.

Os nomos eram independentes, sendo comandados por um nomarca. Porém, por volta de 3500 a.C. sucessivos conflitos resultaram na formação de dois reinos: o Alto Egito, ao sul, e o Baixo Egito, ao norte. Os dois reinos disputavam o controle das terras mais férteis, até que, em 3200 a.C., Ménes, governante do Alto Egito, derrotou seus rivais e unificou o território, tornando-se o primeiro faraó.

Reinos do Baixo e do Alto Egito

Fontes: BLACK, Jeremy (Ed.). *World History Atlas*. Londres: Dorling Kindersley, 2008. p. 159; VICENTINO, Cláudio. *Atlas histórico*: geral e Brasil. São Paulo: Scipione, 2011. p. 33.

Política, economia, sociedade e cultura no Egito

Mênfis, atual Cairo, foi escolhida como capital. No Antigo Império (3200 a.C.-2150 a.C.) a região passou por grandes mudanças. Os faraós criaram um sistema burocrático que os ajudava a administrar seu vasto território.

O vizir, espécie de primeiro-ministro, atuava na arrecadação de impostos, fiscalização de construções e obras públicas e no recrutamento de trabalhadores. Os nomarcas continuavam a gerir as províncias, mas agora estavam subordinados ao faraó. Os sacerdotes

O desenvolvimento da escrita egípcia

Duas formas de escrita se desenvolveram inicialmente no Egito: a hieroglífica e a hierática. Os hieróglifos, complexos e de difícil execução, geralmente eram utilizados para registrar textos espirituais e inscrições nas tumbas e templos. Apenas os sacerdotes com autorização dos reis podiam empregar esse tipo de escrita, grafada principalmente em pedras, metal ou madeira. Já a hierática, apesar de ter seus signos baseados nos hieróglifos, era mais simples, sendo usada em documentos religiosos e cotidianos. Geralmente, o material utilizado era o papiro, resistente e maleável. No século VIII a.C., a escrita hierática foi substituída pela demótica, que se tornou mais popular, sendo utilizada somente para assuntos seculares. Como na Mesopotâmia, os escribas desempenhavam um papel fundamental na sociedade e no Estado egípcios.

Estátua de um escriba real e general de Ramsés II protegido pelo deus Thot sob a forma de babuíno, c. 1250 a.C.

eram responsáveis pelos templos, que, como na Mesopotâmia, desempenhavam um importante papel econômico, pois possuíam terras, rebanhos e trabalhadores. É importante destacar, porém, que essas propriedades estavam sob comando do Estado, que controlava a maior parte das terras.

Além da escrita, um sistema de contagem e de pesos e medidas foi desenvolvido para controlar a produção e a distribuição do que era produzido. Os grandes responsáveis pela produção de alimentos eram os camponeses, que cultivavam as terras do faraó, dos nobres e dos templos e pagavam impostos. Os camponeses também eram obrigados a trabalhar em grandes obras estatais, como na construção de templos, pirâmides e monumentos, ou na instalação de diques e canais de irrigação. Foi no Antigo Império que as tumbas reais, antes construídas com tijolos de barro, passaram a ser edificadas com blocos de pedra, dando origem às pirâmides.

Os egípcios acreditavam na vida após a morte, mas, para eles, o corpo de uma pessoa precisaria estar intacto para que ela renascesse em outro plano. Por essa razão, desenvolveram a técnica da mumificação, com o objetivo de conservar os cadáveres. Normalmente, nos túmulos, eram depositados alimentos, joias e outros objetos que seriam utilizados pelo morto em sua vida após a morte.

O faraó era considerado o intermediário entre os deuses e os homens, a personificação de Hórus, filho de Ísis e Osíris, e a divindade mais importante do Egito. Deveria manter a fertilidade e a prosperidade de seu povo. Concentrando poderes políticos, econômicos, militares e religiosos, os faraós consolidaram uma monarquia teocrática no Antigo Império. Entretanto, essa unidade começou a ser abalada por volta de 2150 a.C., pela ampliação dos poderes dos monarcas, que passaram a fundar suas próprias dinastias, fragmentando o Império. A reunificação do Egito foi alcançada apenas em 2040 a.C., por Mentuhotep II, fato que marcou o início do Médio Império (2040 a.C.-1630 a.C.), sendo Tebas a nova capital do Egito.

Esse período caracterizou-se por uma relativa estabilidade e crescimento, destacando-se a expansão em direção à Núbia – de quem os egípcios recebiam ouro, marfim e granito – e o estabelecimento de vínculos comerciais com a Síria e a Palestina. A navegação no Nilo intensificou-se, e os egípcios chegaram a construir fortificações em determinados pontos do rio para garantir a cobrança de tributos e impedir a entrada de outros povos – com a exceção de comerciantes.

Todavia, por volta de 1630 a.C., os hicsos, que vinham da Ásia, invadiram o Egito e fundaram a cidade de Aváris, que passou a ser a capital do Império Egípcio. Os hicsos adotaram diversos costumes egípcios, inclusive o título de faraó e a religião.

Com os hicsos, os egípcios aprenderam a utilizar o cobre, assim como o carro de combate puxado por cavalos. Em 1550 a.C., porém, os hicsos são expulsos do Egito, o que marca o início do Novo Império. Foi nessa época que o Egito chegou à sua maior extensão e ao máximo esplendor. Os egípcios conquistaram o reino africano de Kush e também regiões da Ásia ocidental ricas em minas de cobre, expandindo as redes comerciais e criando pela primeira vez um exército permanente.

A QUÍMICA DA MUMIFICAÇÃO

A técnica da mumificação foi guardada a sete chaves pelos egípcios, que a consideravam uma arte sagrada. Você sabe quais são os processos químicos que permitem a conservação do corpo mumificado?

O funcionamento do corpo humano depende de reações bioquímicas que ocorrem no interior das células. Por meio delas, o oxigênio e a glicose que chegam pela corrente sanguínea são transformados em energia, que mantém o metabolismo ativo. Essas reações se dão em grande velocidade graças à presença de enzimas, proteínas que funcionam como catalisadores (substâncias que aceleram uma reação química).

Após a morte, o oxigênio e a glicose não chegam mais às células, e cessam-se os processos metabólicos. O interior celular fica mais ácido, o que leva as enzimas ali presentes a iniciarem outro tipo de reação bioquímica: a autólise (ou autodigestão), que dissolve as células de dentro para fora. Esse processo, que se inicia apenas 4 minutos após a morte, ocorre no corpo todo, sendo mais acelerado nos órgãos ricos em água (como o cérebro) e em enzimas (como o fígado). Depois que uma parte das células do corpo sofreu a autólise, inicia-se a putrefação, processo em que microrganismos (bactérias, protozoários e fungos) destroem os tecidos moles do corpo.

O objetivo da mumificação é interromper esse processo, inativando as enzimas. Para tanto, há duas possibilidades: privá-las de água ou destruir o ambiente químico de que elas necessitam. O processo de mumificação dos antigos egípcios envolvia as duas técnicas. Primeiramente, o cérebro e as vísceras (ricos em água) eram retirados do corpo e guardados em recipientes separados. Em seguida, o corpo era completamente coberto com natrão, uma mistura de cloreto de sódio (NaCl), carbonato de sódio (Na_2CO_3), bicarbonato de sódio ($NaHCO_3$) e sulfato de sódio (Na_2SO_4). Ao entrar em contato com as células do corpo, esses sais extraíam a água por osmose.

Após 35 dias o corpo desidratado encontrava-se encolhido e duro, e sua forma era recomposta introduzindo-se nele diversos materiais. Em seguida, o cadáver era perfumado com óleos e impermeabilizado com cera de abelha, que impedia a entrada de umidade nas células. Finalmente, era envolvido com faixas de linho e colocado no sarcófago, para iniciar sua jornada ao desconhecido.

Múmia egípcia com objetos de embalsamamento: copo de óleo, faca e instrumento utilizado para a remoção das vísceras do crânio através de cavidades nasais e vasos. Utensílios de cerca de 715 a.C.-332 a.C.

O declínio do Novo Império teve início no reinado de Amenhotep IV (1353 a.C.-1335 a.C.). Ele tentou estabelecer no Egito o monoteísmo, ou seja, a adoração de um deus único: Atón. Essa reforma religiosa provavelmente tinha objetivos políticos: enfraquecer os sacerdotes de Amon-Rá, cujo crescente poder ameaçava o monarca. Para alcançar esse fim, Amenhotep mudou seu nome, que fazia referência a Amon, para Akhenaton (cujo significado era "criativa manifestação de Atón") e fundou uma cidade **homônima**, que se tornou a capital do Egito, tentando assim diminuir a influência dos sacerdotes de Tebas. Após a morte de Akhenaton, porém, seu sucessor, Tutancâmon (1336-1327 a.C.), reestabeleceu o politeísmo e mudou a capital para Mênfis.

O fim do Novo Império, por volta de 1070 a.C., relacionou-se ao fortalecimento dos sacerdotes e ao crescente poder político do Exército. Posteriormente, líbios, núbios e assírios invadiram e formaram novas dinastias. Em seguida, os persas conquistaram o Egito, sendo sucedidos pelos macedônicos e, em 31 a.C., pelo Império Romano.

ORGANIZANDO AS IDEIAS

3. Caracterize a sociedade egípcia.
4. Explique os motivos que levavam os egípcios a empreenderem a técnica de mumificação no Egito Antigo.

Homônima: que tem o mesmo nome.

Kush, outro império do Nilo

A civilização egípcia não foi a única a se desenvolver no norte da África. Ao longo do curso do Rio Nilo, formou-se o Reino de Kush, na região da Núbia (norte do atual Sudão), que, apesar da influência egípcia, constituiu sua própria forma de governo e uma rica cultura.

A composição étnico-fenotípica da população se diferenciava da do Egito, uma vez que os habitantes da Núbia eram negros. Mantendo crescente contato cultural e comercial com os egípcios, a quem forneciam pedras semipreciosas, ouro, marfim, plumas e peles, as comunidades que se desenvolveram inicialmente na Núbia muitas vezes sofreram saques organizados pelos faraós egípcios, até que parte da região foi ocupada pelo Egito durante o Médio Império.

Após a invasão dos hicsos ao Egito por volta de 1630 a.C., a Núbia conseguiu recuperar sua independência. Após esse processo, a cidade de Kerma, na região agrícola mais rica da Núbia, se impôs sobre as outras e tornou-se o centro do Reino de Kush.

Kush manteve íntimas relações comerciais com o Egito, e as duas regiões trocavam artigos de luxo que abasteciam suas elites. Assim, os kushitas se apropriaram de muitos elementos da cultura egípcia, como a escrita hieroglífica, que tornou mais eficiente a administração do seu vasto território. Suas cidades eram cercadas por muralhas e seus templos eram inspirados nos modelos egípcios, ainda que os núbios demonstrassem maior predileção pela realização de sacrifícios para os deuses.

Por meio da análise dos cemitérios de Kerma, historiadores conseguiram identificar as práticas funerárias desse povo. A elite era enterrada com seus servos ainda vivos e com tudo aquilo que pensavam ser necessário no além-túmulo, o que evidencia a crença na vida após a morte.

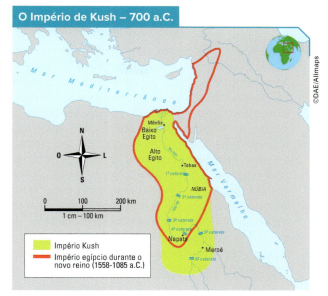

Fonte: Disponível em: <www.classzone.com/cz/books/ms_wh_survey/resources/images/chapter_maps/wh04_kushkingdom.jpg>. Acesso em: 8 dez. 2015.

Após a expulsão dos hicsos do território egípcio, por volta de 1550 a.C., os faraós se lançaram na conquista de Kerma, tomada por Tutemósis I. Com a anexação ao Império, o processo de assimilação cultural aprofundou-se, com a incorporação das elites kushitas à Corte egípcia e o incentivo do casamento entre egípcios e núbios. A cidade de Kerma foi totalmente abandonada, surgindo em toda Núbia povoados que buscavam reproduzir modelos egípcios.

Nesse período, a Núbia passou a desempenhar um papel significativo na economia egípcia, motivo pelo qual a administração do território foi transferida para funcionários de confiança dos faraós, os vice-reis. Além de serem chefes religiosos, os vice-reis eram responsáveis pela segurança da região e pela entrega de seus tributos.

Com problemas internos e o fortalecimento do sumo sacerdote de Amon em Tebas, que limitou o poder do faraó ao Alto Egito – como vimos anteriormente – os chefes tribais nativos núbios reorganizaram-se na cidade de Napata.

Ruínas da cidade de Meroé, Núbia, atual Sudão. Foto de 2014.

Os povos do Oriente Próximo   Capítulo 3   43

O poder feminino em Kush

Na sociedade kushita, além de desempenharem um papel importante na organização econômica – trabalhando na agricultura, nas minas de ouro ou na produção do artesanato – as mulheres passaram a ocupar, na época de Napata, cargos de liderança política ou religiosa, exercendo grande influência na sociedade. Assim, além da possibilidade de se tornarem sacerdotisas no templo de Amon, em Tebas – quando o Egito estava sob dominação kushita – ou em Napata, o que lhes permitia exercer grande influência econômica e política, algumas mulheres exerceram poderes administrativos e militares ao se tornarem rainhas. Mesmo não governando, detinham muito poder, pois atuavam como conselheiras dos reis, fossem estes seus maridos ou filhos.

Pedestal de arenito retratando a candace Amanitore, localizado no sítio arqueológico de Wad Ban Naga, Sudão (c. 1-25 a.C.). Geralmente as candaces eram representadas com um grande volume corporal – seios fartos e quadris largos –, o que possivelmente simbolizava, além da fertilidade, sua força como mulher e mãe.

Quando os líbios – povo do noroeste da África – ameaçaram reunificar o Egito sob seu poder, o rei kushita Piye (751 a.C.-716 a.C.) iniciou uma campanha militar, derrotando os vários principados que estavam estabelecidos no Egito e restaurando a segurança em Tebas. Mas foi seu irmão e sucessor, Xabaca (716 a.C.-701 a.C.), que conquistaria o Egito e fundaria a XXV Dinastia, também conhecida como Dinastia Kushita, que governaria a região por cerca de 50 anos.

Por volta de 671 a.C., a região do Delta do Nilo começou a ser invadida pelos assírios, que contaram não apenas com a superioridade de suas armas – feitas de ferro, contra as espadas de bronze e pedra dos egípcios – mas também com o apoio dos nobres do Delta, descontentes com a supremacia da Núbia. Após a vitória assíria, os kushitas retornaram para a Núbia.

Em cerca de 591 a.C. os egípcios invadiram novamente a Núbia. Como consequência, a capital foi transferida de Napata para Méroe, no sul. Alguns historiadores acreditam, porém, que a mudança da capital tenha sido estimulada não pela incursão egípcia, mas pela erosão do solo do norte, que não servia mais para o pastoreio. Como a criação de gado tornara-se uma atividade econômica importante para os kushitas, a migração para Méroe, região menos árida e com largas pastagens, teria sido necessária.

Apesar de os reis kushitas continuarem ligados aos costumes egípcios no período meroítico, traços marcadamente núbios – que na verdade nunca desapareceram – tornaram-se mais aparentes. Assim, os antigos deuses núbios retornaram ao panteão, a escrita egípcia foi substituída por duas formas de escritas meroíticas e as tradições artísticas assumiram uma identidade própria. Inserido nesse processo, o papel político da mulher, sempre importante em Kush e exercido principalmente pela mãe do rei, tornou-se mais evidente com a ascensão política, no século II a.C., das rainhas, chamadas de candaces.

O comércio kushita permanecia intenso e, quando os macedônios passaram a governar as terras egípcias, em 332 a.C., a demanda por artigos africanos aumentou consideravelmente. Méroe, que funcionava como entreposto comercial de mercadorias oriundas de toda a África, alcançou seu ápice nesse período. Além dos gregos, os persas e os árabes tornaram-se os principais parceiros comerciais dos kushitas.

Em 30 a.C., com a extinção da Dinastia Ptolomaica, os romanos passaram a controlar o Egito, mas, embora tenham ocorrido alguns conflitos, Méroe não foi conquistada. No século III d.C., o assalto às rotas caravaneiras por parte dos povos nômades do deserto, a concorrência comercial e o declínio do comércio externo contribuíram para o declínio de Méroe, que posteriormente seria anexada por um poderoso reino que surgia na Etiópia: Aksum, também chamado de Axum.

ORGANIZANDO AS IDEIAS

5. Explique o que foi o processo de egipcianização na Núbia.
6. Aponte uma diferença no papel político da mulher na Núbia em relação ao Egito.

Hebreus, fenícios e persas

Os hebreus e o monoteísmo

Por volta de 3000 a.C., povos semitas, originalmente da Arábia, chegaram à costa oriental do Mar Mediterrâneo. Eles tinham as mesmas origens culturais e um tronco linguístico que englobava diversos povos, entre eles os árabes e os hebreus.

A Bíblia, sobretudo o Antigo Testamento, é uma das principais fontes para o estudo dos povos hebreus, os primeiros a adotar uma religião monoteísta: o judaísmo. No entanto, pesquisadores consideram que há informações contraditórias e anacronismos nos textos religiosos, de modo que é preciso analisá-los criticamente.

Com base nos relatos bíblicos e em estudos arqueológicos, sabe-se que os hebreus inicialmente se estabeleceram na cidade de Ur, na Mesopotâmia, vivendo como pastores nômades e organizados em famílias e tribos lideradas por anciãos: os patriarcas, que atuavam como chefes. Um dos líderes hebreus, Abraão, teria recebido um chamado do deus Javé (ou Iahweh, ou Jeová) por volta de 1800 a.C., ordenando-o a partir para Canaã (Palestina), a Terra Prometida, que havia sido destinada a eles. Na região, porém, os hebreus passaram fome por causa de uma seca prolongada. Por isso, deixaram Canaã e se dirigiram para o Vale do Nilo, então dominado pelos hicsos. Sem oposição destes, os hebreus se estabeleceram no Egito; entretanto, quando os egípcios retomaram o território, por volta de 1550 a.C., o povo hebreu teria sido perseguido e escravizado.

Segundo a Bíblia, foi Moisés quem liderou a fuga dos hebreus do Egito, aproximadamente em 1447 a.C., episódio que ficou conhecido como Êxodo, e onde se dá um dos fatos bíblicos mais conhecidos: a abertura do Mar Vermelho.

O retorno a Canaã marcou também um importante momento da história hebraica, pois no caminho Moisés teria recebido, no Monte Sinai, os Dez Mandamentos, conjunto de leis e normas que deveriam ser seguidas pelo povo hebreu. Após uma peregrinação de 40 anos, os hebreus finalmente teriam chegado a Canaã, já sem Moisés, que faleceu antes do término da viagem.

Entretanto, a ocupação do território não foi fácil, pois ele estava habitado por outros povos. Inicialmente, os hebreus dividiram-se em 12 tribos. Depois de séculos de luta com as populações locais e outros invasores, os hebreus conseguiram criar um reino, do qual Saul foi o primeiro rei (1021 a.C.-1000 a.C.).

Nesse período começaram a existir também algumas diferenças, sobretudo entre as tribos do norte e as do sul. O rei Davi conseguiu, porém, reunir as 12 tribos, e seu governo foi marcado pela expansão do território e pelo estabelecimento da capital em Jerusalém.

Êxodos

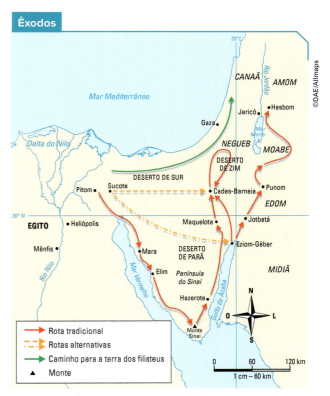

Fonte: DUBY, Georges (Dir.). *Atlas histórico mundial*. Barcelona: Larousse, 2007. p. 29.

Questionamentos bíblicos

Apesar de o relato bíblico apontar que cerca de 600 mil judeus teriam fugido do Egito, alguns historiadores argumentam que a fuga de tantos escravos seria praticamente impossível, já que os egípcios mantinham fortificações em todas as fronteiras. Além disso, sugerem que um evento tão significativo deveria aparecer nos registros egípcios. Assim, como não existem comprovações históricas ou arqueológicas do Êxodo, alguns pesquisadores sustentam que ele não existiu como evento histórico, tendo sido narrado muito tempo depois, por volta do século VII a.C., com o objetivo de criar uma memória que unificasse o povo hebreu.

Seu filho Salomão ergueu, no século X a.C., o primeiro templo de Javé em Jerusalém, transformando a cidade em um centro religioso. Além disso, estimulou as atividades econômicas – especialmente o comércio e o artesanato –, reforçou a estrutura militar e passou a cobrar pesados impostos. Após sua morte, surgiram dois Estados rivais: o Reino de Israel, ao norte (formado por dez tribos), tendo Samaria como capital, e o Reino de Judá, ao sul (formado por duas tribos, Judá e Benjamin), com capital em Jerusalém. Os habitantes do Reino de Judá, os judeus, acreditavam que não poderia haver outros lugares de culto além do templo de Jerusalém e que os samaritanos eram infiéis a Deus.

Enfraquecidos, os dois reinos sucumbiram. Israel foi dominado pelos assírios em 722 a.C. e Judá pelo Império Babilônico em 587 a.C. Jerusalém foi tomada por Nabucodonosor e teve seu templo destruído. Grande parte da população da Judeia foi levada em cativeiro para a Babilônia. Quando Ciro, rei dos persas, tomou a Babilônia em 539 a.C., autorizou a volta dos judeus a Jerusalém e a reconstrução do templo. Apesar de estarem submetidos aos persas, os judeus gozavam de certa autonomia e eram regidos por suas próprias leis.

Após os persas, os reis greco-macedônios controlaram o território, mas em 63 a.C. a Judeia caiu sob domínio romano. Grande parte dos judeus, porém, continuou a viver em outros territórios, dando início à Diáspora, ou seja, a dispersão hebraica pelo mundo. Mesmo assim, os judeus mantiveram uma forte unidade cultural, derivada sobretudo de uma experiência religiosa comum, e esperavam retornar à Terra Prometida aos seus ancestrais.

O judaísmo

A religião judaica foi inicialmente baseada na crença em uma aliança entre Javé e os hebreus, que se consideravam o povo eleito. Tal aliança era simbolizada pela circuncisão, prática que, segundo a Bíblia, fora instituída por Abraão. Com essa prática se estabelecia que os hebreus não adorariam outros deuses a não ser Javé. Essa exclusividade – que, inicialmente, não negava a existência de outros deuses – evoluiu aos poucos para o monoteísmo.

Durante o culto a Javé ocorriam sacrifícios supervisionados por sacerdotes no templo de Jerusalém. Além dos Dez Mandamentos, um conjunto de regras contidos na Torá – os cinco primeiros livros do Antigo Testamento cristão – detalhava esse culto, estabelecendo normas sociais e morais que deveriam ser respeitadas para manter o pacto com Deus. Por essa razão, a Torá é tanto uma história da aliança com Javé quanto um conjunto de textos normativos civis e religiosos que constituem a lei dos judeus.

A dominação estrangeira e a Diáspora influenciaram as transformações do judaísmo. Por ocasião do exílio na Babilônia, os judeus procuraram registrar os textos sagrados na Torá. Passaram a dar mais ênfase às práticas pessoais e aos rituais que constituíam a identidade judaica (circuncisão, regras de purificação, restrições alimentares, repouso no sábado, preces). Tal evolução acentuou-se com o fechamento e posterior destruição do templo, que levou ao abandono do culto por meio de sacrifícios.

O judaísmo organizou-se então em torno das sinagogas (locais de oração e de ensino) sob a autoridade dos rabis (intérpretes da Torá).

Podemos dizer que uma das originalidades do judaísmo foi o fato de ter evoluído de um rigoroso monoteísmo para uma forma de universalismo, ou seja, para uma doutrina que afirmava que todos os homens seriam destinados à salvação eterna, graças à bondade divina. Além disso, o judaísmo caracterizou-se por tocar em diversos princípios religiosos fundamentais, que seriam retomados pelo cristianismo e pelo islamismo, como a imortalidade da alma, o pecado, o arrependimento e a salvação do mundo.

Manifestação pró-Israel em São Paulo, julho de 2014. Com a constante tensão entre israelenses e palestinos no Oriente Médio, manifestações favoráveis aos dois lados são comuns em muitas cidades do mundo quando ocorre uma ofensiva militar ou decisão polêmica de alguma das partes.

Fenícios: comerciantes e navegadores

Por volta do ano 3000 a.C., os fenícios estabeleceram-se na costa do Mediterrâneo em um limitado território. Estudiosos acreditam que esse povo – de origem semita – possivelmente era descendente dos habitantes de Canaã, pois se denominavam canaanitas. Embora compartilhassem uma cultura comum, os fenícios nunca formaram um Estado unificado, mas organizaram-se em cidades-Estado independentes.

Os fenícios tinham uma intensa atividade comercial, e registros mostram que, desde 2600 a.C., já negociavam com o Egito o cedro, um tipo de madeira bastante resistente encontrada no território fenício e utilizada para a construção naval. Com uma tinta púrpura extraída da concha de um molusco, os fenícios tingiam tecidos que, assim como as joias, os objetos de vidro e cerâmica fabricados pelos artesãos, eram muito valorizados e, por isso, exportados.

Por volta de 1500 a.C., os portos fenícios haviam se tornado importantes centros comerciais, mas as sucessivas invasões de diferentes povos – amoritas, hicsos e egípcios –, depois de 1250 a.C., levaram ao fim de sua autonomia. Com o enfraquecimento do

Relevo nas paredes do Palácio de Dario, em Persépolis, Irã. Foto de 2014.

poder egípcio em 1100 a.C., os fenícios puderam se reerguer e constituir um grande centro de comércio internacional. Começaram então a fundar colônias ao longo da costa da África e nas ilhas do Mar Mediterrâneo. Dessa forma, obtinham matérias-primas para confecção de seus produtos e, principalmente, controlavam importantes rotas comerciais.

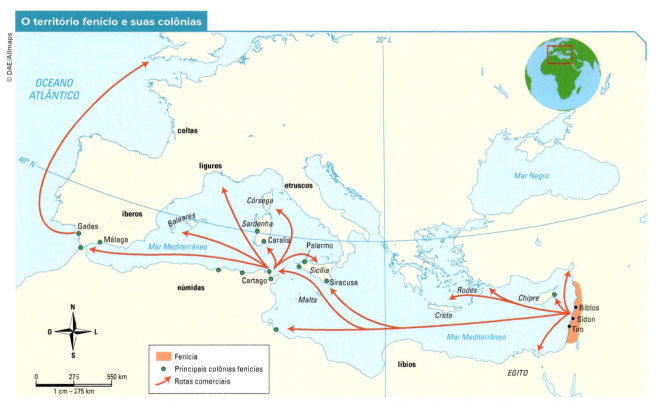

Fontes: DUBY, Georges (Dir.). *Atlas histórico mundial*. Barcelona: Larousse, 2007. p. 30-31; VICENTINO, Cláudio; *Atlas histórico*: geral e Brasil. São Paulo: Scipione, 2011. p. 36.

A constante troca de mercadorias com diferentes povos exigiu que os fenícios desenvolvessem um sistema de escrita simplificado para registrar suas transações. Os símbolos existentes até então representavam uma ideia ou uma única palavra, o que demandava uma grande quantidade de signos. Composto de apenas 22 letras, todas consoantes, o alfabeto fonético desenvolvido pelos fenícios representava sons e era mais fácil de ser aprendido e reproduzido. Posteriormente, gregos e romanos utilizaram esse sistema de escrita como base para desenvolver seus próprios alfabetos.

Em 842 a.C., os fenícios perderam mais uma vez sua independência, sendo dominados sucessivamente pelos Impérios Assírio, Persa (558 a.C.), Macedônico (330 a.C.) e Romano (65 a.C.).

O poderio dos persas

Os persas foram contemporâneos de muitas civilizações aqui estudadas, como a egípcia, a mesopotâmica e a hebraica. Por volta do ano 1000 a.C., diversos povos indo-europeus, entre eles os medas e os persas, deslocaram-se para a região do Irã. Os medas fixaram-se ao norte do planalto e, para se defender das constantes invasões assírias, conseguiram se unificar primeiro, o que favoreceu, em seguida, que dominassem os persas. Contudo, em 550 a.C., os persas, comandados por Ciro II, lideraram uma revolta contra o rei meda. A vitória marcou o início da Dinastia Aquemênida e do Império Persa, que se expandiu às custas do Império Babilônico. A capital do Império passou a ser Pasárgada, e graças à política administrativa de Ciro II, os povos conquistados tinham sua cultura e instituições respeitadas. Essa política era em grande parte influenciada pela religião persa, o zoroastrismo, que pregava um tratamento igualitário a todas as criaturas vivas.

Nas décadas seguintes, o Império Persa anexou o Egito, a Anatólia (atual Turquia), parte da Ásia Central e a porção norte da Índia. Em 490 a.C., porém, seu soberano Dário I foi derrotado em sua tentativa de dominar a Grécia.

Dário I dividiu o Império em 20 províncias organizadas por identidades étnicas e governadas por um sátrapa, diretamente subordinado ao monarca. Os sátrapas cobravam impostos, garantiam o cumprimento das leis, agiam como juízes e nomeavam funcionários. Para fiscalizá-los, Dário implantou uma espécie de serviço secreto formado por mensageiros que eram os "olhos e ouvidos do rei".

Uma religião dualista

O rei persa Artaxes I recebe uma coroa do deus Ahura-Mazda. Baixo-relevo localizado na necrópole de Naqsh-i Rustam, no Irã.

Como vários povos da Antiguidade, os persas praticavam o politeísmo. Porém, por volta de 600 a.C., o profeta Zoroastro, que possivelmente vivia na região nordeste da Pérsia, expôs os dogmas de uma nova religião, que passou a ser adotada no Império. Segundo Zoroastro, no Universo existiriam dois princípios opostos, que corresponderiam a dois deuses antagônicos: o bem, a luz, representado pelo deus Aura-Masda, e o mal, as trevas, representado por Arimã. Pelo fato de os seres humanos serem dotados de livre-arbítrio, cabia a eles a escolha, mas aqueles que escolhessem o caminho do mal seriam punidos. Os ensinamentos de Zoroastro encontram-se no livro sagrado chamado Avesta, baseado em seus escritos e compilado por volta de 224 a.C. Embora tenha poucos adeptos, o zoroastrismo ainda é praticado no Irã e na Índia.

Além disso, Dário tentou facilitar as viagens e a comunicação em seu vasto império ao construir uma Estrada Real. Por sua vez, o comércio e as trocas entre todo o território foram promovidos graças à introdução de uma moeda única.

Dário I foi sucedido por seu filho Xerxes (486 a.C.--465 a.C.), que também fracassou em sua invasão à Grécia. A expansão persa havia chegado ao fim, e as rebeliões no Império tornaram-se mais comuns, culminando com a entrada e o domínio dos macedônicos em 334 a.C.

ORGANIZANDO AS IDEIAS

7. Qual elemento podemos apontar como o mais importante na constituição da identidade cultural do povo hebreu?
8. De que maneira o comércio incentivou a criação do alfabeto fonético pelos fenícios?
9. Comente como seu deu o início do Império Persa e sua expansão.
10. Quais as vantagens da instituição de uma moeda única para o Império Persa?
11. Discorra sobre a organização político-administrativa do Império Persa promovida por Dário I.

Revisando o capítulo

APROFUNDANDO O CONHECIMENTO

1. Com base no que você estudou neste capítulo, relacione os seguintes traços culturais marcantes da antiga civilização egípcia: a arquitetura monumental das pirâmides, o culto aos mortos e o poder dos faraós.

2. Observe atentamente o mapa.

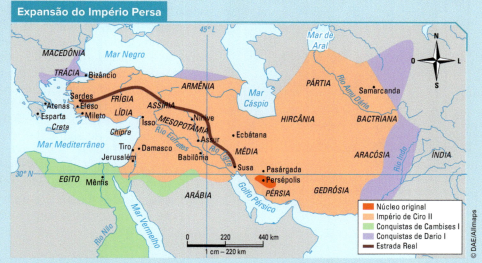

Fonte: José Jobson de Arruda. *Atlas histórico básico*. São Paulo: Ática, 2011. p. 9.

   a. Observe que Ciro II ocupou uma área de aproximadamente 8 milhões de quilômetros quadrados no período em que esteve à frente do Império Persa. Que regiões ele dominou? Explique como ele conseguiu administrar um território tão extenso.
   b. Dário I inovou ao organizar o território em satrapias. Explique essa afirmação.
   c. Observe o mapa e anote em seu caderno as principais cidades pelas quais passava a Estrada Real. Por que essa estrada foi construída?

3. Leia o texto a seguir sobre as recentes descobertas arqueológicas acerca dos hebreus e responda às questões.

Objetos de culto de 3 000 anos são encontrados perto de Jerusalém

Arqueólogos israelenses descobriram um templo e objetos provavelmente utilizados em práticas religiosas de idolatria há mais de 3 000 anos, anunciou o Departamento Israelense de Antiguidades.

Os vestígios foram descobertos em Tel Motza, a alguns quilômetros de Jerusalém, durante as escavações arqueológicas realizadas antes do início das obras na estrada entre Jerusalém e Tel Aviv.

"O local de culto de Tel Motza é uma descoberta surpreendente e inesperada, porque não há praticamente nenhum vestígio de locais de culto para o período do reino da Judeia", declararam os diretores das escavações em um comunicado.

Esta descoberta é uma evidência rara das práticas religiosas fora de Jerusalém durante a antiga monarquia do reino judeu da Judeia, disse à AFP Eirikh Anna, que codirigiu as escavações.

Este reino foi criado após a morte do rei Salomão, que causou um cisma entre as doze tribos de Israel, dez delas formaram o novo Reino de Israel (no norte), enquanto os de Judá e Benjamin reuniram-se em torno de Jerusalém para construir o reino de Judá. Os vestígios datam do século 9 ou 10 a.C., na época do Primeiro Templo em Jerusalém. Eles sugerem que os judeus da época mantinham práticas idólatras religiosas paralelas à prática dominante do judaísmo no templo de Jerusalém, considerou Eirikh. "É muito interessante ver esses objetos religiosos e este templo tão perto de Jerusalém", acrescentou, ressaltando o caráter "maciço" do altar e dos muros do templo de Tel Motza.

Diversos objetos foram descobertos nas proximidades, principalmente cerâmicas, fragmentos de cálices e estatuetas de homens e animais, incluindo um cavalo.

Arqueólogo israelense mostrando figuras de cerâmica usadas em rituais e práticas religiosas datados dos séculos IX e X a.C. e descobertos em Tel Motza, próximo a Jerusalém, Israel. Foto de 2012.

Folha de S.Paulo. 1º jan. 2013. Disponível em: <www1.folha.uol.com.br/turismo/1207064-objetos-de-culto-de-3000-anos-sao-encontrados-perto-de-jerusalem.shtml>. Acesso em: 29 out. 2015.

a. O que os arqueólogos israelenses encontraram nas escavações realizadas em Tel Motza, próximo à cidade de Jerusalém? Esses vestígios pertenceram a que reino dos antigos hebreus?

b. O que esses objetos sugerem sobre as práticas religiosas dos hebreus?

c. As descobertas arqueológicas em Tel Motza são muito importantes para o estudo dos hebreus. Que outra fonte histórica essencial é utilizada pelos historiadores para estudar essa civilização? Por quê?

4. A imagem traz algumas informações sobre as civilizações egípcia e kushita. Observe-a com atenção para responder às questões.

a. Que civilização foi representada nessa pintura? O que as pessoas representadas estão fazendo?

b. Por meio dessa imagem, o que podemos dizer sobre a relação entre os antigos egípcios e os kushitas?

c. Descreva as características artísticas dessa pintura.

Representação da civilização kushita na tumba de Rekhmire, vizir de Tuthmosis III e Amenhotep II. Reino novo, pintura de parede, 18ª dinastia egípcia (c. 1567-1320 a.C.). Vale dos Reis, Tebas, Egito.

Unidade 2 Os povos da Antiguidade

AS EXTREMIDADES DO MUNDO: ORIENTE E OCIDENTE

CAPÍTULO 4

Os povos da Antiguidade ocupavam regiões além do Oriente Próximo. A leste, desenvolveram-se civilizações dotadas de complexas estruturas políticas nas regiões que correspondem hoje à Índia e à China. Ambos os países – que são os mais populosos do mundo atualmente – provocam fascínio devido à milenária civilização e à manutenção de muitas tradições, obrigando o passado remoto a conviver com o moderno presente.

A oeste, no continente americano, indícios arqueológicos atestam o florescimento de civilizações pré-colombianas, como os olmecas e os maias, construtores de grandes cidades, que se destacaram pela importância de sua cultura e de sua religião, pela escrita e pela astronomia.

Construindo o conhecimento

- Você já ouviu falar da Muralha da China, ou Grande Muralha? Em sua opinião, o que pode ter levado os chineses a erguer essa construção?
- Em 2009, uma telenovela brasileira abordou temas da cultura indiana, como o sistema de castas, dando especial foco ao estigma que envolve os chamados "intocáveis". O que você sabe sobre o sistema de castas indiano?

Plano de capítulo

- O nascimento de culturas milenares
- As primeiras civilizações mesoamericanas

Trecho da Grande Muralha da China, na província de Hebei. A construção, que possui cerca de 7 mil quilômetros de extensão, foi iniciada aproximadamente em 220 a.C. e concluída apenas no século XV, durante a Dinastia Ming. Uma das mais célebres realizações humanas, sua extensão é um indicador da riqueza e sofisticação de uma das civilizações que analisaremos ao longo desse capítulo: a chinesa. Foto de agosto de 2014.

Marcos cronológicos

7000 a.C. Desenvolvimento de diversas culturas às margens do Rio Amarelo, na China.

3300 a.C. Aparecimento das primeiras cidades na Índia: Harappa e Mohenjo-Daro.

3000 a.C. Surgem as primeiras cidades na China.

2000 a.C. Os maias desenvolvem-se no sul do atual México e na Guatemala.

1600 a.C. Início da Dinastia Shang e chegada dos ários na Índia.

1200 a.C. Os olmecas exercem sua influência na região do México Central.

1110 a.C. Crise da Dinastia Chang e fundação da Dinastia Zhou.

400 a.C. Declínio dos olmecas.

321 a.C. Formação do Império Mauria na Índia.

250 a.C. As cidades maias alcançam seu maior desenvolvimento.

221 a.C. Início do império na China, comandado por Huang-Ti.

O nascimento de culturas milenares

China

Muitas culturas se desenvolveram na região chinesa no período desde 7000 a.C. a 3000 a.C. O Rio Amarelo foi fundamental para a sedentarização ao fornecer água para a agricultura e consumo humano. Por volta de 1700 a.C., um grupo sobre o qual pouco se sabe foi pioneiro na construção de centros urbanos e de um Estado: a Dinastia Shang, também responsável pelo desenvolvimento da escrita e pela promoção da integração e da unificação de uma região marcada pela diversidade.

Sua economia baseava-se na agropecuária. O monarca atuava como chefe de governo, do exército e como líder religioso. Os Shang acreditavam que seus antepassados desempenhavam um papel ativo em sua vida diária e em seus destinos, pois se convertiam em deuses. Por isso, faziam oferendas aos mortos, já que eles garantiriam a prosperidade da comunidade. Os fenômenos da natureza também eram respeitados e percebidos como ação de espíritos que exerciam poder sobre a humanidade.

A cidade de Anyang teria sido a última capital Shang, e nela há registros de palácios reais e residências aristocráticas. Há divergências entre historiadores sobre o caráter da mão de obra que ergueu os palácios, templos e fortificações desse período. Uns defendem que essa era uma sociedade escravista, enquanto outros sustentam que as relações de trabalho se baseariam em laços pessoais de obrigação que perpassariam toda a sociedade, dos reis até os camponeses.

Em 1046 a.C., um povo vindo do oeste conquistou o poder: os Zhou. Eles dividiram a China em dezenas de províncias governadas por parentes e aliados do soberano. Seu governo era, portanto, descentralizado. O monarca mantinha, porém, uma posição especial, pois era considerado o "filho do céu", que mediava a relação entre a humanidade e as divindades, garantindo a harmonia do mundo através do culto de seus ancestrais.

No final do segundo milênio antes de Cristo, as cidades chinesas eram grandes, cercadas por imensas muralhas de terra batida. O Estado e a aristocracia dominavam uma população majoritariamente rural, e era a exploração do trabalho camponês que sustentava a hierarquia social e política.

Com o passar do tempo, o domínio do rei sobre os territórios periféricos se enfraqueceu. A invasão do território por povos nômades do norte e do oeste a partir de 800 a.C. somou-se à crescente autonomia dos chefes locais, de modo que a Dinastia Zhou passou a controlar apenas um reduzido território. As diversas regiões chinesas passaram a guerrear constantemente entre si, pois nenhuma conseguia afirmar sua hegemonia sobre as demais.

Escritos chineses

Muitos registros sobreviventes da Dinastia Shang são consultas feitas a oráculos, que indicavam a vontade dos deuses. Os desígnios religiosos eram grafados em cascos de tartarugas e ossos de animais, como retratado ao lado, com o objetivo de se constituir arquivos que facilitariam a consulta desses desejos. Nos ossos apareciam três tipos de conteúdo: a pergunta ao oráculo; a resposta recebida; e o resultado real. A prática de submeter perguntas ao fogo e analisar ossos de animais sacrificados para estabelecer contato com os deuses foi característica da Ásia Oriental, enquanto nas zonas ocidentais o exame das vísceras dos animais era mais frequente. Todos os assuntos eram submetidos a esse tipo de consulta: expedições militares, nomeação de cargos, viagens, construção de cidades etc. Os colégios de escriba funcionavam com os dos oráculos, já que esses também deveriam saber ler e escrever.

Casco de tartaruga petrificado com escrita ritual da Dinastia Chang, de c. 1400 a.C.

Estátua de Confúcio diante de um templo que recebe seu nome, em Pequim, China. Foto de junho de 2014.

Em meio ao pessimismo, à corrupção e à fome resultantes das guerras, surgiu uma rica produção intelectual, revelando grandes pensadores como Confúcio (c. 551 a.C.-479 a.C.), que propôs maneiras de garantir o bom funcionamento da sociedade, destacando o papel da educação na formação de indivíduos virtuosos e generosos. Para garantir a harmonia social, defendia a ordem e a hierarquia. Já o taoísmo, supostamente criado por Lao Tsé na mesma época, pregava o afastamento do governo, a meditação e o autoconhecimento.

Em 256 a.C., o último rei Zhou foi deposto pelos Ch'in, povo bem-sucedido não só em reunificar o território mas também em estender o império. Em 221 a.C., Shi Huang-Ti se fez proclamar imperador, título retomado por todos os monarcas chineses posteriores. Foi da Dinastia Ch'in que se originou o nome China.

Huang-Ti foi responsável por uma grande mudança na política ao expandir o legalismo, já em vigor no território dos Ch'in, por toda a China. Segundo essa filosofia política, as leis não deveriam ser meros preceitos morais, mas regras estritas a serem aplicadas igualmente a todos. Outra medida tomada por Huang-Ti foi a unificação da moeda, do sistema de escrita e dos pesos e medidas. Esse esforço uniformizador impulsionou o comércio. Para controlar a vasta área dominada, o soberano construiu ainda uma rede de estradas que facilitava o deslocamento das tropas e deu início à construção de um complexo defensivo que se expandiu nos séculos seguintes e ficou conhecido como a Grande Muralha.

A busca pela imortalidade

Após a reunificação do território chinês, Huang-Ti estabeleceu para si outro desafio: descobrir o elixir da vida. Para alcançar a imortalidade, buscava produtos que pudessem reverter o processo de envelhecimento de seu corpo, optando enfim pelo mercúrio. Ironicamente, sua morte, em 210 a.C., pode estar relacionada ao envenenamento por essa substância.

A enorme tumba de Huang-Ti, descoberta em 1974, tem mais de 100 metros de altura e cobre uma área de 56 quilômetros quadrados. As fossas abrigam um exército de milhares de estátuas dispostas ao lado do corpo de Huang-Ti. O costume de usar estátuas nas tumbas substituiu o hábito de condenar à morte os íntimos e companheiros do rei para acompanhá-lo no além-túmulo, como era a norma no período Chang.

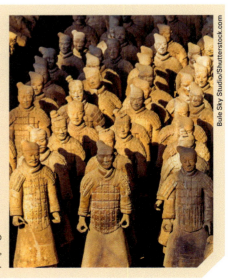

Detalhe da coleção de esculturas de terracota conhecida como Guerreiros de Xian, encontradas no túmulo do imperador Che Huang-ti, nas proximidades de Changan, China. Foto de 2014.

As extremidades do mundo: Oriente e Ocidente — Capítulo 4

A China no tempo dos Han

Sob a Dinastia Han, o Império Chinês alcançou seu apogeu. Pela primeira vez na história, estabeleceram-se relações comerciais e diplomáticas entre a Ásia, o Extremo Oriente e a Europa. Além das trocas de produtos, o estabelecimento desse caminho permitiu a circulação de pessoas e ideias. Na China, esse contato proporcionou a difusão do budismo, originário da Índia. Com o tempo, o budismo tornou-se a corrente filosófica e religiosa dominante na China, apesar da manutenção de preceitos confucionistas.

Fonte: DUBY, Georges (Dir.). *Atlas histórico mundial*. Barcelona: Larousse, 2007. p. 63.

Após a morte repentina de Huang-Ti, os Ch'in perderam o poder e, em 206 a.C., Liu Pang deu início à Dinastia Han, que durou 400 anos. O imperador diminuiu os impostos, flexibilizou as leis e adotou como filosofia política o **confucionismo** – em substituição ao legalismo. Iniciou-se a política de realização de concursos para a ocupação de cargos públicos, em que os pretendentes deveriam demonstrar domínio do pensamento confucionista. Embora as conexões pessoais e as indicações de aristocratas continuassem a exercer um papel preponderante nesse momento, esse sistema gradualmente se consolidou nos séculos seguintes, permitindo a formação de uma elite não hereditária admitida no serviço público em razão de seu domínio de filosofia, poesia, matemática, direito e caligrafia.

Durante a Dinastia Han, as fronteiras chinesas se estenderam e o comércio externo foi estimulado através da Rota da Seda – principal ligação comercial entre a China e o Ocidente, assim nomeada em razão de ser uma das principais vias das exportações chinesas. Com a queda dos Han, em 220 d.C., a estrutura do poder na China entrou em crise e o império permaneceu dividido por 370 anos, sendo unificado novamente apenas em 589 d.C., sob o domínio da Dinastia Sui.

Índia

A civilização indiana desenvolveu-se às margens do Rio Indo, que atravessa o atual Paquistão e parte da Índia. Pesquisas arqueológicas indicam que grandes cidades surgiram nessa região por volta de 3300 a.C., entre elas, destacam-se Harappa e Mohenjo Daro, planejadas e dotadas de sistema de irrigação e esgoto. Além disso, a localização estratégica dessas cidades, construídas em meio às principais rotas de comércio com a Pérsia e a Mesopotâmia, impulsionou seu crescimento.

Os motivos do declínio dessas cidades são desconhecidos, mas, segundo alguns estudiosos, provavelmente uma série de fatores naturais, como terremotos, mudança do curso dos rios e seca prejudicaram a produção de alimentos e provocaram a emigração dos habitantes da região por volta de 1700 a.C. Nesse mesmo período, grupos nômades da Ásia Central, chamados de arianos, moveram-se gradualmente em direção ao noroeste da Índia. Com o tempo, espalharam-se pelas margens do Rio Ganges e passaram a praticar a agricultura. Surgiu, assim, a civilização védica.

O termo "védico" está relacionado aos *Vedas*, um conjunto de textos sagrados composto de cânticos e orações que contém informações sobre o hinduísmo e a vida dos arianos. O hinduísmo fundamentava-se em alguns conceitos-chave, como a crença na reencarnação e no **carma**, e a divisão da sociedade em quatro varnas, ou classes, dando origem à chamada "sociedade de castas". Assim, os brâmanes, responsáveis pelos

---

Confucionismo: sistema filosófico segundo o qual são as virtudes – e não as leis – que regem a conduta dos indivíduos. Os caminhos para alcançar a virtude seriam a obediência, o comportamento decoroso e o respeito às tradições.

Carma: no hinduísmo, lei segundo a qual toda ação gera uma reação. Para os hinduístas, somente praticando boas ações o indivíduo poderia alcançar um futuro promissor e uma reencarnação favorável.

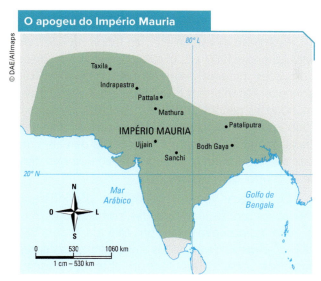

Fonte: WALSH, J. E. *A brief history of India*. Nova York: Facts on file, 2011. p. 48.

rituais religiosos, e os xátrias, representados pelos guerreiros e o rei, ocupavam as castas superiores. Abaixo estavam os vaixás, comerciantes e agricultores, seguidos pelos sudras, que deveriam servir às outras três classes e compunham a maior parte da população. Considerava-se que todas as quatro varnas eram parte do corpo de Brahma, deus criador do Universo. Havia ainda os párias, considerados "intocáveis" por não terem se originado do corpo divino. Alguns historiadores acreditam que os intocáveis pertenciam a comunidades nativas de determinadas regiões conquistadas pelos arianos. Os párias geralmente realizavam trabalhos considerados indignos por envolverem contato com lixo, excrementos e os mortos. Durante os séculos VI a.C. e V a.C., surgiram na Índia o **jainismo** e o budismo, religiões que questionavam esse sistema de castas.

Por volta de 600 a.C., a Índia estava dividida em 16 grandes reinos, que viviam em constantes conflitos, até que o Reino de Magadha subjugou seus vizinhos, formando o Império Mauria em 321 a.C.

Estátua em ouro do deus hindu Brahma. Foto de 2011.

Jainismo: religião fundada na Índia no século VI a.C. que contesta a autoridade dos Vedas. Como o jainismo enfatizava a não violência, os adeptos dessa crença eram proibidos de matar qualquer ser animado, até mesmo uma formiga. Isso significa que pessoas que tinham profissões ligadas a qualquer tipo de destruição da vida – pescadores, por exemplo – não poderiam praticar o jainismo. Assim, muitos jainistas se especializaram no comércio, especialmente de produtos artesanais.

O budismo e a busca pelo "caminho do meio"

Sidarta Gautama nasceu em 566 a.C., em Limbini, região que hoje pertence ao Nepal. Ele fazia parte da classe dos xátrias, mas renunciou à família, à riqueza e aos laços pessoais para alcançar a iluminação total (o nirvana). Após intensa busca espiritual, Sidarta tornou-se Buda ("o Iluminado") e passou a pregar suas descobertas. Ele acreditava que a paz definitiva só seria atingida com a eliminação dos desejos do mundo, entre eles o ódio e a culpa. Assim, os budistas deveriam seguir "o caminho do meio", levando uma vida equilibrada e controlando seus impulsos para livrar-se do eterno ciclo da reencarnação.

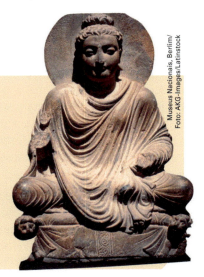

Escultura indiana em ardósia representando Buda, feita entre os séculos II-III d.C.

As extremidades do mundo: Oriente e Ocidente   Capítulo 4

Um dos imperadores da Dinastia Mauria foi Asoka (269 a.C.-232 a.C.), que se converteu ao budismo e adotou uma política de tolerância religiosa. Nesse período, o comércio interno cresceu e foram intensificadas as trocas com o exterior, como China e Roma.

Após a morte de Asoka, o império fragmentou-se, sendo reunificado só em 320 d.C., sob a dinastia dos Guptas. Durante esse período houve intenso desenvolvimento cultural, principalmente nos campos da arte, da ciência e da literatura. Não por acaso, essa época é considerada a era de ouro indiana. O hinduísmo voltou a ter grande popularidade e novos templos foram erguidos, pois os imperadores seguiam essa religião. Por volta do ano 550 d.C., com a chegada dos hunos – povos nômades da Ásia Central – a Dinastia Gupta entrou em declínio e a Índia voltou a se fragmentar.

> **ORGANIZANDO AS IDEIAS**
>
> 1. Como os Zhou organizaram o poder dentro da China após derrotarem os Shang? De que forma isso contribuiu para sua própria derrubada?
> 2. Que atividade econômica se destacou durante a Dinastia Han?
> 3. Explique como funcionava o sistema de castas indiano e como a crença na reencarnação se relacionava a ele.

As primeiras civilizações mesoamericanas

Por volta de 5000 a.C., devido ao desaparecimento de grande parte da megafauna, os povos americanos já praticavam a agricultura e, em algumas regiões, também a pecuária, criando llamas e alpacas. No final do terceiro milênio a.C., com o aumento da população e a crescente domesticação de plantas que integrariam a base da alimentação desses nativos, as populações da América Central e, um pouco mais tarde, da América Andina tornaram-se sedentárias. Provavelmente, a fixação ocorreu por dois motivos: era preciso garantir o fornecimento regular de mão de obra para a agricultura, e o deslocamento tornava-se cada vez mais difícil à medida que a população crescia.

As transformações provocadas pelo sedentarismo possibilitaram o surgimento da cultura olmeca. As características e as conquistas dos olmecas criaram traços característicos que influenciaram as civilizações mesoamericanas posteriores.

Olmecas

Esse povo se estabeleceu ao longo do Golfo do México entre 1200 a.C. e 400 a.C. Ele se adaptou a condições naturais inóspitas, desenvolvendo sua agricultura às margens dos rios para se beneficiar das inundações periódicas que enriqueciam o solo com lodo. As famílias que controlavam as melhores terras provavelmente passaram a dominar as demais, uma vez que produziam grande quantidade de excedentes e controlavam o comércio.

Os olmecas foram responsáveis por inúmeras inovações: construíram cidades com templos monumentais, desenvolveram um calendário com 360 dias e, segundo descobertas arqueológicas recentes, foram os primeiros a utilizar um sistema de escrita hieroglífica na América. A sociedade olmeca provavelmente era estratificada: de um lado havia camponeses que se dedicavam à agricultura; de outro estava uma elite, composta de sacerdotes e nobres, que controlava a religião e o comércio. Os olmecas são reconhecidos por seus monumentos e artefatos, destacando-se entre suas manifestações artísticas as cabeças gigantes, que provavelmente representavam os governantes.

Os olmecas influenciaram profundamente as crenças religiosas de outros povos da Mesoamérica. A principal divindade dessa civilização, representa-

Cabeça colossal produzida pela civilização olmeca em c. 1100-475 a.C.

Fonte: DUBY, Georges (Coord.). *Atlas histórico mundial*. Mallorca: Larousse, 2011. p. 65 e 144.

da por um **jaguar**, foi adotada posteriormente por outras culturas e transformada no "deus da chuva" – um importante título em sociedades agrícolas. Entre suas práticas religiosas, destacava-se o sacrifício humano, também adotado por muitas outras culturas, como a dos maias, toltecas e astecas.

As causas do declínio da sociedade olmeca permanecem desconhecidas. Alguns estudiosos afirmam que alterações climáticas provocaram escassez de alimentos. Outros acreditam que eles foram destruídos por invasores. Sua influência continuaria, porém, a ser sentida nos séculos seguintes.

Maias

Os maias construíram uma das civilizações mais proeminentes da América Central. Distinguiram-se das outras culturas mesoamericanas pela longa duração de sua história, iniciada por volta de 2000 a.C., e sobretudo pelo desenvolvimento da escrita, que provavelmente foi influenciada pelos olmecas. A escrita maia é composta tanto por hieróglifos quanto por símbolos que representam sons e, nesse sentido, tem características de um alfabeto. Essa escrita nos permite conhecer a história dos maias, em especial o período denominado clássico (250--900 d.C.) em maior detalhe do que para outros povos da América.

As primeiras formas de escrita na Mesoamérica estiveram ligadas ao registro de um calendário cerimonial. A utilização conjunta de texto, data e imagem de um rei só foi encontrada entre os maias: a **estela** de Tikal, datada de 292 d.C. A escrita maia foi intensamente utilizada em textos esculpidos ou pintados em monumentos ou estelas.

> **Jaguar:** felino de coloração amarelo-avermelhada, com manchas pretas em todo o corpo, conhecido no Brasil como onça-pintada.
>
> **Estela:** monumento monolítico formado por uma pedra ereta ou coluna destinada a receber uma inscrição, geralmente funerária.

Vista do sítio arqueológico maia de Tikal, na Guatemala. Este é um dos muitos sítios pré-colombianos que ajudam a contar a história do continente americano. Foto de 2015.

As extremidades do mundo: Oriente e Ocidente   Capítulo 4   57

O *TLACHTLI*: JOGO OU RITO?

Quando jogamos futebol ou outro esporte coletivo, dificilmente percebemos o quanto sua organização reflete nossa forma de viver em grupo. É somente ao observarmos outras sociedades que nos damos conta da dimensão social e cultural do jogo.

O antropólogo francês Claude Lévi-Strauss notou que os Gahuku-Gama, povo nativo da Nova Guiné, após aprenderem futebol com os ocidentais, começaram a praticá-lo não com o objetivo de vencer, mas de empatar: jogavam tantas partidas quanto fossem necessárias para que os dois times tivessem o mesmo número de vitórias. Assim, eles fizeram do jogo um rito, visando instaurar um equilíbrio no interior da coletividade. Entre os índios Fox da América do Norte, algo semelhante ocorria nos rituais de adoção, quando um parente substituía outro, que havia morrido. Nessas ocasiões, as competições esportivas contavam com dois times: um representando os vivos, e outro, o falecido, que obrigatoriamente saía vencedor. Com isso, equiparava-se a condição do morto (que perdera a vida, mas ganhava a competição) à dos vivos (que permaneciam com vida, mas perdiam a partida). Para os Fox, esse equilíbrio impedia que o defunto, amargurado, voltasse para se vingar.

O mesmo caráter ritual orientava o *tlachtli* mesoamericano inventado pelos toltecas. A bola de borracha usada no jogo era chamada de *ollin*, que em *náuatle* tem significados variados: bola, esfera, borracha, movimento (da bola, do sol, do céu), terremoto. Acredita-se que o jogo era praticado para evitar **cataclismas**, por meio da conciliação entre forças celestes (elasticidade da borracha) e subterrâneas (o campo), e que a degola do perdedor era uma compensação pelo desgaste do Sol (a bola).

O jogo moderno perdeu esse caráter ritual. Nele, parte-se do princípio de que há um equilíbrio entre dois times, rompido pela vitória de um deles. É o caso do futebol, criado no século XIX pela sociedade industrial. Ele simula as condições de competição do mundo burguês-capitalista, onde todos os homens são teoricamente iguais e se submetem às mesmas regras, distinguindo-se em função de seu desempenho. Enquanto o rito institui uma união entre dois grupos dissociados no início, o jogo faz o inverso: diferencia dois times originalmente em pé de igualdade. Assim, por mais semelhanças que haja entre o *tlachtli* e os modernos jogos de bola, não se pode equipará-los: eles seguem lógicas distintas, que revelam diferentes formas de coesão social.

Os maias também escreveram livros, embora apenas três tenham chegado aos nossos dias. No entanto, ao contrário do que aconteceu na Mesopotâmia ou na China, a escrita dos maias parece ter se limitado a temáticas políticas e religiosas.

A civilização maia floresceu nas terras baixas, entre as montanhas e o Atlântico, onde foram localizados centenas de sítios arqueológicos. Algumas cidades exerceram hegemonia regional, como Tikal, e abrigavam o rei, aristocracia e artesãos, com populações que chegavam a dezenas de milhares de pessoas.

As capitais serviam não só ao culto, mas também à expressão do poder, por meio de monumentos e prédios administrativos. A maior parte dos maias vivia, porém, no campo, pois a base da economia era agrícola. Os plebeus também forneciam a mão de obra necessária para a construção das obras monumentais e para os trabalhos de irrigação.

Náuatle: língua falada por vários povos mesoamericanos pré-colombianos, incluindo toltecas e astecas.

Cataclisma: catástrofe natural.

Fonte: BLACK, Jeremy (Ed.). *World History Atlas*. Londres: Dorling Kindersley, 2008. p. 122.

O caráter monumental dos templos e de outras construções, bem como a qualidade de suas esculturas e pinturas, demonstram a capacidade técnica dos maias, que não dispunham de ferramentas de metal. Como seus antecessores olmecas, os maias conceberam meios de calcular o tempo com base em observações astronômicas e tinham dois sistemas de calendário: um solar, com um ano de 365 dias, e um ritual, com ciclos de 260 dias. Com esses sistemas, eles conseguiam datar determinados acontecimentos com grande precisão, a partir de uma data de início, fixada em 3114 a.C.

A civilização maia entrou em declínio no século X, por razões pouco conhecidas. Muitas cidades foram abandonadas; alguns estudiosos acreditam que esse processo está relacionado a uma crise religiosa que se deu após um período de más colheitas, provavelmente ligado a uma seca prolongada no México e na América Central. De acordo com essa interpretação, a população teria relacionado o desastre natural às ações dos sacerdotes e dos reis, perdendo a fé em seus líderes.

Entretanto, na Península de Iucatã, cidades maias como Chichén Itzá continuaram a ser habitadas e, mais tarde, receberam a influência de outra civilização, que surgiu na parte norte do México: a dos toltecas.

Toltecas

Os toltecas dominaram diversas regiões da América Central entre 1000 e 1200, e colocaram-nas sob o controle de Tula, cidade que em seu período mais populoso abrigou cerca de 40 mil pessoas. A principal característica desse grupo foi a importância atribuída à guerra, o que elevou os guerreiros ao mais alto *status* social. Suas batalhas eram investidas de atributos religiosos, sendo empreendidas em nome dos deuses.

Os toltecas eram ainda excelentes artistas e arquitetos. Por isso, os edifícios que erigiam eram ricamente decorados com colunas detalhadas e painéis com cenas de serpentes, jaguares, pumas e águias. As cidades contavam com gigantescas esculturas, denominadas atlantes, que representavam guerreiros ricamente vestidos.

Os astecas, que dominaram a maior parte do México em meados do século XV, admiravam a cultura tolteca e diziam-se descendentes de seus guerreiros, conforme veremos no Capítulo 12.

> **ORGANIZANDO AS IDEIAS**
>
> 4. De que forma a civilização olmeca influenciou outras sociedades na Mesoamérica?
> 5. Analise o declínio da civilização maia.

Estátuas, em forma de colunas, de guerreiros toltecas no centro cerimonial de Tula, México. Foto de 2014.

Revisando o capítulo

APROFUNDANDO O CONHECIMENTO

1. Leia o trecho a seguir sobre a estrutura política durante a Dinastia Ch'in e responda: De que forma o imperador manteve o poder fortemente centralizado em suas mãos nesse período da história chinesa?

> [...] o que importa é que o príncipe seja a única fonte de benfeitorias e de honras, de castigos e de penas. Se delega a menor parte que seja do seu poder, corre o risco de criar rivais, que cedo tentarão usurpar-lhe esse poder. Do mesmo modo, é necessário que as atribuições dos funcionários do Estado sejam estritamente definidas e delimitadas para que não surja nenhum conflito de alçada e para que os funcionários não se aproveitem da imprecisão dos seus poderes para se arrogarem uma autoridade ilegítima. Mas, acima de tudo, o que deve assegurar o funcionamento do Estado é a instituição de regras objetivas, imperativas e gerais. [...] Não só deve a lei ser pública, conhecida por todos, não consentindo qualquer interpretação divergente, mas também a sua própria aplicação deve ser independente dos juízos incertos e variáveis dos homens. A ideia era impedir a superposição e a concentração de poder nas mãos de elementos discordantes do governo, o que poderia criar novas sublevações.
>
> GERNET, J. *A China antiga*. Lisboa: Cosmos, 1969. In: BUENO, André. *Período Qin*. História da China antiga. Disponível em: <http://china-antiga.blogspot.com.br/2007/07/perodo-qin.html>. Acesso em: 30 out. 2015.

2. Observe novamente o mapa "A China sob a Dinastia Han", na página 54, e justifique a expressão "primeira mundialização", considerando:

   a. a expansão territorial.

   b. os contatos comerciais.

3. Observe as imagens a seguir, de objetos que pertenceram à civilização maia, e responda às questões.

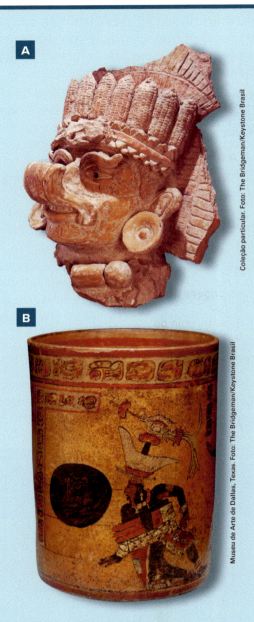

(A) escultura representando o deus do milho para a civilização maia, c. 500 a.C. (B) vaso de cerâmica maia que mostra um jogo de bola, c. 682 a.C-701 a.C.

   a. Descreva as imagens.

   b. De acordo com as características da escultura e do vaso, podemos relacionar esses objetos a quais aspectos da civilização maia? Explique.

GRÉCIA ANTIGA

CAPÍTULO 5

Construindo o conhecimento

- O que vem à sua mente quando você pensa na Grécia Antiga?
- Na sua opinião, o direito ao voto é importante em uma sociedade? Por quê?

Plano de capítulo

- As origens do mundo grego
- Esparta, uma pólis guerreira
- Atenas
- O Período Clássico: da Guerra Médica à Guerra do Peloponeso (V a.C.-IV a.C.)
- A conquista dos macedônios

Quando falamos da Antiguidade, quase sempre nos lembramos dos gregos e dos romanos. Mas por que será que isso acontece? Em grande parte, isso ocorre porque essas duas civilizações aparecem periodicamente em filmes, desenhos, séries e romances, além de serem lembradas durante os Jogos Olímpicos. Há, ainda, várias referências do mundo antigo greco-romano em nossa atualidade: a república, a democracia, o direito, a arquitetura e a mitologia são algumas delas. Como muitos valores greco-romanos permaneceram ao longo do tempo e foram recuperados nos séculos seguintes, essas duas civilizações são conhecidas como clássicas.

A Grécia clássica apresenta diferenças importantes em relação às civilizações que já estudamos: os gregos se organizavam em cidades muito pequenas e independentes politicamente, portanto, não existia uma autoridade central. Por isso, essas cidades são chamadas de cidades-Estado.

Templo de Erecteion, construído no fim do século V a.C. na acrópole de Atenas, na Grécia. Foto de 2014. Na Grécia Antiga, era em torno da acrópole (do grego *acro* = "alto", e *polis* = "cidade") que a cidade se organizava. Situada em um local mais elevado, nela estavam os edifícios mais importantes.

Marcos cronológicos

- **2500 a.C.** Estabelecimento da cultura minoica.
- **1450 a.C.** A civilização minoica entra em declínio e os aqueus dominam a Ilha de Creta. Início do Período Micênico.
- **1250 a.C.** Guerra de Troia.
- **1100 a.C.** Invasão dos dórios e destruição das fortalezas micênicas.
- **750 a.C.** Início da primeira diáspora grega.
- **700 a.C.-500 a.C.** Segunda diáspora grega.

Grécia Antiga   Capítulo 5   61

Os gregos também nos legaram contribuições nos mais diversos campos da arte, nas ciências, na literatura e instituíram uma mudança profunda e radical na interpretação do mundo com a aparição dos filósofos. Até então, a explicações eram mítico-religiosas, no entanto, a Filosofia passa a questionar essas respostas. O pensamento racional passaria a ser o grande aliado dos filósofos: a partir da reflexão cotidiana e da tentativa de estabelecer uma ordem para os fenômenos que os cercavam, novas respostas sobre a origem do mundo seriam forjadas. De onde vem o mundo? O que é a verdade? O que é a justiça? São algumas das perguntas que os filósofos se faziam.

Em certo sentido, esse racionalismo também influenciou a política na Grécia Antiga, mitigando a interferência da religiosidade no Estado. Na Grécia, os sujeitos passam a debater sobre o seu próprio destino ao discutirem sobre as leis que deveriam ou não os reger. Assim, tornam-se cidadãos, deixando de ser meros súditos que obedeciam aos deuses e ao rei.

Entretanto, enquanto a política e a filosofia buscavam a racionalidade, as atividades que faziam parte do cotidiano dos gregos antigos estavam estreitamente associadas à vida religiosa. Os Jogos Olímpicos, a poesia, o teatro e até mesmo a guerra eram profundamente marcados pela religiosidade.

Seguindo os ensinamentos dos filósofos, começamos este capítulo com um questionamento: Mas, afinal, quem eram os gregos?

As origens do mundo grego

Civilização cretense e civilização micênica

Vimos nos capítulos anteriores que os rios foram primordiais para o desenvolvimento de inúmeras civilizações. Para os gregos, porém, que viviam numa área com solos pouco férteis e terrenos montanhosos, os mares foram mais importantes – Jônico, Egeu e Mediterrâneo – pois facilitaram a navegação e o comércio. Os mares interligavam seu território descontínuo, que compreendia o litoral da Ásia Menor, as ilhas do Mar Egeu (Grécia Insular) e as terras na Península Balcânica (Grécia Continental).

Formados por um conjunto de povos indo-europeus – aqueus, jônios, dórios e eólios – os gregos desenvolveram um sentimento de unidade cultural, pois compartilhavam língua, costumes e religião. Porém, para entendê-los é necessário recuar um pouco na História e estudar a profunda influência que a cultura minoica exerceu sobre a grega.

Os minoicos surgiram da fusão entre povos que habitavam a Ilha de Creta e invasores da Ásia Menor, que entraram na região por volta de 2500 a.C. Sua vida social se organizava em torno dos palácios, onde alimentos – como trigo, aveia, cevada e legumes – obtidos por meio da cobrança de impostos eram armazenados para serem distribuídos entre a população. Os escribas supervisionavam a coleta de impostos por meio de um sistema padronizado de pesos e medidas. Existia ainda um grupo de oficiais que controlava as operações mercantis de longa distância.

Fonte: DUBY, Georges (Dir.). *Atlas histórico mundial*. Barcelona: Larousse, 2007. p. 30.

---

490 a.C.- 479 a.C.
Desintegração da comunidade gentílica e formação das pólis.

460 a.C.
Vitória dos gregos sobre o Império Persa nas Guerras Médicas.

século V a.C.
Apogeu de Atenas.

338 a.C.
Vitória dos macedônicos na Batalha de Queroneia. Início do período conhecido como Helenístico.

323 a.C.
Morte de Alexandre, o Grande.

148 a.C.
Consolidação da vitória de Roma contra a Macedônia.

As representações artísticas no período minoico

Arte e beleza eram muito valorizadas pela civilização cretense. Tanto os palácios quanto as casas mais simples eram dotadas de ornamentos e pinturas coloridas repletas de estética. Animais, plantas, figuras humanas e a vida marítima eram os temas mais recorrentes nessas representações artísticas que se caracterizavam pela leveza e pelo naturalismo. Abaixo, é possível analisar um dos afrescos do Palácio de Cnossos. Alguns estudiosos sugerem que o touro tinha um papel fundamental nos rituais religiosos; outros acreditam que ele era utilizado em algum tipo de esporte pelos minoicos.

Palácio de Cnossos, construído em 1900 a.C. na Ilha de Creta, Grécia. Foto de agosto de 2014.

Representação de touro originária do Palácio de Cnossos, na Ilha de Creta, Grécia. Afresco, 78,2 × 104,5 cm.

Os palácios eram a residência do rei e de seus familiares, mas também funcionavam como centros religiosos. O principal deus minoico era uma figura feminina que simbolizava a fertilidade e zelava pelos animais e pelas plantas, a qual os gregos posteriormente associaram a Reia, mãe de Zeus.

Por volta de 1500 a.C. a erupção de um vulcão devastou Creta, dando início a seu declínio. Os aqueus, que haviam se estabelecido na Península Balcânica por volta 1900 a.C. e tinham a cidade de Micenas como seu centro cultural, conquistaram a ilha em 1450 a.C, dando início à civilização micênica. Após a entrada dos aqueus, outros povos de origem indo-europeia, como os jônios e os eólios, também invadiram e ocuparam Creta e outras ilhas no Mar Egeu.

Os micênicos, por sua vez, passaram a dominar o comércio na costa leste do Mar Mediterrâneo, negociando com diversas regiões. Assim como os minoicos, os aqueus organizaram-se ao redor dos palácios. Temiam, porém, ataques de inimigos, e por isso suas construções receberam muros e foram edificadas no topo de colinas. Apesar das semelhanças culturais, a civilização micênica não possuía unidade política, dividindo-se em diversos reinos que mantinham seus próprios exércitos.

Por volta de 1230 a.C., a cultura micênica entrou em colapso e evidências arqueológicas sugerem que houve um grande despovoamento na Grécia. É possível que ataques dos dórios, povo guerreiro da Ásia Central, tenham contribuído para esse resultado, mas alguns historiadores sugerem que fatores naturais foram mais importantes.

Com o violento estabelecimento dos dórios na Grécia Continental, ocorreu a primeira diáspora grega, ou seja, a dispersão dos aqueus, dos jônios e dos eólios pelas ilhas do Mar Egeu e pelo litoral da Ásia Menor. Iniciava-se o Período Homérico (séculos XII a.C.-VIII a.C.), assim chamado por ter como principais fontes históricas as obras de Homero: *A Ilíada* e *A Odisseia*.

Para assistir

Troia

EUA, 2004. Direção: Wolfgang Petersen.

Filme sobre a guerra entre gregos e troianos narrada na *Ilíada*, de Homero. Duração: 162 min

Ilíada e *Odisseia*: a literatura como fonte histórica

A *Ilíada* e *A Odisseia* são poemas épicos atribuídos ao poeta grego Homero que estão entre as obras mais importantes da literatura ocidental. O épico pode ser caracterizado como uma longa narrativa que relata feitos extraordinários de homens ou deuses. A Guerra de Troia, que opôs aqueus e troianos – povo estabelecido na Ásia Menor – e que provavelmente ocorreu por volta de 1200 a.C., é o tema principal de *A Ilíada*. A guerra teria se iniciado após o rapto de Helena – esposa de Menelau de Aqueia – por Páris, príncipe de Troia, e continuado por dez anos, até a total destruição da cidade. Ao longo da narrativa, os deuses interferem nos embates em favor de heróis com quem tinham uma relação especial, como Aquiles, protagonista da obra.

A Odisseia, continuação de *A Ilíada*, narra o retorno do Ulisses (também chamado de Odisseu) a sua cidade natal após a queda de Troia. Ulisses era príncipe de Ítaca, e durante sua longa ausência – cerca de 20 anos – sua esposa, Penélope, resistiu às investidas de vários pretendentes, que desejavam casar-se com ela para assumir o controle da cidade. Ao chegar, Ulisses mata os pretendentes e recupera o trono.

Inicialmente, esses poemas épicos foram lidos como ficção, mas os historiadores perceberam que eles revelam diversas características da civilização grega, motivo pelo qual passaram a considerá-los como as principais fontes históricas para o estudo da Grécia Antiga entre 1200 a.C e 700 a.C.

Representação de uma cena da *Ilíada* em vaso etrusco de cerca de 768 a.C.-264 a.C. Nela, Tétis entrega armas para seu filho Aquiles.

Das genos às cidades-Estado

Com a invasão dórica, a organização social baseada em torno dos palácios desapareceu, surgindo pequenas comunidades rurais familiares denominadas *genos*. Cada uma tinha seu chefe (*pater*), que exercia funções administrativas, judiciárias e religiosas. Apesar de as terras serem comunais, o *pater* era responsável por sua repartição, o que permitia o favorecimento de seus familiares. Com o tempo, isso gerou a concentração das melhores terras nas mãos de uma minoria, chamada de eupátridas ("bem-nascidos"), provocando tensões sociais. Além disso, a Grécia passou por um crescimento demográfico, o que aumentou a demanda por terras. A solução encontrada por seus habitantes foi procurar novos locais para se estabelecerem.

Assim, por volta de 750 a.C. iniciava-se a Segunda Diáspora Grega, na qual colônias seriam fundadas no sul da Península Itálica, na Sicília, no norte da África e nas terras banhadas pelo Mar Negro. As *genos* passaram a se desintegrar e as poleis (cidades-Estado) surgiram como resultado da união dos grandes proprietários de terra para criar centros que, dotados de poder político, militar, econômico e religioso, pudessem defender seus interesses. O Período Homérico (XII a.C.-VIII a.C.) chegava ao fim e iniciava-se o Período Arcaico (século VII a.C.- V a.C.).

Foram fundadas mais de 150 colônias durante a expansão grega, e todas mantiveram a organização política, social e religiosa de suas cidades-mãe, apesar de serem independentes. Além da migração de pessoas, a diáspora grega disseminou a cultura e os valores gregos em parte da Europa e no norte da África.

A expansão proporcionou ainda a multiplicação das rotas de comércio, que haviam diminuído significativamente durante o Período Homérico. A comunicação

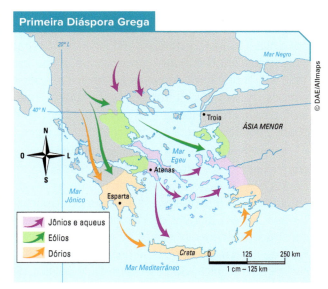

Fonte: KINDER, H; HILGEMANN W. *Atlas histórico mundial*. Madri: Akal, 2007. p. 46.

A religião grega

Os gregos eram politeístas e acreditavam que os deuses exerciam profunda influência sob a vida dos humanos na Terra. Para eles, os deuses, apesar de imortais, tinham defeitos e sentimentos humanos, como raiva, ciúmes e desejo.

Os doze deuses mais importantes – Zeus, Hera, Poseidon, Atena, Apolo, Artemis, Afrodite, Hermes, Demeter, Dionísio, Hefesto e Ares – habitariam o Olimpo, a mais alta montanha na Grécia. Para influenciar suas ações, eram necessários sacrifícios, orações e oferendas, práticas geralmente realizadas nos templos. Os Jogos Olímpicos, que ocorriam de quatro em quatro anos na cidade de Olímpia durante cinco dias, eram também uma forma de celebração dos deuses, especialmente Zeus, deus dos céus e do trovão, a quem eram oferecidos sacrifícios na abertura.

Partenon, templo consagrado a Atena, deusa da razão e da sabedoria e protetora da cidade. Os propileus, portões monumentais com colunas de mármore, formam um dos mais esplêndidos e célebres conjuntos monumentais da Grécia. Foto de 2014.

com o Oriente foi intensificada e, no contato com os fenícios, os gregos apropriaram-se do alfabeto, introduzindo uma mudança significativa ao adicionar as vogais.

A pólis organizava-se em torno de um centro urbano chamado de acrópole (do grego *acro* = alto e *polis* = cidade). Situada em um local geograficamente mais elevado, nela estavam localizados os edifícios mais importantes da cidade, como o palácio, o Conselho dos Anciãos e os templos dedicados aos deuses. Na parte baixa da cidade, localizavam-se as assembleias e, próximo a elas, uma praça chamada de Ágora, com feiras e mercados onde o povo se reunia. Ao redor da Acrópole e da Ágora estava o campo, onde se localizavam as propriedades rurais e as moradias dos camponeses.

Na prática, na maior parte das poleis, desenvolveu-se um regime oligárquico (do grego *oligos* = poucos, e *archo* = autoridade), no qual o poder era exercido por um reduzido grupo de pessoas, a chamada aristocracia (do grego, *aristos* = os melhores, e *kratos* = poder). O domínio desse seleto grupo era justificado pela ascendência divina, uma vez que se consideravam herdeiros dos heróis do passado e, portanto, beneficiários de virtudes especiais como força, beleza, inteligência e coragem. Dessa forma, a aristocracia legitimava seu controle sobre a riqueza social: terras, rebanhos, escravos, armaduras e cavalos. Entretanto, algumas cidades-Estado experimentaram outras formas de governo, estabelecendo, por exemplo, a tirania – regime caracterizado pelo domínio de uma só pessoa (o tirano), que deveria representar a vontade do povo em detrimento da aristocracia – e a democracia (do grego *demos* = povo, e *kratos* = poder), na qual o povo era considerado soberano e responsável pelos assuntos da comunidade.

Esparta e Atenas destacaram-se como as cidades-Estado mais importantes da Grécia. A primeira preservou o regime oligárquico como forma de governo, e a segunda, após um governo tirânico, adotou a democracia.

Fonte: BLACK, Jeremy (Ed.). *World history atlas*. Londres: Dorling Kindersley, 2008. p. 176.

ORGANIZANDO AS IDEIAS

1. Qual foi a primeira grande civilização da Europa e como ela se organizava?
2. Identifique algumas consequências da invasão dos dórios na Grécia Continental.
3. Analise os motivos da Segunda Diáspora Grega e cite suas consequências.

Esparta, uma pólis guerreira

As terras férteis da Lacônia, no sudeste do Peloponeso, foram conquistadas pelos dórios em 900 a.C. Pouco tempo depois, o conjunto de aldeias dórias deu origem à cidade de Esparta, que se distinguiu consideravelmente das outras poleis gregas.

Nela, os espartanos, grupo mais elevado da hierarquia social, concentravam-se no serviço militar, enquanto os antigos habitantes da região trabalhavam na agricultura como servos, também chamados de hilotas. Havia ainda os periecos, pequenos proprietários que viviam nos arredores de Esparta e praticavam o comércio e o artesanato – atividades que os espartanos eram proibidos de exercer. Apesar de não terem direitos políticos, os periecos eram livres.

Em 735 a.C., os dórios invadiram as terras vizinhas da Missênia com o objetivo de expandir seu território, tornando-se uma das mais ricas comunidades gregas. Entretanto, os espartanos sofreram com revoltas lideradas pelos hilotas, que reivindicaram melhorias na sua situação econômica e política, suprimidas após anos de intensas lutas. Como consequência, algumas reformas políticas foram introduzidas em Esparta por volta de 600 a.C. Elas tinham como objetivo ampliar a militarização da sociedade espartana, pois imaginava-se que só assim seria possível manter a subordinação dos hilotas.

Implantou-se um rígido sistema educacional. Os meninos – com exceção dos herdeiros reais – eram separados dos pais aos sete anos de idade, indo viver em escolas do Estado, onde desenvolviam habilidades militares, obediência e espírito de grupo. As meninas, por sua vez, deveriam ter a educação voltada às atividades físicas. Até completarem 18 anos, elas participavam de treinamentos atléticos junto com os meninos, pois deveriam ser saudáveis para gerar filhos fortes. Crianças que nasciam com qualquer problema ou deformidade física eram mortas, por não serem consideradas aptas pelo Estado. Entre os 20 e os 30 anos permitia-se que os homens casassem, mas eles só poderiam adquirir sua própria moradia e sair do acampamento aos 30 anos.

Esparta era uma cidade-Estado monárquica, mas, apesar da existência de dois reis com funções militares e religiosas, o poder estava sob controle de três outros órgãos, conhecidos como Apela, Gerúsia e Eforato. A Apela – ou Assembleia de Guerreiros – era composta de cidadãos espartanos com 30 anos ou mais que votavam as propostas da Gerúsia, órgão constituído por 28 homens da aristocracia com mais de 60 anos de idade e pelos dois reis. Esses cargos eram vitalícios. Além de estabelecer propostas para serem votadas na Apela, a Gerúsia funcionava como Suprema Corte, com autoridade para julgar até mesmo os reis. Os Eforatos, por sua vez, compunham-se de cinco espartanos eleitos anualmente pela Apela, incumbidos de supervisionar as atividades do Estado.

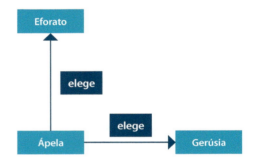

ORGANIZANDO AS IDEIAS

4. Como podemos explicar a crescente militarização da sociedade espartana?

Atenas

Atenas, um dos maiores e mais importantes centros da sociedade micênica, resistiu às investidas dórias, mantendo sua independência. Localizada na Ática, península no sudeste da Grécia, foi, assim como as outras cidades-Estado, inicialmente governada por uma aristocracia, representada por nove magistrados eleitos anualmente, chamados de arcontes.

Os arcontes eram auxiliados e fiscalizados pelo Areópago, um conselho vitalício de anciãos escolhidos entre aqueles que já haviam ocupado o cargo de arconte. O Areópago funcionava como uma corte suprema e tinha como função conservar as leis, administrar os mais importantes assuntos da cidade e castigar delinquentes. Tanto o arcontado quanto o Areópago eram formados pela aristocracia agrária: os eupátridas.

Com o florescimento do comércio na região por volta de 650 a.C., a produção artesanal se fortaleceu, dando origem a um novo grupo social: os demiurgos, ou trabalhadores do povo. Eles questionaram o poder da aristocracia e reivindicaram direitos políticos, uma vez que o acesso à cidadania estava diretamente ligado à posse da terra.

Por sua vez, o aumento das trocas comerciais dificultou a venda dos produtos dos camponeses atenienses, que não conseguiram competir com o baixo preço e a melhor qualidade dos produtos agrícolas estrangeiros. Muitos pequenos e médios proprietários se endividaram e, consequentemente, perderam suas terras ou tornaram-se escravos por dívida.

Essa difícil situação produziu grandes tensões sociais em Atenas. Os comerciantes e artesãos enriquecidos, que aspiravam participar da vida política, passaram a apoiar os camponeses que exigiam uma melhora em suas condições de vida.

Os problemas continuaram e alguns homens, que ficaram conhecidos como legisladores, ascenderam ao poder com o objetivo de implantar reformas políticas. Por volta de 621 a.C., as normas e os princípios da sociedade, que até então eram transmitidos oralmente e conhecidos apenas pelos eupátridas, passaram a ser escritos, surgindo o primeiro código ateniense de leis.

Tal medida foi tomada pelo legislador Drácon com o objetivo de eliminar as arbitrariedade dos juízes, que pertenciam às famílias ricas. Apesar de consistirem em um avanço para época, as novas leis preservavam os privilégios dos eupátridas e não solucionavam o cerne dos problemas de Atenas, que eram de natureza econômica e política.

Assim, em meio a uma iminente guerra civil, em 594 a.C., o legislador Sólon promoveu profundas mudanças, proibindo a escravidão por dívida. Com essa medida, os escravos passaram a ser, em sua grande maioria, prisioneiros de outras poleis ou bárbaros – isto é, não gregos. Assim, a guerra tornou-se um mecanismo fundamental para reproduzir a escravidão em Atenas.

Além disso, Sólon classificou a população em quatro grupos de acordo com a renda, de modo que a riqueza passou a ser o principal critério para ocupação de cargos públicos. Assim, os comerciantes ganharam projeção política. Sólon ainda criou o Conselho dos 400, chamado de Bulé, que passou a elaborar propostas que posteriormente eram debatidas na assembleia popular, e a Eclésia, aberta a todos os cidadãos, inclusive aos mais pobres.

Óstraco grego do século V a.C. Esses pedaços de cerâmica eram utilizados para escrever o nome das pessoas condenadas ao ostracismo, ou seja, indivíduos que seriam exilados por serem considerados uma ameaça à democracia.

Todavia, é importante atentarmos para o fato de que grande parte da população não poderia participar da eclésia: mulheres, escravos e **metecos** não eram considerados cidadãos. Apenas homens com mais de 18 anos nascidos em Atenas e filhos de atenienses tinham voz na assembleia. Além disso, os mais pobres, apesar de participarem da Eclésia, não podiam ocupar os principais cargos políticos.

As reformas implantandas por Sólon não resolveram as tensões políticas internas de Atenas. Como resultado, entre 561 a.C. e 510 a.C. a região foi governada por tiranos. O último deles, Hípias, foi deposto por uma aliança entre membros da elite e o exército de Esparta. Entretanto, a população continuou insatisfeita, o que permitiu que um reformador nobre chamado Clístenes (565 a.C.-492 a.C.) obtivesse amplo apoio ao prometer reduzir o poder da aristocracia.

Seu objetivo central era garantir que o maior número possível de homens atenienses pudesse participar da política. Para isso, realizou uma ampla reforma administrativa que dividiu a Ática em dez tribos e rompeu com a dominação das elites tradicionais. Anualmente, as tribos sorteariam 50 cidadãos para atuarem no Conselho (Bulé), e os atenienses só poderiam ocupar esse cargo duas vezes durante suas vidas, o que garantiria a rotatividade entre os membros desse importante órgão, que passaria a ser composto de 500 cidadãos. A Eclésia manteve seu poder de decisão, devendo votar as propostas encaminhadas pelo Conselho. Já as instituições oligárquicas perderam grande parte de suas atribuições.

Metecos: termo utilizado pelos atenienses para se referir aos estrangeiros.

Assim, ao ampliar o cenário de participação política e tentar garantir a igualdade jurídica e política dos cidadãos, as reformas de Clístenes foram fundamentais para a instituição da democracia ateniense – ainda que a maior parte da população continuasse a ser excluída da política.

Todas essas transformações políticas ocorreram no período em que os persas emergiam como um grande império no Oriente Próximo, o que ameaçava não só a jovem democracia ateniense, mas também as fronteiras de todo o território grego. Esparta e Atenas, as poleis mais proeminentes, uniriam-se com um objetivo comum: frear a expansão persa.

> **ORGANIZANDO AS IDEIAS**
>
> **5.** Discorra sobre as medidas adotadas por Clístenes que deram início à democracia ateniense.
> **6.** Por qual motivo podemos afirmar que a democracia ateniense tinha limites?

O Período Clássico: da Guerra Médica à Guerra do Peloponeso (V a.C.-IV a.C.)

O conflito entre gregos e persas teve início em 546 a.C., quando Ciro – rei da Pérsia – conquistou a Lídia e as comunidades jônicas, localizadas na costa da Ásia Menor. Em 499 a.C., durante uma rebelião dos povos desses territórios, Atenas e Eritreia enviaram frotas para auxiliar no combate. O apoio não foi desinteressado: os gregos não eram autossuficientes na produção de grãos, de modo que dependiam da importação de cereais da Ásia Menor.

Entretanto, a desafortunada rebelião terminou com uma grande derrota naval, e os persas recuperaram o controle do território em 490 a.C. Como punição pelo apoio, Atenas foi atacada, o que deu início às Guerras Médicas. Na Batalha de Maratona, os gregos venceram os persas, e durante os dez anos de trégua Atenas investiu pesadamente em sua frota naval. Em 480 a.C., o imperador persa Xerxes tentou uma nova ofensiva, saindo vitorioso ao derrotar o exército espartano na Batalha de Termópilas.

Os persas continuaram sua incursão pelo território grego, mas a supremacia naútica ateniense forçou sua retirada: as guerras chegaram ao fim em 479 a.C. Temendo novas ofensivas, algumas cidades-Estado gregas mantiveram a aliança militar posta em prática durante as Guerras Médicas, a Liga de Delos. Os membros da Liga contribuíam com homens, navios, equipamentos e dinheiro, que deveriam ser armazenados na Ilha de Delos e utilizados caso fosse necessário. Atenas liderava o grupo, mas todas as poleis que participavam tinham, em princípio, a mesma importância.

Teatro de Dionísio, em Atenas, Grécia. Foto de 2013.

Em razão da pressão da Liga, os persas perderam o controle da costa do Mar Egeu. Posteriormente, porém, os recursos da aliança foram enviados para Atenas com o objetivo de reconstruir, fortificar e embelezar a cidade, reforçando sua hegemonia sobre os aliados. Foi nesse período – séculos V a.C. e IV a.C. –, chamado de Clássico, que Atenas alcançou grande proeminência no mundo grego, sobretudo durante o governo de Péricles (461 a.C.-429 a.C.), que ampliou a democracia. Péricles estabeleceu uma remuneração pela ocupação de cargos públicos, estimulando homens livres pobres a se candidatarem a instituições democráticas, de modo a ampliar a participação política popular.

Artistas e escritores também fizeram da cidade um formidável centro de criação em diversos campos, como Literatura, Teatro e Filosofia. Na Arquitetura, o ideal clássico de simetria e equilíbrio era expresso nos espaços públicos e nos templos. Outros campos, como a Medicina, também foram explorados: Hipócrates, por exemplo, ao realizar um estudo cuidadoso do corpo humano, percebeu que as doenças tinham causas físicas, e não sobrenaturais, como até então se pensava.

Com o tempo, porém, a hegemonia ateniense passou a ser questionada pelas cidades que faziam parte da Liga de Delos. Algumas tentaram abandonar a aliança política, mas foram impedidas pela ameaça de invasão de seus territórios. Diante do poderio ateniense, as poleis insatisfeitas reuniram-se e formaram a Liga do Peloponeso, controlada por Esparta. Em 431 a.C., Esparta e Atenas se enfrentaram na Guerra do Peloponeso, vencida, após 27 anos de luta, por Esparta. A hegemonia e a democracia ateniense chegavam ao fim. Esparta impôs seu domínio sob o mundo grego, mas não por muito tempo: a guerra havia enfraquecido todas as cidades-Estado, possibilitando a conquista macedônica.

> **ORGANIZANDO AS IDEIAS**
>
> 7. Relacione o desfecho da Guerra Médica com a Guerra do Peloponeso.
> 8. Quais foram as consequências da Guerra do Peloponeso?

A conquista dos macedônios

Durante o reinado de Felipe II, a Macedônia – localizada ao norte da Grécia – fortaleceu-se militar e economicamente. Felipe II subjugou os povos vizinhos da Trácia e da Ilíria, mas ainda restavam os gregos, que foram derrotados em 338 a.C. Após a vitória, o rei macedônio pretendia invadir a Ásia Menor e conquistar os persas. Apesar de ter iniciado esse processo de dominação, ele só foi concluído por seu filho Alexandre, que foi denominado de "o Grande".

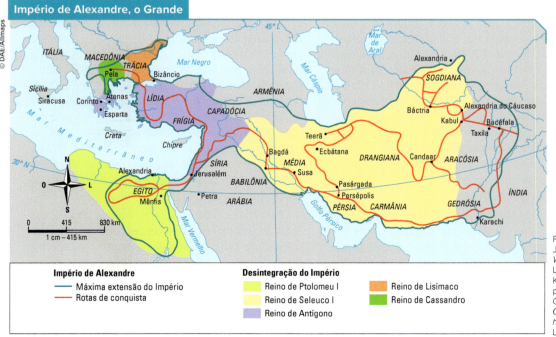

Fontes: BLACK, Jeremy (Ed.). *World history atlas.* Londres: Dorling Kindersley, 2008. p. 40-41; DUBY, Georges (Dir). *Grand atlas historique.* Paris: Larousse, 2004.

Grécia Antiga Capítulo 5 69

Após a morte do pai, Alexandre teve de enfrentar rebeliões em algumas cidades-Estado gregas, mas, após estabelecer sua supremacia sobre elas, concretizou o projeto expansionista de seu pai ao conquistar o poderoso Império Persa. Em dez anos (de 334 a.C. a 324 a.C.), Alexandre dominou ainda toda a costa do Mediterrâneo, o Egito e parte da Índia. Ao retornar à Babilônia em 323 a.C., o imperador adoeceu e faleceu, com apenas 33 anos. Seu território foi dividido em três partes entre os seus principais generais, o que facilitou a posterior dominação dos romanos, consolidada definitivamente em 148 a.C.

Entretanto, as conquistas dos macedônios não tiveram apenas repercussões políticas. Educado por Aristóteles, Alexandre teve uma formação com valores gregos e, ao respeitar as instituições dos povos dominados – até como uma estratégia para evitar rebeliões – promoveu a fusão da cultura grega com a oriental, dando origem à cultura helenística, ou helenismo. No campo filosófico, a preocupação passou a ser a busca da felicidade por meio de novas correntes, como o **estoicismo**, o **epicurismo** e o **ceticismo**. As cidades de Alexandria, no Egito, e Antioquia, na Turquia, transformaram-se em grandes centros da cultura helenística.

> **Estoicismo:** corrente filosófica fundada pelo pensador de origem fenícia Zenão de Cítion (332 a.C.-262 a.C.). Para os estoicos, Deus é o *logos*, ou a razão, e o homem deveria viver de acordo com a razão, afastando-se de suas emoções para alcançar a felicidade.
>
> **Epicurismo:** corrente filosófica fundada por Epicuro de Samos (341 a.C.-270 a.C.). Esse pensamento sustentava que a felicidade e o prazer deveriam ser buscados sem deixar de lado os princípios de moralidade, virtude e sabedoria.
>
> **Ceticismo:** corrente filosófica fundada por Pirrón de Elis (360 a.C.-270 a.C.). Segundo o ceticismo, a felicidade consiste em não julgar coisa alguma, mas manter a postura de neutralidade em todas as questões.

ORGANIZANDO AS IDEIAS

9. Caracterize a cultura helenística.

FILOSOFIA, O AMOR À SABEDORIA

Os gregos produziram muitas ideias que até hoje influenciam o pensamento ocidental.

A palavra filosofia tem origem grega e significa "amor à sabedoria". Inicialmente, os filósofos buscavam princípios racionais que pudessem explicar a origem do Universo. Por volta de 400 a.C., Atenas tornou-se o grande celeiro dos filósofos, que deixaram a Cosmologia de lado e voltaram-se para o estudo do ser humano. A escola sofista representa bem essas preocupações, e a conhecida frase "o homem é a medida de todas as coisas" surgiu graças a seus ensinamentos. A retórica – arte de persuadir – consistia também em um dos princípios sofistas, que defendia que nenhum argumento era impossível de ser refutado.

No Período Clássico, entretanto, o filósofo Sócrates criticou os sofistas, defendendo a clareza, o estudo da ética e a simplicidade na prática argumentativa. Para ele, as divindades eram incognoscíveis, ou seja, não podiam ser compreendidas e, portanto, não poderiam explicar o mundo. Desse modo, a grande preocupação de Sócrates passa a ser o homem. Para ele, a perfeição do homem residiria no conhecimento do bem e do mal, que só poderiam ser descobertos por meio do diálogo.

Sócrates não ensinava em troca de pagamento, como faziam os sofistas, e constantemente dialogava com os cidadãos gregos e com os intelectuais que passavam por Atenas, mas não deixou escritos. Acusado de corromper a moral dos jovens atenienses por filosofar em público e de não venerar os deuses da cidade, foi condenado à morte em 399 a.C. Sócrates não chegou a formar uma escola filosófica, mas um de seus discípulos, Platão, fundou uma academia que buscava transformar a sociedade em que vivia por meio da difusão de ideias filosóficas.

Para Platão, o conhecimento deveria ser buscado por meio da razão, e não da percepção sensorial. Apesar de ter passado vinte anos na academia de Platão, Aristóteles discordava de seu mestre, defendendo que a observação e a experimentação da realidade eram essenciais para a obtenção do conhecimento.

Revisando o capítulo

APROFUNDANDO O CONHECIMENTO

1. As pinturas que os gregos faziam em vasos de cerâmica trazem valiosas informações sobre a vida na Grécia Antiga. As duas principais técnicas de pintura desenvolvidas pelos gregos eram: a figura negra, em que as pessoas e os objetos representados eram talhados com estilete e pintados na cor preta, preservando o fundo com a cor vermelha natural da cerâmica; e a figura vermelha, na qual o fundo era pintado de preto e as figuras eram mantidas na cor natural da cerâmica. Observe o vaso grego a seguir e responda às questões.

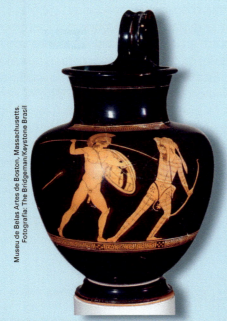

Museu de Belas Artes de Boston, Massachusetts. Fotografia: The Bridgeman/Keystone Brasil

Vaso com a imagem de um grego atacando um persa, c. 450 a.C., período clássico, altura 19,3 cm.

a. Que técnica de pintura foi utilizada nesse vaso grego? Por quê?

b. Descreva os personagens representados no vaso. O que eles estão fazendo?

c. O vaso representa um acontecimento histórico da Grécia Antiga. De acordo com o que você estudou neste capítulo, que acontecimento é esse? Justifique sua resposta.

2. Leia o trecho a seguir e responda às questões.

Normalmente a associação de práticas de exercícios físicos ao universo feminino se restringe especificamente à cultura espartana. [...]

Em Esparta, o treinamento físico era obrigatório também para as adolescentes [...]. De acordo com Plutarco, as mulheres se fortaleciam praticando corridas, lutas, lançando o disco e arremessando o dardo. Tais práticas objetivavam, segundo Licurgo, "... que também as mulheres fossem suficientemente fortes para suportar a gravidez e lutar com êxito contra as dores do parto" [...]. De acordo com Xenofonte, Licurgo "... fez com que as mulheres exercitassem seus corpos não menos que os masculinos. Logo, organizou competições para as mulheres, entre elas a corrida e provas de força..." [...].

Assim como os homens, as espartanas se exercitavam nuas [...]. Ainda recorrendo a Plutarco, "a nudez as habituava à simplicidade, levava-as a rivalizar em vigor e incutia-lhes um nobre sentimento de altaneria convencendo-as de que tinham a mesma parte que os homens no valor e na honra." [...]

LESSA, Fábio de Souza; ROCHA, Fábio Bianchini. Mulheres nas práticas esportivas gregas antigas. In: *Phoînix*, Laboratório de História Antiga da UFRJ, ano XIII, 2007. p. 85-86.

a. De acordo com o texto, que atividades físicas eram praticadas pelas mulheres espartanas?

b. Por que as espartanas eram obrigadas a participar dos treinamentos físicos?

c. As espartanas exerciam essas atividades físicas nuas. Por quê?

d. Qual aspecto da sociedade espartana é revelado pela obrigatoriedade das atividades físicas? Justifique sua resposta com base no que você estudou neste capítulo.

e. É possível dizer que as espartanas, por praticarem atividades físicas e participarem de eventos esportivos, tinham mais liberdade que as mulheres de Atenas? Explique.

CAPÍTULO 6

ROMA: DA FORMAÇÃO À CONSTRUÇÃO DE UM IMPÉRIO

Construindo o conhecimento

- A imagem que abre o capítulo retrata o Coliseu. Você sabe que tipo de espetáculo ocorria nesse espaço?
- Em relação aos espaços públicos no Brasil, quais poderiam ser comparados ao Coliseu?

Plano de capítulo

- Roma: da fundação ao domínio etrusco
- Uma nova ordem política: a República Romana
- O Segundo Triunvirato e o início do Império
- A religião no Império
- A crise do Império

Nenhuma civilização da Antiguidade exerceu influência tão significativa sobre o mundo ocidental como a romana. E como foi possível a construção de um império tão grande e duradouro? Desde o período de formação do território romano, diferentes povos conviveram na Península Itálica. Com base nos costumes e nas tradições desses grupos, os romanos consolidaram sua cultura, expandindo-a por todo o Mundo Mediterrâneo e além dele, tornando-se, assim, uma das principais potências do Mundo Antigo.

O cristianismo, os códigos legais e a própria língua latina são algumas das influências que costumam ser lembradas quando nos referimos a Roma. Como grandes **legados** dessa civilização, esses elementos chegaram até aos dias de hoje. Mas a história romana também se destaca pelas disputas políticas e principalmente pelos conflitos sociais empreendidos por um grupo menos favorecido contra um grupo de famílias poderosas que monopolizavam o poder. Essa realidade obrigou Roma a inovar em sua estrutura de governo, o que resultou em um sistema de equilíbrio de poderes. Mas será que essas reformas foram suficientes para evitar as disputas políticas dentro de um território que passou a alargar suas fronteiras e a incorporar cada vez mais pessoas?

Legado: algo que é transmitido a gerações futuras.

Vista do Coliseu, Roma. Foto de julho de 2013. O Coliseu, também chamado de Anfiteatro Flaviano, é reconhecido como um dos mais famosos símbolos do Império Romano. É um dos monumentos mais conhecidos e visitados do mundo. Em 2007, foi declarado uma das Sete Maravilhas do Mundo Moderno.

Marcos cronológicos

- **753 a.C.** Fundação de Roma.
- **510 a.C.** Início da República.
- **494 a.C.** Criação do Tribunato da Plebe.
- **450 a.C.** A Lei das Doze Tábuas passa a vigorar.
- **326 a.C.** Fim da escravidão por dívida.
- **133 a.C.** Tibério Graco é eleito tribuno da plebe.
- **73 a.C.** Início da revolta de escravos liderada pelo gladiador Espártaco.
- **59 a.C.** Primeiro Triunvirato: Júlio César, Pompeu e Crasso.
- **49 a.C.** Início da Guerra Civil em Roma.

Roma: da fundação ao domínio etrusco

Antes de ser conquistada por Roma, a Península Itálica apresentava grande diversidade linguística, étnica e cultural. Os italiotas, constituídos por diversas povos oriundos da Europa Oriental, como latinos, samnitas e sabinos, estabeleceram-se no centro-sul da península por volta de 2000 a.C. No entanto, entre os séculos IX e VIII a.C., gregos ocuparam a região sul, enquanto um povo de origem controversa, os etruscos, estabeleceu-se no centro da Península Itálica.

A cidade de Roma foi fundada por volta de 753 a.C., às margens do rio Tibre, sendo ocupada originalmente por latinos e sabinos. A facilidade de acesso ao Tibre contribui para o seu rápido crescimento, transformando-a em pouco tempo em um centro mercantil. Tal sucesso possivelmente atraiu a atenção dos etruscos, que dominavam o comércio na região, e em meados de 600 a.C. conquistaram Roma e outras cidades do **Lácio**, onde impuseram seus costumes. Desde sua formação até 510 a.C. Roma era uma monarquia. Entre 653 e 616, a monarquia latino-sabina prevaleceu, enquanto os três últimos reis foram etruscos. A monarquia em Roma não era hereditária, pois os soberanos eram escolhidos pelas famílias mais poderosas. Os monarcas, apesar de reunirem poderes religiosos, militares, administrativos e judiciários, eram influenciados pelo Senado, que, além de aconselhar o rei, preservava as tradições e ratificava os atos das assembleias inferiores.

Sob o domínio etrusco, Roma passou por diversas modificações: a cidade foi murada e a infraestrutura melhorada; a agricultura avançou graças ao saneamento e drenagem de zonas pantanosas e as relações mercantis com outras regiões se consolidaram, o que permitiu a formação de uma classe de comerciantes. Nesse período, o intenso comércio com as colônias gregas no sul da Península Itálica fez com que romanos tivessem contato com a religião e a cultura da Grécia clássica, incorporando-as à sua visão de mundo.

Fonte: BLACK, Jeremy (Ed.). *World history atlas*. Londres: Dorling Kindersley, 2008. p. 178.

Lácio: região habitada pelos antigos latinos, constituída por uma planície que oferecia boas condições para a exploração agrícola e pastoril. Era uma região aberta para o mar e um ponto de confluência de várias vias terrestres, o que provavelmente foi importante para o rápido desenvolvimento econômico da região.

---

44 a.C. César é assassinado pelo Senado.

43 a.C. Segundo Triunvirato: Otávio, Marco Antônio e Lépido.

27 a.C. Otávio se torna o primeiro imperador romano.

14 d.C. Morte de Otávio.

212 d.C. Édito de Caracala.

313 d.C. Édito de Milão concede liberdade de culto aos cristãos.

380 d.C. O cristianismo se torna a religião oficial do Império.

395 d.C. Consolidação da divisão do Império Romano do Ocidente e Império Romano do Oriente.

476 d.C. Queda do Império Romano do Ocidente.

Roma: da formação à construção de um império   Capítulo 6   73

A sociedade monárquica estava dividida em quatro importantes segmentos: patrícios, clientes, plebeus e escravos. Os patrícios compunham a nobreza hereditária e latifundiária que se dizia descendente dos fundadores de Roma e dominava o Senado.

Ligados aos patrícios pelos *fides* (fidelidade), os clientes eram homens livres – camponeses, em sua maioria – ex-escravos, prisioneiros de guerra ou estrangeiros. Tinham uma série de obrigações para com os patrícios: prestavam serviços e auxílio militar e político e, em troca, recebiam assistência econômica e proteção. Havia também os plebeus, que compunham a grande maioria da população. Esse grupo era formado por homens livres, normalmente camponeses, artesãos ou pequenos comerciantes, que não exerciam poder político efetivo. Os plebeus podiam participar apenas de uma assembleia consultiva, o Comício por Cúrias, que, ao contrário do Senado, não tinha poder para vetar as decisões do monarca. Por último, havia os escravos, geralmente prisioneiros de guerra ou pessoas que haviam se endividado e vendiam sua liberdade para pagar a dívida. Pouco numerosos nesse período, os escravos não tinham direitos políticos.

Sérvio Túlio, segundo rei etrusco (579 a.C a 535 a.C), fortaleceu o Estado. Sérvio realizou o primeiro censo no território, o que lhe permitiu ampliar o controle sobre a população e as atividades econômicas. Ao dividir a comunidade de acordo com a riqueza, permitiu a ascensão social de plebeus enriquecidos e diminuiu o poder da aristocracia tradicional. Possivelmente, suas reformas inspiraram-se nas medidas de Sólon em Atenas, estudadas no capítulo anterior.

Quando o último rei etrusco, Tarquínio, o Soberbo (534 a.C-510 a.C.), assumiu o governo de Roma, a relação entre a monarquia e a aristocracia estava abalada em razão do ataque aos privilégios políticos da nobreza. Ao perpetuar a política de Sérvio, que era menos afeita aos conselhos do Senado, Tarquínio foi visto como autoritário pela aristocracia, que retirou o soberano do poder através de um golpe. Provavelmente, fatores externos – como uma invasão estrangeira – contribuíram para enfraquecer ainda mais a Monarquia. Na sequência, uma nova forma de governo seria instituída: a República, palavra originada da expressão latina *res publica*, "coisa pública".

> **ORGANIZANDO AS IDEIAS**
>
> 1. Represente em uma pirâmide a sociedade romana do período monárquico e explique as funções exercidas por cada classe.

Uma nova ordem política: a República Romana

O ideal que justificou o golpe aristocrático contra Tarquínio foi a liberdade. Assim, para proteger a liberdade dos patrícios, a República deveria assegurar que o poder não ficasse concentrado em um indivíduo. Isso não significou, porém, que o novo regime fosse mais democrático, pois a aristocracia passou a controlar o governo. O Senado ainda detinha o controle político de Roma, atuando em todos os assuntos relevantes: estabelecimento de impostos, formação de exércitos, declaração de guerra e até religião.

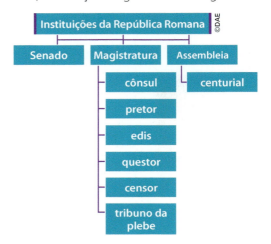

Para substituir o rei passaram a ser eleitos dois cônsules, responsáveis pelo comando do exército e pela execução das leis. Além de permanecerem por apenas um ano no cargo, estavam sujeitos ao veto mútuo, de modo que nenhum deles podia impor sua vontade ao outro. Para auxiliá-los, existiam ainda outras magistraturas, como os pretores, que exerciam funções judiciárias, os edis, que cuidavam da conservação das cidades, os questores, que dirigiam as finanças, e, finalmente, os censores, que conduziam o censo – contagem da população – a cada cinco anos, firmavam contratos públicos e vigiavam os costumes.

Além dos magistrados, havia também as Assembleias. O Comício por Centúria, da qual faziam parte plebeus e patrícios, tinha atribuições judiciárias, legislativas (votar e aprovar leis, mas sem propô-las) e eleitorais (escolher as magistraturas). Entretanto, o voto dos patrícios tinha mais peso, de modo que sua influência política era preservada. Essa situação incomodava os plebeus, principalmente os mais prósperos. Além disso, após a queda dos etruscos, Roma entrou em vários conflitos com os povos vizinhos, o que gerou uma grave crise econômica.

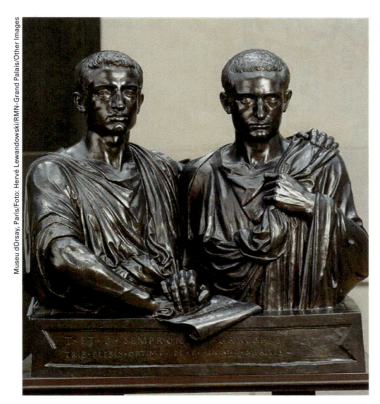

Jean-Baptiste Claude Eugène Guillaume. *Os Graco* (Tibério e Caio Graco), busto duplo, século XIX. Bronze, 85,2 × 90,2 × 60,7 cm.

Durante as guerras, os plebeus foram obrigados a abandonar suas terras para prestar serviço militar e, ao retornarem, era comum encontrarem suas propriedades arruinadas. Na tentativa de se reerguerem, contraíram empréstimos, o que, em muitos casos, agravou a situação, pois, impossibilitados de pagar o que deviam, muitos plebeus perderam suas terras e passaram a ser ameaçados pela escravização por dívidas.

Essa situação piorou as tensões sociais que já existiam. Em 494 a.C., conscientes de que eram indispensáveis como soldados, alguns plebeus começaram a exigir direitos políticos. As autoridades patrícias atenderam às reivindicações e, além da abolição das dívidas acumuladas pelos plebeus, criaram uma nova magistratura: o Tribunato da Plebe. O tribuno tinha como função principal defender os interesses dos plebeus, com poder de vetar as decisões do Senado que pudessem trazer prejuízos ao povo. Uma das suas principais conquistas foi a publicação de um código de leis em 450 a.C., a Lei das Doze Tábuas. Essa foi a primeira versão escrita das leis romanas, o que as tornou mais acessíveis à população. Em 445 a.C., a Lei Canuleia permitiu o casamento entre patrícios e plebeus, o que potencializou a ascensão social daqueles que haviam conseguido enriquecer. Em 367 a.C., as Leis Licínias determinaram a distribuição das terras conquistadas durante as guerras e definiram que um dos cônsules deveria ser um plebeu. Finalmente, em 326 a.C., a escravidão por dívidas foi abolida, o que beneficiou os mais pobres.

Com todas essas mudanças, um novo grupo social emergiu na sociedade romana: a ordem conhecida como *nobilitas*, composta por patrícios que gradualmente assimilaram os plebeus ricos, sobretudo por meio do matrimônio.

Ao mesmo tempo em que esses conflitos sociais se desenrolavam, Roma estava envolvida em uma série de conquistas militares: por volta do século III a.C., toda a Península Itálica já estava sob seu controle. Após a vitória sobre os gregos no sul, os romanos entraram em choque com Cartago, cidade de origem fenícia. Situada ao norte da África, Cartago tinha amplos interesses comerciais e políticos no Mediterrâneo Ocidental e não estava disposta a abrir mão deles. O confronto, conhecido como Guerras Púnicas, teve início em 264 a.C., quando a cidade de Messina, na Sicília – colônia de Cartago – foi invadida pelos romanos.

Houve três guerras distintas, mas em 146 a.C. os romanos finalmente obtiveram uma vitória definitiva sobre os cartagineses. Com a vitória, Roma passou a ser a força dominante do Mediterrâneo. Não é à toa que os romanos passaram a designá-lo como *mare nostrum* ("nosso mar"). Consolidou-se, assim, uma política imperialista, o que levou muita riqueza para Roma. Entretanto, nem todas as consequências da expansão foram positivas.

O surgimento de uma nova sociedade e a crise da República

Com a rápida expansão do território, muitas terras conquistadas passaram a ser controladas pelos ricos, sobretudo pela *nobilitas*. Os latifúndios – grandes extensões de terra que pertenciam a um único dono – passaram a predominar em Roma. A agricultura de subsistência perdeu espaço para a produção mercantil. Em consequência, ocorreu uma intensificação da desigualdade social.

Com as conquistas militares, também aumentou significativamente a disponibilidade de mão de obra escrava, composta principalmente por prisioneiros de guerras. Muitos foram destinados ao trabalho nessas grandes propriedades, enquanto outros atuavam como artesãos ou desempenhavam funções domésticas. Os escravos sofriam constantes maus tratos, sobretudo no campo, o que provocou revoltas. A mais conhecida delas ocorreu em 73 a.C., quando escravos de uma escola de gladiadores em Cápua fugiram, planejando o retorno a suas regiões de origem. Liderados por Espártaco, os revoltosos atraíram diversos adeptos, mas acabaram derrotados em 71 a.C., e 6 mil rebeldes foram crucificados para dissuadir os cativos de realizarem novas insurreições.

A consolidação da economia escravista levou muitos pobres livres, que antes trabalhavam na agricultura, a se deslocarem para a cidade em busca de novas possibilidades, o que também ocorreu com os pequenos proprietários, incapazes de competir com latifundiários. A capital passou, então, a abrigar uma grande massa ociosa e miserável, que se tornou fonte de preocupação para o governo romano.

Para apaziguar as tensões sociais, Tibério Graco, eleito para tribuno da plebe em 133 a.C., propôs a distribuição de terras públicas, concentradas nas mãos de grandes senhores, aos cidadãos romanos pobres. Apesar da oposição das elites, seu projeto de lei foi aprovado, porém não chegou a ser concretizado, pois Tibério foi assassinado pelos senadores. Seu irmão mais novo, Caio Graco, retomou suas propostas em 124 a.C., quando também foi eleito como tribuno. Caio teve êxito não só na distribuição dos lotes públicos, mas na aprovação da Lei Frumentária, que estabeleceu como dever do Estado a venda de trigo, principal alimento dos pobres, aos cidadãos de Roma por um preço inferior ao de mercado.

Caio também propôs que cavaleiros, e não mais senadores, passassem a integrar os tribunais de júri, responsáveis pelo julgamento dos processos civis. Integrantes da cavalaria, os cavaleiros ascenderam ao poder durante as conquistas imperiais. Eles se tornaram responsáveis pelas operações financeiras, como o comércio e a cobranças de impostos das áreas invadidas, tarefas que os senadores eram proibidos de realizar. A medida de Caio acentuou ainda mais a divisão entre o a aristocracia tradicional e os cavaleiros – representados por ricos comerciantes, que formaram a Ordem Equestre.

Caio abordou ainda uma questão controversa ao tentar aprovar leis que estendessem a cidadania romana aos limites das províncias conquistadas. Essa medida tinha como objetivo enfraquecer o poder do Senado ao incorporar novos atores na política romana, mas a aristocracia reagiu ao projeto e impediu que ele fosse aprovado. Ao disputar a reeleição para o cargo de tribuno da plebe pela terceira vez, Caio foi derrotado e assassinado pouco tempo depois. Suas medidas foram revogadas, mas as ideias dos Graco não foram abandonadas: seus adeptos, conhecidos como *populares*, ou defensores do povo, faziam oposição ao partido senatorial, os *optimates* ("os melhores"). O choque entre os dois partidos desencadearia diversos conflitos nos anos seguintes.

A turbulência política não estava restrita à capital, pois nesse período as guerras de conquistas alcançaram locais cada vez mais distantes, aumentando gradativamente o prestígio dos generais que se destacavam nessas campanhas. Inicialmente, o exército romano era composto de pequenos proprietários, porém, com a intensificação da política expansionista e a ampliação da desigualdade social, o recrutamento dos mais pobres tornou-se indispensável para montar um exército numeroso.

Depois de sair vitorioso em diversas batalhas, o general Mário conseguiu ser eleito cônsul em 107 a.C. Mário profissionalizou o exército, atraindo os combatentes com salários e a promessa de recompensa em terras quando seu tempo de serviço expirasse. Os comandantes tinham a lealdade dos soldados porque eram os responsáveis por remunerar as tropas, além de distribuir a riqueza obtida com o saque dos territórios conquistados.

Na Península Itálica, a guerra de interesses entre populares e optimates se intensificou. Após uma vitória no Oriente, o general Silas, representante dos interesses aristocráticos, invadiu a península e instaurou um regime ditatorial em 82 a.C., iniciando a perseguição aos grupos políticos populares.

Em 79 a.C., Silas abandonou o poder, mas poucos anos depois novos generais despontaram. Em 59 a.C., o general Júlio César, sobrinho de Mário, foi eleito cônsul em meio a uma forte crise política. Diante de um período de instabilidade, Júlio César formou o que ficou conhecido como Primeiro Triunvirato, aliando-se a Pompeu, general que havia conseguido reprimir uma revolta popular na Península Ibérica, e a Crasso, que havia derrotado os escravos de Cápua, liderados por Espártaco.

Karl Theodor von Piloty. *Assassinato de César*. 1865. Óleo sobre tela, 149 × 238 cm, Museu da Baixa Saxônia. Devido à ação do tempo, as pinturas da Antiguidade não sobreviveram até o presente, e é improvável que alguma tenha sido produzida sobre um tema tão polêmico quanto o assassinato de Júlio César. A história de Roma foi, porém, um tema privilegiado pelos artistas do século XIX, quando a pintura histórica gozava de grande prestígio. Nessa obra, o pintor alemão Von Piloty retrata os conspiradores do Senado de forma sombria, rodeando o surpreendido César.

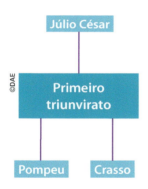

Naquele período, Roma acelerou a expansão de suas fronteiras: conquistou a Gália (atual França), a Britânia (atual Inglaterra), a Hispânia (Península Ibérica), a Ásia Menor e o Egito. Em 54 a.C., quando Crasso morreu em uma campanha contra os partos, a relação de César e Pompeu já estava estremecida. No ano seguinte, depois de uma série de revoltas populares ocorridas em Roma, o Senado nomeou Pompeu como o único cônsul, concedendo-lhe poderes de ditador. Pompeu, com ajuda de suas tropas, restaurou a ordem na cidade, mas César, que não aceitou a decisão do Senado, retornou com sua legião para Roma, provocando uma guerra civil. Pompeu foi derrotado e César proclamou-se ditador.

No poder, César diminuiu a autonomia do Senado e ocupou simultaneamente diversos cargos. Durante seu governo, procurou eliminar as velhas barreiras entre provincianos e romanos, integrando aos domínios romanos regiões antes tidas como simples conquistas militares. Em 44 a.C., ao ser nomeado ditador vitalício, César foi assassinado por um grupo de senadores insatisfeitos com a concentração de poderes em suas mãos. Entretanto, sua morte não eliminou a importância política que os militares haviam adquirido. Assim, emergiu o problema da sucessão: quem substituiria o general?

ORGANIZANDO AS IDEIAS

2. A implantação da *res publica* em Roma beneficiou os plebeus? Explique.
3. Analise o contexto em que o cargo de tribuno da plebe foi criado explicando a sua função.
4. Explique as consequências da expansão romana ocorrida por volta do século III a.C.

O Segundo Triunvirato e o início do Império

Após o assassinato de César, formou-se em 43 a.C. o Segundo Triunvirato, constituído por Marco Antônio, Lépido – homens de confiança do antigo ditador – e Otávio, sobrinho e herdeiro de César. Como vingança, vários senadores foram perseguidos e mortos, além de terem seus bens confiscados. O vasto território romano foi então dividido entre os três membros do triunvirato:

Roma: da formação à construção de um império   Capítulo 6   77

Otávio recebeu a parte ocidental, Marco Antônio obteve o governo da parte oriental, e Lépido, a África.

A aliança militar durou, porém, pouco tempo: em 37 a.C., Marco Antônio casou-se com a rainha do Egito, Cleópatra. O matrimônio selava os interesses políticos de ambos: enquanto Marco Antônio ganhava acesso aos recursos do Egito, Cleópatra acreditava que o triúnviro era o único capaz de restaurar a glória do Império Macedônico. Ao mesmo tempo, Otávio consolidava seu poder ao exilar Lépido. Os rumores de que Marco Antônio reivindicava ser o legítimo herdeiro de César levaram Otávio a declarar guerra. A vitória de Otávio em 31 a.C. culminou no suicídio de Marco Antônio e Cleópatra e na transformação do Egito em mais uma província romana.

Otávio tornou-se, assim, o líder indiscutível do Estado romano, passando a ser chamado de "filho de César divinizado". Em 27 a.C., o título de imperador que o exército confiara a ele desde 40 a.C. foi confirmado pelo Senado, para além dos títulos de primeiro cidadão, chefe do senado, *princeps* e *Augusto*, este último até então só aplicado aos deuses. Iniciava-se assim o Período Imperial romano, no qual o poder passou a ser concentrado nas mãos do imperador: era o chefe supremo de todo o exército, dirigia a maior parte das províncias, propunha leis, controlava a eleição dos magistrados e exercia a máxima autoridade religiosa. Dessa forma, apesar de as engrenagens tradicionais da República ainda existirem, tudo dependia da aprovação do imperador.

Otávio iniciou um período conhecido como *Pax Romana*, em que as conquistas territoriais diminuíram e as tropas foram estacionadas nas fronteiras. Porém, ainda eram empreendidas guerras ofensivas contra territórios recentemente dominados ou aqueles que se rebelavam. Além disso, o imperador estabeleceu uma série de reformas com o intuito de embelezar Roma, incentivando a arte e a literatura. Como não teve filhos, após sua morte em 14 d.C., Tibério, formalmente adotado por Otávio, tornou-se seu sucessor.

O cotidiano em Roma

A prática de distribuição de grãos à população pobre urbana – iniciada por Caio Graco – tornou-se usual em Roma, sendo consolidada pelo governo imperial. Era também na cidade que o povo tinha acesso aos espetáculos públicos, que geralmente eram gratuitos. Isso era possível graças à prática chamada de evergetismo, em que os notáveis da cidade financiavam espetáculos públicos e construções de edifícios.

As lutas de gladiadores – contra animais ou entre si – eram uma das atrações públicas mais populares. Os combatentes eram em sua maioria prisioneiros de guerra e criminosos, mas existiam alguns voluntários à procura de fama e aventura. As corridas de bigas e quadrigas (carros puxados por cavalos) também se tornaram notórias, assim como os espetáculos teatrais.

Outra forma de distração dos romanos eram as termas – banhos públicos que abrigavam piscinas com água quente, morna e fria. Nesses locais, os romanos não apenas se banhavam como realizavam exercícios físicos, estudavam e até mesmo recebiam massagens mediante o pagamento de uma pequena taxa. As termas também eram um espaço de socialização, pois nelas a população se encontrava, se exibia e conversava. Em 216, foram concluídas as Termas de Caracala, um dos maiores e mais espetaculares banhos públicos de Roma, com capacidade para acomodar cerca de 1600 pessoas.

Termas de Caracala, em Roma, Itália. Foto de julho de 2013.

Roma imperial

O centro de Roma foi inteiramente transformado por obras gigantescas durante os governos de Augusto, dos Flavianos, de Trajano e de Adriano. A Colina do Palatino foi ocupada pelo palácio imperial (construído por Domiciano), e novos fóruns imperiais foram agregados ao velho fórum romano. Os imperadores também embelezaram, ampliaram ou construíram gigantescos locais de espetáculo e diversão para satisfazer à plebe urbana (Grande Circo, Coliseu, teatros e termas).

Maquete representando Roma no ano de 320, durante o governo de Constantino.

O novo imperador manteve o estilo de comando de seu antecessor, e seu governo foi marcado pela meticulosa administração dos recursos públicos. Seu sobrinho-neto Calígula o sucedeu, mas entrou em conflito com o Senado ao tentar ampliar ainda mais seu poder. Em 41, Calígula foi assassinado, e seu tio Cláudio foi aclamado imperador. Cláudio expandiu o território romano, mas, apesar das vitórias, também brigou constantemente com a aristocracia e acabou sendo morto.

Nero, filho adotivo de Cláudio, assumiu o poder em 54, com apenas 16 anos. Temendo conspirações, ao longo de seu governo, Nero ordenou o assassinato de sua mãe, de seu meio-irmão e de suas duas últimas esposas. Em 64, Roma foi devastada por um grande incêndio, e uma religião nascente, o cristianismo, foi responsabilizada por isso. Nero começou uma violenta perseguição, que cruelmente exterminou muitos membros desse pequeno grupo. Após a destruição, Roma foi reconstruída e surgiram suspeitas de que o próprio Nero teria ateado fogo na cidade para remodelá-la a seu gosto.

Entre os anos de 68 e 69, Roma mergulhou em uma guerra civil e teve quatro imperadores: o último deles, Flávio Vespasiano, deu início à Dinastia Flaviana (68-96). Vespasiano mostrou suas habilidades de administrador ao restaurar rapidamente as finanças de Roma, fortificar as fronteiras e iniciar um programa de construção pública que deu origem, por exemplo, ao Coliseu, finalizado por seus filhos e sucessores, Tito e Domiciano. Cabe lembrar que este último foi responsável por grandes expedições militares que expandiram ainda mais o território romano. Vítima de uma conspiração palaciana, Domiciano acabou sendo morto em 96. O primeiro século do Império se caracterizou, então, por uma grande instabilidade política, pois a aristocracia, o monarca e a família real frequentemente entravam em conflito, em razão da dificuldade de encontrar uma forma estável de dividir o poder. Foi somente com a Dinastia dos Antoninos (96-192), marcada por governos eficientes, que Roma finalmente alcançou certa estabilidade política.

No governo de Trajano (98 a 117), o Império Romano alcançou sua máxima extensão. Com a morte de Cómodo, último imperador antonino, outra guerra civil estourou em Roma: o novo líder, Sétimo Severos, deu início à Dinastia dos Severos.

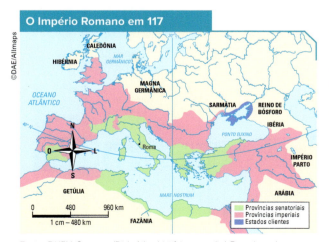

Fonte: DUBY, Georges (Dir.). *Atlas histórico mundial*. Barcelona: Larousse, 2007. p. 52-53.

Para assistir

Gladiador

EUA, 2000. Direção: Ridley Scott. Duração: 154 min.

O general Maximus, herói das campanhas de Marco Aurélio contra os germanos, é escolhido por este para sucedê-lo no trono. Indignado, Comodus, filho do imperador, mata o pai e condena o rival à morte. Maximus escapa e se torna gladiador.

OS AQUEDUTOS ROMANOS

Os romanos se destacaram, entre outros feitos, por suas espetaculares obras de engenharia: construíram estradas pavimentadas, arenas, pontes, aquedutos. Estes últimos, além de simbolizarem o poderio do Império graças à sua monumentalidade, permitiam ao governo de Roma controlar o fornecimento de água nas regiões dominadas, e, com isso, assegurar o domínio sobre elas. Mas como funcionava esse sistema de abastecimento?

Os aquedutos (de *aqua* = água e *ductum* = condutor) romanos eram canais através dos quais a água de um rio, represada num reservatório, era levada até as cidades. Eram subterrâneos, na maior parte de sua extensão. Porém, ao atravessar grandes vales, eles ficavam expostos, sustentados por estruturas em arco construídas com pedras. Isso era feito porque os romanos acreditavam que, para chegar ao seu destino, a água teria sempre de "descer" – ou seja, o canal precisaria manter um leve declínio em toda sua extensão.

Observe as imagens abaixo. Se ao longo do vale o canal continuasse subterrâneo, ele teria de fazer uma curva para baixo e depois subir para chegar até a cidade. Os romanos não acreditavam que isso era possível. Hoje, porém, sabemos por experimentação que a água procura seu próprio nível. Esse é um princípio da Física que pode ser observado enchendo-se de água um tubo em U: a água terá sempre o mesmo nível nos dois lados do tubo.

Alguns aquedutos romanos, contudo, apresentam trechos em que a água "descia" e depois "subia". Isso prova que seus construtores perceberam que o canal não precisava estar sempre em declínio.

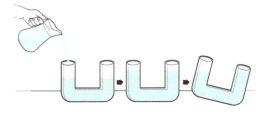

Arcos romanos na cidade de Segóvia, Espanha. A estrutura foi construída pelos romanos no século I para sustentar um aqueduto, utilizado pela população local até o século XIX.

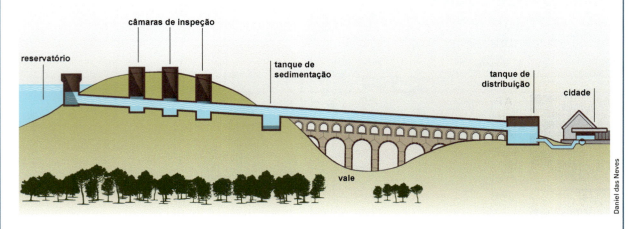

Unidade 2 Os povos da Antiguidade

O direito romano

As primeiras leis romanas foram codificadas nas 12 tábuas, em 450 a.C. Embora contivessem disposições sobre todas as áreas do direito, predominavam as referentes ao *ius privatum* (direito privado), que tratava das relações legais entre os cidadãos e lidava com questões de propriedade, débito, assaltos e outras disputas entre os romanos.

Tradicionalmente o corpo de leis, *ius civile* (direito civil), era aplicado apenas aos cidadãos. Os demais povos conquistados estavam sob jurisdição *ius gentium* (direito das gentes) e, quando os romanos permitiam, eram julgados por leis que vigoravam em seus respectivos territórios ou cidades. Em 212, quando o imperador Caracala estendeu a cidadania romana a todos os homens livres, tecnicamente as diferenças entre o *ius civile* e o *ius gentium* terminaram. Entretanto, na prática, por muito tempo os dois tipos de legislação continuaram a existir: uma para os cidadãos tradicionais e outra para os cidadãos recém-incorporados ao Império. Era uma forma de respeitar os costumes locais, tornando a dominação imperial mais tolerável para os povos conquistados.

Em 428, Teodósio recolheu todas as leis desde o reinado de Constantino e criou um sistema formalizado de direito, que posteriormente influenciou o Código de Direito Civil, organizado por Justiniano. Depois da queda do Império Romano do Ocidente em 476, o sistema legal romano continuou presente no Oriente. No Ocidente, por sua vez, os reinos germânicos que se formaram também incorporaram aspectos do direito romano a seus próprios códigos. Assim, as leis romanas sobreviveram após a dissolução do Império, influenciando a tradição legal de todo o Ocidente.

Durante esse período o poder dos militares, que já era considerável, tornou-se ainda maior. Ao mesmo tempo, o Senado perdeu prestígio. Em 212, Caracala estendeu a cidadania a todos os homens livres das províncias. Essa medida, conhecida como Édito de Caracala, buscava aumentar a base tributária romana, pois certos impostos eram pagos apenas pelos cidadãos.

Se anteriormente havia uma oposição entre cidadãos e não cidadãos, desde o final do século II, e principalmente a partir do decreto de Caracala, o principal critério de diferenciação social passou a ser a honra, obtida por meio da ocupação de cargos prestigiosos. Assim, senadores, cavaleiros e oficiais veteranos do exército faziam parte do grupo dos *honestiores* ("homens honoráveis"), enquanto o resto da população pertencia aos *humiliores* ("homens humildes"). Além do diferencial econômico (pois os *honestiores* dominavam a terra e o comércio), os grupos se distinguiam pela existência de privilégios jurídicos que favoreciam os "homens honoráveis". Era uma tentativa de preservar e consolidar a elite romana, enfraquecida pelos embates e expurgos realizados pelos imperadores.

Para assistir

A Paixão de Cristo
EUA, 2004. Direção: Mel Gibson. Duração: 126 min.

Narrativa sobre as últimas doze horas de vida de Jesus Cristo, antes de sua crucificação.

A religião no Império

Os romanos cultuavam vários deuses, originários do panteão grego. Com o tempo, a religião do Estado passou a ser associada ao culto ao imperador, pois ao adorar o soberano os povos do Império demonstravam sua fidelidade. Embora as regiões conquistadas tivessem direito à liberdade de culto, uma nova religião, chamada cristianismo e originária da Judeia (Palestina), periferia do Império, defendia um monoteísmo rigoroso, recusando o militarismo e a adoração do imperador. Devido à associação entre religião e Estado, tal atitude foi percebida pelo Império como um sinal de deslealdade.

A maioria dos judeus da Palestina não aceitou a dominação de Roma a partir de 63 a.C. Apesar do desejo de fazer frente ao poder romano, as divisões que existiam entre os judeus dificultavam a construção de um movimento unificado de resistência. Os saduceus, que pertenciam à classe sacerdotal, apoiavam um compromisso com Roma; os zelotes, por sua vez, que constituíam uma ala radical e preconizavam Deus como o único senhor, preparavam uma revolta armada; os essênios preferiram a retirada para o deserto; e os fariseus procuravam viver uma fé pessoal e pura, respeitando as prescrições da lei.

ORGANIZANDO AS IDEIAS

5. Explique o que foi a *Pax Romana*, indicando o período que ela teve início.

A expansão do Cristianismo por volta do século IV

Fonte: DUBY, Georges (Dir.). *Atlas histórico mundial*. Barcelona: Larousse, 2007. p. 55.

Muitos judeus esperavam por uma intervenção divina, pela chegada de um messias – um descendente do rei judeu Davi que restauraria o reino de Israel e traria paz ao mundo. Foi o caso, por exemplo, dos seguidores de João Batista, que pregava o arrependimento e fazia batismos na água. A Palestina foi percorrida por profetas e pregadores, mas também por agitadores de todos os tipos.

Jesus (c. 4 a.C.-c. 30 d.C.) foi um dos muitos pregadores dessa época. Sua família vivia em Nazaré, na Galileia, e sua história está ligada a vários aspectos das diversas correntes do judaísmo. Batizado por João Batista, foi considerado um dos profetas que anunciavam a vinda do reino de Deus. Como se acreditava que ele era capaz de realizar milagres e dava atenção aos pobres, Jesus era muito popular e seguido por multidões que queriam ouvi-lo. As autoridades romanas e judaicas o consideraram um agitador, e, por isso, foi executado pelo suplício da crucificação por ordem do procurador romano Pôncio Pilatos.

Apenas depois da morte de Jesus o cristianismo nasceu de fato como uma religião. Para a maioria dos judeus, sua morte demonstrou que ele era apenas um ser humano comum e que havia fracassado em

A ruptura com o judaísmo

Desde o início do cristianismo, a questão da universalidade da mensagem de Jesus esteve presente. Segundo os Evangelhos, Jesus se dirigia não apenas aos judeus, mas aos samaritanos e aos gentios (isto é, pagãos). Com o incentivo de Paulo, o cristianismo passou a aceitar conversões, e, a partir do final do século I, os cristãos de origem pagã logo se tornaram majoritários.

Tal fato acarretou uma ruptura progressiva com o judaísmo. Por ocasião da Assembleia de Jerusalém no ano 48, os apóstolos dispensaram os convertidos de origem não judaica da circuncisão, das restrições alimentares e das regras de purificação, mantendo apenas o batismo. A ruptura com o judaísmo tornou-se ainda mais clara depois da grande revolta judaica que se estendeu de 64 a 70, na qual os cristãos não tomaram parte. Foi nesse momento que as autoridades romanas compreenderam, de fato, a diferença entre judeus e cristãos.

sua missão. Para seus discípulos, no entanto, ele ressuscitou e era realmente o Messias, o Cristo, o filho de Deus que subiu aos céus para ficar ao lado do Pai. A ideia de encarnação de Deus em um homem, inaceitável para os judeus, foi uma das maiores originalidades do cristianismo.

Do século I ao III, a cristianização foi um fenômeno essencialmente urbano. A partir do século IV espalhou-se aos poucos para os campos. Geograficamente, o cristianismo implantou-se primeiro no Oriente romano, mais do que no Ocidente latino.

Entretanto, os apóstolos Pedro e Paulo estiveram em Roma, onde já havia uma importante comunidade cristã – em grande medida por causa da intensidade da migração para a capital do império. O cristianismo atingiu todas as classes sociais, não se caracterizando, portanto, como uma religião exclusiva de pobres e escravos. No século II, sua difusão chegou a provocar receios na elite, que desconfiava dessa religião estrangeira.

Até o ano 313, o cristianismo foi proibido no Império. Vários cristãos foram condenados à morte, mas as perseguições não eram sistemáticas, variando de acordo com as conjunturas políticas. Alguns imperadores tentaram obrigar os cristãos a venerar aos deuses tradicionais, mas muitos se recusaram, arriscando a própria vida. Diversas vítimas das perseguições tornaram-se mártires e passaram a ser exemplos para os cristãos, fortalecendo ainda mais a nova religião.

> **ORGANIZANDO AS IDEIAS**
>
> 6. Por que os adeptos do judaísmo e o cristianismo, religiões monoteístas, foram perseguidos pelo Império Romano?

A crise do Império

Entre 235 e 285, Roma teve 26 imperadores, numa média de um a cada dois anos. Essa instabilidade política interna foi agravada pela invasão das fronteiras. Desde o final do governo do imperador Marco Aurélio (161-180 d.C.), as tribos germânicas vizinhas (hunos, visigodos, francos, ostrogodos, entre outras) intensificavam seus ataques às extensas fronteiras romanas, que se estendia do Rio Reno, no norte da Gália, à foz do Rio Danúbio, no Mar Negro. Por outro lado, as relações dos romanos com esses povos se estreitaram nos séculos seguintes através de migrações e acordos militares, pois o Império frequentemente estabelecia alianças com várias dessas tribos ao mesmo tempo em que guerreava contra outras.

Constituídos por muitos povos e grupos autônomos, os germanos tinham culturas bastante variadas. Mas não foram eles o único desafio externo de Roma: ameaçando as províncias romanas do Oriente, o Império Persa, que fora renovado pela **Dinastia Sassânida** no século III, era também um adversário temível, dotado de organização militar superior à dos germanos. Os persas impuseram várias derrotas militares aos imperadores, obrigando-os a dividir seus exércitos para lutar simultaneamente em diversas frentes.

Além da instabilidade ocasionada pelas guerras, o império foi abalado por problemas econômicos provocados pelo aumento de impostos necessários para custear os gastos militares e pela desvalorização da moeda, que geravam uma elevação dos preços dos produtos. Em razão da crise, o comércio declinou e a migração para as cidades foi interrompida, ocorrendo um êxodo considerável para fora do Império e para as áreas rurais. As trocas tornaram-se cada vez mais comuns, com taxas pagas em gêneros em vez de em dinheiro. Ao mesmo tempo, Roma passava por um declínio demográfico causado por epidemias e conflitos, o que diminuiu o número de trabalhadores, sobretudo no campo. Com o aumento da pobreza e em resposta à permanente necessidade de mão de obra na área rural, os proprietários passaram a utilizar o sistema de colonato, no qual os trabalhadores **arrendavam** uma porção de terra e, como pagamento, destinavam parte da colheita aos proprietários. Em número cada vez menor, os escravos passaram a ser empregados sobretudo em funções domésticas, deixando de predominar no campo.

Os processos descritos acima ocorreram com mais intensidade na porção ocidental do Império.

Dinastia Sassânida: fundada por Artaxes I (180-242), descendente de uma linhagem de sacerdotes zoroastristas, a dinastia governou o Império Persa de 224 a 651.

Arrendamento: meio pelo qual o proprietário da terra entregava a outrem a sua exploração, mediante uma determinada remuneração.

No Oriente, menos ameaçado por inimigos externos, as condições econômicas e demográficas eram melhores. Em meio às dificuldades do Estado romano, Diocleciano (284-305) estabeleceu uma nova forma de governo, chamado de tetrarquia, na qual dividia o poder com mais três governantes. Nenhum deles estabeleceu sua capital em Roma, o que diminuiu a importância da cidade.

Além disso, Diocleciano aumentou o número de províncias, pois acreditava que, quanto menores fossem as jurisdições, mais fácil seria administrá-las. Ele tentou ainda combater a crise econômica criando o Édito Máximo, que fixava o preço para todos os bens e produtos de primeira necessidade. Seu sucessor, Constantino, impôs-se sobre os demais pretendentes e deu continuidade a muitas reformas iniciadas por seu antecessor, consolidando, por exemplo, a divisão entre as partes ocidental e oriental do Império. Tal como Diocleciano, Constantino não achava Roma uma capital adequada para o Império, por isso estabeleceu sua sede administrativa em Bizâncio (posteriormente conhecida como Constantinopla), que ocupava uma posição estratégica por estar localizada em uma área que conectava Europa e Ásia.

Ao contrário de Diocleciano, que havia intensificado a perseguição aos cristãos, Constantino converteu-se ao cristianismo em 312 e, no ano seguinte, com o Édito de Milão, concedeu liberdade de culto a todas as religiões. Constantino foi, portanto, responsável por reconhecer a relevância da comunidade cristã, a qual posteriormente se incorporaria grande parte da elite imperial.

Após a morte de Constantino em 337, as lutas pelo poder produziram décadas de instabilidade política. Em 378, Teodósio tornou-se imperador e, dois anos depois, o cristianismo passou a ser a religião oficial do Império. Embora, nos assuntos do governo, os membros da Igreja devessem obedecer às autoridades civis (vistas como instrumentos de Deus), em matéria de fé eram os governantes que deveriam se subordinar à Igreja.

Teodósio tentou ainda unificar os vastos territórios do Ocidente e do Oriente e chegou a governar, por pouco tempo, todo o Império. Entretanto, depois de sua morte a divisão entre o Império Romano do

Tetrarcas, escultura do século IV instalada na Catedral de São Marcos, em Veneza, Itália.

Oriente, cuja capital era Constantinopla, e o Império Romano do Ocidente, cujo centro era Roma, tornou-se definitiva.

Com a intensificação da invasão dos povos bárbaros – como os romanos denominavam todos aqueles que não viviam dentro das fronteiras de seu território –, o Império Romano do Ocidente, enfraquecido política e economicamente, não resistiu: em 476, o imperador Rômulo Augusto foi destituído após a invasão e o saque dos hérulos em Roma. Entretanto, mesmo que o Estado romano tenha desaparecido na Europa, as estruturas sociais, a civilização romana e a própria ideia de império sobreviveram e influenciaram as novas formações políticas posteriores. É importante ainda lembrar que a parte oriental do Império resistiu, passando por um novo período de esplendor, como veremos na próxima unidade.

ORGANIZANDO AS IDEIAS

7. Explique a importância do Édito de Milão.
8. Indique o que ocasionou a redução da mão de obra escrava no campo e explique as modificações feitas em resposta a essa necessidade de trabalhadores na área rural do Império Romano.

Revisando o capítulo

APROFUNDANDO O CONHECIMENTO

1. Leia a seguir um texto de Apiano, historiador de língua grega do século II a.C., que apresenta um resumo do discurso pronunciado em 133 a.C. pelo tribuno da plebe, Tibério Graco.

> Quanto a Graco, tinha como objetivo principal aumentar, não o bem-estar, mas a importância da população. Levado antes de tudo pela utilidade de seu empreendimento, pois pensava que nada poderia ter um interesse maior e mais forte para a Itália, não refletiu sobre os obstáculos que encontraria. Tendo então chegado o dia em que a lei deveria ser submetida aos sufrágios, ele pronunciou um longo discurso, no qual estavam embutidos diversos motivos em favor da lei. Perguntou à assistência se não seria justo que bens comuns sofressem uma divisão comum; se os homens não teriam, em todos os tempos, mais a esperar dos laços que os uniam a um concidadão do que teriam a esperar de um escravo; se aquele que servia nos exércitos da república não era mais útil do que aquele que dela era excluído; se aquele que estava pessoalmente interessado no bem público não era a ele mais afeiçoado do que aquele que nele não tomava parte. Sem se deter por muito tempo nessas comparações, que eram degradantes, entrou nos detalhes das esperanças e temores que deveria ter a pátria; expôs que a maior parte do território da república era fruto da guerra, e que a conquista do resto do universo estava prometida aos romanos; que, nessas circunstâncias, eles poderiam tudo ganhar ou tudo perder: poderiam conquistar o resto do mundo com o crescimento da população dos plebeus, ou perder, por sua decadência ou pela inveja de seus inimigos, as conquistas já obtidas; exaltou a glória e as vantagens da primeira perspectiva, exagerou os perigos e receios a respeito da segunda; convidou os cidadãos ricos a considerar se não conviria que, perante essas brilhantes esperanças da pátria, eles consentissem em transmitir o excedente de suas propriedades àqueles que dariam filhos à república e que, perante a alternativa entre uma frágil vantagem e um enorme bem, dessem preferência ao último. Fez, ao mesmo tempo, com que vissem que seriam suficientemente recompensados pelos cuidados que haviam dado a suas possessões pela propriedade exclusiva garantida pela lei a cada um, a título gratuito e perpétuo de quinhentas jeiras de terra, e da metade de tal montante a cada um dos filhos daqueles que eram pais de família. Graco, depois de ter exposto muitos outros argumentos similares e insuflado a energia dos cidadãos pobres e de todos os outros cidadãos que eram mais acessíveis à força da razão do que ao amor à propriedade, ordenou ao escrivão que lesse a lei.
>
> APPIEN. *Les guerres civiles*. Paris: Les Belles Lettres, 1993. p. 29. Tradução nossa.

a. Qual era a proposta de Tibério Graco para amenizar as tensões sociais pelas quais passava a República Romana?

b. Destaque e comente três argumentos utilizados por Tibério Graco em defesa de sua proposta.

c. De acordo com o que você estudou neste capítulo, Tibério conseguiu implantar a sua reforma?

d. De que forma Caio Graco deu continuidade às propostas de seu irmão Tibério?

2. Leia o texto a seguir e depois responda às questões.

A entrada de Jesus em Jerusalém

Quando se aproximaram de Jerusalém e chegaram a Betfagé, no monte das Oliveiras, Jesus enviou dois discípulos, dizendo-lhes: "Ide ao povoado aí em frente, e logo encontrareis uma jumenta amarrada e, com ela, um jumentinho. Soltai-a e trazei-mos. E, se alguém vos disser alguma coisa, respondereis que o Senhor precisa deles, mas logo os devolverá". Isso aconteceu para se cumprir o que foi dito pelo profeta: "Dizei à Filha de Sião: eis que o teu rei vem a ti, modesto e montado em uma jumenta, em um jumentinho, filho de um animal de carga". Os discípulos foram e fizeram como Jesus lhes ordenara: trouxeram a jumenta e o jumentinho e puseram sobre eles suas vestes. E ele sentou-se em cima. A numerosa multidão estendeu suas vestes pelo caminho, enquanto outros cortavam ramos das árvores e os espalhavam pelo caminho. As multidões que o precediam e os que o seguiam gritavam: "Hosana ao Filho de Davi! Bendito o que vem em nome do Senhor! Hosana no mais alto dos céus!" E, entrando em Jerusalém, a cidade inteira agitou-se e dizia: "Quem é este?" A isso as multidões respondiam: "Este é o profeta Jesus, de Nazaré, na Galileia".

Então Jesus entrou no Templo e expulsou todos os vendedores e compradores que lá estavam. Virou as mesas dos cambistas e as cadeiras dos que vendiam pombas. E disse-lhes: "Está escrito: Minha casa será chamada casa de oração. Vós, porém, fazeis dela um covil de ladrões!" Aproximaram-se dele, no Templo, cegos e coxos, e ele os curou. Os chefes dos sacerdotes e os escribas, vendo os prodígios que fizera e as crianças que exclamavam no Templo "Hosana ao Filho de Davi!", ficaram indignados, e lhe disseram: "Estás ouvindo o que estão a dizer?" Jesus respondeu: "Sim. Nunca lestes que: Da boca dos pequeninos e das criancinhas de peito preparaste um louvor para ti?" Em seguida, deixando-os, saiu da cidade e dirigiu-se para Betânia. E ali pernoitou.

Bíblia Sagrada. Mateus, 21:1-17.

a. Qual é o significado das palavras profeta e messias? Se necessário, consulte um dicionário ou procure mais informações em livros e na internet.

b. Segundo esse trecho da Bíblia, quando Jesus entrou em Jerusalém, o povo o identificou como um profeta. Por que o povo judeu via Jesus como um profeta, e não como o messias?

c. Que religião Jesus teria fundado? De acordo com o que você estudou neste capítulo, essa nova religião foi aceita de imediato no Império Romano? Por quê?

3. O Império Romano era controlado por uma administração relativamente pequena (cerca de 40 províncias), mas apresentava uma grande rede viária. O exército romano se colocava estrategicamente nas fronteiras, com cerca de 30 legiões permanentes. Observe o mapa a seguir, que mostra a máxima extensão do Império Romano, e depois faça o que se pede.

a. Justifique a afirmação de que "o Mediterrâneo era um lago romano" com informações mostradas no mapa.

b. Consulte um atlas para saber que países atuais da Europa, do norte da África e da Ásia correspondem aproximadamente às regiões que integravam o Império Romano no século II, à época da morte de Trajano.

Expansão do Império Romano

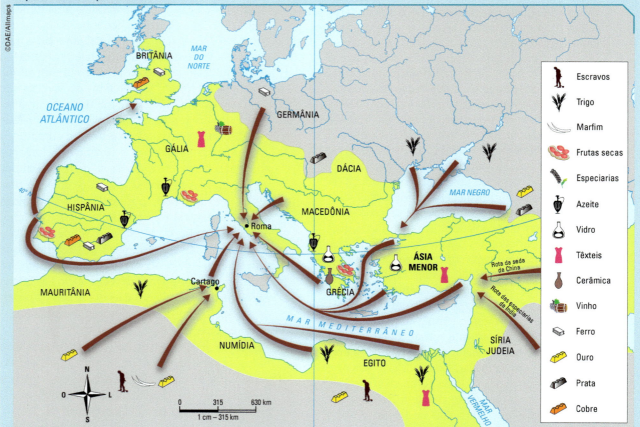

Fonte: DUBY, Georges (Coord.). *Atlas histórico mundial*. Barcelona: Larousse, 2011. p. 52-53.

Conecte-se

1. Leia os textos a seguir com atenção. O texto 1, escrito pelo historiador Tácito, descreve uma rixa entre torcedores ocorrida em 59 d.C. durante uma luta de gladiadores na cidade de Pompeia. Já o texto 2 discorre sobre a violência entre torcidas no futebol brasileiro.

Texto 1

Naquela mesma época, um episódio corriqueiro deu início a uma medonha matança entre os colonos de Nucéria e Pompeia, em um espetáculo de gladiador, organizado por Livíneo Régulo, aquele cuja remoção do Senado já tinha sido anunciada. Assim, em uma troca de injúrias, certamente mau costume de cidade pequena, tomaram, em seguida, pedras e depois pegaram espadas, prevalecendo o povo de Pompeia, local onde o espetáculo era exibido. Em consequência, muitos dos nucerinos mutilados e com feridas no corpo foram transportados para Roma, enquanto muito choravam a morte dos filhos e pais. O imperador permitiu o julgamento desses eventos ao Senado, o Senado aos cônsules. E, tendo o caso sido relatado, outra vez, diante dos pares, proibiram-se, por dez anos, reuniões públicas como esta e dissolveram-se os colegiados pompeianos que se estabeleceram contra as leis. Livíneo e os outros que incitaram a discórdia foram condenados ao exílio.

Tácito. In: GARRAFONI, Renata Senna. Rixa no anfiteatro de Pompeia: o relato de Tácito e os grafites parietais. *História Revista – Revista da Faculdade de História e do Programa de Pós-Graduação em História da Universidade Federal de Goiás*. v. 12, n. 2, 2007. Disponível em: <www.revistas.ufg.br/index.php/historia/article/view/5470>. Acesso em: 4 nov. 2015.

Texto 2

O ano mal começou para o futebol brasileiro, mas já está marcado por episódios de violência entre torcedores. Foram duas mortes registradas, além de brigas espalhadas por todo o país – sete delas só no estado de São Paulo.

Enquanto alguns clubes jogam a responsabilidade do problema no Ministério Público, o MP põe a culpa nas torcidas organizadas que, por sua vez, repassam a bola à polícia e ao próprio ministério pela 'falta de punição' aos envolvidos. [...]

'O problema é que eles têm atacado pelo secundário, não pelo principal', disse à BBC Brasil o sociólogo e pesquisador de violência no futebol, Maurício Murad. 'Tirar bandeirão, proibir organizadas, fazer torcida única não vai resolver. Precisa atacar o problema. Precisa ter um plano estratégico nacional para resolver isso, que reúna todas as entidades envolvidas.' [...] Murad acredita que a iniciativa para solucionar a questão deveria partir do próprio governo federal, com um plano nacional de ações debatidas entre o poder público, federações e clubes. [...]

O sociólogo defende ações em três frentes: repressão a curto prazo, prevenção a médio, e reeducação a longo. 'Precisa primeiro punir, acabar com a morosidade da Justiça, depois preparar a polícia para lidar com multidões e aí fazer a reeducação pedagógica do torcedor. Falta vontade política pra resolver', diz. Murad vê também necessidade de mudança na segurança dos estádios – dentro ficariam os agentes privados, e fora, a polícia militar. [...]

'A solução passa por medidas mais sérias e complexas. Como a formação de um grupo com representantes da assembleia legislativa, do poder judiciário, Ministério Público, federações, clubes, para que a gente repense as ações. Precisamos de todas as autoridades juntas para tomar as medidas necessárias', disse [o promotor do Ministério Público Castilho [...]. 'Além disso, melhorar o controle de acesso ao estádio com biometria, identificação digital e facial, e fiscalizar de perto as torcidas organizadas.'

Castilho também defende a criação de uma lei específica para crimes de futebol e uma delegacia especializada só para tratar esses casos – a 'delegacia do futebol' já existe em São Paulo, mas nem todos os casos têm sido direcionados a ela.

MENDONÇA, Renata. Violência no futebol: debate sobre soluções tem "jogo de empurra" e desacordos, 12 fev. 2015. *BBC Brasil*. Disponível em: <www.bbc.com/portuguese/noticias/2015/02/150211_futebol_briga_torcidas_rm>. Acesso em: 4 nov. 2015.

> **ATIVIDADES**
>
> 1. No texto 1, identifique as medidas tomadas pelas autoridades romanas para punir as rixas de torcedores.
> 2. De acordo com o texto 2, que medidas já foram tomadas pelas autoridades brasileiras para amenizar a violência entre torcidas organizadas dentro e fora dos estádios de futebol?
> 3. Ainda no texto 2, o que o sociólogo Maurício Murad argumenta contra essas medidas? Que soluções ele sugere?

UNIDADE 3

IDADE MÉDIA

O termo "Idade Média" foi elaborado no século XV e usado pejorativamente para qualificar um período que os europeus viam como intermediário entre duas épocas "brilhantes": a Antiguidade greco-romana e a Idade Moderna. Essa visão foi revista e hoje a Idade Média é compreendida como uma época repleta de transformações.

Convencionou-se atribuir seu início ao fim do Império Romano do Ocidente, em 476. No entanto, dinâmicas distintas são percebidas em regiões da Ásia, da África e da América. Portanto, a Idade Média é um conceito de uso restrito e não pode caracterizar a multiplicidade das experiências humanas ocorridas entre os séculos V e XV.

A Idade Média é um tema muito explorado pelo cinema. As grandes batalhas guerreiras, as sociedades secretas, as Cruzadas ou ainda a profunda religiosidade medieval são alguns dos recortes prediletos para releituras desse período. No entanto, é preciso atentar para o fato de que, muitas vezes, essas representações perpetuam a ideia de uma época uniforme que durou mil anos. Por isso, é importante ressaltar que Idade Média é um termo que se aplica, sobretudo, à Europa e comporta um período repleto de mudanças e diferentes características a depender do tempo e da região. Cena do filme *Alexander Nevsky*, dirigido pelo cineasta russo Sergei Eisenstein em 1938.

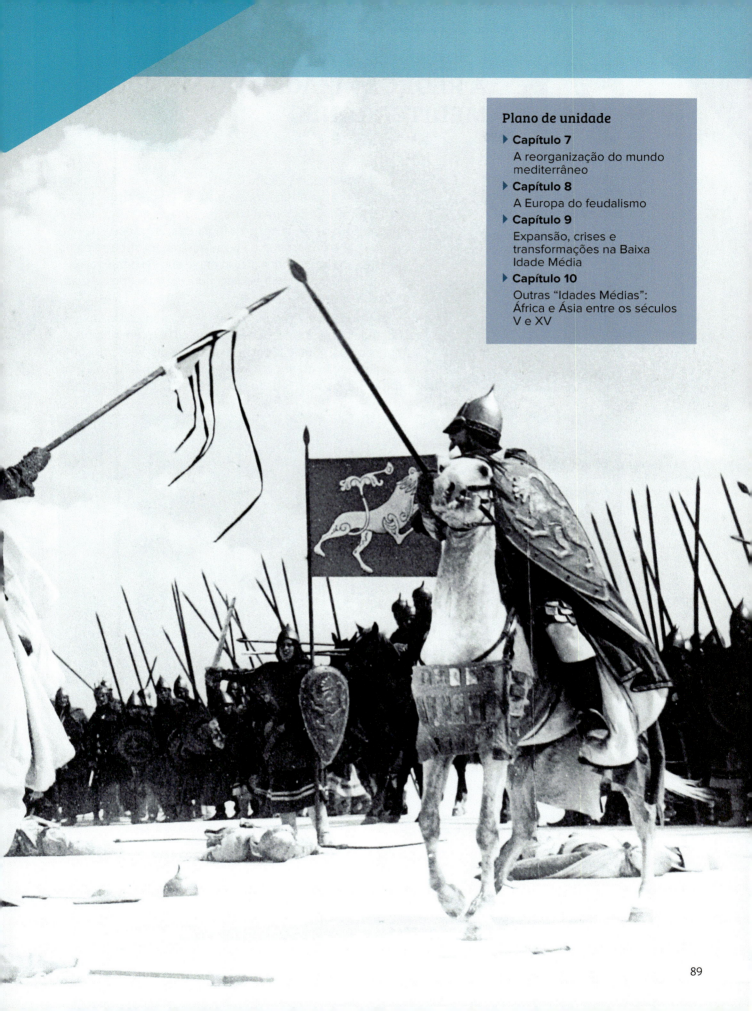

Plano de unidade

▶ **Capítulo 7**
A reorganização do mundo mediterrâneo

▶ **Capítulo 8**
A Europa do feudalismo

▶ **Capítulo 9**
Expansão, crises e transformações na Baixa Idade Média

▶ **Capítulo 10**
Outras "Idades Médias": África e Ásia entre os séculos V e XV

CAPÍTULO 7

A REORGANIZAÇÃO DO MUNDO MEDITERRÂNEO

Construindo o conhecimento

- Para você, o que significa a palavra "bárbaro"?

Plano de capítulo

- As migrações germânicas
- O Ocidente latino
- O Império Bizantino
- O Islã

Como vimos no capítulo anterior, Roma construiu um dos maiores impérios de toda a história. Da península Ibérica (atuais Portugal e Espanha) até o rio Eufrates (Iraque); da Muralha de Adriano (atual norte da Inglaterra) até o norte da África, uma parte importante da população se reconhecia como romana. O centro e principal eixo desse enorme império era o mar Mediterrâneo – chamado de *mare nostrum* ("nosso mar") pelos romanos.

A história que estudaremos neste capítulo é a do fim desse grande império. Esse processo abre, aliás, o caminho para a transição da Antiguidade para a Idade Média. Veremos como a desagregação do Império no Ocidente não significou uma ruptura total com o legado dos romanos da região, mas sim

Muralha de Adriano, perto de Bardon Mill, Hexham, Northumberland, Inglaterra. Foto de outubro de 2015. No auge do império romano, a Muralha de Adriano, na Inglaterra, demarcava o limite Norte do império, que tinha como limite Sul o Norte da África, limite Oeste a Península Ibérica e limite Leste o rio Eufrates, no Iraque.

Richard Boot/Alamy/Fotoarena

Marcos cronológicos

- **c. 496** — Conversão de Clóvis, rei dos francos, ao cristianismo.
- **570** — Nascimento de Muhammad.
- **622** — Hégira (fuga de Muhammad para Medina), que marca o ano inicial do calendário muçulmano.
- **632-661** — Período dos quatro primeiros califas ou *rashidûnita* ("bem guiados"): Abu Bakr (632-634), Umar (634-644), Uthman (644-656) e Ali (656-661).
- **638** — Tomada de Jerusalém pelos árabes.

- **476** — Deposição do último imperador romano no Ocidente.
- **527-565** — Reinado de Justiniano e primeiro apogeu do Império Bizantino.
- **587** — Conversão do rei visigodo Recaredo ao cristianismo.
- **632** — Morte de Muhammad.
- **636-750** — Conquista árabe do Oriente, do norte da África e da Península Ibérica.

Unidade 3 Idade Média

uma reorganização desse espaço geográfico e social. Em seu lugar se estabeleceram três novas grandes civilizações: os reinos romano-germânicos na Europa Ocidental, o Império Bizantino no Mediterrâneo Oriental e o islã na costa sul do Mediterrâneo.

As características do Império Romano tiveram grande influência na organização e desenvolvimento dessas civilizações, ainda que esse legado tenha sido transformado de acordo com as necessidades de cada uma delas. Se no Império Romano a integração – territorial, econômica, cultural e política – era imprescindível para manter os amplos territórios conquistados, sua desagregação teve como uma de suas consequências mais importantes o desenvolvimento de uma grande diversidade.

A religião monoteísta manteve, porém, sua relevância. O cristianismo foi adotado – ainda que com diferenças – no Ocidente medieval e no Império Bizantino, enquanto o islamismo foi um dos elementos centrais na formação do mundo árabe.

Ao longo deste capítulo, poderemos entender os principais elementos de organização e desenvolvimento de cada uma dessas civilizações, assim como sua relação com o Império Romano e o papel central que as religiões desempenharam em cada uma delas.

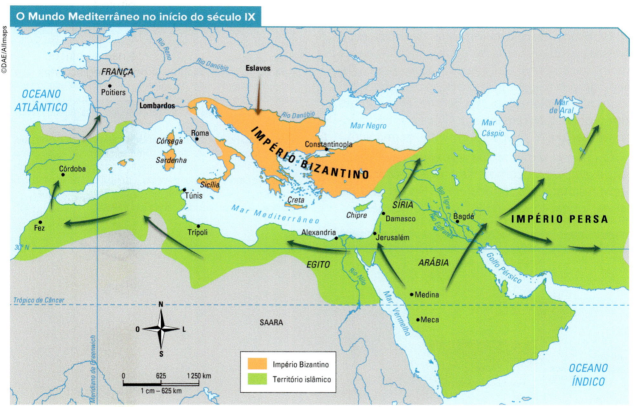

Fonte: Adaptado de: HAUSE, Stephen; MALTBY, William. *Western civilization*: a history of european society. 2. ed. Belmont, California: West/Wadsworth, 1999. p. 125.

As migrações germânicas

O Império Romano sofria uma crise generalizada desde o século III. O resultado desse processo foi a fragmentação de sua parte ocidental em vários reinos romano-germânicos. O último imperador da parte ocidental, Rômulo Augusto, foi deposto pelo chefe germânico Odoacro em 476. Desde o século IV, vários povos germânicos, chamados de "bárbaros" pelos romanos, instalaram-se no território do Império – primeiro como aliados militares (*foederati*) dos romanos e, posteriormente, como reinos independentes: os vândalos, na África; os suevos e visigodos, na Espanha; os francos, burgúndios e alamanos, na Gália; os anglos e os saxões, na Grã-Bretanha; os ostrogodos e os lombardos, na Península Itálica.

Os reinos romano-germânicos desenvolveram diversas estruturas herdadas do Império Romano: a administração provincial, a legislação, o sistema fiscal e a própria religião. Esse processo de desenvolvimento não foi planejado, mas ocorreu pelo contato entre a população romana que vivia no antigo território imperial e os novos governantes germânicos.

O desenvolvimento das leis e da religião são bons exemplos de como esse processo aconteceu e teve resultados muito diferentes. No período inicial de formação dos reinos romano-germânicos, existiam dois conjuntos de leis – um para a população de origem romana e outro para a população de origem germânica. Com o tempo, esses dois grupos se unificaram (por meio de casamentos e acordos) e o mesmo aconteceu com as leis, que deixaram de ter um caráter étnico e passaram a exibir um caráter territorial. As religiões também eram inicialmente diferentes: enquanto os romanos eram cristãos **católicos**, a maior parte dos povos germânicos eram cristãos **arianos**, e alguns eram **pagãos**. Da mesma forma, conforme ocorria o processo de integração entre os dois grupos, a religião também se unificava.

Católico: palavra de origem grega que significa "universal". Refere-se ao cristão que reconhecia os dogmas proclamados pelos concílios ecumênicos. Posteriormente, o termo passou a designar o cristão que reconhecia a autoridade superior do bispo de Roma.

Ariano: cristão que adotava a doutrina de Arius, padre e pregador que recusava o dogma da Trindade, defendendo uma subordinação entre o Pai (Deus) e o Filho (Cristo) – Deus teria criado Cristo. O arianismo foi condenado como herético pelo Concílio de Niceia em 325.

Pagão: aquele que crê no paganismo ou o pratica. Ainda que o paganismo jamais tenha sido uma religião organizada como o cristianismo, era uma denominação utilizada para diferenciar aqueles que não eram cristãos ou judeus. Durante a Idade Média, o paganismo assumiu um caráter pejorativo e suas práticas foram associadas com a ignorância.

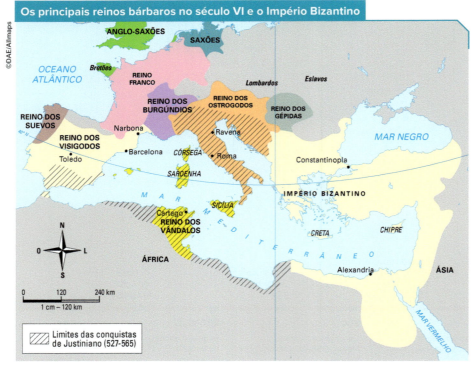

Fonte: DUBY, Georges (Coord.). *Grand atlas historique*. L'histoire du monde en 520 cartes. Paris: Larousse, 1999. p. 37-39.

Neste mapa, é possível observar os principais reinos germânicos que se constituíram no Ocidente após a desagregação da parte oeste do Império Romano. A expansão do Império Bizantino, durante o reinado de Justiniano, havia conquistado importantes territórios, mas retrocedeu depois de sua morte.

Bárbaros e civilizados

A palavra "bárbaro" vem do grego e, em sua origem, significava o contrário de "cidadão", isto é, aquele que não era grego e, consequentemente, não era civilizado. Os gregos designavam dessa forma todos os estrangeiros, cuja língua materna não era a sua. Assim, eles chamavam de "bárbaros" os demais povos, como os persas e os romanos.

Com o desenvolvimento e a expansão do Império Romano, também foram chamados de bárbaros todos os povos que não partilhavam de sua língua (o latim). Assim como para o gregos, o termo "bárbaro" assumiu uma conotação pejorativa, determinando que os demais povos tinham uma cultura inferior. O termo se tornou um estereótipo preconceituoso, que rejeita a diferença e procura valorizar a cultura de quem o utiliza, considerada a mais evoluída.

Durante muito tempo os historiadores usaram o termo "invasões bárbaras" para designar o processo que hoje preferem chamar de "migrações germânicas". Mas os povos germânicos que ocuparam a parte oeste da Europa e eram chamados de bárbaros pelos romanos nada tinham de inferiores. Cada um dos povos chamados bárbaros tinha sua própria identidade cultural, que não era nem melhor nem pior que a identidade cultural dos romanos, apenas diferente.

Ao longo da história, a palavra "bárbaro" foi diversas vezes usada para designar povos considerados de cultura inferior. Um bom exemplo pode ser dado na colonização das Américas, entre os séculos XV e XIX. Em inúmeros relatos, os europeus conquistadores se referiam aos nativos americanos e africanos como "bárbaros".

Atualmente, os antropólogos e os historiadores concordam que o vocábulo "bárbaro" é sempre relativo e não tem valor universal, ou seja, bárbaros são sempre os outros, vistos como diferentes para cada povo. Não existe, portanto, uma cultura "bárbara". Todas as culturas devem ser entendidas dentro do sistema de valores em que são constituídas. Contudo, hoje, a palavra "bárbaro", por causa de sua história e do significado que ganhou na língua portuguesa, pode designar uma atitude cruel, selvagem, contrária ao comportamento considerado civilizado. Por exemplo, dizemos coisas como "este foi um crime bárbaro", ou "ferir quem não pode se defender é uma barbaridade".

Embora fossem politicamente fragmentados, os povos germânicos tinham algumas semelhanças culturais e sociais: os líderes eram, primordialmente, chefes militares que dividiam os espólios de guerra entre os soldados que lhe haviam prestado auxílio. Os principais líderes tornaram-se senhores de terras, fosse por meio da conquista ou de uniões matrimoniais com famílias locais. Com o tempo, esses guerreiros e suas famílias deram origem a aristocracias etnicamente mistas. As propriedades das principais famílias eram cultivadas por colonos ou arrendatários.

Lentamente, na parte ocidental do antigo território imperial, forjou-se uma nova sociedade, caracterizada pela expansão de uma cultura cristã comum, fazendo surgir o que chamamos de "Ocidente latino": "Ocidente" porque tinha seu centro de gravidade no oeste da Europa, e "latino" porque a cultura era muito influenciada pela herança latina, assim como o idioma oficial da Igreja, que permanecia sendo o latim.

ORGANIZANDO AS IDEIAS

1. Na sua opinião, por que os historiadores atuais tendem a utilizar a expressão "migrações germânicas" para o que tradicionalmente era designado como "invasões bárbaras"?

O Ocidente latino

De modo geral, as comunidades que se desenvolveram entre os séculos V e VII no Ocidente latino ainda estavam bem distantes de adotar as práticas socioculturais aprovadas pela Igreja. A poligamia, por exemplo, era um costume bastante disseminado entre os diferentes estratos sociais. A fé também não era "puramente cristã", pois muitas divindades pagãs subsistiam, identificadas com os santos cristãos.

A maioria das cidades do Ocidente começou a se despovoar nesse período. Em algumas localidades, não restava muito mais do que a residência de um bispo e, às vezes, um mosteiro urbano. O mundo ocidental passou a ser essencialmente rural, com serviços administrativos e de recolhimento de impostos reduzidos ao mínimo. O comércio ficou limitado, atendo-se aos âmbitos local ou regional. Isso levou muitos historiadores a caracterizar esse período como uma "Idade das Trevas". Trata-se de uma ideia equivocada, propagada durante muito tempo, segundo a qual a vida material, intelectual e artística foi, nesse período, menos dinâmica do que havia sido na Antiguidade e do que viria a ser durante a Idade Moderna.

O processo de cristianização da Europa

No início do século V, o cristianismo se confundia com o Império Romano. A religião sofreu um recuo no período seguinte, mas, a partir do século VIII, expandiu-se para além dos rios Reno e Danúbio, atingindo germanos, escandinavos e eslavos. Tal expansão foi possível graças aos esforços do Império Bizantino (Constantinopla) e da cristandade ocidental.

Por volta do ano 1000, o processo de cristianização possibilitou certa unidade à Europa, que se confundiu, desde então, com a cristandade, ainda que restassem comunidades cristãs nos territórios muçulmanos.

Fonte: O'BRIEN, Patrick. *Atlas of World History*. 2. ed. Nova York: Oxford University Press, 2010. p. 62.

Os francos

Os francos foram os primeiros germânicos convertidos ao catolicismo. A maior parte dos povos germânicos que se instalaram na parte ocidental do Império já era cristã, mas arianos. Os francos, ao contrário, eram pagãos no momento de seu assentamento no território imperial. Em 496, o rei Clóvis (481-501), que pertencia à família real (dinastia) conhecida como merovíngios, tornou-se o primeiro rei germânico a aceitar a fé cristã. Por meio desse processo de conversão ao cristianismo católico, a realeza franca ganhou legitimidade perante a Igreja romana, o que justificava o poder dos reis como governantes pela graça de Deus.

Com o apoio da Igreja católica, o Reino Franco se expandiu. No início do século VI, os francos conquistaram a totalidade da Gália, expulsando os visigodos para a península Ibérica, exceto por uma pequena área no sul da Gália que permaneceu sob domínio visigodo. O Reino Franco tornou-se, então, o mais poderoso da Europa. Contudo, dois fatores fragilizavam o poder real: por um lado, após a morte do rei, o reino era sempre dividido entre todos os filhos do antigo monarca; por outro lado, o poder dos reis dependia do controle sobre terras e homens, o que não os diferenciava dos grandes aristocratas do reino.

As partilhas sucessórias e os conflitos entre reis e aristocratas contribuíam, portanto, para a fragmentação do território dominado pelos francos.

Os visigodos

Após serem expulsos da Gália pelos francos, os visigodos moveram o centro de seu reino para a Península Ibérica, território que já controlavam parcialmente. Entre 569 e 586 (durante o reinado de Leovigildo), os visigodos expandiram seu controle sobre a península e estabeleceram uma unidade política independente, conhecida como Reino Visigodo de Toledo (cidade que era sua capital). Contudo, esse processo de expansão do controle territorial jamais foi completo e boa parte da região norte da península permaneceu independente, ainda que pagassem tributos aos reis visigodos.

Ao contrário dos francos, os visigodos se estabeleceram no território imperial como cristãos arianos. Não há registros de perseguições contra os católicos no Reino Visigodo, no qual coexistiam lado a lado igrejas arianas e católicas. Leovigildo tentou, durante o seu reinado, promover a unificação das igrejas com a ascendência da Igreja ariana, mas fracassou. Seu filho e sucessor no trono, Recaredo (586-601), promoveu a unificação ao se converter ao catolicismo em 587 (portanto, quase um século depois da conversão de Clóvis).

O Império Carolíngio no Ocidente

Os conflitos entre os reis e os aristocratas no Reino Franco tiveram como resultado o enfraquecimento da realeza e o fortalecimento da aristocracia. Os reis permaneciam reinando, mas existiam como figuras simbólicas, estando o poder nas mãos da aristocracia. Em 751, Pepino III, o Breve, destronou o último rei merovíngio. Pepino era um dos maiores aristocratas do Reino Franco e, em seguida, foi coroado rei e fundou a dinastia carolíngia. O apoio do papa, que reconheceu a coroação de Pepino, foi fundamental para que essa tomada do poder ocorresse. Pepino e seu filho Carlos Magno, rei de 768 a 814, restauraram a autoridade real sobre a aristocracia e o clero. Organizaram também uma administração mais eficiente, controlada pela corte real. Legislaram por intermédio de instruções escritas e válidas em todas as suas possessões (essas instruções, distribuídas pelo reino, eram chamadas de "capitulares").

Igreja de San Pedro de la Nave, em San Pedro de la Nave-Almendra, Espanha. Foto de agosto de 2014.

Durante o reinado de Carlos Magno, o Reino Franco se expandiu ainda mais: Itália, Saxônia e Baviera foram conquistas e adicionadas ao reino. Durante seus quase 50 anos de reinado, Carlos Magno controlou grande parte das terras que compõem a atual França, a Alemanha e o norte da península Itálica. Foi reconhecido pela Igreja como o protetor do **papado** e teve prestígio suficiente para restaurar o título imperial no Ocidente. No Natal de 800, em Roma, Carlos Magno foi coroado "imperador" pelo papa Leão III; àquela altura, já tinha os títulos de "augusto", "rei dos francos" e "rei dos lombardos".

Por todo o Império, a política de Carlos Magno esteve intimamente ligada à Igreja. Mosteiros foram estabelecidos com o suporte real. Para manter a forte presença do catolicismo em todo o reino, incluindo as áreas rurais e mais isoladas, investiu-se muito na disseminação de paróquias. Converter os povos conquistados também era prioridade. Por isso, o rei reformou as antigas dioceses, estabeleceu novas e introduziu o pagamento obrigatório do **dízimo** para que estas pudessem se manter financeiramente. Esse conjunto de medidas encontrou resistências em diversas partes do Império e, certamente, não se sustentaria apenas com a autoridade do papado. O uso da força militar, comandada por Carlos Magno, fez do imperador o principal aliado da Igreja para empreender a conversão dos eslavos e dos germânicos, por exemplo.

> **Papado:** dignidade e função de papa, independentemente de quem a exerce. O título de "papa" é usado pelo bispo de Roma, que desde a Idade Média não se considera apenas o primeiro dos bispos ou o chefe da Igreja do Ocidente, mas o chefe universal da Igreja.
> **Dízimo:** pagamento, à Igreja, de 10% da produção dos fiéis.

O SURGIMENTO DA ESCRITA MUSICAL

Você já deve ter visto uma partitura musical tradicional. Trata-se do registro escrito de uma música, no qual símbolos (notas), dispostos em uma pauta com cinco linhas (pentagrama), representam sons musicais. Essa escrita (ou notação) permite que uma pessoa toque ou cante uma música sem nunca tê-la escutado antes. Mas como ela surgiu?

A notação musical que utilizamos hoje se desenvolveu na Idade Média, associada à liturgia católica, que era inteiramente cantada. Nos primeiros séculos do cristianismo, somente os textos dos cantos litúrgicos eram escritos; sua música era transmitida oralmente. Isso fez com que, em cada região da Europa, se desenvolvessem cantos diferentes. A primeira tentativa de unificá-los se deu no final do século VI, com o papa Gregório, que não teve muito sucesso. Foi Carlos Magno, no século IX, que impôs em todo o seu império a padronização dos cantos litúrgicos, que, em homenagem ao velho papa, passaram a se chamar canto gregoriano.

Para evitar que os cantos se alterassem, os monges do século IX começaram a anotar, em cima de cada sílaba do texto, sinais indicando sua melodia: um ponto indicava uma sílaba mais grave ou de mesma altura que a anterior; uma barra indicava uma sílaba mais aguda que a anterior; um acento circunflexo indicava um movimento grave – agudo – grave etc. No início, esses sinais (chamados "neumas") eram alinhados. Mais tarde, passaram a ser posicionados uns mais para cima, outros mais para baixo, indicando, respectivamente, sons agudos ou graves. Os neumas não registravam a melodia exata do canto; serviam apenas para ativar a memória dos cantores.

Liturgia: conjunto de elementos e práticas do culto religioso.

No século XI, cada uma das alturas usadas no canto passou a ser indicada por uma sílaba (dó, ré, mi, fá, sol, lá, si) e uma letra do alfabeto, dando origem às notas musicais. Para representá-las, os monges usavam quatro linhas. Uma delas, sinalizada com a letra C, indicava o dó; o espaço imediatamente superior, o ré; a linha seguinte, o mi; e assim por diante. Os neumas foram substituídos por quadrados pretos.

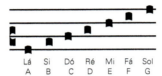

Durante muito tempo, as notas musicais foram escritas em pautas de quatro linhas. A quinta linha só surgiu no século XIII.

No século XIII, além das alturas (dó, ré, mi etc.), as notas passam a indicar durações (longas ou breves), representadas por sua forma: um retângulo alongado representa um som longo; um quadrado, um som breve; um losango, um som ainda mais breve etc. Nos séculos seguintes, surgiram durações cada vez mais curtas, e as notas passaram a se diferenciar também pela cor (branca ou preta), dando origem à notação atual.

	Século XIII	Século XIV	Século XV	Notação moderna
Máxima				
Longa				
Breve				
Semibreve				
Mínima				
Semínima				
Colcheia				
Semicolcheia				

Carlos Magno estabeleceu ainda escolas dedicadas a preparar jovens nobres para trabalhar na administração, além das escolas eclesiásticas para formar futuros clérigos. Esse empenho renovador ficou conhecido como Renascimento Carolíngio.

Pela primeira vez desde o século V, a maior parte do Ocidente cristão europeu foi reunida sob uma mesma autoridade. Na corte de Aix-la-Chapelle (que atualmente corresponde à cidade de Aachen, na Renânia, região fronteiriça entre Alemanha e França), eram vistos lombardos, visigodos e anglo-saxões.

Depois da morte de Carlos Magno, em 814, a unidade do Império Carolíngio resistiu por poucos anos. Quando o sucessor de Carlos Magno, Luis, o Piedoso, morreu em 840, seus filhos entraram em conflito. Em 843 foi selado o Tratado de Verdun, segundo o qual o Império foi dividido em três porções – Frância Ocidental, na maior parte da França atual; Frância Oriental, na maior parte da Germânia ou Alemanha; e Lotaríngia, uma faixa entre as duas, que ia do mar do Norte até o norte da península Itálica – e só foi reunificado por curtos períodos. Lotário, o filho mais velho, conservou o título imperial, mas foi destituído do domínio efetivo sobre a totalidade do território imperial. A dinastia carolíngia desapareceu no século X, mas a lembrança de Carlos Magno, do Império e da unidade cristã permaneceram por muito tempo na Europa.

> **ORGANIZANDO AS IDEIAS**
>
> 2. Por que o período posterior às invasões bárbaras é conhecido como "Idade das Trevas"? Essa designação é aceita pelos historiadores atuais?

O Império Bizantino

A parte oriental do Império Romano teve um desenvolvimento bastante diferente da parte ocidental. O Império Romano do Oriente resistiu tanto aos problemas administrativos quanto às incursões bárbaras, e conseguiu manter sua identidade política até 1453.

Atualmente, o termo "bizantino" é o mais utilizado para designar o Império Romano do Oriente. Sua sede era a cidade de Constantinopla, em referência ao imperador Constantino, que a designou como capital imperial – a "nova Roma" – em 330. Constantinopla foi construída no local da antiga cidade grega de Bizâncio. Embora os bizantinos utilizassem o termo "romanos" para falarem de si próprios, o termo "bizantino" ganhou força a partir do século VII, quando o Império era praticamente helenófono (de língua grega).

A principal figura do sistema político bizantino continuou a ser o imperador. O candidato ao trono imperial podia ser filho do imperador, mas tinha de ser aclamado pelo Senado, pelo exército e pelo povo de Constantinopla antes de ser coroado. A partir daí sua autoridade era quase absoluta. Como o vigário de Deus na Terra, ele tinha um amplo poder que, na prática, era limitado pela lei e pela aprovação dos eleitores. A população, geralmente representada pelo exército, poderia proclamar um sucessor se estivesse insatisfeita com o atual imperador. Para que passasse a valer, a nova escolha tinha de ser confirmada pelo Senado e pelo povo.

Dotado de uma administração bastante desenvolvida, o Império Bizantino conseguiu manter o recolhimento regular dos impostos e foi relativamente próspero. Constantinopla foi intensamente fortificada no século V. Com seus 400 mil habitantes, tornou-se a cidade mais importante daquela parte do mundo.

Justiniano, imperador de 527 a 565, mandou construir ali a Igreja da Santa Sabedoria (Santa Sofia), o mais famoso monumento da capital. Ele também ordenou a publicação de um código monumental, o *Corpus Juris Civilis*, que reuniu, comentou e revisou a legislação romana. Foi uma das mais importantes obras de direito já escritas. Séculos mais tarde, a obra feita por ordem de Justiniano foi fundamental para o renascimento do direito romano no Ocidente, redescoberto a partir do século XII.

A Igreja de Santa Sofia de Constantinopla

A Igreja de Santa Sofia de Constantinopla foi construída de 532 a 537 e de 558 a 562. Foi a mais importante obra legada pelo imperador Justiniano e destaca-se pela imensa cúpula (33 metros de diâmetro e 55 metros de altura). Situada nas proximidades do palácio imperial, era a principal igreja da cidade. Depois de 1453, foi transformada em mesquita pelos turcos e exerceu grande influência sobre a arquitetura otomana. No século XX, tornou-se um museu.

Basílica de Santa Sofia (Hagia Sophia), Istambul, Turquia, 8 de novembro de 2012.

Justiniano, por meio da chamada "reconquista justiniana", tentou reconstituir o Império Romano no Mediterrâneo ocidental. Ao preço de guerras longas e caras, reestabeleceu o domínio bizantino no norte da África, na península Itálica e no sul da Espanha. Contudo, o domínio sobre esses territórios foi breve e o Império reestabelecido desmoronou a partir do final do século VI. Os Bálcãs foram invadidos pelos eslavos, que eram aliados dos ávaros e dos búlgaros, de origem asiática. Na mesma época, a península Itálica foi invadida pelos lombardos (outro povo germânico), e o Império conservou apenas alguns territórios ao redor de Roma e de Ravena. No século VII, os visigodos expulsaram os bizantinos do sul da península Ibérica e os árabes conquistaram a Síria, o Egito e o norte da África. Em mais de uma ocasião, os árabes sitiaram Constantinopla.

O Império perdeu força e seu território diminuiu. Diversas reformas administrativas foram feitas para conter a crise: seu principal objetivo era a redução dos custos militares. Mas a grandiosidade do Império jamais foi reestabelecida. Dessa forma, o território e as pretensões do Império Romano do Oriente reduziram-se bastante e o Império tornou-se essencialmente helenófono, isto é, muito influenciado pelo idioma e pela cultura grega. Mas o Império jamais abandonou a reivindicação de ser o Estado universal cristão por excelência. Essa posição foi progressivamente desafiada tanto pelos governantes germânicos no Ocidente quanto pelo papado, em Roma. A coroação de Carlos Magno como imperador em 800 representou, portanto, um grande desafio às pretensões bizantinas.

O Império Bizantino conseguiu reconquistar diversas regiões a partir do século VIII, atingindo, em 1025, seu segundo apogeu. Seu sucesso derivou, em parte, de reformas do Império, que remodelou sua administração central e os sistemas de recolhimento de impostos. O território foi dividido em circunscrições simultaneamente civis e militares, dirigidas por generais. Cada circunscrição era a base de um exército local, recrutado entre os pequenos proprietários camponeses, que se alistavam em troca de vantagens fiscais.

O imperador continuou a ser escolhido pelo exército e aclamado pelo povo e pelo Senado de Constantinopla. A sucessão hereditária não era imposta por lei, e a função imperial, como ocorria na Antiguidade, permaneceu uma magistratura pública, e não um privilégio familiar. O imperador era coroado pelo **patriarca** de Constantinopla em Santa Sofia e considerado o representante de Deus na Terra.

> **ORGANIZANDO AS IDEIAS**
>
> **3.** Qual era a importância do *Corpus Juris Civilis* no Império Bizantino?

O Islã

A origem

Em meados do século VII, a península Arábica era uma zona de contato entre sociedades extremamente diversas. Geograficamente, estava localizada entre os dois maiores impérios do período – o Império Bizantino e o Império Persa. Economicamente, a península era atravessada por diversas rotas comerciais.

Em meio a esse contexto, a península Arábica era habitada por diversos grupos, cada um com formas de organização social específicas. Apesar dessas diferenças, existia uma identidade entre os habitantes da península estabelecida por uma língua comum, o árabe.

O centro da península e as áreas desérticas eram habitadas por tribos nômades (beduínos) que viviam do pastoreio e de saques. A sociedade tribal era marcada por um forte senso de comunidade. A chefia era desempenhada pelo *Sayyd* ou *Sheikh*, um árbitro das disputas tribais e eleito pelo conselho dos anciãos. As tribos eram reguladas pelo direito consuetudinário (baseado nos costumes), conhecido como Sunna, e pelo direito de vingança (*vendetta*). Sua religião era politeísta e cada tribo tinha divindades próprias.

Ao norte, instalaram-se dois Estados árabes: o Reino dos Gassânidas – formado por fugitivos do Reino de Sabá (Iêmen), que havia sido conquistado pelos etíopes – e o Reino dos Lacmidas, que habitaram o sul do atual Iraque e sofreram influência das civilizações vizinhas. Esses reinos foram dominados, respectivamente, pelos impérios Bizantino e Persa sassânida, por meio dos quais as influências culturais do judaísmo e do cristianismo penetraram na região.

> **Patriarca:** título reservado aos bispos que tinham uma autoridade superior dentro da Igreja. Além do bispo de Roma (que, no entanto, não usava o título), eram considerados patriarcas os bispos de Constantinopla, Alexandria, Antioquia e Jerusalém. No Império Bizantino, o imperador nomeava pessoalmente o patriarca e intervinha diretamente na vida da Igreja.

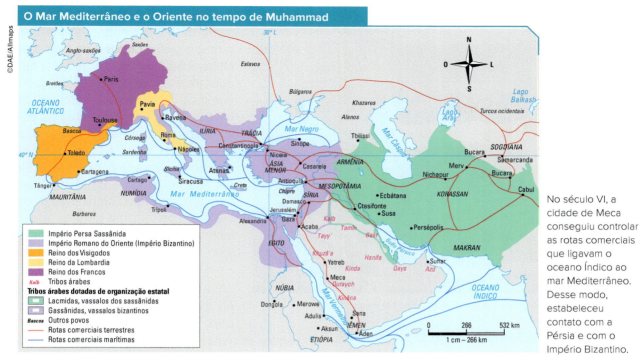

No século VI, a cidade de Meca conseguiu controlar as rotas comerciais que ligavam o oceano Índico ao mar Mediterrâneo. Desse modo, estabeleceu contato com a Pérsia e com o Império Bizantino.

Fonte: DUPONT, Anne-Laure. *Atlas d l'islam dans le monde*. Paris: Autrement, 2005. p. 6.

Ao sul, o Iêmen – território marcado por próspera agricultura – esteve desde a Antiguidade em contato com a Índia, a Etiópia e o mundo mediterrâneo. No século VI, o declínio do Iêmen e as guerras entre bizantinos e sassânidas beneficiaram as tribos dos oásis do Hejaz (onde se localizam as cidades de Meca e Medina, as mais importantes da tradição islâmica). Como consequência dos conflitos entre bizantinos e persas, a península Arábica tornou-se a principal rota comercial entre o Iêmen, o Mediterrâneo, o golfo Pérsico e o mar Vermelho. Essas tribos conseguiram controlar o comércio das caravanas do sul para o norte da Arábia. Esse controle e a grande intensidade do comércio levaram ao desenvolvimento de cidades que tentavam dominar as tribos vizinhas e expandir sua área de influência. A mais importante dessas cidades era Meca.

Muhammad (Maomé) nasceu em Meca, por volta do ano 570. A família de Muhammad era um dos ramos menos poderosos da tribo *Quraish*, uma das maiores de Meca. Órfão desde criança, Muhammad foi criado por seu avô e, posteriormente, por seu tio. Durante esse período, Meca era um importante centro comercial e religioso: tinha um santuário, a Caaba, que reunia vários ídolos e era um local de peregrinação de diferentes povos da península.

Segundo a **tradição** muçulmana, Muhammad foi pastor e condutor de caravanas durante a adolescência, viajando por toda a península Arábica. Em 595, ele conheceu Cadija, uma viúva enriquecida pelo comércio, e casou-se com ela.

No ano 611, Muhammad teve uma visão do anjo Gabriel, que lhe revelou sua missão: "recitar" para a humanidade a palavra divina, o Corão, termo que significa "a recitação". O Corão é, portanto, o conjunto de revelações divinas feitas em língua árabe a Muhammad. Como a cultura árabe da época era baseada na oralidade, Muhammad não registrou o Corão em sua forma escrita. Os especialistas discordam se isso teria ocorrido na mesma época em que Muhammad morreu ou algum tempo depois. A versão canônica do Corão só teria sido estabelecida vinte anos após a morte de Muhammad, no tempo do califa Uthman ibn Affan. Para os muçulmanos, o Corão é a própria palavra de Deus.

A pregação de Muhammad consistiu em propagar à humanidade que só existia um único Deus (Alá). O apelo de Muhammad à conversão foi rejeitado por sua tribo e por grande parte de seu clã em Meca. Os primeiros conversos ao islã eram membros mais pobres das tribos de Meca e Muhammad começou a sofrer perseguições da rica aristocracia quando suas pregações atacaram a religião politeísta. Com o aumento do número de seus seguidores, Muhammad se tornou uma ameaça para a aristocracia de Meca.

Tradição: transmissão oral de cultura, costumes, histórias etc. de geração para geração.

A reorganização do mundo mediterrâneo   Capítulo 7

Caaba cercada por peregrinos em Meca, Arábia Saudita. Foto de 2013.

Em 622, com um pequeno grupo de seguidores, ele se exilou em Iatrib, cidade vizinha e rival de Meca. A fuga de Muhammad das perseguições sofridas em Meca ficou conhecida como Hégira, e marca o início do calendário muçulmano.

Muhammad conseguiu converter parte dos habitantes de Iatrib, onde o judaísmo estava fortemente implantado. Aos poucos, ele estabeleceu os rituais e a moral da nova religião. A partir desse fato, Iatrib passou a ser conhecida por Medina, que significa "a cidade do profeta". Muhammad declarou guerra aos habitantes de Meca e, em 630, apoderou-se da cidade, retirando os ídolos da Caaba (o maior símbolo da religião politeísta na cidade). Muhammad passou, então, a ser visto pelos seus seguidores não apenas como o profeta de Deus, mas também como um legislador e um chefe de guerra. Meca tornou-se o centro de peregrinação dos muçulmanos. Dois anos depois, em 632, ele faleceu em Medina, provocando uma grande crise sucessória.

Após a morte de Muhammad, os muçulmanos dividiram-se para designar o califa (que significa "sucessor", em árabe) do profeta. Muhammad era, além de um líder religioso, também um líder político, e esperava-se que o califa desempenhasse ambos os papéis. Os quatro primeiros califas são chamados pela tradição islâmica de *rashidûn* (que significa "bem guiados", em árabe). Após a morte do quarto califa (Ali ibn Abi Talib), ocorreu a Grande Discórdia, que se estendeu de 656 a 661.

Nesse período, os muçulmanos dividiram-se em dois grupos, que tinham opiniões diferentes sobre como deveria ser a escolha do próximo califa. De um lado, estavam os partidários de Ali, genro de Muhammad, que só aceitavam um califa que fosse da família de Muhammad; do outro, aqueles que queriam escolher como califa alguém que fosse admirado pela comunidade. Em 656, Ali foi eleito califa, mas em 661 foi assassinado por alguns indivíduos descontentes com seu governo. Seu sucessor como califa foi Muawiyah I. Ele não era um parente de Muhammad, mas um de seus companheiros em Meca e representante de uma importante família, que conseguiria estabelecer uma importante dinastia islâmica – os Omíadas.

A partir do século IX, essas duas posições sobre quem poderia governar o islã foram cristalizadas como denominações religiosas: os xiitas eram os partidários de Ali, que não reconheceram a legitimidade de seus adversários e defendiam a necessidade de guias espirituais descendentes de Ali e de Fátima (filha de Muhammad), vistos como os únicos capazes de interpretar a "revelação" para os devotos; e os sunitas, em referência à *sunna* (o registro das palavras e ações de Muhammad), os quais acreditavam que os líderes do islã deveriam seguir os ensinamentos e a tradição de Muhammad, mas não precisavam ser seus descendentes. Esse conflito mostra que, assim como o cristianismo, o islã não é uniforme e abriga diversas vertentes.

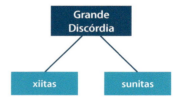

Conquista e expansão territorial

Em Medina, Muhammad organizara um Estado sobre bases territoriais, e não mais tribais, sustentado pelos saques e espólios de guerra. Desde o início, o avanço do islã esteve ligado à conquista militar: o primeiro ataque muçulmano ao Império Bizantino ocorreu em 629, quando Muhammad ainda estava vivo. Após a sua morte, algumas tribos tentaram promover uma dissidência, mas Abu Bakr – califa entre 632 e 634 e primeiro sucessor de Muhammad – conteve as maiores oposições e retomou as conquistas.

Os fundamentos do Islã

"Islã" é uma palavra de origem árabe que significa "submissão a Deus". Com o tempo, passou a ser utilizada para designar a religião fundada por Muhammad, que de acordo com os muçulmanos ("os que se submetem a Deus"), é o último de todos os profetas, por ter vindo depois dos profetas judeus, como Abraão, e de Jesus, visto como profeta do cristianismo.

A doutrina do islã apresenta alguns elementos que a aproximam tanto do judaísmo quanto do cristianismo, mas há também elementos originais que a distinguiram como uma nova religião. Como o judaísmo, o islã é monoteísta e rejeita a noção cristã da natureza divina de Jesus; assim, Muhammad foi considerado o último e o maior dos profetas, mas continuava sendo humano. Como o cristianismo, o islã caracteriza-se pela esperança na ressurreição e pelo proselitismo, que, desde o início, o fez ser uma religião universal.

O Corão é o texto basilar e sagrado do islã, e, para os muçulmanos, substitui as revelações contidas nas Bíblias judaica e cristã. O Corão é completado pela *sunna*, conjunto de feitos e palavras atribuídos a Muhammad, transmitidos pela tradição oral e transcritos no século IX.

Corão manuscrito da época almóada (1147-1269), originário do Al-Andalus (antigo nome da Península Ibérica).

A *sunna* reúne dizeres e feitos exemplares do profeta, mas que não são considerados de revelação divina. Essa diferenciação é muito importante, porque, para os muçulmanos, Muhammad não tinha natureza divina: tratava-se apenas de um homem por quem a vontade de Deus foi revelada. Assim, o Islã repousa sobre a revelação divina contida no Corão e sobre a *sunna*. Ambos eram a fonte de todas as formas do direito entre os muçulmanos, assim como era a Torá para os judeus.

Embora, com o tempo, o islã pudesse apresentar dissidências, a essência da religião era relativamente simples. Além do monoteísmo e dos ensinamentos contidos no Corão, a *sunna* prescrevia ainda cinco obrigações rituais aos muçulmanos: recitar a profissão de fé ("Juro que existe um só Deus e que Muhammad é o enviado de Deus"); orar cinco vezes por dia, voltado para Meca; jejuar durante o mês do Ramadã (mês em que o Corão foi "recitado"), abstendo-se de qualquer alimento, inclusive de água, do nascer ao pôr do sol; pagar o *zakat*, imposto anual destinado aos necessitados da comunidade; e fazer uma peregrinação a Meca ao menos uma vez na vida – para os que tiverem condições financeiras e de saúde.

Livro sagrado para os muçulmanos, no princípio o Corão não era traduzido, e sim copiado em árabe, considerada a língua de Deus. O caráter sagrado dessa língua explica sua presença na totalidade do mundo islâmico. Até o século XX, vários idiomas, entre eles o persa, o curdo e o turco, utilizavam o alfabeto árabe.

Em 635, o exército árabe chegou pela primeira vez a Damasco. Em 30 anos (632-661), os árabes conseguiram constituir um vasto império à custa dos dois impérios vizinhos: o Império Persa dos sassânidas foi abatido em duas batalhas (Qadisiyya, 637, e Nihavend, 642), possibilitando aos árabes conquistar a Mesopotâmia, o Irã e, posteriormente, o Khurassan (parte dos atuais Turcomenistão e Afeganistão); o Império Bizantino perdeu, após a derrota do Yarmuk, em 636, todas as suas possessões orientais, como a Síria, a Palestina e o Egito.

Alguns muçulmanos viram essas conquistas como um *jihad* – "esforço (para servir aos propósitos de Deus)" –, acreditando que conseguiriam a salvação da alma por meio da morte gloriosa no campo de batalha. De forma progressiva, foi-se constituindo uma civilização comum ao *dâral-islam*, palavra de origem árabe cujo significado é "domínio do Islã". Teoricamente, para os muçulmanos, o mundo dividia-se em dois: o domínio do islã, no qual as prescrições do Corão eram comunitariamente observadas, e o domínio da guerra (*dâral-harb*), ou o mundo dos infiéis, contra os quais os muçulmanos tinham o dever de lutar por meio do "combate no caminho de Deus" (*jihad*). O domínio do Islã reuniu, desde o século VII, muitos outros povos além dos árabes.

Na segunda fase da conquista (661-751), os árabes chegaram, a leste, à Ásia Central e, a oeste, ao norte da África, avançando até o Oceano Atlântico. Associados às populações berberes do Magreb, que hoje corresponde às regiões do norte da África, da Líbia à Mauritânia, conquistaram em 711 a Península Ibérica, chegando até a Gália franca.

Árabes ou muçulmanos?

Para os ocidentais, é comum, ainda hoje, a confusão entre os termos "árabe", "muçulmano" e "islâmico". No entanto, são designações muito diferentes, que devem ser usadas com cuidado.

A palavra "árabe" designa povos que tiveram origem na península Arábica e, com o tempo, formaram etnias com características muito diferentes entre si, mas que preservaram o árabe como língua comum. Além da península Arábica, grande parte da população árabe vive na região norte do continente africano.

Por sua vez, "muçulmano" designa os seguidores da religião do islã. Os adjetivos "islâmico" e "muçulmano" são referentes, portanto, à religião.

Essa confusão se dá porque o islã teve início entre povos árabes. Existem, portanto, árabes que não são muçulmanos e muçulmanos que não são árabes. Por exemplo, a Indonésia, no Sudeste Asiático, é atualmente um dos países de maioria muçulmana. No início do século XXI, os árabes representavam somente um quarto dos muçulmanos do mundo.

Atingiram, então, o limite de suas conquistas, esbarrando com a dinastia chinesa dos Tang, na Ásia, e com o Reino dos Francos, na Europa. Ao longo dos séculos VIII e IX, conquistaram também a maioria das grandes ilhas do Mediterrâneo.

Em 750, foi fundado, pelo tio mais jovem de Muhammad o Califado Abássida, que destronou os Omíadas e criou um Estado bem organizado em torno de Bagdá. No entanto, seus membros enfrentaram problemas de sucessão e delegaram a liderança das guerras a emires (em árabe, "aqueles que comandam"), que algumas vezes se emanciparam do poder dos califas. Foi o que aconteceu com os Omíadas de Córdoba e com a dinastia fatímida, que passou a controlar o Egito, onde fundou, em 969, a cidade do Cairo.

O mundo islâmico

A partir do século X, o mundo islâmico passou por um processo de fragmentação, transformando-se em um mundo composto de vários poderes rivais. As dinastias árabes foram pouco a pouco suplantadas por dinastias locais: os berberes no Magreb, as forças turcas e curdas no Oriente Médio. Em 1258, os mongóis tomaram Bagdá e o Califado Abássida desapareceu.

Se a conquista militar foi rápida, o processo de islamização das populações foi mais lento e, conforme as regiões, muito variável. Os árabes foram quase sempre minoritários nas áreas conquistadas, motivo pelo qual precisavam integrar os vencidos no Islã. Os adeptos das religiões monoteístas, sobretudo os judeus e os cristãos, eram minorias importantes em algumas regiões e tinham o status de *dhimmi*, termo que significa "aquele que fez aliança" ou "aquele que pagou uma caução". Em terras islâmicas, referia-se aos habitantes que pertenciam a uma religião reconhecida pelos muçulmanos como não paga. Os *dhimmi* podiam exercer sua religião com a condição de pagar um imposto que determinava sua sujeição. Dessa forma, apesar da diversidade dos povos conquistados e das invasões dos turcos e dos mongóis vindos da Ásia, criou-se uma civilização comum ao *dâral-islam*.

Ao mesmo tempo em que as cidades do Ocidente latino iam entrando em declínio, as regiões conquistadas pelos árabes mantinham suas tradições urbanas. As regiões dominadas por eles funcionavam, simultaneamente, como locais de estruturação política, econômica e religiosa. As conquistas e a ascensão de novas dinastias suscitaram a fundação de cidades. Bagdá, a capital dos califas abássidas, surgiu em 762 e substituiu Damasco, capital dos omíadas.

Uma vida intelectual intensa desenvolveu-se nos principais centros urbanos, onde as universidades privilegiavam o ensino do direito e da teologia. Os estudiosos traduziam e renovavam os textos científicos gregos, integrando a eles elementos das ciências mesopotâmicas, iranianas e indianas. Por isso, o mundo islâmico tinha um vasto conhecimento sobre a medicina, a astronomia, a geografia e a matemática até o final da Idade Média.

> **ORGANIZANDO AS IDEIAS**
>
> 4. Quais são a importância e o conteúdo do Alcorão?
> 5. Qual é a principal questão que diferenciava sunitas de xiitas?

Revisando o capítulo

APROFUNDANDO O CONHECIMENTO

1. Observe a imagem a seguir e responda às questões.

O imperador Justiniano e seus oficiais, guardas e clérigos, mosaico bizantino, c. 547 d.C.

a. Que imperador bizantino foi representado nesse mosaico? Quais foram as principais medidas tomadas por ele em seu governo?

b. Observe como o imperador foi representado. Qual o significado da auréola dourada ao redor de sua cabeça? Que impressão essa imagem do imperador passa ao espectador?

c. Repare que o imperador está rodeado por militares e clérigos. O que esse aspecto revela sobre o seu governo?

2. Leia o fragmento a seguir, escrito pelo bispo Gregório de Tours, e responda às questões.

> Todavia a rainha não deixava de pedir ao rei que reconhecesse o verdadeiro Deus e abandonasse os ídolos; mas nada o podia levar a essa crença, até que, tendo surgido uma guerra contra os alamanos, ele foi forçado pela necessidade a confessar o que sempre tinha negado obstinadamente [...]. Então a rainha chamou em segredo São Remígio, bispo de Reims, suplicando-lhe que fizesse penetrar no coração do rei a palavra da salvação. O sacerdote, tendo-se posto em contato com Clóvis, levou-o pouco a pouco e secretamente a acreditar no verdadeiro Deus, criador do Céu e da Terra, e a renunciar aos ídolos, que não lhe podiam ser de qualquer ajuda, nem a ele nem a ninguém [...]. O rei, tendo, pois, confessado um Deus todo-poderoso na Trindade, foi batizado em nome do Pai, do Filho e do Espírito Santo e ungido do Santo Crisma com o sinal da cruz. Mais de três mil homens do seu exército foram igualmente batizados [...].
>
> SÃO GREGÓRIO DE TOURS. A conversão de Clóvis. In: ESPINOSA, Fernanda. *Antologia de textos medievais*. 3. ed. Lisboa: Sá da Costa, 1981. p. 27.

a. Esse texto trata de que acontecimento da história dos francos?

b. Qual foi a importância desse acontecimento para o Reino Franco e para a Igreja católica?

3. Em janeiro de 2015, noticiários do mundo todo voltaram-se para a França devido ao ataque contra jornalistas e caricaturistas do semanário *Charlie Hebdo*, que resultou na morte de 12 pessoas. O atentado, atribuído a dois muçulmanos supostamente ligados a grupos terroristas, teria sido uma resposta à publicação de uma charge que satiriza e desmoraliza a figura de Maomé. O atentado a *Charlie Hebdo* reacendeu uma grande polêmica em torno da liberdade de expressão, da islamofobia e da xenofobia. Leia o texto a seguir sobre esse tema para responder às questões.

> [...] Os 'imigrantes' sempre foram os alvos prioritários das zombarias dos operários 'franceses'. Ocorre que [...] as brincadeiras eram predominantemente amistosas, funcionando em proveito da socialização de turcos e marroquinos. Afinal, bem ou mal, todos faziam parte de um mesmo e orgulhoso grupo social.

Após a reestruturação produtiva dos anos 1990, contudo, a realidade fabril mudou sensivelmente. [...] A rotatividade aumentou, a competição no interior do grupo fabril tornou-se a regra, os salários caíram, as carreiras foram simplificadas, o sindicato passou a ser hostilizado pelas gerências e o sistema fordista de solidariedade fabril colapsou finalmente. Os filhos dos operários imigrantes foram acantonados nos postos mais degradados sem a mínima chance de progredirem em termos ocupacionais.

Neste novo contexto, o trabalhador francês passou a caçoar do jovem precariado 'imigrante' não a fim de integrá-lo, mas para legitimar sua segregação na fábrica. O marroquino e o turco deixaram de ser 'companheiros', transformando-se em uma ameaça aos salários e às conquistas trabalhistas. [...]

De fato, o humor pode cumprir estes dois papéis: a integração social via banalização das diferenças ou a segregação via estereotipação e essencialização das subjetividades. Portanto, é preciso estar atento ao fato de que muitas reportagens e charges publicadas pelo *Charlie Hebdo* retratando o profeta Maomé e a população muçulmana serviam indiretamente para reforçar a segregação social dos povos de origem árabe na França. A despeito de não ser este o objetivo dos jornalistas, muitas sátiras publicadas pelo semanário francês vitimado pelo bárbaro e covarde ataque da semana passada estereotipavam os 'imigrantes'.

Imediatamente após o atentado ao *Charlie Hebdo*, uma mesquita parisiense foi atingida por tiros e um restaurante muçulmano incendiado. O recado é claro: os muçulmanos são os culpados. Eis a essência da estereotipação. [...] No entanto, isto não significa que devamos nos acomodar às opiniões daqueles, inclusive na esquerda, que condenaram o semanário apoiando-se em um cínico relativismo cultural ou na defesa mais ou menos velada da 'identidade religiosa' dos muçulmanos. Sobretudo, devemos evitar cair na armadilha do 'afinal, o jornal foi longe demais nas sátiras' ou algo do gênero.

Na verdade, estas posições apenas elidem a questão-chave: o massacre do 7 de janeiro não tem nada a ver com o islã. Afinal, que fé seria esta se um crente se sentisse realmente ameaçado por charges? Isto não faz o menor sentido! Na realidade, este atentado foi uma explosão brutal de violência preparada e nutrida não por ofensas ao profeta, mas por décadas de reprodução dissimulada de um tipo de violência sistêmica cujas razões últimas devem ser buscadas no recente ciclo da mundialização capitalista.

BRAGA, Ruy. *Je suis Younes Amrani*, 12 jan. 2015. Disponível em: <http://blogdaboitempo.com.br/2015/01/12/je-suis-younes-amrani>. Acesso em: 10 nov. 2015.

a. De acordo com o que você estudou neste capítulo, explique por que muitos muçulmanos ficaram ofendidos com a charge de Maomé.

b. Ruy Braga afirma que o atentado reacendeu a onda de islamofobia e xenofobia na França e em toda a Europa. Por quê? Segundo o autor, de que forma o semanário *Charlie Hebdo* contribuiu indiretamente para isso? Como esse preconceito aos muçulmanos e imigrantes se expressa na França?

c. Após o atentado ao semanário *Charlie Hebdo*, muitas pessoas defenderam que as charges publicadas pelo jornal, mesmo com o seu conteúdo polêmico, não deviam ser censuradas e que o atentado foi um ataque à liberdade de expressão. Outros consideraram o conteúdo das charges de mau gosto e preconceituoso. Reflita: vale tudo em nome da liberdade de expressão? A liberdade de expressão deve ser regulada pelo poder público? Qual a sua opinião sobre o assunto? Discuta essas questões com os colegas e o professor.

A EUROPA DO FEUDALISMO

CAPÍTULO 8

A Idade Média é tida como o período que vai do século V ao século XV. Mas a sociedade medieval foi a mesma? Como vimos no capítulo anterior, o Império Carolíngio se fragmentou poucas décadas após a morte de Carlos Magno. Isso não teve como resultado a formação de reinos menores, mas a constituição de pequenas regiões governadas por aristocratas que estavam subordinados a outros aristocratas responsáveis pelo governo de regiões maiores. Por que muitos historiadores afirmam que esse foi o início do feudalismo? Quais as consequências dessa mudança?

Uma delas é que vários aspectos da sociedade passaram a ser organizados entre os próprios aristocratas. A interação entre senhores, clero e camponeses não deixou de existir, mas se transformou nesse período. As relações feudais, portanto, atravessam a sociedade inteira, estabelecendo tanto os limites quanto as possibilidades para as interações entre os senhores e entre senhores e camponeses.

O tema desse capítulo é o aparecimento dessas relações, o seu desenvolvimento e as transformações que provocaram na sociedade entre os séculos IX e XIII.

Construindo o conhecimento

- Na sua opinião, por que os castelos são uma das imagens mais associadas à Idade Média?

Plano de capítulo

▸ A formação do feudalismo
▸ As transformações na Igreja
▸ A sociedade das três ordens

Castelo do século X, em Guimarães, Portugal. Foto de 2012. Suas muralhas são reforçadas por quatro torres. Na parte superior das muralhas há um adarve, elemento típico das fortificações medievais. O adarve era um caminho estreito que acompanhava o topo das muralhas dos castelos para que as sentinelas pudessem fazer a ronda do local. Os castelos são um bom exemplo do patrimônio material legado pela Idade Média e mostram a grande engenhosidade técnica e arquitetônica do período.

Marcos cronológicos

800 — Coroação de Carlos Magno (768-814), rei dos francos, como imperador em Roma.

843 — Divisão do Império Carolíngio.

867-1025 — Segundo apogeu do Império Bizantino.

962 — Coroação do primeiro imperador do Sacro Império Romano-Germânico, Oto I.

969 — Fundação da cidade do Cairo, no Egito.

973-1171 — Califado Fatímida do Egito.

1054 — Cisma entre as igrejas romana e grega.

1066 — O duque Guilherme da Normandia derrota o rei saxão Haroldo II na Batalha de Hastings e torna-se rei da Inglaterra.

1075 — A reforma gregoriana reafirma a supremacia do poder espiritual sobre o temporal durante o pontificado de Gregório VII (1073-1085).

1095 — Convocação da Primeira Cruzada (1096-1099) pelo papa Urbano II.

1140 — Criação do Reino de Portugal.

1201 — Apogeu do papado com Inocêncio III (1198-1216).

A Europa do feudalismo Capítulo 8 — 105

A formação do feudalismo

A segunda onda de migrações na Europa (séculos IX e X)

Na parte ocidental da Europa, ainda durante o governo de Carlos Magno, era cada vez mais difícil garantir a segurança das fronteiras do Império Carolíngio. A expansão do islã pelo norte da África havia alcançado a península Ibérica e, pelo sul, ameaçava a orla mediterrânea. No norte da Europa, levas de *vikings* chegaram às cidades costeiras e fluviais, alternando comércio e pilhagem. Em meados do século IX, esses primeiros contatos tornaram-se maciços, impactando todo o continente. Pouco tempo depois, do leste do continente europeu vieram os magiares, que deram origem ao povo húngaro.

Os movimentos migratórios desses diferentes povos tinham motivações variadas. Conforme discutimos no capítulo anterior, a expansão islâmica envolveu fatores muito diversificados, mas foi acelerada e ocorreu enquanto não encontrava um poder forte o suficiente para tornar-se um obstáculo a ela. A conquista da península Ibérica, por exemplo, foi se consolidando a partir de sucessivas expedições de saques e esteve diretamente relacionada com a fragmentação do poder no Reino Visigodo. Entre os séculos IX e X, os muçulmanos já controlavam o Mediterrâneo ocidental: apoderaram-se de trechos da costa sul da Europa, estabelecendo postos nas ilhas Baleares, e invadiram regiões como Saint-Tropez (na atual França), passando pelos Alpes suíços e pela península Itálica.

Os húngaros, que vinham do leste, haviam sido expulsos de suas terras por povos rivais e se estenderam até regiões hoje pertencentes à Alemanha, à Holanda e à França.

Os povos *vikings*, por sua vez, vinham da Escandinávia, do norte da Europa. Ancestrais dos dinamarqueses, noruegueses e suecos, eles possuíam barcos tecnicamente muito desenvolvidos, o que lhes garantia grande mobilidade em suas movimentações militares. Os motivos de sua migração não são muito claros para os historiadores. Alguns pesquisadores defendem que o aumento da população pode ter provocado um déficit de alimentos. De todo modo, após as primeiras pilhagens do século IX, seguiu-se uma ocupação maciça, que invadiu a Inglaterra e o norte da Espanha e Portugal, passando por Paris e pela Itália. No nordeste da Inglaterra, parte do território passou a ser conhecido por Danelaw, um espaço que tinha autonomia jurídica concedida aos dinamarqueses pelos reis saxônicos. Entre 1014 e 1042, a Inglaterra foi governada por uma dinastia dinamarquesa, que em 1066 foi conquistada pelos normandos, também de origem *viking*. Na parte oriental da Europa, os escandinavos chegaram até a Rússia, alcançando também o mar Báltico e as proximidades de Constantinopla.

Entre os séculos IX e X, as invasões desses diferentes povos, somadas à fragmentação política e à ruralização do Ocidente, transformaram ainda mais a sociedade medieval.

A fragmentação política e a formação do feudalismo

Assim como a primeira onda das migrações, que estudamos no capítulo anterior, a segunda onda (muçulmanos, *vikings* e magiares) também teve como consequência a transformação da sociedade medieval. Como em todo movimento de larga escala e, ao menos em parte, militarizado, essas invasões foram responsáveis por algumas rupturas e por períodos de desordem.

Alguns historiadores destacam que essas invasões, por terem sido descentralizadas e envolverem regiões muito diversas, teriam sido um dos elementos que explicam a desagregação do Império Carolíngio. A necessidade de organizar regionalmente a defesa contra os invasores teria fragmentado o poder centralizado do imperador e o concentrado nas mãos dos chefes e líderes locais – muitos deles antigos funcionários e servidores do próprio Império.

Assim, no século X, o poder dos carolíngios foi diminuindo progressivamente e novas dinastias regionais concentram parte desse poder e os substituíram: os otônidas, na Germânia, em 919, e os capetos, na França, em 987. Os otônidas resgataram o título imperial em 962, com Oto I, mas sua autoridade não era reconhecida pelos outros príncipes e reis. Outros reinos surgiram na periferia dessas duas grandes regiões: Inglaterra, Leão, Castela, Navarra, Polônia e Hungria.

Muitos historiadores apontam, contudo, que a segunda onda de migrações contribuiu para esse processo de fragmentação do poder imperial, mas não foi o único elemento. Desde o Império Carolíngio, a aristocracia (tanto a laica quanto a eclesiástica) vinha sendo fortalecida por doações de títulos e terras pelo próprio poder imperial.

O barco de Oseberg

Este barco de origem *viking* foi encontrado por dois arqueólogos durante escavações numa sepultura situada em uma pequena chácara em Oseberg, na Noruega. A embarcação tem 22 metros de comprimento e cerca de 5 metros de largura; foi totalmente construída em madeira de carvalho e tem um mastro de aproximadamente 10 metros de altura. Era impulsionada por 30 remadores, chegando a atingir a velocidade de 10 nós.

Barco de Oseberg, embarcação *viking* construída em 820. Foto de 2010.

Iluminura contida no manuscrito espanhol Liber Feodorum Major (século VII) mostra o gesto que simboliza o vínculo vassálico: o vassalo, de joelhos, põe suas mãos entre as de seu suserano, no caso, o rei de Aragão.

Essas doações, a princípio, eram condicionais e provisórias: retribuíam o serviço (militar, mas não apenas) desempenhado pelos aristocratas e, no momento de sua morte, deveriam retornar ao imperador. Com o tempo e o fortalecimento da aristocracia, essas doações passaram a ser cada vez mais incondicionais e hereditárias.

Esse processo foi tão longe que, a partir de meados do século X, esses diversos principados também passaram por um processo de fragmentação do poder: os aristocratas subordinados ao príncipe tornaram-se praticamente independentes, apoiando-se em seus castelos e em seus *milites* (cavaleiros). Dessa forma, o poder no Ocidente latino foi fragmentado entre uma infinidade de senhores que detinham, simultaneamente, a autoridade pública (o *ban*), exercida a título hereditário, e a dominação sobre a terra e os camponeses (o senhorio). Em seus domínios, cada senhor exerce sua autoridade – fazia cumprir suas próprias leis, cobrava impostos e rendas –, e suas ações eram justificadas como sendo "para o bem comum", mesmo que suas exigências fossem muitas vezes consideradas abusivas.

Entre os diversos aristocratas e o príncipe permaneciam existindo vínculos de obrigação. Mas o príncipe era, em relação aos seus subordinados, cada vez mais apenas mais um grande aristocrata. Se o príncipe se tornou um aristocrata, os aristocratas assumiram algumas funções dos príncipes em relação aos seus próprios subordinados. Os laços vassálicos (entre suseranos e vassalos), portanto, não ligavam apenas os príncipes e seus subordinados, mas a aristocracia como um todo.

Um vassalo estava, teoricamente, encarregado de dar auxílio a seu senhor (ou suserano), ajudando-o pessoal e financeiramente; em contrapartida, o suserano também deveria prover proteção legal e financeira ao vassalo. A principal forma de auxílio e proteção era militar, mas vassalos e suseranos também deviam uns aos outros diversos tipos de obrigações, como o conselho e a fidelidade.

Esses vínculos eram referendados por um ritual que ficou conhecido por "homenagem": uma cerimônia pela qual um vassalo, de joelhos, declarava-se dependente de seu suserano, prometendo-lhe fidelidade e serviços, como o auxílio na guerra. Em troca, no ato da investidura, o vassalo recebia um feudo.

O feudo visava garantir as condições necessárias para o vassalo desempenhar suas funções em relação ao suserano. Na maior parte das vezes, o feudo era uma terra e os camponeses que nela trabalhavam – um senhorio –, mas também poderia ser o direito de cobrar impostos e administrar a justiça sobre determinada região, ou mesmo uma renda em dinheiro.

A Europa do feudalismo Capítulo 8 107

O termo "feudalismo" descreve, portanto, o sistema social em que o acesso às riquezas, sobretudo à terra, resultava das relações de dependência pessoal. No seio da aristocracia, um nobre jurava fidelidade a outro mais poderoso, seu suserano, tornando-se vassalo deste; em troca, o suserano concedia-lhe um feudo. No interior do feudo, parte das terras era cedida aos camponeses para que dela tirassem seu próprio sustento e entregassem uma parcela de sua produção ao senhor. A dominação feudal sobre o campesinato, portanto, era dupla: por um lado, os camponeses só tinham acesso à terra por meio do reconhecimento do senhor como proprietário; por outro lado, mesmo os camponeses que eram donos de suas terras estavam sujeitos à autoridade senhorial.

Senhores e camponeses

A maior parte da população medieval era composta de camponeses que trabalhavam nas terras pertencentes aos senhores. Entre os séculos IV e IX, as formas de trabalho no Ocidente passaram por um intenso processo de transformação: por um lado, a condição dos escravos melhorou conforme eles foram assentados em terras que cultivavam com alguma autonomia e entregavam parte de sua produção para seus antigos donos; por outro lado, a condição dos camponeses livres piorou conforme o poder dos aristocratas foi aumentado e, por meio de formas variadas, eles entregaram suas terras e passaram a cultivar as propriedades dos senhores. Da combinação desses dois processos e do aumento do poder dos senhores surgiu a servidão, principal forma de trabalho no Ocidente medieval.

Ao contrário dos escravos romanos, o servo não era uma propriedade do senhor e não podia ser vendido; ao contrário dos camponeses livres, os servos não eram donos da terra na qual trabalhavam e estavam sujeitos ao poder dos senhores. O servo, portanto, só era capaz de trabalhar e viver graças a um vínculo com o seu senhor, que lhe garantia o acesso à terra, mas também o colocava sob sua autoridade e exploração.

As obrigações dos servos em relação aos senhores variavam muito de região para região (e mesmo dentro do mesmo senhorio), inclusive nos nomes que recebiam. No manso servil, a terra era dividida em pequenos lotes para o cultivo dos camponeses, e parte da produção era entregue ao senhor, em produtos ou em dinheiro. No manso senhorial, onde o cultivo era destinado integralmente ao senhor, os servos deviam trabalhar, pelo menos, três dias por semana. Durante esse tempo trabalhavam diretamente na terra ou cuidavam dos animais e realizavam atividades gerais, como a construção de benfeitorias.

O senhorio era composto ainda de uma terceira parte, chamada de "terras comunais" e formada pelos pastos, rios, florestas, lagos etc. O uso dessas terras para caça, pesca, extração de madeira e outras atividades deveria ser autorizada pelo senhor feudal.

Embora a servidão não possa ser considerada uma forma de escravidão, boa parte dos servos tinha uma condição de vida bastante precária e dependente dos senhores. A partir do século X, a servidão era a forma de trabalho mais corrente no Ocidente latino, constituindo-se num dos elementos-chave para a compreensão do feudalismo. O sistema servil perdurou em algumas partes da Europa, a depender da região, até o século XVIII.

Apesar do grande aumento do poder dos senhores, os camponeses livres ainda existiam no Ocidente medieval. Ainda que fossem os donos de suas terras e não estivessem obrigados a entregar parte de sua produção aos senhores, eles também estavam sujeitos à autoridade senhorial, seja por meio do pagamento de impostos ou taxas. Dessa forma, o conjunto dos senhores era capaz de exercer uma dominação sobre o conjunto dos camponeses, fossem eles servos ou livres.

> **ORGANIZANDO AS IDEIAS**
>
> 1. Explique o contexto que possibilitou a fragmentação do poder no Ocidente e a origem do feudalismo.

As transformações na Igreja

O monaquismo

O monaquismo foi uma forma de vida religiosa que surgiu durante o século III, com Santo Antônio do Egito (231-356), também conhecido como Santo Antão. A vida monacal expandiu-se a partir do século IV, caracterizando-se, principalmente, por duas formas: o eremitismo e o cenobitismo. Apesar de possuírem regras distintas, essas duas formas tinham em comum a vida solitária marcada por privações, abstinência sexual, prece e meditação. Essas privações pretendiam reproduzir as vidas dos mártires e santos, disciplinando o corpo e a alma.

Os eremitas pretendiam viver de maneira solitária, fora da comunidade ou com contato comunitário reduzido, mas principalmente afastada do mundo leigo. No Oriente, buscavam a solidão no deserto; no Ocidente, dirigiam-se às florestas e montanhas. Os cenobíticos também viviam afastados do mundo leigo, mas com um intenso contato comunitário: eles formavam comunidades próprias e submetidas à autoridade de um abade e uma regra – os mosteiros.

Fundada por Bento de Núrcia em cerca de 529, a Abadia de Monte Cassino assistiu ao surgimento da Ordem dos Beneditinos. Foi destruída por bombardeios aliados em 1944, sendo reconstruída exatamente como era antes. Fotografia de 2015.

Buscando garantir a sua salvação, vários reis, príncipes e aristocratas fundaram mosteiros ou lhes concederam terras e rendas. Os mosteiros tornaram-se centros de evangelização do campo, numa época em que as paróquias eram pouco numerosas. A partir do século VII, os monges irlandeses, e depois os anglo-saxões, chegaram a ser os principais evangelizadores da Europa central e do norte.

Nos primórdios do monaquismo muitos monges eram leigos. Com o tempo, a maior parte deles eram religiosos que viviam em mosteiros ou abadias. Muitos eremitas foram colocados em mosteiros com o objetivo de estarem mais sujeitos ao controle da hierarquia da Igreja. Surgiram também mosteiros para mulheres, geralmente aristocratas, e dirigidos por abadessas. O cenobitismo se estabeleceu então como a forma mais comum do monaquismo na Idade Média e a regra mais difundida foi a de São Bento (c. 480-547).

Essa regra, chamada beneditina, ordenava a vida dos monges e pretendia alcançar um equilíbrio pela alternância entre as sequências de orações e cantos litúrgicos, trabalho e repouso. Ao cantar louvores a Deus os monges garantiam não apenas a salvação de si próprio, mas também a de todos os cristãos.

Com o fortalecimento do monaquismo, a partir do século IV, o clero passou a ter duas principais vertentes: a regular e a secular. O clero regular era composto por religiosos (inclusive mulheres) que professavam uma regra. Viviam na clausura, ou seja, afastados do mundo. O clero secular, por sua vez, era um conjunto de religiosos submetidos ao bispo. Viviam em contato direto com a população e interagiam com o mundo e seu tempo (século).

Entre os séculos IX e XIII os mosteiros se expandiram por todo o Ocidente medieval, tornando-se instituições extremamente ricas e importantes. A Abadia de Cluny foi fundada em 910, na Borgonha (região da atual França), por meio de uma doação de Guilherme, duque da Aquitânia. A grande novidade trazida por Cluny foi a sua independência em relação ao bispo local. Desde a Alta Idade Média, existia uma disputa entre os abades e os bispos pelo controle dos mosteiros. Com Cluny, isso mudou: Guilherme, por meio do documento que registrava a sua doação, vinculava a abadia à proteção de São Pedro e São Paulo (ou seja, ao distante papado em Roma) e enfatizava a independência em relação aos poderes locais. Diversos mosteiros em todo o Ocidente se associaram à Cluny, pois isso garantia justamente essa independência em relação aos bispos e grandes aristocratas de suas regiões. No século XI, Cluny era a abadia mais poderosa da cristandade, sendo responsável pela clericalização do monaquismo: todos os seus religiosos eram padres. Aos leigos ficavam reservadas as tarefas domésticas, pois os monges precisavam ser liberados do trabalho para se dedicar ao canto.

No século XII, uma nova onda de reforma do monaquismo teve início e Cluny perdeu parte de seu prestígio e liderança para a Abadia de Cîteaux (antiga Cistercium). Sob o controle de Bernardo de Clairvaux, os cistercienses voltaram a ter uma regra beneditina mais estrita e austera. O sucesso dos cistercienses foi grande, mas, no século seguinte, eles enfrentaram problemas similares aos de Cluny.

O papado

Na Alta Idade Média, os reis germânicos consideravam-se chefes das igrejas de seus domínios. Na Espanha visigótica, na Gália franca ou na Germânia, governaram com a colaboração dos bispos, convocaram concílios da Igreja (a reunião de todos os bispos do reino) e legislaram sobre questões doutrinais. Os imperadores do Sacro Império afirmavam ser responsáveis pela salvação de seu povo e impulsionaram reformas do clero e da religião. A partir do ano 1000, os reis atribuíram para si esse papel. Nesse contexto, o poder do papado era muito limitado e a autoridade eclesiásticas estava completamente fragmentada nas diversas regiões do Ocidente. Os bispos eram nomeados por governantes leigos, pelo imperador do Sacro Império, pelos reis e até mesmo por príncipes e condes. Esses governantes eram responsáveis tanto pela **investidura espiritual** quanto temporal. Até mesmo os papas eram nomeados pelo Imperador do Sacro Império.

Dessa forma, os bispos eram muito mais agentes do Estado temporal do que guias espirituais. Frequentemente eram senhores, por vezes muito poderosos, e ligados à importantes famílias aristocráticas.

Investidura espiritual: posse de um cargo religioso. Para os bispos, era feita pela entrega do báculo (bastão episcopal, símbolo da autoridade do pastor sobre o povo cristão de sua circunscrição) e do anel (símbolo da união entre o bispo e Cristo).

A Europa do feudalismo   Capítulo 8   109

A teocracia pontifical

O *Dictatus papae* foi o resumo de 27 breves afirmações publicadas em 1075 pelo papa Gregório VII, as quais expressavam suas pretensões de estabelecer a autoridade papal não apenas sobre a Igreja, mas também sobre toda a cristandade. É um dos documentos mais reveladores da doutrina teocrática pontifical.

1. A Igreja Romana foi fundada pelo Senhor.
2. Só o pontífice romano é, a justo título, chamado universal. [...]
8. Só ele pode usar as insígnias imperiais.
9. O papa é o único homem a quem os príncipes beijam os pés. [...]
12. Ele pode depor imperadores. [...]
17. Não existe nenhum texto canônico fora de sua autoridade.
18. Sua sentença não pode ser corrigida por ninguém, e só ele pode corrigir a sentença de todos.
19. Ele não deve ser julgado por ninguém. [...]
22. A Igreja Romana jamais errou; e, segundo o testemunho da Escritura, ela não errará jamais.

Dictatus papae, 1075. Apud: GANSHOF, François-Louis. *Qu'est-ce que la féodalité?* Paris: Hachette, 1993. p. 395. (Tradução nossa).

Nas paróquias, o clero também era controlado pelos senhores locais, que construíam igrejas e nomeavam seus capelães, recebendo parte do dinheiro arrecadado como dízimo. Muitos padres eram pouco instruídos e negociavam bens espirituais mediante pagamento, prática chamada de simonia. A Igreja condenava essas práticas, mas sua autoridade sobre as paróquias era mais simbólica e moral que efetiva.

A partir do século XI, Roma procurou afirmar sua influência e a superioridade do papa sobre os soberanos leigos. Esse objetivo estava fundado na ideia desenvolvida pelo papado de uma diferença entre o **poder espiritual** e o **poder temporal**. À medida que suas instituições se fortaleciam, a Igreja se dedicou à reformas, tornando-se mais independente do poder dos reis e nobres. No século XI, os papas promoveram mudanças que buscavam restaurar a moral e a disciplina do clero secular. Em 1059, o papa Nicolau II decidiu que a eleição dos papas seria feita por um colégio de cardeais, diminuindo assim a possibilidade de interferência dos reis e imperadores.

Em 1075, o papa Gregório VII proibiu que leigos fossem os responsáveis pela investidura espiritual aos bispos e decidiu que a eleição destes seria realizada pela comunidade de clérigos. Tal decisão originou a Querela das Investiduras, um conflito entre o papa e o imperador para decidir quem era responsável pela investidura. Em 1122, o papa saiu vitorioso: por meio da Concordata de Worms, o imperador reconheceu o direito e a autonomia do papa de conferir a investidura espiritual aos bispos, fortalecendo assim o poder do papado.

O aumento do controle do papado reforçou o desejo de um poder universal sobre a cristandade, que seria superior ao poder exercido pelas autoridades leigas (poder temporal). Dessa forma, o papa poderia excomungar imperadores ou reis que a ele se opusessem. Essa teoria, base da teocracia, foi formulada pelo papa Gregório VII e anunciada em 1075 no *Dictatus papae*.

Poder espiritual: poder que advém do domínio divino e é exercido pela Igreja. Ocupa-se da salvação das almas e, portanto, do controle do comportamento dos indivíduos.
Poder temporal: poder que não é de natureza divina ou espiritual.

ORGANIZANDO AS IDEIAS

2. Explique a diferença entre o clero regular e o secular.
3. O que foi a Querela das Investiduras?

A sociedade das três ordens

Conforme já destacamos, a sociedade medieval passou por grandes transformações entre os séculos IV e XI. A distinção entre homens livres e escravos, característica da Antiguidade, foi substituída por formas múltiplas de dependência, tanto entre os senhores quanto entre os senhores e o campesinato. Entre os séculos IX e XI, as transformações foram ainda mais aceleradas: a sociedade estava dividida entre uma imensa maioria de camponeses e um pequeno grupo de aristocratas, tanto laicos como eclesiásticos.

Nesse mesmo período, conforme abordamos acima, a Igreja também estava passando por intensas mudanças e os proprietários de terras no interior dessa instituição produziram uma imagem da sociedade medieval que justificava a divisão entre camponeses e aristocratas. Essa imagem da sociedade medieval produzida pela Igreja não era um reflexo da própria sociedade, mas uma forma de legitimar a dominação da aristocracia (inclusive eclesiástica) sobre o campesinato.

De acordo com essa visão, a sociedade medieval estaria dividida em três ordens: a nobreza (*bellatores*), os camponeses (*laboratores*) e o clero (*oratores*). Cada uma dessas três ordens desempenharia uma função específica, mas necessária para as outras ordens. Assim, os guerreiros eram responsáveis pela proteção de todos; os camponeses trabalhavam para alimentar a si e às outras ordens; e os religiosos oravam para garantir a salvação de toda a sociedade.

Unidade 3 Idade Média

A abadia de Cluny

Cluny tornou-se a mais importante e mais rica abadia da Europa cristã no século XI. Tal fato explica a visita do papa Urbano II em 1095: além de ter sido monge em Cluny, ele desejava conseguir apoio para promover a reforma da Igreja.

Consagração da nova igreja da abadia de Cluny por Urbano II em 1095. Manuscrito do século XII.

O surgimento da cavalaria

Na Alta Idade Média, a nobreza era formada por um pequeno número de famílias, oriundas tanto da aristocracia senatorial romana quanto das aristocracias germânicas. Com o tempo, a ideia de nobreza foi se estendendo a todos que supostamente descendiam de ancestrais ilustres ou exerciam, como nobres, uma atividade guerreira.

Do século X ao XIII, a nobreza passou a abarcar dos príncipes aos cavaleiros. Os historiadores debatem se o processo foi uma aristocratização dos guerreiros (isto é, fazer a guerra tornou-se uma atividade exclusiva da aristocracia) ou se ocorreu uma militarização da aristocracia (ser aristocrata era, necessariamente, fazer a guerra). De uma forma ou de outra, esses dois grupos que eram distintos até o século X passam a estar cada vez mais unidos. Ser aristocrata (ou nobre) significava adotar um estilo de vida e valores próprios, em cujo centro estava a guerra.

Essa nobreza guerreira era extremamente hierarquizada por laços de dependência pessoal: suseranos e vassalos se confundiam em uma grande teia de obrigações. Mas essa hierarquia não convergia na mesma direção, resultado da fragmentação do poder. Assim, com o aparecimento de inúmeros senhores em cada região, à frente de um grupo de cavaleiros, os conflitos (as chamadas "guerras privadas") se multiplicaram e a proteção contra o poder de um senhor vizinho era a justificativa para o aumento do próprio poder.

Lentamente, a Igreja conseguiu imprimir sua marca nessa sociedade aristocrática. A fim de limitar os abusos dos senhores e dos cavaleiros, fez com que a aristocracia adotasse normas de comportamento. Nos séculos X e XI, procurou restringir as violências com o movimento da "paz de Deus", em assembleias que visavam impor o juramento de não atacar igrejas, mosteiros e camponeses. A partir do século XI, a Igreja tentou fixar períodos durante o ano em que estavam suspensas as atividades guerreiras, movimento que ficou conhecido como "trégua de Deus". A paz e a trégua de Deus foram as primeiras iniciativas institucionais no sentido de impor limites à ação dos senhores medievais, num momento em que a autoridade dos reis ainda era bastante frágil.

A partir do século XII, a cavalaria foi cristianizada, e a cerimônia de ingresso tornou-se um verdadeiro ritual religioso. A Igreja também impôs sua concepção de casamento monogâmico, que foi transformado em sacramento e passou a definir as regras de consanguinidade. Finalmente, a energia guerreira foi colocada a serviço da fé nas Cruzadas, externas e internas ao Ocidente medieval.

As Cruzadas: guerras santas

Em 1095, o papa Urbano II anunciou uma cruzada para libertar Jerusalém e a Palestina do controle muçulmano. Para os cristãos, a Palestina é considerada a Terra Santa porque foi o local do nascimento e da pregação de Jesus. Já Jerusalém é considerada a cida-

Dos guerreiros aos cavaleiros

A tapeçaria de Bayeux foi feita para contar a história da conquista da Inglaterra pelo duque Guilherme da Normandia em 1066.

Guilherme, o Conquistador (1027-1087), venceu o rei saxão Haroldo II na Batalha de Hastings e organizou o novo reino com base na constituição de uma forte nobreza militar.

A cena a seguir mostra os *milites* do duque em combate. Especialistas no ofício das armas, esses guerreiros eram homens livres de baixa condição que, em razão de seus serviços, nos séculos seguintes passaram a receber favores da nobreza e a ser chamados de cavaleiros.

Guerreiros do duque Guilherme da Normandia, tapeçaria de Bayeux (detalhe), França, c. 1082.

A Reconquista cristã e a fundação do Reino de Portugal

Um dos primeiros movimentos político-religiosos de expansão do cristianismo ocidental foi a reação à presença muçulmana na península Ibérica, ocupada desde o século VIII. Após a conquista do Reino dos Visigodos pelos árabes entre 711 e 714, a península tornou-se a sede do Emirado (e depois Califado) de Córdoba, conhecido pelos árabes como Al-Andalus, cujo apogeu ocorreu no século X.

A partir do século XI os reinos de Castela e Leão promoveram a expansão para o sul da península, recebendo privilégios papais pela ampliação da fé cristã. Esse avanço cristão nas terras europeias ficou conhecido como "Reconquista" e forneceu o modelo Um dos primeiros movimentos político-religiosos de expansão do cristianismo ocidental foi a reação à presença muçulmana na península Ibérica, ocupada desde o século VIII. Após a conquista do Reino dos Visigodos pelos árabes entre 711 e 714, a península tornou-se a sede do Emirado (e depois Califado) de Córdoba, conhecido pelos árabes como Al-Andalus, cujo apogeu ocorreu no século X.

A partir do século XI os reinos de Castela e Leão promoveram a expansão para o sul da península, recebendo privilégios papais pela ampliação da fé cristã. Esse avanço cristão nas terras europeias ficou conhecido como "Reconquista" e forneceu o modelo para as Cruzadas. Cristãos e muçulmanos se enfrentaram durante sete séculos, mas entre os dois lados houve negociação de tratados e alianças, e se estabeleceram intensas trocas comerciais, artísticas e culturais. Al-Andalus foi, assim como a Sicília, uma das pontes entre o mundo cristão ocidental e o mundo islâmico.

O condado Portucalense, vassalo do Reino de Leão e Castela, ganhou força durante a Reconquista. Em 1139, dom Afonso Henriques (1109-1185) venceu a Batalha de Ourique contra os mouros e tomou para si o título de rei. Menos de um século depois, o Reino de Portugal praticamente alcançou suas dimensões atuais.

A Península Ibérica no início do século XII

Fonte: VIDAL-NAQUET, Pierre. *Atlas historique*. Histoire d'humanité de la préhistoire à nos jours. Paris: Hachette, 1987. p. 93.

---

de santa por excelência porque foi o local onde Jesus foi crucificado e, segundo o cristianismo, ressuscitou.

Jerusalém e os lugares santos da Palestina passaram a ser visitados desde o século IV, pois, de acordo com a doutrina cristã, a visita a esses locais permite purificar os pecados e ganhar a salvação. Assim, apesar da desarticulação do Império Romano e da conquista da Palestina pelos muçulmanos, Jerusalém continuou a ser um importante centro de peregrinação cristã.

Para assistir

EUA/Espanha/Itália, 2005. Direção: Ridley Scott. Duração: 145 min.

Reconstituição da luta dos cristãos para libertar a Terra Santa do domínio muçulmano, detalhando como foram derrotados por Saladino, sultão do Egito.

A partir do século XI, com a afirmação do Ocidente cristão, a ideia de combater os muçulmanos e, em particular, de "libertar" os lugares santos foi assimilada à de peregrinação, ou seja, santificou-se a noção do cristão combatente. Tal ideologia impulsionou as cruzadas — para os cristãos, tratava-se de uma guerra santa, ideia surgida na península Ibérica em 1064. Assim como estava acontecendo na Reconquista, aqueles que participavam das Cruzadas recebiam privilégios e indulgências, favorecendo assim os ideais da religião e da cavalaria

A Primeira Cruzada foi a única que efetivamente conquistou Jerusalém e formou ali um reino cristão, embora de duração limitada. O anúncio da Primeira Cruzada foi recebido com entusiasmo por milhares de homens e mulheres, grande parte disposta a deixar suas casas e lutar num lugar desconhecido.

Ainda que a questão religiosa fosse fundamental, outras motivações contribuíram para o entusiasmo inicial, entre elas a possibilidade de ganhos econômicos, sobretudo entre os mais pobres, pressionados por

O TROVADORISMO E A NOVA SENSIBILIDADE MEDIEVAL

Nos primeiros séculos da Idade Média, os gêneros literários da Antiguidade, como a poesia épica e a elegia, deixaram de ser cultivados na Europa. Em seu lugar, surgiram obras de caráter religioso, escritas em latim por membros do clero. Na poesia, destacavam-se os hinos (cânticos de louvor a Deus) e, na prosa, as hagiografias (biografias de santos). Esses textos eram anônimos, pois a noção de autoria havia desaparecido.

É só na Baixa Idade Média que se tem notícia de uma literatura profana (não religiosa), escrita em língua vernácula e assinada por seus autores. Eram poesias que falavam de amor ou dos feitos de grandes heróis do passado. Essa literatura surgiu no sul da França no final do século XI, escrita por poetas de origem nobre chamados trovadores. Nos séculos seguintes, a poesia trovadoresca se espalhou para outros países da Europa (Itália, Alemanha, Portugal e Espanha). Os trovadores já não eram todos nobres, havendo entre eles poetas de origem plebeia. Embora fossem majoritariamente homens, sabe-se da existência de algumas trovadoras mulheres.

As poesias trovadorescas não eram feitas para serem lidas, e sim cantadas com acompanhamento instrumental. Inicialmente restritas à corte, elas logo passaram a ser apresentadas nas ruas por artistas ambulantes, que podiam ser jograis (poetas que interpretavam as próprias poesias, em geral de origem humilde) ou menestréis (músicos profissionais a serviço de poetas nobres).

Os textos dessas poesias, sobretudo as amorosas, revelam a mudança de sensibilidade que marca a Baixa Idade Média. Os trovadores inauguram um afeto conhecido como amor cortês, caracterizado pela subordinação do poeta à sua amada, muitas vezes uma mulher casada. Outras vezes, o poeta assume a voz de uma mulher, que se dirige a alguém para lamentar a ausência de seu amor. Eram as chamadas "canções de amigo". Ao falarem de seus sentimentos, os trovadores revelam sua interioridade, algo impensável nos séculos anteriores, quando a literatura era feita para louvar a Deus e aos santos.

> **Elegia:** poema caracterizado pela expressão dos sentimentos e pensamentos íntimos.
> **Poesia épica:** poesia que narra os feitos históricos ou lendários de certos heróis.

Pergaminho Vindel, manuscrito das cantigas de um amigo de Martín Codax, jogral galego que viveu entre o século XIII e XIV. O poema está escrito em galego-português, língua que deu origem ao português moderno.

duras condições de trabalho. Além disso, a conclamação do papa Urbano II visava socorrer o Império Bizantino, seriamente ameaçado pelos turcos seljúcidas, tentando resolver a questão do Grande Cisma de 1054.

A retomada de Jerusalém pelos muçulmanos levou à formação de novas cruzadas, que não alcançaram êxito significativo. Muitos dos resultados previstos no início não foram concretizados. A riqueza não se estendeu a todos e as cruzadas acabaram por endurecer as relações entre cristãos, judeus e muçulmanos, favorecendo extremismos de todos os lados. O Império Bizantino saiu consideravelmente fragilizado pela Quarta Cruzada (1202-1204), cujos integrantes saquearam e ocuparam Constantinopla. O espírito de cruzada viveu até o século XIII, quando perdeu força, sem, no entanto, desaparecer da mentalidade cristã.

Uma das mais duradouras consequências foi o aumento do comércio de luxo com o Oriente: o gosto pelas especiarias, pela seda e por talheres ampliou as perspectivas materiais do Ocidente, favorecendo, sobretudo, as cidades italianas, que, a partir de então, estreitaram as trocas comerciais de produtos vindos da Ásia.

ORGANIZANDO AS IDEIAS

4. Explique o processo de cristianização da cavalaria.

Revisando o capítulo

APROFUNDANDO O CONHECIMENTO

1. O *viking* Hagar, o Horrível, é um personagem de história em quadrinhos criado por Dik Browne. Leia os quadrinhos a seguir e responda às questões.

   a. Esses quadrinhos fazem referência a que acontecimento do início da Idade Média?

   b. Hagar, o Horrível, é um personagem *viking*. De acordo com o que você estudou neste capítulo, caracterize esse povo e explique de que forma ele contribuiu para a formação do feudalismo na Europa.

2. Adalberão, bispo de Laon, escreveu um texto em forma de diálogo com o rei dos francos Roberto II, o Piedoso (996-1031). Depois de explicar que, de acordo com a lei divina, todos os cristãos são iguais perante Deus e formam um único corpo, ele exprime a visão dos clérigos sobre o que é a lei humana. Essa visão não é uma descrição concreta da sociedade medieval, mas uma teoria que reflete as normas sociais, atribuindo a cada indivíduo um lugar em sua ordem.

   Isso significa que a Igreja forma um só corpo, mas o Estado é dividido em três, porque a outra lei, a lei humana, distingue mais duas classes: nobres e servos, os quais, de fato, têm condições diferentes. Entre os nobres, dois vêm em primeiro lugar: um é o rei, o outro, o imperador; e é a autoridade deles que garante a estabilidade do Estado. Os outros nobres têm o privilégio de não serem constrangidos por nenhum poder, contanto que se abstenham dos crimes reprimidos pela justiça real. Eles formam a ordem guerreira e protetora da Igreja: são os defensores do povo, dos poderosos e dos humildes, e garantem assim a salvação de todos e a sua própria.

   A outra classe é a dos servos. Trata-se de uma espécie infeliz de homens, que só com muito sacrifício chega a possuir algo. Nem quem tentasse, com a ajuda das bolinhas de uma tábua de cálculo, somar todas as suas ocupações, cansaços e tarefas, conseguiria chegar ao resultado. Rendimentos, vestuário, provisões, tudo isso é fornecido a todos pelos servos, a tal ponto que nenhum homem livre pode viver sem sua ajuda. Aparece uma tarefa a realizar? Deseja alguém fazer grandes despesas? Parece então que reis e prelados são servos de seus servos. Destes, os senhores dependem até para se alimentar, embora julguem que cuidam do sustento dos servos. Por isso, não têm fim as lágrimas e os gemidos dos homens da classe servil.

   A cidade de Deus, que se apresenta como um só corpo, está, portanto, dividida em três ordens: uma reza, a outra luta e a última trabalha. Coexistentes, as três ordens não se podem desmembrar; é nos serviços prestados por uma delas que se apoia a eficácia de ação das outras duas: cada uma contribui sucessivamente para aliviar as três, e essa concatenação, embora formada de três partes, equivale a uma única.

   ADALBERÃO DE LAON. Poema para o rei Roberto, século XI. In: KAPLAN (Dir.). *Le Moyen Âge (IVe-Xe siècle)*. Paris: Bréal, 1994. p. 420. (Tradução nossa.)

   a. Com base no texto, explique a diferença entre "a cidade de Deus" e a constituição do Estado em três corpos pela "lei humana", segundo as razões do autor.

   b. Por que Adalberão de Laon se refere aos servos como "uma espécie infeliz de homens, que só com muito sacrifício chega a possuir algo"?

EXPANSÃO, CRISES E TRANSFORMAÇÕES NA BAIXA IDADE MÉDIA

CAPÍTULO 9

A Idade Média na Europa foi, durante por muito tempo, considerada uma longa e obscura transição entre dois períodos brilhantes: a Antiguidade e o Renascimento. Atualmente, sabe-se que o período medieval foi uma época de profundas transformações que permitiram à Europa tornar-se um continente densamente povoado e dinâmico.

Entre os séculos XI e XIII, a Europa conheceu uma grande expansão demográfica, rural e urbana. Mesmo vivenciando um período de crise entre os séculos XIV e XV, a diversificação da sociedade e o crescimento das cidades continuaram a ocorrer, apesar da importância que o campo e seus senhores ainda detinham.

Desenvolvimento e crise, expansão e retração são as palavras-chave do período que estudaremos nesse capítulo. Em alguns momentos um parecerá mais importante que o outro, mas não devemos perder de vista que a sociedade medieval existiu em meio a esses dois extremos. O resultado dessa dinâmica foi a transformação radical do mundo inteiro após o século XV.

Construindo o conhecimento

- Por que você acha que a Idade Média era chamada de "Idade das Trevas"?
- Ao associar a ideia de Idade Média à Idade das Trevas, que imagens lhe vêm à cabeça?

Plano de capítulo

▶ Crescimento e transformações no mundo rural
▶ Crescimento e transformações no mundo urbano
▶ Crises e transformações dos séculos XIV e XV

Iluminura francesa (c. 1420) pertencente à Biblioteca Nacional de Paris, França, representa, à primeira vista, as três ordens da sociedade medieval: o clero, a nobreza e o povo. Na verdade, revela as inúmeras mudanças ocorridas na sociedade no decorrer da Idade Média. No centro, o rei e seu filho indicam o fortalecimento do poder do Estado monárquico. À esquerda do rei, um grupo de nobres conselheiros sem armas mostra que a função guerreira foi relegada a segundo plano. Na parte de baixo, duas cenas ilustram as atividades essenciais da Idade Média: o comércio, numa alusão à vida urbana, e os trabalhos agrícolas, referindo-se ao mundo do campo.

Marcos cronológicos

1174 – Expansão das feiras de Champanhe (com apogeu no século XIII).

1204 – Tomada de Constantinopla pelos cruzados latinos.

1252 – Aparecimento do florim (moeda de ouro de Florença).

1348-1351 – Primeira onda de contágio generalizado da peste negra na Europa.

1492 – Tomada de Granada.

1082 – Veneza é privilegiada no comércio com o Império Bizantino.

1176 – Vitória das milícias urbanas da Itália sobre as tropas imperiais, em Legnano.

1230 – Formação da Hansa (associação) entre as cidades de Lubeca e Hamburgo.

1337-1453 – Guerra dos Cem Anos entre Inglaterra e França.

1453 – Tomada de Constantinopla pelos turcos.

Crescimento e transformações no mundo rural

Na Idade Média, a terra era a base do poder social e a principal fonte de riqueza. Entre os séculos X e XIII, dois fatores principais transformaram o campo europeu: a expansão demográfica e o aumento da produção agrícola. Entre os anos 900 e 1300, a população do Ocidente medieval dobrou. Esse crescimento demográfico foi possível graças à maior produção agrícola, que contribuiu para o aumento das taxas de natalidade e de longevidade. Ou seja: as pessoas passaram a se alimentar melhor, a viver mais e a ter mais filhos que sobreviviam.

Além de um período climático favorável, a agricultura beneficiou-se da difusão de melhorias técnicas. As ferramentas (arado, foice, alfanje) foram aperfeiçoadas graças ao maior domínio da metalurgia. A força de tração do arado aumentou em razão do uso da canga frontal para os bois e do cabresto de ombros para os cavalos. O moinho de vento e o moinho hidráulico tornaram-se mais acessíveis, liberando mão de obra para outros serviços. Na Europa mediterrânea, os sistemas de irrigação, herdados dos muçulmanos, permitiram a cultura das terras menos úmidas.

Apesar das melhorias técnicas e do aperfeiçoamento das culturas – com o uso da **rotação trienal** –, os rendimentos agrícolas continuaram pequenos. O crescimento da produção agrícola deveu-se, sobretudo, à expansão das terras cultivadas – o que pôde ser obtido graças aos **arroteamentos** em torno de terrenos já plantados, ou pela transformação e uso de terras que não eram apropriadas para o cultivo, como florestas e pântanos.

A colonização de novas terras foi particularmente importante na Península Ibérica após a Reconquista, e no leste da Alemanha. Em meados do século XIII, cessou o movimento de arroteamentos, de um lado porque a floresta continuava indispensável para a economia rural e, de outro, porque cada vez mais as terras arroteadas eram de qualidade ruim para a agricultura.

Castelo, aldeia e paróquia

A conquista de terras podia ser iniciativa dos próprios camponeses, mas, na maioria das vezes, resultava de empreendimentos coletivos organizados por reis, príncipes e nobres, ou por mosteiros. No norte de Portugal, a colonização do território deveu-se a pequenos camponeses livres nos séculos X e XI, enquanto ao sul do rio Mondego, a partir do século XII, os condes, e depois os reis, fizeram doações de terras, sobretudo às ordens militares. Na França e na Alemanha, foi determinante o papel dos mosteiros e dos senhores leigos no processo de ocupação.

Detalhe de iluminura contida no *Livro das Horas* (c. 1400-1416), dos irmãos Limbourg, que integra o acervo do Museu Condé, em Chantilly, França. A imagem representa um camponês conduzindo um arado de tipo dental, conhecido na Europa meridional. Era puxado por uma parelha de bois ligados pela canga de garrote. O arado permitia trabalhar com mais força e rapidez, mas não excluía o uso de instrumentos manuais, como pás e enxadas.

> **Os arroteamentos**
>
> Para obter novas terras, os arroteamentos foram muitas vezes praticados pelos mosteiros. A derrubada de árvores era também necessária para o fornecimento de madeira de carpintaria para as construções. Nesta imagem, um monge derruba uma árvore enquanto um leigo corta os galhos.
>
> *Gregório, o Grande.* Iluminura do Moralia in Job, início do século XII.

Rotação trienal: sistema de cultivo em que a terra era dividida em três partes cujo cultivo se alternava de ano para ano, de modo que uma delas era deixada em repouso e nas outras duas se plantavam cereais distintos.

Arroteamento: desbravamento de terras incultas, em geral, florestas.

A ORIGEM DAS QUESTÕES AMBIENTAIS

A poluição ambiental e a exploração predatória dos recursos naturais são graves problemas enfrentados pelas sociedades atuais. Durante muito tempo, acreditou-se que eles haviam surgido com a Revolução Industrial, no século XVIII. Hoje, porém, sabe-se que a Europa já os enfrentava muito antes do aparecimento das primeiras fábricas.

Vimos que, entre os séculos VII e IX, as florestas na Europa começaram a ser derrubadas para fornecer lenha e dar lugar a grandes plantações. O desflorestamento acelerou-se a partir do século XI, tornando a madeira um bem escasso e levando os europeus a substituírem-na pelo carvão, cuja queima provoca a poluição do ar. Londres foi a primeira cidade a sofrer desse problema, no século XIII. Os centros urbanos europeus também enfrentavam a poluição sonora, provocada pelo barulho das minas, e dos mananciais, já que os animais criados nos extensos pastos eram abatidos próximos aos córregos.

Nesse contexto, surgiram as primeiras leis de proteção ambiental. A Magna Carta, instituída na Inglaterra em 1215 e considerada a primeira Constituição do mundo, era formada por dois documentos: a Carta das Liberdades, que inspirou os sistemas jurídicos atuais, e a Carta da Floresta, hoje pouco lembrada. Esta proibia os súditos de caçar e explorar madeira, reservando essas atividades ao rei e à nobreza. Embora classista, a medida impediu a extinção de muitas espécies. Em 1388, o parlamento inglês votou a primeira lei antipoluição do mundo. Outros países europeus seguiram o exemplo: Portugal proibiu o corte de carvalho e sovereiro, e a Espanha considerou crime a poluição das águas.

Segundo o historiador Lynn White, foi a mudança de mentalidade ocorrida na Idade Média que deu origem aos problemas ambientais. Nessa época, surgiram os primeiros argumentos para justificar o domínio do homem sobre a natureza, baseados em duas ideias religiosas: a noção judaico-cristã de que o homem é feito à imagem e semelhança de Deus (sendo, portanto, superior ao restante da criação), e a interpretação literal de uma passagem da Bíblia (Gênesis: 1,28) na qual Deus autoriza o homem a submeter a natureza à sua vontade. Segundo White, somente o abandono dessas ideias antropocêntricas é que nos levará a uma atitude mais responsável em relação ao planeta.

Giotto di Bondonne. *São Francisco de Assis pregando para os pássaros*. Óleo sobre tela, 313 x 163 cm. Destoando de seus contemporâneos, São Francisco de Assis (1181-1226) pregou fraternidade entre todas as criaturas, chamando-as de irmãs. Em 1979, foi proclamado pela Igreja patrono dos ecologistas.

As tensões entre os senhores (leigos ou eclesiásticos), de um lado, e os camponeses, do outro, eram em geral resolvidas em favor dos primeiros. As propriedades de terra de camponeses livres tornaram-se raras. As habitações camponesas passaram a agrupar-se em aldeias em torno de um castelo, o que ficou conhecido por encastelamento. Os senhores exploravam diretamente uma pequena parte das terras e deixavam outras para os camponeses a título de concessão (arrendamentos). Os camponeses pagavam aos senhores uma taxa denominada censo, que pode ser explicada como um tipo de imposto sobre a utilização da terra. Seu valor era estabelecido segundo o costume ou por um documento escrito, e o pagamento era feito em dinheiro ou com uma parte fixa da colheita – o censo representava o reconhecimento da propriedade do senhor.

A este senhorio fundiário somava-se o senhorio banal, isto é, um reforço do poder proveniente do ban (poder de punir e obrigar), em troca da proteção aos camponeses e da distribuição da justiça. Em nome desse poder, o senhor impunha direitos de justiça, tributações sobre as colheitas (chamadas costumes), corveias (serviços gratuitos prestados ao senhor) para a manutenção do castelo e pedágios, além de cobranças pela utilização do forno e do moinho.

Iluminura francesa (c. 1465-1468) mostra moinho de água. Os moinhos hidráulicos multiplicaram-se na Idade Média. Serviam não só para moer o trigo, mas também para a metalurgia e a atividade têxtil. Embora fossem um investimento caro, representavam uma fonte considerável de recursos para os senhores.

Dessa forma, a partir do século IX, os camponeses se tornaram cada vez mais dependentes do senhorio. A pressão deste aumentou a solidariedade entre os camponeses, os quais, em locais onde havia abundância de terra, obtinham **foros** – cartas de franquia que fixavam obrigações e concediam às comunidades das aldeias certa autonomia. As condições e o momento da concessão dos foros variaram conforme a região. Na península Ibérica, os primeiros foram concedidos na segunda metade do século XI.

O crescimento da população e a exploração da terra determinaram na Europa um tipo de hábitat e de paisagem que caracterizou o campo durante séculos. Os terrenos em geral eram organizados ao redor de um castelo, em cujas proximidades se agrupava a aldeia, que quase sempre coincidia com a paróquia. Em síntese, a terra e as pessoas passaram a ser enquadradas pelo senhorio e pela paróquia. A igreja e o cemitério eram os polos da vida comunitária dos aldeões.

Foro: lei ou acordo privado, sob forma escrita, que determinava as modalidades de povoamento de uma terra, fixava os direitos do senhor e definia os direitos e deveres da comunidade. Essa carta de franquia podia ser aplicada tanto às vilas quanto às cidades.

ORGANIZANDO AS IDEIAS

1. Cite algumas inovações na agricultura surgidas a partir do século X.

Crescimento e transformações no mundo urbano

Na maior parte da Europa, muitos centros urbanos sobreviveram à desagregação do Império Romano do Ocidente. Certas regiões mantiveram algumas das funções urbanas em torno da cidade, que, até o século X, confundia-se com a área ocupada pelo palácio do bispo e a catedral. A esse núcleo urbano, herdado da Antiguidade, agregavam-se um ou mais **burgos**, fossem monásticos ou comerciais. Mas tais cidades eram, em geral, pouco povoadas; o essencial da vida econômica e social concentrava-se no campo.

A partir do século X, por toda a Europa, as cidades tiveram um crescimento demográfico lento, mas expressivo. Por um lado, a população urbana cresceu com a migração rural; por outro, as cidades estruturaram os campos vizinhos, dos quais drenavam o excedente e aos quais serviam de mercado. Portanto, a cidade se estabeleceu em estreita dependência com o mundo feudal, pelo menos até os séculos XII ou XIII.

Duas regiões da Europa tiveram uma notável urbanização, tanto pela amplitude do processo quanto pela grande densidade populacional aí verificadas, as quais se explicavam pelo desenvolvimento de atividades artesanais em grande escala, sobretudo têxteis, além de atividades bancárias e comerciais: o norte da Itália (Milão, Gênova, Veneza e Florença) e Flandres (Gand e Bruges), na atual Bélgica.

Nas demais regiões da Europa, a urbanização foi mais difusa, mas algumas cidades tornaram-se muito populosas. Destacam-se aquelas que exercem a função de capital, abrigando reis (Paris e Londres) ou príncipes (Dijon, capital dos poderosos duques de Borgonha), ou as que desempenhavam funções produtivas ou comerciais (as cidades da Hansa, como Hamburgo, Lubeca e Bremen).

Embora a maioria dos burgos tivesse surgido dentro dos feudos, muitos adquiriram certa autonomia (algumas vezes, à custa de revoltas). Esses núcleos obtiveram de seu senhor (imperador, rei, príncipe, conde ou bispo) foros que concediam a seus habitantes alguns direitos e instituições próprias. Nas novas cidades que surgiram, essas liberdades adquiridas foram sendo confirmadas nas suas cartas de fundação.

Burgo: núcleo urbano surgido no período medieval, quase sempre no interior de um feudo.

Uma cidade medieval de porte médio

Moulins, na França, originou-se de um senhorio que se tornou um ducado, o Bourbonnais.

Ela se estendeu em torno do castelo, que funcionava como seu núcleo. Assim como a maioria das cidades medievais, Moulins era cercada por uma muralha que tinha funções defensivas e simbólicas. Na imagem ao lado, é possível ver, para além dos fossos, bairros com jardins fechados.

Guillaume Revel, *Armorial de Auvergne, Forez e Bourbonnais*, 1456. Desenho.

Enquanto na Inglaterra, na França ou na Península Ibérica as cidades continuaram sob o controle real, no norte da Itália e em grande parte do espaço germânico elas se tornaram Estados praticamente independentes. Seus habitantes formaram comunas que podiam exercer coletivamente um poder senhorial sobre os territórios vizinhos. Essas comunas urbanas baseavam-se, portanto, em uma associação entre os habitantes de uma cidade, a qual a transformava numa espécie de senhorio coletivo que obtinha alguma autonomia e até mesmo independência em relação a seu senhor.

Nas cidades, o que se poderia chamar de **patriciado urbano**, formado pelos nobres, mercadores e ricos proprietários, opunha-se ao povo, constituído de artesãos e lojistas. Estes últimos eram considerados membros da comuna, mas havia uma parte importante da população que era excluída, como os trabalhadores pagos por dia (jornaleiros).

As cidades passaram a concentrar alguns serviços de assistência aos pobres, que antes eram prestados pela Igreja, como, por exemplo, os hospitais. E tornaram-se também centros de cultura. A partir do século XIII, algumas escolas ficaram independentes da autoridade episcopal e formaram universidades, como as das cidades de Bolonha (Itália), Paris (França) e Oxford (Inglaterra).

As ordens mendicantes no final da Idade Média

Da mesma forma que as inovações teológicas e estruturais empreendidas pela Igreja, as ordens monásticas passaram por processos de renovação: no século XIII, o espírito monástico ganhou novas dimensões a partir das cidades, então em pleno crescimento. Mais sensíveis às condições gerais de grande parte da população, surgiram as chamadas ordens mendicantes, buscando valorizar a "verdadeira" pobreza e viver da caridade.

Mercado medieval na Espanha é retratado em iluminura do século XIII.

Francisco era um jovem rico, nascido na cidade de Assis, na península Itálica, e que decidiu renunciar a todos os bens materiais, consagrando sua vida a Deus. Francisco pediu a aprovação do papa para fundar uma nova ordem religiosa e, apesar da resistência de parte dos religiosos de Roma, Inocêncio III autorizou, em 1209, a instituição da primeira ordem mendicante, a Ordem dos Frades Menores. Logo em seguida, em 1216, o papa aprovou a Ordem dos Predicadores, comandada pelo religioso Domingo de Gusmão, vindo do Reino de Castela, na atual Espanha. Os predicadores, ou dominicanos, eram um grupo de religiosos que pretendia viver em pobreza e pregar o Evangelho.

Patriciado urbano: neologismo com o qual se designa o grupo dirigente de uma cidade, formado por nobres e ricos comerciantes. No final da Idade Média, esse grupo passou a constituir, além da nobreza urbana, famílias de comerciantes mais ricos que copiavam, inclusive, o modo de vida dos nobres.

A arte gótica e a catedral de Notre-Dame de Paris

A partir do século XII difundiu-se por quase todas as regiões da Europa um novo estilo: o gótico. Trata-se de uma arte essencialmente urbana, embora também tivesse sido divulgada no campo pelos monges cistercienses, sobretudo em Portugal. Expressou-se, sobretudo, na pintura, nos vitrais e na arquitetura.

De fato, a arquitetura gótica não rompeu de forma drástica com a românica, mas pôde se utilizar dos avanços técnicos da época, realizando construções mais ousadas. Uma das características mais notórias das catedrais góticas é a sua verticalidade, em oposição ao estilo horizontal da arquitetura românica; as paredes mais finas e altas deram leveza aos templos. No final da Idade Média, o gótico — embora particularizado por aspectos locais, — era um estilo presente na maior parte da Europa cristã e urbana.

Em 1167, a Catedral de Notre-Dame, em Paris, dedicada a Nossa Senhora ("Notre-Dame", em francês), começou a ser reconstruída em estilo gótico mas só foi terminada no século XIV.

Catedral de Notre-Dame de Paris, França. Foto de 2014.

Essas ordens foram rapidamente acolhidas pelos pobres, identificados com seu modo de vida simples. De uma inicial resistência aos mendicantes, Roma incentivou a criação da Ordem dos Agostinianos, em 1244, reunindo grupos eremíticos no norte da Itália sob a regra de Santo Agostinho; três anos depois, foi criada a Ordem dos Carmelitas.

Os religiosos mendicantes deveriam, por princípio, viver de esmolas e tinham uma vida itinerante, pregando o Evangelho por toda a Europa. Procuraram manter a tradição monástica e a vida ativa do clero secular e dedicaram-se especialmente à oração, ao culto da eucaristia, à predicação, à evangelização e à educação.

Mesmo com o monaquismo beneditino tradicional mantendo-se ativo, foram essas ordens mendicantes que caracterizaram a Igreja do final da Idade Média. A princípio, eram movimentos de leigos que progressivamente passaram a integrar os quadros do clero, colocando-se a serviço do papado no combate às heresias. Além disso, ao instalar seus conventos nas cidades, essas ordens mendicantes participavam ativamente da expansão da vida intelectual nas universidades.

As trocas e as transformações na sociedade

Os poderes reais e senhoriais foram os primeiros a organizar as **feiras**, o que lhes possibilitava cobrar taxas em troca da proteção dos comerciantes. A maioria dessas feiras movimentou mercados locais ou regionais, mas algumas tornaram-se internacionais, recebendo mercadores vindos de toda a Europa. Foi o caso das feiras das cidades da Champanhe, cuja expansão se acelerou a partir de 1174.

Com a expansão do comércio, houve um aumento das atividades financeiras, como: troca de dinheiro, financiamentos e empréstimos. Nesse comércio, o objeto de negociação era o próprio dinheiro. Os "trocadores de dinheiro" (banqueiros) eram importantes nas feiras, pois nelas não havia padronização de moedas. Eram esses comerciantes que pesavam, avaliavam e trocavam os mais variados tipos de moeda.

Feira: mercado temporário que ocorria em ritmo regular, em geral anual, no qual os comerciantes se reuniam graças à proteção do poder público, que garantia a segurança dos deslocamentos e das trocas.

Esta cena de mercado situada numa cidade imaginária mostra a importância das atividades comerciais urbanas na época. Além de produtos alimentícios, podem-se observar produtos da atividade artesanal. Mercado retratado no manuscrito *O Cavaleiro Errante*, de Tommaso III di Saluzzo, 1403-1404.

O comércio mediterrâneo foi progressivamente controlado por algumas grandes cidades italianas, entre as quais Gênova e Veneza, que construíram, do século XII ao XIV, verdadeiros impérios marítimos, apoiados em possessões e, principalmente, entrepostos. Além de comercializar os produtos mediterrâneos, as cidades italianas controlavam o grande comércio de importação de produtos de luxo (especiarias, perfumes, seda) vindos do Oriente e da Ásia e, nesse aspecto, superaram o Império Bizantino, que passava por seu período de maior declínio.

O comércio do norte da Europa organizou-se sobretudo em torno da cidade flamenga de Bruges, que concentrou o mercado da lã produzida na Inglaterra e utilizada pelas cidades que comercializavam tecidos.

O grande comércio europeu

Os intercâmbios comerciais nunca deixaram de existir na Idade Média, mas, até o século X, eram bastante limitados. Tratava-se de vender os excedentes agrícolas dos grandes domínios laicos e eclesiásticos em escala regional, ou, às vezes, em maior escala, e de comercializar alguns raros produtos de luxo destinados às cortes dos nobres e reis. A partir do século XI, a produção de bens e as trocas comerciais cresceram e se diversificaram consideravelmente, favorecidas pelo crescimento demográfico, pela expansão agrícola e pelo desenvolvimento das cidades.

No século XIII, o comércio atingiu um ponto alto. A concentração da riqueza nas mãos da nobreza ou do patriciado urbano trouxe um aumento crescente da demanda por produtos novos; assim, desenvolveram-se os vinhedos destinados não apenas a fornecer vinho para o consumo local, mas também para o comércio com lugares distantes.

A comercialização foi controlada por pequenos grupos de comerciantes, que comandavam os artesãos urbanos ou rurais. A produção têxtil foi a principal atividade urbana e enriqueceu algumas regiões, especialmente Flandres e o norte da Itália.

Em Bruges, reuniam-se os comerciantes vindos de Flandres, da Renânia e das prósperas cidades da Hansa. A Liga da Hansa ou Hanseática foi criada no século XIII; era uma aliança entre cidades mercantis, sobretudo alemãs, que manteve um monopólio comercial sobre quase todo o norte da Europa e o Báltico até o começo da Idade Moderna.

O comércio das especiarias

Marco Polo, famoso viajante veneziano do século XIII, teria sido um dos primeiros ocidentais a chegar até a China – de onde se originava a seda, um dos produtos de luxo que chegavam ao Mediterrâneo. Não se sabe se Marco Polo efetivamente esteve na China ou se baseou suas histórias em relatos de outros viajantes. Mas o importante é reconhecer que existia um contato, ainda que eventual, entre o Ocidente e o Extremo-Oriente. Os produtos orientais vinham por via terrestre, partindo da Ásia central pela famosa rota da seda, ou por via marítima, atravessando o oceano Índico para desembocar nos grandes portos do mundo muçulmano. Por essa rota, chegavam também as especiarias, como a pimenta-da-índia. Esse comércio de produtos de luxo era controlado pelos italianos, que haviam criado feitorias em Constantinopla, nos países muçulmanos, no Egito e no Oriente. Nesta imagem, veem-se indianos (de tez escura) plantadores de pimenta, no momento em que a vendem para um mercador europeu.

Iluminura do manuscrito *Livre des Merveilles* [Livro das Maravilhas], de Marco Polo.

Expansão, crises e transformações na Baixa Idade Média Capítulo 9 121

Polos comerciais

Graças ao desenvolvimento demográfico, rural e urbano, o comércio de longa distância prosperou na Europa no século XIII, organizado em dois polos: o comércio mediterrâneo, em torno das cidades da Itália, e o comércio do norte da Europa, ao redor das cidades de Flandres (Liga Hanseática). No século XIII, as feiras anuais da Champanhe, realizadas nas cidades de Lagny, Provins, Bar-sur-Aube Troyes, tornaram-se pontos de conexão entre esses dois espaços. No final do século XIII, rotas marítimas ligaram o Mediterrâneo ao norte da Europa, o que explica a importância crescente dos portos de Cádiz e de Lisboa nas trocas internacionais.

Fonte: DUBY, Georges (Coord.). *Atlas Histórico Mundial*. Barcelona/Madri: Círculo de Lectores/Editorial Debate, 1989. p. 54-55.

As necessidades do grande comércio, juntamente com as necessidades financeiras dos Estados e da Igreja, provocaram um aumento da circulação monetária. Na segunda metade do século XIII, reapareceu no Ocidente, sob o impulso das cidades italianas, a moeda de ouro: o florim florentino e o ducado veneziano, que se tornaram moedas internacionais. As técnicas financeiras e bancárias foram aperfeiçoadas, com a utilização da **letra de câmbio** e a prática do crédito.

O dinamismo das atividades artesanais, comerciais e bancárias acarretou uma mudança gradativa na sociedade medieval. As riquezas não vinham mais apenas do campo, mas também da cidade, que desenvolvia e transformava as estruturas da sociedade feudal. Por mais que os comerciantes adotassem algumas normas da aristocracia e tentassem, com frequência, obter títulos de nobreza, sua riqueza e seu lugar na sociedade continuavam ligados a uma atividade econômica, ao trabalho, e não ao ofício das armas ou à detenção de poder público.

Letra de câmbio: documento que evitava que os comerciantes transportassem uma grande quantidade de dinheiro vivo e lhes permitia pagar seus credores a distância, por intermédio de cambistas ou banqueiros. Foi a primeira forma de crédito na Europa ocidental.

ORGANIZANDO AS IDEIAS

2. Explique o (res)surgimento de mercados urbanos no mundo feudal.

Crises e transformações dos séculos XIV e XV

Fome, peste, guerra e desordem social

O período entre os séculos XI e XIII foi marcado por uma grande expansão da atividade agrícola, da população e da produtividade na Europa medieval. No início do século XIV essa expansão já estava estagnada, e cada um desses elementos sofreu uma grande retração até meados do século XV.

Historiadores debatem quais foram as causas dessa retração, mas há um consenso de que o crescimento dos séculos anteriores provocou um aumento demográfico insustentável. Dessa forma, o uso de terras pouco produtivas (antigas florestas e pântanos) teria limitado (ou mesmo diminuído) a produtividade agrícola.

Os efeitos dessa retração foram imensos: a partir de 1315 uma grande fome foi verificada em todo o norte da Europa. Nos anos seguintes, ciclos de fome ocorreram por todo o continente. Durante estes ciclos, a mortalidade infantil aumentava e a população vivia mal nutrida. Os que sobreviviam permaneciam com a saúde debilitada e mais propensos a desenvolver doenças diversas.

A velocidade e o imenso impacto da peste negra (a partir de 1348) na Europa devem ser entendidos em meio a esse contexto de ciclos de fome periódicos. Vinda do Oriente pela Itália e se espalhando por todo o continente, a peste foi o acontecimento mais traumático da época. Os historiadores estimam que um terço da população europeia sucumbiu e, em algumas regiões, principalmente nas cidades, o número de mortos chegou à metade dos habitantes. Epidemias continuaram a abalar a Europa nas décadas seguintes, tornando-se mais raras e localizadas após 1412, sem desaparecer por completo antes de 1720.

Iluminura contida nas *Chroniques* de Jean Froissart (século XV). A imagem representa a Batalha de Crécy (1346), uma das mais importantes da Guerra dos Cem Anos. Os franceses foram vencidos nesse confronto pelos arqueiros ingleses.

O século XIV foi também um período de longos conflitos. Entre 1337 e 1453, Inglaterra e França iniciaram um confronto conhecido como Guerra dos Cem Anos, que envolveu ainda os Países Baixos e os reinos ibéricos. Os enfrentamentos não tiveram uma duração contínua, alternando momentos de trégua e outros de luta aberta.

Na raiz do conflito estava a sucessão dinástica disputada entre os reis da França e da Inglaterra – a qual, desde o século XI, controlava extensas regiões francesas –, cada um lutando para manter sua soberania e influência. O embate terminou com a derrota dos ingleses e contribuiu para a emergência de um sentimento nacional tanto na França como na Inglaterra.

A peste negra

Giovanni Boccaccio (1313-1375), famoso autor florentino, escreveu os contos do *Decamerão* entre 1348 e 1353, no exato momento em que a Europa enfrentava a peste negra. Na ilustração ao lado, feita no século XV, é possível ver doentes sendo enterrados em um cemitério cercado por um ossuário. Esta imagem já não mostra uma cena de pânico, mas um ambiente mais calmo, pois as cidades tinham tido tempo para se adaptar aos "retornos" regulares da peste.

Decameron (século XV), de Bocácio.

Em razão do surgimento de novas armas, como a artilharia, a guerra passou a ser ainda mais mortífera. As populações rurais e urbanas foram intensamente afetadas pelos movimentos bélicos, pois muitos exércitos eram formados por tropas mercenárias que, vivendo da guerra, se entregavam à pilhagem quando eram licenciadas.

As desordens sociais causadas pela fome, pela peste e pelo impacto da guerra provocaram o descontentamento popular. Em 1358, no norte da França, estourou uma série de revoltas, também conhecidas como *jacqueries*. Os camponeses atacaram castelos, causando uma onda de violência que se alastrou pelas cidades. O aumento das taxações para financiar as tropas agravou a situação de crise. Revoltas contra as duras condições de vida das populações depauperadas foram observadas na Inglaterra, em Flandres, na França, em Aragão, na Galícia e no norte de Portugal.

Severamente reprimidos, os levantes do século XIV não apresentaram demandas bem definidas e nem propuseram qualquer tipo de mudança social significativa, mas agravaram a sensação de medo e de insegurança na Europa. A morte parecia onipresente e a sensação de desamparo fez aparecer um gênero artístico que ficou conhecido como "dança

Fonte: DUBY, G. (Org.). *Atlas historique*. L'histoire du monde en 317 cartes. Paris: Larousse, 1987.

macabra", típico desse período. O tema da morte influenciou a religião, as práticas funerárias, a literatura e a arte. As constantes referências à morte procuravam mostrar a fragilidade da existência e a importância da vida eterna.

No início do século XV, passados os períodos mais agudos de crise, as comunidades europeias tenderam à reestruturação.

A crise da Igreja: o grande cisma do Ocidente

Entre os séculos XIV e XV, os papas ampliaram os Estados da Igreja na Itália e aumentaram suas receitas com os rendimentos do conjunto do clero europeu. Essas providências permitiam que a Igreja ficasse menos dependente dos monarcas, que, por sua vez, reagiram – principalmente o rei da França. A partir de 1309, o papado caiu sob a influência dos soberanos franceses, transferindo-se para Avignon, no sul da França.

Em 1378, o recém-eleito papa Urbano VI decidiu ficar em Roma. Uma parte dos cardeais se opôs e elegeu outro pontífice, Clemente VII, que voltou a Avignon. A cristandade ocidental dividiu-se, assim, em partidários de cada um dos papas. O chamado Grande Cisma do Ocidente só foi contornado em um concílio em 1417, que estabeleceu o papado definitivamente em Roma. O poder pontifício saiu enfraquecido do Cisma, particularmente pelo fato de o concílio ter-se proclamado superior à autoridade papal. Com seu poder abalado, os papas foram forçados a recuar diante da consolidação dos Estados monárquicos. Os reis passaram a se comportar como verdadeiros chefes de suas igrejas e a controlá-las com mais rigor.

Iluminura de um manuscrito do italiano Pietro de Crescenzi (1233-1321), *Rustican* ou *Livre des profits champêtres*, o primeiro tratado de agronomia da Idade Média ocidental. Escrito em latim, foi logo traduzido para as principais línguas vulgares. Isso pode ser explicado pelo desejo dos senhores de aumentar seus rendimentos por meio da melhor exploração de suas terras. Essas vinhetas reproduzem os trabalhos dos camponeses de acordo com as estações do ano, em atividades sempre observadas de perto pelo poder senhorial.

A população menor levou, paradoxalmente, à melhor exploração das terras: as menos férteis foram abandonadas e voltaram a ser usadas para a criação de animais. De modo geral, o alimento tornou-se mais diversificado e abundante. Além disso, com a redução da população rural, alguns camponeses conseguiram reunir mais terras e enriquecer.

Ao contrário dos camponeses mais pobres, que continuaram a trabalhar com enxadas, esses lavradores passaram a ter meios de possuir animais e arados para cultivar os campos. Alcançando melhores condições de vida, puderam fazer frente aos senhores, que se viram obrigados a fazer acordos de arrendamento mais vantajosos para os camponeses. No entanto, uma parte importante da população continuou muito pobre, e em várias regiões europeias a servidão voltou a ganhar força.

A sociedade feudal também se modificou. A alta nobreza conseguiu preservar, quando não aumentar, seu patrimônio. A pequena nobreza, por sua vez, empobreceu. O corpo da nobreza chocou-se com a pujança de outros atores: o Estado, os camponeses ricos e os **burgueses**.

Dinamismo urbano e afirmação do Estado

Ao longo do século XV, as cidades retomaram sua expansão demográfica. A diversificação das atividades teve continuidade, e a administração do Estado, centralizada nos núcleos urbanos, tornou-se mais complexa: os notários (responsáveis pela elaboração de documentos públicos), os advogados e os **oficiais** ganharam importância.

Burguês: termo cujo significado literal é "habitante dos burgos". Por influência dos historiadores marxistas, a palavra passou a ser utilizada para designar a classe mais rica dos habitantes das cidades. Assim, ganhou uma conotação socioeconômica que não correspondia à realidade dos segmentos urbanos medievais, que abrangiam comerciantes, proprietários de imóveis, burocratas, artesãos e até nobres que haviam abandonado o campo.

Oficial: detentor de uma função (*officium*) exercida em nome do rei ou de outra autoridade constituída. No início da Idade Média, os oficiais eram os detentores das funções domésticas da corte; depois, à medida que o Estado se fortaleceu, seu número e suas funções foram multiplicados e diversificados.

Expansão, crises e transformações na Baixa Idade Média | Capítulo 9

A camada dos comerciantes e banqueiros consolidou-se e algumas famílias, como os Médici, de Florença, e os Fugger, de Augsburgo, tornaram-se poderosas e acumularam imensas fortunas. A alfabetização e a vida intelectual progrediram e provocaram, antes mesmo da invenção da imprensa, por volta de 1450, o crescimento da produção de livros.

A nobreza continuou a dominar a sociedade e a influenciar as classes citadinas mais ricas com seus valores e normas de comportamento. Inúmeros comerciantes ricos e banqueiros adquiriram senhorios e passaram a se comportar como nobres. O senhorio, enfim, continuou a ser uma estrutura essencial da sociedade.

O Estado monárquico ou principesco também continuou a se consolidar. O pequeno círculo da corte, em torno de um rei, expandiu-se e desdobrou-se em instituições permanentes, como as câmaras de contas, para as finanças públicas, e os Parlamentos, para a aplicação da justiça. Multiplicaram-se as funções, fazendo desabrochar um novo setor dirigente ligado ao Estado, em geral de origem urbana e formado por homens cultos.

Os flagelos da guerra e das revoltas terminaram por contribuir também para o fortalecimento da máquina administrativa dos Estados monárquicos, em razão da necessidade de recolher impostos. O crescimento da burocracia, o apoio da religião e o fortalecimento da figura régia foram fenômenos que aconteceram simultaneamente em algumas regiões da Europa. Com exceção de Portugal, que se tornou independente em 1143 e cujas fronteiras se estabilizaram em 1249, vários Estados definiram suas fronteiras atuais a partir da segunda metade do século XV. Depois de 1450, o Reino da França restaurou seu poder, enquanto o Reino da Inglaterra começou a se estender sobre as ilhas Britânicas. Na Península Ibérica, o casamento de Isabel de Castela (1474-1504) com Fernando de Aragão (1479-1516) reuniu os dois reinos.

Após a tomada de Constantinopla em 1453, quando a Europa oriental caiu nas mãos dos turcos otomanos, a França, a Inglaterra e a Espanha passaram a dominar a Europa ocidental e voltaram-se para as rotas no oceano Atlântico, já então abertas pelo Reino de Portugal. Em 1492, caiu o Reino muçulmano de Granada e os mouros – na defensiva desde 1212, quando foram derrotados na decisiva Batalha de Navas de Tolosa por tropas de Castela, Navarra, Aragão, Portugal e Leão – foram expulsos da península Ibérica. O longo processo de Reconquista espanhola chegou ao fim. No mesmo ano, o pavilhão espanhol tremulou no Novo Mundo.

ORGANIZANDO AS IDEIAS

3. Quais fatores contribuíram para a afirmação do Estado monárquico?

Revisando o capítulo

APROFUNDANDO O CONHECIMENTO

1. Observe as imagens sobre os mercados urbanos medievais nas páginas 119 e 121 e comente o cotidiano da sociedade medieval, considerando os seguintes aspectos.
   a. Construções e planejamento urbano.
   b. Comércio.
   c. Alimentação.
   d. Personagens da cidade medieval.

2. Consulte o mapa **Comércio europeu no século XIII**, da página 122, e responda às questões a seguir.
   a. Quais foram as consequências das ligações terrestres e marítimas entre os dois polos europeus de comércio no século XIII?
   b. Explique a seguinte afirmativa: "Os dois produtos de luxo mais importantes, na Baixa Idade Média, chegavam ao Ocidente cristão passando pelas mãos de intermediários".

CAPÍTULO 10
OUTRAS "IDADES MÉDIAS": ÁFRICA E ÁSIA ENTRE OS SÉCULOS V E XV

Construindo o conhecimento

1. Por que você acha que a periodização "Idade Média" se refere apenas ao continente europeu?
2. Que tipos de sociedade você acha que existiam na África e na Ásia entre os séculos V e XV?

Plano do capítulo

- África
- Os grandes reinos e impérios na África subsaariana
- Ásia
- Os grandes impérios na Ásia

A África e a Ásia, atualmente, representam boa parte da população de nosso planeta. No período amplo abarcado por esse capítulo, entre os séculos V e XV, diversas sociedades se desenvolveram e se transformaram nesse imenso território.

Conforme vimos nos capítulos anteriores, o período que vai do século V ao XV foi convencionalmente chamado de Idade Média, uma denominação relacionada apenas a uma parte do mundo: a Europa.

O que acontecia no resto do planeta durante a mesma época?

Esse capítulo pretende responder a essas questões no que diz respeito ao continente africano e asiático. Veremos o que era específico nas formas de organização dessas sociedades e também o que era semelhante em relação à sociedade medieval. Assim, poderemos entender que o mundo não era feito de territórios isolados, mas de grandes redes em que as trocas – comerciais e culturais – e os contatos transformavam reciprocamente as sociedades. Essas mudanças também ocorreram, em parte, por meio da conquista e da expansão dos grandes reinos e impérios que conheceremos neste capítulo.

Detalhe de uma das lâminas do *Atlas Catalão*, conjunto de mapas manuscritos atribuídos ao cartógrafo judeu Abrahm Cresques (século XIV) e datado aproximadamente de 1375. Na lâmina, vê-se a representação do Norte da África, de predominância árabe. O *Atlas Catalão* oferece uma visão do mundo conhecido em fins do século XIV, centrado no mar Mediterrâneo.

Biblioteca Nacional da França, Paris

Marcos cronológicos

- **438** — Conquista vândala de Cartago.
- **534** — Reconquista justiniana do norte da África.
- **647** — Início da conquista da África pelos árabes.
- **1206** — Unificação das tribos mongóis por Gêngis Khan.
- **1327** — Construção da Mesquita de Djingareyber.
- **1368** — Início do governo da dinastia Ming na China.

África

A África é o segundo maior continente do planeta. Nesse sentido, apresenta uma grande diversidade climática – com paisagens igualmente variadas –, abrigando ao longo dos séculos diferentes povos e culturas. Enquanto a região norte do continente manteve-se plenamente integrada ao mundo mediterrâneo, a África subsaariana (abaixo do deserto do Saara) permaneceu inserida em outros circuitos comerciais em contato com outras sociedades. A partir do século XI, quando o Islã avançou do norte da África em direção ao sul, os contatos entre essas duas regiões se tornaram mais estáveis e frequentes.

Assim, o Saara é uma referência fundamental entre os povos ao norte e aqueles ao sul do continente. O extremo norte do continente possui clima mediterrâneo, onde predominam populações não negras de pastores e agricultores. Na parte noroeste fica o Magreb, que, em árabe, significa "ocidente", onde também predominam populações não negras, com agricultura estável. No deserto do Saara e seus arredores, viviam populações berberes com estilo de vida nômade. A faixa imediatamente ao sul do deserto (conhecida como Sahel) abrigava populações que viviam da agricultura, do pastoreio e do comércio caravaneiro. Na parte ocidental, logo abaixo do Sahel, encontra-se a região chamada de Sudão (ocidental e central), onde floresceram importantes reinos e impérios.

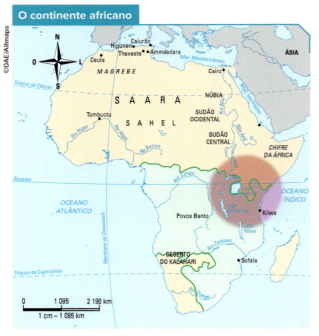

Fonte: EXPLORING Africa. Disponível em: <http://exploringafrica.matrix.msu.edu/module-ten-activity-two-2/>. Acesso em: 20 jan. 2016.

Ainda que o comércio transaariano tenha sido o principal responsável pelos contatos entre africanos ao sul do deserto e a Europa e a Ásia, a efetiva aproximação das culturas ocorreu a partir do século XI, com a expansão do islã para o sul do continente. A difusão do árabe e a produção de uma memória escrita, datando de maneira mais exata épocas e relatando acontecimentos, contribuíram significativamente para a melhor precisão sobre suas histórias. No entanto, apesar de menos conhecida, a região subsaariana abrigou ricas e sofisticadas civilizações, que se desenvolveram numa vasta área e apresentaram modos de vida, organizações sociais, políticas e culturais muito distintas entre si. Por isso, existiram, na verdade, várias "Áfricas" dentro de um mesmo continente, com culturas e dinâmicas muito variadas.

A costa mediterrânea

Até o século V, o norte da África era uma região completamente integrada ao Império Romano. Além disso, as províncias africanas estavam entre as mais ricas do Império e eram muito importantes para a própria unidade mediterrânea: as plantações de grãos e azeite na África abasteciam Roma e Constantinopla. Nesse sentido, alguns historiadores dizem que a conquista do norte da África pelos vândalos foi um dos processos mais importantes para a desagregação do Império Romano.

Os vândalos entraram no território imperial no inverno de 406, cruzando o rio Reno que ainda estava congelado. Da Gália (atual França) eles se dirigiram até a península Ibérica e, em 429, passaram para o norte da África. As principais cidades romanas foram rapidamente conquistadas: em 430, sitiaram a cidade de Hipona; em 435, Constantina; em 438, Cartago. A partir de então, os vândalos se instalaram na parte oeste da África romana, nas ilhas do Mediterrâneo ocidental, como as ilhas Baleares, a Sardenha e a Sicília e, em 455, saquearam Roma.

Sob o domínio dos vândalos, o norte da África permaneceu como uma das regiões mais romanizadas do Ocidente. A riqueza da região não era mais partilhada com o Império, e a aristocracia vândala enriqueceu enormemente. Uma das principais fontes de conflito interno era a religião: ainda que os vândalos fossem cristãos, não eram arianos, mas católicos. Como senhores do norte da África, os vândalos perseguiram os católicos e favoreceram os arianos.

Logo após se tornar imperador no Oriente, Justiniano (527-565) começou seu projeto de reconquista

O patrimônio histórico de Timgad

Timgad, antiga Thamugadi, é uma cidade situada na província de Batna, na Argélia. Foi fundada no ano 100 pelo imperador romano Trajano e tinha função militar. Na época de sua criação, era uma cidade tipicamente romana, com seu fórum e seu teatro. No século V, foi saqueada pelos vândalos e, depois, ocupada pelos bizantinos. Na fotografia, é possível observar construções em ruínas e o Arco de Trajano.

Ruínas romanas de Timgad, Argélia. Foto de outubro de 2014.

do Ocidente. Como os vândalos controlavam uma região muito rica e dominavam também parte do Mediterrâneo, foram seu primeiro alvo. Em 533 as tropas romanas partiram de Constantinopla; no ano seguinte o reino vândalo foi completamente destruído e o domínio imperial sobre o norte da África reestabelecido. Pouco mais de 100 anos depois, em 647, os povos árabes começariam sua conquista nessa mesma região.

A expansão do Islã entre os séculos VII e XI

A partir do século VII, o Islã se expandiu rapidamente. A nova religião alcançou a África, sobretudo a região norte, e alterou bastante as características do continente. A expansão muçulmana não se deu somente pela força: a conversão pregava a aceitação voluntária da nova fé. Mas, à medida que os muçulmanos dominaram politicamente a região, a justiça e os governos passavam a se orientar pelos princípios do Islã. Muitos dos governados, por convencimento real ou por uma série de vantagens concretas, se converteram.

Pouco a pouco, a religião muçulmana tornou-se dominante em todo o norte da África, do Egito ao Marrocos. Foi também esse domínio da costa mediterrânea da África que permitiu aos árabes a conquista da península Ibérica. Do norte do Egito os muçulmanos tentaram ir mais ao sul, mas esbarraram nos exércitos da Núbia **cristã copta**. Derrotados, foram forçados a reconhecer a autonomia desse reino cristão.

No fim do século VII, os muçulmanos haviam ocupado praticamente toda a parte norte do continente africano. As conquistas dos séculos VII e VIII criaram um grande Estado que ia da bacia mediterrânea até o Oriente Médio. Essa unidade rapidamente se fragmentou: a partir do século VIII, o mundo muçulmano dividiu-se em poderes rivais que, frequentemente, emanciparam-se do poder dos califas do Oriente. O poderoso Califado Omíada (cuja capital era Bagdá) perdeu o controle sobre Al-Andalus, na península Ibérica, Magreb, Ifríquia, Tunísia, Argélia e Sicília. Contudo, ainda que formassem califados independentes, a religião islâmica permanecia como o elemento fundamental de união e de identidade cultural.

Cristianismo copta: Dissidência do cristianismo professada pela Igreja Ortodoxa Copta, que, de acordo com a tradição, teria sido estabelecida pelo apóstolo São Marcos no Egito em meados do século I (aproximadamente no ano 60). É uma Igreja cristã que não segue a Igreja ortodoxa nem a Igreja católica.

Universidade de Al-Azhar, no Cairo, Egito. Foto de junho de 2015.

Outras "Idades Médias": África e Ásia entre os séculos V e XV Capítulo 10 129

Embora mais lento e irregular, o surgimento de uma unidade política muçulmana contribuiu para o florescimento de uma nova sociedade, estabelecendo as bases da cultura islâmica nas escolas de ensinamento religioso que se espalharam pelo território. A pregação do Islã realizava-se essencialmente por meio da língua árabe, considerada sagrada, o que também contribuiu para a uniformização das bases culturais da região.

Surgida no século X, a dinastia fatímida conseguira se estender por uma vasta área: estabeleceu-se na Tunísia e conquistou o Egito, unificando mais uma vez a maior parte do norte africano. Os fatímidas eram conhecidos por sua tolerância em relação a outras religiões: judeus e cristãos poderiam exercer suas respectivas crenças por meio do pagamento de uma taxa (o *dhimmi*). No século XI, a dinastia fatímida teve sua autoridade contestada em diferentes partes e também entrou em declínio.

Antes do século XI, a expansão do Islã se limitava ao norte do continente africano, com algumas conversões entre os nômades berberes. Somente a partir do século XI, com a dinastia dos Almorávidas, é que teve início uma série de mudanças e conversões na direção sul, incluindo os povos do deserto e a região no extremo oeste da África ocidental.

Essa expansão fez com que o Islã chegasse não apenas aos povos e às aldeias vizinhas aos Almorávidas, mas também ao Reino de Gana. Num primeiro momento, os soberanos de Gana não se converteram ao Islã, mas abriram as portas do reino aos muçulmanos, que, ligados ao comércio caravaneiro, incluíram o reino numa rede mercantil que atravessava o Saara e chegava não só à Europa, mas ao Oriente Médio e ao Extremo Oriente, nas rotas de longa distância.

Ainda que num primeiro momento o Islã não tenha se difundido de forma profunda, sua expansão no continente africano esteve intimamente ligada ao comércio. Nascida em uma sociedade comercial e pregada por um profeta que fora comerciante, a religião muçulmana apresenta uma série de preceitos ligados às atividades mercantis. Os códigos morais ajudavam a fundamentar e a controlar as relações comerciais, oferecendo aos mais diferentes povos que compunham o continente uma ética que os identificava e lhes garantia segurança e crédito.

De modo geral, os comerciantes tiveram uma rápida adesão ao Islã. Assim, o pertencimento ao mundo muçulmano fortaleceu o comércio e inseriu Gana, assim

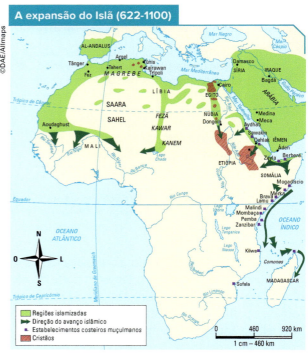

Fonte: FASI, Mohammed El (Ed.). *História Geral da África*, III: África do século VII ao XI. Brasília: UNESCO, 2010. p. 71.

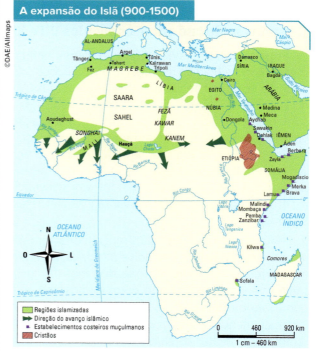

Fonte: FASI, Mohammed El (Ed.). *História Geral da África*, III: África do século VII ao XI. Brasília: UNESCO, 2010. p. 95.

como outros reinos da África ocidental, numa dimensão transcontinental, unindo os mercados africanos às cidades italianas – sobretudo, Gênova e Veneza –, ao Oriente Médio, à Europa oriental, indo até a Índia, China e Japão.

No século XI, com o enfraquecimento do Reino de Gana, outros reinos surgiram nas extremidades do deserto da África ocidental. Ali, desenvolveram-se o Reino de Mali, entre os séculos XIII e XV, e o Reino de Songhai, entre os séculos XV e XVII. Neles, os soberanos se converteram ao Islã e fortaleceram ainda mais as conexões dessa região com as rotas comerciais de longa distância sob controle muçulmano.

Na parte oriental do continente, a expansão muçulmana foi iniciada a partir do século VII, mas foi entre os séculos VIII e IX que alcançou maior força. Os muçulmanos buscavam converter para o islamismo os governantes e agentes comerciais em portos da Índia oriental, Sudeste Asiático e China meridional, conectando as rotas entre a África e o oceano Índico, completando assim um circuito comercial e marítimo. A partir do século XI, o dinamismo comercial das cidades costeiras estreitou também as trocas culturais entre os povos locais e os muçulmanos.

Assim como o comércio de longa distância se fortalecia nas rotas transaarianas a oeste, a leste (na costa oriental) também a expansão muçulmana foi acompanhada pela dinamização da atividade mercantil.

> **ORGANIZANDO AS IDEIAS**
>
> 1. Por que alguns historiadores dizem que a conquista vândala do norte da África foi um processo fundamental para a desagregação da unidade mediterrânea romana?

Os grandes reinos e impérios na África subsaariana

Os reinos que se organizaram na África ocidental (abaixo do deserto do Saara) foram favorecidos pelas melhores condições climáticas, propícias à agricultura e com rios abundantes. Foram constituídos por povos negros e as primeiras ocupações do Sudão parecem estar relacionadas à pressão exercida pelos berberes, provocando a migração das populações para regiões mais amenas. Ali, esses povos encontraram recursos necessários para enfrentar as ameaças vindas dos berberes.

O surgimento e o desenvolvimento de sólidas organizações políticas no Sudão basearam-se na utilização de instrumentos e técnicas que lhes permitiram impor sua lei sobre certas populações do Sahel – uma faixa territorial na fronteira entre o Saara e as áreas mais férteis –, destacando-se dois elementos fundamentais: a utilização do ferro e dos camelos. O ferro foi um importante material para a sofisticação das técnicas de caça e agricultura, além de ser um poderoso instrumento de poderio militar. O camelo, introduzido no continente por volta do século I d.C., tornou-se o principal meio de transporte com a expansão islâmica, por ser um animal resistente, capaz de passar dias sem beber água.

Gana

O Reino de Gana foi uma das primeiras organizações políticas de maior alcance a surgir na região do Sudão ocidental. A data de sua criação é imprecisa, dada a ausência de fontes escritas. Relatos orais, recuperados por memorialistas a partir do advento da escrita árabe, indicam que, por volta do século IV, o reino foi instituído como uma forma de proteção contra a pressão exercida pelos berberes. O Reino de Gana ficou conhecido como "Reino do Ouro": apesar de não possuir o minério em seu território, controlava a rota comercial das regiões produtoras, que ficavam ao sul de seu território. Além do ouro, Gana controlava também o comércio transaariano (através do deserto do Saara) de marfim e sal, que chegava aos outros continentes em caravanas de camelos.

Representação de duelo em manuscrito Fatímida. c. 909-1171.

Outras "Idades Médias": África e Ásia entre os séculos V e XV   Capítulo 10   131

No século XI, o muçulmano Al-Bakri (c. 1014-1094) descreveu algumas especificidades dos reis de Gana. Segundo seus relatos, o rei diferenciava-se dos demais por um ritual de vestuário: ele era o único que podia usar vestimentas costuradas e vestia-se com boné dourado e turbante, colares e braceletes. Além disso, as sessões de julgamento e de consulta ao rei eram controladas por uma rigorosa etiqueta: quando se aproximava, os súditos se lançavam ao chão em sinal de respeito.

Entre os séculos VIII e XI, Gana era um Estado organizado de forma eficaz, intermediando trocas comerciais com os berberes e a África mediterrânea. Gana manteve também o controle do comércio cobrando taxas nas rotas que passavam por seu território e conseguiu evitar que outros povos, como os berberes, pudessem se apoderar de suas fontes de riqueza. Seus reis se mostraram bem tolerantes ao avanço do Islã, com parte dos povos chegando a se converter sem abrir mão de suas próprias tradições religiosas.

Embora as fontes escritas sobre o declínio de Gana sejam escassas, o Estado perdeu sua primazia regional sob a pressão dos Almorávidas, no século XI.

Haussa e Iorubás

No Sudão central, desenvolveram-se importantes cidades-Estados que eram, de fato, reinos reduzidos a uma cidade e seus arredores. Os exemplos mais típicos foram as cidades de etnia haussa e iorubá, constituídas por cortes formadas por funcionários e pelas aristocracias locais. Essas cidades-Estados reconheciam uma cidade-mãe: no caso dos haussa, era Daura; no dos iorubás, era a cidade de Ifé. A principal atividade era o comércio caravaneiro de metais, sal e, posteriormente, povos escravizados.

A data de origem das cidades haussas não é precisa, mas uma lenda tardia conservou um interessante relato sobre a função das principais localidades. No entanto essa descrição não se refere ao momento inicial da criação, mas a um período já com alto grau de desenvolvimento: Kano e Rano ocupavam-se da produção e tintura de tecidos; Katsina e Daura centralizavam o comércio; Gobir deveria defender as outras cidades contra os inimigos; Zazzau (*Zegzeg* ou Zaria) fornecia pessoas escravizadas como mão de obra para as outras cidades.

O surgimento desses Estados centralizados parece estar intimamente ligado ao fortalecimento político de chefes locais. Esses teriam estendido sua autoridade, muitas vezes contestada, sobre as populações locais. A importância das cidades haussas variou conforme a época, mas tiveram papel importante, principalmente depois do século XIV. Durante esse período, os mercadores levaram o Islã às terras haussas e, seguindo para o sul, chegaram até a floresta, onde iam comprar de povos não convertidos o ouro e as preciosas nozes-de-cola.

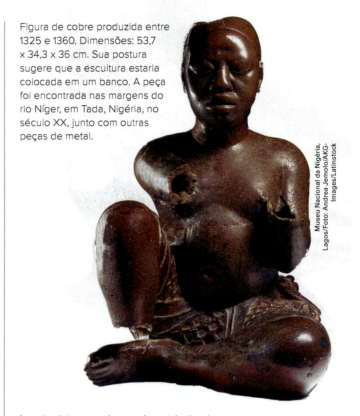

Figura de cobre produzida entre 1325 e 1360. Dimensões: 53,7 x 34,3 x 36 cm. Sua postura sugere que a escultura estaria colocada em um banco. A peça foi encontrada nas margens do rio Níger, em Tada, Nigéria, no século XX, junto com outras peças de metal.

Museu Nacional da Nigéria, Lagos/Foto: Andrea Jemolo/AKG-Images/Latinstock

A origem do chamado "país iorubá" ainda é pouco conhecida e as descobertas arqueológicas centram-se, sobretudo, nas regiões das cidades de Ifé e Oyo. Sabe-se, por exemplo, que Ifé era uma cidade-Estado amuralhada, cercada por terras cultiváveis e protegida por uma densa floresta. Alguns arqueólogos defendem que a expansão de Ifé esteve intimamente ligada ao progressivo processo de estratificação social, bem como ao surgimento de uma realeza sacralizada; outros argumentam que o controle das rotas comerciais que levavam produtos para o norte do continente teria incentivado o fortalecimento econômico das cidades.

Fontes orais e escavações arqueológicas levam a crer que a região de Ifé foi o local de origem dos povos iorubás, sendo o mais antigo centro conhecido. Entre os séculos VII e XI, Ifé exerceu uma grande influência regional. A migração de um ramo dos iorubás em direção ao sul e ao oeste foi importante para o surgimento do Reino de Benim, no século XII.

A cidade de Tombuctu

A cidade de Tombuctu está localizada no Mali e foi fundada no início do século XII, nas proximidades do rio Níger. Sua principal função era ser base para os caravaneiros que negociavam produtos no continente. No século XIV, Tombuctu fazia parte do Império do Mali, que controlava o comércio de ouro e sal da região. Entre os séculos XV e XVI, integrou o Império Songhai e era uma importante localidade para toda a cultura islâmica. A Mesquita de Djingareyber foi construída em 1327 e converteu-se em sede de um famoso centro de aprendizagem. A maior parte da mesquita foi feita de materiais orgânicos, como palha e madeira.

Mesquita de Djingareyber, em Timbuktu, Mali. Foto de junho de 2015.

Os povos iorubás e os do Reino do Benim tiveram um notável desenvolvimento artístico, que pode ser mais bem conhecido atualmente por meio dos estudos arqueológicos. Os trabalhos feitos em bronze, terracota, ferro e madeira serviam a comemorações de natureza política e religiosa.

Mali

Além de serem conhecidos como destino de rotas comerciais, os reinos do Sudão ocidental englobavam, em suas fronteiras, povos de agricultores e mineradores, cujas riquezas eram controladas por reis e nobres. Esses homens e mulheres inventaram instrumentos, elaboraram tecnologias e sistemas de trabalho que contribuíram para o desenvolvimento da mineração e da produção agrícola, não só em suas regiões, mas também quando algumas pessoas desse reino foram escravizadas e trazidas por meio do tráfico negreiro para as Américas.

A prosperidade do governo dos *Mansa* (palavra que queria dizer 'rei' no Mali) atraiu mercadores, professores e profissionais de diferentes áreas para seu reino. Em Tombuctu, uma das mais famosas cidades da região do Sudão ocidental, entre as mercadorias mais valorizadas estavam os livros, tamanha a concentração de sábios e estudiosos.

Dinastia almorávida

No século XI, uma dinastia berbere do atual Marrocos fundou um Império que alterou completamente o panorama das sociedades africanas. A dinastia almorávida originou-se de um movimento religioso entre berberes criadores de camelos. Seu fundador foi o asceta marroquino Ibn Yasin, que foi considerado santo após sua morte (em 1059). Os almorávidas tinham uma interpretação rigorosa do Corão e, por meio da conquista militar, dominaram grandes extensões a oeste do mundo muçulmano de então. No momento de sua maior extensão, entre os séculos XI e XII, o Império Almorávida dominava as regiões das atuais Mauritânia, Saara ocidental, Marrocos e a parte sul da península Ibérica.

Fonte: O'BRIEN, Patrick (ed.). *Philip's Atlas of World History*: concise edition, 2. ed., Londres: Philip's, 2005. p. 88.

O desejo de uma vivência mais ortodoxa da religião muçulmana desempenhou um papel decisivo no surgimento do Estado almorávida, que se expandiu numa região com níveis muito variados de islamização. Na península Ibérica, os Almorávidas valeram-se da fragmentação da dinastia dos Omíadas (no século XI) e invadiram o Califado de Córdoba. Em 1085, os Almorávidas perderam para os cristãos a cidade espanhola de Toledo e, no ano seguinte, impuseram uma derrota ao rei espanhol Afonso VI, em Al-Zallaka (Sagrajas), nas proximidades de Badajoz. Os Almorávidas permaneceram na península Ibérica até o século XII, quando perderam o controle desses territórios e de parte do Magreb para os Almóadas, que dominaram a região até o século XIII. Na região do Sudão, o Reino de Gana foi muito enfraquecido pela expansão do Império Almorávida, mas recuperou sua autonomia no século XII. No entanto, jamais conseguiu restaurar o dinamismo vivido no passado.

No século XIII, com o progressivo avanço do islã, surgiu no Sudão um Estado conhecido como Império Mali, que se estendeu ao norte e conseguiu controlar o comércio de importantes cidades, como Walata, Tombuctu e Gao, fortalecendo as redes muçulmanas de negócio. Relatos de viajantes que passaram pela região no século XIV atestam o grande zelo religioso dos malineses e o clima de segurança em que vivia o reino nessa época. Essa tranquilidade possibilitou a expansão das redes comerciais, trazendo riqueza e favorecendo a sedimentação da vida religiosa e intelectual. No século XV, lutas pela sucessão do trono e o surgimento de novos Estados na região contribuíram para o fim do Império do Mali.

Congo

Entre a região do golfo do Benim e a foz do rio Zaire, também conhecido como rio Congo, floresceram importantes civilizações que partilhavam uma origem linguística comum: o banto. A partir do século XII, a maior parte dessas populações desenvolveu um estilo de vida baseado na agricultura de cereais e na utilização do ferro.

Os aumentos demográficos e comerciais promoveram a organização das primeiras linhagens patrilineares, embora, em alguns casos, houvesse aldeias organizadas em linhagens matrilineares. À medida que essas linhagens se estabilizaram, a autoridade de certos chefes tornou-se capaz de se impor sobre outros, definindo territórios de influência e estruturando um Estado.

As moedas de conchas

O comércio de certas regiões do continente africano era realizado com o uso de conchas, empregadas como moedas locais. Na verdade, essa não é uma característica específica da África: diversas sociedades, ao longo da história, utilizaram conchas e outros objetos encontrados na natureza como moeda. Os *nzimbu*, por exemplo, foram usados até o século XIX para o pagamento de africanos escravizados no tráfico europeu.

A organização e a expansão dos governos centralizados também provocaram guerras, em que prisioneiros capturados eram escravizados na agricultura e nos trabalhos domésticos. De um modo geral, os agricultores tinham práticas religiosas comuns, como os rituais de fecundidade, o culto aos espíritos locais e aos ancestrais, a crença em adivinhos e curandeiros.

Antes do século XV, o reino mais conhecido dessa região era o do Congo, que governava um extenso território ao sul do rio Zaire, também conhecido como rio Congo. O rei tinha grande autoridade, mas era auxiliado por dignitários de famílias da aristocracia local. Apenas o poder era sagrado, mas não a pessoa do rei. De todo modo, uma vez investido do poder, havia a rigorosa etiqueta que o destacava, além da indumentária específica: o chapéu, o tambor, o bracelete de cobre ou marfim, a bolsa dos impostos.

Cabia aos governadores, muitas vezes parentes próximos do rei, o recolhimento de impostos e tributos, pagos em moeda – como era o caso do *nzimbu* (conchas) e dos quadrados de ráfia –, ou em víveres e gêneros da terra, como sorgo, vinho de palma, frutas, gado, marfim, peles de animais etc.

A capital do Reino do Congo localizava-se no interior do território e se chamava Banza. Era uma cidade bem construída, cercada por muralhas e um grande centro comercial que controlava as principais rotas que vinham do interior e do litoral. De Luanda vinham os *nzimbu*; de outras regiões vinham sal, peixes, cerâmicas, cestos, ráfia, cobre.

A sociedade era basicamente dividida em três segmentos: a aristocracia, a população livre e a escravizada. A aristocracia formava uma casta e não podia se casar com plebeus. Nos segmentos livres, os casamentos serviam como instrumentos de aliança.

Viajantes na África

A expansão do islã na África ampliou as conexões entre vastas áreas do mundo e estimulou uma série de práticas culturais. Foram os historiadores, geógrafos e viajantes do mundo islâmico que produziram as primeiras fontes escritas sobre os reinos do Sudão ocidental, por exemplo. Além disso, a maior parte desses estudiosos muçulmanos divulgou, fora da África, informações sobre o movimento das rotas de longa distância e a vida nas cidades e aldeias africanas ao sul do Saara.

Entre esses viajantes, os mais conhecidos são Al-Masudi, nascido em Bagdá, no século X; Al-Idrisi, nascido em Ceuta, no século XI; Ibn Battuta, nascido no Marrocos, no século XIV; e Ibn Khaldoum, nascido em Túnis, no mesmo século. Ibn Battuta (1304-1377) foi um dos principais viajantes de sua época: percorreu diversas regiões dos continentes africano e asiático e narrou suas experiências num precioso relato.

Imagem extraída da obra *Civitates Orbis Terrarum*, 1572 (edição de 1593), de Georg Braun e Frans Hogenberg. Coleção particular

Forte de Quíloa, cidade por onde Ibn Battuta passou no século XV.

O comércio de pessoas escravizadas

Ao longo da história da humanidade, diversas civilizações se utilizaram do trabalho de pessoas escravizadas. A sociedade grega, durante seu apogeu na Antiguidade, vivia à custa do trabalho de escravizados. Os eslavos também foram escravizados ao longo de boa parte da Idade Média europeia. No Ocidente latino, a escravidão tendeu a se tornar mais rara quando o feudalismo estabeleceu novas relações de trabalho – como a servidão –, mas jamais desapareceu por completo.

Na Antiguidade e na Idade Média, uma pessoa poderia ser escravizada por diferentes motivos: por não ser capaz de pagar dívidas, porque foi condenada à morte e trocou sua pena pela escravidão e, sobretudo, porque foi capturada como prisioneira em uma guerra. A partir de então, o indivíduo assumia o estatuto de escravizado. Em diversas sociedades existia a chamada "escravidão-mercadoria", na qual o escravizado poderia ser vendido como uma mercadoria pelos mercadores.

Entre os séculos IV e XV, de um modo geral, a escravidão foi uma condição comum entre as sociedades europeias, africanas e asiáticas, sobretudo as que se organizaram em Estados. Os reinos que se expandiam geralmente escravizavam outros grupos por meio da dominação das regiões conquistadas. Quando os guerreiros retornavam vitoriosos de uma batalha, parte do butim de guerra incluía populações que se tornavam escravizadas. Na África, os escravizados geralmente eram comercializados ao longo das rotas do Saara e trocados por produtos essenciais aos africanos.

Escravizados eram extremamente importantes como parte da economia, sendo utilizados no transporte de materiais, nos trabalhos domésticos e, sobretudo, na agricultura. Escravizados com alguma aptidão valiam mais. Existia uma hierarquia dentro da escravidão.

Geralmente, as caravanas que atravessavam o continente vinham com ouro em pó, marfim, sal, noz-de-cola, animais e escravizados que auxiliavam no transporte. Quando chegavam ao seu destino, os escravizados eram também vendidos e os comerciantes regressavam para organizar mais uma viagem.

Grandes impérios tinham um elevado número de escravizados: estima-se que durante o apogeu do Império Fatímida, no século X, a corte tinha cerca de 30 mil deles. O Império Abássida e o Império Otomano, por exemplo, utilizavam-se do trabalho escravo dos chamados mamelucos, brancos de origem turca e circassiana que eram capturados na Ásia central e vendidos no Egito por mercadores europeus.

A escravidão-mercadoria era, portanto, uma realidade comum na Europa, África e Ásia do período. Assim, a maior parte dos escravizados era capturada em combate e vendida em outras regiões, mas normalmente era utilizada como escravizados domésticos e realizava atividades específicas.

> **ORGANIZANDO AS IDEIAS**
>
> 2. Qual é a relação entre o comércio e a formação dos Estados e impérios da África subsaariana?
> 3. Por que a existência da escravidão dentro da própria África não era uma situação excepcional no contexto global dos séculos IV e XV?

Ásia

A Ásia é maior continente do planeta, com quase 45 milhões de km², e abrigou sociedades milenares no decorrer de sua história. Algumas de suas regiões eram conhecidas de longa data dos europeus, mas havia as que estavam inseridas em outras redes de contatos. A diversidade da região esteve diretamente vinculada à diversidade de culturas que se desenvolveram ali.

Na Mesopotâmia e no vale do Indo surgiram algumas das mais antigas civilizações conhecidas. Entre os séculos IV e XV, essa região abrigava povos que, apesar de apresentar elementos em comum, se desenvolveram de forma independente. Viviam da agricultura, do pastoreio e do comércio, mas desenvolveram sistemas específicos de escrita e organização social. No século VII, com o nascimento e a expansão do Islã, boa parte dessa região esteve sob o domínio dos califas ou se manteve em íntimo contato com o mundo muçulmano. A partir do século XIII, o avanço dos mongóis rumo ao Ocidente favoreceu o convívio pacífico de diferentes tradições religiosas que cruzavam o eixo sul da Rota da Seda. Assim, o judaísmo, o cristianismo e o islamismo aprofundaram os contatos com culturas hinduístas e budistas.

O contato com as populações ao norte da Mesopotâmia e do vale do rio Indo era bastante dificulta-

A Rota da Seda

A chamada "Rota da Seda" era, na verdade, constituída de muitas rotas que interligavam, por mar e terra, sobretudo, a parte sul do continente asiático aos continentes europeu e africano. Originada na Antiguidade, a Rota da Seda foi fundamental para as trocas culturais e materiais que se estabeleceram entre os três continentes ao longo dos séculos IV e XV. Sobretudo a partir do século XI, com o avanço do Islã para o sul do deserto do Saara, produtos da África subsaariana chegavam até o Japão por meio de caravanas, graças a essa grande rede estabelecida, havia séculos, na Ásia.

Antes da descoberta do caminho marítimo para a Ásia, em 1498, a Rota da Seda era a mais importante ligação entre o Oriente e o Ocidente, favorecendo a riqueza de muitos impérios e cidades. Apesar de o nome sugerir que a seda era o único ou o mais importante produto negociado, as rotas comercializavam muitos outros itens, como ouro, marfim, pimenta, gengibre, canela, animais, plantas, tapetes, armas. Os contatos entre Oriente e Ocidente possibilitaram também a troca de textos, o aprendizado de outras línguas e culturas.

do por uma vasta rede de cordilheiras e de desertos – a região do Cáucaso, a cordilheira do Himalaia, o deserto de Karakum e o deserto de Gobi. Assim, nas estepes centrais da Ásia, predominavam povos de culturas bem distintas, compostos por tribos nômades que utilizavam o cavalo como principal meio de transporte. No extremo norte do continente, as baixas temperaturas e a dificuldade de se estabelecer uma agricultura regular favoreceram a pequena densidade demográfica.

Na parte oriental do continente, floresceram importantes dinastias desde a Antiguidade. A cultura chinesa e a japonesa possuíam sistemas de escrita próprios.

A QUÍMICA DAS ESPECIARIAS

Entre as mercadorias comercializadas na Rota da Seda, destacavam-se as especiarias, produtos de origem vegetal caracterizados por seu aroma e sabor acentuados. As mais procuradas eram a pimenta-do-reino, a canela, o cravo e a noz-moscada, que, por serem nativas das florestas tropicais asiáticas, não podiam ser produzidas na Europa. Além de temperar e conservar alimentos, eram utilizadas como remédios. Um texto francês de 1256 afirma que a canela tem a capacidade de reforçar a virtude do fígado e do estômago, e que os cravos-da-índia eliminam a **ventosidade** e os maus **humores** engendrados pelo frio". Mas que características químicas explicam tão variados usos?

As propriedades da pimenta-do-reino estão associadas à Piperina, um alcaloide (substância orgânica de características básicas que contém nitrogênio em sua estrutura) responsável por seu sabor picante. No estômago, aumenta a secreção de sucos gástricos, melhorando a digestão. No intestino, estimula as enzimas digestivas e neutraliza bactérias e parasitas, mas sem atacar as bactérias boas da flora intestinal.

O cravo-da-índia, usado para tonificar os rins, aplacar a dor de dente e combater bactérias, fungos e parasitas, é rico em eugenol, um fenol (substância caracterizada pela presença do grupo hidroxila: OH–). A canela, usada para melhorar a digestão e combater a fraqueza e o desânimo, é rica em ácido cinâmico, um aldeído (caracterizado pela presença do grupo formila: HC=O). Já a noz-moscada, usada como anti-inflamatório, tônico cerebral e cardíaco, bactericida e antifúngico, é rica em miristicina, um ácido carboxílico (caracterizado pela presença do grupo carboxila: COOH).

As especiarias formavam uma verdadeira farmácia natural na Idade Média, o que explica o grande valor desses produtos. Contudo, as substâncias químicas responsáveis por sua ação terapêutica só foram descobertas e **sintetizadas** nos séculos XIX e XX.

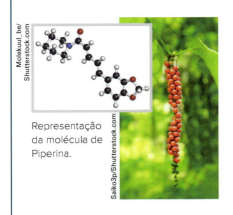

Representação da molécula de Piperina.

Representação da molécula de eugenol.

Representação da molécula de aldeído cinâmico.

Ventosidade: gases.
Humores: na Idade Média, eram chamados de humores os líquidos secretados pelo corpo (sangue, bile amarela, fleuma e bile negra), os quais seriam responsáveis pelas condições físicas e mentais do indivíduo.
Sintetizar: produzir uma substância em laboratório.

Outras "Idades Médias": África e Ásia entre os séculos V e XV   Capítulo 10

No Extremo Oriente, os japoneses se desenvolveram com o apoio de uma classe de guerreiros – os samurais – e das aristocracias locais, conseguindo resistir ao avanço do poderoso Império Mongol no século XIII. No século seguinte, os chineses que haviam caído sob o domínio mongol se organizaram sob uma dinastia independente. O governo dos Ming, instaurado em 1368, ficou no poder até o século XVII.

> **ORGANIZANDO AS IDEIAS**
>
> 4. Qual era a importância e quais os produtos comercializados na Rota da Seda?

Os grandes impérios na Ásia

Os mongóis

Os mongóis eram povos politeístas, vindos da Ásia central, que se utilizavam de cavalos e eram conhecedores do arco e flecha. Em 1213, os mongóis invadiram a capital do Império Chinês, Pequim (Beijing), representando uma importante vitória. Anos antes, Gêngis Khan era o líder de um exército nômade como tantos outros (as principais famílias foram unificadas sob seu governo em 1206), mas a partir da tomada do Império Chinês, os mongóis dominaram a tecnologia de importantes armas de guerra, como catapultas e aríetes. Rapidamente, o líder mongol conquistou uma enorme região que ia da China, passando por grandes territórios da Ásia central e chegava até a Pérsia.

Na parte oeste, em 1240, os mongóis tomaram Kiev, a maior cidade da Rússia, e lá permaneceriam até fins do século XV. No fim do século XIII, o Império Mongol foi dividido em quatro **canatos**: a Horda de Ouro, no noroeste; o Ilkhanato, na Pérsia; o Canato de Djaghatai (ou Horda Branca), na Ásia central; e a dinastia Yuan, que compreendia territórios da China, Mongólia, Coreia, sul da Sibéria e cuja sede ficava em Pequim (Beijing). Em 1304, os três primeiros canatos aceitaram a autoridade nominal da dinastia Yuan (1279-1368), fundada pelo neto de Gêngis Khan.

A partir de então, a unificação e a estabilização do Império Mongol propiciaram maior segurança nas rotas comerciais asiáticas, provocando um relativo decréscimo nos preços dos produtos. Esse período de paz, entre os séculos XIII e XIV, ficou conhecido como Pax Mongólica e favoreceu o comércio com o Ocidente, sobretudo Constantinopla, no Império Bizantino, e as cidades italianas de Gênova e Veneza. Durante essa época foram realizadas importantes viagens entre Oriente e Ocidente, que produziram importantes relatos: o monge de origem mongol Rabban Bar Sauma (c. 1220-1294) saiu de Beijing, na China, e foi até a região da Gasconha, na França; por sua vez, o missionário franciscano Guilherme de Rubruck (c. 1220-c. 1293), nascido em Flandres, foi até a Ásia com a missão de converter os tártaros; o missionário italiano João de Montecorvino (1247-1328) foi até a China; o veneziano Marco Polo (1254-1324) viajou pela Rota da Seda e relatou suas impressões em uma obra de grande sucesso editorial.

No século XIV, disputas pelo trono provocaram a divisão e o fim do Império Mongol, contribuindo também para o declínio do comércio da Rota da Seda. O Império Otomano controlou a extremidade ocidental das rotas, principalmente após 1453, com a queda de Constantinopla. Na parte oriental, os chineses haviam conseguido derrubar a dinastia Yuan em 1368, instaurando a dinastia Ming. O declínio do Império Mongol dificultou o acesso do Ocidente aos produtos asiáticos, agravando ainda mais a crise que assolou a Europa no início do século XIV.

> **Canato:** ente político governado por um *khan*, ou seja, um líder tribal ou senhor de um território.

O Império Mongol foi um dos maiores impérios de toda a história e reuniu povos e culturas completamente diferentes entre si. Em 1227, quando Gêngis Khan morreu, a área governada pelos mongóis era praticamente o dobro da que foi ocupada pelo Império Romano em sua máxima extensão.

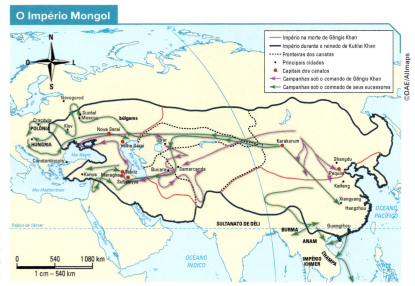

Fonte: O'BRIEN, Patrick (ed.). *Philip's Atlas of World History*: concise edition, 2. ed., Londres: Philip's, 2005. p. 98.

Os chineses

Conforme vimos, entre 1271 e 1368, a China foi governada pelos mongóis. A chamada dinastia Yuan foi fundada por Kublai Khan, o neto de Gêngis Khan, e constituiu a primeira dinastia estrangeira a governar a China. Contudo, é importante notar que esse domínio estrangeiro foi capaz de se integrar plenamente à política chinesa, inserindo-se também como uma dinastia tradicional e detentora do "mandato do céu" – o direito divino de governar. Assim, o período dessa dinastia foi marcado por um delicado acordo e integração entre os interesses do domínio mongol na China e as necessidades do próprio governo chinês.

Esse acordo encontrou seu fim por uma série de motivos, entre os quais se incluem: uma forma institucional de discriminação étnica contra os Han (que constituem a maior parte da população chinesa) – estabelecida pela dinastia Yuan –, os altos impostos recolhidos pelo governo central e os desastres naturais, como a inundação do rio Amarelo. Estes foram os principais fatores que levaram ao enfraquecimento da dinastia Yuan, que se mostrou incapaz de resistir a uma série de revoltas a partir de 1351.

Com o fim da dinastia Yuan, um dos grupos revoltosos conseguiu estabelecer uma nova dinastia: Ming, que reinou de 1368 até o século XVII. O primeiro imperador – Hongwu – determinou a reconstrução da infraestrutura e suntuária (palácios e salões de governo). Além disso, durante essa dinastia, percebe-se uma transformação do estatuto da classe dos mercadores, com esta se tornando cada vez mais importante.

Nesse sentido, a dinastia Ming destacou-se pela ampliação do exército e pelo desenvolvimento de uma sofisticada frota marítima. No início do século XV, quando os europeus começavam a se recuperar das graves crises econômicas e sociais que assolaram o continente, os chineses realizavam viagens marítimas, dominando a tecnologia de embarcações de longa distância.

As viagens do tesouro

Entre 1405 e 1433, a dinastia Ming organizou sete expedições marítimas chamadas viagens do tesouro com diversos objetivos: mostrar o poder e a riqueza do Império Chinês ao mundo conhecido, expandir a autoridade política da China, criar novas relações comerciais e melhorar o conhecimento geográfico chinês das regiões vizinhas.

As expedições foram lideradas pelo almirante Zheng He, que estava à frente de uma frota imensa e altamente militarizada. Os barcos utilizados, conhecidos como *baochuans*, ou "navios do tesouro", tinham impressionantes dimensões: cerca de 120 metros de comprimento por 50 metros de largura. Para termos uma ideia, o barco Santa Maria, que estava na frota de Cristóvão Colombo quando chegou à América, tinha 26 metros de comprimento.

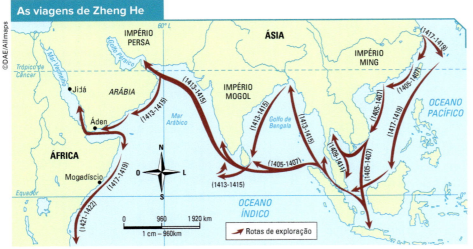

Fonte: FERNÁNDEZ-ARMESTO, Felipe. *Os Desbravadores: uma história mundial da exploração da Terra*. São Paulo: Companhia das Letras, 2009. p. 141.

ORGANIZANDO AS IDEIAS

5. Explique o que significou a *Pax Mongolica* e mencione uma de suas consequências.

Revisando o capítulo

APROFUNDANDO O CONHECIMENTO

1. Leia o texto abaixo sobre a expansão do islamismo na África para responder às questões.

> O êxito do islã na África Negra, que foi na expressão de Monteil um "islã negro" a descansar sobre uma estrutura animista, deveu-se, se recorrermos a este orientalista e africanista, a três fatores. Em primeiro lugar, a conversão não requeria a longa iniciação do cristianismo, bastando, poderíamos dizer, saber a *chaada*: "Deus é meu Deus e Maomé o meu profeta". Em segundo lugar, graças a certa semelhança com algumas instituições locais (a organização comunitária, a poligamia etc.), o islã africanizou-se rapidamente e o *marabout* substituiu, sem grandes mutações, o feiticeiro, não trazendo assim ruptura com os costumes negro-africanos; por outra parte, a visão de alguns expoentes da arquitetura religiosa, como as mesquitas de Bobo-Dioulasso (República Voltaica) ou de Djenné (Mali) bastaria para dar uma ideia sumária desta adaptação. E em terceiro lugar, não seria nada arriscado atribuir também o auge da religião islâmica ao sentimento de fraternidade muçulmana e à ausência de discriminação racial nos princípios e práticas religiosas, o que não impediu a triste empresa comercial do tráfico de escravos, cuja recordação está patente na tradição de muitos povos negros africanos [...].
>
> BELTRAN, Luís. O Islã, a cultura e a língua árabes na África Negra. *Revista Afro-Ásia*, n. 8, p. 41-49, 1969. p. 43. Disponível em: <www.afroasia.ufba.br/pdf/afroasia>_n8_9_p41.pdf>. Acesso em: 16 nov. 2015.

a. De acordo com o que você estudou neste capítulo, o que seria a África Negra citada nesse texto?

b. Que contradição o autor aponta em relação à fraternidade muçulmana?

c. Conforme você estudou neste capítulo, responda: de que forma o islã penetrou na África? Cite duas consequências dessa expansão.

2. O texto a seguir foi escrito pelo viajante e geógrafo muçulmano Al-Bakri, que viveu no século XI e escreveu um importante livro sobre o continente africano no período, chamado *Descrição da África*. Leia-o com atenção para responder às questões.

> O rei adorna a si mesmo como se fosse uma mulher, usando colares ao redor do pescoço e braceletes em seus antebraços. Quando se senta diante do povo, fica sobre uma elevação decorada com ouro e se veste com um turbante de pano fino. A corte de apelação fica em um pavilhão abobadado, com dez cavalos estacionados e cobertos com um tecido bordado com ouro. Atrás do rei ficam dez pajens segurando escudos e espadas, ambas decoradas com ouro. À sua direita ficam os filhos dos vassalos do país do rei, vestindo esplêndidas roupas e com os cabelos trançados com ouro. O governador da cidade senta-se na terra diante do rei e os ministros ficam do mesmo modo, sentados ao redor. Na porta do pavilhão estão cães de excelente *pedigree* e que dificilmente saem do lugar de onde o rei está, pois estão ali para protegê-lo. Os cães usam ao redor de seus pescoços colares de ouro e de prata cheios de sinos com o mesmo metal. A audiência é anunciada pela batida em um longo cilindro oco que se chama daba. Quando os povos que professam a mesma religião se aproximam do rei, caem de joelhos e polvilham suas cabeças com pó, uma forma de mostrar respeito por ele. Quanto aos muçulmanos, eles cumprimentam-no somente batendo suas mãos. [...]
>
> Ao redor da cidade do rei há choupanas abobadadas e bosques onde vivem os feiticeiros, homens encarregados de seus cultos religiosos. Ali se encontram também os ídolos e os túmulos dos reis. Estes bosques são guardados: ninguém pode entrar ou descobrir seus recipientes. As prisões dos vivos também estão ali, e se alguém é aprisionado lá, nunca mais se ouve falar dele. Quando o rei morre, constroem uma enorme abóbada de madeira no lugar do enterro. Então trazem-no em uma cama levemente coberta e colocam-no dentro da abóbada. A seu lado colocam seus ornamentos, suas armas, e os recipientes que ele usava para comer e beber. A serpente é a guardiã do Estado e vive em uma caverna que lhe é devotada. Quando o rei morre, seus possíveis sucessores se reúnem em uma assembleia, e a serpente é trazida para picar um deles com seu focinho. Essa pessoa é então chamada para ser o novo rei.
>
> Al-Bakri [século XI]. In: COSTA, Ricardo da. A expansão árabe na África e os impérios negros de Gana, Mali e Songai (séculos VII-XVI). Disponível em: <www.casadasafricas.org.br/wp/wp-content/uploads/2011/09/A-expansao-arabe-na-Africa-e-os-Imperios-negros-de-Gana-Mali-e-Songai-secs.-VII-XVI-Segunda-Parte.pdf>. Acesso em: 16 nov. 2015.

a. De que forma o poder do rei de Gana é evidenciado no texto de Al-Bakri? Cite trechos do texto para justificar sua resposta.

b. Com base no segundo parágrafo, o que podemos dizer sobre as práticas religiosas no Reino de Gana?

c. É possível dizer, por meio desse trecho, que as práticas religiosas tradicionais de Gana foram totalmente eliminadas com a difusão do Islã no reino? Explique.

Conecte-se

1. O texto a seguir, escrito pelo historiador Hilário Franco Jr., trata de diversas inovações desenvolvidas ao longo da Idade Média. Leia-o com atenção para responder às questões.

Pensemos num dia comum de uma pessoa comum. Tudo começa com algumas invenções medievais: ela põe sua roupa de baixo (que os romanos conheciam mas não usavam), veste calças compridas (antes, gregos e romanos usavam túnica, peça inteiriça, longa, que cobria todo o corpo), passa um cinto fechado com fivela (antes ele era amarrado). A seguir, põe uma camisa e faz um gesto simples, automático, tocando pequenos objetos que também relembram a Idade Média, quando foram inventados, por volta de 1204: os botões. Então ela põe os óculos (criados em torno de 1285, provavelmente na Itália) e vai verificar sua aparência num espelho de vidro (concepção do século XIII). Por fim, antes de sair olha para fora através da janela de vidro (outra invenção medieval, de fins do século XIV) para ver como está o tempo.

Ao chegar na escola ou no trabalho, ela consulta um calendário e verifica quando será, digamos, a Páscoa este ano: 23 de março de 2008. Assim fazendo, ela pratica sem perceber alguns ensinamentos medievais. Foi um monge do século VI que estabeleceu o sistema de contar os anos a partir do nascimento de Cristo. Essa data (25 de dezembro) e o dia de Páscoa (variável) também foram estabelecidos pelos homens da Idade Média. Mais ainda, ao escrever aquela data – 23/3/2008 –, usamos os chamados algarismos arábicos, inventados na Índia e levados pelos árabes para a Europa, onde foram aperfeiçoados e difundidos desde o começo do século XIII. O uso desses algarismos permitiu progressos tanto nos cálculos cotidianos quanto na matemática, por serem bem mais flexíveis que os algarismos romanos anteriormente utilizados. [...]

Para começar a trabalhar, a pessoa possivelmente abrirá um livro para procurar alguma informação, e assim homenageará de novo a Idade Média, época em que surgiu a ideia de substituir o incômodo rolo no qual os romanos escreviam. Com este, quando se queria localizar certa passagem do texto, era preciso desenrolar metros de folhas coladas umas nas outras. Além disso, o rolo desperdiçava material e espaço, pois nele se escrevia apenas de um lado das folhas. [...] Tendo encontrado o que queria, a pessoa talvez pegue uma folha em branco para anotar e, outra vez, faz isso graças aos medievais. Deles recebemos o papel, inventado anteriormente na China, mas popularizado na Europa a partir do século XII. Mesmo ao passar suas ideias para o computador, a pessoa não abandona a herança medieval. O formato das letras que ali aparecem, assim como em jornais, revistas, livros e na nossa caligrafia, foi criado por monges da época de Carlos Magno.

Sentindo fome, a pessoa levanta os olhos e consulta o relógio na parede da sala, imitando gesto inaugurado pelos medievais. Foram eles que criaram, em fins do século XIII, um mecanismo para medir o passar do tempo, independentemente da época do ano e das condições climáticas. Sendo hora do almoço, a pessoa vai para casa ou para o restaurante e senta-se à mesa. Eis aí outra novidade medieval! Na Antiguidade, as pessoas comiam recostadas numa espécie de sofá, apoiadas sobre o antebraço. Da mesma forma que os medievais, pegamos os alimentos com colher (criada aproximadamente em 1285) e garfo (século XI, de uso difundido no XIV). [...]

FRANCO JR., Hilário. Ecos do passado. *Revista de História da Biblioteca Nacional*, 2 jun. 2008. Disponível em: <www.revistadehistoria.com.br/secao/educacao/ecos-do-passado>. Acesso em: 10 nov. 2015.

ATIVIDADES

1. Segundo o historiador Hilário Franco Jr., de que forma a Idade Média está presente nas nossas vidas? Cite exemplos do texto para justificar sua resposta.
2. Que outros exemplos, além dos apontados no texto, você pode citar? Troque ideias com os colegas sobre o assunto.
3. O termo "Idade das Trevas" foi utilizado pelos renascentistas para designar o período entre a Antiguidade clássica e o Renascimento, considerado por eles como uma época de obscuridade, fervor religioso e ignorância. Com base no que você estudou sobre a Idade Média e considerando o texto de Hilário Franco Jr., explique por que o termo "Idade das Trevas", usado para caracterizar o período medieval, é equivocado.

UNIDADE 4

A CHEGADA DOS "TEMPOS MODERNOS"

Entre os séculos XV e XVII, a Europa sofreu mudanças radicais. O continente unido pela fé e fragmentado em termos políticos tornou-se uma região dominada por poucos Estados consolidados e dividida entre várias religiões. De uma área periférica que se ligava à África e à Ásia por rotas tradicionais dominadas por outras civilizações, passou para uma civilização em expansão, que entrou em contato com um continente que antes desconhecia e criou rotas comerciais marítimas que estimularam sua economia. Iniciava-se, assim, a construção de ligações globais que viriam a transformar o mundo.

O destino da Europa passou a estar intimamente ligado às suas relações com os demais continentes – e os conflitos não demoraram a surgir.

Torre de Belém, em Lisboa, Portugal. Foto de novembro de 2015. Construída em 1520, tornou-se um símbolo da Idade de Ouro da expansão portuguesa.

Plano de unidade

▶ **Capítulo 11**
Uma nova visão do ser humano

▶ **Capítulo 12**
A abertura do mundo (séculos XV e XVI)

▶ **Capítulo 13**
O tempo das reformas religiosas

▶ **Capítulo 14**
O fortalecimento dos Estados monárquicos

CAPÍTULO 11
UMA NOVA VISÃO DO SER HUMANO

Construindo o conhecimento

- Para você, o que significam as palavras "Renascimento" e "Humanismo"?
- Pensando nas formas de expressão com as quais você esteja mais familiarizado, qual é, em sua concepção, a relação entre a arte e a sociedade na qual ela é produzida?

Plano de capítulo

▶ Um novo olhar sobre o mundo: a difusão das ideias humanistas
▶ As inovações culturais: o Renascimento nas Artes e nas Letras
▶ O progresso das Ciências

"Que obra de arte é o homem: tão nobre no raciocínio; tão vário na capacidade; em forma e movimento, tão preciso e admirável; na ação, é como um anjo; no entendimento, é como um Deus; a beleza do mundo, o exemplo dos animais."

A citação de William Shakespeare (1564-1616), presente em sua peça teatral *Hamlet* (1599-1602), retrata bem o espírito do período de renovação artística e intelectual do Renascimento. Esse movimento, que pretendia resgatar a Antiguidade clássica, consolida também uma nova maneira de pensar: o homem, e não Deus, passa a ser o centro do Universo. Novos saberes e concepções começam a se chocar com a ótica religiosa. A dinâmica da vida passa a ser ditada pela atuação humana: daí o novo olhar do homem para si mesmo e para aquilo que o cercava. Não por acaso, em *Hamlet*, Shakespeare explora personagens psicologicamente complexos. O rompimento com a visão centrada em Deus abre caminho para que o homem se torne livre e autônomo, sujeito da sua própria história.

Sandro Botticelli. *A Primavera* (detalhe), c. 1470-80. Têmpera sobre madeira, 205 x 315 cm. O pintor recorreu a elementos da mitologia greco-romana para construir uma alegoria da fertilidade do mundo.

Marcos cronológicos

1436 — Término da construção da Catedral de Florença, obra de Filippo Brunelleschi.

1453 — Tomada de Constantinopla pelos turcos otomanos.

1456 — Gutenberg imprime a Bíblia em Mogúncia, na Alemanha.

1469-1492 — Principado de Lourenço de Médici e apogeu do Renascimento em Florença.

1492 — Cristóvão Colombo chega à América.

1508 — Michelangelo começa a pintura do teto da Capela Sistina, em Roma.

1509 — Erasmo de Roterdã escreve *Elogio da loucura*.

Unidade 4 — A chegada dos "tempos modernos"

Um novo olhar sobre o mundo: a difusão das ideias humanistas

Como vimos nos capítulos anteriores, entre os séculos X e XIII as atividades agrícolas na Europa aumentaram sua produtividade. Esse avanço possibilitou um renascimento urbano, em razão do aumento do comércio. O norte da Itália e a região de Flandres (nos Países Baixos) tiveram, no final da Idade Média, um espetacular impulso econômico, tornando-se as áreas mais urbanizadas da Europa. A concentração de riqueza contribuiu para que se tornassem espaços favoráveis ao florescimento de uma nova concepção artística e cultural, que se manifestou por meio de dois movimentos interligados: o Humanismo e o Renascimento. Marcos na transição da Idade Média para a Idade Moderna, os movimentos humanista e renascentista difundiram-se por toda a Europa. Eles devem ser entendidos dentro de um contexto de mudanças associadas à desestruturação do feudalismo, à revitalização do comércio e ao fortalecimento da burguesia, os quais provocaram alterações significativas não só na vida, mas também na visão de mundo dos europeus.

Esse conjunto de fatores possibilitou, nos séculos XIV e XV, uma nova reflexão sobre o ser humano e sua relação com o mundo e a natureza. Foi nesse contexto que surgiu o Humanismo. Seus adeptos retomaram os autores greco-romanos, revendo as traduções que haviam sido feitas ao longo da Idade Média e divulgando obras que tinham passado séculos sem receber atenção.

No século XIV, poetas italianos como Petrarca e Boccaccio lançaram-se aos manuscritos das obras de Homero, Heródoto e Cícero, entre outros pensadores e literatos antigos. Em parte, o estudo dessas grandes obras do pensamento clássico foi impulsionado pela queda de Constantinopla, em 1453. Isso porque muitos eruditos bizantinos, expulsos pelos turcos, levaram para a Europa central e ocidental uma grande quantidade de textos originais da Antiguidade, até então pouco conhecidos.

Fachada da Universidade de Barcelona, Espanha. Foto de dezembro de 2014.

Uma nova pedagogia no ensino

A pedagogia humanista ia além da mera transmissão de conhecimento, pretendendo que os alunos se desenvolvessem plenamente. Nesse sentido, os ensinamentos deveriam abarcar os campos moral, intelectual, estético, físico e religioso, preparando o homem para a vida laica e não para debates teológicos. Tais saberes receberam o nome de *Studia Humanitatis* (estudos humanos). Estruturavam-se em torno de cinco disciplinas: Gramática, Retórica, História, Poesia e Filosofia Moral.

Entretanto, tal programa era incompatível com os métodos dos colégios e das universidades existentes. Por isso, muitos colégios e universidades novas foram criados pelos humanistas, em diversos casos com o apoio da burguesia.

1513 — Maquiavel escreve *O Príncipe*, obra publicada em 1532.

1516 — Publicação de *Utopia*, de Thomas More.

1532-1564 — Publicação dos cinco volumes de *Gargântua e Pantagruel*, de François Rabelais.

1543 — Copérnico publica *Das revoluções dos corpos celestes*, e André Vesálio, *A fábrica do corpo humano*.

1569 — Gerardo Mercator projeta o globo terrestre sobre um plano.

1572 — Publicação de *Os Lusíadas*, de Camões.

1580 — Publicação de *Ensaios*, de Montaigne.

1605 — O espanhol Miguel de Cervantes publica *Dom Quixote de la Mancha*.

Uma nova visão do ser humano — Capítulo 11 — 145

A imprensa e a difusão da cultura

Desde o século III, os chineses utilizavam um método de reprodução de textos aplicando papel úmido sobre pedras esculpidas e posteriormente esfregando-o com um pano úmido coberto de tinta, o que produzia uma cópia do texto, ou de uma imagem em preto e branco. Sob a dinastia Song (960-1279), a imprensa já era utilizada comercialmente na China para a impressão de textos budistas, decretos oficiais, enciclopédias e livros de medicina. Já na Europa, estima-se que entre 1450 e 1500 mais de 30 mil títulos foram publicados, sendo obras religiosas como a Bíblia os livros mais vendidos nesses primeiros anos.

O monge copista Jean Mielot retrado por Jean Le Tavemier na obra *Miracles de Notre-Dame* (c. 1456, colorizada posteriormente).

Com base na reconstrução e valorização do mundo greco-romano, os humanistas passaram a divulgar um pensamento moral e político diferente daquele propagado pela filosofia escolástica. Ensinada nas grandes universidades da época, essa corrente de pensamento caracterizava-se pelo tradicionalismo e pela defesa das temáticas religiosas. Os humanistas, por sua vez, jamais negaram a importância da fé, mas, para eles, a razão deveria ser vista como um elemento que tinha valor próprio, independente da crença. A noção da razão humana descolada da grande coletividade religiosa que marcou a Idade Média foi fundamental para o surgimento da noção de indivíduo dotado de uma identidade única.

O centro das preocupações da filosofia humanista foi o ser humano. Conhecida como cultura antropocêntrica, ou seja, centrada no "homem" (entendido aqui como toda a humanidade), essa nova perspectiva surgia para combater o teocentrismo (centrado na divindade) difundido durante toda a Idade Média, que considerava o estudo religioso o mais importante ramo do conhecimento. Vale repetir: os humanistas não contestavam o poder de Deus ou a legitimidade da religião. A observação da natureza, a preservação da cultura clássica e os avanços científicos eram sempre considerados oportunidades de contemplação da obra divina.

Para difundir suas ideias, os humanistas passaram a publicar suas obras em língua vulgar, ou seja, aquela falada habitualmente em cada região: italiano, inglês, francês e português, por exemplo. Até então predominava nos textos o latim, considerado a língua culta, dominada sobretudo pelos religiosos. Os humanistas propuseram ainda uma reforma nas universidades e passaram a ensinar fora dessas instituições. O conhecimento passava a ser acessível a um número maior de pessoas – ainda que a maior parte dos europeus permanecesse analfabeta.

As novas ideias também se expandiram graças à invenção do tipo mecânico móvel para impressão. Essa técnica tipográfica, desenvolvida por Gutenberg na Alemanha em meados do século XV, permitiu a redução do custo dos livros, a partir de então impressos em papel e não mais copiados em pergaminhos. Seu sucesso foi notável: cerca de 20 milhões de livros foram impressos até o ano de 1500 e aproximadamente 200 milhões até 1600. A introdução da tipografia móvel possibilitou a reprodução de informações em uma escala e em uma velocidade antes impensáveis.

ORGANIZANDO AS IDEIAS

1. Explique como o contexto europeu influenciou o surgimento do Humanismo.
2. Quais foram os fatores que influenciaram na rápida difusão do Humanismo?

As inovações culturais: o Renascimento nas artes e nas letras

Uma das características mais interessantes dos humanistas era a autoconsciência de que representavam algo novo, moderno, em relação ao que vinha sendo apresentado anteriormente. Eles estavam convencidos de que, com a retomada dos textos e das formas artísticas da Antiguidade clássica, punham fim a uma época vista como estagnada: era como se, depois de mais de mil anos, o espírito humano renascesse. No entanto, a Idade Média nunca perdeu completamente o contato com a Antiguidade e muitos manuscritos antigos só sobreviveram porque foram conservados e copiados por instituições religiosas, como os monastérios. Atualmente, a maior parte dos historiadores já abandonou o argumento de que a era medieval foi uma época de trevas. De fato, a Idade Média não foi um período de retrocesso cultural, como defenderam muitos humanistas, assim como o Renascimento não representou uma total oposição ao período medieval, pois nele encontrou suas raízes. A obra do pintor e arquiteto italiano Giotto (1268-1337), é um exemplo disso. Considerado precursor do Renascimento, Giotto foi um dos introdutores da perspectiva na pintura e representou santos com a aparência de pessoas comuns.

Influenciado pelas ideias humanistas, o movimento renascentista teve suas primeiras manifestações no século XIV, mas foi especialmente no século XV e no início do século XVI que chegou a seu ápice. O Renascimento representou, portanto, a expressão do Humanismo nas artes e refletiu suas mais importantes características, entre elas o antropocentrismo. Esse aspecto se manifestou em obras preocupadas em demonstrar a beleza e as qualidades do ser humano. Leonardo da Vinci (1452-1519) e Michelangelo Buonarrotti (1475-1564) – dois dos maiores nomes do Renascimento – tomaram o cuidado de calcular as proporções do corpo humano para exaltar sua beleza.

O Renascimento artístico viu ainda o surgimento e o desenvolvimento de novas técnicas, como o **sfumato** e a generalização da pintura a óleo. Para aproximar os objetos retratados da realidade, os artistas recorreram ainda ao método da perspectiva tridimensional e ao jogo de luz e sombra, que proporcionavam volume e profundidade aos objetos. Todas essas inovações encontraram os mais belos exemplos nos pintores da Escola de Florença Sandro Botticelli (1445-1510) e Rafael Sanzio (1483-1520), que buscaram seus temas na mitologia clássica e desvelaram a nudez dos corpos para destacar a perfeição do corpo humano.

Fra Bartolomeo. *Lamentação*, 1511-12. Óleo sobre madeira, 158 × 199 cm.

> **Sfumato:** técnica artística utilizada para gerar gradientes de cor e luz entre as tonalidades da pintura.

Giotto di Bondone. *A lamentação de Cristo*, c. 1304-1306. Afresco, 200 × 185 cm.

Leonardo da Vinci

Leonardo da Vinci começou sua carreira na cidade de Florença, onde produziu *A anunciação*, uma de suas primeiras obras-primas. Após deixar essa cidade, mudou-se para Milão e ali permaneceu de 1482 a 1499, atuando como engenheiro a serviço do duque Ludovico Sforza. Nesse período, realizou obras hidráulicas, de arquitetura e de urbanismo, mas sem abandonar a pintura, e começou a aprofundar seus estudos sobre anatomia com base em dissecações. Entre 1500 e 1516, Da Vinci percorreu a Itália retornando a Florença e depois a Milão, indo então trabalhar em Roma para Júlio de Médici, irmão do papa Leão X. Foram 15 anos fecundos de trabalhos técnicos – como a reforma do porto de Civitavecchia – e artísticos: *A Gioconda* (Mona Lisa), *A Virgem e o menino Jesus com Sant'Ana*, *São João Batista*. A convite do rei Francisco I, Da Vinci instalou-se na França, onde morreu em 1519. A amplitude de seus interesses, a vastidão de suas obras e as milhares de páginas de seus cadernos (com considerações filosóficas e artísticas, relatos de experiências e croquis) fazem dele um verdadeiro símbolo do Renascimento.

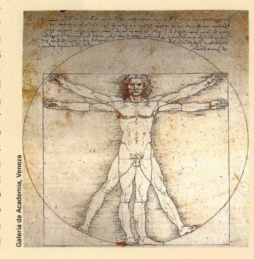

Leonardo da Vinci. *O homem vitruviano*, c. 1492. Caneta e tinta sobre papel, 34,3 × 24,5 cm. A representação geométrica rigorosa das proporções do corpo humano ilustra algumas das diretrizes artísticas do Renascimento e remete aos trabalhos dos artistas da Antiguidade, sobretudo às noções de equilíbrio e de harmonia.

A técnica da perspectiva

No quadro *Casal Arnolfini*, do holandês Jan van Eyck, que provavelmente celebra o matrimônio do casal, os personagens e os objetos são traçados com exatidão e está presente uma série de simbolismos. O homem dirige seu olhar com firmeza ao espectador e se apresenta ao lado da janela, demonstrando sua ligação com o mundo exterior, enquanto a mulher, com um olhar submisso ao marido, está voltada para o lado da cama, evidenciando sua ligação com o lar. Ambos estão descalços, o que representa o respeito à cerimônia; o cão entre os dois é símbolo de fidelidade e confiança. No espelho localizado no fundo da sala, duas pessoas, além do casal, aparecem refletidas, provavelmente testemunhas do casamento, e acima dele aparece a inscrição: "Jan van Eyck esteve aqui".

Jan van Eyck. *O casal Arnolfini*, 1434. Óleo sobre madeira, 82 × 60 cm.

A arte renascentista não se disseminou unicamente pela beleza que produzia. Com a crescente concentração de poder nas mãos dos monarcas e a incessante busca dos reis por legitimidade frente a seus vassalos, esses governantes passaram a patrocinar cada vez mais artistas, usando suas obras de arte para fazer propaganda da monarquia. A Igreja, um grande mecenas desde os tempos medievais, continuou a encomendar obras com temas religiosos. Comerciantes ricos e banqueiros também utilizaram a arte como forma de conseguir prestígio. Assim, as cortes e as cidades tornaram-se espaços de concentração de artistas, que sobreviviam graças ao patrocínio de reis, religiosos, nobres e burgueses.

Os ideais renascentistas tiveram também grande influência na literatura. Na península Itálica, Dante Alighieri (1265-1321), autor de *A Divina Comédia*, difundiu o dialeto toscano, origem da língua italiana, e Nicolau Maquiavel (1469-1527), pensador florentino, em sua obra *O Príncipe*, afastou a teologia da moral. Contra a teoria política medieval, que analisava o poder em termos do ideal que um governante deveria atingir, Maquiavel procurou estudar o funcionamento efetivo do poder, defendendo a adoção de um governo forte nas mãos de um príncipe astuto que não deveria medir esforços para atingir seus objetivos políticos, pois a estabilidade seria o mais importante para a comunidade.

Em Flandres, o ensaio do humanista Erasmo de Roterdã (1466-1536), *Elogio da loucura*, estava repleto de críticas à Igreja e ao clero. Na França, François Rabelais (1494-1553), com os cinco volumes de seu *Gargântua e Pantagruel*, publicados entre 1532 e 1564, ofereceu uma visão extravagante e humorística da experiência humana, satirizando a religiosidade medieval. Na Inglaterra, o dramaturgo e poeta William Shakespeare (1564-1616) abordou, em suas obras, questões relacionadas aos dilemas humanos, enquanto Thomas More (1478-1535) criticou a sociedade feudal e, influenciado pela descoberta do Novo Mundo, formulou ideias sobre um Estado ideal, que seria organizado comunitariamente, como se pode conferir em sua obra *Utopia*, de 1516.

Por fim, em Portugal, o principal nome da literatura renascentista foi Luís Vaz de Camões (1524-1580), que entre viagens marítimas escreveu *Os Lusíadas*, de 1572, narrando a saga dos portugueses durante as Grandes Navegações. Na Espanha, Miguel de Cervantes (1547-1616), imortalizado por sua obra *Dom Quixote de la Mancha*, publicada em 1605, satirizou os ideais de cavalaria em crise com a difusão da pólvora e das armas de fogo.

Fonte: VIDAL-NAQUET, Pierre. *Atlas historique*. Histoire de l'humanité de la préhistoire à nos jours. Paris: Hachette, 1987. p. 147.

ORGANIZANDO AS IDEIAS

3. Por que o período que compreendeu os séculos XV e XVI na Europa recebeu o nome de Renascimento?
4. O que foi o mecenato e qual a importância de sua prática?

O progresso das Ciências

O Humanismo lançou as bases para o desenvolvimento de um método científico. Ao deixar de pensar a busca pelo conhecimento como uma leitura de verdades já conhecidas, ele estimulou a investigação, valorizando o questionamento racional sobre o homem e o mundo.

Ao mesmo tempo, porém, havia uma tensão entre a busca pela inovação e a admiração pelos autores da Antiguidade. Na medicina, professores, estudantes e praticantes leigos mantinham-se fiéis aos tratados dos gregos Hipócrates (século IV a.C.) e Galeno (século II d.C.), ainda que fossem conhecidas algumas inovações medievais, sobretudo de árabes como Avicena (c. 980-1037) e Averróis (1126-1198). No campo científico, predominavam o pensamento e os diferentes tratados de Aristóteles (século IV a.C.), considerado uma autoridade em campos como a Física, a Biologia e a Zoologia. Assim, era difícil romper com os paradigmas defendidos pelas obras que haviam inspirado os homens do Renascimento. Ao mesmo tempo, a nova visão de mundo não excluía a crença na astrologia, na alquimia e na magia. Em grande medida, isso se dava porque o sobrenatural também era pensado como uma forma de explicar o universo, que se acreditava repleto de forças ocultas.

Os humanistas enfrentaram essa tradição procurando descobrir e compreender o Universo por meio da experiência e da investigação. Esse trabalho começou com uma crítica ao pensamento clássico. Leonardo da Vinci contestou alguns fundamentos da física de Aristóteles sobre o movimento dos corpos, e o polonês Nicolau Copérnico (1473-1543) rejeitou a teoria do universo geocêntrico defendida pelos antigos e, posteriormente, pela Igreja.

Em 1543, foi publicada a obra *Das revoluções dos corpos celestes*, de Copérnico. Nela se defendia a tese do heliocentrismo, a qual afirmava que a Terra, assim como os outros planetas, girava em torno de si mesma e ao redor do Sol. Pela primeira vez, a Terra foi vista como um corpo celeste semelhante aos outros. Essa teoria foi pouco difundida na época. Copérnico temia a reação dos religiosos diante de suas ideias contrárias à explicação geocêntrica de Aristóteles, propagada pela Igreja, segundo a qual a Terra era o centro do universo. Por isso, só permitiu a publicação de seu livro no final de sua vida, tendo morrido antes que ele causasse impacto.

Ilustração do livro *Das revoluções das esferas celestes* (*De revolutionibus orbium coelestium*), do astrônomo polonês Nicolau Copérnico, 1543.

A CONSOLIDAÇÃO DA MATEMÁTICA

Foi nas cidades italianas e no núcleo alemão de Nurembergue, grandes centros comerciais, que a partir dos séculos XV e XVI a Matemática conheceu um desenvolvimento acelerado. Os italianos Niccolò Tartaglia (1499-1557) e Girolamo Cardano (1501-1576) descobriram, por volta de 1545, a solução para as equações de terceiro grau. Por sua vez, o alemão Johannes Müller (1436-1476) recuperou e aprofundou os conhecimentos trigonométricos essenciais para o estudo da astronomia e, já no final do século XVI, o flamengo Simon Stevin (1548-1620) ampliou o conhecimento do cálculo das raízes quadradas. Esses avanços lançaram as bases para a consolidação da matemática como linguagem universal para as ciências da natureza na Revolução científica do século XVII que veremos adiante.

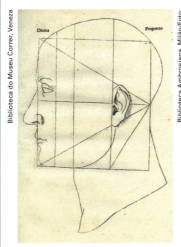
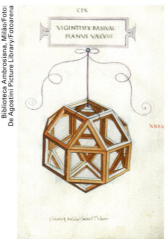

Essas imagens foram retiradas do livro de Luca Paciolli (1445-1517) *De Divina Proportione* (1509), no qual o autor demonstra como a Matemática pode ser aplicada na produção artística. Isso ocorre, em especial, por meio da chamada proporção áurea (a "divina proporção" que dá o título à obra), presente na natureza, no corpo humano e em todo o universo, calculada com base em uma constante algébrica.

Proporção áurea aplicada na obra *Mona Lisa* (1503-1506), de Leonardo da Vinci. As relações entre o tronco e a cabeça, bem como entre os elementos da face, apresentam divisões proporcionais. Óleo sobre papel, 76,8 × 53 cm.

Unidade 4 A chegada dos "tempos modernos"

Surgiu, assim, uma ciência experimental preocupada com provas e evidências, que buscava aprofundar o conhecimento por meio da investigação direta da natureza. A valorização desse tipo de estudo favoreceu a medicina, graças sobretudo à dissecação de cadáveres. A despeito das reticências da Igreja, tal prática permitiu ao flamengo André Vesálio (1514-1564) a publicação, em 1543, de um tratado sobre a estrutura do corpo humano, no qual detalhava sua anatomia. Na Espanha, Miguel Servet (1511-1553) descobriu os primeiros princípios da circulação sanguínea do coração para os pulmões e, na França, Ambroise Paré (c. 1510-1590) aperfeiçoou a técnica da ligadura das artérias a fim de impedir hemorragias – ambos em meados do século XVI.

Em 1542, foi publicado o livro do médico e botânico alemão Leonhart Fuchs (1501-1566) *Comentários notáveis sobre a história das plantas*, com numerosas ilustrações sobre a flora medicinal. Na cartografia, o flamengo Gerardo Mercator (1512-1594) valeu-se dos progressos da Geometria para desenhar, por meio da projeção do globo terrestre sobre um plano, um mapa que respeitava as proporções dos continentes.

Todos esses avanços acompanharam e estimularam os progressos na navegação e o movimento de expansão marítima que resultou nos grandes descobrimentos.

ORGANIZANDO AS IDEIAS

5. Identifique alguns avanços no conhecimento científico a partir do século XVI.

Revisando o capítulo

APROFUNDANDO O CONHECIMENTO

1. O afresco a seguir, pintado entre 1508 e 1511 por Rafael Sanzio (1483-1520), evoca grandes intelectuais da Antiguidade clássica. No centro, podemos identificar Platão (com os traços de Leonardo da Vinci) e Aristóteles, cercados por Sócrates, Pitágoras, Averróis, Epicuro, Ptolomeu e Diógenes.

Rafael Sanzio. *A escola de Atenas* (1508-1511).

   a. Que características da arte renascentista podemos identificar nessa pintura?
   b. De que forma a pintura retoma características da Antiguidade clássica?

2. Neste texto, o humanista Pico della Mirandola (1463-1494) faz uma ligação explícita entre a visão humanista do avanço do conhecimento e a visão cristã, considerando que é pela aquisição do saber que o ser humano poderia atingir o divino.

   O perfeito artesão [...] pegou o homem, essa obra de tipo indefinido, e, depois de colocá-lo no centro do mundo, assim lhe falou: "Ó Adão, [...] instalei-te no centro do mundo a fim de que, desse ponto, examines com mais facilidade tudo o que existe. Não te fizemos celeste, nem terrestre, nem mortal, nem imortal, para que, senhor de ti mesmo e tendo por assim dizer a honra e o encargo de ajeitar e modelar teu ser, componhas para ti a forma que preferires. Podes degenerar em formas inferiores que são animais, podes, ao contrário, por decisão do teu espírito, ser regenerado em formas superiores que são divinas".

   MIRANDOLA, Pico della. *Discurso sobre a dignidade do homem* (c. 1488). Lisboa: Edições 70, 1986.

a. Pico della Mirandola apresenta que visão sobre o ser humano? Cite exemplos do texto para complementar sua resposta.

b. Quais são as diferenças entre a concepção exposta no documento citado e a concepção medieval da humanidade?

3. O texto a seguir foi escrito pelo bispo de Aléria no século XV como uma dedicatória ao papa Paulo II. Leia-o com atenção para responder às questões.

> Quanto em ações de graças o mundo literário e cristão não vos renderá! É certamente uma grande glória para Vossa Santidade ter proporcionado aos mais pobres a facilidade de formar uma biblioteca a baixo custo e de comprar, por vinte escudos, volumes corretos que, antigamente, só se podiam obter por cem, muito embora coalhados de erros dos copistas.
>
> Sob vosso pontificado, os melhores livros custam apenas um pouco mais que o papel e o pergaminho. Agora, pode-se comprar um volume mais barato do que custava anteriormente sua encadernação.

Carta ao papa Paulo II, introdutor da imprensa em Roma, por Jean André de Bassi, bispo de Aléria, século XV. In: GRIMALDI, C. *Humanisme: liberté, imprimerie, recherche et enseignement*. Clio-Texte. Disponível em: <http://clio-texte.clionautes.org/Humanisme-liberte-imprimerie.html>. Acesso em: 18 jan. 2016. Tradução nossa.

a. Por que o bispo agradece o papa Paulo II? Que medidas este tomou?

b. O papa Paulo II só conseguiu promover as medidas descritas no texto devido a uma grande invenção. Que invenção foi essa? Qual a sua importância para a época?

4. Observe a tirinha abaixo e responda às questões.

a. Perceba que nos dois últimos quadrinhos, quando Adão diz que eles estão no ano 1600, Deus fica assustado por ter que mudar a organização dos planetas e espera que ninguém tenha reparado nisso. A que teoria esses quadrinhos fazem referência?

b. Nos dois primeiros quadrinhos, uma voz diz para Deus que os planetas devem estar alinhados, sem supremacias. A que grande descoberta da época do Renascimento esses quadrinhos fazem referência? Explique essa teoria, mostrando de que forma ela se contrapunha à teoria mostrada no último quadrinho.

A ABERTURA DO MUNDO (SÉCULOS XV E XVI)

CAPÍTULO 12

Durante a Idade Média, Europa, África e Ásia mantinham contatos limitados entre si e ninguém nesses continentes tinha conhecimento da existência de um quarto continente a oeste do Oceano Atlântico. Como as conexões entre as diferentes partes do planeta se tornaram mais fortes? Numa época sem aviões nem internet, pessoas, ideias e mercadorias circulavam por terra e, cada vez mais, por mar.

Quais seriam as motivações que levaram tanta gente a arriscar a vida para chegar a regiões desconhecidas? A chamada "Expansão Marítima" transformou a economia, a política, a cultura e a sociedade de grande parte do mundo. Os navegadores entraram em contato com sociedades muito diferentes das suas, produzindo um estranhamento mútuo e uma série de questionamentos. Esse processo histórico foi essencial para o surgimento do mundo moderno.

Construindo o conhecimento

- Como você descreveria os povos que os europeus encontraram no Novo Mundo?
- A partir do que você conhece sobre esse tema, por que é possível dizer que as navegações europeias para a África, a Ásia e a América foram importantes para a formação do mundo de hoje?

Plano de capítulo

- As motivações da expansão
- O pioneirismo português
- A expansão de Castela
- A América e seus habitantes
- A América, entre a fantasia e a realidade

Detalhe do *Padrão dos Descobrimentos*, monumento localizado em Lisboa, Portugal. Inaugurado em 1960 por uma ditadura que buscava exaltar os feitos portugueses, retrata alguns personagens de destaque da expansão marítima, como o Infante D. Henrique, que segura um navio em uma das mãos e um pergaminho em outra.

Marcos cronológicos

- **1325** — Fundação de Tenochtitlán pelos astecas.
- **1385** — Ascensão da dinastia de Avis, em Portugal.
- **1415** — Conquista de Ceuta, no norte da África, pelos portugueses.
- **1419** — Início da ocupação portuguesa da Ilha da Madeira.
- **1428** — Tríplice Aliança entre Tenochtitlán, Texcoco e Tlacopan.
- **1443** — Chegada dos portugueses a Arguim, na costa ocidental africana.
- **1453** — Conquista de Constantinopla pelos turcos.
- **1474** — Casamento dos "reis católicos", na Espanha.
- **1476** — Chegada de Cristóvão Colombo a Portugal.

As motivações da expansão

Em 1453, com a tomada de Constantinopla pelos turcos otomanos, o volume de bens negociados nas rotas comerciais com a Ásia diminuiu consideravelmente. A Idade de Ouro das cidades italianas que dominavam o Mediterrâneo parecia ter chegado ao fim. Esse fator impulsionou o desejo de estabelecer um contato direto com o Oriente, de onde vinham as especiarias e o açúcar, produtos imprescindíveis para a elite europeia.

O desejo de ampliar as rotas mercantis de longa distância também era incentivado pela "fome do ouro", metal importante para as trocas comerciais e em falta no Ocidente. O ouro era obtido principalmente por meio das transações com o norte muçulmano da África, em quantidades limitadas. Daí a ideia de entrar em contato direto com as áreas produtoras.

Mas existiam outras motivações para a investida europeia sobre os oceanos. O Império Otomano em expansão constituía uma ameaça para os Estados cristãos; era necessário construir uma barreira contra ele. Soma-se a esse quadro a luta do catolicismo contra o Islã, que desde a Idade Média representava seu principal adversário.

Além desses fatores, o desejo pelo conhecimento e o interesse pelo novo que o Humanismo despertou estimulavam o ser humano a romper com as barreiras mentais herdadas sobre o "mar tenebroso", como era conhecido o Oceano Atlântico.

Ao contrário do Mediterrâneo, o Atlântico era um mar aberto, do qual pouco se conhecia além do litoral. Esse desconhecimento era preenchido nas mentes das pessoas por seres míticos, como sereias e monstros. Diversos instrumentos e técnicas (alguns deles de origem árabe) foram adotados e aperfeiçoados no período, a exemplo da bússola, do astrolábio e das caravelas, permitindo que os navegadores pudessem se deslocar e se localizar em alto-mar com mais segurança. Mesmo assim, decorreriam séculos antes de esses medos e mitos serem plenamente superados.

Sebastian Münster. *As maravilhas do mar*, c. 1544. A imagem retrata diversos animais imaginários, como a lagosta gigante com um homem em sua pinça, uma baleia monstruosa ameaçando um navio e uma serpente gigantesca destruindo outra.

1479 Tratado de Alcáçovas entre portugueses e espanhóis.

1488 Bartolomeu Dias dobra o Cabo da Boa Esperança.

1492 Chegada de Cristóvão Colombo ao Caribe.

1494 Tratado de Tordesilhas.

1498 Chegada de Vasco da Gama à Índia.

1500 Chegada de Pedro Álvares Cabral a Porto Seguro.

1503 Américo Vespúcio publica sua carta, *Mundus Novus*.

1506 Morte de Cristóvão Colombo.

1507 Primeira aparição do nome "América" para se referir ao Novo Mundo.

1516 Thomas More publica *Utopia*.

Unidade 4 A chegada dos "tempos modernos"

A INOVAÇÃO DAS CARAVELAS

Uma das inovações que garantiram aos portugueses a primazia nas viagens marítimas foi a criação da caravela, versátil, capaz de navegar junto à costa, entrar em estuários e manobrar em águas rasas. A caravela representou um aperfeiçoamento da velha barca portuguesa, com a substituição de sua única vela quadrada por duas ou três velas latinas. Graças a essa vela triangular, utilizada havia séculos no Mediterrâneo, a caravela podia navegar contra o vento mais facilmente. Mas como é possível fazer isso?

Observe o esquema abaixo. As flechas azuis representam o vento, e a linha AB a vela. A impressão que temos é que a vela será empurrada no sentido do vento, mas não é isso o que acontece. Independentemente de sua direção, o vento sempre arrastará a vela na direção perpendicular ao plano. Isso acontece porque a pressão exercida pelo vento, representada por R, se decompõe em duas forças: Q e P. A força P é sempre nula, porque tangencia a vela. Resta, portanto, a força Q, perpendicular à vela.

Mas como a força Q age sobre o barco? Observe a imagem a seguir. O vento empurra a vela na direção da força Q. Essa força pode ser decomposta em duas: a força S, no sentido do eixo do barco, e a força R, perpendicular ao eixo e que teoricamente empurraria a embarcação para o lado. Ocorre que R enfrenta uma forte resistência da água (Z), que age sobre a quilha (estrutura disposta na parte inferior do barco, no sentido de seu eixo). A força Z anula a R, sobrando apenas S, que impulsiona o barco para a frente.

Na imagem 2, o barco não está navegando contra o vento, e sim num ângulo agudo em relação a ele. Para chegar ao seu destino, o barco deve navegar em ziguezague (ou "à bolina"), como mostra a imagem abaixo.

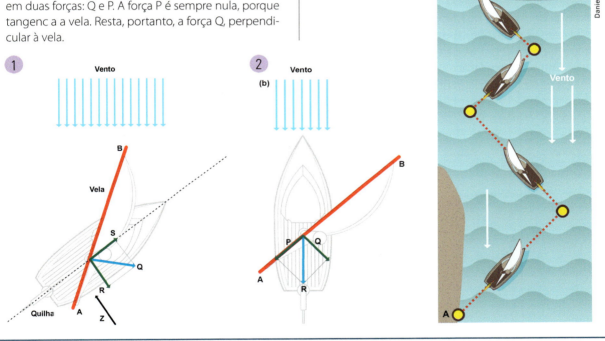

Portugal e depois Castela tomariam a dianteira no processo de exploração do Atlântico. O fato de ambos terem conseguido unificar seu território prematuramente, consolidando o poder real frente à aristocracia senhorial, criou condições para as monarquias financiarem a expansão marítima, pois as expedições eram muito dispendiosas. Ao mesmo tempo, a nobreza, diante da gradativa limitação de seus privilégios, passou a ver com bons olhos as conquistas no além-mar, na expectativa de se beneficiar com novas fontes de rendimento e oportunidades de serviços recompensados pelo rei. As Grandes Navegações não tiveram portanto uma causa única, mas resultaram de uma combinação de fatores que confluíram para o início da Expansão Marítima europeia.

ORGANIZANDO AS IDEIAS

1. Cite dois fatores que ajudam a entender os motivos da Expansão Marítima europeia.

O pioneirismo português

Como vimos anteriormente, o Reino de Portugal constituiu-se nos séculos XII e XIII em meio à luta contra os muçulmanos na Península Ibérica. A liderança militar dos primeiros reis nas campanhas contra os islâmicos foi fundamental para a monarquia afirmar sua preeminência frente à nobreza. Portugal tornou-se, desse modo, uma das primeiras monarquias firmemente estabelecidas da Europa.

O reino lusitano sempre manteve, porém, uma relação tensa com Castela, sua vizinha maior e mais poderosa. Houve diversas guerras entre as duas monarquias, geralmente seladas por meio de casamentos dinásticos. Assim, em 1383, morreu D. Fernando I, e sua única filha e herdeira estava casada com o rei de Castela, que buscou incorporar Portugal a seus domínios. As elites das cidades portuguesas recusaram-se a aceitar a anexação ao reino vizinho. Iniciou-se, então, uma guerra que resultou na ascensão, em 1385, da dinastia de Avis. Na ocasião, Portugal ainda estava lidando com os efeitos da crise que havia afetado toda a Europa: a peste negra, as perdas na agricultura, a diminuição na sua população. O fim da Reconquista e a força de Castela impediam que o novo rei, D. João I, tentasse remediar esses problemas pela expansão no continente. O mar apareceu, portanto, como alternativa para a recuperação do reino. Pelo Atlântico, Portugal esperava conquistar novas terras, descobrir fontes de metais preciosos e combater os inimigos da fé.

As primeiras expedições foram financiadas quase integralmente pela Coroa, mas os principais mercadores do reino cederam navios e emprestaram dinheiro, visando obter oportunidades comerciais. Os nobres lideraram as tropas, esperando ser recompensados com benesses e privilégios. O clero, por sua vez, legitimava a expansão como uma forma de disseminar a fé católica e combater os muçulmanos.

Essa multiplicidade de interesses explica a escolha inicial por Ceuta, em 1415. Localizada no norte da África, era uma cidade portuária que possuía localização estratégica, permitindo maior controle sobre o comércio que entrava e saía do Mediterrâneo pelo Estreito de Gibraltar. Sua tomada foi vista como uma continuação da Reconquista, reforçando a identidade do reino e legitimando a dinastia de Avis em relação aos seus súditos. Nas décadas seguintes, Portugal procurou conquistar outros territórios no norte da África, mas enfrentou grandes dificuldades devido à resistência muçulmana.

Mais fácil foi a ocupação de ilhas atlânticas, destacando-se os arquipélagos da Madeira (1419) e Açores (1427). Nessas ilhas, foi inaugurado o sistema de capitanias hereditárias que delegava a colonização a donatários, sem custos para a Coroa. Décadas depois, os portugueses ocuparam São Tomé e Príncipe (1471). Na Madeira e em São Tomé, produziram açúcar para abastecer o mercado europeu, estabelecendo um precedente que viria a ser importante na colonização da América.

Vista de Ceuta, cidade autônoma da Espanha situada na margem africana. Foto de janeiro de 2015.

Em meados do século XV, os portugueses passaram a explorar a costa ocidental da África. Assim, estabeleceram contato com os povos da África subsaariana e criaram **feitorias** para negociar pessoas escravizadas, ouro, pimenta-malagueta e marfim. O tráfico negreiro, que posteriormente se tornaria vital para os impérios europeus, teve suas bases lançadas nesse momento. De início, os africanos escravizados foram vendidos para Portugal (chegaram a representar 10% da população de Lisboa) e para as ilhas atlânticas, sendo fundamentais para o cultivo da cana-de-açúcar.

A expansão portuguesa foi oficialmente legitimada pela Igreja Católica por meio de duas bulas papais da década de 1450. Os decretos concederam ao rei de Portugal autorização para conquistar novos territórios e escravizar os pagãos e infiéis neles encontrados, sob a justificativa de que se estava disseminando a fé cristã. Em compensação por seus esforços, a Coroa portuguesa recebia o monopólio sobre o comércio africano. Para concretizar esses objetivos, os lusos privilegiaram alianças com os chefes locais, alguns dos quais chegaram a se converter ao cristianismo.

A partir de 1480, após a exploração de quase todo o litoral atlântico da África, teve início o último ciclo da expansão ultramarina. Em 1488, Bartolomeu Dias dobrou o Cabo das Tormentas, no sul da África, rebatizado de Cabo da Boa Esperança. Pela primeira vez se estabelecia uma passagem entre os oceanos Atlântico e Índico. Em junho de 1497, uma expedição modesta chefiada por Vasco da Gama partiu para as Índias, chegando à cidade indiana de Calicute em maio de 1498.

No ano seguinte, o rei D. Manuel I tomou o título de "Rei de Portugal e do Algarve, d'Aquém e d'Além-Mar, senhor da Guiné e da conquista, navegação e comércio da Etiópia, Arábia, Pérsia e Índia". Ele enviou imediatamente à Índia a maior esquadra jamais vista na Europa: 13 embarcações e 1500 homens sob o comando de Pedro Álvares Cabral. A montagem dessa frota custou caro à Coroa e aos investidores particulares, que queriam o retorno de seu capital com altos lucros. Para tanto, seria preciso retornar com as embarcações abarrotadas de especiarias e deixar uma feitoria portuguesa na Índia, para que as trocas comerciais tivessem continuidade. Abria-se, assim, o comércio com a Ásia, trazendo grandes lucros para Portugal, que passou a revender as especiarias (canela, noz-moscada, cravo e gengibre) para toda a Europa.

Ao fazer um desvio na rota seguida por Vasco da Gama, a frota chegou em 22 de abril de 1500 à atual região de Porto Seguro, que já pertencia aos portugueses pelo Tratado de Tordesilhas. Depois de se apossar das novas terras em nome do rei, Cabral enviou um navio para Portugal a fim de comunicar sua descoberta. Há muito se discute sobre a intencionalidade da chegada portuguesa ao Novo Mundo: teria sido um acidente ou um projeto secreto? Hoje, a maioria dos historiadores acredita que os navegadores lusitanos podiam desconfiar da existência de terras no Ocidente, mas não tinham certeza. Assim, a rota de Cabral pode ter sido uma forma de verificar essa hipótese e, ao mesmo tempo,

---

Feitorias: pequenas fortalezas litorâneas que funcionavam como bases para o comércio luso-africano.

A perspectiva africana

Na África ocidental, os portugueses sentiram o choque de encontrar povos muito distintos. O mesmo pode ter ocorrido com os africanos, como retrata o historiador Alberto da Costa e Silva ao imaginar a reação dos habitantes de Arguim após seu contato com os portugueses, em 1443.

De perto, os forasteiros não difeririam muito dos árabes e dos berberes azenegues do Saara: o mesmo cabelo liso e longo, o mesmo nariz comprido, os mesmos lábios estreitos e uma pele ainda mais desbotada. [...]. A sua cor mais se assemelhava à dos espíritos que são brancos, do que à de gente viva. [...] E como cheiravam mal [...]!

O branco fedia a defunto – e fede a carne podre até hoje. Naquela época quando só raramente se banhavam [...], o mau odor dos portugueses devia ser acentuado pelas roupas pesadas, que, nos marinheiros e soldados, não se trocavam desde o início da viagem. As condições higiênicas nos navios eram mais do que precárias: os seus cascos tresandavam urina, fezes, inhaca, ratos mortos e comida estragada, e seus tripulantes vinham cheios de pulga e piolhos.

SILVA, Alberto da Costa e. *A manilha e o libambo*: a África e a escravidão de 1500 a 1700. Rio de Janeiro: Nova Fronteira/Fundação Biblioteca Nacional, 2002. p. 149-150.

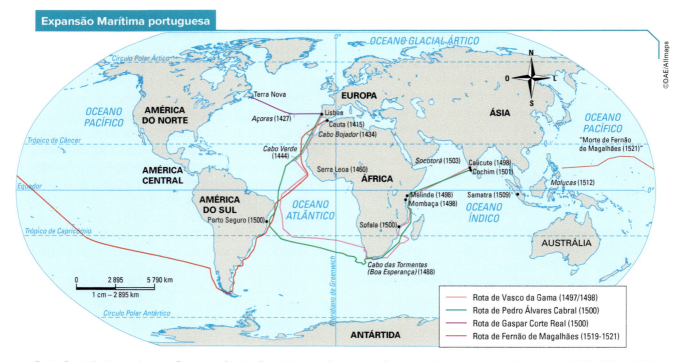

Fonte: Comissão Nacional para as Comemorações dos Descobrimentos Portugueses. *Portugal na abertura do mundo*. 2. ed. Lisboa: CNCP, 1990. p. 20-21.

A expansão portuguesa pela costa ocidental da África e, em seguida, pela Ásia, foi espetacular: em menos de um século, os portugueses passaram a dominar as rotas comerciais com importantes portos africanos e ganharam acesso direto às tão sonhadas especiarias asiáticas. Portugal tornou-se, assim, o primeiro país a controlar o comércio marítimo intercontinental.

procurar um local para reabastecer seus navios. A nova terra foi chamada inicialmente de Ilha de Vera Cruz. Posteriormente, tornou-se Terra de Santa Cruz. Só mais tarde recebeu o nome de Brasil, devido à existência de uma madeira corante – o pau-brasil – ao longo do litoral.

Em seguida, a frota continuou sua viagem rumo às Índias, de onde regressou, meses depois, com as tão sonhadas especiarias. As enormes possibilidades de ganho no Oriente contrastavam com o pequeno interesse despertado pelas terras descobertas na América. Seus habitantes não negociavam produtos de interesse dos portugueses e não havia, pelo menos aparentemente, metais nobres e pedras preciosas. O único recurso notável da Mata Atlântica, que cobria todo o litoral, era o pau-brasil. Similar a uma árvore rara importada da Ásia, o pau-brasil interessava por sua madeira de qualidade e por sua resina, utilizada para extrair um pigmento vermelho e tingir tecidos de luxo. Sua abundância foi aproveitada por negociantes autorizados pela Coroa, que detinha o monopólio sobre sua exploração. Entretanto, navios de outros reinos também passaram a frequentar o território e instalar entrepostos, aliando-se a alguns grupos indígenas e desafiando a frágil soberania lusa na região.

Durante décadas, os portugueses centraram seu empenho no comércio africano e asiático. Graças à Ásia, o império marítimo tornou-se parte essencial da monarquia portuguesa. A Coroa intervinha diretamente no comércio de modo a obter recursos para sustentar a Corte, a aristocracia e a burocracia em construção. Até o início do século XVII, quando ingleses, holandeses e as potências asiáticas começaram a atacar a Índia lusitana, essa região foi a possessão mais importante e lucrativa de Portugal.

ORGANIZANDO AS IDEIAS

2. Que tipos de benefício os portugueses obtiveram ao navegar ao redor do continente africano?
3. Por que a partir de 1480 os portugueses decidiram conquistar as Índias?
4. Explique por que até 1530 a Coroa portuguesa não realizou uma ocupação efetiva do território brasileiro.

A expansão de Castela

Em meados do século XV, o território que hoje compõe a Espanha era um conjunto de reinos autônomos. No entanto, em 1469, Fernando II, rei da Sicília e herdeiro do trono de Aragão, casou-se com Isabel, meia-irmã de Henrique IV, rei de Castela. Em 1474, ela subiu ao trono castelhano; cinco anos depois, Fernando II tornou-se rei de Aragão.

Conhecidos como "os reis católicos", Fernando e Isabel aproximaram seus reinos. Aragão e Castela permaneceram independentes, mas o casal desenvolveu um programa geral de políticas que foi muito importante para a uniformização espanhola. A Coroa castelhana conseguiu estender sua administração pelas cidades, impondo a presença regular de corregedores – funcionários régios que faziam cumprir as leis do reino. Em 1478, a Inquisição foi instituída. Em 1492, Fernando e Isabel conseguiram tomar o último refúgio dos mouros na península: a cidade de Granada. Também em 1492, determinaram a conversão de todos os judeus, sob pena de expulsão do território espanhol. Depois de séculos de convivência com muçulmanos e judeus, a Espanha cristã havia optado pela uniformidade religiosa.

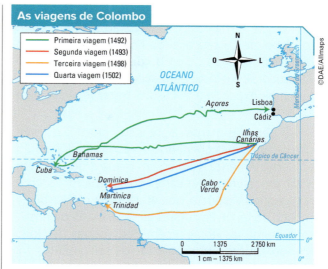

Fonte: FERNANDEZ-ARMESTO, Felipe. *Os Desbravadores*: uma história mundial da exploração da terra. São Paulo: Companhia das Letras, 2009. p. 211.

Os conflitos internos de cada reino e a fase final da Reconquista mantiveram os olhos dos monarcas hispânicos voltados para a Península Ibérica. Após algumas disputas, os espanhóis aceitaram o monopólio português na África, em 1479, pelo Tratado de Alcáçovas, contentando-se com a exploração das Ilhas Canárias, cujos nativos foram escravizados e explorados até desaparecerem.

Um genovês na península Ibérica

O genovês Cristóvão Colombo (c. 1451-1506) chegou a Portugal em 1476. Familiarizou-se com o Atlântico português, navegando para a África e para a Ilha da Madeira. Suas experiências marítimas se combinaram com leituras de obras clássicas e medievais, como os relatos de viagem do veneziano Marco Polo – que chegara até a China no fim do século XIII –, dando origem a um plano de chegar à Ásia atravessando o Atlântico. É provável que a ideia tenha sido formulada na década de 1480, quando os portugueses já tinham em mente a chegada à Ásia por meio da circum-navegação da África. Colombo apresentou seu projeto à Coroa portuguesa, que o rejeitou, pois os cartógrafos perceberam um equívoco fundamental do genovês: a circunferência do planeta era muito maior do que Colombo pensava, de modo que nenhum navio conseguiria completar a viagem. Em seguida, tentou interessar os reis católicos no empreendimento, mas os monarcas estavam ocupados com a conquista de Granada. Chegou a recorrer aos governantes da França e da Inglaterra em busca de apoio.

A pequena esquadra de Colombo – com duas caravelas, uma nau e cerca de 90 homens – deixou o porto de Palos em 3 de agosto de 1492. Em 12 de outubro, chegou a uma pequena ilha do Mar do Caribe, chamada Guanahani. Colombo chamou os nativos de índios, pois acreditava que logo atrás daquela ilha estavam as Índias, a terra dos seus sonhos.

Sebastiano del Piombo (S. Luciani). *Retrato de Cristóvão Colombo*, 1519. Óleo sobre tela, 106,7 × 88,3 cm.

Assim, não havia muitas indicações de que a monarquia hispânica se lançaria ao mar. Entretanto, Isabel de Castela aceitou financiar o projeto do genovês Cristóvão Colombo de chegar à Ásia pelo Atlântico. Se ele fosse bem-sucedido, essa seria uma forma de expandir a fé cristã e trazer recursos para a Coroa.

O genovês manteve até a sua morte a convicção de que havia chegado à Ásia. A primeira alusão ao nome "América" veio de um mapa produzido em 1507, em referência às cartas do navegador florentino Américo Vespúcio, que atravessara o Atlântico a serviço do rei de Portugal. Em 1503, ele foi o primeiro a chamar as terras recém-descobertas de Novo Mundo. Graças à popularidade de seus escritos, foi Américo Vespúcio quem teve seu nome escolhido para batizar o novo continente.

Ilustração da chegada de Cristóvão Colombo a Hispaniola (ilha que contém os atuais Haiti e República Dominicana) (detalhe), na obra *De Insulis Inventis* (1493).

Descobrimentos ou globalização?

"Descobrimentos" e "descobertas" são termos utilizados na documentação da época para descrever a Expansão Marítima europeia. Entretanto, essas palavras estão carregadas de etnocentrismo, pois ignoram o fato de que África, Ásia e América eram regiões conhecidas para seus milhões de habitantes. Assim, o processo de Expansão Marítima europeia pode ser mais bem compreendido como a intensificação dos contatos entre as diversas regiões do planeta, que deu início à globalização.

Após a viagem de Colombo, Portugal e Espanha passaram a disputar o controle da Expansão Marítima. D. João II de Portugal chegou a cogitar ir à guerra para manter o monopólio luso sobre a navegação e o comércio no Atlântico. Para garantir seu direito sobre as novas terras, os monarcas espanhóis recorreram ao papa Alexandre VI, que era espanhol. As bulas papais emitidas em 1493 foram favoráveis às pretensões espanholas sobre todas as terras descobertas 100 léguas (cerca de 550 quilômetros) para oeste das ilhas de Açores e Cabo Verde, embora reconhecessem os direitos dos portugueses.

Essa divisão ameaçava o domínio português sobre o Atlântico Sul e o projeto de alcançar a Ásia por meio da circum-navegação da África. Iniciou-se uma negociação diplomática entre Portugal e Espanha, da qual surgiu o Tratado de Tordesilhas, assinado em 1494. Por meio dele, portugueses e espanhóis dividiram as áreas "descobertas e por descobrir". O tratado definia como marco divisório uma linha imaginária situada a 370 léguas (cerca de 2 mil quilômetros) a oeste da Ilha de Santo Antão, no Arquipélago de Cabo Verde. Os territórios a leste desse meridiano perteceriam a Portugal, e os territórios a oeste, à Espanha. Os dois países procuravam, com esse recurso, preservar para si o controle das rotas marítimas e assegurar o "fechamento" dos oceanos a outros reinos.

ORGANIZANDO AS IDEIAS

5. Colombo chegou ao território que desejava em 1492? Explique.
6. Em que contexto o Tratado de Tordesilhas foi assinado?

A América e seus habitantes

Por volta de 1492, o continente americano era muito povoado: as estimativas mais aceitas giram em torno de 50 e 60 milhões de pessoas, enquanto a Europa na mesma época teria cerca de 80 milhões. Só o atual México contaria com 17 milhões de habitantes, ao passo que a Península Ibérica não chegava a 6 milhões. Em razão do tamanho da América e de sua diversidade ecológica, as sociedades do Novo Mundo assumiram formas distintas.

Os europeus encontraram, porém, dificuldades em reconhecer e compreender toda essa diversidade. O próprio termo utilizado para se referir aos povos do continente, "índios", surgiu de um equívoco, pois Colombo acreditava ter chegado às Índias. Muitos grupos sequer sabiam da existência de outros, além de terem culturas, formas de organização e crenças religiosas muito diferentes entre si. Algumas sociedades eram compostas de caçadores e coletores nômades, enquanto outras faziam parte de Estados centralizados que possuíam uma ativa vida urbana e comercial. Algumas regiões apresentavam vazio demográfico, enquanto outras eram bastante populosas.

Um ponto em comum a todos os povos do continente americano era seu isolamento em relação ao Velho Mundo. Ásia, Europa e África mantiveram relações ao longo de séculos, fazendo circular pessoas, técnicas, culturas, produtos e doenças. Essas trocas estimulavam o desenvolvimento tecnológico, pois inovações de uma região podiam ser transmitidas e aperfeiçoadas em outra. O contato com muitos vírus e bactérias vindos de diversas regiões também tornou europeus, africanos e asiáticos mais resistentes a enfermidades.

Além disso, apesar da grande complexidade de diversas civilizações americanas, sua tecnologia era menos desenvolvida em áreas como a metalurgia – nenhuma sociedade do continente conhecia o ferro e o aço. Da mesma maneira, as populações americanas não possuíam imunidade contra muitas doenças trazidas pelos europeus. Essas duas características trariam grandes vantagens para portugueses e espanhóis na conquista da América, embora não expliquem sozinhas seu sucesso.

Na época da conquista, existiam impérios centralizados no planalto central do México e nos Andes (parte dos atuais Peru e Bolívia). Nessas regiões de elevada densidade populacional, concentrava-se a maior parte das populações sedentárias, que praticavam a agricultura intensiva permanente e dispunham de cidades e aldeias estáveis. Nessas regiões, havia um grupo bem definido de privilegiados que monopolizavam os altos cargos políticos e religiosos. Tal como acontecia na Europa, a maioria da população fazia parte da plebe, que vivia do plantio de produtos como o milho e a batata. Havia um sofisticado sistema de cobrança de impostos, pagos em produtos ou em trabalhos públicos. As grandes obras públicas, como a construção e a manutenção de palácios, estradas e sistemas de irrigação, eram feitas por meio de trabalho compulsório periódico, como a *mita*, no planalto andino, ou o *coatequitl*, na região central do México.

Entre os povos semissedentários, a agricultura também era praticada. Mas, quando o solo se desgastava, as populações se

Os principais povos pré-colombianos

Fonte: SCHWARTZ, Stuart & LOCKHART, James. *A América Latina na época colonial*. Rio de Janeiro: Civilização Brasileira, 2002. p. 56.

mudavam de um lugar para outro. Para esse tipo de organização, a caça tinha ainda uma importância primordial, e a hierarquia social e estrutura política não eram tão complexas como nas sociedades sedentárias. Essas populações estavam espalhadas por todo o continente, ocupando a maior parte do território americano.

Os grupos não sedentários em alguns casos mantinham contato com povos sedentários e semissedentários, partilhando aspectos culturais, como a língua. Contudo, tinham um estilo de vida diverso, migrando periodicamente e subsistindo graças à coleta e à caça. Sem agricultura, formavam acampamentos em vez de aldeias, eram organizados em pequenos bandos e apresentavam baixa densidade populacional. Em geral, ocupavam regiões mais inóspitas: áreas excessivamente secas, como o norte do México e os pampas argentinos, foram cenários desse tipo de ocupação.

As ilhas onde Colombo desembarcou eram habitadas por populações sedentárias do grupo étnico taíno. Nelas, existiam aldeias de mil a dois mil habitantes e confederações que congregavam várias aldeias. A sociedade era dividida entre nobres e plebeus; os chefes (caciques) e xamãs exercem a liderança política e religiosa. Os taínos tinham um bem desenvolvido artesanato de cerâmica, objetos de ouro, pedras e madeira esculpidas, utilizados para fins religiosos e como marcas de prestígio entre a elite. Não havia, porém, Estados dotados de unidade política. Algumas ilhas eram habitadas pela etnia guerreira dos caraíbas, que frequentemente atacava os taínos. As palavras "Caribe" – nome dado pelos europeus a essas ilhas – e "canibal" são derivadas de "caraíba".

As sociedades semissedentárias do litoral da América portuguesa pertenciam ao grupo linguístico tupi-guarani. Esses grupos eram numerosos, chegando a talvez 2,5 milhões de pessoas em 1500. Dividiam-se em tribos que frequentemente guerreavam entre si. Tais populações exploravam os recursos da floresta, do mar e dos rios, cultivavam alimentos e algodão – que fiavam, teciam e transformavam em redes. Se ocorresse qualquer desequilíbrio nas condições naturais, como seca ou desgaste excessivo da terra, os tupis partiam em busca de outra região. Esse modo de vida era possível porque costumavam derrubar as árvores e fazer a queimada para, em seguida, plantar milho, feijão e mandioca – alimentos que, posteriormente, sustentaram a colônia. Devido a sua movimentação, sua agricultura assumia um caráter rotativo, de modo que raramente o meio ambiente era afetado de maneira intensa. A maior parte do trabalho agrícola era realizada pelas mulheres. Assim, mesmo que não houvesse uma hierarquização econômica entre ricos e pobres, existiam outras formas de dominação naquela sociedade, em grande medida baseadas no gênero. Dessa maneira, era o trabalho feminino que permitia aos homens se dedicar à caça e, sobretudo, à guerra.

Dois impérios centralizados

A Mesoamérica (região que se estende do centro do atual México até o sul da Costa Rica) foi lar de uma série de civilizações, como os olmecas, os toltecas e os maias. Apenas os maias continuavam a existir em 1492, em uma série de cidades-Estado rivais entre si. Nos planaltos do interior desenvolveu-se, porém, o poderoso Império Asteca (ou Mexica). Estima-se que os astecas, vindos do norte, teriam fundado a cidade de Tenochtitlán em 1325, instalando-a sobre uma ilhota de um lago no vale do México. A região vivia em constante conflito, e os mexicas atuavam como mercenários, pagos pelas cidades mais poderosas para combater seus inimigos.

Em 1428, porém, Tenochtitlán formou uma aliança com duas cidades vizinhas, Texcoco e Tlacopan, e lançou-se numa política de conquistas. Em poucas décadas, o Império Asteca estendeu-se do Atlântico ao Pacífico e impôs sua autoridade a cerca de 20 milhões de vassalos.

Fonte: MONGNE, Paxal. *Des olméques aux aztéques*. Paris: Fleurus, 2003. p.26.

Os rituais astecas

Para os astecas, o sacrifício humano dava força aos deuses e ao Sol em sua luta eterna contra a escuridão. De acordo com essa concepção, o mundo seria um lugar instável, sob constante risco de destruição. Para garantir a preservação da humanidade, a religião asteca defendia que era preciso sacrificar milhares de pessoas todo ano. As vítimas eram, idealmente, guerreiros inimigos. Em consequência, o império precisava se expandir de maneira constante para capturar prisioneiros de guerra para o sacrifício.

Os rituais assustaram os espanhóis que chegaram à Mesoamérica, pois eles acreditavam que essas práticas haviam sido inspiradas pelo demônio. Em um contexto de crescente intolerância religiosa na Península Ibérica, com a conversão forçada de muçulmanos e judeus, a aceitação dessas práticas indígenas era impensável. Assim, os conquistadores procuraram eliminar rapidamente todos os traços da religião asteca.

Cena de sacrifício humano na sociedade asteca. Litografia feita a partir do *Códice Florentino*, c. 1540. Como esse, diversos códices do século XVI foram preservados, sendo essenciais para a compreensão da cultura e da sociedade asteca — especialmente de sua religião.

Escrever com nós?

Os incas não desenvolveram a escrita, mas precisavam de mecanismos para registrar os tributos cobrados dos povos subordinados e os alimentos estocados nos armazéns do imperador. Para isso foram utilizados os quipos ("nó", em quéchua), cordas produzidas com algodão ou lã de lhamas ou alpacas. O número de nós e sua posição no conjunto representavam a quantidade total do que estivesse sendo registrado (tributos ou soldados, por exemplo). Apesar de cerca de 600 quipos terem sobrevivido até os dias de hoje, sua decifração é muito difícil, pois cada um dependia da memória de seu autor para ser plenamente compreendido. Por isso, para evitar erros ou fraudes, era comum que o mesmo registro fosse mantido por várias pessoas diferentes.

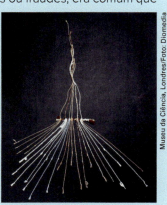

Quipo inca, tipo de cordão usado como instrumento de comunicação e contagem. Réplica feita em 1974 de original do século XV.

As regiões submetidas pagavam tributos às cidades da tríplice aliança. Os grandes beneficiados foram a monarquia, a nobreza e o clero astecas, cuja riqueza se ampliou com os impostos cobrados dos povos conquistados. Os alimentos enviados de todo o império foram essenciais para sustentar Tenochtitlán, que cresceu rapidamente: no início do século XVI, ela abrigava cerca de 200 mil habitantes – quase tantos quanto Paris, a maior cidade da Europa cristã na época.

Os monumentos, palácios e obras públicas da capital também eram provas da riqueza trazida pela expansão. Desenvolveu-se, assim, uma sociedade sofisticada, complexa e hierarquizada, que valorizava a dança e a música tanto quanto a habilidade na guerra.

Entretanto, o domínio asteca sempre foi incompleto. Na cidade de Tlaxcala, a apenas 150 quilômetros de Tenochtitlán, as rebeliões eram frequentes, exigindo constantes expedições militares para reprimir os insurretos. Mesmo nas áreas dominadas, os astecas só conseguiam governar por meio das elites locais, que mantinham uma considerável autonomia.

A América do Sul também viu nascer diversas civilizações sedentárias ao longo dos séculos, especialmente

Ideograma: símbolo gráfico utilizado para representar palavras ou conceitos abstratos, a exemplo dos hieróglifos egípcios.

A extensão do Império Inca

O Império Inca, por volta de 1530, e sua complexa rede de estradas, que permitiam a movimentação de tropas, mercadorias e trabalhadores por uma vasta região.

Fonte: VIDAL-NAQUET, Pierre. *Atlas historique*. Historie de l'humanité de la préhistoire à nous jours. Paris: Hachette, 1987. p. 135.

na região dos Andes. Dessa herança surgiu, no século XIII, a cultura inca, no Vale de Cuzco (atual Peru). Esse povo iniciou, no século XV, uma política de conquistas. Os incas conseguiram, em algumas décadas, formar um imenso e organizado império, que abarcou grande parte do litoral ocidental da América Sul e era povoado por cerca de 15 milhões de pessoas.

As populações dos Andes tinham a reciprocidade como base de suas sociedades. De acordo com esse princípio, os chefes locais (*curacas*) controlavam parte da produção e do tempo de trabalho da população, mas, para manter sua autoridade, precisavam redistribuir riquezas e alimentos entre o povo. Como a montanhosa região andina tinha muitos nichos ecológicos distintos, esse modelo permitia que alimentos e bens de regiões mais baixas fossem distribuídos pelas terras altas, e vice-versa.

Os incas ampliaram o sistema de reciprocidade para abarcar todo o império. Assim, o imperador, conhecido como *Sapa Inca* ("único inca"), distribuía as riquezas obtidas com as conquistas entre a aristocracia de Cuzco e as elites das áreas submetidas a seu poder. Como os astecas, o monarca precisava da colaboração dos chefes locais para conseguir governar. Diferentemente da Mesoamérica, porém, os povos conquistados pagavam seu tributo não em produtos, mas na forma de um trabalho compulsório periódico, utilizado para cultivar as terras do imperador e do Deus-Sol, cuidar de seus rebanhos de **lhamas e alpacas**, construir obras públicas (estradas e canais de irrigação, principalmente) e manter os soldados. Em troca, o imperador devia garantir o suprimento de alimentos e outros produtos em momentos de necessidade.

A reciprocidade não era, porém, igualitária, beneficiando principalmente a capital, Cuzco. Assim, áreas subordinadas frequentemente se rebelavam. Disputas políticas entre as elites incas também não eram raras, especialmente quando um imperador morria, pois não existiam regras claras de sucessão.

Os impérios Inca e Asteca foram, portanto, construções políticas notáveis, que impressionaram os conquistadores por sua complexidade e riqueza. Seus povos também se destacaram em outros campos, como a Matemática e a Astronomia. Tais organizações societárias eram, porém, relativamente recentes e, à época da chegada dos europeus à América, enfrentavam uma série de conflitos internos que diminuíram sua capacidade de resistir à conquista.

Lhama e alpaca: mamíferos ruminantes da região dos Andes, pertencentes à família dos camelídeos, que foram domesticados pelos povos da região. Eram importantes tanto para carregar mercadorias quanto em razão de sua lã, utilizada para produzir roupas e outros adereços.

ORGANIZANDO AS IDEIAS

7. Compare a organização política e econômica dos impérios Inca e Asteca.
8. Qual era a base econômica dos impérios Inca e Asteca?

A América, entre a fantasia e a realidade

Em 4 de novembro de 1492, Cristóvão Colombo anotou em seu diário de bordo que os nativos do Caribe haviam lhe informado que existiam na região "homens com um olho só, e outros com focinho de cão". Essas ideias extraordinárias sobre a terra recém-conhecida só podem ser entendidas levando-se em conta que Colombo lera os relatos produzidos na Idade Média sobre terras distantes. Fosse para atrair leitores, fosse para explicar elementos incompreensíveis aos viajantes, essas narrativas estavam repletas de imagens fantásticas.

Como esses livros eram muito populares nos séculos XV e XVI, os europeus foram influenciados por eles ao entrarem em contato pela primeira vez com a América. Assim como Colombo, suas mentes tinham expectativas extraordinárias diante do fato de se encontrarem em uma situação única: o contato com terras desconhecidas. Assim, enxergavam as coisas e as pessoas da América sob essa perspectiva fantástica. Sereias, homens com cauda e focinho de cão, até mesmo sem cabeça, tudo isso fazia parte das lendas e fantasias que povoavam o imaginário europeu no século das navegações.

O Novo Mundo era o lugar do diferente, do estranho, do inesperado. Foi nos trabalhos artísticos, em geral usados como ilustrações de livros e de mapas, que essa representação fantástica da América e de seus habitantes apareceu mais claramente. Tudo isso teve grande repercussão na Europa daquela época, por causa da recente invenção da tipografia. Essas imagens, que então conquistaram a imaginação popular, são hoje uma importante fonte histórica que nos permite investigar a mentalidade europeia na época moderna.

Para além dessa fascinação pelo exótico, as navegações estavam profundamente marcadas por elementos religiosos. Vários exploradores buscavam o Paraíso terrestre, onde Adão e Eva teriam vivido até serem expulsos após comerem o fruto proibido. Os principais sinais que indicariam a aproximação do Novo Mundo ao Paraíso seriam o clima ameno, a exuberância da natureza e a fertilidade da terra. O próprio Colombo escreveu aos reis católicos, na sua terceira viagem, em 1498, que acreditava estar próximo ao Jardim do Éden ao passar pela foz do Rio Orinoco, na atual Venezuela. Durante vários anos, o desejo de descoberta de uma terra idílica na América foi alimentado por viajantes ibéricos, sobretudo os espanhóis. Os portugueses mostraram-se menos fantasiosos, talvez por serem mais experientes com terras e mares desconhecidos, em razão de sua exploração do litoral africano ao longo do século XV.

Quase sempre amistosos, os primeiros contatos entre nativos e europeus reforçaram a ideia de que o Paraíso terrestre estava próximo. Os hábitos indígenas alimentavam a noção de povos inocentes vivendo numa terra perfeita. Uma das principais diferenças era a relação que a gente da terra mantinha com o corpo: andavam nus, pintavam a pele, banhavam-se com frequência. Para a sociedade europeia, que via o corpo como sinal do pecado e da tentação, aquela gente só podia mesmo viver no Paraíso, na mais absoluta ignorância do que seria o mal.

Esses elementos religiosos caminhavam lado a lado com interesses materiais na exploração do Novo Mundo. Colombo, por exemplo, dedicou muitos esforços a encontrar e extrair ouro no Caribe. Já Pero Vaz de Caminha (1450-1500), o escrivão da armada de Pedro Álvares Cabral, chegou a sinalizar as possibilidades de aproveitamento econômico da terra, que poderia "dar tudo o que nela se viesse a plantar". Por outro lado, enfatizou

Indígenas da Flórida matam crocodilos. Gravura do livro *América*, 2ª parte, de Theodor de Bry, 1591. Para os europeus, era difícil supor que essas terras tão distantes não abrigassem elementos fantásticos, pois o desconhecido abria espaço para a imaginação. O exotismo funcionava também como uma ferramenta para atrair os leitores, e diversos livros que destacavam esses elementos fantásticos do Novo Mundo se tornaram sucesso de venda.

Theodor de Bry. Animais de São Salvador, El Salvador. Gravura do livro *América*, 13ª parte, 1634.

que o melhor benefício que poderia ser extraído do território encontrado seria "salvar esta gente", isto é, converter os indígenas ao cristianismo. À medida que os territórios americanos tornavam-se conhecidos pelos europeus, as tentativas de achar o Paraíso na Terra perderam força, mas a íntima relação entre projetos religiosos e econômicos continuou presente.

Humanismo e América

Exotismo, religião e cobiça se combinavam para atrair o interesse dos europeus no Novo Mundo. Assim, diversos navegadores do século XVI produziram relatos sobre as novas terras que haviam visitado. Essas obras fizeram sucesso entre os leitores da época, numa tendência que começou já com a primeira carta de Colombo, em 1493. Os europeus demonstraram grande curiosidade a respeito da natureza e das formas de organização social e dos costumes dos habitantes da América. Entretanto, desde o primeiro contato, os nativos despertavam sentimentos contraditórios devido às profundas diferenças físicas e culturais entre essas duas populações.

Quando os navegantes voltavam das Américas, faziam questão de levar plantas, animais e ameríndios para servirem de prova de suas fantásticas aventuras. Logo no início do século XVI, indígenas foram levados para Portugal, Inglaterra, Espanha e França.

Para além da curiosidade, o contato com povos totalmente diferentes pôs em xeque uma série de valores europeus, pois existia uma enormidade de pessoas que viviam sem conhecer a religião cristã. Muitas delas desconheciam a noção de propriedade privada e não valorizavam o lucro. Além disso, andavam nuas e muitas tribos eram antropófagas. Afinal, o que as tornava humanas? A aparência ou o modo de vida? A natureza paradisíaca convivia com o paganismo dos nativos. Se Deus era o Criador de tudo, como compreender aquela realidade? Seriam os índios descendentes de Adão e Eva? O fato é que esse "outro" mundo que foi sendo descoberto redimensionou o universo conhecido dos europeus e provocou discussões apaixonadas entre humanistas, tanto teólogos quanto filósofos.

Em 1516, o humanista inglês Thomas More (1478-1535) publicou um livro intitulado *Utopia*, no qual teceu críticas ao Estado e às organizações sociais da Europa do século XVI por meio da descrição de uma sociedade imaginária. No segundo volume da obra, conta a história do personagem Rafael, o qual teria, com Américo Vespúcio, feito uma viagem ao Novo Mundo e vivido durante seis meses no Cabo Frio, Brasil. Em seguida, Rafael teria viajado até encontrar a *Ilha de Utopia* (do grego "lugar nenhum"), na qual não havia propriedade privada, os bens produzidos eram divididos entre todos e religiões diferentes eram toleradas. O Novo Mundo servia, portanto, como um contraponto às sociedades do Velho, e o desconhecimento permitia que fosse projetado nele quase tudo o que os europeus desejavam ou temiam.

Em 1580, o humanista francês Michel de Montaigne (1533-1592) refletiu a respeito da noção de barbárie com base nos relatos sobre tribos da América portuguesa. Desde o início, a antropofagia foi uma das práticas dos nativos americanos que mais horrorizaram os europeus. Sem jamais ter visto um indígena, Montaigne descreveu os hábitos dos tupinambás inspirado nos relatos de um conhecido que vivera na França Antártica (colônia francesa estabelecida no território da atual cidade do Rio de Janeiro, entre 1555 e 1560). No ensaio "Sobre os canibais", o autor argumenta que o conceito de civilização é impreciso e sempre relativo: "classificamos de barbárie o que é alheio aos nossos costumes". O autor ressalta que, ao mesmo tempo que consideravam bárbaro o comportamento dos indígenas, os próprios europeus queimavam hereges e bruxas. Assim, o humanista francês foi um dos primeiros a perceber e criticar o **etnocentrismo** dos europeus, demonstrando que os habitantes do Velho Mundo podiam ser tão violentos como os aborígenes da América, ainda que suas atrocidades assumissem outras formas.

Etnocentrismo: visão de mundo que considera culturas distintas da sua como inferiores, por não ser capaz de reconhecer suas lógicas específicas.

Contatos, colonização e conversão

A expectativa era de que a evangelização daqueles pagãos pudesse ser feita de maneira pacífica. Nas primeiras correspondências entre Colombo e a rainha de Castela, o navegador declarou achar que os indígenas poderiam facilmente se converter ao cristianismo. Também por isso, em abril de 1500, à sombra de uma cruz construída com a madeira da "Ilha de Santa Cruz", duas missas foram celebradas pelos portugueses. A religião servira como justificativa para a expansão marítima dos reinos ibéricos. Logo, era preciso iniciar o esforço de converter os nativos, levando-os para o seio da Igreja católica.

A ideia do Paraíso não escondia, no entanto, as tensões provocadas pelo encontro de diferentes culturas, cujos modos de comunicação e de expressão eram tão diversos. Na falta de palavras, já que nativos e europeus falavam línguas diferentes, ocorria a troca de objetos. Mas as dificuldades permaneceram, porque cada cultura possuía um sistema de valores que lhe era próprio. Passados os primeiros momentos de euforia e encantamento, Colombo começou a manifestar certa exasperação: ele escreveu, por exemplo, que os índios, como "bestas idiotas", trocavam tudo o que tinham por coisas que, para ele, não possuíam nenhuma importância. Isso ocorria

A antropofagia

Segundo os viajantes europeus, diversos povos do continente americano comiam carne humana. Trata-se de um costume observável também em outros continentes e épocas, em geral ligado aos rituais mágicos e religiosos de cada sociedade. O canibalismo não era, portanto, praticado de forma indiscriminada ou para saciar a fome. Muitos grupos comiam ritualmente o corpo de inimigos capturados na guerra para absorver suas qualidades, como os tupis da América portuguesa e os caraíbas das Antilhas. A antropofagia era, portanto, um sinal do respeito que se tinha pelos adversários, de modo que estes eram bem tratados até sua execução. Porém, para os europeus, a antropofagia era um costume selvagem e foi duramente combatido.

Diversas imagens que supostamente representavam a antropofagia dos grupos americanos foram difundidas na Europa do século XVI. Para além da curiosidade que atraíam, impulsionando as vendas dos livros que continham esses registros, eram uma forma de qualificar os povos das Américas como inferiores, justificando a dominação europeia. Entretanto, essas representações muitas vezes eram produzidas por pessoas que nunca haviam estado na América. No caso do canibalismo tupi, diversos autores afirmam que a carne do prisioneiro sacrificado era compartilhada na forma de uma sopa rala por todo o grupo indígena e seus aliados. A antropofagia funcionava, assim, como um ritual, com o objetivo de demarcar a identidade do grupo em oposição a seus inimigos.

Códice Magliabechiano (meados do século XVI), México. Entre os astecas, o canibalismo era praticado em ocasiões especiais, após o sacrifício da vítima aos deuses, e sua carne era consumida ritualmente por guerreiros nobres.

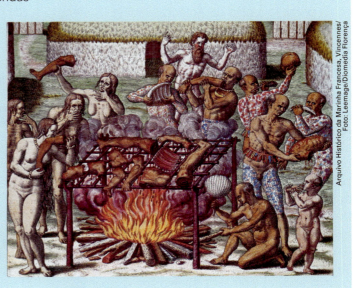

Cena de canibalismo dos Tupinambás. Ilustração do livro *América*, 3ª parte, de Theodor de Bry, 1592. Este volume reúne narrativas de viagens ao Brasil de Hans Staden e Jean de Léry.

A abertura do mundo (séculos XV e XVI) Capítulo 12 167

porque os nativos de várias regiões, como o Caribe e a América portuguesa, não tinham um conceito de comércio similar aos europeus, pois não possuíam moeda nem acumulavam riquezas materiais. Para eles, os objetos funcionavam como presentes, ajudando a construir alianças. Além disso, itens baratos para os europeus, como espelhos ou roupas, traziam prestígio para os indígenas que os possuíssem em razão de seu exotismo. Já ferramentas, como facas e machados, tinham um importante uso prático, pois facilitavam a caça e a agricultura. Assim, tanto as ações de europeus quanto dos nativos eram racionais, de acordo com suas lógicas próprias.

Ao longo dos anos, quando espanhóis e portugueses foram se dando conta de que a conversão dos indígenas era mais complicada do que havido parecido em um primeiro momento, surgiram visões cada vez mais negativas a respeito dos nativos da América. Os "inocentes" passaram a ser descritos como bestiais, selvagens e incontroláveis. Vistos como um povo sem rei, sem lei e sem fé, os índios viveriam em estado de pecado. Estariam, portanto, afastados de Deus.

Como os europeus tinham dificuldades em compreender a cultura indígena, construíram estereótipos baseados em suas próprias expectativas e desejos. Assim, as características atribuídas aos povos autóctones do Novo Mundo derivavam principalmente dos preconceitos e da intolerância dos europeus. Como todos os documentos históricos, as narrativas da época foram produzidas de acordo com a visão de mundo de seus autores. Por isso, são inevitavelmente parciais e devem ser lidas de maneira crítica.

A primeira região da América a sofrer os efeitos da presença europeia foi o Caribe, onde Colombo chegou em 1492. Inicialmente, Colombo pensara em imitar a atuação dos portugueses na África e construir feitorias para comercializar com os nativos. Esse projeto foi impossibilitado pelo fato de que os indígenas pouco produziam de interesse para os europeus. Assim, já na segunda viagem de Colombo, iniciou-se a colonização do Caribe por meio da vinda de imigrantes, plantas e animais. Para obter terra e, principalmente, trabalhadores, os espanhóis submeteram as populações nativas, escravizando-as. Assim, em poucas décadas, o tão desejado paraíso foi destruído. Além de submetidos à escravidão, os indígenas foram quase exterminados pela fome, por maus-tratos e pelas doenças trazidas pelos europeus, restando muito poucos após os primeiros 50 anos de ocupação. Os espanhóis conseguiram obter lucros imediatos por meio do saque dos objetos de ouro que eram dos nativos e da extração de ouro de aluvião (isto é, depositado nos leitos dos rios), mas não construíram um sistema econômico ou uma sociedade sustentável até a conquista dos impérios Inca e Asteca, entre 1519 e a década de 1530.

Por sua vez, a presença portuguesa na América não produziu imediatamente um impacto devastador nas sociedades indígenas da região. Isso ocorreu porque, como vimos, houve um relativo desinteresse da monarquia portuguesa pelas novas terras em razão da valorização do comércio com a Ásia. Voltados para a exploração do pau-brasil, tanto portugueses quanto outros europeus que visitavam a região – como os franceses – perceberam que precisavam do trabalho e do saber dos nativos para levar para a Europa a madeira. Assim, foram estabelecidas alianças entre europeus e grupos autóctones por meio da troca de presentes, e a escassa presença europeia preservou temporariamente os nativos dos efeitos destruidores das epidemias trazidas do Velho Mundo.

Alguns poucos portugueses passaram a viver entre os indígenas já nas primeiras décadas do século XVI. Um dos mais conhecidos foi Diogo Álvares, o Caramuru. A versão mais corrente atualmente, baseada em fontes históricas, diz que, depois de sobreviver a um naufrágio na costa da futura capitania da Bahia por volta de 1510, Caramuru teria sido acolhido por um grupo e aprendido as línguas e os costumes indígenas. Além de lutar ao lado dos nativos em suas guerras, casou-se com a filha de um chefe tupinambá e deixou grande número de descendentes. Quando, em 1549, autoridades civis e religiosas portuguesas chegaram à Bahia com o objetivo de constituir o governo-geral, Diogo Álvares teria prestado valiosas informações sobre a terra e a gente do lugar, além de servir como intérprete e mediador.

ORGANIZANDO AS IDEIAS

9. Explique por que navegadores como Cristóvão Colombo fizeram relatos fantásticos sobre as terras em que haviam acabado de aportar.
10. Comente a relação desenvolvida entre indígenas e portugueses na época da chegada destes à América.
11. Aponte a diferença entre a concepção de antropofagia para os grupos indígenas da América e para os europeus.

Revisando o capítulo

APROFUNDANDO O CONHECIMENTO

1. Leia o comentário de Luís de Cadamosto (c. 1432--1488), navegador e mercador veneziano que realizou duas viagens a serviço do príncipe português D. Henrique (1394-1460) e se estabeleceu na feitoria portuguesa da Ilha de Arguim, na costa oeste da atual Mauritânia.

> Convém saber que o príncipe D. Henrique, infante de Portugal, concluiu com esta cidade de Arguim um <u>acordo de dez anos, em virtude do qual ninguém poderá entrar no golfo para negociar com os árabes, com exceção dos portugueses</u>, que mandaram construir casas na citada ilha onde estão instalados seus corretores. Estes compram, vendem e tratam com os árabes que negociam no litoral diferentes produtos, tais como tecidos, prata, *alchizels**, tapetes, vestes e ainda outras coisas, entre elas, sobretudo, o trigo, pois estão sempre com fome. Em troca, os árabes lhes fornecem escravos que trazem das terras dos negros, além de ouro em pó. <u>Desse modo, esse senhor está construindo um castelo nesta ilha a fim de garantir e estabelecer para sempre esse tráfico</u>. Eis o motivo pelo qual vão e vêm caravelas de Portugal até esta ilha durante todo o ano.

* Longos tecidos com que homens e mulheres envolviam o corpo.

CADAMOSTO, Luís de. Viagem à África negra (1455). In: CADAMOSTO, Luís de. *Viagens de Luís de Cadamosto e de Pedro de Sintra*. Lisboa: Academia Portuguesa de História, 1988.

a. Quais eram os interesses portugueses na feitoria de Arguim?
b. Situe a relação comercial descrita no texto no contexto da Expansão Marítima portuguesa na primeira metade do século XV.
c. Com base nas frases sublinhadas no texto, caracterize o tipo de contato dos portugueses com outras regiões, tais como Arguim, na época das Grandes Navegações.

2. Observe a imagem e leia o texto a seguir para responder às questões propostas.

> A fim de que eles nos considerassem grandes amigos e porque percebi serem gente que se entrega e converte mais facilmente à nossa Santa Fé por amor que por força, dei a alguns deles barretes vermelhos e umas contas de vidro que penduraram no pescoço, e muitas outras coisas de pouco valor que eles muito apreciaram; e se tornaram tão chegados que foi uma maravilha. Depois, esses mesmos vinham, nadando, até as chalupas dos navios onde estávamos, e traziam papagaios, novelos de fio de algodão, azagaias e muito mais coisas que trocavam por outras que lhes dávamos, como pequenas contas e sinos. Enfim, eles pegavam e davam o que tinham, tudo, de boa vontade. Mas me pareceu que são pessoas desprovidas de quase tudo. Andam nus, tal como vieram ao mundo, e as mulheres também [...]. Alguns pintam o corpo de castanho, e todos são como os canarinos*, nem negros nem brancos.

COLOMBO, Cristóvão. *Diários da descoberta da América*: as quatro viagens e o testamento. Porto Alegre. L&PM, 1991, p. 52, anotação de 11 de outubro de 1492.

* Habitantes do Arquipélago das Canárias, pertencente à Espanha.

a. Que elementos descritos no texto estão presentes na imagem?
b. Como Cristóvão Colombo descreve os nativos? É possível dizer que ele apresenta uma visão eurocêntrica e de superioridade do homem branco em relação aos indígenas? Explique.
c. Segundo a descrição do diário de bordo de Colombo, que tipo de relação se travou entre indígenas e europeus? Conforme você estudou, essa relação mudou ao longo do tempo? Explique.

CAPÍTULO 13

O TEMPO DAS REFORMAS RELIGIOSAS

Construindo o conhecimento

- Qual a importância da religião na sua vida?
- Você conhece pessoas com crenças diferentes? No que essas religiões se diferenciam da sua?
- Como você acha que podemos combater os casos de intolerância religiosa?

Plano de capítulo

▶ O advento das reformas protestantes
▶ A difusão de novas correntes protestantes
▶ A Reforma Católica: a reação da Igreja Romana e o Concílio de Trento

"Fazem, com o seu silêncio, que Cristo seja esquecido, desnaturam-lhe os ensinamentos com interpretações manipuladas e matam-no com seu vergonhoso comportamento." São palavras do humanista Erasmo de Roterdã (1466-1536) sobre os papas. Foram escritas no início do século XVI, quando a Igreja e seu clero vinham enfrentando diversas críticas. Em meio à angústia coletiva devido à peste negra, a guerras na Europa e a conflitos dentro da própria Igreja Católica, as respostas dadas pelos clérigos se mostravam insuficientes. As desgraças passavam a ser associadas ao castigo divino pelos pecados dos homens. Enquanto isso, a morte, a preocupação com a salvação e o medo do Juízo Final tornavam-se mais presentes no imaginário.

Lucas Cranach. *Diferença entre a verdadeira religião de Cristo e as falsas doutrinas do Anticristo nas questões mais vitais*, xilogravura, 1546. Comparação entre a doutrina de Lutero e as práticas da Igreja Católica. Em primeiro plano, à direita, o papa vende a salvação por dinheiro.

Marcos cronológicos

- **1347-1350** — Peste negra devasta a Europa.
- **1378-1417** — Grande Cisma do Ocidente.
- **1517** — Publicação das *95 teses* de Martinho Lutero.
- **1521** — Excomunhão de Lutero.
- **1534** — Ato de Supremacia: surgimento da Igreja Anglicana.
- **1536** — Publicação de *A instituição da religião cristã*, de João Calvino.
- **1540** — Aprovação da Companhia de Jesus pelo papa.
- **1555-1563** — Realização, em três sessões, do Concílio de Trento.
- **1555** — Paz de Augsburgo: fim das guerras de religião na Alemanha.
- **1562-1598** — Guerras de religião na França.
- **1579** — Formação da República das Sete Províncias Unidas dos Países Baixos.
- **1598** — Promulgação do Edito de Nantes na França.
- **1618-1648** — Guerra dos Trinta Anos.

Unidade 4 — A chegada dos "tempos modernos"

É nesse contexto que emerge o movimento reformista, iniciado pelo monge agostiniano alemão Martinho Lutero a partir de 1519. Sua disseminação foi rápida, sobretudo porque Lutero trazia consigo a ideia de que Deus, amoroso, era capaz de perdoar os pecadores. Lutero abria assim um caminho para novas interpretações do cristianismo. Enquanto isso, a Igreja Católica procurava se remodelar com o intuito de frear o movimento reformista e responder às críticas que sofria. Das dificuldades em reconhecer e respeitar as diferenças religiosas decorreram guerras, perseguições e migrações que contribuiriam para moldar o mundo moderno.

O advento das reformas protestantes

Os antecedentes das reformas

Para entender o contexto da Reforma, é necessário compreender o mundo europeu às vésperas do século XVI. Um evento importante desse período foi o Grande Cisma do Ocidente (1378-1417), provocado pelo surgimento de duas cortes papais rivais – uma em Avignon, na França, e outra em Roma –, dividindo a cristandade. Cada monarquia escolhia o "seu" papa, que deveria ser aceito por todos dentro do reino. Diminuía, desse modo, a legitimidade da Igreja, que passou a enfrentar a concorrência dos reis que desejavam limitar a intervenção do papa em seus domínios.

Foi nessa conjuntura que surgiram alguns movimentos religiosos considerados heréticos. O primeiro deles se desenrolou na Inglaterra e foi iniciado por John Wycliffe (1320-1384). Professor de Teologia em Oxford, ele foi influenciado pela teologia agostiniana, que, segundo algumas interpretações, abria espaço para as ideias de predestinação e salvação pela fé, opondo-se à doutrina defendida pela cúpula da Igreja, que via nas boas obras o caminho para a salvação. Wycliffe rejeitou a autoridade papal, o dogma da transubstanciação (transformação do vinho e do pão da Eucaristia no sangue e corpo de Cristo) e defendeu a diminuição do poder material da Igreja.

O papado excomungou Wycliffe, que faleceu antes de ser julgado. Suas ideias, entretanto, disseminaram-se e influenciaram o também professor de Teologia Jan Huss (1369-1415), na Boêmia (atual República Tcheca). Ele pregava em língua vernácula, rejeitando o latim habitualmente utilizado para celebrar a missa. Em 1415, Huss foi condenado pela Inquisição e morto na fogueira como herege.

Jan Huss sendo queimado vivo. Gravura de "*História do Concílio de Constança*", de Ulrich von Richental, 1483.

Esses movimentos reforçavam a necessidade de reformas na Igreja. O papa Eugênio IV (1383-1447) afirmou em 1434 que "das solas dos pés ao cocoruto da cabeça, não havia no corpo da Igreja uma única parte sã". Para muitos, a Igreja parecia ter se afastado dos preceitos do cristianismo, mercantilizando a fé. A venda de cargos religiosos (simonia) era comum; em troca de pagamento, o papa também concedia indulgências que prometiam a retirada das almas do purgatório. O comportamento de numerosos eclesiásticos merecia censuras: padres, cardeais e até mesmo papas tiveram amantes e filhos. E enquanto a maior parte dos fiéis vivia na miséria, a Igreja havia acumulado imensas riquezas.

Nos séculos XIV e XV, as guerras e as epidemias fizeram da morte um elemento onipresente na Europa. O temor de que essas calamidades consistissem em punição divina aos pecados da humanidade instalou uma atmosfera de apreensão e angústia.

Valendo-se dessa situação, a Igreja prometeu a salvação por meio da compra das indulgências, além de estimular a crença na intercessão da Virgem e dos santos, considerada capaz de proteger os indivíduos dos infortúnios.

Além do mais, a doutrina católica não tinha se adaptado à expansão das atividades comerciais, condenando a cobrança de juros (usura) e a acumulação de riquezas por meio do comércio. A obtenção do lucro era reprovada pela doutrina do "justo preço": o comerciante deveria vender o que obtinha pelo preço da matéria-prima somado ao da mão de obra. No entanto, os burgueses vinham enriquecendo desde o século XII por meio de lucrativas trocas comerciais e procuravam uma forma de espiritualidade que abrangesse suas atividades.

Foi em meio a esses acontecimentos que o monge alemão Martinho Lutero lançou seu protesto, que acabaria por assumir um caráter de ruptura com a Igreja Católica e mudaria o curso da história do Ocidente no século XVI.

A quebra da unidade cristã: Lutero e a salvação pela fé

Filho de um minerador, Martinho Lutero (1483-1546) era monge agostiniano, doutor em Teologia e professor universitário em Wittenberg, capital da Saxônia, na atual Alemanha. Foi influenciado por ideias humanistas e pela teologia de Santo Agostinho, a qual fundamentava o princípio da salvação pela fé: todos eram pecadores, mas podiam ser salvos pela

As teses de Lutero

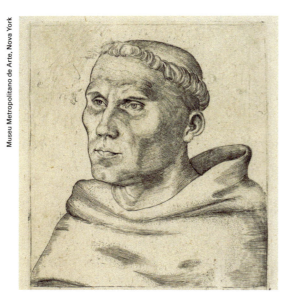

Lucas Cranach, o velho. *Martinho Lutero como um monge agostiniano*, 1520. Gravura, 15,8 x 10,7 cm.

Os itens a seguir são algumas das 95 teses que Lutero afixou na porta de uma igreja em 31 de outubro de 1517. Nelas, além de encontrarmos uma série de críticas – ao papa, à venda das indulgências e à Igreja –, nos deparamos também com alguns traços da doutrina que rapidamente se alastraria por toda a Alemanha. Apesar de um ano depois Lutero ter escrito a um amigo que em relação às teses tinha "certas dúvidas", não negou nenhuma delas e teria proferido as seguintes palavras em 1521: "Não posso retirar coisa alguma, e não o farei, pois não é seguro nem salutar contrariar a própria consciência".

6. O papa só pode perdoar os pecados se o fizer em nome de Deus. [...]

27. É uma invenção humana pregar que, tão logo o dinheiro retine na caixa, a alma voa do Purgatório.

28. Com certeza, assim que o dinheiro retine na caixa, o ganho e a cobiça aumentam. Mas a salvação que a Igreja pode conceder é a graça de Deus. [...]

32. Todos os que julgam ganhar o Céu por meio das cartas de perdão concedidas pelos homens irão para o Inferno junto com aqueles que assim os doutrinam. [...]

43. Deve-se ensinar aos cristãos que quem faz o bem aos pobres é melhor que aquele que compra indulgências. [...]

62. O verdadeiro tesouro da Igreja é o santo Evangelho da glória e da graça de Deus. [...]

83. Por que o papa, em sua tão santa caridade, não esvazia o Purgatório, onde padecem tantas almas? Seria esse o modo mais digno de exercer seu poder, em vez de livrar as almas a preço de dinheiro.

LUTERO, Martinho. *Disputação de Doutor Martinho Lutero sobre o poder e eficácia das indulgências*. Wittenberg, 1517. Disponível em: <www.luteranos.com.br/lutero/95_teses.html>. Acesso em: 30 nov. 2015. (Adaptado.)

graça divina. Tentava seguir rigorosamente os preceitos da Igreja, sem imaginar que impulsionaria a quebra da unidade religiosa da Europa.

Em 1517, Lutero afixou suas 95 teses na porta da igreja do Castelo de Wittenberg, acusando a Igreja Romana de enganar os fiéis ao alegar que detinha algum poder sobre o Purgatório. O monge se revoltou contra a venda de indulgências, comercializadas para a reconstrução da Basílica de São Pedro, em Roma, na Itália. Ele defendia que o perdão dos pecados não poderia ser concedido pelo papa, mas dependeria da fé e, acima de tudo, da dádiva de Deus. O homem seria por natureza pecador, mas o Criador poderia torná-lo justo. Surgia, dessa forma, o embrião de uma doutrina baseada na crença de que apenas a fé salvaria a humanidade corrompida pelo pecado.

As 95 teses foram rapidamente traduzidas do latim para o alemão, publicadas e divulgadas por toda a Europa pela imprensa. Os territórios do Sacro Império eram especialmente receptivos às críticas à Igreja Católica: como não existia um Estado centralizado nessa região e a Igreja era proprietária de quase um terço das terras, havia um grande interesse em diminuir sua influência e os impostos que cobrava.

Roma tentou uma conciliação, encarregando diversos teólogos de responder às críticas de Lutero. Não foi possível, porém, compatibilizar as afirmações do monge com os dogmas católicos. Lutero acabou por radicalizar suas ideias, afirmando que não encontrava na Bíblia nenhuma justificativa para a existência do papado e que a Igreja não detinha a autoridade exclusiva para interpretar as Sagradas Escrituras. Passou, assim, a defender o princípio da livre interpretação da Bíblia e a sustentar que apenas as Escrituras continham a verdade divina, negando a posição da Igreja como mediadora entre os homens e Deus. Em 1521, na Dieta de Worms, assembleia deliberativa que reuniu representantes dos territórios do Sacro Império, o monge foi considerado herege pela Igreja Católica.

Pouco tempo depois, em 1522, Lutero divulgou o Novo Testamento em língua "vulgar", ou seja, no alemão falado cotidianamente pelas pessoas, e não em latim. O Novo Testamento traduzido para o alemão foi rapidamente difundido. Algumas Bíblias haviam sido impressas desde o fim do século XV, mas nenhuma alcançou a divulgação da luterana, que influenciou outras traduções no restante da Europa. Além disso, a tradução da Sagrada Escritura por Lutero ajudou a forjar uma língua alemã unificada, inexistente até então, em razão da ausência de uma unidade política e cultural e da multiplicidade de dialetos. A defesa da livre interpretação da palavra de Deus serviu indiretamente como incentivo para melhorar a educação da população, pois todo protestante deveria dominar a leitura e a escrita para compreender a Bíblia.

Lutero havia conseguido grande apoio da população alemã: humanistas, artistas, comerciantes e, principalmente, nobres e príncipes, atraídos pelas ideias luteranas porque elas ajudavam a legitimar a submissão da Igreja ao Estado.

O PROTESTANTISMO E O SURGIMENTO DAS CIÊNCIAS NATURAIS

Em 1543, foram publicadas duas obras fundamentais para o desenvolvimento da ciência moderna: *Das revoluções dos corpos celestes*, de Nicolau Copérnico, que propunha a tese de que a Terra gira em torno do Sol (heliocentrismo), e *A fábrica do corpo humano*, de André Vesálio, uma das primeiras obras sobre Anatomia humana. Mas por que essas obras, consideradas fundadoras da ciência moderna, surgem nessa época?

Para o historiador da ciência Peter Harrison, a proliferação de obras científicas no século XVI foi resultado indireto da Reforma Protestante. Uma das principais mudanças trazidas pelas religiões reformadas foi sua nova maneira de ler a Bíblia. Esta deixou de ser interpretada de forma alegórica, como no catolicismo, para ser lida de modo literal. Para os protestantes, não era mais necessário recorrer a filosofias ou ideias exteriores às Escrituras para extrair seu significado: bastava ater-se ao texto para compreender o que ele queria dizer. Essa mesma atitude foi transferida para o pensamento científico, como se o mundo fosse um grande livro. Os fenômenos naturais deixaram de ser vistos como símbolos, alegorias ou metáforas, e passaram a ser analisados em si mesmos. Não por acaso, os protestantes foram os primeiros a usar novos instrumentos científicos, como o microscópio ou o telescópio, por meio dos quais procuravam, nas coisas materiais, evidências da existência de Deus.

Nesse ponto, cabe lembrar que o Sacro Império estava dividido em uma série de principados e cidades independentes uns dos outros, sobre os quais o imperador Carlos V detinha uma autoridade restrita. Por isso, quando o imperador declarou que Lutero era um herege e deveria ser executado, o príncipe Frederico III, da Saxônia, pôde protegê-lo. A aproximação entre os nobres e Lutero ajuda a compreender por que ele condenou a revolta camponesa liderada pelos **anabatistas**, entre 1524 e 1525. Apesar de invocarem as ideias luteranas – especialmente a livre interpretação da Bíblia e o questionamento da autoridade da Igreja –, os revoltosos ameaçavam a ordem vigente, reivindicando a abolição dos dízimos e mudanças sociais mais profundas. Lutero apoiou a dura repressão aos camponeses, a quem chamou de "cães raivosos".

Em 1529, uma assembleia, a Dieta de Spira, foi convocada por Carlos V para tentar conter a expansão do luteranismo, mas seis príncipes e 14 cidades

> **Anabatista:** grupo que recusava o batismo infantil, defendendo que esse sacramento só seria válido quando fosse tomado conscientemente pelos justos, como uma profissão de fé, e interpretava a Bíblia muitas vezes de forma literal. Alguns criticaram as desigualdades sociais, chegando a defender a comunhão de bens entre os fiéis. No início da Reforma, certos anabatistas legitimaram a rebelião como necessária para o plano divino, mas muitos condenaram a violência.

A reforma na arte

Amigo íntimo de Lutero, o pintor alemão Lucas Cranach (1472-1553) o ajudou a divulgar sua teologia por meio da arte. Esta representação mostra, à esquerda, um homem julgado pelos seus pecados sendo forçado pela Morte e por Satanás a se direcionar ao Inferno enquanto Moisés lhe aponta os Dez Mandamentos. Já à direita, a Graça e o Evangelho, junto com a cruz de Cristo, destroem a Morte e Satanás. A árvore que divide a pintura está morta no lado da Lei, mas vibrante do lado do Evangelho. A pintura traça, portanto, uma fronteira entre a dinâmica da Lei (catolicismo) e do Evangelho (luteranismo).

Lucas Cranach. *A Lei e o Evangelho*, c. 1529, Óleo sobre madeira, 82,2 x 118 cm.

do Sacro Império assinaram um protesto contra essa medida. Foi por essa razão que a reforma iniciada por Lutero recebeu o nome de "protestante". Um ano depois, na Confissão de Augsburgo, o luteranismo foi sistematizado. Além de defender os princípios de que a fé era o único caminho para a salvação e da livre interpretação da Bíblia, a doutrina pregava o fim do celibato clerical, o sacerdócio universal – isto é, a liberdade de cada pessoa para interpretar as Escrituras como lhe conviesse –, a supressão das imagens religiosas (iconoclastia), a utilização dos idiomas locais nos cultos e a manutenção de apenas dois sacramentos: batismo e eucaristia.

As tentativas de erradicação do luteranismo levaram os principados e as cidades reformadas do norte da atual Alemanha (Saxônia, Pomerânia e Brandemburgo) a constituir, em 1531, a Liga de Esmalcalda, que só foi derrotada por Carlos V em 1546. Começaram, assim, as guerras religiosas que contrapunham católicos e protestantes. A Paz de Augsburgo, em 1555, finalmente trouxe certa tranquilidade ao Sacro Império ao fundar o princípio do *cujus regio ejus religio*, segundo o qual cabia ao príncipe a escolha da religião dentro de seu território, obrigatoriamente seguida por seus súditos. Os conflitos, porém, continuaram a explodir. A tolerância religiosa estava longe de ser alcançada.

> **ORGANIZANDO AS IDEIAS**
>
> 1. Quais elementos permitem considerar que a Igreja Católica estava em crise já antes da Reforma?
> 2. O que eram as indulgências e em que contexto elas se espalharam na Europa?
> 3. O que desencadeou a afixação das 95 teses de Martinho Lutero na igreja de Wittemberg?
> 4. Quais pontos diferenciavam a doutrina luterana da teologia católica?
> 5. Qual princípio foi estabelecido pela Paz de Augsburgo?

A difusão de novas correntes protestantes

Nos lugares onde as autoridades apoiaram a Reforma, ela foi imposta em detrimento do culto católico. Dois terços das cidades livres do Sacro Império, além de vários príncipes, passaram a adotar a doutrina de Lutero. Entretanto, em poucos anos, o luteranismo já não era a única religião protestante na Europa. Influenciados por Lutero, muitos pensadores começaram a apresentar suas próprias ideias sobre Deus, a Igreja e a salvação. O protestantismo então se fragmentou, gerando uma multiplicidade de denominações e correntes.

Ainda em 1519, na Suíça, Ulrico Zuínglio (1484-1531) seguiu o exemplo de Lutero e passou a criticar práticas católicas, como a venda de indulgências e o culto aos santos. Zuínglio, porém, discordava em alguns pontos de Lutero, que afirmava ser apenas simbólica a presença de Cristo na eucaristia. Em 1531, Zuínglio morreu em uma guerra civil entre as regiões católicas e protestantes da Suíça. Poucos anos depois, chegou à cidade suíça de Genebra o francês João Calvino, que transformaria, mais uma vez, o panorama religioso da região.

O calvinismo e a teoria da predestinação

Nascido em Noyon, na França, João Calvino (1509-1564) ingressou na Faculdade de Direito, mas seu interesse pelo Humanismo e pela Teologia o fez abandonar o estudo das leis para se dedicar à religião. Em 1536, teve de deixar Paris por causa de perseguições. Foi em Genebra que passou a divulgar suas ideias.

Nessa cidade suíça, Calvino organizou uma nova Igreja e formou sacerdotes, chamados de ministros. Eles difundiram pela Europa seus ensinamentos, como o reconhecimento de Jesus Cristo como o único intermediário entre Deus e os homens. Um dos pontos centrais de sua doutrina era a Teoria da Predestinação. Segundo esse princípio, todos os seres humanos, desde a origem dos tempos, estavam predestinados a ser salvos ou condenados. Entretanto, Calvino sustentava que o Senhor evidenciava quais homens eram escolhidos para a salvação, favorecendo-os. Os escolhidos por Deus teriam fé, seriam bons trabalhadores, seguiriam costumes morais rigorosos, poupariam dinheiro e enriqueceriam.

Alguns historiadores acreditam que a moral calvinista foi favorável ao desenvolvimento do capitalismo, pois, ao contrário do catolicismo, defendia o trabalho duro, a acumulação de riquezas e a busca do lucro. No entanto, não se pode traçar uma relação causal entre a ética protestante e a expansão capitalista.

Templo de Lyon, chamado Paraíso, 1564. Óleo sobre tela, 123 x 125 cm. O quadro, de autoria desconhecida, mostra o interior de um templo calvinista. A construção é de madeira, e não de pedra; o pastor se encontra no centro, entre os fiéis, e não no altar principal, como acontece nas Igrejas Católicas. Nenhuma imagem, relíquia ou estátua religiosa decora o local.

O calvinismo se expandiu na Suíça, nos Países Baixos e na Escócia. Mas alcançou também outros países, onde recebeu denominações específicas. Por exemplo, na França, os calvinistas ficaram conhecidos como *huguenotes*, na Escócia como *presbiterianos* e na Inglaterra como *puritanos*.

Um rei reformista: o anglicanismo de Henrique VIII

O movimento reformista na Inglaterra foi desencadeado pelo próprio rei Henrique VIII (1491-1547). Na época, havia um forte sentimento antipapal na Inglaterra. O pontífice era visto por uma parte da aristocracia inglesa como um monarca estrangeiro que explorava o país.

No entanto, o estopim da ruptura foi um motivo pessoal do soberano. Henrique VIII casara-se em 1503 com Catarina de Aragão, viúva de seu irmão mais velho, Artur. No entanto, ela não conseguiu gerar um filho homem para garantir a continuidade da recém-estabelecida dinastia Tudor, que chegara ao poder em 1485, com o pai de Henrique.

Catarina deu à luz apenas uma filha, Maria, em 1516. Afirmando estar sob uma maldição divina por ter contraído núpcias com a viúva de seu irmão, o rei solicitou a anulação de seu casamento ao papa Clemente VII. O pontífice, porém, negou o pedido, pois temia a reação do poderoso imperador Carlos V, sobrinho de Catarina.

Henrique, porém, estava decidido a desposar Ana Bolena, dama da corte que se tornou sua amante. A partir de 1531, várias medidas foram aprovadas no **Parlamento da Inglaterra**, entre elas a suspensão do envio dos recursos arrecadados pela Igreja inglesa a Roma. Em janeiro de 1533, antes mesmo do anúncio oficial da dissolução unilateral do matrimônio com Catarina de Aragão, Henrique VIII casou-se secretamente com Ana Bolena, coroada rainha em junho. No mesmo ano, Roma excomungou o casal.

Em 1534, o Ato de Supremacia colocou a religião sob controle régio e declarou Henrique VIII chefe supremo da Igreja da Inglaterra. O anglicanismo combinava características luteranas e calvinistas, mas dentro de uma estrutura hierárquica e cerimonial que preservava traços católicos. Prosseguindo com a reforma, Henrique VIII dissolveu mosteiros e confiscou em favor da Coroa as terras da Igreja, que foram colocadas em leilão e compradas pela nobreza do reino. Assim, a monarquia inglesa obteve mais recursos e apoio político por meio da ruptura com Roma. Ao mesmo tempo, o Parlamento conquistou mais espaço, pois foi repetidamente convocado para debater e aprovar leis referentes às transformações religiosas.

Do casamento com Ana Bolena nasceu, em 1533, uma menina, chamada Elizabeth. Em 1536, Ana Bolena foi acusada de adultério, condenada e executada. Dias depois, Henrique VIII casou-se com outra dama da corte, Joana Seymour, que em 1537 deu à luz Eduardo, seu único filho homem. A rainha faleceu pouco depois. Henrique VIII casou-se mais três vezes, porém não teve mais herdeiros. Henrique VIII faleceu em 1547, e o trono ficou a cargo de seu único filho homem, Eduardo VI. Este, no entanto, morreu aos 16 anos, em 1553.

Parlamento da Inglaterra: constitui-se de duas assembleias: a Câmara dos Lordes, composta, na época, por aristocratas e bispos, e a Câmara dos Comuns, formada por deputados eleitos pelas cidades e regiões rurais, geralmente comerciantes e latifundiários. Para ter força de lei, um projeto de lei (*bill*) somente é sancionado pelo voto favorável das duas câmaras.

A coroa foi então para a meia-irmã de Eduardo VI, Maria I, filha de Catarina de Aragão, que ficou conhecida como "a sanguinária", pois, além de revogar o Ato de Supremacia e restabelecer a obediência a Roma, coordenou uma dura perseguição aos protestantes. A afirmação da religião anglicana veio somente após a sua morte, em 1558, sem deixar filhos. Sua meia-irmã Elizabeth, filha de Ana Bolena, assumiu a coroa. Elizabeth I restaurou de imediato o Ato de Supremacia, colocando novamente a Igreja sob a tutela do Estado. Reinou por 45 anos, mas não se casou, entre outros motivos, para manter o controle sobre o governo da Inglaterra. Em seu reinado, a polarização entre os anglicanos moderados, os puritanos (calvinistas) e até a parte da nobreza que permanecia católica se ampliou, preparando o terreno para a guerra civil que estouraria no século seguinte.

Assim, a Reforma atingira a totalidade da cristandade ocidental. Somente as penínsulas Ibérica e Itálica foram menos influenciadas, devido principalmente ao vigor da reação católica manifestada naquelas regiões. A Igreja Católica pensava em uma reforma desde o século XV, mas pouca coisa havia sido feita. Chegava a hora de ela se renovar efetivamente e se reorganizar para tentar conter o avanço protestante.

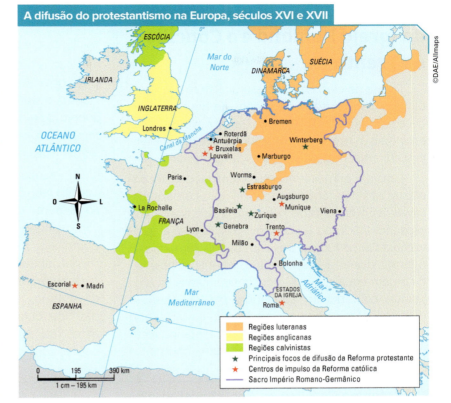

Fonte: CHRISTIN, Oliver. *Les Réformes*. Cabrin, Luther et les protestants. Paris: Gallimard, s.d. p. 84.

Artista desconhecido. *Rei Eduardo VI e o Papa*, c. 1568-71. Óleo sobre tela, 622 x 908 mm. Feita durante o reinado de Elizabeth I para celebrar o restabelecimento da Igreja Anglicana, a imagem retrata a transmissão de poder do moribundo Henrique VIII (na cama) para seu filho Eduardo VI, sentado com um papa derrotado a seus pés, esmagado pela "Palavra de Deus" (escrita em inglês, e não em latim). Ao seu lado, estão os principais conselheiros do monarca. No canto superior direito da pintura, homens derrubam ídolos, simbolizando a transição do catolicismo para o protestantismo na Inglaterra.

ORGANIZANDO AS IDEIAS

6. Qual é o ponto central do calvinismo?
7. Por que alguns historiadores traçam um paralelo entre a moral calvinista e o desenvolvimento do capitalismo?
8. Aponte os motivos do rompimento do rei inglês, Henrique VIII, com a Igreja Católica.
9. Qual a importância do Ato de Supremacia?

A Reforma Católica: a reação da Igreja Romana e o Concílio de Trento

Diante do crescente sucesso da Reforma, a Igreja Católica decidiu reagir, após anos de hesitação. Nas décadas de 1530 e 1540, muniu-se de novos recursos espirituais, pastorais e institucionais que lhe permitiram enfrentar melhor a contestação protestante.

Uma das primeiras medidas tomadas para reconquistar as almas foi a fundação de novas ordens religiosas. A Companhia de Jesus, criada pelo ex-soldado espanhol Inácio de Loyola, em 1534, obteve a aprovação do papa Paulo III seis anos depois, tornando-se o "braço direito do papado". Inicialmente, o objetivo da ordem era a conversão dos muçulmanos, mas os jesuítas contribuíram, sobretudo, para a expansão do catolicismo, tanto no Novo Mundo e no Extremo Oriente como nas áreas protestantes, tentando recuperar o terreno perdido. Também foram importantes na educação dos países católicos, pois acreditavam que por meio de suas escolas poderiam transformar os alunos em católicos mais fiéis.

Outras ordens ganharam força como, por exemplo, a dos capuchinhos. O público valorizou em especial sua assistência aos mais carentes e aos doentes, sobretudo em épocas de epidemias. Algumas ordens femininas também obtiveram boa aceitação, particularmente as que se dedicaram à educação das moças.

O grande símbolo da Reforma Católica foi um concílio reunido na cidade italiana de Trento. O Concílio de Trento teve sua primeira sessão em 1545, e, até 1563, realizou um considerável esforço de renovação doutrinária. As teses protestantes foram veementemente condenadas. A justificação pela fé foi considerada insuficiente, e o culto aos santos e às relíquias foi conservado, ressaltando-se também a importância das "boas obras" e do papel da Igreja na salvação das almas. Todos os sete sacramentos católicos – batismo, crisma, confissão, eucaristia, matrimônio, junção dos

Reforma Católica ou Contrarrefoma?

Os termos "Reforma Católica" e "Contrarreforma" podem parecer semelhantes, mas não possuem o mesmo sentido. Por muito tempo, os historiadores acreditaram que as transformações da Igreja Católica a partir de meados do século XVI teriam sido somente uma resposta à Reforma Protestante, com o objetivo de barrar o avanço das novas doutrinas. Atualmente, porém, a historiografia defende que tais mudanças estavam em andamento desde o final do Grande Cisma do Ocidente em 1417 e foram aprofundadas e aceleradas com a difusão do movimento reformista. Por exemplo, muitas das resoluções do Concílio de Trento já haviam sido debatidas nos concílios de Basileia (1431) e de Florença (1438). Portanto, de acordo com essa nova perspectiva, o termo "Reforma Católica" é mais apropriado, pois leva em conta esse secular movimento de reforma dentro do catolicismo, que precedeu Lutero e sobreviveu a ele.

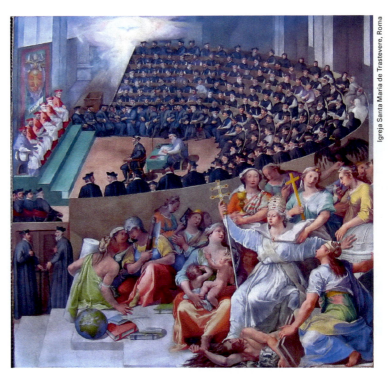

Pasquale Cati. *Concílio de Trento*, 1588-1589. Afresco. Atrás, estão reunidos os religiosos, enquanto na frente uma mulher com as roupas do papa representa a Igreja triunfante, vestida no esplendor da claridade doutrinal, vencendo os erros da heresia.

Igreja Santa Maria de Trastevere, Roma

O afresco de Michelangelo, antes do Concílio de Trento

Em 1564, ano da morte de Michelangelo, em atenção às prescrições do Concílio de Trento, foram cobertas as partes genitais de cerca de trinta personagens da obra *Juízo Final*. Portanto, o afresco é atualmente bem diferente do que havia sido projetado pelo pintor. Essa modificação denota a passagem da sensibilidade do Renascimento, inspirada na Antiguidade (e na nudez), à da Reforma Católica, mais púdica.

Michelangelo Buonarroti. *O Juízo Final*, 1536-1541. Afresco, c. 14,83 x 13,30 m.

---

enfermos e ordem (que confere o poder e a graça para exercer funções eclesiásticas) – foram mantidos, e a transubstanciação, ou seja, a crença de que o corpo e o sangue de Cristo estão realmente presentes no momento da eucaristia, reafirmada.

No plano disciplinar, o Concílio de Trento valorizou a missão pastoral dos bispos e dos párocos. Também procurou pôr fim em práticas polêmicas, como a venda de indulgências, e em vidas desregradas de parte do clero, além de instituir o dever de residência dos bispos em suas dioceses.

Em 1542, a Igreja havia recriado o Santo Ofício na Itália com o objetivo de punir os hereges. Em 1559, o *Index Librorum Prohibitorum* (Índice de Livros Proibidos) surgiu como uma tentativa de evitar a leitura de obras "perigosas". Até mesmo Erasmo de Roterdã, um dos humanistas mais respeitados, teve suas obras colocadas no *Index*. Antes da Reforma Católica, livros como os de Erasmo foram considerados brilhantes e inovadores, o que demonstra o crescimento da intolerância da Igreja em resposta à Reforma Protestante.

No esforço de divulgação dos preceitos católicos, foi publicado, em 1566, o *Catecismo Tridentino*, de Trento, resumindo as principais questões da fé romana. Em 1570, o papa Pio V estabeleceu uma nova liturgia, que incluía a missa tridentina, celebrada em latim.

Enfatizou-se também a necessidade de melhorar a formação dos padres, que deveriam ser mais bem preparados para ministrar os sacramentos e responder às inquietações dos fiéis. Por fim, a autoridade espiritual e o papel administrativo e político do papa foram reforçados. Em 1585, o papa Sisto V promulgou um decreto determinando que todos os bispos deveriam visitar periodicamente Roma, a fim de apresentar ao papado um relatório sobre o estado de sua diocese.

Percebe-se, portanto, que as artes, sobretudo as visuais, mostraram-se muito úteis ao catolicismo. O teatro, a música, a escultura e a pintura foram meios populares de evangelização. As representações artísticas buscaram tons cada vez mais realistas a fim de exaltar o sofrimento de Cristo, da Virgem e dos santos. Dessa forma, aproximaram a população, em sua maioria analfabeta, dos preceitos religiosos.

As inquisições

A palavra "inquisição" vem do latim *inquisitione*, que significa "ato de inquirir, indagar, averiguar". A Inquisição medieval foi um tribunal da Igreja Católica criado em 1223, destinado a lutar contra as heresias, como os cátaros na França. Não era, porém, um órgão permanente e organizado, como viria a ser na época moderna.

Na Espanha, os reis católicos obtiveram do papa já em 1478 o primeiro tribunal permanente da Inquisição e o direito de nomear os inquisidores. Também conhecido como Santo Ofício, o tribunal perseguiu primeiro os cristãos-novos (judeus convertidos, conhecidos como "marranos"), acusados de praticar o judaísmo em segredo; depois, os mouros convertidos, que se haviam mantido fiéis ao islamismo e suspeitos de simpatizar com o protestantismo.

A ARTE BARROCA

O século XVII foi marcado pelo surgimento de um novo estilo artístico, que se manifestou em diferentes campos: Artes Plásticas, Literatura, Teatro, Música e Arquitetura. Trata-se do Barroco, palavra que originalmente designava uma pérola rara, de superfície irregular. Transferida para o contexto artístico, a palavra passou a designar obras rebuscadas, exageradas, sem a lógica ou a simetria que caracterizavam a arte do Renascimento.

Nas Artes Plásticas, o Barroco se caracteriza pela riqueza de detalhes, pelas linhas que se entrecruzam ou se retorcem, dando a sensação de movimento; pelos fortes contrastes e pelo efeito dramático que buscava, procurando envolver emocionalmente o observador. Por isso, foi muito usada pela Reforma Católica, como meio de recuperar os fiéis.

Na Arquitetura, o Barroco caracterizou-se pelas dimensões colossais, com a sobreposição de vários andares; pelas curvas e pelo exagero nos ornamentos.

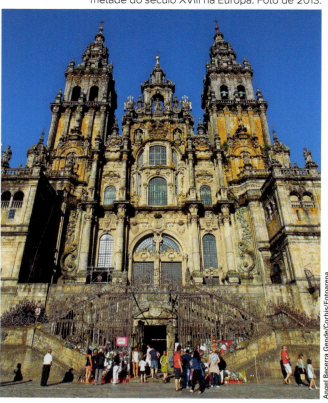

A catedral barroca de Santiago de Compostela, na Espanha, com sua riqueza de detalhes. A grandiosidade e o artificialismo da arte barroca estão intimamente associados ao poder dos reis e à forte religiosidade católica que marcaram o século XVII e a primeira metade do século XVIII na Europa. Foto de 2013.

Gian Lorenzo Bernini (1598-1680). *O êxtase de Santa Teresa d'Avila*, escultura do século XVII. Igreja Santa Maria da Vitória, Roma. A escultura traz diversos elementos barrocos: o contraste entre o ouro, ao fundo, e o mármore; a sensação de movimento provocada pelos tecidos retorcidos, a forte dramaticidade na expressão da Santa, em contraste com o sorriso sereno do anjo. Obras como essa foram usadas pela Igreja Católica para atrair e emocionar os fiéis.

O papado permitiu a Portugal adotar uma instituição semelhante em 1536, sob D. João III. Também foram implantados procedimentos inquisitoriais contra o "paganismo" dos indígenas americanos, mas eram, sobretudo, as heresias dos europeus que a Inquisição visava restringir. Existiam tribunais do Santo Ofício em Lima, no México e em Cartagena, na Colômbia. Portugal estabeleceu, em 1560, um tribunal em Goa, cuja competência se estendia da África oriental até a Ásia.

A América portuguesa não teve tribunal permanente da Inquisição, mas recebia "visitas" do tribunal de Lisboa. A primeira delas ocorreu na Bahia, de 1591 a 1595. Muitas confissões ocorriam sob tortura e, depois de julgados, os prisioneiros eram encaminhados a Lisboa.

Três mulheres condenadas pela Inquisição, gravura de Louis Ellies du Pin. Os sambenitos geralmente representavam as chamas e os demônios do Inferno que esperavam pelos condenados. No quadro, a primeira condenada (à esquerda) vai ser queimada viva; já as outras duas escaparam da fogueira porque confessaram seus pecados antes ou após a leitura da sentença.

Já a Inquisição italiana foi a única cujo principal objetivo desde o início era o combate à difusão do protestantismo, embora posteriormente também tenha passado a perseguir acusados de feitiçaria e blasfêmia, além de atuar na censura de livros.

As decisões dos julgamentos eram tornadas públicas durante o auto de fé – cerimônia realizada periodicamente na presença das mais altas autoridades. Em uma praça, os condenados, usando um traje considerado desonroso (o sambenito), desfilavam em procissão, renunciavam formalmente a seus pecados e recebiam suas sentenças, que iam da absolvição à morte. A cerimônia terminava com a execução dos condenados na fogueira.

Em resumo, as inquisições tinham o objetivo de defender os dogmas católicos pela perseguição aos heréticos. Por meio do caráter público da punição aos condenados, o Santo Ofício procurava fazer com que toda a sociedade absorvesse suas lições. Não se deve esquecer, porém, que entre os protestantes havia formas similares – ainda que menos institucionalizadas e violentas – de perseguição àqueles que se desviassem das doutrinas dominantes. Foi o caso das visitações dos bispos luteranos e dos consistórios (assembleia de anciãos) calvinistas.

O maior exemplo de perseguição realizada tanto por católicos quanto por protestantes foi a caça às bruxas. Do século XVI a meados do século seguinte, houve um aumento das acusações de feitiçaria por toda a Europa. Pela atribuição da culpa de desastres coletivos – como problemas nas colheitas – ou individuais, essas sociedades culpavam o demônio e seus aliados humanos por seus infortúnios. Dezenas de milhares de pessoas foram executadas por bruxaria, em sua grande maioria mulheres. É possível que isso se devesse a uma combinação de fatores: a percepção cristã de que a mulher era mais corruptível, devido ao papel de Eva em estimular Adão a comer a fruta proibida; o papel feminino de repositório dos saberes tradicionais, como a cura por meio de ervas, que desafiavam o monopólio de saber por parte da Igreja; a dominação masculina, que condenava muitas mulheres à pobreza e ao isolamento, tornando-as alvos mais fáceis a acusações de feitiçaria.

O tempo das reformas religiosas   Capítulo 13

A cristandade dividida

De 1550 ao final do século XVII, houve grande rivalidade entre as diversas igrejas, cada uma delas convencida de deter a verdade e constituir a única Igreja de Cristo. Todas as formas de diálogo ou acomodação foram sistematicamente rejeitadas. Se, por um lado, os católicos acusavam os protestantes de heresia e sacrilégio em relação às representações da Virgem e dos santos, por outro, os protestantes denunciavam a idolatria dos católicos e a submissão ao papa, acusado de ser um tirano próximo ao Anticristo.

Essa época de intolerância assistiu a uma verdadeira "guerra de livros". No intervalo de um século (1550-1650), cerca de 500 obras de controvérsia religiosa foram publicadas na França, na Alemanha, nos Países Baixos e na Inglaterra. Na Itália, na Espanha e em Portugal, o Santo Ofício perseguiu os protestantes, e políticas de conversão forçada foram instituídas em toda a Europa, inclusive por protestantes.

Como resultado desses embates, muitas guerras religiosas ocorreram na Europa entre os séculos XVI e XVII. Elas não devem ser entendidas, porém, apenas como disputas teológicas sobre a fé e a salvação. É importante lembrar que, durante a efervescência da Reforma, o Estado Moderno se edificava, e muitas vezes questões políticas e econômicas entrelaçavam-se às religiosas.

A França passou por oito guerras civis entre 1562 e 1598, durante as quais se opuseram facções políticas católicas e calvinistas (os huguenotes) que desejavam controlar a monarquia. Após o assassinato do último rei da dinastia Valois, Henrique III, em 1589,

Violência e religião

O episódio mais marcante das guerras de religião na França foi a Noite de São Bartolomeu, em 1572. Em agosto daquele ano, Gaspar de Coligny e diversos outros líderes calvinistas encontravam-se em Paris para o casamento do huguenote Henrique de Bourbon com Margarida de Valois, então irmã de Carlos IX, rei da França. Coligny sofreu uma tentativa de assassinato frustrada.

Temendo represálias, o monarca francês decidiu eliminar os chefes protestantes em um ataque preventivo. Paris foi fechada e as milícias foram armadas. O sinal para o início do massacre foi dado pelo sino da Igreja de Saint-Germain l'Auxerrois, paróquia dos reis da França. A matança começou no palácio real, o Louvre, e se estendeu por toda a cidade. Durante a noite, os protestantes, sem distinção de idade ou sexo, foram massacrados e seus corpos jogados no Rio Sena. Depois, as cidades das províncias iniciaram seus próprios massacres. No total, cerca de 10 mil pessoas foram mortas na França. O papa Gregório XIII mandou celebrar um *Te Deum*, em ação de graças pela morte dos protestantes, e Filipe II da Espanha, também comunicou sua satisfação. Apenas a rainha Elizabeth I da Inglaterra condenou o massacre.

François Dubois. *Noite de São Bartolomeu, 24 de agosto de 1572*. Óleo sobre madeira, 94 × 154 cm.

Unidade 4 A chegada dos "tempos modernos"

seu parente mais próximo e herdeiro era o huguenote Henrique de Bourbon. Após chegar ao trono, Henrique IV converteu-se ao catolicismo para garantir o apoio da maioria dos seus súditos. Em 1598, porém, promulgou o Edito de Nantes, que admitia a liberdade de culto na França. Essa lei pôs fim à violência e tornou possível a convivência de católicos e protestantes franceses por quase um século.

Nos Países Baixos, os protestantes se rebelaram contra seu soberano, o rei da Espanha. A repressão que se seguiu culminou em duas longas guerras: uma entre 1572 e 1609 e outra entre 1621 e 1648. Durante a primeira, em 1579, foi estabelecida a República das Sete Províncias Unidas dos Países Baixos, dissolvida em 1795.

Combates explodiram também no Sacro Império. O mais emblemático deles foi a Guerra dos Trinta Anos (1618-1648), que teve início quando os calvinistas da Boêmia se recusaram a aceitar o rei católico Ferdinando II, pertencente à dinastia dos Habsburgos. O conflito opôs alguns principados alemães protestantes, os Países Baixos, a Suécia e posteriormente a França católica aos rivais Habsburgos. Em toda a Europa, a questão religiosa permaneceu exacerbada durante o século XVII, mesclando-se às questões políticas temporais e representando um desafio espiritual, político e internacional de grande importância.

ORGANIZANDO AS IDEIAS

10. Quais estratégias foram utilizadas pela Igreja Católica na tentativa de reagir ao avanço protestante?
11. Como podemos entender as guerras religiosas que se desenrolaram nos séculos XVI e XVII?

Revisando o capítulo

APROFUNDANDO O CONHECIMENTO

1. Leia novamente o boxe As teses de Lutero. Identifique, nas teses, as principais críticas feitas por ele à Igreja Católica.

2. Em seu caderno, construa um quadro comparativo sobre as principais características das reformas desenvolvidas por Lutero, Calvino e Henrique VIII. Considere os seguintes itens para elaborar o quadro:

    a. As diferenças entre as propostas religiosas de cada um.
    b. As camadas sociais que lhes deram apoio.
    c. As regiões por onde se expandiram.
    d. Época de sua fundação.

3. Os textos a seguir revelam dois pontos de vista sobre as guerras religiosas. O primeiro é de Richard Verstegen, católico inglês expulso da Inglaterra pela Reforma Protestante, que se colocou a serviço de Felipe II, rei de Espanha e de Portugal. O segundo é de Jean de Léry, calvinista que esteve na colônia francesa do Rio de Janeiro e que vivenciou as guerras de religião que assolaram a França a partir de 1562.

Texto 1

Meus senhores, montamos este teatro para vos apresentar as miseráveis tragédias que os heréticos representaram na nossa Europa. [...] Ao ver os atos cruéis aqui representados, louvai a Deus por terdes permanecido na religião católica, cheia de doçura, amor e humanidade, e por não terdes servido como instrumentos de Satã para representar essa miserável tragédia. Quanto à decoração do teatro, é ela toda em vermelho; porque o tema, cheio de crueldade, não tem outra cor. O sangue escorre de todos os lados, se espalha e reina por toda parte, só se fala de fogo, saque, morte, carnificina, pilhagem, impiedade e monstruosas desumanidades. Vereis os atores se comprazerem em espalhar, derramar e extrair o sangue humano, e nele se banharem, chafurdarem e gozarem com sua abundância. [...] Quem compôs esses atos foi Satã, pai cruel, autor e inventor de toda barbárie. Foi esse primeiro carniceiro quem mostrou aos heréticos, aos assassinos e aos bandidos da Alemanha e de Genebra como matar, esfolar e devorar a carne dos católicos.

VERSTEGEN, Richard. *Theatre des cruautez des Heretiques de nostre temps*. Antuérpia: Adrien Hubert, 1588, prólogo (sem paginação). Disponível em: <https://books.google.com.br/books?id=BydHAAAAcAAJ&printsec=frontcover&hl=pt-BR#v=onepage&q&f=false>. Acesso em: 18 abr. 2016. Tradução nossa.

Texto 2

Imaginem-se três quadros, um ao lado do outro, em que, no primeiro deles, estejam representados nossos selvagens brasileiros, ao vivo, abatendo com toras de madeira seus prisioneiros de guerra, enquanto as mulheres, ao lado, lavam com água quente os corpos mortos. E que, depois de esquartejados, todas as grelhas estejam cobertas por seus pedaços: pés, pernas, coxas, braços e cabeças, que, ao assarem, fazem sobre as altas grades de madeira horríveis caretas. Depois, que toda essa carne será comida. [...] Que no segundo quadro, esteja representado Turacan, com seu turbante, mandando construir a pirâmide de cabeças humanas. E Murá e Mehmed, imperadores dos turcos. O primeiro, depois de degolar muitos pobres miseráveis, faz sacrifícios e oferendas à alma de seu falecido pai. E o outro, despedaçando e fazendo morrer na roda os soldados inimigos que lhe caíram nas mãos. [...] Por último, o terceiro quadro, onde se veem os furiosos e endemoninhados franceses rompendo todas as leis naturais e violando todos os editos de seu rei e príncipe soberano. Alguns, como carniceiros de homens, pendurando-os pelos pés e lhes arrancando as tripas. [...] Outros, espetando em varas os fígados e corações humanos.

LÉRY, Jean de. *Histoire d'un Voyage fait en la terre du Brésil, dite Amérique*. Jn: Genebra: herdeiros de Eustache Vignon, 1600, 4. ed. revista, corrigida e aumentada, p. 279-280. Tradução nossa.

a. De que maneira Richard Verstegen se refere aos protestantes?
b. Que imagens esse autor católico utiliza para identificar o "teatro dos protestantes" como obra do demônio?
c. Por que Jean de Léry, ao falar das crueldades dos católicos, os compara aos canibais e aos turcos? Por que, para o autor, os católicos franceses pareciam ser ainda mais cruéis?

4. O afresco a seguir foi pintado por Michelangelo, antes do Concílio de Trento. Porém, em 1564, ano de sua morte, as partes genitais de cerca de 30 personagens da obra foram cobertas para atender às prescrições deste concílio. Essa modificação denota a passagem da sensibilidade do Renascimento, inspirada na Antiguidade greco-romana, à da Reforma Católica, mais pudica.

Capela Sistina, Vaticano

Após analisar a pintura de Michelangelo, redija um texto desenvolvendo os seguintes temas:

a. Que conclusões podemos tirar dessa mudança na obra de Michelangelo?
b. Como uma imagem pode contribuir para transmitir uma ideia?
c. A arte deve sofrer algum tipo de censura?

5. Observe a pintura ao lado, de Pedro Berruguete (1450-1504). Ela representa que medida tomada pela Reforma Católica? Explique o que foi essa medida.

Museu do Prado, Madrid

O FORTALECIMENTO DOS ESTADOS MONÁRQUICOS

CAPÍTULO 14

Atribuiu-se a Luís XIV da França, principal expoente do chamado absolutismo, a frase "o Estado sou eu". O rei francês, porém, jamais pronunciou essas palavras. Será que ele realmente dispunha de um poder absoluto?

Ao longo da época moderna, os reis se fortaleceram, recrutando mais funcionários e soldados e passando a cobrar mais impostos. No entanto, um monarca sozinho não poderia fazer muita coisa. Para governar, precisava do apoio de nobres, juízes, generais – sem esquecer do povo, que poderia se rebelar caso estivesse insatisfeito. Assim, para entender como os Estados se consolidaram, é preciso compreender como os reis interagiam com os diferentes grupos sociais.

Construindo o conhecimento

- Para você, o que é o Estado?
- Você acha que o Estado interfere em sua vida?

Plano de capítulo

▸ A lenta formação dos Estados modernos
▸ As rupturas do pensamento político
▸ As aspirações absolutistas
▸ Inglaterra: a ascensão do Parlamento

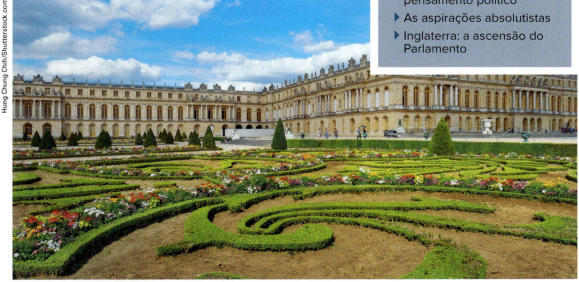

Vista do Palácio de Versalhes, nos arredores de Paris. Foto de 2015. Originalmente um pavilhão de caça idealizado por Luís XIII, foi transformado em suntuoso palácio real por seu filho Luís XIV e serviu de residência real de 1682 até 1789, ano da Revolução Francesa. Em 1837, foi convertido pelo rei Luís Filipe no Museu da História da França, um dos mais visitados do país.

Marcos cronológicos

- **1519** — Carlos I de Castela é eleito imperador do Sacro Império Romano-Germânico.
- **1532** — Publicação de *O Príncipe*, de Nicolau Maquiavel.
- **1562-1598** — Guerras de religião na França.
- **1566** — Início da Rebelião das Províncias Unidas dos Países Baixos contra a Espanha.
- **1576** — Publicação de *Os seis livros da República*, de Jean Bodin.
- **1578** — Morte de D. Sebastião de Portugal, último rei da dinastia de Avis.
- **1580-1640** — União Ibérica entre Portugal e Espanha.
- **1635-1659** — Guerra Franco-Espanhola.
- **1640** — Rebelião da Catalunha e Restauração da Independência de Portugal.
- **1642** — Início da Guerra Civil Inglesa.
- **1649** — Execução de Carlos I da Inglaterra.
- **1651** — Publicação do *Leviatã*, de Thomas Hobbes.
- **1660** — Restauração da monarquia inglesa.
- **1661** — Início do governo pessoal de Luís XIV, na França.
- **1682** — Inauguração do Palácio de Versalhes.
- **1688** — Revolução Gloriosa na Inglaterra.
- **1700-1713** — Guerra de Sucessão Espanhola.

A lenta formação dos Estados modernos

Como vimos no Capítulo 9, no século XV a Europa começou a emergir da crise econômica e social ocasionada pela peste, pela fome e por guerras no fim do século anterior. A consolidação do poder nas mãos dos reis recebeu forte impulso nesse momento graças a vários fatores. As rebeliões populares no campo e na cidade, que colocaram em xeque o poder dos senhores feudais, mostraram-lhes que seria conveniente dispor de uma instituição capaz de garantir seus privilégios: uma monarquia consolidada, que auxiliaria a aristocracia nos conflitos com outros grupos sociais. Assim, embora perdesse parte de sua autonomia, a nobreza territorial passou a colaborar com os reis, continuando a exercer grande influência.

A guerra também contribuiu para a aproximação entre aristocratas e monarcas. Desde a Idade Média, essa era a principal função social dos nobres. Entretanto, o avanço da arquitetura militar produziu fortalezas capazes de resistir a cercos por longos períodos, enquanto a introdução dos canhões e de armas de fogo aumentou os custos para equipar um exército. As milícias feudais não eram mais suficientes: era preciso recrutar (e pagar) muitos soldados. Em resumo, os custos dos conflitos se tornaram elevados demais para serem sustentados pela aristocracia, pois apenas o monarca podia arrecadar recursos suficientes para arcar com tantas despesas.

O poder de cobrar impostos não foi obtido facilmente pelos monarcas, que se viram obrigados a negociar constantemente com as assembleias de cada reino. Essas instituições incluíam o alto clero, a aristocracia e, em algumas regiões, nobres menores e até uns poucos plebeus enriquecidos. O Parlamento inglês, as Cortes ibéricas e os Estados Gerais franceses são exemplos desse tipo de instituição que se disseminou pela Europa nos séculos XIII e XIV. Frequentemente as elites obtinham privilégios em troca do assentimento às demandas régias, como autonomia regional ou autorização para controlar parte dos recursos arrecadados. Além disso, as guerras traziam benefícios para certos grupos: aristocratas eram escolhidos para comandar os exércitos, enquanto os principais comerciantes lucravam ao emprestar dinheiro a juros elevados aos monarcas. A maior parte dos impostos era paga pelos mais pobres, que não possuíam representação política.

A organização do esforço de guerra e a arrecadação de impostos exigiam a ampliação do número de funcionários régios. Iniciou-se, portanto, a construção de uma burocracia capaz de transmitir as ordens da monarquia para todos os seus domínios. Mesmo assim, a Coroa continuava a depender das elites para exercer sua autoridade. Na Inglaterra, por exemplo, os principais representantes do rei no âmbito local eram os juízes de paz, um ofício exercido voluntariamente pela nobreza latifundiária. Tanto funcionários quanto elites defendiam seus próprios interesses mesmo quando serviam ao rei: assim, casos de corrupção e utilização de cargos para benefício próprio eram comuns. Os monarcas precisavam tolerar essas práticas, pois dependiam desses homens para governar.

No contexto da Guerra dos Cem Anos (1337-1453), entre França e Inglaterra, o rei inglês Eduardo III é retratado contando os mortos na Batalha de Crécy (1346). A liderança dos monarcas nesses grandes conflitos reforçava sua autoridade. Iluminura, 1410.

Outro elemento que reforçou o poder dos reis foi a criação de um corpo de leis uniforme, influenciado pelo redescobrimento do direito romano na Baixa Idade Média. A partir do final do século XIII, cada vez mais monarcas reuniram e organizaram as leis de seus reinos. Gradualmente, os juízes passaram a ser nomeados pelo rei, reduzindo-se a influência dos nobres na aplicação da justiça.

Outra manifestação do crescente poder dos monarcas foi a adoção de uma moeda única, que só poderia ser cunhada pelo rei, assim como a diminuição dos impostos cobrados nas transações mercantis dentro de cada reino. Essas mudanças ampliaram a circulação de bens e produtos, beneficiando os mercadores.

Para que a autoridade monárquica se expandisse, foi preciso também estabelecer uma nova relação com a Igreja. Diversos reis começaram a limitar a autoridade dos papas em seus territórios. A França, por exemplo, conquistou em 1438 o privilégio de nomear seus bispos, que passaram a ser escolhidos entre os aliados do rei. Como os eclesiásticos controlavam terras e dinheiro, e eram capazes de influenciar os fiéis por meio de seus sermões e de sua autoridade espiritual, os monarcas que conseguiam ter os eclesiásticos a seu lado ganhavam um poderoso apoio político.

Como vimos no Capítulo 13, o panorama religioso da Europa sofreu grandes transformações no século XVI, em razão da Reforma. Nos reinos protestantes, a obediência devida ao papa pelo clero foi substituída por uma subordinação ao soberano – a exemplo da Inglaterra, onde a Igreja anglicana passou a ter como chefe o monarca. Já nos países católicos, os monarcas defendiam a Igreja de Roma, enquanto esta se comprometia a apoiar o Estado. Assim, por toda a Europa, padres, pastores e bispos pregavam a obediência aos reis como parte do dever dos fiéis e liam em seus púlpitos decretos régios.

Posteriormente conhecida como *As sete partidas*, o *Livro das leis*, c. 1265, foi uma das primeiras compilações legislativas da Europa, afirmando o papel do rei como juiz e legislador.

A desigualdade naturalizada

Nas sociedades da Europa moderna, a riqueza, o poder e o prestígio estavam concentrados nas mãos de uma pequena minoria. A divisão medieval em três ordens ou estados (clero, nobreza e povo) continuava a ser usada para explicar a sociedade, embora fosse uma simplificação. Os dois primeiros grupos possuíam diversos privilégios, como a isenção de impostos, além de não poderem ser submetidos às mesmas punições que os plebeus caso cometessem crimes. Os principais cargos públicos também eram monopolizados por seus membros.

A desigualdade era, porém, percebida como natural, pois se via a sociedade como um corpo composto de vários membros, com funções e direitos distintos. Assim, o rei seria a cabeça; a nobreza, os braços; e o clero, o coração, enquanto o campesinato comporia as pernas que sustentavam esse edifício. Como o corpo humano, a sociedade teria sido criada por Deus, portanto não deveria ser modificada. Consequentemente, as monarquias deveriam defender a ordem excludente. Também se pensava que a posição de cada um deveria ser determinada pelo nascimento. Na prática, porém, a ascensão social não era impossível. Um comerciante poderia usar sua fortuna para comprar terras, construir mansões e, em alguns reinos (como Espanha e França), adquirir ofícios ou títulos prestigiosos, tornando-se nobre. Os reis também tinham o poder de enobrecer aliados, concedendo privilégios e títulos àqueles que os servissem bem. Esses caminhos estavam, porém, fechados para a grande maioria da população.

John Day. *A christall glasse of christian reformation*, Londres, Inglaterra, 1569. Na gravura, um nobre se recusa a dar esmolas a mendigo. O título em inglês faz um trocadilho entre copo de cristal e reforma cristã, sinalizando seu aspecto elitista.

Escorial, localizado em San Lorenzo de El Escorial, Espanha. Construído pelo rei espanhol Filipe II, entre 1563 e 1584, foi ao mesmo tempo residência dos reis, sepultura da família real, monastério e centro de estudos católicos sobre a Reforma. Religião, propaganda e autoridade combinavam-se em um só espaço, evidenciando o poder da monarquia hispânica. Foto de 2014.

As monarquias também lançaram mão de símbolos e da propaganda para se fortalecer. Publicaram-se livros que legitimavam a autoridade dos reis. Palácios foram construídos como testemunhos arquitetônicos do poder monárquico, enquanto pinturas e esculturas exaltavam a figura régia.

Guerra, cobrança de impostos, expansão da burocracia, negociações com as elites, uma legislação mais uniforme, afirmação da autoridade sobre a Igreja, propaganda – todos esses elementos apontavam para o reforço do poder dos reis. Na maior parte da Europa, por exemplo, as assembleias representativas perderam importância no século XVII.

No entanto, não convém exagerar o poder dos Estados. Os meios de comunicação eram precários, não havia uma distribuição uniforme de funcionários régios pelo reino e as periferias frequentemente preservavam seus próprios costumes e leis, o que forçava os monarcas a respeitar as especificidades regionais.

Em acréscimo, os soberanos continuavam a depender das elites para governar. Os aristocratas ocupavam os cargos mais importantes. Em âmbito local, os monarcas precisavam da colaboração da nobreza e de plebeus ricos para cobrar impostos, recrutar soldados e divulgar seus decretos. Assim, seu poder foi construído por meio de amplas negociações, e, quando os governantes assumiram posturas mais autoritárias, frequentemente tiveram de lidar com revoltas, inclusive por parte dos nobres.

É inegável que o Estado se fortaleceu ao longo da época moderna. Entretanto, é preciso ter cuidado ao utilizar termos como "absolutismo" e "Antigo Regime",

pois eles foram cunhados após a Revolução Francesa, quando os revolucionários desejavam enfatizar os aspectos negativos do passado para realçar as características positivas de sua própria época. Na prática, o poder dos reis jamais foi absoluto, pois constantemente deparavam com limitações políticas, econômicas e sociais.

> **ORGANIZANDO AS IDEIAS**
>
> 1. Descreva dois elementos que possibilitaram o reforço do poder monárquico na época moderna.
> 2. Por que temos de relativizar o conceito de absolutismo real?

As rupturas do pensamento político

A ascensão dos Estados foi acompanhada pelo surgimento de novas formas de pensar o poder. Muitos autores se debruçaram sobre o papel do Estado na vida em sociedade, tentando explicar, justificar e guiar esse processo de concentração de poder.

O diplomata e escritor florentino Nicolau Maquiavel (1469-1527) inovou ao separar a política da moral. Ele produziu diversas obras, mas seu principal livro foi *O príncipe*, publicado postumamente em 1532. Em sua época, havia disputas entre as várias cidades-Estado da rica região norte da Itália. A fragmentação política favorecia tentativas de dominação por parte de potências estrangeiras, como a França.

Por isso, no início da época moderna o quadro político de Florença – e de todo o norte da Itália – era bastante instável.

O livro de Maquiavel rompia com o pensamento cristão e caracterizava-se pelo pragmatismo. Não se tratava mais de pensar como o governo deveria ser, mas do que era preciso para que ele efetivamente funcionasse. De acordo com o pensador florentino, um governante que fosse sincero e virtuoso estaria fadado ao fracasso, pois, em um mundo em que as pessoas são corruptíveis e ingratas, seria fácil que seus adversários minassem seu poder. O príncipe deveria, portanto, aproveitar essas características em vez de reclamar contra a imoralidade dos homens. Dessa maneira, Maquiavel ignorava a importância de se comportar de acordo com os preceitos do cristianismo para alcançar o Paraíso – uma inovação em uma Europa que ainda tinha a salvação como objetivo fundamental.

Esse pragmatismo fez com que a obra de Maquiavel muitas vezes tenha sido lida de forma negativa. Até hoje, o termo "maquiavélico" é sinônimo de inescrupuloso. *O príncipe* sofreu duras críticas tanto de católicos quanto de protestantes e em 1559 foi colocado no *Index*, tornando-se leitura proibida no mundo católico. Mesmo assim, influenciou direta ou indiretamente muitos autores posteriores.

Por sua vez, o jurista francês Jean Bodin (1530-1596) refletiu sobre o Estado tendo em mente a monarquia francesa, que na época passava por uma guerra civil entre protestantes e católicos. Na obra *Os seis livros da República* (1576), ele defende como solução para o conflito a criação de um poder absoluto, capaz de se sobrepor a todas as diferenças políticas e religiosas a fim de garantir a paz e a ordem. Nenhum vassalo poderia resistir a seu monarca, pois o poder real vinha de Deus. Ainda mais importante, qualquer resistência poderia fazer estourar uma guerra civil. O poder do soberano seria limitado apenas pelas leis de Deus e da natureza, não podendo, por exemplo, cobrar impostos sem o consentimento dos vassalos, pois a propriedade privada seria o fundamento de toda a sociedade. Bodin tornou-se um autor quase tão lido quanto Maquiavel e, assim como

O pragmatismo de Maquiavel

Ao refletir sobre o caminho que um governante deveria trilhar para que obtivesse o respeito de seus vassalos, o pensador florentino afastou-se de qualquer questão moral para pensar simplesmente no que seria mais eficaz.

Nasce daí uma questão: se é melhor ser amado que temido ou o contrário. A resposta é de que seria necessário ser uma coisa e outra; mas, como é difícil reuni-las, em tendo que faltar uma das duas é muito mais seguro ser temido do que amado. Isso porque dos homens pode-se dizer, geralmente, que são ingratos, volúveis, simuladores, tementes do perigo, ambiciosos de ganho; e, enquanto lhes fizeres bem, são todos teus, oferecem-te o próprio sangue, os bens, a vida, os filhos, desde que, como se disse acima, a necessidade esteja longe de ti; quando esta se avizinha, porém, revoltam-se. E o príncipe que confiou inteiramente em suas palavras, encontrando-se destituído de outros meios de defesa, está perdido: as amizades que se adquirem por dinheiro, e não pela grandeza e nobreza de alma, são compradas mas com elas não se pode contar e, no momento oportuno, não se torna possível utilizá-las. E os homens têm menos escrúpulo em ofender a alguém que se faça amar do que a quem se faça temer, posto que a amizade é mantida por um vínculo de obrigação que, por serem os homens maus, é quebrado em cada oportunidade que a eles convenha; mas o temor é mantido pelo receio de castigo que jamais se abandona.

MAQUIAVEL, Nicolau. *O príncipe* (1532). São Paulo: Saraiva, 2010.

Santi di Tito. *Retrato póstumo de Nicolau Maquiavel*, século XVI. Óleo sobre tela.

Palazzo Vecchio, Florença

O direito divino dos reis

Tutor do herdeiro de Luís XIV da França, Jacques Bossuet (1627-1704) foi um dos principais defensores do "direito divino dos reis", ou seja, a ideia segundo a qual os monarcas tinham o direito de reinar por vontade de Deus, e não por decisão de seus súditos ou das assembleias representativas. Bossuet defendeu também que o verdadeiro chefe da Igreja francesa era o monarca, pois a autoridade do papa seria válida apenas em assuntos espirituais. Neste texto, que só foi publicado após sua morte, ele expõe sua teoria sobre o poder absoluto do rei.

> Proposição única: há quatro aspectos ou qualidades essenciais à autoridade real:
> Primeiro, a autoridade real é sagrada.
> Segundo, ela é paternal.
> Terceiro, ela é absoluta.
> Quarto, ela é sujeita à razão. [...]
> A Majestade é a imagem da grandeza de Deus no príncipe. Deus é infinito, Deus é tudo. O príncipe, como príncipe, não é visto como um homem específico, mas como personagem público. Todo o Estado encontra-se nele e a vontade de todo o povo está contida na sua. Tal como em Deus está reunida toda a perfeição e toda a virtude, assim também todo o poder dos indivíduos está reunido na pessoa do rei. Que grandeza, um único homem conter tanta coisa! O poder de Deus se faz sentir num instante de uma extremidade do mundo a outra. O poder real age, ao mesmo tempo, em todo o reino. Mantém todo o reino funcionando, como Deus faz com o mundo. Se Deus retirar sua mão, o mundo voltará ao nada. Se a autoridade cessar no reino, tudo será confusão.

BOSSUET, Jacques. *Política segundo a Sagrada Escritura* (1709). In: LE BRUN, Jacques. *Politique tirée des propres paroles de l'Ecriture Sainte*. Genebra: Librairie Droz, 1967. p. XX. (Collection Classiques de la Pensée Politique). Tradução nossa.

---

o florentino, teve seu livro proibido pela Igreja Católica, pois defendia a tolerância religiosa, criticava o papado e baseava sua defesa do poder monárquico antes na razão do que na religião.

No século XVII, surgiu outro pensador, tão polêmico quanto Maquiavel e, assim como Bodin, defensor do poder absoluto do Estado. O inglês Thomas Hobbes (1588-1679) publicou em 1651 seu mais célebre livro, o *Leviatã*, composta em meio às guerras civis das ilhas britânicas (tema tratado adiante). Para Hobbes, a sociedade é um arranjo artificial, em que as pessoas, por meio de um contrato, concedem o poder a uma autoridade capaz de manter a ordem. Essa organização seria necessária, pois sem um poder superior as pessoas viveriam em um estado de guerra constante: cada um agiria segundo sua vontade, sem respeito ao próximo. Como a ameaça de uma guerra civil estaria sempre presente, o menor mal seria a construção de um Estado absoluto, pois somente ele seria capaz de preservar a propriedade privada e a paz social.

É preciso lembrar, porém, que esses autores não estavam descrevendo como o poder era exercido, mas sim propondo um modelo. Por mais que desejassem, os monarcas nunca exerceram o poder absoluto: a teoria era uma coisa, a prática era outra. Mesmo assim, as ideias de Maquiavel, Bodin, Hobbes e Bossuet foram importantes, pois legitimaram a constante busca régia por mais poder, convencendo muitos dos seus leitores dos benefícios da existência de um Estado forte.

Frontispício da obra *Leviatã*, de Thomas Hobbes, publicada em Londres, gravura, 1651.

ORGANIZANDO AS IDEIAS

3. Qual foi a principal inovação do pensamento político de Maquiavel?
4. Bodin, Bossuet e Hobbes preocuparam-se em explicar o fortalecimento do poder monárquico. Estabeleça as diferenças principais entre as ideias desses três pensadores.

As aspirações absolutistas

A partir do quadro geral delineado, é possível analisar o desenvolvimento de alguns dos principais reinos europeus, de maneira a perceber como as monarquias buscaram se fortalecer e quais dificuldades encontraram pelo caminho.

Ascensão e decadência da monarquia hispânica

Como vimos anteriormente, os reinos de Castela e Aragão uniram-se no final do século XV. Com o casamento dos soberanos Isabel e Fernando, os "reis católicos", iniciou-se um processo de consolidação do poder monárquico. Sua filha e herdeira, Joana, casou-se com Filipe de Habsburgo, o Belo, herdeiro do arquiducado da Áustria. Após o falecimento precoce de seu marido, Joana foi considerada louca e o trono passou para seu filho, Carlos (1500-1568) em 1516. Com a morte do avô paterno, o imperador do Sacro-Império Maximiliano, Carlos utilizou a riqueza e o poder da Espanha para subornar e atrair os principais aristocratas do Sacro Império, elegendo-se imperador em 1519, com o nome de Carlos V.

Com apenas 19 anos, Carlos V tornou-se o monarca mais poderoso da Europa, pois seus territórios estendiam-se por metade do continente. Após a conquista dos ricos impérios Asteca e Inca na América (tema do próximo capítulo), o imperador obteve ainda mais recursos, reforçando sua hegemonia europeia. Entretanto, um grande problema em possuir tantos territórios era a necessidade de defendê-los contra uma série de inimigos. Consequentemente, Carlos V viveu como um nômade, deslocando-se de uma batalha para outra.

Um dos maiores oponentes do imperador foi Francisco I (1494-1547), rei da França. Os franceses entraram em conflito com o vasto Império Habsburgo por diversas vezes, principalmente para determinar quem controlaria o norte da Itália. Já no Sacro Império as guerras se originaram da expansão do luteranismo por diversos principados, enquanto o imperador, que se via como o campeão da cristandade, desejava manter a hegemonia católica. Carlos V também enfrentou o poderoso Império Otomano, que se expandiu pela Europa oriental, conquistando os Bálcãs e chegando a ameaçar Viena, capital da Áustria. Por último, apesar de sua defesa do catolicismo, Carlos V também entrou em choque com os papas quando estes questionaram suas ambições: em 1527, suas tropas chegaram a saquear a cidade de Roma, aprisionando o papa Clemente VII.

O Sacro Império Romano-Germânico

Na época moderna, o Sacro Império Romano-Germânico abarcou os territórios atuais da Alemanha, Holanda, Bélgica, Áustria, Suíça, República Tcheca e Eslováquia, além de partes da França, Itália e Polônia. Seu soberano era escolhido por sete eleitores: três arcebispos e quatro grandes senhores feudais. O tamanho e a diversidade de seu território dificultaram os esforços dos imperadores para consolidar seu poder, como estava ocorrendo na Espanha, França e Inglaterra. Assim, os diversos reinos, principados, ducados, condados e cidades-Estado que o compunham mantiveram grande autonomia.

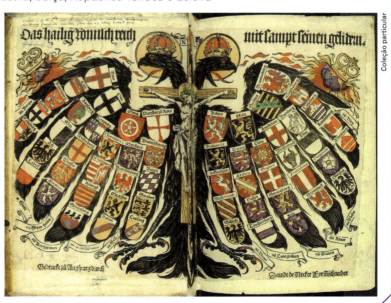

Hans Burgkmair. *Os Estados do Sacro Império Romano-Germânico*, c. 1510. Gravura colorida à mão, 285 x 400 mm. A imagem representa a águia coroada (símbolo dos imperadores), a crucificação de Jesus Cristo – de modo a indicar a importância do catolicismo na legitimação dessa monarquia –, e os mais importantes principados que compunham o império.

O fortalecimento dos Estados monárquicos   Capítulo 14

A Cruz e o Crescente: impérios em conflito

Surgido por volta de 1300, o Império Otomano estendeu-se pelo norte da África, Oriente Médio e Europa oriental, tornando-se uma das grandes ameaças à cristandade entre os séculos XV e XVII. Tal como os monarcas Habsburgos, os sultões otomanos controlavam territórios e povos muito variados, com identidades e instituições próprias. Rebeliões provinciais eram comuns, assim como conflitos entre os filhos de um governante para decidir quem herdaria o trono; um caso extremo foi o de Mehmed III (1556-1603), que em 1595 executou seus 19 irmãos mais novos para impedir qualquer contestação a seu poder. A religião muçulmana exercia um papel preponderante: os sultões utilizavam o título religioso de "califas", isto é, sucessores do profeta Maomé e líderes do Islã. Diferentemente da maior parte da Europa, porém, minorias religiosas como judeus e cristãos ortodoxos eram toleradas, devendo apenas pagar um imposto especial.

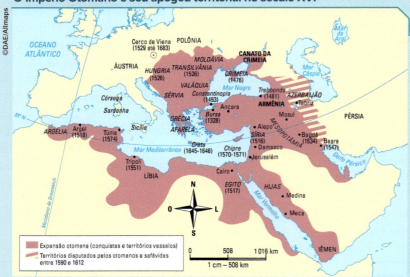

O Império Otomano e seu apogeu territorial no século XVI

Fonte: DUPONT, Anne-Laure. *Atlas de l'Islam*. Paris: Autrement, 2005.

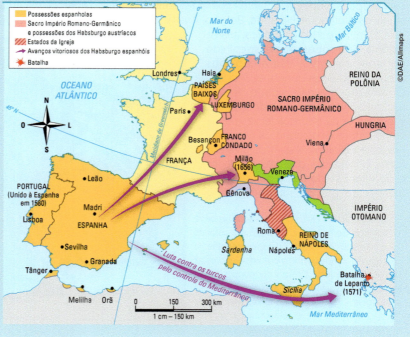

Império dos Habsburgo da Espanha

Fonte: *Atlas historique*. Paris: Hachette, 1987.

Unidade 4 · A chegada dos "tempos modernos"

Madri, Corte e capital do império espanhol

Em 1561, o rei espanhol Filipe II elegeu Madri, uma pequena cidade no interior de Castela, como a capital do maior império de sua época. Madri era uma cidade sem grandes riquezas ou importância política. Até então, a corte espanhola não possuía um lugar fixo, mas a crescente complexidade do império obrigou o rei a fixar sua residência: o grande séquito de mordomos, criados, guardas e burocratas tornava inviável viver em movimento. A chegada do monarca a Madri mudou completamente a cidade, pois sua população aumentou e foram construídas grandes obras públicas.

Félix Castello. *Vista do Alcázar em Madri*, c. 1650. Óleo sobre tela, 50 x 108 cm. Na pintura, é retratado o antigo palácio real de Madri, o Real Alcázar – construído sobre uma fortaleza moura da época medieval –, que se tornou a residência da família real e sede da corte até 1734, quando foi destruído por um incêndio. Atualmente, no mesmo lugar do Real Alcázar está o Palácio Real de Madri.

Apesar de ter saído vitorioso em muitas de suas guerras, Carlos V chegou cansado e desiludido ao final da vida. A diversidade de seus domínios impossibilitou a consolidação de seu poder, pois cada um deles possuía leis, instituições e tradições próprias, assim como elites que desejavam manter sua influência e prestígio. Para minimizar esses problemas, o imperador decidiu, em 1556, dividir seus domínios. Seu irmão mais novo, Ferdinando, herdou a Áustria e o Sacro Império, enquanto o filho Filipe (1527-1598) recebeu o Império Espanhol, que incluía a América, o sul da Itália e os Países Baixos.

Filipe II tentou preservar a posição da Espanha como principal potência europeia. Consequentemente, envolveu-se em muitos conflitos, assim como seu pai. Nos Países Baixos, continuou a reprimir violentamente o protestantismo e enviou espanhóis para governar a região. A medida ampliou a insatisfação das elites locais, que temiam a redução de seu poder. Assim, a expansão do calvinismo combinou-se com fatores políticos para detonar uma rebelião em 1566, dando origem um conflito que duraria até 1648. A parte sul dos Países Baixos, correspondente à atual Bélgica, permaneceu católica e sob domínio dos Habsburgos, enquanto o norte formou em 1579 a República das Províncias Unidas dos Países Baixos (atual Holanda), predominantemente calvinista. Em razão da perda desse importante território e dos grandes gastos com a guerra, a monarquia hispânica começou a se enfraquecer em finais do século XVI.

Apesar desses revezes, Filipe II obteve uma importante vitória em 1580. Filho de uma princesa lusitana, o monarca espanhol era tio do rei português D. Sebastião (1554-1578). Ele decidiu liderar uma invasão ao Marrocos muçulmano com o objetivo de expandir as possessões lusas na região e lutar contra os inimigos

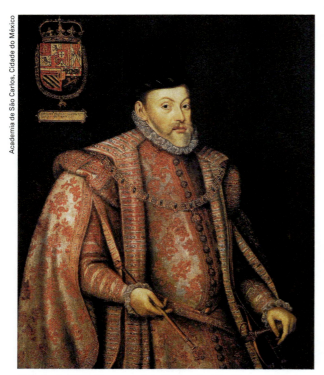

Retrato de Filipe II como rei de Portugal, atribuído ao ateliê de Alonso Sánchez Coello (1531-1588), México. Nesta imagem, as armas de Portugal se juntam às da Espanha e são colocadas no centro do brasão real de Filipe II.

da fé cristã. Seu exército sofreu, porém, uma dura derrota, e o monarca morreu, embora seu corpo nunca tenha sido encontrado. Como o falecido soberano não tinha filhos, iniciou-se uma disputa sucessória pelo trono português. Uma das candidatas era a principal aristocrata do reino, a duquesa de Bragança, mas o poder militar e econômico de Filipe II garantiu sua vitória. O monarca castelhano foi pessoalmente a Lisboa em 1581 e prometeu respeitar as leis e tradições locais, obtendo o apoio dos nobres (que viam oportunidades de obter honras e riquezas no serviço do mais poderoso rei da Europa) e dos comerciantes, que desejavam conseguir acesso à prata extraída na América espanhola. Assim, Filipe II acrescentou o Império Português (inclusive o Brasil) a seus enormes domínios.

No século XVII, completou-se a decadência espanhola. Entre 1609 e 1621, houve uma trégua entre Espanha e Holanda, mas, no reinado de Filipe IV (1621-1665), a monarquia hispânica novamente se viu envolvida em uma série de conflitos. Os espanhóis continuaram lutando com as Províncias Unidas até 1648, endividando-se para sustentar o exército. Em 1635, a França declarou guerra à Espanha, aproveitando o enfraquecimento desse tradicional adversário. Ao mesmo tempo, o principal ministro de Filipe IV, o conde-duque de Olivares, buscou unificar todos os territórios dominados pela Espanha, desrespeitando as leis e costumes locais, com o objetivo de obter soldados e cobrar mais impostos para preservar a decadente hegemonia hispânica.

Em consequência, diversas províncias começaram a se rebelar. A **Catalunha** foi a primeira, em maio de 1640, obtendo posteriormente apoio francês. Portugal insurgiu-se em dezembro do mesmo ano. D. João, duque de Bragança, foi coroado rei de Portugal. Em seguida, Nápoles, no sul da Itália, sublevou-se em 1647. Dentre esses três territórios, porém, somente Portugal manteve sua independência frente aos espanhóis, em grande medida porque pôde contar com as riquezas trazidas por seu império – especialmente o açúcar brasileiro.

Desse modo, após cerca de um século de hegemonia, uma Espanha exaurida pelas guerras viu seu poder no continente declinar. Uma nova potência se afirmava: a França.

O esplendor francês

A França era uma das monarquias mais importantes da Europa desde a Baixa Idade Média. Em razão da Guerra dos Cem Anos com a Inglaterra, a Coroa obteve alguns impostos novos. O mais importante deles era a talha, uma taxa sobre a terra possuída pelos plebeus. Foi a principal fonte de renda do governo, diminuindo a necessidade de realizar consultas aos Estados Gerais para obter recursos.

A passagem do século XV para o XVI foi um período de consolidação do poder régio. Durante o reinado de Francisco I (1515-1547), ampliou-se o número de funcionários régios, de modo que a monarquia pôde estabelecer um controle maior sobre o território. Muitos desses postos eram vendidos a quem oferecesse um lance maior, trazendo recursos para a Coroa. Apesar das guerras contra Carlos V, o aperfeiçoamento do sistema tributário permitiu que os Estados Gerais não fossem convocados entre 1484 e 1560 – um sinal de que a monarquia estava afirmando sua autoridade sobre seus vassalos.

Entretanto, o advento da Reforma e a difusão do protestantismo mergulharam o reino em uma série de guerras de religião entre 1562 e 1598, como vimos no capítulo anterior.

Catalunha: região autônoma da Espanha com língua e identidade próprias, localizada no nordeste do país.

Para além das motivações religiosas, aristocratas católicos e protestantes também combatiam com o objetivo de controlar a monarquia. O último rei da dinastia Valois, Henrique III, foi assassinado em 1589 por um católico fanático. Em uma tentativa da monarquia de negociar com seus principais vassalos, os Estados Gerais foram convocados diversas vezes a partir de 1560.

Henrique III não deixou herdeiros e o trono francês foi assumido por Henrique IV (1553-1610), o primeiro rei da dinastia Bourbon, responsável por conter as lutas religiosas a partir do Edito de Nantes (1598). Henrique IV e seu filho, Luís XIII (1601-1643), restabeleceram a autoridade régia, eliminando os últimos resquícios do conflito entre protestantes e católicos e submetendo os grandes aristocratas. Com a criação dos intendentes, funcionários subordinados apenas ao rei que não eram proprietários de seus cargos e possuíam autoridade para intervir nas províncias, a monarquia expandiu o alcance e a eficiência da sua burocracia.

O fortalecimento de seu poder permitiu que a Coroa deixasse de convocar os Estados Gerais a partir de 1614. Foi também nessa época que o Estado francês iniciou seu esforço de colonização na América.

A França tornou-se a principal potência europeia em meados do século XVII, mas enfrentou uma série de revoltas internas. A situação se agravou com a morte de Luís XIII em 1643, quando seu filho, Luís XIV (1638-1715), tinha apenas quatro anos de idade. Com a menoridade do monarca, ocorreu um conjunto de revoltas, a Fronda (1648-1652), em que membros da aristocracia e da **nobreza de toga** se rebelaram

> **Nobreza de toga:** um grupo hereditário de pessoas que compraram postos importantes na burocracia, como de juízes nos tribunais superiores (parlamentos). Como a nobreza tradicional ("de espada", em razão de sua atuação militar), geralmente esse grupo era dono de terras, mesmo que a riqueza da família tivesse origem no comércio.

O Classicismo francês e o Palácio de Versalhes

Em 1661, Luís XIV resolveu transformar um pavilhão de caça em uma vivenda aprazível destinada a festas e divertimentos. Depois, pensou em transformá-lo num suntuoso palácio, digno da residência de um grande rei e de sua corte, que lá se instalou em 1682, embora as obras não estivessem concluídas. Aliás, Versalhes sempre viveu em obras.

O local, situado a 20 quilômetros de Paris – cidade com longa tradição de revolta contra o poder real e da qual Luís XIV preferiu afastar-se –, é pantanoso e exigiu muita preparação. Em 1685, havia 36 mil operários trabalhando lá. Os arquitetos, Louis Le Vau e Jules Hardouin-Mansart, o jardineiro André Le Nôtre e o pintor Charles Le Brun fizeram de Versalhes uma espécie de manifesto do Classicismo.

As encomendas reais tornaram a França o centro da criação artística europeia e, a partir da segunda metade do século XVII, o berço do Classicismo, que, tendo como referência a cultura greco-romana, valorizava o equilíbrio, a simetria, a ordem e a harmonia da composição, tanto na pintura quanto na arquitetura, na música e na literatura.

Etienne Allegrain. *Passeio de Luís XIV no parterre do norte dos jardins de Versalhes*, c. 1688. Óleo sobre tela, 234 × 296,5 cm.

Museu Nacional do Palácio de Versalhes e Trianon, Versalhes

contra o governo da rainha regente, Ana da Áustria, e seu primeiro-ministro, o cardeal Mazarino. Eles não desejavam, porém, destruir o Estado, mas controlar o poder régio para favorecer seus próprios interesses.

Com a maioridade de Luís XIV em 1654, o governo atendeu a algumas demandas das elites e restaurou a ordem. Após a morte de Mazarino em 1661, o rei, então com 22 anos, anunciou que não nomearia um primeiro-ministro. Optou por governar ele próprio, com a ajuda de ministros que não pertenciam à alta nobreza. Assim, deixou claro que era a única fonte de autoridade na França. Luís XIV também expandiu o alcance dos intendentes, consolidando a burocracia francesa como a maior da Europa. Graças ao reforço da monarquia, o rei pôde revogar o Edito de Nantes em 1685, proibindo o exercício da religião reformada e transformando a França novamente em um reino exclusivamente católico.

Luís XIV procurou atrair os principais nobres para a corte, evitando que conspirassem contra o monarca. A lealdade era recompensada com favores, como nomeações para cargos lucrativos ou posições honrosas. Todos deveriam seguir regras estritas de conduta definidas pelo monarca, que dessa forma reiterava cotidianamente sua posição central na sociedade.

Antes de Luís XIV, outros reis também haviam constituído cortes grandiosas, como os papas e os Habsburgos espanhóis – em quem o Rei Sol se inspirou – e austríacos. Todos patrocinavam pintores, escultores, filósofos, pregadores religiosos e até cientistas, mas Luís XIV elevou essa prática a um novo patamar. Ele transformou a França em referência cultural do continente e tornou-se um modelo a ser seguido pelos demais soberanos.

Como quase todos os monarcas da época, Luís XIV envolveu-se constantemente em guerras. Por meio de conflitos contra a Espanha, depois contra a Holanda (então a principal rival comercial da França), o reino foi ampliado ao norte e a leste, consolidando suas fronteiras. Na segunda metade de seu reinado, porém, o Rei Sol enfrentou mais dificuldades. A Inglaterra assumiu em 1688 a direção da Liga de Augsburgo, coalizão voltada contra a França. Em meio à guerra, o Rei Sol, necessitando desesperadamente de recursos, instaurou uma nova taxa que evidenciou o excepcional poder da Coroa: a captação, cobrada sobre todos. O monarca conseguia, portanto, infringir um dos principais privilégios da nobreza: a isenção de impostos.

O Rei Sol

Este quadro foi encomendado para ser oferecido a Filipe V, neto de Luís XIV e novo rei da Espanha; acabou, porém, ficando na França. Nele, Luís XIV é representado como um jovem, embora, na época, estivesse com 63 anos. Ele está ornado com os atributos da realeza francesa e vestido para a sagração. Os atributos são de diferentes naturezas e revelam:

- Sinais do poder político: a coroa, símbolo que remete à coroação do imperador Carlos Magno; o cetro, atributo do comando supremo, símbolo de origem militar; a espada da França, simbolizando o poder militar e a defesa da Igreja; o azul e a flor-de-lis, cor e símbolo da monarquia francesa.
- Sinais da nobreza: o colar da Ordem do Espírito Santo, ordem da cavalaria reservada aos aristocratas e da qual o rei da França era o mestre; os saltos vermelhos, detalhe de vestuário que só os nobres do Antigo Regime estavam autorizados a usar.
- Sinais religiosos: o manto azul forrado de arminho, evocação da veste do Grande Sacerdote no Antigo Testamento; as luvas brancas, que davam ao rei a equivalência de um bispo; a mão de justiça, apoiada na mesa, indicando que só o monarca era fonte de justiça.

Hyacinthe Rigaud. *Luís XIV* (detalhe), 1701. Óleo sobre tela, 2,77 X 1,94 m.

ÓPERA: A ARTE DO ABSOLUTISMO

Uma das manifestações artísticas mais emblemáticas do absolutismo europeu foi a ópera. Surgida por volta de 1600, ela atingiu seu ápice no século seguinte, quando se multiplicaram na Europa diversos teatros voltados exclusivamente para a representação desse tipo de espetáculo.

A ópera é uma encenação dramática em que todas as falas são cantadas, ora numa entonação próxima da fala (chamada "recitativo"), ora em canções solistas (árias), nas quais as personagens expressam seus sentimentos, projetos e inquietações. Há também os coros (grupos de cantores que comentam as ações), além de duetos, trios, quartetos etc. (passagens nas quais dois, três, quatro ou mais personagens cantam juntos em cena).

Nos séculos XVII e XVIII, as casas de ópera eram o local de encontro da sociedade europeia, onde nobres e comerciantes ricos iam se exibir e as camadas populares ver os grandes cantores. Embora assistissem ao mesmo espetáculo, ricos e pobres não se misturavam. Os últimos ficavam na parte mais alta do teatro, cuja entrada dava diretamente para a rua. Já os ricos ficavam na plateia e nos camarotes. Um lugar especial, acima da plateia e de frente para o palco, era reservado ao rei. Assim, as casas de ópera barrocas reproduziam, em seu interior, a organização da sociedade europeia.

Os espetáculos eram grandiosos, com cenários exuberantes e maquinário para a produção de efeitos (como a movimentação de nuvens, o nascer do sol etc.). Para realizar essas montagens, surgiram companhias especializadas, que contavam com cenógrafos, contrarregras, carpinteiros, iluminadores, peruqueiros, maquiadores e, é claro, um conjunto de cantores, com destaque para a diva (cantora famosa). Mas os grandes astros da ópera do século XVIII eram os *castrati* (castrados, em italiano), cantores cuja voz alcançava notas muito agudas, como a de uma mulher. Escolhidos entre as crianças de vozes mais belas, eles tinham seu órgão sexual amputado ainda na infância para impedir que os hormônios da adolescência engrossassem sua voz. O resultado era uma voz feminina num corpo de homem, unindo a delicadeza infantil à potência masculina, num jogo de contrastes típico do período barroco.

Cena do filme *Farinelli, o castrado* (1994), de Gérard Corbian, que conta a história de um grande cantor do século XVIII.

As hostilidades cessaram em 1697, mas recomeçaram em 1700, com a morte de Carlos II da Espanha. Sem filhos, o rei hispânico legou sua coroa ao duque de Anjou, neto de Luís XIV. A Áustria, apoiada pela Inglaterra e pelas Províncias Unidas, contestou esse testamento e sustentou os direitos do arquiduque Carlos de Habsburgo. A guerra, longa, difícil, indecisa, terminou em 1713 com o Tratado de Utrecht. Os Bourbon reinariam na Espanha, mas a Inglaterra foi a grande beneficiada, recebendo territórios como Gibraltar e privilégios comerciais com a América espanhola. Iniciou-se uma nova Guerra dos Cem Anos, que oporia França e Inglaterra pelo domínio da Europa até a derrota final de Napoleão, em 1815.

ORGANIZANDO AS IDEIAS

5. Por que a extensão territorial da monarquia hispânica foi, ao mesmo tempo, sua principal força e maior fraqueza?
6. Quais foram as principais inovações trazidas por Luís XIV?

O fortalecimento dos Estados monárquicos Capítulo 14 197

Inglaterra: a ascensão do Parlamento

A tentação absolutista da dinastia Stuart

A Inglaterra do século XVI também assistiu a um fortalecimento do poder régio. Entretanto, os monarcas ingleses contavam com uma burocracia e um exército menores do que os da Espanha e França, o que limitava sua atuação. Em acréscimo, o Parlamento se consolidou como espaço de negociação entre o rei e as elites, pois foi constantemente convocado no período.

Como mencionado no capítulo anterior, Elizabeth I (1533-1603) jamais se casou. Um de seus parentes mais próximos era Jaime VI Stuart (1566-1625), rei da Escócia e trineto de Henrique VII, fundador da dinastia Tudor. Jaime era um monarca experiente, que havia consolidado o poder da Coroa em seu reino. Ele assumiu o trono inglês como Jaime I em 1603 e mudou-se para Londres.

Jaime I acreditava que os monarcas eram escolhidos por Deus. Assim, entrou em conflito diversas vezes com o Parlamento, que se recusava a aprovar os novos impostos que ele considerava necessários para administrar o Estado. Em consequência, a monarquia se via limitada a taxas tradicionais e aos rendimentos das propriedades régias, pois tinha menos capacidade de arrecadar impostos do que outros reinos europeus. O fato de o país ser uma ilha e, portanto, mais difícil de ser invadido contribuiu para a relutância da população em pagar impostos.

Os conflitos se intensificaram nos anos 1620, quando Jaime I e depois seu filho Carlos I (1600-1649) buscaram recursos para fortalecer a Coroa e intervir nas guerras europeias. O Parlamento foi convocado cinco vezes nessa década, mas procurou condicionar a autorização de novos impostos à interferência na atuação dos monarcas: assim, exigiu que Carlos se casasse com uma princesa protestante; que a Inglaterra declarasse guerra à Espanha católica e que alguns homens de confiança da Coroa, como o duque de Buckingham, fossem expulsos da corte. Representantes da Câmara dos Comuns chegaram a ser presos pelo rei, mas o Parlamento insistiu em apresentar uma Petição dos Direitos em 1628. Nela, eram defendidas, dentre outras demandas, a proibição de prisões arbitrárias e a exigência de que todos os impostos fossem aprovados pelos parlamentares. Como consequência, Carlos I procurou governar na década de 1630 sem convocar o Parlamento. Para obter recursos, porém, foi obrigado a adotar estratégias que deixaram muitos de seus súditos insatisfeitos: multas sobre grandes proprietários; criação de taxas à revelia do Parlamento; tentativas de recobrar terras da Coroa que haviam sido vendidas. Ao mesmo tempo, o soberano procurou reforçar o poder da Igreja Anglicana – a qual, como já vimos, era controlada pelo rei. Para isso, perseguiu aqueles que não reconhecessem a autoridade dos bispos anglicanos – o que Carlos I via como um desafio ao poder real, já que os prelados eram nomeados pelo monarca. Os puritanos, calvinistas ingleses que estavam conquistando cada vez mais adeptos – especialmente entre a *gentry* (nobreza local) e os comerciantes – foram os principais alvos da repressão, fazendo com que muitos emigrassem para a América.

Escola inglesa. *Vista da região de Dixton Manor*, c. 1715. Óleo sobre tela, 106,8 × 288 cm.

Os conflitos ocorriam num país em plena transformação. Iniciados no final do século XV, os cercamentos (em inglês, *enclosures*) fizeram surgir grandes propriedades fechadas que aumentaram a produtividade da agricultura e da pecuária. Em compensação, muitos camponeses perderam o acesso à terra, sendo forçados a vender sua força de trabalho para sobreviver. Consolidou-se, assim, uma estrutura agrária dominada por grandes proprietários que produziam para o mercado e empregavam trabalhadores assalariados. Graças aos lucros obtidos com essa mudança e às terras da Igreja e da Coroa compradas a baixo preço nos reinados de Henrique VIII e Elizabeth I, a grande aristocracia e a *gentry* reforçaram sua posição como os grupos mais ricos da Inglaterra e consolidaram seu domínio no Parlamento.

Muitos camponeses sem terra migraram para as cidades. Assim, tanto no meio rural quanto no urbano, começou a surgir uma nova classe social: o proletariado, que vendia sua força de trabalho para assegurar sua subsistência. Progressivamente, a expansão da agricultura, a disseminação do trabalho assalariado e o crescimento populacional estimularam o desenvolvimento da produção manufatureira para atender a um mercado interno em expansão.

As revoluções inglesas

Os reis Stuart não foram capazes de se adaptar às transformações econômicas e sociais da Inglaterra. Aliaram-se, desse modo, aos grupos mais conservadores: a aristocracia, a Igreja Anglicana e os comerciantes que recebiam privilégios da Coroa. Na década de 1630, o país não se envolveu em guerras, de modo que o rei conseguiu governar sem convocar o Parlamento para pedir a aprovação de novos impostos. Muitos dos seus vassalos, porém, estavam insatisfeitos com o autoritarismo de Carlos I, esperando apenas uma oportunidade para demonstrar seu descontentamento.

A ocasião surgiu quando o rei decidiu impor o anglicanismo à Escócia, que era calvinista havia um século. Os escoceses se rebelaram em 1640, de modo que Carlos I precisou convocar o Parlamento para pedir recursos que possibilitassem a repressão da revolta. Os parlamentares, porém, recusaram-se e criticaram o monarca, que rapidamente dissolveu a assembleia representativa. Entretanto, as poucas tropas que a Coroa conseguira reunir foram derrotadas pelo exército escocês, forçando uma nova convocação do Parlamento.

Nas novas eleições, a sociedade estava tão politizada que o número de votantes foi excepcionalmente alto – cerca de 30% dos homens adultos, ainda que os pobres continuassem sem direito a voto. Muitos membros do Parlamento, especialmente a *gentry* que dominava a Câmara dos Comuns, reivindicavam maior protagonismo político e desejavam limitar o poder régio. Enquanto isso, os puritanos também demonstraram sua força política, pois os mercadores calvinistas conquistaram o controle do governo municipal de Londres, capital do reino, expulsando os comerciantes tradicionais aliados ao monarca. Carlos I foi forçado a ceder, sendo obrigado, no início de 1641, a assinar uma lei concordando que o Parlamento passaria a se reunir regularmente.

Fez-se a paz com os escoceses, mas a Irlanda católica aproveitou os conflitos para se revoltar contra a dominação inglesa. Os ingleses temiam que a Irlanda se aliasse com potências católicas como a Espanha, de modo que precisavam reprimir rapidamente a rebelião. O Parlamento não confiava, porém, no monarca, pois pensava que ele poderia usar as tropas contra a oposição dentro da própria Inglaterra. Por isso, a assembleia exigiu o controle das forças militares, o direito de escolher os conselheiros do rei e até mesmo a reforma da Igreja Anglicana.

Essas inovações foram recusadas por Carlos I, que conseguiu o apoio da maioria dos aristocratas e de parte da *gentry*. Assim, em 1642, iniciou-se uma

Niveladores e escavadores

A liberdade de imprensa e o caos político da guerra civil abriram espaço para a manifestação de ideias de um grande radicalismo, não só religioso ou político, mas até social. Ideias igualitárias começaram a proliferar, questionando a desigualdade política e social. Os *Levellers* (niveladores), um dos grupos mais destacados, produziram panfletos que defendiam o fim da Câmara dos Lordes e a ampliação do voto masculino. Já os *Diggers* (escavadores) eram ainda mais radicais, pois propunham que homens e mulheres recebessem a mesma educação e, principalmente, que a terra fosse distribuída entre todos. Essas ideias radicais influenciaram até os soldados do Exército de Novo Tipo, mas muitos de seus propagandistas foram presos ou executados: os grupos dominantes não poderiam aceitar essas propostas, que alterariam radicalmente a estrutura social e política do reino.

O ato de acusação de Carlos I

O referido Carlos Stuart, admitido no trono da Inglaterra, fora, por conseguinte, investido de um poder limitado para governar por e segundo as leis do país e não de modo diverso, e era obrigado, por sua missão, seu juramento e seu ofício, a empregar o poder que lhe fora confiado em prol do bem e do favorecimento do povo, assim como para a conservação dos direitos e liberdades. Não obstante, com a intenção perversa de erigir em sua pessoa um poder ilimitado e tirânico que lhe deu a possibilidade de governar de acordo com sua vontade e de destruir os direitos e liberdades do povo, assim como de derrubar e anular todas as bases e de retirar do povo os meios de recuperação e os remédios que lhe garantiam contra os maus governos as constituições fundamentais deste reino [...] o referido Carlos Stuart [...] traiçoeira e maliciosamente tomou armas contra o presente Parlamento e o povo que ele representa.

Ato de Acusação no processo de Carlos I, segundo o relatório oficial dos debates e audiências de 20 de janeiro de 1649. Tradução nossa. Disponível em: <http://law2.umkc.edu/faculty/projects/ftrials/charleslinks.html>. Acesso em: 22 abr. 2016.

John Weesop. *Representação da execução do rei Carlos I da Inglaterra por uma testemunha ocular*. 1649. Óleo sobre tela. O pintor era favorável à causa realista, por isso apresenta nesta obra a execução como um evento dramático que comoveu o povo, como se vê pela mulher desmaiada, na parte inferior da imagem.

guerra civil. Quase todos os católicos e a maioria dos anglicanos apoiaram o rei, enquanto os puritanos ficaram do lado do Parlamento. Os parlamentares obtiveram mais apoio popular, mas ambos os exércitos foram liderados por nobres.

Em 1645, os puritanos radicais construíram um exército profissional, composto por soldados em tempo integral, disciplinados, religiosos e bem-treinados. Esse "Exército de Novo Tipo" (*New Model Army*) derrotou as tropas realistas e capturou o rei em 1647, garantindo a vitória do Parlamento. Entretanto, o contexto de guerra civil abriu espaço para uma grande agitação social: muitos puritanos publicaram livros e panfletos repletos de ideias radicais.

Assim, os calvinistas mais conservadores que controlavam o Parlamento decidiram negociar com o monarca, pois temiam que o radicalismo levasse a mudanças profundas demais. Porém Carlos I não aceitou e fugiu da prisão, buscando o apoio dos escoceses.

O rei foi, porém, recapturado, e dessa vez os puritanos radicais o condenaram à morte, acusando-o de tirania e defendendo que o poder dos reis não era absoluto. Pouco depois, aboliram a Câmara e a monarquia, transformando a Inglaterra em uma república. Essas mudanças políticas radicais ficaram conhecidas como Revolução Puritana. O líder do novo regime foi Oliver Cromwell (1599-1658), membro da *gentry* e um dos principais generais do Exército de Novo Tipo. Para garantir sua permanência no poder, Cromwell massacrou os irlandeses e derrotou as tropas escocesas, forçando o herdeiro do trono, Carlos II (1630-1685), a fugir das Ilhas Britânicas. A Igreja Anglicana foi dissolvida e estabeleceu-se a tolerância religiosa para todos os protestantes. Na prática, a república foi a primeira ditadura militar da história, pois a estabilidade do regime baseava-se no Exército. A República puritana expandiu a Marinha e favoreceu os mercadores ingleses, derrotando a Holanda, maior potência marítima da época, em uma guerra que visava enfraquecer a hegemonia holandesa sobre o comércio mundial. Para financiar tais esforços, foi preciso ampliar os impostos e a burocracia, tornando o Estado britânico mais forte do que nunca.

A Declaração dos Direitos

Conhecido como *Bill of Rights*, esse documento concluiu a Revolução Gloriosa, impedindo qualquer desvio em direção ao absolutismo real. Tratava-se de um contrato estabelecido entre os monarcas e o povo, também soberano, que pôs fim ao conceito de direito divino dos reis. A Declaração dos Direitos lembra as inúmeras violações contra as leis e as liberdades inglesas cometidas por Jaime II e enumera os direitos reconhecidos ao povo desde a Magna Carta de 1215. O artigo primeiro enuncia um princípio essencial: a lei está acima do rei. Desde então, os cidadãos (então definidos como homens proprietários, excluindo a maior parte da população) tiveram definitivamente reconhecidos seus direitos. Por fim, a obrigação de reunir frequentemente o Parlamento e o reconhecimento de sua autoridade em matéria fiscal resolveram uma questão que provocara duas revoluções na Inglaterra no século XVII.

1ª Que o pretendido poder da autoridade real de suspender as leis ou a execução das leis sem o consentimento do Parlamento é ilegal;
[...]
4ª Que o recolhimento de dinheiro para a Coroa ou para seu uso, a pretexto de prerrogativa, sem o consentimento do Parlamento, por um período de tempo maior e de maneira outra que não tenha sido ou não seja consentida pelo Parlamento é ilegal;
5ª Que é direito dos súditos apresentar petições ao Rei e que todas as prisões e penas em razão desse ato de apresentar petições são ilegais;
6ª Que o recrutamento e a manutenção de um exército no reino, em tempo de paz, sem o consentimento do Parlamento, é contrário à lei;
[...]
8ª Que a liberdade de palavra, assim como a dos debates ou processos no seio do Parlamento, não pode ser impedida ou discutida em nenhuma Corte ou qualquer outro lugar que não seja o Parlamento;
9ª Que as eleições dos membros do Parlamento devem ser livres;
[...]
13ª Que enfim [...] o Parlamento deverá reunir-se com frequência; e eles requerem e reclamam com insistência todas as coisas acima referidas como seus direitos e liberdades incontestáveis; e também que nenhuma declaração, julgamento, ato ou processo que tenha prejudicado o povo em algum dos pontos acima enumerados possa no futuro servir de precedente ou de exemplo.

Declaração dos Direitos, 1689. Disponível em: <www.dhnet.org.br/direitos/anthist/decbill.htm>. Acesso em: 22 jan. 2016.

William III e Maria II aceitam a Declaração de Direitos na cerimônia de coroação dos monarcas conjuntos, em abril de 1689, obra de 1857. Gravura, 26 x 19,5 cm.

Em 1657, foi oferecida a Coroa a Cromwell, mas ele se recusou a aceitá-la. No ano seguinte, quando faleceu, seu filho assumiu o protetorado, mas nove meses depois foi obrigado a renunciar, pois não tinha o apoio do exército. A solução encontrada para evitar uma nova guerra civil foi o restabelecimento da monarquia. Assim, o Parlamento inglês restaurou o poder dos Stuart e Carlos II subiu ao trono em maio de 1660.

Rei entre 1660 e 1685, Carlos II procurou evitar novos conflitos. Por um lado, prometeu respeitar a liberdade de consciência dos protestantes e a autoridade do Parlamento. Por outro, beneficiou-se com um apoio considerável de muitos setores sociais, porque ninguém queria outra guerra civil. Contudo, alguns conflitos começaram a surgir no final da década de 1670, pois o rei aproximou-se de seu primo, Luís XIV, e do catolicismo, religião de sua mãe.

Como Carlos II não teve filhos legítimos, seu irmão Jaime II (1633-1701) ascendeu ao trono em 1685. Católico, ele fortaleceu o Exército, a Marinha e a burocracia graças a uma significativa ampliação na cobrança de impostos. A insatisfação era generalizada, mas os vassalos aguardavam, pois a herdeira do trono, Maria, era uma protestante convicta, casada com Guilherme de Orange, *stadthouder* (chefe militar) dos Países Baixos, principal adversário de Luís XIV na Europa. Quando Jaime II teve um filho homem com sua segunda esposa, a católica Maria de Módena, o Parlamento passou a temer que a Inglaterra passasse a ser governada perpetuamente por católicos, que reprimiriam os protestantes.

Assim, em 1688, o Parlamento recorreu à intervenção armada de Maria e Guilherme de Orange, que rapidamente derrubaram Jaime II, obrigado a se refugiar na França. Por ter sido mais rápida e menos violenta do que a guerra civil contra Carlos I, ficou conhecida como Revolução Gloriosa. Os novos monarcas instituíram a tolerância religiosa – exceto para os católicos – e reconheceram a importância política do Parlamento. Assim, reis, aristocracia e *gentry* passaram a atuar em conjunto, mas estava claro que o papel predominante pertenceria ao Parlamento, dotado de soberania por ter sido eleito pelos cidadãos.

Após a Revolução, a Inglaterra entrou em um longo conflito com a França de Luís XIV, o que exigiu uma drástica elevação dos impostos. Agora, porém, os ingleses estavam confiantes de que o Parlamento utilizaria tais recursos de acordo com esses interesses. Por isso, não só aceitaram uma taxação mais elevada do que sob Carlos I ou Jaime II como também passaram a emprestar grandes somas à Coroa. O fortalecimento do Estado permitiu o desenvolvimento de uma política de fomento às manufaturas e ao comércio marítimo.

Para diversos historiadores, as Revoluções Inglesas são o primeiro exemplo de revoluções burguesas que iriam se espalhar pelo Ocidente, tendo seu exemplo máximo na Revolução Francesa de 1789. Elas não foram, porém, lideradas pelos comerciantes nem por industriais, assim como não tiveram motivações unicamente econômicas. A nobreza continuou a predominar no governo da Inglaterra até o início do século XX. Mesmo assim, as transformações políticas, sociais e econômicas geradas no século XVII foram fundamentais para a modernização da sociedade inglesa, permitindo que o país se consolidasse como uma grande potência a partir do século XVIII.

ORGANIZANDO AS IDEIAS

7. Por que o poder monárquico era mais limitado na Inglaterra do que em outras monarquias europeias?
8. Identifique uma razão para o conflito entre Parlamento e Coroa na década de 1640.
9. Qual é a diferença entre os regimes políticos da Inglaterra e da França ao final do século XVII?

Revisando o capítulo

APROFUNDANDO O CONHECIMENTO

1. Observe atentamente a pintura do rei Luís XIV, no boxe da página 196, e a imagem alegórica do frontispício do livro *Leviatã*, de Thomas Hobbes, na página 190, e depois responda.
    a. Que símbolos do poder real estão presentes nas duas imagens?
    b. O que esses símbolos significam?
    c. É possível afirmar que essas duas imagens podem ser relacionadas ao absolutismo monárquico? Explique.
2. Releia o documento histórico contido no boxe **O ato de acusação de Carlos I** e responda às perguntas abaixo.
    a. A condenação de Carlos I se deu no mesmo momento em que Hobbes escrevia o *Leviatã*, publicado em 1651. Como se explica a proximidade entre a execução do rei e a defesa teórica do poder real absoluto?
    b. Quais as diferenças entre as expressões "poder limitado" e "poder ilimitado e tirânico", citadas no ato de acusação do rei?
    c. Que segmentos sociais da Inglaterra estavam interessados em reforçar o poder do Parlamento? Justifique sua resposta.

Conecte-se

Nesta Unidade você estudou a origem das igrejas protestantes. Agora, vamos saber um pouco mais sobre a presença dessas igrejas no Brasil atual. Leia os textos e observe o gráfico para responder às questões a seguir.

Texto 1

Entre 1960 e 2010, o Brasil viu a parcela de sua população que se declara católica cair de 93,1% para 64,6%. [...] A queda na proporção de católicos foi acompanhada pelo crescimento dos evangélicos, que em 1960 eram apenas 4% da população e em 2010 alcançaram 22,2%. [...] O crescimento foi puxado pelas igrejas de origem pentecostal, como a Assembleia de Deus ou a Universal do Reino de Deus, que atingiram 13,3% do total da população. Os chamados evangélicos de missão, pertencentes a religiões mais tradicionais, como a luterana e a batista, tiveram menos oscilações. [...]

MENCHEN, Denise; BRISOLLA, Fabio. Católicos passam de 93,1% para 64,6% da população em 50 anos, aponta IBGE. *Folha de S.Paulo*, 29 jun. 2012. Disponível em: <www1.folha.uol.com.br/poder/1112382-
-catolicos-passam-de-931- para-646-da-populacao-em-50-anos-
aponta-ibge.shtml/FOLHAPRESS>. Acesso em: 17 nov. 2015.

Texto 2

A proliferação de evangélicos no país se concentra historicamente nas fronteiras agrícolas e nas periferias metropolitanas. [...] A origem remete ao nosso processo de urbanização. Entre o início da I Guerra Mundial, em 1914, e a crise do petróleo de 1974, o Brasil muda progressivamente seu perfil, de rural para urbano.

Até então, os migrantes que saíam do campo apostavam no sonho de uma vida melhor na cidade. A partir do agravamento das crises econômicas, que fariam os anos 1980 ficarem conhecidos como 'a década perdida', as economias urbanas estagnaram enquanto o agronegócio deixou de precisar da mão de obra tradicional.

Isso fez com que a população rural passasse a ser expulsa do campo sem ter mais as luzes da cidade.

Em crise, os centros urbanos não conseguiam absorver tanta gente, e o resultado foi a favelização. Criaram-se aí, de acordo com o professor [da PUC-RJ] Jacob, as condições ideais para a entrada de um discurso de salvação trazido pelos pentecostais. O período coincide com o enfraquecimento da atuação da Igreja católica na periferia. [...]

Abandonados à própria sorte em lugares onde o Estado não chegava, sem moradia, sem emprego, sem saneamento básico, migrantes que romperam seus vínculos tradicionais para cair em selvas de pedra encontraram alento nas pregações inflamadas que prometiam prosperidade. [...]

DUARTE, Letícia. Como a ascensão evangélica está mudando as relações sociais e políticas no país. *Zero hora*, 11 abr. 2015. Disponível em: <http://zh.clicrbs.com.br/rs/noticia/2015/04/como-a-ascensao-
evangelica-esta-mudando-as-relacoes-sociais-e-politicas-
no-pais-4737504.html>. Acesso em 17 nov. 2015.

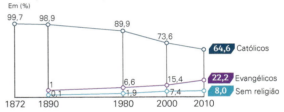

ATIVIDADES

1. Qual é o assunto debatido nas reportagens e como ambas se complementam?

2. Analisando o gráfico, a partir de que década houve um decréscimo significativo no número de católicos no Brasil? Em que momento houve um aumento expressivo no número de evangélicos?

3. Segundo o Texto 2 e com base na resposta da questão anterior, responda: o que explicaria esse crescimento de evangélicos no Brasil? Apresente dados estatísticos citados no Texto 1 para complementar sua resposta.

UNIDADE 5

O MUNDO ATLÂNTICO

Se os europeus iniciaram a expansão ultramarina no século XV, foi nos séculos seguintes que consolidaram sua dominação do Novo Mundo. Iniciou-se um período de transformações na América, África e Europa, construindo-se um mundo não mais separado pelo oceano, mas ligado pelas navegações. Ideias, produtos e pessoas circulavam entre esses três continentes, integrando-se numa escala nunca antes vista.

Os reinos ibéricos haviam tomado a dianteira desse processo, mas a riqueza que obtiveram logo atraiu potências emergentes, como França, Inglaterra e Holanda. A América tornou-se uma área de disputa entre vários projetos colonizadores.

Jan van Kessel. *O continente americano*, 1666, óleo sobre tela, 48,5 cm × 67,5 cm. Esta pintura compõe um dos conjuntos de painéis sobre os quatro continentes, tema bastante popular depois da descoberta da América. É a imagem principal dos painéis que representam a América e traz a inscrição "Paraíba en Brasil", fazendo referência à região da atual Paraíba, que tinha sido conquistada temporariamente pelos holandeses décadas antes. Nela é possível ver elementos considerados típicos da fauna e, em primeiro plano, a fundamental presença indígena que caracterizava o continente. Sem jamais ter vindo à América, Jan van Kessel se baseou em outros pintores e cronistas, perpetuando ainda a imagem de uma região de natureza exuberante e uma população distante da civilização. Também é interessante perceber que a região havia se tornado uma das mais representativas do Novo Mundo, devido à experiência holandesa no Nordeste (1630-1654) e ao interesse das principais potências europeias pelo cultivo do açúcar.

Alte Pinakothek, Munich. Fotografia: Album/Oronoz/Album/Fotoarena

Plano de unidade

▶ **Capítulo 15**
Indígenas, prata e espanhóis no Novo Mundo

▶ **Capítulo 16**
A formação da América portuguesa

▶ **Capítulo 17**
"Quem diz Brasil diz açúcar?"

▶ **Capítulo 18**
Ingleses, franceses e holandeses no processo de expansão europeia

▶ **Capítulo 19**
A África na formação do mundo atlântico

CAPÍTULO 15

INDÍGENAS, PRATA E ESPANHÓIS NO NOVO MUNDO

Construindo o conhecimento

- Por que você acha que alguns grupos indígenas decidiram apoiar os espanhóis durante a conquista dos impérios Asteca e Inca?
- Quais grupos sociais você consegue identificar na imagem que abre este capítulo? Com base nela, como você caracterizaria a sociedade hispano-americana?

Plano de capítulo

- A conquista espanhola e a colonização da América
- A organização do sistema colonial
- Autonomia e desenvolvimento no século XVII

Ao entrarem no continente americano, os espanhóis depararam-se com civilizações complexas e sofisticadas, como as dos incas e dos astecas. Como foi possível que centenas de europeus conquistassem impérios tão poderosos? Para responder a essa pergunta, é preciso olhar para as diferenças culturais e tecnológicas entre indígenas e europeus, e perceber que estes contaram com o apoio de grande número de aliados nativos.

Ao se estabelecer na América, a monarquia hispânica encontrou duas grandes riquezas: indígenas e metais preciosos. Ao utilizar os primeiros para extrair os segundos, a Espanha obteve grandes lucros e construiu um poderoso império. Entretanto, uma parte da riqueza da mineração ficava na colônia, estimulando o desenvolvimento do mercado interno.

Anônimo. *Praça Maior de Lima, Cabeça dos Reinos do Peru*, 1680, óleo sobre tela. Coleção particular. A pintura representa o esplendor arquitetônico da capital do Peru, Lima, assim como a diversidade de sua população. Pessoas de todos os níveis sociais ocupam a praça. Atrás da fonte central está a catedral de estilo barroco. Ao seu lado direito está o palácio do arcebispo e, à sua esquerda, o palácio do vice-rei. Essa proximidade sugere a íntima união entre Igreja e Estado, importante característica da época moderna.

Marcos cronológicos

1492 — Chegada de Colombo ao continente americano.

1493 — Uma grande expedição espanhola é montada para colonizar as regiões descobertas.

1519-1521 — Chefiados por Hernán Cortés, os espanhóis conquistam o Império Asteca.

1532-1533 — Início da conquista do Império Inca por Francisco Pizarro.

1538 — Criação da primeira universidade da América, em Santo Domingo, na Ilha de Hispaniola.

1542 — Implantação das chamadas Leis Novas, contra a escravização dos indígenas e a perpetuação das *encomiendas*.

1545 — Descoberta das enormes jazidas de prata de Potosí, na atual Bolívia.

1551 — Criação de universidades no México e em Lima, no Peru.

1554 — Derrota definitiva das rebeliões no Peru.

Unidade 5 — O mundo atlântico

A colonização também produziu transformações sociais. Afinal, seria possível que nativos e europeus convivessem sem se misturar? Surgiu, assim, uma sociedade complexa e mestiça, que não era nem indígena nem espanhola, mas americana.

A conquista espanhola e a colonização da América

O Caribe (1492-1519)

Na América, os espanhóis logo compreenderam que era preciso organizar uma ocupação sistemática, pois os povos caribenhos não tinham um comércio organizado que atendesse às demandas europeias. Em 1493, uma grande expedição saiu da Espanha com o objetivo de colonizar as regiões recém-descobertas. Até 1519, a colonização ficou restrita, sobretudo, às Ilhas de Hispaniola (atual São Domingos, onde se localizam o Haiti e a República Dominicana), a Cuba e Porto Rico. Nas ilhas, os espanhóis descobriram grandes quantidades de ouro de aluvião, de fácil extração.

Nessas áreas, o início da colonização se deu de forma irregular, por meio de ações predatórias, pilhagens e – contra as leis de Castela – escravização dos nativos.

No entanto, o cativeiro foi imposto principalmente aos grupos que resistiram à dominação europeia. A exploração das minas e das terras, de modo geral, se deu pelo sistema de *encomiendas*. Por meio dessa instituição, a Coroa espanhola confiava certa quantidade de indígenas a um *encomendero*, que se comprometia a protegê-los e a cuidar de sua evangelização. Em troca, os *encomenderos* poderiam exigir tributos e serviços dos nativos.

Convém lembrar que os indígenas não eram escravizados: não podiam ser vendidos e não foram removidos permanentemente de seu lugar de origem, como acontecia com os africanos escravizados. A *encomienda* funcionou como um mecanismo para explorar a mão de obra nativa valendo-se das estruturas sociais e políticas autóctones. Por isso, os aborígenes continuaram a morar em suas aldeias e os caciques atuavam como intermediários entre os colonos e os colonizados.

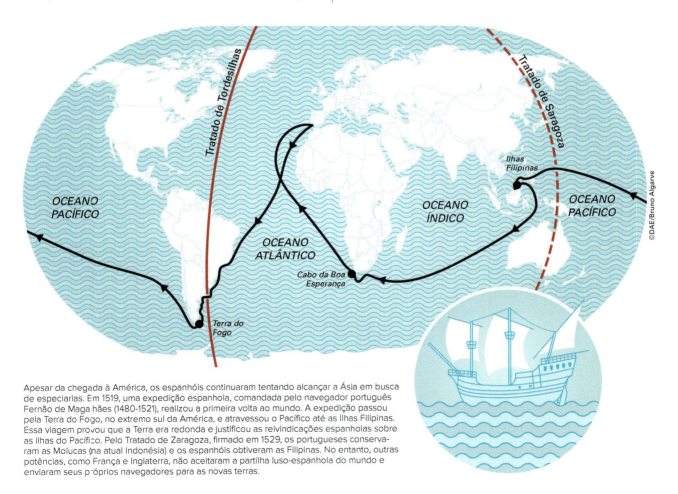

Apesar da chegada à América, os espanhóis continuaram tentando alcançar a Ásia em busca de especiarias. Em 1519, uma expedição espanhola, comandada pelo navegador português Fernão de Magalhães (1480-1521), realizou a primeira volta ao mundo. A expedição passou pela Terra do Fogo, no extremo sul da América, e atravessou o Pacífico até as Ilhas Filipinas. Essa viagem provou que a Terra era redonda e justificou as reivindicações espanholas sobre as Ilhas do Pacífico. Pelo Tratado de Zaragoza, firmado em 1529, os portugueses conservaram as Molucas (na atual Indonésia) e os espanhóis obtiveram as Filipinas. No entanto, outras potências, como França e Inglaterra, não aceitaram a partilha luso-espanhola do mundo e enviaram seus próprios navegadores para as novas terras.

Anônimo. *Códice Kingsborough* (Tepetlaoztoc, Vale do México, c. 1550). Apesar das proibições legais, os abusos de indígenas por parte dos *encomenderos* foram comuns, como está representado nessa imagem, produzida pelos próprios nativos.

Coube aos *encomenderos* o controle da maioria dos cargos das câmaras municipais (*cabildos*). Como a doação de terras, os privilégios e as isenções de certos impostos eram definidos nos *cabildos*, a concessão de *encomiendas* acabou por produzir a primeira elite das regiões colonizadas, que enriqueceu principalmente com a exploração do ouro no Caribe.

Os *cabildos* e as demais instituições coloniais estavam localizados nas cidades caribenhas, núcleos políticos e sociais de colonização. Nelas moravam *encomenderos*, comerciantes e funcionários, bem como artesãos e grupos sociais subalternos. Estes aumentaram de número rapidamente, pois a busca por riquezas trouxe milhares de imigrantes para as ilhas. Para regular a crescente circulação de mercadorias e pessoas, a Coroa criou, em 1503, a Casa de Contratação, sediada em Sevilha, na Espanha. Ao canalizar a navegação transatlântica para um só porto, a monarquia espanhola esperava garantir o controle do comércio e, consequentemente, aumentar seus lucros.

A estrutura de exploração desenvolvida no Caribe não durou muito. As doenças, a exploração desenfreada e a consequente desagregação social dizimaram a população indígena enquanto o ouro se esgotava. Por isso, os espanhóis iniciaram expedições para o continente, com o objetivo de capturar escravos e obter informações sobre potenciais riquezas.

O porto de Sevilha

Desde 1503, a Coroa tinha o monopólio comercial das Índias Ocidentais espanholas. Esse controle era exercido por meio da Casa de Contratação, criada naquele ano em Sevilha, às margens do Rio Guadalquivir, a 90 quilômetros do mar, para evitar possíveis ataques de piratas e de frotas estrangeiras. Apenas os portos de Sevilha e Cádiz estavam autorizados a negociar com as Índias Ocidentais espanholas.

Para evitar ataques, os barcos deveriam viajar em comboio com escolta: a Frota das Índias tornou-se obrigatória em 1543. A partir de 1564, duas frotas saíam de Sevilha a cada ano: uma em direção à Nova Espanha – que ia da Califórnia à América Central, tendo sua capital na Cidade do México – e outra em direção ao Peru. As frotas se encontravam em Havana e voltavam juntas à Europa. Esse rígido sistema perdurou até o fim do século XVIII. A regulamentação do comércio incluía a proibição do intercâmbio direto entre Nova Espanha e Peru, assim como entre esses vice-reinados e o Brasil. Determinava, ainda, que as mercadorias que chegassem a Buenos Aires passariam antes por Lima. As proibições eram, porém, ineficazes contra o contrabando, particularmente ativo no Rio da Prata.

Atribuído a Alonso Sanchez Coello. *O Porto de Sevilha em 1498*, óleo sobre tela, 150 cm × 300 cm.

A conquista dos impérios Asteca e Inca

Em 1519, o governador de Cuba enviou uma expedição de cerca de 600 homens para o continente. Liderados por um nobre menor, Hernán Cortés (1485-1547), os europeus desembarcaram no território maia de Iucatã. Cortés se deparou com um náufrago castelhano escravizado, Jerônimo de Aguilar (1489-1531). Por intermédio dele, os europeus conseguiram se comunicar com os maias. Estes, ansiosos para se livrarem dos invasores, lhes informaram que havia um grande e rico império ao norte: o dos astecas (estudado no Capítulo 12).

Apesar de alguns conflitos iniciais, Cortés e os grupos indígenas que se opunham à dominação de Tenochtitlán, México, logo uniram suas forças. O apoio das populações subordinadas foi essencial para os espanhóis, pois estas lhes forneciam tropas, mantimentos e informações. Para as cidades rebeldes, por sua vez, a aliança com os invasores era uma forma de se livrar do domínio asteca.

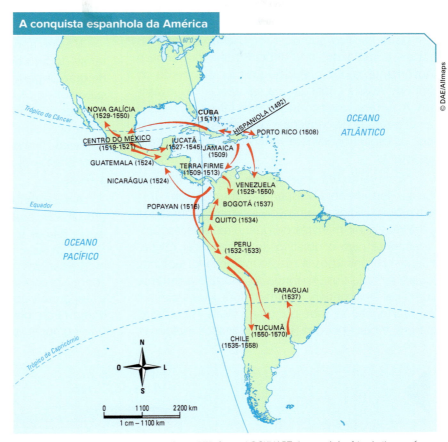

Fonte: SCHWARTZ, Stuart; LOCKHART, James. *A América Latina na época colonial*. 2. ed. Rio de Janeiro: Civilização Brasileira, 2010, p. 111.

O mapa representa a maneira como se deu a expansão espanhola na América. Cada região conquistada servia de trampolim para a próxima invasão.

Uma conquistadora indígena

Malinche era uma mulher de língua náuatle (o idioma asteca) que foi vendida como escrava. Ao ser dada de presente aos espanhóis em 1519, encontrou um caminho para ascender socialmente: sua atuação como intérprete. Fluente em náuatle e maia, rapidamente aprendeu espanhol, tornando-se indispensável para Cortés. Era com a ajuda dela que o conquistador negociava com os indígenas. Sua importância era tamanha que Cortés teria dito que, após Deus, Malinche havia sido a principal causa para o sucesso da conquista. Sua ligação também se manifestou de outra forma: Malinche deu à luz o primeiro filho de Cortés, embora, depois, ela tenha se casado com outro espanhol.

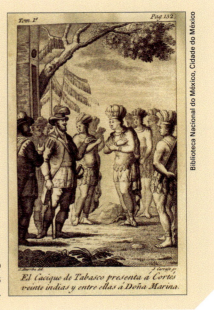

Esta gravura de 1825, representa o momento em que um líder indígena presenteia Cortés com diversas mulheres, inclusive Malinche.

Indígenas, prata e espanhóis no Novo Mundo Capítulo 15

Em sequência, os espanhóis e seus aliados indígenas seguiram para Tenochtitlán, onde Cortés foi recepcionado pelo imperador Montezuma II como o emissário pacífico que dizia ser. Usando as mesmas táticas empregadas no Caribe, Cortés aprisionou o governante, o que prejudicou o funcionamento do Império Asteca e dificultou a resistência aos invasores. A audácia dos conquistadores talvez se devesse à necessidade de convencer os aliados indígenas de que os espanhóis sairiam vitoriosos do conflito com os astecas.

No entanto, em meados de 1520, a estratégia quase deu errado. Os espanhóis aproveitaram uma cerimônia religiosa, que envolvia sacrifícios humanos, para massacrar milhares de guerreiros astecas, possivelmente com o objetivo de enfraquecer militarmente seus inimigos. A reação indígena foi violenta: quase metade dos espanhóis foi morta e o restante fugiu de Tenochtitlán. Durante a luta, Montezuma II foi morto, não se sabe por quem. Mais importante, porém, é perceber que, sem seus aliados indígenas, os conquistadores não teriam conseguido sobreviver, pois estavam em menor número e não conheciam a região.

Mesmo após esse revés, Cortés soube aproveitar-se do fato de a varíola estar causando a morte de grande parte da população asteca, inclusive do sucessor de Montezuma, Cuitláhuac. Com o apoio de seus aliados nativos, os espanhóis dominaram o México central em 1521. Depois de semanas de cerco, Tenochtitlán foi pilhada por milhares de guerreiros indígenas, desejosos de se vingar dos astecas.

A superioridade tecnológica dos espanhóis foi um fator importante na conquista: utilizavam artilharia, barcos e equipamentos de aço no combate contra os astecas. A luta para dominar as regiões mais afastadas continuou nas décadas seguintes. A conquista do México representou a primeira vez que os espanhóis dominaram uma sociedade complexa, densamente povoada e muito rica, que lhes poderia trazer grandes lucros.

Vista de Cuzco

A imagem representa o quanto os europeus se impressionaram com a riqueza andina. Para os incas, Cuzco significava "umbigo do mundo". Era lá que se articulavam as quatro regiões que formavam "o império dos quatro cantos", como os incas denominavam seus domínios. Na imagem, o Inca é carregado em uma liteira; seu rosto está coberto com um véu leve, pois nenhum mortal era digno de encarar o filho do Sol.

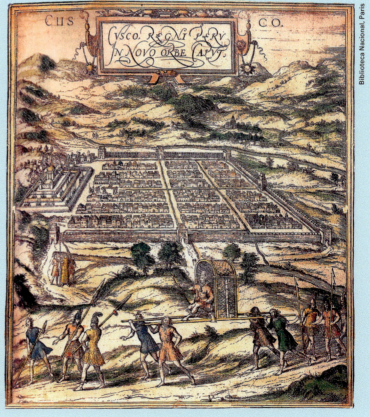

Gravura do século XVI, de autoria desconhecida, representando Cuzco, a capital dos incas. A representação da capital inca lembra a da Antiguidade romana: plano ortogonal, recinto fortificado, soldados, entre outras características. Destaca-se o Templo do Sol, à esquerda da cidade.

Outros exploradores sonharam em encontrar riquezas similares. As expedições em direção ao sul do continente eram organizadas do atual Panamá. Foi lá que os espanhóis souberam da existência do Império Inca e ouviram falar de Eldorado, suposta região repleta de ouro na América do Sul. Assim, Francisco Pizarro obteve autorização para se dirigir aos Andes, com cerca de 180 companheiros.

As doenças europeias haviam chegado ao território inca antes mesmo dos espanhóis. O imperador Huayna Capac havia falecido subitamente em razão de uma doença, provavelmente a varíola. Desencadeou-se, assim, uma crise de sucessão entre seus filhos, os meios-irmãos Atahualpa (1502-1533) e Huáscar (1491-1533). Pizarro e seus companheiros, portanto, encontraram os Andes no meio de uma guerra civil.

Em novembro de 1532, na cidade de Cajamarca, no Peru, Pizarro conseguiu um encontro com o soberano de Cuzco, Atahualpa. Este foi aprisionado e teve parte de suas tropas massacrada pelos conquistadores. Para poupar a vida do soberano, Pizarro obteve um fabuloso resgate. Entretanto, logo depois tomou e saqueou as cidades de Quito e Cuzco e, em 1533, mandou matar Atahualpa. Em 1535, Pizarro fundou Lima, que se tornou a capital do Peru no lugar de Cuzco em razão de sua localização mais acessível, junto ao litoral.

Como explicar a rápida derrota de impérios tão poderosos?

Você deve estar se perguntando: se os impérios indígenas eram tão poderosos, por que resistiram por tão pouco tempo ao avanço dos espanhóis? Afinal, as civilizações asteca e inca controlavam vastas regiões e os espanhóis estavam em clara desvantagem numérica. As razões para a rápida capitulação dos impérios indígenas não são simples. Vários fatores, em conjunto, podem explicar os porquês da rápida desintegração dos grandes sistemas políticos indígenas.

O primeiro deles é que o choque microbiano provocado pela chegada dos espanhóis acarretou a morte em massa dos nativos, aterrorizou as populações locais e desestruturou suas sociedades.

O segundo fator é que os dois grandes impérios – Asteca e Inca – subjugavam militarmente povos vizinhos, cobrando impostos e impondo prestação de serviços. Consequentemente, não havia nenhuma espécie de unidade entre os diversos grupos nativos, mas sim uma série de antagonismos e conflitos. Dessa maneira, várias tribos rivais viram na associação com os espanhóis uma forma de se livrarem da antiga dominação imperial, aliando-se aos recém-chegados. Essas tribos não imaginavam que estariam caindo em uma dominação espanhola ainda mais duradoura e prejudicial. Os nativos compuseram, portanto, a maioria dos exércitos dos conquistadores, chegando a representar entre 98% e 99% das tropas que sitiaram Tenochtitlán em 1521.

Outras importantes vantagens ficaram por conta da utilização de cavalos e da tecnologia de guerra. Cavalos eram animais desconhecidos dos nativos e imprimiam velocidade aos ataques dos europeus em áreas planas. Além disso, os indígenas não dominavam o aço e seus

Detalhe do *Lienzo de Tlaxcala*, códice produzido na segunda metade do século XVI (fac-símile do século XIX). Na imagem, Hernán Cortés escapa de cerco em Tenochtitlán graças ao auxílio de seus aliados indígenas, sem os quais os espanhóis teriam sido derrotados.

armamentos pouco podiam prejudicar quem estivesse com espada, escudo, capacete e armadura.

Por último, há autores que defendem que a visão de mundo nativa e suas tradições de guerra não eram adequadas para os embates contra os conquistadores. Acostumados a regras estritas de batalha e a capturar prisioneiros, foram surpreendidos pela violência e pelo caos da guerra contra os conquistadores. A captura e o assassinato dos chefes dos impérios só intensificou essa desorientação, facilitando o trabalho dos espanhóis.

A Virgem da colina

Na obra ao lado, o manto da Virgem recobre a montanha de prata. Em primeiro plano, o papa e o imperador espanhol reinam sobre o mundo. Ao fundo, é representado o último inca. Embora as figuras europeias predominem, na montanha podem ser vistos muitos indígenas em tamanho diminuto, pois eram eles que extraíam a prata. A própria obra é uma prova da riqueza material e artística de Potosí, cidade que, em poucas décadas, se tornou uma das mais populosas do mundo, passando de 45 mil habitantes, em 1555, para cerca de 150 mil, em 1600. Hoje, após o esgotamento das jazidas de prata, é uma das cidades mais pobres da Bolívia.

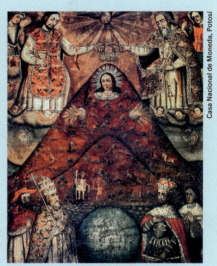

Anônimo. *Virgem da colina*, século XVII. Óleo sobre tela.

Tudo isso provocou um caos generalizado e desestruturou a região. Em pouco tempo, o Império dos Andes se desagregou. Contudo, as populações indígenas, sob a direção de um novo inca, resistiram durante décadas. Para tornar a situação ainda mais complexa, os conquistadores entraram em conflito entre si pelo controle da mão de obra e das riquezas andinas, o que iniciou uma guerra civil.

A ocupação espanhola da América se concentrou, sobretudo, nas regiões onde havia maior número de pessoas e riquezas que interessavam ao mercado europeu. Assim, os territórios dos antigos impérios Asteca e Inca, ricos em prata, ouro e mão de obra indígena, continuaram a ser os mais populosos do continente. Já algumas áreas permaneceram pouco povoadas, como o sul da América do Sul (nos atuais Chile, Argentina e Paraguai) e regiões ao norte do México (nos atuais Estados Unidos). Os povos seminômades ou nômades dessas regiões provaram ser muito mais capazes de resistir à conquista espanhola, pois sua mobilidade os tornava menos vulneráveis às táticas de guerra europeias. Além disso, o desconhecimento da existência de elementos que atraíssem os espanhóis, como metais preciosos, fez com que eles negligenciassem por um longo tempo as regiões periféricas.

Dessa forma, a ocupação territorial manteve uma continuidade significativa com a América pré-colombiana: os centros da colonização localizavam-se nos grandes impérios ameríndios e os europeus procuraram aproveitar ao máximo as estruturas políticas e econômicas existentes, direcionando-as para seu próprio benefício. A descoberta de grandes jazidas de prata a partir de 1530 e a utilização das imensas populações nativas em sua exploração garantiram o desenvolvimento econômico da América espanhola, que viria a atrair muitos imigrantes. Entre 1503 e 1660, o porto de Sevilha, onde chegavam os carregamentos vindos da América, recebeu 300 toneladas de ouro e 25 mil toneladas de prata. Esses metais preciosos foram fundamentais para a ascensão da Espanha à posição de principal potência europeia.

ORGANIZANDO AS IDEIAS

1. Quais são os fatores que nos ajudam a entender a vitória de Hernán Cortés sobre os astecas?
2. Qual era a situação do Império Inca quando Pizarro se lançou à conquista dessa região?

A organização do sistema colonial

A mão de obra na América espanhola

Apesar de ter existido escravização indígena em certos casos, sobretudo no início da colonização e em áreas de conflito com grupos que resistiam à conquista, os espanhóis privilegiaram outras formas de exploração do trabalho nativo. Como a *encomienda* demonstra, eles se aproveitaram das organizações sociais existentes nas culturas pré-colombianas.

A utilização da *encomienda* mostrou-se problemática à medida que novos grupos chegavam e tinham de disputar com os *encomenderos* a exploração da mão de obra. Com isso, multiplicaram-se as desavenças entre colonos novos e antigos. O sistema tornou-se também um problema para a Coroa, pois, embora a *encomienda* fosse uma concessão régia – e não uma propriedade privada –, os *encomenderos* frequentemente viam os indígenas como um bem pessoal. Os escritos do frei dominicano Bartolomeu de las Casas, um dos mais ativos críticos dos abusos da colonização, estão cheios de denúncias sobre maus-tratos infligidos aos nativos. Os indígenas, por sua vez, também resistiram à ordem imposta pelos espanhóis: suicídios, fugas, desobediência sistemática e abortos entre as mulheres foram as manifestações mais comuns. Em 1542, o imperador Carlos V, por meio das chamadas "leis novas", proibiu a escravidão indígena e tentou abolir o sistema de *encomiendas*.

A denúncia de Bartolomeu de Las Casas

O dominicano Bartolomeu de Las Casas (1474-1566) esteve na América pela primeira vez entre os anos de 1502 e 1503 e logo conseguiu uma *encomienda*. Sua relação com os indígenas teria mudado por causa do sermão de outro frei dominicano, António de Montesinos, no qual ele defendia a dignidade dos nativos e condenava a brutalidade da colonização. Ao regressar à Espanha, Las Casas publicou um livro denunciando as crueldades cometidas pelos espanhóis. O livro obteve enorme sucesso e foi fundamental para a criação de uma lenda negra sobre a colonização espanhola. Por meio dessa narrativa, os inimigos da Espanha trataram de exagerar suas muitas e inegáveis violências.

Theodor de Bry. *Hernando de Soto tortura nativos americanos*, 1595. Gravura colorida, 15 cm × 18,8 cm.

> Deus criou todas estas pessoas infinitas, de todo tipo, muito simples, sem sutileza ou cautela, sem malícia, muito obedientes e muito fiéis a seus senhores naturais e aos espanhóis aos quais servem, muitíssimo humildes, pacientes, pacíficas e plácidas. [...]
>
> A esses cordeiros tão dóceis, assim qualificados, [...] os espanhóis entraram, assim que os conheceram, como lobos, leões, tigres muito cruéis e esfomeados, e só fizeram nesses lugares, de quarenta anos para cá, e ainda hoje só fazem isso, esquartejá-los, matá-los, angustiá-los, afligi-los, atormentá-los e destruí-los com estranhas formas de crueldade nunca vistas, nem lidas, nem ouvidas anteriormente, a ponto de, dos mais de três milhões de almas que havia na ilha de Hispaniola e que nós vimos, agora não restarem senão duzentos nativos desta terra. A ilha de Cuba, que é quase tão longa quanto a distância entre Valladolid e Roma, está hoje praticamente deserta. A ilha de Porto Rico e a da Jamaica, ambas muito grandes, férteis e belas, estão na desolação.

DE LAS CASAS, Bartolomeu. Brevíssima relação da destruição das Índias, 1552. In: DE LAS CASAS, Bartolomeu. *Liberdade e justiça para os povos da América — oito tratados impressos em Sevilha em 1552*. Coleção: Frei Bartolomeu de Las Casas – Obras Completas. São Paulo: Paulus, 2010.

A repressão às *encomiendas* provocou a insatisfação dos colonos, sobretudo no Peru. Estes se rebelaram contra as iniciativas régias e assassinaram o primeiro vice-rei do Peru, mas, em 1554, a última rebelião foi esmagada.

Com o declínio do sistema de *encomiendas* no México e no Peru, estabeleceu-se um sistema rotativo. Com ele, os nativos eram obrigados a trabalhar durante determinado período, mediante pagamento, nas fazendas, minas, fábricas (*obrajes*) e obras públicas.

Cumprida essa obrigação, voltavam às suas aldeias, onde trabalhavam para pagar os impostos devidos ao governo. Esse sistema ficou conhecido no México como *repartimiento*. Ele tinha semelhanças com o *cuatequil* dos astecas e com a corveia da Europa medieval. Seu objetivo era racionalizar e organizar a oferta da mão de obra indígena, cada vez mais escassa, para um número crescente de espanhóis. Com ele, os nativos deveriam apenas ser utilizados em atividades consideradas econômica e politicamente essenciais para a colonização.

No Peru, esse sistema compulsório e rotativo foi consolidado na década de 1570. Era conhecido como *mita* e baseado em uma forma de exploração de trabalho imposta aos povos submetidos ao Inca. A cada sete anos, todos os nativos de uma região eram obrigados a se dirigir às minas e a prestar serviços por um ano. A *mita* nas minas, que perdurou até o início do século XIX, teve considerável impacto demográfico sobre a população indígena, pois a mortalidade entre os mineiros era muito alta. Embora o *repartimiento* e a *mita* tendessem a substituir a *encomienda*, esta perdurou em regiões periféricas até o fim do século XVIII.

Em razão das doenças, a população indígena sofreu uma queda acelerada até o início do século XVII. Para compensar parcialmente a falta de mão de obra, tornou-se comum nas regiões mais ricas ter africanos escravizados para a execução de trabalhos especializados e funções de supervisão. Essa prática ocorreu especialmente entre 1580 e 1640, quando a União Ibérica entre Espanha e Portugal facilitava a introdução de cativos pelos comerciantes portugueses. Contudo, o preço elevado dos africanos escravizados e a relativa abundância de mão de obra indígena fizeram com que, na maioria das possessões espanholas, a escravidão africana tivesse um significado marginal ou auxiliar. Posteriormente, com a recuperação das populações indígenas, o trabalho dos africanos escravizados perdeu espaço. Mesmo assim, seus cativeiros e de seus descendentes foram mantidos até o século XIX.

Em regiões onde a população nativa tinha sido especialmente afetada e havia produtos valiosos, como ouro e cacau, a população de africanos escravizados poderia até se tornar majoritária, como ocorreu em partes das atuais Colômbia e Venezuela.

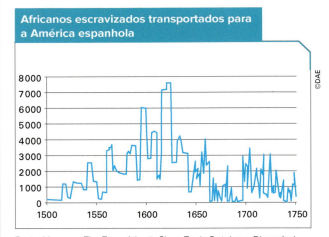

Fonte: *Voyages, The Trans-Atlantic Slave Trade Database*. Disponível em: <www.slavevoyages.org>. Acesso em: 10 fev. 2016.

A administração imperial

Apesar do declínio populacional, o trabalho dos nativos continuava a ser a principal forma de produzir riquezas na América espanhola. Por isso, a Coroa buscou preservar as comunidades indígenas, pois estas eram a base para a taxação e o trabalho compulsório.

No decorrer do século XVI, os monarcas espanhóis tentaram impor sua autoridade ao conjunto de vassalos do além-mar, fossem eles indígenas ou de origem europeia. Para isso, organizaram uma ampla estrutura administrativa na América. Assim como Catalunha ou Nápoles, as possessões de México e Peru foram oficialmente consideradas vice-reinos, e não colônias.

Nas principais cidades do Novo Mundo, a monarquia hispânica também criou "audiências", que eram tribunais superiores que também exerciam funções políticas e administrativas no governo local. Essas cidades conheceram uma intensa vida cultural. Em 1538, foi fundada a primeira universidade da América, em São Domingos; em 1551, foram criadas as universidades do México e de Lima, no Peru. A disseminação da imprensa também ajudou a dotar as colônias hispano-americanas de certa autonomia intelectual em relação à metrópole.

A organização espacial dos núcleos urbanos era muito semelhante: de um centro principal com residências, comércio e instituições de origem espanhola se irradiavam, de forma hierárquica, as populações até chegarem aos subúrbios e às zonas rurais,

> **Os direitos dos *criollos***
>
> Os espanhóis nascidos na América, chamados de *criollos*, acreditavam ter prioridade em relação a seus compatriotas europeus na nomeação para os cargos públicos e eclesiásticos de sua região. Essa prerrogativa foi reafirmada em inúmeras ordens régias, como a apresentada a seguir.
>
> Para todos os ofícios, em todas as nomeações e para toda atribuição de *encomienda*, dever-se-á colocar à frente das proposições e nomear as pessoas nascidas nas Índias que sejam filhos ou netos de conquistadores dessas regiões, desde que apresentem as qualidades, a virtude, os méritos e as condições de serviços que exigem a natureza e o exercício dos ministérios e outros empregos para os quais serão nomeados. Será adotado o mesmo procedimento e serão estendidas estas disposições às pessoas que habitam este país e nasceram nestes reinos ou províncias de minhas Índias, pois [...] devem elas ter preferência sobre todas as outras que não tenham tal qualidade e não respondam a essa exigência.
>
> Extrato da real cédula sobre la orden que se há de guardar em la provisión de los ofícios espirituales y temporales. Madri, 12 dez. 1619. Disponível em: <https://books.google.com.br/books?id=OPDvTmi4ZYwC&pg=PA114&lpg=PA114&dq=cédula+real+del+12+deciembre+1619&source=bl&ots=WBgrKfUDpe&sig=>. Acesso em: 25 jan. 2016.

majoritariamente ocupados por indígenas. O planejamento urbano refletia uma ordem social, política e econômica de caráter espanhol, e esse aspecto era decisivo para consolidar a dominação colonial.

> **ORGANIZANDO AS IDEIAS**
>
> 3. Cite os problemas enfrentados pela Coroa espanhola com os *encomenderos*.
> 4. Explique o que é o *repartimiento* e o motivo de sua adoção.
> 5. Descreva as principais instituições administrativas da América espanhola.

Autonomia e desenvolvimento no século XVII

Economia e poder

O século XVII assistiu a várias transformações na América espanhola. A permanência no continente de parte da riqueza mineral, a migração europeia e o crescimento vegetativo da população não indígena produziram um vigoroso mercado interno, enquanto diminuía a capacidade metropolitana de explorar sua colônia. Em consequência, o comércio colonial se enfraqueceu por volta de 1640, diminuindo tanto a quantidade de metais preciosos enviados à Europa quanto a quantidade de produtos importados pela América. O motivo não era, porém, uma crise econômica, mas o fortalecimento da produção interna e o aumento do contrabando com mercadores de outros países, como holandeses, ingleses e franceses.

A prata continuou a financiar a administração da Coroa, além de dinamizar o mercado interno. A maior novidade foi o desenvolvimento de atividades que visavam abastecer a população colonial. Após a extinção das *encomiendas*, muitos *encomenderos* simplesmente apropriaram-se das terras indígenas, transformando-as em fazendas agrícolas. As *haciendas* produziam carne, trigo e outros cereais, legumes e frutas destinados a suprir principalmente as capitais e as áreas mineradoras. Sobretudo nas cidades, desenvolveu-se um sistema de produção de tecidos, conhecido como *obrajes*, que procurava atender a demanda dos segmentos menos favorecidos.

O *repartimiento*, que havia substituído a *encomienda* a partir de 1542 (com as "leis novas"), por volta de 1620 tinha perdido força, sobretudo no México. Nessa área, a exploração da mão de obra indígena passou a ser feita de maneira informal, sem a intervenção de funcionários régios que intermediassem a relação entre empregadores e indígenas; estes últimos passaram a ser contratados individualmente. Embora a *mita* tenha se mantido no Peru, também lá se disseminou o trabalho assalariado. Em todos os lugares, porém, os indígenas continuavam a sofrer uma série de pressões por parte do Estado e das elites para que seus ganhos se mantivessem reduzidos.

Outro sinal da crescente autonomia colonial surgiu na administração da Coroa. O poder dessas instituições esteve inicialmente nas mãos de funcionários espanhóis. No século XVII, porém, os *criollos*, ou seja, os descendentes de espanhóis nascidos na América, passaram a controlar boa parte dos cargos públicos.

A venda de ofícios públicos pelos monarcas espanhóis, desesperados por recursos para financiar suas guerras na Europa, estimulava essa situação, já que as elites de uma região eram as mais interessadas na compra de cargos.

Enfraquecida, a Espanha precisou construir consensos com as elites coloniais, dividindo o poder com elas. A crescente autonomia econômica, política e intelectual da colônia estimulou o desenvolvimento de um sentimento de identidade local, em que os *criollos* foram se percebendo de forma diferente dos nascidos na Espanha, conhecidos como peninsulares. Ainda não havia, porém, qualquer sentimento separatista: os colonos sentiam-se satisfeitos com o domínio sobre suas próprias regiões.

Sociedades mestiças

Os indígenas que viviam mais próximos aos europeus passaram por um processo de hispanização e adquiriram hábitos e costumes espanhóis. Surgiam, assim, sociedades únicas na América, que não eram europeias nem nativas. Estava em curso um processo

A igreja de São Domingos, em Cuzco

Para catequizar os nativos, os cristãos precisaram incorporar elementos simbólicos das religiões locais (por exemplo, os templos onde os deuses eram cultuados). Assim, a igreja foi construída sobre o Templo do Sol, principal lugar de culto dos incas. No Peru, os monumentos religiosos da época incaica são raros, pois foram sistematicamente destruídos pela Igreja após a conquista.

Catedral de São Domingos, em Cuzco, Peru. Foto de 2014.

A arte mestiça

O legado pré-colombiano foi substituído de diferentes formas nas sociedades construídas após a conquista. Nem totalmente europeias, nem totalmente nativas, essas novas sociedades se misturaram, criando culturas que tinham diferentes matrizes. Nesta imagem, um dos deuses centrais na Mesoamérica foi representado na base de sustentação de uma pia batismal. O culto à serpente emplumada (Quetzalcóatl) remonta aos primórdios da cultura asteca, para a qual a divindade teria sido a criadora do ser humano. Por sua vez, o sacramento do batismo simboliza a entrada do fiel no grêmio da Igreja.

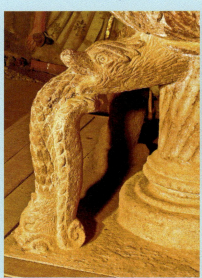

Detalhe de pia batismal do século XVI que incorpora elementos da cultura asteca, como as quatro pernas representando a serpente emplumada, em igreja construída pelos dominicanos em Santo Domingo Yanhuitlán, México.

A pintura de castas

À medida que as sociedades da América espanhola se tornavam mais miscigenadas, foi surgindo a ambígua noção de casta. O termo *casta* englobava todos os mestiços e africanos, excluindo espanhóis e indígenas. O fato de a sociedade se tornar mais complexa incomodou as elites, de modo que, no século XVIII, elas tentaram criar um modelo rígido para enquadrar todos aqueles que consideravam as castas inferiores às delas. Quanto mais sangue indígena e, principalmente, africano alguém tivesse, mais inferior sua casta seria.

Na prática, essa hierarquização jamais teve eficácia. Mestiços que enriqueciam ou conseguiam alcançar algum tipo de proeminência social podiam, com alguma dificuldade, manipular o preconceito, passando-se por espanhóis. Outros tipos de manipulação não eram raros, como o indígena que se apresentava como mestiço para evitar pagar tributos ou servir na *mita*, ou então o mestiço que se vestia e se portava como indígena para viver na aldeia da mãe. A classificação social e étnica não se dava, portanto, por alguma característica do indivíduo, mas sim de acordo com a opinião do restante da sociedade, sendo fluida e móvel de acordo com as circunstâncias.

Anônimo. Quadro com 16 castas coloniais surgidas da mestiçagem entre espanhóis, índios e negros, século XVIII. Óleo sobre tela, 104 cm × 148 cm.

de mestiçagem que ia além da geração de crianças de sangue espanhol e indígena, podendo ser visto na religião e na produção cultural de modo geral. O catolicismo, por exemplo, ficou repleto de elementos pré-colombianos.

Com o aumento do contato entre indígenas, europeus e mestiços no século XVII, a hispanização se acelerou. Mesmo assim, não era possível uma adoção plena dos modelos europeus, pois a maioria da população era indígena e, cada vez mais, mestiça, trazendo consigo suas próprias características. Os nativos mantiveram, por exemplo, sua língua durante todo o período colonial e suas aldeias eram administradas por eles mesmos, com uma reduzida intervenção espanhola. O cultivo comunitário da terra também resistiu em muitas regiões, apesar dos ataques sofridos por europeus desejosos de ampliar seus latifúndios.

Progressivamente, a mistura de etnias embaralhou a divisão entre espanhóis, africanos e indígenas. Surgiram, então, categorias intermediárias compostas por mestiços. Entretanto, os espanhóis (peninsulares e *criollos*) continuaram no topo da hierarquia. Mesmo assim, a posição social estava longe de ser determinada apenas pela cor ou pela ascendência. Existiam espanhóis pobres, indígenas ricos, africanos artesãos etc. Na base da sociedade, a mistura racial era tamanha que a própria classificação étnica perdia importância – o que incomodava as elites, que valorizavam um discurso baseado na cor e no nascimento para que seus membros pudessem se sentir superiores.

ORGANIZANDO AS IDEIAS

6. Por que é possível dizer que a América espanhola adquiriu mais autonomia no século XVII?
7. Quais são as especificidades das sociedades surgidas na América espanhola?

Revisando o capítulo

APROFUNDANDO O CONHECIMENTO

1. Leia novamente o texto escrito pelo frei dominicano Bartolomeu de Las Casas, na página 213.

   a. Que denúncia Bartolomeu de Las Casas faz em relação à colonização espanhola na América?

   b. Como Bartolomeu de Las Casas descreve os indígenas? E os espanhóis?

   c. Bartolomeu de Las Casas cita a destruição das Ilhas de Hispaniola, Cuba e Porto Rico. Explique como se deu a colonização espanhola nessa parte do Caribe.

2. Interprete o gráfico a seguir, explicando as razões e as consequências do fenômeno nele mostrado.

Os efeitos do choque microbiano sobre a Nova Espanha

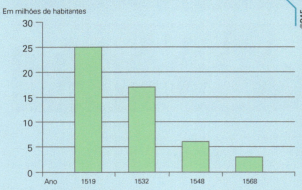

Fonte: SALLMANN, Jean-Michel. (*Carlos V, o império efêmero*) [*Charles Quint, L'empire éphémère*]. Paris: Petite Blibliothéque Payot, 2004. p. 398.

3. O texto a seguir trata da exploração das minas de Potosí pelos espanhóis. Leia-o com atenção para responder às questões.

   > Nos anos 1575-1600, Potosí produziu talvez a metade de toda a prata hispano-americana. Tal profusão de prata não teria vindo à tona sem a concomitante abundância de mercúrio de Huancavélica, que naqueles mesmos anos estava também produzindo como nunca havia feito. Outro estimulante para Potosí foi claramente a mão de obra barata fornecida através da *mita* de Toledo.
   >
   > BETHELL, Leslie (Org.). *História da América Latina*: América Latina colonial. São Paulo: Edusp, 1999. p. 141, v. 2.

   a. Segundo o texto, o que teria alavancado a produção de prata nas minas de Potosí?

   b. Explique o que foi a *mita*, citada no texto.

   c. Que outras formas de exploração da mão de obra indígena, além da *mita*, foram utilizadas na América espanhola? Explique cada uma delas.

4. As pinturas de castas produzidas na América espanhola revelam muitas características daquela sociedade. Observe a pintura a seguir e responda às questões propostas.

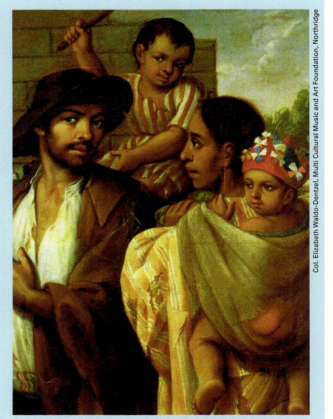

Miguel Cabrera. *De espanhol e índia, mestiça*, 1763.

   a. Quais grupos sociais da América espanhola foram representados nessa pintura?

   b. Qual aspecto da sociedade colonial da América espanhola os personagens da pintura representam?

   c. O que podemos dizer sobre as condições de vida dos personagens representados na pintura de Miguel Cabrera? Descreva a imagem.

   d. Com base na resposta anterior, responda: as pessoas que compõem a pintura poderiam ser encaixadas em que escala da hierarquia da sociedade da América espanhola? Por quê?

A FORMAÇÃO DA AMÉRICA PORTUGUESA

CAPÍTULO 16

Quando os portugueses chegaram ao Novo Mundo, encontraram uma terra densamente habitada. Mas como europeus e ameríndios se relacionaram? A resposta variou de acordo com a época. De modo geral, entretanto, se os indígenas se adaptaram e reagiram às demandas dos colonizadores, podemos dizer que estes últimos também tiveram que adaptar suas estratégias às ações dos nativos. Enquanto isso, a monarquia lusitana também precisou encontrar maneiras de afirmar a posse do território, pois navegadores franceses desafiavam sua soberania.

Construindo o conhecimento

- Quando você acha que "nasceu" o Brasil? Por quê?
- Na sua opinião, como se deu o encontro entre os indígenas e os europeus?

Plano de capítulo

- A apropriação do espaço
- A ocupação do território
- Projetos espirituais para a América

Jerônimo Marini. *Orbis typus universalis tabula*, 1511. Este mapa, um dos primeiros a utilizar o nome "Brasil", coloca Jerusalém no centro do mundo e inverte os polos norte e sul. O Brasil e a América do Norte ("Índia nova") são retratados como parte da costa oriental da Ásia. Isso demonstra o desconhecimento geográfico do período inicial da expansão europeia.

Marcos cronológicos

1500 — A frota de Pedro Álvares Cabral atinge o litoral americano.

1501 — Envio de uma expedição portuguesa de reconhecimento.

1503 — Chegada à América de uma frota financiada por Fernando de Noronha, com o objetivo de organizar as bases de exploração do pau-brasil.

1514 — A Coroa portuguesa recebe do papado o privilégio do padroado, passando a ter o controle exclusivo da organização e o financiamento dos assuntos religiosos em seus domínios.

1516-1528 — Expedições guarda-costas navegam ao longo do litoral brasileiro.

1532 — Fundação de São Vicente, a primeira vila a ser criada no território brasileiro.

A formação da América portuguesa   Capítulo 16   219

Em um cenário tão complicado, era possível que a ocupação do território que viria a ser o Brasil se desse sem conflitos? Portugueses, franceses e indígenas tinham interesses distintos, o que ocasionou múltiplos embates. As diferenças emergiam também em relação à cultura e à religião. Entretanto, os índios, muito mais abertos ao "outro" do que os europeus, absorviam rapidamente o catolicismo e algumas das práticas dos recém-chegados: isso não significava, porém, o abandono de suas crenças e costumes, mas apenas a absorção seletiva de elementos que lhes interessavam.

A apropriação do espaço

De Terra de Santa Cruz a Brasil

Como vimos no Capítulo 12, a frota de Pedro Álvares Cabral chegou ao Novo Mundo enquanto rumava para a Índia. O comandante tomou posse da área em nome do rei de Portugal e batizou-a de Ilha de Vera Cruz, em abril de 1500. Em seguida, enviou a Portugal um navio com a notícia e retomou sua viagem para a Ásia. Em 1501, antes mesmo de Cabral retornar da Índia, uma esquadra foi enviada à América, dessa vez com o objetivo explícito de reconhecer o território.

Um dos principais participantes dessa expedição de reconhecimento, contratado pela Coroa portuguesa, foi o cosmógrafo florentino Américo Vespúcio, antigo companheiro de Cristóvão Colombo. Vespúcio navegou pela costa da terra recém-conhecida e batizou os acidentes geográficos com o nome do santo do dia. Escreveu ainda cartas bem detalhadas, descrevendo tanto as possibilidades de exploração do território quanto os hábitos e costumes de seus habitantes.

Rebatizada por D. Manuel como Terra de Santa Cruz, a região não despertou de imediato o interesse dos portugueses. O único recurso notável do litoral era o pau-brasil. A madeira corante interessava às regiões produtoras de tecidos, como os Países Baixos e a Itália. A Coroa, que tinha o monopólio comercial do pau-brasil, cedeu o direito de exploração a comerciantes portugueses em troca do pagamento do quinto (20% do valor da madeira extraída). Foi dessa árvore que a América portuguesa recebeu seu nome definitivo.

Em 1503, chegou ao território americano a primeira expedição financiada pelo comerciante Fernando de Noronha, com a tarefa de estabelecer as bases da exploração do pau-brasil. Foram fundadas feitorias litorâneas, com o objetivo de guardar a madeira e abrigar a tripulação das naus. A exploração do pau-brasil só foi possível graças à participação dos indígenas, por meio do sistema de escambo: em troca do trabalho de derrubar as árvores, limpá-las, arrumá-las em toras e embarcá-las nas naus, eles recebiam machados, facas e instrumentos de metal.

Fonte: *Atlas histórico escolar*. 8. ed. Rio de Janeiro: FAE, 1991. p. 30.

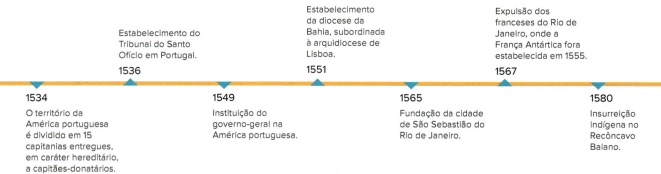

Estabelecimento do Tribunal do Santo Ofício em Portugal.
1536

Estabelecimento da diocese da Bahia, subordinada à arquidiocese de Lisboa.
1551

Expulsão dos franceses do Rio de Janeiro, onde a França Antártica fora estabelecida em 1555.
1567

1534 O território da América portuguesa é dividido em 15 capitanias entregues, em caráter hereditário, a capitães-donatários.

1549 Instituição do governo-geral na América portuguesa.

1565 Fundação da cidade de São Sebastião do Rio de Janeiro.

1580 Insurreição indígena no Recôncavo Baiano.

Esses utensílios permitiam que os homens realizassem mais rapidamente a derrubada das árvores para limpar o terreno a ser plantado pelas mulheres. Os portugueses também forneciam roupas, espelhos e outros objetos para seus aliados aborígenes, que valorizavam esses itens por seu exotismo e sua raridade. Como os indígenas não possuíam moeda nem uma concepção de comércio similar à dos europeus, o fornecimento de pau-brasil em troca de mercadorias era pensado por eles como uma troca de presentes que fortalecia uma aliança entre grupos específicos de nativos e europeus. Dessa maneira, a exploração do pau-brasil não produziu alterações nas sociedades indígenas.

As enormes quantidades de pau-brasil existentes no litoral atraíram marinheiros de outros reinos, sobretudo da França. Eles reproduziram as estratégias portuguesas, instalando feitorias e se aliando a grupos indígenas. Entre 1516 e 1528, Portugal enviou expedições

A QUÍMICA DO PAU-BRASIL

Giovanni Battista Ramusio. Brasil, 1557. Mapa, 27,4 cm × 38 cm. Nesta imagem, é possível perceber que são os nativos (caracterizados pela nudez) que cortam o pau-brasil com machados europeus, carregando-os depois para os portugueses (as duas únicas figuras vestidas) em troca de presentes.

Graças à sua dureza e resistência à umidade, a madeira do pau-brasil era usada na construção naval e em obras de marcenaria fina, como arcos de violino. Mas a resina vermelha contida na árvore era a grande fonte de riqueza. Você sabe como era extraída?

Primeiro, moía-se a madeira. Em seguida, era preciso **macerar** a serragem resultante em uma mistura de soda cáustica ou hidróxido de potássio, produzindo um extrato vermelho. Este era misturado com uma solução quente de alume (sal de alumínio misturado a outro metal), que fazia o pigmento precipitar. Depois de coado e seco, o precipitado era dissolvido na água. O tecido mergulhado nessa solução absorvia o pigmento, tornando-se vermelho. Contudo, o corante não reagia com as fibras do pano; ele apenas "grudava" nelas. Por isso, quando lavado, o tecido tingido costumava perder parte da cor.

Macerar: socar ou amassar um corpo para extrair seu suco.

É conhecida a estrutura química do pigmento do pau-brasil. Trata-se de uma molécula batizada de brasilina. Ela possui anéis benzênicos, como revela a imagem a seguir.

Representação da molécula da brasilina.

Após sua descoberta, cientistas conseguiram produzi-la artificialmente, criando uma molécula batizada de Vermelho Natural 24. A produção desse corante tornou desnecessário o corte do pau-brasil – hoje em extinção – para a extração do corante. O mesmo, porém, não se pode dizer de sua madeira. Ao contrário do pigmento, que tem uma estrutura química invariável, a madeira de pau-brasil (como de qualquer outra) possui características que mudam de uma árvore para outra. Por isso, os químicos ainda não descobriram como produzir um material com as mesmas propriedades.

Parte interna do tronco de pau-brasil. O nome da árvore deriva da resina contida em sua madeira, que tem cor de brasa. Os indígenas a chamavam de ibirapitanga, que em tupi quer dizer "madeira vermelha". Seu nome científico é *Caesalpinia echinata Lam*.

A formação da América portuguesa Capítulo 16 **221**

Theodore de Bry, *Viagem ao Brasil*, 1592.

guarda-costas para combater a presença estrangeira no litoral. No entanto, essas iniciativas repressoras não conseguiram expulsar os navios franceses do imenso litoral americano.

A ocupação do território

Na década de 1520, a Coroa portuguesa percebeu que a única forma de conter o avanço dos franceses seria a ocupação efetiva do território. Em 1532, uma expedição liderada por Martim Afonso de Sousa fundou a primeira vila, em São Vicente. No entanto, a presença portuguesa continuava inexpressiva. Para garantir a posse da região e evitar as despesas que seriam necessárias a sua proteção, o rei adotou um modelo de colonização já aplicado nos arquipélagos de Cabo Verde e da Madeira: o das capitanias hereditárias. Entre 1534 e 1536, o território que cabia a Portugal foi dividido em 15 partes de terra – que tinham como limites o Atlântico e o meridiano do Tratado de Tordesilhas –, entregues cada uma a um capitão-donatário, com amplas atribuições administrativas e econômicas. Ficariam a cargo do donatário, entre outras coisas, ministrar a justiça, promover o recolhimento de impostos e presidir a distribuição de **sesmarias**. Dessa maneira, a Coroa buscava incentivar a ocupação do território sem utilizar seus próprios recursos, então voltados para o comércio com a Índia.

Sesmaria: lote de terra inculta cedido a um povoador.

Alguns donatários vieram para o Brasil e investiram tudo o que possuíam em suas capitanias, a exemplo de Duarte Coelho Pereira, donatário de Pernambuco. Outros, porém, nem sequer se interessaram em explorar suas terras, afinal, a colonização poderia ser um empreendimento caro, arriscado e sem nenhum retorno financeiro. Outro fator que dificultou a exploração nesses primeiros tempos foi a resistência indígena à colonização: as regiões de Ilhéus, na Bahia, e do Espírito Santo, por exemplo, sofreram constantes ataques de nativos. O donatário da Bahia de Todos-os-Santos, Francisco Pereira Coutinho, chegou a ser devorado pelos tupinambás em 1547. A maioria desses conflitos se originou da tentativa portuguesa de escravizar os indígenas para que estes servissem como trabalhadores agrícolas e servos pessoais dos colonizadores. As duas capitanias mais bem-sucedidas – São Vicente e Pernambuco – deveram muito do seu êxito às boas relações estabelecidas entre portugueses e tribos locais. Uma das estratégias utilizadas foi o casamento entre portugueses e nativas, que estabeleceu laços de parentesco com os indígenas.

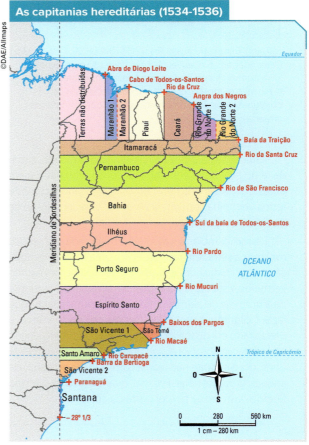

Fonte: CINTRA, Jorge Pimentel. Reconstruindo o mapa das capitanias hereditárias. In: *Anais do Museu Paulista*, v. 21, n. 2, p. 11-45, 2013.

A capitania hereditária como mercê régia

Na carta de doação da capitania de Pernambuco, o rei D. João III fez questão de ressaltar os serviços prestados por Duarte Coelho em diferentes partes do império português como uma das razões pelas quais o fidalgo merecia aquela mercê. Receber uma mercê régia era sinal de reconhecimento e, ao mesmo tempo, meio de fidelização dos nobres.

> A quantos esta minha carta virem faço saber que resguardando eu aos muitos serviços que Duarte Coelho, fidalgo de minha casa, [...] tem feitos aqui nestes Reinos como nas partes da Índia [...] hei por bem e me apraz de lhe fazer como de feito por esta presente carta faço mercê, irrevogável doação, entre vivos valedoura, deste dia para todo sempre, de juro e herdade, para ele e todos seus filhos netos e herdeiros sucessores que após ele vierem [...].

ARQUIVO Nacional da Torre do Tombo, *Carta de doação da capitania de Pernambuco*, 1534. Chancelaria de D. João III, Livro 7, fls. 83-85.

Carta de doação da capitania de Pernambuco, 1534. Biblioteca Nacional, Rio de Janeiro.

O sistema de capitanias ajudou a reforçar a ocupação portuguesa no litoral da América. Contudo, a maioria do território ainda estava longe de desenvolver atividades econômicas que garantissem o sucesso da colonização, e as ameaças indígenas e francesas subsistiam. Assim, no final de 1548, o rei D. João III retomou parte das prerrogativas que havia cedido aos donatários e instituiu o governo-geral, com a função de coordenar o esforço colonizador. As capitanias hereditárias foram lentamente absorvidas pela Coroa, em um processo que se prolongou até a segunda metade do século XVIII.

Em 1549, o primeiro governador-geral, Tomé de Sousa, aportou na capitania da Bahia, que tinha sido absorvida pela Coroa devido à morte do donatário. Em sua frota, vieram centenas de soldados, funcionários, colonos e **degredados**, além de seis jesuítas, que buscariam converter os nativos. Fundou-se, assim, a cidade de Salvador, primeira capital da América portuguesa. Junto com o governador-geral instituiu-se um embrião de aparato administrativo, com um oficial responsável pela justiça: o ouvidor-mor; outro pela cobrança de impostos e administração de recursos: o provedor-mor; e diversos oficiais menores que os ajudariam. Formou-se, desse modo, uma estrutura administrativa que permitiria que a Coroa portuguesa atuasse na América. Com o tempo, as demais capitanias ganhariam estruturas similares, ainda que em menor escala.

Tomé de Sousa buscou auxiliar o esforço colonizador das capitanias, estimular a economia açucareira, conquistar os indígenas, ajudar os jesuítas em sua catequese e defender o território. Esses objetivos estavam interligados: por exemplo, o avanço do cultivo de cana-de-açúcar dependia da obtenção de trabalhadores indígenas escravizados. Todas essas medidas serviriam, em última instância, para garantir a posse dessa região americana pelos reis de Portugal.

> **Degredado:** pessoa condenada ao exílio em razão de um crime. Muitos eram acusados de crimes comuns, do homicídio ao furto, enquanto outros foram condenados por crimes religiosos, bigamia ou feitiçaria.

João Teixeira Albernaz. Planta da Cidade de Salvador, c. 1605. Nesta representação é possível perceber que Salvador foi fundada no litoral, estando intimamente ligada a seu porto.

A formação da América portuguesa   Capítulo 16   223

Regimento do governo-geral

A instituição do governo-geral foi a primeira tentativa da Coroa portuguesa de organizar sua ação na América. Por meio deste documento, é possível perceber as iniciativas para a defesa do território e para a centralização administrativa.

Eu, El-Rei, faço saber a vós, Tomé de Sousa, fidalgo de minha casa, que vendo eu quanto serviço de Deus e meu é conservar e enobrecer as Capitanias e povoações das terras do Brasil e dar ordem e maneira com que melhor e mais seguramente se possam ir povoando, [...] ordenei ora de mandar nas ditas terras fazer uma fortaleza e povoação grande e forte, em um lugar conveniente, para daí se dar favor e ajuda às outras povoações e se ministrar justiça e prover nas cousas que cumprirem a meu serviço e aos negócios de minha Fazenda e a bem das partes [...]. Em cada uma das ditas Capitanias praticareis, juntamente com o Capitão dela, e com o Provedor-mor de minha Fazenda, que convosco há de correr as ditas Capitanias, e, assim com o Ouvidor da tal Capitania e oficiais de minha Fazenda que nela houver, e alguns homens principais da terra, sobre a maneira que se terá na governança e segurança dela, e ordenareis que as povoações das ditas Capitanias, que não forem cercadas, se cerquem, e as cercadas se reparem e provejam de todo o necessário para a sua fortaleza e defensão [...].

ARQUIVO HISTÓRICO ULTRAMARINO. Regimento que levou Tomé de Souza governador do Brasil, Almerim, 17/12/1548. Lisboa, AHU, códice 112, fls. 1-9.

Aliados e inimigos: as sociedades tupis e a invasão portuguesa

Exceto por esparsas evidências arqueológicas, linguísticas e etnográficas, muitas informações que temos sobre os grupos indígenas residentes no Brasil foram encontradas em relatos produzidos por europeus, especialmente a partir de meados do século XVI. Tais narrativas focam-se quase unicamente nos povos tupis costeiros, principais aliados e inimigos dos portugueses. Porém, é necessário ressaltar que existiram diversas formações sociais distintas na Amazônia – como a da cultura marajoara – e no Centro-Oeste, onde havia grandes povoados politicamente estruturados.

Como vimos no Capítulo 12, havia cerca de 2,5 milhões de indígenas no litoral. Essa grande população se articulava por meio de migrações, conflitos e trocas, de modo que os grupos nativos estavam em constante contato entre si. As guerras constituíam uma atividade fundamental para essas sociedades. O objetivo dos embates não era conquistar terras ou escravizar inimigos, mas capturar prisioneiros para serem executados e devorados. Acreditava-se que, ao se alimentar de seus oponentes, todas as virtudes do inimigo seriam absorvidas pelos vencedores. Após a harmonia dos contatos iniciais, a transição para a ocupação permanente com a instauração das capitanias trouxe consigo uma crescente demanda europeia por escravos e terras. Essas imposições alterariam radicalmente as sociedades indígenas. Em consequência, muitos grupos passaram a lutar contra os invasores e alcançaram diversas vitórias, devido a seu maior número e a sua habilidade guerreira, especialmente nas décadas de 1530 e 1540.

As guerras se intensificaram com a instalação do governo-geral, em 1549. Para os colonizadores, só deveriam restar duas opções aos nativos: a conquista militar e a escravização ou a conversão ao cristianismo e a subordinação. Configurou-se, dessa forma, uma política indigenista dual, que pretendia proteger os indígenas aliados (ou "mansos") e incentivava a guerra e as escravizações dos nativos ditos "selvagens" "brabos" e "bárbaros" por recusarem a conversão ou atacarem os colonos. Com algumas mudanças, essa política indigenista vigorou até o século XIX. A definição de quais grupos eram inimigos variava, porém, de acordo com os interesses do momento: muitos colonos prefeririam atacar todos os aborígenes para escravizá-los e explorar sua mão de obra.

É preciso lembrar que a conquista foi um processo vagaroso e parcial, que continuou mesmo após a independência do Brasil. O avanço dos europeus só se tornou possível graças às alianças com diversas tribos indígenas, que podiam utilizar os portugueses para atacar inimigos ancestrais. Em outros momentos, um grupo poderia juntar forças com os invasores para evitar sua própria escravização. A Coroa reconheceu a importância desse apoio, chegando a conceder honrarias a alguns dos chefes nativos, como Araribóia ("cobra feroz"), líder dos temiminós, que foi sagrado cavaleiro por sua participação decisiva na luta contra os franceses no Rio de Janeiro. Em consequência, esse indígena se tornou mais nobre que a grande maioria dos portugueses da região.

Em diversos momentos, a guerra contra os indígenas se confundiu com os conflitos contra os europeus. Os tamoios se aliaram aos franceses que procuraram se estabelecer no Rio de Janeiro entre 1555 e 1567, enquanto seus inimigos, os temiminós, se aliaram aos portugueses. A expulsão dos franceses também se deveu aos esforços do terceiro governador-geral, Mem de Sá, e ao apoio das demais capitanias.

Em 1615, com a conquista do Maranhão e a expulsão dos franceses que ali se instalaram em 1612, consolidou-se o domínio português sobre toda a faixa litorânea que lhes cabia pelo Tratado de Tordesilhas. Em seguida, a Coroa voltou seus esforços para desalojar da Amazônia ingleses e holandeses, pois, desde o fim do século XVI, comerciantes e aventureiros desses povos haviam criado feitorias na região com o intuito de participar do negócio da extração de madeira.

Assim, a pressão estrangeira impulsionou a colonização através da consolidação da presença lusitana no litoral. Na esteira das vitórias portuguesas, foram criadas fortificações que deram origem a importantes núcleos urbanos da colônia. Assim, o forte de Filipeia de Nossa Senhora das Neves originou a cidade da Paraíba, hoje João Pessoa; o forte dos Três Reis Magos, a cidade de Natal, e a fortaleza de Nossa Senhora do Amparo, a capital do Ceará, Fortaleza.

A disputa pela Amazônia

A região que os portugueses conheciam por Maranhão era, na verdade, um imenso território de limites imprecisos e que equivaleria hoje a toda a Amazônia Legal, além dos estados do Maranhão, do Ceará e do Piauí. Vários relatos defendiam a ideia de que o Maranhão seria a melhor forma de se chegar ao Peru, de onde a Espanha retirava grandes quantidades de prata. Em 1637, Jácome Raimundo de Noronha, governador do Maranhão entre 1635 e 1638, alertou o rei espanhol (que então governava Portugal) sobre a importância da região. Segundo o governador, caso a Coroa perdesse o Maranhão, corria o risco de perder toda a América.

E nesta capitania [do Pará] é necessária mais gente porque é fronteira aos inimigos gentios; e também teve sempre guerra com os estrangeiros holandeses e ingleses que naquelas partes intentaram povoar, fazendo fortalezas, congregando-se com o gentio, com que iam cobrando muitas forças, e sempre foram pelos portugueses desbaratados e rendidos, e todos os anos, pelo verão, se achavam os ditos estrangeiros por aquele rio das Amazonas e seus braços, até que eu fui por ordem do governador passado por Capitão-mor e com todos os seus poderes a fazer a guerra a uns que estavam havia já perto de dois anos fortificados e muito poderosos, com muito gentio, fabricando tabacos e cana-de-açúcar, aos quais fui sitiar e pôr em cerco até que de todo os desbaratei e lhes tomei a fortaleza [...] e uma lancha, e alvorei as bandeiras de Vossa Majestade nele, com morte de oitenta e seis estrangeiros e treze prisioneiros mal feridos de que morreram daí a poucos dias, e do gentio morreram muitos na guerra e outros ficaram cativos, e com esta vitória me recolhi ao Pará.

NORONHA, Jácome Raimundo de. Relação sobre cousas tocantes ao governo do Maranhão, 10 y 23 de mayo de 1637. *Documentos para a História do Brasil, especialmente a do Ceará* (Coleção Studart, vol. 3). Fortaleza: Typ. Minerva, 1910. p. 45-54.

Johannes Vingboons. Detalhe do mapa de São Luís, Maranhão, 1665.

Além de seus aliados indígenas, a Coroa necessitava do apoio dos colonos para a conquista e ocupação do território, pois o rei tinha poucos soldados e funcionários na América. Assim, os habitantes de São Vicente foram fundamentais na tomada do Rio de Janeiro; os da Bahia, na ocupação do Sergipe; e os de Pernambuco, na dominação da Paraíba e do Maranhão. Para convencer os vassalos a participarem desses conflitos, o monarca distribuía sesmarias, cargos e, em alguns casos, honrarias, que permitiam que alguns colonos de origem plebeia se tornassem nobres. Estes também aproveitavam os conflitos com os indígenas para obter escravos para suas propriedades.

Percebe-se, portanto, que a colaboração entre vassalos e monarquia, essencial para a formação dos Estados europeus, também se manifestava no processo de colonização na América. Foi a partir dela que a Coroa portuguesa afirmou sua soberania no Novo Mundo. Além de receberem privilégios e benesses, esses primeiros conquistadores também ocuparam postos nas câmaras das diversas localidades que foram surgindo. Nas pequenas vilas e cidades de todo o império português, a câmara municipal era o principal órgão de poder local, cabendo-lhe, por exemplo, organizar os espaços urbano e rural, fiscalizar o comércio local, cobrar certos impostos e negociar com o rei e seus governadores.

Aqueles que participavam das câmaras eram considerados "homens bons" e integravam a elite local. Para os colonos, fazer parte desse grupo e receber uma mercê do rei significava muito. Rapidamente, eles perceberam que a América oferecia oportunidades de ascensão social, que seriam muito difíceis, ou mesmo impossíveis, de conseguir no Reino. Em sua maioria, aqueles que migravam para o Brasil eram plebeus, pobres ou, no máximo, das camadas médias da população; mas alguns, por meio de serviços prestados ao rei, conseguiram enriquecer.

> **ORGANIZANDO AS IDEIAS**
>
> 1. Como se deu o processo de extração de pau-brasil no início da colonização portuguesa?
> 2. A Coroa portuguesa dividiu o território da América em 15 lotes de terras, as chamadas capitanias hereditárias. Explique por que esse sistema foi implantado.
> 3. A que camada social pertenciam os primeiros colonos do território brasileiro e como os monarcas portugueses solidificaram suas relações com esses personagens?

Projetos espirituais para a América

O padroado e as estruturas da Igreja

Nos séculos XV e XVI, Portugal obteve do papado a prerrogativa de nomear indivíduos para cargos eclesiásticos. No caso do ultramar, podia até coletar o **dízimo**, que deveria, em princípio, sustentar a Igreja – embora no Brasil esses recursos também fossem utilizados para pagar os funcionários régios. Embora o rei não interferisse nos assuntos referentes a dogmas ou doutrinas, privativos da alta cúpula da Igreja, esse arranjo, conhecido como padroado, permitiu a subordinação dos interesses do clero aos da monarquia. Em contrapartida, a Coroa assumia a responsabilidade de incentivar as missões evangelizadoras em todo o império. Desse modo, os religiosos eram, ao mesmo tempo, agentes da Coroa e da Igreja. A aproximação entre Igreja e monarquia fez da religião, de modo semelhante ao que estava acontecendo na Europa, um dos elementos fundamentais para o controle das populações da América portuguesa.

Dízimo: tributo que os fiéis pagam à Igreja como obrigação religiosa, que equivale a um décimo de seus rendimentos.

A presença dos franciscanos

Igaraçu (em tupi, "canoa grande"), pequena cidade na região metropolitana do Recife, possui um importante acervo arquitetônico e artístico remanescente da época colonial. Na segunda metade do século XVI, a localidade foi elevada à vila e, em 1588, os franciscanos começaram a construir ali o convento de Santo Antônio, um dos mais antigos do Brasil. Apesar de serem os primeiros religiosos a pisar na América portuguesa – frei Henrique Soares, que rezou a primeira missa, era franciscano –, as instituições franciscanas chegaram formalmente a partir de 1585, espalhando-se, em um primeiro momento, pela região açucareira. Atualmente, boa parte do patrimônio de Igaraçu é tombada pelo Instituto do Patrimônio Histórico e Artístico e Nacional (Iphan), e o antigo convento dos franciscanos abriga o Museu de Arte Sacra da cidade.

Convento Franciscano de Santo Antônio, Igarassu (PE). Foto de 2014.

A Igreja Católica tinha muitas subdivisões administrativas, com hierarquias próprias. Nomeados pelo rei, os bispos e arcebispos eram responsáveis pelos padres das paróquias. A diocese da Bahia tinha jurisdição sobre todo o território brasileiro, posição que manteve até o século XIX. Já as ordens religiosas, como jesuítas, franciscanos, beneditinos e carmelitas, eram autônomas, respondendo apenas a seus superiores na Europa. De modo geral, as ordens, sobretudo a dos jesuítas, concentraram-se na catequização dos indígenas e na educação dos colonos. Por sua vez, o clero secular, nas paróquias, manteve-se ligado à doutrinação básica de portugueses e de seus filhos, assim como de escravos libertos e indígenas destribalizados.

Inquisição à brasileira

O Santo Ofício jamais estabeleceu um tribunal na América portuguesa. Apesar disso, a inquisição se fez presente por meio de visitações, em que um inquisidor ouvia as denúncias, dando início a averiguações. O primeiro visitador foi Heitor Furtado de Mendonça, que esteve na Bahia, em Pernambuco, em Itamaracá e na Paraíba entre 1591 e 1595. Na segunda visitação, entre 1618 e 1620, Marcos Teixeira percorreu a capitania da Bahia. Por fim, entre 1763 e 1772, Geraldo José de Abranches foi ao Maranhão e Grão-Pará. Sobretudo nas duas primeiras visitações, houve um grande número de denúncias contra os cristãos-novos, acusados de práticas judaizantes. A Inquisição averiguava também os chamados delitos de ordem moral e sexual. Assim, puniu homossexuais, bígamos, blasfemos, protestantes, feiticeiros e até os que contestassem dogmas, como a pureza da Virgem Maria. No trecho a seguir, parte de uma denúncia, é possível perceber a perseguição feita aos cristãos-novos, repetidamente acusados de praticarem atos que iam contra a fé católica.

Quarto livro das denunciações da primeira visitação do Santo Ofício da Inquisição do Brasil, feita pelo licenciado Heitor Furtado de Mendonça por especial comissão de Sua Alteza. 1595. 355 fl.

> Aos 13 dias do mês de setembro de 1618, na cidade do Salvador da Bahia de Todos-os-Santos, na igreja do Colégio da Companhia de Jesus, estando aí em audiência [...] o senhor inquisidor Marcos Teixeira, perante ele apareceu, sem ser chamado, Miguel de Abreu, cristão-velho, de idade de 40 anos, natural de Guimarães e lá casado, morador nesta cidade, na rua do Bispo, e é mercador. [...] E disse que com zelo da Santa fé e por desencargo de sua consciência e sem outro respeito algum, denunciava bem e verdadeiramente Fernão Mendes [...], natural da cidade do Porto, no reino, solteiro e mercador, morador nesta cidade haverá um ano e meio, segundo sua lembrança, que entrando uma tarde na dita casa do denunciado, não estando ele ali, achou um livro de quarto, encadernado em pergaminho já usado, de letra redonda antiga, falto de algumas folhas [...]. A matéria do qual livro era de uma demanda que [...] propunha diante de Deus sobre não ser Messias Cristo Nosso Senhor e sobre isso negava mais algumas coisas e continha declarações de profecias da Lei velha.

Livro de denunciações do Santo Ofício na Bahia, 1618.
In: *Anais da Biblioteca Nacional*, v. 49, 1927. p. 125-126.

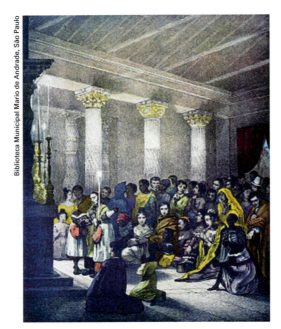

Johann Moritz Rugendas, Missa na Igreja da Candelária em Pernambuco, *Viagem Pitoresca através do Brasil*. 1835. Gravura, 3ª parte, prancha 29.

A renovação espiritual que predominou sobretudo a partir do Concílio de Trento (1545-1563) orientou a vida religiosa na Europa e no Novo Mundo. No entanto, a estrutura eclesiástica da América portuguesa foi, ao longo de todo o período colonial, muito precária: os bispados administravam imensos territórios, o clero secular era diminuto e, muitas vezes, mal preparado; a atuação das ordens regulares enfrentou constantes problemas de financiamento; os jesuítas tiveram de lidar com a oposição dos colonos no que dizia respeito à liberdade dos indígenas.

Nesse quadro de precariedade, o catolicismo colonial sofreu transformações. Nas localidades mais antigas e maiores, como Salvador ou Rio de Janeiro, onde a presença das instituições religiosas era mais efetiva, parte da população pôde se manter próxima dos preceitos de um catolicismo rigoroso. Entre africanos, indígenas e seus descendentes, porém, a religiosidade poderia mesclar cultos e religiões de diferentes origens, fazendo surgir um catolicismo mestiço. Tais práticas religiosas mestiças podiam envolver diferentes estratos sociais, entre os quais as elites.

Jesuítas, indígenas e escravidão

Embora os colonos tenham escravizado indígenas desde o início da ocupação efetiva do território, assim como na América espanhola, houve vozes que se levantaram contra essa prática. Em todo o mundo ibérico, a questão da liberdade dos indígenas foi objeto de inúmeras discussões e encontrou, na Companhia de Jesus, sua principal defensora.

Uma capela jesuítica

Na cidade de Niterói, no estado do Rio de Janeiro, há um pequeno templo que remonta ao início da ocupação portuguesa na região. A primitiva igreja de São Lourenço dos Índios foi construída antes de 1570, com a ajuda dos jesuítas e dos indígenas temiminós, que haviam lutado contra os franceses no Rio de Janeiro. O exterior do templo é simples, revelando a austeridade da arquitetura jesuítica; no adro, ficava um cemitério onde se enterravam os nativos. No interior, há um retábulo com a imagem de São Lourenço, representado segurando uma palma (símbolo dos mártires) e a grelha, na qual, segundo a tradição, teria sido queimado vivo. Acima, há um painel com a Assunção da Virgem. Esse conjunto é um dos raros exemplos de arte maneirista na América portuguesa. Anterior ao barroco, o maneirismo jesuítico caracterizou-se pela rigidez das imagens e pela austeridade das formas.

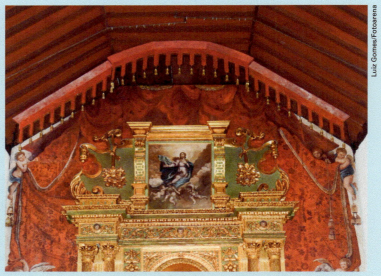

Igreja de São Lourenço dos Índios, capela situada em antigo aldeamento indígena que deu origem à cidade de Niterói, no estado do Rio de Janeiro. Foto de 2016.

O principal esforço dos jesuítas dirigiu-se à conversão dos indígenas. Depois de tentativas malsucedidas de catequizar os nativos em suas próprias aldeias, decidiram criar núcleos artificiais de evangelização, chamados de aldeamentos ou reduções. Neles reuniram indivíduos de diferentes etnias e se valeram de vários recursos para transmitir os valores cristãos. Os jesuítas sistematizaram uma língua geral, baseada no tupi, e desenvolveram experiências de teatro com os chamados autos, nos quais se representava a luta do Bem contra o Mal, da palavra de Deus contra o demônio dos rituais tribais.

Entretanto, os religiosos encontraram sérias dificuldades. Os indígenas aceitavam a catequização, mas, ao mesmo tempo, se esforçavam para manter suas tradições ancestrais. Na visão dos colonizadores, os nativos deveriam se tornar católicos, batizados, casados, abandonando as práticas consideradas bárbaras, como a antropofagia e a poligamia, e cumprir uma rígida disciplina de trabalho e horários. Quando morriam, deveriam ser enterrados segundo os rituais católicos. Sua antiga visão do mundo deveria ser abandonada, pois era tida como errada.

Assim, toda a opinião europeia sobre os autóctones partia do princípio de que a cultura ameríndia era inferior. Essa visão **eurocêntrica** era utilizada, de formas diferentes, por grupos como os colonos e os jesuítas, que defendiam maneiras bem diversas de lidar com os nativos. A arrogante certeza da superioridade cultural justificava tanto as violentas ações de escravização quanto as tentativas de imposição cultural, como a conversão.

É importante ressaltar que a Coroa portuguesa, e até mesmo os colonos, tinham interesses no projeto jesuítico. Na proposta inicial da Ordem, os indígenas trabalhariam para os colonos em troca de um pequeno salário. Assim, os aldeamentos funcionariam como um mecanismo de acesso à mão de obra barata. Era uma solução que se conciliava com o ideal de liberdade dos americanos defendido pelos jesuítas. Os nativos catequizados também serviriam como uma força militar auxiliar contra tribos inimigas e invasores estrangeiros, tornando-se fundamentais para a defesa da América portuguesa.

Entretanto, essa experiência esbarrou em dificuldades. Como os colonos deveriam negociar com os jesuítas e não diretamente com os indígenas, a transação muitas vezes era demorada e as demandas dos colonos não eram alcançadas, gerando descontentamentos. Iniciou-se, assim, um longo conflito sobre o controle da mão de obra indígena, com os colonos sedentos de mão de obra e defendendo a escravização. Os jesuítas, por sua vez, sustentavam a liberdade apenas dos nativos que se submetessem à evangelização. No caso dos nativos "bravos", a conquista militar e a escravização eram consideradas aceitáveis, pois do contrário seria impossível convertê-los à fé católica.

Uma constante do período foi a resistência indígena à escravização e à catequização. Os nativos "filtravam" a pregação dos jesuítas de acordo com sua própria cultura, forçando os religiosos a adaptarem sua mensagem e mantendo muitos de seus costumes. Um dos pontos altos da resistência ocorreu em 1580, quando o Recôncavo Baiano foi alvo de uma verdadeira insurreição indígena. Vários nativos fugidos de engenhos e aldeamentos reuniram-se em torno de Antônio, um nativo educado em uma aldeia jesuítica e visto como profeta. O caso chocou os jesuítas, pois Antônio, além de anunciar a profecia da **Terra sem mal** e incitar os indígenas a deixarem os seus senhores, adaptou práticas e ritos cristãos às tradições ameríndias.

Plano da redução de São João Batista, Sete Povos das Missões, 1753.

> **Eurocêntrico:** aquele ou algo que tenta compreender o mundo levando em conta somente valores europeus.
>
> **Terra sem mal:** mito tupi-guarani sobre uma terra onde não haveria fome, guerras ou doenças. Para alcançá-la, seria preciso migrar, seguindo as orientações dos xamãs (pajés).

Antônio Vieira, o pregador barroco

Antônio Vieira (1608-1697) foi o mais influente jesuíta do mundo luso-brasileiro durante o século XVII. Nascido em Portugal, veio para a América ainda criança e estudou no Colégio dos Jesuítas de Salvador. Era reconhecido como um brilhante orador e, depois de 1640, com a Restauração Portuguesa, passou a exercer importantes funções políticas e diplomáticas, tornando-se confessor e conselheiro do rei. Vieira defendeu a liberdade indígena, porém manteve o apoio à escravização dos africanos. No primeiro trecho de um sermão pregado em 1655, em São Luís, Vieira condena os cativeiros indevidos, tão comuns no Maranhão daquela época. No segundo trecho, de um sermão feito anos antes, em 1633, Vieira pregou aos escravos da irmandade de Nossa Senhora do Rosário dos Pretos, na Bahia. Nele, aproximou os trabalhos no engenho aos martírios sofridos por Jesus durante a sua condenação e crucificação, deixando claro que, depois de todas as humilhações, os escravos teriam garantido o reino dos céus.

Autoria desconhecida. *Padre Antônio Vieira*, século XVIII. Óleo sobre tela.

Sabeis, cristãos, sabeis nobreza e povo do Maranhão, qual é o jejum que quer Deus de vós esta Quaresma? Que solteis as ataduras da injustiça, e que deixeis ir livres os que tendes cativos e oprimidos. Estes são os pecados do Maranhão: estes são os que Deus me manda que vos anuncie: "Anuncia ao meu povo os crimes dele." Cristãos, Deus me manda desenganar-vos, e eu vos desengano da parte de Deus. Todos estais em pecado mortal; todos viveis e morreis em estado de condenação, e todos ides direitos ao Inferno. [...] Pois, valha-me Deus! Um povo inteiro em pecado? Um povo inteiro ao Inferno? Quem se admira disto, não sabe que cousas são cativeiros injustos. [...] Sabeis quem traz as pragas às terras? Cativeiros injustos. Quem trouxe ao Maranhão a praga dos holandeses? Quem trouxe a praga das bexigas? Quem trouxe a fome e a esterilidade? Estes cativeiros. [...].

VIEIRA, Antônio (S. J.). Sermão da primeira dominga da quaresma, 1655. *Sermões*, v. I, t. III. São Paulo: Editora das Américas, 1957. p. 10-14.

Imitadores de Cristo crucificado, porque padeceis em um modo muito semelhante o que o mesmo Senhor padeceu na sua cruz, e em toda a sua paixão. A sua cruz foi composta de dois madeiros, e a vossa em um engenho é de três. Também ali não faltaram as canas, porque duas vezes entraram na Paixão: uma vez servindo para o cetro de escárnio, e outra vez para a esponja em que Lhe deram o fel. A paixão de Cristo parte foi de noite sem dormir, parte foi de dia sem descansar, e tais são as vossas noites e os vossos dias. Cristo despido, e vós despidos; Cristo sem comer, e vós famintos; Cristo em tudo maltratado, e vós maltratados em tudo. Os ferros, as prisões, os açoutes, as chagas, os nomes afrontosos, de tudo isto se compõe a vossa imitação, [...]. Oh! como quisera e fora justo que também vossos senhores consideraram bem aquela consequência: Todos querem ir à glória e ser glorificados com Cristo, mas não querem padecer nem ter parte na cruz com Cristo. Não é isto o que nos ensinou a Senhora do Rosário na ordem e disposição do mesmo Rosário. Depois dos mistérios gozosos pôs os dolorosos, e depois dos dolorosos os gloriosos. Por quê? Porque os gostos desta vida têm por consequência as penas, e as penas, pelo contrário, as glórias. E se esta é a ordem que Deus guardou com seu Filho e com sua Mãe, vejam os demais o que fará com eles. Mais inveja devem ter vossos senhores às vossas penas do que vós aos seus gostos, a que servis com tanto trabalho. Imitai, pois, ao Filho e à Mãe de Deus, e acompanhai-os com São João nos seus mistérios dolorosos, como próprios da vossa condição e da vossa fortuna, baixa e penosa nesta vida, mas alta e gloriosa na outra. No céu cantareis os mistérios gozosos e gloriosos com os anjos, e lá vos gloriareis de ter suprido com grande merecimento o que eles não podem, no contínuo exercício dos dolorosos.

VIEIRA, Antônio (S. J.) Sermão XIV, 1633. *Sermões*, v. IV, t. XI. São Paulo: Editora das Américas, 1957, p. 305-306.

Esse episódio mostra que a catequese não representou o fim da cultura indígena. Ainda mais interessante é o fato de mestiços, africanos e até europeus optarem por participar dos rituais religiosos liderados por Antônio, até a destruição militar desse movimento por parte do governador-geral. Surgia, assim, uma cultura religiosa sincrética, nem inteiramente europeia nem puramente indígena. Na medida em que lhes era possível, os nativos recriaram um mundo, negociando posições e estabelecendo alianças, conquistando espaços na sociedade colonial.

Um dos principais efeitos negativos da colonização foi a transmissão de doenças, contra as quais os povos da América não tinham defesas imunológicas, como vimos no Capítulo 12. Assim, quando a ocupação portuguesa se intensificou nas décadas de 1550 e 1560, os indígenas conheceram uma catástrofe demográfica, pois epidemias de gripe, varíola e sarampo dizimaram milhares de pessoas. Os aldeamentos jesuíticos contribuíram para esse desastre, pois reuniam os nativos em espaços circunscritos, facilitando a transmissão de enfermidades.

Em consequência da diminuição da população e da pressão dos jesuítas, a Coroa publicou, em 1570, a primeira legislação proibindo a escravização dos nativos. No entanto, a lei tinha brechas, e a busca dos colonos por mão de obra garantiu que essa prática sobrevivesse, especialmente nas regiões periféricas.

Entretanto, como a América Portuguesa precisava do trabalho escravo, a defesa da liberdade não se estendia a todos os seres humanos: enquanto defendiam os indígenas, os inacianos começaram a justificar a escravização dos africanos – prática utilizada pelos portugueses desde meados do século XV, como vimos no Capítulo 12.

O tráfico de africanos escravizados para a América começou a se intensificar no final do século XVI, quando as missões jesuíticas na África enfrentavam forte resistência dos povos locais à conversão ao catolicismo; contudo, nesse período, o comércio de africanos vinha se mostrando cada vez mais lucrativo. Para a Companhia, a resistência dos africanos ao catolicismo poderia ser atenuada se eles fossem trazidos para a América, pois sua posição subordinada não lhes deixaria alternativa senão aceitar o batismo. Esse aspecto somou-se à necessidade de apontar uma alternativa ao trabalho dos nativos, levando os padres a apoiar abertamente a escravização dos africanos.

O principal argumento era que a liberdade da alma não implicava a liberdade do corpo. O padre Antônio Vieira, um dos mais brilhantes e influentes jesuítas do Império português no século XVII, afirmava que a escravidão poderia funcionar como um caminho de purificação para que os africanos alcançassem o paraíso: a América seria uma espécie de purgatório, em que, por meio do trabalho dos corpos, eles poderiam alcançar a salvação de suas almas.

> **ORGANIZANDO AS IDEIAS**
>
> 4. Explique como funcionava o padroado.
> 5. Por que os aldeamentos se formaram e quais foram as estratégias utilizadas pelos jesuítas para facilitar a conversão?
> 6. Apesar de os religiosos se posicionarem contra a escravidão indígena, foram responsáveis pela desestruturação das tribos tradicionais. Comente esse processo.

Revisando o capítulo

▶ APROFUNDANDO O CONHECIMENTO

1. Leia o texto a seguir sobre a transição do trabalho escravo indígena para o africano na América portuguesa.

> A transição de predominância indígena para a africana na composição da força de trabalho ocorreu aos poucos ao longo de aproximadamente meio século. Quando os senhores de engenho, individualmente, acumulavam recursos financeiros suficientes, compravam alguns cativos africanos e iam acrescendo outros à medida que capital e crédito tornavam-se disponíveis. [...] Muitos negros provinham da África Ocidental, de culturas em que os trabalhos com ferro, gado e outras atividades úteis para a lavoura açucareira eram praticados. Esses conhecimentos e a familiaridade com a agricultura a longo prazo tornavam-nos mais valiosos [...]. A suscetibilidade dos índios de todas as idades às doenças aumentava o risco do investimento de tempo e capital para treiná-los [...]. Naturalmente também os africanos sofriam nas condições ambientais do Brasil, mas as taxas mais elevadas de mortalidade entre os

A formação da América portuguesa Capítulo 16 231

negros eram sempre encontradas entre os recém-chegados (boçais) e as crianças.

SCHWARTZ, Stuart. *Segredos internos*. 2. ed. São Paulo: Companhia das Letras, 1999. p. 68.

a. Segundo o texto, quais foram os fatores responsáveis pela transição da mão de obra indígena para a africana na América portuguesa?

b. De acordo com o que você estudou neste capítulo, que outros argumentos podem justificar a predominância do uso da mão de obra escrava africana na América portuguesa?

2. Leia o texto do padre jesuíta André Gouvêa sobre a posição que os jesuítas deveriam adotar em relação aos nativos da América portuguesa.

Que não se deem índios das aldeias que estão a nosso encargo a ninguém por mais de três meses contínuos, nem os deixem habitualmente levar as mulheres, que não recebam aqueles que não são da aldeia, e que fugiram das casas dos portugueses, ao contrário, que os mandem imediatamente para o lugar de onde vieram, salvo se por uma razão particular, parecer ao superior da casa ou do colégio que se deveria mantê-los mas que não se o faça isso provocar escândalo entre os portugueses e se for em prejuízo das pessoas que pretendem ter um direito sobre eles.

CASTELNAU-L'ESTOILDE, Charlotte de. *Operários de uma vinha estéril*: os jesuítas e a conversão dos índios no Brasil (1580-1620). Trad. Ilka Stern Cohen. Bauru/São Paulo: Edusc, 2006. p. 149.

a. Segundo André Gouvêa, como os indígenas que estavam sob a responsabilidade dos jesuítas deveriam ser tratados? E os nativos que não viviam nesses aldeamentos?

b. Que tipo de conflito o jesuíta queria evitar ao propor essas ideias?

3. Leia o texto a seguir para responder às questões.

É certo que, a partir de 1549, os governadores-gerais eram a cabeça do governo do Estado, gozando de supremacia sobre donatários e governadores das capitanias, devendo estes obedecer-lhes e dar-lhes conta do seu governo. No entanto, essa dependência ficava bastante limitada pelo fato de que, simultaneamente, eles deviam obediência aos secretários de Estado em Lisboa. Essa dupla sujeição criava um espaço de incerteza hierárquica sobre o qual os governadores locais podiam criar um espaço de poder autônomo efetivo. [...] os governadores das capitanias eram autônomos no que respeitava ao governo local (econômico) das suas províncias, estando sujeitos ao governador-geral apenas em matérias que dissessem respeito à política geral e à defesa de todo o Estado do Brasil.

HESPANHA, Antonio Manuel. A constituição do Império Português. Revisão de alguns enviesamentos correntes. In: FRAGOSO, João; BICALHO, Maria Fernanda Baptista; GOUVÊA, Maria de Fátima Silva. (Orgs.). *O Antigo Regime nos trópicos*: a dinâmica imperial portuguesa (séculos XVI-XVIII). Rio de Janeiro: Civilização Brasileira, 2001. p. 177-178.

a. A quem os donatários e os governadores locais da América Portuguesa estavam subordinados?

b. Que fator enfatizado pelo autor permitia que os governadores das capitanias gozassem de certa autonomia?

4. Leia a tira e responda às questões.

a. Na tirinha, o padre jesuíta fala para os indígenas que eles vão construir uma aldeia cristã. O que seriam essas aldeias? Que nomes receberam? Quais eram seus objetivos?

b. No último quadrinho, um dos nativos afirma, com ironia, que preferia quando os europeus davam espelhos para eles. Explique essa frase no contexto da colonização da América portuguesa.

c. Ainda sobre o último quadrinho, podemos considerar que a fala do indígena é um indício de que ele não estava satisfeito e poderia resistir. De que forma os nativos resistiram às ações evangelizadoras dos jesuítas e aos avanços dos colonos portugueses em suas terras?

"QUEM DIZ BRASIL DIZ AÇÚCAR?"

CAPÍTULO 17

Construindo o conhecimento

- Em sua opinião, por que os portugueses utilizaram escravizados na colonização da América?
- A estrutura econômica e social do Brasil colonial tem influência sobre o presente do país? Por quê?

Plano de capítulo

▶ A economia colonial
▶ Escravidão e liberdade
▶ Para além do açúcar

No capítulo anterior, estudamos o início da ocupação portuguesa na América. Como, porém, foi possível conseguir o dinheiro necessário para financiar a conquista e o governo desse extenso território? Era preciso encontrar um negócio lucrativo, que gerasse recursos suficientes para atrair colonos e enriquecer a Coroa. Os portugueses conheciam um produto com essas características: o açúcar, que já cultivavam em outras áreas de seu império. Por isso, um grupo de colonos escreveu, em 1662, que "quem diz Brasil diz açúcar", enfatizando o quanto a produção açucareira foi primordial no processo colonizador.

O plantio, a colheita e o processamento da cana-de-açúcar exigiam muita mão de obra. Ninguém, no entanto, atravessaria voluntariamente o oceano para trabalhar no Novo Mundo em condições piores do que as de sua própria terra. Qual seria a solução? A transformação de seres humanos em propriedade, obrigados a trabalhar para o enriquecimento de seus donos. Assim, primeiro indígenas, depois africanos, foram explorados, tornando a escravidão a característica fundamental da economia e sociedade do Brasil colonial.

Detalhe de mapa de Pernambuco publicado em *História dos feitos praticados durante oito anos no Brasil* (*Rerum per octennium in Brasilia*), de Gaspar Barleus, 1647. O contato próximo entre senhores e escravos, entre a casa-grande e a senzala, foi uma das características do universo criado pelo açúcar. A imagem mostra um dia no cotidiano de um engenho de Pernambuco.

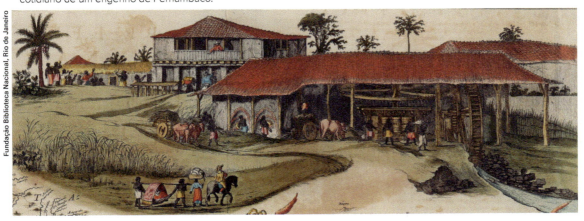

Fundação Biblioteca Nacional, Rio de Janeiro

Marcos cronológicos

- **1452** — Uma bula papal legitima a escravização de não cristãos por parte dos portugueses.
- **1532** — Martim Afonso de Sousa leva para a recém-criada vila de São Vicente as primeiras mudas de cana-de-açúcar.
- **1549** — Chegada do primeiro governador-geral, Tomé de Sousa.
- **1554** — Fundação de São Paulo.
- **1621** — Criação do estado do Maranhão.
- **1630** — Invasão holandesa de Pernambuco.
- **1694** — Destruição do Quilombo dos Palmares.

Constituiu-se, desse modo, uma economia escravista, latifundiária, monocultora e exportadora. Poderia, porém, uma sociedade viver somente de açúcar? Surgiram, assim, outras atividades econômicas, voltadas para as necessidades de uma população em crescimento na América portuguesa dos séculos XVI e XVII, tornando a sociedade e a economia mais complexas do que por vezes se imagina.

A economia colonial

O sucesso comercial da cana-de-açúcar

Desde a chegada da frota de Cabral, os portugueses buscaram ouro e prata no Novo Mundo. Estes, porém, não foram encontrados, de modo que os colonizadores precisaram descobrir outras formas de financiar a ocupação do território. Apenas o desenvolvimento de uma atividade econômica proveitosa estimularia a imigração na escala necessária para garantir a posse da América portuguesa – uma preocupação central na primeira metade do século XVI.

Assim, em lugar dos metais preciosos desenvolveu-se a produção do "ouro branco": o açúcar. A lucratividade desse cultivo era tamanha que, em 1608, o governador-geral Diogo de Meneses e Siqueira, em carta endereçada ao rei, afirmou que "as verdadeiras minas de ouro do Brasil são o açúcar e o pau-brasil que Vossa Majestade tem tanto proveito, sem custar da fazenda um só vintém".

Desde meados do século XV os portugueses já cultivavam cana-de-açúcar nas ilhas da Madeira e de São Tomé, utilizando africanos escravizados. Nessa época, o açúcar era uma mercadoria de alto luxo, consumida pela realeza, pela alta nobreza e pelos comerciantes mais ricos, sendo empregada até como remédio. Seu preço era, portanto, muito elevado.

Georg Flegel. *Natureza morta com flores e sobremesa*, c. 1632. Óleo sobre tela, 31,4 cm × 24,9 cm. Nessa imagem, é possível perceber a ampla utilização de açúcar na produção de doces, que se tornaram muito populares entre a elite europeia da época.

Os portugueses iniciaram o cultivo de cana-de-açúcar tão logo começou a ocupação efetiva do território. Em 1532, o capitão-mor Martim Afonso de Sousa levou para São Vicente as primeiras mudas de cana, além de especialistas na produção do açúcar. Foi na capitania de Pernambuco, porém, que logo em seguida passou-se a produzir o açúcar de melhor qualidade na América, pois o clima e o solo da região eram especialmente propícios ao cultivo.

Entre as décadas de 1530 e 1580, o número de engenhos pernambucanos cresceu de cinco para 66, chegando a 150 em 1629. A segunda capitania mais rica no período era a Bahia, com 80 engenhos. O Rio de Janeiro ficava em terceiro lugar, pois o clima e o solo da região eram menos favoráveis à agricultura canavieira. Graças a essas áreas, o Brasil se tornou o maior produtor mundial de açúcar por volta de 1570, posição que manteve por mais de um século.

João Teixeira Albernaz. *Descrição de todo o marítimo da terra de Santa Cruz chamado vulgarmente o Brasil.* Bahia de Todos-os-Santos, 1640. Até o espaço passou a ser representado em função da produção açucareira: no mapa, ecoando uma prática seguida por diversos outros cartógrafos do período, os principais elementos em volta da baía de Todos-os-Santos são os diversos engenhos da região.

Açúcar escravo

O cultivo da cana-de-açúcar começou na era pré-cristã e migrou do continente asiático para o Mediterrâneo entre os séculos XII e XIII, no contexto das Cruzadas. Daí passou para as ilhas atlânticas da Madeira, Canárias e São Tomé na segunda metade do século XV. Depois dessa fase, a maior quantidade de açúcar, em fins do século XVI, veio da América Portuguesa, até que, no final do século XVII, entraram em cena as enormes produções de açúcar nas colônias inglesas e francesas do Caribe. A produção em larga escala estava intimamente ligada ao trabalho de pessoas escravizadas, pois a agricultura canavieira era lucrativa o suficiente para financiar a compra de milhares de seres humanos e exigia um trabalho tão pesado que afastava a mão de obra livre.

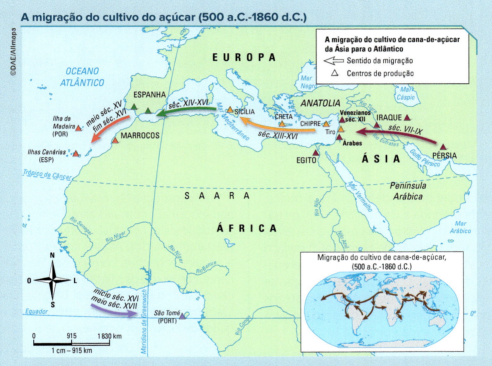

Fonte: VOYAGES. The Trans-Atlantic Slave Trade Database. Disponível em: <www.slavevoyages.org>. Acesso em: 13 fev. 2016.

Em toda a América portuguesa, a produção do açúcar concentrou-se nas *plantations*, propriedades monocultoras direcionadas para o mercado externo. Eram unidades agrícolas voltadas para a exportação, que trabalhavam com produtos tropicais, com base no trabalho escravo. A maior parte dos engenhos tinha entre 60 e 80 trabalhadores escravizados. Nessas unidades, era possível encontrar reservas florestais, das quais se extraía a madeira para alimentar as caldeiras que produziam o açúcar; plantações de cana; uma área destinada aos cultivos de subsistência (milho, mandioca, verduras etc.); a casa-grande, onde moravam o senhor de engenho e sua família; uma capela; e as habitações dos escravizados, que podiam ser casebres ou uma senzala comum.

Nas *plantations*, a cana-de-açúcar era plantada, colhida e transportada até o engenho para ser transformada em produtos como o açúcar (branco, mais caro, e mascavo, menos valorizado), o melaço e a cachaça. A produção do açúcar, tão complexa e sofisticada quanto as manufaturas existentes na Europa da época, exigia um ritmo bem definido de operações: plantio, colheita, moagem, fervura e purga. Na fase agrícola, predominou a mão de obra escravizada, primeiro indígena e depois africana. Na fase manufatureira, além da escravaria, havia diversos trabalhadores livres e assalariados, especializados no fabrico e refino do açúcar: mestres de açúcar, caixeiros, capatazes, barqueiros e caldeireiros. Estes eram, em geral, trabalhadores livres, mas, com o tempo, os africanos escravizados aprenderam a exercer até mesmo os ofícios mais especializados.

"Quem diz Brasil diz açúcar?" Capítulo 17 235

Gravura de Georg Marcgraf contida no livro *Historia naturalis Brasiliae* (1648), de Willem Piso. A imagem mostra a fervura do caldo de cana nas caldeiras e tanque de agitação.

A casa dos engenhos, onde a cana era moída, compunha-se da moenda e da fornalha. Dali, os trabalhadores levavam o caldo para a casa das caldeiras. Posteriormente, sob a direção do purgador, o melaço seguia para a casa de purgar, onde as cativas preparavam os potes de açúcar. O término da produção se dava com o encaixotamento do açúcar enviado aos caixeiros, responsáveis pela comercialização do produto na cidade portuária mais próxima.

Ruínas do Engenho de São Jorge dos Erasmos, em Santos (SP). Foto de 2013. Um dos primeiros engenhos de açúcar do país foi construído entre 1533 e 1535 e permaneceu em funcionamento até o século XVIII. Foi doado à Universidade de São Paulo (USP) em 1958 e desde 2004 desenvolve diversos programas educacionais, sendo um importante sítio arqueológico e museu a céu aberto.

A construção e manutenção desse complexo agroindustrial era muito cara. De início, comerciantes portugueses e, principalmente, dos Países Baixos emprestaram recursos. Alguns desses homens chegaram a adquirir engenhos, como o dos Erasmos, em São Vicente, comprado de Martim Afonso de Sousa pelo mercador da Antuérpia (na atual Bélgica), Erasmo Schetz. Esses negociantes estavam interessados nas possibilidades de lucro com o comércio de açúcar na Europa.

Os comerciantes dos Países Baixos dominaram a fase inicial do comércio do açúcar, pois tinham ligações mercantis com toda a Europa e uma tradição de negócios com Portugal. Entretanto, no final do século XVI, os monarcas espanhóis (que então governavam o reino lusitano, em razão da União Ibérica) proibiram a participação de estrangeiros no comércio com suas possessões. Dessa maneira, a monarquia garantia lucros maiores aos negociantes portugueses, que não precisavam enfrentar competição comercial, e prejudicava os interesses mercantis holandeses, em guerra com a Espanha desde 1568.

A ligação com o mercado europeu foi um elemento definidor da economia açucareira, mas é importante atentar também para a dinâmica interna da colônia. Na segunda metade do século XVI,

Engenho de açúcar. Gravura de autoria desconhecida publicada no livro *Curieuse aenmerckingen der bysonderste Oost en West-Indische verwonderens-waerdige dingen* (1682), de Simon de Vries. Nessa gravura é possível identificar várias atividades do mundo açucareiro: o plantio, o carro de boi que transportava os feixes de cana e o processo de produção do açúcar. Também estão representados os dois tipos de moenda: o engenho real, que utilizava a água dos rios para moer a cana, e o engenho de bois, que dependia da força animal. O primeiro era mais produtivo, mas também mais caro, de modo que só podia ser construído pelos proprietários mais ricos.

Anônimo. *Pernambuco*, 1624. Gravura. 31 cm × 20,2 cm. Nessa gravura holandesa, os indígenas cultivam mandioca, um produto de subsistência produzido tradicionalmente pelos nativos, enquanto os africanos estão envolvidos nas diversas atividades necessárias para o fabrico de açúcar. Como se percebe na imagem, indígenas e africanos conviveram nas mesmas propriedades por décadas.

tornou-se possível adquirir escravizados indígenas por preços muito baixos, enquanto as terras eram obtidas gratuitamente por meio de sesmarias. Assim, muitos indivíduos tornaram-se lavradores de cana investindo relativamente pouco e, com os lucros auferidos, construíram engenhos próprios.

O grande sucesso do açúcar provocou mudanças substanciais ao longo do século XVI: foi durante esse período que começaram a aportar no território levas cada vez maiores de africanos escravizados e de portugueses em busca de riquezas.

Escravização de indígenas e de africanos

Com o desenvolvimento do feudalismo na Idade Média, a escravidão permaneceu marginal na Europa, embora jamais tenha desaparecido por completo. No processo de reconquista na Península Ibérica, era comum, por exemplo, a escravização de populações muçulmanas.

Com a expansão ultramarina, a escravidão ganhou novo fôlego. Por meio da bula papal *Dum diversas* (1452), a Santa Sé concedeu aos portugueses o direito de submeter os pagãos e mouros, impondo-lhes a escravidão perpétua. Pouco depois, a bula *Romanus pontifex* (1455) reafirmou a legitimidade da escravização dos pagãos da África e da Ásia. Assim, à medida que os portugueses estabeleciam feitorias e ampliavam seu comércio com o litoral ocidental da África, crescia também o tráfico de africanos escravizados. Milhares de pessoas foram levadas para Portugal e às ilhas atlânticas entre o final do século XV e o início do século XVI.

A ocupação da América portuguesa colocava uma questão de fundo: como colonizar uma área tão vasta e tornar o empreendimento lucrativo? Seria possível desenvolver políticas de estímulo à vinda de grandes levas de colonos portugueses para trabalhar nas fábricas de açúcar?

Portugal era um pequeno país que controlava um imenso império. Sua população era pequena. A falta mão de obra no reino dificultava o surgimento de um forte fluxo migratório. Além disso, a maioria daqueles que se aventuravam no ultramar no século XVI viajava para a Ásia, onde as perspectivas de enriquecimento rápido eram muito maiores, graças ao comércio de especiarias. Em acréscimo, o trabalho nos canaviais e engenhos era muito pesado e exaustivo. Os europeus não queriam atravessar o oceano para trabalhar em condições piores do que em sua própria terra, mas sim para ascender socialmente e enriquecer.

Inicialmente, a solução encontrada foi o trabalho de nativos escravizados, conhecidos na época como "negros da terra". Durante o século XVI, a escravidão indígena foi adotada tanto nas regiões mais dinâmicas (Pernambuco e Bahia) quanto nas periféricas (São Vicente e Rio de Janeiro). Como os indígenas eram capturados em áreas relativamente próximas dos centros de colonização, o custo da escravização era baixo, o que permitiu a muitos colonos adquirir escravos.

Como vimos no capítulo anterior, porém, as doenças e a exploração diminuíram muito a população indígena a partir do final da década de 1550. Muitos nativos fugiram ou se rebelaram, pois contavam com a vantagem de conhecer o território e de estar em contato próximo com pessoas do mesmo grupo étnico. Os indígenas também tinham grande dificuldade de se adaptar ao trabalho agrícola, que era muito diferente daquele a que estavam acostumados.

Todos esses fatores se somaram à luta dos jesuítas e à ação da Coroa para limitar a escravização dos autóctones. Assim, na década de 1560 os principais senhores de engenho de Pernambuco e da Bahia começaram a importar africanos escravizados. De início eram poucos, pois seu preço os deixava fora do alcance da maioria dos colonos. Nos 60 anos seguintes, porém, o trabalho compulsório dos indígenas foi gradualmente substituído pelo dos africanos escravizados, primeiro nessas duas capitanias, depois no Rio de Janeiro, por volta de 1650.

Ocorreu, assim, uma transformação radical nessas sociedades, pois os africanos e seus descendentes passaram a ser mais numerosos do que os europeus e os indígenas, tornando-se essenciais para o funcionamento da economia colonial. A Igreja admitia, a sociedade aprovava, a monarquia garantia.

Em virtude dos elevados preços do açúcar, os colonos conseguiram comprar um número cada vez maior de africanos escravizados. Apesar de serem vendidos por um preço maior do que o dos indígenas, os africanos eram mais resistentes a doenças, pois a África jamais esteve isolada e eles tinham defesas contra muitas doenças do Velho Mundo. Por isso, sua expectativa de vida era maior, permitindo que trabalhassem por mais tempo. Em acréscimo, como os africanos tinham sido tirados do território que conheciam e reunidos com outras pessoas de diferentes etnias e que falavam línguas muito distintas, os portugueses os consideravam mais fáceis de controlar – embora, como veremos adiante, a resistência de escravizados tenha sido uma constante na história do Brasil. Isso não significou, porém, o fim da escravização indígena, que continuou a ocorrer – ainda que numa escala cada vez menor – nas principais áreas açucareiras, e manteve-se constante nas regiões que não possuíam recursos para a compra de africanos, como São Paulo e Maranhão.

A transição para a escravidão africana foi uma mudança fundamental na economia colonial. As capitanias açucareiras da América portuguesa funcionavam como um dos pontos do rico comércio estabelecido entre América, África e Europa. O tráfico atlântico de escravos era uma atividade cara, mas lucrativa. Rapidamente, a Coroa e os mercadores portugueses se deram conta do quão vantajoso poderia ser esse comércio de pessoas. A partir da segunda metade do século XVII, os comerciantes estabelecidos no Brasil passaram a exercer uma influência cada vez maior nos negócios bilaterais com a África, acabando por dominar esse comércio no século seguinte.

> **ORGANIZANDO AS IDEIAS**
>
> 1. Explique a estrutura das *plantations* na América portuguesa.
> 2. Como se formaram os primeiros engenhos?
> 3. Esclareça as razões que ajudaram a legitimar a escravidão dos africanos.

Escravidão e liberdade

Sociedades escravistas coloniais

A sociedade portuguesa assumiu a escravidão como algo natural e autorizado por lei. Possuir escravos era sinal de riqueza e prestígio, e todos que podiam compravam cativos na primeira oportunidade. Assim, a escravidão estava em todos os lugares, mas a propriedade era concentrada: embora muitos tivessem um ou dois cativos, a maioria estava nas mãos de um punhado de grandes proprietários.

A produção açucareira também marcou profundamente as sociedades que se organizaram nas áreas canavieiras da América portuguesa. No topo da hierarquia, estavam os senhores de engenho, que incluíam desde portugueses oriundos da pequena nobreza a comerciantes e oficiais régios. Embora não possuíssem juridicamente o estatuto de nobres, os senhores de engenho consideravam-se uma espécie de "nobreza da terra". Afinal, seu estilo de vida os diferenciava: andavam a cavalo, portavam armas, tinham serviçais (principalmente escravizados) e participavam dos principais órgãos da administração, como as câmaras municipais. Possuíam, portanto, poder político e econômico, além de prestígio social, pois controlavam terra, escravizados e trabalhadores assalariados.

Abaixo dos senhores estavam os lavradores de cana-de-açúcar, médios e pequenos proprietários que cuidavam do cultivo, mas não possuíam recursos para construir um engenho próprio. Alguns deles arrendavam terras dos grandes proprietários, mas os membros mais ricos desse grupo chegavam a ter dezenas de escravizados e terras próprias, e até conseguiam ascender a senhores de engenho. Esse grupo exercia uma função econômica fundamental, pois poucos engenhos possuíam escravos suficientes para cultivar toda a cana-de-açúcar de que necessitavam.

Havia também os comerciantes, um grupo que se fortaleceu progressivamente ao longo do século XVII. Quando enriqueciam, muitas vezes compravam terras, escravizados e até engenhos para se inserirem na elite colonial.

Alguns grandes pecuaristas também se destacaram socialmente, pois podiam controlar grandes latifúndios e seus rebanhos eram essenciais para alimentar a população, além de serem utilizados no transporte de cargas.

Existia um grupo social intermediário diversificado, composto de pequenos e médios proprietários de terra. Eram pessoas que possuíam poucos cativos e muitas vezes cultivavam seus produtos junto com eles. Além de cana-de-açúcar, plantavam gêneros alimentícios, como mandioca.

Artesãos e demais trabalhadores especializados também compunham uma parte importante da sociedade, tanto nas cidades quanto nos engenhos.

A base da pirâmide era constituída pelos escravizados, que trabalhavam em todas as atividades necessárias para a reprodução daquela sociedade. Assim, havia cativos que colhiam a cana, outros especializados no trabalho dos engenhos, outros que atuavam no serviço doméstico das casas-grandes. Alguns escravizados serviam até como feitores, vigiando os demais cativos. Nas cidades os escravizados eram quase tão numerosos quanto no meio rural, podendo ajudar seus senhores em seus ofícios ou como criados. Parte deles trabalhava "ao ganho", ou seja, ofereciam serviços dos mais variados tipos àqueles que pudessem remunerá-los.

Para assistir

Desmundo
Brasil, 2003. Direção: Alain Fresnot. Brasil, por volta de 1570. Chegam ao país algumas órfãs, enviadas pela rainha de Portugal, com o objetivo de desposarem os primeiros colonizadores. Uma delas, Oribela, é uma jovem sensível e religiosa que, após ofender Afonso Soares D'Aragão, se vê obrigada a casar com Francisco de Albuquerque, que a leva para seu engenho de açúcar. Duração: 100 min.

Frans Post. *Engenho* (detalhe), século XVII. Óleo sobre tela, 117 cm × 167 cm. A imagem mostra o largo uso de mão de obra escravizada.

Tinham de pagar uma quantia regularmente ao senhor e podiam guardar o restante. Havia, portanto, uma hierarquização entre os próprios cativos, pois alguns eram tratados de forma distinta de outros – ainda que todos fossem explorados.

Alguns escravizados conseguiram obter a **carta de alforria**. Por vezes, a liberdade era dada gratuitamente, fosse por afeição, em respeito a alguém que servira fielmente por muitos anos, ou por um sentimento de culpa, como quando um senhor libertava um filho que tivera com uma escravizada. Em muitos casos, porém, a carta de alforria era comprada, depois de anos de trabalho duro, com o dinheiro que o cativo conseguia guardar plantando alimentos para vender em um pedacinho de terra no seu pouco tempo livre, ou que reunia com o trabalho "de ganho" na cidade. Começava a surgir, assim, um grupo de afrodescendentes livres que tornaria a hierarquia social mais complexa, pois a sociedade não seria mais dividida simplesmente entre senhores e escravizados. Nos séculos XVI e XVII, porém, esses afrodescendentes livres ainda eram um grupo muito reduzido.

Diversos historiadores defendem a ideia de que a alforria representou uma forma de reafirmar o escravismo. Isso porque a concessão da liberdade era uma prerrogativa senhorial, ou seja, independentemente de o cativo ter ou não determinada quantia para comprar sua liberdade, somente o senhor poderia escolher concedê-la. Assim, muitos escravizados eram estimulados a obedecer a seus senhores, ainda que apenas uma minoria deles conseguisse escapar do cativeiro por vias legais.

Fugir e resistir

Muitos cativos, porém, não se contentavam em batalhar pela conquista da liberdade dentro do sistema escravista. Fugas, insurreições, sabotagem e até suicídio foram ações desenvolvidas por africanos escravizados que atormentaram os senhores e as autoridades coloniais.

A fuga foi a forma mais comum de resistência. Os que escapavam se embrenhavam na mata, nos subúrbios das áreas urbanas ou formavam comunidades, geralmente em áreas pouco acessíveis.

Carta de alforria: documento pelo qual o dono de um escravizado abria mão de seu direito de propriedade sobre o cativo, tornando-o livre.

Punições aos escravos

Uma das maiores preocupações da Coroa portuguesa era a manutenção da exploração do trabalho escravo. Grande parte da legislação portuguesa relativa aos cativos dizia respeito ao tráfico, que deveria manter uma oferta regular da mão de obra necessária para a produção e a reprodução do sistema colonial. Depois desse tema, as fugas e as rebeliões escravas eram um assunto recorrente nas determinações expedidas pela legislação portuguesa e pelas autoridades coloniais. O castigo físico tinha por objetivo "domar" a rebeldia dos escravizados. Entretanto, ele devia corresponder sempre à gravidade do delito cometido, pois caso o corretivo fosse frequente e excessivo ele poderia, ao invés de assumir um aspecto disciplinador, incitar a insubordinação. A dosagem, portanto, era um aspecto importante na pedagogia da dominação senhorial: o cativo representava, afinal, um investimento, e perdê-lo significava assumir um grande prejuízo.

Dessa maneira, a quantidade de cicatrizes na pele dos escravizados dizia muito sobre a sua personalidade. A grande quantidade de marcas provindas dos açoites podia revelar um indivíduo insubmisso e fujão. O castigo físico exemplar, que inseria marcas corporais nos cativos, impedia o esquecimento de sua condição e reforçava a dominação senhorial. A seguir, texto do alvará de 1741, que exigia a impressão da letra F, a fogo, no ombro do fugitivo capturado. A reincidência no delito, por sua vez, acarretaria a perda de uma orelha.

> Eu El Rei faço saber aos que este Alvará em forma de Lei virem, que sendo-se presentes os insultos, que no Brasil cometerem os escravos fugidos, a que vulgarmente chamam quilombolas [...]. Hei por bem, que a todos os Negros, que forem achados em Quilombos, estando neles voluntariamente, se lhes ponha com fogo uma marca em uma **espádua** com a letra F, que para efeito haverá nas Câmaras; e se quando se for executar esta pena, for achado já com a mesma marca, se lhe cortará uma orelha, tudo por simples mandato do Juiz de Fora, ou Ordinário da Terra, ou do Ouvidor da Comarca, sem processo algum, e só pela notoriedade do fato, logo que do Quilombo for trazido, antes de entrar para a cadeia.

Alvará Real determinando a punição de negros aquilombados, 1741.

Espádua: ombro.

Joan Blaeu e Georg Marcgraf. Representação de quilombo (especula-se que Palmares). Detalhe do mapa *Praefecturae Paranambucae pars Meridionalis*, em *Atlas Maior*, de 1647, editado em Amsterdã em 1662.

Esses agrupamentos, que em alguns momentos chegaram a reunir milhares de pessoas, ficaram conhecidos como mocambos – que significa "esconderijo" em **quimbundo** – e posteriormente como quilombos. Destacou-se dentre eles o Quilombo dos Palmares, que começou a ser organizado aproximadamente em 1580, no início da transição para a escravidão africana, e só foi destruído em 1694. Para sobreviver, os mocambos comerciavam com os moradores das localidades próximas. Os habitantes de Palmares, por exemplo, trocavam produtos, como cachimbos e vinho de palma, com outros escravizados nas senzalas, recebendo deles aguardente e alimentos colhidos em suas roças – pois, em algumas fazendas, os cativos tinham o direito de cultivar um pequeno lote. As trocas também eram feitas com taberneiros e pequenos comerciantes. O que mais preocupava os grandes senhores de engenho e as autoridades coloniais é que desses contatos mercantis surgiam redes de solidariedade e, com isso, a repressão se tornava mais complicada.

Quimbundo: língua dos ambundos, grupo étnico banto de Angola.

Para enfrentar esse problema, foram contratados capitães de campo (popularmente conhecido como capitães do mato), que deveriam capturar os fugitivos antes que estes se agrupassem nas comunidades. Posteriormente, as câmaras municipais passaram a regular as ações desses caçadores de escravizados e a estipular a recompensa por fugitivo capturado.

O objetivo principal, no entanto, não era a captura de escravizados, e sim a destruição do mocambo a qualquer preço. Em alguns momentos, as autoridades régias cogitaram a hipótese de fazer um acordo com Palmares em virtude da dificuldade de destruí-lo.

Para isso, propuseram garantir a liberdade dos moradores do lugar desde que estes se comprometessem a não aceitar novos fugitivos. O acordo fracassou devido às divisões internas dentro do quilombo e ao boicote da elite colonial à proposta, que punha em risco o próprio projeto escravista. Para os senhores, não havia espaço de negociação com essas comunidades: a punição deveria ser exemplar, para que as fugas não fossem incentivadas.

Muitas vezes, os fugitivos recorriam às emboscadas e aos ataques de surpresa. Para amedrontar e punir os senhores de engenho que montavam expedições contra suas comunidades, organizavam investidas contra as fazendas e cidades. Nessas incursões, saqueavam-se casas-grandes e sobrados, incendiavam-se canaviais e depósitos e sequestravam-se escravizados – principalmente mulheres.

É importante destacar que as comunidades de fugitivos não foram exclusividade da América portuguesa, tendo florescido também nos atuais territórios do México, da Colômbia, da Jamaica e da República Dominicana, entre outros locais.

Apesar de Palmares ter se mostrado a experiência mais simbólica e desafiadora, centenas de quilombos foram registrados no período colonial.

Para assistir

Quilombo

Brasil, França, 1984. Direção: Cacá Diegues.

Em meados do século XVII, escravos fugidos das plantações canavieiras do Nordeste organizam uma república livre, o Quilombo dos Palmares. O quilombo sobreviveu por mais de 70 anos, até a destruição total. Duração: 119 min.

Mesmo após um mocambo ser destruído pelas autoridades, não era raro que parte dos habitantes escapasse e, posteriormente, formasse novos agrupamentos. Paradoxalmente, as fugas e os quilombos podem ser considerados fundamentais para a conservação das sociedades escravistas, pois se constituíam em válvulas de escape para evitar o problema mais terrível e temido: as rebeliões de escravizados.

> **ORGANIZANDO AS IDEIAS**
>
> 4. Além da fuga, quais eram os meios empregados pelos escravizados para tentar lidar com a escravidão?
> 5. Explique o que eram os mocambos e por que eles se tornaram uma das principais preocupações das autoridades e das elites coloniais.

Para além do açúcar

O mercado interno e outros mercados

Uma parcela da riqueza produzida pelo açúcar permanecia no Brasil, incentivando o incipiente desenvolvimento de um mercado interno. O acelerado aumento populacional também estimulava a demanda dentro da própria América. Em consequência, surgiram cultivadores de alimentos, como mandioca e legumes, pois a especialização dos maiores proprietários no lucrativo cultivo da cana exigia que outros produtores fornecessem os mantimentos necessários para sustentar os engenhos e os centros urbanos. Parte dessas atividades era realizada em terras dos senhores de engenho, o que tornava essas pessoas dependentes dos latifundiários. Outros eram donos de suas propriedades, tendo mais autonomia. Mas a lavoura sempre ocorria em terras de qualidade inferior, pois os solos mais valorizados eram reservados aos canaviais.

Introduzida ainda na primeira metade do século XVI, a criação de gado tornou-se fundamental nas fazendas que iam se formando na colônia e, rapidamente, transformou-se em uma atividade autônoma. Currais e campos de pastagem se multiplicaram. O gado era usado no serviço da lavoura, no transporte e na movimentação dos engenhos. Além disso, os criadores forneciam carne e couro à população, enquanto o esterco era o principal fertilizante para a agricultura.

A criação de gado também contribuiu para a expansão do território da América portuguesa. Esse foi o caso, por exemplo, dos currais da Ilha de Marajó, estabelecidos para atender ao consumo da cidade de Belém. Durante o século XVII, um caminho do gado saía do litoral baiano e atravessava o interior dos atuais estados da Bahia, do Ceará, do Piauí e do Maranhão, os chamados "sertões de dentro". Outro tinha origem em Olinda, Pernambuco, e avançava pela costa até o Rio Grande do Norte, para então percorrer o interior até o Piauí. Conquistava-se assim o "sertão de fora".

Afastados dos centros de governo, os grandes pecuaristas exerciam forte influência política e social sobre escravizados e agregados. A miscigenação foi uma prática habitual no sertão; a maioria da população era de caboclos – denominação utiliza-

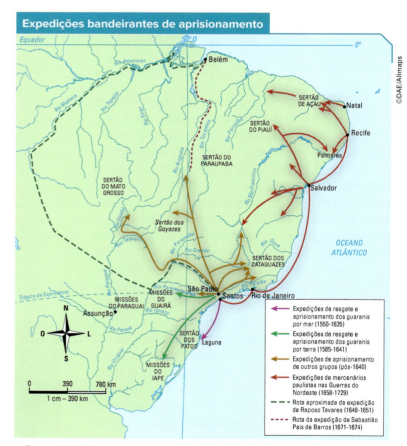

Fonte: MONTEIRO, John. *Negros da terra*: índios e bandeirantes nas origens de São Paulo. São Paulo: Companhia das Letras, 1994. p. 13.

Nesse mapa, é possível perceber o amplo alcance das expedições escravizadoras paulistas, responsáveis pela captura de milhares de indígenas.

Unidade 5 O mundo atlântico

da na região para os descendentes de europeus e indígenas –, africanos e nativos.

Ao longo do século XVII, ganhou força também a produção de tabaco, especialmente na Bahia e, depois, em Pernambuco. O produto exigia investimentos menores, podendo ser cultivado em pequenas propriedades e com poucos escravizados. Além de ser exportado para Portugal, o tabaco era muito apreciado na Índia e na África, o que permitiu que o Brasil estabelecesse ligações comerciais com essas regiões sem, necessariamente, passar pela metrópole. Um subproduto da produção açucareira, a cachaça, ao ser vendido para a África, ajudava a financiar a importação de escravizados. O comércio com Buenos Aires também se desenrolava sem intervenção significativa de Portugal, pois o Brasil vendia africanos escravizados, produtos europeus e açúcar em troca de prata e alimentos. O fim da União Ibérica, em 1640, prejudicou essas trocas comerciais, mas elas continuaram a existir, ainda que de forma ilegal.

Os paulistas e a escravização dos indígenas

Entre os séculos XVI e XVII, enquanto sertanistas e missionários avançavam pela costa nordestina, no sul do território esse papel desbravador coube principalmente aos paulistas. Diferentemente das áreas nordestinas de produção de açúcar, tanto ao norte quanto ao sul desenvolveram-se sociedades dependentes da mão de obra indígena e, portanto, intimamente ligadas ao sertão. O significado desse termo permaneceu impreciso ao longo de todo o período colonial, representando, de modo geral, o interior misterioso, pouco conhecido, fonte de perigos, mas também de promessas de riqueza. Foi justamente em busca de fortuna que a Coroa e particulares começaram a explorar o sertão.

AS CORRENTES MARÍTIMAS E A DIVISÃO DO BRASIL COLONIAL

Você já parou para pensar o quanto a geografia influencia a história de um país? A divisão do Brasil em dois no século XVII pode ilustrar essa questão. Em 1621, os domínios portugueses na América foram divididos em dois territórios: o Estado do Brasil, com sede em Salvador, e mais tarde no Rio de Janeiro; e o Estado do Maranhão e Grão-Pará, com sede em São Luís e depois em Belém, sendo renomeado Estado do Grão-Pará e Maranhão. Essa medida visava facilitar o trânsito de pessoas, informações e mercadorias. Isso porque, na época, os deslocamentos eram feitos principalmente por mares e rios. No entanto, as correntes marítimas não facilitavam a comunicação entre as capitanias da América portuguesa. Observe o mapa abaixo, que revela a existência de dois sistemas inversos de correntes marítimas. Ao norte do Equador, os ventos e as correntes têm sentido horário, e ao sul, anti-horário. Esse ambiente natural acabou determinando a rota de muitos navios que entravam e saíam do Brasil.

Durante todo o período colonial, a comunicação do Maranhão e Grão-Pará com a Europa era muito mais rápida e simples do que com a Bahia ou o Rio de Janeiro. As correntes marítimas, portanto, isolaram o Estado do Grão-Pará e Maranhão do restante da América portuguesa. Esse afastamento persistiu mesmo após a independência, só sendo superado pela invenção do barco a vapor, no século XIX. Como a comunicação com a sede da colônia era demorada, era preciso criar um órgão de decisão que tivesse acesso diretamente a Portugal. O comércio era igualmente afetado pelas correntes marítimas. Os navios que chegavam ao Maranhão e Grão-Pará e dali saíam tinham comunicação com a Europa, e raramente com as outras capitanias.

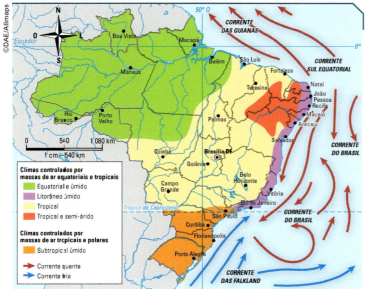

Correntes marítimas no litoral brasileiro

Fonte: IBGE. *Atlas geográfico escolar*. 4. ed. Rio de Janeiro, 2007. p. 58.

Por meio das chamadas entradas ou bandeiras realizaram-se, por todo o território colonial, ações exploratórias, incentivadas pelas autoridades ou por particulares. As expedições podiam ter vários objetivos: a caça aos indígenas, a busca por ouro e o combate a quilombos e indígenas rebelados.

Na capitania de São Vicente, a produção açucareira inicial não conseguiu competir com a das terras do litoral nordestino, mais férteis, quentes e próximas da Europa. A economia voltou-se, portanto, para o sertão. Como não possuíam uma produção de exportação que financiasse a compra de africanos, os vicentinos dependiam da constante captura de indígenas em áreas cada vez mais distantes. Essas expedições eram compostas de uma minoria de colonos e um grande contingente de indígenas.

O centro irradiador do movimento bandeirante foi o povoado de São Paulo, fundado pelos jesuítas em 1554, no interior da capitania de São Vicente. Isolado do litoral pela Serra do Mar, o povoado era uma verdadeira plataforma para as expedições rumo ao interior, estando localizado nos campos abertos de Piratininga e na confluência de um importante sistema fluvial, no qual se destacava o Rio Tietê.

Embora essas expedições também buscassem riquezas minerais, centraram-se na captura e venda da maior fonte de riqueza dos paulistas durante os séculos XVI e XVII: a mão de obra indígena. Os "negros da terra" eram utilizados, em larga escala, nos serviços domésticos e na agricultura de subsistência da região. O trigo era um dos principais produtos da capitania, sendo também vendido para outras regiões, especialmente para o Rio de Janeiro. Devido à dependência do trabalho indígena, os paulistas não respeitavam a proibição à escravização dos nativos, entrando, por isso, em conflito com os jesuítas e até com a Coroa.

No fim da década de 1620, os paulistas passaram a atacar as reduções jesuíticas espanholas na região do Paraguai, onde se concentrava um grande número de nativos já aculturados. Nessas investidas, os bandeirantes se beneficiaram da facilidade de contato entre as colônias sul-americanas durante a reunião das Coroas ibéricas, assim como da anuência dos espanhóis, também interessados na escravização indígena.

Um marco desse processo foi a grande bandeira comandada, em 1628, pelos paulistas Manuel Preto e Antônio Raposo Tavares, formada por 900 **mamelucos** e dois mil indígenas, que promoveu um violento assalto às reduções na região de Guaíra, na parte oeste do atual estado do Paraná. Nas décadas seguintes, novos assaltos foram feitos pelos bandeirantes às missões jesuíticas das regiões de Tape, no noroeste do atual Rio Grande do Sul, e Itatim, na parte sudoeste do atual Mato Grosso do Sul. No rastro de toda essa destruição, a ação bandeirante contribuiu para alargar consideravelmente as fronteiras da América portuguesa, ao ignorar a linha de Tordesilhas e possibilitar a incorporação ao atual território brasileiro das regiões Sul e Centro-Oeste. A partir de 1640, a resistência indígena e jesuítica derrotou as grandes bandeiras paulistas, prejudicando o fornecimento de mão de obra e, consequentemente, a produção agrícola de São Vicente.

Em consequência, os bandeirantes redirecionaram seus esforços. Muitos passaram a agir no Nordeste, onde eram contratados para atacar quilombos e povos indígenas rebelados. Para isso, utilizavam as técnicas militares desenvolvidas durante suas expedições ao sertão em busca de indígenas. A maior expedição desse tipo ocorreu quando o governo-geral contratou o bandeirante Domingos Jorge Velho, que já havia se destacado em diversos combates contra os indígenas, para destruir o Quilombo dos Palmares. Depois de fracassar no primeiro combate, uma massiva expedição de seis mil combatentes liderada pelos paulistas investiu contra o quilombo dos Palmares, sitiado em janeiro de 1694 e arrasado no mês seguinte.

O Norte

Em outra região distante de São Paulo também se desenvolveu uma sociedade dependente da contínua escravização dos povos indígenas: o Estado do Maranhão e Grão-Pará. Nessa área, a produção canavieira não encontrou solo favorável. Assim, além de pequenos engenhos de açúcar, os colonos cultivaram tabaco, **anil** e alimentos variados. Buscavam aproveitar ainda a riqueza da Floresta Amazônica por meio da extração das chamadas drogas do sertão. Essa expressão designava produtos nativos ou aclimatados extraídos da região amazônica, usados como remédios, temperos ou tinturaria: cacau, castanhas, cravo, canela, pimenta, baunilha e urucum, dentre outros. Esses produtos naturais eram utilizados como temperos e até medicamentos, sendo bastante apreciados na Europa.

Mameluco: indivíduo que possui ascendência europeia e indígena.

Anil: planta utilizada para produzir um corante azul.

Para sustentar essas atividades produtivas, fazia-se necessário obter mão de obra. Como não havia recursos suficientes para comprar escravos africanos, os colonos utilizavam as chamadas tropas de resgate, expedições enviadas ao interior da região amazônica para a obtenção de mão de obra indígena. Sob a alegação de resgatar indígenas que haviam sido escravizados por inimigos da Coroa, os portugueses frequentemente reduziram à escravidão os nativos aliados aos inimigos de Portugal. As tropas de resgate tiveram importante papel na consolidação da conquista da região amazônica. Além delas, as expedições de exploração territorial também contribuíram para ampliar a ocupação do espaço.

O trabalho evangelizador de diferentes ordens religiosas também foi fundamental para consolidar a presença portuguesa na região. Para facilitar a catequização, missões de jesuítas, carmelitas e franciscanos foram estimuladas a se instalar ao longo do Amazonas e seus afluentes, entre os séculos XVII e XVIII. A manutenção das missões também dependia em grande parte do trabalho dos indígenas, utilizados na coleta das drogas do sertão. Tal como vinha acontecendo na região de São Paulo, também na Amazônia não foram poucos os conflitos entre religiosos que defendiam a liberdade dos ameríndios e colonos interessados na escravização dos nativos.

ORGANIZANDO AS IDEIAS

6. Qual é a relevância da pecuária na América portuguesa?
7. Explique a importância do movimento bandeirante em São Paulo.

Revisando o capítulo

APROFUNDANDO O CONHECIMENTO

1. Leia o texto a seguir sobre o funcionamento das Câmaras na América portuguesa e responda às questões.

> Na América, por inúmeras vezes, frente a um perigo mais imediato ou a uma necessidade mais urgente, as Câmaras das cidades coloniais se reuniram a fim de estabelecer taxas, donativos ou contribuições voluntárias para subvencionar o reparo das fortalezas, a construção de trincheiras ou o apresto de naus guarda-costas contra piratas e corsários. Outras vezes, sobretudo no caso da longa permanência holandesa no Nordeste, os mesmos vassalos eram sobrecarregados com os custos não só de sua própria segurança, mas ainda das demais praças invadidas.
>
> No caso do Rio de Janeiro, desde as primeiras investidas batavas ao Brasil, passando pela conquista que fizeram dos portos de Angola, até a sua expulsão definitiva dos dois lados do Atlântico, não raro seus moradores foram conclamados a contribuir para a defesa de praças e territórios onde não eram "assistentes", ou ainda para despesas com armadas destinadas a reconquistar e expulsar os invasores de outros pontos da colônia e do Império. Esse "desvio de verbas" – baseado em impostos arrecadados em uma cidade para que seu produto fosse aplicado em outras – inevitavelmente gerava insatisfação nos colonos. Eram, no entanto, pródigos em contribuir quando o que estava em jogo era a segurança de suas terras e negócios [...].
>
> O fato das Câmaras coloniais, além da simples administração dos impostos criados pela metrópole, lançarem por sua conta taxas e arrecadações, demonstra inegavelmente uma certa tendência ao autogoverno. A Câmara do Rio de Janeiro, além de "lançar tributos sobre si", gozou, durante todo o século XVII, de uma autonomia impensável para quem se detém no estudo de suas funções na centúria seguinte.
>
> BICALHO, Maria Fernanda. As Câmaras Municipais no Império Português: o exemplo do Rio de Janeiro. *Revista Brasileira de História*, v. 18, n. 36. São Paulo, 1998. Disponível em: <http://www.scielo.br/scielo.php?pid=S0102-01881998000200011&script=sci_arttext>. Acesso em: 19 nov. 2015.

a. Segundo o texto, enumere algumas funções exercidas pelas Câmaras na América portuguesa.

b. Por que a autora afirma que nas Câmaras da América portuguesa existia a tendência ao autogoverno?

2. Para responder às questões a seguir, leia o trecho sobre as bandeiras paulistas e analise a imagem que mostra a entrada do tenente-coronel Afonso Botelho e Souza nos sertões do Tibagi, no atual estado do Paraná, em 1771.

> Numeroso ou pequenino, o grupo tem sempre, nas linhas mestras, organização militar. Formam-no um chefe, que é o capitão do arraial, um ou mais lugar-tenentes e o grosso da tropa, composto em sua maioria de índios mansos. Se o bandeirante não tem índios seus toma-os de aluguel. [...]
>
> Seja pessoa de governança da terra ou sertanista experiente ou ilustre, que encabeça uma bandeira de amplas proporções, composta de gente de qualidade, seja índio domesticado que, em troco de uma espingarda, vai à frente de meia dúzia de negros com armação alheia, para trazer ao patrão a gente que com isso adquirir, o cabo da tropa enfeixa em suas mãos, pela imposição das circunstâncias, todos os poderes. É a encarnação da autoridade. É um ditador. Assim, não se limita a encaminhar a bandeira ao objetivo, traçando-lhe o roteiro, assegurando a disciplina, dirigindo as operações militares. Investe-se de funções judiciais no cível e no crime. Chega mesmo a arrogar-se o direito de vida e morte sobre os companheiros.

Alcântara Machado, 1929. In: HECHT, Johannes Dietrich. *A origem vocabular e o conceito histórico da bandeira*, p. 265. Disponível em: <http://www.revistas.usp.br/rfdusp/article/viewFile/66231/68841>. Acesso em: 19 nov. 2015.

a. O que foi o movimento conhecido como bandeira? Quais eram os seus objetivos?
b. O texto aponta a participação de indígenas nas bandeiras. Comente esse aspecto.
c. Explique o termo "índio manso" citado no texto.
d. Descreva a pintura. De que forma ela complementa o texto de Alcântara Machado?

CAPÍTULO 18
INGLESES, FRANCESES E HOLANDESES NO PROCESSO DE EXPANSÃO EUROPEIA

Portugal e Espanha obtiveram grandes lucros com suas colônias americanas. Será que as potências em ascensão na Europa, como Inglaterra, Holanda e França, aceitariam a hegemonia ibérica sobre o ultramar? Ao longo do século XVII, esses países atacaram as possessões portuguesas e hispânicas na África, na Ásia e na América. Nesta última, eles tiveram mais sucesso quando se estabeleceram em áreas até então negligenciadas pela Espanha.

A grande diversidade das áreas ocupadas deu origem a sociedades muito diferentes. O objetivo das metrópoles, porém, era o mesmo: lucrar com a produção colonial. Por isso, quando houve a possibilidade, foram cultivados gêneros de exportação, como o açúcar, explorados por meio do trabalho de africanos escravizados.

Construindo o conhecimento

- Cite uma colônia inglesa, holandesa ou francesa. Na sua opinião, qual é a relação entre a condição atual desse país e sua história colonial?
- Como você acha que seria a história do Brasil se o país tivesse sido colonizado por outra potência europeia?

Plano de capítulo

▶ A emergência das potências do norte europeu
▶ A quebra do monopólio ibérico na América

Biblioteca Nacional, França

Anônimo. Final do século XVII. Os africanos escravizados e a cana de açúcar foram elementos centrais da colonização do Caribe. Sua produção competiu com a brasileira e acabou por ultrapassá-la no século XVIII.

Marcos cronológicos

1555 — Os franceses estabelecem, na baía de Guanabara, a França Antártica, sendo expulsos em 1567.

1579 — Fundação da República das Sete Províncias Unidas dos Países Baixos, independente da Espanha.

1580-1640 — União Ibérica: união das coroas de Espanha e Portugal.

1595 — Filipe II da Espanha proíbe o comércio holandês com os portos ibéricos.

1600 — Criação da Companhia Inglesa das Índias Orientais.

1602 — Criação da Companhia Neerlandesa das Índias Orientais.

1606 — Criação da Virginia Company of London, primeira companhia inglesa encarregada de explorar a América.

1607 — Fundação de Jamestown, na Virgínia, o primeiro núcleo bem-sucedido dos ingleses no Novo Mundo.

1608 — Fundação de Quebec (Canadá) pelo francês Samuel de Champlain.

A emergência das potências do norte europeu

Os modelos mercantilistas

Como vimos no Capítulo 14, a época moderna assistiu ao processo de consolidação dos Estados europeus. Seu fortalecimento dependia, porém, da arrecadação de recursos. Uma das formas mais fáceis de cobrar impostos era sobre o comércio, pois as mercadorias circulavam por um número limitado de estradas e cidades importantes, que podiam ser vigiadas e fiscalizadas.

Procurou-se, então, controlar a riqueza advinda do comércio e estimulá-lo, de modo a enriquecer os Estados. Mais tarde, essas ações receberam a designação de mercantilismo. Embora o nome possa sugerir uma uniformidade de ações, os Estados atuaram de variadas formas na atividade econômica.

Um princípio básico, mas nunca cumprido do mercantilismo, foi o de que os Estados deveriam ser autossuficientes, produzindo suas próprias **manufaturas** e importando o menos possível. Assim, os governos procuravam manter a balança comercial favorável, ou seja, aumentar o volume de exportações e diminuir o de im-

> **Manufatura:** conjunto de ateliês nos quais se fabricavam produtos diversos (tecidos, vidros etc.). Algumas manufaturas pertenciam ao rei (manufaturas reais) e outras, a particulares que recebiam do Estado privilégios para protegê-las da concorrência.

O milagre holandês

Nascidas em 1579 a partir do conflito contra a Espanha, as Províncias Unidas dos Países Baixos eram um país singular na Europa moderna. Uma assembleia composta de representantes dos comerciantes e da nobreza dirigia os negócios do país. Sua mais importante região era a Holanda, onde se localizavam as cidades de Amsterdã, Roterdã e Haia.

A pintura representava o centro da vida econômica de Amsterdã. Os grandes comerciantes costumavam fazer negócios, encontrar os banqueiros e fixar os preços das mercadorias numa "bolsa", cujo prédio (situado na praça, à direita no quadro) foi concluído em 1631. Ao fundo, vê-se o prédio imponente da prefeitura, símbolo do poder municipal. Nas proximidades, ficavam a sede da Companhia das Índias Orientais e o Banco de Amsterdã.

A prosperidade dos holandeses provocava admiração e inveja. Em um país pequeno e alagadiço, utilizavam métodos e técnicas inovadores para obter a agricultura mais produtiva da Europa. Ao mesmo tempo, era a região mais urbanizada da Europa.

A fortuna das Províncias Unidas, no entanto, continuava a vir dos mares. Os holandeses organizaram a principal frota mercante da Europa, além de percorrerem os oceanos transportando produtos de outros países. Por isso, foram um dos primeiros Estados a desafiar com sucesso o monopólio colonial ibérico ao realizar contrabando na América e expandir seu poder na Ásia ao longo do século XVII.

Jacob Van Der Ulft. *A praça do Dam*, Amsterdã. 1659.

- **1621** — Criação da Companhia Neerlandesa das Índias Ocidentais.
- **1624** — Tropas holandesas ocupam Salvador, na Bahia, de onde seriam expulsas no ano seguinte.
- **1630** — Fundação da colônia inglesa de Massachusetts; os holandeses invadem e ocupam Pernambuco.
- **1637-1644** — Governo de Maurício de Nassau no Brasil holandês.
- **1640** — Restauração da independência portuguesa.
- **1641** — Os holandeses conquistam Luanda e parte do Maranhão.
- **1645** — Início da Insurreição Pernambucana.
- **1648** — Uma expedição organizada no Rio de Janeiro retoma Luanda; derrota holandesa na primeira Batalha dos Guararapes.
- **1654** — Os holandeses são expulsos de Pernambuco.

O avanço inglês sobre a Ásia

Os ingleses estabeleceram feitorias na Índia já no início do século XVII e se fortaleceram a partir do final desse século, com o declínio da presença francesa e holandesa na área. Após 1720, tornaram-se os principais negociantes europeus nos mares asiáticos, levando produtos exóticos (como o chá) para a Europa e prata para a Ásia. Na segunda metade do século XVIII, os britânicos começariam a dominar efetivamente o território indiano. A imagem ao lado foi produzida nesse contexto com o objetivo de justificar a exploração europeia ao apresentá-la como um ato voluntário de submissão por parte da Ásia. Na imagem, evidencia-se o eurocentrismo na representação dos indianos, em uma posição inferior e subordinada à Grã-Bretanha.

O Oriente oferecendo suas riquezas à Britânia, teto da sede da Companhia das Índias Orientais, 1778.

portações. Para isso, dificultavam a importação de produtos que faziam concorrência com aqueles fabricados em seu próprio território. Ao mesmo tempo, estimulavam a produção de manufaturas. Com essa prática protecionista, procuravam resguardar seu mercado interno.

A partir do século XVI, com a grande quantidade de metais preciosos vindos do Novo Mundo, uma prática mercantilista comum foi a tentativa de acumular o máximo possível de ouro e prata (metalismo ou bulionismo). Quem não tivesse reservas desses metais deveria obtê-las por intermédio de trocas mercantis com outras regiões.

Diante das fabulosas riquezas obtidas por meio do comércio com a América, a África e a Ásia, os reinos ibéricos tentaram impor um monopólio comercial sobre as colônias, proibindo-as de comercializar com negociantes de outros países. Buscavam, assim, garantir os lucros da exploração colonial para si próprios.

França, Países Baixos e Inglaterra não aceitaram, porém, ser excluídos do mundo ultramarino e apoiaram a criação de companhias monopolistas de comércio: as monarquias concediam a um grupo de negociantes o monopólio do comércio em determinada região. Tratava-se de uma forma mais barata de promover a colonização de territórios distantes e incentivar o comércio nacional.

Em 1600, por exemplo, o governo inglês concedeu o direito de exploração do comércio asiático à Companhia Inglesa das Índias Orientais; em 1602, foi a vez de os Países Baixos criarem a Companhia Neerlandesa das Índias Orientais. No século XVII, o sucesso dessas empresas resultou em um grande avanço do comércio inglês e, sobretudo, holandês, o que prejudicou muito o império asiático português.

O avanço da Inglaterra e da França

Até cerca de 1660, a Inglaterra havia sido uma potência econômica relativamente secundária, com exportações pouco diversificadas. O governo esforçou-se para proteger a produção de tecidos de lã – que representavam 75% das exportações inglesas –, proibindo a venda da lã bruta no exterior.

O segundo Ato de Navegação da Inglaterra

Para o progresso do armamento marítimo e da navegação, que sob a Providência e a proteção divina tanto interessam à prosperidade, segurança e força deste reino [...], nenhuma mercadoria será importada ou exportada dos países, ilhas, plantações ou territórios pertencentes à Sua Majestade ou como possessão de Sua Majestade, na Ásia, América e África, em barcos que não sejam, sem nenhuma fraude, de propriedade de súditos ingleses, irlandeses ou galeses, ou ainda de habitantes desses países, ilhas, plantações e territórios, e que sejam comandados por um capitão inglês, com uma tripulação de no mínimo três partes inglesa [...]. Nenhum estrangeiro nascido fora da soberania de nosso Senhor o Rei, ou não naturalizado, poderá exercer o ofício de negociante ou de agenciador em algum dos lugares citados, sob pena de confisco de todos os seus bens e mercadorias.

Segundo Ato de Navegação, 1660.

Em 1651, por meio do Ato de Navegação, o governo inglês restringiu o transporte das importações a navios ingleses ou do país de onde provinham as mercadorias. A medida atingiu frontalmente as Províncias Unidas, provocando guerras entre os dois países. Em 1660, logo após a restauração da monarquia Stuart, um novo Ato de Navegação estipulou que três quartos da tripulação deveriam ser de ingleses comandados por um capitão inglês. Ao longo do século XVII, os ingleses se estabeleceram como uma grande potência colonial na América e na Ásia. Ao final do século, já ameaçavam a preeminência holandesa.

Mais tardiamente que a Inglaterra e os Países Baixos, a França também se lançou ao oceano. Apesar da tentativa de serem implementadas algumas expedições colonizadoras e comerciais no século XVI, foi principalmente com o fim das Guerras de Religião, em 1598, que a monarquia francesa se mostrou capaz de projetar seu poder para fora da Europa.

Embora a agricultura continuasse a ser a principal fonte de riqueza da França, o governo estimulou a fundação de colônias e de companhias de comércio, o desenvolvimento da marinha e a produção das manufaturas. Além disso, impôs altas taxas às mercadorias que faziam concorrência aos produtos do reino. A vantagem francesa, no entanto, era seu excepcional dinamismo demográfico. No século XVII, o país tinha mais de 20 milhões de habitantes – o que garantiu à Coroa importantes recursos fiscais, além de grande número de soldados.

Um exemplo claro da capacidade de interferência econômica pode ser percebido no governo de Luís XIV (1643-1715), que seguiu as orientações mercantilistas de Jean-Baptiste Colbert, ministro das

Richelieu e a marinha francesa

O cardeal de Richelieu (1585-1642) foi o principal ministro do rei Luís XIII (1601-1643) e exerceu grande influência na França de 1624 até sua morte. O cardeal reforçou a autoridade real e esboçou as linhas gerais de um programa econômico mercantilista.

> O grande conhecimento que o cardeal de Richelieu tinha do mar permitiu que ele apresentasse à assembleia dos notáveis, que então se realizava, várias propostas úteis, necessárias e gloriosas; não tanto para restituir à Marinha toda a sua dignidade perante a França, mas para, por meio da Marinha, devolver à França seu antigo esplendor. Ele lembrou a todos que a Espanha só era temível, havia expandido sua monarquia no Levante e recebia riquezas do Ocidente graças ao seu poderio nos mares; que o pequeno Estado dos Países Baixos só enfrentava aquele grande reino por esse meio; que a Inglaterra se abastecia do que lhe era necessário e só era considerável por essa via. [...] Que não havia reino mais bem situado que a França e tão rico em meios indispensáveis para se tornar senhor do mar e que, para tanto, era preciso ver como os países vizinhos procediam, criando grandes companhias e obrigando o ingresso dos comerciantes, oferecendo-lhes grandes privilégios como era de praxe; que, na ausência dessas companhias, cada pequeno comerciante negociava isolado e por sua conta, viajando, quase sempre, em pequenos barcos mal equipados e tornando-se presa dos corsários e dos príncipes nossos aliados, não tendo força suficiente, como teria uma grande companhia, para prosseguir suas demandas até o fim.
>
> Armand Jean Du Plessis (Cardeal de Richelieu). *Memórias do cardeal de Richelieu*, 1627.

Jean Antoine Theodore Gudin. *Expedição de Robert Cavelier de La Salle à Louisiana em 1684*, 1844. Óleo sobre tela, 167 cm × 228 cm.

Unidade 5 O mundo atlântico

finanças de 1665 a 1683. Colbert defendia a necessidade de atrair para a França metais preciosos e, para isso, estabeleceu altas taxas alfandegárias sobre as mercadorias estrangeiras; também incentivou as manufaturas nacionais em substituição a artigos importados, como os vidros de Veneza e os tecidos da Holanda. A monarquia dotou o reino de uma frota comercial capaz de liberar o comércio francês da dominação holandesa, além de fortalecer a frota de guerra. Os progressos foram notáveis, mas, ainda assim, por volta de 1700, as armadas francesas continuavam inferiores às marinhas holandesa e inglesa.

> **ORGANIZANDO AS IDEIAS**
>
> 1. Qual era o objetivo da política econômica adotada pelos europeus entre os séculos XV e XVIII?
> 2. Cite e explique dois princípios do mercantilismo.

A quebra do monopólio ibérico na América

No século XVI, a hegemonia ibérica na América foi contestada pelos demais Estados europeus, mas estes, envolvidos em conflitos dentro da própria Europa, pouco puderam investir em uma colonização efetiva do Novo Mundo. A partir do século seguinte, porém, Inglaterra, França e Holanda transformaram o mapa americano, construindo impérios em áreas onde a presença hispânica era frágil ou inexistente.

Inglaterra: tabaco e puritanismo

No final do reinado de Elizabeth I (1558-1603), a Inglaterra, em conflito com a Espanha, decidiu atacar as possessões ibéricas na América. A pirataria, incentivada pela Coroa inglesa, saqueou navios que seguiam para a Europa, abarrotados de prata e açúcar.

Em 1587, o inglês Walter Raleigh fundou, com autorização régia, na região da Virgínia, a primeira colônia inglesa na América: Roanoke. Poucos anos depois, porém, a colônia desapareceu, sem que até hoje se saiba o porquê. Em 1606, foi criada a Virginia Company of London, a primeira companhia inglesa encarregada de explorar o Novo Mundo. No ano seguinte, surgiu o primeiro estabelecimento inglês bem-sucedido no continente, o de Jamestown, na Virgínia.

Simon van de Passe. Pocahontas (c. 1595-1617), princesa nativa americana, com cerca de 21 anos de idade. Gravura. Capturada pelos ingleses, Pocahontas converteu-se ao cristianismo e teve um filho com um inglês. Viajou para a Inglaterra, onde se tornou famosa como exemplo de uma indígena "civilizada". Sua história foi romanceada em diversos filmes.

Os colonos da Virgínia logo se decepcionaram com a escassez de riquezas naturais. Acabaram se voltando para o cultivo de um produto utilizado pelos indígenas e introduzido na Europa pelos espanhóis: o tabaco. O cultivo do produto garantiu aos virginianos uma crescente prosperidade.

Muitos proprietários traziam trabalhadores da Inglaterra, assinando com eles um contrato prévio de serviço. Esse tipo de vínculo ficou conhecido como servidão por contrato; por ele, os trabalhadores se comprometiam a servir durante determinado tempo (geralmente entre quatro e sete anos) em troca de passagem para a América, abrigo e alimentação. Apesar de não serem escravos, os imigrantes eram forçados a trabalhar durante longas horas. Devido às péssimas condições em que viviam, vários morriam antes de completar seu tempo de serviço.

A diversidade de estatutos das 13 Colônias

Na América Inglesa, uma vez conseguido o aval régio (carta real), a colonização da maior parte dos territórios era um empreendimento privado, feito por meio de particulares ou de companhias de comércio. Em abril de 1606, o rei Jaime I criou a Virginia Company of London, composta de duas companhias de comércio encarregadas de promover a colonização: a Plymouth Company deveria se encarregar da costa norte, enquanto a London Company ficaria com os territórios mais ao sul.

As colônias inglesas da América do Norte poderiam ter ainda outros estatutos, com as chamadas "colônias proprietárias", ou seja, territórios originados a partir da iniciativa de uma pessoa física, sendo, portanto, uma propriedade privada, transmissível aos herdeiros. Seriam similares, portanto, às capitanias hereditárias do Brasil. O principal exemplo foi a colônia de Maryland, fundada por um nobre católico. Próxima da Virgínia, assemelhava-se a ela, mas era excepcional por sua tolerância religiosa. Havia ainda as "colônias reais", fundadas por iniciativa da monarquia, cuja gestão era feita por um funcionário da Coroa. Com a falência da London Company em 1624, esse passou a ser o caso da Virgínia.

As treze colônias de Plymouth e London

Fonte: GILBERT, Martin. *The Routledge Atlas of American History*. 5. ed. Nova York: Routledge, 2006. p. 10.

Durante o século XVII, essa foi a forma mais comum de exploração da mão de obra na América inglesa; cerca de 80% dos emigrantes atravessaram o Atlântico como servos por contrato.

Os grandes proprietários da Virgínia aproveitaram os lucros obtidos com o tabaco e a exploração dos servos por contrato para adquirir africanos escravizados a partir de meados do século XVII. Eles eram considerados mais produtivos, já que trabalhariam até a morte e poderiam ser explorados mais violentamente, pois eram vistos como inferiores de acordo com os preconceitos da época. Formou-se, assim, uma sociedade escravista dominada por latifundiários exportadores, similar, nesses aspectos, ao Brasil açucareiro.

Posteriormente, esse modelo se expandiu para outras áreas, como a Carolina do Sul, produtora de arroz. Uma diferença importante foi, porém, que essas regiões eram menos dependentes do tráfico de africanos escravizados do que o Brasil. Após os primeiros anos, alforrias eram raríssimas, de modo que os escravizados tinham poucas oportunidades de alcançar a liberdade. Além disso, a natureza mais leve do trabalho (especialmente no caso do tabaco) fazia com que fosse mais fácil para as mulheres engravidarem, o que aumentava a natalidade.

Mais ao norte, porém, estabeleceu-se uma colônia com características muito distintas. Na década de 1630, milhares de calvinistas ingleses, conhecidos como puritanos, decidiram migrar para o Novo Mundo, onde poderiam exercer sua religião livremente. Longe de buscarem a tolerância religiosa, porém, reprimiram todos os que não compartilhassem de sua própria fé. Para garantir a formação de pastores qualificados, fundaram em 1636 a Universidade de Harvard, a primeira da América inglesa.

O clima frio e a ausência de metais preciosos favoreceram a construção de uma sociedade mais igualitária do que na Virgínia. Havia terras para todos, mas não recursos para a importação de africanos escravizados ou servos por contrato. Assim, a maioria das pessoas produzia alimentos com o trabalho familiar. Entretanto, as múltiplas guerras contra os nativos que resistiam à invasão de suas terras fizeram com que milhares de indígenas fossem escravizados, o que demonstrava que os puritanos podiam utilizar o trabalho forçado de outros quando isso lhes interessava.

Ao longo do século XVII, estabeleceram-se outras colônias. Todas dispunham de assembleias representativas locais, inspiradas no Parlamento inglês. Por meio delas, os colonos desenvolveram uma tradição de participação política. Embora o voto fosse censitário, muito mais homens podiam votar do que na Inglaterra. Por sua vez, os reis ingleses garantiam sua soberania na América por meio de decisões de política externa e do comércio. Para além desses temas, porém, a interferência da monarquia sobre suas colônias era reduzida.

França: indígenas e peles

Como vimos, a França tentou, sem sucesso, colonizar a Baía de Guanabara (1555-1567) e o Maranhão (1612-1615). Também fracassou na tentativa de ocupar a Flórida. Os conflitos internos desse período impossibilitaram um apoio sistemático a expedições para áreas longínquas e com pouca possibilidade de gerar lucros imediatos. No século XVII, porém, a consolidação da dinastia Bourbon e a opção por áreas negligenciadas pelos espanhóis permitiram a fundação de um império francês no Novo Mundo.

Em 1608, o francês Samuel de Champlain fundou a colônia de Quebec, no Canadá, que se expandiu até o Golfo do México, onde foi fundada, em 1718, a atual cidade de Nova Orleans. Um dos objetivos da colonização era a conversão dos indígenas ao cristianismo, mas as motivações comerciais crescentemente ganharam importância. O clima frio da região, porém, impossibilitava a produção de gêneros agrícolas tropicais, como o açúcar. Além disso, não houve uma emigração significativa, pois as poucas possibilidades de enriquecimento desencorajavam os franceses de se aventurar nessa região.

Em consequência, a relação com os indígenas foi fundamental para a colonização francesa. Assim como no Brasil, os jesuítas procuraram catequizar e converter os indígenas, mas tiveram muito menos sucesso, pois os grupos autóctones não haviam sido vencidos militarmente. Devido a sua fragilidade, os colonizadores dependeram de alianças para manter suas possessões. O comércio com os nativos fornecia praticamente o único artigo de exportação da região: peles de animais, trocadas por armas de fogo e ferramentas de metal.

Explorando os conflitos entre os europeus para obter vantagens, alguns grupos indígenas optavam por comercializar com ingleses e holandeses. Com isso, forçavam os franceses a pagar mais caro por peles e alimentos e a guerrear contra tribos inimigas.

Uma santa indígena

Catarina Tekakwitha (1656-1680) foi uma indígena do povo mohawk. Quando criança, contraiu varíola e assistiu à morte de toda a sua família em razão dessa doença. Seu povo inicialmente comerciava com os holandeses, mas foi atacado e derrotado pelos franceses, que o forçaram a aceitar missionários jesuítas e a negociar peles com os colonos canadenses. Tekakwitha converteu-se ao catolicismo aos 19 anos e fez um voto de castidade. Batizada como Catarina, a indígena impressionou os religiosos com sua devoção. Ao morrer, com apenas 23 anos, um jesuíta afirmou que as marcas de varíola em Catarina desapareceram, num sinal da bênção divina. A partir disso, foi considerada santa e, em 2012, foi oficialmente canonizada pela Igreja Católica.

Recentemente, historiadores têm enfatizado a autonomia dos convertidos como Catarina, que não se submetiam plenamente aos padres – ela e seu grupo de mulheres foram, por exemplo, proibidas de formar um convento e se tornarem freiras, mas

Estella Loretto. Escultura representando Catarina Tekakwitha em Santa Fé. Novo México, Estados Unidos. Foto de 2011.

mesmo assim ela se manteve celibatária. Catarina também adotou práticas cristãs que tinham precedentes indígenas, como o jejum, que acabou por causar sua morte por desnutrição.

A partir da segunda metade do século XVII, a Coroa forneceu maior apoio ao Canadá. Mesmo assim, a colonização francesa na América do Norte permaneceu basicamente mercantil, o que ajuda a explicar a fraqueza de seu povoamento. A Nova França continuou a ter uma população esparsa, essencialmente rural e católica, submetida à autoridade do governador e dos religiosos. Alguns nativos de tribos inimigas foram escravizados, mas, em geral, o trabalho livre predominava.

Holanda: açúcar e comércio

Após o sucesso da Companhia das Índias Orientais em contestar o domínio português na Ásia, os holandeses criaram, em 1621, a Companhia Neerlandesa das Índias Ocidentais, que deveria atacar as colônias ibéricas na América e na África. Dessa maneira, os Países Baixos esperavam obter lucros e prejudicar a Espanha, com a qual estavam em guerra desde 1568.

Um dos alvos principais dos holandeses era o Brasil, pois Portugal e seu império fizeram parte da monarquia hispânica entre 1580 e 1640. Assim, em 1624, as tropas da Companhia desembarcaram em Salvador, sede do governo-geral da América portuguesa. Em 1625, porém, uma ação conjugada de portugueses e espanhóis conseguiu expulsá-los.

Em 1630, os holandeses atacaram novamente, dessa vez Pernambuco, principal produtor de açúcar do mundo. Nos anos seguintes, a Companhia estendeu seu domínio por Itamaracá, Rio Grande do Norte, Paraíba, Ceará e parte do Maranhão. Apesar da resistência inicial, com o tempo, surgiram acordos entre luso-brasileiros e holandeses, que ofereciam boas condições de crédito. Alguns senhores de engenho que haviam abandonado suas fazendas voltaram, comerciando com os invasores. Sua presença era essencial, pois estes preferiam se concentrar no comércio, deixando a administração da produção açucareira para os lusos. Mesmo assim, a guerra continuou, e os portugueses enviaram diversas expedições para tentar desalojar os ocupantes.

Os holandeses logo se deram conta da fundamental importância do trabalho de africanos escravizados na produção do açúcar. A fim de conseguir mão de obra, atacaram, em 1637, o porto de São Jorge da Mina, na costa da Guiné; em 1641, conquistaram Luanda, em Angola, a região africana que mais fornecia ca-

Para assistir

O novo mundo
EUA, 2005. Direção: Terrence Malick.

Da chegada ao continente americano, em 1492, até o início do século XVII, poucas mudanças foram sentidas na América do Norte, que permanecera como um vasto território de mata virgem habitado por indígenas. Em abril de 1607, três pequenas naus vindas da Inglaterra trazem 103 homens com o intuito de estabelecer raízes no novo mundo.

Juan Bautista Maino. *A retomada da Bahia em 1625*, 1634-1635. Óleo sobre tela, 309 cm × 381 cm. Este quadro foi encomendado para celebrar a retomada de Salvador em abril de 1625, depois de um ano de ocupação holandesa. No primeiro plano são mostrados alguns dos sofrimentos provocados pela guerra, tão presente na Europa do século XVII. Em segundo plano, aparece a imensa frota luso-espanhola enviada para expulsar os invasores. A tela exalta a glória do rei Filipe IV da Espanha (Filipe III de Portugal), que aparece pintado num retrato e, sobretudo, a de seu primeiro-ministro, o conde-duque de Olivares, que é representado duas vezes: quando coroa de louros o rei e quando mostra ao povo o responsável pela vitória.

Zacharias Wagner. *Mercado de escravos*. Aquarela do *Thierbuch* (Livro dos animais), Dresden, 1641.
A imagem evidencia a importância da escravidão no Brasil e seu caráter mercantil. Os holandeses se adaptaram a essa instituição, essencial para a continuidade da produção açucareira.

tivos aos portugueses. Dessa forma, restabeleceram a complementaridade comercial entre esses dois importantes espaços portugueses no Atlântico. Em 1648, o jesuíta Antônio Vieira sintetizou bem essa relação: "sem negros não há Pernambuco, e sem Angola não há negros".

Em 1637, iniciou-se no Brasil holandês uma nova fase com o governo de Maurício de Nassau (1604-1679), que iria perdurar até 1644. Como os holandeses eram calvinistas, o início da ocupação foi marcado pelos saques a igrejas católicas. A partir de Nassau, porém, consolidou-se a tolerância religiosa: tudo que os holandeses menos precisavam era de um confronto religioso com a população luso-brasileira, declaradamente católica e profundamente hostil ao protestantismo.

Desde o século XVI, as perseguições da Inquisição provocaram a migração em massa de judeus e cristãos-novos portugueses para Amsterdã. Depois de ser decretada a tolerância religiosa no Brasil holandês, um significativo grupo de judeus fixou-se em Pernambuco e na Paraíba. Eles tornaram-se essenciais no suporte ao domínio holandês: como falavam holandês e português, funcionavam como intermediários dos negócios entre os luso-brasileiros e os invasores. Assim, fundaram em Pernambuco a primeira sinagoga das Américas, chamada de Kahal Zur Israel.

Johan Nieuhof. Recife Holandesa. *Voyages and travels into Brazil and East Indies*, 1703. Durante o governo de Maurício de Nassau, foi erguida às margens do rio Capibaribe a cidade de Maurícia. As reformas promovidas organizaram o traçado das ruas. Também foram construídas pontes que ligavam as duas margens do rio para facilitar a circulação.

Ingleses, franceses e holandeses no processo de expansão europeia Capítulo 18

O Brasil visto pelos holandeses

Nassau trouxe consigo um conjunto de artistas, naturalistas e geógrafos com o objetivo de registrar a natureza, a sociedade colonial e as realizações neerlandesas. Dois dos mais conhecidos artistas que retrataram o Brasil holandês nesse período foram Albert Eckhout e Frans Post, que vieram a Pernambuco a convite do governante. Eckhout (c. 1610-1665) ficou conhecido por suas pinturas de frutas tropicais e da população da América portuguesa. Nesse painel, o artista representa muitos tipos sociais da América: indígenas de diferentes nações, africanos e mestiços. Na parte de cima, da esquerda para a direita, estão representados: *Índio tapuia*, *Homem africano*, *Índio tupi*, *Mulher mameluca*; na parte de baixo, estão: *Índia tapuia*, *Mulher africana*, *Índia tupi*, *Homem mameluco*. Essas representações expressam claramente uma visão hierárquica, na qual os tapuias estavam no mais baixo nível de civilização: retratados nus, ainda mostram sinais de barbárie (a mulher tapuia traz, na mão e no cesto, pedaços de um cadáver humano, simbolizando a antropofagia indígena), enquanto os mestiços (homem mameluco e mulher mameluca) portam trajes ao estilo europeu.

Índio tapuia, 1643. Óleo sobre tela, 272 cm × 161 cm.

Homem africano, 1641. Óleo sobre tela, 273 cm × 167 cm.

Índio tupi, 1643. Óleo sobre tela, 272 cm × 163 cm.

Mulher mameluca, 1641. Óleo sobre tela, 271 cm × 170 cm.

Índia tapuia, 1641. Óleo sobre tela, 272 cm × 165 cm

Mulher africana, 1641. Óleo sobre tela, 267 cm × 178 cm

Índia tupi, 1641. Óleo sobre tela, 274 cm × 163 cm

Homem mestiço (ou *Homem mameluco*), s.d. Óleo sobre tela, 274 cm × 170 cm

Imagens: Museu Nacional da Dinamarca, Copenhague

Com o objetivo de recuperar a produção açucareira, Nassau acelerou a concessão de empréstimos, beneficiando os senhores de engenho. Seu governo foi considerado uma época de prosperidade, impulsionada pela alta dos preços do açúcar. Outra preocupação dos holandeses era o Quilombo dos Palmares, que cresceu nesse período devido à situação de caos gerada pelos embates militares. As fugas para essa comunidade agravavam a situação de escassez de mão de obra cativa. Ataques a Palmares foram organizados pelos holandeses, mas os quilombolas conseguiram resistir.

Com o fim da União Ibérica em 1640, Portugal e seu império se separaram da monarquia hispânica. A monarquia lusitana tornava-se inimiga da Espanha, assim como os Países Baixos. A nova dinastia tentou fazer um acordo com as Províncias Unidas, que não aceitaram abandonar os territórios conquistados com grande dispêndio de dinheiro. O regresso de Nassau em 1644, depois de divergências com a direção da Companhia, favoreceu a articulação do movimento de expulsão dos holandeses entre os senhores de engenho pernambucanos, o governo-geral na Bahia e a Coroa portuguesa.

Assim, em 1645, teve início uma revolta liderada pelos senhores de engenho contra os holandeses. Dentre os argumentos, estava a opressão calvinista contra os católicos. Por isso, o movimento foi nomeado Guerra da Liberdade Divina. Entretanto, as razões econômicas também foram muito importantes: o preço do açúcar havia caído no mercado internacional e os latifúndios estavam cada vez mais endividados com a Companhia das Índias Ocidentais. Se os holandeses fossem expulsos, as dívidas jamais seriam cobradas.

Para a sobrevivência do complexo escravista luso-brasileiro no Atlântico, porém, era preciso reconquistar também a principal fonte de escravos da América portuguesa: Angola. Para isso, um fidalgo e senhor de engenho, Salvador Correa de Sá, organizou uma expedição financiada pelos vassalos do Rio de Janeiro para expulsar os holandeses dessa região em 1648. A produção açucareira fluminense havia crescido muito nas décadas de 1630 e 1640, pois a guerra contra os holandeses tinha prejudicado a produção da Bahia e, principalmente, de Pernambuco. Além disso, os africanos escravizados eram um componente essencial do comércio ilegal com Buenos Aires, que permitia a obtenção de prata.

A perda de Angola foi um duro golpe para a Companhia das Índias Ocidentais, porque dificultou o acesso aos mercados de africanos escravizados e o desenvolvimento da economia do açúcar no Brasil holandês.

Aliados e inimigos

Assim como na maioria das guerras nas Américas coloniais, a participação de não europeus assumiu grande importância. Do lado português, indígenas liderados por Felipe Camarão e africanos livres, além de escravizados comandados por Henrique Dias, compuseram parte considerável da tropa entre 1630 e 1654. Os dois se diziam católicos fervorosos e obtiveram recompensas do rei por sua lealdade, embora os guerreiros africanos tivessem sido mais discriminados do que os indígenas: enquanto Camarão e vários parentes foram enobrecidos com o título de cavaleiro, a Dias e seus genros foi negada essa honra pelo seu passado escravo.

Os holandeses também contaram com importantes aliados indígenas convertidos ao calvinismo. Um deles, Pedro Poti, provavelmente era primo de Felipe Camarão. Alguns desses nativos calvinistas viajaram para os Países Baixos após a vitória portuguesa em 1654, como Antônio Paraupaba, que tentou, até o dia de sua morte, convencer os holandeses a invadir novamente o Brasil para salvar sua tribo da vingança lusitana.

Anônimo. *Retrato de Filipe Camarão*. Século XVII. Óleo sobre tela. 96 cm × 70 cm.

Anônimo. *Retrato de Henrique Dias*. Século XVII. Óleo sobre tela. 96 cm × 70 cm.

O Suriname, um novo Brasil?

Após serem expulsos do Brasil, os holandeses procuraram outros territórios onde pudessem produzir açúcar. Concluíram que o Suriname, conquistado em 1667, poderia exercer esse papel. Com a participação significativa de holandeses e judeus que tinham vivido no Brasil, a região produziu açúcar, algodão, anil e, posteriormente, café, por meio do trabalho de africanos escravizados, mas nunca chegou perto de alcançar a importância econômica da América portuguesa.

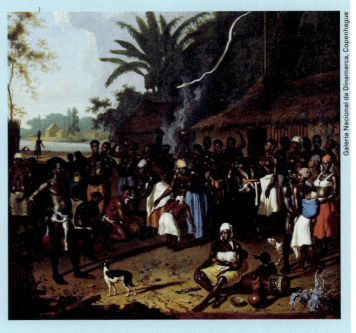

Dirk Valkenburg. *Dança escrava em uma plantação de açúcar no Suriname*, 1706-1708. Óleo sobre tela, 58 cm × 46,5 cm. Assim como no Brasil, os pintores holandeses no Suriname destacaram a imensa população africana escravizada, enfatizando para sua audiência europeia seu exotismo através de práticas culturais como a dança.

Ainda em 1645, os insurretos pernambucanos derrotaram os invasores em uma batalha no Morro dos Guararapes. No ano seguinte houve nova derrota holandesa no mesmo local. Os conflitos continuaram até 1654, quando os holandeses foram expulsos. Para terminar definitivamente os conflitos com as Províncias Unidas e se concentrar em sua guerra de independência contra a Espanha, Portugal concordou em pagar uma elevada indenização aos holandeses.

Assim, o reino luso conservou todas as suas possessões americanas, que se tornaram a principal parte de seu império. Os holandeses, por sua vez, tiveram mais sucesso na Ásia do que na América, onde colonizaram poucos territórios após sua malsucedida experiência brasileira.

Novos atores no Caribe

Uma região parecia ideal para os franceses, ingleses e holandeses, desejosos de desafiar o monopólio ibérico: as ilhas tropicais do Caribe. Poucas, como Porto Rico e Cuba, continuavam a ser ocupadas pelos espanhóis, mais interessados nas riquezas do continente. Progressivamente, as ilhas tornaram-se espaço de contrabando e pirataria, pois os navios que passavam pela região vindos da América espanhola carregados de prata ofereciam um alvo quase irresistível. Assim, França, Inglaterra e Países Baixos apoiavam corsários, que se dedicavam ao contrabando e à pirataria por conta própria e, por ocasião das guerras europeias, tinham o beneplácito de seus governos para atacar barcos e portos inimigos.

A imagem retrata todas as etapas da produção de anil nas ilhas francesas. Os trabalhadores escravizados são vigiados por um único feitor europeu. Jean-Baptiste du Tertre. *Histoire Générale des Antilles*, Paris, 1667, tomo II.

O comércio triangular

O crescimento acelerado da produção açucareira e da escravidão no Caribe foi importante inclusive para áreas com poucos escravizados, como o norte da América inglesa. Peixe seco, cereais, carne salgada e peles obtidos nessa região eram trocados por melaço no Caribe. Por sua vez, esse produto era levado às colônias e dele fabricava-se o rum, trocado na África por escravos. O tabaco da Virgínia também era utilizado nesse comércio.

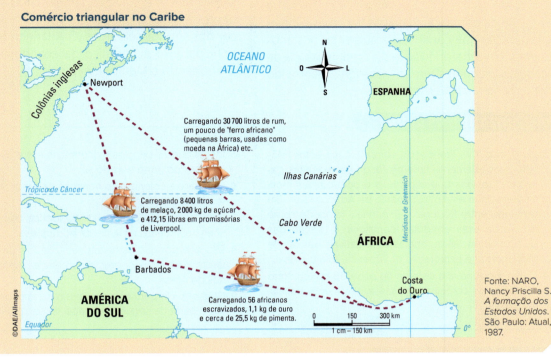

No início, a colonização francesa e inglesa das pequenas ilhas do Caribe visava facilitar o contrabando com as Índias Espanholas e funcionar como postos militares em caso de guerra. Aos poucos, a agricultura começou a se desenvolver, exigindo mais mão de obra. A forma inicial de exploração do trabalho foi feita por meio de servos por contrato. Produtos que não requeriam grandes investimentos, como o tabaco, o algodão e o anil, foram privilegiados nessa primeira etapa.

A crise no mercado de açúcar causada pelas guerras no Nordeste do Brasil nas décadas de 1630 e 1640 incentivou os colonos a plantar a cana-de-açúcar. Os lucros acumulados até então e o financiamento de comerciantes europeus permitiram a passagem para a custosa construção de engenhos. O sucesso da cultura da cana foi espetacular. A ilha de Barbados forneceu, nos anos 1670, 65% do açúcar consumido na Inglaterra. Em 1645, 40% das terras da ilha possuíam plantações de cana-de-açúcar e, em 1767, 80%. Por volta de 1700, todas as outras ilhas da região haviam sido dominadas pelos canaviais. A Jamaica, conquistada pelos ingleses em 1655, e a parte francesa de São Domingos – o atual Haiti – tornaram-se os principais produtores no início do século XVIII.

O açúcar transformou as sociedades das ilhas. A monocultura e a grande densidade populacional tornaram o abastecimento interno de alimentos dependente do intercâmbio com as outras colônias, a metrópole e a África. As pequenas propriedades deram lugar a enormes *plantations* com 200 ou 300 escravizados. Alguns senhores de engenho eram tão ricos que decidiram voltar para a Europa e lá viver como nobres, aproveitando os grandes lucros de suas propriedades. O açúcar produzido era refinado na Europa, o que aumentava a renda das metrópoles.

As relações de trabalho também se alteraram. A demanda caribenha por mão de obra aumentou e os contratos com os trabalhadores europeus já não eram suficientes. Além disso, muitos deles preferiram fixar-se em outras regiões coloniais, onde as condições de trabalho eram menos árduas. Os proprietários passaram a comprar um grande número de africanos escravizados: as ilhas do Caribe britânicas importaram cerca de 2 milhões, e as francesas, 1 milhão.

Como eles eram obrigados a trabalhar em condições duríssimas, sua expectativa de vida e natalidade eram reduzidas, e a constante entrada de novos trabalhadores se fazia necessária.

Rapidamente, os africanos e seus descendentes tornaram-se majoritários na população das Antilhas. No início do século XVIII, estes representavam entre 75% e 90% da população das ilhas francesas e inglesas, proporção que continuou a aumentar nos anos seguintes. Em consequência dessa predominância de africanos, os senhores temiam rebeliões, reprimindo violentamente qualquer suspeita.

Assim, no final do século XVII a América apresentava uma configuração completamente diferente da de cem anos antes: Inglaterra, França e Holanda haviam entrado definitivamente na corrida colonial. Todos esses países utilizaram o trabalho de africanos escravizados em suas colônias. A partir do século XVII, a escravidão atingiu cifras sem precedentes e a demanda por cativos continuou a crescer nos séculos seguintes. O Atlântico tornou-se o principal eixo econômico da economia ocidental, destronando o Mediterrâneo.

ORGANIZANDO AS IDEIAS

3. No século XVI, Francisco I, rei da França entre 1515-1547, supostamente teria proferido as seguintes palavras: "Gostaria que espanhóis e portugueses mostrassem onde está o testamento de Adão, que dividiu o mundo entre Portugal e Espanha". Tomando como referência essa anedota, identifique a reação das demais potências europeias às tentativas ibéricas de monopolizar a exploração da América, África e Ásia.
4. Como funcionava o sistema de servidão por contrato utilizado nas colônias inglesas e, em menor escala, francesas?
5. Identifique as principais diferenças entre as colônias inglesas do norte e as do sul.
6. Compare a colonização francesa na América do Norte e no Caribe.
7. Relacione o período da União Ibérica com as invasões holandesas na América portuguesa.
8. Explique por que os holandeses, depois de conquistarem Pernambuco, precisaram atacar alguns territórios da África.
9. Qual era a importância do Caribe na economia atlântica a partir da segunda metade do século XVII?

Revisando o capítulo

APROFUNDANDO O CONHECIMENTO

1. Johan de Witt (1625-1672) era chefe do governo da Holanda em 1651, período de apogeu das Províncias Unidas. No texto a seguir, ele descreve o desenvolvimento econômico da Holanda na época.

É fácil, portanto, conceber que o mar é um grande meio de subsistência para a Holanda e que produz anualmente uma carga de mais de 300 mil barris de peixe salgado; e, se ainda forem acrescentadas a baleia, nossas manufaturas e tudo o que os rios fornecem, é certo que nenhum país no mundo pode apresentar tantos barcos carregados de sua própria produção como a Holanda.

Não há na Europa país mais bem situado para o comércio do que a Holanda.

Primeiro, a Holanda está bem situada para o comércio, no centro da Europa, indo desde Arcangel, na Moscóvia, e Revel, até a Espanha.

É verdade que estamos mais afastados do Levante e da Itália que do Leste, mas essa proximidade com o Leste é bem cômoda para nós, pois lá vamos buscar as mercadorias mais importantes, como o trigo, o alcatrão, o piche, as cinzas para sabão, o linho, a madeira para a construção dos barcos e as lãs da Prússia e da Pomerânia.

Consumimos a maior parte de tudo isso em nosso país, passando o restante para os outros, pois podemos transportar esses produtos facilmente pelos rios Reno e Mosa. [...]

Segundo, os países conquistados pela Companhia das Índias Orientais agregam muito comércio a nosso país, pois conseguem todas as especiarias e mercadorias das Índias.

DE WITT, Johan [Pierre de la Court]. *The True Interest and Political Maxims of the Republic of Holland*. Londres: John Campbell, 1746 [1662], p. 25-26.

Levante: nome dado à parte oriental do Mar Mediterrâneo.

a. Que tipo de mercadoria os holandeses conseguiam comprar nas regiões a leste da Europa Ocidental? Esses produtos eram destinados apenas ao mercado externo?

b. Que elementos, segundo esse documento, permitiram o desenvolvimento econômico holandês no século XVII?

c. De acordo com o que você estudou, de que forma o desenvolvimento econômico holandês atrapalhou os negócios de Portugal? Quais foram as consequências desse processo para os portugueses e suas colônias?

2. Releia o documento escrito pelo cardeal de Richelieu (1585-1642) e responda às questões.

a. Qual foi o argumento utilizado por Richelieu para justificar a ideia de que, por meio do fortalecimento de seu poderio marítimo, a França poderia recuperar seu antigo esplendor?

b. Indique dois pontos das propostas do cardeal que possam ser caracterizados como tipicamente mercantilistas.

3. Leia novamente o documento "O segundo Ato de Navegação da Inglaterra". Com base nele, explique como o Ato de Navegação de 1660 contribuiu para o desenvolvimento comercial inglês.

4. Quando Recife estava ocupada pelos holandeses, Nassau trouxe muitos artistas para retratar a fauna e a flora do Brasil colonial, os nativos e os feitos do governo holandês na região. Entre eles estava Albert Eckhout. Observe uma de suas pinturas a seguir para responder às questões.

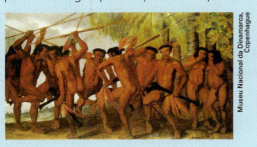
Museu Nacional da Dinamarca, Copenhague

a. Como os tapuias foram representados por Eckhout?

b. Que aspectos da fauna e da flora do Brasil colonial foram destacados nessa pintura?

c. O que essa pintura revela sobre os costumes dos tapuias?

5. O trecho a seguir faz parte do *Mayflower Compact Act*, que estabeleceu as regras da futura colônia inglesa de Plymouth. Com base nos princípios de igualdade civil, democracia política e tolerância religiosa, previa-se, no documento, uma assembleia – a Corte Geral –, que se reuniria quando necessário para eleger o governador e os administradores, além de fazer as leis, recolher os impostos e estabelecer tribunais. Para alguns, o *Compact Act* foi a primeira Constituição do que seriam os Estados Unidos da América.

> Em nome de Deus, Amém. Nós, abaixo-assinados, leais súditos de nosso poderoso senhor e soberano, o rei James I pela graça de Deus rei da Grã-Bretanha, [...] <u>tendo empreendido, para a glória de Deus, extensão da fé cristã e honra de nosso rei e de nossa pátria, uma viagem a fim de estabelecer a primeira colônia na parte setentrional da Virgínia</u>, decidimos pelo presente, de modo solene e de pleno acordo, diante de Deus e em presença de todos, assumir o compromisso de nos constituirmos, juntos, num corpo político civil, em vista de uma melhor organização e proteção. E, com o objetivo de servir aos referidos fins, serão regularmente promulgadas, constituídas e desenvolvidas justas e equitativas leis, ordenanças, atos, constituições e circulares, que puderem ser pensados como muito adequados e convenientes ao bem geral da colônia, sob reserva do que todos nós aqui prometemos submissão e obediência.
>
> [Seguem-se 41 assinaturas. Nenhuma mulher assinou a Declaração]

Compact Act, 1620. In: TOCQUEVILLE, Alexis de, 1989. Citado em SILVA, José Otacílio da. O poder político na visão de Tocqueville: um diferencial entre antigos e modernos. *Revista Espaço Acadêmico*, n. 75, ano VII, ago. 2007. Disponível em: <www.espacoacademico.com.br/075/75silva.htm>. Acesso em: 19 nov. 2015.

a. Com base na frase sublinhada, diga qual foi o objetivo dos passageiros do *Mayflower* ao se dirigirem à América?

b. Que medidas foram estabelecidas no *Compact Act*?

c. Qual foi a importância política do *Compact Act*?

CAPÍTULO 19
A ÁFRICA NA FORMAÇÃO DO MUNDO ATLÂNTICO

Construindo o conhecimento

- Na sua opinião, quais são os motivos da existência da escravidão na África na época moderna?
- Você acha que o tráfico de indivíduos escravizados para a América provocou efeitos de longo prazo na África? Quais?

Plano de capítulo

- O escravismo como sistema econômico mundial
- Congo: um reino católico na África Subsaariana
- Angola: o estabelecimento de uma colônia portuguesa na África Central
- O Golfo do Benim: comércio atlântico como instrumento de poder

Como vimos nos capítulos anteriores, a escravidão africana foi fundamental para a colonização da América. Sem ela, seria impossível produzir uma das principais mercadorias dos séculos XVI e XVII: o açúcar. Como, porém, os europeus conseguiram levar milhões de cativos de um continente a outro? Até mais do que no Novo Mundo, os europeus precisaram de aliados, pois não conseguiram dominar as complexas e diversificadas sociedades africanas na época moderna. Assim, é preciso perguntar: qual era o papel da escravização e do comércio de cativos na própria África? A escravização foi uma prática comum em muitas sociedades ao longo da história, e a África não foi exceção. Os escravizados eram importantes como meios de produção de riqueza, mas também como símbolo de prestígio e poder.

Entretanto, essa instituição não era igual nos dois lados do Atlântico, nem permaneceu estática. Quais foram as transformações que ocorreram na escravização da África ao longo da época moderna? A captura de milhões de pessoas favoreceu algumas sociedades e grupos, que se beneficiaram política e economicamente do comércio com os europeus, mas um número muito maior foi explorado e dizimado pela ampliação da escravização ao longo dos séculos XVI a XIX.

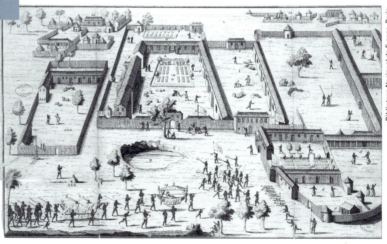

Jean-Baptiste Labat, Pierre Aimé Lombard e Jean Grillet. 1731. Instalações dos europeus. Gravura retirada do livro *Ilustrações da viagem do Chevalier des Marchais à Guiné*.

Biblioteca Nacional da França, Paris

Marcos cronológicos

- **1483** — O navegante português Diogo Cão chega ao reino do Congo.
- **1491** — Batismo do rei do Congo, que passou a se intitular D. João I.
- **1501** — Início do tráfico de africanos escravizados para a América.
- **1507-1542** — Reinado de D. Afonso I do Congo.
- **1568** — Os jagas invadem o reino do Congo, sendo expulsos três anos depois.
- **1575** — Os portugueses ocupam a Ilha de Luanda, em Angola, e ali fundam São Paulo de Luanda, primeira colônia europeia no continente africano.
- **1641** — Os holandeses ocupam Luanda, sendo expulsos de Angola em 1648.
- **1665** — O rei do Congo, D. Antônio I, é derrotado e morto por tropas portuguesas na batalha de Ambuíla.

O escravismo como sistema econômico mundial

A produção de açúcar nas ilhas portuguesas da Madeira e de São Tomé, na segunda metade do século XV, utilizou africanos escravizados. Os portugueses praticamente monopolizaram o tráfico até meados do século XVII, fornecendo cativos tanto para o Brasil quanto para a América espanhola. Em seguida, holandeses, ingleses e franceses começaram a participar desse comércio, que com o crescimento da demanda por mão de obra tornava-se muito lucrativo. O comércio transatlântico de seres humanos representou, desse modo, parte essencial do fortalecimento das conexões entre Europa, América e África, que caracterizaram a época moderna.

A travessia do Atlântico era mortal para parte dos cativos e até para a tripulação, em virtude das péssimas condições a bordo dos navios superlotados. Estima-se que, ao longo de todo o período do tráfico de africanos escravizados, ao menos 15% dos cativos morreram na travessia – ou seja, cerca de 1,8 milhão de pessoas dentre os cerca de 12,5 milhões arrancados da África e vendidos para a América, segundo a estimativa mais aceita atualmente.

O tráfico desenvolveu-se não só a partir da Europa, mas também da América: portugueses do Brasil e colonos do norte da América inglesa negociavam diretamente com a África a partir da segunda metade do século XVII. Conforme a região, africanos escravizados eram trocados por pólvora, armas de fogo, algodão, tabaco, rum, cachaça e cauris (pequenas conchas de molusco que serviam de moeda em algumas regiões da África).

Escravização e tráfico

A escravização estava amplamente disseminada na África. Na maior parte do continente não havia propriedade privada da terra. O controle sobre o trabalho de outras pessoas era uma das principais formas de

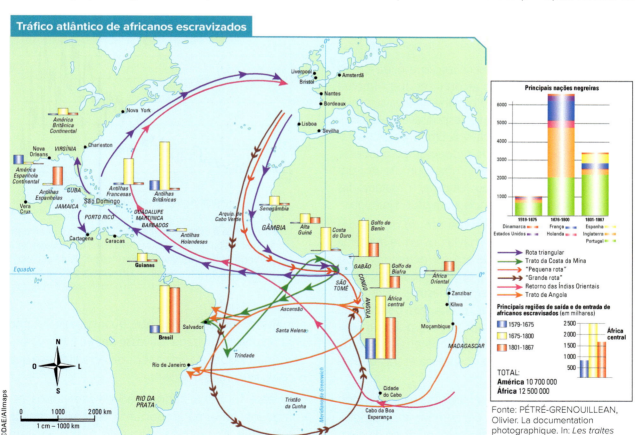

Fonte: PÉTRÉ-GRENOUILLEAN, Olivier. La documentation photographique. In: *Les traites negrières*. Paris: 2003. p. 29.

No mapa, é possível observar as diferentes regiões africanas de onde saíram indivíduos escravizados e as regiões americanas que receberam o maior número deles. Os portos do Brasil e do Caribe foram os principais receptores de africanos, grande parte deles direcionados para a lavoura açucareira. Logo depois de desembarcar, os africanos escravizados eram redistribuídos para atender às demandas internas de cada região.

Tráfico de escravos no norte da Europa

Embora a primazia no tráfico de africanos escravizados coubesse a portugueses, franceses, ingleses e holandeses, países do norte da Europa também participaram dessa atividade. O comércio de escravos na Dinamarca desenvolveu-se em meados do século XVII até o final do século XVIII, transportando, nas duas últimas décadas desse século, cerca de 3 mil escravos por ano para as Índias Ocidentais dinamarquesas (atuais Ilhas Virgens americanas). Por sua vez, o comércio sueco de africanos escravizados foi empreendido a partir da fundação de colônias na América do Norte (Nova Suécia, 1638, no nordeste dos atuais Estados Unidos) e na África (Cabo Corso, 1650, no Golfo da Guiné).

Gravura dos fortes holandês, inglês e dinamarquês na costa da África Ocidental para o comércio de escravos. Arquivo Nacional, França, s/d.

riqueza. Os escravos eram importantes não só para a produção de gêneros diversos, mas também para o transporte de mercadorias. Assim, a escravização era um elemento da hierarquização social em muitas sociedades africanas.

Para compreender a escravização e o tráfico de pessoas na África, é preciso reconhecer que a imensa diversidade de povos desse continente levava a múltiplos conflitos entre eles, fator responsável pelo surgimento da maior parte dos cativos. Embora a escravização de pessoas de dentro do próprio grupo ocorresse em alguns casos, geralmente como punição por um crime, como assassinato ou feitiçaria, a maioria das pessoas escravizadas pertencia a um grupo inimigo.

O cativeiro na África era distinto do que se desenvolveu na América, pois havia um leque maior de posições sociais que poderiam ser ocupadas pelas pessoas escravizadas. Embora na maioria das vezes os cativos não pertencessem às mesmas sociedades de seus captores, mulheres e crianças geralmente eram incorporadas aos grupos, ainda que com *status* inferior. Mesmo no caso dos homens, a subordinação era menos marcada do que na escravidão da *plantation* americana.

Os escravizados compunham uma parcela importante das trocas mercantis. Era comum que os indivíduos escravizados passassem pelas mãos de diversos "donos" e, por serem, em geral, separados da família e de seus conhecidos, perdessem progressivamente seu conjunto de referências. Por isso, tinham de reconstruir seus laços sociais na condição de escraviza-

Fonte: http://slavevoyages.org/assessment/estimates. Acesso em: 16 abr. 2016.

Nesse gráfico é possível perceber o acelerado aumento do tráfico atlântico de pessoas escravizadas, especialmente a partir do final do século XVII. Esse comércio só começou a decair em meados do século XIX, devido a sua gradual abolição em todo o continente americano.

dos. Assim, a tendência era que, quanto mais distante uma pessoa escravizada estivesse de seu lugar de origem, mais valiosa ela viria a ser, pois acreditava-se que o cativo seria mais obediente.

Dessa forma, a negociação de indivíduos escravizados foi uma importante atividade desde o século VII. As principais rotas do tráfico levaram milhões de escravos da África Subsaariana para o Mediterrâneo (norte da África) e para a Península Arábica e o Índico (Emirados Árabes e Estados da Península Indiana).

> ## As narrativas orais africanas
>
> A maior parte dos povos africanos contatados pelos europeus entre os séculos XV e XVIII, sobretudo ao sul do Saara, eram civilizações orais, ou seja, seus conhecimentos e valores eram passados de uma geração a outra por meio da palavra falada, mesmo quando havia algum tipo de escrita.
>
> Nas sociedades orais, que existem até hoje, a forma privilegiada de transmissão de informações é a narrativa. Primeiro, porque o enredo funciona como auxiliar da memória, facilitando que as palavras sejam decoradas. Segundo, porque a história narrada tem uma função exemplar, ou seja, serve de modelo ou lição. Nas narrativas encontram-se as regras e as interdições que orientam o funcionamento da sociedade.
>
> Durante muito tempo, as narrativas orais africanas foram descartadas como fontes históricas, pois acreditava-se que somente a comunicação escrita poderia sobreviver ao desgaste do tempo. Hoje, porém, sabe-se que as sociedades orais criaram formas bastante eficientes de conservação e transmissão de informações ao longo das gerações. Por isso, testemunhos orais foram incorporados por historiadores aos estudos sobre a história da África. Um de seus principais informantes são os griôs, especialistas na transmissão de testemunhos, genealogias e outras informações sobre o passado de seu povo. Assim como qualquer fonte histórica, essas narrativas não são entendidas como "verdade", mas analisadas criticamente pelo historiador e cotejados com outras fontes.
>
> As narrativas orais também são uma manifestação literária com características diferentes da literatura escrita. A narração oral de uma história é acompanhada de práticas semelhantes a rituais: antes de iniciar a sessão, o narrador prepara os ouvintes com enigmas, provérbios, gracejos etc. Para decorar as palavras, usa várias técnicas, como rimas, canções e a memória visual. Até o século passado, civilizações orais eram chamadas de ágrafas, ou seja, sem escrita. Porém, essa denominação enfatiza a ausência do domínio da escrita, quando, na verdade, o que caracteriza essas civilizações é a presença de complexos mecanismos de transmissão oral – que nós, sociedade com escrita, não possuímos.

No entanto, a demanda por trabalho escravizado nas *plantations* americanas alcançou outra dimensão, muito mais significativa. O comércio e a escravização tornaram-se ainda mais importantes tanto para as sociedades africanas quanto para as americanas. Na África, organizou-se um comércio especializado em atender à crescente demanda ocidental. Em troca dos cativos, recebiam bens raros – símbolos de prestígio para suas elites –, além de armas e cavalos, úteis em caso de guerras. Nos dois lados do Atlântico, a posse de cativos era significativa não só em termos econômicos, mas também de prestígio, pois o controle sobre as pessoas escravizadas era um sinal de *status*.

Distinguiam-se, na África, três tipos de sociedades afetadas pelo tráfico de pessoas: as das regiões "produtoras" de indivíduos escravizados, em geral dizimadas pelas guerras e pilhagens; as sociedades que capturavam "escravos"; e aquelas que comercializavam os escravizados e os retinham até seu embarque. Estas últimas eram compostas de intermediários africanos, e em geral fixavam os preços de troca, diferenciando os cativos conforme a idade, o sexo, a condição física e a origem. Os efeitos do tráfico foram muito distintos em cada uma dessas sociedades: algumas elites se beneficiaram, mas muitos povos sofreram enormes prejuízos, uma vez que, para cada africano que chegava à América, vários morriam em guerras, no caminho para o litoral ou na travessia do oceano. Assim, milhões de vidas foram perdidas em razão das demandas do tráfico atlântico.

O tráfico ocidental transformou também o mapa político da África. Alguns Estados se enfraqueceram, enquanto outros nasceram ou se fortaleceram em virtude de sua participação nesse comércio. Em razão da complexidade do panorama político desse continente, o foco deste capítulo é o contato entre portugueses e africanos em três regiões: Congo, Angola e Daomé (atual República do Benim). A análise desses contextos pode ajudar a compreender tanto os diversos tipos de relação entre europeus e africanos quanto a dinâmica interna das monarquias africanas, que se desenvolviam em interação com os comerciantes da Europa e, ao mesmo tempo, em resposta a demandas, tensões e conflitos próprios. Os historiadores têm buscado combinar diversos tipos de fontes nas últimas décadas, deixando de lado uma visão que retrata os africanos como objetos passivos e explorados, com a finalidade de analisá-los como sujeitos de sua própria história.

ORGANIZANDO AS IDEIAS

1. Comente o impacto da escravidão nas sociedades africanas e americanas.

Congo: um reino católico na África Subsaariana

No contexto da expansão marítima portuguesa, em 1470, navegadores começaram a explorar as bordas do reino do Congo. Somente na década seguinte, porém, contatos regulares foram estabelecidos com essa região. Diogo Cão, navegador e explorador português, ao aportar no reino do Congo em 1483, ficou impressionado com a sua sofisticada organização política. Formado por diversas províncias e por cidades independentes que pagavam tributos ao soberano – chamado de *manicongo* –, o Estado congolês havia desenvolvido um intenso mercado regional com produtos que vinham de outras regiões, como sal, metais, tecidos e derivados de animais; já nesse período dispunha de um sistema monetário que utilizava como moeda o *nzimbu* – tipo de concha da Ilha de Luanda. A escravização de inimigos era amplamente praticada, sendo os cativos geralmente obtidos por meio de guerras.

Diogo Cão retornou à região em 1485 e dirigiu-se à capital do reino, Mbanza Congo, mais tarde chamada de São Salvador do Congo. Na capital, estabeleceu relações amistosas com o rei. O encontro foi intermediado por alguns congoleses que o navegador havia levado a Portugal para aprender português e os costumes europeus. Em 1491, ocorreu a conversão do *manicongo* à fé cristã com o nome de D. João I, em homenagem ao monarca reinante em Portugal, D. João II. Sua conversão deve ser entendida a partir do interesse em se fortalecer perante os povos africanos adversários. O cristianismo, por sua vez, foi adaptado pela população local e reinterpretado a partir dos códigos culturais e das tradições vigentes antes do contato com os europeus. Entretanto, ao se opor à poligamia, um dos alicerces dessa sociedade – que estabelecia redes de solidariedade e permitia que o poder monárquico circulasse entre várias linhagens, uma vez que as esposas do rei pertenciam a diversas famílias nobres –, a religião católica foi repelida pelas elites, que induziram o monarca a se afastar do cristianismo.

Após a morte de D. João I, abriu-se no Congo uma crise sucessória entre dois de seus filhos: um católico, que ao ser batizado adotou o nome de Afonso, e outro que não era cristão. Com o apoio de Portugal, D. Afonso I chegou ao poder e reinou de 1507 a 1542. Ele foi responsável pela disseminação da fé católica, pelo aportuguesamento das instituições políticas do reino e por um processo de centralização realizado a partir do enfraquecimento da autoridade dos chefes tribais. A concentração de poder nas mãos do rei foi estimulada pelas constantes guerras que aumentavam a quantidade de povos tributários e o número de cativos, o que, consequentemente, ampliava o poder do soberano e permitia o fortalecimento de seu exército. Por sua vez, a venda de escravos permitia o acesso a artigos manufaturados europeus, como armas, pólvora e outros meios de guerra. Em última instância, portanto, era o tráfico atlântico a força motriz de todo esse processo. Ele fornecia à Coroa congolesa vantagens políticas e militares sobre seus rivais, ao mesmo tempo que garantia os interesses econômicos portugueses ao supri-los de um crescente número de cativos.

Theodore de Bry e Johann Israel de Bry. *Audiência do rei do Congo, ou Manicongo, a navegadores portugueses e súditos africanos*. Gravura da coleção Pequenas Viagens, dedicada às Índias Orientais (Ásia e África). Frankfurt, 1597. A imagem representa a chegada dos portugueses à Corte congolesa. Apesar de os ilustradores jamais terem visitado a África, é interessante ver como retratam o respeito do europeu perante o soberano africano.

Anônimo. *Capuchinho realiza missa em altar em meio à floresta no Reino do Congo*. Aquarela, 1747. Reimpressão de manuscrito localizado na Biblioteca Cívica de Turim, Itália. Na imagem, um missionário reza a missa em uma clareira na qual estão presentes diversos coroinhas e um chefe local ajoelhados perto do religioso. Atrás deles está o restante da população local.

Após a morte de D. Afonso I, diferentes linhagens disputaram o poder, causando grande instabilidade no Congo. Algumas províncias, aproveitando-se dessa conjuntura, desligaram-se do reino; a situação ficou ainda mais crítica quando, em 1568, a região foi invadida por povos guerreiros chamados de jagas, que foram expulsos somente três anos depois. Após esses episódios, o Congo perdeu seu papel proeminente no comércio de escravos para o reino de Ndongo, antiga província do Congo, que se tornaria a colônia portuguesa de Angola.

No século XVII, a relação entre portugueses e congoleses se deteriorou em virtude da aproximação destes últimos com a Holanda, que em 1641 havia ocupado Luanda e outras regiões angolanas. Com a expulsão dos holandeses de Angola pelos luso-brasileiros, em 1648, os colonizadores pretendiam anexar o Congo à colônia angolana, o que ocasionou a Batalha de Ambuíla, em 1665. O rei do Congo, D. Antônio I, foi morto, assim como os principais candidatos ao trono. A região entrou em um longo período de guerra civil, terminada apenas em 1710.

Nesse contexto, surgiu, no final do século XVII, o movimento antoniano, liderado por Beatriz Kimpa Vita. Ela dizia-se possuída por Santo Antônio e fez uma releitura banta do cristianismo: Jesus Cristo havia nascido na África, a Virgem Maria era negra, e a poligamia, lícita. O movimento tinha forte conotação política ao defender a reunificação do reino e o retorno da capital para São Salvador. Apoiada por algumas linhagens nobres e despertando a ira de outras, Kimpa Vita foi queimada como herege.

Assim, até o final do século XIX, o reino do Congo passou a ser formado por diversas chefaturas. São Salvador tornou-se novamente a capital e o rei passou a ser chefe dessa região e de suas adjacências. As demais províncias, ainda que prestassem obediência formal ao poder central, eram administradas com grande autonomia por representantes das chefias locais.

ORGANIZANDO AS IDEIAS

2. Qual meio foi utilizado pelos portugueses para fortalecer as relações com os congoleses?
3. Explique por que a religião cristã foi repelida pelas elites no Congo.
4. Quais mudanças foram realizadas no Congo durante o reinado de D. Afonso I?

Angola: o estabelecimento de uma colônia portuguesa na África Central

Desde o século XVI, o reino de Ndongo, ao sul do Congo, demonstrou interesse em se inserir nos circuitos de trocas de produtos europeus por africanos escravizados, então sob o monopólio do rei do Congo. Em 1519, o rei de Ndongo – chamado de *ngola*, daí o nome de Angola dado à região – enviou uma embaixada a Portugal para apelar pelo reconhecimento de sua independência perante o Congo. Provavelmente por influência do *manicongo* e pela própria resistência do *ngola* ao batismo, a missão não obteve sucesso.

Em 1571, a Coroa portuguesa confiou a Paulo Dias de Novais a missão de estabelecer relações regulares com Ndongo. Em 1575, ele invadiu e ocupou a Ilha de Luanda, que até o momento estava sob a jurisdição do *manicongo*. Ali foi fundada São Paulo de Luanda, primeira colônia portuguesa no continente africano. Mas os negociantes de São Tomé, que por muito tempo haviam comercializado com Ndongo sem o controle régio, convenceram o *ngola* de que Dias de Novais se preparava para dominar o reino.

Em 1579, os portugueses foram atacados pelas tropas do rei. Os lusos solicitaram a ajuda do exército congolês, que invadiu Ndongo com a expectativa de restabelecer o controle da região. Derrotadas, as forças congolesas se retiraram. Os portugueses estiveram em guerra durante muitos anos, porém pouco conseguiram avançar no território angolano. As doenças eram o pior inimigo: em 1587, de 1700 europeus que morreram em Angola, apenas 400 perderam a vida na guerra.

Com a morte de Dias de Novais em 1589, Angola foi posta sob a jurisdição de um governador-geral. Em 1603, foi estabelecida uma aliança com o *ngola*. Com o apaziguamento das relações, foi possível alcançar as minas de Cambambe, de onde os europeus esperavam extrair riquezas comparáveis às da mina de prata de Potosí, na América espanhola. Mas em Cambambe só havia chumbo, e a conquista armada do território foi suspensa. Contudo, as campanhas não cessaram, uma vez que o principal papel de Angola passou a ser o de fornecer escravos para a América. Quando a demanda por mão de obra era urgente, a luta armada para conseguir cativos se mostrava imprescindível.

Para o *ngola* era interessante a presença dos mercadores portugueses em seu território. Eles lhe forneciam armas, tecidos, pólvora, objetos de cobre, além de tributos e taxas que ampliavam sua riqueza e poder. Entretanto, os portugueses eram proibidos de negociar no interior do reino, o que desagradava os colonos de Luanda.

Giovanni Antonio Cavazzi. Gravura publicada em *Descrição Histórica de três reinos do Congo, Matamba e Angola*. Milão, 1690, p. 437. A imagem mostra Nzinga, rainha do Ndongo e de Matamba, reinos do sudoeste da África, em negociação de paz com o governador português de Luanda. Como o governador está sentado na única cadeira na sala, a rainha sentou-se em uma de suas criadas.

Em 1617, o governador Luís Mendes de Vasconcelos construiu um quartel em Ambaca, próximo à capital do reino, Kabasa. A construção servia para que cada vez mais os portugueses avançassem para o interior. A atitude, que ameaçava a soberania do *ngola* Mbandi, teve como consequência uma intensa guerra. As lutas só cessaram em 1622, quando um novo governador-geral, João Correia de Souza, fez um acordo com o rei Mbandi. Para representá-lo em Luanda, Mbandi enviou como embaixadora sua irmã, Nzinga. Ao recebê-la, o governador não lhe ofereceu um assento; Nzinga então fez um sinal para que uma de suas acompanhantes se pusesse de quatro para que ela sentasse. A embaixadora deixava claro que não estava ali para declarar a submissão de Ndongo. Nzinga selou um acordo de paz consolidado com a sua conversão ao cristianismo, quando recebeu o nome de Ana de Souza.

Em 1624, Mbandi suicidou-se, mas muitos acreditaram que Nzinga tivesse envenenado o irmão. Seu sobrinho foi escolhido pelas linhagens nobres para ocupar o trono, e Nzinga, nomeada tutora do menino. Contudo, ela se tornou a verdadeira monarca de Ndongo. Fazendo questão de ser chamada de rei, Nzinga tinha seu próprio harém, no qual os concubinos se vestiam de mulher. Dessa maneira, buscava escapar da subordinação geralmente atribuída às mulheres, afirmando sua autoridade sobre os homens.

Giovanni Antonio Cavazzi. Manuscrito. Nzinga e seu séquito. 1687.

Os portugueses, por sua vez, não cumpriram o pacto firmado com Nzinga, que incluía a mudança do local do quartel de Ambaca e a liberação dos *sobas* (chefes locais) aprisionados. Planejando a reabertura das hostilidades, Nzinga aliou-se aos imbangalas – povo guerreiro vindo do interior e do sul de Angola –, tornando-se esposa de um de seus chefes para aumentar seu poder bélico. Além disso, enviou emissários a Luanda, que convenceram os africanos que lá viviam a abandonar a cidade.

Os portugueses passaram a apoiar outro chefe ambundo (a etnia de Nzinga) e não mais a reconheceram como governante. Por volta de 1630, ela invadiu o reino de Matamba, tornando-se, a partir daí, a mais importante fornecedora de escravos da África Centro-Ocidental. Em razão do conflito com os lusitanos, Nzinga aliou-se aos holandeses e até os auxiliou na ocupação de Luanda, em 1641. Nesse período desenvolveu uma rota comercial que ligava Luanda a Matamba, em que mercadorias europeias, principalmente armas, eram trocadas por escravos.

Em 1648, Salvador Correia de Sá e Benevides, ex-governador e importante senhor de engenho do Rio de Janeiro, expulsou os holandeses de Luanda. Com o fim da aliança com os neerlandeses, Nzinga buscou estabelecer a paz com os portugueses, firmada em 1656. Para isso, já com 74 anos de idade, abriu seus domínios aos mercadores lusos e se reaproximou do cristianismo.

Nos dois séculos seguintes, Angola forneceu a maior parte dos cativos que cruzaram o Atlântico rumo à América portuguesa, de onde partiam gêneros como a farinha de mandioca, o tabaco e a cachaça destinados ao comércio com os *sobas*. Assim, pela importância desses produtos como moeda de troca, o Brasil tornou-se o parceiro preferencial de Angola até a abolição efetiva do tráfico, em 1850.

> **ORGANIZANDO AS IDEIAS**
>
> 5. Quais eram os interesses dos portugueses na região de Angola?
> 6. Faça um breve comentário sobre as ações de Nzinga Mbandi em Angola.

O Golfo do Benim: comércio atlântico como instrumento de poder

A região do Golfo do Benim tornou-se uma das principais exportadoras de cativos no continente africano a partir da segunda metade do século XVII, sendo por isso conhecida pelos europeus como Costa dos Escravos. Essa região, que abarca territórios atuais da República do Benim, Nigéria e Togo, era ocupada por povos de diversas culturas, como os iorubas, os hauçás, os nupes, os jejes e os ibos.

O Benim (região da Nigéria) era habitado pelos edos, grupo de língua ioruba, que ocupavam o sudoeste de Ifé e estavam sob o comando de chefes chamados de *obás*. A monarquia de Benim, e de outros reinos da área do Delta do Níger, estava diretamente relacionada com a de Ifé. De acordo com os mitos, todos esses reinos teriam sido fundados por descendentes do primeiro monarca de Ifé, Odudua. Ao desempenhar o papel de reino-pai, Ifé, centro espiritual dos iorubas, legitimava todos os novos *obás*.

A cidade de Benim funcionava como entreposto, redistribuindo mercadorias que vinham do interior e do litoral ao longo do Rio Níger. Com o tempo, o comércio tornou-se a atividade econômica mais importante do reino, que comprava e vendia o que os demais produziam. A expansão militar na direção das rotas mercantis foi estimulada pelo *obá*, que detinha o monopólio das transações com o estrangeiro. Para facilitar o comércio, barras ou arames de cobre e um tipo especial de concha (os cauris) eram utilizados como moeda.

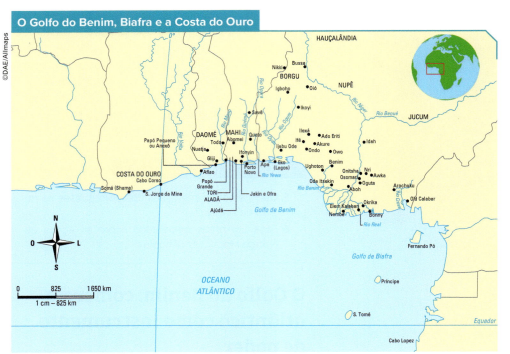

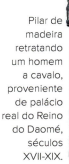

Pilar de madeira retratando um homem a cavalo, proveniente de palácio real do Reino do Daomé, séculos XVII-XIX.

Fonte: SILVA, Alberto da Costa. *A manilha e o libambo*: a África e a escravidão, de 1500 a 1700. Rio de Janeiro: Nova Fronteira/Fundação Biblioteca Nacional, 2002. p. 1 061.

Desde 1470 os portugueses comerciavam pelos golfos do Benim e do Biafra, onde adquiriam escravos, trocados por ouro na Costa da Mina. Prisioneiros de guerra e condenados pela justiça eram vendidos aos lusos. Em 1514, partiu de Benim uma embaixada para Portugal com o objetivo de obter armas de fogo. Entretanto, para a troca ocorrer a população local teria de se converter ao cristianismo, pois uma bula papal de 1364 proibia a venda de armas aos não cristãos. Apesar de o *obá* não ter se convertido, ele permitiu a pregação da fé cristã e o batismo em seu reino.

Quando um novo rei, decidido a não abandonar as práticas religiosas tradicionais, subiu ao poder em 1517, a relação com os portugueses foi abalada. O comércio lusitano não mais oferecia atrativos para o monarca, pois, sem a conversão, a venda de material de guerra não era autorizada. Assim, o governante chegou a proibir a venda de escravizados homens aos europeus em algumas conjunturas, para que não faltasse mão de obra em suas plantações e soldados em seus exércitos. As armas, por sua vez, passaram a ser obtidas por meio do comércio com franceses, holandeses e ingleses, assim como pelo contrabando com os comerciantes da Ilha de São Tomé.

Na segunda metade do século XVI, a disputa com outras nações europeias provocou o deslocamento dos interesses portugueses do Benim para o porto de Aladá. A cidade jeje de Aladá escoava os prisioneiros produzidos pelo expansionismo do reino iorubá de Oió, dominando o comércio de cativos na região. Ajudá e outros reinos até então submissos a Aladá desataram os laços de vassalagem e passaram também a se beneficiar do comércio direto com os europeus.

O reino de Oió, localizado no interior do Golfo do Benim, tornou-se no século XVII um império com diversas cidades tributárias. As guerras no interior resultaram na escravização de muitas pessoas. Para controlar o comércio direto com os europeus, os oiós, detentores de uma poderosa cavalaria, iniciaram a tomada das cidades portuárias, devastando os reinos jejes de Aladá e Ajudá. Estes, porém, conseguiram manter a independência ainda por algum tempo.

Cabeça de um Obá (chefe iorubá). Benim, século XVI, cobre e ferro.

No século XVIII, Daomé emergiu como o mais poderoso reino na Costa dos Escravos; seu soberano rivalizava com o *alafim*, denominação dada ao rei de Oió. Fundado por volta de 1625, até o final do século XVII Daomé não se relacionava com os europeus. Entre 1724 e 1727 o rei daomeano Agaja invadiu Aladá e Ajudá com o objetivo de obter armas de fogo para equipar seus exércitos e controlar o comércio de escravos no Atlântico. Apesar de o reino de Daomé ter continuado a pagar tributos a Oió, Agaja obrigou o *alafim* a comercializar em locais alternativos como Porto Novo, mais ao leste.

Textos de época mostram que o rei de Daomé tinha como compradores preferenciais portugueses e brasileiros. Assim como em Angola, a cachaça e, principalmente, o tabaco eram apreciados e utilizados como moeda de troca no Golfo do Benim. Da Bahia saía o fumo adocicado encharcado de melaço que servia para o resgate dos escravos nessa parte da costa da África. Considerado de qualidade inferior em Portugal, o produto tornou-se indispensável nessa região para o bom funcionamento do tráfico de africanos escravizados. Por isso, os holandeses, que dominavam o tráfico na região, autorizavam a vinda de navios oriundos do Brasil, desde que pagassem uma taxa de 10% de sua carga de tabaco.

Oió, Daomé, Aladá, assim como outros reinos, lutaram para explorar as possibilidades de comércio com os europeus. A economia africana tornou-se cada vez mais dependente desse empreendimento que possibilitava a obtenção de armas, mão de obra, moedas e artigos considerados de luxo que expressavam e consolidavam o poder dos reis. O fortalecimento também derivava do controle do movimento das caravanas, dos pedágios cobrados para que se pudesse transitar pelos territórios e dos monopólios comerciais. Em última instância, as relações mercantis com os europeus fortaleciam o poder político e econômico dos Estados africanos, tornando-se, ao longo de mais de três séculos, vitais e estruturantes para esse continente.

ORGANIZANDO AS IDEIAS

7. Qual era o interesse dos *obás* de Benim no comércio com os portugueses?
8. Explique como o comércio com os europeus se tornou estruturante para as sociedades que se desenvolveram no Golfo do Benim.

Revisando o capítulo

APROFUNDANDO O CONHECIMENTO

1. Leia o texto abaixo sobre a influência do tráfico de escravos nas estruturas de poder na África.

> Durante o século XVI, enquanto a demanda por escravos foi pequena se comparada com os séculos seguintes, as consequências da exportação de cativos não chegaram a alterar profundamente as sociedades envolvidas com este negócio [...]. A primeira estratégia dos reis para suprir a demanda por escravos não representou grande custo para as sociedades afetadas, pois apenas liberou o excedente demográfico das comunidades. Criminosos, escravos rebeldes e refugiados das secas que não podiam ser alimentados pelas reservas existentes, quando vendidos como escravos, representavam uma perda insignificante para reis e chefes tribais. Mas apesar de serem poucas as pessoas assim negociadas e de sua contribuição para a economia local ser tão pequena que sua ausência não se fazia notar, a venda de escravos consolidou a dependência dos reis em relação aos bens importados e amarrou-os aos traficantes de uma forma que não puderam reverter.
>
> MELLO E SOUZA, Marina de. *Reis negros no Brasil escravista*. História da festa de coroação de rei Congo. Belo Horizonte: Editora da UFMG, 2002. p. 119-120.

a. Segundo o texto, que pessoas os reinos africanos vendiam como escravos aos europeus?

b. Por que o tráfico de africanos, ao longo do século XVI, não alterou profundamente as sociedades envolvidas nesse negócio dentro da África?

c. As relações comerciais estabelecidas entre africanos e europeus trouxeram quais consequências para as sociedades africanas?

d. A autora do texto afirma que a demanda por escravos aumentou de maneira expressiva no século XVII. O que explica esse aumento?

2. O texto a seguir foi escrito por John Thornton, importante historiador que ampliou o entendimento

do papel das sociedades africanas na formação do mundo atlântico.

> A escravidão era difundida na África atlântica porque os escravos eram a única forma de propriedade privada que produzia rendimentos reconhecida nas leis africanas. Em contraste, nos sistemas legais europeus a terra era a principal forma de propriedade privada lucrativa, e a escravidão ocupava uma posição relativamente inferior. De fato, a posse da terra era em geral uma precondição na Europa para a utilização produtiva de escravos, ao menos na agricultura. Em razão de sua característica legal, a escravidão era de muitas maneiras o equivalente funcional do relacionamento do proprietário da terra com seu arrendatário na Europa e talvez igualmente disseminada.
>
> Nesse sentido, foi a ausência de propriedade privada de terras [...] que levou a escravidão a ser tão difundida na sociedade africana.
>
> THORNTON, John. *A África e os africanos na formação do mundo atlântico* (1400-1800). Rio de Janeiro: Elsevier, 2004. p. 125.

a. Como o autor do texto explica a propagação da escravidão dentro da África?

b. Que comparação John Thornton faz entre a escravidão na África e a propriedade da terra na Europa?

c. Que relação pode ser estabelecida entre o modelo de propriedade privada predominante na África e o tráfico transatlântico de escravizados?

3. Leia o texto a seguir sobre o reino do Ndongo e responda.

> No reino do Ndongo não existiam governadores provinciais. Também este era formado por províncias, cada uma delas dividida por um número variado de sobados. Cada um desses sobados era governado por seu soba, que tinha como único soberano o rei do Ndongo, o *ngola*, sem intermediários nessa hierarquia. Entre as principais atribuições do *ngola* estavam: a administração da justiça e a liderança militar das guerras. [...]
>
> Os sobas gozavam de grande independência junto ao rei, já que suas relações eram firmadas em acordos que se baseavam no pagamento e no envio de tributos ao *ngola* e no compromisso de ajuda mútua em caso de guerras. Entre os direitos dos sobas estava a possibilidade de decretar as sentenças dentro de seus sobados, como a pena de morte por determinados crimes, e a venda de culpados como escravos. [...]
>
> Os portugueses passaram a apoiar as conquistas do primeiro soberano do Ndongo [...]. A expectativa era obter vantagens nos negócios escravistas, na obtenção de metais preciosos, vislumbrados nas minas de Cambambe, e na exploração de sal nas minas de Quissama.
>
> CARVALHO, Flávia Maria de. Ngolas, sobas, tandalas e macotas: hierarquia e distribuição de poder no antigo reino do Ndongo. In: RIBEIRO, Alexandre; GEBARA, Alexsander; BITTENCOURT, Marcelo (Orgs.). *África passado e presente*: II Encontro de estudos africanos da UFF. Niterói: PPGHISTÓRIA-UFF, 2010. p. 41.

a. Segundo o texto, quem eram o *ngola* e os sobas? Quais eram suas funções?

b. Por que os sobas tinham relativa autonomia em relação ao *ngola*?

c. Por que os portugueses apoiaram a independência do Ndongo?

d. De acordo com o que você estudou, por que o *ngola* tinha interesses em manter relações comerciais com Portugal?

4. Analise o gráfico a seguir e responda: que fator político pode explicar a queda do número de escravos transportados por navios portugueses em 1641?

Fonte: *Voyages. The Trans-Atlantic Slave Trade Database*. Disponível em: <www.slavevoyages.org>. Acesso em: 26 jan. 2016.

Conecte-se

A escravidão, que humilhou e matou milhares de pessoas no passado, ainda é um problema atual em diversos países do mundo. A reportagem a seguir trata do assunto. Leia-a para responder às questões.

Quase 36 milhões de homens, mulheres e crianças – 0,5% da população global – vivem em situação de escravidão moderna no mundo, segundo levantamento divulgado nesta segunda-feira pela organização de direitos humanos Walk Free Foundation.

O Brasil, apesar de ter um dos menores índices de escravidão do continente americano (atrás de Canadá, EUA e Cuba), ainda abriga 155,3 mil pessoas nessa situação, que abrange desde trabalho forçado ou por dívidas, tráfico humano ou sexual até casamentos forçados, em que uma das partes é subserviente.

"Depois da Europa, o continente americano é a região com a menor prevalência de escravatura moderna no mundo. Ainda assim, cerca de 1,28 milhão de pessoas (no continente) são vítimas de escravatura, na sua maioria por meio do tráfico sexual e exploração laboral, (sobretudo) trabalhadores agrícolas com baixas qualificações e elevada mobilidade", diz o relatório.

"Um dos principais fatores na região são as fortes tendências migratórias transnacionais, que levam pessoas vulneráveis a abandonar seus lares em busca de trabalho. As condições de trabalho são muitas vezes deploráveis e podem incluir servidão por dívida, confinamento físico, ausência de dias de descanso, falta de água potável, retenção de salários e horas extras ilegais, muitas vezes sob ameaça de deportação."

Não surpreende, portanto, que o empobrecido Haiti lidere o *ranking* da região: 2,3% de sua população vive em condições de escravatura moderna, segundo o Índice Global de Escravatura. [...]

Índia, China e Paquistão são os países do mundo com o maior número absoluto de pessoas escravizadas (14,2 milhões, 3,24 milhões e 2 milhões, respectivamente), mas o trabalho escravo foi identificado, mesmo que em pequena proporção, em todos os 167 países incluídos no índice.

"Existe a ideia de que a escravatura é um problema do passado ou que só existe em países assolados pela guerra e pela pobreza", diz no relatório Andrew Forrest, presidente da Walk Free. "Essas conclusões mostram que a escravatura moderna existe em todos os países. Somos todos responsáveis pelas situações mais atrozes onde a escravatura moderna existe e pela miséria que causa a nossos semelhantes."

O número total de escravos no mundo – 35,8 milhões – calculado pelo Índice Global de Escravatura é 20,1% maior do que o medido em 2013, primeiro ano em que a pesquisa foi realizada. Mas, segundo a Walk Free, isso não reflete um crescimento no número de pessoas escravizadas, mas sim aperfeiçoamentos na obtenção de dados e na metodologia do levantamento.

A estimativa é superior à feita pela Organização Internacional do Trabalho, que calculou que 21 milhões de pessoas eram vítimas de trabalhos forçados em 2011.

A Walk Free aponta que os maiores desafios na erradicação da escravidão moderna estão na África e na Ásia. [...]

A Mauritânia (noroeste da África), por sua vez, é o país com a maior proporção de escravos (4%) do mundo. [...]

O Brasil tem 155 mil pessoas em situação de escravidão, diz ONG. *BBC Brasil*, 17 nov. 2014.

Disponível em: <www.bbc.com/portuguese/noticias/2014/11/141117_escravidao_brasil_mundo_pai>. Acesso em: 20 nov. 2015.

ATIVIDADES

1. Segundo dados da Walk Free Foundation, quantas pessoas em situação de escravidão existem no mundo?
2. Qual é a situação do Brasil na pesquisa realizada pela Walk Free Foundation? E em outros países do continente americano?
3. De acordo com o texto, de que forma a escravidão se expressa na América atualmente? Cite um motivo que contribui para essa situação.
4. Qual país apresenta o maior índice de escravidão no mundo? Faça uma pesquisa na internet sobre o trabalho escravo nesse país.
5. Que medidas poderiam ser tomadas pelas autoridades públicas para erradicar a escravidão no mundo? Debata essas questões com os colegas.

UNIDADE 6

O SÉCULO XVIII: CRESCIMENTO E TRANSFORMAÇÃO

O século XVIII trouxe grandes transformações. Por um lado, surgiram ideias que questionaram certezas há muito estabelecidas. Por outro, diversas regiões conheceram um grande crescimento econômico – inclusive o Brasil, graças à descoberta do ouro. Na Inglaterra, porém, a industrialização alterou radicalmente o caráter da economia e da sociedade, num prelúdio de transformações que afetariam todo o mundo. Tais histórias não estavam isoladas, mas faziam parte do mesmo mundo atlântico: enquanto as manufaturas inglesas desviaram para a Grã-Bretanha boa parte do ouro brasileiro, os ideais iluministas se disseminaram pela Península Ibérica e por suas colônias.

Philippe-Jacques de Loutherbourg. *Coalbrookdale à noite*, 1801. Óleo sobre tela, 68 cm × 106,5 cm. As transformações do século XVIII não foram só econômicas, sociais e culturais, mas também ambientais.

Plano de unidade

▶ **Capítulo 20**
Ataques às formas tradicionais de pensamento: a formação da ciência moderna e o iluminismo

▶ **Capítulo 21**
América dourada

▶ **Capítulo 22**
A vida social na América portuguesa

▶ **Capítulo 23**
Motores da mudança: o nascimento das sociedades industriais

CAPÍTULO 20
ATAQUES ÀS FORMAS TRADICIONAIS DE PENSAMENTO: A FORMAÇÃO DA CIÊNCIA MODERNA E O ILUMINISMO

Construindo o conhecimento

- Na sua opinião, por que até hoje devemos nos "atrever a saber"?
- Na sua visão de mundo, qual é o papel da religião e da razão?

Plano de capítulo

- Novas formas de pensar o mundo
- A eclosão das Luzes
- O surgimento de uma esfera pública
- A economia política iluminista
- A tendência na contramão: o absolutismo ilustrado
- O caso ibérico: Espanha e Portugal

O que é o Iluminismo? Em 1784, o filósofo alemão Immanuel Kant (1724-1804) procurou responder a essa pergunta. Segundo ele, o Iluminismo significava ter coragem para utilizar seu próprio entendimento e pensar por conta própria. Por isso, a palavra de ordem desse movimento intelectual era "Atreva-se a saber!".

Como as ideias de pensadores dos séculos XVII e XVIII se fazem presentes no mundo em que vivemos? Por um lado, filósofos como Galileu Galilei (1564-1642), René Descartes (1596-1650) e Isaac Newton (1643-1727) lançaram as bases do pensamento científico moderno – sem o qual tec-

Anicet-Charles Gabriel Lemonnier. *Leitura da tragédia O órfão da China, de Voltaire, no salão de madame Geoffrin* ou *Uma noite no salão de madame Geoffrin*, 1812. Óleo sobre tela, 1,29 m × 1,96 m (detalhe). O salão parisiense da senhora Geoffrin (1699-1777) foi frequentado pelos filósofos mais conhecidos do Iluminismo. A cena representa a sessão de leitura de uma tragédia de Voltaire, cujo busto está no centro da sala.

Marcos cronológicos

- **1543** Publicação de *Das revoluções das esferas celestes*, de Nicolau Copérnico.
- **1609** Galileu Galilei constrói seu próprio telescópio.
- **1610** Lançamento de *O mensageiro das estrelas*, de Galileu.
- **1616** Condenação do copernicanismo por parte da Igreja Católica. Primeiro processo de Galileu pela Inquisição.
- **1620** Publicação de *Novum Organum*, de Francis Bacon.
- **1632** Publicação de *Diálogo sobre os dois máximos sistemas do mundo: ptolomaico e copernicano*, de Galileu.
- **1633** Condenação de Galileu.
- **1637** Publicação de *Discurso do método*, de René Descartes.
- **1687** Publicação de *Principia: princípios matemáticos de filosofia natural*, de Isaac Newton.

276 Unidade 6 O século XVIII: crescimento e transformação

nologias que hoje consideramos essenciais, como a internet e a televisão, jamais poderiam ter sido inventadas. Por outro, ideais defendidos por diversos pensadores iluministas, como a liberdade de expressão, a tolerância religiosa e a igualdade de todos perante a lei, têm se expandido por diversas áreas do planeta e são parte integral da constituição de um país democrático.

Assim, estudar a Revolução Científica e o Iluminismo significa discutir como aspirações de um grupo de pessoas se disseminaram, criando alguns dos pilares do mundo contemporâneo.

Novas formas de pensar o mundo

No século XVII, a Ciência ganhou terreno no Ocidente. As expedições marítimas, a descoberta de um novo continente e a Reforma Protestante favoreceram uma nova concepção de mundo. Aos poucos, a natureza deixava de ser um dado divino inquestionável para ser compreendida e investigada; os relatos fantásticos, os mitos e a verdade revelada por Deus tornaram-se insuficientes, e as explicações realistas e comprováveis começaram a emergir. Razão e religião não estavam em conflito, pois a ciência servia, principalmente, para que se compreendesse melhor a engenhosidade divina. No entanto, conforme o conhecimento científico avançava, os conflitos começavam a surgir. A Inquisição, reativada pela Igreja de Roma durante a Reforma Católica, foi particularmente conservadora. Já nos países protestantes, como a Holanda, as discussões científicas puderam ocorrer com mais liberdade.

É interessante notar que os termos "ciência" e "cientista" não existiam naquela época. Eles surgiram somente nos anos 1830, na Inglaterra. O termo utilizado para designar o conhecimento que emergia era "filosofia natural", a qual englobava diferentes áreas de estudo. Uma grande contribuição para esse fenômeno foi dada pelo movimento humanista, que instigou no homem moderno a curiosidade de entender o mundo que o cercava e, assim, novas ideias foram sendo elaboradas.

Para entendermos o surgimento da ciência moderna, temos de voltar até o ano de 1543, quando o polonês Nicolau Copérnico (1473-1543), que era um sacerdote católico, publicou o importante tratado *Das revoluções das esferas celestes*, no qual afirmava que o Sol não girava em torno da Terra. As pesquisas de Copérnico invertiam a lógica vigente: acreditava-se, desde a época de Aristóteles (384 a.C.-322 a.C.), que o Sol girava em torno da Terra. Ou seja: prevalecia a visão geocêntrica (*geo* = Terra, logo a Terra no centro do sistema), e Copérnico propôs uma visão heliocêntrica (*helios* = Sol, logo o Sol ocupando o centro do sistema).

Posteriormente, os trabalhos do astrônomo alemão Johannes Kepler (1571-1630) e do italiano Galileu Galilei confirmaram a hipótese do heliocentrismo. Galileu foi um dos principais personagens dessa época. Ele realizou pesquisas em Matemática, Física, Astronomia e Mecânica; foi professor em Pádua, Pisa e Florença, e realizou uma verdadeira revolução ao demonstrar que a natureza poderia ser descrita em linguagem matemática.

E por falar em Matemática, essa também ganhou terreno. Passou a ser cada vez mais empregada no cotidiano e em questões práticas. Com o impulso da navegação e a necessidade de inovação nas operações militares, por exemplo, as técnicas matemáticas passaram a ser utilizadas na Cartografia, no levantamento topográfico e em estratégias de elaboração de fortificações para se proteger dos canhões, os quais ganharam muita importância nas guerras. Essas mudanças proporcionaram um maior interesse das monarquias europeias na área e, portanto, a valorização dos matemáticos.

1734 Publicação de *Cartas filosóficas*, de Voltaire.

1748 Publicação de *O espírito das leis*, de Montesquieu.

1750 Início do reinado de Dom José I de Portugal, que entregou o poder efetivo a seu ministro Sebastião José de Carvalho e Melo, o futuro Marquês de Pombal.

1751 Início da publicação de *Enciclopédia*, concluída em 1772.

1759 Início do reinado de Carlos III, na Espanha, principal impulsionador das chamadas Reformas Bourbônicas.

1762 Publicação de *O contrato social*, de Jean-Jacques Rousseau.

1765-1784 Aperfeiçoamento da máquina a vapor de James Watt (1736-1819).

1767 Expulsão dos jesuítas da Espanha e dos territórios ultramarinos.

1776 Publicação de *A riqueza das nações*, de Adam Smith.

1780 Início da revolta liderada por José Gabriel Condorcanqui, descendente do inca Túpac Amaru, contra a administração colonial no Peru.

Em 1632, Galileu publicou uma síntese de seus estudos, na obra intitulada *Diálogo sobre os dois máximos sistemas do mundo: ptolomaico e copernicano*. A obra discute as teorias de Copérnico em oposição às de Ptolomeu (grego que viveu entre 90 d.C. e 165 d.C., aproximadamente, e que também defendeu a teoria geocêntrica). A publicação de Galileu, que era católico, gerou muito descontentamento na Igreja. Ele foi preso pela Inquisição e teria sido executado se não houvesse se retratado publicamente de suas afirmações. Acabou permanecendo em prisão domiciliar. Mas as ideias de Galileu não "morreram" após sua retratação. Graças à imprensa, elas se difundiram, e suas obras foram traduzidas para outros idiomas.

Outros, porém, não tiveram a mesma sorte. Giordano Bruno (1548-1600), por exemplo, defendeu as ideias de que o Universo seria infinito e de que poderia haver outros mundos habitáveis. Foi, por isso, morto na fogueira da Inquisição papal.

Já o inglês Francis Bacon (1561-1626) centrou forças na importância do método científico empírico ou indutivo, ou seja, aquele que só estabelece uma lei geral, ou regra, ou dedução, depois de analisar um número razoável de casos particulares. Em 1620, ele publicou *Novum Organum* (Novo método), título que faz referência à obra *Organon*, de Aristóteles. Em sua obra, Bacon descreveu um novo sistema de lógica que ele acreditava ser superior ao modelo aristotélico. Embora muito criticados, os trabalhos de Bacon foram fundamentais para o desenvolvimento do método científico centrado na observação e na pesquisa experimental.

Em 1637, o francês René Descartes (1596-1650) publicou sua mais importante obra: *Discurso do método*. Segundo o autor, era uma obra destinada a todas as pessoas dotadas de razão. Rompia-se, assim, com a percepção de que o saber deveria ser buscado apenas pelos eruditos, pertencendo antes à humanidade como um todo. Para Descartes, toda a natureza deveria ser sempre objeto de dúvida, pois somente assim o conhecimento poderia evoluir. Bacon e Descartes figuram, então, como dois expoentes da filosofia moderna, tendo estabelecido o método dito científico.

Os avanços em diferentes campos prosseguiram. Em 1628, o médico inglês William Harvey (1578-1657) publicou o livro *Estudo anatômico do movimento do coração e do sangue nos animais*, no qual descreveu, com precisão, a circulação do sangue e como ele é bombeado para todo o corpo pelo coração. Em 1657,

O método científico segundo Descartes e a querela entre antigos e modernos

René Descartes, matemático, físico e filósofo francês, elaborou um método baseado na lógica que estabeleceu os princípios do conhecimento científico moderno. Descartes recusou a imitação e a repetição passiva dos conhecimentos e discordou da pretensa superioridade da produção intelectual da Antiguidade, tão defendida pelo movimento Renascentista.

Ele defendeu que somente a dúvida poderia ajudar a encontrar o verdadeiro saber. Partindo do pressuposto de que tudo deveria ser questionado, inclusive a própria existência, Descartes chegou à conclusão de que o pensamento seria uma prova da existência do homem, pois ninguém poderia pensar por ele. Surgiu, assim, sua famosa frase: "Penso, logo existo" (*Cogito, ergo sum*).

A busca da Verdade, entretanto, não era tão simples: seria necessário trilhar um caminho para se chegar a ela. No texto a seguir, estão os quatro preceitos seguidos por Descartes:

> [...] nunca aceitar coisa alguma como verdadeira sem que a conhecesse evidentemente como tal; ou seja, evitar cuidadosamente a precipitação e a prevenção [...].
>
> [...] dividir cada uma das dificuldades que eu examinasse em tantas parcelas quanto fosse possível e necessário para melhor resolvê-las.
>
> [...] conduzir por ordem meus pensamentos, começando pelos objetos mais simples e mais fáceis de conhecer, para subir pouco a pouco, como por degraus, até o conhecimento dos mais compostos [...].
>
> [...] fazer em tudo enumerações tão completas e revisões tão gerais, que eu tivesse certeza de nada omitir.
>
> Essas longas cadeias de razões, todas simples e fáceis, que os geômetras costumam utilizar para chegar às suas mais difíceis demonstrações, permitiram-me imaginar que todas as coisas que podem cair sob o conhecimento dos homens encadeiam-se da mesma maneira [...].

DESCARTES, René. *Discurso do método*. 2. ed. São Paulo: Martins Fontes, 1996. p. 23.

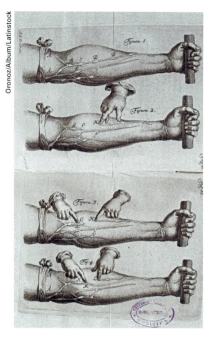

A circulação do sangue, xilogravura presente no livro *Estudo anatômico sobre o movimento do coração do sangue nos animais* (*Exercitatio anatomica de motu cordis et sangvinis in animalibus*), de William Harvey, 1628. A gravura representa o estudo das veias do braço, parte de um esforço para entender o sistema circulatório do corpo humano. Harvey foi pioneiro em descobrir que o sangue circula por todo o corpo humano.

o holandês Christiaan Huygens (1629-1695) publicou o primeiro tratado de cálculo das probabilidades e realizou estudos sobre a força centrífuga e os anéis de Saturno. Em 1677, o biólogo holandês Anton van Leeuwenhoek (1632-1723) identificou os espermatozoides e, em 1678, os glóbulos sanguíneos. Na Astronomia, o britânico Edmond Halley (1656-1742) descobriu e calculou, em 1682, a trajetória e o retorno periódico do cometa que recebeu seu nome.

Um dos mais importantes cientistas do século XVII foi o inglês Isaac Newton (1642-1726). Ele ficou famoso por demonstrar a existência da força da gravidade, e seus estudos envolviam a Física, a Matemática, a Astronomia, a Filosofia e a Alquimia.

A magia e a alquimia são vistas hoje como o oposto da ciência, mas, naquela época, não havia essa distinção. Como a magia se baseava na ideia de que era possível controlar a natureza, e achava-se que, para isso, era necessário conhecê-la bem, os magos estudavam as plantas, os astros, os fenômenos naturais, entre outros. É interessante observar que os magos (do sexo masculino) eram vistos como homens sábios, estudiosos; já as mulheres que se interessavam por magia eram tidas como bruxas e servas do diabo. Praticada geralmente por mulheres pobres, a bruxaria era duramente perseguida e castigada, enquanto a magia que interessava aos homens educados, quase sempre membros da elite, era respeitada como um sinal de cultura. Tanto a alquimia quanto a magia valiam-se da prática recorrente da observação, e por isso ambas se integraram à nova ciência que, aos poucos, ia surgindo.

É importante perceber que, mesmo sendo defensores e porta-vozes dos novos saberes científicos, figuras como Giordano Bruno e Isaac Newton não abandonaram o misticismo. Seus comportamentos podem parecer contraditórios, mas a questão é mais complexa: ocorre que os processos históricos, e as mudanças profundas que os acompanham, não avançam de maneira linear. Assim, a própria gravidade foi tratada por Newton como uma "força oculta" da natureza, para a qual o pensador inglês não oferecia explicação. Ele acreditava, como qualquer homem de sua época, que o mundo era regulado e supervisionado por Deus. A Revolução Científica, portanto, não aconteceu subitamente.

O avanço dos telescópios

Os primeiros telescópios surgiram em 1608, criados pelo alemão Hans Lippershey (1570-1619). No ano seguinte, Galileu Galilei, utilizando os desenhos de Lippershey, construiu seu próprio telescópio. Em 1610, lançou *O mensageiro das estrelas*, que continha observações sobre a Lua, os planetas e as estrelas.

No ano seguinte (1611), Kepler descreveu como construir um aparelho de maior precisão. Em 1655, por iniciativa de Christiaan Huygens, seu projeto foi realizado, mas o objeto era muito grande e de difícil manejo. Em 1668, Newton construiu um pequeno telescópio, composto por um espelho côncavo em um espelho plano, de forma a resolver a chamada "aberração cromática" (a dispersão produzida pelas lentes que compunham o aparelho), um problema dos antigos telescópios. O modelo newtoniano era também mais simples e portátil, representando um grande avanço em relação aos exemplares precedentes.

Réplica do telescópio de Isaac Newton, do século XVII. Para aperfeiçoar a luneta, o cientista criou o telescópio, que utiliza um espelho côncavo ao invés de uma lente, o que reduz a aberração cromática. O instrumento é utilizado até hoje para observar as estrelas.

Ela resultou de um processo complexo, feito de rupturas com a tradição e a sabedoria dos "antigos", mas também de continuidades.

Em 1687, foram publicados os três volumes de *Principia: princípios matemáticos de filosofia natural*, uma das mais importantes obras científicas já escritas. Nela, Newton criou as bases do estudo de Mecânica clássica, demonstrou as leis de Kepler, descreveu as leis da gravitação universal e as três leis do movimento. A explicação de Newton sobre Mecânica foi tão precisa que é ensinada até hoje nas aulas de Física do Ensino Médio. Seus estudos mostraram ainda a universalidade das leis do movimento: as leis que regem os planetas são as mesmas que regem quaisquer outros corpos.

O século XVII foi marcado por grandes progressos no campo das ciências, pois uma série de descobertas técnicas favoreceu a observação da natureza, como a luneta astronômica, o termômetro, o barômetro, o microscópio e o telescópio de Newton.

A partir dessa época, espalharam-se pela Europa as chamadas academias. Na Inglaterra, surgiu a *Royal Society* (1660); na França, a *Académie des Sciences de Paris* (1666); na Itália, destaca-se a *Accademia di Belle Arti di Firenze*, que, embora só tenha recebido esse nome em 1784, remonta à *Accademia delle Arti del Disegno* (1562), que teve entre seus alunos ninguém menos que Galileu Galilei. Publicações científicas como o *Philosophical Transactions*, de Londres, ou o *Journal des savants*, de Paris, ambos criados em 1665, garantiram a regularidade da divulgação dos trabalhos das comunidades científicas.

O advento de novas ideias filosóficas e científicas, a efervescência cultural da época e o sofrimento acarretado por guerras e períodos de fome abriram caminho para o avanço do Iluminismo no século XVIII. A nova mentalidade racionalista tinha como missão repensar as questões políticas, sociais e econômicas de seu tempo.

ORGANIZANDO AS IDEIAS

1. Em qual contexto a Revolução Científica se desenvolveu?
2. Explique os motivos do crescente interesse pela Matemática no século XVII.

A eclosão das Luzes

Apoiado no racionalismo, o Iluminismo (ou Ilustração) foi um movimento intelectual promovido por cientistas, escritores, filósofos e pensadores em geral. Surgiu na França e na Grã-Bretanha na década de 1690 e se propagou por quase toda a Europa durante o século XVIII.

Em linhas gerais, pode-se afirmar que os pensadores iluministas defendiam a ideia de um progresso geral da humanidade e acreditavam no caminho da investigação constante. Em sua maior parte, eles se opunham à intolerância religiosa e pregavam a liberdade de consciência. Apesar disso, os filósofos utilizaram-se do simbolismo religioso ao se considerarem criaturas da luz – representantes da verdade – que lutavam contra as trevas (ignorância, superstição e obscurantismo). O discurso iluminista era universalista e, portanto, pretendia ser válido para todas as pessoas.

É preciso ressaltar, porém, que o Iluminismo variou de região para região e entre os próprios pensadores. Ele nunca foi, portanto, uma doutrina ideológica unificada, mas sim plural, apresentando concepções filosófico-políticas diversas e muitas vezes divergentes entre os seus pensadores, que iam do conservadorismo ao radicalismo.

O entretenimento científico

As conferências públicas sobre a Ciência tornaram-se um entretenimento muito divulgado durante o século XVIII. Em 1762, o astrônomo escocês James Ferguson (1710-1776) realizou em Derby, na Inglaterra, uma série de conferências sobre Mecânica, Pneumática, Óptica e Astronomia. O quadro abaixo mostra um público variado (que inclui crianças), fascinado e atento às explicações do cientista, que o pintor retratou com as feições de Isaac Newton. A imagem simboliza também o projeto do Iluminismo, com a luz da ciência iluminando os indivíduos reunidos em busca do conhecimento.

Joseph Wright. *Um filósofo fazendo conferência sobre a órbita dos planetas*, 1766. Óleo sobre tela, 147,3 × 203 cm.

Unidade 6 O século XVIII: crescimento e transformação

Os iluministas questionavam o mundo. Até então, o Ocidente cristão aceitava que todas as respostas estavam na *Bíblia*. Com o advento do Iluminismo, novas questões começaram a ser propostas. O estudo e o pensamento racional colocaram em xeque as verdades religiosas – embora, quase sempre, os pensadores iluministas mantivessem suas convicções teológicas e espirituais.

Os embates entre o catolicismo e o cristianismo reformado – e, por vezes, entre os próprios protestantes –, a concentração da riqueza, a crescente mercantilização das economias europeias, o aumento dos poderes do Estado e das demandas fiscais devido às guerras, o impacto da Revolução Científica e o surgimento de ideias mais críticas por parte dos homens que viviam todas essas conturbações dão a tônica do momento de forte efervescência política, econômica e cultural em que o Iluminismo foi gestado.

Os filósofos iluministas, que submetiam tudo à razão, procuraram explicar a autoridade política sob outro prisma que não o religioso. Em termos práticos, a maioria conciliou o governo monárquico com formas da liberdade civil: direito de expressão, liberdade de religião e comércio. Assim, a crítica dos iluministas era pautada na denúncia dos excessos da sociedade de ordens, baseada na desigualdade social e jurídica. Não se deve, entretanto, ver em todas essas reflexões um apelo à revolução ou à democracia. Mesmo criticando os excessos da arbitrariedade monárquica, a maioria dos iluministas tendia a favorecer um sistema político no qual o soberano, aconselhado pelos filósofos, continuaria detentor da autoridade.

No geral, podemos apontar como inspiração para o pensamento político desenvolvido pelos iluministas as obras do teórico inglês John Locke (1632-1704), produzidas no final do século XVII. Locke considerava que o poder do Estado derivaria de um contrato social firmado pela sociedade civil, que renunciaria a seu poder para evitar os inconvenientes do Estado de natureza.

Para evitar a concentração de poderes nas mãos de uma única pessoa, Locke propunha uma divisão. O Legislativo elaboraria as leis e o Executivo as colocaria em vigor. Para Locke, o Poder Executivo seria exercido pelo rei, enquanto o Legislativo ficaria sob responsabilidade da própria sociedade civil. Assim, um comportamento tirânico por parte do soberano dissolveria sua autoridade e legitimidade.

Escrevendo no contexto da Revolução Gloriosa (1688), que consolidou o regime parlamentarista inglês, Locke foi um dos fundadores do liberalismo político, que prega a limitação dos poderes do Estado e a valorização dos direitos individuais; ele defendeu, também, a total separação entre Estado e Igreja.

As ideias de Locke influenciaram Voltaire (1694-1778), uma das figuras mais proeminentes do Iluminismo francês. Em sua obra *Cartas filosóficas*, publicada em 1734, Voltaire introduziu as ideias de Newton e Locke na França, defendendo a tolerância, a monarquia constitucional e a liberdade de expressão. Criticou, portanto, a centralização do poder nas mãos do rei, característica do sistema político francês consolidado no século XVII.

Outro autor que recebeu grande influência das ideias inglesas foi Montesquieu (1689-1755). Ele lançou, em 1721, *Cartas persas*, empreendendo uma crítica irreverente às instituições políticas, aos costumes e às práticas sociais da Europa e da França do século XVIII. Em 1748, publicou *O espírito das leis*, no qual afirmou que o maior problema do absolutismo era a concentração de poder nas mãos de uma única pessoa. Consequentemente, propôs a separação dos poderes em três instâncias: Executivo, Legislativo e Judiciário. Além disso, combinou o estudo da religião, dos costumes e do desenvolvimento das leis humanas com as influências climáticas, topográficas e as características físicas dos povos, arriscando-se em um estudo sociológico que, posteriormente, influenciaria outros autores. Aspectos importantes de *O espírito das leis* são o repúdio à escravidão, à intolerância religiosa, às punições desproporcionais e ao despotismo.

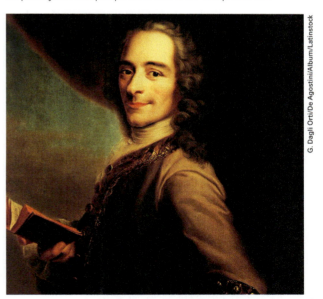

Autor desconhecido. *Retrato de Voltaire*, pseudônimo de François Marie Arouet, escritor e filósofo francês, século XVIII. Nesse retrato, o já famoso Voltaire posava com um livro, como uma forma de denotar sua sabedoria. Um dos principais nomes do Iluminismo, além de filósofo foi ensaísta, dramaturgo e poeta.

Entre 1751 e 1759, foram lançados na França sete volumes da *Enciclopédia*, obra que buscava reunir e congregar todo o saber humano. Quando ficou pronta, após 21 anos de trabalho, a *Enciclopédia* teve 17 volumes de texto e mais 11 de ilustrações. Foi organizada por Denis Diderot (1713-1784) e Jean D'Alembert (1717-1783), e contou com a colaboração de: Voltaire e Montesquieu (Literatura); Condillac (1714-1780) (Filosofia); Buffon (1707-1788) (Ciências Naturais); D'Holbach (1723-1789) e D'Alembert (Ciências); Turgot (1727-1781) e Quesnay (1694-1774) (Economia); entre outros nomes importantes.

A *Enciclopédia* foi concebida como um empreendimento ao mesmo tempo intelectual e comercial. Em 1757, chegou a ter quatro mil assinantes, da Rússia à América. Sua elaboração marcou o nascimento das Ciências Humanas, e os artigos técnicos e as ricas gravuras fizeram dela uma referência até o século XIX. A obra contribuiu decisivamente, portanto, para a difusão dos ideais iluministas por todo o mundo ocidental.

O frontispício da *Enciclopédia*

Esta alegoria apresenta a Verdade, liberta de suas correntes e com os véus suspensos pelas artes e ciências, representadas por seus respectivos instrumentos (luneta, esquadro e tratado de lei). A mensagem aparece claramente: a verdade só será descoberta com o progresso dos conhecimentos. Percebe-se também a representação da luz (símbolo do conhecimento), que afasta as trevas (símbolo da ignorância).

O frontispício da *Enciclopédia* (detalhe), pintado por Charles-Nicolas Cochin e gravado por Benoît-Louis Prévost, Paris, 1751-1780.

Além da *Enciclopédia*, outras duas obras tiveram enorme repercussão em meados da década de 1750. No *Discurso sobre as ciências e as artes* (1750) e no *Discurso sobre a origem e os fundamentos da desigualdade entre os homens* (1754), Jean-Jacques Rousseau (1712-1788) defendeu que o homem seria bom por natureza, mas estaria submetido à corrupção pela sociedade. Para restaurar o caminho da bondade, deveria procurar o autoconhecimento, o que seria possível com sua reintegração à natureza.

Em *O contrato social* (1762), Rousseau desenvolveu melhor suas ideias, distanciando-se da maioria dos pensadores iluministas de sua época. Diferentemente de Locke, por exemplo, Rousseau foi um crítico radical da propriedade privada – que ele via como a origem de toda a desigualdade – e da escravidão. Ele defendia a consolidação de um regime baseado no contrato social, regido por leis concebidas de acordo com a vontade da maioria. Condenando o governo representativo em vigor na Grã-Bretanha, sustentou que o poder Legislativo deveria ser praticado diretamente pelos cidadãos.

Apesar de não se tratar exatamente da democracia como temos hoje, Rousseau é o autor que mais se aproxima desse ideal. Seu pensamento influenciou fortemente os momentos mais radicais na Revolução Francesa, nos quais se buscou a consolidação de um governo sustentado na soberania popular, como veremos em breve.

ORGANIZANDO AS IDEIAS

3. Qual é a importância da *Enciclopédia*, que se tornou símbolo do pensamento do século XVIII?
4. Qual é a característica mais importante, do ponto de vista filosófico-político, do pensador suíço Jean-Jacques Rousseau?

O surgimento de uma esfera pública

O movimento iluminista era cosmopolita, ou seja: seus idealizadores eram cidadãos do mundo, que viajavam muito e mantinham contato com culturas e formas de pensar das diversas academias e cidades universitárias da época. Os intercâmbios intelectuais permitiram até a criação de uma "República das Letras", que ia muito além das nacionalidades.

Com a imprensa e os progressos na produção e distribuição de livros, as ideias iluministas puderam se propagar. Apesar da censura vigilante dos Estados, elas também se inseriram em jornais, gazetas e revistas científicas. A *Enciclopédia* passou a ser o emblema do novo espírito, obtendo notável sucesso.

As ideias iluministas se difundiram, sobretudo, entre as elites urbanas e moldaram a opinião pública. Nesse ponto, é necessário salientar que esta não pode ser entendida nesse momento como a opinião do povo, mas sim como o conjunto de ideias compartilhadas pela parte da sociedade – uma elite – que se considerava esclarecida.

O NASCIMENTO DA LITERATURA INFANTIL

Na Europa, até o final do século XVII, as crianças liam e ouviam as mesmas histórias que seus pais, tios ou avós. Consideradas adultos em miniatura, não recebiam um tratamento especial como as crianças da atualidade. Foi somente no século XVIII, com o surgimento da proposta iluminista de escolarização, que a infância passou a ser valorizada, e meninos e meninas foram tratados como indivíduos diferentes dos adultos. Nesse contexto, multiplicaram-se os livros voltados para o público infantil, cujas histórias, além de divertidas, continham ensinamentos morais e conhecimentos necessários para a vida adulta. Dois gêneros literários se destacaram nessa tarefa: as fábulas e os contos de fada.

As fábulas – narrativas em que animais falam e se comportam como seres humanos, e cujo enredo guarda uma lição moral – eram escritas na Europa desde a Antiguidade, por autores gregos (como Esopo) e latinos (como Fedro). Entre 1668 e 1694, o francês Jean de La Fontaine (1621-1695) adaptou uma série delas em uma coletânea de três volumes, que alcançou enorme sucesso na França. Entre 1700 e 1800, teve mais de cem reedições.

Contemporâneo de La Fontaine, o francês Charles Perrault (1628-1703) resgatou contos populares e fábulas da Idade Média e os adaptou aos valores e comportamentos burgueses, retirando as passagens consideradas obscenas ou repulsivas e acrescentando-lhes uma lição moral. Seu livro *Histórias ou contos do tempo passado com moralidades*, de 1697, reúne contos de fada como "Cinderela", "Chapeuzinho Vermelho", "O pequeno polegar", "O gato de botas", entre outros.

Contar histórias permeadas de fantasia era um meio de criticar o poder estabelecido. Fábulas, como a da lebre e a tartaruga, e contos de fada, como aquele em que o lobo mau não ganha a batalha, eram geralmente usados como recurso educativo para o público infantil e mostram que o mais fraco pode prevalecer sobre o mais forte por meio da astúcia e da inteligência.

A questão de gênero: um paradoxo iluminista?

Um dos esforços dos pensadores iluministas centrou-se na definição do papel da mulher na sociedade. Para explicar as diferenças sociais e culturais entre homens e mulheres, muitos desses filósofos recorreram às pretensas "evidências médicas". Concluíram, por exemplo, que, por ter a constituição física mais frágil, a mulher estaria naturalmente destinada a exercer a função de guardiã da casa, dos filhos, da moralidade e da religião dentro do espaço doméstico. A psicologia natural das mulheres, por sua vez, seria voltada à paixão e à imaginação, o que resultaria em uma incapacidade para se dedicar à ciência. David Hume (1711-1776) e Jean-Jacques Rousseau enfatizaram uma pretensa inferioridade feminina e, com esses argumentos, as mulheres ficaram privadas de direitos civis e políticos, pois só existiriam juridicamente por meio de seus pais e maridos.

Mas houve vozes femininas que se rebelaram e apontaram as contradições presentes no discurso iluminista. Afinal, se era defendida a emancipação a partir da razão, como levar esse projeto à frente ao encarar as mulheres como seres incapazes de assimilar tal virtude? Além disso, os homens do Iluminismo interagiam muito com mulheres importantes daquela época, ou seja, seriam elas realmente desprovidas de capacidade intelectual?

A inglesa Catharine Macaulay (1731-1791) foi uma das vozes femininas que se ergueu para defender que a capacidade intelectual não depende de gênero e que apenas a educação igualitária proporcionaria oportunidades idênticas para homens e mulheres. Muito influenciada por Macaulay, a também inglesa Mary Wollstonecraft (1759-1797) defendia uma boa e efetiva educação para as mulheres, empreendendo dura crítica a Rousseau e afirmando que as mulheres deveriam ter poder sobre elas próprias.

As academias e sociedades culturais multiplicaram-se, e a organização de concursos literários, filosóficos, artísticos e científicos estimulou o trabalho de pesquisadores e pensadores. Nas cidades, frequentar os cafés (onde se liam os jornais e panfletos) contribuiu para a troca de ideias. Algumas personalidades reuniam em suas casas filósofos, estudiosos e artistas: os "salões" desempenhavam um papel considerável na vida cultural como locais de discussão e inovação. Gradativamente, os novos espaços de debate retiraram o monopólio intelectual das instituições eclesiásticas e acadêmicas.

A franco-maçonaria – nascida na Grã-Bretanha no início do século XVIII – também teve grande sucesso em toda a Europa e em parte da América. As chamadas "lojas", onde os maçons se reuniam, tornaram-se locais de intensa discussão e contribuíram para a divulgação do pensamento dos filósofos iluministas.

> **ORGANIZANDO AS IDEIAS**
>
> 5. Quais foram os fatores que contribuíram para a propagação das ideias iluministas? Essas ideias atingiram a sociedade como um todo?

A economia política iluminista

Na economia, os pensadores iluministas também deixaram sua marca, com avanços conceituais baseados em leis objetivas e na racionalidade. Um dos nomes mais importantes no campo da economia europeia daquele período foi o do professor e sacerdote anglicano Thomas Malthus (1766-1834), cujos estudos influenciaram os campos da Economia e da Demografia. Ele advertiu, em sua obra *Ensaio sobre a população* (1798), que a população mundial crescia em ritmo de progressão geométrica (2, 4, 8, 16...), tendendo a dobrar de tamanho em 25 anos. Já a produção de alimentos obedecia a uma progressão aritmética (2, 4, 6, 8...) e estava ameaçada pela falta de terras cultiváveis. Desse modo, a produção de alimentos, em alguns anos, não seria suficiente para suprir a fome de todos. A conclusão de Malthus era favorável ao controle da natalidade: na opinião dele, somente as famílias que possuíssem terras para produzir o necessário para o seu sustento deveriam ter filhos. Mas avanços tecnológicos importantes permitiram que a agricultura se tornasse mais produtiva no decorrer dos anos, colocando de lado a teoria de Malthus.

No campo internacional, o mercado estava aquecido com as colônias no Atlântico. Na Grã-Bretanha, a produção manufatureira começava a ganhar impulso. Assim, uma das grandes preocupações das novas correntes econômicas, surgidas principalmente na França em meados do século XVIII, era explicar a rápida ascensão da Grã-Bretanha após a Guerra dos Sete Anos (1756-1763) e melhorar a produtividade da agricultura e a regulação do comércio.

Para a escola fisiocrata – que teve como seus principais expoentes François Quesnay (1694-1774) e Jacques Turgot (1727-1781) –, a terra era a fonte mais importante de riqueza. Era defendido que apenas a agricultura possibilitaria a ascensão de um país, pois era a única que continha a força geradora da natureza. Os fisiocratas teorizavam que, embora o comércio, a indústria e outras profissões fossem úteis, todos eram estéreis, pois nada geravam, apenas modificavam a matéria-prima e faziam o produto circular.

Viagens e explorações

O século XVIII foi a idade de ouro das viagens, fossem elas de formação ou filosóficas, peregrinações a civilizações milenares ou explorações científicas de regiões desconhecidas.

O Pacífico, em particular, despertou o interesse das grandes potências: russos, espanhóis, franceses e ingleses mandaram para esse oceano cerca de quinze expedições. De 1766 a 1769, o explorador Louis Antoine de Bougainville (1729-1811), em sua volta ao mundo, chegou ao Brasil, onde foi homenageado com o nome de uma planta, a buganvília. Da Inglaterra, James Cook (1728-1779) conduziu três expedições, durante as quais atingiu, na década de 1770, a Austrália, a Nova Zelândia e a Nova Caledônia.

Essas expedições tinham objetivos econômicos, imperialistas e também científicos. Levavam consigo diversos estudiosos, entre eles naturalistas que coletavam espécimes da fauna e da flora para os museus recém-criados na Europa. No final do século, os interesses voltaram-se também para o interior dos continentes. Em Londres, no ano de 1788, foi fundada uma associação para a exploração do interior da África. Nesse mesmo ano, os britânicos estabeleceram, em Nova Gales do Sul, sua primeira ocupação na Austrália.

Os fisiocratas popularizaram a máxima "*laissez faire, laissez passer*" (deixe fazer, deixe passar), que priorizava a liberdade do comércio. Para eles, o Estado, baseado em uma monarquia legalmente constituída e organizada, deveria interferir minimamente na economia, atuando apenas para assegurar a propriedade privada e a ordem pública. Os princípios fisiocratas, portanto, não desafiavam a hierarquia, a aristocracia, a monarquia ou a autoridade religiosa.

As ideias fisiocratas serviram de ponto de partida para o economista e filósofo escocês Adam Smith (1723-1791), que publicou, em 1776, *A riqueza das nações*. Influenciado pelas ideias de Newton, Smith procurava explicar a economia por meio de leis básicas que manteriam o seu funcionamento regular. Para ele, o interesse individual era o motor principal da atividade econômica, sendo o responsável por promover o crescimento econômico e as inovações. O Estado, portanto, não deveria intervir na economia, que se autorregularia pela "mão invisível do mercado". As únicas atribuições estatais deveriam ser: manter a segurança militar, administrar a justiça, e erguer e conservar as instituições públicas.

Os fisiocratas e as teses de Adam Smith embasaram o surgimento do chamado liberalismo econômico clássico, que defendia a liberdade individual para comprar, vender, comercializar e empregar sem restrições ou interferências governamentais. Seus adeptos condenavam as práticas mercantilistas e as barreiras alfandegárias e protecionistas.

No liberalismo, a economia era considerada tal como a natureza física: regida por leis universais e imutáveis, cabendo ao indivíduo apenas descobrir as regras para atuar segundo os mecanismos dessa ordem natural. Apenas se estivesse livre do Estado e da pressão de grupos sociais o *homo economicus* realizaria sua tendência natural de alcançar o máximo de lucro com o mínimo de esforço.

No século XVII, outros economistas políticos já haviam enfatizado a importância da divisão do trabalho para a acumulação de riqueza. Para Smith, ela era um fator crucial para a multiplicação da produção, pois além de estimular a destreza do trabalhador para um determinado ofício, culminava na otimização do trabalho e no uso racional do tempo, diminuindo os custos.

As ideias liberais influenciariam na concepção de um novo tipo de organização econômica, fundamentada em uma produção em larga escala, o que transformou para sempre as relações de trabalho. Entretanto, nem mesmo na Grã-Bretanha as ideias foram assimiladas na íntegra: o protecionismo e a manutenção das tarifas alfandegárias permaneceriam como pressupostos importantes, embora tenham conhecido momentos de enfraquecimento.

> **ORGANIZANDO AS IDEIAS**
>
> 6. Qual era a importância da divisão do trabalho para o pensador escocês Adam Smith?

A tendência na contramão: o absolutismo ilustrado

Influenciados pelo Iluminismo, diversos Estados absolutistas tentaram conciliar os princípios da Ilustração à autoridade monárquica. Surgiu, assim, o absolutismo ilustrado.

Os reis alinhados ao Iluminismo eram chamados de déspotas esclarecidos. Eles buscavam manter a tradição monárquica e, ao mesmo tempo, tornar mais eficaz a burocracia real, uniformizando a administração e a legislação em detrimento das diferenças locais. Embora pretendessem agir para a "felicidade dos povos", de um modo geral eles apenas consolidaram a sociedade de ordens, determinando a função de cada um a serviço do Estado. Entre os filósofos que defendiam essa concepção, destacaram-se os franceses Voltaire e Denis Diderot.

Um dos melhores exemplos de despotismo esclarecido foi o reinado de Frederico II (1712-1786) da Prússia. O país tornou-se uma monarquia independente em 1701, quando seu avô, Frederico I (1688-1713), assumiu o título de rei da Prússia e quis transformar aquele pequeno Estado em uma grande potência. Ele efetuou reformas fiscais e administrativas que buscavam enfatizar o aspecto econômico e, também, estimular a cultura, as artes e a filosofia. Apelidado de "rei-escritor", Frederico II criou ainda a Academia de Berlim e chegou a hospedar Voltaire em sua residência.

Influenciado pelos ideais iluministas, Frederico II se preocupou em centralizar o poder. Para isso, ele, que se tornou conhecido como Frederico, o Grande, recorreu ao chamado cameralismo, no qual governava com o auxílio dos comitês e concílios administrativos. Esses órgãos ajudavam o rei a centralizar todas as decisões importantes, impedindo o surgimento de funcionários excessivamente poderosos. As reformas internas de Frederico II também se voltaram para a agricultura, o comércio, a manufatura e as leis. Ele e seu sucessor, Frederico Guilherme II, criaram um código de leis unificado que passou a vigorar em todo o reino. Ele também anexou territórios, como a Silésia (1742) e a Prússia Ocidental (1772).

Outro exemplo de despotismo esclarecido foi a monarquia dos Habsburgos da Áustria, que passou por reformas administrativas, fiscais e judiciárias entre 1740 e 1790, período correspondente aos reinados de Maria Teresa e José II. Eles elegeram a educação como uma de suas prioridades e padronizaram todos os métodos e livros, com o objetivo de aumentar a eficiência do ensino. O imperador colocou também a Igreja Católica sob a tutela do Estado, revogando sua influência e estabelecendo a tolerância religiosa por todo o país.

Na Rússia, a grande expressão do Iluminismo foi a imperatriz Catarina II, a Grande (1762-1796). Desde o século XV, o grão-ducado de Moscóvia expandiu-se tanto para leste como para oeste da Sibéria. Paralelamente, cresceu o poder do Estado russo sobre a nobreza, a Igreja Ortodoxa e os camponeses, que correspondiam a 95% da população e estavam sujeitos ao regime de servidão. Sob o reinado de Pedro I, o Grande, a Rússia procurou ocidentalizar-se. O czar fundou, em 1703, o porto de São Petersburgo, no Mar Báltico, o que facilitou o acesso ao país. Em 1712, a cidade de São Petersburgo, projetada por arquitetos europeus, tornou-se a nova capital da Rússia. A expansão prosseguiu rumo à Sibéria, às regiões bálticas e à Ásia Central, em direção ao Mar Cáspio. Em 1721, o czar adotou o título de "Imperador de todas as Rússias".

Fonte: *Atlas historique*. Paris: Hachette, 1987. p. 179.

Após a morte de Pedro I, o Grande, em 1725, o império passou por alguns anos de instabilidade política até que Catarina II assumiu o poder, em 1762. Admiradora de Montesquieu, desejava levar os enciclopedistas Diderot e D'Alembert para São Petersburgo. Seu governo reforçou a autocracia, os poderes civis e a ordem. Suas medidas pioraram a situação dos camponeses, pois não alteraram em nada o regime de servidão, que se estendeu aos novos territórios que a Rússia vinha conquistando.

Em 1783, Catarina II entrou em guerra contra o Império Otomano para conquistar a Crimeia, estendendo, assim, o Império Russo até o Mar Negro. Catarina II anexou também a Lituânia e cerca de um terço da Polônia. Durante seu governo, o império cresceu aproximadamente 500 mil quilômetros quadrados, o que beneficiou a economia através da maior produção agrícola e de matérias-primas.

Anônimo. *Alegoria a Catarina II*. Gravura francesa, 1778. Em 1767, a imperatriz Catarina II começou a reunir uma comissão para redigir um código de leis baseado em suas próprias instruções. Elas continham 526 parágrafos, que se inspiravam, em parte, nas obras dos filósofos iluministas, mas confirmavam o caráter autocrático da monarquia russa. Traduzidas para várias línguas e divulgadas pela Europa, essas instruções mostravam claramente a natureza do despotismo esclarecido, que aliou a modernidade dos princípios iluministas ao absolutismo monárquico.

ORGANIZANDO AS IDEIAS

7. Explique de que maneira os Estados absolutistas tentaram pôr em prática os ideais iluministas.
8. Qual era o objetivo do cameralismo posto em prática na Prússia por Frederico II?

O caso ibérico: Espanha e Portugal

Na Espanha, as reformas ilustradas estiveram inseridas em um contexto muito diferente do de outras nações. O rei espanhol Carlos II morreu sem deixar herdeiros e a luta para definir quem seria seu sucessor colocou em conflito o Império Austríaco dos Habsburgos e a França dos Bourbons. Ambas as potências possuíam reivindicações legítimas ao trono espanhol, em razão da complexa rede de casamentos que unia as casas dinásticas europeias. O resultado foi uma guerra de treze anos que afetou toda a Europa e teve como participantes Grã-Bretanha, Portugal, Prússia, Holanda, além da França e da Espanha.

O acordo que pôs fim à Guerra da Sucessão Espanhola (1701-1714) foi chamado de Paz de Utrecht ou Tratado de Utrecht, e reconheceu Felipe (1683-1746) de Bourbon, neto de Luís XIV da França, como o legítimo monarca espanhol. O tratado de paz previa um "equilíbrio de poderes", ou seja, o novo monarca teve de prometer que jamais unificaria os tronos da Espanha e da França, e foi pressionado a fazer algumas concessões às potências opositoras. Dentre elas, o controle do Estreito de Gibraltar e a concessão do asiento à Grã-Bretanha, que passou a monopolizar o fornecimento de africanos escravizados à América espanhola. Além disso, franceses, holandeses e ingleses avançaram sobre o continente americano e ocuparam regiões que ainda não haviam sido colonizadas pelos espanhóis.

A forma de governar de Felipe V foi muito marcada pela conduta francesa de seu avô. Ele deu início, por exemplo, a um conjunto de medidas políticas e econômicas para reorganizar a administração real e torná-la mais eficaz; reformou o exército; ampliou a arrecadação de impostos, nomeando para isso os intendentes, que eram escolhidos por ele próprio.

Apesar de terem se iniciado no reinado de Felipe V, as chamadas Reformas Bourbônicas se aprofundaram especialmente no reinado de seu filho, Carlos III (1759-1788). Durante esse governo, as reformas chegaram mais especificamente à América espanhola e sofreram mais influências do Iluminismo. A maioria das medidas, adotadas sem um planejamento sistemático, tinha o sentido geral de aumentar o poder do monarca e de seus funcionários e reduzir a autonomia dos grupos de poder local. A política reformadora empreendida na América espanhola nesse período teve três preocupações centrais: o reforço do monopólio comercial para diminuir o contrabando, a melhoria da defesa e o aperfeiçoamento da arrecadação fiscal, tornando-a mais ampla e sistemática.

Outro aspecto das reformas foi a reordenação administrativa do território colonial. Dois novos vice-reinos foram criados: o de Nova Granada, cuja capital era Bogotá, e o do Rio do Prata, cuja capital era Buenos Aires. O aspecto mais importante dessa revitalização administrativa foi a aplicação do regime de intendências. Os intendentes, nomeados pela Coroa – embora algumas vezes os vice-reis tivessem importante participação na escolha –, tinham a função principal de executar a política absolutista do monarca dentro das províncias.

As novas medidas permitiram diminuir práticas de corrupção e suborno, bem como a venda de cargos públicos. Gradativamente, as elites *criollas* – isto é, formadas por brancos nascidos no continente americano – começaram a perder seus poderes políticos, sendo substituídas pelos peninsulares. Isso aumentou a tensão política entre metrópole e colônia. Em algumas zonas, porém, os *criollos* e os peninsulares chegaram a um acordo sobre a repartição desses poderes, formando, inclusive, alianças familiares entre os dois grupos.

Fonte: GARAVAGLIA, Juan Carlos; MACHENA, Juan. *América Latina*: de los orígenes a la independencia. Barcelona: Crítica. v. II. 2005. p. 51.

Para melhorar a defesa de suas colônias, principalmente depois da invasão e ocupação temporária de Cuba pelos britânicos, Carlos III criou, a partir de 1760, um exército regular na América espanhola. A nova estrutura militar dificultou as invasões estrangeiras, reforçou a autoridade metropolitana e diminuiu a violência e as revoltas locais. No entanto, acarretou grandes despesas, desagradando os colonos.

Por último, mas não menos importante, no plano ideológico Carlos III colocou em prática a doutrina regalista, que se opunha à interferência papal nos assuntos eclesiásticos de seu reino. Nesse sentido, em 1767, os jesuítas foram expulsos da Espanha e do império e tiveram seus bens expropriados. Como até então as elites americanas frequentavam os centros de educação jesuítica, o sistema educacional passou por uma reestruturação na América. A expulsão delineou também outro problema: como governar os nativos.

Administradores espanhóis assumiram o lugar dos jesuítas (ou inacianos, assim chamados porque a ordem religiosa, a Companhia de Jesus, foi fundada por Inácio de Loyola), e essa mudança exerceu forte impacto nas comunidades indígenas. O poder dentro delas foi dividido: os espanhóis ficavam com o poder temporal e os padres eram responsáveis pelo espiritual. Entretanto, os dois lados pretendiam dominar os indígenas, e suas divergências eram utilizadas pelos grupos autóctones em favor de seus próprios interesses. As Reformas Bourbônicas, que desde o início procuravam inserir as repúblicas de indígenas na economia colonial, declararam ilegal o uso dos idiomas nativos – tornando obrigatório o uso do espanhol – e aumentaram os tributos. Tais medidas causaram revoltas, dentre as quais a mais significativa ocorreu em Cuzco, em 1780, quando José Gabriel Condorcanqui, mais conhecido como Túpac Amaru II, descendente do inca Túpac Amaru I e cacique de diversas aldeias, se levantou contra a administração espanhola.

A Revolta de Túpac Amaru foi um desdobramento claro das disputas de poder desencadeadas pelas Reformas Bourbônicas. Túpac Amaru II dizia atuar em nome do rei e conclamou os demais caciques a extinguir o cargo de administrador. A revolta chegou a angariar apoio de *criollos* e mestiços, mas as propostas dos vários grupos não convergiam e o movimento voltou a ser exclusivamente indígena. Apesar da repressão, os conflitos continuaram até 1783.

O conjunto de mobilizações no século XVIII, portanto, tornou-se um reflexo das ideias e dos novos valores dos diversos grupos sociais que surgiam na América espanhola e que, diante das alterações empreendidas, protestavam e rebelavam-se. Veremos nos próximos capítulos que as mudanças causadas pelas Reformas Bourbônicas foram um dos fatores importantes para desencadear a luta pela independência da América espanhola no século seguinte.

Em Portugal, por sua vez, a década de 1750 trouxe uma série de mudanças para a monarquia. Após a morte de Dom João V (1706-1750), o herdeiro do trono, Dom José I (1750-1777), nomeou Sebastião José de Carvalho e Melo (1699-1782) – futuro Marquês de Pombal – como secretário de Estado de Guerra e dos Assuntos Estrangeiros. Com o tempo, o secretário adquiriu a confiança do monarca e, após o terremoto de 1755, em Lisboa, ascendeu à Secretaria de Negócios do Reino, governando com plenos poderes até a morte de Dom José I, em 1777.

Sebastião José de Carvalho e Melo, o Marquês de Pombal, atuou como diplomata em Londres de 1739 a 1743. Durante esse período, teve a chance de aprofundar seus estudos sobre as causas do declínio do comércio em Portugal e passou a buscar possíveis saídas políticas e econômicas para que seu país pudesse ser menos dependente dos britânicos.

Para fortalecer o Estado português, ele apostou em uma política econômica intervencionista tipicamente mercantilista, incentivando a implantação de manufaturas na metrópole e a criação das companhias de comércio.

Suas principais inovações foram no âmbito fiscal, com a criação do Real Erário (1761), que reorganizou o funcionamento da arrecadação das receitas e controlou as despesas; na América portuguesa, Pombal procurou nacionalizar a economia luso-brasileira, reforçando os laços que ligavam Brasil e Portugal e tentando maximizar a extração de recursos coloniais.

Em síntese, o absolutismo ilustrado, apesar de suas diferenças e particularidades em cada país,

Uma Lisboa reconstruída por Pombal

Em 1º de novembro de 1755, um terremoto arrasou Lisboa, provocando milhares de mortes e destruindo cerca de 85% da cidade. A dimensão dos estragos foi catastrófica: das 20 mil casas da cidade, apenas 3 mil permaneceram habitáveis; das 40 igrejas paroquiais, 35 desmoronaram; e até mesmo o recém-inaugurado Real Teatro da Ópera ficou em ruínas. O rei Dom José I e o primeiro-ministro Sebastião José de Carvalho e Melo contrataram arquitetos e engenheiros de toda a Europa para reconstruir a capital, o que só foi possível graças às riquezas proporcionadas pela mineração do Brasil. A empreitada começou em 1760. O urbanismo de Pombal obedeceu aos ditames da racionalidade, modernidade, eficácia e economia. A arquitetura pombalina, que, no dizer do próprio Pombal, deveria submeter os interesses particulares à "utilidade pública da regularidade e formosura da capital destes reinos", como dispunha o decreto de 12 de junho de 1758, tornou Lisboa um modelo de "cidade do Iluminismo".

Anônimo. *A cidade de Lisboa antes, durante e após o terremoto de 1755*. Gravura alemã, século XVIII.

reforçou o poder do monarca e a sociedade de ordens, distanciando-se da Ilustração política que defendia os preceitos da liberdade de consciência e da crítica. Esse último processo, como veremos, atingiu seu apogeu na França, onde desestruturou por completo o Antigo Regime e deu lugar a uma nova forma de poder: a tão sonhada república.

ORGANIZANDO AS IDEIAS

9. Explique qual foi a consequência mais imediata das Reformas Bourbônicas empreendidas na América espanhola para a elite *criolla*.
10. Quem foi o grande responsável por implantar as reformas do absolutismo ilustrado em Portugal e qual era o seu principal objetivo com elas?

Revisando o capítulo

APROFUNDANDO O CONHECIMENTO

1. Immanuel Kant (1724-1804) lecionou durante toda a vida em Könisberg, na Prússia Oriental (atual Kaliningrado, na Rússia). Foi um dos maiores filósofos do século XVIII. Ao responder a uma pergunta feita por uma revista filosófica, sobre o que era o Iluminismo, Kant resumiu da seguinte maneira:

> *O Iluminismo é a saída do homem da sua menoridade de que ele próprio é culpado.* A *menoridade* é a incapacidade de se servir do entendimento sem a orientação de outrem. Tal menoridade é por culpa própria se a causa não reside na falta de entendimento, mas a falta de decisão e de coragem em se servir de si mesmo sem a orientação de outrem. *Sapere aude!** Tem a coragem de te servires do teu próprio entendimento! Eis a palavra de ordem do Iluminismo. [...] Para esta ilustração, nada mais se exige do que a liberdade: e, claro está, a mais inofensiva entre tudo o que se pode chamar de liberdade, a saber, a de fazer um uso público da sua razão em todos os elementos.

KANT, Immanuel. Resposta à pergunta: o que é o Iluminismo?
In: *A paz perpétua e outros opúsculos*. Lisboa: Edições 70, 1990. p. 11 e 13.

* Expressão latina que significa "tenha a coragem de saber, de aprender", "atreva-se a saber".

   a. Tendo como base o que vimos neste capítulo e a citação acima, quais são os grandes princípios do Iluminismo?

   b. Qual era, segundo Kant, a relação entre a utilização da razão e a conquista da liberdade, destacada no trecho sublinhado?

2. Neste capítulo, vimos que Jean-Jacques Rousseau foi um dos maiores pensadores do Iluminismo. Leia a seguir um trecho de seu célebre livro *O contrato social*, publicado em 1762.

> Cada indivíduo pode, como homem, ter uma vontade particular oposta ou diversa da vontade geral que tem como cidadão. Seu interesse particular pode ser muito diferente do interesse comum [...]. A fim de que o pacto social não venha a constituir, pois, um formulário vão, compreende ele tacitamente esse compromisso, o único que pode dar força aos outros: aquele que se recusar a obedecer à vontade geral a isso será constrangido por todo o corpo – o que significa apenas que será forçado a ser livre, pois é esta a condição que, entregando à pátria cada cidadão, o garante contra toda dependência pessoal [...]. O que o homem perde pelo contrato social é a liberdade natural e o ilimitado direito a tudo aquilo que o tente e possa alcançar; o que ele ganha é a liberdade civil e a propriedade de tudo o que possua ou possui. [...] Em vez de destruir a igualdade natural, o pacto fundamental substitui, ao contrário, por uma igualdade moral e legítima aquilo que a natureza poderia trazer de desigualdade física entre os homens e, podendo ser desiguais em força ou em talento, todos se tornam iguais por convenção e direito.

ROUSSEAU, Jean-Jacques. *O contrato social*. 3. ed. São Paulo: Martins Fontes, 1996. p. 24-25 e 30.

a. O que cada indivíduo ganharia ou perderia com o contrato social?

b. O que fazia de Rousseau um pensador diferente dos demais iluministas? Por que podemos afirmar que seu pensamento filosófico foi fundamental para a constituição das democracias contemporâneas?

3. As Reformas Bourbônicas contribuíram para redefinir a situação da Espanha e da América espanhola. Leia o texto a seguir e responda às questões.

> Não se deve perder de vista que este país é uma colônia que deve depender de sua metrópole, a Espanha, e deve em troca trazer-lhe algum lucro, em pagamento pelas benfeitorias que recebe de sua proteção. É preciso também agir com muito discernimento para combinar essa dependência e o fazer de modo que o interesse seja mútuo e recíproco, o que de imediato cessaria se não mais se precisasse aqui das manufaturas europeias e de suas produções.
>
> Conde de Revillagigedo, vice-rei da Nova Espanha, 1794 apud: Joan del Alcàzar (coord.). *Historia contemporánea de América*. Valencia: Universitat de Valencia, 2007. p. 46.

a. Qual era a base da relação entre metrópole e colônia, segundo o texto?

b. Segundo o autor, qual foi o fator econômico que rompeu com a dependência colonial? Com base no que você viu no capítulo, analise as medidas adotadas para garantir a continuidade dessa dependência.

4. Observe o documento a seguir sobre o Império Russo e responda às questões.

> Nenhum outro país do mundo apresenta tal mistura e diversidade de habitantes. Russos e tártaros, alemães e mongóis, finlandeses e tungues vivem aqui separados por imensas distâncias e sob os mais diversos climas, como concidadãos de um só Estado, unificados pela organização política, mas muitíssimo diversos quanto à compleição física, à língua, à religião, aos costumes e modos de vida. Existem países europeus onde se encontram várias nações vivendo sob a mesma constituição civil, países onde se percebem, às vezes, traços evidentes das diferenças entre indígenas e habitantes atuais; porém, na maioria desses países, a nação dominante de certo modo "engoliu" o povo conquistado, e a individualidade desse povo perdeu-se no decorrer dos séculos. Ora, na Rússia não existe apenas uma nação, mas uma infinidade de nações distintas, e cada uma conserva o seu próprio idioma, religião e costumes.
>
> TOOKE, William. *View of the Russian Empire during the reign of Catherine the Second and to the close of the present century*. Londres: T. N. Longman, O. Rees & J. Debrett, 1799. v. I. p. 302-303. (tradução). Disponível em: <https://books.google.com.br/books?id=Hb9RAQAAIAAJ&printsec=frontcover&hl=pt-BR#v=onepage&q&f=false>. Acesso em: 24 fev. 2016.

a. Quais eram as características do Império Russo que, segundo o autor, o tornaram diferente dos países europeus?

b. As particularidades enfatizadas pelo autor poderiam se tornar um entrave ao governo ilustrado de Catarina II. Como a imperatriz lidou com elas?

CAPÍTULO 21

AMÉRICA DOURADA

Construindo o conhecimento

- Na sua opinião, quais são as diferenças entre a mineração e a produção açucareira que predominavam no Brasil até o século XVII?
- Imagine as dificuldades enfrentadas pelos primeiros mineradores. Como você acha que eles procuraram vencê-las?

Plano de capítulo

▶ As transformações do Império português
▶ O novo Eldorado
▶ Redesenhando a América portuguesa

Até hoje, garimpeiros deslocam-se para áreas distantes e enfrentam grandes dificuldades em busca de metais e pedras preciosas. Um território quase desabitado pode ser rapidamente ocupado caso nele seja descoberto ouro, o que origina conflitos entre os habitantes de longa data (como grupos indígenas) e os recém-chegados. Mas por que o ouro gera tanta cobiça? Em razão de sua raridade e beleza, esse metal foi muito valorizado ao longo de toda a história humana. Por isso, pode ser utilizado como dinheiro, tornando imediatamente rico quem o encontre em grandes quantidades.

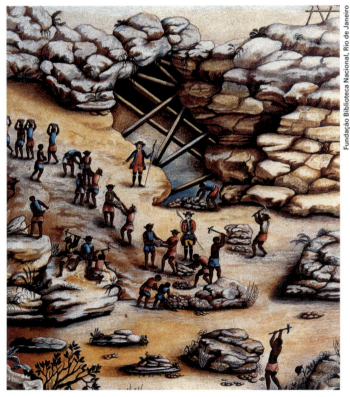

Carlos Julião, *Extração de diamantes*, século XVIII. A riqueza no Distrito Diamantino ultrapassava todas as expectativas. O garimpo do ouro era proibido para não desviar a mão de obra da extração dos diamantes, muito mais lucrativa.

Marcos cronológicos

1661 — Tratado de Haia, pelo qual Portugal pagou uma vultosa soma aos Países Baixos para prevenir novas investidas holandesas na América e em Angola.

1693-1700 — Primeiras descobertas de ouro.

1707-1709 — Conflito entre paulistas e emboabas.

1714 — Criação das comarcas de Ouro Preto, Rio das Mortes, Rio das Velhas e Serro Frio.

1725 — São instaladas as primeiras Casas de Fundição.

1640 — Restauração em Portugal.

1680 — Criação da Colônia do Sacramento, no atual Uruguai.

1702 — Criação da Intendência das Minas.

1709 — Criação da capitania de São Paulo e Minas de Ouro.

1720 — Explode a Revolta de Felipe dos Santos. Criação da capitania de Minas Gerais, separada de São Paulo.

Unidade 6 — O século XVIII: crescimento e transformação

Dessa maneira, quando o ouro foi descoberto no interior da América portuguesa, no final do século XVII, milhares de pessoas migraram para a região em busca de fortuna. Um número ainda maior de africanos escravizados foi levado para trabalhar e tirar a riqueza do solo. Em consequência, a economia colonial conheceu grandes transformações, pois essa população em crescimento precisava de alimentos e vestimentas. Todas as capitanias do Brasil desejavam uma parte da riqueza e só podiam consegui-la através do comércio com as minas. Assim, a produção voltada para o comércio interno na América portuguesa cresceu vertiginosamente, transformando a colônia.

As transformações do Império Português

A restauração portuguesa e os impactos no Império

Portugal ficou sob o controle da dinastia dos Habsburgos, da Espanha, durante quase sessenta anos. Em dezembro de 1640, uma conspiração expulsou de Lisboa os representantes de Filipe IV (1605-1665) da Espanha, que também era soberano de Portugal, onde era chamado de Filipe III. Assim, chegou ao fim a União Ibérica. Um dos líderes do movimento foi o Duque de Bragança, que se tornou o novo rei de Portugal, adotando o nome de Dom João IV (1604-1666). Estava instituída a quarta dinastia de Portugal, que se manteve no trono lusitano até a Proclamação da República nesse país, em 1910. Mas a aclamação de um novo monarca deu início a uma guerra contra a Espanha. Somente em 1668, depois de inúmeros combates e negociações, a monarquia hispânica reconheceu a independência portuguesa.

Apesar de sua importância para a recuperação da autonomia política lusitana, a "Restauração de Portugal" não deve ser vista simplesmente como uma manifestação nacionalista. Antes disso, ela foi um movimento de retorno às instituições tradicionais, que haviam perdido importância nas últimas décadas de governo espanhol. Dom João IV, entre 1640 e 1656, tomou o cuidado de reunir as assembleias representativas (Cortes) quatro vezes ao longo de seu reinado, e seu filho, Dom Pedro II de Portugal (1668-1706), convocou-as cinco vezes. Dessa maneira, a nova dinastia buscava estabelecer alianças com o clero, a aristocracia, as oligarquias locais e os comerciantes para conseguir governar.

O novo monarca também foi obrigado a entrar em conflito com os holandeses para recuperar suas possessões na África e no Novo Mundo. Assim, os invasores foram expulsos de Angola em 1648 e do Brasil em 1654, em grande medida graças à ajuda dos colonos da América portuguesa. Rodeado por inimigos, Portugal estreitou suas relações com a Inglaterra. Em 1661, a filha de Dom João IV, Catarina de Bragança (1638-1705), casou-se com o rei inglês Carlos II (1630-1685) e as relações comerciais entre ambos os países, ainda que desiguais, desenvolveram-se bastante. Portugal tentou garantir alguma independência comercial por meio da adoção de políticas mercantilistas: sob o reinado de Dom Pedro II, o ministro das finanças, Luís de Meneses (1632-1690), Conde da Ericeira, estabeleceu como meta a produção de manufaturas, sobretudo tecidos finos, para incentivar a produção nacional. Mas os ingleses pressionaram Portugal a exportar para a Inglaterra apenas produtos como vinho, azeite e sal, e a importar a lã britânica.

Representação da Batalha de Montes Claros em azulejo do século XVII. Portugal venceu a batalha em 1665 e teve sua independência reconhecida pela Espanha três anos depois.

Para o império, logo após a Restauração, a mais importante alteração administrativa ocorreu entre 1642 e 1643, com a criação do Conselho Ultramarino, órgão composto de três integrantes, dos quais dois eram fidalgos e o terceiro poderia ser qualquer homem "letrado", isto é, com formação universitária. O Conselho Ultramarino despachava os assuntos relativos à fazenda, ao movimento das embarcações que realizavam o comércio com as colônias e à nomeação de todos os oficiais de justiça e fazendários. Também respondia pelo controle dos requerimentos de **mercês** por serviços prestados no ultramar.

Da Ásia para a América

Do ponto de vista imperial, a segunda metade do século XVII foi o momento em que a América portuguesa ganhou importância a ponto de se sobrepor à Ásia em razão dos avanços holandeses e ingleses na região. Consequentemente, Portugal perdeu o monopólio sobre o comércio asiático. Mas a economia atlântica era, naquele momento, muito diferente do que havia sido antes da invasão holandesa.

Na década de 1640, ingleses, franceses e holandeses começaram a produzir açúcar nas Antilhas. A oferta do produto aumentou e, como consequência, seu preço diminuiu no mercado europeu. Tal como na América portuguesa, as colônias inglesas e francesas nas Antilhas utilizaram-se do trabalho em massa de africanos escravizados. Com mais procura pela mão de obra cativa, seu preço disparou. E, quando os holandeses foram expulsos de Pernambuco, boa parte dos senhores de engenho teve de investir na recuperação de suas propriedades em um cenário consideravelmente menos lucrativo. Uma das soluções encontradas foi, além do açúcar, produzir o tabaco, usado na compra de africanos escravizados e exportado para Portugal e para a Índia. Mesmo assim, a Coroa portuguesa enfrentava dificuldades financeiras, pois a redução dos preços dos produtos brasileiros também diminuía a arrecadação de impostos.

A Guerra dos Nove Anos (1689-1697) entre Inglaterra e França causou uma relativa interrupção do comércio entre as colônias antilhanas e a Europa, o que favoreceu a procura pelo açúcar do Brasil, trazendo alívio às regiões açucareiras. Mas a grande recuperação da economia colonial viria com a descoberta, pelos paulistas, de minas de ouro em uma região praticamente desconhecida ("as minas de Cataguazes"), que, mais tarde, seria conhecida por Minas Gerais.

No início, nem mesmo os colonos das regiões litorâneas acreditaram na veracidade dos fatos anunciados pelos paulistas. Afinal, os reis portugueses haviam, durante séculos, incentivado, sem sucesso, a busca pelos metais preciosos. Mas a descoberta não apenas era verdadeira como foi responsável por toda a reorganização da colônia portuguesa na América. Esta nunca mais seria a mesma.

Mercês: benefícios.

> **ORGANIZANDO AS IDEIAS**
>
> 1. Qual era a situação econômica do império português após a Restauração?

O novo Eldorado

A corrida do ouro

A vontade de encontrar ouro na América portuguesa esteve presente desde o primeiro contato. Não por acaso, Pero Vaz de Caminha, já em 1500, escreveu à Coroa portuguesa, decepcionado, informando que não havia pistas de metais preciosos no território recém-descoberto.

No mesmo período, entretanto, o volume de prata e ouro disponível na América espanhola impressionou os portugueses. Estima-se que, de 1503 a 1520, antes mesmo da conquista do Império Asteca, foram enviadas cerca de 14 toneladas de metais preciosos para a Europa. A descoberta nas possessões espanholas reforçou as esperanças da Coroa portuguesa, que começou a patrocinar expedições. Mas as entradas e as bandeiras organizadas até meados do século XVII fracassaram nesse intento, embora tenham sido importantes para aumentar o conhecimento dos colonizadores a respeito do interior do Brasil e para expandir fronteiras. Para os indígenas, porém, representaram perda de território e aprisionamento, pois muitos eram forçados a trabalhar nas lavouras dos colonos.

Na virada do século XVII para o XVIII, corriam notícias sobre a descoberta de ouro em algumas regiões do interior da América portuguesa. Algumas autoridades no Rio de Janeiro acreditavam que os paulistas não anunciavam suas descobertas porque temiam a voracidade da Coroa. Afinal, diante das riquezas encontradas, as recompensas prometidas pela metrópole – benefícios extraordinários, tanto em honras quanto em rendas – teriam, na verdade, bem pouco valor. Mas como negociar ouro e pedras preciosas sem qualquer reconhecimento ou validação por parte do governo? A situação era complicada.

A Coroa enfim prometeu a posse das minas aos descobridores, e por volta de 1695 as primeiras grandes descobertas foram anunciadas. Logo vieram outras, em diversas regiões do interior, do sul da Bahia até Mato Grosso. Nesse sentido, a descoberta do ouro não foi um acidente histórico, mas o resultado do estímulo dado pela Coroa e da formação social paulista, que era voltada para a exploração do Sertão, graças ao apresamento de indígenas.

A febre do ouro alastrou-se pelas capitanias. Atrás dos paulistas, primeiros descobridores, acorreram ao sertão das Minas pessoas vindas de outros pontos da América portuguesa, como Rio de Janeiro, Bahia, Pernambuco e também de Portugal: entre 1700 e 1720, chegavam à região mineradora, por ano, entre cinco e seis mil portugueses. O súbito crescimento populacional trouxe a Minas pessoas com origens sociais diversas: comerciantes, ex-escravizados, mulatos, brancos pobres e indígenas aculturados, todos movidos pela esperança do enriquecimento fácil.

Esses aventureiros do ouro, em sua maioria destituídos de recursos, conseguiam adquirir pequenas **datas** minerais ou passavam a se dedicar ao garimpo de **faiscagem**. Muitos deles, entretanto, acabavam caindo na miséria e engrossando as fileiras dos desclassificados sociais. Para conter a vadiagem, várias alternativas foram buscadas para essa população: aproveitamento nas bandeiras, nos quartéis, nas obras públicas, nas milícias e na polícia privada. Existia, ainda, para esses, a possibilidade das atividades ilegais, como o contrabando, a prostituição e o roubo.

Não podemos esquecer o importante afluxo de dezenas de milhares de africanos escravizados – antes restritos às plantações no litoral – comprados para trabalhar nas minas. O trabalho era duro, tanto nas galerias subterrâneas – em que eles eram vítimas de infecções pulmonares e desabamentos – quanto na mineração em áreas abertas, onde permaneciam com o corpo imerso na água gelada da cintura para baixo e com a parte superior do corpo exposta ao calor do sol. Esses escravos sobreviviam, em média, entre sete e doze anos.

Fome e desordem

No final da década de 1690, ondas de fome afligiam as regiões de garimpo. O abastecimento não dava conta de um número tão grande de pessoas. Rapidamente, os colonos compreenderam que, além de indispensável, era financeiramente vantajoso plantar gêneros de primeira necessidade em fazendas pelos caminhos que chegavam às jazidas.

Mesmo depois de resolvidos os grandes problemas de abastecimento, porém, tornou-se crônica a alta dos preços. Escravos, alimentos e produtos em geral eram muito mais caros na região mineradora, em razão tanto da distância (boa parte dos produtos consumidos vinha do litoral) quanto da abundância de ouro no local.

Data: lote de terras minerais, jazida ou mineração de metais ou pedras preciosas.

Faiscagem: coleta de pepitas de ouro de aluvião em meio à areia ou ao cascalho.

Autoria desconhecida. Ex-voto encomendado por Agostinho Pereira da Silva, 1749. Óleo sobre tela. O português Agostinho Pereira da Silva veio para o Brasil em busca de ouro. Enfrentou perigos naturais (como as cobras, no centro da imagem) e assistiu ao conflito entre forasteiros e paulistas na Guerra dos Emboabas. Só teria sobrevivido graças à intervenção de Nossa Senhora dos Remédios (no canto superior direito), e tornou-se sacerdote no final de sua vida.

Os primeiros anos de ocupação foram marcados pela desordem e pela tensão social. Os paulistas, acostumados a ter pouco contato com a Coroa, não queriam perder a autonomia em relação ao que viam como uma extensão de seu território.

Mas o Conselho Ultramarino, preocupado em exercer um controle mais rigoroso sobre a região aurífera (e, principalmente, sobre a riqueza dali extraída), estabeleceu, em 1702, o "Regimento para os superintendentes e guardas-mores das Minas". Funcionários designados pela Coroa passavam a fiscalizar a cobrança dos impostos, a definir normas para a exploração de riquezas e a administrar os conflitos, então muito comuns naquela região violenta.

No entanto, o grande afluxo de pessoas, a fragilidade do poder burocrático e o ressentimento dos paulistas por não serem mais os únicos exploradores culminaram em uma série de embates. E como, naquele tempo, parte da população de São Paulo – principalmente os sertanistas mais destacados – falava tupi, os de fora foram designados *emboabas*, vocábulo indígena que significava "aquele que usa calçado".

O embate entre paulistas e emboabas desenrolou-se entre 1707 a 1709. Os emboabas dominaram os principais núcleos de garimpo e elegeram seu líder, o português Manuel Nunes Viana, governador da região das Minas. Isso foi uma ruptura com a prerrogativa régia de nomear seus representantes: Nunes Viana tornou-se a primeira alta autoridade eleita da América portuguesa.

Um episódio marcante da Guerra dos Emboabas foi o do Capão da Traição, ocorrido em 1708. Refugiados no capão (trecho de mata baixa em meio à floresta), os bandeirantes armaram uma emboscada aos emboabas e provocaram muitas baixas entre eles. Estes, porém, se recuperaram e cercaram os paulistas, que se renderam após dois dias de combate, com a promessa de não serem mortos e de poderem seguir para outras regiões. No entanto, todos os paulistas – cerca de trezentos – foram massacrados.

O conflito terminou com a derrota das pretensões dos paulistas, mas a Coroa afastou o governador eleito Nunes Viana e estabeleceu, em 1709, a Capitania de São Paulo e Minas de Ouro, reforçando sua presença na região.

SÉCULO XVIII: O BARROCO NAS MINAS

O termo "barroco" era utilizado no comércio de joias para designar uma pérola irregular. De origem portuguesa, a palavra difundiu-se na Europa e designou o estilo artístico e literário surgido na Itália na época da Reforma Católica. A arte barroca chegou ao seu apogeu entre 1650 e 1730. Em função do contato das colônias americanas com suas metrópoles, logo chegou à América, onde desenvolveu características próprias. No caso luso-brasileiro, apresentou longevidade ainda maior.

O Barroco tornou-se uma linguagem artística típica do Ocidente católico e apresentava temáticas recorrentes, como o sofrimento de Cristo e a Virgem.

Embora apresentasse uma temática, as formas de representar sofreram influências regionais por conta dos materiais utilizados e dos artífices, que criaram composições típicas de cada localidade. Especialmente no litoral, era possível perceber a influência direta da arte portuguesa, com características eruditas.

No interior, como era o caso de Minas Gerais, a arte barroca tinha uma feição mais popular. Minas se tornou um dos principais centros irradiadores do estilo barroco, onde a riqueza obtida com o ouro favoreceu o desenvolvimento urbano e artístico. A capitania também foi marcada pela multiplicação de pequenos núcleos urbanos, onde havia uma forte presença de irmandades, associações religiosas leigas formadas por profissionais liberais, artesãos (pintores, entalhadores, escultores) ou escravos, os quais se reuniam para prestar assistência mútua e cultuar seus santos padroeiros, pois a Coroa havia proibido a instalação de ordens religiosas na região. Algumas dessas associações, que eram constituídas apenas por negros ou pardos, foram as principais responsáveis pelo desenvolvimento do barroco mineiro.

Embora não fossem tão suntuosas quanto as europeias, as igrejas construídas pelas irmandades apresentavam um inegável gosto pela ornamentação. É o que se nota nas portadas ricamente esculpidas em pedra-sabão, que se contrapõem às paredes lisas de alvenaria em um jogo de contraste típico do barroco. Seus interiores eram ricamente adornados, com altares entalhados em madeira, pinturas nos tetos e esculturas de santos, muitas delas revestidas de ouro. Mas a principal característica do barroco mineiro é a incorporação de elementos da cultura africana trazida pelos povos escravizados. A fusão de elementos africanos e europeus pode ser notada, por exemplo, no culto aos santos Cosme e Damião, que foram representados juntos apenas no Brasil, em alusão aos Ibeji – orixás gêmeos cultuados na cultura iorubá. Muitos santos ou a própria Virgem Maria foram retratados como negros ou mestiços, e anjos brancos, negros e mulatos brincavam lado a lado nas imagens celestiais.

A presença desses elementos mestiços se deve, também, à própria origem dos artistas. Um dos que mais se destacaram na época foi Antônio Francisco Lisboa (1730?-1814), o Aleijadinho. Mulato, sua formação artística também foi mestiça, já que combinou elementos de cunho local com o aprendizado nas oficinas de artesãos portugueses, inclusive na de seu pai, o português Manuel Francisco Lisboa. Na imagem ao lado, de Nossa Senhora das Dores, é possível perceber toda a dramaticidade da arte barroca, destinada a convencer tanto os infiéis e hereges quanto os pagãos.

Aleijadinho (Antônio Francisco Lisboa, c. 1730-1814). *Nossa Senhora das Dores*, século XVIII. Madeira policromada, altura 830 mm. Minas Gerais.

Forro da Igreja de São Francisco de Assis, pintado pelo Mestre Athayde. Ouro Preto, Minas Gerais, 2011.

A institucionalização do poder régio

O primeiro governador da capitania de São Paulo e Minas de Ouro, Antônio de Albuquerque Coelho de Carvalho (1655-1725), instituiu efetivamente o **poder régio**. Em 1711, as primeiras câmaras municipais de Vila do Carmo (que depois seria elevada à condição de cidade, com o nome de Mariana, em 1745), Vila Rica (atual Ouro Preto) e Sabará foram criadas. As câmaras municipais foram órgãos fundamentais na organização do cotidiano: além de regularem o comércio local e a ocupação do espaço urbano, com a conservação de estradas e pontes, entre outras iniciativas, eram responsáveis pela justiça de primeira instância.

Esses órgãos representavam uma grande oportunidade para muitos mineradores de origem humilde que enriqueceram e almejavam obter prestígio e importância política. Nos primeiros anos, houve casos de pardos que conseguiram ocupar posições de autoridade nas assembleias municipais, algo proibido por lei e fortemente condenado naquela sociedade hierárquica e excludente. Em 1714, foram criadas as comarcas, dividindo o território em quatro jurisdições: Ouro Preto, Rio das Mortes, Rio das Velhas e Serro Frio.

As comarcas tinham o objetivo de melhorar o sistema legal nas zonas de garimpo, não apenas para agilizar a justiça como também para assegurar a tributação da atividade mineradora. As sedes das quatro comarcas (Vila Rica, Sabará, São João del-Rei, Serro Frio) centralizavam a cobrança dos dízimos. Desde o Regimento de 1702, as autoridades metropolitanas tentavam melhorar o controle sobre a cobrança do quinto: teoricamente, todo ouro retirado deveria ser taxado em 20% (um quinto) em benefício da Coroa.

A melhor forma de arrecadar o quinto foi um dos assuntos mais controversos da administração régia. Inicialmente, um quinto de todo o ouro declarado era recolhido pelo Provedor dos Quintos. Mas, como o minério circulava em pó, era muito fácil extraviá-lo. A partir de 1710, o quinto foi cobrado por bateias: os mineradores pagavam 10 oitavas pela utilização de cada bateia (prato côncavo utilizado para apuração das areias auríferas), ou seja, 10 oitavas para cada escravo utilizado no serviço da mineração. Três anos depois, a Coroa alterou novamente a forma de arrecadar o tributo: em 1713, as recém-criadas câmaras municipais se tornaram responsáveis pelo recolhimento de 30 arrobas de ouro (cerca de 440 quilos) ao ano.

Em 1718, o governador da capitania de São Paulo e Minas de Ouro, Dom Pedro de Almeida (1688-1756), rebaixou de 30 para 25 arrobas de ouro o montante a ser arrecadado anualmente e transferiu a cobrança do direito de entrada das câmaras para a Fazenda Real. No ano seguinte, Dom João V mandou instalar Casas de Fundição em cada sede de comarca. Ele proibiu a circulação do ouro em pó e determinou que o metal precioso deveria ser fundido em barras nas Casas de Fundição. Nelas seria separado o quinto, enquanto o metal restante receberia o selo real e a marca da identificação do local da fundição.

O novo sistema dificultava o contrabando e causou revolta em Vila Rica: houve violência e depredação. Muitos potentados locais, a maioria deles originários de Portugal, apoiaram a revolta. Mas somente um homem – Filipe dos Santos, analfabeto e tropeiro – foi condenado à morte. Seu corpo foi esquartejado e espalhado pelos quatro cantos da Vila para servir de exemplo. Os outros envolvidos foram presos e mandados para o Rio de Janeiro.

Além de adiar a instalação das Casas de Fundição, a Revolta de Vila Rica contribuiu para uma importante mudança administrativa. Em 1720, em vista da impossibilidade de um único governador controlar territórios muito extensos, a capitania de São Paulo e Minas de Ouro deixou de existir. Em seu lugar, foi criada a capitania de Minas Gerais, independente de São Paulo. Em 1725, instalaram-se finalmente as primeiras Casas de Fundição. Apenas os pequenos mineradores, que não conseguiam juntar ouro suficiente para ser transformado em barras, poderiam circular com ouro em pó.

A fiscalização e a preocupação da Coroa aumentaram com a descoberta das minas de diamantes em Serro Frio, nos anos de 1720. Ali foi criado um distrito Diamantino, que estava sujeito a um controle ainda mais estrito. Assim, o Tejuco, onde foram descobertas as primeiras pedras, permaneceu como um simples arraial, sem gozar da relativa autonomia concedida às vilas do ouro. Ninguém podia entrar ou permanecer no distrito Diamantino sem autorização expressa do superintendente. A palavra desse funcionário tinha maior peso, no local, que a do governador da capitania. A repressão era motivada pelo valor dessas pedras preciosas, muito superior ao do ouro. Além disso, diamantes podiam ser mais facilmente escondidos e levados ilegalmente para fora do distrito, evitando o pagamento dos impostos devidos à Coroa.

Poder régio: poder que tem sua origem no rei; poder real.

Guerra dos mascates: um conflito entre latifundiários e comerciantes

Logo após a Guerra dos Emboabas, a Coroa portuguesa teve de lidar com outra revolta: a Guerra dos Mascates (1710-1711). A palavra "mascate" refere-se a vendedor ambulante, aquele que oferece seus produtos batendo de porta em porta. O confronto acabou sendo conhecido por esse nome graças ao título do romance histórico de José de Alencar, publicado em 1873.

O motim, ocorrido em Pernambuco, teve como pano de fundo a difícil recuperação da capitania após a expulsão dos holandeses. A elite rural pernambucana, embora empobrecida pela guerra, passou a pleitear o controle da capitania, alegando que os holandeses haviam sido expulsos unicamente graças aos seus esforços. Exigiam, por exemplo, o cargo de governador e que a Câmara controlasse os impostos cobrados na capitania.

Enquanto isso, muitos portugueses chegaram ao Recife para praticar o comércio, atividade que era desprezada pelas elites. Fornecendo mercadorias aos senhores de engenho, que, por sua vez, foram ficando cada vez mais endividados, esses comerciantes enriqueceram e formaram uma burguesia ascendente, ávida por prestígio e respeito social. Um dos principais caminhos para as honrarias era a ocupação de cargos na Câmara de Olinda, mas a aristocracia do açúcar recusava-se a conceder tais benesses.

Senhores de engenho e comerciantes passaram, então, a ocupar lados opostos na disputa pelo poder. Quando, em 1710, foi concedido o *status* de vila para Recife – decisão que diminuiu significativamente o poder da municipalidade de Olinda –, a rivalidade entre as duas facções incendiou-se.

O governador de Pernambuco, Sebastião de Castro e Caldas (?-1713), que era claramente favorável às propostas dos mascates, foi emboscado e ferido. Depois desse acontecimento, vários senhores de engenho foram presos. A partir daí, alegando autodefesa, eles se uniram e avançaram sobre Recife. Alguns meses depois, foi a vez dos mascates tomarem a região, que permaneceu sitiada por mais de três meses.

A guerra civil só foi resolvida em 1711, com a chegada do novo governador de Pernambuco, Félix Machado (1677-1731). Além de restaurar a ordem administrativa, social e econômica na capitania, ele restituiu o posto de vila a Recife, e, por causa dessa atitude, foi acusado pela nobreza de ter realizado um complô com os mascates. Um terceiro levante teve início, mas foi rapidamente sufocado, levando à condenação de apenas duas pessoas. Pode-se concluir que, no confronto, os mascates levaram vantagem. Foi irreversível a ascensão da vila do Recife, que se tornou definitivamente a capital de Pernambuco.

É interessante perceber que a Guerra dos Mascates fez parte de um amplo processo de ascensão dos grandes homens de negócio ao longo do século XVIII, e que assumiu formas distintas em cada região. Na segunda metade do século XVIII, essa ascensão dos negociantes foi potencializada pelas reformas pombalinas, que, procurando dinamizar a economia portuguesa, trataram de enobrecer a atividade mercantil em larga escala.

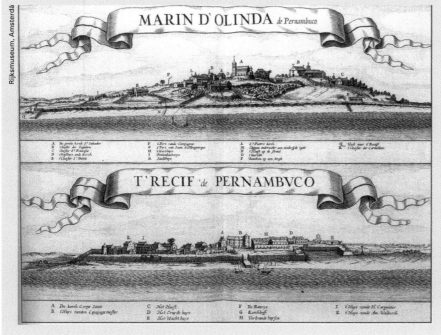

Joannes de Laet. *Olinda e Recife, 1644*, gravura retirada de *História ou annaes dos feitos da Companhia Privilegiada das Indias Occidentais*. Anais da Fundação Biblioteca Nacional do Rio de Janeiro, vol. 33, 1915, entre as p. 68 e 69. Enquanto Olinda havia sido destruída durante a ocupação holandesa (1630-1654), Recife floresceu como centro comercial e administrativo. Mesmo após a expulsão dos holandeses manteve essa posição, para a inveja dos senhores de engenho olindenses.

O descaminho do ouro

Como não eram revistados nos postos de inspeção, os eclesiásticos conseguiam burlar a fiscalização portuguesa e contrabandear grandes quantidades de ouro sem serem incomodados. Um expediente utilizado tanto por religiosos como por seculares era transportar ouro em pó dentro de imagens religiosas, que ficaram conhecidas como "santos do pau oco". Daí usar-se essa expressão para designar uma pessoa sonsa ou hipócrita, diferente, por dentro, daquilo que aparenta ser. O contrabando movimentava um vasto comércio ilegal canalizado principalmente para Buenos Aires, onde era trocado pela prata oriunda do Peru, e para outras províncias espanholas.

Anônimo. *Nossa Senhora do Rosário*. Madeira talhada, policromada, estofada e dourada, século XVIII, 2,020 m. Paracatu, Minas Gerais.

Não obstante, o contrabando de ouro e diamantes continuava ocorrendo. Escravos faiscadores escondiam ouro dos seus feitores, funcionários régios participavam do comércio ilegal e exploradores deixavam de recolher os 20% de tributação. O contrabando era quase uma parte integral do sistema e ocorria sob o olhar complacente da elite local, que também obtinha vantagens com o descaminho.

De maneira geral, o modelo das Casas de Fundição durou, com pequenas variações, até 1735, quando foi substituído pela capitação: taxa imposta sobre todos os moradores de Minas Gerais, de acordo com o número de escravos e estabelecimentos comerciais possuídos. Em 1751, o quinto voltou a ser cobrado pelas Casas de Fundição instaladas em Vila Rica, Sabará, São João del-Rei, Vila do Príncipe, Tejuco, Paracatu e Minas Novas.

Cerca de 81% do ouro brasileiro saía de Portugal para pagar importações. Um acordo comercial firmado em 1703, conhecido como Tratado de Methuen, previa que os ingleses venderiam produtos manufaturados isentos de tributos aos portugueses, enquanto estes forneceriam vinho e azeite para o mercado inglês. Como os produtos ingleses eram mais caros, Portugal quitava a diferença com ouro e diamantes.

A economia das Minas: integração da América portuguesa e consolidação de um mercado interno

A atividade mineradora estimulou um intenso fluxo imigratório, transformando em pouco tempo Minas Gerais na região mais populosa da colônia. A rápida urbanização ocasionou, no fim do século XVII e início do XVIII, graves crises de fome. A Coroa passou, então, a incentivar a concessão de sesmarias destinadas ao cultivo e à criação de animais, pois via a produção agrícola como essencial para o sucesso da própria empresa mineradora.

Aos poucos, para atender a esse novo mercado consumidor, que demandava os mais variados produtos, gestou-se uma nova geografia econômica em Minas, mais diversificada e mista. A pecuária, o cultivo da mandioca e a produção de doces, queijos, tecidos de algodão e produtos de couro ganharam impulso.

Eixos mercantis desenvolveram-se, interligando as regiões mineradoras ao Atlântico e integrando o interior ao litoral. De São Paulo, Rio de Janeiro, Pernambuco e Salvador vinham todos os tipos de gêneros, como milho, trigo, gado, açúcar, tabaco, escravos e artigos de luxo – porcelana, sedas, têxteis – para a população de Minas. Os campos do sul – do Rio Grande de São Pedro (atual Rio Grande do Sul) e do Sacramento (no atual Uruguai) – forneciam especialmente gado, usado na tração, na produção de carne e couro e no transporte de mercadorias. As tropas de mulas trazidas do sul eram indispensáveis ao transporte do ouro para os portos de escoamento.

Por sua proximidade com a região das Minas, o Rio de Janeiro foi privilegiado como porto e principal área de abastecimento da zona mineradora. A capitania destacou-se por sua produção de alimentos, pelo comércio com a Europa e por sua participação no tráfico de indivíduos escravizados.

Praticamente toda a produção na América portuguesa se baseava na mão de obra escrava. Na primeira metade do século XVIII, a demanda por cativos aumentou em cerca de 70% se comparada com o último quartel do século XVII e, ainda no século XIX, Minas Gerais continuava a ser a região com o maior número de cativos do Brasil. É importante perceber que os laços entre a mineração e o escravismo não se limitavam à aquisição de pessoas: o ouro também era investido no tráfico atlântico e estimulava a oferta de cativos no litoral africano.

O Rio de Janeiro tornou-se um dos principais polos comerciais das Américas, o que abriu espaço para sua posterior elevação a capital do Estado do Brasil, em 1763. Não por acaso, tornou-se um dos alvos preferidos das investidas estrangeiras. O primeiro ataque ocorreu em 1710, mas seu responsável, o corsário francês Jean-François Duclerc (?-1710), foi derrotado e assassinado na prisão. No ano seguinte, houve novo ataque, dessa vez bem-sucedido. O corsário René Duguay-Trouin (1673-1736), depois de cercar o Rio de Janeiro e ameaçar invadi-lo, levou como resgate uma enorme fortuna em ouro.

Na primeira metade do século XVIII, a capitania de Minas Gerais passou a desempenhar um papel aglutinador, ampliando e integrando a economia colonial de maneira muito mais intensa que no século XVII. Ao ir além da mera produção de ouro e diamantes, Minas Gerais não entrou em decadência mesmo após o lento declínio da mineração, iniciado a partir de 1755. Ao contrário, com suas enormes fazendas de plantações e criação de gado, tornou-se uma das mais ricas regiões do Brasil. Graças ao ouro, ao crescimento populacional e ao desenvolvimento do mercado interno, a economia da colônia desenvolveu-se, tornando-se até maior do que a da metrópole no fim do século.

> **ORGANIZANDO AS IDEIAS**
>
> 2. Cite algumas manifestações da institucionalização do poder da Coroa portuguesa na região das Minas.
> 3. Mencione laços entre o escravismo e a extração mineral.

Redesenhando a América portuguesa

A expansão para o interior

A União Ibérica (1580-1640) foi um dos eventos que mais favoreceram a expansão portuguesa sobre os domínios espanhóis na América. No vale amazônico, principalmente a partir do século XVII, os portugueses se fizeram presentes por meio da construção de fortes e quartéis, da exploração das "drogas do Sertão" e da constituição de aldeamentos indígenas.

No extremo sul, a partir de 1740, começaram a se instalar muitos imigrantes da Ilha dos Açores. Eles fundariam a Vila de Porto dos Casais, futura Porto Alegre. Já no Centro-Oeste, a mineração do ouro e dos diamantes resultou na construção de uma série de vilas e povoados. Em consequência dessa expansão sobre o território da América espanhola, a fronteira traçada pelo Tratado de Tordesilhas no final do século XV precisava ser revista.

Em 1750, logo no início do reinado de Dom José I, as Coroas ibéricas assinaram o Tratado de Madri, que dispunha sobre o novo traçado da fronteira entre as Américas portuguesa e espanhola. Com base no princípio do *uti possidetis*, que levava em consideração que as terras exploradas ou colonizadas por um Estado a ele pertenceriam, a expansão realizada pelos bandeirantes, missionários e pelo governo português foi reconhecida.

Os negociadores do Tratado de Madri, entre eles o luso-brasileiro Alexandre de Gusmão (1695-1753), lançaram mão de conhecimentos da ciência do século XVIII – a Matemática, a Astronomia, a Cartografia – para redesenhar a América portuguesa.

Ao assinar o Tratado de Madri, a Espanha pretendia afastar de vez os portugueses da Colônia do Sacramento, ponto estratégico para o controle do Rio da Prata. Em troca do direito sobre a Colônia do Sacramento, os espanhóis concordaram em passar para o domínio português a região dos Sete Povos das Missões, um conjunto de aldeamentos dirigidos pelos jesuítas espanhóis onde viviam milhares de indígenas guaranis. Para a troca acontecer, a região teria de ser desocupada.

Mas os guaranis resolveram resistir. Entre 1754 e 1756, portugueses e espanhóis os enfrentaram. O fato de os jesuítas terem armado a população indígena na chamada Guerra Guaranítica pesou na decisão de Pombal de expulsá-los de Portugal e das colônias três anos depois.

As fronteiras brasileiras antes e depois do Tratado de Madri

Fonte: BETHELL, Leslie (Org.). *História da América Latina*: a América Latina Colonial. São Paulo/Brasília: Edusp/Fundação Alexandre Gusmão, 1997. v. I, p. 481.

Em 1761, os dois países assinaram o Tratado do Pardo, que modificou o de Madri. Em 1777, pelo Tratado de Santo Ildefonso, os Sete Povos voltaram temporariamente ao domínio espanhol. Para os portugueses, a vantagem obtida no novo acordo era a manutenção da soberania sobre os territórios do Rio Grande de São Pedro e a Ilha de Santa Catarina. Em 1801, pelo Tratado de Badajós, a região dos Sete Povos das Missões foi definitivamente incorporada à América portuguesa.

A administração pombalina e a reorganização do Império Português

Em meados do século XVIII, Sebastião de Carvalho e Melo (a partir de 1769, Marquês de Pombal), começou a empreender uma série de reformas políticas, administrativas e econômicas em Portugal e em seus domínios ultramarinos. Pombal pretendia racionalizar a máquina governamental portuguesa, fortalecendo-a por meio do desenvolvimento do comércio e do afrouxamento dos laços de dependência em relação aos ingleses. Uma de suas primeiras preocupações foi instituir a cobrança do imposto régio sobre a extração do ouro. Em 1751, foi instituída a imposição de uma cota mínima de 100 arrobas – cerca de 1 500 quilos – de ouro ao ano, assegurada pelas câmaras municipais. Caso a quantidade não fosse atingida, a diferença seria compensada por meio de um imposto pago pelos habitantes, a chamada **derrama**. Nos lugares centrais de cada comarca, foram estabelecidas novas Casas de Fundição para impedir o contrabando e novas penas foram impostas aos contraventores.

Além disso, Pombal desejava tornar Portugal cada vez menos dependente dos produtos manufaturados ingleses e decidiu, assim, incentivar o setor industrial português. Seguindo essa estratégia, ele estimulou a ascensão social dos mercadores portugueses. O ministro entendia que, além de incentivar novas possibilidades de lucro desses atores sociais, era importante tornar a profissão de comerciante mais prestigiosa, enobrecendo seus representantes mais destacados. Esse recurso estava alinhado à lógica do Antigo Regime, em que a posição social não era determinada unicamente pela riqueza, mas também pelo prestígio e pelas honrarias concedidas pelo monarca. Pombal criou também novos órgãos administrativos, como a Junta do Comércio (1755). Em 1761, o ministro proibiu a entrada de escravos em Portugal. Ele achava improdutivo utilizá-los como empregados domésticos na metrópole, uma vez que gerariam

Sítio Arqueológico São Miguel Arcanjo. Ruínas da Igreja de São Miguel, construída de 1735 a 1745, localizado no atual município de São Miguel das Missões, Rio Grande do Sul. Foto de abril de 2015.

mais riquezas atuando nas minas de ouro e plantações da América portuguesa.

Na América portuguesa, Pombal promoveu a agricultura mercantil e assumiu uma postura mais agressiva de controle sobre o comércio colonial, tentando retomá-lo integralmente para os portugueses. Dentro dessa política, foram criadas duas companhias de comércio: a do Grão-Pará e Maranhão e a de Pernambuco e Paraíba, formadas respectivamente em 1755 e 1756. Financiadas por comerciantes e altos funcionários portugueses, as companhias tinham o objetivo de preservar o monopólio comercial português, reprimir o contrabando e estimular a economia do norte e do nordeste da América portuguesa.

No campo administrativo, Pombal extinguiu as capitanias hereditárias, incorporando as 11 que restavam ao patrimônio da Coroa. Além disso, com o intuito de deslocar a administração colonial para o Centro-Sul, a sede do governo foi transferida, em 1763, de Salvador para o Rio de Janeiro, que então se consolidava como o principal porto do ouro e de desembarque de africanos escravizados, além de ficar mais próximo do sul do continente, onde ocorria a disputa pela Colônia do Sacramento.

A política pombalina dedicou ainda especial atenção às áreas fronteiriças da América portuguesa, tanto ao norte quanto ao sul. Para governar o Estado do Grão-Pará e Maranhão, Pombal nomeou seu irmão, Francisco de Mendonça Furtado (1700-1769). A administração da região foi guiada por um dos mais importantes instrumentos jurídicos do período colonial, o Diretório Pombalino (1757), que substituía os aldeamentos jesuíticos por vilas, estabelecia o maior controle português na região e incentivava sua exploração econômica. Tal determinação abolia o controle dos missionários sobre os indígenas e reforçava a secularização dos aldeamentos. O conjunto de leis buscava estabelecer um plano de civilização dos nativos, estimular o aprendizado da língua portuguesa e normatizar a miscigenação. Era um complemento à proibição da escravização dos nativos, decretada em 1757.

No século XVIII, profundamente marcado pelo movimento das Luzes, predominavam críticas ao poder excessivo da Igreja. Dentro desse panorama, uma das medidas mais polêmicas durante a administração pombalina foi a expulsão dos jesuítas de Portugal e das colônias. A Companhia de Jesus era vista como uma instituição que limitava o poder real. Após um atentado frustrado a Dom José I, em 1758, pelo qual algumas famílias nobres foram acusadas, presas e torturadas, os jesuítas foram responsabilizados por supostamente terem tramado contra a vida do rei. Assim, em janeiro de 1759, eles foram banidos e tiveram suas propriedades confiscadas.

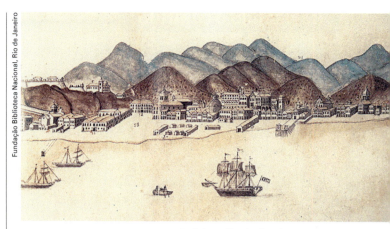

Anônimo. Rio de Janeiro, nova sede do governo colonial. Extraído de prospecto da Cidade de São Sebastião do Rio de Janeiro, 1775.

A saída dos jesuítas provocou mudanças importantes na colônia, principalmente em relação ao ensino, uma vez que os religiosos administravam as mais importantes escolas para clérigos e leigos. O Ensino Superior foi reformado em Coimbra (onde estudavam centenas de brasileiros pertencentes a famílias abastadas) em 1772, enfatizando as ciências e os conhecimentos práticos, com o objetivo de formar servidores úteis ao Estado.

Após a morte do rei Dom José I, em 1777, Pombal foi afastado pela nova rainha, Dona Maria I. As casas da primeira nobreza retomaram sua força, as companhias comerciais foram extintas e a produção de manufaturas foi proibida no Brasil. Esse período tornou-se conhecido como "viradeira", em uma sugestão de que as políticas pombalinas estavam dando lugar a suas opostas. De fato, não foram poucas as mudanças empreendidas após a queda do ministro, mas, no essencial, a estrutura que Pombal promovera permaneceu. Seu afastamento, portanto, não significou o aniquilamento de sua política econômica.

ORGANIZANDO AS IDEIAS

4. Cite algumas medidas adotadas pela administração pombalina para a América portuguesa.

Revisando o capítulo

APROFUNDANDO O CONHECIMENTO

1. Leia o trecho deste livro de 1711 e, a partir dele, responda às perguntas a seguir.

   > A sede insaciável do ouro estimulou a tantos a deixarem suas terras e a meterem-se por caminhos tão ásperos como são os das minas, que dificultosamente se poderá dar conta do número de pessoas que atualmente lá estão. Cada ano, vem nas frotas quantidades de portugueses e estrangeiros, para passarem às minas. Das cidades, vilas e recôncavos e sertões do Brasil, vão brancos, pardos e pretos, e muitos índios, de que os paulistas se servem. A mistura é de toda a condição de pessoas: homens e mulheres, moços e velhos, pobres e ricos, nobres e plebeus [...].
   > Sendo a terra que dá ouro esterilíssima de tudo que se há de mister para a vida humana, e não menos estéril a maior parte dos caminhos das minas, não se pode crer o que padeceram ao princípio os mineiros por falta de mantimentos, achando-se não poucos mortos com uma espiga de milho na mão, sem terem outro sustento. Porém tanto se viu a abundância do ouro, que se tirava, e a largueza com que se pagava tudo o que lá ia; logo se fizeram estalagens e logo começaram os mercadores a mandar às minas o melhor que chega nos navios do reino, e de outras partes, assim de mantimentos, como de regalo; e de pomposo para se vestirem, além de mil bugiarias de França, que lá também foram dar. E a este respeito, de todas as partes do Brasil se começou a enviar tudo o que dá a terra, com lucro não somente grande, mas excessivo. [...] Daqui se seguiu mandarem-se às Minas Gerais as boiadas de Paranaguá, e as do Rio das Velhas, as boiadas dos campos da Bahia e tudo mais que os moradores imaginavam poderia apetecer-se, de qualquer gênero de coisas naturais, e industriais, adventícias, e próprias.
   >
   > ANTONIL, André João. *Cultura e opulência do Brasil por suas drogas e minas*. São Paulo: Edusp, 2007, p. 226-227; 234-235.

   a. Qual foi o impacto demográfico da descoberta do ouro no Centro-Sul da América portuguesa?

   b. A partir do texto, analise uma transformação econômica trazida pela mineração.

2. Leia o texto a seguir, retirado de um documento produzido em 1700.

   > As terras do território das minas de Cataguases, assim campos como matos lavradios, de direito pertenciam aos paulistas, para as possuírem por datas de Sua Majestade ou de donatários, porquanto eles foram os que conquistaram e descobriram minas de ouro que de presente se lavram, o que é notório e patente, o que tudo fizeram à custa de suas vidas e fazendas, sem dispêndio algum da fazenda real.
   >
   > ACTAS DA CAMARA da Villa de São Paulo. São Paulo: Archivo Municipal de S. Paulo, 1915, v. VII (1679-1700), p. 536-537.

   a. Explique por que os paulistas se consideravam os legítimos proprietários das minas.

   b. Qual é a relação entre a posição dos paulistas e a Guerra dos Emboabas (1707-1709)?

3. Em 1716 o secretário de Estado de Lisboa fez a seguinte observação sobre a atividade mineira: "Apesar das torrentes de ouro que chegam da América, nunca Portugal foi tão pobre, porque na época de nossa maior fortuna os estrangeiros levaram tudo de nós".
   Com base no que estudamos neste capítulo, explique a frase acima.

4. Observe a tabela abaixo, que apresenta uma estimativa do número de africanos escravizados desembarcados nos principais portos do Brasil entre 1676 e 1775:

	Bahia	Pernambuco	Rio de Janeiro	Total
1676-1700	103 035	83 221	72 123	258 379
1701-1725	184 871	110 748	121 938	417 557
1726-1750	231 174	73 430	159 523	464 127
1751-1775	176 069	70 653	204 942	451 664

   Fonte: <http://www.slavevoyages.org/assessment/estimates>. Acesso em: 28 abr. 2016.

   a. Identifique duas mudanças nos padrões de entrada dos africanos no Brasil perceptíveis na tabela acima.

   b. Explique uma dessas transformações.

   c. Relacione a transferência da capital do Estado do Brasil para o Rio de Janeiro em 1763 com uma transformação na geografia econômica da Colônia identificável na tabela.

A VIDA SOCIAL NA AMÉRICA PORTUGUESA

CAPÍTULO 22

Diferente do que por vezes se pensa, o Brasil colonial não se resumiu a plantações e minas, senhores e escravos. A crescente população da América portuguesa adaptou os modelos trazidos da Europa às realidades de um Novo Mundo escravista. Como essa sociedade era dividida e de que maneira as hierarquias sociais brasileiras se diferenciavam das lusitanas? Quais eram as formas de organização familiar? Como o catolicismo foi transformado por um grupo de fiéis muito distintos dos que existiam no Velho Mundo? A diversidade é uma das principais características do Brasil e, para compreendê-la, é preciso estudar suas origens.

Uma diferença central entre Brasil e Portugal foi a presença de um grande número de escravizados e seus descendentes, tanto indígenas quanto, e principalmente, africanos. Assim, é preciso reconhecer que, mesmo explorados e dominados, cativos e forros desenvolveram importantes manifestações culturais que possibilitaram tanto uma integração subalterna na sociedade escravista quanto a manutenção e recriação de identidades próprias.

Construindo o conhecimento

- Na sua opinião, quais são as continuidades entre a sociedade brasileira atual e a do passado escravista e colonial?
- Qual era o papel que a religião exercia na sociedade dessa época? E hoje em dia?

Plano de capítulo

▶ Uma Babel nos trópicos
▶ Diferentes formas de ocupação do espaço
▶ Sociabilidades e religiosidade popular

Vista aérea dos bairros Trindade, Santa Mônica e Itacorubi, em Florianópolis, Santa Catarina. Foto de agosto de 2014. A ocupação da região Sul ficou, durante séculos, circunscrita a pequenos vilarejos isolados. Nossa Senhora do Desterro, por exemplo, foi criada na Ilha de Santa Catarina no último quartel do século XVII, e teve seu crescimento impulsionado no século seguinte graças a uma política de povoamento incentivada pela metrópole, que oferecia benefícios para casais açorianos se instalarem na região. No final do século XVIII, Desterro era uma modesta vila que partilhava muitos códigos culturais comuns ao Império português.

Marcos cronológicos

1591-1595
Primeira visitação do Santo Ofício à América portuguesa (Bahia e Pernambuco).

1603
As Ordenações Filipinas estabelecem restrições aos descendentes de negros e mulatos para o acesso a cargos públicos.

1618-1621
Segunda visitação do Santo Ofício à América portuguesa (Bahia).

1707
Constituições Primeiras do arcebispado da Bahia.

1763-1769
Última visitação do Santo Ofício à América portuguesa (Grão-Pará e Maranhão).

Uma Babel nos trópicos
Sociedades idealmente aristocráticas

Quando falamos em "colônia" para nos referir ao passado brasileiro, sugerimos uma ideia de uniformidade que não corresponde à realidade daquele período. Fato é que, entre os séculos XVI e XVIII, o território brasileiro apresentava diferentes formas de ocupação do espaço, organização social e dinâmica econômica. Assim, o território americano sob controle luso não constituía um país ou uma colônia uniforme, mas a reunião de diversas dinâmicas sociais. Os elementos que garantiam a união entre esses diferentes espaços eram a sujeição ao rei e à fé católica. Todos se compreendiam como fiéis súditos e bons católicos portugueses.

A América portuguesa abrigava diferentes formas de organização social e variados graus de intersecção entre africanos, indígenas e portugueses. A todo momento, milhares de africanos escravizados, portadores de inúmeras práticas culturais, desembarcavam com seus costumes e línguas. As culturas indígenas também eram muito diferentes entre si, com seus dialetos derivados de diversos troncos linguísticos e múltiplos padrões de comportamento. Mesmo os portugueses vinham de diferentes regiões do reino e traziam práticas culturais próprias, mas a língua portuguesa e a religião católica os uniam.

Especialmente do ponto de vista político, a América não guardava muitas diferenças em relação à lógica que regia todo o império português. Ela foi influenciada por valores que serviram de base à organização político-social europeia do **Antigo Regime**, em que o rei era o responsável pela justiça e pelo bem comum.

No pensamento político português, o rei era compreendido como a cabeça do organismo social e servia de exemplo para os demais membros do corpo. No caso da América portuguesa, dividida entre o clero, a nobreza e a população comum, e com uma miscigenação constantemente realimentada pela chegada de africanos escravizados, era fundamental, para manter alguma coesão, incorporar indígenas e africanos ao universo religioso católico.

Nas sociedades do Antigo Regime, os valores e o estilo de vida predominantes eram os da nobreza, que detinha privilégios de nascimento e de ocupação, além de distinções como o privilégio de andar armado e a isenção de impostos. Entre os atributos típicos de um nobre ibérico, destacavam-se a devoção religiosa, o patrimônio familiar e a "pureza do sangue", ou seja, a ausência de ancestrais pertencentes a grupos étnicos considerados inferiores, como mouros e judeus. A partir do último quartel do século XVII, os estatutos de pureza de sangue passaram a interditar também os descendentes de africanos.

As sociedades coloniais, como era o caso da América portuguesa, também se pautavam pelos critérios de pureza de sangue, mas a aplicação desse princípio era menos rigorosa que em Portugal. Era possível, por exemplo, encontrar maior presença de cristãos-novos e de comerciantes nas instituições coloniais do que na Europa. A América portuguesa era um espaço mais propício para a ascensão social. Muitas famílias empobrecidas de Portugal conseguiam se estabelecer como importantes núcleos políticos nas capitanias, beneficiando-se pelos critérios de pureza de sangue. Uma minoria branca mantinha-se permanentemente no exercício do poder político institucional na colônia.

É importante ressaltar, no entanto, que essa minoria branca não era uma "nobreza" nos moldes europeus. Até a vinda da família real, em 1808, a América portuguesa não tinha elites compostas de nobres oficialmente reconhecidos dessa forma. A aristocracia colonial era formada por endinheirados, senhores de engenho, negociantes, grandes mineradores, fazendeiros. Tais segmentos, embora tivessem o controle da política local e, algumas vezes, se autodesignassem "nobres da terra", muitas vezes eram vistos como rústicos pelos portugueses nascidos no reino.

Esses "nobres da terra", à semelhança do modelo europeu, desprezavam o trabalho braçal, considerando-o uma atividade menor, típica dos seres humanos de baixa condição. Na América portuguesa, o trabalho braçal foi constantemente associado ao trabalho escravo e, no processo de colonização, durante cerca de três séculos o estatuto da escravidão promoveu a divisão da sociedade colonial entre homens livres, dotados de mínimos direitos individuais e de propriedade, e escravos destituídos de quaisquer direitos oficiais. A escravidão, além de se constituir em fato jurídico, ou seja, de possuir bases legais, era vista como legítima.

Antigo Regime: conceito criado após a Revolução Francesa para se referir ao sistema social e político da Europa pré-revolucionária entre os séculos XVI e XVIII. O poder estava concentrado nas mãos do monarca, que governava com o auxílio da aristocracia. A hierarquia social era teoricamente definida pelo nascimento e por privilégios, embora a riqueza tenha adquirido uma importância crescente no período. A Igreja exercia um importante papel, estando profundamente ligada ao Estado.

> ### Agregando e hierarquizando
>
> Nesta imagem, o militar e pintor inglês Henry Chamberlain (1773-1829) mostra a face pública de uma família "aristocrática" no Rio de Janeiro, no início do século XIX. O pai encabeça todo o séquito, seguido pelas crianças e mulheres, recatadamente vestidas. Atrás, estão duas escravas – uma segurando uma criança e outra, um pequeno cachorro – e um escravo, que, embora bem-vestidos, estão descalços, sinalizando sua condição social. A proximidade deles com a família do senhor indica que eram provavelmente escravos domésticos; mas existiam outras modalidades de cativos, como os escravos de ganho, que exerciam ofícios pelas ruas (vendedores de frutas, refrescos etc.) e entregavam a seu dono a maior parte do dinheiro recebido; sem falar naqueles que trabalhavam nas minas e plantações.

Henry Chamberlain. *Uma família brasileira*, 1821. Água-tinta e aquarela sobre papel, 24,7 cm × 35,8 cm.

Os contornos gerais das sociedades da América portuguesa tomaram como referência os critérios de organização social do Antigo Regime, e ao mesmo tempo procuraram adaptá-los à realidade escravista. O resultado foi a formação de um corpo social dividido segundo critérios diversos, entre os quais podem ser citados a ascendência étnica, a origem familiar, a religião, a ocupação e a condição jurídica.

Um bom exemplo da importância dos ideais da nobreza europeia foi o caso dos senhores de engenho. Detentores da fábrica de açúcar, de grandes extensões de terra e de uma considerável quantidade de escravos, eles terminaram por ditar os padrões de conduta da região canavieira, pois dominavam também o poder político e as principais instituições. Eles não tinham o estatuto de nobres, mas afirmavam viver "à lei da nobreza".

Além das sociedades patriarcais

A exemplo do que acontecia nas demais sociedades católicas modernas da época, as sociedades coloniais seguiam idealmente o modelo patriarcal, em que os homens assumiam o papel central na condição de provedores e garantidores da honra e da continuidade da linhagem familiar.

Nas regiões açucareiras, o patriarcalismo se evidenciava na estruturação da casa-grande, um modelo de família estendida em que o chefe abrigava, sob sua estrita autoridade, a mulher, os filhos, os parentes e os **agregados**. Fora da casa-grande, o poder do chefe se estendia à senzala e à vizinhança, na qual costumava estabelecer relações de compadrio.

A celebração do sacramento do batismo era um momento importante porque, além do vínculo religioso com o catolicismo, tinha uma grande relevância social. A escolha dos padrinhos era estratégica porque o compadrio estabelecia o parentesco espiritual entre compadres. Geralmente, os apadrinhadores tinham um nível social acima dos afilhados.

No entanto, as sociedades da América portuguesa eram múltiplas e sofriam influências de diferentes matrizes em constante interação. Por maior que tenha sido o esforço de homogeneização por parte do Estado e da Igreja para difundir códigos de conduta, as sociedades coloniais produziriam um panorama bastante diversificado no que diz respeito às formas de convivência social.

Sem deixar de registrar a importância da família patriarcal como instituição de tipo modelar, a historiografia tem chamado a atenção para a existência de outras formas de relação familiar, seja em áreas periféricas, como a capitania de São Paulo – onde foi expressiva a presença da família nuclear –, seja na região das Minas, onde foram bastante comuns as relações familiares não legalizadas (concubinato). A Igreja e o Estado procuraram impedir tais práticas, vistas como imorais, adotando variadas medidas de caráter repressivo.

Nas regiões mais urbanizadas, era comum encontrar mulheres chefiando famílias. Muitas delas eram forras ou tinham ascendência africana, e normalmente se sustentavam com o pequeno comércio de rua. Algumas chegavam a prosperar graças a essa atividade, comprando casas, joias e escravas.

> **Agregados**: indivíduos que, mesmo sem terem laços de sangue com a família, fazem parte dela.

Um jantar no Brasil

No início do século XIX, o viajante francês Jean-Baptiste Debret (1768-1848) retratou uma cena íntima de uma família aristocrática no Rio de Janeiro. A imagem revela a relação muito próxima entre senhores e escravos. No entanto, a hierarquia é clara: enquanto os brancos se alimentam, a escravaria permanece às ordens. E os gestos de carinho, como o da senhora que serve comida a um filho de escravos, remetem muito mais à relação que hoje temos com um animal de estimação que ronda a mesa da família do que a uma interação entre seres humanos iguais. Além disso, essas "gentilezas" eram, não poucas vezes, alternadas com uma rotina de restrições e castigos físicos severos.

Jean-Baptiste Debret, *O jantar no Brasil*, litografia retirada de *Viagem pitoresca e histórica ao Brasil*, 1834-1839, v. 2, prancha 7.

No que dizia respeito à formação das famílias escravas, é preciso considerar as dificuldades impostas pelos proprietários para permitir o casamento legal, particularmente quando se tratava da união entre cativos de dois donos diferentes. Como o casamento era um sacramento reconhecido e estimulado pela Igreja Católica, certos proprietários temiam sofrer reprovação moral da Igreja no momento em que quisessem vender um dos cônjuges. Em contrapartida, alguns tinham uma postura menos restritiva e chegavam a incentivar o casamento entre seus escravos, considerando que a união reforçava os vínculos de dominação dentro de sua propriedade, facilitando o controle senhorial.

Em ambos os casos, a formação de famílias de escravos se enquadrava nas estratégias de dominação dos proprietários, mas também nas formas de resistência dos africanos e afrodescendentes à ordem escravista, pois a formação de famílias era uma maneira de afirmarem sua própria humanidade e estabelecerem laços sociais que dessem sentido a sua vida.

A maioria dos proprietários era de pequeno e médio porte, sendo, portanto, possuidora de poucos escravos. Não raro, nesses casos, os cativos faziam suas refeições e dormiam na mesma casa que seus donos, chegando a trabalhar junto com eles no campo ou nas oficinas artesanais. Tudo isso sugere que a dominação escravista era mais complexa e diversificada do que muitos imaginam, pois a negociação e a convivência eram partes da escravidão tanto quanto a dominação, a violência e o conflito.

ORGANIZANDO AS IDEIAS

1. Como era o patriarcalismo nas regiões açucareiras?
2. Que tipo de organização social os portugueses tentaram implantar na América portuguesa? Eles conseguiram? Explique.

Um casamento de escravos

A celebração de um casamento era um rito caro e muitos senhores não viam com bons olhos o matrimônio entre cativos. No entanto, essa opinião podia variar bastante e uma coisa é certa: o casamento resultava da negociação entre senhores e escravos, e era uma forma destes últimos buscarem o direito fundamental de constituir família. Pesquisas recentes têm mostrado que as famílias também eram um fator de estabilidade entre os cativos, o que beneficiava a rotina na propriedade. Esta imagem do início do século XIX retrata o casamento de cativos, certamente pertencentes a senhores ricos.

Jean-Baptiste Debret. *Casamento de negros escravos de uma casa rica*, litografia retirada de *Viagem pitoresca e histórica ao Brasil*, 1834-1839, v. 3, prancha 15.

Condições de legitimidade e infância abandonada

Nas sociedades católicas, durante a época moderna, somente os que nasciam de relacionamentos sacramentados pela Igreja eram considerados filhos "legítimos". A certidão de batismo tinha também uma função civil e permaneceu nos mesmos moldes, no Brasil, até 1891. Ao longo da época moderna, as monarquias esforçaram-se para disseminar o casamento como um valor e, em grande medida, obtiveram sucesso: as taxas de ilegitimidade reduziram-se bastante. Na América portuguesa, a pequena quantidade de mulheres brancas, a constante movimentação das populações masculinas, os custos para a cerimônia e a escravidão foram fatores que favoreceram o aumento do número de ilegítimos. Em certas regiões de Minas Gerais, as taxas de ilegitimidade poderiam variar entre 40% e 60% dos nascidos livres.

Bebês nascidos fora do casamento eram rotineiramente abandonados. A partir do século XVIII, tanto na Europa quanto na América portuguesa, o número de "enjeitados" ou "expostos" cresceu bastante, permanecendo alto ao longo de todo o século XIX. As justificativas do abandono de crianças variavam, mas como a honra era considerada uma questão central para as famílias, o abandono tinha o segredo como elemento imprescindível: nada deveria ser dito sobre as mães que abandonavam. No império português, todos os que criavam os enjeitados poderiam pedir um auxílio financeiro às câmaras até que as crianças completassem 7 anos de idade, mas, de modo geral, essas instituições se negavam a arcar com os custos. Em Salvador (1726), Rio de Janeiro (1738) e Recife (1788) foram criadas as chamadas "rodas dos expostos", em que as mães poderiam abandonar anonimamente seus filhos.

Anônimo. Gravura sem data mostra mãe se dirigindo à *La Rota*, como era chamada em Roma a "casa dos enjeitados". Nesse local, a mãe que quisesse ou precisasse abandonar sua prole o fazia discretamente.

Diferentes formas de ocupação do espaço

Os mais de três séculos de colonização portuguesa na América foram marcados por variadas formas de ocupação do espaço, a depender do tempo, da economia e do tipo de sociedade constituída. A maior parte do território, especialmente o interior, era pouco habitada; até fins do século XVII, os portugueses concentravam-se em uma estreita faixa litorânea. Naturalmente, os indígenas tinham formas diferentes de organização e muitas tribos conseguiram manter-se em seus territórios ao longo dos séculos.

No que dizia respeito à vida urbana e à vida rural, com base nas descrições da iconografia e do patrimônio que restou, pode-se observar um traço em comum: a simplicidade tanto das casas quanto do traçado urbano. Em geral, as casas possuíam apenas um andar, eram pequenas, rústicas, feitas de adobe – uma mistura de terra crua, água e palha ou outras fibras. Com exceção de Salvador e, em menor grau, de Olinda e do Rio de Janeiro, a paisagem era predominantemente rural. Todas as vilas e cidades, inclusive as maiores, estavam muito ligadas ao campo, pois mercadorias e pessoas circulavam constantemente entre os meios rural e urbano.

Até boa parte do século XVIII, Salvador foi a mais importante cidade da América portuguesa, concentrando uma poderosa elite local e os mais sofisticados edifícios. O traçado urbano assemelhava-se ao de Lisboa, mas o casario era consideravelmente mais modesto.

ORGANIZANDO AS IDEIAS

3. Como costumavam ser as casas nos dois primeiros séculos da América portuguesa?
4. Em que medida a estrutura urbana colonial reproduzia a ordem social e econômica?

AS CÂMARAS MUNICIPAIS E A CONCENTRAÇÃO DOS PODERES

Você já conhece o princípio da divisão dos poderes, que separa o Poder Legislativo (que cria as leis) do Executivo (responsável pela administração) e do Judiciário (que julga as ações e os conflitos de acordo com as leis). Esse princípio foi sistematizado no século XVIII por um filósofo iluminista, o francês Montesquieu. Sua ideia era a de que os três poderes fossem autônomos e, ao mesmo tempo, houvesse controle mútuo.

O atual Estado brasileiro, como todas as nações democráticas modernas, é regido pelo princípio da divisão dos poderes, tanto no nível federal como no estadual e no municipal. No período colonial, contudo, não era assim que o governo funcionava.

Nas vilas coloniais, as câmaras municipais eram o principal órgão da política local. Nela os juízes ordinários e vereadores administravam a cidade, julgavam ações cíveis e dialogavam com os funcionários. Conhecidos como "homens bons", eram eleitos pela elite local entre os grandes proprietários de terra e comerciantes da região. As cadeias também funcionavam nos prédios das câmaras.

As câmaras municipais só deixaram de exercer o Poder Judiciário após a Independência, quando o Brasil ganhou uma Constituição. Em 1827, foi criado o cargo de juiz de paz, ocupado por um cidadão eleito por um período de quatro anos. A ele cabia conduzir conciliações, julgar causas de pequenos valores e ações criminais menos graves. Já os vereadores, que também passaram a ser eleitos por mandatos de quatro anos, continuaram a exercer funções legislativas e executivas, e eram dirigidos pelo mais votado entre eles (o chamado presidente da câmara).

Foi somente após 1930, quando Getúlio Vargas tomou o poder, que se criaram as prefeituras, órgãos responsáveis pela administração das cidades. As câmaras passaram, então, a ter função apenas legislativa, como hoje. Vê-se, portanto, que o princípio da divisão dos poderes é uma conquista bastante recente da democracia brasileira – o que explica, em parte, a fragilidade de nossas instituições representativas.

Antiga Casa de Câmara e Cadeia de Mariana, Minas Gerais. No andar de cima, reuniam-se os vereadores; no de baixo, ficavam os presos. Foto de março de 2014.

Sociabilidades e religiosidade popular

Rituais e devoção na América portuguesa

Um dos traços definidores da cultura popular da América portuguesa foi a forte religiosidade. Ao longo dos três séculos de colonização, as diferentes influências culturais que formavam a sociedade colonial promoveram múltiplas manifestações voltadas para o sagrado, fossem elas públicas ou privadas, reconhecidas ou não pela Igreja Católica e pela Coroa portuguesa.

Na colônia americana, as tentativas de padronização cultural eram dificultadas pela presença relativamente precária do Santo Ofício, bem como por uma fragmentária estrutura eclesiástica, com poucos bispados responsáveis por enormes jurisdições. Apenas em 1707 foi promulgada uma legislação religiosa destinada especificamente à América. Para alguns historiadores, seriam as chamadas "Constituições Primeiras do Arcebispado da Bahia" que trariam efetivamente o espírito do Concílio de Trento para a América. As Constituições traziam prescrições sobre os sacramentos, o enterro dos escravizados, as irmandades e os rituais religiosos.

Tal como era típico da cultura europeia, a religiosidade católica primou pela realização de um número significativo de cerimônias públicas com o objetivo de alimentar a devoção popular. As festas públicas – algumas financiadas pela Coroa –, o culto a imagens e a arquitetura eram elementos que favoreciam uma religiosidade visual muito importante diante do grande número de iletrados. Nesse contexto, o estilo Barroco, com sua profusão de imagens e douramentos, teve um papel fundamental para afirmar essa religiosidade visual. Muitas igrejas foram erguidas ou decoradas sob encomenda das irmandades ou confrarias religiosas, que eram associações formadas predominantemente por leigos – ou seja, pessoas que não pertenciam ao clero – que se autoajudavam e promoviam o culto a um santo, considerado o patrono da irmandade.

Especialmente nas vilas e cidades, a participação nas irmandades era muito frequente e importante, pois os "irmãos" ou "confrades" tinham obrigações de auxílio mútuo. Todos os membros pagavam regularmente uma determinada quantia para a manutenção das suas irmandades, que, em contrapartida, se comprometiam a fornecer ajuda em caso de necessidade, como acompanhar o irmão durante seu funeral, fornecer o local para um enterro digno e rezar missas pela sua alma.

Para ter funcionamento regular, toda irmandade deveria ter autorização do seu respectivo bispo. Na América portuguesa, as irmandades poderiam se organizar segundo critérios étnicos ou profissionais: as irmandades de Nossa Senhora do Rosário dos Pretos, por exemplo, reuniam africanos escravizados e foram muito importantes no processo de evangelização; por sua vez, as irmandades de elite, como as Santas Casas de Misericórdia, reuniam apenas os brancos mais ricos, não aceitando mulheres, cristãos-novos ou mestiços. O pertencimento a essas organizações era, portanto, uma marca de prestígio social.

As irmandades mais bem-sucedidas construíam templos próprios. A historiografia tem ressaltado a importância dessas organizações também na manutenção de tradições africanas. Nas festas anuais, várias irmandades elegiam um rei e uma rainha, em um ritual de inversão hierárquica, misturando tradições africanas e luso-brasileiras católicas.

Em diferentes graus, era possível perceber que amplos setores da sociedade misturaram tradições do catolicismo oficial com outras práticas vistas pela Igreja Católica como superstição, idolatria ou feitiçaria, que poderiam ser heranças portuguesas, africanas ou indígenas. Era comum, por exemplo, a população recorrer abertamente a rezadeiras, benzedeiras e adi-

Santos negros

A devoção aos santos negros foi particularmente incentivada na América portuguesa, como forma de evangelizar os africanos. Em muitas irmandades de Nossa Senhora do Rosário dos Pretos era possível encontrar um altar dedicado a São Benedito ou a Santo Elesbão, outro santo negro bastante cultuado. A participação nessas confrarias podia ser uma forma de resistência social, pois os negros desenvolviam laços entre si e construíam um espaço de autonomia dentro da sociedade escravista em que viviam.

José Montes de Oca. São Benedito de Palermo, c. 1734. Escultura policromada madeira dourada com vidro.

vinhos, mesmo correndo o risco de sofrer graves punições estabelecidas pela legislação católica.

Bem mais discretos eram os rituais religiosos dos judeus e das populações africanas. Os primeiros, alvo constante de delações dos vizinhos, eram obrigados a observar em segredo suas tradições e cerimônias, tais como a circuncisão dos meninos, a abstenção de alimentos, como a carne de porco, o descanso no sábado e a celebração da Páscoa. Uma das poucas vezes em que os judeus tiveram condições de praticar com maior liberdade sua religião foi durante o domínio holandês no Nordeste (1630-1654), quando foi permitida a instalação da sinagoga da comunidade Zur Israel em Recife. Nesse mesmo momento, caracterizado pela tolerância religiosa, Recife também abrigou templos calvinistas. Contudo, excetuando-se esse período, a única religião oficialmente permitida pelos portugueses era o catolicismo e qualquer manifestação religiosa destoante poderia ser punida.

Apesar de nunca terem tido sucesso absoluto, eclesiásticos e autoridades régias tentaram extirpar cerimônias religiosas africanas, designadas genericamente pelos portugueses como calundus. Essas manifestações eram tidas como demoníacas pelo clero católico e, em geral, realizavam-se em locais afastados do centro das povoações, nas noites de sábado. Nelas, eram comuns a possessão e a evocação de espíritos, em rituais marcados pelo som dos atabaques.

Coroação dos reis

A eleição de reis por comunidades de africanos e seus descendentes foi um costume amplamente disseminado na América portuguesa. Embora houvesse eleições de reis em ocasiões e locais específicos (como nos quilombos), elas assumiram um caráter público nas festividades, quando saíam em cortejos pelas ruas das cidades, com batuques e danças. A Festa de Coroação de Rei Congo foi uma tradição elaborada pelas comunidades africanas de origem centro-ocidental no contexto da colonização e reconstruíram laços baseando-se em uma identidade comum banto. Preservavam, assim, elementos da cultura africana, adaptando-os ao novo contexto em que viviam. Nesta gravura do século XIX, é retratada uma festa da irmandade de Nossa Senhora do Rosário dos Pretos, em Minas Gerais.

Johann Moritz Rugendas. *Festa de Nossa Senhora do Rosário, padroeira dos negros*, c. 1830, gravura retirada do livro *Viagem pitoresca através do Brasil*, publicado na França em 1835 e no Brasil apenas um século depois.

A devoção religiosa se expressava também no espaço privado. No interior das casas, era comum a presença de relicários e oratórios com imagens dos santos de devoção doméstica. Nas igrejas, os fiéis retribuíam ao santo protetor a graça recebida, oferecendo ex-votos. A religiosidade poderia variar entre manifestações eruditas e populares, misturando diferentes graus de adesão ao catolicismo oficial.

Sociedades católicas e mestiças

As festas eram muito importantes na sociedade colonial, pois permitiam integrar e harmonizar momentaneamente os indivíduos pertencentes a diversos estratos sociais, etnias e religiões.

Uma das mais importantes cerimônias religiosas no império português era a festa de Corpus Christi, financiada pelas câmaras locais. Nela, todas as irmandades deveriam comparecer, ordenadas de acordo com sua "dignidade" e sua antiguidade. Essas cerimônias pretendiam ser uma representação da sociedade e do poder, reforçando a imagem de um corpo social, que, embora hierarquizado, funcionava em harmonia, cada um ocupando o lugar que lhe era devido.

Outro elemento que contribuiu para o aumento da devoção e para o sentimento de unidade foi a arte. Na Europa, desde fins do século XVI, o Barroco foi se tornando a síntese de uma nova sensibilidade religiosa, voltada para a dramaticidade. Na América portuguesa, o auge do Barroco ocorreu na primeira metade do século XVIII.

A região das Minas foi um importante centro da arte barroca na América portuguesa. A riqueza que ali circulava, associada à presença de irmandades religiosas, favoreceu o desenvolvimento artístico e cultural. O Barroco foi uma linguagem artística presente em diferentes espaços da América, como Bahia, Rio de Janeiro, Pernambuco. Em Minas Gerais, em razão da distância do litoral, muitos materiais de uso tradicional no estilo artístico foram substituídos por outros, mais abundantes na região, por exemplo, a pedra-sabão.

> **ORGANIZANDO AS IDEIAS**
>
> 5. Explique a importância do estilo barroco na arte luso-brasileira.
> 6. Quais eram as funções desempenhadas pelas irmandades ou confrarias religiosas?

O enterro dos mortos

Um dos principais benefícios que um membro de uma irmandade tinha era o direito a um local de enterro digno. Todos os irmãos deveriam comparecer ao enterro, em sinal de respeito pelo falecido e por caridade. Em boa medida, o grande número de capelas que se observa nas cidades de origem colonial deveu-se à necessidade de enterrar os mortos no interior dos templos. As capelas das irmandades, as igrejas matrizes e seus entornos eram verdadeiras necrópoles até boa parte do século XIX. Em geral, os mais pobres e os escravizados eram enterrados do lado de fora dos templos (adros) que, embora fossem considerados espaços sagrados, não tinham o mesmo prestígio que o interior.

Painel da Procissão do Senhor Morto, localizado na Igreja da Misericórdia, em Salvador, Bahia. Foto de dezembro de 2015.

Em muitas irmandades, os membros tinham o direito de enterrar seus filhos menores e suas esposas. Na gravura a seguir, do século XIX, está retratado o enterro do filho de um rei negro, em que é possível observar danças e batuques. Ainda que fossem individualmente pobres, os escravizados que participavam das irmandades procuravam garantir pompa e reconhecimento social.

Jean-Baptiste Debret. *Enterro de filho de um rei negro*, 1839. 10,6 cm × 21,9 cm. Gravura inserida na prancha 16 do terceiro volume do livro *Viagem pitoresca e histórica ao Brasil*, 1839.

Muitos escravizados e os mais pobres que não pertenciam a irmandades eram enterrados nos banguês, uma rede simples, sem maiores cerimônias. Na imagem ao lado, é possível notar a grande diferença entre os dois cerimoniais anteriores: carregado por dois escravizados, ambos descalços, a pobreza ritual sinaliza o não pertencimento às irmandades.

Henry Chamberlain. *Funeral de um negro*, 1822. Água-tinta e aquarela sobre papel, 24,7cm × 35,8 cm.

Capítulo 22 A vida social na América portuguesa

Revisando o capítulo

APROFUNDANDO O CONHECIMENTO

1. Leia o texto e responda as questões:

> Tratar, pois, da vida doméstica na Colônia, no seu sentido mais estrito, implica penetrar no âmbito do domicílio, pois ele foi de fato o espaço de convivência da intimidade. [...] É o espaço do domicílio que reúne, assim, em certos casos, apenas pessoas de uma mesma família nuclear e um ou dois escravos; em outros, somavam-se a essa composição agregados e parentes próximos, como mães viúvas ou irmãs solteiras. Por vezes encontramos domicílios compostos de padres com suas escravas, concubinas e afilhadas, ou então comerciantes solteiros com seus caixeiros. Em alguns domicílios verificamos a presença de mulheres com seus filhos, porém sem maridos; também nos deparamos com situações em que um casal de cônjuges e a concubina do marido viviam sob o mesmo teto. Isso sem falar nos filhos naturais e ilegítimos que muitas vezes eram criados com os legítimos. Tantas foram as formas que a família colonial assumiu, que a historiografia recente tem explorado em detalhe suas origens e o caráter das uniões, enfatizando-lhe a multiplicidade e especificidades em função das características regionais da colonização e da estratificação social dos indivíduos.
>
> ALGRANTI, Leila M. Famílias e vida doméstica. In: SOUZA, Laura de Mello e (Org.). *História da vida privada no Brasil*: Cotidiano e vida privada na América portuguesa. São Paulo: Companhia das Letras, 1997.

Com base nas discussões realizadas neste capítulo, analise um fator social que explique a diversidade de formas familiares na América portuguesa.

2. Leia o texto abaixo e responda às questões.

> Além das motivações comerciais, é sabido que um dos principais objetivos da colonização era o de expandir o catolicismo no Novo Mundo. [...] Não surpreende, porém, o abismo entre o catolicismo colonial e o projeto da Igreja de Roma. Menos surpreendente ainda é que tenham grassado no Brasil variadas formas de sincretismo religioso, mistura entre o catolicismo e crenças nativas e africanas, para não falar das judaicas, trazidas pelos cristãos-novos que fugiam da Inquisição, quando não vinham degredados por judaizar.
>
> Em todo caso, quando falamos de religiosidade popular na Colônia, não convém adotar uma sociologia rígida. O popular, no caso, diz mais respeito à religiosidade cotidiana do que à posição social do indivíduo. Se o sincretismo religioso prevaleceu desde o início, ele foi compartilhado, em vários graus, por senhores e escravos, portugueses e naturais da Colônia, brancos, negros, índios, mulatos, pardos, cafuzos, enfim, por toda a sociedade luso-brasileira.
>
> VAINFAS, Ronaldo. Sincretismo nosso de cada dia. In: *Revista de História da Biblioteca Nacional*, 1º dez. 2013. Disponível em: <http://www.revistadehistoria.com.br/secao/capa/sincretismo-nosso-de-cada-dia>. Acesso em: 13 abr. 2016.

a. Baseado no texto, o que você entende por sincretismo religioso?

b. Por que a formação social da América portuguesa era propícia a esse tipo de fenômeno?

3. Observe o trecho a seguir e responda às perguntas abaixo a partir das discussões realizadas neste capítulo:

> Entre as instituições em torno das quais os negros se agregaram de forma mais ou menos autônoma, destacam-se as confrarias ou irmandades religiosas, dedicadas à devoção de santos católicos. Elas funcionavam como sociedades de ajuda mútua. Seus associados contribuíam com joias de entrada e taxas anuais, recebendo em troca assistência quando doentes, quando presos, quando famintos ou quando mortos. Quando mortos porque uma das principais funções das irmandades era proporcionar aos associados funerais solenes, com acompanhamento dos irmãos vivos, sepultamento dentro das capelas e missas fúnebres. [...]
>
> A irmandade representava um espaço de relativa autonomia negra, no qual seus membros – em torno das festas, assembleias, eleições, funerais, missas e da assistência mútua – construíam identidades sociais significativas, no interior de um mundo às vezes sufocante e sempre incerto. A irmandade era uma espécie de família ritual, em que africanos desenraizados de suas terras viviam e morriam solidariamente.
>
> Idealizadas pelos brancos como um mecanismo de domesticação do espírito africano, através da africanização da religião dos senhores, elas vieram a constituir um instrumento de identidade e solidariedade coletivas.
>
> REIS, João José. Identidade e diversidade étnicas nas irmandades negras no tempo da escravidão. In: *Tempo*, 1996, v. 2, n. 3, p. 10.

a. De que forma o catolicismo contribuiu para o controle da Coroa sobre a América portuguesa?

b. Como as irmandades podem ter contribuído para a construção de identidade e solidariedade entre os grupos subalternos da Colônia?

MOTORES DA MUDANÇA: O NASCIMENTO DAS SOCIEDADES INDUSTRIAIS

CAPÍTULO 23

Construindo o conhecimento

- Entre os produtos que você consome regularmente, quais não são industrializados?
- Quais são as diferenças que você acha que existem entre o trabalho no campo e o trabalho na fábrica?

Plano de capítulo

▶ Os primeiros tempos da industrialização
▶ As consequências do desenvolvimento industrial
▶ A expansão desigual do comércio mundial

No mundo em que vivemos, quase tudo o que consumimos é produzido industrialmente. Até o século XVIII, porém, não era assim. Durante a maior parte da história humana, a produção era realizada manualmente. Como isso mudou? Por meio de um processo que aconteceu primeiro na Inglaterra: a Revolução Industrial. Uma mudança desse porte não poderia ocorrer sem grandes transformações, pois indústrias não funcionam sozinhas. Surgiram, assim, operários e proprietários, os novos grupos sociais que constituíram a base da sociedade industrial. O trabalho assalariado se tornou a norma, posição que manteve até os dias de hoje. Assim, a economia capitalista em que vivemos começou a se edificar nesse período.

Fábrica de cobertores em Witney, Inglaterra. Fotografia de Henry Taunt, 1897. A foto mostra a presença feminina em uma indústria de cobertores no sul da Inglaterra. Com a Revolução Industrial, a força de trabalho de mulheres e crianças passou a ser utilizada sistematicamente.

Marcos cronológicos

1767 — Invenção da máquina de fiar mecânica (*Spinning Jenny*), por James Hargreaves.

1819 — Travessia do Atlântico pelo *Savannah*, barco a vapor norte-americano.

1830 — Inauguração da primeira estrada de ferro ligando Liverpool a Manchester, na Inglaterra.

1848 — Publicação do *Manifesto do Partido Comunista*, de Karl Marx e Friedrich Engels.

1733 — John Kay inova com a lançadeira volante, uma peça de tear manual utilizada para aumentar a largura dos tecidos fabricados.

1769 — Invenção da máquina a vapor por James Watt, aperfeiçoada com base na invenção da primeira máquina a vapor para bombear água, por Thomas Newcomen, em 1712.

1829 — O inglês George Stephenson põe em marcha a locomotiva *Rocket*, cuja velocidade atinge 25 km/h.

1846 — Adoção do livre-comércio pela Grã-Bretanha.

Os primeiros tempos da industrialização

A Revolução Industrial é um marco na construção da economia capitalista contemporânea, por ter adicionado a ela um dos seus elementos fundamentais: a inovação tecnológica aplicada ao processo produtivo de maneira sistemática e constante, levando a um prolongado crescimento na produção de mercadorias. A industrialização promoveu uma transformação vital no processo de trabalho, com a substituição das ferramentas pelas máquinas e da força humana pela força motriz.

A Inglaterra foi o primeiro país a passar por essa transformação. Contudo, por ter ocorrido de forma distinta em cada região, a Revolução Industrial não deve ser reduzida apenas ao modelo inglês de desenvolvimento econômico. De forma geral, três fatores em conjunto ajudam a explicar o desenvolvimento manufatureiro no início da Era Moderna, que daria origem à produção por meio de máquinas na segunda metade do século XVIII.

O primeiro está ligado às novas formas de utilização do solo. Com a promoção da pecuária, importante fonte de adubo, o pousio – período de descanso do solo para a recuperação dos nutrientes – foi eliminado. Com mais terras para o uso geral, a produção de alimentos cresceu e a mecanização em parte do processo ajudou a liberar mão de obra para as fábricas. O segundo fator diz respeito ao avanço e ao incentivo à ciência, que permitiu aprimorar a produção e o transporte de mercadorias. O terceiro fator foi o crescimento do mercado consumidor, tanto externo quanto interno. Os cada vez mais numerosos habitantes das cidades, em especial os mais abastados, compravam os novos produtos que estavam se tornando disponíveis, estimulando o aumento da produção.

Os progressos técnicos e científicos

O interesse pela Ciência foi sustentado pelo progresso científico no século XVII, mas foi durante o século XVIII que a Ciência se emancipou como saber autônomo.

Ganharam impulso as pesquisas sobre a eletricidade, sobretudo com os experimentos do norte-americano Benjamin Franklin (1706-1790), que, em 1752, fabricou o primeiro para-raios. As ciências naturais valorizaram ainda mais o método experimental: o botânico sueco Carlos Lineu (1707-1778) criou uma classificação para os vegetais e o naturalista francês Buffon (1707-1788) publicou a *História natural*, uma verdadeira enciclopédia sobre animais. No campo da Medicina, no fim do século XVIII, o naturalista e médico inglês Jenner (1749-1823) desenvolveu uma vacina contra a varíola.

Os progressos foram também notáveis na área técnica. Depois da máquina de Newcomen (1663-1729), uma bomba-d'água a vapor utilizada nas minas, James Watt aperfeiçoou, entre 1765 e 1784, a máquina a vapor, decisiva para o arranque da Revolução Industrial.

Outras inovações do período também teriam consequências determinantes no campo industrial. Em 1709, em Coalbrookdale, na Inglaterra, o mestre ferreiro Abraham Darby (1678-1717) produziu ferro-gusa em um alto-forno com a mistura de ferro e coque (carvão transformado). Assim, a Sociedade Darby entregou, em 1779, a primeira ponte de ferro fundido do mundo. Outro avanço técnico importante foi, em 1733, a invenção da lançadeira, que acelerou consideravelmente o trabalho de tecelagem, aumentando sua produtividade. A primeira máquina têxtil a vapor foi lançada na Inglaterra em 1785.

Spinning Jenny, primeira máquina de fiar algodão, inventada em 1764 pelo inglês tecelão James Hargreaves. Xilogravura, 1887. O invento acelerou o ritmo da tecelagem.

Na Inglaterra, pioneira na Revolução Industrial, todos esses fatores foram combinados com outro, de cunho político. A partir da Revolução Gloriosa (1688-1689), o papel dominante do Parlamento consolidou-se. Controlado por uma elite latifundiária, a *gentry*, que se identificava com os interesses da burguesia por também produzir para o mercado, o Estado assumiu definitivamente a ideia da Inglaterra como uma "nação mercantil", favorecendo o crescimento agrícola, comercial e manufatureiro.

A estrutura agrária da Inglaterra, altamente concentrada nas mãos de uma minoria, gradualmente deu origem a um cenário excepcional no meio rural: as terras não eram trabalhadas por proprietários camponeses, mas sim por arrendatários obrigados a descobrir meios de aumentar sua produção para arcar com o aluguel que pagavam aos latifundiários. Para o grande proprietário rural, a terra, além de veículo de obtenção e manutenção de prestígio social, era o mecanismo fundamental para a manutenção e a expansão de sua riqueza. Por sua vez, os arrendatários menos competitivos perdiam suas terras e juntavam-se às classes não proprietárias.

Esse processo de concentração fundiária foi impulsionado pelos cercamentos (*enclosures*), em vigor desde meados do século XV e concluídos no século XVIII. Com essa medida, as terras comunais exploradas coletivamente foram cercadas pelos latifundiários e estes passaram a utilizá-las como pasto para a criação de ovelhas, voltando-se para a produção de lã. A massa de despossuídos expulsa de suas terras passou a vender sua força de trabalho aos arrendatários por um salário, e o setor agrário tornou-se cada vez mais mercantilizado e desigual.

Tanto latifundiários como arrendatários almejavam o aumento da produtividade da terra, de modo que desenvolveram novas técnicas de cultivo. Isso possibilitou o aumento da produção e a migração de parte da mão de obra da área rural para as cidades. Os que permaneceram no campo passaram a complementar sua renda investindo na compra de uma roda de fiar ou de um tear. A matéria-prima era fornecida pelos grandes negociantes das cidades, que comprovavam o produto final e o comercializavam. Desse modo, as manufaturas caseiras (*domestic system* ou sistema doméstico) começaram a se expandir.

Paralelamente à produção dispersa nessas pequenas oficinas domiciliares, financiadas pela burguesia mercantil, surgiu também uma produção concentrada nas grandes cidades. Dezenas daqueles trabalhadores que haviam se deslocado para os núcleos urbanos eram reunidos em um mesmo local, a fábrica, onde se realizavam todas as etapas de produção. A organização produtiva do sistema fabril (*factory system*) permitiu um maior grau de uniformidade e de qualidade do produto, ainda que a maior parte do processo produtivo permanecesse artesanal.

A partir do século XVIII, com o surgimento da máquina de fiar (*Spinning Jenny*) e da máquina hidráulica (*Water Frame*), o ritmo da tecelagem foi acelerado. A máquina a vapor mecanizou a fiação por volta de 1800, substituindo progressivamente a força humana. As indústrias se multiplicaram e passaram a se concentrar nos centros urbanos mais populosos, em pontos estratégicos de circulação de pessoas e dos transportes.

Apesar de a tecelagem manual ter coexistido com a fiação mecânica, com o tempo, o tear manual foi perdendo espaço, assim como as manufaturas domésticas, que não conseguiam competir com as novas invenções, utilizadas majoritariamente pelos sistemas fabris.

A indústria do algodão – sediada na cidade inglesa de Manchester – foi a primeira a constituir um novo espaço de produção – a fábrica –, reunindo milhares de operários e operárias. As fábricas passaram a determinar as horas de trabalho e de descanso – um sino anunciava a abertura e o fechamento dos portões –, e a multar os trabalhadores que infringissem as rígidas regras de comportamento e trabalho.

Cabe notar que essa inovadora forma de produção dependia, até meados do século XIX, de uma das mais antigas formas de trabalho conhecidas pela humanidade: a escravidão, pois era o sul dos Estados Unidos seu principal fornecedor de algodão. Assim, tanto no centro do capitalismo industrial quanto em sua periferia o aumento da produtividade ocorreu devido à maior exploração do trabalhador. A diferença reside no fato de que os operários eram obrigados a trabalhar pela necessidade de ganharem dinheiro para sobreviver, enquanto os escravizados eram forçados a produzir através da violência empregada por seus senhores.

A mecanização atingiu outros setores além do têxtil. Devido ao aumento da demanda por produtos metalúrgicos, a siderurgia foi o setor mais afetado pelas mudanças. Ela se caracterizou, a partir de meados do século XIX, pela atuação de grandes empresas, como a Krupp, sediada em Essen, na região do Ruhr, na Prússia, ou a Schneider, em Creusot, na França, que vendiam suas locomotivas e seus canhões em todo o mundo.

O CARVÃO: FONTE DE ENERGIA E DA MORTE

O carvão mineral começou a ser usado como combustível na Europa já no século XIII, em substituição à lenha extraída das florestas, cada vez mais escassas. No entanto, foi com a Revolução Industrial que sua procura aumentou consideravelmente. Empregado tanto nas caldeiras das máquinas a vapor como nos altos-fornos (fornalhas onde se fundia minério para a produção de ferro), ele ficou conhecido como o "pão da indústria". No século XIX, também passou a ser usado no aquecimento das residências e na alimentação dos fogões domésticos. Com ele se produzia ainda o gás utilizado na iluminação pública.

O carvão é uma rocha preta ou marrom extraída de terrenos sedimentares formados na Era Paleozoica (períodos Carbonífero e Permiano). Compõe-se basicamente de carbono, enxofre, hidrogênio, oxigênio e nitrogênio.

Além de possuir reservas abundantes (que ainda poderão durar cerca de 250 anos, se exploradas no ritmo atual), o carvão mineral queima por mais tempo e com maior poder calorífico que o carvão vegetal. Contudo, sua exploração vem causando sérios problemas socioambientais. Por conta da insalubridade de se trabalhar nas minas, a expectativa de vida dos mineiros do século XIX não chegava aos 50 anos. Embora as condições de trabalho tenham melhorado hoje em dia, a mineração continua sendo uma das profissões mais perigosas: estima-se que, desde 1970, 30 mil mineiros tenham morrido por causa de explosões, asfixia, envenenamento ou doenças pulmonares crônicas. A queima do carvão é responsável pela liberação de fuligem e monóxido de carbono (CO), produto de sua combustão incompleta (quando não há oxigênio suficiente para consumir todo o combustível).

Inalado, o monóxido de carbono entra na corrente sanguínea e se liga à hemoglobina, impedindo-a de transportar oxigênio para as células e provocando desmaios, vertigens e dores de cabeça. Em grande quantidade, o CO pode levar à morte. Outro problema causado pela exploração do carvão é que o enxofre contido nele polui o ambiente, principalmente quando a mineração é feita a céu aberto.

Pesada poluição atmosférica em Piccadilly Circus, Londres, em 6 de dezembro de 1952. Conhecida como "o Grande nevoeiro de 1952", foi provocada pela queima de carvão, que encobriu a cidade de Londres durante cinco dias. Conhecida também como *Big smoke*, acredita-se que tenha provocado a morte de 12 mil londrinos e adoecido 100 mil.

Combustão completa: $C(s) + O_2(g) \rightarrow CO_2(g)$

Combustão incompleta: $C(s) + \frac{1}{2} O_2(g) \rightarrow CO(g)$

Em 1913, o carvão representava 88,5% de toda a energia consumida no mundo. Atualmente, é empregado na siderurgia e nas usinas termelétricas, que geram cerca de 40% da eletricidade mundial.

A grande inovação consistiu na produção de ferro fundido, necessário para a fabricação de máquinas, caldeiras, trilhos e armamentos. O sistema ferroviário passou a se desenvolver após a invenção da locomotiva a vapor, e o setor siderúrgico impulsionou e modernizou o setor de transportes. Em uma via de mão dupla, a implantação das ferrovias repercutiu no setor siderúrgico, que passou a fabricar peças, como trilhos e caldeiras, para as locomotivas.

Em 1830, a primeira linha férrea iniciou o transporte de mercadorias e passageiros entre Manchester e Liverpool, na Inglaterra. A mania de ferrovia (*railway mania*) tomou conta da Grã-Bretanha durante os anos 1830 e, posteriormente, da Europa Ocidental.

No mar, a navegação a vapor atingiu seu apogeu por volta de 1850. Já nos primeiros anos do século XX, os navios a vapor com casco de ferro substituíram definitivamente os veleiros.

ORGANIZANDO AS IDEIAS

1. Cite fatores políticos que contribuíram para a eclosão da Revolução Industrial na Inglaterra.
2. Mencione algumas invenções e aperfeiçoamentos tecnológicos decisivos para a Revolução Industrial.
3. Explique os motivos que favoreceram o desenvolvimento da indústria têxtil na Grã-Bretanha da Revolução Industrial.

As consequências do desenvolvimento industrial

Uma revolução social

Antes da industrialização, o trabalhador e seu grupo familiar desempenhavam diversas atividades, tanto no campo como dentro de seus lares: eles plantavam, colhiam, teciam, fiavam, tingiam as roupas, construíam a maior parte dos objetos de que precisavam. Nesse sistema, os homens detinham o controle de seu tempo, alternando momentos de atividades intensas com a ociosidade, e conheciam todas as etapas do processo produtivo.

A concentração industrial, no entanto, fez surgir um novo tipo de trabalhador: o operário fabril. A primeira geração desses operários constituiu-se, muitas vezes, de "desenraizados": pessoas do campo que se instalaram nas cidades em busca de trabalho.

O trabalho familiar, tão importante na área rural, deslocou-se para as fábricas. Nelas, mulheres e crianças participavam ativamente da produção, mas recebiam salários menores do que o dos homens. O ritmo de produção alterou-se, obrigando os trabalhadores a abandonar seus hábitos tradicionais. Os operários deviam assumir a disciplina de um trabalho regular e mecanizado, esquecendo a rotina autônoma, irregular e flexível a que estavam acostumados.

Nas fábricas, o controle era rígido: regulamentos estipulavam regras austeras e os contramestres vigiavam os trabalhadores. O objetivo era otimizar o período em que o trabalhador estivesse dentro da fábrica, impondo o que se convencionou chamar de "uso econômico do tempo". Ou seja, a ociosidade, as brincadeiras, a conversa ou qualquer outro tipo de atividade que atrapalhasse o ritmo regular de trabalho passavam a ser veementemente combatidos. A penalização para a transgressão das regras variava: multas, castigos corporais – infligidos principalmente às crianças "indisciplinadas" – e demissão.

As péssimas condições de vida dos trabalhadores, que cumpriam cerca de 14 horas de jornada dentro de fábricas abafadas, sujas e com pouca iluminação, começaram a despertar revoltas, muitas delas violentas. Mas o que mais provocou descontentamento nos operários foi a ameaça ao emprego, quando surgiu uma novidade que poderia colocar em risco seus postos de trabalho: as máquinas.

Foi contra a mecanização do processo produtivo que, em 1811, o Movimento Ludita levou o terror aos distritos industriais da Inglaterra. Os manifestantes destruíam os teares mecânicos, as matérias-primas, as mercadorias elaboradas e até mesmo a casa de seus patrões. O Movimento Ludita, porém, não deve ser visto como uma explosão irracional de quebra das máquinas – como se argumentou durante muito tempo –, mas como uma ação de resistência às novas relações sociais desiguais que emergiam com a mediação das máquinas.

Após a enérgica repressão ao Movimento Ludita, os operários começaram a se reunir nos sindicatos, as *trade unions*, que se desenvolveram a partir de organizações de trabalhadores nascidas ainda em

Lewis Hine. *Trabalho infantil no início do século XX*. Foto de 1911. A imagem foi utilizada para ilustrar folhetos e livros da campanha de erradicação do trabalho infantil no início de 1900. Crianças trabalhavam cerca de 14 horas por dia nas minas de carvão da Pensilvânia, nos Estados Unidos, e a maioria tinha entre 7 e 16 anos. Em minas menores, apenas as crianças podiam atravessar sem dificuldades as galerias estreitas.

A DESCOBERTA DOS GERMES CAUSADORES DE DOENÇA

Na Europa dos séculos XVIII e XIX, o processo de industrialização levou muitas pessoas a procurar trabalho nas cidades, que rapidamente se transformaram em grandes aglomerações humanas sem condições de higiene nem de saneamento básico. Isso provocou a proliferação de doenças infecciosas, como varíola, febre tifoide, cólera, tuberculose, entre outras.

Até meados do século XIX, os médicos não conheciam o que provocava essas moléstias. A descoberta de que eram causadas por germes (microrganismos presentes na atmosfera, mas invisíveis a olho nu) foi um processo longo, que envolveu o desenvolvimento não só de novas tecnologias (como o microscópio), mas também do método científico (observação, levantamento de hipóteses, averiguação).

O primeiro passo para a descoberta dos germes foi dado por volta de 1830, quando o cientista italiano Agostino Bassi (1773-1856) demonstrou que um organismo minúsculo causava a muscardina, doença que ataca o bicho-da-seda. No entanto, ele não soube explicar a origem desses pequenos seres. Na época, acreditava-se que eles surgiam espontaneamente dos organismos em putrefação, do mesmo modo que as moscas surgiam das frutas, teoria conhecida como "geração espontânea".

A descoberta de que os germes não surgem do nada, mas estão presentes no ar, só foi feita na década de 1860, pelo cientista francês Louis Pasteur. Ele já havia descoberto que era possível matar os microrganismos responsáveis pelo azedamento do vinho ou do leite ao aquecer esses líquidos a altas temperaturas, processo conhecido como pasteurização. Contudo, alguns cientistas continuaram a insistir que, mesmo após esse processo, microrganismos podiam surgir nesses líquidos por geração espontânea. Para contestar essa ideia, Pasteur fez o seguinte experimento: inseriu um líquido passível de fermentação em quatro recipientes de vidro, cujos gargalos foram aquecidos, esticados e curvados na forma de "S", para evitar o contato direto do líquido com o ar. Em seguida, aqueceu os recipientes e, depois de resfriados, quebrou o gargalo de alguns deles. Em poucos dias, os líquidos que entraram em contato com o ar estavam fermentados, enquanto os demais continuavam estéreis. Com essa simples experiência, Pasteur demonstrou que a atmosfera está carregada de microrganismos, muitos deles causadores de doenças, e revolucionou a Medicina.

---

meados do século XVIII. De início, os trabalhadores foram proibidos de se associar. Entre 1799 e 1825, os *Combination Acts* impediam e denunciavam como delito grave a união da classe trabalhadora. A partir de 1829, o sindicalismo britânico, antes dividido por ofício e localidade, passou a se organizar crescentemente, em escala nacional e geral. Era o início de uma etapa mais vigorosa de luta por melhores salários, férias, redução da jornada e mais segurança dentro das fábricas, onde os constantes acidentes de trabalho mutilavam, todos os anos, milhares de operários.

Em 1838, a chamada **Carta do povo** – escrita pelos ativistas William Lovett (1800-1877) e Feargus O'Connor (1794-1855) e assinada por milhões de pessoas – foi dirigida ao Parlamento. Nela, estavam listadas exigências como o sufrágio universal, o voto secreto e a participação de representantes da classe operária no Parlamento. A essa altura, uma das poucas conquistas dos trabalhadores havia sido a diminuição da jornada de trabalho infantil para oito horas, alcançada em 1833.

Inicialmente, o Parlamento britânico não aceitou nenhuma das propostas dos chamados cartistas. Diante da recusa, uma greve geral foi convocada em 1842. Houve também revoltas e manifestações, mas o movimento cartista não foi vitorioso. Ainda assim, em 1848, a classe trabalhadora conseguiu alguns avanços, como a proibição do trabalho feminino nas minas de carvão (1842), a redução da jornada de trabalho para dez horas para os adultos e maior tolerância em relação às *trade unions*.

Anônimo. *O trabalho infantil*, 1871, Gravura. A imagem mostra crianças carregando barro em olaria inglesa no fim do século XIX.

Conforme os movimentos operários avançavam em suas lutas, teorias econômico-sociais eram elaboradas com o intuito de encontrar caminhos para a superação do capitalismo industrial e a adoção de um sistema social mais justo. Alguns pensadores criaram utopias, enquanto outros se opuseram de modo radical, sistemático e, de acordo com suas concepções, científico ao sistema em vigor.

O socialismo utópico foi uma das primeiras correntes de pensamento a oferecer uma alternativa ao liberalismo econômico. Segundo a doutrina, a burguesia renunciaria voluntariamente a seu poder político e econômico, e uma sociedade socialista, sem classes, seria implantada. Não havia, assim, um plano sistemático de derrubada das estruturas vigentes, apenas ideias e ações pontuais.

Entre os socialistas utópicos, cabe destacar as figuras do conde de Saint-Simon (1760-1858), Robert Owen (1771-1858) e Charles Fourrier (1772-1837). O primeiro propunha que os "ociosos" fossem afastados do poder e substituídos por um governo dos "produtores". Por sua vez, Charles Fourrier elaborou o conceito dos falanstérios. Estes seriam núcleos produtivos autossuficientes que reuniriam cerca de 1 800 trabalhadores, sem discriminação por sexo ou idade. Já Robert Owen colocou em prática algumas das propostas que defendia. Em sua tecelagem na Escócia, diminuiu a jornada de trabalho, aumentou os salários e ofereceu assistência às famílias operárias.

Outra ideologia difundida contra a sociedade burguesa foi a anarquista, em ascensão a partir de meados do século XIX. Seu lema era "nem Deus nem patrão". Os anarquistas acreditavam que a bondade natural do ser humano era corrompida pela artificialidade e pela perversão das instituições. Almejavam destruir o Estado, o Exército, a polícia e a justiça, além de abolir a propriedade e a religião. Para alcançar seus objetivos, procuravam encontrar uma via pacífica e evolucionista, mas alguns de seus integrantes sugeriram a via de "ação direta" para a libertação dos povos e chegaram a realizar atentados contra reis e dignitários do Estado. Os anarquistas envolvidos com os sindicatos deram origem ao anarcossindicalismo, que ganhou força na França, Itália e Espanha.

A terceira via de enfrentamento ideológico foi o socialismo marxista. Segundo o pensador alemão Karl Marx (1818-1883), a História revela a evolução de quatro sucessivos modos de produção: o escravismo, o feudalismo, o capitalismo e, por fim, o comunismo. Para ele, o capitalismo estava minado por suas contradições internas e cairia fragilizado pela luta entre a burguesia (classe dominante) e o proletariado (classe dominada), cada vez mais numeroso e organizado. Para Marx e Friedrich Engels (1820-1895), seu mais próximo colaborador, a libertação dos trabalhadores viria não apenas pela luta econômica nos sindicatos, mas principalmente pelo confronto político com os patrões e o Estado que os representava.

A ascensão do capitalismo

Muitos analistas procuraram definir o sistema econômico surgido com a Revolução Industrial. Um dos modelos teóricos mais influentes é o de Karl Marx, desenvolvido posteriormente por diversos historiadores e cientistas sociais. Em sua perspectiva, o que define um modo de produção é a relação estabelecida entre os produtores diretos (trabalhadores) e os donos dos meios de produção (terra e maquinários, por exemplo). Assim, o capitalismo não seria resultado, como afirmou Adam Smith, da predisposição natural da humanidade ao comércio, pois trocas mercantis e produção para a venda existem há milênios.

A especificidade do capitalismo se devia ao fato de que a produção para o mercado deixou de ser uma oportunidade para se tornar uma necessidade. Enquanto o camponês vendia o excedente não consumido da sua produção, o operário é obrigado a trabalhar para adquirir dinheiro. Essa obrigação não deriva, porém, da violência ou do poder político (como ocorre com escravizados e servos), mas sim da necessidade de comprar os produtos necessários para sua subsistência. Assim, no capitalismo a quase totalidade das relações econômicas se dá através do mercado (isto é, da compra e venda de produtos, incluindo a força de trabalho do proletariado). Ao mesmo tempo, os proprietários dos meios de produção competem entre si para venderem seus produtos, de modo que precisam constantemente aumentar a produtividade e o lucro para ultrapassar seus concorrentes.

Nesse sentido, a historiadora Ellen Wood (1942-2016) acredita que o capitalismo surgiu primeiro no campo inglês, com a produção para o mercado e o surgimento de uma classe de trabalhadores rurais sem terra durante a época moderna. Depois, esse modelo se expandiria para as cidades, divididas entre o proletariado e a burguesia.

O triunfo da burguesia

Agente e beneficiária da industrialização, a burguesia foi o grupo social que mais se fortaleceu no período, começando a ofuscar a importância da aristocracia. Longe de ser homogênea, a burguesia era hierarquizada em função da renda e das profissões exercidas pelos chefes de família. Na base, encontrava-se a pequena burguesia, qualificada também como classe média — grupo composto de pequenos comerciantes e prestadores de serviços que conheceu um grande crescimento no final do século XIX. No centro, estava a média burguesia — que compreendia industriais e comerciantes. No topo, reinava a alta burguesia — englobando os principais representantes do comércio, da indústria e das finanças – que exercia, além do poder econômico, considerável influência na vida política dos países. Algumas dessas famílias chegaram a receber títulos de nobreza dos monarcas, a casar com aristocratas e até a compartilhar o exercício direto do poder político com a aristocracia.

Família burguesa, França, c. 1900.

O crescimento urbano

Entre 1800 e 1900, a população urbana do mundo triplicou. A explosão das cidades impôs a necessidade de um planejamento urbano, pois várias urbes europeias conservaram, até a segunda metade do século XIX, a mesma paisagem que possuíam na Idade Média. Para torná-las mais belas e saneadas, grandes reformas foram realizadas. Largas vias foram construídas para facilitar a circulação, e sistemas de esgoto e de adução de água foram implantados. Essas iniciativas contribuíram para eliminar as epidemias, que se disseminavam devido ao acúmulo de lixo e pessoas em um mesmo espaço.

ORGANIZANDO AS IDEIAS

4. Compare o artesão e/ou camponês com o trabalhador fabril.
5. Cite algumas das primeiras conquistas do sindicalismo britânico.
6. Qual é o impacto da Revolução Industrial sobre as cidades?

A expansão desigual do comércio mundial

Tendo como origem a Grã-Bretanha, a industrialização posteriormente difundiu-se para a França, a Prússia, a Bélgica, a Suíça e o norte dos Estados Unidos. Depois, alcançou países como o Japão e a Rússia, que começaram a se industrializar nas décadas de 1860 e 1890, respectivamente.

O avanço da indústria não extinguiu por completo as práticas tradicionais. Mesmo nos grandes países industrializados, o peso das tradições coexistiu por muito tempo com os novos setores da economia.

O crescimento da indústria na Europa também incentivou a demanda por matérias-primas. Com isso, desenvolveram-se produções em larga escala, sobretudo no continente americano, como as de algodão no sul dos Estados Unidos (até os anos 1860), de café no Brasil e de cereais e carne na Argentina (nos anos 1890). Com o crescimento do comércio mundial, acentuou-se também, ao longo do século XIX, a divisão internacional do trabalho entre os países industrializados e os exportadores de matérias-primas.

A industrialização francesa: um contraponto

Na França, o processo de industrialização foi demorado principalmente pelas relações agrárias tradicionais ainda existentes. Após a Revolução Francesa, a posse da terra foi garantida ao campesinato, que a utilizava basicamente para sua subsistência. O poder de compra e os rendimentos mantinham-se em um nível baixo e os trabalhadores estavam enraizados à terra, dificultando a formação de um proletariado e a expansão das relações capitalistas de produção. A falta de um sistema bancário e creditício para a indústria francesa foi também um dos obstáculos para a implantação dos interesses modernizadores.

Com o baixo poder de consumo por parte da população camponesa, a classe média – mais preocupada com a qualidade dos produtos do que com os preços baixos e mais exigente – representava o mercado consumidor mais expressivo para os artigos industriais franceses. Não por acaso, a produção industrial do país voltou-se aos artigos de luxo, tecido e decoração.

A partir de 1830 e 1840, a construção de estradas de ferro colaborou para consolidar um mercado nacional e criou diversos postos de trabalho. Paris tornou-se o ponto central de toda a rede.

Em 1860, o imperador Napoleão III (1808-1873) encarregou o barão Haussmann (1809-1881) da modernização da cidade. As reformas parisienses inspiraram, mais tarde, projetos similares pela Europa e pelo mundo. No Brasil, serviram de modelo para o projeto de reforma do engenheiro Francisco Pereira Passos (1836-1913), no Rio de Janeiro.

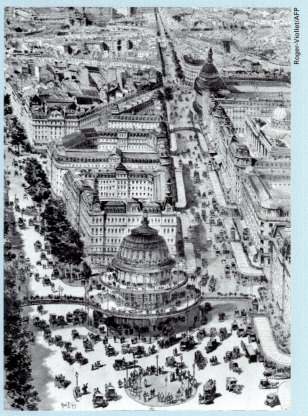

Paris: sétimo e nono distritos (*arrondissements*). Projeto do Boulevard Haussmann, do arquiteto Letorey, janeiro de 1893. Gravura de Méaulle feita a partir de um desenho de Karl Fichot.

A industrialização e a urbanização vivenciadas na Europa não foram processos que ocorreram uniformemente em todo o território. É possível observar no mapa ao lado as regiões mais industrializadas e a velocidade da expansão industrial pelo continente europeu a partir da segunda metade do século XIX.

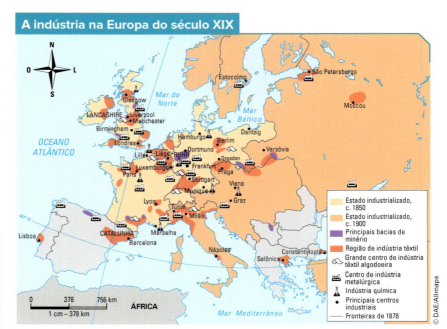

Fonte: LAMBIN, Jean-Michel. *Histoire 2*. Paris: Hachette, 1993. p. 169.

ORGANIZANDO AS IDEIAS

7. Qual é o reflexo da arrancada industrial e do crescimento do comércio mundial na divisão internacional do trabalho?

Revisando o capítulo

APROFUNDANDO O CONHECIMENTO

1. Leia o texto e responda às perguntas.

   A representação do tempo regido pela natureza perde-se e junto com ela a medida do tempo relacionada às tarefas cíclicas e rotineiras do trabalho. Se desfaz um ajuste entre o ritmo do mundo físico e as atividades humanas, o que implica a dissolução de uma relação imediata, natural e inteligível de compulsão da natureza sobre o homem. Perda que implica a imposição de uma nova concepção do tempo: abstrato, linear, uniformemente dividido a partir de uma convenção entre os homens, medida de valor relacionada à atividade do comerciante e às longas distâncias. Tempo a ser produtivamente aplicado, que se define como tempo do patrão – tempo do trabalho, cuja representação aparece como imposição de uma instância captada pelo intelecto, porém, presa a uma lógica própria, exterior ao homem, que o subjuga. Delineia-se uma primeira exterioridade substantivada no relógio, concomitantemente artefato e mercadoria.

   BRESCIANI, Maria Stella Martins. *Metrópoles*: as faces do monstro urbano (As cidades no século XIX). *Revista Brasileira de História*, São Paulo, ANPUH/Editora Marco Zero, v. 5, nº 8/9, p. 3640, 1984/85.

   Por que o tempo é considerado um elemento importante na fábrica?

2. Leia o texto a seguir e responda às questões.

   Qualquer aperfeiçoamento de máquinas põe alguns operários na rua e quanto mais importante é o progresso, maior é a parcela da classe jogada no desemprego; assim, todo aperfeiçoamento mecânico tem, para um bom número de operários, os mesmos efeitos de uma crise comercial, gerando miséria, sofrimentos e crime.

   ENGELS, F. *A situação da classe trabalhadora na Inglaterra* [1845]. São Paulo: Boitempo, 2008, p. 174.

   a. Segundo o texto, quais são os efeitos da Revolução Industrial para a vida do trabalhador?

   b. De que maneira podemos relacionar a assertiva de Engels ao movimento ludita estudado neste capítulo?

Conecte-se

Apesar de terem ocorrido em espaços e contextos distintos, a mineração na América portuguesa e a Revolução Industrial na Inglaterra, temas estudados nesta unidade, apresentaram um ponto em comum: a intensa degradação do meio ambiente.

Na América portuguesa, a exploração do ouro mudou drasticamente a região das minas: florestas foram queimadas a fim de abrir terrenos para o plantio, a instalação de vilas e o garimpo; animais típicos da região, como os veados-campeiros, quase desapareceram; rios foram assoreados ou tornaram-se turvos e enlameados; extensas áreas foram escavadas, provocando a erosão e o esgotamento do solo.

Na Inglaterra, a industrialização também alterou profundamente a paisagem: matas foram derrubadas para a instalação de fábricas e de ferrovias; as cidades cresceram desordenadamente, gerando diversos problemas urbanos, como o acúmulo de lixo e a falta de saneamento básico; a fumaça das chaminés poluiu o ar; os dejetos químicos e urbanos despejados nos rios provocaram, na época, a morte de alguns deles, como o Rio Tâmisa. No geral, o verde deu lugar ao cinza.

Atualmente, os impactos ambientais provocados pelo desenvolvimento econômico das nações ainda são muito visíveis e profundos. Um exemplo recente foi o desastre ambiental em Minas Gerais, em novembro de 2015. O rompimento de duas barragens da mineradora Samarco (controlada pela Vale S.A. e BHP Billiton) no distrito de Bento Rodrigues, entre Mariana e Ouro Preto, em Minas Gerais, provocou a destruição da região. A lama, além de matar pessoas, soterrar casas e deixar a população desabrigada, sem água e sem mantimentos, atingiu o Rio Doce, que deságua no Atlântico, e a vegetação ao seu redor, provocando a morte de milhares de peixes e afetando todo o ecossistema da região.

O desastre em Mariana e outros problemas, como o aumento do efeito estufa, o derretimento das calotas polares, a extinção de espécies da fauna e da flora, a poluição de rios etc., mostram cada vez mais a necessidade dos países e da sociedade em geral de promover um desenvolvimento sustentável e voltar seus olhares para a questão ambiental. Tendo em vista esses apontamentos, observe a charge ao lado e responda às questões.

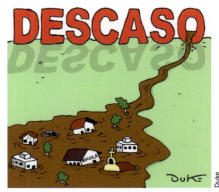

Charge sobre o desastre ambiental em Mariana, Minas Gerais, 2015.

ATIVIDADES

1. De acordo com o texto, quais foram os impactos ambientais provocados pela mineração na América portuguesa e pela industrialização na Inglaterra no século XVIII?
2. Pode-se afirmar que, atualmente, os países conseguiram superar os impactos ambientais decorrentes da ação humana, principalmente relacionada ao desenvolvimento econômico? Por quê? Justifique sua resposta com exemplos.
3. Qual é a crítica presente na charge? Que relação pode ser feita entre ela e os impactos ambientais provocados pela mineração na América portuguesa abordados no texto?
4. Você percebe algum problema ambiental existente na cidade ou no estado em que vive? Qual(is)? Com os colegas, procure refletir sobre as causas desses problemas e algumas medidas e atitudes que poderiam ser tomadas pelas autoridades públicas e pela população em geral para diminuí-los.

UNIDADE 7

A CRISE DO ANTIGO REGIME NOS DOIS LADOS DO ATLÂNTICO

A gravura retrata uma batalha de 1802, em que o exército francês enviado por Napoleão sofreu graves perdas ao lutar contra as tropas negras em Santo Domingo, no Caribe. Esse conflito foi um dos muitos que ocorreram em meio às guerras e revoluções da América e da Europa na passagem do século XVIII para o XIX. Muitos grupos resistiram às mudanças revolucionárias do período, mas, em outros momentos, a disputa era entre diferentes concepções de liberdade. Em Santo Domingo (que em 1804 se tornaria um novo país independente, o Haiti), cativos e libertos combateram pelo fim da escravidão, enquanto as tropas francesas, apesar de se verem como herdeiras da tradição revolucionária iniciada em 1789, seguiram as ordens de Napoleão para tentar restaurar o cativeiro nas colônias.

Combate e tomada de Crête-à-Pierrot. Ilustração original de Auguste Rafael e gravura por Hébert. In: NORVINS, Jacques de. *Histoire de Napoleón*. 11. ed. Paris: Furné, 1839. p. 239.

Biblioteca Nacional da França, Paris. Fotografia: Fine Art Images/AGB Photo Library

Plano de unidade

▸ **Capítulo 24**
A Revolução Americana

▸ **Capítulo 25**
A Revolução Francesa

▸ **Capítulo 26**
Entre mares revoltos: a Corte portuguesa rumo ao Novo Mundo

▸ **Capítulo 27**
As independências da América espanhola

CAPÍTULO 24

A REVOLUÇÃO AMERICANA

Construindo o conhecimento

- Quando a Declaração de Independência dos Estados Unidos da América foi escrita, em quem você acha que seus autores estavam pensando quando falaram em igualdade e liberdade?
- Como você interpreta o paradoxo da história estadunidense mencionado na introdução?

Plano de capítulo

- Antecedentes
- A Guerra dos Sete Anos e suas consequências
- Da Revolta à Revolução
- Da Independência à Constituição

Os Estados Unidos da América são uma das mais antigas democracias do mundo, tendo se formado a partir da Declaração da Independência, em 1776, e da promulgação da Constituição dos Estados Unidos da América, em 1787, que ainda está em vigor. Nesses documentos, afirmaram ideias potencialmente revolucionárias, como a de que a soberania origina-se no povo e as de "que todos os homens são criados iguais, dotados pelo Criador de certos direitos inalienáveis, que entre estes estão a vida, a liberdade e a procura da felicidade" (trecho da Declaração da Independência dos Estados Unidos da América).

Como essas ideias surgiram? Ainda mais importante: como esses princípios foram postos em prática em uma sociedade repleta de paradoxos? Na sociedade estadunidense, a escravidão estava em plena expansão e, portanto, a desigualdade social era uma grande marca desse país.

Fac-símile da versão original da Declaração da Independência dos Estados Unidos da América, aprovada em 4 de julho de 1776.

Marcos cronológicos

- **1763** Fim da Guerra dos Sete Anos.
- **1764** Promulgação da Lei do Selo (*Stamp Act*).
- **1767** O Parlamento britânico aprova as Leis Towshend.
- **1773** Lei do Chá e a reação dos colonos na Festa do Chá de Boston (*Boston Tea Party*).
- **1774** Aprovação das chamadas Leis Coercitivas pelo Parlamento britânico.
- **1775** Início das lutas contra as tropas britânicas.
- **1776** Início da Revolução Americana; Declaração de Independência dos Estados Unidos da América.
- **1783** Tratado de Paris: reconhecimento da independência dos Estados Unidos da América pela Grã-Bretanha.
- **1787** Promulgação da primeira Constituição republicana da Época Moderna.
- **1789-1797** Governo de George Washington, o primeiro presidente dos Estados Unidos.

Unidade 7 A crise do Antigo Regime nos dois lados do Atlântico

Antecedentes

O processo de ocupação das Treze Colônias pelos ingleses foi profundamente diversificado. Enquanto algumas áreas se voltaram para o escravismo e para a monocultura de exportação, outras se dedicaram à policultura e focalizaram o atendimento ao consumo interno. Além disso, o Estado inglês, especialmente na primeira metade do século XVII, estava envolvido em guerras e conflitos religiosos, o que ajudou suas colônias a viverem em um ambiente de certa autonomia. Seus habitantes reconheciam-se como súditos do rei da Inglaterra e pagavam impostos à metrópole, mas a carga tributária era leve. Essa liberdade parcial deu espaço para as elites coloniais firmarem seu próprio domínio sobre os territórios.

Com os Atos de Navegação de 1651, Londres tentou estabelecer uma política mercantilista mais bem definida e uma presença mais efetiva no dia a dia de suas colônias. Essas ações, porém, afetaram muito mais o Caribe do que a América inglesa continental. O governo local estava nas mãos dos juízes de paz, e médios proprietários participavam da vida política por meio das eleições para as assembleias. Apesar de tentativas erráticas de aumento da intervenção real pós-Restauração (1660), a Revolução Gloriosa (1688-1689) consolidou o princípio representativo no governo da Inglaterra e de suas colônias.

Desde o final do século XVII, as Treze Colônias conheceram um dramático aumento populacional. Esse fenômeno se acentuaria ainda mais no século seguinte. Para isso, contribuíram não apenas a chegada de africanos escravizados e a imigração – era grande o afluxo de escoceses, irlandeses, alemães e huguenotes franceses perseguidos por motivos religiosos –, mas também o crescimento natural da população, que passou a ter melhores condições de vida e alimentação.

O crescimento demográfico teve consequências econômicas, territoriais e sociais. Especialmente no norte, as cidades assumiram grande importância, servindo, sobretudo, como centros comerciais para escoar a produção colonial e receber os produtos britânicos. A urbanização se intensificou e a sociedade se diversificou.

As terras de tribos indígenas localizadas em áreas mais afastadas tornaram-se objetos de disputa e passaram a ser ocupadas pelos colonos. Principalmente na Carolina do Sul e na Nova Inglaterra, os embates entre os colonos brancos e os nativos indígenas resultaram em mortes e na escravização destes últimos – milhares deles foram vendidos para trabalhar nas fazendas de cana-de-açúcar do Caribe britânico. No entanto, nem só de conflito era baseado o relacionamento entre nativos e colonizadores: mesmo após as guerras, a população indígena desempenhou um importante papel econômico, por exemplo, no comércio de peles e no fornecimento de matérias-primas.

Quanto mais ficava próspera, mais a população das colônias norte-americanas demandava o uso de mão de obra escrava. E foi nas colônias do Sul que o tráfico negreiro encontrou o mercado mais fértil: ali, as lavouras de tabaco, algodão, arroz e anil absorviam uma quantidade imensa de mão de obra. Estima-se que, às vésperas da Revolução, havia cerca de 450 mil escravos na América inglesa continental.

A Guerra dos Sete Anos e suas consequências

A Guerra dos Sete Anos (1756-1763) envolveu diversas monarquias europeias, tais como Áustria, Prússia, Espanha e Rússia, mas as principais forças em conflito eram Inglaterra e França. As duas maiores potências do Velho Mundo disputavam o domínio marítimo e comercial sobre as colônias da América do Norte e da Índia.

Uma das consequências dessa longa disputa foi o deslocamento de um grande número de tropas britânicas para a América do Norte, gerando conflitos entre os colonos, que estavam insatisfeitos com o aumento dos impostos e com o maior poder que a presença das tropas oferecia aos governadores. Muitos colonos se rebelaram e começaram a fazer transações comerciais com os inimigos dos britânicos.

Mesmo saindo vencedora e tendo acumulado ganhos territoriais significativos na América do Norte, a Grã-Bretanha do pós-guerra encontrava-se em uma situação financeira desastrosa. Para tentar ampliar as receitas e se recuperar sem taxar excessivamente a população britânica, a metrópole recorreu às suas colônias norte-americanas, que cresciam em importância econômica e estratégica, mas ainda pagavam poucos impostos.

A estratégia escolhida pela Coroa para reabastecer seus cofres logo se revelou um erro estratégico. Ao tentar acabar com a frouxidão que até então havia caracterizado sua relação com a América, a Grã-Bretanha acelerou o descontentamento que culminaria na independência da colônia.

Em 1763, uma proclamação real restringiu a ocupação da nova fronteira ao oeste, visando minimizar o conflito com os povos indígenas. Essa proibição descontentou os colonos. Além disso, os britânicos decidiram manter no território o Exército para fiscalizar as fronteiras; assim, a manutenção delas passaria a ser responsabilidade dos habitantes das colônias – sem que eles, porém, fossem consultados.

Territórios norte-americanos pertencentes à França e à Inglaterra antes e depois da Guerra dos Sete Anos (1756-1763)

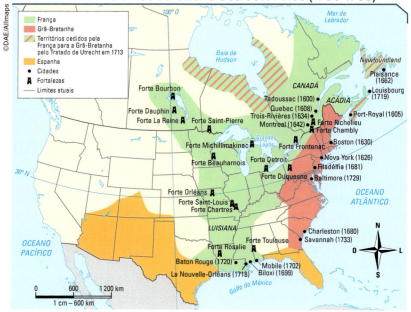

América do Norte antes da Guerra dos Sete Anos (1756-1763)

América do Norte depois da Guerra dos Sete Anos (1756-1763)

Ao final da Guerra dos Sete Anos, a França cedeu à sua grande rival uma longa faixa de terra que ia até o Rio Mississípi e abrangia toda a região dos Grandes Lagos. A Flórida, por sua vez, foi cedida pela Espanha à Grã-Bretanha.

Fonte dos mapas: GILBERT, Martin (ed.). *The Routledge Atlas of American History*. Nova York: Routledge, 1993, 3. ed., p. 18-19.

Foram tomadas ainda medidas no intuito de ampliar a arrecadação de impostos. A Lei da Receita ou do Açúcar, baixada em 1764, instituiu uma taxa sobre as importações do melaço e de outros produtos derivados do açúcar; assim, além de aumentar o peso da fiscalidade metropolitana, a lei regulamentava o comércio imperial, principalmente com o objetivo de coibir o contrabando com o Caribe francês. A Lei do Selo (*Stamp Act*), por sua vez, foi promulgada em 1765 e determinava que os documentos legais e materiais impressos dentro da colônia só seriam válidos se levassem um selo. Era a imposição de um novo tributo direto, que pesaria sobre quase todas as atividades diárias dos colonos e que se destinava a financiar as forças militares estacionadas na América.

> **ORGANIZANDO AS IDEIAS**
>
> 1. Que condições permitiram uma relativa autonomia das 13 colônias inglesas?
> 2. Avalie o impacto da Guerra dos Sete Anos no processo de formação dos Estados Unidos da América.

Da Revolta à Revolução

Os colonos norte-americanos – que reconheciam a autoridade régia, mas não participavam da eleição do Parlamento – receberam mal as imposições da Coroa, principalmente a Lei do Selo. Muitos passaram a boicotar as mercadorias britânicas, o que causou grande irritação na metrópole, a qual via diminuído um de seus principais mercados consumidores.

Os colonos também questionaram a constitucionalidade da taxação, ao enunciarem o princípio de "Nenhuma taxação sem representação" (*No taxation without representation*). Segundo eles, novos impostos só poderiam ser estabelecidos nas colônias sob o consentimento expresso de seus representantes eleitos. Como estes não estavam presentes no Parlamento inglês, os colonos defendiam que somente suas assembleias teriam o poder de tributá-los.

A reação inesperadamente forte dos colonos somou-se à mudança de primeiro-ministro em Londres em razão de disputas políticas internas, resultando na revogação da Lei do Selo. O recuo, porém, não representou uma mudança de princípios, pois foi seguido de uma declaratória pela qual o Parlamento reafirmava sua soberania e o direito de legislar sobre as colônias.

Em 1767, Charles Townshend, chanceler do erário britânico, anunciou que pretendia aumentar as receitas extraídas das colônias por meio de uma nova taxa que recairia sobre vários artigos vindos da metrópole – vidro, chumbo, tinta e chá. A medida, aprovada pelo Parlamento no mesmo ano, ficou conhecida como Lei Townshend. Parte do dinheiro arrecadado pelo tributo deveria ser usada no pagamento dos oficiais reais que prestavam serviço na colônia.

Em resposta, os colonos passaram a atacar duramente as ações da metrópole, publicando críticas em jornais, distribuindo panfletos e boicotando as mercadorias britânicas. As insatisfações foram amenizadas depois de um novo recuo metropolitano: a Coroa revogou a maior parte dos impostos, exceto a taxa que incidia sobre o chá.

Algum tempo depois, foi esse mesmo produto que deflagrou uma grande manifestação em Boston. Em 1773, o Parlamento britânico aprovou a Lei do Chá, que procurava conceder ajuda financeira à Companhia das Índias Orientais, dando-lhe o direito de vender o produto diretamente aos consumidores norte-americanos, isto é, sem as taxas alfandegárias

John Trumbull McFingal, gravura em metal colorida, 1765. Nela, vê-se um cobrador de impostos preso a um "mastro da liberdade" enquanto outro está prestes a ser coberto de piche e penas, em manifestação contra a Lei do Selo.

Na charge satírica sobre o *Boston Tea Party*, de autoria desconhecida, a América (representada como uma mulher) é violentamente forçada a engolir a bebida amarga das "Leis Intoleráveis", indicando a insatisfação dos colonos com o que percebiam como autoritarismo da metrópole.

adicionais que eram acrescidas ao preço quando o compravam da Grã-Bretanha. Assim, apesar da taxação de Townshend, o valor do chá se tornaria mais barato para os consumidores da América do Norte.

Essa medida, porém, não agradou os colonos. Além de afetar o contrabando e o comércio local – pois o chá vendido pela companhia teria um preço muito menor –, ela foi entendida como uma forma de forçá-los indiretamente a consumir o chá mais barato, que trazia embutida a taxação do Parlamento. Dessa forma, os colonos estariam implicitamente concordando com o direito metropolitano de cobrar impostos sobre a América. A crise estourou com o episódio chamado Festa do Chá de Boston (*Boston Tea Party*), em dezembro de 1773, quando jovens norte-americanos fantasiados de indígenas lançaram ao mar os carregamentos de chá de três navios ingleses.

A Companhia das Índias Orientais era uma empresa privada, mas seus laços com o Estado britânico eram fortíssimos. O monopólio da Companhia no comércio com a Índia era garantido pelo Parlamento, o qual, em troca, obtinha empréstimos e dividendos, importantes para financiar as guerras e dívidas britânicas. Assim, apesar de o ato de violência ter sido realizado contra uma companhia particular e não contra funcionários reais, a política conciliatória que o governo britânico tinha adotado até então foi substituída por uma atitude repressiva mais enérgica.

Em 1774, o Parlamento aprovou uma série de medidas conhecidas como "Leis Coercitivas", apelidadas pelos colonos de "Leis Intoleráveis". Entre as principais, estavam o fechamento do porto de Boston até que se pagasse uma indenização à Companhia das Índias Orientais; o envio de tropas para subjugar a mobilização na cidade e ocupar o território temporariamente; o remodelamento das instituições políticas de Massachusetts, retirando da colônia seu direito de autogoverno representativo. Nesse contexto, foi editada a Lei de Québec, que proibia a ocupação de terras entre os Montes Apalaches e o Mississípi, terras estas que deveriam ser cedidas a investidores britânicos. Era um nítido bloqueio à intenção dos colonos de expandir o domínio para aquela região, e tais medidas provocaram a reação dos colonos de Massachusetts.

Em setembro de 1774, na Filadélfia, aconteceu o Primeiro Congresso Continental. Nele estavam presentes representantes de todas as colônias, com exceção da Geórgia. Nesse congresso, os colonos elaboraram uma declaração na qual reconheciam o direito do Parlamento britânico de regulamentar o comércio imperial, mas se recusavam a aceitar que a metrópole tivesse o poder de tributar ou interferir na vida política e econômica da colônia. Mais do que suas perdas econômicas, portanto, o que estava em questão para os colonos era a soberania, isto é, a definição sobre quem faria as leis sobre eles. Desejavam, assim, garantir a autonomia conquistada durante o Período Colonial, autonomia essa que os encorajava a desafiar a legitimidade das decisões do Parlamento.

Em 1775, os britânicos enviaram tropas para conter a insubordinação em Boston. Os confrontos armados se iniciaram na Batalha de Lexington, travada em 19 de abril, e se estenderam à localidade de Concord. Representantes das Treze Colônias reuniram-se novamente na Filadélfia em meados de 1775, no Segundo Congresso Continental. A assembleia nomeou George Washington – grande proprietário de terras e escravizados, com experiência militar na Guerra dos Sete Anos e um dos delegados da Virgínia – comandante-chefe do Exército revolucionário. Apesar das medidas relacionadas à guerra, o objetivo inicial do Segundo Congresso Continental era uma reconciliação com o governo britânico, pois embora os colonos desejassem o autogoverno, esperavam manter os vínculos com a metrópole. Mas os britânicos não aceitaram ver diminuída sua autoridade sobre as colônias, de modo que não estavam dispostos a uma conciliação. Naquele momento, pensavam que a rebelião colonial seria facilmente esmagada por seu exército.

John Trumbull. *Declaração de independência, 4 de julho de 1776*. Óleo sobre tela, 1819. Pintada décadas após o fato, essa representação idealiza uma cena que jamais ocorreu, como parte de um processo de construção de uma memória para a nação que enfatizava o papel dos ditos "Pais Fundadores".

Em dezembro de 1775, o ministério britânico aprovou a Lei de Proibição, que autorizava a Marinha britânica a apreender os navios e as cargas vindos das Treze Colônias e impunha interdição total a seus portos. Em resposta, o Congresso abriu os portos da América a todas as nações, com exceção da própria Grã-Bretanha. Rompia-se, assim, o monopólio comercial que a metrópole exercia sobre suas colônias.

Em meio às hostilidades, cristalizou-se na América a ambição de se construir uma sociedade nova e independente. Tal sentimento foi expresso de maneira clara e eloquente em um panfleto intitulado *Senso comum*, do radical inglês Thomas Paine (1737-1809). Publicado em janeiro de 1776 e divulgado na época como sendo de autoria anônima, a obra defendeu a causa americana, criticando a monarquia e pregando enfaticamente a separação da pátria-mãe. A excepcional venda de mais de 500 mil exemplares em um ano deixou claro o apoio popular à causa da independência.

Após um longo debate, o Congresso Continental optou pela separação, em 2 de julho de 1776, e uma comissão foi encarregada de elaborar uma Declaração da Independência dos Estados Unidos da América, aprovada pelos congressistas e oficializada em 4 de julho, data da independência. O texto da declaração – inspirado nos escritos de John Locke (1632-1704) e Montesquieu (1689-1755), e redigido por Thomas Jefferson (1743-1826) – retomou as ideias iluministas de liberdade, igualdade e direito natural.

> **ORGANIZANDO AS IDEIAS**
>
> 3. Explique o princípio *No taxation without representation* (Nenhuma tributação sem representação).
> 4. Explique o contexto da chamada "Festa do Chá de Boston".
> 5. Quando as guerras entre as colônias e a Grã-Bretanha tiveram início, quais eram as expectativas de cada parte?

Da Independência à Constituição

A Grã-Bretanha não reconheceu de imediato a independência dos Estados Unidos da América, pois isso abria, afinal, um perigoso precedente para as outras possessões de um dos maiores impérios coloniais da época. Ao mesmo tempo, dentro do território estadunidense existia uma cisão entre aqueles que apoiavam a independência – os Patriotas – e aqueles que apoiavam a Coroa – os Legalistas. Por isso, o conflito pode ser visto como uma guerra civil entre os próprios colonos.

Após a vitória parcial sobre as tropas britânicas na Batalha de Saratoga, em 1777, os colonos obtiveram o apoio da França, que estava ávida por uma revanche contra a Grã-Bretanha, para quem perdera importantes possessões após a Guerra dos Sete Anos. As rivalidades europeias fizeram com que os estadunidenses também contassem com o apoio da Espanha e da Holanda. Em 1778, o rei francês Luís XVI mandou um

O impacto da revolução nos impérios atlânticos

A Revolução Americana contribuiu para alterar e redefinir o modo de se pensar o estatuto político do Novo Mundo, ao evidenciar a possibilidade real de se criar novos Estados na América e de derrotar militarmente as metrópoles europeias.

No Brasil, a visão tradicional da relação entre metrópole-colônia começou a ser abalada na década de 1780. O contexto internacional influenciava as opiniões dos homens educados do período: as concepções iluministas e a independência estadunidense foram inspirações importantes para a Inconfidência Mineira (1789).

Atribuiu-se a Claudio Manuel da Costa (1729-1789), poeta rico que se tornou um dos grandes nomes da Inconfidência, a tradução da principal obra do economista liberal Adam Smith, *A riqueza das nações*. Sabe-se, ainda, que entre os conspiradores circulava um livro publicado na França, *Leis constitutivas dos Estados Unidos da América* (1778), que continha traduções francesas (língua com a qual os letrados luso-brasileiros estavam mais familiarizados) da Declaração da Independência dos Estados Unidos da América, os artigos da Confederação e as constituições estaduais da Pensilvânia, Nova Jersey, Delaware, Maryland, Virgínia, Carolina do Norte e Massachusetts. O exemplar que pertenceu a Tiradentes está preservado no Museu da Inconfidência, em Ouro Preto. De fato, alguns conspiradores mantiveram contatos secretos com os Estados Unidos em 1787, quando Thomas Jefferson esteve na França como embaixador. Apesar de traído e derrotado, o movimento promoveu abalos na relação com a Coroa, que passou a incorporar com mais atenção os interesses das elites do Brasil ao projeto colonial.

Na América espanhola, a independência das Treze Colônias teve impacto menor. As duas revoltas mais importantes da região na década de 1780 – a dos Comuneros (em Nova Granada, ou seja, Colômbia, Venezuela, Equador e Panamá) e a de Túpac Amaru (Peru) – não foram influenciadas pelo exemplo dos Estados Unidos da América. Foi apenas com o desenvolvimento das guerras na Europa na década de 1790 que as ideias de independência começaram a circular com mais vigor, devido à fragilização do domínio espanhol sobre suas possessões no Novo Mundo. O exemplo dos Estados Unidos passou a ser citado por aqueles que se pretendiam revolucionários, como o venezuelano Francisco de Miranda (1750-1816) e, posteriormente, seu compatriota Simón Bolívar (1783-1830).

A revolução na colônia francesa de Santo Domingo, iniciada em 1791, foi ainda menos influenciada pelo exemplo estadunidense, estando muito mais ligada ao processo revolucionário francês iniciado em 1789. Por causa do caráter antiescravista do movimento, os EUA se recusaram a reconhecer a existência do Haiti até 1862, 58 anos após a declaração de independência desse país.

A imagem mostra a costureira Betsy Ross (1752-1836) cerzindo a primeira bandeira dos Estados Unidos, adotada no Segundo Congresso Continental e que vigorou entre 1777 e 1795. As estrelas representam os 13 primeiros estados que formavam os Estados Unidos. A bandeira conta hoje com 50 estrelas, que representam os 50 estados da Federação.

corpo expedicionário em socorro dos estadunidenses. A vitória franco-americana na Batalha de Yorktown, em 1781, e os sérios problemas financeiros obrigaram a Inglaterra a capitular e a finalmente reconhecer, por meio da assinatura do Tratado de Paris, em 1783, a independência dos Estados Unidos da América. A luta se estendeu de 1775 a 1781, período em que cerca de 70 mil combatentes morreram de ambos os lados.

Foi um duro golpe para a Grã-Bretanha, que perdeu de uma só vez um quarto de suas possessões territoriais e sua maior e mais próspera colônia. Mesmo assim, já no final do século XVIII, as relações comerciais se normalizaram e a antiga metrópole e os Estados Unidos mantiveram um intenso intercâmbio.

A construção de uma nação e a formação de um Estado Nacional

Desde a Declaração da Independência dos Estados Unidos da América, as diversas unidades da federação passaram a adotar suas próprias cartas constitucionais. O lado positivo desse sistema foi a possibilidade

A independência sob o olhar de mulheres, indígenas e escravizados

Embora a Declaração de Independência dos Estados Unidos da América tenha aberto a possibilidade de uma interpretação mais universalista sobre a igualdade e a liberdade, ela garantia somente o direito à "procura da felicidade". Esse texto, assim como a Constituição de 1787, não promovia revolução social nem alteração decisiva na sociedade estadunidense.

As mulheres continuaram à sombra dos pais e maridos e não tinham representação legal. Os diversos grupos indígenas que habitavam o território, por sua vez, foram forçados durante a guerra a se aliar ou aos britânicos ou aos estadunidenses, a fim de continuarem recebendo os vários produtos que haviam se habituado a consumir em mais de um século de comércio com os brancos. A maioria se aliou aos britânicos, pois esses, em muitos momentos, haviam protegido as terras indígenas das invasões dos colonos, com o objetivo de preservar o comércio de peles e garantir o apoio nativo nas lutas contra os franceses.

Com o fim dos confrontos e a assinatura do Tratado de Paris, em 1783, os britânicos cederam – sem consultar nenhum representante autóctone – todas as terras a leste do Mississípi para a nova nação. O caminho encontrado pelos estadunidenses para evitar choques com essa população foi incorporá-la à "civilização", o que promoveria ao mesmo tempo a pacificação e a conquista de seus territórios. Posteriormente, variou de estado para estado o tratamento dado aos ameríndios, mas em sua maioria eles perderam terras e foram continuamente empurrados para o oeste pela expansão dos cidadãos estadunidenses e dos imigrantes.

Os debates que envolviam os povos escravizados eram ainda mais complicados, pois a ideologia revolucionária trazia um novo ponto de vista sobre a liberdade e a igualdade. O que os líderes políticos pregavam e buscavam para si mesmos distanciava-se daquilo que eles impunham aos outros: se a liberdade havia sido um grito essencial dos revolucionários, como conciliá-la com a manutenção de centenas de milhares de pessoas na escravidão? Em meio ao caos da guerra e às divisões internas criadas por ela, mais de 20 mil escravos aproveitaram para fugir de seus senhores.

A Constituição derrotou, porém, o abolicionismo difuso que ascendera em algumas regiões no período revolucionário, pois a escravidão foi mantida e a abolição do comércio de escravos foi adiada para 1808, garantindo o suprimento de africanos escravizados por mais duas décadas. Assim, embora alguns dos líderes da independência tenham alforriado seus escravos ao falecerem, a exemplo de George Washington e Thomas Jefferson, na prática a escravidão consolidou-se e, mais do que isso, expandiu-se no sul da República nas décadas que se seguiram.

Gilbert Stuart. *Retrato do cozinheiro de George Washington*, c. 1795-1797. Óleo sobre tela, 76 x 63,5 cm. Em 1797, com o fim do governo do primeiro presidente, Hercules fugiu da mansão na Filadélfia e nunca mais foi encontrado.

de melhor adequar as leis às peculiaridades e valores de cada região. Mas a ausência de um governo central e de um ordenamento jurídico que englobasse todos os estados – que já se caracterizavam pela diversidade e heterogeneidade religiosa, econômica e social – tornava difícil o desafio de erigir uma nova nação. Assim, foi preciso reunir os representantes dos diversos estados para redigir uma Carta Magna que estabelecesse alguns princípios fundamentais e válidos para todo o país. Em 1787, na Filadélfia, esses representantes reuniram-se em um Congresso para redigir e votar uma Constituição Federal.

A Constituição dos Estados Unidos da América permanece a mesma até hoje. Ao longo do tempo, ela recebeu emendas, mas os princípios basilares permanecem idênticos: por exemplo, a divisão entre os poderes e a clara definição das responsabilidades atribuídas aos governos estaduais e ao governo

O Adão americano

Depois de conquistar sua autonomia em relação à Inglaterra, os estadunidenses sentiram necessidade de criar uma identidade própria, que os diferenciasse da antiga metrópole e os unisse como nação. Nesse contexto, a literatura desempenhou um importante papel, na medida em que seus enredos e personagens exploravam o significado de "ser americano". Além disso, ao criarem uma literatura nacional que não fosse mera transposição para a América do Norte das convenções literárias inglesas, eles mostravam que sua autonomia do Velho Mundo não era apenas política, mas também cultural.

Em meados do século XIX, escritores como Walt Whitman (1819-1892), Henry David Thoreau (1817-1862) e Herman Melville (1819-1891) escreveram livros nos quais a América era identificada com o Paraíso bíblico e, os estadunidenses, com Adão. Seus heróis eram eremitas ou viajantes que tentavam encontrar seu lugar no mundo. Assim como o primeiro homem criado por Deus, não tinham passado nem ancestrais, vivendo só do presente e do futuro; eram inocentes, mas democráticos; autossuficientes e confiantes, porém solidários. Eles simbolizavam o início de uma nova história, desvencilhada das tradições europeias.

Um exemplo de Adão americano é Ismael, protagonista do romance *Moby Dick* (1851), de Melville. Trata-se de um marinheiro experiente que decide mudar de ramo para atuar na pesca de baleias, recomeçando sua vida do zero. Ele representa o exilado, o marginal que busca fugir das amarras da sociedade. Ao embarcar no pesqueiro Pequod, conhece o capitão Ahab, um homem transtornado cujo único objetivo é perseguir e matar Moby Dick, a baleia que havia lhe arrancado a perna. O final do livro é marcado pelo confronto dos marinheiros com a baleia, o que simboliza a fragilidade da cultura diante da natureza.

Outro livro inspirado no mito adâmico é *Walden* ou *A vida nos bosques*, publicado em 1854. Trata-se da autobiografia de Henry Thoreau, que, em 1845, se retirou para o meio da floresta, onde construiu sua casa e seus móveis com as próprias mãos, vivendo com o mínimo necessário e em intenso contato com a natureza. Com seu isolamento, ele buscou compreender melhor a sociedade e descobrir as necessidades essenciais da vida. Essa crença na autossuficiência do indivíduo, que seria alguém capaz de se fazer sozinho (*self-made man*), permeia o imaginário estadunidense até hoje, marcando presença em filmes e séries televisivas.

---

nacional. Dentre as atribuições do governo federal, representado por um Congresso dividido em duas câmaras (Casa dos Representantes e Senado), pelo presidente e pela Suprema Corte, incluem-se, por exemplo, a autoridade para lançar impostos, contrair empréstimos, regular o comércio interno e externo, e manter um Exército e uma Marinha de guerra.

A Constituição dos Estados Unidos da América, promulgada em 17 de setembro de 1787, adotou um regime republicano presidencial e federalista, que garantia a autonomia dos estados. Em sua base, estava a doutrina de separação de poderes, que emergiu no século XVIII. Tanto no governo federal quanto nos estados, definiu-se uma estrutura de governo que separava os poderes Executivo, Legislativo e Judiciário, e incluía mecanismos para que os diversos órgãos pudessem se controlar mutuamente.

Representando o Poder Executivo, George Washington foi eleito o primeiro presidente dos Estados Unidos em abril de 1789 e governou por dois mandatos, até 1797. Ao presidente eram concedidos os direitos de vetar a legislação votada no Congresso, de nomear juízes e servidores públicos – com a aceitação do Senado – e de comandar as Forças Armadas.

É preciso enfatizar, porém, que a nova república ainda carregava uma série de limitações que a distanciavam de tudo aquilo que, hoje, nós reconhecemos como sendo o pleno exercício da democracia. O sufrágio universal, por exemplo, não existia: era necessário possuir uma renda mínima para participar da política; além disso, mulheres (com a breve exceção de Nova Jersey, de 1786 a 1806), indígenas e negros estavam excluídos do processo eleitoral.

O fato é que, mesmo estando muito longe da perfeição e carregando uma série de contradições, a Revolução Americana não deixou de entusiasmar os filósofos europeus, que saudaram a vitória de indivíduos livres contra a arbitrariedade monárquica e mercantil, assim como o nascimento de uma nação que encarnava as ideias filosóficas e políticas do Iluminismo.

ORGANIZANDO AS IDEIAS

6. Cite aspectos em que o apoio francês beneficiou os rebeldes da América inglesa.

Revisando o capítulo

APROFUNDANDO O CONHECIMENTO

1. Leia um fragmento do Senso Comum, de Thomas Paine, e depois responda às questões.

   A natureza e o caráter da aristocracia revela-se na lei da primogenitura: é uma lei contra todas as leis naturais e a própria natureza é quem exige sua destruição... Até aqui vimos a aristocracia de um ponto de vista. Temos agora que considerá-la de outro. Mas, quer a olhemos de frente ou de trás, de lado ou de qualquer outro ponto de vista, seja público, seja privado, ela continua sendo um monstro... a ideia de legisladores hereditários é tão ilógica como a de juízes hereditários; tão absurda como um matemático hereditário, ou um sábio hereditário e tão ridícula como um poeta laureado hereditário... Este é o caráter geral da aristocracia, ou aquilo que se chama de **Nobility** [nobreza], ou melhor, **No-ability** [Sem capacidade] em todos os países.

   FLORENZANO, Modesto. "Thomas Paine revisitado". Instituto de Estudos Avançados da USP, São Paulo, conferência em 22 mar. 1996. Disponível em: <www.iea.usp.br/publicacoes/textos/florenzanothomaspaine.pdf>. Acesso em: 29 abr. 2016.

   a. O panfleto de Paine escandalizou a elite governante britânica. Por que isso ocorreu?

   b. Examine a linguagem do fragmento e relacione-a com o grande sucesso do panfleto nas Treze Colônias.

2. Leia um fragmento da Declaração de Independência dos Estados Unidos da América e depois responda às questões.

   Consideramos estas verdades evidentes por si mesmas, que todos os homens são criados iguais, que são dotados pelo Criador de certos direitos inalienáveis, entre os quais estão a vida, a liberdade e a busca da felicidade. Que, para assegurar tais direitos, governos são instituídos entre os homens, derivando seus justos poderes do consentimento dos governados; que, sempre que qualquer forma de governo se torne destrutiva de tais fins, é direito do povo alterá-la ou aboli-la e instituir novo governo, estabelecendo seus fundamentos em tais princípios [...] Quando uma longa série de abusos e usurpações [...] revela o propósito de submetê-los ao despotismo absoluto, cabe-lhes o direito, bem como o dever, de abolir tal governo [...]. A história do atual rei da Grã-Bretanha é uma história de repetidas injúrias e usurpações, todas tendo como objetivo direto o estabelecimento de uma tirania absoluta sobre esses estados. [...] Nós, por conseguinte, representantes dos Estados Unidos da América, reunidos em Congresso Geral, apelando para o Juiz supremo do mundo pela retidão de nossas intenções, em nome e por autoridade do bom povo destas colônias, publicamos e declaramos solenemente que estas colônias unidas são, e por direito têm de ser, Estados livres e independentes; que elas estão exoneradas de qualquer lealdade à Coroa Britânica, e que todo vínculo político entre elas e o Estado da Grã-Bretanha seja, e deve ser, totalmente dissolvido.

   Declaração de Independência dos Estados Unidos, 4 de julho de 1776. In: ARMITAGE, David. *Declaração de Independência*: uma história global. São Paulo: Companhia das Letras. 2011, p. 139-144.

   a. Quais são os princípios citados no texto que legitimam a decisão dos colonos de declararem a sua independência?

   b. Quais são as acusações feitas à Inglaterra para justificar a necessidade de separação?

3. Leia o trecho a seguir e responda às questões.

   A guerra contra a Inglaterra tinha unido as colônias, mas sem ter criado, de fato, uma nação homogênea e bem integrada. Os interesses locais eram predominantes e poucos estavam dispostos a abrir mão deles para formar algo que ainda era uma novidade: Os Estados Unidos da América.

   KARNAL, Leandro et al. *História dos Estados Unidos*: das origens ao século XXI. 2. ed. São Paulo: Contexto, 2010. p. 101.

   a. De acordo com o texto, qual foi o grande desafio dos colonos após a independência?

   b. Como eles tentaram superar esse problema?

   c. Pesquise a influência das ideias iluministas sobre o texto da Declaração de Independência das Treze Colônias e produza um texto com as suas conclusões.

CAPÍTULO 25

A REVOLUÇÃO FRANCESA

Construindo o conhecimento

- Como você definiria uma revolução?
- Para você, o que é mais importante: a liberdade individual ou a igualdade social?

Plano de capítulo

▸ As origens da Revolução
▸ O fim da Monarquia e o nascimento da República
▸ O governo revolucionário (1793-1795)
▸ O Diretório: governo dos melhores (1795-1799)
▸ A ascensão de Napoleão Bonaparte
▸ A Revolução Francesa e seus reflexos
▸ A Europa contra a França: a queda de Napoleão

Você já parou para se perguntar de onde surgiu a divisão entre direita e esquerda, até hoje utilizada nas discussões políticas? Ou quando o povo começou a participar do processo político formal por meio do voto? A resposta para ambas as perguntas é a mesma: Revolução Francesa, iniciada em 1789. Foi nesse turbulento contexto que se originou a política moderna, da qual a maioria dos regimes do mundo contemporâneo continua a ser devedora.

O impacto da Revolução Francesa se estendeu além da Europa, afetando decisivamente a América Latina – inclusive o Brasil. Essa influência foi duradoura, pois até hoje muitos dos princípios de nosso ordenamento social e jurídico derivam desse momento histórico específico: direitos humanos, cidadania, igualdade perante a lei, soberania popular... Essas ideias foram testadas na França, porém não sem conflitos, pois representavam uma mudança radical e foram interpretadas de formas diferentes pelos vários atores políticos – tanto dentro quanto fora da França –, que tinham concepções distintas sobre quais transformações eram desejáveis ou não.

Há que esperar que esse jogo termine logo: o autor no campo. Panfleto anônimo, França, 1789. Água-forte, 20 × 14,5 cm. A ordem social pré-revolucionária é criticada nessa caricatura, na qual um camponês (Terceiro Estado) suporta o peso de um padre (Primeiro Estado) e de um nobre (Segundo Estado). A revolução buscaria transformar radicalmente esse quadro.

Biblioteca Nacional da França, Paris

Marcos cronológicos

1787 — Luís XVI convoca a Assembleia dos Notáveis.

1788 — Convocação dos Estados Gerais para 1º de maio de 1789.

1789 — Início da Revolução Francesa.

1790 — Início da rebelião de mulatos em São Domingos, liderada por Vincent Ogé.

1791 — A Assembleia Nacional mantém a escravidão nas colônias francesas e inicia-se a insurreição dos escravos em São Domingos.

1792 — Eleição da Convenção mediante o sufrágio universal masculino; proclamação da Primeira República francesa.

1793 — Execução de Luís XVI; criação do Tribunal Revolucionário pela Convenção; início da Revolta da Vendeia; e aprovação da Constituição de 1793.

1794 — A Convenção aprova por aclamação a abolição da escravidão no Haiti e em todas as colônias francesas.

1795 — Eleição do Diretório.

1796 — Detenção de Babeuf e de outros membros da Conspiração dos Iguais.

Unidade 7 — A crise do Antigo Regime nos dois lados do Atlântico

As origens da Revolução

A sociedade francesa às vésperas de 1789

A Revolução Francesa representou um importante marco na história política do mundo moderno, pois trouxe consigo a ruptura com o Antigo Regime. Ao questionar a sociedade de ordens – clero, nobreza e plebe – o absolutismo monárquico e a persistência dos direitos feudais sobre a terra, impulsionou uma nova visão de mundo e de sociedade.

O aparecimento de novos valores culturais e ideológicos na França ao longo do século XVIII foi um fator importante para o desenrolar do processo revolucionário. Com a disseminação do Iluminismo, que questionava a religião e o funcionamento do Estado, as pessoas foram incentivadas a procurar novas possibilidades para melhorar a sociedade em que viviam.

Na área rural, onde se concentrava a maioria da população francesa, os camponeses sofriam com os impostos pagos em dinheiro ou em gêneros à nobreza rural, resquícios da época feudal. Mesmo nas cidades, a população não nobre era obrigada a suportar uma grande carga tributária para sustentar os privilégios da nobreza e do clero, pois esses grupos, além de serem privilegiados pela Coroa, eram isentos de impostos. A desigualdade social e a miséria de grande parte da população geravam muita insatisfação e muitas revoltas localizadas, as quais eram duramente reprimidas pela Coroa.

A economia estava fragilizada. O Tratado de Eden-Rayneval, assinado em 1786 entre França e Inglaterra, dava condições privilegiadas para a entrada dos tecidos britânicos no país, prejudicando o comércio e as manufaturas francesas. Em 1788, uma péssima colheita aumentou os preços dos alimentos em 50% e a fome assolou a maior parte da população do país.

Outra dificuldade do Estado francês era a multiplicação de ofícios venais, isto é, cargos ou postos vendidos pela Coroa a particulares, que podiam ser transmitidos hereditariamente. Ao mesmo tempo que obtinha recursos de curto prazo com essa prática, o Estado francês se endividava a longo prazo, pois aos ofícios era agregado um salário que o próprio Estado pagava. A compra possibilitava ainda o enobrecimento – principalmente a mercadores atlânticos e alguns empresários manufatureiros –, garantindo o privilégio de isenção dos impostos reais. Com isso, diminuía a arrecadação da Coroa. A partir do século XVIII, a riqueza passou a ser o fator determinante na estratificação da nobreza e a "antiga" aristocracia não gostou de ver sua posição sendo desvalorizada com esse fenômeno que poderíamos chamar de "inflação de honras".

As elevadas despesas do Estado francês com a Corte – cada vez mais impopular – e com as guerras fizeram com que a monarquia passasse a gastar muito mais do que arrecadava. Após a derrota na Guerra dos Sete Anos (1756-1763) e o apoio francês à Guerra de Independência dos Estados Unidos (1775-1783), a monarquia afundou em uma grave crise financeira. Em 1787, o ministro responsável pelas finanças da França, o Visconde de Calonne (1734-1802), convocou a Assembleia dos Notáveis – da qual participavam somente representantes do clero e da nobreza – e propôs um projeto reformador. Entre outras medidas, a reforma acarretaria a supressão dos privilégios e o pagamento de impostos pelo Primeiro e Segundo Estados.

A radical oposição às mudanças iniciou a chamada Revolta Nobiliárquica e provocou a demissão de Calonne. Com a rejeição, chegou-se à conclusão de que somente os Estados Gerais – assembleia que representava as três ordens e que não se reunia desde 1614 – poderiam aprovar a criação de novos impostos. Em 5 de maio de 1789, foi aberta a sessão dos Estados Gerais. Novos debates surgiram em relação ao seu funcionamento, principalmente no que dizia respeito à representação do Terceiro Estado. A aristocracia enfatizava a importância de manter o voto por ordem, enquanto o Terceiro Estado defendia o voto por cabeça, pois diante de suas reivindicações por maior representatividade, o rei havia duplicado o número de seus representantes.

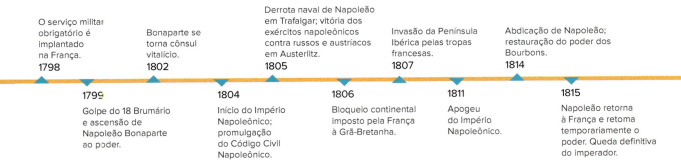

A Revolução Francesa Capítulo 25

Muitas Revoluções Francesas

Desde a queda da Bastilha, em 1789, o significado do processo revolucionário foi muito discutido, dando origem a diversas opiniões. A maioria dos revolucionários acreditava fazer parte de um processo de expansão da liberdade e da igualdade, inspirado por ideias iluministas e resultado da inevitável decadência da nobreza e da monarquia. Por outro lado, o político britânico Edmund Burke (1729-1787) interpretou, em 1790, a Revolução Francesa de forma negativa, enxergando-a como responsável por criar um estado de anarquia em razão da influência de uma multidão ignorante e demasiadamente influenciada por ideias iluministas descoladas da realidade.

Os debates continuaram no século XIX, opondo àqueles que enfatizavam o aspecto criador da revolução, com as inovações que trouxeram e ajudaram a construir o mundo contemporâneo, e àqueles que destacavam a violência e o autoritarismo que se manifestaram em diversas fases do processo revolucionário. Surgiram, porém, interpretações mais sofisticadas, como a do socialista alemão Karl Marx, que incluiu a experiência francesa em um quadro mais amplo, o das "Revoluções Burguesas", que permitiram que a burguesia, uma classe em ascensão, destruísse o poder da aristocracia, consolidando a transição para o modo de produção capitalista. Por outro lado, o aristocrata liberal francês Alexis de Tocqueville (1805-1859) enfatizou o aspecto político da revolução, concebendo-a como a continuação do processo de centralização iniciado por Luís XIV. A democracia e a igualdade jurídica teriam sido inovações revolucionárias, mas ironicamente elas teriam permitido a ascensão da ditadura napoleônica.

A interpretação marxista continua a exercer grande influência, mas foi muito questionada a partir da segunda metade do século XX. Diversos historiadores apontaram que a burguesia propriamente dita – grandes comerciantes e industriais – não exerceu papel significativo na revolução. O historiador francês François Furet (1927-1997) foi ainda mais longe, afirmando, em 1978, que a busca revolucionária por uma "vontade geral" que representasse toda a França era inerentemente autoritária ao não abrir espaço para discordâncias. No contexto da Guerra Fria, essas manifestações eram uma forma de criticar a esquerda e o comunismo, que tinha na Revolução Francesa um de seus mitos fundadores.

Atualmente, a historiografia tem procurado abarcar a complexidade desse movimento. Assim, os historiadores têm enfatizado que a Revolução Francesa possuiu múltiplas causas, que seu resultado não estava predeterminado e que suas consequências foram majoritariamente políticas e sociais.

Mais um livro sobre a Revolução Francesa, charge publicada no *The Daily Telegraph*, em 3 de junho de 1989. No contexto das comemorações do bicentenário da Revolução Francesa, essa charge satiriza a vasta produção historiográfica sobre o processo revolucionário a partir de uma reinterpretação da clássica pintura de Jacques-Louis David, *A morte de Marat*, de 1793.

O estopim

Representantes das três ordens foram eleitos para os Estados Gerais, em eleições que mobilizaram grande parte dos homens adultos da França. Dos cerca de 1200 deputados, 300 representavam o clero (Primeiro Estado), 300 a nobreza (Segundo Estado) e 600 o Terceiro Estado. Entretanto, dentro da cada ordem, as posições políticas variavam. Por exemplo, no Terceiro Estado, alguns deputados tendiam ao conservadorismo – principalmente os mais ricos – e estavam dispostos a aceitar uma solução de compromisso. Por sua vez, no Primeiro Estado, o baixo clero (padres, párocos, vigários) tendia a apoiar as reformas.

No momento da escolha dos deputados, eram entregues a eles os cadernos de queixas. Costume na França desde o final do século XV e redigidos tanto no campo como na cidade, os cadernos traziam reclamações e reivindicações a serem apresentadas ao rei. O Terceiro Estado liderou a redação da síntese dos cadernos de queixas, que traçam um quadro expressivo da insatisfação da maioria dos franceses com o Antigo Regime.

Um caderno de queixas de camponeses em 1789

Os cadernos de queixas continham reivindicações e críticas aos abusos e foram redigidos pelas comunidades aldeãs e urbanas por ocasião dos Estados Gerais. Essa assembleia teve a tarefa de fazer a síntese dos milhares de cadernos trazidos pelos delegados. O documento citado a seguir, enviado pela comunidade de uma aldeia próxima de Paris, é extremamente crítico em relação à dominação senhorial (tanto jurídica e fiscal quanto simbólica) e pede sua supressão.

Artigo primeiro: Que seja recolhido apenas um único imposto, repartido igualmente por todas as classes de cidadãos, sem nenhuma distinção.

Artigo segundo: Supressão dos impostos indiretos sobre a bebida e os víveres.

Artigo terceiro: Diminuição do preço do sal.

Artigo quarto: Evitar a penúria e a escassez dos cereais, estabelecendo em cada província celeiros públicos.

[...]

Artigo sétimo: Supressão das justiças senhoriais nocivas aos interesses dos cidadãos.

[...]

Artigo treze: Revogar os diferentes pesos, medidas etc., que em todas as províncias levam os compradores inexperientes a uma infinidade de processos. [...]

Caderno de queixas de St.-Arnoult-en-Yveline, 1789.

Desde a abertura dos Estados Gerais, em 5 de maio de 1789, a divergência entre o poder estabelecido e os deputados que ansiavam por mudanças foi total. Percebendo a vitória do conservadorismo e diante da intransigência das ordens privilegiadas, em 17 de junho, o Terceiro Estado, fortalecido por membros do baixo clero, constituiu-se em Assembleia Nacional. Em seguida, seus representantes juraram ficar unidos até redigir uma Constituição para o país.

Essa transformação dos Estados Gerais em Assembleia Nacional Constituinte foi uma inovação radical, pois diminuía a autoridade do rei, do clero e da nobreza ao afirmar que o poder derivava do povo, e que a Assembleia Nacional era a representante legítima da soberania popular.

O caos político transformou-se em uma revolução com participação popular em julho e agosto de 1789. As tensões aprofundaram-se no campo e nas cidades, dando maior representatividade às exigências do Terceiro Estado. Na manhã de 14 de julho, pequenos comerciantes, artesãos e trabalhadores urbanos invadiram a Bastilha, prisão símbolo da autoridade real e do Antigo Regime. O objetivo deles era obter armas para preservar a Assembleia Nacional de um golpe que, supostamente, estava sendo arquitetado pela Coroa.

Jacques Louis David. *O juramento de Jeu de Paume em 20 de junho de 1789*, 1791. Óleo sobre tela, 65 × 88,7 cm.

Museu Carnavalet, Paris

A Revolução Francesa Capítulo 25

A Tomada da Bastilha

A Bastilha era uma prisão símbolo da arbitrariedade real, ainda que em 1789 somente um pequeno número de prisioneiros lá estivesse detido. A cena representa a rendição da fortaleza, guardada por uma centena de soldados, ao final de um dia de ataques pelo povo de Paris. De Launay, o governador da fortaleza, foi declarado inimigo pela multidão por ter ordenado que os soldados disparassem contra a massa e, após a invasão, foi massacrado.

Claude Cholat. *A queda da Bastilha*, século XVIII. Guache sobre cartão, 51 × 63,7 cm (detalhe).

No campo, fosse pelos ressentimentos acumulados ou pelo temor de uma violenta reação aristocrática, os camponeses atacaram os senhores. Destruíram castelos e mansões, exigiram auxílio na subsistência, fixaram o preço – enfim, afirmaram sua importância nesse novo contexto político e contestaram os direitos senhoriais. Com a onda de violência, que ficou conhecida como o "grande medo", diversos nobres começaram a emigrar. Na visão dos manifestantes, se a soberania pertencia ao povo, caberia a ele o direito de castigar aqueles que permaneciam nostálgicos do Antigo Regime, com seus privilégios, muitos deles herdados do período medieval, nas mãos dos aristocratas.

Também nas cidades esse temor estimulava a radicalização popular. Gradualmente, mesmo na Assembleia Nacional Constituinte, ocorreu um avanço em favor do projeto de reformas. Em julho de 1790, foi abolido o estatuto da nobreza. Consolidava-se, assim, o caráter antiaristocrático da Revolução Francesa.

Inquieta e preocupada com a radicalização popular no campo e nas cidades, a Assembleia Nacional aprovou, entre 4 e 11 de agosto de 1789, o fim dos privilégios do clero e da nobreza, das isenções fiscais, dos direitos senhoriais e da venalidade dos cargos públicos. Esses princípios foram consolidados na Declaração dos Direitos do Homem e do Cidadão, anunciada em 26 de agosto. Inspirada no Iluminismo e na Declaração de Independência dos Estados Unidos da América, a declaração rompia com os privilégios tradicionais do Antigo Regime. Entretanto, não tocou no tema da desigualdade econômica e tampouco na questão dos direitos das mulheres. Em 1791, a Assembleia Nacional rejeitou a Declaração dos Direitos da Mulher e da Cidadã, elaborada por Olympe de Gouges, que reivindicava direitos iguais para homens e mulheres nas esferas política, social e jurídica. Dois anos depois, a autora do texto foi guilhotinada.

A monarquia regenerada

Entre setembro e outubro começaram os debates sobre a Constituição que iria conduzir a construção do novo Estado francês. A discussão girou principalmente em torno do direito de veto da realeza sobre as leis anunciadas pela Assembleia e gerou posições diversas. Aqueles que defendiam a plenitude dos poderes monárquicos e o veto real eram chamados de aristocratas e monarquistas. Os democratas, por sua vez, eram contra o direito de veto.

Como os deputados não se sentavam mais agrupados por ordens, eles passaram a se dividir segundo suas opções políticas. Aqueles que eram a favor do poder real sentavam-se à direita no plenário, e os que pretendiam controlá-lo ficavam à esquerda. Nasceram, assim, as noções políticas de "esquerda" e "direita", até hoje utilizadas.

Durante as negociações sobre a Constituição, debatia-se também a reorganização da Igreja Católica, cujos bens foram confiscados na França. Em 12 de julho de 1790, com a Constituição Civil do Clero, os vínculos entre o catolicismo e o Estado foram reorganizados. Os padres tornaram-se funcionários públicos, obrigados a jurar fidelidade à Constituição. A resistência de inúmeros padres em prestar o juramento – clero refratário – e a condenação do papa Pio VI aos acontecimentos na França provocaram a ruptura entre a Revolução e a Igreja Católica.

Em 20 de junho de 1791, a família real, apoiada pelo movimento contrarrevolucionário que emergia tanto dentro como fora da França, tentou abandonar o país, mas foi reconhecida no meio do caminho e obrigada a retornar. A ligação entre o monarca e os franceses foi abalada e a família real passou a ser alvo de ataques constantes na imprensa.

Em setembro de 1791, a nova Constituição foi promulgada, instituindo uma monarquia constitucional. O Poder Executivo era confiado ao rei, mas limitado por uma Assembleia que ele não tinha o direito de dissolver. O Poder Legislativo passou para a Assembleia, eleita por sufrágio censitário, ou seja, o direito de voto era proporcional ao imposto pago (o censo). Só poderiam votar os homens que fossem cidadãos ativos: na época, eram quatro milhões que pagavam impostos diretos, entre os 15 milhões de franceses adultos. Mulheres e escravos das colônias estavam excluídos desse processo. A justiça tornou-se gratuita, a liberdade de imprensa foi assegurada e a liberdade de consciência foi proclamada, dando a judeus e protestantes o *status* de cidadãos completos.

No terreno político, surgiram os clubes, associações que serviram de suporte para a aprendizagem política. Os *feuillants*, por exemplo, defendiam a monarquia constitucional, enquanto os girondinos eram favoráveis a uma república descentralizada. À esquerda deles, os *cordeliers* e os jacobinos apoiavam-se no povo das cidades, para defender um projeto político mais democrático e inclusivo.

Jean Axel de Fersen. *Fuga do rei*, c. 1791. Água-forte, 28 × 34,5 cm. Nessa caricatura, a imagem do rei é ridicularizada ao afirmar-se que ele fugiu disfarçado de cozinheiro (na imagem, ele aparece carregando um porco). As figuras voadoras representam o papa e a Áustria, dois grandes inimigos da Revolução Francesa.

ORGANIZANDO AS IDEIAS

1. Qual é o fundamento econômico para a caricatura apresentada na página 338?

2. Cite alguns fatores que contribuíram para a eclosão do movimento revolucionário de 1789.

3. A Declaração dos Direitos do Homem e do Cidadão foi um importante documento na construção de um governo mais democrático. Explique quais são os princípios democráticos presentes nesse documento.

A participação das mulheres na Revolução Francesa

Em 1789, cerca de 54% da população parisiense era composta por mulheres. Vivendo até então excluídas da vida pública, a situação das mulheres se modificou nos primeiros anos da Revolução. Coube a elas, por exemplo, a liderança de muitas manifestações populares urbanas, como quando forçaram, em 1789, a ida da família real de Versalhes para Paris, onde poderia ser vigiada melhor pelos revolucionários.

Ao se organizarem em clubes e sociedades, as mulheres começaram a lutar em prol de suas próprias causas. Já em abril de 1791, a **primogenitura** foi eliminada e as mulheres obtiveram os mesmos direitos sucessórios que os homens.

Por outro lado, as camponesas estiveram entre as opositoras mais ferrenhas da Revolução Francesa, em razão do recrutamento maciço dos homens para o Exército e dos conflitos com o clero.

Primogenitura: sistema de transmissão de herança que favorecia o filho homem mais velho.

É de se notar ainda que imagens femininas são utilizadas como símbolos da Revolução Francesa e da república, como a *Marianne* e a *Liberté*. Mas, enquanto essas imagens invadiam o espaço público, as mulheres reais continuavam excluídas do exercício de seus direitos.

Anônimo. *A Versalhes, a Versalhes*. Gravura francesa, século XVIII. Marcha até Versalhes das mulheres de Paris que protestavam contra o alto preço e a escassez do pão, 5 de outubro de 1789.

A Revolução Francesa   Capítulo 25   343

O fim da Monarquia e o nascimento da República

Uma segunda revolução

Após a tentativa de fuga real, a ala mais à esquerda passou a defender a ideia de uma república, hipótese que pouco havia sido considerada nos momentos iniciais da Revolução Francesa. Muitos deputados viam na Constituição moderada recém-aprovada um instrumento para normalizar o processo político. Mas o rei procurava anular com seus vetos todas as reformas que o Legislativo tentava implementar, bloqueando o funcionamento constitucional e protegendo os contrarrevolucionários.

Em 20 de abril de 1792, a França declarou guerra ao imperador Francisco II da Áustria, sobrinho da rainha Maria Antonieta. Entretanto, nem todos os deputados da Assembleia concordavam com essa declaração. A favor, estavam claramente Luís XVI e um pequeno número de deputados monarquistas. Eles declararam na Assembleia que a guerra traria estabilidade para o país: os problemas internos seriam esquecidos pela população, que canalizaria suas forças contra a ameaça externa. Já os opositores desconfiavam que essa era uma maneira de enfraquecer a Revolução Francesa e permitir o retorno do Antigo Regime.

De maio a setembro de 1792, o desorganizado Exército francês foi rapidamente derrotado, enquanto a França era invadida pelas Forças Armadas austríacas e prussianas. Em 11 de julho, em meio às derrotas e à tensão, foi declarada a "pátria em perigo". As comunas passaram a pedir voluntários para a guerra e, nesse momento, as tropas francesas passaram a ser formadas basicamente por "soldados-cidadãos" e não mais por mercenários. Assim, o novo Exército passou de 150 para 400 mil homens.

A invasão estrangeira acirrou os ânimos políticos e a revolução popular foi revitalizada. Diante da descoberta de um novo projeto de fuga do rei, o povo passou a acreditar que Luís XVI esperava pela derrota da França para restaurar seus poderes. Como consequência, as diversas províncias se uniram ao redor do governo municipal de Paris, formando o Conselho Geral da Comuna, um poder paralelo à Assembleia Nacional. Em 10 de agosto, a multidão, representada principalmente pelos *sans-culottes* – termo que designava os artesãos e assalariados, que não vestem os calções (*culottes*) típicos dos nobres, e sim calças compridas –, invadiu o Palácio das Tulherias exigindo a deposição do monarca, após massacrar a Guarda Suíça que o defendia.

Nesse contexto de violência, o conselho exigia novas eleições com o sufrágio universal masculino, de maneira a ampliar a influência do povo na política. Os jacobinos e *cordeliers*, apropriando-se das reivindicações populares e apoiando-se nos *sans-culottes*, conduziram os protestos. No final de agosto, as eleições foram celebradas.

Para assistir

Maria Antonieta

França-EUA-Japão, 2006. Direção de Sofia Coppola. Duração: 123 min.

A princesa austríaca Maria Antonieta é enviada ainda adolescente à França para se casar com o príncipe Luís XVI, como parte de um acordo entre os países. Na corte de Versalhes ela é envolvida em rígidas regras de etiqueta, ferrenhas disputas familiares e fofocas insuportáveis, mundo em que nunca se sentiu confortável. Praticamente exilada, decide criar um universo à parte dentro daquela Corte, no qual pode se divertir e aproveitar sua juventude. Só que, fora das paredes do palácio, a revolução não pode mais esperar para explodir.

François Marie Isidore Queverdo. *A queda em massa*, séculos XVIII-XIX. Gravura colorida, 25 × 37 cm. Nessa caricatura, um revolucionário francês aciona uma máquina elétrica que propaga para a Europa a "centelha" da Declaração dos Direitos Humanos. As vítimas da descarga são soberanos, como o imperador da Áustria; o *stathouder* das Províncias Unidas; o rei da Inglaterra; o rei da Prússia; o papa; os reis da Espanha e da Sardenha; e, por fim, a czarina da Rússia. À esquerda da imagem, lê-se: "A eletricidade republicana dando aos déspotas uma comoção que derruba seus tronos".

Pouco tempo depois, chegou a Paris a notícia da tomada de Verdun pelos inimigos. Diante da ameaça de invasão de Paris e do medo da contrarrevolução, a Comuna radicalizou e assassinou aqueles considerados traidores do movimento. Cerca de 1 300 pessoas morreram no início de setembro, evidenciando a radicalização da revolução.

Em 20 de setembro, o improvisado Exército Nacional Francês esmagou os invasores na Batalha de Valmy. No dia 22, os 749 deputados recém-eleitos se reuniram, aboliram a monarquia e proclamaram a república. A Assembleia Nacional foi transformada em Convenção, que funcionou até outubro de 1795.

O nascimento da República (1791-1793)

Dentro da Convenção, três forças políticas distintas se delinearam e se confrontaram, basicamente em função da estratégia revolucionária a seguir: os girondinos, a Montanha e a Planície ou Pântano.

Os girondinos tinham propostas ligadas ao desenvolvimento do capitalismo comercial por meio da implantação da república, da defesa das liberdades individuais e da igualdade jurídica. Estavam, assim, mais próximos da alta burguesia, pois temiam qualquer subversão social. O principal objetivo deles era, portanto, estabilizar a revolução, pois consideravam que as transformações alcançadas até então já eram mais do que suficientes. Já a Montanha reunia os elementos mais radicais, retirando sua força política do apoio da massa parisiense. O hábito de seus deputados ocuparem os assentos mais altos e à esquerda, na Convenção, rendeu-lhes esse epíteto. Propunham uma reforma completa da sociedade, defendendo maior igualdade social e importando-se mais com os direitos coletivos do que com os individuais. No centro, estavam os deputados da Planície ou Pântano, que apoiavam um grupo ou outro dependendo das questões em debate.

Uma série de assuntos cruciais dividia os deputados. O primeiro dos grandes debates na Convenção foi em relação ao julgamento de Luís XVI. Enquanto a Montanha colocava-se a favor da execução do antigo monarca, os girondinos temiam que essa atitude prolongasse a guerra. Após longos debates, Luís XVI foi declarado culpado de traição e decapitado em 21 de janeiro de 1793. Logo em seguida, a Grã-Bretanha declarou guerra à França.

Coube à Convenção administrar e organizar a defesa. Faltavam homens e equipamentos adequados. O recrutamento provocou uma guerra civil em algumas regiões, como na Vendeia, em 1793. A situação se agravou com as sucessivas derrotas. Os girondinos perderam o poder na assembleia e a Planície passou a apoiar a Montanha, que defendia medidas de emergência em tempos de guerra.

Em junho, os girondinos foram expulsos da Convenção durante as chamadas jornadas revolucionárias que mobilizaram os setores populares, expressados principalmente na figura dos *sans-culottes*. Apoiados nesse movimento, a Montanha assumiu o controle na Convenção.

Algumas províncias protestaram a eliminação dos girondinos da assembleia, dando início a um movimento federalista, que acabou fracassando pela falta de coesão. Mas já havia problemas em número suficiente: em junho de 1793, a Revolução Francesa encontrava-se ameaçada pela invasão estrangeira, a guerra civil e a crise política interna. O corpo legislativo composto pela Assembleia Nacional, da qual faziam parte 750 membros – eleitos pelo sufrágio universal masculino – assumiu quase todos os poderes. O Legislativo promovia e votava as leis, dirigia a política exterior e comandava os exércitos, enquanto o Poder Executivo foi diminuído. Novos princípios também foram estabelecidos na Declaração de Direitos do Homem e do Cidadão, contidos na Constituição, que reconhecia os direitos à insurreição, à assistência e ao trabalho.

Anônimo. *Trouée de Grandpré*, 1792. Água-forte, 31 × 46,5 cm. Nessa imagem, é descrito como o exército prussiano avançou sobre a França confiante em sua vitória, mas foi derrotado e forçado a voltar com seus soldados feridos e humilhados. Procurava-se, assim, exaltar o patriotismo revolucionário francês por meio da ênfase em seus feitos militares e na defesa da nação.

Jacques-Louis David. *A morte de Marat*, 1793. Óleo sobre tela, 1,28 × 1,65 m.

A situação dentro da França revolucionária complicou-se com o assassinato do líder *cordelier* Jean-Paul Marat (1743-1793) por uma girondina, em 13 de julho de 1793, e logo depois pela invasão das tropas austríacas no norte da França. A Revolta na Vendeia continuava e outras cidades rebelavam-se. A situação econômica dos assalariados se tornava cada vez pior. Com essa conjuntura de guerra civil e ameaça estrangeira, a Convenção fez uma convocação em massa: todos os homens solteiros de 18 a 25 anos deveriam ser recrutados para lutar e salvar a revolução. Assim, um contingente de mais de 300 mil homens incorporou-se às unidades militares já existentes.

ORGANIZANDO AS IDEIAS

4. Mencione os desdobramentos da guerra de 1792, da França contra a Áustria e a Prússia.
5. Que forças políticas se enfrentavam na Convenção?
6. Mencione medidas importantes adotadas pela Convenção em 1793.

Variações políticas

Muitos pensam que o Clube dos Jacobinos, de Maximilien de Robespierre (1758-1794), era o único porta-voz das camadas populares urbanas na Revolução Francesa, mas não foi bem assim. Os jacobinos eram provavelmente mais disciplinados que os demais grupos, mas dentro de cada clube ou assembleia revolucionária havia uma profusão de nuances políticas, cujos representantes discutiam apaixonadamente entre si antes de chegarem a uma decisão.

Entre esses representantes dos setores populares estava a Sociedade dos Amigos dos Direitos do Homem e do Cidadão. Tornaram-se conhecidos como Clube dos *Cordeliers* porque sua sede ficava no antigo Convento dos *Cordeliers* de Paris. Possuíam uma forte ascendência junto aos assalariados, artesãos e pequenos comerciantes e, sobretudo, junto aos operários dos subúrbios parisienses. Tiveram uma participação ativa na queda da monarquia, na execução de Luís XVI e no afastamento dos girondinos, entre outras iniciativas do período. Pertenceram a suas fileiras algumas das estrelas de primeira grandeza da Revolução. Pode-se mencionar, entre outros, Jean-Paul Marat, editor do jornal *L'Ami du peuple*, principal tribuno no enfrentamento com os girondinos; Georges Danton (1759-1794), o grande orador da Revolução Francesa, que rompeu com os jacobinos em 1793, propondo o fim da repressão, e foi guilhotinado em 1794; Camille Desmoulins (1760-1794), editor do jornal *Le vieux cordelier*, em cujas páginas defendia a política dantonista de tolerância, e foi preso e guilhotinado com Danton; e Jacques-René Hébert (1757-1794), porta-voz da extrema esquerda da Montanha, editor do jornal *Le père Duchesne*, defensor de propostas socialistas e partidário de uma ditadura da Comuna de Paris, combatido por Danton e Robespierre, e guilhotinado por ordem deste último em 1794.

Enquanto a Revolução Francesa avançava, *cordeliers* e jacobinos permaneceram unidos. Quando o processo revolucionário começou a refluir, sendo mantido basicamente pelo Terror, os dois grupamentos se afastaram, o que foi expresso pela ruptura de Danton e Desmoulins com Robespierre. Ao mesmo tempo, as divergências internas entre os *cordeliers* transformaram-se em antagonismos irreconciliáveis. Assim, Hébert viu com desprezo as propostas de tolerância feitas por Danton, enquanto este último se aliou – pela última vez – a Robespierre contra os hébertistas. Mas em dezembro de 1793, Robespierre denunciou dois perigos que ameaçavam o governo revolucionário: a excessiva moderação (de Danton) e os excessos (de Hébert). Não por acaso, a última ocasião em que os líderes da Montanha esqueceram temporariamente seus conflitos e se uniram foi em fevereiro de 1794, em comemoração a uma das últimas (e maiores) conquistas da Revolução Francesa: a abolição da escravidão nas colônias francesas. Pouco depois, a guilhotina faria tombar as cabeças de Hébert, Desmoulins, Danton e, por fim, do próprio Robespierre.

O governo revolucionário (1793-1795)

Diante da crise, a Constituição de 1793 foi suspensa e realizaram-se debates para se pensar como o poder seria organizado dentro da república ameaçada. Entre julho e setembro, os 12 membros do Comitê de Salvação Pública, de funções executivas, foram renovados. Entre os novos integrantes, estava Robespierre, que fazia parte da ala mais radical da Montanha e passou a coordená-la.

Em 17 de setembro, foi implantada pela Convenção a Lei dos Suspeitos, que permitiu a criação dos Tribunais Revolucionários para julgar todos aqueles que tramavam contra a Revolução Francesa. Uma das primeiras execuções foi a de Maria Antonieta, condenada por traição e guilhotinada. No mês seguinte, em 10 de outubro, o governo da França se declarou revolucionário. Na prática, o poder pertencia à Convenção, que só estava submetida à Declaração dos Direitos do Homem e do Cidadão. O Comitê de Salvação Pública, por sua vez, teve seu poder aumentado na medida em que o Executivo passou a ser subordinado a ele. Robespierre, com grande popularidade e conhecido como "o Incorruptível", concentrava cada vez mais o poder no órgão.

Teve início o período denominado Terror, que enfrentou ataques internos e externos à república. As perseguições resultaram em 500 mil prisões e 40 mil execuções. Nas províncias revoltadas, cerca de 200 mil pessoas foram vítimas da repressão militar. Ao mesmo tempo, as ameaças externas foram afastadas graças à atuação de jovens generais como Hoche (1768-1797), Jourdan (1782-1833) e Napoleão Bonaparte (1769-1821).

No plano interno, foram adotadas medidas intervencionistas com o objetivo de melhorar as condições de vida das populações mais pobres: a Lei do Máximo (3 de setembro de 1793), que fixava um preço máximo para os alimentos e outros produtos; o fim definitivo dos direitos feudais, sem indenização; e o fornecimento de pensões e moradia para os doentes, idosos e incapacitados (11 de maio de 1794). Outra iniciativa fundamental do período foi a abolição da escravidão em todas as colônias francesas (4 de fevereiro de 1794), que teria consequências principalmente em São Domingos (o atual Haiti), como estudaremos a seguir.

A aplicação da Lei do Máximo, que esteve em vigor até março de 1794, representou o ponto central do programa econômico dos montanheses. Com ela tentava-se equilibrar e controlar o preço das mercadorias, dos alimentos – principalmente dos grãos e do pão –, do trabalho e de alguns serviços dentro do território, tentando corrigir as imperfeições do mercado.

Entretanto, a centralização econômica foi um fracasso. Os produtos passaram a ser comercializados no mercado negro pelos vendedores por um preço mais elevado e os camponeses saíram prejudicados ao vender seus produtos por um preço baixo e comprá-los no mercado por preços altos. Assim, a Convenção começou a perder o apoio popular que havia conquistado, de maneira que sua posição política se tornou cada vez mais frágil.

As medidas dessa fase, entretanto, foram não apenas políticas e econômicas, mas também simbólicas. No período entre setembro de 1793 e julho de 1794, ocorreram as manifestações mais radicais em relação à mudança de mentalidade, cultura e vida cotidiana na França. São exemplos: a Proclamação da Igualdade e do Direito à Educação (necessária para inculcar os princípios revolucionários); o tratamento informal (tu) obrigatório, de maneira a apagar as distinções sociais; a adoção de um novo calendário começando na fundação da república; e um novo sistema métrico, já que o antigo era baseado nas medidas corporais do rei. A pretensão era, portanto, apagar todos os vestígios do Antigo Regime.

Destaca-se também nesse período o fenômeno da descristianização, que aprofundou as reformas anticlericais ocorridas nos primeiros anos do movimento revolucionário. Tais medidas foram muito impopulares, especialmente no campo, tornando o governo da Convenção ainda mais frágil.

Em meio aos antagonismos que foram surgindo por causa de todas essas reformas, Robespierre estendeu o Terror, acelerando os julgamentos dos tribunais revolucionários. Dentro da própria Montanha começaram a surgir grupos rivais que não concordavam com as atitudes de Robespierre, o que acabou dividindo o movimento revolucionário. As divergências políticas e pessoais bastavam para levantar suspeita e gerar violência. Entre março e abril de 1794, nem mesmo antigos aliados de Robespierre, como Danton, escaparam da execução.

Em julho de 1794, o governo revolucionário estipulou a redução dos salários para que as indústrias ligadas à guerra não encarecessem seus produtos. O povo parisiense foi às ruas pedindo o fim do governo revolucionário. A derrubada do governo ficou conhecida como "Reação Termidoriana" e Robespierre foi guilhotinado em 28 de julho de 1794. Centenas dos partidários dos jacobinos foram massacrados no chamado "Terror Branco".

A república adotou, então, um formato conservador no plano social, cerceando o dinamismo popular. O Clube Jacobino foi fechado. Os novos dirigentes precisaram enfrentar a continuação da guerra e as sérias dificuldades internas, tanto políticas quanto econômicas.

Um novo calendário para uma nova era

Para concretizar a ruptura com o Antigo Regime, os revolucionários elaboraram e publicaram um novo calendário. A organização do tempo pretendia ser racional, "livre de superstições" e cívica. O novo calendário era dividido em doze meses, que traziam nomes alusivos ao clima (nivoso, mês da neve, que correspondia a dezembro e janeiro; messidor, mês das colheitas, que correspondia a junho e julho etc.). O ano começava no equinócio do outono, momento em que havia sido proclamada a república (22 de setembro de 1792 ou, pelo novo calendário, 1º vendemiário do ano I). Todos os meses comportavam, igualmente, trinta dias e, em vez de ser dedicado a um santo, cada dia trazia um nome de planta, animal ou instrumento, em homenagem à natureza e à agricultura. O domingo desapareceu. O calendário republicano encontrou muita resistência, mas permaneceu oficial até que Napoleão I restabeleceu o calendário gregoriano, a partir do 11 nivoso do ano XIII (1º de janeiro de 1806).

Calendário revolucionário republicado de 1793 e 1794 com um medalhão de uma alegoria da Justiça na parte superior.

ORGANIZANDO AS IDEIAS

7. O que foi o período conhecido como Terror?
8. Comente o contexto da queda de Robespierre do poder.
9. Em quais princípios se baseou a Convenção para abolir a escravidão nas colônias e como essa atitude pode ser relacionada com as invasões de outras nações a São Domingos?

O Diretório: governo dos melhores (1795-1799)

Em 22 de agosto de 1795, uma nova Constituição foi elaborada na França com o intuito de impedir o regresso do Terror e dar continuidade à revolução. A nova Constituição fundamentava-se na defesa da propriedade, na garantia das liberdades civis e individuais, instituía o voto censitário e separava a Igreja do Estado. O sistema admitiu a reabertura das igrejas fechadas durante o período do Terror e permitiu que os sacerdotes emigrados regressassem.

O corpo legislativo passava a ser composto por duas câmaras eleitas: o Conselho dos Quinhentos propunha as leis e o Conselho dos Anciãos, com 250 membros com mais de 40 anos, ficava incumbido de sancioná-las ou rechaçá-las. O Diretório, órgão que substituiu a Convenção e representava o Poder Executivo, era formado por cinco membros escolhidos pelos Anciãos dentro de uma lista de dez nomes, proposta pelos Quinhentos.

Antes de o regime entrar efetivamente em funcionamento, o governo teve de enfrentar uma insurreição, vencida graças a Napoleão Bonaparte, o que marcou o início de sua meteórica carreira. Outro desafio do Diretório foi lidar com a situação econômica e social da França. O abandono do controle de preços provocou uma inflação maciça e a desvalorização do papel-moeda. Em 1795, a má colheita seguida de um rigoroso inverno provocou uma grande crise de subsistência e fome. Irromperam revoltas populares que exigiam "pão e a Constituição de 1793". A derrota desses movimentos pelo Exército e pelos batalhões burgueses da Guarda Nacional marcou o desaparecimento dos *sans-culottes* do espaço público.

Em 1796, foi a vez de um grupo de jacobinos se organizarem no movimento que ficou conhecido como a Conspiração dos Iguais. A agitação se organizou em torno de Gracchus Babeuf (1760-1797), que fazia duras críticas ao governo e à propriedade privada em seu jornal *A tribuna do povo*. Entretanto, o movimento foi denunciado e dois de seus integrantes foram condenados à morte. Em meio aos problemas internos, os poderes Legislativo e Executivo não se entendiam e, como consequência, sucederam-se vários golpes de Estado.

Desde seu início, a Revolução Francesa repercutiu com sucesso no exterior. A Declaração dos Direitos do Homem e do Cidadão foi traduzida, discutida e celebrada nos Estados do Sacro Império Romano-Germânico, nos Países Baixos, na Suíça, nos principados italianos e até mesmo na Grã-Bretanha.

Aos poucos, em um contexto de inflação e crise econômica, a conquista de territórios externos consolidava-se como uma necessidade, essencial para o sustento do governo francês. O Exército, menor e mais ágil, era formado principalmente por profissionais subordinados aos seus generais.

Émile Jean-Horace Vernet. *A Batalha da ponte de Arcole*, 1826. Óleo sobre tela. O jovem general Napoleão Bonaparte conduziu seus homens na travessia da ponte, flanqueando o Exército austríaco e obtendo a vitória na batalha, travada em 1796. Produzida após o falecimento do Napoleão em 1821, essa pintura seguia uma tradição iniciada com a ascensão de Bonaparte, heroicizando-o como um corajoso guerreiro e um líder destemido.

As vitórias de 1794 acarretaram a anexação da Bélgica e da margem esquerda do Rio Reno. Em seguida, as conquistas levaram à formação de "repúblicas-irmãs" nos Países Baixos, com o estabelecimento da República Batava, em 1795, e, na Suíça, com a República Helvética, em 1796. Seguiram-se diversas outras na Península Itálica, após as vitórias de Bonaparte entre 1796 e 1797.

O Exército francês encarregou-se de instaurar as liberdades nos territórios conquistados, com comitês revolucionários locais, imprensa "livre" (pró-França), eleições livres de magistrados locais e projetos de Constituição inspirados no modelo francês. Apesar das duras condições de ocupação, a experiência da república levou às populações estrangeiras informações políticas e despertou aspirações a um modelo político original e nacional. As noções de direitos humanos, sufrágio, liberdade de consciência, constituição, república – enfim, de nação – propagaram-se pela Europa.

Os êxitos da Grande Nação – como muitos passaram a se referir à França – inquietaram a Grã-Bretanha. Em resposta à política expansionista do Diretório, formou-se, em 1798, uma nova coalizão contra a França, integrada por Grã-Bretanha, Áustria, Rússia, Nápoles e Império Otomano. O território francês estava outra vez ameaçado de invasão.

Essa situação, somada às ameaças do avanço neojacobino e dos realistas dentro da França, levou a burguesia a recorrer aos militares. No golpe de Estado conhecido como 18 Brumário – 9 de novembro –, os membros dos conselhos foram expulsos pelas tropas. O Diretório chegou ao fim. Teve início o Consulado, fase inicial da Era Napoleônica.

ORGANIZANDO AS IDEIAS

10. Por que podemos afirmar que o período do Diretório marca a supremacia dos interesses burgueses dentro do movimento revolucionário?

A ascensão de Napoleão Bonaparte

O Consulado (1799-1804)

Filho de um pequeno nobre da Córsega, ilha italiana que se incorporara à França no ano de seu nascimento, em 1769, Napoleão Bonaparte recebeu treinamento militar, mas só ganhou projeção na Revolução Francesa, à qual aderiu como partidário da Montanha e de Robespierre. Aproveitou as oportunidades abertas pela guerra e pela emigração da maioria dos oficiais aristocráticos para alcançar o posto de general com apenas 24 anos. Durante o Diretório, Napoleão tornou-se uma figura em ascensão: reprimiu uma manifestação realista contra a Convenção e destacou-se na Itália como um comandante ousado e vitorioso. Quando retornou a Paris, após uma campanha no Egito, foi recebido como herói e tomou o poder em um golpe de Estado.

Por meio de plebiscito, implementou uma nova Constituição. Assumiu o posto de primeiro-cônsul da França, o único com poder de legislar e controlar o orçamento. Ele passou a nomear ministros, funcionários e juízes e a comandar a política externa, o Exército e a administração do país.

Jacques-Louis David. *Sagração do imperador Napoleão I e coroação da imperatriz Josefina na Catedral Notre-Dame de Paris, a 2 de dezembro de 1804*, 1806-1807. Óleo sobre tela, 6,21 × 9,79 m. Neste quadro, o pintor Jacques-Louis David representa a cerimônia de sagração de Napoleão Bonaparte. A obra, de tamanho considerável, representa a luxuosa cerimônia, que contou com cerca de 6 mil pessoas, das quais 200 estão representadas. O autor retrata o momento em que Napoleão, tendo tomado a coroa imperial das mãos do papa Pio VII, a exibe aos presentes antes de se "autocoroar", gesto que expressou o temperamento do personagem que se fez imperador.

Embora dividisse o poder com Sieyès (1748-1836) e Roger Ducos (1747-1816), que havia sido membro da Convenção e do Diretório, o general já demonstrava sua proeminência sobre os outros dois, que foi confirmada em 1802, quando Napoleão tornou-se cônsul vitalício.

Para estabilizar o país e favorecer o crescimento econômico, Napoleão criou o Banco da França e instituiu uma nova moeda, o franco. Realizou grandes obras públicas e estimulou a indústria nacional e a agricultura por meio de financiamentos. Em 1803, suprimiu o direito de greve e criou a caderneta de trabalho, documento emitido pela polícia que identificava o trabalhador e seu empregador, e não permitia que o primeiro se deslocasse ou deixasse seu emprego sem ter a caderneta assinada pelo patrão.

A guerra contra a Grã-Bretanha continuou – com algumas pausas – até 1815, o que significou a adoção de medidas protecionistas a favor da indústria francesa. Ao longo da maior parte do período napoleônico, a economia prosperou e a burguesia consolidou-se no papel de mais poderosa classe do país.

O sufrágio universal foi restabelecido, mas o povo só poderia escolher entre pessoas previamente designadas. A administração foi reorganizada e centralizada no intuito de consolidar os princípios da Revolução Francesa e garantir a ordem.

Surgiram os liceus – escolas secundárias mantidas pelo Estado –, que concediam até 6 400 bolsas de estudos. Destas, 2 400 eram destinadas aos filhos de militares e administradores civis. Os liceus adotavam um estilo militar e seu currículo era preponderantemente técnico-científico.

A questão religiosa foi solucionada graças a um acordo firmado entre o papado e o Estado em 1801, mas o catolicismo deixou de ser a religião oficial, tornando-se simplesmente a "religião da maioria dos franceses".

Uma das medidas mais significativas de Napoleão, já no final do Consulado, em 1804, foi a promulgação do Código Civil Napoleônico. O texto legal aboliu definitivamente qualquer distinção baseada no nascimento e no sangue – instituindo, assim, a igualdade jurídica –, assegurou a liberdade religiosa, o caráter laico do governo, o direito à propriedade e a liberdade econômica. Entretanto, o Código Civil Napoleônico baniu greves e sindicatos de trabalhadores, e restabeleceu a escravidão nas colônias.

Ainda em 1804, Napoleão se fez proclamar, por meio de um novo plebiscito, "Imperador hereditário dos franceses", sob o nome de Napoleão I, e obteve a sagração papal. Com isso, o poder assumiu a forma de uma nova monarquia, respaldada pela soberania popular. Napoleão estabeleceu uma corte imperial e uma nova nobreza fundamentada nos serviços prestados ao Estado. Não por acaso, a Legião de Honra, criada em 1802, recompensava os melhores servidores do império.

O período imperial e a conquista da Europa

Durante o período imperial, a guerra contra os países inimigos da França ficou cada vez mais intensa, com o claro objetivo de conquista e não apenas de defesa. Entre 1805 e 1809, a França tornou-se senhora do continente europeu. Com 28 milhões de habitantes, o país era, depois da Rússia, o mais populoso da Europa. Seu sistema de recrutamento obrigatório permitiu a mobilização, em dez anos, de um milhão e meio de soldados, principalmente camponeses.

Além da motivação e da qualidade das tropas francesas, deve-se considerar o talento militar do imperador, que se manteve praticamente invencível durante dez anos. Napoleão conseguiu expandir seu poder pela maior parte da Europa, tendo como maior inimigo a Grã-Bretanha. As rivalidades entre os dois países eram essencialmente econômicas.

A partir de 1804, formou-se na Europa uma coalizão de potências inquietas com a influência da França. Em outubro de 1805, a derrota naval da França em Trafalgar deu à Grã-Bretanha o domínio dos mares; no entanto, a vitória francesa sobre a Rússia e a Áustria na Batalha de Austerlitz, em dezembro de 1805, garantiu ao país a supremacia no continente.

Napoleão pôs fim ao Sacro Império Romano-Germânico, dominou toda a Europa central e obteve a neutralidade da Rússia em Tilsit, em 1807. Para prejudicar a Grã-Bretanha, decretou o Bloqueio Continental em 1806, proibindo que os países europeus fizessem negócios com os ingleses.

Essa medida tinha a intenção de estrangular a economia britânica, além de beneficiar a burguesia francesa, embora a França ainda não tivesse capacidade para substituir os britânicos no fornecimento de produtos manufaturados para o mercado europeu. Essa opção estratégica obrigou Napoleão a controlar a totalidade do litoral europeu, do Báltico ao Mediterrâneo.

Em 1807, Portugal, velho aliado da Inglaterra, foi invadido pelas Forças Armadas francesas ao se recusar a aderir ao bloqueio. Em 1808, aproveitando a presença de suas tropas na Península Ibérica, Napoleão ocupou a Espanha e colocou seu irmão José Bonaparte no trono. Como consequência dessa invasão, a família real e centenas de funcionários da Corte portuguesa transferiram-se para o Brasil. Estudaremos melhor suas implicações – fundamentais não só para o Brasil, mas também para a América espanhola – nos próximos capítulos.

Boney completamente louco ou *Mais navios, colônias e comércio*, 1808. Água-forte colorizada a mão, 25,4 × 35,5 cm. Na charge britânica, "Boney" (Napoleão Bonaparte) puxa a peruca do general Junot, que não conseguiu impedir a fuga da família real portuguesa para o Brasil.

A expansão do Exército napoleônico também significou a difusão dos princípios e ideais burgueses da Revolução Francesa, derivados do Iluminismo, destruindo definitivamente os resquícios de feudalismo e favorecendo a consolidação dos princípios de igualdade jurídica, direito à propriedade e liberdade econômica. As divisões territoriais também foram racionalizadas, fazendo com que centenas de microestados desaparecessem, incorporados a unidades maiores. Mesmo os inimigos da França tiveram de se modernizar, mas a insatisfação com a ocupação francesa também levou ao desenvolvimento do nacionalismo na Europa.

ORGANIZANDO AS IDEIAS

11. Cite medidas positivas e negativas do governo de Napoleão na França.
12. Qual foi a importância do Código Civil Napoleônico?
13. Qual era a intenção de Napoleão Bonaparte ao decretar o Bloqueio continental?

A Revolução Francesa e seus reflexos

A escola da Revolução

Em 1811, o Império napoleônico vivia seu apogeu e a adoção de sistemas políticos e sociais inspirados na Revolução Francesa espalhava-se pelo continente.

A França aderiu a um modelo administrativo centralizador. Os Estados vassalos tiveram uma evolução similar. O Código Civil Napoleônico tornou-se o modelo de sistemas jurídicos e sociais na Europa:

proclamou a liberdade de culto, introduziu a igualdade civil e aboliu os privilégios feudais, a servidão, os impostos senhoriais e o dízimo. Em alguns países, porém, o Código Civil Napoleônico não foi adotado de forma sistemática, sendo necessário adaptá-lo às condições locais, especialmente nos Estados alemães. A Rússia e a Grã-Bretanha permaneceram fechadas à influência francesa.

A aplicação, mesmo que desigual, dessas reformas abalou o Antigo Regime na Europa e deixou marcas mais duradouras do que a efêmera dominação militar francesa. As nobrezas europeias conservaram privilégios, mas as burguesias se valeram das transformações para se integrar à administração do Estado e experimentar um notável impulso econômico.

Da colônia de São Domingos ao Haiti (1789-1804)

Entre 1795 e 1812, Napoleão foi derrotado em apenas duas campanhas. A segunda vez foi nas estepes geladas da Rússia; e a primeira vez foi, surpreendentemente, na ilha caribenha de São Domingos, dividida entre espanhóis e franceses.

Principal colônia francesa, São Domingos contava com uma população majoritariamente negra e escravizada. Produzia café e cana-de-açúcar, abastecendo diversos mercados europeus, e tinha a alcunha de "pérola das Antilhas".

Ao contrário do que acontecia em outras ilhas do Caribe, como Martinica e Guadalupe, em São Domingos foram concedidas muitas alforrias, heranças de pais brancos que haviam tido filhos com escravas. Esse processo possibilitou a formação de um grupo social de mestiços e negros libertos que dispunha de recursos consideráveis e participava ativamente da economia local.

Pelo estatuto em vigor na ilha, instituído desde 1685 pelo ministro de Luís XIV, Colbert, não havia nenhuma referência à diferença de cor na sociedade colonial estabelecida em São Domingos. Esta se dividia unicamente pela distinção jurídica entre livres, escravizados e mestiços legítimos (aqueles que, reconhecidos pelo pai, eram considerados livres).

Entretanto, após o fim da Guerra dos Sete Anos, em 1763, houve uma grande imigração de brancos pobres para a ilha. Esses *petits blancs* (brancos pobres) e os *grands blancs* (plantadores ricos) uniram forças para criar um regime de segregação racial. As identidades coloniais foram reconfiguradas, com a criação de diversas categorias baseadas na cor e, assim, mestiços foram alijados da vida pública da colônia.

Em 1789, esses problemas foram reavivados quando a Assembleia Nacional aceitou a participação de deputados oriundos da colônia. Os mulatos tentaram se organizar para conseguir a igualdade civil por meio da Sociedade dos Cidadãos de Cor, que enviou Julien Raimond (1744-1801) e Vincent Ogé (1757-1791) para intervir na Assembleia Nacional e reivindicar a aplicação dos Direitos do Homem e do Cidadão nas colônias. Diante da morosidade da Assembleia Nacional, Ogé voltou a São Domingos em 1790 e organizou uma insurreição junto a outros mulatos. Em fevereiro de 1791, foi torturado e executado de forma exemplar para evitar eventos semelhantes.

Em maio do mesmo ano, a Constituinte continuava a debater a situação das colônias, decidindo pela manutenção da escravidão em suas possessões, ainda que na França a escravidão tivesse sido abolida. Essas

---

O general negro

François Toussaint (1743-1803) era um cocheiro que assumiu a liderança dos escravizados e alforriados revoltosos contra as restrições às liberdades em São Domingos. Diante do apoio inglês aos grandes proprietários de terras, Toussaint Louverture (nome pelo qual passou a ser conhecido) aliou-se aos revolucionários franceses, que tinham libertado seus próprios escravos. Com um comportamento sempre marcado pela ousadia, Toussaint, apesar das advertências do primeiro-cônsul francês Napoleão Bonaparte, proclamou a autonomia da ilha em 8 de julho de 1801 e se autonomeou governador-geral vitalício. Em 1802, foi preso como traidor e exilado em uma fortaleza francesa, onde morreu em 1803. Esta gravura apresenta o herói da independência haitiana em uma posição que seria muitas vezes retomada pela iconografia dos heróis das independências do continente americano. A dimensão militar e o heroísmo do general contribuíram para imortalizar sua figura no Haiti.

Anônimo. *Toussaint Louverture*, século XIX.

Representação da Revolta de São Domingos, liderada por Toussaint Louverture. Escola Francesa, século XVIII.

medidas encorajaram uma grande rebelião escrava no norte da ilha, em 1791, que se espalhou rapidamente.

A Proclamação da República na França influenciou os acontecimentos em São Domingos. Em setembro de 1792, uma comissão civil da nova Assembleia Legislativa visitou a colônia com o objetivo de traçar uma aliança com líderes da revolta do norte, garantindo-lhes a liberdade em troca da restauração da ordem.

Os colonos brancos, por sua vez, recorreram à Coroa espanhola e à Grã-Bretanha. Tal atitude só acelerou o processo de abolição da escravidão, uma vez que os senhores de escravos foram considerados inimigos da república.

Para tentar cooptar de vez os generais negros, em agosto de 1793 a escravidão foi abolida por um dos comissários ao norte de São Domingos. Como os espanhóis davam a liberdade para os negros que lutassem em seu favor, os franceses esperavam reverter o apoio dos generais negros que apoiavam a Espanha contra a França.

A situação da ilha era crítica, com partes controladas por britânicos, que enviaram reforços em 1794, partes controladas por mulatos e outras partes controladas por negros. Em 1798, os ingleses firmaram um acordo com Toussaint e se retiraram de São Domingos.

O acordo entre o general negro e a Grã-Bretanha não teve a ciência do Diretório, que enviou um comissário para averiguar as condições do tratado. Ao avaliá-lo, suspeitou-se que Toussaint realizara demasiadas concessões aos britânicos. O comissário francês aproveitou-se das desavenças entre Toussaint e Rigaud (1761-1811), que dirigia um Exército de mulatos, e prometeu apoio a este último caso desafiasse o general negro. Em 1799, uma guerra civil teve início. Após derrotar seu opositor, em 1800, Toussaint promulgou uma constituição que proibia a escravidão e declarava que São Domingos era uma "colônia autogovernada", dotada de liberdade comercial. Ocupada com problemas internos e guerras, a França não tinha condições de mandar de imediato uma expedição para as Antilhas.

Essa situação perdurou até 1802, quando Napoleão Bonaparte enviou cerca de 16 mil homens para restaurar a soberania francesa na ilha e restabelecer a escravidão. Pouco depois, Toussaint foi preso e levado à França, onde morreu.

Em outubro de 1803, os generais negros e mulatos mais proeminentes voltaram-se contra os franceses. A ameaça do restabelecimento da escravização e do antigo regime colonial recompôs a aliança entre esses chefes militares. Nesse período, destacou-se na resistência aos franceses a figura do general e ex-escravo Jean-Jacques Dessalines (1758-1806).

Antes do fracasso da invasão da Rússia, essa foi a maior derrota de Napoleão, que não conseguiu vencer os rebeldes. Em 1804, eles decretaram a liberdade do segundo Estado independente da América, o Haiti, nome que lhes davam os indígenas tainos. A revolução no Haiti atemorizou os senhores de escravos em diversos países. De fato, a luta no Haiti inaugurou a crise da escravidão atlântica, ao dar novas perspectivas às ações coletivas dos cativos.

> **ORGANIZANDO AS IDEIAS**
>
> 14. Explique a organização social das monarquias vassalas do Império Napoleônico.

A Europa contra a França: a queda de Napoleão

O autoritarismo napoleônico e as dificuldades econômicas advindas do bloqueio continental alimentaram a oposição nos Estados dominados. Em 1809, Napoleão ousou prender o papa em Roma, em uma atitude que revoltou os católicos mais fervorosos. No mesmo ano, a armada britânica expulsou, pela primeira vez, as tropas napoleônicas de Portugal.

Um amplo movimento antinapoleônico começou a se formar na Europa. Na Áustria, o Exército reorganizou-se; na Prússia, filósofos e poetas incentivaram o despertar do sentimento nacional alemão, e o ensino e o Exército foram reformados.

Como a Rússia rompera a aliança com a França, Napoleão lançou-se em uma nova guerra de conquista em 1812. No "grande Exército" de 600 mil homens reunidos para o ataque, metade dos soldados não era francesa, e sim tropas estrangeiras vindas de países dominados.

Apesar da tomada de Moscou, abandonada pelos russos, os franceses, depois de incendiarem a cidade, foram obrigados a retornar por causa da falta de suprimentos. A estratégia do czar Alexandre I era atrair seu adversário para dentro do imenso território russo e deixá-lo sem meios de sobreviver em um rigoroso inverno. Em uma série de retiradas, o Exército russo destruía tudo o que pudesse ser útil para os invasores, na chamada tática da terra arrasada.

A retirada da Rússia foi um desastre para a França e a queda de Napoleão começou a se delinear a partir desse episódio. Em três meses, os franceses perderam cerca de 90% dos 600 mil soldados do "grande Exército".

A esse quadro somou-se a crise econômica que havia se iniciado no final de 1810 e estava prejudicando os setores comercial, industrial e bancário. Os problemas econômicos causaram insatisfação na burguesia e descontentamento popular. Os questionamentos sobre o recrutamento obrigatório, as milhares de mortes nas guerras infindáveis e o autoritarismo napoleônico se intensificaram.

Diante dessa situação, a Europa se mobilizou novamente contra o general-imperador. Na Prússia, milhares de voluntários engajaram-se na "guerra de libertação". A Áustria uniu-se à Prússia e à Rússia, que queriam aproveitar o enfraquecimento do Exército francês para reverter o domínio napoleônico. Em outubro de 1813, Napoleão foi derrotado na Batalha das Nações – ocorrida nas proximidades de Leipzig, na Prússia, com um saldo de 100 mil mortos e feridos.

Os antigos Estados, obscurecidos sob o sistema napoleônico, se reconstituíram e o império desapareceu. Napoleão foi obrigado a abdicar. Mas, nos termos do Tratado de Fontainebleau, coube a ele uma pensão de dois milhões de francos por ano e a soberania sobre a modesta Ilha de Elba, onde deveria permanecer exilado. A dinastia Bourbon foi restaurada na França e um irmão de Luís XVI foi coroado rei, sob o título de Luís XVIII.

Em março de 1815, sabendo da impopularidade de Luís XVIII, Napoleão fugiu da Ilha de Elba, voltou à França e retomou o poder. Esse período ficou conhecido como os **Cem Dias**, devido à curta duração do governo napoleônico. Em junho de 1815, porém, foi definitivamente derrotado em Waterloo. Exilou-se, sob a vigilância da Grã-Bretanha, na Ilha de Santa Helena. Luís XVIII foi mais uma vez coroado e permaneceu no poder até a sua morte, em 1824.

Com a derrota da França, a supremacia política e econômica britânica esteve garantida pelos próximos cem anos. Naquele momento, entre 1814 e 1815, os vitoriosos já estavam planejando a reestruturação do mapa europeu no Congresso de Viena, como veremos na próxima unidade.

ORGANIZANDO AS IDEIAS

15. Qual foi o alcance da derrota de Napoleão na campanha da Rússia?

Revisando o capítulo

APROFUNDANDO O CONHECIMENTO

1. Examine a fonte primária reproduzida no boxe "Um caderno de queixas de camponeses em 1789" (página 341). A partir dela, responda:

   a. quais eram as principais reclamações expressas no documento?

   b. como os camponeses propunham resolvê-las?

2. Leia atentamente a carta escrita pelos escravos revoltosos de São Domingo ao governador da ilha, visconde de Blanchelande, em 24 de setembro de 1791, e responda às perguntas a seguir:

   > Senhor, [...] você, general, que é um homem justo, nos olhe e veja essa terra que regamos com nosso suor, em verdade com nosso sangue, e a tudo que construímos na esperança de recebermos uma recompensa. [...] Nós, vítimas humildes, estávamos preparados para fazer tudo qualquer coisa e não desejávamos abandonar a nossos senhores, ou, melhor dizendo, àqueles que perante Deus deveriam atuar como nossos pais mas eram monstros e tiranos indignos do fruto de nosso trabalho. [...] Então, esse é nosso lema: vitória ou morte! [...] Nós desejamos do fundo de nossos corações fazer a paz, mas apenas sob a condição que todos os brancos se retirem [...] e abandonem Le Cap [a região onde os revoltosos se concentravam]. Eles podem levar seu ouro e joias. Nós buscamos apenas esse querido e precioso bem, a liberdade. Essa, General, é nossa profissão de fé, que nós defenderemos até a última gota de nosso sangue. [...] Então: liberdade ou morte!
   >
   > GEGGUS, David (ed.). *The Haitian Revolution*: a documentary history. Indianapolis: Hackett. 2014. p. 82 (Tradução nossa).

a. Qual era a justificativa dos escravizados para sua rebelião?

b. Como suas demandas se relacionam com a Revolução em curso na metrópole?

3. Maximilien de Robespierre (1758-1794), advogado e político francês, foi deputado do terceiro Estado durante os Estados Gerais e, posteriormente, defendeu ideias democráticas nas Assembleia Nacional Constituinte francesa. Posicionando-se contra a guerra de 1792, participou da Convenção ao lado dos montanheses e defendeu ardorosamente a execução do rei. Em 1793, ao entrar para o Comitê de Salvação Pública, exerceu influência decisiva para a implantação do Terror. No texto a seguir, publicado em 1793, no momento em que a França entrava em guerra com as principais potências europeias, Robespierre lembra a obra e a missão da Revolução:

[...] Vossos tiranos nos imputam algumas irregularidades, inseparáveis dos movimentos tormentosos de uma grande revolução [...]. Tudo o que a Revolução Francesa produziu de sábio e sublime é obra do povo; tudo o que tem uma característica diversa pertence aos nossos inimigos.

Todos os homens razoáveis e magnânimos estão no partido da República; todos os seres pérfidos e corrompidos são da facção dos vossos tiranos. Calunia-se o astro que anima a natureza por causa de algumas nuvens leves que empanam seu disco brilhante? A augusta Liberdade perderá seu encanto divino porque os infames agentes da tirania tentam profaná-la? Vossas desgraças e as nossas são os crimes dos inimigos comuns da humanidade. Será para vós motivo de nos odiar?

[...]

Maximilien de Robespierre. Resposta da Convenção Nacional aos manifestos dos reis unidos contra a república, 1793.

Reproduza do texto um trecho em que Robespierre procura:

a. demonstrar que a Revolução Francesa defendia a liberdade;

b. distinguir os propósitos da Revolução de possíveis atos irregulares cometidos;

c. identificar os inimigos da Revolução como indivíduos sem virtudes.

d. comprovar que a Revolução Francesa atendeu a demandas populares e teve o apoio do povo francês. Cite os argumentos utilizados por ele.

4. A declaração de Direitos antecedia as Constituições, proclamando uma série de princípios articulados a ela. Analise abaixo as declarações que correspondem a períodos históricos distintos e responda às questões a seguir:

Declaração dos Direitos do Homem e do Cidadão (24 de junho de 1793)

Artigo 1º: O fim da sociedade é a felicidade comum. O governo é instituído para garantir ao homem que goze de seus direitos naturais e imprescritíveis.

Art. 2. – Esses direitos são a igualdade, a liberdade, a segurança e a propriedade.

Art. 3. – Todos os homens são iguais por natureza perante a lei.

[...]

Art. 35. – Quando o governo viola os direitos do povo, a insurreição é, para o povo e para cada agrupamento do povo, o mais sagrado dos direitos e o mais indispensável dos deveres."

Disponível em: <http://www.dhnet.org.br/direitos/anthist/dec1793.htm>. Acesso em: abr. 2016.

Declaração dos Direitos e Deveres do Homem e do Cidadão (1795)

Direitos

Artigo primeiro: Os direitos do homem em sociedade são a liberdade, a igualdade, a segurança, a propriedade.

Art. 2. – A liberdade consiste em poder fazer o que não é danoso aos direitos de outros.

Art. 3. – A igualdade consiste no fato de que a lei é a mesma para todos, quando protege e quando castiga. A igualdade não admite nenhuma distinção de nascimento, nenhuma herança de poderes.

Deveres

Art. 3. – As obrigações de cada um em respeito a sociedade consiste em defendê-la, servi-la, viver submetido a suas leis e respeitar aos seus órgãos.

Disponível em: <https://chnm.gmu.edu/revolution/d/298/>. Acesso em: abr. 2016. (Tradução nossa.)

a. A partir da leitura desses trechos e do que vimos nesta unidade, explique, com base no contexto em que as referidas declarações foram elaboradas, a diferença entre ambas.

b. Apesar das diferenças entre as duas declarações, quais são os avanços que elas representam em relação ao Antigo Regime.

CAPÍTULO 26

ENTRE MARES REVOLTOS: A CORTE PORTUGUESA RUMO AO NOVO MUNDO

Construindo o conhecimento

- Em sua opinião, quais poderiam ser os motivos que impulsionaram os colonos a se rebelar?
- De acordo com o que você estudou nos capítulos anteriores, quais são os fatores que explicam a vinda da Família Real Portuguesa para o Brasil?

Plano de capítulo

▶ A Viradeira
▶ Conspirações na colônia: a contestação de elementos do Antigo Regime
▶ Rumo ao Novo Mundo: a Corte portuguesa no Brasil

O Iluminismo europeu e as revoluções Industrial, Americana e Francesa estavam produzindo uma série de transformações políticas, econômicas e culturais. Parte integrante do mundo atlântico, o Brasil não ficou alheio a esse cenário de mudanças. Como ideais de liberdade, igualdade e república repercutiriam em uma sociedade escravista, colonial e monárquica? De que maneira as guerras e revoluções prejudicariam ou favoreceriam a economia brasileira? E qual seria a forma encontrada pela Coroa portuguesa para escapar de uma expansão napoleônica, que parecia imparável?

As novas ideias foram adaptadas ao atravessar o oceano, pois os vários grupos sociais do Brasil as interpretaram de acordo com seus próprios interesses. Assim, enquanto as elites buscaram garantir o poder, grupos subalternos desejavam romper com as restrições a sua ascensão social. Ainda que as contestações tenham sido duramente reprimidas por uma Coroa receosa, o Brasil deixou de ser uma colônia graças à conjuntura europeia. A ameaça napoleônica forçou a Corte portuguesa a uma atitude que, em mais de três séculos de Império Colonial, jamais havia sido tomada: refugiar-se em sua possessão ultramarina mais importante.

Constantino Fontes. *Dom João VI de Portugal e toda a família real embarcando para o Brasil no cais de Belém, em 27 de novembro de 1807*, 1820. Gravura, 11,5 × 16,4 cm (detalhe).

Fundação Biblioteca Nacional, Rio de Janeiro

Marcos cronológicos

- **1777** Dona Maria I assume o trono português.
- **1785** Alvará decreta a proibição da instalação de manufaturas no Brasil.
- **1789** Os inconfidentes de Minas Gerais são delatados por Joaquim Silvério dos Reis.
- **1792** Início da regência de Dom João em Portugal; execução de Tiradentes.
- **1798** Pasquins sediciosos são espalhados pela Bahia, iniciando a Conjuração Baiana.
- **1807** Invasão de Portugal pelas tropas napoleônicas e fuga da Corte.
- **1808** Chegada da família real ao Brasil; abertura dos portos da colônia às nações amigas.
- **1810** Assinatura dos tratados de Aliança e Amizade e de Comércio e Navegação por Portugal e Grã-Bretanha.
- **1815** Elevação do Brasil a Reino Unido a Portugal e Algarves.
- **1816** Morre Dona Maria I; chegada da Missão Artística Francesa ao Rio de Janeiro.
- **1817** Revolução Pernambucana.
- **1818** Aclamação de Dom João VI no Rio de Janeiro.

A Viradeira

Após a morte de Dom José I, sua filha, Dona Maria I, assumiu o trono português, reinando entre 1777 e 1792. O antes todo-poderoso Marquês de Pombal foi banido do governo, abrindo o período conhecido como Viradeira – quando a aristocracia recuperou os privilégios econômicos e o prestígio que havia perdido durante o governo pombalino.

Mas a restauração dos privilégios da aristocracia não reverteu completamente as reformas pombalinas. Muitas delas, como a diversificação dos produtos agrícolas brasileiros e a dinamização da indústria portuguesa, foram mantidas.

O último quartel do século XVIII mostrou-se altamente favorável aos mercados coloniais, principalmente ao Brasil. A produção agrícola foi estimulada pela conjuntura internacional: a independência dos Estados Unidos da América, por exemplo, obrigou a Grã-Bretanha a buscar outros fornecedores de algodão para sua indústria em crescimento, enquanto os conflitos em São Domingos (o atual Haiti) – até então o maior produtor de açúcar e café do mundo – estimularam as vendas de produtos brasileiros. Muitos deles, aliás, passaram a ser exportados de forma crescente, tais como o cacau, o arroz e o anil. Seus preços se elevaram devido à grande procura.

Mas a prosperidade foi acompanhada por medidas restritivas. Em 1785, um alvará determinou o fechamento de todas as manufaturas no Brasil, exceto as de algodão grosseiro, útil na confecção de roupas para os escravos e na fabricação de sacos. O objetivo era sufocar as pequenas oficinas coloniais que produziam tecidos e concorriam com indústrias similares na metrópole.

Diminuir a autonomia econômica brasileira era um modo de manter a colônia subserviente ao centro do poder e transferir uma parcela maior da riqueza colonial para a metrópole. Para os teóricos da época, a renúncia à liberdade de comércio e à produção industrial era um "pequeno" sacrifício mediante a proteção e segurança fornecidas pela metrópole.

No entanto, as elites brasileiras, também influenciadas pelas ideias iluministas e revolucionárias, passaram a questionar cada vez mais as decisões que as afetavam. A necessidade da participação política dos súditos e a limitação do poder dos monarcas estavam em pauta. Era fundamental manter e aprofundar os canais de comunicação entre a Coroa portuguesa e os grupos dominantes na América, pois o risco de uma ruptura estava no ar.

Conspirações na colônia: a contestação de elementos do Antigo Regime

Interesses locais × interesses metropolitanos

O século XVIII viu a sociedade colonial se transformar, ganhar complexidade e, em alguns poucos casos, questionar o domínio metropolitano. Em Minas Gerais – onde o surto do ouro favoreceu a rápida urbanização, alterações dos órgãos governamentais e a atuação dos atores sociais em múltiplas atividades econômicas – desenvolveram-se alguns valores parcialmente distintos daqueles defendidos pela metrópole. Esse processo contribuiu para a irrupção de conflitos variados, muitas vezes impulsionados pela cobrança de impostos.

A diversificada elite mineira era composta por mineradores, latifundiários, funcionários públicos (militares, juízes), padres, advogados e médicos – todos eles proprietários de escravos. Esse pequeno grupo ressentia-se da política implementada para as áreas de garimpo ao longo do período pombalino, a qual pressionava os mineradores e dificultava o extravio do ouro, além de prever a cobrança de mais impostos. Na administração de Dom Luís da Cunha Meneses, governador de 1783 a 1788, a insatisfação aumentou, pois os postos fiscais e administrativos da capitania deixaram de ser comandados pelos poderosos locais e passaram para os cuidados de protegidos do governador. Além disso, os favoritos do governador passaram a se envolver no contrabando de diamantes. Isso perturbava as redes preexistentes, das quais faziam parte membros da elite mineira, que extraíam enormes fortunas do negócio ilegal. Assim, o grande incômodo causado por Cunha Meneses foi o fato de ele e seus indicados terem tentado se apropriar de atividades lucrativas, lícitas e ilícitas, que antes eram compartilhadas e até controladas pela camada dominante local. As ações do governador e seus atos de corrupção foram compilados em um panfleto crítico que circulou manuscrito em Minas, conhecido como *Cartas chilenas*, de autoria de Tomás Antônio Gonzaga (1744-1810) – poeta, ouvidor de Vila Rica e futuro inconfidente.

Em 1788, Cunha Meneses foi substituído por Luís Furtado de Castro Mendonça (1754-1830), Visconde de Barbacena, encarregado de reformar o sistema tributário mineiro, com o desafio de reverter o declínio da arrecadação de impostos. Uma das principais instruções passadas ao novo governador era a que a derrama deveria ser aplicada – ou seja, a população deveria pagar um tributo extraordinário para completar a quantia mínima de cem arrobas de ouro, a serem pagas anualmente pela capitania ao Erário Régio. As instruções não levavam em consideração o fato de que a economia mineradora sofrera uma queda significativa em sua produção, por causa do esgotamento dos veios auríferos e da ausência de inovações tecnológicas. Para a Coroa, eram os abusos cometidos pelos habitantes o verdadeiro motivo da baixa da arrecadação do quinto real, pois o contrabando e a sonegação se alastravam pela capitania.

As ordens também determinavam que os emolumentos do clero passassem por uma nova regulamentação – os vigários das paróquias, por exemplo, receberiam menos, de modo que o dinheiro economizado poderia ser investido em outras áreas. Por último, o novo governador deveria passar a arrematação de contratos de grande importância e valor – como o dízimo e os direitos de entrada – antes nas mãos dos locais poderosos, para a Coroa. As dívidas dos contratadores, que haviam alcançado um montante astronômico, deveriam ser pagas o mais rápido possível à Fazenda.

O que eram, porém, esses contratos? No período colonial, a Coroa comercializava o direito de cobrar os impostos. Assim, firmavam-se contratos entre a administração pública e particulares. Em troca de uma determinada quantia estipulada pela Coroa, esses particulares passavam a cobrar os impostos, cujo montante normalmente ultrapassava a quantia acordada. Apesar dos lucros que auferiam, muitos deles deixavam de cumprir o pagamento do contrato arrematado. Em Minas Gerais, a situação era comum, e entre os maiores devedores estavam importantes membros da elite mineira.

As medidas que Barbacena teria de implantar chocavam-se, portanto, com os interesses da camada dominante na capitania, produzindo insatisfações e ressentimentos. A esses fatores somou-se a conjuntura ideológica e política internacional. As ideias iluministas, difundidas pelos muitos estudantes mineiros que haviam frequentado universidades europeias, reforçaram a indignação contra o domínio português. Por sua vez, a independência dos Estados Unidos da América, em 1776, mostrava que era possível se libertar da sujeição às metrópoles europeias. Foi sob essa atmosfera que a elite mineira passou a conspirar em defesa de seus interesses: entre os conjurados, estavam representantes de todos os grupos que formavam a nata da capitania.

A Conjuração Mineira

A derrama representava uma ameaça geral para a população de Minas Gerais, mas principalmente para a elite. Circulavam informações de que ela seria decretada em fevereiro de 1789, e os revoltosos entendiam que esse seria o momento ideal para desencadear a insurreição. Pretendia-se fazer um levante armado. Entre os envolvidos, estavam o tenente-coronel Francisco de Paula Freire de Andrade (1752-1808), comandante do regimento da cavalaria de Minas; um padre, chamado José da Silva e Oliveira Rolim (1747-1835); o ex-ouvidor Inácio Alvarenga Peixoto (1742-1792); o rico poeta e advogado Cláudio Manuel da Costa (1729-1789); o ouvidor de Vila Rica, Tomás Antonio Gonzaga; e o alferes Joaquim José da Silva Xavier (1746-1792), entre outros. Os conspiradores esperavam ganhar a adesão do povo para o rompimento com Portugal.

Os sediciosos tinham muitas divergências, mas, em linhas gerais, defendiam que a república fosse instaurada após a quebra de vínculo com a Coroa portuguesa; que São João del-Rei se tornasse capital; que uma universidade fosse criada em Vila Rica; que as manufaturas fossem incentivadas e a liberdade de comércio, instaurada – o que, se esperava, elevaria o valor do ouro e dos diamantes da região.

Não havia um consenso em relação à escravidão. Alguns defendiam a abolição para fortalecer a eficácia militar do movimento, com a inserção dos libertos nas tropas dos insurgentes; outros achavam arriscado perder a mão de obra escrava, pois esta constituía a base da economia colonial. Chegou-se, afinal, a uma solução intermediária: somente os negros nascidos no Brasil seriam libertados.

O foco era somente a própria capitania. No máximo, cogitava-se formar alianças com as elites do Rio de Janeiro e de São Paulo, obtendo, assim, o acesso ao mar. Em nenhum momento se buscou a Independência do Brasil – mesmo porque este, como unidade,

Inconfidência ou Conjuração?

Os historiadores utilizam tanto o termo "inconfidência" como "conjuração" para explicar a sedição ocorrida em Minas Gerais. Mas os termos não são sinônimos. Inconfidência está associada à ideia de traição ao monarca e tem conotação negativa. Já a palavra conjuração é mais adequada às pretensões dos sediciosos, que conspiraram em defesa de seus próprios interesses.

existia apenas na cabeça dos administradores portugueses. A verdade é que a utilização do termo "brasileiro" não fazia sentido naquele momento: a ideia de identidade nacional somente seria construída a partir do século XIX, após a independência.

Mas o movimento sequer teve início. Os conjurados foram denunciados pelo contratador Joaquim Silvério dos Reis (1756-1819), que pretendia obter, dessa maneira, o perdão de suas enormes dívidas. Em março de 1789, o Visconde de Barbacena suspendeu a derrama e mandou prender os principais conspiradores.

Joaquim José da Silva Xavier, o Tiradentes, um dos principais propagandistas da rebelião, foi preso no Rio de Janeiro, quando tentava fazer contato com outros sediciosos e conseguir armas. Bem relacionado com membros da elite de Vila Rica, Tiradentes é comumente representado como homem de poucas posses; no entanto, pesquisas mais recentes enfatizaram que o supostamente humilde alferes possuía fazendas, escravos e gado, ainda que não fosse tão rico quanto os outros conjuradores.

O inquérito contra os envolvidos na Conjuração Mineira se arrastou por três anos. Em geral, os conspiradores foram poupados, com a exceção de Tiradentes, que foi enforcado e esquartejado em 21 de abril de 1792 para servir de exemplo. Alguns, como Tomás Antônio Gonzaga, foram degredados para a África, onde serviram à monarquia portuguesa e tornaram-se membros de destaque das elites locais. O único outro conjurado a morrer foi o poeta e letrado Cláudio Manuel da Costa, que supostamente teria se suicidado na prisão.

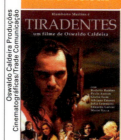

Para assistir

Tiradentes

Brasil, 1998. Direção: Osvaldo Caldeira. Duração: 128 min.

A trajetória de Joaquim José da Silva Xavier, o Tiradentes, e sua participação na Inconfidência Mineira, numa visão idealizada que permite discutir os esforços e a necessidade de construção de heróis nacionais.

Embora fracassada, a Conjuração Mineira foi o primeiro movimento ocorrido no Brasil de caráter explicitamente anticolonial e articulado com as ideias iluministas em expansão. Também teve o mérito de evidenciar, para a Coroa, que as aspirações do poder local não poderiam ser simplesmente ignoradas. Em vez disso, deveriam ser negociadas e ajustadas, de acordo com a secular prática de colaboração entre a Coroa e as elites coloniais.

Conversas perigosas no Rio de Janeiro

Criada pelo vice-rei Luís de Vasconcelos e Sousa em 1786, a Sociedade Literária do Rio de Janeiro reunia um grupo de homens preocupados em discutir as possibilidades de vitória das "luzes" da ciência e da filosofia sobre a "ignorância". Inspirava-se, portanto, no Iluminismo. Entretanto, no contexto da devassa contra os mineiros e do clima de desconfiança que se instaurou, as atividades da Sociedade Literária foram suspensas em 1790. Seus sócios, porém, continuaram a se encontrar para discutir as notícias que chegavam da Europa, principalmente sobre a Revolução Francesa.

Em 1794, a Sociedade Literária foi rapidamente reaberta. Suas discussões sobre filosofia, religião e política levaram o vice-rei José Luís de Castro (1719-1782), Conde de Resende, a determinar, em dezembro de 1794, a abertura de uma devassa contra 11 denunciados que, segundo ele, comungavam os princípios da Revolução Francesa. A investigação concentrou-se nas cartas trocadas entre alguns membros da extinta sociedade, as quais tratavam de assuntos como o fim dos privilégios da nobreza, o movimento em Minas Gerais, a Revolução Francesa e a revolta escrava em São Domingos.

João Francisco Muzzi. Mestre Valentim entrega o projeto do recolhimento da Nossa Senhora do Parto a Dom Luís de Vasconcelos e Sousa, 1789. Óleo sobre tela, 100,5 × 124,5 cm (detalhe). Três anos antes, o vice-rei havia criado a Sociedade Literária do Rio de Janeiro, cujos membros foram acusados de sedição em 1794, e inocentados em 1797.

O processo se estendeu até 1797. Em sua sentença, o juiz concluiu que os acusados não planejavam nenhuma conjura, mas eram culpados de terem defendido as ideias de que os reis eram tiranos e de que a república era melhor que a monarquia. Como não havia nada além de conversas, os suspeitos foram liberados após três anos de prisão, e muitos integrantes da Sociedade Literária participaram da burocracia estatal luso-brasileira nas décadas seguintes.

Insatisfação e sedição na Bahia

Desde 1763, Salvador não era mais a sede da América portuguesa. Permanecia, no entanto, como a segunda cidade do Império português, pois possuía mais habitantes que o Rio de Janeiro e perdia em tamanho apenas para Lisboa. A crise de exportação do açúcar, sentida na região nos anos 1770-1780, havia sido superada graças à conjuntura internacional favorável. Do porto da Bahia saíam produtos destinados ao mercado internacional, como o açúcar, o algodão e o tabaco, este último usado na troca por indivíduos escravizados na África. A capitania tinha ainda um papel importante no circuito intercolonial, abastecendo outras regiões com produtos de subsistência – principalmente carne e farinha de mandioca – e com os produtos estrangeiros que recebia em seus portos.

A prosperidade beneficiava os exportadores, mas também produzia inflação. Os preços elevados das mercadorias de exportação e de consumo prejudicavam a maior parte da população, composta principalmente por negros e pardos pobres.

A sociedade baiana era extremamente desigual. Os negros e pardos, que formavam a grande maioria da população, podiam ser recrutados como soldados no Exército, mas não podiam ascender aos postos de comando, exclusivos dos brancos. Além disso, muitos mestiços, embora fossem livres, não podiam exercer ofícios públicos, vetados a eles. Essa disparidade tensionava as relações sociais extremamente vulneráveis, e alguns começaram a enxergar a dominação colonial como principal responsável pelos conflitos existentes na sociedade baiana.

Nessa atmosfera, no início de agosto de 1798, foram espalhados por Salvador panfletos contendo proclamações contra a monarquia absolutista e o domínio colonial, e a favor do livre-comércio, da igualdade entre todos os homens e da elevação dos soldos. O governador da Bahia ordenou, então, a abertura de uma devassa. Denúncias sobre a preparação de um pronunciamento revolucionário levaram à prisão de 49 pessoas. A Conjuração Baiana – também chamada de Conjuração dos Alfaiates – foi bem diferente dos movimentos anteriores, de Minas e do Rio de Janeiro. Ela estava influenciada pelas ideias libertárias francesas, mas de matiz mais radical. Os Direitos do Homem e do Cidadão não eram discutidos a partir da versão de 1789, e sim da versão de 1793, que previa o direito ao trabalho e à insurreição. Houve até mesmo conversas com um oficial francês que passou pela capitania para que a França revolucionária auxiliasse o levante baiano.

A expressiva participação popular na Conjuração Baiana também diferenciou esse movimento da Conjuração Mineira. Na Bahia, a adesão de pessoas de grupos sociais e étnicos variados – alfaiates, soldados, sapateiros, comerciantes, proprietários de terras; brancos, negros, pardos; escravos, livres e libertos – mostra que houve uma articulação entre alguns membros da elite e aqueles que eram considerados socialmente discriminados. Embora o movimento não se colocasse claramente a favor da abolição, muitos de seus participantes mais destacados defendiam apaixonadamente essa causa. Além disso, os conjurados propunham o fim da discriminação racial e a igualdade dos cidadãos perante a lei.

Por esses motivos, a repressão foi violenta: seis acusados de participar da conspiração foram condenados à morte, quatro dos quais efetivamente levados à forca. Todos eram negros e pardos. A dureza das penas pode ser explicada pela origem social dos acusados e pelo medo de que pudesse se repetir, em Salvador, o que estava acontecendo em São Domingos. A participação de membros da elite foi, porém, escondida, de maneira a minimizar a amplitude da conspiração.

> **ORGANIZANDO AS IDEIAS**
>
> 1. Qual era o objetivo do alvará de 1785 que determinou o fechamento das manufaturas brasileiras? Quais manufaturas foram autorizadas a continuar produzindo?
> 2. Cite algumas propostas dos sediciosos mineiros de 1789.
> 3. Como seria possível definir a Sociedade Literária do Rio de Janeiro, criada em 1786? Seus membros se envolveram efetivamente em uma conspiração para derrubar o domínio português?
> 4. Aponte diferenças entre a Conjuração Mineira e a Conjuração Baiana.

Rumo ao Novo Mundo: a Corte portuguesa no Brasil

O contexto internacional

Nos primeiros anos do século XIX, as guerras varreram a Europa. As tropas de Napoleão ganhavam terreno na luta contra seus principais inimigos. As monarquias absolutistas da Áustria, Rússia e Prússia foram abatidas, garantindo aos franceses o domínio da Europa continental.

Faltava, entretanto, a Grã-Bretanha, senhora dos mares. A tentativa de invadir as ilhas britânicas foi descartada após a destruição da armada franco-espanhola em 1805, na batalha naval de Trafalgar. Assim, para vencer a maior potência marítima da época, Napoleão procurou sufocá-la economicamente. Para atingir esse objetivo, ele decretou o Bloqueio Continental em 1806. O bloqueio impedia o acesso da Marinha britânica aos portos europeus e pretendia atingir o aparelho mercantil e a produção do país, que passava pela Revolução Industrial e precisava de acesso ao mercado externo.

Portugal viu-se obrigado a se posicionar. Sua adesão era extremamente importante para os franceses, na medida em que o país controlava diversas rotas no Atlântico. O apoio ao bloqueio permitiria o controle de pontos estratégicos para a armada francesa. Napoleão ameaçou o reino lusitano com uma invasão se este não aderisse ao Bloqueio Continental. Por outro lado, os britânicos também pressionavam e ameaçavam invadir a Ilha da Madeira, ou até mesmo cortar a navegação com o Brasil, caso Portugal se aliasse aos franceses.

Manuel Dias de Oliveira ("O Brasiliense" ou "O Romano"). *Retrato de Dom João VI e Dona Carlota Joaquina*, início do século XIX. Óleo sobre tela, 910 × 720 mm.

O príncipe regente Dom João VI – que assumira de fato o poder desde 1792, devido à loucura de sua mãe, Dona Maria I – convocou o Conselho de Estado para decidir os rumos do país. Como já vimos anteriormente, havia uma intensa articulação entre as economias portuguesa e britânica. Ainda que o Marquês de Pombal tivesse tentado atenuar esses vínculos, eles acabaram se reforçando no final do século XVIII e início do XIX. A Grã-Bretanha continuava a ser uma importante parceira comercial dos portugueses, e a complementaridade com a sua economia não poderia ser rompida de maneira tão repentina.

Uma ideia não tão nova assim...

A proposta de transferência da Corte para o Brasil não surgira em 1807. Em meados do século XVIII, Dom Luís da Cunha (1662-1749), diplomata português, argumentou que a transposição impediria uma possível expansão espanhola no território luso e diminuiria a influência da Grã-Bretanha, evitando que Portugal fosse transformado em uma colônia informal dessa potência.

Por volta de 1803, diante dos problemas internos da América portuguesa, das dificuldades econômicas em Portugal e da guerra que opunha França e Grã-Bretanha, Dom Rodrigo de Sousa Coutinho (1745--1812), ministro e secretário de Estado e da Marinha desde 1796, voltou a sugerir essa possibilidade. Apesar de ser afilhado do Marquês de Pombal, o ministro Sousa Coutinho tinha propostas bastante diversas das dele e entendia que a sobrevivência do Reino dependia do império, sendo necessário intensificar ao máximo as relações entre suas diversas possessões, evitando rupturas que enfraquecessem a soberania monárquica. Ele insistia que a Coroa não deveria prender-se em Portugal continental, pois a possessão mais rica do império era o Brasil. Suas considerações foram de suma importância para Dom João VI optar pelo embarque para aquela que havia se tornado a mais bela joia da Coroa portuguesa.

O Jardim Botânico do Rio de Janeiro

Os jardins botânicos são uma espécie de museu vivo, onde são cultivadas as mais variadas espécies vegetais. Centenas ou mesmo milhares de anos antes de Cristo, civilizações antigas da Mesopotâmia, Índia, China e Grécia já cultivavam esse tipo de jardim, interessadas, principalmente, no valor medicinal de certas plantas.

Na Europa cristã, os jardins botânicos (chamados *hortus medicus*) floresceram com o Renascimento, no século XVI, com o objetivo de auxiliar o ensino universitário da Botânica (ciência que descreve as plantas medicinais e suas propriedades), aclimatar plantas exóticas, sobretudo as originárias da América, e abastecer as boticas (primitivas farmácias). Os mais famosos eram os de Pisa, Pádua, Bolonha, Leiden, Leipzig, Basle, Montpellier e Paris. Como as condições de clima nem sempre permitiam o cultivo de plantas tropicais, desenvolveu-se a técnica da herborização, que consistia em prensar e secar um exemplar botânico para inclusão em um herbário. Mas a necessidade de cultivar plantas exóticas vivas incentivou a criação de jardins botânicos no Novo Mundo.

O primeiro jardim botânico da América foi construído em Pernambuco, durante a ocupação holandesa (1630-1654), mas não durou muito tempo. Em 1798, a fim de conhecer as potencialidades econômicas da vegetação nativa e exótica, a Coroa portuguesa criou o Jardim Botânico do Grão-Pará. Esses foram os únicos jardins construídos no Período Colonial.

O Jardim Botânico do Rio de Janeiro foi fundado em 1808 por ordem do príncipe regente Dom João VI, a fim de aclimatar espécies vegetais vindas de outras partes do mundo, a exemplo da *Camellia sinensis*, que produz o chá-preto. A ideia era produzir mudas da planta e distribuí-las pelas províncias, a fim de estimular sua produção para exportação. Contudo, o sabor da planta cultivada no Brasil não foi bem aceito e o projeto naufragou. Também foram aclimatadas espécies como a baunilha, a canela, a pimenta, entre outras. Pouco a pouco, a área foi aberta à visitação, transformando-se em espaço de lazer para a população. Atualmente, constitui um dos centros de pesquisa botânica mais importantes do mundo, colaborando também nos estudos para a conservação da biodiversidade.

Em novembro de 1807, tropas francesas invadiram Portugal, sob a alegação de que o país havia desrespeitado o Bloqueio Continental. Diante dessa situação, a Coroa resolveu adotar a proposta da transferência da sede do Império português para a América. Os franceses passaram a controlar Portugal, mas não a monarquia, que se deslocou para aquela que havia se tornado a sua área mais dinâmica. Às pressas, a família real e um grande número de pessoas – os registros variam de 5 a 15 mil – embarcaram para a colônia, no dia 29 de novembro, sob a proteção de navios britânicos. A comitiva chegou ao Rio de Janeiro em março de 1808, após dois meses no mar e uma pequena parada em Salvador.

Um império em solo americano

Poucos dias depois de desembarcar em Salvador, o príncipe regente decretou a abertura dos portos da colônia "às nações amigas", permitindo assim a entrada de mercadorias transportadas pelos navios de países que mantivessem paz e harmonia com a Coroa portuguesa. O objetivo da medida era promover o comércio e a agricultura e também atender à demanda da aliada Grã-Bretanha, que seria a principal beneficiária da medida. Dessa maneira, foram obtidos recursos para o sustento da Corte portuguesa por meio da cobrança de impostos alfandegários e permitiu-se que os ingleses tivessem acesso direto aos produtos coloniais (principalmente o algodão) e ao mercado consumidor brasileiro. Por último, a abertura dos portos também trouxe maior liberdade de ação para os comerciantes coloniais, uma vez que promovia uma liberalização econômica nunca vista até então. Era eliminada, assim, a principal característica de uma situação colonial: o monopólio comercial metropolitano.

Dom João VI consolidou a aliança diplomática e comercial com a Grã-Bretanha por meio da assinatura dos tratados de Aliança e Amizade e de Comércio e Navegação. No primeiro, a Coroa se comprometia a promover a extinção gradual do tráfico negreiro para a colônia. Era uma capitulação à pressão inglesa, pois os britânicos já haviam abolido o tráfico para suas colônias em 1807, em razão da pressão do movimento abolicionista, passando a tentar impedir que outras regiões da América continuassem a se beneficiar desse comércio. Além disso, foi concedido a Londres o direito de nomear magistrados especiais para resolver os casos jurídicos dos cidadãos britânicos que estivessem instalados no Brasil e a garantia para que professassem a crença que desejassem.

No segundo tratado, foram estabelecidas medidas como a fixação de tarifas alfandegárias preferenciais para os produtos britânicos (taxas de 15% *ad valorem*, enquanto o restante dos países pagaria 24%), além da garantia de um porto livre de impostos – o de Santa Catarina. A Grã-Bretanha não ofereceu qualquer reciprocidade comercial a esse favorecimento, pois a contrapartida era militar: a proteção à viagem da família real e a luta contra os franceses em Portugal. Iniciava-se, assim, o estabelecimento de uma forte influência inglesa sobre a economia e a política brasileiras.

As novas medidas não foram bem recebidas pelos comerciantes lusos, interessados em preservar o monopólio de que gozavam há décadas. Para contentá-los, Dom João VI reduziu os impostos de importação dos produtos portugueses, que pagavam uma taxa de 16% quando ingressavam nos portos da colônia. Continuavam, porém, em desvantagem diante dos melhores e mais baratos produtos britânicos. Outra medida econômica significativa foi a criação do Banco do Brasil. Apesar de importante para a modernização da política financeira, seu principal objetivo era financiar os custos do novo aparato estatal instalado na cidade.

A chegada da Corte exigiu a remontagem das estruturas do Estado luso na nova sede do Império português. Foi necessário reorganizar ministérios e transplantar as principais instituições do Estado absolutista, como o Conselho de Estado, o Desembargo do Paço – o tribunal supremo –, a Mesa de Consciência e Ordens – que cuidava dos assuntos religiosos, sob domínio da Coroa por causa da instituição do padroado – e a Casa de Suplicação, que deliberava sobre os processos judiciais em última instância.

Foram criados ainda o Tribunal da Real Junta do Comércio, Agricultura, Fábricas e Navegação do Estado do Brasil e seus Domínios Ultramarinos, que se ocupava da matrícula dos negociantes, da inspeção do comércio, das atividades de exportação e importação; e a Intendência Geral da Polícia, que passou a policiar a cidade, além de promover medidas ordenadoras do espaço urbano. Alguns membros da elite fluminense, principalmente os grandes comerciantes, letrados e latifundiários, aproveitaram-se da proximidade da Corte para obter honrarias e cargos, aumentando seu prestígio social e poder político.

Na cidade do Rio de Janeiro, agora capital do império, houve toda uma melhoria na infraestrutura urbana. Novas estradas foram abertas, áreas pantanosas foram aterradas, sobrados foram erguidos. Dom João VI instalou-se primeiramente no Paço, que passou a ser denominado Real, e a rainha acomodou-se no Convento do Carmo com suas aias. O cotidiano fluminense foi tomado pela estrutura europeia da Coroa, mas as presenças africana e indígena emprestavam uma personalidade própria àquela sociedade.

Palácio da Quinta da Boa Vista: um patrimônio cultural e ambiental do Rio de Janeiro

Presente do rico comerciante de escravos, Elias Antônio Lopes (1770-1815), ao príncipe regente, a Quinta da Boa Vista foi posteriormente transformada na residência de Dom João VI. Apesar de grande e confortável, a propriedade passou por diversas modificações ao longo dos anos e recebeu novos cômodos, capelas e pátios. Já a princesa Carlota Joaquina (1775-1830) foi do Convento do Carmo para o Paço Real e, em seguida, para uma mansão no bairro do Flamengo. O solar da Quinta da Boa Vista é atualmente considerado um patrimônio cultural e ambiental, com 155 mil metros de área verde, abriga o Museu Nacional /UFRJ (criado em 1818) e o Jardim Zoológico do Rio de Janeiro.

Maria Graham. *São Cristóvão, 1821-1823*. Gravado por Edward Finden. Água-tinta, 14,5 × 20 cm.

Vista atual da Quinta da Boa Vista, residência da família real de 1808 a 1889, hoje Museu Nacional/UFRJ. Rio de Janeiro. Foto de outubro de 2012.

A política de imigração durante a administração Joanina

Com a chegada da Corte, aumentou a movimentação de pessoas no Rio de Janeiro. Imigrantes de diversas nacionalidades – portugueses, ingleses, espanhóis, suíços, franceses e até mesmo chineses provenientes de Macau – passaram a se instalar na capital do império. A abertura tinha como objetivos reduzir o peso dos africanos escravizados e incorporar novos conhecimentos europeus.

No caso dos suíços, o governo financiou a viagem dos imigrantes até o Brasil e destinou a eles um território na Fazenda do Morro Queimado. Mais tarde o local seria conhecido como Nova Friburgo, numa alusão ao território suíço de onde muitos deles eram provenientes: o cantão de Fribourg.

Casas foram construídas e a alimentação e o alojamento foram financiados por dois anos. A maioria dos imigrantes passou a trabalhar como lavradores ou artesãos. Algumas profissões passaram a ser associadas a nacionalidades específicas: os suíços eram relojoeiros; os ingleses, comerciantes; os espanhóis, taverneiros. Os costumes, as origens e as cores misturavam-se no Rio de Janeiro, que passou a abrigar aproximadamente 90 mil habitantes em 1818.

Uma das preocupações centrais da política de Dom João VI era dar ares "civilizados" europeus à nova sede do poder imperial. Para tanto, estimulou a criação de entidades de caráter científico e cultural, como a Escola Anatômica anexada ao Hospital Real Militar; a Escola Real de Ciências, Artes e Ofícios; o Jardim Botânico e a Real Biblioteca. Desde 1808, liberou-se a tipografia, o que tornou possível a criação da *Gazeta do Rio de Janeiro*, primeiro jornal editado no Brasil. A movimentação cultural permitiu uma maior circulação de ideias, mas a censura não deixou de existir – mesmo porque todo esse aparato cultural era controlado pelo Estado absolutista português.

Em relação à política externa, como Portugal não tinha condições de enfrentar a Espanha e a França, passou a investir contra os territórios que essas potências possuíam na América do Sul. A Guiana Francesa foi invadida em represália à invasão napoleônica em Portugal e houve uma intervenção no Prata, sob a justificativa de que a região pertencia por herança à esposa espanhola de Dom João VI, Carlota Joaquina. A investida resultou na anexação da região que, em 1821, seria transformada em Província Cisplatina – hoje, o Uruguai.

A elevação do Brasil a Reino Unido

Longe das guerras europeias e das lutas pela independência que ocorriam nas colônias hispano-americanas, a monarquia portuguesa procurava criar condições para assentar-se em sua antiga colônia americana. Títulos de nobreza e terras foram distribuídos entre diversos membros da Corte, fossem eles portugueses ou nascidos no Brasil. Até seu retorno a Portugal, em 1821, Dom João VI concedeu mais títulos que seus antecessores nos 150 anos anteriores: fez 11 duques, 38 marqueses, 64 condes, 91 viscondes e 31 barões.

Distribuir recompensas honoríficas e pecuniárias em troca de serviços era fundamental para a manutenção do vínculo com o soberano. Praticado há séculos, esse expediente fortalecia a posição das elites locais, especialmente entre aquelas que não pertenciam à aristocracia e haviam simplesmente enriquecido. O objetivo era assegurar as melhores bases de sustentação para o governo, em um momento em que as propostas de emancipação política ganhavam fôlego entre os vizinhos americanos.

Em 1815, as tropas napoleônicas foram definitivamente derrotadas na Europa. Este fato criou condições políticas para o retorno da família real portuguesa à metrópole. No entanto, Dom João VI não tomou qualquer iniciativa nesse sentido. Ao contrário, tratou de reforçar a presença da Corte na América, elevando a colônia a Reino Unido a Portugal e Algarves. Tal medida não somente colocou definitivamente o Brasil em outro patamar de importância político-administrativa, como reforçou a posição dos grupos que defendiam junto ao príncipe regente a transferência definitiva da sede do império para o Rio de Janeiro.

Em fevereiro de 1818, dois anos após a morte de sua mãe, Dona Maria I, Dom João VI passou pelo ritual de aclamação, como era chamado o rito de sucessão. Os artistas da Missão Artística Francesa participaram ativamente dos festejos, ornamentando a cidade. Outro ritual muito difundido era o chamado beija-mão, realizado nas datas comemorativas. Nessa cerimônia, o monarca entrava em contato direto com os vassalos, atendendo a suas súplicas e reforçando a sua autoridade paternal e régia.

A missão artística francesa

Em 1816, Dom João VI promoveu a vinda ao Brasil de um grupo de artistas franceses encarregado de levar adiante o projeto de criação de uma Escola Real de Artes e Ofícios na sede do governo. Comandada por Joaquim Lebreton, ex-secretário da classe de Belas Artes na França, a Missão Artística Francesa era composta por dois pintores, um escultor, um arquiteto, além de mestres em vários ofícios, como carpintaria, serralheria, mecânica e construção naval.

Um dos artistas que participaram ativamente da Missão Francesa foi Jean-Baptiste Debret. Premiado na França napoleônica e especialista em pintura histórica, Debret atuou como retratista oficial da Corte portuguesa na América. Ele registrou com minúcia o cotidiano da vida social na cidade do Rio de Janeiro. Na *Vista do Largo do Paço* (a seguir), ele apresenta um flagrante do principal espaço público da cidade, local do edifício-sede do poder monárquico (à esquerda) e de manifestações de apoio à emancipação política. Hoje, o largo tem o nome de Praça XV de Novembro, mas o velho palácio, transformado em centro cultural, continua sendo chamado de Paço Imperial.

Já Grandjean de Montigny — arquiteto da Missão Francesa — foi o primeiro professor de arquitetura da América portuguesa. Ao lado de Jean-Baptiste Debret, foi responsável pela construção de um arco triunfal quando dos festejos pela aclamação de Dom João VI, em 1818. Além de projetar edifícios públicos e residências privadas, destacou-se como paisagista. Como professor da Academia de Belas Artes e arquiteto, foi um dos responsáveis pela difusão do movimento neoclássico no Brasil, do qual o edifício da Praça do Comércio, projetado em 1820, é um dos principais exemplos. Localizado no centro do Rio de Janeiro, o edifício, reformado em 1980, abriga hoje a Casa França-Brasil.

Jean-Baptiste Debret. *Autorretrato*, 1832, litogravura, 26 cm × 21 cm.

Jean-Baptiste Debret, *Vista do Largo do Paço*, 1834-1839.

Grandjean de Montigny. *Projeto para a Praça do Comércio*, 1820.

Grandjean de Montigny (*Modesto Brocos*, s.d.).

Anônimo. *O beija-mão*, c. 1820.

Pernambuco insurgente

O maior desafio enfrentado por Dom João VI em sua estadia na América foi a rebelião que se iniciou em março de 1817 em Pernambuco e se alastrou pelo Nordeste. Na origem do movimento estava uma forte reação ao aumento dos impostos, utilizados tanto para a manutenção da Corte no Rio de Janeiro como para o custeio da campanha militar na região da Cisplatina. Mas ainda houve outras motivações para a chamada Revolução Pernambucana, como o forte sentimento antilusitano, alimentado pelo controle que os portugueses exerciam sobre o comércio varejista e sobre os mais importantes postos militares.

A elite pernambucana costumava se reunir para discutir problemas no Seminário de Olinda, criado em 1800, e nas lojas maçônicas, associações voluntárias que se propagaram pela Europa ocidental e pela América a partir da primeira metade do século XVIII. Por servirem de espaço de discussão fora do estrito controle do Estado ou da Igreja, foram muitas vezes vistas como um perigo à ordem pública, daí o caráter secreto de suas reuniões, regras e rituais.

Em março de 1817, o governador Caetano Montenegro (1748-1827) foi deposto e instalou-se um governo provisório no Recife. Entre os líderes rebeldes havia comerciantes, fazendeiros, magistrados, militares e padres. O governo provisório tratou de implantar uma nova ordem legal. A república foi proclamada e foram asseguradas a tolerância religiosa, a liberdade de consciência e a igualdade de direitos. Os estrangeiros que aderissem ao chamado "partido da regeneração e da liberdade" eram considerados "patriotas". Aumentou-se o soldo da tropa e eliminaram-se alguns impostos, mas se manteve a escravidão.

A expansão do movimento para Alagoas, Paraíba e Rio Grande do Norte alimentou em alguns revolucionários a ideia de criação no Nordeste de uma República Federativa, como já ocorria nos Estados Unidos da América.

Enfraquecida pelo bloqueio marítimo imposto em 15 de abril, a revolução foi rapidamente sufocada. Mas o governo joanino precisava reafirmar o controle sobre a região e por isso aplicou punições exemplares, com prisões, fuzilamentos e esquartejamentos. Cerca de 250 pessoas foram condenadas e enviadas para os cárceres na Bahia.

Apesar da forte repressão, o clima revolucionário em Pernambuco não se esgotou em 1817. Vários dos líderes da rebelião teriam um importante papel em outro grande movimento de caráter republicano, a Confederação do Equador (1824), que veremos mais à frente. A bandeira adotada por Pernambuco durante seu breve período como república independente permanece até hoje o estandarte do estado.

Bandeira de Pernambuco.

> **ORGANIZANDO AS IDEIAS**
>
> 5. Qual é o alcance da abertura dos portos brasileiros em 1808?
> 6. Explique a importância dos tratados de Comércio e Navegação e de Aliança e Amizade, ambos firmados com a Inglaterra.
> 7. Cite órgãos da administração portuguesa transplantados para o Brasil ou criados pelo príncipe regente.
> 8. Qual é o alcance da elevação do Brasil, em 1815, a Reino Unido a Portugal e Algarves?
> 9. Quais são as causas e as propostas da Revolução Pernambucana de 1817?

Revisando o capítulo

APROFUNDANDO O CONHECIMENTO

1. Leia o texto abaixo, no qual Inácio José de Alvarenga relata o que José Joaquim da Silva Xavier, o Tiradentes, lhe teria dito:

   > É pena que uns países tão ricos como estes [as Minas] estivessem reduzidos à maior miséria, só porque a Europa, como esponja, lhe estivesse chupando toda a substância, e os Excelentíssimos Generais [governadores] de três em três anos traziam uma quadrilha, a que chamavam criados, que depois de comerem a honra, a fazenda, e os ofícios, que deviam ser dos habitantes, se iam rindo deles para Portugal.
   >
   > Inquirição de Inácio José de Alvarenga. In: *Autos da Devassa da Inconfidência Mineira.* Brasília/Belo Horizonte: Imprensa Oficial, 1982, v. 5, p. 118.

   a. De acordo com o inconfidente, qual é a relação entre Minas Gerais e a metrópole?

   b. Qual é a crítica que Tiradentes faz aos funcionários régios?

2. Leia a seguir passagens de um dos panfletos afixado em diversos lugares de Salvador em 12 de agosto de 1798:

   ### Aviso ao Povo Bahiense

   > Ó vós Homens cidadãos; ó vós Povos curvado, e abandonados pelo Rei, pelos seus despotismos [...]
   >
   > Ó vós Povo que nascesteis para sereis livres e para gozares dos bons efeitos da Liberdade, ó vós Povo que viveis flagelados com o pleno poder do indigno coroado, esse mesmo rei que vós criastes; esse mesmo rei tirano é quem se firma no trono [...] para vos roubar e para vos maltratar.
   >
   > Homens, o tempo é chegado para a vossa ressurreição, sim para ressuscitareis do abismo da escravidão para levantareis a sagrada Bandeira da Liberdade [...]
   >
   > A França está cada vez mais exaltada [...], as nações do mundo todas têm seus olhos fixos na França. [...] A liberdade é agradável para todos; é tempo, povo, o tempo é chegado para vós defendereis a vossa Liberdade; o dia da nossa revolução; da nossa Liberdade e de nossa felicidade está para chegar, animais-vos que sereis felizes.
   >
   > AMARAL, Brás do. *A conspiração republicana da Bahia de 1798.* Rio de Janeiro: Imprensa Nacional, 1926.

   a. A partir da análise do documento, é possível perceber as influências da Inconfidência Baiana. Aponte-as.

   b. Quais são as críticas que os rebeldes fazem ao regime vigente? Como elas refletem seus ideais?

3. Leia atentamente o texto a seguir, escrito em 1736 pelo diplomata português D. Luís da Cunha:

   > Considerei talvez visionariamente que Sua Majestade se achava em idade de ver florentíssimo e bem povoado aquele imenso continente do Brasil, se nele, tomando o título de Imperador do Ocidente, quisesse estabelecer sua Corte, levando consigo todas as pessoas que o quisessem acompanhar, que não seriam poucas com infinitos estrangeiros; e na minha opinião o lugar mais próprio da sua residência seria a Cidade do Rio de Janeiro, que em pouco tempo viria a ser mais opulenta que a de Lisboa. Qual a residência para a monarquia será mais vantajosa, aquela em que pode viver precariamente esperando ou temendo que cada dia o queiram despojar do seu diadema ou aquela em que pode dormir o seu sono descansado e sem algum receio de que o venham inquietar? Problema que em duas palavras resolvo dizendo, que o dito príncipe para poder conservar Portugal necessita totalmente das riquezas do Brasil e de nenhuma maneira das de Portugal, que não tem, para sustentar o Brasil, de que se segue, que é mais cômodo e mais seguro estar onde se tem o que sobeja, que onde se espera o de que se carece.
   >
   > SILVA, Abílio Diniz (Ed.). *D. Luís da Cunha.* Instruções Políticas. Lisboa: CNCDP, 2001. p. 366.

   a. De acordo com o autor, qual era a importância do Brasil para Portugal?

   b. Qual é a estratégia que D. Luís da Cunha sugere aos monarcas portugueses?

   c. Como esse documento permite reavaliar a transferência da Corte para o Brasil em 1808?

CAPÍTULO 27
AS INDEPENDÊNCIAS DA AMÉRICA ESPANHOLA

Assim como a América portuguesa, as possessões espanholas no Novo Mundo também foram dramaticamente afetadas pelo contexto de guerra e revolução na transição do século XVIII para o XIX. O resultado dessas transformações foi, porém, radicalmente distinto do que estava ocorrendo no Brasil – para não falar dos EUA. Por que tantas diferenças?

A distinção mais evidente é a fragmentação da América espanhola em várias repúblicas. As experiências de cada região hispano-americana também variaram muito, não podendo ser resumidas a um modelo comum. Houve aqueles que pensaram em construir um país unificado, a exemplo de Simón Bolívar (1783-1830), que em 1815 escreveu: "Desejo, mais do que qualquer outro, ver formar-se na América a maior nação do mundo, menos por sua extensão e riquezas como por sua liberdade e glória". Quais foram os motivos, porém, que impediram a realização desse sonho?

Construindo o conhecimento

- Em sua opinião, por que a América espanhola deu origem a vários países?
- Que grupo social é representado na imagem abaixo à esquerda? Por que esses personagens foram escolhidos pelo artista?

Plano de capítulo

▶ A crise da monarquia espanhola
▶ Guerras civis e guerras de independência
▶ O caso do Rio da Prata
▶ Simón Bolívar e o sonho unificador da Grã-Colômbia
▶ Nova Espanha: a religião como condutora da emancipação
▶ O pós-independência

Museo Arturo Michelena, Caracas

Arturo Michelena. *A rebelião dos criolos*, final do século XIX. Na pintura histórica que se popularizou na segunda metade do século XIX, a independência geralmente é retratada como liderada pela elite, tendo o povo participação secundária. Ao mesmo tempo, ignorou-se a atuação indígena e africana, excluindo esses grupos da iconografia que tratava desse momento fundador das nações hispano-americanas.

Marcos cronológicos

1807 – Invasão da Península Ibérica pelos exércitos napoleônicos; vinda da Corte portuguesa para o Brasil.

1808 – Napoleão ocupa a Espanha e coloca seu irmão, José Bonaparte, no trono espanhol.

1810 – Início dos movimentos de independência na América espanhola.

1811 – Independência do Paraguai, que se separa do vice-reino do Rio da Prata.

1812 – Adoção pela Espanha da chamada Constituição de Cádiz, que tentou estabelecer limitações ao poder real.

1815 – Retorno de Napoleão à França, onde retoma o poder; derrota definitiva de Napoleão na Batalha de Waterloo.

1816 – Independência das Províncias Unidas do Rio da Prata, que dão origem à Argentina.

368 Unidade 7 A crise do Antigo Regime nos dois lados do Atlântico

A crise da monarquia espanhola

Como já estudamos no Capítulo 20, o absolutismo ilustrado implementado por Carlos III a partir de 1759 ampliou o poder da monarquia espanhola. Esse processo foi reforçado a partir de 1779, quando a Espanha, ao apoiar a luta pela independência dos Estados Unidos da América, entrou em guerra contra a Grã-Bretanha. Para obter recursos, a Coroa espanhola passou a cobrar cada vez mais impostos dos habitantes da América, em um contraste com a política de negociação e concessão que até então predominava na relação com os colonos.

Tais atitudes foram interpretadas pela elite local como um ataque aos seus interesses. Intensificou-se a oposição entre *criollos* (brancos nascidos na América, cujos membros mais destacados controlavam latifúndios e minas) e peninsulares (naturais da Espanha, detentores dos principais postos na administração, no Exército e no comércio). A elite *criolla* reivindicava maior liberdade econômica (fim do monopólio colonial) e autonomia política (autogoverno). Ao mesmo tempo, tentava garantir seus privilégios e evitar a ascensão dos indígenas, mestiços e escravos, cuja mobilidade social fora facilitada pela Coroa espanhola desde o fim do século XVIII.

As ideias da Ilustração francesa e dos processos revolucionários que estavam em curso, como a Revolução Americana e a Revolução Francesa, inundaram a América espanhola com novas perspectivas. Ao mesmo tempo, a experiência haitiana de revolução social preocupava os *criollos*, mostrando os riscos do rompimento com a autoridade central.

Tradicional aliada da França desde o início do século XVIII, a Espanha mudou de posição em 1793, após a execução de Luís XVI (1754-1793). Em 1796, porém, Carlos IV (1748-1819) voltou a se aliar aos franceses nas guerras revolucionárias, reacendendo a rivalidade anglo-espanhola. Como retaliação, a Grã-Bretanha utilizou seu domínio sobre o mar para impedir o comércio da América com a Espanha. O monarca espanhol viu-se obrigado a decretar a liberdade de comércio nos portos americanos em 1797, pondo fim ao monopólio metropolitano sobre o comércio da colônia. Para completar, em 1805, as frotas espanhola e francesa foram destruídas pelos britânicos na batalha naval de Trafalgar. Assim, os conflitos europeus fizeram com que a Espanha ficasse praticamente isolada das suas colônias no Novo Mundo.

Em 1807, a situação na Europa tornou-se ainda mais tensa, pois Napoleão buscava consolidar seu domínio e fazer valer o Bloqueio Continental contra a Inglaterra. A invasão francesa de Portugal forçou a família real lusitana a se refugiar no Brasil. Sob o pretexto de apoiar as tropas estacionadas em Portugal, o Exército napoleônico ocupou também a Espanha. Isso provocou uma grande revolta contra o rei Carlos IV, visto como aliado dos franceses, que renunciou em favor de seu filho, Fernando VII. Poucos meses depois, porém, Napoleão obrigou o recém-proclamado rei espanhol a abdicar em favor de José Bonaparte (1768-1844), irmão do imperador, que subiu ao trono da Espanha sob o título de José I.

A maioria dos súditos de Fernando VII (1784-1833) recusou-se a reconhecer o usurpador francês. Governos colegiados (juntas governativas) surgiram para suprir o desaparecimento da autoridade real e expulsar os franceses. Em Sevilha, uma junta de governo foi organizada com o objetivo de centralizar o movimento de resistência aos ocupantes, mas logo se viu obrigada a se dissolver. Em 1810, foi constituída outra junta central, dessa vez em Cádiz. As cortes foram convocadas e deputados de todas as partes do Império Espanhol passaram a compô-la.

1818 — Independência do Chile sob o comando de Bernardo O'Higgins.

1819 — Bolívar liberta o território colombiano do domínio espanhol e forma a República da Grã-Colômbia.

1820 — Revolução liberal na Espanha.

1821 — Libertação da Venezuela por Bolívar; independência do México; o argentino José de San Martín entra vitorioso no Peru.

1822 — Encontro de San Martín com Simón Bolívar, o qual prossegue na luta pela independência peruana.

1824 — Independência do Peru, após Bolívar quebrar a resistência das tropas realistas.

1825 — Bolívar e Sucre libertam o Alto Peru, que passa a se chamar Bolívia.

1826 — Congresso do Panamá, onde é defendido o projeto bolivariano de integração hispano-americana.

As independências da América espanhola · Capítulo 27

Na América espanhola, as principais divisões administrativas eram regionais (os Vice-reinados e, em áreas periféricas, as capitanias-gerais). A principal forma de participação política das populações fazia-se por meio de instituições locais, como os *cabildos* (isto é, os órgãos políticos das cidades, que funcionavam como uma espécie de Câmara Municipal). Ao tomarem conhecimento da detenção e abdicação forçada de Fernando VII, os *cabildos* reagiram formando juntas de governo, seguindo o exemplo dos vassalos metropolitanos.

> **ORGANIZANDO AS IDEIAS**
>
> 1. Explique a crise da monarquia espanhola que resultou na abdicação de Fernando VII.
> 2. Como a independência do Haiti influenciou os movimentos ocorridos na América espanhola?
> 3. Mencione alguns aspectos da Constituição de Cádiz.

Guerras civis e guerras de independência

A preocupação em resistir à invasão francesa não diminuiu a apreensão com as possíveis agitações políticas na América. Em 1812, a Espanha adotou a Constituição de Cádiz, criada por representantes de todo o Império Espanhol. Apesar de reafirmar sua lealdade a Fernando VII, a Carta Constitucional defendia princípios liberais e estipulava limitações ao poder real, de maneira que a Espanha se tornaria uma monarquia constitucional. Foi proposta, também, a criação de um Estado mais homogêneo, com leis semelhantes em todas as partes do território e foram abolidas as instituições senhoriais, a Inquisição, o tributo pago pelas comunidades indígenas na América e o trabalho forçado. Aprovou-se o direito de voto a todos os homens, com exceção dos descendentes de africanos, excluídos da cidadania.

Apesar de a Constituição ter sido vista por muitos como um documento profundamente liberal, os representantes da Espanha se recusaram a aceitar que as colônias, mais populosas do que a metrópole, tivessem maioria nas cortes de Cádiz. Pressionados pelos ricos comerciantes da cidade, que há muito controlavam o comércio com o Novo Mundo, as cortes também não aceitaram o fim definitivo do monopólio colonial. Ficava claro, portanto, que a conciliação entre a Espanha e a América ficaria cada vez mais difícil.

Após o Congresso de Viena (1814-1815), que reconduziu Fernando de VII ao trono espanhol, as forças realistas intensificaram a ofensiva contra as reformas liberais. As cortes foram fechadas e a Constituição foi abolida. A Espanha passou então à intervenção militar, com o objetivo de punir os insurgentes e retomar as colônias que haviam anunciado a ruptura com a metrópole. As guerras civis intensificaram-se, provocando um longo e penoso processo de libertação. Como esse processo é repleto de especificidades, cabe estudá-los de forma separada.

O caso do Rio da Prata

Estabelecido em 1776, o Vice-reinado do Rio da Prata tinha como capital a cidade de Buenos Aires. Seu território abrangia a atual Argentina, parte da Bolívia (na época chamada de Alto Peru), o Paraguai e a Banda Oriental (atual Uruguai). No início de 1810, o vice-rei tentou organizar uma junta de governo presidida por ele, mas em maio foi afastado do cargo pelos *criollos* de Buenos Aires. Além de comandarem o Exército no território, eles pretendiam projetar sua hegemonia sobre as demais áreas que compunham o Vice-reinado.

A partir de então, declarada *cabildo* aberto, a cidade passou a contar com uma junta extraordinária composta pelos principais moradores. Mas nem todas as províncias que faziam parte do Vice-reinado aceitaram submeter-se à junta de Buenos Aires. Em Montevidéu, por exemplo, as elites locais permaneceram fiéis ao Conselho de Regência estabelecido em Cádiz. O Paraguai, por sua vez, manteve-se sob o controle de um intendente espanhol.

Os partidários da monarquia foram duramente combatidos pelos patriotas comandados por Buenos Aires. Os portenhos desejavam expandir o projeto emancipador para as regiões circunvizinhas, centralizando o poder e mantendo os contornos do Vice-reinado do Rio da Prata.

Após uma tentativa frustrada de invadir e incorporar o Paraguai, a província proclamou sua independência em 1811, sob a liderança de Gaspar Francia. Em 1813, ele substituiu a junta de governo e permaneceu no poder até 1840, ano da sua morte. A ditadura de Francia tornou o Paraguai um raro exemplo hispano-americano de estabilidade política.

Também em 1811, Francisco Javier Elio (1727-1822), novo vice-rei do Rio da Prata, declarou Buenos Aires província rebelde e estabeleceu a nova capital em Montevidéu.

Crise e guerra na Espanha

Em 2 de maio de 1808, a população de Madri se insurgiu contra os franceses. O marechal Murat (1767-1815) reprimiu a rebelião e fez fuzilar todos os espanhóis presos durante a revolta. Com um saldo de cerca de 400 execuções, o massacre indignou a população espanhola e deflagrou a resistência contra a ocupação francesa. Em 1814, Fernando VII foi reconduzido ao trono e iniciou uma campanha de expurgo contra os aliados dos franceses. Francisco José de Goya y Lucientes (1746-1828), ex-pintor oficial da corte, caíra em desgraça por se mostrar simpático à Revolução Francesa. Ele, porém, apressou-se em declarar seu patriotismo e propôs ao governo a confecção de duas telas para exaltar os rebeldes. Elas se tornaram símbolos da coragem e da liberdade no país. Com as duas obras (*O 2 de maio* e *O 3 de maio de 1808 em Madri*), Goya recuperou seu antigo posto de pintor do rei. Contudo, em 1824 deixou a Espanha. Morreu em 1828, exilado na França. Atualmente, o quadro de Goya encontra-se exposto no Museu do Prado, em Madri.

Francisco José de Goya. *O 3 de maio de 1808 em Madri* ou *Os fuzilados do dia 3 de maio*, 1814. Óleo sobre tela, 2,66 × 3,15 m.

Mas nas zonas mais rurais da Banda Oriental emergiu um movimento revolucionário sob o comando de José Gervasio Artigas (1764-1850). Contrário às tendências centralizadoras dos portenhos, Artigas desenvolveu uma política progressista e federalista. Uma de suas medidas mais emblemáticas foi um primeiro esboço de reforma agrária, com a entrega de terras a pequenos agricultores e criadores com o intuito de aumentar a produção agrícola na região. Essa política, entretanto, não se completou por causa das pressões dos portugueses, que mobilizaram forças para intervir na região com o apoio britânico e dos grandes proprietários rurais, descontentes com as reformas. Em 1817, teve início a invasão portuguesa, que se concluiu em 1821, quando a Banda Oriental foi incorporada pelo Império Português com a denominação de Província Cisplatina. Sem vitoriosos, o conflito foi responsável pelo nascimento de um novo país, o Uruguai, em 1828.

Em 1816, o Congresso de Tucumán proclamou a independência das Províncias Unidas do Rio da Prata (a atual Argentina). O ano seguinte foi marcado pelo fim da centralização política, ou seja, a partir de então, cada província assumiria sua soberania. Mais uma vez sucederam-se guerras civis lideradas pelos caudilhos – termo que vem do castelhano *caudillo*, "pequeno chefe" –, que marcaram a história do país pelas próximas décadas.

As independências da América espanhola Capítulo 27 371

Fonte: ARRUDA, J. J. Atlas histórico básico. São Paulo: Ática, 2011. p. 9.

San Martín: independência do Chile e do Peru

Foi nesse contexto que se destacou a figura do argentino José de San Martín (1778-1850). Veterano de lutas contra os franceses na Espanha e contra os espanhóis na região do Prata, ele acreditava que a única maneira de consolidar a libertação da América do Sul era vencer as forças militares monárquicas que estavam concentradas no Peru.

Para a execução de seu plano, San Martín passou três anos preparando uma expedição que contou com um contingente de 5 500 homens. A metade de sua infantaria era composta por escravos negros de Buenos Aires, recrutados com a promessa de receber alforria. Em outras regiões da América espanhola, cativos e libertos também compuseram parte importante das tropas e lutaram em busca da liberdade.

Em 1817, o Exército de San Martín derrotou as forças realistas na Batalha de Chacabuco. O Peru enviou reforços para a região e a vitória decisiva veio em 1818, na Batalha de Maipú. O chileno Bernardo O'Higgins (1778-1842) ficou responsável por consolidar a independência na região.

Em 1820, San Martín seguiu para o território peruano com uma expedição equipada e financiada pelo Chile. A tomada de Lima ocorreu sem resistência após a saída das autoridades espanholas, que se instalaram nas montanhas andinas. Em 28 de julho de 1821, foi proclamada a independência do Peru, e San Martín tornou-se provisoriamente seu governante. Foi adotado um programa sistemático de expulsão dos espanhóis, para evitar uma possível contrarrevolução. Isso causou uma grande insatisfação nos *criollos* da região, que estavam profundamente ligados aos peninsulares por vínculos familiares e econômicos. Na verdade, só uma pequena parte da população abraçou o novo regime, que havia declarado livres os escravos nascidos a partir da independência e decretado o fim dos trabalhos forçados na região. A elite peruana temia que os indígenas, sob a nova ordem, retomassem as insurreições do século XVIII – como a liderada pelo quéchua Juan Atahualpa, que, de 1742 a 1756, lutou pela reconstrução do Império Inca, ou a grande rebelião de 1780, chefiada por José Gabriel Condorcanqui, ou Túpac Amaru II. Por isso, permaneceu por um longo tempo leal à monarquia e, após a independência, esforçou-se para excluir os indígenas do corpo político, de maneira a preservar o caráter excludente da sociedade peruana.

Com o altiplano ainda dominado por forças leais ao rei, San Martín encontrou problemas para impor sua liderança. Ele não conseguiu adesões locais e decidiu buscar reforços externos, iniciando conversações com Simón Bolívar, que havia conseguido quebrar o domínio espanhol na Colômbia e na Venezuela.

Para assistir

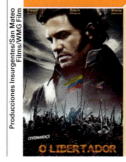

O Libertador

Venezuela-Espanha, 2013. Direção: Alberto Arvelo. Duração: 123 min.

Em mais de cem batalhas, Simón Bolívar lutou contra o imperialismo espanhol que estava instaurado na América do Sul. O venezuelano promoveu campanhas militares em um território duas vezes maior do que Alexandre, o Grande.

---

372 Unidade 7 A crise do Antigo Regime nos dois lados do Atlântico

José de San Martín

Nascido em Corrientes, José de San Martín (1778-1850) foi levado aos 6 anos para a Espanha. Entrou para o Exército espanhol e lutou por cerca de vinte anos contra os inimigos dos Bourbon. Participou da Guerra Peninsular contra os franceses em 1808, mas em 1810 juntou-se aos rebeldes estadunidenses. Em 1814, concebeu o plano de retomar o Alto Peru. Para isso, criou o Exército dos Andes e cruzou a cordilheira, libertando o território chileno em 1818. Três anos depois, ao atacar o Peru a partir do Chile, entrou em Lima, abandonada pelos espanhóis. Essa vitória valeu-lhe o título de "Protetor do Peru". Como governante provisório, ele aboliu o trabalho forçado dos indígenas, suprimiu o tributo ao qual estavam sujeitos e declarou livres todos os escravos nascidos depois de 28 de julho de 1821. San Martín retirou-se dos combates em 1822 e morreu em 1850, na França. Neste quadro, o pintor francês Théodore Géricault (1791-1824), acostumado a representar os cavaleiros da época napoleônica, aplica o mesmo tratamento épico a San Martín. O ataque com o sabre desembainhado é típico do modo como foram retratados os libertadores.

Théodore Géricault. *San Martín na Batalha de Chacabuco*, em 12 de fevereiro de 1817, século XIX.

ORGANIZANDO AS IDEIAS

4. Explique a importância dos acontecimentos de maio de 1810 para a Argentina.
5. Explique o motivo da rivalidade de Buenos Aires com outras regiões do Prata.
6. Como se desenvolveu o governo de San Martín no Peru?

Simón Bolívar e o sonho unificador da Grã-Colômbia

Na capitania geral da Venezuela, ligada ao Vice-reino da Nova Granada, o movimento revolucionário teve ampla adesão e difusão. O território foi o primeiro a declarar sua independência na América espanhola, em 5 de julho de 1811.

Trajetória dos movimentos de independência na América do Sul espanhola

Fonte: SCHWARTZ, Stuart B. LOCKHART, James. *A América Latina na época colonial*. Rio de Janeiro: Civilização Brasileira, 2002. p. 481.

Historiadores ressaltam o fato de a trajetória do movimento geral de independência ter sido inversa à da conquista, ou seja, as áreas que foram conquistadas por último foram as primeiras a se tornarem independentes. Assim, as primeiras áreas conquistadas pelos espanhóis — as Ilhas do Caribe — foram o último território a conquistar a independência.

A nova Constituição contemplava princípios difundidos pela Revolução Americana, como o federalismo e o republicanismo. Assegurava a igualdade de todos perante a lei, mas, ao mesmo tempo, mantinha o direito de voto apenas para os grandes proprietários e a escravidão e a segregação das milícias de pardos (que tinham soldo inferior às tropas integradas por brancos). A conservação dessas diferenças pode ser explicada pelo fato de o projeto de independência ter sido conduzido principalmente pelos brancos *criollos*, ainda que 60% da população da Venezuela fosse composta por pardos. Como em outras regiões, as elites procuravam defender sua posição superior na hierarquia social e seu domínio sobre os grupos subalternos.

Pouco tempo depois, começaram a surgir movimentos contrarrevolucionários apoiados por reforços espanhóis. A atitude dos *criollos* de defender somente os seus interesses fez com que a população passasse a ficar cada vez mais sensível aos apelos dos realistas. O território passou a sofrer, por exemplo, com ataques de escravos, pardos e negros que se insurgiam em nome do rei. Portanto, na Venezuela, a divisão entre republicanos e monarquistas teve uma forte conotação social.

Em 1812, um grande terremoto atingiu a cidade de Caracas, o que foi interpretado pelos realistas como o "justo castigo" de Deus aos rebeldes. Um ano depois, a república deixou de existir. Simón Bolívar, *criollo* que havia participado ativamente do movimento revolucionário, refugiou-se em Nova Granada, onde passou a reorganizar o Exército para lutar contra as tropas espanholas, reforçadas em 1815.

Bolívar e o sonho unificador

Simón Bolívar era filho de ricos plantadores escravocratas da Venezuela. Educado por um preceptor adepto do Iluminismo, passou oito anos na Europa. Ingressou na carreira militar para defender a junta republicana de Caracas, mas esta foi derrotada e os realistas retomaram o controle do território. Participou de duas campanhas de libertação, alternando vitórias provisórias com derrotas arrasadoras. Em 1816, as tropas realistas retomaram o controle de Nova Granada, o que impulsionou a terceira campanha de Bolívar. Decidiu, então, agir no coração do Vice-reinado. Depois de derrotar os realistas, proclamou a República da Grã-Colômbia em dezembro de 1819. Libertou Nova Granada e eliminou os espanhóis da Venezuela com a vitória na Batalha de Carabobo, em 1821. Eleito presidente da República da Grã-Colômbia pelo Congresso, Bolívar partiu para lutar, ao lado de Antonio José de Sucre y Alcalá (1795-1830), contra a resistência realista no Equador (libertado em 1822) e no Peru (libertado em 1824). Em 1825, os últimos combates cessaram no Alto Peru, que proclamou sua independência e adotou o nome de Bolívia em homenagem ao libertador.

A. Leclerc. *Simón Bolívar*, litografia, 1819.

A participação das mulheres no processo de independência

Normalmente os heróis nacionais do processo de independência da América Latina são figuras masculinas que empunharam armas e lutaram pela emancipação. Entretanto, pesquisas recentes ressaltam a atuação feminina nesse contexto conturbado. Muitas mulheres desempenharam funções de enfermeiras, cozinheiras, costureiras ou mensageiras, acompanhando os soldados, que, por vezes, eram seus maridos ou companheiros. Também houve mulheres que participaram ativamente nas lutas. Foi o caso de Juana Azurduy de Padilla (1780-1862), que combateu ao lado do marido em ações de guerrilhas contra os realistas na região do Sucre, na Bolívia.

Outra personagem interessante que se engajou na causa da independência foi Manuela Sáenz (1797-1856), quase sempre lembrada como a amante de Bolívar. Após ter supostamente livrado Bolívar de dois atentados de morte, Manuela ganhou o cognome de "libertadora do libertador". Perseguida após a morte do companheiro, passou seus últimos dias na costa peruana, onde morreu de difteria. As atitudes dessas mulheres e de muitas outras demonstram que elas atuavam politicamente e não permaneciam alheias aos debates e aos problemas públicos.

Manuela Sáenz, s.d.

Monumento em homenagem a Juana Azurduy Padilla, no aeroporto de Sucre, Bolívia.

Bolívar refugiou-se na Jamaica. Ali, produziu um documento, conhecido como Carta da Jamaica, no qual expôs seu projeto de unir os territórios hispano-americanos.

Para tentar reverter a vitória espanhola, Bolívar viajou para o Haiti. Com o apoio do presidente da República, Alexandre Petión (1770-1818), reequipou suas tropas e recrutou haitianos, oferecendo-lhes terras em troca da participação no Exército insurgente. Essa mudança foi fundamental para garantir a vitória dos revolucionários, que tomaram inicialmente a cidade de Angostura, na Venezuela, para erigir uma base militar. Em 1819, foi proclamada a independência do Vice-reino de Nova Granada, com a denominação de República da Grã-Colômbia, mas a Venezuela só foi libertada definitivamente em 1821.

Em 1822, San Martín pediu reforços a Bolívar para completar o avanço dos revolucionários no Peru. Mas o comandante venezuelano relutou, pois os problemas que San Martín enfrentava agravaram-se e ele finalmente retirou-se da região, no ano de 1822. Foi Bolívar quem retomou o processo revolucionário, chegando a Lima em 1823. Ele conquistou toda a região, inclusive o Alto Peru (Bolívia), em 1825, onde sempre se concentraram as maiores resistências realistas.

No ano seguinte, Bolívar enviou convites para a primeira assembleia internacional de Estados americanos, que tinha como objetivo integrar as várias nações hispano-americanas que surgiam em uma confederação baseada no modelo da Grã-Colômbia. É importante destacar que, apesar de Bolívar defender um regime republicano, tinha em mente um projeto conservador para essa nova ordem que nascia: para ele, somente as camadas mais altas seriam capazes de conduzir esse novo governo. A participação popular ainda era vista como uma fonte de desordem.

As independências da América espanhola   Capítulo 27

Arturo Michelena. *O panteão dos heróis*, 1898. Óleo sobre tela. 135 × 168 cm. Nessa tela, o pintor venezuelano Arturo Michelena (1863-1898) retrata os novos deuses da pátria: Simón Bolívar aparece sentado em um trono no centro do quadro e observa os demais personagens, a maioria deles grandes figuras históricas da independência da Venezuela.

BOLIVARIANISMO E POLÍTICA NA AMÉRICA LATINA

No início dos anos 2010, o termo "bolivarianismo" entrou na moda no Brasil, sendo usado para designar os governos latino-americanos críticos do neoliberalismo, tais como o de Hugo Chávez (entre 1999-2013) e Nicolás Maduro (iniciado em 2013), na Venezuela; o de Rafael Correa (iniciado em 2007), no Equador; o de Evo Morales (iniciado em 2006), na Bolívia; e o de Daniel Ortega (iniciado em 2007), na Nicarágua. Opositores de Cristina Kirchner, que governou a Argentina entre 2007 e 2015, e de Dilma Rousseff, que assumiu a presidência do Brasil em 2011, também identificaram seus governos como "bolivarianos". Mas de onde vem essa palavra?

O termo foi cunhado em 1999, pelo então recém-eleito presidente venezuelano Hugo Chávez, que, inspirado nas ideias políticas de Simón Bolívar, pôs em prática uma série de medidas a que chamou Revolução Bolivariana. Entre elas figuram a universalização da escola pública, gratuita e obrigatória, a crítica à interferência estrangeira na América Latina e a integração política dos países da região. Também mudou o nome do país para República Bolivariana da Venezuela e instituiu uma nova Constituição, igualmente intitulada de Bolivariana.

Um dos equívocos do uso do termo "bolivariano" é associar o pensamento político de Bolívar às ideias de esquerda. Embora lutasse pela liberdade da América Latina e combatesse a escravidão, Bolívar jamais se identificou com a luta dos camponeses oprimidos, servindo antes aos interesses da elite *criolla* local. Outro erro bastante comum é identificar os governos ditos "bolivarianos" com ditaduras comunistas. Ora, há uma enorme diferença entre o regime político dos países latino-americanos do século XXI e aquele adotado no século XX por Stálin, na URSS, ou por Fidel Castro, em Cuba.

Neste, todos os bens de produção pertenciam ao Estado, não havia partidos políticos de oposição nem liberdade de expressão, e os opositores eram perseguidos. Em países como Venezuela, Bolívia, Equador ou Nicarágua, porém, o modo de produção é capitalista e há oposição aberta ao governo – embora por vezes ela seja atacada e, principalmente na Venezuela de Maduro, até mesmo criminalizada.

Embora tenha nacionalizado algumas indústrias e ampliado a atuação estatal na economia, o governo de Chávez continuou permitindo a entrada de capital estrangeiro no país, além de fomentar algumas parcerias entre o Estado e a iniciativa privada. Finalmente, chamar de "bolivarianistas" todos esses governos é ignorar as especificidades de cada um deles, entendendo-os todos a partir do caso extremo da Venezuela.

Realizado em 1826, o Congresso do Panamá não teve representantes da Argentina, do Chile, do Paraguai, do Uruguai, do Brasil, dos Estados Unidos da América e do Haiti. Em alguns casos, a ausência se justificava: não se tratava, afinal, de "pan-americanismo", nem mesmo de "latino-americanismo", mas sim de "hispano-americanismo".

A ideia era construir uma poderosa república hispano-americana, capaz de se contrapor aos dois gigantes do continente: os Estados Unidos da América e o Império do Brasil. Alguns estudiosos consideram que esse Congresso, embora não tenha produzido resultados impactantes, foi importante na medida em que representou o primeiro esforço de solidariedade entre as nações americanas.

Reeleito presidente da Grã-Colômbia em 1826, Bolívar tentou manter a unidade do país, mas foi contestado por seu autoritarismo e deixou o poder em 1829. A Grã-Colômbia se dissolveu em 1830, dando origem a Colômbia, Venezuela, Equador e Panamá, (que se separou da Colômbia em 1903).

ORGANIZANDO AS IDEIAS

7. Explique a trajetória de Bolívar nas guerras de libertação.
8. Bolívar pretendia a unificação da América do Sul?

Nova Espanha: a religião como condutora da emancipação

No Vice-reinado da Nova Espanha (atual México), a mais rica colônia espanhola, a trajetória da emancipação não foi típica. Após o afastamento de Fernando VII, o vice-rei aliou-se à elite *criolla* que comandava os cabildos. Entretanto, um grupo de peninsulares – que tinham nessa região um poder maior do que em qualquer outra parte da América espanhola – invadiu o palácio, depôs o vice-rei e aprisionou os *criollos*, que apoiavam a ideia de um governo provisório. A partir daí, passaram a controlar o território sem atentar para as demandas tanto das elites locais como das classes mais pobres e excluídas.

Após uma grave crise agrícola, que causou fome e desemprego em 1810, os *criollos* se organizaram novamente e conspiraram para retomar o poder. O movimento acabou sendo denunciado, mas um dos seus integrantes, o padre criollo Miguel Hidalgo (1753-1811), apelou para a insatisfação de índios e mestiços. No dia 16 de setembro, após fazer um discurso que se tornou conhecido como *Grito de Dolores*, padre Hidalgo conclamou um levante em nome de Fernando VII. Vinculando os peninsulares (chamados de *guachupines*) aos franceses, a rebelião teve também um forte cunho religioso, defendendo os valores tradicionais e tendo como referência simbólica a Virgem de Guadalupe.

Entretanto, Hidalgo não conseguiu controlar suas tropas, que deram vazão a seu ressentimento acumulado ao massacrar os brancos em suas propriedades. O movimento provocou, então, pavor entre as elites, de modo que muitos *criollos* se aliaram ao projeto realista. Em janeiro de 1811, após serem derrotados na Batalha de Aculco, Hidalgo e seus oficiais foram capturados, julgados e executados.

O movimento passou então a ser chefiado por outro padre, José Maria Morelos (1765-1815). Ele alterou o discurso dos revolucionários: não lutavam mais em nome do rei, mas apenas da Virgem de Guadalupe. Morelos passou ainda a disciplinar as forças populares e a defender a distribuição de terras – principalmente as da igreja – para a população mais pobre. Finalmente, tentou atrair o apoio dos *criollos* com um discurso mais moderado.

Em 1812, os rebeldes conquistaram a cidade de Oaxaca, no sul do México, e posteriormente a cidade de Acapulco. O movimento foi derrotado pelas forças realistas em 1815 e Morelos foi preso e fuzilado. Evidenciava-se, portanto, que as elites não estavam dispostas a aceitar qualquer movimento popular que pudesse ameaçar a hierarquia social.

A independência da Nova Espanha foi alcançada somente em 1821. No contexto da Revolução Liberal na Espanha (1820), as Cortes tentaram implantar uma série de mudanças na região, causando novamente insatisfação entre os hispano-americanos. Agustín de Iturbide (1783-1824) – general que havia lutado contra Hidalgo e Morelos – liderou a independência. Suas propostas satisfaziam as elites – confirmando a igualdade entre elas e os peninsulares –, o clero e os militares. A transição realizada por Iturbide é considerada altamente conservadora, pois esforçou-se para manter a estrutura socioeconômica herdada do passado colonial.

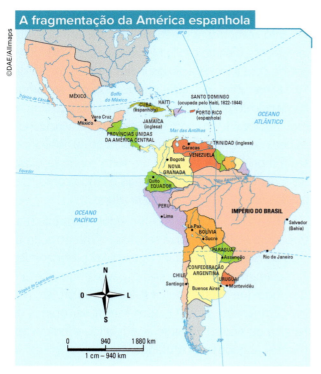

A fragmentação da América espanhola

Fonte: *Atlas da História do Mundo*. São Paulo: Folha de S.Paulo, 1993. p. 270.

Em 1822, as províncias da América Central foram pressionadas a se incorporarem ao México. Um ano depois, Iturbide declarou-se imperador e dissolveu o Congresso, fatos que ocasionaram oposição ao seu governo. Em 1824, depois da abdicação e execução de Agustín I, foi erigida uma república federativa no México, que dividiu o país em 19 estados, proclamou a religião católica como oficial e manteve a repartição do poder que já havia se estabelecido como usual nas novas nações: Legislativo, Executivo e Judiciário. Contudo, o projeto monárquico no México não saiu de cena e os conservadores organizaram-se com o intuito de retornar o controle. Os territórios da América Central formaram, em 1823, a Confederação das Províncias Unidas da América Central, que se desintegrou a partir de 1838, dando origem a Colômbia, Venezuela, Equador e Panamá (que se separou da Colômbia em 1903).

> **ORGANIZANDO AS IDEIAS**
>
> 9. Qual foi a posição da Igreja católica no processo de independência do México?
> 10. Como foi a participação das camadas populares no processo de independência do México?

O pós-independência

As guerras de independência chegavam ao fim em 1825, marcando o rompimento dos laços externos com a metrópole. Uma das características do processo subsequente foi a fragmentação dos territórios e a formação de diversas repúblicas organizadas em sistemas federativos. A proposta de unidade hispano-americana naufragou e os novos países que se formaram levaram algumas décadas para se recuperar dos conflitos.

Um dos grandes desafios enfrentados pelas novas nações foi instaurar uma autoridade legítima e constituir um sistema político duradouro, pois suas elites frequentemente entravam em conflitos armados para manter o controle sobre seu território ou dominar o poder central. A dependência econômica da Grã-Bretanha – que se tornou a maior exportadora de produtos para as áreas hispano-americanas e a maior compradora de matérias-primas dessas regiões – foi uma das características marcantes desse período.

As nações recém-formadas buscavam inspiração nos ideais liberais que tinham como questão basilar a igualdade perante a lei. As diferenças entre as castas foram abolidas, mas o preconceito continuou a existir. Por outro lado, novas oportunidades apareceram para mulatos e mestiços. Os *criollos*, por sua vez, foram os que mais se beneficiaram com a independência e passaram a desempenhar um papel proeminente na nova sociedade.

No essencial, porém, a profunda desigualdade social característica da colonização continuou a existir. A população indígena foi uma das que mais sofreu com o processo, pois em muitas áreas suas comunidades foram desintegradas por causa da divisão das terras comunais em parcelas individuais e da pressão dos latifundiários para tomar suas terras. A escravidão foi gradualmente abolida nas nações independentes, embora tenha se expandido em Cuba e Porto Rico, que continuaram sob o domínio espanhol.

Assim, no pós-independência, a grande maioria da população permaneceu pobre e marginalizada, sendo o poder e a riqueza monopolizados por pequenos grupos nos novos países que se constituíram no alvorecer do século XIX.

> **ORGANIZANDO AS IDEIAS**
>
> 11. Qual a posição dos Estados hispano-americanos recém-independentes dentro da divisão internacional do trabalho?
> 12. Comente a situação da América latina no pós-independência.

Revisando o capítulo

APROFUNDANDO O CONHECIMENTO

1. Depois de mais um fracasso na Nova Granada, Bolívar exilou-se na Jamaica em 1815, onde passou a cogitar sobre as principais causas das sucessivas derrotas na luta pela independência. Suas reflexões encontram-se na chamada Carta da Jamaica. Leia o trecho a seguir e responda às questões.

> Mais difícil ainda é prever o destino do Novo Mundo, especificar os princípios de sua política e profetizar, por assim dizer, a natureza do regime que acabará adotando. [...] A meu ver, eis como está nossa situação. Somos um pequeno gênero humano; possuímos um mundo à parte, cercado de mares imensos, jovem em quase todas as artes e ciências, velho, porém, de certo modo, por sua civilização. Bem pensado, o atual estado da América é igual ao do Império Romano quando ruiu e cada uma de suas partes criou para si um regime político conforme a seus interesses, a sua situação ou à ambição particular de alguns chefes, famílias ou corporações. Mas com esta diferença: os Estados autônomos estavam apenas restabelecendo velhas nacionalidades [...]. Nós, ao contrário, mal conservamos vestígios do que havia outrora. Não somos índios nem europeus, mas uma espécie humana intermediária entre os legítimos proprietários do país e os usurpadores espanhóis. Em suma, como somos americanos de nascimento e europeus por nossos direitos sobre estas terras, devemos, de um lado, disputar esses direitos aos indígenas e, de outro, manter-nos aqui contra a invasão espanhola. [...]
> É possível que os Estados do istmo do Panamá, até a Guatemala, formem uma Confederação. Essa posição magnífica, entre os dois grandes mares, talvez lhe permita, um dia, tornar-se o ponto de encontro do universo mercantil. Seus canais diminuirão as distâncias do mundo, estreitarão os laços comerciais entre a Europa, a América e a Ásia, e trarão os tributos dos quatro cantos do globo para esta feliz região. [...] A Nova Granada unir-se-á à Venezuela, se essas nações se entenderem, para formar uma república central [...].

BOLÍVAR, Simón. "Carta da Jamaica" (1815). In: BELLOTO, M.; CORRÊA, A. (Eds.). *Simón Bolívar*: política. São Paulo: Ática, 1983. p. 74-90.

a. Qual é a comparação feita por Bolívar entre a América e o Império Romano?

b. "Não somos índios nem europeus, mas uma espécie humana intermediária". Nessa frase, a que grupo social Bolívar se refere? Por que ele enfatiza sua especificidade?

c. Que argumentos ele utiliza na defesa da formação de uma confederação de países americanos?

2. Leia atentamente o texto a seguir, de um dos primeiros líderes mexicanos em favor da independência, o padre José Maria Morelos:

> "1. A América é livre e independente da Espanha e de qualquer outra nação, governo ou monarquia, e isso deve ser proclamado, informando-se ao mundo o porquê.
> 2. A religião católica deve ser a única, sem tolerância para nenhuma outra. [...]
> 5. A soberania flui diretamente do povo, e ele deseja que ela resida no Supremo Congresso Nacional Mexicano, composto por representantes das províncias [...]
> 9. Os postos de governo serão ocupados apenas por americanos. [...]
> 12. Como a boa lei é superior a qualquer homem, as que nosso Congresso promulgar deverão promover constância e patriotismo, e moderar a opulência e a pobreza, de modo que o salário do pobre se eleve, seus costumes melhorem, e a ignorância e o roubo desapareçam.
> 13. Que as leis gerais se apliquem a todos [...]
> 15. A escravidão deverá ser eternamente proibida, assim como distinções de casta, tornando todos iguais. Um americano deve se distinguir dos demais apenas por seus vícios e virtudes. [...]
> 17. As propriedades de cada indivíduo devem ser protegidas [...].
> Chilpancingo, 14 de setembro de 1813."

MILLS, Kenneth; TAYLOR, William (Eds.). *Colonial Latin America*: a documentary history. Lanham: SR Books, 2002. pp. 397-400 (Tradução nossa).

a. Diversas propostas no documento foram inovadoras no contexto mexicano no início do século XIX. Aponte duas delas, explicando sua novidade.

b. Outras, porém, revelam forte apego à tradição. Aponte uma, explicando sua escolha.

c. As propostas de Morales beneficiariam mais a população subalterna ou as elites? Justifique sua resposta referindo-se a uma das medidas apresentadas no documento.

3. Leia o texto a seguir e responda às questões.

Alguns dias antes de receber o título de Salvador de la Patria, Libertador de Venezuela, em 1813, logo após haver liderado a retomada de Caracas frente às tropas realistas e iniciado o breve período da Segunda República (1813-1814), há um marco fundamental nesse processo. Sua figura histórica incorporará elementos que contribuirão para a construção do arquétipo do guerreiro, [...]. Este marco é o anúncio por Bolívar da Proclama Guerra a Muerte (Guerra até a Morte), datada de 15 de junho de 1813, a qual encerrava assim:

"Espanhóis e canários, contem com a morte, ainda que sejam indiferentes, se não atuarem ativamente em defesa da liberdade da América. Americanos, contem com a vida, mesmo se forem culpados".

Nessa ocasião, às vésperas de comandar a retomada de Caracas, Bolívar, encurralado pelo avanço rápido e violento das tropas realistas lideradas pelo coronel Domingo Monteverde, emite a decisão que sintetiza sua determinação de levar a guerra às suas últimas consequências. Cabe mencionar que, de fato, essa guerra sangrenta já era uma realidade, porém a Proclama formaliza o entendimento dos meios através dos quais se deve lutar para garantir a República. Em outras palavras, legitima o uso da violência extrema como forma de luta. Em seu conteúdo fundamental, a Proclama Guerra a Muerte estabelece o critério do local de nascimento como parâmetro para sobreviver (sendo filho da América) ou para perecer (todos aqueles nascidos na Espanha ou ilhas Canárias) em território venezuelano. [...]

A partir de então, Bolívar encarna um guerreiro que busca criar uma nacionalidade através do vínculo com o território e com um projeto próprio anticolonial. Anuncia o nascimento de uma pátria que se define fundamentalmente como comunidade daqueles que nasceram naquela terra (e não predominantemente definida pelo idioma, cultura ou etnia específica), incluindo os índios, os negros, os mestiços e contra qualquer espanhol que não "conspire contra a tirania e, favor da causa justa pelos meios mais ativos e eficazes", considerado a partir de então como inimigo, castigado como traidor da pátria e, por consequência, 'irremediavelmente passado pelas armas.' [...]."

FERREIRA Carla. *Ideologia bolivariana*: as apropriações do legado de Simón Bolívar em uma experiência de povo em armas na Venezuela. 2006. Dissertação (Mestrado em História) – IFCH da UFRGS, Porto Alegre, 2006. pp. 30-32. Disponível em: <http://www.lume.ufrgs.br/bitstream/handle/10183/8695/000586822.pdf>. Acesso em: 7 abr. 2016.

a. Analise a posição dos *criollos* à luz das ideias da Proclama Guerra a Muerte.

b. Você identifica alguma relação entre o texto de Bolívar e as concepções iluministas da Revolução Francesa?

4. Leia atentamente o texto abaixo.

Os escravos só puderam esperar triunfar contra a escravidão quando uma crise política maior rompeu a unidade das elites governantes e criou aberturas por meio das quais os escravos podiam lutar pela liberdade. Na América espanhola, essa crise foram as guerras de independência, que reduziram a capacidade dos senhores de controlar os seus escravos e, ao mesmo tempo, obrigaram a Espanha e os rebeldes a uma disputa pelo apoio político e militar dos escravos (e dos negros e mulatos livres). As guerras irromperam por causa de questões de soberania nacional, e conseguir essa soberania certamente fora sua consequência política mais importante. Mas como resultado da iniciativa e negociação dos escravos, elas tiveram também consequências sociais inesperadas e significativas: o fim do tráfico de escravos africanos e a emancipação final dos escravos.

ANDREWS, George. *América Afro-Latina*, 1800-2000. São Paulo: Edufscar, 2007. p. 116.

a. De acordo com o autor, por que muitos escravos conseguiram obter sua liberdade no contexto das guerras de independência?

b. Pesquise sobre a escravidão na América espanhola e no Caribe francês no final do século XVIII e no início do XIX. A partir dos dados obtidos, explique por que essa mobilização escrava não teve o mesmo impacto do que a rebelião em São Domingo, estudada no Capítulo 25.

Conecte-se

Ao estudar a independência dos Estados Unidos, a Revolução Francesa, a chegada da família real portuguesa ao Brasil e as emancipações na América espanhola, podemos notar um aspecto comum a todos eles: a falta de importância dada às mulheres que participaram direta ou indiretamente desses processos. Por muito tempo, a historiografia relegou as mulheres e tudo o que dizia respeito ao feminino ao esquecimento. Porém, como pudemos estudar, elas atuaram de diferentes maneiras nos processos históricos, seja lutando por direitos, como Olympe de Gouges, durante a Revolução Francesa, seja participando ativamente nos processos de independência da América espanhola. Apesar de nos séculos XVIII e XIX, em diferentes sociedades marcadas pelo patriarcalismo, as mulheres não terem direitos iguais aos homens e estarem submetidas à figura masculina, elas conseguiram, de certa maneira, atuar politicamente, ter voz e ser protagonistas em alguns momentos. Com base nisso, leia o texto e a tirinha a seguir para responder às questões.

[...] Quando foi detido [Alvarenga Peixoto], em 1789, sob a acusação de fazer parte de um levante que se pretendia organizar em Minas Gerais, possuía a maior fortuna entre os inconfidentes. Os bens do casal [Alvarenga e Bárbara Eliodora] foram sequestrados [...]. Orientada por amigos, Bárbara Eliodora enviou um requerimento ao governador de Minas, o visconde de Barbacena, alegando que era casada com comunhão de bens e, conforme a lei, era necessário abrir um inventário e dividir o patrimônio. O pedido foi logo atendido, e somente a metade de Alvarenga Peixoto foi confiscada. [...]

Só que Bárbara ainda não parecia satisfeita. Para preservar todo o patrimônio familiar, tratou de encaminhar cartas ao seu compadre João Rodrigues de Macedo, implorando que o amigo arrematasse o montante de Alvarenga num leilão. [...] Macedo comprou tudo e ainda se prontificou a pagar as dívidas. [...]

Após o processo, Bárbara permaneceu com propriedades, entre elas oitenta escravos (que não apareciam descritos na avaliação dos sequestros), móveis e objetos de prata que totalizavam mais de 12 quilos. Com seu temperamento forte, passou a administrar os negócios com firmeza e ampliou bastante o patrimônio deixado pelo marido. Comprando e vendendo escravos e terras, contabilizava lucros líquidos de quase cinco contos de réis ao ano, rendimento bem superior aos de propriedades das redondezas. [...]

Outra mineira que se destacou na história da inconfidência foi Hipólita Jacinta Teixeira de Melo [...]. Única mulher que participou da rebelião de 1789 [Conjuração Mineira], Hipólita é citada em dois episódios registrados nos Autos da Devassa. Ela tinha pleno conhecimento das discussões sobre o levante que se pretendia fazer em Minas Gerais e participava ativamente em 1789. Ela destruiu uma denúncia completa que Francisco Lopes escrevera para levar pessoalmente ao governador, visconde de Barbacena, delatando o movimento. Também ateou fogo em todos os papéis que julgou poder incriminá-los.

Numa carta enviada em maio de 1789 ao marido, acolhido na Fazenda Paraopeba, denunciou a traição de Joaquim Silvério dos Reis e mencionou o destino de outros inconfidentes. Sem mostrar muitas dúvidas, dizia que "se acham presos, no Rio de Janeiro, Joaquim Silvério e o alferes Tiradentes para que vos sirva, ou se ponham em cautela; e quem não é capaz para as coisas, não se meta nelas; e mais vale morrer com honra que viver com desonra".

RODRIGUES, André Figueiredo. Bravas inconfidentes. *Revista de História da Biblioteca Nacional*, 13 jan. 2011. Disponível em: <www.revistadehistoria.com.br/secao/capa/bravas-inconfidentes>. Acesso em: 2 maio 2016.

Frank & Ernest, tirinha de Bob Thaves, 2009, sobre a Declaração de Independência dos Estados Unidos.

ATIVIDADES

1. Que contradição a tirinha aponta sobre a Declaração de Independência dos Estados Unidos? Essa contradição também estava presente na Revolução Francesa? Explique.

2. O tema da tirinha pode ser considerado atual? Por quê? Na sua opinião, é possível dizer que as mulheres conquistaram igualdade de direitos em relação aos homens ou esse problema ainda precisa ser superado na atualidade? Debata essas questões com os colegas.

3. O texto mostra o protagonismo de algumas mulheres na Conjuração Mineira. De que forma isso ocorreu? Em grupo, retomem os capítulos da Unidade 7 e identifiquem outros exemplos de mulheres que participaram dos processos históricos analisados. Em seguida, escolham uma dessas personagens e façam uma pesquisa sobre ela (dados biográficos, ideais defendidos, importância histórica etc.). Criem um cartaz sobre o tema e apresentem-no aos colegas.

UNIDADE 8

A FORÇA DA TRADIÇÃO

O século XIX foi uma época de conflitos entre duas visões de mundo distintas: o conservadorismo e o liberalismo. Muitas vezes, esse embate se resolveu de forma violenta, como em diversas revoluções, especialmente na primeira metade do século – a exemplo do movimento que deu origem à Bélgica, retratado na pintura. A ascensão do nacionalismo tornou esse panorama ainda mais complexo, pois a ênfase em uma identidade comum que separava um país de outros se provou uma poderosa força ideológica, que podia ser utilizada tanto por liberais quanto por conservadores.

Não só a Europa, mas também o Novo Mundo teve de lidar com esse dilema: as nações da América Latina conheceram disputas similares entre essas duas concepções políticas. Assim, esta Unidade examina a tensão vivida no mundo atlântico após as revoluções e independências, em que grupos e ideologias em disputa procuravam definir as características da nova ordem política.

Egide Charles Gustave Wappers. *Episódio das jornadas de setembro de 1830*, 1834. Óleo sobre tela, 660 × 444 cm.

Museus Reais de Belas-Artes da Bélgica, Bruxelas

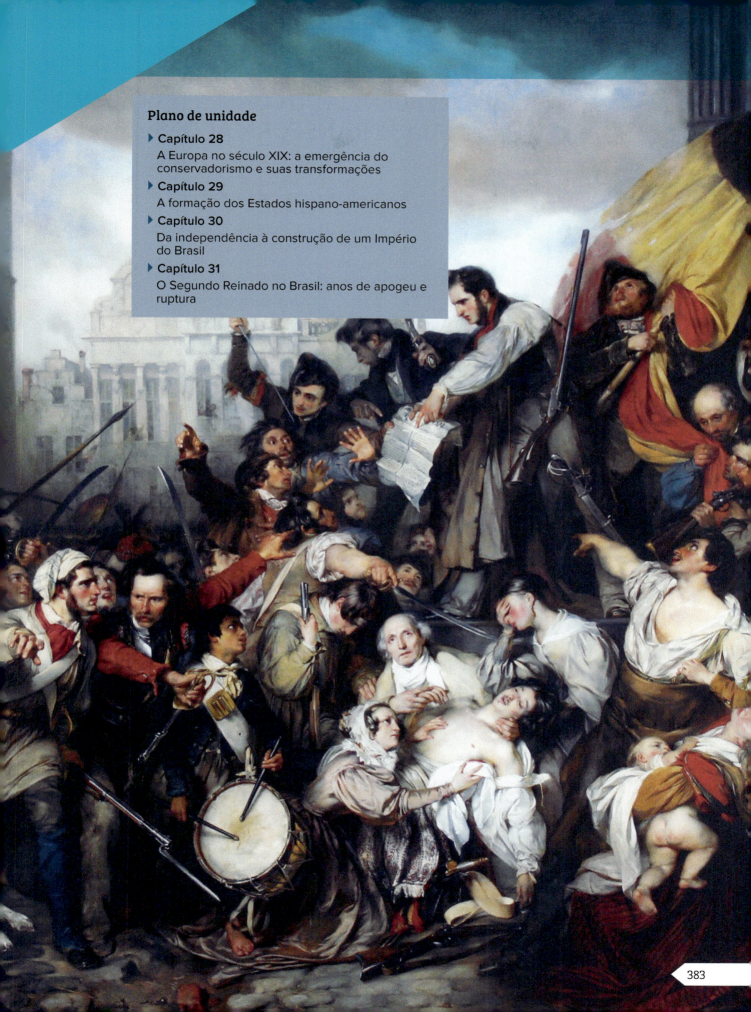

Plano de unidade

▶ **Capítulo 28**
A Europa no século XIX: a emergência do conservadorismo e suas transformações

▶ **Capítulo 29**
A formação dos Estados hispano-americanos

▶ **Capítulo 30**
Da independência à construção de um Império do Brasil

▶ **Capítulo 31**
O Segundo Reinado no Brasil: anos de apogeu e ruptura

CAPÍTULO 28 — A EUROPA NO SÉCULO XIX: A EMERGÊNCIA DO CONSERVADORISMO E SUAS TRANSFORMAÇÕES

Construindo o conhecimento

- Por que você acha que muitas pessoas resistem à mudança?
- Em sua opinião, quais são os elementos essenciais para construir uma identidade nacional? Por exemplo, o que nos faz brasileiros?

Plano de capítulo

- O Congresso de Viena e a Santa Aliança
- A reação ao tradicionalismo
- Os movimentos de 1848: a Primavera dos Povos
- Itália, Alemanha e Rússia
- Construir a nação, formar os cidadãos

Como você acha que os reis e os aristocratas reagiram frente aos processos revolucionários que ameaçavam seus poderes? Será que essas famílias proeminentes, após séculos de domínio sobre a sociedade europeia, ficaram imóveis enquanto eram derrubadas? E como os diversos grupos sociais reagiram ao fim de um quarto de século de guerras, após a queda do Império Napoleônico?

O século XIX europeu representou, portanto, um período em que a tradição procurou impedir ou mesmo reverter as transformações propostas. Entretanto, nessa época revolucionária, novas ideias, como liberalismo e nacionalismo, insistiram com teimosia em reaparecer, mesmo depois de serem seguidamente reprimidas. A construção das nações muitas vezes ocorreu, porém, de forma conservadora, pois os soberanos acabaram descobrindo o poder do nacionalismo e o empregaram para fortalecer seu próprio domínio.

Frédéric Sorrieu. *República Universal Democrática e Social* (detalhe), 1848. Litogravura colorida, Museu Carnavalet, Paris. Nesta alegoria, o francês Frédéric Sorrieu (1807-1871) se inspirou na Primavera dos Povos e nas revoluções que sacudiram a Europa durante as décadas de 1830 e 1840. No primeiro plano, observam-se coroas e emblemas reais quebrados. Os povos, carregando suas bandeiras, desfilam sob os signos da fraternidade e de Cristo. Em 1848, ano de confecção desta litogravura, os revolucionários ainda se apoiavam no cristianismo – o que se tornou cada vez mais raro na segunda metade do século XIX.

Marcos cronológicos

1807 — Fundação da Sociedade Secreta dos Carbonários, na Península Itálica.

1814 — Abdicação de Napoleão; início do Congresso de Viena.

1815 — Retorno de Napoleão ao poder e sua derrota definitiva na Batalha de Waterloo; retomada do Congresso de Viena e assinatura do Tratado da Santa Aliança.

1825 — Morte de Alexandre I, czar da Rússia.

1830 — Independência da Grécia.

1831 — Independência da Bélgica.

1832 — Mazzini funda a Jovem Itália.

1834 — Estabelecimento dos *Zollverein*, união aduaneira germânica sob o comando da Prússia.

1848 — As revoluções conhecidas como Primavera dos Povos se espalham por toda a Europa; última onda de manifestações cartistas na Grã-Bretanha; Marx e Engels lançam o *Manifesto Comunista*; proclamação da Segunda República na França; abolição da escravidão nas colônias francesas.

Unidade 8 — A força da tradição

O Congresso de Viena e a Santa Aliança

O retorno da velha ordem

Após a derrota de Napoleão, os Estados vitoriosos reuniram-se no Congresso de Viena com o objetivo de recuperar a estabilidade europeia. Entre setembro de 1814 e junho de 1815, o congresso remodelou profundamente o mapa de uma Europa perturbada por 25 anos de revoluções e guerras.

Além de restaurar a autoridade dinástica, as potências vencedoras desejavam preservar o equilíbrio europeu. Com esse objetivo, foi formada uma comissão conduzida principalmente pela Rússia, Prússia, Áustria e Grã-Bretanha. Com a França, elas tomavam as decisões essenciais do Congresso. Esses países viam na Revolução Francesa um acidente de percurso, cujas marcas poderiam – e deveriam – ser eliminadas.

Em resumo, tratava-se de assegurar um retorno à ordem pré-1789. Antigas monarquias foram realocadas no poder. As fronteiras, por sua vez, deveriam voltar ao que eram antes das conquistas napoleônicas, o que não foi totalmente respeitado, pois os Estados vencedores, mais poderosos, conseguiram manter algumas das conquistas territoriais.

A França recuou aos seus limites de 1792 e foi ocupada militarmente durante três anos. Em suas fronteiras, foram criados Estados-tampão, com a anexação da Bélgica (de maioria francófona e católica) às Províncias Unidas (marcadamente protestantes). Formou-se, desse modo, o Reino Unido dos Países Baixos.

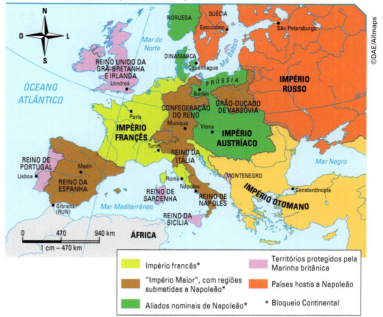

A Europa no auge do poder de Napoleão

A Europa após o Tratado de Viena

Fontes: MACDONALD, Charles (Ed.). *Historical Atlas of the World*. Skokie: Rand McNally, 1997. p. 68-9.

1852 — Camilo Cavour torna-se primeiro-ministro no Reino do Piemonte e Sardenha; Luís Bonaparte, presidente da República Francesa, torna-se, por plebiscito, imperador Napoleão III e dá início ao Segundo Império.

1854 — Guerra da Crimeia.

1855 — O Reino do Piemonte e Sardenha entra na Guerra da Crimeia contra a Rússia.

1859 — Guerra entre o Piemonte-Sardenha e a Áustria.

1861 — Surge o Reino da Itália. O rei do Piemonte e Sardenha, Vítor Emanuel, passa a ter o título de rei da Itália; abolição da servidão na Rússia.

1866 — Início da Guerra Austro-Prussiana, que termina com a vitória da Prússia.

1870 — Conclusão da Unificação Italiana com a ocupação de Roma; Guerra Franco-Prussiana.

1871 — Proclamação do Império Alemão.

1881 — Assassinato do czar Alexandre II.

A Europa no século XIX: a emergência do conservadorismo e suas transformações — Capítulo 28

Já a Península Itálica continuou dividida em diversos principados e repúblicas.

Em setembro de 1815, constituiu-se no interior do Congresso de Viena a Santa Aliança, proposta pelo czar russo (ortodoxo), pelo imperador da Áustria (católico) e pelo rei da Prússia (protestante). O consórcio pretendia proteger a religião, a paz e a justiça ("aliança entre o trono, a espada e o altar") e impedir que novos movimentos revolucionários subvertessem a ordem na Europa e nas colônias. A França de Luís XVIII aderiu à Santa Aliança em 1818, mas a Grã-Bretanha não participou e rechaçou, por exemplo, qualquer apoio ao rei da Espanha que visasse restabelecer sua autoridade nas colônias, pois desejava ampliar seu acesso ao mercado consumidor da América espanhola.

Entretanto, o Congresso de Viena e a Santa Aliança não levaram em consideração as transformações econômicas, políticas e sociais que se processavam em toda a Europa. O cerceamento das liberdades individuais e dos direitos políticos não seria aceito sem contestação, de modo que a ordem geopolítica e ideológica imposta em Viena foi constantemente questionada.

ORGANIZANDO AS IDEIAS

1. Quais eram os objetivos do Congresso de Viena?
2. Explique por que a Grã-Bretanha participou do Congresso de Viena, mas se absteve de aderir à Santa Aliança.

A reação ao tradicionalismo

As revoltas liberais de 1820 e 1830

Em rejeição ao conservadorismo que se instalou em 1815, uma onda revolucionária varreu novamente a Europa, principalmente as áreas mediterrâneas. Na década de 1820, ocorreram mobilizações populares na Espanha (Revolução de Cádiz), em Portugal (Revolução do Porto), no Reino das Duas Sicílias, no Piemonte e na Grécia.

As revoltas desse período dirigiam-se contra o domínio dos monarcas absolutistas: o povo, e não mais o rei, encarnaria a nação. Os anseios liberais harmonizavam-se com essa ideia, pois os revolucionários defendiam a elaboração de constituições que garantissem as liberdades contra o arbítrio dos reis.

O caso grego foi o mais emblemático. Integrante do Império Otomano desde o século XV, a Grécia alcançou sua independência após oito anos de luta (1821 a 1829). Rússia, França e Grã-Bretanha apoiaram a independência grega, que não ameaçava a ordem conservadora na Europa.

Apesar de a maioria dessas agitações ter fracassado na Europa, do outro lado do Atlântico as independências das colônias latino-americanas se consolidavam em forte conexão com os acontecimentos de Cádiz e do Porto.

Em 1830, na segunda onda revolucionária, a França foi novamente abalada. Após a morte de Luís XVIII (1755-1824), seu irmão mais novo e sucessor, o ultra-

---

Nação e nacionalismo: uma questão central no século XIX

Ao longo do século XIX, as palavras "nação", "povo" e "pátria" ganharam importância. "Pátria" designava o lugar ao qual se estava ligado afetivamente pelo nascimento ou pela família. Por uma tradição originária da Revolução Francesa, "nação" – ou "povo" – designava a comunidade política formada pelos cidadãos. Fazer parte da nação era ser cidadão.

Mas outra concepção tendia a se impor: a de nação como o conjunto dos membros de uma coletividade que compartilhava os mesmos ancestrais e a mesma língua.

Depois do Congresso de Viena, a maior parte das nações europeias ainda não constituía Estados-nações. Os impérios Otomano, Russo e Austro-Húngaro eram "plurinacionais", ou seja, eram compostos por povos que falavam línguas diferentes e praticavam religiões distintas. O imperador da Áustria, por exemplo, reinava sobre alemães, húngaros, tchecos, eslovacos, poloneses, eslovenos, croatas, sérvios, romenos e italianos. Por sua vez, alguns povos, mesmo possuindo uma cultura comum, estavam dispersos por diversos Estados; assim, poloneses, belgas, italianos ou alemães ainda não possuíam Estados-Nações próprios. A maioria dos reinos e impérios plurinacionais estava sob a governança de regimes absolutistas, cuja autoridade e legitimidade eram cada vez mais contestadas. O nacionalismo defendia o direito de um povo de se autogovernar e exercer sua soberania sobre um território de forma autônoma.

> ## Os carbonários
>
> Muitos dos movimentos associados às ondas revolucionárias de 1820 foram promovidos por sociedades secretas derivadas das lojas maçônicas. Uma das mais emblemáticas organizações desse período foi a dos Carbonários, que teve sua origem no início do século XIX no Reino das Duas Sicílias, no sul da Península Itálica. Recebeu esse nome porque seus membros se reuniam secretamente em meio à mata, nas cabanas dos carvoeiros. Os carbonários participaram das revoluções de 1820, 1830 e 1848, dedicando-se a diminuir a influência da Igreja, a erradicar a dominação austríaca na península e ao projeto de estabelecer uma ordem liberal na região.

Bandeira dos carbonários.

conservador Carlos X (1757-1836), fez aprovar leis que previam indenização para os nobres que tiveram seus bens confiscados durante a Revolução Francesa.

Em julho de 1830, Carlos X impôs a censura à imprensa e dissolveu a Câmara de Deputados. As medidas desencadearam uma revolta, com ampla participação dos trabalhadores de Paris, os quais foram incentivados, até certo ponto, pela classe média e pela elite que pretendiam derrubar Carlos X. Após três dias de manifestações, Carlos X abdicou.

Preocupados com a violência das Jornadas de Julho e com a eventual instalação de um governo republicano, os liberais apressaram-se a tomar o controle da situação. Uma monarquia constitucional foi instaurada, tendo à frente Luís Filipe de Orléans (1773-1850), primo de Carlos X. O novo monarca condenou a censura e admitiu o papel imprescindível do Parlamento e da Constituição, ficando conhecido como o "Rei Cidadão". Entretanto, ele procurou atender principalmente aos interesses da classe média e da alta burguesia, sem atentar para as aspirações mais radicais de alguns dos revolucionários.

Os acontecimentos franceses estimularam reformas em outras partes da Europa. A Grã-Bretanha ampliou, por exemplo, o direito de participação eleitoral em 1832. A medida foi adotada no contexto do movimento operário influenciado pelo Cartismo, que, como já vimos, exigia direitos políticos para os trabalhadores.

Eugène Delacroix. *A Liberdade guiando o povo*, 1830. Óleo sobre tela, 2,60 × 3,25 m. O pintor romântico Eugène Delacroix representou a Revolução de 1830 através da figura da Liberdade (a mulher que é símbolo da República Francesa, conhecida como Marianne, carregando a bandeira da França), que mostra o caminho para trabalhadores, estudantes e burgueses armados. Os revolucionários parecem estar avançando para fora da pintura, em direção ao observador.

A Europa no século XIX: a emergência do conservadorismo e suas transformações Capítulo 28

> **ORGANIZANDO AS IDEIAS**
>
> 3. Quais foram os projetos dos liberais da França associados à Revolução de 1830?

Os movimentos de 1848: a Primavera dos Povos

Em 1848, uma terceira vaga revolucionária espalhou-se pela Europa. Conhecidas como Primavera dos Povos, essas manifestações se alastraram pelas atuais França, Alemanha, Itália, Áustria, Hungria e República Tcheca.

Além disso, novas diferenciações começaram a se delinear. A polarização ocorria entre os liberais, defensores da adoção de um governo parlamentar, e os partidários de uma república democrática que promovesse a reforma social, a soberania do povo e concepções de igualdade.

Mais uma vez os movimentos revolucionários tiveram início na França. Na década de 1840, os opositores começaram a organizar banquetes para debater reformas, de maneira a driblar as proibições de organizações. Cada vez mais provocativos, eles foram proibidos de realizar esses eventos. Mesmo assim, em fevereiro de 1848, estudantes, trabalhadores e um grupo de oficiais da Guarda Nacional, reunidos em Paris para realizar um banquete pró-reformas, entraram em choque com os policiais e o Exército. Os conflitos, marcados pela construção de barricadas, duraram cerca de três dias e terminaram com a invasão da Câmara e do Palácio Real pela multidão, o que levou à abdicação de Luís Filipe.

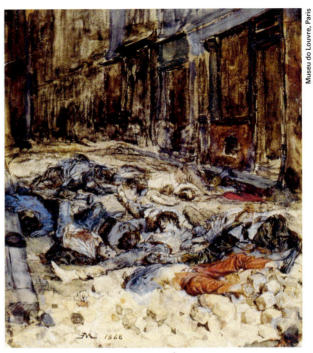

Ernest Meissonier. *A barricada*, 1849. Óleo sobre tela, 29 × 22 cm. O quadro pintado por Jean-Louis Ernest Meissonier, capitão da Guarda Nacional francesa, foi inspirado em uma aquarela feita no dia 25 de junho de 1848 durante a revolta dos trabalhadores parisienses. A pintura, extremamente realista, mostra os corpos dos manifestantes confundindo-se com as pedras que formavam as barricadas.

Manifesto comunista

No contexto de inquietações e convulsões sociais, em fevereiro de 1848, os pensadores alemães Karl Marx (1818-1883) e Friedrich Engels (1820-1895), dois nomes importantes da Liga Comunista, redigiram um manifesto. Essa organização foi constituída na clandestinidade, em Londres, em 1847. Tinha por objetivo, segundo seus estatutos, "a derrubada da burguesia, o reino do proletariado, a supressão da velha sociedade burguesa baseada nos antagonismos de classes e a fundação de uma nova sociedade sem classes e sem propriedade privada". Assim, expressando os ideais de uma das primeiras organizações políticas dos trabalhadores, o documento expunha os princípios centrais do socialismo e a forma como a revolução deveria ser conduzida pelo proletariado para derrubar a burguesia e instaurar um Estado comunista. Marx e Engels entendiam que, no sistema capitalista, a burguesia – que detinha os meios de produção –, e o proletariado – que vendia sua força de trabalho –, eram forças diametralmente opostas e entrariam em choque, provocando uma revolução violenta. Apesar das críticas dirigidas aos dois pensadores, principalmente por terem polarizado o conflito de classes sem perceberem os antagonismos dentro da própria classe, alguns estudiosos consideram que o *Manifesto Comunista* é, até hoje, um documento de grande importância, por ter apontado tão precocemente a mundialização do sistema capitalista e por ainda dizer muito sobre a sociedade e a economia atuais.

Retrato de Karl Marx.

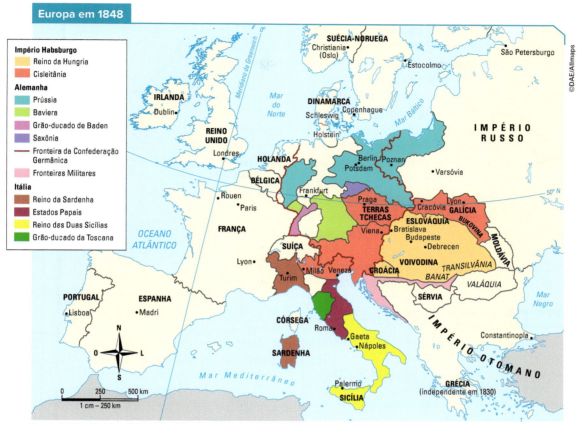

Fonte: RAPPORT, Mike. *1848*: Year of Revolution. Nova York: Basic Books, 2010.

Um governo provisório, instaurado pelos revolucionários, proclamou a Segunda República Francesa (a primeira havia sido abolida por Napoleão com a instauração do Império, em 1804). Dentre as suas principais medidas, destacaram-se a abolição da escravidão nas colônias e possessões ultramarinas, o fim da censura à imprensa e a supressão da pena de morte para os crimes de natureza política. Além disso, todos os cidadãos franceses, a partir de 21 anos de idade, obtiveram o direito de votar: de 240 mil, a França saltou para 10 milhões de eleitores em um universo de 35 milhões de habitantes. As mulheres, porém, só teriam sua chance em 1944. Além disso, no campo social fixou-se a jornada de trabalho de 10 horas, em Paris – nas províncias, os trabalhadores deveriam cumprir 11 horas –, e o governo passou a investir na construção de estradas de ferro e de edifícios para proporcionar empregos.

Nas eleições para a Assembleia Nacional, os republicanos moderados elegeram a maioria no Parlamento. Mas os radicais, que exigiam mudanças sociais mais profundas, logo iniciaram sua reação. Rumores sobre o fim das Oficinas Nacionais de Paris – espécie de brigadas de trabalho que reuniam os desempregados, cerca de 118 mil pessoas, em junho de 1848 – fizeram irromper novas revoltas. Temendo uma revolução operária, a Assembleia Nacional decretou a lei marcial em 24 de junho.

Para assistir

O Leopardo, França-Itália, 1963. Direção: Luchino Visconti.
1860, Sicília. Durante o período do "Risorgimento", o conturbado processo de unificação italiana, o príncipe Don Fabrizio Salina testemunha a decadência da nobreza e a ascensão da burguesia. Duração: 140 min.

A Comuna, França, 2000. Direção: Peter Watkins.
Em 1871, o povo de Paris, relegado à miséria e à exploração, sofrendo ainda com a recente derrota na guerra contra os alemães, revolta-se contra a República recém-instaurada por Adolphe Thiers. Duração: 345 min.

Uma nova Constituição foi promulgada, estabelecendo apenas uma Câmara Legislativa e o regime presidencialista. O sufrágio universal masculino foi mantido. Nas eleições presidenciais de dezembro de 1848, foi eleito Luís Napoleão Bonaparte – sobrinho de Napoleão I –, que se apresentou como o símbolo da ordem. Em 1851, ele dissolveu a Assembleia e tornou-se cônsul via plebiscito. Em 1852, Luís Bonaparte declarou-se imperador com o título de Napoleão III, medida ratificada por outro plebiscito. Tinha início o Segundo Império, que subsistiria até 1870.

Na Itália e na Alemanha, a notícia da queda do rei francês não apenas estimulou levantes populares, mas também preparou o caminho para a unificação desses dois territórios. Assim, apesar de os movimentos de 1848 terem sido derrotados, parte das reformas reivindicadas acabou sendo posta em prática nos anos seguintes.

> **ORGANIZANDO AS IDEIAS**
>
> 4. Que diferenciações sociais começaram a se manifestar na França com a Revolução de 1848?
> 5. Cite algumas realizações da Segunda República Francesa, proclamada em 1848.
> 6. Quais eram os objetivos dos revolucionários de 1848 na Península Itálica?
> 7. Qual foi o impacto das revoluções da Primavera dos Povos?

Itália, Alemanha e Rússia
Itália: a unificação em três atos

Em janeiro de 1848, uma revolta havia se iniciado em Palermo, na Sicília, que na época se encontrava sob o domínio da dinastia francesa dos Bourbons. A forma como os acontecimentos se desenrolaram na França motivou o rei Fernando II a garantir uma Constituição liberal na região, até reconquistar pela força a plenitude de seus poderes em 1849. Nos territórios setentrionais pertencentes à Áustria, porém, os levantes tiveram maior impacto.

Após o Congresso de Viena, o território italiano estava dividido em Estados distintos e independentes. Diversos deles se encontravam sob o controle direto ou indireto da Áustria e em todos existiam regimes absolutistas. Em diversas regiões ocorriam protestos a favor do autogoverno, pelo fim da censura e pela liberdade civil. Protestos em uma região estimulavam levantes em outra, devido aos contatos entre as diversas áreas, que começavam a se sentir parte de um mesmo povo. Em Milão e Veneza, as manifestações eram contra o

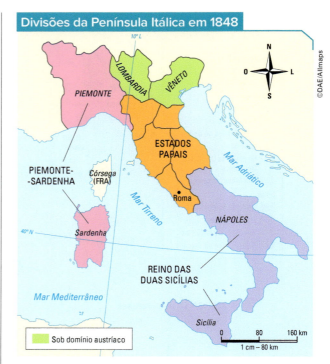

Fonte: HUNT, Lynn et al. *The Making of the West*: Peoples and Cultures. 3. ed. Boston/Nova York: Bedford/St. Martin's, 2009. p. 680.

domínio austríaco. Os distúrbios espalharam-se por toda a península, mas os governos selaram acordos com os manifestantes e as agitações diminuíram.

Entretanto, com a queda do poderoso ministro austríaco Klemens von Metternich (1773-1859), em março de 1848, os conflitos irromperam novamente. Em Milão, o comandante austríaco foi expulso da cidade; em Veneza, as notícias do levante milanês encorajaram a luta pela independência. O Reino do Piemonte e Sardenha, principal estado independente no norte da península, prestou auxílio militar às revoltas contra os austríacos. O objetivo do rei Carlos Alberto (1798-1849) era anexar territórios e evitar que o republicanismo se difundisse por seus domínios. Desenrolou-se uma série de guerras, mas, em meados de 1849, Carlos Alberto foi derrotado e abdicou em favor de seu filho Vítor Emanuel II (1869-1947).

Nos Estados Papais, a situação também foi tensa. Em 1849, sob a liderança dos revolucionários italianos Giuseppe Mazzini (1805-1872), criador do movimento Jovem Itália, e Giuseppe Garibaldi (1807-1882), instaurou-se uma república em Roma. Mas a articulação de franceses, austríacos e espanhóis garantiu o retorno do papa, que passou novamente a controlar o território.

O primeiro-ministro do Reino do Piemonte e Sardenha, Camilo Cavour (1810-1861), assumiu a frente das lutas pela unificação a partir de uma perspectiva conservadora. Opositor do republicanismo e do socialismo, Cavour propunha mudanças dentro da ordem, com um modelo político alicerçado no Parlamento e na diminuição dos privilégios clericais. Ele defendia o fortalecimento do Estado piemontês, a modernização do Exército e o estímulo ao desenvolvimento econômico, com a instalação de ferrovias e indústrias. A hierarquia social não deveria, porém, ser afetada. O passo seguinte foi conseguir aliados externos. Cavour buscou uma relação mais próxima com a França e a Grã-Bretanha e isso levou o Piemonte a se envolver na Guerra da Crimeia (1854-1856) ao lado dessas duas potências, que defenderam com êxito o decadente Império Otomano, ameaçado pelas ambições expansionistas da Rússia.

Em 1858, Cavour obteve secretamente o apoio francês em troca dos territórios de Nice e Savoia. A notícia da suposta aliança francesa alarmou os austríacos, que exigiram a desmobilização do Exército piemontês. Com a recusa, em 1859 a guerra teve início. Auxiliados pelo Exército francês, os piemonteses derrotaram os austríacos. A vitória piemontesa deu novo fôlego ao movimento pela unificação da Itália, que ficou conhecido como *Risorgimento* ("Ressurgimento" ou "Renascimento").

Temendo a força crescente do Piemonte, Napoleão III assinou um armistício unilateral com a Áustria. O acordo, que não transferia Veneza para o controle piemontês – como havia sido estabelecido –, não foi aceito por Vítor Emanuel II. Diante do impasse, foram organizados plebiscitos na Toscana, em Parma, Módena e nas antigas legações papais (Bolonha, Ferrara e outras cidades). Os eleitores decidiram pela anexação ao Piemonte. Nice e Savoia foram entregues à França.

No sul da Itália, uma pequena insurreição em Palermo, duramente reprimida pelos Bourbons, desencadeou um movimento popular no qual Garibaldi voltaria a se destacar. Desembarcando em maio de 1860 na Sicília, Garibaldi, à frente de seu Exército voluntário, os "camisas vermelhas", conseguiu grandes êxitos em suas campanhas militares. Garibaldi também conquistou Nápoles, mas, em uma votação ocorrida em ambos os Estados, os eleitores optaram pela união com o Piemonte e Sardenha. Mais uma vez, os planos de Garibaldi de implantar uma república na península seriam frustrados. Em março de 1861, surgia formalmente o Reino da Itália. O novo país assumia, porém, uma feição muito mais conservadora do que os revolucionários republicanos de 1848 haviam pensado.

Os territórios de Veneza, sob o domínio austríaco, e de Roma, sob o controle papal, foram conquistados pos-

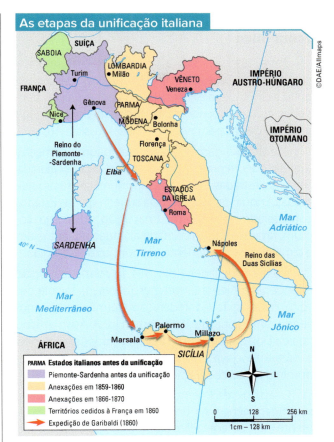

Fonte: MARSEILLE, J. *Histoire 1ère L/ES*: Le monde, l'Europe, la France (1850-1945). Paris: Nathan, 2003. p. 166.

teriormente. Os primeiros foram obtidos no contexto da Guerra Austro-Prussiana, em 1866. Na Paz de Viena, assinada em outubro, a Áustria teve de ceder Veneza à Itália. Roma só foi tomada em 1870, durante a Guerra Franco-Prussiana. Aproveitando-se de que as tropas francesas que defendiam o papado partiram para lutar no próprio país, o Exército de Vítor Emanuel II invadiu Roma, que se tornou capital da Itália unificada um ano depois.

John Tenniel. *Giuseppe Garibaldi ajudando Victor Emmanuel II a colocar a Bota da Itália*, 1860. Xilogravura. A charge satiriza a entrega dos domínios de Giuseppe Garibaldi (1807-1882), no Sul da Itália, a Vítor Emmanuel II (1820-1878). O movimento de Garibaldi assustou a burguesia e os nobres, que preferiram a anexação ao Piemonte. Os dizeres da charge, em tradução livre, são: Por fim, perna direita da Bota. "Se não entrar, senhor, tente um pouco mais de pólvora".

A Europa no século XIX: a emergência do conservadorismo e suas transformações Capítulo 28

Alemanha: a união através da força econômica

Entre 1815 e 1848, a Confederação Germânica, composta de 39 estados independentes (34 monarquias e cinco cidades livres), passou por múltiplas transições culturais, econômicas, sociais e políticas. Dois reinos se destacaram nesse período: Prússia e Áustria.

Até então largamente feudal, a economia começou a passar por um processo de industrialização acelerada. Ferrovias, estradas e obras de pavimentação foram realizadas. Enquanto isso, a Prússia sugeriu que os Estados confederados adotassem uma união aduaneira comum, favorecendo a liberdade alfandegária entre eles e o maior desenvolvimento econômico dessa região.

No dia 1º de janeiro de 1834, foi formada a União Alfandegária Alemã (*Deutscher Zollverein*). Incluía dezoito Estados da Confederação Germânica, promovendo uma zona de livre-comércio. A Áustria ficou fora da União, assim como alguns outros estados, pois a Prússia desejava evitar qualquer desafio ao seu predomínio na confederação.

O rápido crescimento industrial da Prússia garantiu sua preeminência na união alfandegária e, eventualmente, na Confederação. Mas a fome, as doenças e o desemprego, resultantes do aumento demográfico acelerado, foram também uma realidade nos Estados confederados, pois a prosperidade não era igualmente compartilhada entre as diversas regiões.

Em 1848, os movimentos de Paris estimularam muitos Estados alemães a reivindicar liberdade de imprensa, liberdade de reunião, julgamentos por júri – ou seja, por outros cidadãos, e não por juízes – uma milícia e um Parlamento nacional alemão. Apesar de essas demandas terem sido atendidas com relativa tranquilidade na Áustria e na Prússia, a luta pelas reformas causou violentos confrontos entre o povo e as Forças Armadas. Na Áustria, os trabalhadores promoveram saques, destruíram máquinas e devastaram propriedades. A pressão proporcionou a elaboração de uma nova Constituição e a inclusão de personagens da oposição no governo. Por sua vez, na Prússia, o rei Frederico Guilherme IV (1795-1861) prometeu a convocação de uma assembleia para elaborar a Constituição. Aproveitando-se dos acontecimentos, os liberais reuniram-se em um Parlamento em Frankfurt. Essa Assembleia discutiu temas polêmicos, como a unificação do território e outros relacionados à questão social.

No final de 1848, a desilusão com o Parlamento culminou em revoluções mais radicais, com o claro intuito de instaurar um governo republicano "jacobino". Essas revoltas foram duramente reprimidas, principalmente pelas tropas prussianas. Com esses acontecimentos, o Parlamento começou a se dissolver. O ciclo revolucionário iniciado em 1848 chegava ao fim na Alemanha, prenunciando a hegemonia dos setores mais conservadores.

Em 1850, a Prússia pretendeu unir o território confederado na chamada Pequena Alemanha – que excluía a Áustria –, mas encontrou resistências de alguns Estados e da própria Áustria. Assim, explicitava-se a disputa entre Áustria e Prússia pela hegemonia na unificação dos povos alemães.

O confronto potencial não impediu que a Áustria e a Prússia se unissem em 1864 contra a Dinamarca. Com a vitória no conflito, a província de Holstein passou para a administração dos austríacos, enquanto Schleswig ficou sob o controle prussiano. Nesse período, Otto von Bismark (1815-1898), primeiro-ministro da Prússia desde 1862, começou a colocar em prática seu projeto de aumentar a influência e o poder da Prússia.

Posteriormente, a Áustria alegou que esses territórios deveriam ser devolvidos ao legítimo herdeiro do trono da Dinamarca. Isso causou atritos com a Prússia, dando início a uma guerra em 1866. Apesar de ter o apoio da maioria dos membros da Confederação Germânica, a Áustria não conseguiu vencer um Exército prussiano modernizado e treinado em táticas de movimento rápido. A Guerra Austro-Prussiana, também chamada "Guerra das sete semanas", deu à Prússia diversos territórios, como Saxônia, Turíngia e Hanover. Além disso, os austríacos tiveram de ceder Veneza à Itália. A Confederação Germânica dissolveu-se e surgiu em seu lugar a Confederação da Alemanha do Norte, que englobava 22 Estados sob o comando da Prússia.

Para unificar a Alemanha, faltavam somente os territórios meridionais. Bismark tratou então de fomentar o nacionalismo nesses Estados contra as pretensões territoriais francesas, pois Napoleão III, em troca da neutralidade durante a Guerra Austro-Prussiana, exigia compensações. Mas a causa imediata da guerra franco-prussiana deveu-se ao oferecimento da coroa espanhola a um príncipe prussiano após a derrubada da rainha Isabel II (1830-1904), em 1868. A proposta causou indignação na França, que ameaçou entrar em guerra se a indicação fosse aceita, pois temia ficar cercada. Bismark explorou a ideia da unidade nacional contra a França e, receosos de uma invasão, os Estados meridionais uniram-se à Prússia.

A guerra foi breve (1870-1871), pois o Exército prussiano não encontrou muitas dificuldades para vencer os franceses. Com a vitória, a Prússia anexou as províncias francesas de dialeto germânico, Alsácia e Lorena. A derrota causou a derrubada de Napoleão III e a proclamação da Terceira República Francesa. A humilhação da derrota produziu um ressentimento, que, décadas depois, contribuiria para o início da Primeira Guerra Mundial.

Em 18 de janeiro de 1871, foi proclamado no palácio de Versalhes, na França, o Império Alemão, confiado pelos governantes dos Estados alemães ao rei da Prússia, Guilherme I (1797-1888). A nova constituição do Império manteve o controle político da monarquia e da aristocracia (composta por latifundiários que controlavam o Exército), apesar da crescente influência da burguesia industrial. Esse período ficou conhecido como *Segundo Reich* – o primeiro teria sido o Sacro Império Romano-Germânico, que existiu do ano 962 ao 1806.

Rússia: uma monarquia na contramão

Como vimos no Capítulo 20, a Rússia passou a dominar um vasto império transcontinental entre os séculos XVIII e XIX. Catarina, a Grande, em seu reinado absolutista (1762-1796), introduziu algumas reformas e iniciou a modernização no território. Contudo, se a Rússia assimilou estilos ocidentais, ainda contrastava com os outros países europeus, mantendo-se essencialmente agrícola e baseada na autoridade dos nobres sobre os seus servos.

Em 1825, após a morte inesperada de Alexandre I (1801-1825), czar que havia orquestrado a Santa Aliança, Nicolau I (1825-1855), seu irmão mais novo, assumiu o trono. Alguns oficiais que haviam voltado das campanhas na Europa e estavam entusiasmados com as ideias constitucionais rebelaram-se em favor de outro irmão, Constantino, supostamente mais favorável a uma monarquia constitucional. Rapidamente sufocada, a revolta dezembrista foi interpretada por Nicolau I como uma sublevação que questionava os princípios da autocracia. Como consequência, seu governo tornou-se ainda mais repressivo.

Em 1853, os russos entraram em conflito em relação à Crimeia. Interessado em estender sua área de influência sobre os Bálcãs e controlar os estreitos de Bósforo e Dardanelos, o czar invadiu alguns principados do Império Otomano – já em declínio – sob o pretexto de defender a cristandade contra a expansão do islamismo pelos Bálcãs.

Atuando com êxito nas campanhas iniciais, os russos começaram a sofrer grandes perdas após o envio de tropas britânicas e francesas em apoio ao Império Turco. A Áustria, tradicional aliada da Rússia, manteve-se neutra. O conflito só teve fim em 1855, após a morte do czar, substituído por seu filho Alexandre II (1855-1881).

Com a derrota russa, o Mar Negro foi desmilitarizado em 1856, o que proporcionou sua abertura para o mercado internacional. A Rússia perdeu ainda alguns territórios, enquanto França, Grã-Bretanha e Áustria alargavam sua influência sobre o Império Otomano.

Após a guerra, a Rússia passou por reformas significativas impulsionadas pelo novo czar. Entre elas, destaca-se a abolição da servidão em 1861. As comunidades camponesas receberam a propriedade coletiva das terras, cuja distribuição seria determinada pelos homens mais velhos de cada localidade. Sem o título individual da terra, o camponês não poderia vendê-la para se aventurar na cidade. Os antigos senhores, por sua vez, seriam indenizados por fundos do Estado.

Na economia, a construção de ferrovias, que tinham como objetivo transformar a Rússia em um espaço econômico integrado, culminou com a construção da ferrovia transiberiana. O maior estímulo à industrialização, especialmente nos setores têxtil e siderúrgico,

A sagração do czar

A sagração refletia o poder religioso do czar russo, que era ao mesmo tempo imperador e pontífice, em um sistema conhecido como **cesaropapismo**. A sagração de Nicolau II foi a última a ser realizada na Rússia e demonstrou a persistência no país do Antigo Regime, que se estendeu até o início do século XX.

Ilya Efimovich Repin. *O matrimônio do czar Nicolau II (1868-1918) e Alexandra Feodorovna (1872-1918)*, 1894. Óleo sobre tela, 98,5 × 125,5 cm.

permitiu ainda que a Rússia conseguisse altas taxas de crescimento econômico e experimentasse um grande *boom* industrial a partir de 1891. Começou a formar-se, assim, um proletariado, concentrado nas grandes cidades. Paralelamente, os partidos de oposição foram se organizando na clandestinidade.

Em 1863, inspirados pela atmosfera de reformas, aristocratas poloneses nacionalistas exigiram a independência de sua pátria. O czar passou a reprimir as agitações nacionalistas das minorias por todo o império e intensificou a russificação, o que forçou mais de cem minorias étnicas a adotar a língua e a cultura russas. Em 1881, Alexandre II foi assassinado por um grupo revolucionário, o que fortaleceu os partidários da autocracia. O poder absoluto do czar só seria desafiado durante a Revolução de 1905.

ORGANIZANDO AS IDEIAS

8. Quais os projetos de unificação que concorreram entre si na Península Itálica?
9. Explique o que foi a experiência do Zollverein.
10. Qual foi a trajetória da unificação alemã?
11. Que reformas importantes ocorreram no Império Russo nos anos 1860 e qual foi o seu desdobramento?

Construir a nação, formar os cidadãos

A língua e o ensino como fatores de integração

Na segunda metade do século XIX, era necessário difundir a ideia de **nação** entre a população de todos os Estados europeus, pois esta ainda era muito heterogênea. Grandes diferenças culturais separavam a elite e o povo, a cidade e o campo, uma região e outra, e um dos principais entraves para a integração era a língua.

Por volta de 1863, na Península Itálica, quase todos usavam o idioma ou o dialeto próprio da sua região, mas somente 2,5% dos habitantes falavam italiano. Assim, dizia-se que, depois de ter feito a Itália, era preciso "fazer os italianos" – expressão que poderia ser aplicada a várias outras nações. Também era preciso ensinar a população a ler e a escrever, de maneira a transmitir os valores e as ordens da elite e do Estado central. Em 1861, 78% dos italianos eram analfabetos e 50% continuavam assim em 1901.

As transformações da segunda metade do século XIX contribuíram de modo decisivo para a criação das nações europeias. São exemplos dessas mudanças as estradas de ferro, que aproximaram regiões e a alfabetização, que permitiu aos cidadãos ler os mesmos jornais. Desse modo, ampliaram-se a opinião pública, a democratização da vida política e a difusão de uma cultura comum.

A escola foi o principal instrumento de integração nacional. Currículos, corpo docente e colégios foram modificados com o intuito de estimular a cidadania e difundir o nacionalismo e o patriotismo. O Ensino Médio também se expandiu com a criação dos chamados liceus e das escolas técnicas, embora só uma minoria os frequentasse.

A essa educação seguiu-se, em diversos países, um longo período de serviço militar obrigatório para

Um monumento da República Francesa

A alegoria é a representação de uma ideia abstrata. Neste caso, a república é representada por uma figura feminina que traz o barrete frígio, símbolo da liberdade, e ostenta seios fartos, para mostrar que é a generosa mãe de seus filhos. Acena com os "direitos do homem", lembrando que estes surgiram na Revolução Francesa, e segura a bandeira tricolor, que se contrapõe à bandeira branca dos reis da França. Muitos monumentos como este foram erguidos e a alegoria da República foi aos poucos se confundindo com a imagem da própria França.

Estátua de Marianne com a bandeira francesa. Place de La Republique, Pézenas, Herault, França. Foto de agosto de 2011.

As funções da pintura histórica

A pintura histórica foi o mais nobre gênero artístico do século XIX, pois serviu-se de uma reserva infinita de temas e se destinou a fixar a consciência nacional. São telas de grandes dimensões, como a obra reproduzida abaixo. A representação do funeral de Atahualpa, o último rei inca, realizada pelo pintor peruano Luis Montero, atraiu um grande público, demonstrando que também na América buscou-se construir um nacionalismo por meio de representações do passado.

Luis Montero. *O funeral de Atahualpa*, 1865-1867. Óleo sobre tela, 3,50 × 4,30 m.

Museu de Arte de Lima, Peru

todos os rapazes. Para muitos, a passagem pelo Exército era a única oportunidade de sair de sua aldeia. Para as mulheres, o ensino abriu caminhos distintos e muitas passaram a ingressar na universidade, particularmente no curso de Medicina, área em que certos valores femininos passaram a ser reconhecidos. As mulheres começaram também a ensinar, tarefa que antes era realizada, sobretudo, por homens. Aos poucos, a educação deixou de ser associada apenas ao *status* social, passando a ser vista como necessária para a obtenção de conhecimentos. Para reforçar a consciência nacional e os laços existentes entre os cidadãos, os governos promoveram cada vez mais cerimônias cívicas. Feriados nacionais foram instituídos e passaram a concorrer com as festas religiosas. Assim, em 1880, os franceses fizeram do 14 de julho de 1789, dia da Tomada da Bastilha, sua data nacional; a partir de 1895, os italianos passaram a celebrar o dia 20 de setembro de 1870, data da entrada dos piemonteses em Roma.

Em todas as cidades, monumentos e nomes de ruas homenageavam os grandes episódios da história nacional e seus heróis. A Europa da década de 1880 caracterizou-se, assim, por uma "mania de estátuas", com inúmeros monumentos erguidos em homenagem àqueles que contribuíram para o brilho da pátria. Os ideais do nacionalismo levaram à valorização, por vezes mítica, do passado de cada nação. Nesse processo, a pintura histórica teve um papel importante, tanto na Europa quanto na América.

Passaram também a ser festejados os centenários de eventos considerados fundadores da nação. Em 1876, foi celebrado o Centenário da Revolução Americana; em 1889, o Centenário da Revolução Francesa; em 1892, na Espanha, o Quarto Centenário do Descobrimento da América; em 1898, em Portugal, o Quarto Centenário da Descoberta do Caminho das Índias; e, em 1900, o Quarto Centenário do Descobrimento do Brasil. Essas comemorações incluíam congressos de eruditos, manifestações cívicas, feiras comerciais e celebrações populares. Essa prática prosseguiu ao longo do século XX. Assim, no Brasil, além das festividades do Quarto Centenário de São Paulo (1954) e do Rio de Janeiro (1965), é possível mencionar as comemorações dos "500 Anos do Descobrimento", no ano 2000.

ORGANIZANDO AS IDEIAS

12. Por que a língua foi considerada um entrave para a unificação nacional de muitos Estados europeus?

Revisando o capítulo

APROFUNDANDO O CONHECIMENTO

1. Veja atentamente a caricatura e responda às questões.

Anônimo, *O patê indigesto*, 1815. Museu Britânico.

A charge mostra os vencedores de Napoleão: da esquerda para a direita, o rei da Inglaterra, o rei da Prússia, o czar da Rússia e o imperador da Áustria. Eles se preparam para dividir um patê que contém o imperador, enquanto o rei da França, Luís XVIII, espera as migalhas sob a mesa.

   a. A caricatura faz alusão a que acontecimento histórico?

   b. O que pretendiam os governantes retratados na caricatura?

   c. Por que o rei da França só poderia esperar por migalhas?

2. Qualquer historiador reconhece-a imediatamente: as barbas, as gravatas esvoaçantes, os chapéus militares, as bandeiras tricolores, as barricadas, o sentido inicial de libertação, de imensa esperança e confusão otimista. Era a "primavera dos povos" – e, como a primavera, não durou.

   HOBSBAWM, Eric J. *Era do capital*. Rio de Janeiro: Paz e Terra, 1982. p. 33.

   a. Explique a colocação de Hobsbawm sobre o fracasso da Primavera dos Povos de 1848.

   b. No final de 2010, uma série de movimentos recebeu a nomenclatura de Primavera Árabe. Faça uma rápida pesquisa e compare os dois contextos, destacando suas semelhanças.

3. Descendente de uma família aristocrata normanda, Alexis de Tocqueville foi grande defensor do regime republicano e, contrário às ideias socialistas, proferiu um discurso em janeiro de 1848, na Câmara de Deputados, no qual advertia sobre os descontentamentos dos trabalhadores:

   Olhai o que se passa no seio dessas classes operárias, que hoje, reconheço, estão tranquilas. É verdade que não são atormentadas pelas paixões políticas propriamente ditas, no mesmo grau em que foram por elas atormentadas outrora; mas não vedes que suas paixões, de políticas, tornam-se sociais? [...] Não ouvis que entre elas [as classes operárias] repete-se constantemente que tudo o que se acha acima é incapaz e indigno de governá-las? Que a divisão dos bens ocorrida no mundo até o presente é injusta? Que a propriedade repousa em bases que não são igualitárias? E não credes que, quando tais opiniões adquirem raízes, quando se propagam de maneira quase geral, quando penetram profundamente nas massas, devem acarretar, cedo ou tarde – não sei quando, não sei como –, as mais terríveis revoluções?

   TOCQUEVILLE, Alexis de. *Lembranças de 1848*: as jornadas revolucionárias em Paris. São Paulo: Companhia das Letras, 2011. p. 51-52.

   a. Na visão do aristocrata Alexis de Tocqueville, quais são as características do sistema capitalista que poderiam deixar os trabalhadores insatisfeitos?

   b. Assim, quais foram as transformações sofridas pelas demandas operárias?

   c. Contextualize o temor da revolução, especialmente presente na França de meados do século XIX.

A FORMAÇÃO DOS ESTADOS HISPANO-AMERICANOS

CAPÍTULO 29

No livro *Facundo, ou Civilização e Barbárie* (1845), o intelectual e político argentino Domingos Sarmiento utiliza a figura de um caudilho para criticar os conflitos armados que assolavam os países hispano-americanos após a independência. Mas quem eram os caudilhos?

Grandes proprietários que conseguiam mobilizar tropas para defender os próprios interesses, esses homens frequentemente se enfrentavam, fazendo com que os países da América espanhola vivessem um contexto político muito tumultuado. A questão que se punha às novas nações era: como elas se estruturariam? Ficariam mais próximas do passado colonial ou se inspirariam no liberalismo, que também lutava para se afirmar na Europa?

Construindo o conhecimento

- Com base no texto de abertura, por que você acha que os caudilhos brigavam entre si, se geralmente pertenciam ao mesmo grupo social?
- De acordo com o que você já ouviu ou leu sobre a América Hispânica atual, quais são as continuidades que você imagina existir entre o século XIX e o presente, nessa região?

Plano de capítulo

- As vicissitudes do século XIX
- Análise de casos
- O triunfo do liberalismo

César Hipólito Bacle. *A chegada do general Juan Facundo Quiroga em Madri a 24 de junho de 1820*, 1820. Litografia colorizada.

Marcos cronológicos

1826 — Bernardino Rivadavia torna-se presidente das Províncias Unidas do Rio da Prata.

1829 — Governo de Juan Manuel Rosas na Argentina, que dura até 1852.

1830 — Estabelecimento de um governo conservador sob a influência de Diego Portales, no Chile.

1833 — Santa Anna é eleito presidente do México.

1836 — Formação da Confederação Peruano-Boliviana; início da guerra do Chile contra a Confederação.

1846 — Invasão do México pelos Estados Unidos, dando início à guerra entre os dois países.

1852 — Derrota de Rosas na Argentina e início do governo de Justo José Urquiza; fim do governo do general Santa Anna no México.

1853 — Promulgada uma nova Constituição nas Províncias Unidas do Rio da Prata.

1855 — É promulgada, no México, a Lei Juárez, que estabelece a igualdade de todos perante a justiça, eliminando privilégios da Igreja Católica e do Exército.

Assim como durante as independências, cada país responderia a esse dilema de uma forma própria, após anos de embates. O que não mudaria, porém, seria a desigualdade social que marcava a região.

As vicissitudes do século XIX

Um panorama geral

Após a ruptura dos laços com a metrópole, tornou-se necessário organizar e construir os novos Estados de língua espanhola na América Latina. Os vínculos com a Coroa não existiam mais e a monarquia não era mais o princípio organizador. O vácuo de poder foi então preenchido pelas correntes de pensamento do século XIX, como o liberalismo. Os novos Estados nacionais hispano-americanos adotaram constituições republicanas federativas, que, ao menos formalmente, lembravam a dos Estados Unidos da América. Entretanto, subsistiram quase inalteradas algumas instituições que haviam apoiado o domínio espanhol na região, como a Igreja Católica, ainda profundamente ligada ao Estado. As permanências reforçavam o conservadorismo dos novos países e as contradições internas acentuavam a instabilidade política.

A base econômica no pós-independência continuou a ser predominantemente rural – agricultura, pecuária e mineração. A Grã-Bretanha se tornou o maior parceiro comercial dessa parte do continente, mas os Estados Unidos e a França também conquistaram posições nesse mercado.

Foi nesse contexto que se destacaram os caudilhos, grandes proprietários rurais, em geral pertencentes à camada dos *criollos*. Veteranos das lutas pela independência, controlavam bandos armados que utilizavam para alcançar o poder político, tanto em suas províncias quanto no âmbito nacional. Eram homens dotados de amplo carisma, tendo muitos clientes que dependiam de seus favores para sobreviver e, em troca, prestavam serviços em suas fazendas ou em suas milícias particulares. Após a crise revolucionária, os caudilhos ampliaram seu poder e transferiram para a esfera política o modelo social rural, baseado em relações clientelísticas e na troca de favores.

A autoridade desses caudilhos geralmente durava pouco: eles eram substituídos por outros, sem que houvesse uma continuidade das propostas anteriores. As diferenças entre os governos eram mais pessoais que ideológicas, pois cada setor das elites buscava fortalecer o próprio poder. A democracia representativa manteve-se instável ao longo do século XIX, dando muitas vezes lugar à ação de governos autoritários que deixariam as suas marcas na Hispano-América independente.

Um dos temas centrais que suscitaram intensos debates nesses primeiros anos de independência foi a questão da centralização ou descentralização do poder. A laicização do Estado e a passagem de algumas das responsabilidades da Igreja para os auspícios do governo também estiveram em pauta. Mas cada uma dessas nações que se erigia tinha o próprio ritmo. E, devido à multiplicidade dos Estados formados nos vastos territórios da antiga América espanhola, escolhemos analisar os casos mais emblemáticos e os países que desenvolveram relações mais estreitas com o Brasil.

ORGANIZANDO AS IDEIAS

1. Elabore uma definição para o caudilhismo.
2. Analise as relações de instabilidade nas repúblicas recém-criadas.

1857 — Irrupção da guerra civil no México.

1862 — Por meio de eleições, Bartolomé Mitre Martinez chega ao poder na Argentina.

1864 — Maximiliano de Habsburgo é coroado imperador na Cidade do México; início da Guerra do Paraguai.

1867 — Vitória dos republicanos no México; Maximiliano I é executado.

1870 — Fim da Guerra da Tríplice Aliança (Brasil, Argentina, Uruguai) contra o Paraguai.

1871 — O liberal Frederico Zañartu é eleito presidente do Chile.

1873 — Guerra do Pacífico, entre o Chile e o bloco Peru-Bolívia, que terminou em 1883 com a vitória chilena.

1876 — Presidência de Porfirio Díaz, que governou o México até 1911.

Fonte: LOMBARDI, Cathyn L. et al. *Latin American History*: A Teaching Atlas. Madison: University of Wisconsin Press, 1983.

Análise de casos

Paraguai e Uruguai

Após sua independência, em 1811, o Paraguai foi governado por ditadores. O primeiro deles, José Gaspar Rodríguez de Francia (1766-1840), chegou ao poder em 1813. Francia assegurou a independência do Paraguai frente aos espanhóis, aos *criollos* de Buenos Aires e ao Brasil, permanecendo no governo até a sua morte. Ele reduziu o poder da Igreja Católica no país, confiscou as grandes propriedades, redistribuiu terras e diversificou a produção agrícola, tornando o Paraguai autossuficiente na produção de alimentos. Na verdade, Francia não tinha muitas alternativas, pois Buenos Aires, sob o comando de Rosas (1793-1877), tentava bloquear o acesso paraguaio ao Rio Paraná, com o objetivo de pressionar o Paraguai a se subordinar à antiga sede do vice-reino.

O sucessor de Francia, Carlos Antonio López (1792-1862), também permaneceu no poder até a sua morte. Ele construiu estradas, canais, desenvolveu um sistema de telégrafo e tentou encerrar os conflitos diplomáticos com a Argentina. Após a deposição de Rosas, López obteve o reconhecimento da independência por parte da Argentina, e o Rio Paraná foi finalmente aberto ao comércio paraguaio. López também passou a estabelecer relações comerciais com Estados Unidos, Grã-Bretanha e França, exportando para esses países tabaco e erva-mate (os principais produtos da economia paraguaia, monopolizados pelo Estado). O fim do isolamento provocou um grande crescimento econômico.

A educação também foi promovida por López, que construiu diversas escolas de Ensino Fundamental. Assim, o Paraguai ostentava, em 1862, as mais altas taxas de alfabetização em toda a América Latina. Seu filho e sucessor, Francisco Solano López (1827-1870), deu continuidade às suas ações, porém logo se chocou com seus poderosos vizinhos.

A história do Paraguai não pode ser pensada independentemente de suas relações com o Brasil e a Argentina. Em 1864, a interferência do governo brasileiro na política uruguaia em favor dos colorados – facção pró-brasileira que estava em guerra civil com os *blancos*, apoiados por López – suscitou o rompimento de relações entre Paraguai e Brasil. A crise política se desdobrou na Guerra do Paraguai, que estudaremos mais à frente.

Após a independência, o Uruguai também foi marcado por conflitos e instabilidade entre caudilhos. Os dois principais, Manuel Oribe (1792-1857) e Fructuoso Rivera (1784-1854), fundaram, respectivamente, o Partido Blanco e o Partido Colorado. O primeiro era mais voltado aos interesses dos proprietários rurais, enquanto o segundo se apoiava nas populações urbanas e se aproximava das ideias liberais.

Ao se deparar com a recusa à passagem das tropas paraguaias no território de Missões, López também declarou guerra à Argentina. Um acordo foi firmado entre Argentina, Brasil e os colorados no Uruguai, constituindo-se, assim, a Tríplice Aliança. O Paraguai combateu os dois maiores estados da América do Sul durante cerca de seis anos (1864-1870), muito mais tempo do que qualquer dos envolvidos imaginava; finalmente, sucumbiu após a captura e morte de Solano López, em 1870. Derrotado, chegou a perder a metade de sua população masculina e teve de ceder territórios ao Brasil e à Argentina. Politicamente, abriu-se no Paraguai um período de grande instabilidade, em um forte contraste com o período pós-independência. Sucediam-se os golpes de caudilhos que não conseguiam se firmar muito tempo no poder, situação potencializada pela ingerência do Brasil e da Argentina em suas questões internas.

O Uruguai, por sua vez, antes da guerra já evidenciava seu grande crescimento econômico e atraía imigrantes. Estes se dirigiam para a cidade de Montevidéu, que dava início ao seu desenvolvimento comercial e industrial. De 1875 a 1890, o Uruguai foi governado por regimes militares. Após esse período, continuaram as cisões entre *colorados e blancos*; somente no início do século XX, o populismo abriu caminho para uma nova era de unificação no país.

As Províncias Unidas do Prata

Na região platina, o projeto federalista e o unitário geraram divergências que perduraram até o ano de 1862. Confrontavam-se dois projetos políticos antagônicos: o de Buenos Aires, que pretendia manter seu papel hegemônico e defendia uma república centralizada, e o das províncias, que defendiam maior autonomia política, econômica e fiscal.

Sob a autoridade de Bernardino Rivadavia (1780-1845), que se tornou presidente das Províncias Unidas do Rio da Prata em 1826, tentou-se uma conciliação entre esses dois projetos. Para modernizar a Argentina, ele implantou uma série de reformas sociais, educacionais e econômicas. Mas Rivadavia não atendia concretamente a nenhum grupo de interesses, e suas mudanças, encaradas por muitos como elitistas, acabaram por desgastá-lo.

Com a renúncia de Rivadavia em junho de 1827, despontou a figura do federalista Juan Manuel de Rosas. Após um período de conflitos entre unitários e federalistas, Rosas assumiu, em 1829, o governo de Buenos Aires, representando os interesses dos grandes proprietários rurais. Apesar de federalista, ele defendeu a hegemonia de Buenos Aires sobre as demais províncias, assim como a exclusiva navegação de comerciantes portenhos no Prata. Por outro lado, sustentou o protecionismo alfandegário e facilitou a concentração de terras nas mãos das elites rurais. Rosas permaneceu no poder até 1852, exercendo poderes ditatoriais. Procurou agradar os caudilhos regionais, firmando um pacto personalista, o qual possibilitou a aceitação de seu governo por todas as províncias platinas.

Em 1833, por meio da *Campanha pelo Deserto*, Rosas deu início a seu projeto de expansão territorial, entrando em conflito com grupos indígenas – muitos dos quais foram exterminados. O plano possibilitou a incorporação de vastos territórios ao Estado, que redistribuiu ou vendeu as terras indígenas para os latifundiários. Os militares e civis que participaram da campanha foram recompensados por sua lealdade. O ditador investiu em propaganda e no apoio da Igreja: seus retratos eram postos nos altares e os argentinos eram incitados a usar o vermelho, cor do Partido Federalista.

Nos anos 1840, porém, a ditadura de Rosas dava os primeiros indícios de declínio. Os produtos de exportação das Províncias Unidas – couro e carne seca – passaram a sofrer concorrência de outras regiões da América do Sul, o que abriu caminho para a ascensão de outros grupos e de outros interesses.

Em 1851, interessado em garantir a livre navegação no Rio da Prata, que facilitava a entrada em Mato Grosso e em aumentar sua influência sobre Montevidéu, o Brasil firmou uma aliança com Entre Ríos e Montevidéu. No mesmo ano, a guerra contra Rosas teve início. Justo José de Urquiza (1801-1870), governador de Entre Ríos, esteve à frente dos combates.

Após a derrota de Rosas, em 1852, Urquiza assumiu o poder. Uma nova Constituição foi decretada em 1853, muito influenciada pela Constituição dos Estados Unidos. A Argentina tornou-se uma república federativa presidencialista, com o chefe de Estado assistido pelas duas casas do Legislativo: o Senado e a Câmara de Representantes. Os estados teriam autonomia e poderiam eleger seus governadores e suas assembleias legislativas. O catolicismo tornou-se a religião oficial, mas a nova Constituição assegurou a liberdade de culto. A livre navegação dos rios foi decretada.

Monumento a Bartolomé Mitre, em Buenos Aires, Argentina. Fevereiro de 2015. A representação idealiza a figura do presidente, apresentando-o como um herói durante a Batalha de Pavón e funcionando, portanto, como propaganda para o governo central.

O primeiro presidente eleito, Urquiza, teve de lidar com a insubordinação de Buenos Aires, que não reconheceu a Constituição de 1853 e não aceitou fazer parte da Confederação. A cisão só teve fim em 1861, quando a Confederação, liderada por Urquiza, foi derrotada na Batalha de Pavón pelos portenhos chefiados pelo intelectual liberal Bartolomé Mitre (1821-1906), governador de Buenos Aires.

Com a vitória, os argentinos tentaram pôr em prática um meio-termo entre as propostas unitárias e federalistas. O presidente Mitre, eleito em 1862, contou com o auxílio do futuro presidente Domingo Faustino Sarmiento (1811-1888) para organizar o território, reconhecendo a Constituição de 1853. Com a união de todas as províncias, finalmente formou-se a Argentina. A alfândega de Buenos Aires foi nacionalizada e estimulou-se a construção de estradas de ferro e linhas telegráficas que reforçaram a ligação entre a capital e o interior, alavancando a modernização econômica. No final do século, a Argentina passou também a atrair milhões de imigrantes europeus, o que impulsionou seu desenvolvimento e permitiu a ocupação de seu vasto território.

Com a vitória da Tríplice Aliança na Guerra do Paraguai, o Estado argentino obteve concessões territoriais, tornando-se hegemônico no Cone Sul. Em 1868, Domingo Faustino Sarmiento assumiu o poder com o objetivo de fortalecer e promover o progresso econômico e social na Argentina. O país ingressou em uma era de grande progresso econômico, a qual atingiu seu auge na década de 1880. A "Idade de Ouro", que perdurou até 1910, foi definida pela estabilidade política, pelo progresso econômico e pelo crescimento da população no país.

México

Como vimos no Capítulo 27, após a independência, em 1821, o Estado mexicano passou a ser governado por Augustín de Iturbide, que pouco tempo depois se fez proclamar imperador. As medidas centralizadoras de Augustín I, entretanto, não agradaram as elites mexicanas e, já em 1823, o monarca foi forçado a abdicar, sendo fuzilado no ano seguinte.

Após os conflitos, adotou-se o modelo republicano confirmado em 1824 pela nova Constituição, que dividia o país em 19 estados. A partir daí, a vida política mexicana expressou o confronto de duas correntes antagônicas. Os liberais representavam os interesses dos setores médios urbanos, defendiam a modernização, o fim dos privilégios especiais, um Estado laico e o federalismo, enxergando na Constituição dos Estados Unidos da América o modelo ideal para o México. Os conservadores, por sua vez, sustentados pelos grandes proprietários rurais, pelo Exército e pela Igreja Católica, defendiam o centralismo, um regime autoritário (até mesmo a monarquia) e a tutela da Igreja sobre os povos indígenas.

Nenhuma dessas posições conseguiu se consolidar no poder e implementar suas reformas até 1833, quando o general Santa Anna (1794-1876) foi eleito presidente, tendo o liberal Valentín Gómez Farías (1781-1858) como vice. Com a retirada de Santa Anna para sua *hacienda*, Gómez Farías deu início a algumas mudanças para promover a modernização do México: reduziu os privilégios da Igreja Católica (abolindo, por exemplo, a obrigação do pagamento do dízimo) e o poder das Forças Armadas. O programa liberal provocou uma reação clerical e militar. O general Santa Anna, aproveitando-se da situação, associou-se a esses segmentos conservadores e deu um Golpe de Estado. Seu governo centralizador anulou a Constituição de 1824, restringiu o direito de voto aos mais ricos e restaurou os direitos da Igreja e do Exército.

A falta de autonomia e a constante intervenção do governo central nos Estados motivaram o Texas a liderar uma revolta contra Santa Anna. O Texas possuía uma história particular, pois a Coroa espanhola permitira a instalação de colonos estrangeiros na região fronteiriça. Por volta de 1819, os espanhóis permitiram que o norte-americano Moses Austin (1761-1821) colonizasse o território com cerca de trezentas famílias.

Em 1836, após o início dos distúrbios no Texas, o general Santa Anna enviou suas tropas para reprimir os conflitos. Alguns colonos seguiram para os Estados Unidos em busca de apoio e, em março, proclamou-se a emancipação do Texas. As batalhas persistiram e, em abril, o Exército texano capturou Santa Anna, obrigando-o a reconhecer a independência do Texas.

Entretanto, o Senado mexicano recusou-se a aceitar a independência. O enfrentamento devido a questões de fronteiras e à crescente pressão dos Estados Unidos sobre o Texas causou, em 1846, uma guerra que se estendeu até meados de 1847 e terminou com a derrota do México. O país teve de ceder não apenas o Texas, mas metade de seu território para os Estados Unidos.

A derrota drástica foi associada aos conservadores e, em 1854, os liberais se organizaram e chegaram novamente ao poder através da chamada Revolução de

Ayutla, sob a liderança de Juan Álvarez Hurtado (1790-1867). Ele levou consigo políticos liberais que passaram a ocupar cargos estratégicos no governo. O movimento iniciado por Juan Álvarez, Benito Juárez García (1806-1872) e outros ficou conhecido no México como *La Reforma*, e pretendia implementar uma série de mudanças que expressavam o projeto nacional dos liberais.

Assim, em 1855, foi promulgada a Lei Juárez, que abolia os privilégios jurídicos dos eclesiásticos e dos militares. No ano seguinte, a Lei Lerdo desamortizou os **bens de mão-morta**, fossem eles da Igreja ou das comunidades indígenas. Tais bens deveriam ser postos no mercado para incentivar as transações comerciais e aumentar o número de proprietários individuais, de modo a estimular a economia do país.

Assim, nos *pueblos*, a terra deveria ser dividida entre os habitantes da comunidade indígena e os novos lotes passariam a ser propriedade desses indivíduos. Por sua vez, a Igreja viu-se obrigada a colocar no mercado seus imóveis rurais e urbanos. A Constituição, promulgada em fevereiro de 1857, que incorporou as medidas anticlericais e antimilitaristas citadas anteriormente, também estabeleceu a liberdade dos cidadãos e o voto universal masculino.

Os eclesiásticos, entretanto, resistiram às reformas e se aliaram aos conservadores, que iniciaram uma guerra civil. Os liberais nacionalizaram os bens eclesiásticos em 1859 e confiscaram diversas partes do vasto patrimônio da Igreja, acirrando ainda mais o confronto.

Franz Xaver Winterhalter. *Retrato do imperador do México Maximiliano I*, 1865. Óleo sobre tela.

De camponês a presidente

Filho de camponeses indígenas pobres, Benito Juárez conheceu uma trajetória de ascensão social excepcional: tornou-se um advogado, juiz e casou-se com uma mulher branca. Posteriormente, tornou-se governador de Oaxaca (1847-1852) e presidente do México entre 1857-1872, durante os conflitos com os conservadores.

Anônimo. *Retrato de Benito Juárez*. Gravura em metal colorida, 1870.

Procurando meios de se fixar no poder, os conservadores tentaram impor a figura de um monarca europeu para derrotar de vez os ideais liberais. Aproximaram-se, assim, de Napoleão III para tentar convencê-lo de que a França poderia dominar facilmente o México. Em 1861, frotas da Espanha, da Grã-Bretanha e da França ameaçaram desembarcar no México, pressionando o presidente Benito Juárez a pagar a enorme dívida com esses países. Espanhóis e britânicos negociaram com os mexicanos e se retiraram, mas a França se lançou em uma aventura. Tropas francesas desembarcaram lá em 1862 e, no ano seguinte, reduziram as forças de Juárez a bandos de guerrilheiros. Em 1864, com apoio francês, Maximiliano de Habsburgo, irmão do imperador austro-húngaro, foi coroado imperador na cidade do México.

Bens de mão-morta: bens que não eram vendidos ou transmitidos por herança, por pertencerem à Igreja Católica.

402 Unidade 8 A força da tradição

Para a surpresa dos conservadores, Maximiliano I não revogou as medidas mais radicais dos liberais: manteve o Estado laico e acolheu as reivindicações das populações indígenas, permitindo que continuassem a viver em comunidades (*pueblos*). Também beneficiou os mexicanos pobres, proibindo a *peonaje* (servidão por dívida).

A guerra civil continuou. Em 1866, porém, com a retirada das tropas francesas do México (devido, principalmente, à ameaça prussiana, como vimos no capítulo anterior), a correlação de forças favoreceu os republicanos. Em 1867, seus exércitos derrotaram o Império Mexicano e Maximiliano I foi fuzilado. A cidade do México foi retomada e o governo republicano restaurado.

A reforma liberal pôde, enfim, entrar em plena marcha. Benito Juárez, eleito presidente em 1867, esteve inicialmente à frente dessas ações. Em 1876, porém, a república liberal chegaria ao fim com um levante comandado pelo general Porfirio Díaz (1830-1915), liberal que havia se destacado por suas habilidades militares. Díaz permaneceu no poder até 1911, apenas com uma pequena interrupção formal entre 1880 e 1884.

O longo período conhecido como Porfiriato teve como grande objetivo a manutenção da ordem, a coesão social e a modernização econômica. Díaz adotou uma política de tolerância com a Igreja Católica e de conciliação com seus opositores da elite tradicional e da classe média, fazendo-lhes concessões políticas. Entretanto, não deixou de usar a força para reprimir os dissidentes. Também buscou estreitar vínculos com as potências europeias e diminuir a influência dos Estados Unidos, apesar da parceria comercial e financeira com o país vizinho.

Em 1880, após quatro anos no poder, Díaz manteve a promessa de não reeleição – uma das suas reivindicações quando esteve à frente do levante que destituiu, em 1876, o presidente Lerdo de Tejada (1823-1889). O governo de seu sucessor, Manuel González (1833-1893), foi marcado por instabilidade econômica e escândalos de corrupção, dando a Díaz boas justificativas para voltar a se candidatar ao cargo de presidente, para o qual foi reeleito em 1884.

Na segunda gestão de Díaz – que se estendeu até 1911, graças a manobras que fizeram dele um ditador – o México alcançou um grande progresso econômico. A estabilidade política e a maior abertura ao mercado internacional possibilitaram o alargamento do sistema ferroviário – com investimentos externos e do Estado –, o que impulsionou a ocupação do território e entrelaçou importantes regiões, dinamizando a economia. A produção mineira e agrícola intensificou-se; sisal, borracha, açúcar, cochonilha e café eram os produtos mais rentáveis para a exportação. Ao mesmo tempo, a maior acumulação de riqueza dentro do país possibilitou o início da industrialização, também estimulada pelo poder público.

A população aumentou durante o Porfiriato, graças à elevação da natalidade e à redução da mortalidade. Ao contrário de outros países da América Latina, o México não recebeu muitos imigrantes. As migrações internas, porém, permitiram que as cidades absorvessem muitos camponeses sem terras. Alguns entraram nas fábricas que surgiam, aumentando substancialmente o número de trabalhadores industriais no México; outros passaram a atuar em trabalhos informais ou simplesmente ficaram desempregados.

O crescimento econômico, porém, não foi acompanhado de uma igualdade socioeconômica e tampouco resolveu os conflitos sociais que se arrastavam no México. A questão da terra e da crescente concentração da propriedade agrária foi um dos problemas que mais afetou a população durante o Porfiriato.

Apesar de a Constituição de 1857 ter incentivado a desarticulação dos *pueblos* – terras comunitárias existentes no México, também consideradas bens de mão-morta –, o ritmo de desarticulação dessas comunidades foi bem lento e variou de região para região. Na prática, as comunidades nativas continuavam a existir no México. Entretanto, com a expansão da agricultura voltada para o mercado externo, as terras dessas comunidades foram sendo anexadas por particulares. Como as terras coletivas não tinham mais amparo legal, as comunidades indígenas resistiam através de rebeliões e processos judiciais na defesa de seus interesses.

Os trabalhadores industriais também começaram a reivindicar melhores condições de vida e de trabalho no início do século XX. Organizados em sindicatos, realizavam greves que evidenciavam sua insatisfação com o regime e a crise social no país. Uma recessão econômica ampliou a insatisfação contra o regime de Porfirio, prenunciando sua queda entre 1910 e 1911 – a chamada Revolução Mexicana.

Chile: na contramão da instabilidade

Na América Latina, o Chile era o representante de um modelo bem realizado da política oligárquica. Após a derrubada de Bernardo O'Higgins do poder, em 1823, seguiu-se um período de instabilidade no país comandado pelos liberais. Em 1830, porém, um Golpe de Estado conduzido pelos conservadores e liderado pelo comerciante Diego Portales (1793-1837) instalou um governo que pretendia sobrepor a ordem à liberdade. Apesar de Portales nunca ter sido presidente, ocupou o cargo de primeiro-ministro até ser assassinado em 1837.

A Constituição promulgada em 1833 buscava fundir elementos autoritários com noções republicanas. O presidente tinha amplos poderes sobre o Judiciário e o Legislativo. Exercia um mandato de cinco anos, podendo ser reeleito por mais cinco. As províncias passaram a ser governadas por intendentes regionais escolhidos pelo governo central, e o direito do voto estava limitado a determinados requisitos que exigiam a propriedade.

O funcionamento desse sistema político foi resguardado pela repressão apoiada no militarismo. A Igreja Católica, que conservou sua influência, também tinha um papel importante na disciplina social. Com a imposição desses mecanismos, somente nos anos 1870 a oposição conseguiu intervir mais concretamente na cena política.

A estabilidade permitiu que o Chile se tornasse uma potência militar e econômica. Em 1836, o país afirmou seu prestígio ao derrotar a Confederação Peruano-Boliviana, que disputava a hegemonia na região dos Andes. A vitória marcou o início de um período de crescimento e prosperidade para o Chile. O país extraía metais como ouro, prata e cobre, e prosperava graças à exportação de minérios. A Grã-Bretanha figurava como seu mais importante parceiro comercial.

A redução das tarifas incentivou o comércio e o porto de Valparaíso tornou-se o mais importante da costa do Pacífico. A agricultura, porém, ainda fazia parte do cotidiano da maioria dos chilenos. Baseava-se nas *haciendas*, latifúndios trabalhados pelos *inquilinos*, que cultivavam um pedaço de terra na propriedade em troca de serviços regulares para o proprietário. Contudo, a zona rural também foi estimulada a partir do crescimento das exportações de determinados gêneros, como o trigo, a farinha e a cevada.

Na gestão do general Bulnes (1841-1851), a economia de exportação ganhou um novo impulso

Anônimo. *Batalha de Tarapaca em 27 de novembro de 1879 entre peruanos e chilenos durante a Guerra do Pacífico*. Óleo sobre tela.

com os investimentos de vários proprietários e da oligarquia mineira em ferrovias, canais de irrigação e outros projetos de infraestrutura. Os avanços culturais e os incentivos educacionais resultaram na criação da Universidade do Chile (1843), que rapidamente se tornou uma das mais renomadas instituições de Ensino Superior na América. O novo fôlego que o liberalismo adquiriu nesse período não foi suficiente para afastar os conservadores do poder. Estes elegeram, em 1851, o presidente Manuel Montt (1809-1880). A sucessão de Montt, em 1861, foi marcada por tensões que desembocaram na guerra civil e marcaram a transição do regime conservador para o liberal. O último presidente decenal, Joaquín Pérez (1861-1871), preferiu escolher o caminho da fusão entre liberais e conservadores no arranjo político, cedendo às exigências de modernização. Nesse período, entrou em pauta uma Reforma Constitucional; a primeira emenda, aprovada em 1871, versava sobre a proibição da reeleição.

Nas eleições presidenciais de 1871, foi eleito Federico Zañartu, de origem liberal. Foram implantadas reformas, como a circunscrição do Poder Executivo e a liberdade de imprensa. Entretanto, o país passava por uma séria crise econômica quando teve início a Guerra do Pacífico (1879-1883) contra o Peru e a Bolívia. A vitória permitiu a anexação de regiões produtoras de nitrato – utilizado como fertilizante –, recuperando a economia chilena. O domínio militar do Chile foi reafirmado, assim como seu prestígio, possibilitando que esse país solidificasse sua imagem de república modelo da América Latina.

ORGANIZANDO AS IDEIAS

3. Que modelo de desenvolvimento foi adotado pelo Paraguai?
4. A Bacia do Rio da Plata sempre representou um importante ponto estratégico, pois permite o escoamento de diversas mercadorias. Explique como esse fato dificultou a unificação das províncias platinas.
5. Resuma a crise argentina na segunda metade do século XIX.
6. Que forças disputavam a hegemonia no México independente?
7. Cite algumas das metas do regime conhecido como porfiriato.
8. Como era o Estado chileno instituído em 1830 por Diego Portales?

O triunfo do liberalismo

Entre 1870 e 1890, as instituições políticas na América Latina começavam a se estabilizar, possibilitando uma maior centralização do poder. Embora tenha ocorrido um avanço dos partidos liberais, o liberalismo adquiriu, na antiga América espanhola, contornos específicos, absorvendo aspectos da cultura tradicional, pautada na autoridade pessoal, no patronato e no clientelismo.

A consolidação política foi acompanhada pelo desenvolvimento econômico, que consolidou os avanços materiais e técnicos nesses países. A América Latina ganhou espaço na economia mundial como produtora de matérias-primas e gêneros alimentícios, pois passou a atender à crescente demanda dos países industrializados. Como os países da América Latina não possuíam recursos, mercado interno e trabalhadores qualificados para se industrializarem em larga escala, a produção para a exportação era um caminho privilegiado para o crescimento econômico.

Algumas manufaturas tradicionais sobreviveram, como as fábricas têxteis de Puebla, no México, e certas indústrias de bens de consumo até surgiram em momentos específicos (especialmente na Argentina, o país mais próspero da América Latina nesse período), mas a estrutura econômica continuou a ser dominada pela agricultura, pecuária e mineração. Assim, diversos países cresceram a partir da exportação de produtos primários, mas a maior parte da riqueza adquirida concentrou-se nas mãos da oligarquia, que controlava suas minas e fazendas. Os governos favoreciam esse desenvolvimento, pois os impostos cobrados sobre o comércio internacional se tornaram a principal fonte de renda para o Estado, permitindo sua consolidação.

Ao mesmo tempo, o período assistiu a uma entrada maciça de capitais estrangeiros na economia latino-americana, investidos principalmente em obras de infraestrutura que facilitavam a produção e o comércio exterior, a exemplo de ferrovias, portos e companhias de comunicação por telégrafo. Todas essas melhorias técnicas intensificavam a conexão da América Latina com os países industrializados, permitindo que o comércio e os negócios fluíssem mais facilmente. Ao mesmo tempo, ofereciam lucros para investidores que buscavam novas oportunidades. Grande parte do dinheiro entrava como empréstimo aos governos locais. Em consequência, esses países ampliavam sua subordinação aos interesses das grandes potências, pois passavam a depender delas para obter recursos. Em alguns momentos, a defesa dos interesses econômicos desses países estrangeiros se materializou em intervenções militares diretas, como ocorreu, por exemplo, com Cuba, Panamá e Haiti. Tal dominação econômica e política já foi chamada "neocolonialismo", termo especialmente adequado para enfatizar a crescente dependência desses países de um mercado mundial dominado pelos países industrializados. Assim, a América Latina se inseria de forma subalterna nas correntes comerciais do capitalismo, fornecendo matérias-primas e mercado consumidor para os países industrializados europeus e para os Estados Unidos.

O aumento na integração da América Latina no mundo também produziu outras transformações. A região conheceu um grande aumento populacional, tanto pelo crescimento vegetativo quanto pela imigração europeia, que se intensificou a partir de 1880. Assim, a população da região mais que dobrou entre 1850 e 1900, passando de 30,5 para 61,9 milhões de habitantes. Os crescimentos econômico e demográfico impulsionaram a urbanização, embora grande parte da população permanecesse rural. Em consequência, ocorreu um aumento significativo do mercado interno, a alfabetização começou a elevar-se, o trabalho assalariado se tornou a norma e surgiram grupos de trabalhadores mais qualificados, incluindo imigrantes que vinham tentar a sorte na América. Nos países onde a industrialização se desenvolveu mais, como na Argentina e, em menor escala, no Chile, um proletariado fabril começou a se formar na transição do século XIX para o XX. Por sua vez, as exportações financiaram uma ampliação da burocracia estatal, criando uma classe média de servidores públicos. A ausência de conflitos armados e de grandes distúrbios políticos no período também foi importante para que essas transformações ocorressem, pois eles poderiam prejudicar o crescimento econômico e demográfico de um país.

ORGANIZANDO AS IDEIAS

9. Cite algumas transformações econômicas e sociais na antiga América espanhola nas últimas décadas do século XIX.

IDENTIDADE E LITERATURA HISPANO-AMERICANA

A literatura desempenhou um importante papel na construção das identidades nacionais no século XIX. Nacionalistas tchecos, por exemplo, usaram-na para divulgar sua língua e suas tradições e, assim, legitimar sua separação do Império Austríaco. Nos Estados Unidos, ela ajudou a divulgar o mito do "Adão americano", criando uma autoimagem totalmente desvinculada da Inglaterra. Nos países da América espanhola, contudo, o sentimento nacional se desenvolveu em uma estreita identidade com o colonizador, de modo que uma forte ligação continuou a unir suas literaturas à da ex-metrópole.

A partir do século XVII, os escritores hispano-americanos começaram a desenvolver uma identidade própria. A existência de universidades e imprensa facilitou esse desenvolvimento. Entretanto, esses escritores sabiam que a distância, o tempo e a miscigenação os haviam diferenciado bastante dos europeus, que os consideravam inferiores. Em um de seus discursos, citado no livro *Proclamas y discursos del Libertador* (Caracas, Tip. Del Comercio, 1939, p. 202-235), organizado por Vicente Lecuna, o libertador Simón Bolívar refletiu sobre esse tema: "Não somos europeus, não somos indígenas; somos uma espécie intermediária entre os aborígenes e os espanhóis".

A separação da Espanha impôs aos países americanos uma dupla tarefa: a de criar uma pátria e, ao mesmo tempo, uma literatura. Não por acaso, boa parte dos líderes da independência foram também escritores, servindo-se da pena como se serviam das armas. Paradoxalmente, o inimigo com quem lutavam era também o modelo em que se inspiravam: em seus escritos, a Europa continuava sendo tomada como referência. Em 1845, o livro *Facundo*, do escritor e futuro presidente argentino Domingos Faustino Sarmiento, contrapôs a Europa à América, referindo-se à primeira como *Civilização* e à segunda como *Barbárie*. Os hispano-americanos, aliás, foram o primeiro povo a usar a palavra "bárbaro" para referir-se a si mesmos. Esse complexo de inferioridade em relação à Europa marcaria a literatura hispano-americana por muito tempo, sendo questionado somente no final do século XIX e início do século XX, quando os hispano-americanos finalmente conseguiram se desvencilhar da cultura europeia. Mas essa é outra história, que você conhecerá no próximo ano.

Revisando o capítulo

APROFUNDANDO O CONHECIMENTO

1. Leia o texto abaixo e responda às perguntas.

> Até a década de 1860, o desempenho das economias dos países latino-americanos foi bastante fraco. Isso se deveu, em primeiro lugar, à desorganização da produção e do comercio que se seguiu ao final das guerras pela independência política. Não se pode esquecer de que, no período colonial, o comércio era controlado pela metrópole; desse modo, os jovens Estados precisavam encontrar diferentes rotas comerciais e buscar novos mercados de consumo. [...]
>
> Na segunda metade do século XIX, a Grã-Bretanha ocupou lugar preponderante no mundo dos negócios latino-americanos. Investiu de forma crescente na América Latina, como já fazia em relação aos Estados Unidos e ao Canadá. [...] A preeminência britânica na América Latina na segunda metade do século XIX foi abrangente e sólida, ainda que disputasse espaço com capitais franceses, alemães e norte-americanos.
>
> PRADO, Maria Ligia; PELLEGRINO, Gabriela. *História da América Latina*. São Paulo: Contexto, 2014. p. 78-79.

a. Cite uma consequência da quebra do monopólio comercial metropolitano após a independência dos territórios da América espanhola.

b. Pesquise um grande projeto de capital francês na América Latina na segunda metade do século XIX.

2. Leia atentamente o texto abaixo:

> Talvez o tema mais importante da história política da América espanhola desse período [1825-1870] tenha sido a dificuldade de constituir Estados novos viáveis após a separação da Espanha. [...] Foram constituídos sistemas constitucionais formais, a maioria dos quais proporcionavam a transferência de poder por meio de eleições e garantiam as liberdades individuais. Mas esses dispositivos constitucionais se revelaram frequentemente uma letra morta. Nenhum grupo político acreditava que seus adversários as cumpririam. [...] Sob muitos aspectos, as mudanças institucionais do período foram mais de forma que de conteúdo. As novas repúblicas [...] não conseguiram muitas vezes ajustar-se aos ideais constitucionais. Ao mesmo tempo que defendia a ficção de uma sociedade individualista de átomos supostamente iguais, a elite, tanto quanto outras camadas dessa sociedade, vivia de fato segundo as normas estabelecidas pelas relações tradicionais do tipo patrono-cliente, em sociedades marcadas por grande desigualdade econômica e social.
>
> SAFFORD, Frank. Política, ideologia e sociedade na América espanhola do pós-independência. In: BETHELL, Leslie (Ed.). *História da América Latina* v. III: da independência a 1870. São Paulo/Brasília: Edusp/Fundag. 2004. p. 332 e 336.

a. Com base nos temas estudados neste capítulo, aponte uma consequência da dificuldade hispano-americana em construir Estados viáveis.

b. Relacione esse problema à permanência dos elementos tradicionais apontados no texto.

c. Pesquise a trajetória de um caudilho ou de um país (mencionado no capítulo ou não) e relacione-a a esse modelo geral apresentado no texto, discutindo a aplicabilidade das ideias do autor a um contexto específico.

3. Leia o texto abaixo:

> Os caudilhos eram percebidos em sua época como a autoridade mais elevada. Nesse sentido, a cultura popular enfatizava não só sua posição como líderes

políticos, mas também os percebia como autoridades morais e modelos de conduta nas comunidades que governavam. A cultura oral integrava padrões bem conhecidos do folclore e dotava os caudilhos de qualidades similares às que as classes populares atribuíam aos reis em outras sociedades. Essa associação de imagens derivava, em parte, do repertório de arquétipos pré-existentes, mas também podia ser produto de três séculos de experiência colonial e monárquica, que teriam legado um modelo e uma linguagem através dos quais definir a autoridade legítima e as características que os portadores de autoridade deveriam possuir. [...]

A mediação nos conflitos rurais era uma das responsabilidades dos caudilhos. Isso incluía intervenção em disputas familiares ou conflitos entre gaúchos e burocratas. Às vezes os caudilhos propunham soluções, enquanto em outras ocasiões garantiam que as devidas autoridades interviessem. A resolução dos conflitos e a justiça eram, portanto, alguns dos deveres dos caudilhos [...]. Mas os caudilhos eram a maior autoridade porque, em última instância, eram também responsáveis pela preservação material e moral da sociedade.

Fonte: DE LA FUENTE, Ariel. *Children of the Facundo*: Caudillo and Gaucho Insurgency during the Argentine State-Formation process. Durham: Duke University Press, 2000. p. 125-126. (Tradução nossa.)

a. De acordo com o autor, aponte uma explicação possível para a popularidade dos caudilhos no imaginário popular hispano-americano.

b. Os caudilhos geralmente são associados à violência. Entretanto, o autor enfatiza outra forma de atuação que contribuiu para que esses homens exercessem poder. Analise-a.

4. Leia o texto e responda às questões.

Quando o presidente liberal Benito Juárez retornou à Cidade do México, em julho de 1867, depois da guerra contra os franceses, que se seguira a três anos de guerra civil entre os liberais e os conservadores, o entusiasmo da vitória militar quase não disfarçava a frustração dos liberais diante do fracasso de muitos dos objetivos que haviam estabelecido doze anos antes. [...] A Igreja perdera a maior parte de sua influência política e econômica sobre o país; e os golpes que ela tantas vezes inspirara eram coisa do passado. O antigo exército dos conservadores, tão propenso à indisciplina e à revolta, fora dissolvido para sempre. O número das grandes propriedades comunais diminuíra consideravelmente. Mas esses desdobramentos não produziram os resultados esperados. A desapropriação da terra da Igreja não deu origem a uma classe de pequenos agricultores, porque a terra foi vendida em leilão pelo maior lance e sua maior parte foi parar nas mãos de ricos fazendeiros locais. Para grande pesar dos liberais mais radicais, isso apenas aumentou a força econômica e a coesão política de uma classe já dominante de *hacendados* [latifundiários] ricos. O novo exército dos liberais não foi uma garantia de estabilidade maior do que fora a antiga instituição dos conservadores. [...] Apesar do novo sentimento de patriotismo que a vitória contra os franceses e o surgimento de um novo líder genuinamente popular como Juárez haviam despertado, o país estava mais distante da integração do que jamais estivera.

KATZ, Friedrich. O México: a república restaurada e o porfiriato, 1867-1910. In: BETHELL, Leslie (Ed.). *História da América Latina*. v. V: de 1870 a 1930. São Paulo/Brasília, DF: Edusp/Fundag, 2008. 24-25.

a. De acordo com essa passagem, cite dois pontos do projeto liberal no México.

b. Por que esses objetivos não foram alcançados?

c. Como Juárez se diferenciava da grande maioria dos líderes políticos da América Latina desse período?

DA INDEPENDÊNCIA À CONSTRUÇÃO DE UM IMPÉRIO DO BRASIL

CAPÍTULO 30

Nesta grande tela, nada remonta ao Novo Mundo. Inspirado na obra *A sagração do imperador Napoleão I e coroação da imperatriz Josefina na Catedral Notre-Dame de Paris, o 2 de dezembro de 1804*, de Jacques Louis-David (reproduzida no Capítulo 25), o artista francês procurou dotar a cerimônia de coroação do imperador de toda a dignidade de um evento equivalente na Europa.

Esse era um dos dilemas do Brasil independente: a nova nação se estruturaria olhando para trás – o Portugal de Dom João VI, pai de nosso primeiro imperador – ou para o liberalismo em ascensão na Europa? Desde o início, a relação com as ideias liberais foi tensa, pois foi a Revolução do Porto que acabou ocasionando a ruptura da antiga ligação entre Portugal e Brasil. Em seguida, um soberano descendente de monarcas absolutistas procurou afirmar seu poder sobre um vasto e diverso território, mas os súditos/cidadãos se provaram menos obedientes do que ele gostaria. Entretanto, a renúncia do monarca trouxe novos problemas. Como em outros países, portanto, a fase pós-independência brasileira foi conflituosa, com indefinições e debates.

Construindo o conhecimento

- Para você, o que caracteriza um país independente?
- Por que você acha que o Brasil se tornou uma monarquia, diferentemente de outros países da América, que preferiram adotar a forma de governo republicana?

Plano de capítulo

▶ Uma revolução constitucionalista em Portugal e a emancipação política do Brasil
▶ A Constituição de 1824
▶ A crise do império e a abdicação de Dom Pedro I
▶ Revoltas Regenciais
▶ A ação do Regresso

Jean-Baptiste Debret. *Coroação de D. Pedro I*, 1828. Óleo sobre tela, 340 × 640 cm. A imagem retrata a coroação de Pedro I pelo bispo do Rio de Janeiro, monsenhor José Caetano da Silva Coutinho, no dia 1º de dezembro de 1822, na capela do Paço Imperial, na então capital do Império.

Palácio do Itamaraty, Brasília

Marcos cronológicos

1820 — Onda de revoluções liberais na Europa; Revolução do Porto (Portugal).

1821 — Retorno de Dom João VI a Portugal; início dos trabalhos das Cortes de Lisboa.

1822 — O príncipe regente é aclamado e coroado imperador Dom Pedro I.

1823 — Assembleia Constituinte do Brasil, dissolvida no mesmo ano.

1824 — Outorgada a Constituição do Império; Confederação do Equador.

1825-1828 — Guerra da Cisplatina; surgimento da República Oriental do Uruguai.

1831 — Abdicação de Dom Pedro I.

1832-1835 — Revolta dos Cabanos (Pernambuco).

1834 — O Ato Adicional introduz reformas descentralizadoras na Constituição de 1824.

Uma revolução constitucionalista em Portugal e a emancipação política do Brasil

Com o desaparecimento do poder napoleônico, a Europa buscou fortalecer os regimes monárquicos. Em 1820, porém, uma leva de revoluções contra o absolutismo varreu o continente, exigindo a limitação do poder dos reis mediante a elaboração de constituições. Em Portugal, esse movimento foi liderado por militares e comerciantes atingidos pela quebra do monopólio comercial com a América portuguesa. Esses segmentos defendiam que as Cortes – instâncias legislativas que representavam os interesses dos diversos setores sociais – fossem convocadas. Além de uma Constituição, reivindicavam o restabelecimento do lugar proeminente de Portugal no império luso-brasileiro e o regresso imediato de Dom João VI a Lisboa, pois afirmavam estar sendo tratados como uma colônia.

O movimento desencadeado na cidade do Porto se espalhou por todo o território português, tomou as ruas e saiu vitorioso. Em razão de uma revolta militar no Rio de Janeiro, Dom João VI viu-se obrigado a voltar para a metrópole e abrir negociações com as Cortes. Foi o que fez em abril de 1821, deixando seu filho e herdeiro, o príncipe Dom Pedro, com amplos poderes no Rio de Janeiro. Nesse mesmo ano, deputados eleitos no reino e nas províncias ultramarinas reuniram-se para elaborar uma nova Constituição. Nesta, que foi a primeira eleição relativamente ampla no Brasil (pois a escolha dos membros das Câmaras Municipais coloniais sempre ficou restrita a um pequeno número de oligarcas), houve significativa participação popular, indicando que as discussões políticas não se restringiriam somente à elite.

Compostas basicamente por deputados reinóis e representantes das diferentes províncias da América portuguesa – que não possuía uma unidade política –, as bancadas nas Cortes pretendiam, sobretudo, resguardar os interesses de suas respectivas regiões. Assim, tomou fôlego a proposta que defendia a diminuição da importância do Rio de Janeiro como centro político do Reino Unido de Portugal em favor de Lisboa. Determinava-se ainda o retorno de Dom Pedro a Portugal e a extinção dos tribunais criados no Rio de Janeiro desde 1808. Também foi proposta uma nova taxação sobre a venda de produtos nos portos brasileiros, de modo que se tornasse mais vantajoso para os navios estrangeiros comprá-los em Portugal. Se esta medida fosse implementada, os negociantes lusitanos que haviam sido prejudicados pela Abertura dos Portos poderiam recuperar parte do seu controle sobre o comércio brasileiro.

Protestando contra essa política e tentando ganhar tempo, o representante baiano Cipriano Barata (1762-1838), veterano da Conjuração Baiana e que havia apoiado a Revolução Pernambucana de 1817, propôs suspender os trabalhos até a chegada dos demais deputados das províncias do Brasil. No início de 1822, desembarcaram em Portugal os representantes de São Paulo às Cortes. Entre eles se destacava Antônio Carlos de Andrada (1773-1845), participante da Revolução de 1817 e irmão de José Bonifácio de Andrada e Silva (1763-1838), mais tarde conhecido como "Patriarca da Independência". Elaborado por José Bonifácio, o projeto dos paulistas insistia que o Reino Unido de Portugal, Brasil e Algarves só poderia subsistir com a manutenção do Rio de Janeiro como centro político com Lisboa, com a permanência do príncipe regente no Brasil e com a autonomia das províncias.

Ainda que não tenha havido um projeto coerente de recolonização do Brasil, o novo regime político em constituição em Portugal inevitavelmente resultaria na perda do protagonismo político e econômico alcançado desde 1808 pelas províncias do Centro-Sul – Rio de Janeiro, São Paulo, Minas Gerais e Rio Grande do Sul.

Assim, as elites dessas províncias recorreram a Dom Pedro, incentivando a ruptura com Portugal. Ao mesmo tempo, o enfraquecimento da censura e a multiplicação de jornais e panfletos criaram pela primeira vez um debate público sobre questões políticas. A discussão sobre os laços entre Brasil e Portugal expandia-se e uma parcela crescente da população livre rejeitava as decisões das Cortes.

Em 9 de janeiro de 1822, o príncipe declarou que, apesar das pressões portuguesas, ficaria na América, ignorando o decreto das Cortes – episódio que ficou conhecido como Dia do Fico. Meses depois, Dom Pedro declarou inimigas as tropas portuguesas que desembarcassem no continente sem o seu consentimento. Em junho, convocou uma Assembleia Constituinte no Brasil. Mesmo sem um rompimento formal, a autonomia política avançava a passos largos. Em grande medida, isso foi possível porque desde a vinda da família real o Brasil efetivamente deixara de ser uma colônia, pois o monopólio colonial fora extinto e o Rio de Janeiro tornara-se a sede do império.

Assim, apoiando-se nas províncias do Centro-Sul, principalmente no Rio de Janeiro, o príncipe regente gradualmente afirmou a independência do Brasil, concretizando um projeto que tinha sido delineado durante todo o ano de 1822. O 7 de setembro, hoje feriado nacional do Dia da Pátria, não recebeu um destaque especial à época, sendo apenas brevemente noticiado por um jornal. A oficialização da independência veio com a aclamação de Dom Pedro em 12 de outubro de 1822, e sua coroação como imperador, em dezembro. Dessa maneira, o Brasil passava a ser o único país da América independente a manter um regime monárquico.

Dotado de legitimidade por ser herdeiro do trono português, Dom Pedro era o único líder que poderia manter a estrutura política monárquica centralizada e ser rapidamente aceito em todo o Brasil, pois poderia aproveitar a estrutura estatal montada por seu pai no Rio de Janeiro. Por outro lado, a permanência nos trópicos parecia-lhe uma alternativa mais atraente do que a submissão às autoridades das Cortes, pois pensava enfrentar menos restrições a sua autoridade.

Os conflitos, entretanto, não se restringiam ao eixo Rio de Janeiro-Lisboa. Regiões como Bahia, Maranhão e Pará, em razão de seus estreitos laços econômicos com Portugal, permaneceram fiéis às Cortes. A construção de um Estado no Brasil definitivamente separado do reino não teve apoio unânime. Essa falta de apoio de algumas províncias à causa da independência tornou necessário o uso de armas para garantir a adesão ao projeto de emancipação. Para comandar as operações militares, Dom Pedro I contratou oficiais estrangeiros, como o almirante britânico Thomas Cochrane (1775-1860) e o general francês Pedro Labatut (1776-1849). Não havia, porém, uma oposição entre "portugueses" e "brasileiros" – mesmo porque ainda não havia uma identidade nacional brasileira –, mas sim uma guerra civil, na qual nascidos na Europa poderiam defender a independência e naturais da América a manutenção da união, de acordo com suas crenças e seus interesses pessoais. Até o final de 1823, porém, todas as províncias foram incorporadas ao novo império. De modo geral, as elites procuraram evitar lutas prolongadas, pois temia-se que elas abrissem espaço para insurreição social por parte dos grupos subalternos, como os escravos e libertos.

O primeiro chefe de Estado a reconhecer a independência brasileira foi o Obá do Benim, o que demonstra a ligação dessa região africana com o Brasil, principalmente por conta do tráfico de pessoas escravizadas. Em Angola, por sua vez, de onde vinha a maior parte dos africanos escravizados para o Rio de Janeiro, alguns homens ligados ao tráfico negreiro discutiram a possibilidade de lutar contra Portugal e declarar sua intenção de se unirem ao Brasil, com o qual, afinal, mantinham uma relação econômica muito mais intensa que com Portugal. As conspirações foram, porém, reprimidas. Veio, a seguir, em 1824, o reconhecimento pelos Estados Unidos da América, cujo presidente James Monroe (1758-1831) defendia a doutrina "América para os americanos". Em 1825, com intermediação britânica, Portugal reconheceu

Paul Tassaert. *Alegoria da coroação de Dom Pedro I*, s.d.

a independência assinando um tratado de paz com o Brasil, no qual exigia o pagamento de cerca de 2 milhões de libras esterlinas como indenização. Parte do "ressarcimento" foi emprestada pela Grã-Bretanha, que também fez exigências em troca do reconhecimento: a ratificação dos tratados de 1810, no qual seus produtos eram taxados com tarifas reduzidas (15%), e o comprometimento do Brasil em extinguir o tráfico negreiro no prazo de três anos.

Antes mesmo do fim das guerras e negociações diplomáticas, os representantes das diversas províncias formaram uma assembleia com o objetivo de elaborar uma Constituição para o país. Os trabalhos começaram em 3 de maio de 1823, com a presença de noventa deputados. Logo ficou clara a divisão entre aqueles que defendiam a instalação de uma monarquia constitucional, na qual o poder do imperador seria limitado – o chamado Partido Brasileiro –, e o Partido Português, que propunha o fortalecimento do poder imperial e transformações políticas moderadas. Em certo sentido, era um debate que se aproximava das discussões europeias entre liberais e conservadores, como vimos no Capítulo 28.

Em 1º de setembro de 1823, foi apresentada uma proposta de Constituição. O texto teve grande influência das ideias de Antônio Carlos de Andrada, que havia participado das Cortes de Lisboa. Ele era irmão de José Bonifácio de Andrada e Silva, ministro do imperador e um dos principais articuladores da independência, e de Martim Francisco de Andrada (1775-1844), também constituinte. Apelidado de "Constituição da mandioca", pois estabelecia que o eleitor e os elegíveis aos cargos públicos deveriam ter uma renda superior ao equivalente a 250 alqueires de farinha de mandioca, o projeto constitucional limitava o poder do imperador ao retirar sua autoridade sobre as Forças Armadas e ao obrigá-lo a acatar as decisões do Parlamento. Pouco tempo depois, na madrugada de 12 de novembro, Dom Pedro I dissolveu a Assembleia e o Exército prendeu diversos deputados, no episódio conhecido como "Noite da Agonia".

> **ORGANIZANDO AS IDEIAS**
>
> 1. Comente a leva de revoluções ocorridas em 1820 no continente europeu, focalizando o caso português.
> 2. Qual era o projeto político dos deputados portugueses nas Cortes de Lisboa?
> 3. Qual era o projeto hegemônico dos deputados brasileiros nas Cortes de Lisboa?
> 4. Cite medidas autonomistas adotadas por D. Pedro antes da proclamação da independência do Brasil.

A Constituição de 1824

Logo após a dissolução da Constituinte, um conselho escolhido pelo imperador elaborou um novo projeto de Constituição. Por ela, o Brasil tornou-se uma monarquia hereditária e constitucional, representada pelo imperador e pela Assembleia Geral. O texto, outorgado em março de 1824, era devedor dos trabalhos da Assembleia Constituinte de 1823, mas reconhecia o monarca como elemento-chave no ordenamento político do Brasil e introduzia, junto aos poderes Executivo, Legislativo e Judiciário, o Poder Moderador, que atuava como interventor e mediador dos demais.

Composto pela Câmara dos Deputados (eleitos por um período de quatro anos) e pelo Senado (vitalício), o Legislativo era responsável pela elaboração das leis que poderiam ser vetadas pelo imperador. O Executivo cumpria essas leis e tinha como chefe o imperador, auxiliado pelos ministros de Estado. Por fim, formado por juízes e tribunais, o Judiciário zelava pelo cumprimento das leis e de sua execução.

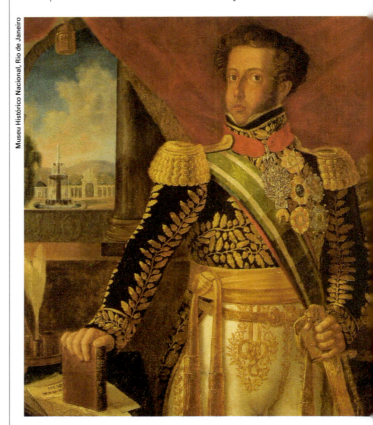

Manuel de Araújo Porto Alegre. *D. Pedro I*, 1826. Óleo sobre tela, 112,3 × 94 cm.

O livro que Dom Pedro I está segurando em pé, com a mão direita, é a Constituição de 1824, o que simboliza seu compromisso em defendê-la. Já a espada e as medalhas buscam apresentar o jovem imperador como um valoroso guerreiro.

Organização dos poderes pela Constituição de 1824

Poder Moderador = Imperador

- **Poder Legislativo**
  - Câmara dos Deputados
  - Senado
  - Assembleia Geral
  - Conselhos Provinciais

- **Poder Executivo**
  - Conselho de Estado
  - Ministros
  - Presidentes de Províncias

- **Poder Judiciário**
  - Imperador
  - Superior Tribunal de Justiça
  - Tribunais de Justiça

A Carta de 1824 considerou cidadãos os portugueses que tivessem aderido à causa da independência e todos os homens livres e libertos (ex-escravos) nascidos no Brasil. O principal direito político da cidadania, o de votar e ser votado, era, porém, restrito. Além dos cativos, libertos de origem africana estavam excluídos – e isso em uma época na qual dezenas de milhares de africanos escravizados eram trazidos todos os anos para a costa brasileira. A instituição da escravidão, da qual dependiam a riqueza dos membros da elite e a própria arrecadação do Estado através dos impostos alfandegários sobre os produtos exportados, foi mantida, pois sua abolição representaria uma revolução social impensável para os grupos dominantes. Assim, apesar de algumas falas antiescravistas na Constituinte, tais ideias rapidamente foram abafadas.

As eleições eram indiretas e realizadas em dois turnos. Nas eleições primárias, quando eram escolhidos os eleitores de província (os quais, por sua vez, selecionariam os deputados e senadores), os votantes deveriam ser homens livres, casados, maiores de 25 anos e possuidores de uma renda anual mínima de 100 mil réis. Dessa forma, africanos escravizados, indígenas, mulheres, religiosos regulares, criados, menores de 25 anos, solteiros e pobres estavam excluídos. Para ser eleito no colégio eleitoral, que realizaria o segundo turno da votação, as exigências eram maiores: os libertos e os envolvidos em "querela ou devassa" (isto é, processos criminais) eram excluídos, e a renda exigida subia para 200 mil réis. Já a renda mínima para ser candidato a deputado era de 400 mil réis e para ser incluído na lista tríplice do Senado de 800 mil réis. Se os valores excluíam parcela considerável da população, sua manutenção ao longo do século XIX fez com que uma parcela crescente da população se qualificasse para o voto, pois a inflação tornou essas quantias menos exorbitantes nas décadas seguintes.

A religião católica foi adotada como religião oficial do Estado, enquanto a todas as outras era permitido apenas o culto doméstico ou privado. Nas províncias, além de um presidente nomeado pelo imperador, criaram-se os conselhos provinciais. Eles deveriam discutir os assuntos mais importantes e remeter suas ideias ao presidente, o qual, por sua vez, encaminhava propostas ao Legislativo. Ao fim e ao cabo, buscava-se adotar alguns princípios liberais, mas mantendo quase inalterada a ordem social, política e econômica que beneficiava as oligarquias regionais e a nascente elite nacional concentrada no Rio de Janeiro.

Os conflitos separatistas

Em julho de 1824, foi proclamada em Pernambuco a Confederação do Equador, movimento que pretendia reunir as províncias de Pernambuco, Ceará, Rio Grande do Norte e Paraíba sob um regime republicano confederativo. Um dos seus principais líderes foi o frei Joaquim do Amor Divino Rabelo, conhecido como frei Caneca. Crítico do governo imperial, Caneca lançava, através de seu jornal, o *Typhis Pernambucano*, pesados ataques à Constituição de 1824. O primeiro alvo era o autoritarismo presente no excessivo poder conferido ao imperador, detentor dos poderes Executivo e Moderador. O outro era a centralização, que negava autonomia às províncias, tornando-as dependentes do poder central e financiadoras da

Corte situada no Rio de Janeiro. A repressão do governo imperial à Confederação do Equador (1824) foi violenta, e seus principais líderes foram condenados à morte, entre eles frei Caneca.

Em 1825, Dom Pedro I teve de enfrentar e reprimir outro movimento separatista, pois a Província Cisplatina, no extremo sul, proclamou sua independência, anexando-se às Províncias Unidas do Rio da Prata, atual Argentina. A Cisplatina localizava-se em uma área estratégica nas margens do estuário platino, além de se constituir em um importante espaço de criação de gado, de onde emergia o comércio de couro e carne salgada.

A guerra se estendeu por três anos, forçando o Estado imperial a despender grandes somas na tentativa de manter seu domínio sobre a região. Mercenários alemães e irlandeses foram contratados pelo governo imperial, mas, depois de sucessivas derrotas, o Brasil foi obrigado a assinar um tratado com Buenos Aires em 1828. O documento garantia a emancipação da Cisplatina – que se tornou a República Oriental do Uruguai – e a livre navegação no Prata e em seus afluentes. A Grã-Bretanha intermediou o acordo, interessada no acesso comercial à região e na internacionalização do Prata, evitando, assim, que apenas um país tivesse o controle sobre o estuário.

ORGANIZANDO AS IDEIAS

5. A Constituição de 1824 pode ser vista como conservadora ou liberal?
6. Qual era o objetivo dos rebeldes da Província Cisplatina?
7. Aponte os fatores que levaram à eclosão da Confederação do Equador.

Museu Juan Manuel Blanes, Montevidéu

Juan Manuel Blanes. *Juramento dos 33 Orientais*, 1877. Óleo sobre tela, 311 × 546 cm. Como em outras pinturas históricas, essa imagem procura apresentar uma visão idealizada da formação de um país (o Uruguai) para transmitir uma mensagem nacionalista. A elite branca e europeizada é colocada no centro da imagem, mas é válido notar que, nas margens da imagem, são representados gaúchos pobres e mulatos, denotando a importante presença de afrodescendentes no Rio da Prata.

A crise do império e a abdicação de Dom Pedro I

Os constantes gastos com o Exército e a derrota na Cisplatina agravaram a crise política e financeira do império. Os principais gêneros de exportação, como algodão, cacau, fumo e café, sofreram queda de preço. Paralelamente, a importação de produtos estrangeiros não parava de crescer, deixando a balança comercial desfavorável.

Os gastos do governo também aumentavam com a instalação e implantação da estrutura administrativa e burocrática do Estado. Empréstimos foram tomados em grande escala, principalmente da Grã-Bretanha, dando origem a uma significativa dívida externa. Em 1829, o Banco do Brasil decretou falência e a inflação, devido à grande quantidade de emissão de moedas de cobre, atingiu níveis muito altos. A desvalorização da moeda favorecia as exportações ao mesmo tempo que encarecia as importações, prejudicando os interesses dos comerciantes e consumidores. O compromisso selado com a Grã-Bretanha, de acabar com o tráfico de africanos escravizados, também contribuiu para tornar o imperador cada vez mais impopular com a elite brasileira, totalmente dependente da escravidão.

A oposição a Dom Pedro I na imprensa se agravou com a morte de Dom João VI, em 1826. O imperador era herdeiro do trono português. Por isso, o temor de uma possível reunificação com Portugal foi reacendido. Dom Pedro I abdicou do trono português em favor de sua filha Maria da Glória, de 7 anos, prometida como esposa a Dom Miguel (1802-1866), irmão de Dom Pedro I que atuaria como regente durante sua menoridade. Dois anos depois, Dom Miguel proclamou-se rei de Portugal. Dom Pedro I começou a preparar-se para a guerra, onerando ainda mais os cofres públicos do império.

De estilo autoritário e centralizador, Dom Pedro I desagradava a ala modernizadora da Câmara dos Deputados, que desejava construir um Estado liberal, afastando-se do modelo do Antigo Regime que tinha servido de base para o imperador. Com a volta dos trabalhos do Parlamento, em 1826, duas correntes delinearam-se: a conservadora, denominada "Bloco de Coimbra", e a dos liberais. Entre estes, os liberais moderados defendiam a Constituição de 1824, embora deplorassem eventuais "excessos" do regime, enquanto os liberais exaltados queriam maior autonomia para as províncias e admitiam a construção de uma federação e até de uma república. Um sinal da fragilidade do regime era a constante troca de ministros, pois, de 1826 a 1831, o ministério foi modificado seis vezes. Evidenciava-se, portanto, a dificuldade de Dom Pedro I de construir alianças com a elite e respeitar as regras de uma monarquia constitucional.

Em 1830, uma revolução liberal ocorrida na França depôs o rei absolutista Carlos X, servindo de inspiração para a oposição liberal no Brasil. Em 20 de novembro de 1830, durante uma passeata comemorativa da revolução, o jornalista liberal Líbero Badaró (1798-1830), que fazia críticas contundentes a Dom Pedro I, foi assassinado por inimigos políticos. Responsabilizado pelo crime, o imperador foi recebido com frieza e faixas pretas em Minas Gerais. Ao retornar ao Rio de Janeiro, seus partidários prepararam uma série de celebrações em sua homenagem. A oposição reagiu dando origem a conflitos de rua, na chamada Noite das Garrafadas. Os oposicionistas pediam "a cabeça do tirano" e a morte dos "pés de chumbo", apelido depreciativo dado aos portugueses, que hostilizaram com garrafadas os manifestantes. Se ainda não havia uma identidade nacional brasileira, existia um claro sentimento antiportuguês, pois os lusitanos eram vistos tanto como aliados de um imperador autoritário quanto como aproveitadores que monopolizavam o comércio, prejudicando a população.

Na última mudança ministerial de seu reinado, Dom Pedro I substituiu vários ministros liberais por políticos conservadores de sua confiança, o que gerou boatos de um golpe de Estado. No dia seguinte, uma multidão e os militares de maior prestígio exigiram a volta do ministério deposto. Diante das críticas da imprensa, do Parlamento, do Exército e da forte pressão popular, no dia 7 de abril de 1831, Dom Pedro I abdicou do trono brasileiro em favor de seu filho Pedro, nascido no Brasil em 2 de dezembro de 1825, então um menino de 5 anos de idade. Para muitos dos agentes da época, completava-se o processo de independência e rompiam-se definitivamente os laços que ligavam o Brasil a Portugal.

Feito isso, deixou o futuro imperador aos cuidados de José Bonifácio e voltou a Portugal, onde derrotou Dom Miguel I, recuperou a coroa como Dom Pedro IV e morreu logo depois, em 1834. Curiosamente, enquanto no Brasil o monarca ficou conhecido como um absolutista, em Portugal foi obrigado a defender a Constituição e o liberalismo para obter apoios na luta contra seu irmão, o absolutista Dom Miguel.

O imperador menino e os regentes

Segundo a Constituição, o imperador era considerado menor – incapaz, portanto, de governar – até completar 18 anos. Durante sua menoridade, o império deveria ser governado por uma regência, nomeada pelos deputados e senadores e composta de três membros, o mais velho dos quais seria o presidente.

Como a Assembleia Legislativa encontrava-se em recesso, os deputados e senadores que estavam no Rio de Janeiro reuniram-se para eleger uma Regência Trina Provisória composta por José Joaquim Carneiro Campos (1768-1836, Marquês de Caravelas), pelo senador Nicolau Campos Vergueiro (1778-1859) e pelo brigadeiro Francisco de Lima e Silva (1785-1853). Durante os meses que permaneceram no poder, os regentes tomaram algumas medidas importantes: anistiaram os prisioneiros políticos, readmitiram o ministério deposto por Dom Pedro I e limitaram os poderes dos regentes, impedindo que eles dissolvessem a Câmara ou suspendessem as garantias constitucionais, por exemplo.

Em 17 de junho de 1831, foi eleita a Regência Trina Permanente, formada pelos deputados de tendência moderada João Bráulio Muniz (1796-1835), José Costa de Carvalho (1796-1860) e pelo brigadeiro Lima e Silva (1785-1853). Os moderados, também chamados "chimangos", representavam os interesses dos latifundiários, comerciantes e parte do setor militar. Pretendiam promover reformas político-institucionais que reduzissem o poder do imperador e aumentassem as prerrogativas da Câmara dos Deputados, além da autonomia do Judiciário. Havia mais duas tendências políticas nesse período. Os chamados liberais exaltados, ou "jurujubas", eram porta-vozes de uma nascente classe média urbana: médicos, advogados e funcionários públicos. Defendiam maior autonomia das províncias e o federalismo, questionando a supremacia política exercida pelo Rio de Janeiro e a existência do Poder Moderador. Por sua vez, os restauradores, ou "caramurus", remanescentes do Partido Português, eram geralmente altos funcionários, grandes comerciantes portugueses e militares de alta patente, que defendiam a volta de Dom Pedro I ao Brasil e a manutenção da Constituição centralizadora.

Diogo Antônio Feijó (1784-1843), também da ala moderada, foi nomeado ministro da Justiça, pasta responsável pelo controle policial e pela ordem pública. Como o Exército estava sendo questionado por sua capacidade de manter a ordem e tinha muitos estrangeiros em suas fileiras, Feijó lançou a concepção da Guarda Nacional. Criada em agosto de 1831, ela atuaria nos municípios e nas paróquias e estaria subordinada aos juízes de paz. Faria parte da milícia todo brasileiro que tivesse entre 21 e 60 anos e fosse cidadão ativo, ou seja, possuísse renda líquida anual de 100 mil réis, o que excluía a maioria esmagadora da população. Até 1837, os oficiais eram eleitos pela tropa e permaneciam no cargo durante quatro anos.

Em consonância com essas reformas no aparelho repressivo do Estado, em 1832, foi promulgado o Código de Processo Criminal. Ele pretendia dar maior coerência e agilidade às execuções penais, fixando normas para a aplicação do Código Criminal promulgado em 1830. Para tanto, criou-se o corpo de jurados, ampliaram-se os poderes dos juízes de paz e o *habeas corpus* passou a ser concedido a pessoas presas ilegalmente.

Foi também muito importante o Ato Adicional à Constituição, promulgado em 1834, que completou a série de reformas descentralizadoras realizadas pela Regência Trina Permanente. O Conselho de Estado (principal órgão que aconselhava o imperador) foi extinto, e o Poder Moderador suspenso até que houvesse um novo imperador. Os Conselhos Gerais das Províncias foram substituídos pelas Assembleias Legislativas Provinciais. Estas adquiriram maiores poderes ao intervir na fixação das despesas provinciais e municipais, lançar impostos nas províncias, legislar sobre policiamento e segurança pública, e nomear e demitir funcionários públicos. Fortaleciam-se, portanto, as oligarquias locais que haviam ficado insatisfeitas com o centralismo de Dom Pedro I.

Félix Émile Taunay, *Retrato do imperador Dom Pedro II*, 1837, óleo sobre tela.

A Regência Trina foi transformada em Una (um só regente), eleita pelo voto censitário direto, com um mandato de quatro anos. Em 1835, houve a primeira votação direta para a escolha de um governante do Brasil. Venceu o regente Diogo Feijó, ligado à ala mais descentralizadora dos liberais moderados. A votação foi muito restrita, um total de pouco mais de 5 mil eleitores, menos de 0,1% da população brasileira. O principal desafio de Diogo Feijó, que derrotou o "caramuru" pernambucano Antônio de Paula Holanda Cavalcanti (1797-1863), era enfrentar a tensão entre os partidários da centralização político-administrativa e aqueles que pregavam maior autonomia para os poderes locais e regionais.

O restrito direito de voto		
Eleições regenciais (1835 e 1838)	**População estimada do Brasil (incluindo escravos): cerca de 5 milhões**	
1835	Cidadãos ativos	5 077
	Diogo Feijó	2 826 votos
	Holanda Cavalcanti	2 251 votos
1838	Cidadãos ativos	6 289
	Pedro de Araújo Lima	4 308 votos
	Holanda Cavalcanti	1 981 votos

Fonte: PORTO, Walter Costa. *O voto no Brasil*: da colônia à República. Brasília, DF: Senado Federal, 1989, p. 46 e 63.

OBSTÁCULOS À TECNOLOGIA EM UM PAÍS AGRÁRIO

Mesmo após tornar-se independente (e, portanto, livre das limitações econômicas impostas pela metrópole), o Brasil permaneceu um país agrário e escravista. Essa opção não só desestimulou o desenvolvimento da indústria, mas também barrou o desenvolvimento da tecnologia e da ciência no país. O caso do desenhista e inventor Hércules Florence (1804-1879) é exemplar. Em 1832, usando conhecimentos de Física e Química, ele criou uma técnica precursora da fotografia. No entanto, devido à falta de interesse do governo brasileiro, ele morreu antes de ter sua invenção reconhecida.

Nascido na França em 1804, Florence chegou ao Brasil aos 20 anos. Em 1829, fixou-se na cidade de Campinas (SP), onde vendia desenhos e tinha uma loja de tecidos. Como não havia tipografias na cidade, resolveu criar o próprio método de impressão para reproduzir seus desenhos e fazer anúncios. Ao notar o efeito que o Sol exercia sobre certos panos, desbotando-os, aventou a possibilidade de utilizar a luz para fazer impressos. Pesquisando corpos e substâncias sensíveis à luminosidade, chegou ao nitrato de prata ($AgNO_3$). Depois de embeber um papel nessa substância e colocá-lo no fundo de uma câmara escura, ele notou que as imagens posicionadas diante da câmara, sob Sol forte, ficavam fixadas no papel. O inconveniente era que as partes claras da imagem ficavam escuras no impresso, e vice-versa. Nascia assim a fotografia (ou impressão pela luz), usada para reproduzir desenhos e documentos, como uma máquina de fotocópias atual.

A química desse processo é bastante simples: a partes claras da imagem refletem a luz solar. Esta entra na câmara e oxida o nitrato de prata, que fica escuro. Já os elementos escuros da imagem, que não refletem a luz, não fazem efeito algum sobre o papel, que permanece claro.

Sem sucesso, Florence tentou patentear seu invento em diferentes nações. Em 1839, o cientista e pintor Louis Jacques Daguerre (1787-1851) patenteou na França o daguerreótipo, aparelho que registrava a paisagem usando uma placa de cobre banhada em prata inserida no fundo de uma câmara escura. O princípio era o mesmo utilizado por Florence, mas, como ele registrou seu invento, acabou conhecido como o pai da fotografia.

Etiquetas para farmácia produzidas por Hércules Florence, pelo método fotográfico.

Fonte: KOSSOY, Boris. *Hercule Florence*: a descoberta isolada da fotografia no Brasil. 3. ed. São Paulo: Edusp, 2006.

> **ORGANIZANDO AS IDEIAS**
>
> 8. Faça um breve comentário sobre as tendências políticas existentes após a abdicação de D. Pedro I.
> 9. Cite algumas iniciativas adotadas pela Regência Trina Permanente.

Revoltas Regenciais

Após 1831, explodiram dezenas de revoltas em várias partes do Brasil. A renúncia do imperador não havia diminuído a insatisfação popular e os conflitos entre liberais e conservadores passaram a ser recorrentes. Diante de um Exército desorganizado e mal equipado, a Guarda Nacional, criada por Diogo Feijó, foi decisiva para tentar conter os levantes.

Guerra dos Cabanos

No ano de 1832, a Guerra dos Cabanos estourou em Pernambuco e se estendeu para o norte de Alagoas. Esse movimento, marcadamente rural, contou com participação expressiva de indígenas e escravos, que, incitados por membros do Partido Restaurador, se rebelaram, impedindo a ascensão dos liberais na região. Em princípio, lutaram em favor da religião católica e do retorno do imperador, demonstrando sua insatisfação com as mudanças empreendidas após 1831. Porém, quando cresceu a repressão ao movimento, a aliança entre os restauradores – que representavam os interesses dos proprietários de terras regionais –, e as camadas pobres da população rural rompeu-se com o desligamento dos líderes vinculados à grande propriedade agrária. Os cabanos – que viviam em moradias precárias, identificadas como cabanas –, eram posseiros pobres, escravos aquilombados nas matas e indígenas. Passaram a ocupar fazendas, libertar escravos e praticar uma agricultura comunitária. A violenta repressão e a morte de Dom Pedro I, em 1834, esvaziaram o movimento.

Cabanagem

A Cabanagem teve início nas províncias do Pará e do Amazonas em 1835. O movimento teve raízes na rixa que desde a independência opôs na região os portugueses restauradores, chamados "bicudos", e os liberais. Empossado em 1833, o novo presidente da província, Lobo de Souza, implantou medidas que descontentaram os fazendeiros e pequenos proprietários da região. Estes contavam com o apoio da população pobre urbana e rural, representada por indígenas, mestiços e negros. Essa população vivia em cabanas rústicas, o que deu nome ao movimento.

Em 7 de janeiro de 1835, negros, mestiços e indígenas atacaram Belém. Lobo de Souza foi morto e o movimento se alastrou para o interior da província. Lideranças conciliadoras foram afastadas e um governo cabano de base popular dominou por dez meses o Pará. Os revoltosos identificavam-se como "patriotas", e viam o governo do Rio de Janeiro como uma continuidade da dominação portuguesa. Ao mesmo tempo, uniram-se por perceberem problemas comuns, derivados do ódio ao mandonismo das elites locais. Evidenciava-se a capacidade de organização política dos grupos subalternos. Entretanto, apesar da importante participação dos negros no movimento, não houve qualquer iniciativa no sentido de erradicar o escravismo. Em 1840, depois de haver custado a vida de mais de 30 mil pessoas, a rebelião foi debelada.

Balaiada

Ápice de uma série de rebeliões que vinha ocorrendo no Maranhão e no Piauí desde 1831, a Balaiada (1838-1841) teve início quando a Lei dos Prefeitos – que concedia ao presidente da província a prerrogativa de nomear prefeitos, subprefeitos e comissários da província –, foi aprovada em 1838. Com isso, os conservadores passaram a monopolizar o acesso aos novos cargos e a perseguir os liberais, conhecidos como "bem-te-vis".

Setores populares, sertanejos e escravos (inclusive quilombolas, isto é, escravos fugidos) também se rebelaram, aproveitando-se do discurso liberal. Os "bem-te-vis", que pretendiam liderar os revoltosos, afastaram-se quando o movimento radicalizou-se em 1839. Houve diversas insurreições de escravos, sob a liderança de Cosme Bento de Chagas (?-1842), conhecido como Preto Cosme. Os quilombolas também se articularam com Manuel Francisco dos Anjos Ferreira (1784-1840), um pequeno agricultor e fabricante de cestos (balaios, daí o nome da revolta).

Mas essa não prosperou. Enquanto os negros libertos combatiam principalmente o recrutamento forçado – que prejudicava a agricultura familiar –, os cativos lutavam contra a escravidão. Esse desentendimento foi aproveitado pelas tropas do governo quando o presidente da província, o coronel Luís Alves de Lima e Silva (1803-1880), nomeado em princípios de 1840, passou a prometer anistia aos chefes balaios que se dispusessem a combater Cosme Bento e seus seguidores.

Rebeliões escravas

A primeira metade do século XIX registrou a maior concentração de entrada de africanos no Brasil. Desde 1810, o país havia se comprometido com a Grã-Bretanha a restringir o comércio negreiro. Em 1831, uma lei que abolia o tráfico foi assinada, mas o deslanche produtivo cafeeiro para as áreas do Vale do Paraíba tornou-a ineficaz, pois as elites passaram a importar africanos escravizados ilegalmente para atender à grande demanda mundial pelo produto.

Na década de 1830, houve um recrudescimento de tensões decorrentes de várias rebeliões escravas que atemorizaram as elites senhoriais. Na primeira delas, sublevaram-se os cativos da freguesia de Carrancas, comarca do Rio das Mortes, em Minas Gerais. A revolta teve início quando a escravaria do deputado Gabriel Francisco Junqueira (1782-1868) matou seu filho. Logo os insurretos partiram para outra propriedade dos Junqueiras, a Fazenda Bela Cruz, onde se associaram aos cativos do local e mataram mais oito integrantes da família. Ao alcançar a terceira propriedade, que já estava guarnecida e preparada para repelir os rebeldes, Ventura Mina, líder da rebelião, foi ferido, o que provocou a retirada dos sublevados. Perseguidos, alguns escravos morreram nos confrontos. Outros foram presos e enforcados em praça pública, em uma repressão imediata e violenta. Chamou a atenção dos estudiosos a variada origem dos escravos envolvidos. A rebelião contou até mesmo com a participação de muitos "crioulos" — termo que designava, na época, os escravos nascidos no Brasil —, considerados pouco afeitos a revoltas.

A rebelião em Minas Gerais repercutiu em outras províncias e teve como resultado imediato a elaboração de um projeto enviado à Câmara dos Deputados que dizia respeito à revisão no julgamento dos crimes de escravos. Mas, em janeiro de 1835, enquanto o projeto ainda tramitava, eclodiu a Revolta dos Malês, na Bahia, na qual centenas de libertos e escravos se rebelaram após um longo período de planejamento. No período, cerca de 42% dos habitantes da região eram negros; os pardos correspondiam a uns 36% e os brancos não chegavam a 22% da população. Malês era o nome dado aos africanos mulçumanos na Bahia do século XIX, geralmente da etnia nagô. Assim, o movimento foi desencadeado também pelas perseguições religiosas que acompanhavam a ordem escravista. A revolta foi a última de um ciclo de rebeliões escravas baianas iniciado em 1807, provavelmente impulsionado pela chegada de cativos que tinham sido escravizados em guerras na África, possuindo experiência militar.

O movimento foi reprimido e muitos rebeldes tentaram se refugiar nas matas próximas à capital baiana. Vários deles foram mortos ou capturados. Aguardava-os diversas formas de punição: açoites, prisão, deportação e mesmo o fuzilamento. Os castigos impiedosos tinham como objetivo desmotivar rebeliões como a ocorrida no Haiti nos últimos anos do século XVIII. Por isso, em 10 de junho de 1835, aprovou-se a lei que agilizava os procedimentos para a condenação dos escravos envolvidos em insurreições e ampliava o número de delitos passíveis de morte.

A nova lei foi implementada na repressão ao Levante de Manuel Congo. A revolta, desencadeada na região de Pati de Alferes, no município fluminense de Vassouras, em 1838, teve curta duração. A fuga de escravos de diferentes propriedades, de modo sistemático, alarmou as autoridades. Abrigados na mata, os cativos foram perseguidos e alguns morreram em combate. O líder da rebelião, Manoel Congo (?-1839), foi condenado à forca como cabeça da insurreição.

É importante perceber que a maioria dos participantes dessas rebeliões não foi executada: os africanos escravizados eram, afinal, um bem valioso. Reconduzidos às fazendas, eles provavelmente retomaram sua rotina e continuaram a lutar, ainda que em silêncio, contra sua condição. Essa resistência dava-se no dia a dia, com um ritmo mais moroso no trabalho, a danificação de ferramentas etc. Também havia vitórias negociadas: muitos indivíduos escravizados conquistavam o direito de cultivar uma pequena roça ou de realizar festas religiosas que mesclavam tradições luso-brasileiras e africanas. Como escreveu o historiador João José Reis, "embora fossem derrotados na maioria das vezes, os escravos rebeldes marcariam limites além dos quais seus opressores não seriam obedecidos".

Jean-Baptiste Debret. *Negro muçulmano*. Aquarela, 16,1 × 21,2 cm. In: DEBRET, Jean-Baptiste. *Viagem pitoresca e histórica ao Brasil*, 2º tomo, 1835. Nesta imagem, publicada exatamente no ano da Revolta dos Malês, o artista francês retratou o exotismo da presença de muçulmanos no Brasil imperial.

O movimento foi derrotado em 1841, com captura, prisões e mortes de balaios e escravos. Por sua atuação, Lima e Silva recebeu o título de Barão de Caxias. Em 1842, Cosme Bento foi enforcado em praça pública. A Balaiada chegava ao fim.

Revolução Farroupilha

Esse movimento, ocorrido no Rio Grande do Sul e em Santa Catarina entre 1835 e 1845, foi liderado pela oligarquia rio-grandense e questionava a hegemonia política do Rio de Janeiro e das demais províncias do Sudeste. Também questionava os altos impostos e acusava o governo de beneficiar o charque (carne salgada) estrangeiro. O charque sulino destinava-se principalmente ao mercado interno, à alimentação de pobres e escravos. Para forçar a baixa do preço do produto – o que beneficiava os grandes proprietários de escravos –, os impostos sobre o charque estrangeiro foram reduzidos pelo governo central, obrigando os gaúchos a baixarem seus preços. Além disso, o sal, matéria-prima para a fabricação do charque, era taxado com altos impostos.

As queixas foram levadas à frente pela facção radical dos liberais, chamados, em tom pejorativo pelos adversários políticos, "farrapos". A revolução teve início em 1835, quando Bento Gonçalves da Silva (1788-1847), filho de um rico proprietário de terras, tomou a cidade de Porto Alegre e depôs o presidente da província. Em 11 de setembro de 1836, o estancieiro Antônio Souza Neto (1803-1866), uma das principais lideranças farroupilhas, proclamou a República Rio Grandense, escolhendo posteriormente Piratini como capital e Bento Gonçalves como presidente.

Logo após sua aclamação, Bento Gonçalves foi preso em um combate naval. Em 1838, conseguiu escapar do Forte da Laje, no Rio de Janeiro, onde estava detido, e retomou à cidade de Rio Pardo. Por meio de um manifesto, ele justificou a instalação do regime republicano no Rio Grande do Sul. Um ano depois, o movimento se alastrou para Santa Catarina sob o comando de Davi Canabarro (1796-1867) e do revolucionário italiano Giuseppe Garibaldi, que proclamaram a República Catarinense ou Juliana.

Ao contrário dos demais movimentos ocorridos no Período Regencial, a Revolução Farroupilha não contou com a participação expressiva dos setores populares ou dos setores médios urbanos. Seu caráter elitista ajuda a entender por que não houve uma repressão sangrenta como nas outras rebeliões provinciais, mas sim um acordo com o poder central. No início de 1840, uma das principais reivindicações dos rebeldes foi atendida, sendo a carne salgada do Prata taxada em 25%. Em 1842, o novo presidente e comandante de armas da província, Luís Alves de Lima e Silva, Barão de Caxias, combinou uma política de ataques militares e apaziguamento: em troca da rendição dos farrapos, era concedida anistia geral aos revoltosos e a incorporação dos oficiais farroupilhas no Exército. Em 1845, chegou ao fim a mais longa rebelião do Período Regencial.

Sabinada

Influenciado pela Revolução Farroupilha, o movimento conhecido como Sabinada – devido ao nome de seu líder, Dr. Sabino Barroso, jornalista e professor da Escola de Medicina –, abalou Salvador em 1837. Os rebeldes contestavam a transferência de recursos para a Corte em uma época de crise econômica agravada pelas secas sucessivas. A revolta teve um caráter marcadamente urbano, mobilizando profissionais liberais, funcionários públicos, artesãos, pequenos comerciantes e militares (oficiais e soldados).

Em novembro, uma sessão extraordinária foi convocada na Câmara para expor as ideias dos revoltosos. Em um documento assinado por 105 homens, a Bahia declarava-se "inteira e perfeitamente desligada do governo central". Alguns dias depois, porém, um novo documento, que repa-

Guilherme Litran. *Carga de cavalaria farroupilha*, 1893. Óleo sobre tela. Após o fim do império, a Revolução Farroupilha passou a ser recuperada e idealizada como um movimento definidor da identidade gaúcha e de sua especificidade dentro do cenário brasileiro.

Fonte: *Atlas histórico escolar*. 8. ed. Rio de Janeiro: FAE, 1991. p. 36.

rava o "lapso da pena", foi divulgado, explicitando o caráter provisório da separação da província, que deveria durar até que o imperador completasse 18 anos. Essa mudança demonstrou que dentro do movimento não havia consenso em relação aos ideais republicanos. No tocante à escravidão, os sabinos prometiam a alforria aos cativos crioulos (nascidos no Brasil) que pegassem em armas em favor da causa. Essa promessa motivou os senhores de terras a apoiarem maciçamente a repressão ao movimento, mas os escravos, talvez ainda temerosos após a dura repressão em 1835, não aderiram ao movimento.

ORGANIZANDO AS IDEIAS

10. Por que o ano de 1835 pode ser visto como o "ano das revoluções" no Brasil?

A ação do Regresso

Em meio à crise criada pelas ameaças à unidade territorial do Brasil, o regente Diogo Feijó renunciou em 1837. Dois novos grupos políticos entraram em cena: o Partido Regressista, depois chamado Partido Conservador ou Saquarema, e o Liberal ou Progressista. Os primeiros defendiam a centralização, a limitação da autonomia provincial e o sistema escravista.

Já os liberais, compostos principalmente de proprietários rurais mais voltados ao mercado interno – como os de Minas Gerais, São Paulo e Rio Grande do Sul –, e profissionais liberais urbanos, eram favoráveis à maior descentralização e combatiam a hegemonia política do Rio de Janeiro.

Em 1837, os regressistas assumiram o poder tendo à frente Pedro de Araújo Lima (1793-1870), senhor de engenho e futuro Marquês de Olinda.

Com o objetivo de neutralizar o fortalecimento dos poderes provinciais, que nem sempre estavam afinados com os interesses do governo central, as medidas liberais foram revogadas. A Lei Interpretativa do Ato Adicional, aprovada em 1840, garantiu o reforço da autoridade central, reduzindo substancialmente as atribuições das Assembleias provinciais. Para garantir apoio ao governo, decidiu-se defender o tráfico ilegal de africanos escravizados, assegurando o abastecimento de trabalhadores para a crescente agricultura cafeeira – mesmo que para isso fosse preciso ignorar a lei e os tratados internacionais assinados pelo império.

No entanto, o principal problema, a agitação rebelde nas províncias, continuava. No contexto de crise e na expectativa de voltar ao poder, os liberais articularam a antecipação da maioridade do jovem imperador. Em julho de 1840, Dom Pedro II, com apenas 14 anos de idade, tornou-se o segundo imperador brasileiro. O Partido Liberal foi chamado para formar o primeiro gabinete do Segundo Reinado, o Gabinete da Maioridade, que durou até março de 1841. Afastados do poder e derrotados nas eleições de 1842, os liberais chegaram a promover revoltas em São Paulo e Minas Gerais, mas foram vencidos no combate de Santa Luzia (Minas Gerais) pelas forças imperiais comandadas por Luís Alves de Lima e Silva (1803-1880). De forma irônica, passaram a ser chamados "luzias" por seus adversários políticos.

A obra centralizadora do Regresso se consolidou em 1841 com o restabelecimento do Conselho de Estado – que havia sido abolido pelo Ato Adicional –, e a reforma do Código de Processo Criminal. Todos os juízes, desembargadores e comandantes da Guarda Nacional seriam nomeados pelo ministro da Justiça.

A construção do passado

Para transformar a América portuguesa em Império do Brasil, não bastava manter o território unido e em ordem: era preciso também construir uma identidade nacional. Uma nação só constrói uma identidade própria que a distingue das outras quando tem uma memória comum do passado e é capaz de escrever a sua história. A construção da memória da nação brasileira e a escrita da sua história eram os objetivos do regente conservador Pedro de Araújo Lima, que criou, em 1838, o Instituto Histórico e Geográfico Brasileiro (IHGB) e o Arquivo Público do Império.

A criação do IHGB foi um elemento fundamental na construção do Estado imperial. A história do Brasil a ser escrita pelos historiadores do Instituto deveria ressaltar os valores ligados à unidade nacional e à centralização política, colocando a nova nação brasileira como continuadora da tarefa civilizadora portuguesa. A nação cujo passado o Instituto iria construir deveria surgir, portanto, como a obra de uma civilização europeia nos trópicos.

O IHGB promoveu, em 1840, um concurso para premiar o melhor plano para a escrita da história do Brasil. O prêmio foi dado a Carl von Martius (1794-1868), naturalista nascido na Baviera (atual Alemanha), que, de 1817 a 1820 havia percorrido Minas Gerais, Bahia, Goiás e Amazônia, entre outras regiões. O texto premiado de Martius – *Como se deve escrever a história do Brasil* –, embora valorizasse a contribuição portuguesa, especialmente o regime monárquico, destacava como característica principal da história brasileira a fusão de brancos, negros e indígenas, sob a condução política e cultural dos indivíduos de origem europeia.

A primeira história do Brasil não foi, contudo, escrita por Martius, e sim pelo diplomata e primeiro-secretário do IHGB Francisco Adolfo de Varnhagen (1816-1878), autor de *História geral do Brasil* (1854), que não seguiu o caminho proposto pelo naturalista alemão. Pelo contrário, Varnhagen analisou o Brasil a partir do ponto de vista do colonizador português.

Somente os juízes de paz continuariam independentes, porém suas atribuições foram esvaziadas.

Os liberais temiam que o Partido Conservador se mantivesse no poder a ponto de excluí-los. Mas, em 1844, ao retornarem à cena política, mantiveram em grande parte as medidas regressistas e, assim, um novo sistema começou a tomar forma. Nele regressistas e progressistas passaram a se alternar no poder, enquanto o imperador, através do Poder Moderador, arbitrava os eventuais conflitos. Todos, porém, concordavam em um ponto essencial: a defesa da escravidão.

O ciclo de rebeliões se fechou no final da década de 1840. A Revolta da Praieira, ocorrida em Pernambuco em 1848, que demandava a expulsão dos portugueses e o federalismo, foi a última manifestação da agitação que marcou os primeiros tempos do Brasil independente.

ORGANIZANDO AS IDEIAS

11. No que consistiu a ação do Regresso?
12. Como foi quebrada a hegemonia regressista instaurada em 1837?

Revisando o capítulo

APROFUNDANDO O CONHECIMENTO

1. Leia o texto e responda às questões.

Durante a maior parte de 1821, as Cortes de Lisboa já davam demonstrações de desconfiança em relação à regência de D. Pedro no Brasil, vista como excessivamente distante do sistema constitucional ao qual o rei já se submetera, retornando a Portugal. As propostas de um novo equacionamento político entre as partes do Reino Unido, debatidas ao longo daquele ano, fariam crescer a instabilidade política, com a pronta mobilização dos grupos interessados na manutenção do príncipe no Brasil, com destaque para o dos negociantes instalados no Rio de Janeiro, em Minas Gerais, em São Paulo e no Rio Grande do Sul. Por meio das armas disponíveis, especialmente os debates públicos em jornais e panfletos, eles dirigiam ostensivas e veementes críticas às Cortes de Lisboa, denunciando o seu intento de "recolonizar" o Brasil.

O discurso da "recolonização" deve então ser entendido em dois aspectos: em primeiro lugar, surgiu de uma releitura feita no Brasil do que se passava nas Cortes [...]; em segundo lugar, difundiu-se a partir de sua deliberada utilização como arma política por esses protagonistas, desejosos de um estado de coisa que lhes favorecesse e que, em fins de 1821, se mostrava incerto.

SLEMIAN, Andrea; PIMENTA, João. O "nascimento político" do Brasil: as origens do Estado e da nação (1808-1825). Rio de Janeiro: DP&A, 2003. p. 76-77.

a. Com base no que você estudou neste capítulo, mencione algumas ideias dos constituintes portugueses nas Cortes.

b. Qual era o objetivo das elites do centro-sul ao defender a permanência do príncipe no Brasil e adotar o discurso da "recolonização"?

2. Leia o texto e responda às questões.

A nova carta foi outorgada em 25 de março de 1824, e, embora não diferisse muito da proposta que os deputados tinham discutido antes da dissolução da Assembleia Constituinte, trazia uma diferença fundamental: não emanava da representação da nação, mas era concedida pela magnanimidade do soberano, tendo sido elaborada por um Conselho de Estado, instituído pelo imperador. A forma de governo definia-se como uma monarquia hereditária e constitucional e saía reforçado o caráter unitário do Império por meio de um executivo forte e centralizado, com a soberania residindo no imperador e na nação, como sempre pretendera D. Pedro. Por outro lado, ainda que não tivesse sido submetida à aprovação de uma assembleia, foi em seguida enviada às Câmaras Municipais para ser jurada, como efetivamente foi. Tal atitude, porém, não impediu manifestações nas províncias que se opunham [à centralização].

NEVES, Lucia. A vida política. In: SILVA, Alberto da Costa e. Crise Colonial e Independência (1808-1830). Rio de Janeiro: Objetiva, 2011, p. 104.

a. Pesquise a origem do Poder Moderador, introduzido na Constituição de 1824.

b. Por que a elaboração da Constituição por um Conselho de Estado nomeado pelo imperador pode ser considerada uma atitude autoritária?

c. Por que o imperador enviou a Constituição para ser jurada pelas Câmaras Municipais?

3. Leia o texto e responda às questões.

Associado ou não à república, o clamor federalista rondava as revoltas do período regencial. Apesar de suas especificidades, muitas denunciavam a centralização política e administrativa como responsáveis pela opressão fiscal, que carreava recursos para o Rio de Janeiro, bem como pelo acirramento de conflitos entre as lideranças políticas locais e os presidentes de província nomeados pelo governo central.

Em 1837, Francisco Sabino Vieira (1797-1846), o líder da Sabinada (1837-1838), nos seus artigos no recém-fundado Novo Diário da Bahia, refuta a impropriedade da república como forma de governo para o país e defende que a autonomia da província justifica a defesa da instauração da República Baiense – ainda que o novo regime só devesse ser mantido até a maioridade do futuro imperador. Já a Guerra dos Farrapos, no Rio Grande do Sul (1835-1845), teve maior duração. O acordo de paz final incluiu, além das mudanças tarifárias exigidas, o direito a escolherem o administrador local.

FONSECA, Silvia Carla Pereira de Brito. A ideia de República no Império do Brasil. Revista de História da Biblioteca Nacional, 2007. Disponível em: <www.revistadehistoria.com.br/secao/capa/a-ideiade-republica-no-imperio-do-Brasil>. Acesso em: maio. 2016.

a. O texto aponta diversos pontos em comum entre as revoltas do período regencial. Aponte dois deles.

b. Por que a forma de governo republicana apareceu como uma alternativa para os revoltosos desse período?

4. Leia o texto e responda às questões.

Os escravos trazidos para a Bahia da era das revoltas vieram de uma região da África conflagrada por lutas políticas e religiosas ligadas à queda do império iorubano de Oyo e à expansão muçulmana, capitaneada pelos fulanis, em território haussá e iorubá. Foram esses africanos, geralmente prisioneiros de guerra, guerreiros unidos por laços étnicos, que aterrorizaram a classe senhorial baiana.

REIS, João José. Quilombos e revoltas escravas no Brasil. Revista USP, n. 28, 1996, p. 26.

a. Por que os antecedentes africanos são importantes para a compreensão das rebeliões escravas no Brasil?

b. A partir desse caso específico, escreva uma redação de cerca de 15 linhas sobre a relação entre a história do Brasil e a história da África, enfatizando as conexões entre elas. É recomendável a realização de uma pesquisa para que você adquira mais subsídios para a produção desse texto.

CAPÍTULO 31

O SEGUNDO REINADO NO BRASIL: ANOS DE APOGEU E RUPTURA

Construindo o conhecimento

- Por que você imagina que uma instituição central para a história brasileira, como a escravidão, finalmente foi abolida?
- Em sua opinião, há uma relação entre a abolição em 1889 e a Proclamação da República no ano seguinte? Por quê?

Plano de capítulo

- O processo político e a formação da economia cafeeira
- A extinção do tráfico negreiro
- A Guerra do Paraguai
- Mudanças sociais e republicanismo
- O movimento abolicionista
- O desgaste da monarquia e o fim do império

A segunda metade do século XIX assistiu à consolidação e ao auge do império no Brasil, mas em 1889 esse regime foi derrubado – tudo durante a vida de seu segundo e último soberano, Dom Pedro II. O mesmo se deu com a escravidão, que de cerca de 2,5 milhões de cativos em 1850 passou para menos de um terço disso em 1887 e foi abolida no ano seguinte.

Como a escravidão e o imperador foram "empurrados do trono" que ocupavam em um período de tempo tão curto? E por quem? Afinal, mudanças tão radicais não ocorrem espontaneamente. Para entender essas transformações, é preciso olhar em conjunto para a economia, a política e a sociedade, pois esses três campos interagiram constantemente para produzir a complexa realidade que vamos examinar neste capítulo.

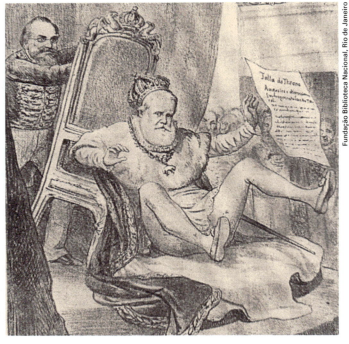

Angelo Agostini. Dom Pedro II empurrado do trono. *Revista Illustrada*, 1882.

Marcos cronológicos

1844 – A Tarifa Alves Branco aumenta a taxa alfandegária para os produtos importados.

1845 – Aprovação da Lei do Comércio de Escravos ou Lei Aberdeen (*Slave Trade Act* ou *Bill Aberdeen*) pelo Parlamento britânico.

1847 – Implantação do parlamentarismo no Brasil; estabelecimento do sistema de parceria na Fazenda Ibicaba (São Paulo).

1850 – Extinção do tráfico negreiro e aprovação da nova Lei de Terras.

1854 – Inauguração da primeira estrada de ferro no Brasil.

1857 – Revolta de colonos em Ibicaba.

1864 – Início da Guerra do Paraguai.

1865 – Assinatura do Tratado da Tríplice Aliança entre Brasil, Argentina e Uruguai.

1870 – Fim da Guerra do Paraguai; fundação do Clube Republicano no Rio de Janeiro.

1871 – Lei do Ventre Livre.

1873 – Fundação do Partido Republicano Paulista.

1881 – Reforma eleitoral (Lei Saraiva).

1885 – Lei dos Sexagenários.

1888 – Abolição da escravidão.

1889 – Proclamação da República no Brasil.

O processo político e a formação da economia cafeeira

A partir de 1850, com o fim das revoltas nas províncias, o império finalmente se estabilizou. A presença de um imperador adulto e que procurava atuar dentro dos limites estabelecidos pela Constituição havia aumentado a legitimidade do governo. A coexistência entre liberais e conservadores consolidou-se com a adoção de um sistema político "parlamentarista" a partir de 1847.

O regime parlamentarista brasileiro inspirou-se no modelo britânico, no qual o Poder Executivo era exercido pelo primeiro-ministro indicado pelo partido majoritário no Parlamento. No entanto, no Brasil, era o imperador quem indicava o presidente do Conselho de Ministros, que, por sua vez, escolhia os ministros e os submetia à aprovação da Câmara dos Deputados. Quando o ministério e a Câmara se desentendiam, o imperador recorria ao Poder Moderador para resolver o conflito. Desse modo, quem organizava, legitimava e estabilizava a cena política era o chefe de Estado. Por essa razão, o regime brasileiro foi chamado de "parlamentarismo às avessas".

A partir de 1853, passou a predominar uma política chamada de Conciliação Partidária, que vigorou até 1862. Com esse arranjo, liberais e conservadores dividiam o ministério. Os conflitos diminuíram graças à trégua pessoal entre os líderes. O objetivo era alcançar a execução de um programa moderado de reformas.

O crescimento econômico promovido pela expansão cafeeira mostrou-se fundamental para a estabilidade do Brasil. As primeiras mudas do café foram introduzidas no Pará em 1727 e, por volta de 1760, o produto chegou ao Rio de Janeiro. Ao longo do século XIX, o Brasil assumiu a predominância no mercado mundial, que demandava cada vez mais café para abastecer a crescente população dos países que passavam pela Revolução Industrial.

Somados aos incentivos do mercado internacional, fatores internos permitiram a acumulação de capitais e o investimento na cafeicultura. O tráfico negreiro gerava recursos que seriam aplicados nas atividades produtivas. E o crescimento demográfico provocou o aumento na demanda de gêneros alimentícios, exigindo a construção de estradas que ligavam Minas Gerais à Corte. Às margens dessas estradas ocorreu uma corrida em direção às terras virgens disponíveis, principalmente no Vale do Paraíba, onde se formaram os primeiros grandes cafezais.

A mão de obra para a lavoura cafeeira foi garantida pelo fluxo constante e crescente de africanos escravizados trazidos para o Brasil nas décadas de 1830 e 1840. Apesar da ilegalidade, o tráfico foi defendido pelo Estado imperial sob a justificativa de que era essencial para a economia do país. Em consequência, mais de 700 mil africanos, que, por lei, deveriam ser livres, foram escravizados. Das fazendas, o café era transportado por tropas de mulas até o porto do Rio de Janeiro e entregue aos comissários que funcionavam como intermediários entre produtores e exportadores. Eles recebiam comissões sobre o negócio e, muitas vezes, forneciam crédito e bens de consumo aos produtores.

O Mequetrefe, 9 de janeiro de 1878. Na caricatura, o imperador Dom Pedro II controla o carrossel da alternância de poderes entre os partidos Liberal (a mulher, talvez devido à tradicional representação da liberdade como uma figura feminina) e Conservador (o homem).

Os barões do café

O café transformou o panorama econômico e social do Vale do Paraíba fluminense. Os donos de terras e de escravos dos principais centros produtores (Vassouras, Resende, Barra Mansa, Valença e Cantagalo) passaram a exercer forte influência política, especialmente através do Partido Conservador. Por funcionarem como base de sustentação do governo imperial, muitos deles foram nobilitados, daí o nome "barões do café". Sua ascensão foi, portanto, um dos elementos centrais para a estabilização política do império.

Johann Jacob Steinmann. *Plantação de café*, 1836. Água-tinta colorida sobre papel, 11,7 × 16,7 cm.

Ainda na primeira metade do século XIX, a cafeicultura ocupou a Zona da Mata e, posteriormente, o sul de Minas Gerais. Na segunda metade do século, o café seguiu pelo interior de São Paulo, formando uma nova região produtora: o Oeste Paulista.

Expansão cafeeira (século XIX)

Até a década de 1850, a produção fluminense respondeu por quase 80% do café exportado. Por volta de 1870, porém, com o esgotamento do solo, caiu a produtividade dos cafezais do Vale do Paraíba. No Oeste Paulista, por sua vez, havia abundância de terras para o café. A produção em larga escala nessa região começou na década de 1840, e nos anos 1870 firmou-se como a área de maior crescimento e dinamismo.

Como acontecia no Vale do Paraíba, a lavoura do Oeste Paulista era apoiada no trabalho escravizado. Com o fim do tráfico em 1850, recorreu-se inicialmente ao comércio interprovincial: as províncias mais pobres (especialmente no Norte e Nordeste) venderam seus cativos para o Rio de Janeiro, Minas e São Paulo. A agropecuária dessas províncias também gerava receitas para a compra de escravos, mas foi sobretudo a cafeicultura que produziu lucros suficientes para justificar o investimento cada vez mais alto nesse tipo de mão de obra. Em muitas fazendas, os escravos coexistiam com os trabalhadores europeus, que começaram a chegar ao Brasil na segunda metade do século XIX.

Os recursos financeiros dos cafeicultores paulistas também lhes possibilitaram investir na mecanização a partir da década de 1870. De modo geral, as técnicas de produção eram mais desenvolvidas no Oeste Paulista, que produzia mais com menos braços e menos terra.

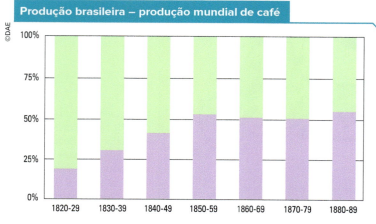

Fonte: PINTO, Virgílio. Balanço das transformações econômicas no século XIX In: MOTA, Carlos Guilherme (Org.). *Brasil em perspectiva*. 13. ed. São Paulo: Difel, 1982, p. 139.

Produção brasileira – produção mundial de café

Outro fator importante para as lavouras do Oeste Paulista foi a entrada em funcionamento de ferrovias nos anos 1860, que levavam o café ao porto de Santos. Até a década anterior, o setor cafeeiro paulista tinha dificuldades para escoar a produção. Os caminhos eram precários, o transporte por mulas insatisfatório e o custo dos fretes proibitivo, reduzindo os lucros do cafeicultor.

Foi nesse contexto que, em 1868, entrou em funcionamento a primeira e mais importante via do sistema ferroviário paulista – a Santos-Jundiaí –, que se tornaria a principal responsável pelo escoamento da produção cafeeira.

Nas décadas seguintes, surgiram novas companhias ferroviárias, que passaram a contar com a participação acionária dos próprios produtores de café. Foi o caso da Companhia Paulista – responsável pela ligação entre Campinas, Rio Claro, Araraquara e Catanduva – e também da Estrada de Ferro Mogiana, que fez a ligação entre Campinas e Ribeirão Preto.

O café e a expansão da rede ferroviária

A estrada de ferro permitiu, em primeiro lugar, uma substancial economia na mão de obra, pois as mercadorias deixavam de ser carregadas pelos tropeiros. Além disso, assegurou um aumento considerável na capacidade de transporte do café, reduzindo o custo do frete e liberando capitais para novos investimentos. As ferrovias também estabeleceram a comunicação entre as diversas províncias, facilitando a troca de produtos, informações e ideias. Em 1889, o país contava com uma rede ferroviária de cerca de 9 mil km, o que permitiu uma maior integração do país e impulsionou seu desenvolvimento econômico.

Primeiras ferrovias

Coube ao empresário brasileiro Irineu Evangelista de Sousa (1813-1889), mais tarde nomeado Barão e Visconde de Mauá, a iniciativa de construir a primeira estrada de ferro do Brasil, em 1854, ligando o porto de Mauá, na Baía da Guanabara, ao vilarejo de Fragoso. Era o primeiro trecho de 14 km de uma estrada que deveria alcançar a serra de Petrópolis para fazer escoar o café fluminense e mineiro. Por razões de ordem técnica, contudo, a construção da estrada não teve condições de prosseguir.

Das iniciativas pioneiras, a mais importante foi a inauguração, em 1858, da Estrada de Ferro Dom Pedro II (depois chamada Central do Brasil), que ligou a Corte às províncias de São Paulo e Minas Gerais. Trinta anos depois, sua extensão seria de 828 km.

J. G. da Costa. Inauguração da Estrada de Ferro D. Pedro II, em 29 de março de 1858. A cerimônia contou com a presença do imperador.

O Segundo Reinado no Brasil: anos de apogeu e ruptura   Capítulo 31

Expansão e diversificação econômica: nem só do café vivia o Brasil

Apesar da preponderância do café, outros produtos devem ser considerados no Segundo Reinado. Foi o caso do algodão, cuja produção sofreu um grande impulso em resposta à Guerra Civil nos Estados Unidos (1861-1865), e da borracha, um dos itens mais importantes das exportações brasileiras no final do século XIX. O tabaco, utilizado para a fabricação de charutos, cigarros e rapé, e o cacau, matéria-prima para a fabricação do chocolate na Europa, também figuravam entre os principais produtos da economia.

A participação do açúcar brasileiro no mercado mundial, por sua vez, caiu de 9%, em 1840, para 2%, na passagem do século XIX para o XX. A queda resultou, em boa medida, do aumento da concorrência externa, seja do açúcar de beterraba europeu, seja do açúcar de cana produzido nas Antilhas, com destaque para Cuba.

No plano interno, cresceu o mercado de gêneros alimentícios advindos da agropecuária mineira para o abastecimento do Sudeste, especialmente da Corte. O aumento populacional permitiu que o mercado interno continuasse vigoroso em todo o país, seguindo uma tendência estabelecida já no período colonial. Na segunda metade do século XIX, as fábricas e atividades de serviços começaram a mudar o perfil das principais cidades do país. Os capitais para financiar as atividades urbanas provinham do exterior, das lavouras de exportação, notadamente a cafeicultura, e os antigos comerciantes de escravos foram obrigados a buscar novos investimentos após a abolição do tráfico Atlântico, em 1850.

Finalmente, deve-se ainda levar em conta o impacto da chamada Tarifa Alves Branco, de 1844, que criou temporariamente expectativas favoráveis à produção manufatureira. Surgiram indústrias de bens de consumo (tecidos, sabão, cerveja etc.), estradas de ferro, seguradoras, bancos e mineradoras, além de empresas de serviços urbanos (transporte, saneamento, iluminação, gás).

Em geral, a indústria se desenvolve no meio urbano. A cidade fornece elementos básicos para o crescimento industrial, como infraestrutura, mão de obra e mercado consumidor. Por seu turno, a indústria, ao gerar capitais e novas atividades econômicas, favorece a expansão urbana. Um dos principais responsáveis por esse conjunto de inovações urbanas foi Irineu Evangelista de Sousa, o pioneiro na construção de estradas de ferro no Brasil.

Em 1846, o futuro Barão e Visconde de Mauá (1813-1889), adquiriu a fundição da Ponta de Areia, em Niterói, e transformou-a em um grande estaleiro. Criou também empresas voltadas para os serviços de gás e bondes na cidade do Rio de Janeiro, além de bancos, empresas de navegação e estradas de ferro. Seus empreendimentos, no entanto, não tiveram vida longa, pois não resistiram à falta de apoio governamental e à concorrência externa.

Irineu Evangelista de Sousa, o futuro Barão e Visconde de Mauá, responsável pelo Estaleiro da Ponta da Areia (1856), em Niterói, Rio de Janeiro, entre outros empreendimentos.

Para assistir

Mauá, o Imperador e o Rei

Brasil, 1999. Direção: Sérgio Rezende.

O filme reconta a história da personagem histórica Irineu Evangelista de Souza, o Barão de Mauá, da infância à queda, passando pela ascensão vertiginosa como comerciante. Duração: 132 min.

ORGANIZANDO AS IDEIAS

1. Explique as diferenças entre o parlamentarismo britânico e o parlamentarismo brasileiro.
2. Por que as ferrovias impulsionaram a cafeicultura paulista?
3. Quais foram as atividades desenvolvidas por Irineu Evangelista de Sousa?

A extinção do tráfico negreiro

O trabalho de africanos e afrodescendentes escravizados era um elemento estrutural da sociedade brasileira desde o final do século XVI. Por isso, a abolição da escravidão foi um processo longo, que se estendeu por praticamente todo o século XIX. O primeiro passo foi a extinção do tráfico atlântico. Neste sentido, foi fundamental a atuação da Grã-Bretanha, que, desde que abolira o próprio tráfico de escravos, em 1807, procurava impedir que outras regiões mantivessem esse comércio.

O Brasil foi o principal alvo das pressões abolicionistas britânicas, pois Cuba (a outra região que manteve o tráfico no século XIX) era protegida pela Grã-Bretanha devido a sua íntima ligação com os Estados Unidos. Em novembro de 1831, o governo regencial assinou uma lei proibindo o tráfico internacional de africanos escravizados. Com o aumento da demanda mundial por café, a medida foi, porém, ignorada e até combatida diante da crescente necessidade de braços para a lavoura cafeeira.

Após a abolição da escravidão em suas colônias caribenhas e a reclamação dos produtores coloniais de que o Brasil oferecia uma concorrência desleal em razão da constante expansão do tráfico, a Grã-Bretanha editou, em 1845, a Lei do Comércio de Escravos (*Slave Trade Act*) ou Lei Aberdeen (*Bill Aberdeen*). A Marinha de guerra britânica recebeu o direito de apreender navios negreiros que porventura se dirigissem ao Brasil. O tráfico passou a ser tratado como pirataria, estando sujeito a uma dura repressão.

Além disso, a *Royal Navy* começou a fazer incursões em águas territoriais brasileiras. Entre 1845 e 1850, mais de quatrocentos navios brasileiros suspeitos de envolvimento com esse comércio foram apresados. Isso levou o governo do Brasil, tendo à frente o ministro Eusébio de Queirós (1812-1868), a defender no Parlamento o fim do tráfico atlântico.

Em 4 de setembro de 1850, a Lei Eusébio de Queirós foi aprovada. Mais importante que isso, passou a ser realmente aplicada, fazendo com que o ingresso de indivíduos escravizados no país caísse a níveis irrisórios. Embora os conservadores antes tivessem defendido o tráfico com todas as suas forças, em 1850 já haviam constituído a força de trabalho de suas fazendas, de modo que sentiam haver pouca necessidade de novos cativos. Além disso, as revoltas escravas estudadas no capítulo anterior (muitas das quais lideradas por africanos) produziram medo entre a elite senhorial e possivelmente contribuíram para a aceitação do fim do tráfico.

Uma das consequências do fim do tráfico atlântico foi o aumento do preço dos cativos. Os cafeicultores do Rio de Janeiro, São Paulo e Minas Gerais passaram a adquirir trabalhadores de regiões menos prósperas, pois seus lucros permitiam que comprassem os escravizados apesar da valorização. Além disso, a compra de centenas de milhares de africanos escravizados nos anos anteriores havia permitido que adquirissem trabalhadores em número suficiente para os próximos anos.

Reduzia-se, assim, a amplitude social da propriedade escrava, pois cada vez mais somente esses segmentos da elite econômica possuíam escravos. Em consequência, a população livre tornou-se in-

A questão Christie

Os incidentes com a Grã-Bretanha não se limitaram ao apresamento de navios brasileiros. Em 1860, o embaixador britânico William Christie (1816-1874) acobertou dois marinheiros que tinham assassinado um agente alfandegário no Rio de Janeiro. Um ano depois, um navio inglês – o *Príncipe de Gales* – naufragou no litoral gaúcho e teve sua carga roubada. Christie exigiu que um oficial britânico acompanhasse as investigações. Em 1862, dois marinheiros ingleses embriagados foram detidos após desacatarem autoridades brasileiras. O diplomata britânico exigiu a demissão dos policiais que haviam efetuado a prisão, a retratação do governo imperial e o pagamento imediato da indenização do *Príncipe de Gales*.

As exigências não foram cumpridas e Christie ordenou represálias ao Brasil. Cinco navios mercantes brasileiros foram apresados. O governo efetuou o pagamento de 3.200 libras pelo roubo da carga, mas exigiu da chancelaria britânica desculpas sobre o incidente. Como a resposta foi insatisfatória, as relações anglo-brasileiras foram rompidas no início de 1863.

A questão Christie, como ficaram conhecidos esses incidentes, gerou um clima de exaltação patriótica. O rei Leopoldo I da Bélgica foi convidado a arbitrar a questão e, em 18 de junho de 1863, deu ganho de causa ao Brasil. As relações diplomáticas entre os dois países, porém, só foram restauradas em 1865.

Imigrantes italianos em colheita de café na fazenda Guatapará. Ribeirão Preto, São Paulo, 1902.

diferente à sobrevivência dessa instituição e principalmente a população das cidades tornou-se mais favorável às ideias abolicionistas que começaram a se disseminar a partir do final da década de 1860. Muitos libertos e mulatos participaram das manifestações e dos debates políticos na imprensa contra o sistema escravista.

Com o fim do tráfico, tornou-se preciso encontrar uma alternativa economicamente viável ao escravismo, pois se sabia que a longo prazo este estaria condenado. Nos debates públicos sobre o tema, a tese predominante defendia a utilização de imigrantes europeus para trabalhar nas fazendas de café. Para pôr em prática essa solução, pelo menos duas questões precisavam ser enfrentadas. Uma delas dizia respeito à relativa facilidade de acesso à terra pública no Brasil, o que abria para o imigrante a possibilidade de se tornar um posseiro e não um trabalhador nas fazendas de café. Para fechar essa brecha, em setembro de 1850 foi aprovada a Lei de Terras, que, entre outros mecanismos, estabeleceu a venda como único critério para a obtenção da terra pública. Vale ressaltar que os imigrantes ficavam impedidos de adquirir terras antes de completarem três anos de trabalho no país. A outra questão dizia respeito ao financiamento da imigração. Quem deveria pagar pela vinda dos imigrantes? O poder público ou os proprietários diretamente interessados nisso? As respostas dadas a esse problema variaram com o tempo.

Imigração e colonização

Nas décadas de 1840 e 1850, houve iniciativas esparsas de trazer famílias europeias para as áreas cafeeiras. Uma delas foi a da Fazenda Ibicaba, do senador paulista Nicolau de Campos Vergueiro (1778--1859). Ele introduziu no país o sistema de parceria, que organizava o trabalho e a divisão dos ganhos da produção do café entre o proprietário e o colono. A partir de 1847, a parceria na Fazenda Ibicaba atraiu alemães e, posteriormente, portugueses. Em 1857, porém, a revolta dos colonos contra os maus-tratos evidenciou a crise do sistema de parceria.

Nas décadas de 1870 e 1880, o governo provincial paulista passou a fornecer aos imigrantes auxílio para as despesas de viagem, oito dias de hospedagem na capital e transporte para as fazendas. Era a chamada imigração subvencionada. Estavam lançadas as bases da "grande imigração", ou seja, do enorme afluxo de estrangeiros que, somente na década de 1890, trouxe para o país 1 200 000 pessoas.

Nesse período, predominavam, entre os intelectuais e as elites políticas brasileiras, concepções negativas a respeito do trabalhador livre nacional, visto como preguiçoso. Assim, a vinda dos europeus teria também a função de produzir o "branqueamento" do Brasil. No dizer racista da época, buscava-se "melhorar nossa população, aprimorar a raça, civilizar o país".

A conjuntura europeia, por sua vez, também contribuiu para esse processo: fugindo da fome e da falta de oportunidades em países onde a população crescia rapidamente, milhões de europeus vieram para a América entre meados do século XIX e início do XX, na esperança de conseguir emprego, terra e uma vida melhor.

> **ORGANIZANDO AS IDEIAS**
>
> 4. Cite consequências da aplicação efetiva da Lei Eusébio de Queirós, de 1850.

A Guerra do Paraguai

A política externa do Brasil em relação a seus vizinhos platinos visava à manutenção do equilíbrio político na região de modo a garantir a livre navegação pelos afluentes do Rio da Prata. Muitos criadores de gado do Rio Grande do Sul também possuíam propriedades nesses países, especialmente no Uruguai. Era comum que os rebanhos fossem conduzidos às pastagens uruguaias e depois voltassem ao Brasil para o abate, provocando a circulação de gado, escravos e trabalhadores livres entre os dois países.

A política uruguaia era tradicionalmente marcada pelos choques entre os *colorados* e os *blancos*. Com a ascensão dos *blancos*, em 1862, os conflitos na região do Prata voltaram à tona. Os *blancos* obrigaram os estancieiros gaúchos a pagar uma taxa de exportação sobre o gado que circulava entre os dois países. Além disso, proibiram o uso da mão de obra escrava dentro do Uruguai, onde a escravidão havia sido abolida desde 1853. Insatisfeitos, os brasileiros apelaram ao governo imperial. Como as negociações não tiveram êxito e, em 1863, o Uruguai mergulhou em uma guerra civil entre as duas facções, o Brasil invadiu, em 1864, o território uruguaio.

Brasil e Argentina apoiaram os *colorados*, que manteriam uma política favorável aos interesses de ambos, na retomada ao poder. Os *blancos*, por sua vez, aliaram-se ao Paraguai, então governado por Solano López, pois precisavam do apoio estrangeiro para enfrentar seus rivais. Em represália à intervenção brasileira, López ordenou o apresamento do navio brasileiro *Marquês de Olinda* no Rio Paraguai, em dezembro de 1864. Em seguida, invadiu o atual Mato Grosso do Sul.

Cabe lembrar que o Paraguai esteve sob um governo centralizado e ditatorial desde sua independência. O Estado possuía enormes propriedades territoriais, o que o tornava mais poderoso que as elites locais. Como vimos no Capítulo 29, o processo de modernização iniciado na década de 1840 foi basicamente militar e liderado pelo Estado. Na década de 1850, o Paraguai passou a se envolver na intrincada política platina, entrando em conflito com o Brasil em razão da demarcação de fronteiras e da livre navegação dos rios. Era o prenúncio da guerra vindoura.

Nos anos 1960, alguns historiadores defenderam a ideia de que a Guerra do Paraguai teria sido fomentada pelo imperialismo britânico. Sem dúvida, a Grã-Bretanha era contrária à política antiliberal paraguaia e se beneficiou com o conflito, mas isso não significa que o tivesse provocado. É interessante notar que, no início da Guerra do Paraguai, Brasil e Grã-Bretanha estavam com as relações diplomáticas cortadas, em razão da Questão Christie. Assim, é no jogo de interesses regionais – em que o Paraguai procurava se afirmar perante a Argentina e o Brasil –, que devemos entender o contexto desta guerra.

Paralelamente à invasão do Mato Grosso, os paraguaios reuniram tropas para apoiar os *blancos* no Uruguai e invadir o Rio Grande do Sul. Para lançar a investida, López solicitou ao governo argentino permissão para atravessar a província de Corrientes, limítrofe ao Paraguai, ao Brasil e ao Uruguai. Como a autorização não foi concedida, em abril de 1865 o Paraguai declarou guerra também à Argentina. No mês seguinte, firmou-se o Tratado da Tríplice Aliança entre Brasil, Uruguai e Argentina.

Fonte: *Atlas histórico básico*. São Paulo: Ática, 1998. p. 42.

Fonte: *Atlas histórico básico*. São Paulo: Ática, 1998. p. 42.

Prisioneiros políticos paraguaios (1866). Foto atribuída ao uruguaio Esteban García.

O acordo estabelecia, entre outros pontos, que o Paraguai perderia a soberania sobre seus rios, para que os outros países pudessem navegá-los livremente.

Em junho de 1865, soldados paraguaios tomaram a cidade de Uruguaiana, no Rio Grande do Sul. No dia 11 de junho, porém, a esquadra imperial destroçou a frota paraguaia na batalha naval do Riachuelo. Os ocupantes de Uruguaiana ficaram isolados, pois seu abastecimento era feito por via fluvial. Os paraguaios renderam-se em agosto de 1865. Depois disso, a iniciativa passou aos aliados, que invadiram o Paraguai em abril de 1866.

O conflito só acabou com a morte de López, em 1870. Como a Argentina e o Uruguai praticamente abandonaram as operações, o Brasil teve de suportar quase sozinho o peso da guerra. Isso evidenciou sua falta de preparo militar: não havia um número suficiente de tropas treinadas e os equipamentos eram precários. Incentivados pela perspectiva de um combate curto e pela promessa de terras, empregos públicos e pensões, brasileiros de diversas regiões se apresentaram ao recém-criado Corpo dos Voluntários da Pátria. Entretanto, o entusiasmo inicial logo deu lugar à resistência ao recrutamento por parte da população. Com o tempo, o recrutamento militar passou a atingir principalmente os segmentos mais pobres e, em 1866, o governo optou por permitir a libertação de escravos em troca do alistamento. Essa atitude permitiu a socialização de afrodescendentes livres e libertos com a tropa, o que chegou a preocupar alguns generais.

O prolongamento da campanha exigiu a ampliação da capacidade fiscal do Estado. O *déficit* governamental atingiu níveis ainda maiores. O Brasil tomou novos empréstimos e comprou armamentos da Grã-Bretanha, aumentando sua dependência externa.

Homens em armas

O Brasil levou à guerra em torno de 139 mil homens, ou seja, cerca de 1,5% de sua população de mais de 9 milhões de habitantes. A origem conhecida dos efetivos, sem incluir o Exército profissional e os efetivos da Marinha, por região, era:

Região	Voluntários da Pátria	Guarda Nacional	Recrutamento e escravos libertos	Total	%
Norte	2 451	1 725	356	4 532	3,68
Nordeste	15 512	8 855	2 179	26 546	21,57
Leste	25 147	12 255	4 417	41 819	33,97
Sul	9 740	32 652	1 474	43 864	35,63
Centro-Oeste	1 692	4 182	63	5 937	4,82
Montevidéu	450	–	–	450	0,35
Totais	54 992	59 669	8 489	123 148	100

Fonte: DORATIOTO, F. *Maldita guerra*. São Paulo: Companhia das Letras, 2002. p. 458.

Soldados, aliados e inimigos

Não só negros foram alistados como Voluntários da Pátria, mas também diversos indígenas foram mobilizados para lutar na Guerra do Paraguai. Muitos grupos autóctones resistiram, chegando mesmo a atacar os recrutadores, mas outros participaram do conflito e, posteriormente, utilizaram seu serviço militar como argumento para defender a posse das terras de suas aldeias e etnias.

Através desse exemplo, é possível perceber como os povos autóctones continuaram a ser um importante elemento da sociedade brasileira no século XIX. Apesar das tentativas de assimilação dos nativos para "civilizá-los" e criar uma nação homogênea, os indígenas resistiram e buscaram defender suas terras frente ao ímpeto expansionista da agricultura brasileira. Para isso, afirmavam sua identidade indígena, negando as tentativas de defini-los como decadentes, miscigenados e assimilados. Mesmo em áreas centrais para a economia imperial, como o Vale do Paraíba fluminense, aldeias indígenas continuavam a existir, chegando a fornecer mão de obra para a cafeicultura.

Veteranos do grupo étnico Terena, que lutaram na Guerra do Paraguai, fotografados no início do século XX.

Ao mesmo tempo, a guerra consolidou a posição do Exército como instituição. Principal responsável pela vitória sobre o Paraguai, o Exército começou a exigir uma participação mais ativa na política imperial e uma parte da oficialidade aderiu à causa da República.

ORGANIZANDO AS IDEIAS

5. Qual foi o impacto da Batalha de Riachuelo na Guerra do Paraguai?
6. Qual era a origem social das tropas brasileiras no conflito paraguaio?

Mudanças sociais e republicanismo

Desde 1862, com o fim da política de Conciliação, liberais e conservadores passaram mais uma vez a competir pelo poder e a divergir sobre questões políticas importantes. No final da década de 1860, vieram à tona diversos temas centrais, como a condução das operações militares no Paraguai, o papel do Exército e os movimentos abolicionista e republicano. O cenário político foi dominado entre 1862 e 1868 pela Liga ou Partido Progressista. Para a nova organização, convergiam desde liberais progressistas até conservadores moderados, convencidos da necessidade de reformar o sistema político.

Em 1868, caiu o gabinete liberal; os conservadores permaneceriam no poder pelos dez anos seguintes. A instabilidade política que se seguiu consolidou o racha do Partido Liberal, dando margem à criação de uma facção mais radical. Esta, por seu turno, abriu caminho para o surgimento de organizações como o Clube Republicano, fundado no Rio de Janeiro em 1870. Em 3 de dezembro, os republicanos lançaram um manifesto no qual divulgavam algumas de suas propostas: eram contrários à monarquia e defendiam o federalismo, a diminuição do poder do Estado centralizado e o enfraquecimento das oligarquias tradicionais. Três anos depois, formou-se, em São Paulo, o Partido Republicano Paulista.

As ideias republicanas estiveram presentes desde o final do Período Colonial, como atestam as conjurações Mineira e Baiana. Quais seriam os motivos para seu fortalecimento e difusão nas últimas décadas do século XIX? A dificuldade do império em se adaptar a mudanças sociais mais amplas pode ajudar a formular uma resposta. A partir de 1870, a província de São Paulo começou a ganhar proeminência econômica em razão do aumento da produção de café no Oeste paulista. Os cafeicultores estavam insatisfeitos, porém, com sua falta de representatividade política e com a excessiva centralização do poder na província do Rio de Janeiro. O ponto fundamental dos republicanos era a defesa do federalismo, ou seja, da maior autonomia das províncias em relação ao poder central.

A escola pública primária brasileira

No século XIX, quando as estruturas dos Estados se fortaleceram, difundiu-se no Ocidente a crença no papel civilizador da escola pública primária. Acreditava-se que sua função, além de ensinar as primeiras letras, era formar cidadãos com direitos e deveres. O resultado foi um enorme impulso na escolarização popular, que fez com que, em 1890, países como Alemanha, Grã-Bretanha e França mantivessem na escola de 80% a 90% das crianças em idade escolar.

A Constituição do Império do Brasil estabeleceu a instrução como uma garantia individual e gratuita de todos os cidadãos. Contudo, a afirmação da escola pública como uma instituição fundamental do Estado imperial esbarrou em graves problemas. Alguns deles eram típicos de uma sociedade escravista, na qual se proibia ao cativo o direito à instrução; outros eram relacionados à falta crônica de recursos dos governos provinciais, que respondiam pela gestão da educação elementar.

Nesse quadro de dificuldades, não é de estranhar o elevado índice de analfabetismo apresentado pelo recenseamento geral de 1872: em uma população de 9,9 milhões de habitantes, contava-se somente com 15,8% de alfabetizados. A escolarização em massa seria, assim, um desafio a ser enfrentado pelo regime republicano.

Revert Henry Klumb. *Crianças no colégio*, 1874.

São Paulo queria controlar suas forças militares, cobrar impostos e promover a vinda de imigrantes, sem qualquer interferência do governo imperial. Outras oligarquias, como as do Pará, Pernambuco e Rio Grande do Sul, também demandavam mais autonomia.

O republicanismo conquistou boa parte da intelectualidade. As classes médias urbanas, igualmente insatisfeitas com a falta de representação política, também aderiram ao movimento. Surgiu em São Paulo uma burguesia industrial incipiente que investia os capitais gerados pelo café em outras atividades. Esta passou a apoiar o movimento republicano, pois o sistema político imperial não oferecia suporte para suas iniciativas.

O governo imperial tentou implementar algumas reformas. Uma delas foi a reforma eleitoral, conhecida como Lei Saraiva, em 1881, que estabeleceu o voto direto e censitário para as eleições legislativas. O objetivo era diminuir a influência do dinheiro, do prestígio e das ligações de família nas eleições. Para se qualificar como eleitor, seria preciso cumprir duas exigências: possuir uma renda líquida de 200 mil réis e saber ler e escrever – o que não era exigido antes. A reforma acabou reduzindo o número de eleitores, além de deslocar o poder político das áreas rurais para as urbanas, onde os índices de alfabetização e renda eram maiores. Ainda mais do que antes, o Congresso passou a representar uma pequena parcela da população: os ricos e educados.

ORGANIZANDO AS IDEIAS

7. Qual era a proposta central do Clube Republicano, fundado em 1870?

O movimento abolicionista

Com o fim da Guerra do Paraguai, a escravidão tornou-se a principal questão a exigir solução do regime imperial. A primeira iniciativa do governo foi enviar à Câmara dos Deputados o projeto da Lei do Ventre Livre. Em termos gerais, a lei estabelecia a condição de livres para os filhos das escravas ("ingênuos") nascidos a partir da data de sua aprovação, 28 de setembro de 1871. O texto teve o apoio das províncias do norte-nordeste, que já haviam vendido a maior parte de seus escravos para o Sudeste.

Capa da *Revista Illustrada*, v. 9, n. 376, 1884.
Angelo Agostini, que utilizou seu jornal para defender posições abolicionistas, exalta nessa edição a figura do negro Francisco José do Nascimento, que ficou conhecido como "Dragão do Mar" ao liderar os jangadeiros do Ceará no esforço para impedir a venda dos cativos da província para o Sudeste em 1881. A província foi a primeira a abolir a escravidão, em 25 de março de 1884, a partir de uma ampla mobilização popular.

No entanto, a aplicação da lei estava sujeita a algumas condições. O proprietário deveria cuidar dos menores até os 8 anos. A partir dessa idade, optaria entre entregá-los ao Estado, recebendo uma indenização, ou mantê-los até os 21 anos, utilizando-se do seu trabalho. A lei também tentou "humanizar" a escravidão, proibindo a venda separada de famílias em que houvesse filhos menores de 12 anos e os castigos mais violentos, como o ferro quente. E mais: obrigou o senhor a aceitar a alforria do escravo caso este conseguisse dinheiro para tal, fosse através do seu trabalho, fosse com a ajuda dos movimentos abolicionistas que estavam em ascensão no período. Até então, a alforria era uma prerrogativa senhorial, mas, a partir de 1871, a liberdade passou a ser considerada um direito de todos que adquirissem dinheiro para comprar sua alforria. Se havia a possibilidade de que a escravidão perdurasse através do crescimento vegetativo, com a Lei do Ventre Livre ficava claro que seu fim era questão de tempo.

Mesmo assim, o processo poderia ter demorado décadas não fosse o amplo apoio social obtido pela luta pela abolição. Nesta, que veio a ser o primeiro movimento social brasileiro (e um dos mais duradouros e amplos), participaram tanto figuras originárias da elite, como o político e diplomata Joaquim Nabuco, quanto mulatos que se destacaram em sua atividade profissional, como o jornalista e farmacêutico José do Patrocínio, o jornalista e advogado autodidata Luís Gama e o engenheiro André Rebouças. Todos esses líderes abolicionistas discursavam em assembleias, teatros e outros locais abertos ao público, defendiam escravos e libertos nos tribunais e escreviam artigos contra o sistema escravista. Sua intervenção em certa medida orientava as atividades de uma rede abolicionista de base, que realizou centenas de manifestações públicas.

Fugas de escravos

A imprensa foi um dos mais poderosos veículos das críticas ao regime imperial. Nela se destacaram caricaturistas como Angelo Agostini e sua *Revista Illustrada*. O humor presente nas charges e nas caricaturas publicadas em jornais e revistas tinha um grande impacto social e político, já que suscitava protestos e apoios – em suma, formava opiniões. Críticas à condução política emperrada da liderança conservadora ou ao excesso de discursos do imperador eram difundidas em uma linguagem de fácil comunicação para um público pouco letrado.

Angelo Agostini. Fuga de escravos. *Revista Illustrada*, 1887. "Enquanto no Parlamento só se discursa e nada se resolve, os pretinhos raspam-se com toda ligeireza. Os lavradores não podem segurá-los."

O Segundo Reinado no Brasil: anos de apogeu e ruptura Capítulo 31

O positivismo nas Forças Armadas

O positivismo de Auguste Comte teve forte poder de mobilização em relação aos jovens militares. A Religião da Humanidade defendia que toda sociedade, até atingir um estado de desenvolvimento pleno, teria de passar por diversos estágios de evolução, nos quais certos elementos da organização social que não fossem mais necessários seriam abolidos, entre eles as Forças Armadas. O positivismo era, portanto, em sua essência, antimilitarista.

Porém, os oficiais selecionaram aquilo que lhes interessava na doutrina comteana: o destaque dado à Matemática, às ciências físicas e à elite de técnicos. Os jovens militares desprezavam o que chamavam de "pedantocracia", ou seja, a elite dos literatos, associados às oligarquias brasileiras.

Ressentidos com a forma clientelista por meio da qual se organizava a sociedade imperial, esses militares orgulhavam-se por serem formados com base em uma meritocracia. No Brasil oitocentista, grande parte dos filhos da elite agrária se formava em Direito ou Medicina, nas faculdades de Recife, de São Paulo, da Bahia e da Corte, quando não optavam por fazer seus estudos no exterior. Escolhiam a Escola Militar os filhos de militares, os rapazes de famílias pobres e os das províncias decadentes. Para os despossuídos, a Escola Militar era talvez a única e, sem dúvida, a melhor opção. Foi o caso, por exemplo, de Benjamin Constant Botelho de Magalhães (1836-1891), divulgador do Positivismo no Exército.

A posição subalterna do Exército brasileiro, 1870. Charge de *O Mosquito*.

Jornais e revistas também passaram a defender a abolição, criticando e satirizando o sistema escravista. No norte e nordeste, onde a escravidão era cada vez menos relevante devido à venda de cativos para o sudeste cafeeiro, o abolicionismo foi especialmente disseminado. Após o fim da Guerra Civil dos EUA e a abolição da escravidão nesse país, o fim da escravidão passou a ser considerado essencial para permitir a entrada do Brasil na modernidade ocidental, pois somente a colônia de Cuba continuava a empregar o trabalho escravo – até 1886, quando finalmente o aboliu. Houve inclusive colaboração entre os abolicionistas brasileiros e suas contrapartes inglesas, francesas e espanholas, construindo um respaldo internacional para o movimento e oferecendo modelos que foram adaptados pelos ativistas daqui.

Alguns abolicionistas de prestígio chegaram a organizar fugas de cativos, mas uma quantidade bem maior de escravos fugiu por conta própria. Cresceu também a resistência cotidiana, que sempre estivera presente nas relações escravistas e que incluía desde o suicídio até o assassinato de senhores e feitores. Para isso contribuiu o fato de que muitos cativos haviam constituído famílias e estabelecido fortes relações sociais entre si, já que agora não mais havia uma constante entrada de forasteiros trazidos pelo tráfico. Assim, a capacidade de resistência foi potencializada pela maior unidade da comunidade escrava. Apesar da repressão policial, a resistência escrava passou a ser vista como legítima por uma opinião pública cada vez mais simpática à abolição. O Exército, por sua vez, recusou-se a capturar os escravos fugitivos, afirmando que atuar como capitães do mato não fazia parte de suas atribuições.

Em 1883, os abolicionistas se organizaram em uma Confederação Nacional. Naquele momento, a opinião pública se inclinava cada vez mais contra a manutenção do escravismo. Segundo o recenseamento de 1872, os escravos correspondiam a 15,24% de uma população de mais de 9 930 000 pessoas – ou seja, havia mais de 1,5 milhão de indivíduos escravizados. Em 1887, esse número havia diminuído para 720 mil, devido às fugas em massa, à ação cada vez mais direta dos abolicionistas e ao aumento do número de libertos em uma sociedade que se urbanizava e se tornava mais complexa.

A inclinação da balança em favor do abolicionismo não impediu os intensos confrontos entre os deputados das províncias cafeicultoras e não cafeicultoras. Os escravistas afirmavam que a escravidão acabaria naturalmente, por força da demografia, e que apressá-la desorganizaria a produção e prejudicaria a economia do país. Além disso, diziam, libertar centenas de milhares de pessoas escravizadas do controle de seus senhores poderia até gerar anarquia política e caos social. Quando a Lei dos Sexagenários, também conhecida como Saraiva-Cotegipe – que declarou livres os escravos maiores de 60 anos –, passou a ser debatida na Câmara, essa oposição ficou muito nítida. Tramitando desde junho de 1884, o primeiro projeto de lei foi violentamente rejeitado pelos representantes das oligarquias cafeeiras. Após algumas mudanças no projeto original, a lei foi aprovada em setembro de 1885. O texto estipulava que os escravos trabalhassem por mais três anos ou até completarem 65 anos, para "indenizarem" seus senhores. A profunda resistência da elite senhorial que há muito sustentava o império indica que, sem a pressão popular e escrava, as leis abolicionistas não teriam sido aprovadas.

Em 1888, enquanto o imperador achava-se na Europa para cuidar de sua saúde, a princesa Isabel nomeou um novo gabinete formado por abolicionistas. Era uma resposta ao contexto de intensificação dos conflitos políticos e radicalização do movimento abolicionista. Em março, o presidente do Conselho apresentou um projeto de abolição imediata e sem indenização, aceito com rapidez na Câmara e no Senado. No dia 13 de maio de 1888, a princesa Isabel assinou a Lei Áurea, que acabou com a escravidão no Brasil sem qualquer indenização aos proprietários. O Brasil foi o último país ocidental a fazê-lo.

> ### E depois da escravidão?
> Qual era o significado do fim da escravidão no Brasil? Para alguns, seria a possibilidade de uma inserção maior do país no sistema capitalista, na medida em que todos estariam livres para vender sua força de trabalho. Para outros, seria a extensão formal, a uma ampla parcela da população, dos direitos e deveres da igualdade civil.
>
> Na verdade, sem apoio do governo imperial – ou do republicano, que seria instaurado em 1889 – na transição para a condição de homens livres, obrigados a concorrer em condições desfavoráveis com os imigrantes no mercado de trabalho, os afrodescendentes recém-libertados tiveram de enfrentar um duro quadro de desigualdades raciais para poderem se integrar como cidadãos brasileiros.

ORGANIZANDO AS IDEIAS

8. Como atuavam os principais líderes abolicionistas, como Joaquim Nabuco, José do Patrocínio, Luís Gama e André Rebouças?
9. Mencione algumas disposições da Lei do Ventre Livre.

O desgaste da Monarquia e o fim do Império

Conta-se que, no dia 13 de maio de 1888, após assinar a Lei Áurea, a princesa Isabel perguntou ao Barão de Cotegipe se havia ganhado a partida. Ele respondeu que sim, mas que, em troca, havia perdido o trono. Se esse diálogo realmente aconteceu, ninguém sabe. O fato é que, um ano e meio depois, em 15 de novembro de 1889, foi proclamada a República. Para entender a crise final do império, é preciso retomar alguns aspectos já abordados anteriormente.

Após a Guerra do Paraguai, o Exército brasileiro se fortaleceu e se institucionalizou. Educados nas escolas militares e influenciados pelo positivismo de Augusto Comte (1798-1857), os oficiais passaram a defender mais abertamente os interesses de sua corporação, tornando-se menos submissos ao poder civil.

Entre 1883 e 1885, militares e políticos civis se desentenderam publicamente. A chamada Questão Militar veio à tona quando dois oficiais, punidos por indisciplina, recorreram à imprensa para se defender das acusações que o gabinete conservador fizera contra eles. Em 2 de fevereiro de 1887, sob a presidência do marechal Deodoro da Fonseca (1827-1892), oficiais e cadetes aprovaram um documento com algumas de suas principais reivindicações, entre elas, a suspensão do ato que proibia a manifestação dos militares na imprensa. A crise foi resolvida em 1888, mas o Exército não se reaproximou da monarquia.

Nesse contexto, as Forças Armadas recusaram-se a perseguir escravos fugitivos, o que levou a um segundo ponto: o abolicionismo. Este, cada vez mais forte na década de 1880, aglutinou diferentes setores sociais. Certos setores abolicionistas e republicanos se confundiam, pois se opunham às instituições nas quais o regime se apoiava. A modernização do Brasil passaria, portanto, pelo fim da escravidão e pela Proclamação da República.

Após a abolição sem indenização, em 1888, o grupo que tinha sido o mais forte suporte da monarquia, a elite cafeicultora fluminense, distanciou-se do regime.

A CRÍTICA SOCIAL DE MACHADO DE ASSIS

Na segunda metade do século XIX, influenciado pelo cientificismo europeu, desponta no Brasil um movimento literário chamado Realismo. Buscando retratar de forma objetiva a realidade, os autores desse movimento descrevem o cotidiano das grandes cidades e denunciam seus problemas sociais. Entre eles, destacam-se Manuel Antônio de Almeida (1831-1861), Júlio Ribeiro (1845-1890), Aluísio Azevedo (1857-1913) e Raul Pompeia (1863-1985). Mas o ponto alto do movimento foi atingido por Machado de Assis (1839-1908). Romances como *Memórias póstumas de Brás Cubas* (1881), *Quincas Borba* (1886-1891) e *Dom Casmurro* (1899) refletem com ironia e pessimismo as transformações sociais que marcaram o Segundo Reinado.

Embora tenha sido escrito já no início da república, *Dom Casmurro*, considerado sua obra-prima, é ambientado no final do império. Protagonista do romance, o velho, solitário e amargurado Bento Santiago narra sua vida em primeira pessoa, recordando sua juventude e seu casamento com Capitu. A incerteza sobre a fidelidade da esposa e a dúvida a respeito da paternidade de Ezequiel, filho do casal, permeiam todo o romance, mas não chegam a ser solucionadas. Ao longo dessa hesitação, o autor traça um perfil psicológico das personagens, com ênfase no ciúme de Bentinho.

O romance nos permite entrever certos aspectos da sociedade brasileira da época, especialmente da elite carioca. Alguns críticos afirmam que a origem humilde de Capitu seria a razão de Bentinho enamorar-se e desconfiar dela. Pertencente à classe proprietária, ele representaria a dualidade das elites brasileiras: de um lado, progressista e liberal; de outro, patriarcal e autoritária. O estilo do livro também é um reflexo da época. Seus capítulos curtos; a narrativa não linear, que apresenta saltos temporais; e o tom familiar do narrador, que interrompe a história para se dirigir ao leitor – tais características, bem distintas das predominantes na literatura brasileira até então, refletem mudanças na própria sociedade, que estava se modernizando.

Apesar da popularidade da monarquia entre grande parte da população, o imperador perdia sustentação política entre a elite. É possível ainda mencionar a Questão Religiosa, isto é, o conflito entre a Igreja Católica e o imperador, como uma das causas que abalaram a monarquia. A Constituição de 1824 manteve o regime do padroado, que dava ao monarca o direito de aprovar as determinações da alta cúpula da Igreja, as quais só depois disso seriam aplicadas.

Entre 1872 e 1875, o governo imperial condenou à prisão um bispo de Pernambuco e outro do Pará acusados de desobediência ao Estado. Os bispos tinham interditado irmandades católicas que acolhiam membros maçons, conforme determinação do papa Pio IX, mas sem obter antes a devida concordância de Dom Pedro II.

Em 1875, a pena dos bispos foi atenuada e os dois foram soltos, encerrando-se a crise. Os dois lados, entretanto, saíram perdendo com o episódio, que reforçou as posições dos defensores do estabelecimento de um Estado leigo no país.

Em virtude desses fatores, a monarquia foi perdendo legitimidade. A jovem oficialidade do Exército, seduzida por uma leitura própria do Positivismo, promoveu o Golpe de Estado em 1889 com o apoio de alguns segmentos republicanos.

Convencido a derrubar a monarquia após rumores de que o governo desejava retirar as tropas do Exército da capital e fortalecer a Guarda Nacional, o marechal Deodoro da Fonseca liderou o movimento que proclamou, em 15 de novembro de 1889, a República no Brasil. O imperador, ao ser informado, não acreditou na notícia. Na madrugada do dia 17, a família imperial foi intimada a deixar o país.

A Proclamação da República resultou, portanto, de um golpe militar apoiado por cafeicultores republicanos e setores das classes médias urbanas. O novo governo continuou a excluir a maior parte da população do jogo político. A principal mudança foi a ascensão da oligarquia cafeeira de São Paulo, dominante durante a Primeira República, como veremos adiante.

ORGANIZANDO AS IDEIAS

10. Em sua opinião, por que a Abolição acelerou o fim da monarquia brasileira?

Revisando o capítulo

APROFUNDANDO O CONHECIMENTO

1. Observe as fontes a seguir.

> De volta do Paraguai Cheio de glória, coberto de louros, depois de ter derramado seu sangue em defesa da pátria e libertado um povo da escravidão, o voluntário volta ao seu país natal para ver sua mãe amarrada a um tronco horrível de realidade!...
>
> AGOSTINI, Angelo. *A Vida Fluminense*, ano 3, n. 128, 11 jun. 1870.

> Os objetivos originais da guerra, tal como foram expostos no Tratado da Tríplice Aliança assinado pelo Brasil, pela Argentina e pelo Uruguai em 1º de maio de 1865, eram: a derrubada da ditadura de Solano López; livre navegação dos rios Paraguai e Paraná; anexação do território reivindicado pelo Brasil no nordeste do Paraguai e pela Argentina no leste e no oeste do Paraguai – esta última cláusula se manteve secreta até ser revelada pela Inglaterra em 1866. Com o desenrolar do conflito, tornou-se, em particular para o Brasil, uma guerra pela civilização e pela democracia contra a barbárie e a tirania: isso apesar do estranho fato de que o Brasil, após a libertação dos escravos nos Estados Unidos durante a Guerra Civil, agora era o único Estado independente de todas as Américas com a economia e a sociedade em bases escravistas, além de ser a única monarquia remanescente.
>
> BETHELL, Leslie. Todos contra o Paraguai. *Revista de História.com.br*, 2012. Disponível em: <www.revistadehistoria.com.br/secao/artigos-revista/todos-contra-o-paraguai>. Acesso em: maio 2016.

   a. De acordo com Bethell, quais seriam os objetivos iniciais do conflito?
   b. Analise o papel de escravos recém-libertos durante a Guerra do Paraguai.
   c. Relacione o argumento presente no texto de Bethell e a charge.

2. Leia atentamente o texto abaixo e compare-o com o gráfico a seguir:

> Da mesma forma que o tratado de 1818, a lei de 1831 assegurava plena liberdade aos africanos introduzidos no país após a proibição. Em consequência, os alegados proprietários desses indivíduos livres eram considerados sequestradores [...]. Os 760 mil africanos desembarcados até 1856 – e a totalidade de seus descendentes – continuaram sendo mantidos ilegalmente na escravidão até 1888. Para que não estourassem rebeliões de escravos e de gente ilegalmente escravizada, para que a ilegalidade da posse de cada senhor, e cada sequestrador, não se transformasse em insegurança coletiva dos proprietários, de seus sócios e credores – abalando todo o país – era preciso que vigorasse um conluio geral, um pacto implícito em favor da violação da lei. [...] Ou seja, boa parte das duas últimas gerações de indivíduos escravizados no Brasil não era escrava. Moralmente ilegítima, a escravidão do Império era ainda – primeiro e sobretudo – ilegal. Como escrevi, tenho para mim que este pacto dos sequestradores constitui o pecado original da sociedade e da ordem jurídica brasileira.
>
> ALENCASTRO, Luiz Felipe de. O pecado original da sociedade e da ordem jurídica brasileira. *Novos Estudos Cebrap*, n. 87, 2010. p. 6-7.

Fonte: MARQUESE, Rafael. As origens do Brasil e Java: trabalho compulsório e a reconfiguração da economia mundial do café na Era das Revoluções, c. 1760-1840. *Revista História* (Unesp-SP), v. 34, n. 2, 2015. p. 114.

a. De acordo com o texto, qual é o "pecado original da sociedade e da ordem jurídica brasileira"?

b. De acordo com o gráfico, quando o Brasil assume a liderança das exportações globais de café? Relacione esse movimento com o processo descrito no texto do historiador Luiz Felipe de Alencastro.

3. Leia, atentamente, os trechos a seguir:

Texto I

O que esse regime [a escravidão] representa já o sabemos. Moralmente é a destruição de todos os princípios e fundamentos da moralidade religiosa ou positiva [...], politicamente é o servilismo, a degradação do povo, a doença do funcionalismo, o enfraquecimento do amor da pátria [...], econômica e socialmente é o bem-estar transitório de uma classe única [...], a paralisação de cada energia individual para o trabalho na população nacional, o fechamento dos nossos portos aos imigrantes que buscam a América do Sul.

Fonte: NABUCO, Joaquim [1883], apud COSTA, Emília Viotti da. *Da senzala à colônia*. São Paulo: Difel, 1997.

Texto II

Senhores, combatendo a ideia da emancipação direta perante o Parlamento, devo repelir uma pecha que os mais intolerantes promotores da propaganda costumam lançar sobre aqueles que, como eu, têm levantado a voz para protestar energicamente contra a imprudência e precipitação com que se iniciou esta reforma. [...] Chamam-nos de escravocratas, de retrógrados, de espíritos tacanhos e ferrenhos, que não recebem os influxos da civilização. [...] Vós, os propagandistas, os emancipacionistas a todo transe, não passais de emissários da revolução, de apóstolos da anarquia. Os retrógrados sois vós, que pretendeis recuar o progresso do País, ferindo-o no coração, matando a sua primeira indústria, a lavoura.

Fonte: ALENCAR, José de [1871], apud NEVES, Margarida de Souza; HEIZER, Alda. *A ordem é o progresso*: o Brasil de 1870 a 1910. São Paulo: Atual, 1991.

Com base nos textos, compare as posições de Nabuco e Alencar.

Conecte-se

A força da tradição

Ao longo do século XIX, a ideia de nação e o sentimento nacionalista tornaram-se elementos centrais para compreender as transformações que vinham ocorrendo em diferentes regiões do planeta. Na Europa, o nacionalismo se expressou nas revoluções liberais, quando algumas minorias étnicas conseguiram conquistar sua independência (caso dos gregos, dos húngaros e dos tchecos), e nas unificações italiana e alemã. Na América, ele esteve presente na consolidação dos países recém-independentes, inclusive o Brasil. Porém, o processo de construção das identidades nacionais, tanto na Europa quanto na América, foi longo e tortuoso. Isso porque os Estados nacionais precisaram solucionar, muitas vezes por meio da força, as diferenças internas para construir laços históricos comuns entre a população (língua, costumes, origens etc.).

Atualmente, a identidade nacional é evocada principalmente nas celebrações cívicas e esportivas, como a Copa do Mundo de Futebol. Ela também é percebida no hino nacional, nos símbolos, nas comidas típicas e até na música. No entanto, o nacionalismo também é usado de maneira negativa, sendo associado, muitas vezes, à xenofobia e ao racismo. Exemplos disso são as recentes manifestações da extrema-direita contra imigrantes na Europa e as políticas de Estado que dificultam o acolhimento de refugiados. Com base nisso, leia o texto e observe a charge a seguir.

Charge de Gilmar, 2015, sobre a xenofobia e a política migratória na Europa, relacionada à guerra civil na Síria, que deixou milhares de refugiados.

[...] as identidades nacionais não são coisas com as quais nós nascemos, mas são formadas e transformadas no interior da *representação*. Nós só sabemos o que significa "ser inglês" devido ao modo como a "inglesidade" (*Englishness*) veio a ser representada – como um conjunto de significados – pela cultura nacional inglesa. Segue-se que a nação não é apenas uma entidade política, mas algo que produz sentidos – *um sistema de representação cultural*. As pessoas não são apenas cidadãos/ãs legais de uma nação; elas participam da *ideia* da nação tal como representada em sua cultura nacional. Uma nação é uma comunidade simbólica e é isso que explica seu "poder para gerar um sentimento de identidade e lealdade" [...].

As culturas nacionais são compostas não apenas de instituições culturais, mas também de símbolos e representações. Uma cultura nacional é um *discurso* — um modo de construir sentidos que influencia e organiza tanto nossas ações quanto a concepção que temos de nós mesmos [...]. As culturas nacionais, ao produzir sentidos sobre "a nação", sentidos com os quais podemos nos identificar, constroem identidades. Esses sentidos estão contidos nas estórias que são contadas sobre a nação, memórias que conectam seu presente com seu passado e imagens que dela são construídas. [...]

[...] A lealdade e a identificação, que, numa era pré-moderna ou em sociedades mais tradicionais, eram dadas à tribo, ao povo, à religião e à região, foram transferidas, gradualmente, nas sociedades ocidentais, à cultura nacional. As diferenças regionais e étnicas foram gradualmente sendo colocadas, de forma subordinada, sob [...] "teto político" do Estado-nação, que se tornou, assim, uma fonte poderosa de significados para as identidades culturais modernas. [...]

O discurso da cultura nacional [...] constrói identidades que são colocadas, de modo ambíguo, entre o passado e o futuro. Ele se equilibra entre a tentação por retornar as glórias passadas e o impulso por avançar ainda mais em direção à modernidade. As culturas nacionais são tentadas, algumas vezes, a se voltar para o passado, a recuar defensivamente para aquele "tempo perdido", quando a nação era "grande"; são tentadas a restaurar as identidades passadas. Este constitui o elemento regressivo, anacrônico, da estória da cultura nacional. Mas frequentemente esse mesmo retorno ao passado oculta uma luta para mobilizar as "pessoas" para que purifiquem suas fileiras, para que expulsem os "outros" que ameaçam sua identidade e para que se preparem para uma nova marcha para a frente.

HALL, Stuart. *A identidade cultural na pós-modernidade*. Rio de Janeiro: DP&A, 2006. p. 48-56.

ATIVIDADES

1. Segundo Stuart Hall, como as identidades nacionais são construídas?
2. Descreva a charge. Qual é a crítica presente nela?
3. De que forma a charge pode ser relacionada ao último parágrafo do texto de Stuart Hall?
4. Você conhece outros exemplos em que o nacionalismo foi utilizado com extremismo para justificar ações xenófobas e preconceituosas? Converse com os colegas sobre o tema.

441

UNIDADE 9

OS LIMITES DO PROGRESSO

A transição do século XIX para o XX trouxe um excepcional desenvolvimento tecnológico, o que tornou reais muitas promessas da primeira Revolução Industrial e construiu o mundo em que vivemos hoje. Entretanto, essa excepcional produção de riqueza não foi distribuída de forma igualitária e crescentemente se concentrou nas mãos de um reduzido número de pessoas.

O progresso teve, portanto, outra face: a exploração. Trabalhadores, fossem imigrantes ou ex-escravizados, tiveram de lidar com um sistema político e econômico que beneficiava uma elite cada vez mais oligárquica. Quanto mais longe do centro econômico global (a Europa, os Estados Unidos e, posteriormente, o Japão), mais intensa se tornava a opressão, como rapidamente perceberam os povos da África e da Ásia durante a corrida imperialista. A dominação não foi, porém, exercida sem obstáculos, pois os grupos subalternos resistiram e lutaram, garantindo que essa seria uma época repleta de conflitos.

Frederick Graetz. *Torneio do dia: um duelo entre o trabalho e o monopólio.* Da esquerda para a direita, lê-se: "arrogância", "corrupção do legislativo", "monopólio", "imprensa comprada", "greve", "pobreza" e "trabalhador". *Revista Puck*, 1º de agosto de 1883.

Biblioteca do Congresso, Washington D. C.

442

Plano de unidade

▸ **Capítulo 32**
Os Estados Unidos no século XIX: guerra e expansão

▸ **Capítulo 33**
A segunda Revolução Industrial e o neocolonialismo

▸ **Capítulo 34**
A construção da República

CAPÍTULO 32

OS ESTADOS UNIDOS NO SÉCULO XIX: GUERRA E EXPANSÃO

Construindo o conhecimento

- Por que você acha que a história dos Estados Unidos da América se diferenciou tanto da história brasileira no século XIX?
- Em sua opinião, quais são as razões que explicam os diferentes caminhos dos processos de abolição no Brasil e nos Estados Unidos da América?

Plano de capítulo

▸ Uma nação dividida
▸ Crescimento territorial e expansão econômica
▸ A Guerra Civil (1861-1865)
▸ A Reconstrução

O século XIX estadunidense não foi marcado apenas pelo conflito entre o norte capitalista e o sul escravagista, mas também pela ascensão dos Estados Unidos da América, que se tornaram uma potência mundial. Como treze colônias recém-independentes se tornaram um poderoso país continental? E como a Guerra Civil entre o norte e o sul contribuiu para esse resultado? Quais foram os efeitos sociais dessas transformações, especialmente para grupos como o dos indígenas e dos negros?

Harper's Weekly, 11 de outubro de 1862. A charge sobre a guerra civil retrata o presidente Lincoln com um machado cortando a árvore da escravidão. Na legenda, Lincoln avisa: "Agora, se você não descer, eu vou cortar a árvore debaixo de você". No topo da árvore, o presidente dos Estados Confederados, Jefferson Davis, tenta se manter agarrado a qualquer custo. A imagem é uma caricatura, portanto, do embate entre as visões capitalista (norte) e escravagista (sul).

Marcos cronológicos

1800 – Thomas Jefferson (republicano) é eleito.
1803 – A Louisiana é adquirida da França.
1804 – Reeleição de Thomas Jefferson.
1804-1806 – Expedição de Lewis e Clark ao noroeste dos atuais Estados Unidos.
1807 – É aprovada a Lei do Embargo, que proibia os navios estadunidenses de se dirigirem à Europa.
1808 – James Madison (republicano) é eleito. Aprovação da lei que proibia o tráfico de escravizados nos Estados Unidos.
1812-1815 – Guerra entre os Estados Unidos e a Grã-Bretanha.
1816 – Eleição do republicano James Monroe.
1819 – A Flórida é adquirida da Espanha.
1820 – Monroe é reeleito; é assinado o Compromisso do Missouri, que divide entre escravagistas e livres os novos territórios incorporados à União.
1823 – Lançamento da Doutrina Monroe.
1825 – Os republicanos se dividem em duas facções: republicanos-democratas e nacionais-republicanos.
1828 – Andrew Jackson (democrático-republicano) é eleito.
1830 – Lei de Remoção dos Índios, que desloca tribos "civilizadas" para além do rio Mississípi.

Uma nação dividida

A polarização do novo país: federalistas × republicanos-democratas

Após a Independência dos Estados Unidos, ameaças separatistas passaram a pairar sobre o território estadunidense. As diferenças econômicas, sociais e políticas entre os estados do norte e do sul gradualmente se acentuaram, causando tensões profundas.

Em 1790, surgiram as primeiras organizações partidárias, que mais tarde configuraram um sistema político bipolarizado. Enquanto os federalistas apoiavam um governo central forte, defendendo principalmente interesses comerciais e financeiros, os republicanos-democratas – que dariam origem aos democratas e aos *whigs*, em 1832 – destacavam sobretudo as preocupações agrárias e os direitos dos estados. Os primeiros identificavam-se mais com as propostas dos estados nortistas, e os segundos se aproximavam mais dos sulistas.

O primeiro presidente dos Estados Unidos, o general da independência George Washington (1732-1799), procurou nomear figuras destacadas para postos-chave em seu governo, contemplando as diversas correntes políticas. Destacavam-se o secretário do tesouro Alexander Hamilton (1755-1804) e o secretário de Estado Thomas Jefferson (1743-1826). O primeiro tomou medidas para transformar, a longo prazo, os Estados Unidos em uma potência comercial. Jefferson, por sua vez, tinha convicções bem diferentes e via em uma república de fazendeiros o caminho para o futuro da nova nação.

Em 1793, outra questão, dessa vez externa, suscitou divisões: a guerra entre França e Grã-Bretanha no contexto da Revolução Francesa. Os Estados Unidos decidiram se manter neutros. A postura – economicamente benéfica para o país, que exportava alimentos e matérias-primas para ambos os lados do conflito – passou a ser questionada quando a Marinha britânica começou a interceptar, em alto-mar, navios estadunidenses que abasteciam a França e a apreender os membros de sua tripulação. Enquanto os democratas reivindicavam medidas enérgicas contra a Grã-Bretanha, os federalistas, interessados em manter boas relações comerciais com a antiga metrópole, resistiam a um rompimento.

Enviado a Londres para apresentar objeções às represálias, John Jay (1745-1829), presidente da Suprema Corte, negociou um acordo com os britânicos em 1794. Isso desagradou os republicanos, contribuindo para cristalizar as diferenças nascentes entre os dois grupos políticos. Em seguida, ocorreu a eleição de 1796, vencida pelo federalista John Adams (1735-1826). Em seu governo, os Estados Unidos estiveram a ponto de se envolver na guerra contra a França. Em nome da segurança nacional, foram adotadas medidas que impunham restrições à liberdade de expressão e deportavam estrangeiros considerados desobedientes, com o objetivo de reprimir a oposição ao governo.

Os republicanos levantaram-se contra essas ações e tomaram Thomas Jefferson como seu porta-voz. Influenciados por essas críticas, alguns estados como Kentucky e Virgínia não aceitaram a lei federal, afirmando que tais medidas violavam a Primeira Emenda da Constituição. A repulsa contra os atos de Adams explica, em grande medida, a sua derrota e a consequente vitória de Jefferson nas eleições de 1800, nas quais um dos temas centrais foi exatamente a liberdade. Entretanto, esse período, que ficou conhecido como Revolução de 1800, não trouxe grandes mudanças políticas, embora Jefferson tenha minimizado o poder do governo federal e diminuído a interferência estatal na economia.

Em 1803, Jefferson comprou a Louisiana da França de Napoleão. Diante do declínio da presença francesa nas Américas (visível na iminente perda de São Domingos, o futuro Haiti, como vimos no Capítulo 25) e dos crescentes gastos com a guerra que se reiniciava na Europa, o então primeiro cônsul viu na oferta a

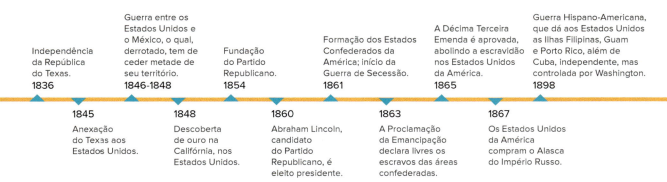

possibilidade de obter dinheiro fácil para suas campanhas. O território, avaliado na época em 15 milhões de dólares (um valor considerável), aumentou significativamente o tamanho dos Estados Unidos e sua anexação deixou claro o interesse de Jefferson pela expansão do país. Assim, expedições foram patrocinadas pelo governo federal para explorar terras localizadas a oeste e foi construído um sistema de canais e estradas para ligar essas regiões aos territórios já ocupados.

Durante o segundo mandato de Jefferson, uma das questões centrais foi novamente a neutralidade estadunidense no confronto entre a França e a Grã-Bretanha, o que produzia as mesmas oportunidades e os mesmos conflitos que na década anterior. Apesar das pressões para se posicionar, especialmente por parte do sul e do oeste, que apoiavam a guerra, Jefferson manteve a neutralidade reivindicada pelo norte. Entretanto, em 1807, o presidente decretou a Lei do Embargo, proibindo que navios estadunidenses se dirigissem à Europa. A medida teve forte impacto sobre os comerciantes estadunidenses e foi revogada pouco antes de Jefferson deixar o poder, em 1809. Contribuiu para isso, porém, a intensificação das tensões com a antiga metrópole, estimulando a Inglaterra a buscar outros mercados e fornecedores na América, especialmente porque o comércio com a Europa era-lhe vedado pelo Bloqueio Continental Napoleônico. Encontra-se, aí, uma das razões para o interesse britânico na abertura dos portos brasileiros, efetivada em 1808.

Guerra contra a Grã-Bretanha

Os atritos continuaram, de modo que o federalista James Madison (1751-1836) não conseguiu evitar a guerra contra os britânicos, iniciada em 1812. Tropas britânicas tomaram a cidade de Washington e incendiaram os prédios públicos. Contudo, na Louisiana, os britânicos perderam. O efeito mais duradouro dessa guerra recaiu sobre os grupos indígenas. Assim como acontecera na Guerra de Independência quatro décadas antes, a maioria deles apoiou os britânicos, pois a vitória dos Estados Unidos, cedo ou tarde, acarretaria a incorporação das terras nativas pelos colonos estadunidenses.

O conflito, que ficaria conhecido nos Estados Unidos como a Segunda Guerra de Independência, terminou com a assinatura de um tratado de paz em 1814, embora a vitória contra os britânicos viesse em janeiro de 1815. A Grã-Bretanha passou a conviver de maneira pacífica com a ex-colônia, admitindo o *status* dela de potência mercantil. Assim, os Estados Unidos mantiveram-se por mais de oito décadas em paz com todas as nações europeias.

Com a vitória na guerra, Madison conseguiu eleger seu sucessor, James Monroe (1758-1831), em 1817. Em 1823, o novo presidente proclamou a **Doutrina Monroe**, que pode ser sintetizada na frase: "A América para os americanos". Nesse período, a onda conservadora que varria a Europa pretendia restaurar as monarquias, como vimos no Capítulo 28. Os estadunidenses não viam com bons olhos uma intervenção da Espanha nas nações que estavam emergindo na América Latina, assim como as pretensões expansionistas da Rússia no noroeste do continente.

As jovens nações em formação eram mercados potenciais muito interessantes para os Estados Unidos, o que levou Monroe a dizer que não interviriam nas questões relacionadas aos países

Expedições científicas e a expansão dos EUA

Fonte: FONER, Eric. *Give me Liberty*: an American history. 3. ed. Nova York: Norton, 2012. p. 314.

Para explorar o território da Louisiana, Estados Unidos, Meriwether Lewis (1774-1809) e William Clark (1770-1838) organizaram uma expedição. Após alcançarem as Montanhas Rochosas, eles navegaram pelo Rio Columbia até chegarem ao Pacífico. A empreitada, realizada entre 1804 e 1806, tinha objetivos políticos, científicos e econômicos. Diversos relatórios foram produzidos sobre a geografia, as plantas, os animais e as culturas indígenas encontradas na região.

G. Thompson. *A tomada da cidade de Washington*, 1814. Gravura.

europeus desde que estes também não interferissem no que acontecesse nas Américas. Esse princípio passou a guiar a postura diplomática dos Estados Unidos, que se colocou como o guardião do continente. Vigorando até o século XX, tal política não sofreu qualquer oposição da Grã-Bretanha, que, à época, dominava o mercado latino-americano.

> **ORGANIZANDO AS IDEIAS**
>
> 1. Quais são as posições dos primeiros partidos políticos dos Estados Unidos em relação ao conflito latente entre os estados nortistas e sulistas?
> 2. Que medida tomada por Thomas Jefferson expandiu enormemente o território dos Estados Unidos?
> 3. Explique o princípio da Doutrina Monroe e qual era o interesse dos americanos em adotar tal postura diplomática.

Crescimento territorial e expansão econômica

No início do século XIX, os Estados Unidos conheceram um excepcional crescimento econômico, demográfico e territorial. Em 1819, compraram da Espanha a região que hoje corresponde à Flórida, expandindo novamente seu território. A migração em direção ao oeste intensificou-se e novos estados foram se formando. Uma política governamental de incentivo facilitava o pagamento das terras adquiridas no oeste, o que impulsionou a ocupação. Muitos fazendeiros deixaram com seus escravos suas posses na Virgínia, na Geórgia ou nas Carolinas para se instalar nas terras que constituiriam, mais tarde, o "Reino do Algodão", no dizer da época. Outros vendiam seus cativos para essas novas áreas, separando famílias com esse processo.

Com a crescente ocupação, os habitantes nativos começaram a ser expulsos. Após 1814, os indígenas, que muitas vezes haviam buscado um apoio estrangeiro – quase sempre da Grã-Bretanha – ficaram sem aliados, já que os britânicos reconheceram definitivamente o domínio estadunidense sobre o oeste. Consequentemente, ficou mais difícil resistir ao violento avanço dos colonos, numerosos e bem armados. Alguns grupos indígenas passaram a incorporar modelos europeus e a adaptar a eles seu estilo de vida, ficando conhecidos como "tribos civilizadas". Outros conseguiram resistir por décadas, como os Comanches.

A expansão territorial foi, portanto, um elemento que contribuiu para o intenso crescimento demográfico e o avanço econômico dos Estados Unidos, mas as transformações sociais e políticas romperam o frágil equilíbrio entre os interesses do norte em processo de industrialização e do sul escravagista.

A ocupação do território determinou, na primeira metade do século XIX, investimentos em estradas, ferrovias, canais para ampliar os rios navegáveis e transportes, com o objetivo de facilitar o escoamento e o barateamento de produtos tanto para o mercado interno como para o mundial. Essa tarefa foi implementada através da aliança entre as iniciativas pública e privada – predominantemente dos empresários do norte, que dispunham de capital para esses investimentos. Umas das grandes revoluções no transporte foi o barco a vapor e, aos poucos, os Estados Unidos transformaram-se em uma potência marítima. Ainda mais importante, esse desenvolvimento integrou economicamente o território, possibilitando o desenvolvimento de um grande mercado interno, o que dinamizou ainda mais a economia americana.

No sul, o algodão foi o produto que despontou na produção agrícola comercial e concentrou grandes investimentos nesse período. Em 1793, após a invenção do descaroçador que separava as fibras das sementes, sua produção aumentou significativamente. Outros produtos, como o açúcar – que floresceu na Louisiana, receptora de muitos imigrantes após a destruição das *plantations* no Haiti –, o tabaco, o arroz, o anil e o trigo também contribuíram para a crescente expansão da produção agrícola.

Além disso, desde a independência, os Estados Unidos adotaram uma política de incentivos que atraía mão de obra especializada com o objetivo de desenvolver seu setor industrial, sobretudo o têxtil. Inicialmente, a maquinaria era movida pela energia hidráulica, mas, em 1820, as indústrias foram se adaptando à máquina a vapor.

Anônimo. O quadro, pintado em 1805, retrata Benjamin Hawkins (1784-1816), nomeado superintendente de Assuntos Indígenas para o sudeste em 1795, ensinando os indígenas a utilizar o arado. Promover a agricultura entre os grupos indígenas seria um dos principais caminhos para "civilizá-los". A imagem denota claramente o racismo vigente entre os estadunidenses, que consideravam os povos autóctones inferiores.

A partir da década seguinte, o crescimento industrial começou a acelerar e a se diversificar, localizando-se predominantemente nos estados nortistas – que, porém, exportavam seus produtos para o crescente território estadunidense.

As mulheres desempenharam um importante papel nos maiores centros manufatureiros. As solteiras tinham de morar em pensões que impunham regras rígidas de vida, controlando-as dentro e fora das fábricas. O trabalho era exaustivo – algumas chegavam a trabalhar 72 horas por semana – e a remuneração muito baixa, mas pela primeira vez elas deixavam em grande número as suas casas para participar da vida pública de maneira permanente.

Posteriormente, a demanda de trabalho também foi complementada pela imigração, principalmente de alemães, irlandeses e ingleses. Iniciado em 1790, o fluxo chegou a seus níveis máximos entre 1840 e 1860, quando cerca de 4 milhões de pessoas atravessaram o Atlântico para "fazer a América", isto é, enriquecer nos Estados Unidos.

Os estados do sul mantiveram a tradicional orientação agrícola voltada, sobretudo, para o algodão, baseada no trabalho escravo e nas grandes propriedades monocultoras (embora existissem também pequenos e médios fazendeiros com poucos escravos ou nenhum). Por sua vez, o norte, apesar de possuir uma grande classe média rural que produzia através do trabalho familiar, passou a se dedicar cada vez mais ao sistema fabril, ampliando a importância de seus portos e fortalecendo sua Marinha. A escravidão jamais fora fundamental para a economia nortista e a maior parte dos estados da região já a havia abolido (ou estava em processo acelerado de fazê-lo). Desse modo, a mão de obra empregada era essencialmente a de trabalhadores livres. Cabe destacar, porém, que vários laços conectavam o norte ao sul, pois seus bancos emprestavam dinheiro para os escravagistas comprarem cativos e expandirem sua produção, assim como seus industriais compravam algodão e exportavam suas manufaturas para a região.

Muitos cidadãos nos estados do norte esperavam que a escravidão fosse abolida gradualmente, uma vez que em 1808 o Congresso havia promulgado uma lei proibindo o tráfico de escravos. Em vez disso, ela saltou de cerca de 700 mil indivíduos escravizados em 1790 para quase 4 milhões em 1860, por meio do crescimento vegetativo – que resultava da enorme capacidade de persistência da população escravizada, que afirmava sua humanidade ao formar famílias mesmo sob condições muito adversas. Os cativos representavam um terço da população do sul, cuja economia e ideologia cada vez mais se baseava na defesa do trabalho escravo.

O aprofundamento das diferenças

As grandes transformações econômicas e demográficas incentivaram diversos movimentos a lutar por mudanças políticas. De fato, nas décadas de 1820 e 1830, a democracia foi estendida no país e os estados foram aos poucos abandonando o caráter censitário do voto. Em 1840, 90% dos homens brancos podiam votar nos Estados Unidos, embora mulheres e afro-americanos continuassem excluídos.

Já a população indígena foi mais que excluída, pois o avanço para o oeste fez com que muitas vezes fosse exterminada, apesar de sua resistência. Em 1830, o presidente Andrew Jackson (1787-1845) aprovou a Lei de Remoção dos Índios, que deslocava os Cherokees e outras "tribos civilizadas" de suas terras para o outro lado do Mississípi. Muitos nativos não resistiram ao deslocamento e não se adaptaram às diferentes condições climáticas e de solo, o que provocou muitas mortes e fome entre esses grupos.

Dentro desse quadro de transformações, os debates sociais foram intensificados por movimentos culturais (como o Romantismo), religiosos e por ideias utópicas que defendiam uma sociedade mais justa e igualitária para mulheres, indígenas e negros. A ampliação dos direitos civis e a defesa dos interesses desses segmentos so-

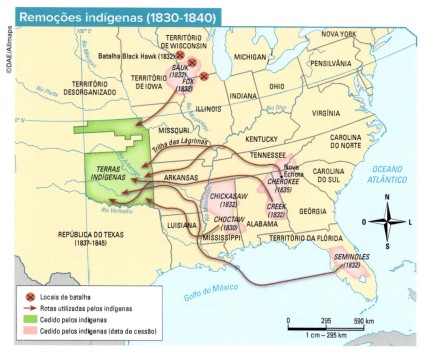

Fonte: FONER, Eric. *Give me Liberty*: an American history. 3. ed. Nova York: Norton, 2012, p. 399.

As anexações trouxeram mais problemas em relação à adoção ou não da escravidão nesses novos territórios. O dilema foi redimensionado pela descoberta de ouro na Califórnia (1848), o que provocou uma grande corrida para o oeste. Com a rapidez da ocupação, em poucos anos tornou-se necessário legislar o mais rápido possível para os novos territórios.

Em 1850, a Califórnia foi admitida na União como um estado livre, apesar de seu território estar ao sul do Compromisso de Missouri. Os territórios de Utah e Novo México, por sua vez, poderiam escolher, através de uma votação, se adotariam ou não a escravidão. Assim, o Compromisso de 1850 levava em conta as concepções de autodeterminação e soberania popular. Em contrapartida, a mesma negociação tornou efetiva a aplicação da Lei dos Escravos Fugitivos. Embora essa lei existisse desde 1790, não era cumprida nos estados do norte e o governo federal se comprometeu a proteger o direito da recaptura dos escravizados fugitivos por parte de seus senhores sulistas.

ciais passaram a ser discutidos em reuniões, assembleias e conferências. Os movimentos ganharam projeção com o aprimoramento da imprensa e a ampliação do público leitor, o que possibilitava a produção de grandes tiragens de panfletos e jornais sobre o tema.

Rumo à ruptura

Foi também durante esse período que as diferenças entre os estados do norte e do sul chegaram à beira da ruptura. Os territórios recém-ocupados a oeste foram aos poucos convertendo-se em estados. Uma das principais questões discutidas em relação a eles dizia respeito à escravidão. Para tentar equilibrar os interesses regionais, o Compromisso do Missouri (1820) estabelecia que os novos estados seriam escravistas ou livres conforme ficassem ao sul ou ao norte do paralelo da fronteira sul do Missouri.

Justificada pelo Destino Manifesto, ou seja, pela ideia de que os Estados Unidos tinham o "dever moral" de estender suas instituições abençoadas por Deus para outras partes, em meados do século XIX o país dilataria grandemente suas fronteiras. Foram anexados, assim, além da República do Texas (1845), que havia se separado do México em 1836, os territórios mexicanos que viriam a se tornar Arizona, Novo México, Nevada, Utah, Califórnia, Gadsden – hoje dividido entre o Arizona e o Novo México – além de Oregon, após um acordo com a Grã-Bretanha, em 1846.

Para assistir

12 anos de escravidão
EUA, 2013. Direção: Steve McQueen. Duração: 134 min.

1841. Solomon Northup é um negro que vive em paz ao lado da esposa e dos filhos. Um dia, após aceitar um trabalho que o leva a outra cidade, ele é sequestrado e acorrentado. Vendido como se fosse escravo, Solomon precisa superar humilhações físicas e emocionais para sobreviver. Ao longo de 12 anos, ele passa por dois senhores, Ford e Edwin Epps, que, cada um à sua maneira, exploram seus serviços.

Os Estados Unidos no século XIX: guerra e expansão Capítulo 32 449

A LITERATURA ABOLICIONISTA ESTADUNIDENSE

Além de revelar a visão de mundo de seus autores e leitores, servindo de fonte para o historiador, a literatura também se relaciona com a História na medida em que influencia os acontecimentos. Afinal, para suscitar valores, ideias ou sentimentos em um povo, uma trama bem contada pode ser mais eficiente do que dezenas de tratados.

Lançado em 1852, o romance *A cabana do Pai Tomás*, de Harriet Beecher-Stowe (1811-1896), tornou-se uma importante arma na luta pela abolição da escravidão nos Estados Unidos ao denunciar os horrores da escravidão no sul do país. Dois anos após o lançamento, o livro atingiu a marca de 1 milhão de cópias, sendo logo traduzido para outros idiomas. Nele, a autora destacou a torpeza de alguns senhores, que separavam famílias e soltavam cães ferozes em cima de mulheres e crianças inocentes. A narrativa teve papel decisivo no apoio popular dos estadunidenses à causa antiescravagista, sobretudo porque apresentava Tomás, o escravo protagonista, como um bom cristão, fiel e servil, apelando aos sentimentos religiosos dos leitores. Por outro lado, o romance colaborou com a construção de um estereótipo que perdurou por muito tempo nos livros de História: o dos escravos passivos e subservientes, que aceitavam resignadamente sua condição, imagem que mais tarde se estendeu também aos negros livres dos Estados Unidos.

Uma visão bem diferente foi apresentada em *12 anos de escravidão*, relato autobiográfico de Solomon Northup (1808-1863), lançado em 1853. Descendente de escravos nascido livre no norte, Northup foi sequestrado e vendido no sul como escravo. Com um tom muito mais realista que o de Stowe, ele narra o cotidiano de violência e humilhação a que foi submetido nas grandes fazendas de algodão e açúcar. Outros relatos autobiográficos de escravos foram publicados na mesma época com o apoio dos abolicionistas, mas o livro de Northup se diferenciava deles por pelo menos dois motivos: primeiro, porque seu autor havia conhecido a liberdade antes de viver como escravo, o que reforçava sua visão crítica; segundo, porque Northup era escolarizado e instruído, o que dava à sua narrativa um forte apelo literário.

O acordo permitiu um breve período de paz e os Estados Unidos conheceram uma época de prosperidade e crescimento econômico. Com o avanço da fronteira agrícola para o oeste, a agricultura comercial ampliou significativamente a produção de trigo, assim como as produções de algodão e açúcar. Em consequência, a mão de obra escrava valorizou-se e cresceu ainda mais. A maioria dos cativos trabalhava no campo, mas também havia escravizados domésticos ou que desempenhavam alguns tipos de ofício, como o de ferreiro ou carpinteiro, dentro das propriedades rurais.

Enquanto isso, o norte recebia centenas de milhares de imigrantes. Muitos deles arranjaram trabalho nas fábricas, que se multiplicaram nos anos 1840 e 1850. O crescimento urbano acompanhou o desenvolvimento industrial. Às vésperas da guerra civil entre o norte e o sul, os Estados Unidos perdiam apenas para a Grã-Bretanha em produção industrial.

Em 1853, dois estados pediram admissão na União: Kansas e Nebraska. Pela proposta do senador sulista Stephen Douglas (1813-1861), a população dos novos estados deveria escolher se eles seriam livres ou escravistas. Entretanto, eles ficavam ao norte do paralelo referido no Compromisso do Missouri e, portanto, deveriam ser livres. Com o apoio do presidente democrata Franklin Pierce (1853-1857), a Lei Kansas-Nebraska ratificou a proposta de Douglas.

Para os nortistas, essa lei reforçava a escravidão; as tensões reacenderam uma nova ofensiva contra as forças do Império do Algodão. A criação do Partido Republicano, em 1854, exemplificou a reação antidemocrata dos nortistas, decididos a frear os avanços escravistas que estavam se solidificando na década de 1850. Os cerca de 250 mil negros livres do norte exerceram um papel fundamental no movimento abolicionista, cujo avanço se somou à fuga de milhares de cativos rumo ao norte, para enfurecer as elites escravagistas. Consequentemente, os sulistas tornavam-se cada vez mais intransigentes na defesa dessa instituição, dificultando a possibilidade de se chegar a qualquer tipo de acordo com o norte.

A onda de violência e intolerância que se espalhou no país, somada a uma grave crise financeira, abriu caminho para os republicanos nas eleições de 1860. Enquanto os democratas indicaram oficialmente Stephen Douglas, os republicanos lançaram Abraham Lincoln (1809-1865), jovem advogado contrário à expansão da escravidão.

A cisão dos democratas – que lançaram um segundo candidato – permitiu a vitória republicana. Lincoln desejava evitar a expansão da escravidão, mas não estava disposto a interferir no direito dos estados escravistas de a conservarem. Entretanto, a simples possibilidade de que o norte adotasse medidas

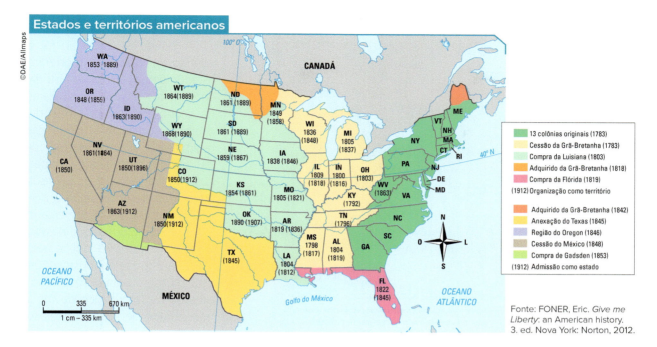

Fonte: FONER, Eric. *Give me Liberty*: an American history. 3. ed. Nova York: Norton, 2012.

desfavoráveis ao sul foi suficiente para a separação. Assim, os estados da Carolina do Sul, Alabama, Flórida, Mississípi, Geórgia, Louisiana e Texas desligaram-se da União e formaram, em 1861, os Estados Confederados da América, tendo como presidente o democrata Jefferson Davis (1808-1889).

Lincoln não aceitou a separação e, em seu discurso de posse, enfatizou a importância de manter a integridade da União. A guerra começou em abril de 1861, quando os confederados atacaram o Forte Sumter, onde tropas da União estavam estacionadas na Carolina do Sul.

ORGANIZANDO AS IDEIAS

4. Em que produto se baseava a prosperidade dos estados sulistas?
5. Por que a anexação de novos territórios em meados do século XIX suscitou debates intensos nos Estados Unidos?
6. Explique por que a eleição de Lincoln representou o estopim da Guerra Civil.

A Guerra Civil (1861-1865)

O início da Guerra Civil – também chamada de Guerra de Secessão – redefiniu o alinhamento dos estados. Virgínia, Carolina do Norte, Tenessee e Arkansas juntaram-se à Confederação, enquanto Kentucky, Maryland, Missouri e Delaware, mesmo sendo escravistas, permaneceram fiéis à União. Eram, assim, 11 estados confederados contra 23 unionistas.

A guerra mobilizou recursos humanos e econômicos. O norte possuía uma população maior e com mais homens em idade militar. Além disso, contava com um parque industrial significativo, tinha mais estradas de ferro dentro do seu território e controlava a Marinha, que bloqueou o litoral do sul, que dependia de alimentos e manufaturas do exterior. Assim, ao impedir o comércio com o mercado europeu, buscava-se estrangular a economia sulista, diminuindo a quantidade de recursos disponíveis para o Exército confederado. Para furar o bloqueio, os sulistas passaram a utilizar barcos velozes movidos a vapor e blindados.

Apesar das aparentes vantagens do norte sobre o sul, o conflito se estendeu até 1865. O sul dispunha de grandes estrategistas militares, mas esperava um apoio externo que nunca chegou. A Grã-Bretanha, que tinha simpatias por essa região, preferiu se manter neutra, garantindo o comércio com ambos os lados.

A Guerra de Secessão pode ser considerada a primeira guerra total, no sentido de ter mobilizado diversos setores – população, indústria, produção – para um único fim: a vitória. Para assegurá-la, Lincoln aprovou a Lei do Confisco, permitindo que qualquer propriedade utilizada em favor dos confederados fosse apreendida pelo Exército da União; assinou a Lei de Terras (*Homestead Act*), que concedia gratuitamente pequenos lotes no oeste aos colonos imigrantes, consagrando, assim, a pequena propriedade e o trabalho livre; e, finalmente, promulgou, em 1863, a Proclamação da Emancipação, que libertou os escravizados das áreas rebeldes.

Estados escravistas e a Secessão

Fonte: FONER, Eric. *Give me Liberty*: an American history. 3. ed. Nova York: Norton, 2012.

A Reconstrução

A Guerra de Secessão foi o conflito em que mais morreram estadunidenses em toda a história, com efeitos destrutivos similares na economia. Em certa medida, o embate acelerou as diferenças regionais. O sul, onde se desenrolou a maior parte dos combates, custou para se reerguer, teve sua agricultura desestruturada e perdeu o controle sobre o mercado mundial do algodão, que passou a ser dominado pela Índia e pelo Egito. Já o modelo industrial nortista prosperou ainda mais – sobretudo no setor bélico, devido à necessidade de suprir o Exército –, atraiu um número crescente de imigrantes e se diversificou, lançando as bases dos Estados Unidos modernos.

Lincoln também permitiu o alistamento de 200 mil negros no Exército e na Marinha da União, cumprindo mais uma etapa de sua integração na sociedade americana.

Os cativos aproveitaram o conflito para barganhar por melhores condições de trabalho com os senhores, enquanto muitos outros simplesmente fugiram. A resistência escrava foi fundamental, portanto, para diminuir a produtividade da agricultura sulista e, assim, restringir os recursos disponíveis para financiar a guerra contra o norte.

Em 1865, Lincoln iniciou o seu segundo mandato com o objetivo de acabar com a guerra e a escravidão o mais rápido possível. Assim, em janeiro, após uma grande batalha na Câmara dos Deputados, a escravidão foi definitivamente abolida, através da Décima Terceira Emenda à Constituição.

Em abril de 1865, o sul finalmente se rendeu às forças do norte. Cinco dias depois, Lincoln foi assassinado por um simpatizante dos confederados, enfurecido pela proposta presidencial de dar direitos políticos aos afro-americanos que haviam lutado na guerra.

Uma das grandes questões debatidas no final da guerra dizia respeito à política de reintegração dos estados separatistas, ou seja, ao tratamento a ser dado ao sul após sua rendição. Andrew Johnson (1865-1869), vice-presidente de Lincoln, acabou conduzindo o assunto após o assassinato de seu antecessor.

Apesar de os estados do sul ratificarem a Décima Terceira Emenda, a autonomia dos estados na estrutura federativa permitiu-lhes aprovar os Códigos Negros (*Black Codes*). De maneira geral, regulavam a conduta e a vida dos negros, impedindo-os de se casar com brancos, de consumir bebida alcoólica, de possuir armas de fogo ou de comprar terras. Assim, os libertos não foram efetivamente integrados na sociedade, que continuou a discriminá-los por mais um século.

ORGANIZANDO AS IDEIAS

7. Por que a Guerra Civil (ou Guerra de Secessão) pode ser considerada a primeira guerra total?
8. Que medidas Lincoln adotou para favorecer a vitória nortista?

Para assistir

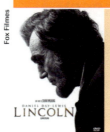

Lincoln
EUA, 2012. Direção: Steven Spielberg. Duração: 150 min.

Ao final da Guerra Civil, o presidente Abraham Lincoln luta contra o tempo para aprovar a emenda que aboliria definitivamente a escravidão no país.

A dura realidade

A Guerra de Secessão foi um dos primeiros conflitos a ter uma cobertura jornalística e fotográfica. As fotografias realçaram a atroz realidade dos combates, como demonstra esta famosa imagem do campo de batalha de Gettysburg, nos Estados Unidos. O confronto teve um saldo oficial de 618 222 mortos – mais do que o número de vítimas estadunidenses na Segunda Guerra Mundial (405 399 mortos) e na Guerra do Vietnã (57 777 mortos). O sul sofreu mais do que o norte, tanto em perdas humanas quanto em perdas materiais. No conflito, foram utilizadas novas tecnologias, como o fuzil de cano estriado, que aumentava o alcance dos projéteis, os navios torpedeiros e os submarinos, além do telégrafo.

Timothy H. O'Sullivan. *Colheita de morte*, 3 jul. 1863.

Os deputados radicais republicanos não concordavam com essas medidas e esperavam uma intervenção mais enérgica do governo federal nos antigos estados confederados. As eleições legislativas de 1866 garantiram a maioria radical no Congresso e permitiram a aprovação das chamadas Leis da Reconstrução em 1867. Com elas, um novo regime político foi implantado no sul, dividindo a região em cinco distritos e colocando-a sob a supervisão militar. O presidente Andrew Johnson posicionou-se contra essa medida, pois queria diminuir o ressentimento sulista, mas seu veto foi derrubado pelo Congresso.

Na mesma legislatura foram aprovadas duas emendas para assegurar o direito dos negros: a Décima Quarta Emenda, que declarava que qualquer indivíduo nascido nos Estados Unidos era um cidadão pleno, o que pressupunha o mesmo tratamento para negros e brancos; e a Décima Quinta Emenda, que proibia os estados de limitarem o direito de voto masculino pela raça, cor ou sua condição anterior de servidão. Por um curto período, ocorreu um aumento da participação negra na política, como a eleição de ex-escravizados no sul e dos primeiros senadores negros no Mississípi.

Com essas medidas, a hostilidade no sul para com os negros acabou se convertendo em violência. Nesse contexto, emergiu a Ku Klux Klan (KKK), grupo segregacionista que torturou e assassinou republicanos do norte e do sul, principalmente os negros.

Em 1877, a reconstrução radical chegou ao fim. Tendo obtido uma vitória apertada nas eleições presidenciais do ano anterior, o republicano Rutherford Hayes (1822-1893) comprometeu-se com os sulistas a iniciar o processo de desmilitarização do território. O governo do sul passou às mãos dos chamados "redentores". Esses políticos sulistas, defensores da supremacia branca, solidificaram a segregação racial, que duraria quase um século.

Mecanismos discriminatórios impostos aos negros os excluíram da participação política e do exercício da cidadania. Além disso, a Suprema Corte considerou constitucional a separação dos espaços públicos brancos e negros. A segregação racial foi oficializada. Somente na década de 1960 os direitos civis e políticos dos negros seriam recuperados.

Prosperidade para poucos

Como já mencionado, durante a Guerra Civil a industrialização estadunidense desenvolveu-se em velocidade acelerada e atingiu seu auge após o conflito. O país vivia uma prosperidade sem precedentes e diversos fatores nos ajudam a entender essa grande transformação econômica.

Com a compra do Alasca do Império Russo, em 1867, os Estados Unidos completaram sua expansão territorial na América do Norte. Em termos econômicos, a expansão industrial foi facilitada pela existência de abundante mão de obra no país.

Anônimo. *Venha se juntar a nós, Irmãos*, cartaz de recrutamento da União destinado a voluntários negros. Litogravura colorida, século XIX.

Guardas afro-americanas do 107º U.S. Colored Infantry Regiment (107º Regimento de Infantaria Negro dos Estados Unidos), em Fort Corcoran, Arlington, Virgínia, durante a Guerra Civil Americana.

O aumento da população decorria, de um lado, de seu crescimento vegetativo, sobretudo devido à diminuição das taxas de mortalidade e às melhores condições de vida e, do outro, das enormes vagas de imigrantes que receberam um novo impulso no final do século XIX. O aumento vertiginoso das ferrovias revolucionou os transportes, reduzindo as distâncias entre as fontes de matérias-primas e as indústrias. As cidades cresceram e tornaram-se mais diversificadas, ganhando arranha-céus. A abundância de recursos naturais, principalmente de ferro e aço, impulsionou investimentos nas máquinas necessárias para o progresso industrial. O país começou a estimular a inovação tecnológica em seu próprio território, em vez de simplesmente assimilar o que já se fazia na Europa. Assim, os estadunidenses aperfeiçoaram alguns inventos, como o telefone, e criaram outros, como a máquina de escrever e a calculadora.

Com a multiplicação do parque industrial, a concorrência ficou acirrada. As empresas mais fortes formaram trustes e monopólios para diminuir a competição e ampliar seus lucros. Também organizaram cartéis para controlar a produção e a distribuição e inspecionar os mercados. Caso emblemático desse processo foi a *Standard Oil Trust*, de John D. Rockefeller (1839-1937), que passou a controlar a produção de petróleo nos Estados Unidos. Em consequência, ocorreu um acelerado processo de concentração de riqueza e poder político nas mãos de uma reduzida elite empresarial.

Cada vez mais ricos, os Estados Unidos não estavam satisfeitos com o seu discreto papel no cenário mundial. A partir da força obtida com sua expansão econômica e estabilização política, puderam estender sua influência para o restante do continente. Em 1898, porém, derrotada na Guerra Hispano-Americana, a Espanha cedeu-lhes as Filipinas, Guam e Porto Rico, enquanto Cuba praticamente se tornava uma colônia americana. No mesmo ano, o Havaí foi invadido pelos Estados Unidos, sendo anexado em 1900. Ficava claro que os Estados Unidos estavam dispostos a utilizar a força militar para defender seus interesses, como fizeram em outros momentos em diversos pequenos países do Caribe e da América Central. Assim, a República que nascera lutando contra o Império Britânico tornou-se a sede de um império global.

ORGANIZANDO AS IDEIAS

9. Qual foi a reação dos estados sulistas diante do fim da escravidão?
10. Em que momento os Estados Unidos iniciaram sua trajetória imperial?

Revisando o capítulo

APROFUNDANDO O CONHECIMENTO

1. Leia um trecho do romance *White Jacket*, publicado em 1850, e responda às questões.

> E nós, Americanos, somos o povo peculiar e eleito – a Israel do nosso tempo; carregamos a arca das liberdades do mundo [...] e além do nosso direito primogênito – dominar um continente na Terra – Deus deu-nos para herança futura os vastos domínios dos pagãos políticos [...] Deus predestinou assim espera a humanidade, grandes coisas para a nossa raça; e grandes coisas sentimos nas nossas almas. As outras nações em breve estarão atrás de nós. Somos os pioneiros do mundo.
>
> MELVILLE, Herman. *White Jacket:* or, The Word in a Man-of-War. Nova York: Grove Press, 1965. p. 151, tradução nossa.

a. A ideia do pioneirismo norte-americano expõe uma ideologia amplamente difundida no século XIX. Explique-a e pesquise qual é a motivação religiosa que a influencia.

b. Em que contexto essa ideologia se desenvolveu e se consolidou?

c. Analise uma consequência desse processo.

454 Unidade 9 Os limites do progresso

2. Observe a charge e responda as questões.

THE DIS-UNITED STATES—A BLACK BUSINESS.

Charge de 1856, publicada no jornal inglês *Punch*. Tradução Livre: "Os Estados Des-Unidos – Um Negócio Sombrio".

a. Levando em consideração a charge, explique as diferenças socioeconômicas entre os Estados do Norte e do Sul dos Estados Unidos em meados do século XIX.

b. Analise as consequências destas disputas para a sociedade norte-americana.

3. Leia o texto a seguir e responda às questões.

A notícia da eleição de Lincoln, a discussão pública da secessão sulista e a evidência da mobilização confederada levaram alguns homens e mulheres negros a agir decisivamente. Em março de 1861, um mês antes dos primeiros disparos em Fort Sumter, oito escravos fugitivos se apresentaram em Fort Pickens, uma instalação federal no litoral da Flórida, com a ideia – nas palavras do comandante do forte – de que as forças federais estavam colocadas aqui para protegê-los e lhes dar a sua liberdade. O comandante [...] os entregou aos funcionários locais para serem devolvidos aos seus proprietários. [...] No interior mais afastado das *plantations*, longe dos exércitos que marchavam, os escravos já tinham a grande impressão de que haveria uma enorme convulsão de algum tipo.

BERLIN, Ira. *Gerações de cativeiro*. Rio de Janeiro: Record, 2006. p. 295.

a. O que pode ter motivado a ideia dos negros discutida no trecho acima?

b. Como a atitude do comandante do Forte antecipa a política adotada pela União em relação aos escravos assim que o presidente Lincoln assumiu o cargo?

c. Comente o trecho: "os escravos já tinham a grande impressão de que haveria uma enorme convulsão de algum tipo".

4. Leia com atenção as emendas constitucionais dos Estados Unidos aprovadas entre 1865 e 1870.

13ª emenda (18 de dezembro de 1865), seção 1: "Não haverá, nos Estados Unidos ou em qualquer lugar sujeito a sua jurisdição, nem escravidão, nem trabalhos forçados, salvo como punição de um crime pelo qual o réu tenha sido devidamente condenado."

14ª emenda (28 de julho de 1868), seção 1: "Todas as pessoas nascidas ou naturalizadas nos Estados Unidos e sujeitas a sua jurisdição são cidadãos dos Estados Unidos e do Estado onde tiver residência. Nenhum Estado poderá fazer ou executar leis restringindo os privilégios ou as imunidades dos cidadãos dos Estados Unidos; nem poderá privar qualquer pessoa de sua vida, liberdade, ou bens sem processo legal, ou negar a qualquer pessoa sob sua jurisdição a igual proteção das leis."

15ª emenda (adotada em 30 de março de 1870), seção 1: "O direito de voto dos cidadãos dos Estados Unidos não poderá ser negado ou cerceado pelos Estados Unidos, nem por qualquer Estado, por motivo de raça, cor ou de prévio estado de servidão.

Disponível em: <http://www.direitoshumanos.usp.br/index.php/Documentos-anteriores-%C3%A0-cria%C3%A7%C3%A3o-da-Sociedade-das-Na%C3%A7%C3%B5es-at%C3%A9-1919/constituicao-dos-estados-unidos-da-america-1787.html>. Acesso em: 28 abr. 2016.

a. Identifique os direitos legalmente garantidos nas emendas.

b. As emendas citadas acima foram incluídas ainda no século XIX. Diante desse fato, como se explica a importância de personagens como Malcolm X e Martin Luther King na luta pela igualdade civil nos Estados Unidos, no século XX? Pesquise a respeito disso.

CAPÍTULO 33

A SEGUNDA REVOLUÇÃO INDUSTRIAL E O NEOCOLONIALISMO

Construindo o conhecimento

- Como você acha que o imperialismo prejudicou o desenvolvimento dos países colonizados?
- Em sua opinião, por que alguns países acharam legítimo dominar outros?

Plano de capítulo

- Economia em mudança
- A intensificação da exploração: a penetração do colonialismo na Ásia
- África: um continente cobiçado
- O imperialismo na América Latina
- O legado imperial

A charge – que poderia ser traduzida como *O aperto da borracha* – foi publicada na revista inglesa *Punch*, em 1906. Na imagem, o rei Leopoldo II (1835-1909), da Bélgica, é representado por uma serpente de borracha que sufoca um africano. Um dos principais interesses dos europeus no Estado Livre do Congo – propriedade pessoal de Leopoldo II até 1908 – era a borracha, cuja demanda aumentou vertiginosamente na virada do século XX.

Você já se perguntou por que algumas áreas do planeta são menos desenvolvidas do que outras? Com a metáfora que representa o imperialismo, a imagem oferece uma resposta simples para essa pergunta: o colonizador, em sua busca por matérias-primas, estrangula o colonizado. Assim, o desenvolvimento de algumas regiões por vezes está associado ao subdesenvolvimento de outras.

Anônimo. Charge política publicada em 1906. Aborda o tratamento dos povos nativos da região do Congo, na África, apresentando um nativo envolto por uma serpente que tem a cabeça do rei Leopoldo II da Bélgica.

Marcos cronológicos

- **1830** – Tomada de Argel pelos franceses.
- **1840** – Início da primeira Guerra do Ópio na China.
- **1856** – Travessia da África, de oeste a leste, pelo missionário escocês David Livingstone; segunda Guerra do Ópio.
- **1857** – Revolta dos Sipaios na Índia.
- **1859** – Publicação de *A origem das espécies*, de Charles Darwin.
- **1868** – No Japão, o incentivo à centralização pelo imperador Mutsuhito dá início à Revolução Meiji.
- **1869** – Abertura do Canal de Suez, entre o Mar Mediterrâneo e o Mar Vermelho.
- **1876** – Criação da Associação Internacional Africana e do Grupo de Estudos do Alto Congo pelo rei da Bélgica Leopoldo II.

Economia em mudança

A Segunda Revolução Industrial

Iniciada na Inglaterra no século XVIII – como vimos no Capítulo 23 – a industrialização desenvolveu-se de maneira distinta no mundo. A competição entre os diversos países industrializados e o desenvolvimento tecnológico geraram a primeira crise importante de superprodução do capitalismo, a chamada Grande Depressão.

Entre 1873 e 1896, a superprodução industrial não foi absorvida pelos mercados consumidores. Como resultado, os preços das mercadorias despencaram, a lucratividade dos fabricantes diminuiu e o desemprego elevou-se, o que afetou ainda mais a demanda por bens de consumo. Esse período distinguiu-se, por sua duração e por suas consequências, de outras crises econômicas, que foram mais curtas, embora graves.

O liberalismo econômico passou, então, a sofrer diversas críticas. Ao mesmo tempo, emergiu uma tendência à concentração de capital, pois grandes empresas tinham maiores chances de sobreviver às dificuldades do período. Os empreendedores mais dotados de capital conseguiam, por exemplo, baixar os preços de seus produtos até quebrar seus competidores, pois suas reservas lhes permitiam suportar prejuízos por algum tempo. Surgiram nesse período os cartéis (acordo entre empresas para limitar a concorrência e elevar os lucros), *holdings* (controle de várias empresas por uma só) e trustes (fusão de várias empresas de um mesmo ramo). A necessidade de mais capital potencializou o papel dos bancos, que aumentaram sua importância.

O papel dos Estados Unidos cresceu significativamente, pois o poder internacional dependia principalmente do desenvolvimento industrial do país. Cada governo procurou intervir para favorecer sua economia nacional. Elementos clássicos dessa intervenção neomercantilista foram as medidas protecionistas para impedir a entrada de produtos estrangeiros e barrar a concorrência. A multiplicação das ações governamentais implicou o crescimento das despesas, sustentado, por sua vez, pelo aumento dos impostos e, principalmente, da dívida pública. Com isso, aumentaram o poder e a influência dos bancos, provocando a ascendência do capital bancário.

A necessidade de obter lucros em um contexto de crescimento econômico menos pujante estimulou o desenvolvimento de formas "científicas" de administrar a produção, dando a gerentes treinados o controle do processo de trabalho e procurando relacionar os salários à produtividade. O principal exemplo foi o estadunidense Henry Ford (1863-1947) que, no espírito das ideias de Taylor, procurou organizar a produção em suas fábricas de maneira a ampliar

Taylorismo

Sistematizado pelo engenheiro estadunidense Frederick Taylor (1856-1915), o processo de execução racional do trabalho conhecido como taylorismo, exposto em seu livro *Princípios de administração científica* (1911), revolucionou a atividade fabril. As tarefas produtivas foram quebradas em ações distintas que o operário executava, de maneira repetitiva, na linha de montagem. Cada uma dessas ações devia ser executada em um tempo predeterminado, sob a vigilância de um supervisor. Eventuais atrasos eram punidos e podiam resultar em demissão. O processo intensificou o ritmo de trabalho, aumentando a exploração do operário e tirando dele qualquer autonomia na execução de suas atividades.

Literary Digest, 7 de janeiro de 1928. Linha de montagem de uma fábrica da Ford.

1877
Criação do Estado Livre do Congo, propriedade pessoal de Leopoldo II.

1882
A Grã-Bretanha institui seu protetorado no Egito.

1884-1885
Conferência de Berlim, que legitima a partilha da África.

1898
A Guerra Hispano-Americana resulta na independência de Cuba e dá aos Estados Unidos as Ilhas de Porto Rico, Guam e as Filipinas.

1899
Guerra dos Bôeres entre a Grã-Bretanha e os bôeres, descendentes dos colonos holandeses.

1900-1902
Guerra dos Boxers na China.

1903
Independência do Panamá, que autoriza a construção do canal entre o Atlântico e o Pacífico.

a divisão do trabalho e, consequentemente, a produtividade. A sociedade anônima de ações substituiu cada vez mais o indivíduo no controle das grandes empresas, assim como o executivo/administrador assumiu as funções antes exercidas pelo comando familiar.

A nova organização industrial tornou-se também mais complexa e hierárquica. Ao lado dos operários, que usavam, em geral, um macacão azul, surgiram os "colarinhos brancos". Receberam essa designação os trabalhadores dos escritórios, pois trabalhavam de terno e gravata, ocupando-se de atividades como o gerenciamento e a comercialização dos produtos. A nova indústria contribuiu ainda para o desenvolvimento do setor terciário e o aparecimento de novas profissões – como secretárias, datilógrafas e telefonistas –, em geral exercidas por mulheres pertencentes à classe média.

No fim dos anos 1880, o motor a explosão permitiu a produção dos primeiros automóveis, cujos maiores fabricantes foram, por muito tempo, a França e os Estados Unidos. O advento do automóvel provocou a expansão das fábricas de pneus, e a intensa procura deste setor por látex ocasionou o *boom* da borracha na Amazônia e o início da plantação de seringueiras na Ásia.

Em 1896, a crise começou a ser superada e teve início um período de grande dinamismo econômico, interrompido somente em 1914, quando ocorreu a Primeira Guerra Mundial. Essa retomada do crescimento foi possível graças ao surgimento de novas fontes de energia, matérias-primas e maquinaria que estimularam a indústria, permitindo que se falasse em uma Segunda Revolução Industrial. Graças a essas transformações, os Estados Unidos e a Alemanha impuseram-se como as principais potências industriais do mundo, gradualmente ultrapassando a Inglaterra.

A nova fase do desenvolvimento tecnológico e científico abriu também possibilidades para a expansão da economia capitalista. A utilização de novas fontes de energia, como a eletricidade e o petróleo, caracterizou a Segunda Revolução Indus-

Karl Benz e Wilhelm Maybach, engenheiros que trabalharam na criação do triciclo Benz, em 1885.

Primeiro automóvel com motor de combustão interna, construído por Karl Benz, em Karlsruhe, Alemanha, em 1885.

Novas fontes de energia

O carvão continuou a ser o combustível mais utilizado, mas novas fontes de energia foram descobertas e aplicadas à indústria. Em 1871, o belga Zénobe Gramme (1826-1901) inventou o primeiro dínamo de corrente contínua; em 1873, o francês Aristide Bergès (1833-1904) utilizou a força hidráulica para produzir eletricidade; em 1879, o estadunidense Thomas Edison (1847-1931) inventou a lâmpada incandescente. A eletricidade revolucionou a vida econômica e social da época: nas minas e fábricas, ela substituiu a máquina a vapor e, nas cidades, fez funcionarem os trens e os bondes, além de iluminar ruas e casas. A eletricidade criou seu próprio setor industrial e favoreceu progressos na Siderurgia, na Metalurgia e na Química.

Cresceu, também, o interesse pelas possibilidades energéticas do petróleo, que jorrou no Texas em 1859. Nos anos seguintes, novas jazidas foram descobertas na Rússia, no México, na Venezuela e no Oriente Médio.

trial. Ocorreu também o desenvolvimento da Metalurgia (com a utilização de metais, como níquel e alumínio), da Química e dos sistemas de transporte (telefones, telégrafos, ferrovias). Eles facilitaram a expansão da produção industrial e intensificaram os contatos entre os povos, proporcionando efetivamente a consolidação de uma economia global. O novo paradigma científico e tecnológico incentivou o sistema educacional, que passou a receber maior atenção dos governantes. Países que já vinham investindo nesse ramo, como a Alemanha e os Estados Unidos, ganharam projeção.

A agricultura também foi beneficiada com a utilização de fertilizantes químicos, novos cultivos e grande utilização de máquinas, ampliando sua produção, de maneira que foi possível alimentar a crescente população dos países industrializados.

Para assistir

Tempos Modernos
EUA, 1936. Direção: Charles Chaplin
Duração: 89 minutos.

Um operário de uma linha de montagem, que testou uma "máquina revolucionária" para evitar a hora do almoço, é levado à loucura pela "monotonia frenética" do seu trabalho. Após longo período em um sanatório, ele fica curado de sua crise nervosa, mas desempregado.

O desenvolvimento capitalista foi encabeçado, principalmente, pelas sociedades da Europa ocidental e pelos Estados Unidos, chegando posteriormente a países como o Japão. Com isso, a partir de meados do século XIX, intensificou-se a competição pelo acesso aos mercados e às matérias-primas.

A DESCOBERTA DO PLÁSTICO

Até a primeira metade do século XIX, todas as matérias-primas utilizadas na indústria eram extraídas diretamente da natureza. Algumas delas, como o algodão, a lã, o couro, a madeira e o marfim, constituem-se de moléculas gigantes chamadas **polímeros**, cuja principal característica é a maleabilidade. Durante a Segunda Revolução Industrial, um dos grandes avanços alcançados pela química foi a fabricação de polímeros sintéticos (ou artificiais), também conhecidos como **plásticos**.

Na segunda metade do século XIX, a constante diminuição do número de elefantes, dizimados para a extração de sua presa, encareceu o marfim. Isso levou uma fábrica de bolas de bilhar dos Estados Unidos a oferecer um prêmio a quem encontrasse um material que pudesse substituí-lo.

A recompensa coube ao tipógrafo John Wesley Hyatt (1837-1920): em 1870, ele dissolveu a piroxilina (substância derivada do algodão) em uma mistura de cânfora, éter e álcool. Notou que a solução, após evaporar, deixava um resíduo sólido que ficava maleável e macio quando aquecido. Surgia, assim, o primeiro polímero artificial, o celuloide. Embora fosse quebradiço demais para produzir bolas de bilhar, o celuloide passou a ser usado na fabricação de dentaduras, colarinhos, filmes fotográficos, bolas de tênis de mesa etc.

A partir de então, teve início uma busca desenfreada por novos polímeros sintéticos, produzidos a partir de moléculas orgânicas, como a proteína do leite (que deu origem ao

Representação gráfica do ácido adípico, monômero utilizado na produção de polímero de poliamida. Os átomos são representados como esferas com codificação de cores convencionais. Na imagem, vê-se, por exemplo, o hidrogênio (branco) e o carbono (cinza).

plástico de caseína) ou o algodão (que deu origem ao raiom e à viscose).

Os plásticos apresentam muitas vantagens em relação aos materiais naturais e promoveram um grande avanço da indústria. São mais leves que metais ou cerâmicas, porém têm grande flexibilidade e resistência ao impacto e à corrosão. Além disso, têm baixa condutividade elétrica, já que não possuem elétrons livres. A longo prazo, porém, os plásticos causam graves problemas ao ambiente, pois sua decomposição é bastante lenta e nem sempre podem ser reciclados.

Polímeros: união de cadeias de moléculas menores, os monômeros, ligados entre si por covalência.

O pessimismo de Thomas Malthus

O pensador econômico Thomas Malthus (1766-1834) publicou, em 1797, o *Ensaio sobre a população*. Nesse estudo, ele afirmou que a população humana tenderia a se reproduzir mais rapidamente (em progressão geométrica) do que a produção de alimentos (que cresceria em progressão aritmética). Segundo ele, a situação dos trabalhadores continuaria precária mesmo com a melhoria das condições materiais, uma vez que a população tenderia a ter mais filhos. A teoria de Malthus foi refutada pelos avanços produzidos na economia agrícola durante a Segunda Revolução Industrial e pela diminuição da natalidade proporcionada, dentre outros fatores, pela crescente urbanização.

A solução para dar continuidade à expansão fabril foi a conquista de novos territórios. Nesse sentido, os avanços tecnológicos – principalmente nas comunicações e na indústria bélica – e econômicos permitiram uma capacidade de penetração e dominação muito mais efetiva do que o colonialismo dos séculos XVI e XVII. Possuidoras de enormes populações e muitos recursos naturais, a África e a Ásia tornaram-se os alvos das potências industriais.

A formação dos impérios coloniais

As mudanças produzidas pela Segunda Revolução Industrial estilhaçaram o equilíbrio europeu estabelecido no Congresso de Viena, abrindo espaço para novos conflitos entre as potências. Agora, o objetivo era conquistar territórios e áreas de influência para garantir o desenvolvimento de um capitalismo sem fronteiras.

Essa nova era de extensão da influência de um Estado para além de seus limites tomou a forma do neocolonialismo. Nesse novo tipo de conquista, não havia preocupação com o povoamento do território; o domínio podia ser traduzido tanto pela dominação política como pela hegemonia econômica de um determinado país sobre outro.

Grã-Bretanha e França lideraram a corrida por novos domínios coloniais, mas Bélgica, Alemanha e Itália também aumentaram significativamente suas possessões. Para justificar ideologicamente seu domínio, os europeus alimentavam um sentimento de superioridade em relação ao resto do mundo; as potências teriam uma missão civilizadora nas áreas "atrasadas". Tratava-se de uma concepção evolucionista das sociedades, baseada em uma leitura simplificadora da polêmica teoria de Charles Darwin (1809-1882), publicada em 1859.

Imperialismo: uma etapa superior do capitalismo?

Em 1917, o revolucionário russo Vladimir Ilitch Ulianov, Lênin (1870-1924), publicou *Imperialismo, etapa superior do capitalismo*, livro em que busca explicar as transformações econômicas ocorridas no cenário internacional entre o final do século XIX e início do XX. Para tanto, o autor faz uma análise do capitalismo e de suas fases, ressaltando, sobretudo, as manifestações de concentração da produção. Ele mostra como esse processo levou a uma etapa onde a concorrência era eliminada, os monopólios dominavam a cena e o tipo de capital dominante era o financeiro. Ou seja, o setor hegemônico era o bancário, pois este controlava os investimentos que financiam a produção em larga escala.

Lênin sustenta que esse processo não ocorreu de forma similar em todos os países. Onde ele tendeu a ser mais lento, houve a penetração do capital estrangeiro que tinha um caráter parasitário, pois os lucros auferidos por esses investimentos não permaneciam nos receptores, sendo repatriados para a nação de origem. A crescente exportação de capitais para áreas menos desenvolvidas culminará em um novo tipo de competição, que dará origem ao processo de partilha de territórios e ao neocolonialismo.

Posteriormente, a tese de Lênin foi criticada por enfatizar apenas o aspecto econômico do imperialismo e não levar em consideração, por exemplo, elementos políticos e estratégicos. Mesmo assim, suas reflexões ainda são um ponto de partida importante para entendermos a corrida colonial no século XIX.

DARWINISMO SOCIAL

Em 1859, o naturalista britânico Charles Darwin (1809-1882) publicou o livro *A origem das espécies*. Nessa obra, ele defende a ideia de que os organismos que nascem mais adaptados ao ambiente conseguem sobreviver e transmitir suas características a seus descendentes, ao passo que os menos adaptados muitas vezes morrem sem procriar. Ao longo do tempo, essa lenta seleção promoveria o surgimento de novas espécies e o desaparecimento de outras, o que explicaria por que fósseis pré-históricos são tão diferentes dos seres vivos atuais. Ainda segundo a teoria darwinista, os seres humanos são resultado da evolução de um primata ancestral, que também teria dado origem aos macacos.

Por volta de 1870, o conceito de evolução foi usado por alguns filósofos europeus para explicar o funcionamento das sociedades. Um dos principais expoentes dessa corrente foi o britânico Herbert Spencer (1820-1903) e, segundo ele, os indivíduos mais bem-sucedidos, como empresários e banqueiros, seriam mais aptos para competir no mundo industrial do que as massas empobrecidas, fadadas ao desaparecimento. Essa teoria, conhecida como darwinismo social, foi utilizada para justificar as grandes diferenças sociais que marcavam a Europa do século XIX.

Spencer afirmava ainda que a "evolução" da sociedade europeia, promovida pela industrialização, a havia tornado superior às sociedades da Ásia e da África. Acontece que essa ideia, usada para legitimar a exploração imperialista naqueles continentes, provém de uma leitura equivocada do darwinismo. Segundo Darwin, a evolução resulta em espécies mais **adaptadas**, mas não **superiores**, até porque características que são vantajosas em certo ambiente podem não ter serventia alguma em outros lugares. Ou seja, as sociedades africanas e asiáticas não precisaram desenvolver as mesmas tecnologias que os europeus, mas criaram outras, que garantiram sua sobrevivência. Além disso, os seres humanos agem sobre a natureza e a transformam, modificando o ambiente em que vivem. Assim, o processo de diferenciação dos povos, ao contrário da evolução, não é produto somente da natureza, mas, sobretudo, da cultura.

ORGANIZANDO AS IDEIAS

1. O que foi a Grande Depressão?
2. Que avanços científicos e tecnológicos caracterizaram a Segunda Revolução Industrial?
3. Cite algumas consequências políticas da arrancada industrial do final do século XIX.

A intensificação da exploração: a penetração do colonialismo na Ásia

A Inglaterra estava presente na Índia desde o século XVII, mas foi somente após a vitória na Guerra dos Sete Anos (1756-1763), quando a Grã-Bretanha ocupou possessões francesas, que essa influência se ampliou. No século XIX, todos os Estados do subcontinente reconheciam a autoridade da Companhia Britânica das Índias Orientais, que desde 1600 tinha autorização da Coroa para explorar e organizar o comércio com o Oriente. Dessa forma, ela submetia a seu controle os grandes proprietários rurais e os príncipes indianos.

Os rendimentos da Companhia eram obtidos através da arrecadação de impostos, realizada por intermediários indianos, e de monopólios de itens como o sal e o ópio. A próspera produção têxtil indiana foi desarticulada, uma vez que a Companhia vendia, a preços baixos, os tecidos das fábricas britânicas. Assim, a Índia teve sua ordem econômica e social perturbada. A ruína do artesanato provocou migrações das cidades manufatureiras para as portuárias. O vasto território passou a produzir, prioritariamente, bens primários para exportação, como o algodão, o anil, o chá e o ópio.

Com o passar do tempo, a Companhia passou a atuar cada vez mais como um Estado, acentuando a debilidade do imperador mogol. Do ponto de vista militar, ela dependia, sobretudo, dos soldados indianos, chamados de Sipaios, pagos com as rendas locais obtidas com os impostos e o comércio. Em 1805, havia 255 mil indianos incorporados a suas tropas.

Em 1857, teve início uma revolta contestando o domínio britânico. Foi liderada pelos Sipaios, que se indignaram com os rumores de que os europeus utilizavam gordura de vaca e banha de porco nos cartuchos que os soldados indianos abriam com a boca. Isso foi visto como uma ofensa, pois a vaca é um animal sagrado para os hindus e o porco é considerado impuro pelos muçulmanos. Assim, a indiferença britânica frente às crenças locais desencadeou o conflito.

A revolta foi apoiada pelo enfraquecido imperador mogol, que esperava recuperar seu poder. Mas os Sipaios foram derrotados em 1859, o imperador foi afastado e a Companhia das Índias Orientais foi, então, substituída pela administração direta britânica. A seu lado, subsistiram 562 Estados governados por príncipes, reis ou marajás que prestavam obediência à Coroa britânica, mas conservavam grande autonomia na condução de seus negócios. A rainha Vitória foi coroada imperatriz da Índia em 1877; no final do século XIX, o subcontinente indiano havia se tornado a mais lucrativa possessão britânica.

Os britânicos voltaram-se também para a China. Apesar de comerciar diretamente com os europeus desde o século XVI, o Império Chinês limitava a presença de estrangeiros em seu litoral, permitindo o contato apenas através dos portos de Macau e Cantão. Os chineses não se interessavam muito pelos artigos do Ocidente, pois sua produção era, em geral, de melhor qualidade a preços similares, mas a Companhia das Índias Orientais descobriu um produto de grande aceitação – o ópio indiano –, que passou a ser vendido na China. O governo chinês proibiu a importação da droga, o que desencadeou a primeira Guerra do Ópio anglo-chinesa (1840-1842). Vitoriosos, os britânicos impuseram o Tratado de Nanquim (1842), que resultou na abertura de cinco portos chineses a seus navios e na entrega de Hong Kong, devolvida aos chineses somente em 1997. Mais uma Guerra do Ópio viria a ocorrer, entre 1856 e 1860, opondo os chineses aos britânicos e franceses. Afinal, o Tratado de Tientsin (1858) legalizou o consumo do ópio no território chinês e abriu mais onze portos ao comércio ocidental, beneficiando países como Estados Unidos, França e Rússia.

Na China também houve movimentos de resistência à dominação estrangeira, sendo o mais conhecido deles a Guerra dos Boxers, ocorrida em 1900. A rebelião foi encabeçada por membros da sociedade "Punhos da Justiça e da Equidade", chamados pelos ocidentais de *boxers* (boxeadores), por utilizarem técnicas das artes marciais chinesas. Os embates se intensificaram em Beijing (Pequim), com ataques às embaixadas e residências dos estrangeiros. Em represália, uma força formada basicamente por tropas britânicas, francesas, alemãs e russas capturou a cidade e massacrou a rebelião. Como consequência, os chineses tiveram de fazer uma série de concessões e assinar um humilhante tratado de paz.

Depois da Grã-Bretanha, a França era o país com o maior império ultramarino. Após perder territórios na Índia para os britânicos na Guerra dos Sete Anos, sua atenção deslocou-se para o Leste da Ásia. A participação da França na Segunda Guerra do Ópio abriu-lhe o mercado chinês.

No Sudeste da Ásia, os franceses estabeleceram um governo direto na Cochinchina (sul do atual Vietnã), avançando para os reinos de Annam e Tonquim (centro e norte do Vietnã). Em 1867, ofereceram ajuda ao Camboja contra uma possível dominação por parte de Sião (Tailândia); a região tornou-se um protetorado francês, ou seja, em troca de proteção contra uma eventual

Anônimo. *O retalhamento da China pelos europeus*. Caricatura publicada no *Le Petit Journal*, jan. 1898. As potências, aqui simbolizadas pela rainha Vitória, da Inglaterra, pelo kaiser Guilherme II, da Prússia, pelo czar Nicolau II, da Rússia, pela República Francesa e pelo imperador do Japão, partilham o bolo chinês em zonas de influência.

Para assistir

A Guerra do Ópio
China, 1997. Direção: Xie Jin.
Duração: 150 min.

O filme conta a história da Guerra do Ópio, ocorrida nos dias derradeiros da dinastia Qing, entre o Império Britânico e a China. O filme é contado a partir da perspectiva de figuras-chave, como o convicto nacionalista Lin Zexu.

ameaça estrangeira, a França recebeu privilégios do governo. Em 1893, os franceses incorporaram o Laos, consolidando suas possessões na região.

O caso japonês: de dominado a dominador

Desde 1680, o Japão era governado pelo xogunato Tokugawa, ou seja, por chefes militares (os xóguns) pertencentes a essa família. O xogunato centralizou o poder e manteve o país em relativo isolamento, enquanto os grandes senhores rurais (daimiôs) exploravam servos camponeses, em um sistema econômico similar ao feudalismo europeu. No século XIX, porém, novas lideranças regionais passaram a reivindicar maior autonomia, inclusive em relação ao comércio exterior. As pressões internas culminaram com a abertura dos portos japoneses aos comerciantes ocidentais a partir de 1853, promovendo o crescimento no comércio e nas atividades manufatureiras. Em 1854, o Japão abriu dois portos ao comércio estadunidense. Posteriormente, também assinou acordos comerciais com Grã-Bretanha, Rússia e França.

Logo se manifestaram contradições entre os partidários da abertura e do isolacionismo. O xogunato enfraqueceu-se e, em 1868, o poder imperial foi restaurado na figura de Mutsuhito (1852-1912), que assumiu o trono com apenas 15 anos de idade. O novo imperador deu início à chamada Era Meiji (Governo Iluminado), com o objetivo de preparar o país para a modernização.

Dessa maneira, foi realizada uma série de reformas. A estrutura fundiária, calcada até esse momento em grandes propriedades, passou por um processo de reforma agrária que decretou a abolição da ordem feudal (1871) ainda em vigor e estabeleceu a igualdade jurídica de todos os japoneses. O serviço militar tornou-se obrigatório (1873). O sistema financeiro foi reorganizado com a adoção de uma nova moeda (o iene) e de um Banco Nacional.

Para assistir

O último samurai
EUA, 2003. Direção: Edward Zwick. Duração: 154 min.

Em 1870 é enviado ao Japão o capitão Nathan Algren, um conceituado militar norte-americano. A missão de Algren é treinar as tropas do imperador Meiji, para que elas possam eliminar os últimos samurais que ainda vivem na região. Porém, após ser capturado pelo inimigo, Algren aprende com Katsumoto o código de honra dos samurais e passa a ficar em dúvida sobre que lado apoiar.

Também foi crucial o impulso à industrialização: o Estado incentivou a criação de uma rede ferroviária, de telégrafos, de navegação e foram criadas indústrias têxteis e metalúrgicas. Além disso, preocupou-se em oferecer bolsas de estudo no exterior para japoneses e em facilitar a entrada de técnicos no país.

Beneficiado pela reforma fundiária e por uma série de inovações técnicas, o setor agrícola apresentou um grande crescimento. Esse aspecto aliou-se ao aumento populacional; a partir daí, o Japão se lançou como potência expansionista. Em 1895, o país entrou em guerra com a China, que sofreu uma derrota desastrosa. A Guerra Sino-Japonesa garantiu Formosa, Port Arthur e algumas ilhas pesqueiras ao Japão. Além disso, a China teve de reconhecer a independência da Coreia, que passou à esfera de influência japonesa.

Mas foi na Guerra Russo-Japonesa (1904-1905) que o Japão se consolidou como um dos países mais poderosos do mundo. O conflito ocorreu devido às disputas dos territórios da Manchúria e da Coreia, cobiçados também pela Rússia czarista. A vitória entregou aos japoneses a Manchúria e outros territórios, consolidando a influência nipônica na Ásia. Dessa forma, no início do século XX, o Japão figurava ao lado dos países ocidentais como uma potência imperialista.

Peça de propaganda japonesa para a guerra entre o Japão e o Império Russo. Litografia colorizada, século XX.

> **ORGANIZANDO AS IDEIAS**
>
> 4. Mencione desdobramentos da Rebelião dos Sipaios.
> 5. Qual foi o resultado das Guerras do Ópio entre a China e as potências euopeias?
> 6. Que reformas ocorreram no Japão durante a Era Meiji?

África: um continente cobiçado

Conquista e partilha

Desde os séculos XVI e XVII, o continente africano forneceu ouro, marfim e, principalmente, mão de obra escravizada para diferentes potências europeias. Vários estados da costa ocidental e central da África prosperaram com o tráfico Atlântico, como vimos no volume 1 da coleção. O reino de Abomei (Daomé), por exemplo, enriqueceu vendendo africanos capturados no interior aos traficantes europeus, que permaneciam no litoral. As feitorias costeiras também recebiam produtos de exportação, com destaque para o óleo de palma, o amendoim, o algodão, a borracha, a noz de cola, entre outros.

Com as mudanças experimentadas na economia europeia e a necessidade de encontrar novos mercados, a exploração do continente se intensificou e se interiorizou. A conquista foi muitas vezes precedida pela ação de exploradores. Além de coletarem informações sobre as regiões por onde passavam, eles frequentemente se envolviam nas guerras internas, aproveitando-se das rivalidades para se impor, e chegavam a firmar, em nome de seu país, tratados com os chefes locais.

Por fim, diversos Estados africanos submeteram sua soberania em troca da salvaguarda de seus interesses, tornando-se protetorados das potências europeias.

Nesse período, a penetração dos europeus no continente foi possível, em grande medida, pela posse de melhores armas, melhores meios de comunicação ou mesmo pelo desenvolvimento da medicina, que possibilitou aos colonizadores sobreviver a algumas doenças tropicais, antes mortais para os europeus. Já o avanço da indústria permitiu derrotar a resistência militar africana, que tinha dificultado a ocupação efetiva do território nos séculos anteriores.

Mesmo assim, a resistência armada à conquista durou, em algumas regiões, até os anos 1920. Apesar disso, praticamente toda a África foi colonizada nesse período (com exceção apenas da Libéria e da Etiópia), repartida entre Grã-Bretanha, França, Alemanha, Bélgica, Espanha e Portugal.

O controle direto da África acelerou-se em 1876, quando o rei dos belgas, Leopoldo II, criou a Associação Internacional Africana e o Grupo de Estudos do Alto Congo, sob o pretexto de promover ações filantrópicas na região e estudos científicos. Na verdade, o objetivo era conquistar a Bacia do Congo, rica em minérios e borracha. Desde 1877, o Estado Livre do Congo, propriedade pessoal do rei, atingiu níveis insuperáveis de brutalidade na exploração da mão de obra africana. A denúncia desse tratamento desumano feita pela imprensa levou o território a tornar-se, em 1908, uma colônia belga.

Portugal, na mesma época, reacendeu suas atividades no continente africano, sobretudo em Moçambique. Além disso, em 1879, franceses e ingleses passaram a disputar o controle do Egito. Esses dois

Missionários e exploradores

Os missionários e exploradores abriram caminho para a penetração colonial europeia, pois interesses científicos, religiosos, econômicos e geopolíticos frequentemente se misturavam. Sociedades científicas estimulavam a solução dos grandes enigmas geográficos. John Hanning Speke (1827-1864) e James Augustus Grant (1827-1892) dedicaram-se à exploração das nascentes do Nilo, porém o grande herói da Inglaterra vitoriana foi o missionário escocês David Livingstone (1813-1873). Antiescravista notório e protagonista de uma travessia do continente africano em 1856, ele dizia ter aberto, na África, "uma trilha para o comércio e o Cristianismo."

Recepção para John Hanning Speke e James Augustus Grant na Sociedade Geográfica Real, em 22 de junho de 1863.

> ### Guerras santas na África ocidental
>
> A difusão do islamismo ao sul do Saara teve início no século VIII, mas conheceu nova dimensão no século XIX com o sucesso das ordens (ou confrarias) místicas sufis, que também estruturavam a vida social e política da África ocidental. Sob o impulso dessas ordens, a região foi palco de guerras santas, conduzidas por pequenos Estados muçulmanos contra populações "infiéis".
>
> Assim, o fula Ousman Dan Fodio (1754-1817), um chefe de confraria, submeteu, no início do século XIX, as populações haussás do norte da atual Nigéria e fundou o califado de Sokoto, que controlava um vasto território e praticava a escravidão e o tráfico de cativos.
>
> As ordens sufis contribuíram para enfraquecer a África ocidental quando da conquista europeia no século XIX, já que os povos africanos tiveram de se ocupar das guerras internas ao mesmo tempo que organizavam a resistência contra os invasores.

países dominavam a maior parte da África por meio de acordos, da ação de companhias comerciais ou de campanhas militares.

Ocupação, administração e resistência

Em 1830, os franceses assumiram o controle de Argel, na época uma província do Império Otomano. Na década seguinte, empenharam-se na conquista do interior, chegando até o Saara. Pouco a pouco, uma numerosa população francesa fixou-se na Argélia; a anexação ocorreu em 1857. Posteriormente, os franceses incorporaram a Tunísia (1881) e o Marrocos (1911), dominando o norte da África. Regiões na África Ocidental, como a Costa do Marfim e a futura Guiné Francesa, Daomé e Madagascar também foram anexadas.

A administração dos territórios conquistados variou de região para região: por meio de alianças com os chefes locais ou pela destituição destes e imposição de domínio exercido diretamente pelos europeus. Em ambos os casos, porém, a discriminação racial esteve presente e tentou-se ao máximo ocidentalizar a cultura africana, ou ao menos das elites locais que colaborariam com o domínio europeu. A Grã-Bretanha preferiu, até os anos 1870, a dominação informal, através de tratados de comércio, porém deixou de empreender campanhas militares quando considerou necessário.

O caso mais emblemático da expansão imperialista britânica foi o Egito. Fornecedor de trigo e algodão para a Europa, o Egito, província otomana, conseguiu uma relativa autonomia entre 1811 a 1847. Com a decadência do Império Turco, o governo egípcio passou a depender cada vez mais do capital internacional. Esta sujeição cresceu com a construção do Canal de Suez (1859-1869), financiado pelos europeus – principalmente por empréstimos franceses –, que ligou o Mar Mediterrâneo ao Mar Vermelho. Em 1875, a crise financeira do Egito obrigou o país a vender suas ações do Canal de Suez, compradas em sua maioria pela Grã-Bretanha.

O crescente domínio estrangeiro passou a ser contestado dentro do país por movimentos nacionalistas que organizavam levantamentos populares. Os motins, que em geral tinham como alvo os europeus, foram utilizados pela Grã-Bretanha como um pretexto para intervir militarmente em 1881. No ano seguinte, ela estabeleceu seu protetorado no Egito – isto é, ainda que o país continuasse formalmente independente, estava subordinado ao domínio britânico.

Posteriormente, os britânicos ocuparam o Sul da África. Na região, travaram uma guerra com os descendentes de colonos holandeses, conhecidos como bôeres (fazendeiros). Eles haviam imigrado para o Cabo ainda no século XVII. Contudo, devido à ratificação da influência britânica na região feita no Congresso de Viena, deslocaram-se para o norte e fundaram os Estados do Transvaal e de Orange. Em 1886, com a descoberta de minas de ouro nesses Estados, os interesses britânicos passaram a se chocar mais uma vez com os dos bôeres, culminando em uma guerra entre 1899 a 1902. Com a vitória britânica, nasceu em 1910 a União Sul-Africana (atual República da África do Sul), que passou a unir quatro províncias: Cabo, Transvaal, Orange e Natal.

A Alemanha e a Itália, recém-unificadas, também garantiram o seu quinhão no continente africano. A Alemanha formou a África Oriental Alemã (atual Tanzânia) e na porção ocidental passou a controlar Togo, Camarões e a atual Namíbia, enquanto a Itália ocupou a Eritreia, a Líbia e parte da Somália.

Fonte: BOAHEN, Albert Adu. A África diante do desafio colonial. *História Geral da África*, vol. VII: África sob dominação colonial, 1880-1935. 2. ed. Brasília: UNESCO, 2010, p. 2.

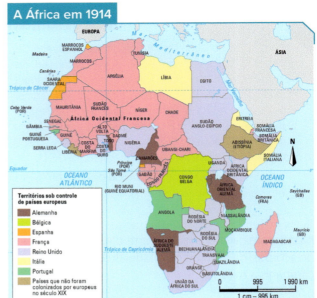

Fonte: UZOIGWE, Godfrey. Partilha europeia e conquista da África. In: BOAHEN, Albert Adu. (Ed.). *História Geral da África*, vol. VII: África sob dominação colonial, 1880-1935. 2. ed. Brasília: UNESCO, 2010, p. 50.

Portugal, que há séculos dominava o litoral de Angola e Moçambique, conquistou o interior desses territórios e garantiu a posse da Guiné-Bissau, enquanto a Espanha manteve seu domínio sob a área conhecida como Rio de Ouro (Saara Ocidental).

Em 1884 e 1885, a Conferência de Berlim regularizou a partilha da África. Em 1890, os colonizadores comprometeram-se em atuar para o fim do tráfico de escravos, de armas e de álcool, mas nenhuma dessas ideias foi efetivamente levada à frente. Os conflitos tampouco cessaram: houve guerras relacionadas tanto à resistência dos africanos aos europeus como entre as nações imperialistas. Em meio à exploração e aos conflitos, as comunidades africanas esforçavam-se para preservar (ainda que parcialmente) seus territórios, sua cultura e seus costumes, com graus variáveis de sucesso.

Dessa maneira, em finais do século XIX e início do XX, o território africano se encontrava dividido e retalhado arbitrariamente pelos europeus. A colonização havia passado a ser um fenômeno global: nos cinco continentes, um quarto da população mundial vivia sob a bandeira britânica, e o Império Francês, segundo em ordem de importância, estendia-se por 12 milhões de quilômetros quadrados e somava 66 milhões de habitantes. Somente após a Segunda Guerra Mundial seriam impulsionados os processos de descolonização que asseguraram a independência dos povos da África e da Ásia.

> **ORGANIZANDO AS IDEIAS**
>
> 7. Comente a expansão francesa no norte da África.
> 8. Como foi a dominação britânica nos dois extremos do continente africano?
> 9. O que era o Estado Livre do Congo?

O imperialismo na América Latina

Intervenções e hegemonia estadunidenses

Como já observarmos nos capítulos anteriores, após o processo de independência da América Latina, a região passou a sofrer diretamente a influência do capital britânico. Mais tarde, porém, foi a hegemonia estadunidense que mais se fez sentir, basicamente através do poder econômico e de pressões políticas mais sutis, sem grandes dispêndios militares.

Desde 1823, com a Doutrina Monroe, evidenciou-se o interesse dos Estados Unidos em exercer influência sobre o restante do continente. Em certos casos, essa política resultou na anexação de territórios, como na guerra entre os Estados Unidos e o México (1846-1848). Porém, foi a partir de 1890 que os Estados Unidos entraram de fato na corrida por matérias-primas e mercados.

Em 1895, Cuba iniciou um movimento contra a dominação espanhola. Em fevereiro de 1898, o navio de guerra estadunidense *Maine* explodiu enquanto estava ancorado em Havana; foi o estopim para a Guerra Hispano-Americana e para a intervenção em Cuba. Após a derrota espanhola, os Estados Unidos ocuparam Cuba e anexaram Porto Rico, Filipinas e Guam, bem como o Havaí.

A nova política imperial americana foi justificada por discursos de superioridade racial e cultural. Os Estados Unidos consideravam-se superiores aos países latinos, vendo-se como baluartes da civilização e da modernização.

Cuba, apesar de independente, continuou ocupada militarmente. Em 1902, uma nova Constituição foi adotada. Nela, pela chamada Emenda Platt, Cuba teve sua soberania limitada, devendo consultar os Estados Unidos antes de firmar qualquer tratado. A emenda autorizava os estadunidenses a intervir na ilha para salvaguardar sua independência e cedia-lhes a Base Naval de Guantánamo.

Já nas Filipinas, a presença dos Estados Unidos foi contestada por uma rebelião nacionalista. A guerra durou até 1901, ano em que Theodore Roosevelt (1882-1945) ascendeu à presidência. Roosevelt inaugurou a chamada Política do *Big Stick* (grande porrete), que levava ao extremo a ideia de intervenção militar nas nações vizinhas. Os governos latino-americanos deveriam proteger interesses de bancos e investidores estadunidenses; se isso não fosse possível, os Estados Unidos poderiam se intrometer em seus assuntos internos.

Louis Dalrymple. *A escola começa*. Charge, 1899. A imagem satiriza a situação após a conquista de territórios em 1898. Tio Sam ministra uma aula para os recém-conquistados territórios das Filipinas, Porto Rico, Cuba e Havaí (também invadido em 1898). Em segundo plano, aparecem os alunos modelos: Novo México, Texas, Califórnia e Alasca. Em um canto da sala, um indígena "lê" um livro de cabeça para baixo; no outro canto, um negro limpa a janela. Na porta, um jovem chinês assiste a tudo e aguarda instruções. A representação dos povos não brancos na imagem é depreciativa, indicando a percepção estadunidense de que eram inferiores e deveriam ser civilizados.

O caso mais emblemático dessa política foi a criação da República do Panamá. Até 1903, a região pertencia à Colômbia, que havia estabelecido com a França um projeto de construção de um canal no istmo do Panamá. Posteriormente, a companhia francesa vendeu o projeto aos Estados Unidos e foram estipuladas novas regras de administração, as quais foram rejeitadas pela Colômbia.

Diante disso, os Estados Unidos passaram a apoiar uma revolta independentista no Panamá. A recém-proclamada República do Panamá atendeu de imediato às demandas estadunidenses e garantiu, assim, a construção do Canal do Panamá (1906-1914) entre o Atlântico e o Pacífico.

Em 1904, foi enunciado o chamado Corolário Roosevelt da Doutrina de Monroe, segundo o qual, em caso de conflito na América Latina, os estadunidenses atuariam como uma espécie de polícia internacional e como árbitros. Posteriormente, os Estados Unidos realizaram intervenções no México, no contexto da Revolução Mexicana (1910), na Nicarágua e no Haiti (1915), e na República Dominicana (1916).

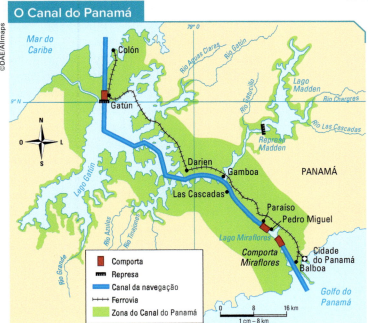

GILBERT, Martin (Ed.). *The Atlas of American History*. 3. ed. Nova York: Routledge, 1993. p. 49.

A Segunda Revolução Industrial e o neocolonialismo **Capítulo 33**

> **ORGANIZANDO AS IDEIAS**
>
> 10. Explique por que a independência do Panamá ilustra o intervencionismo dos Estados Unidos na América Latina.

O legado imperial

A construção dos novos impérios coloniais intensificou os laços comerciais globais, mas os fluxos comerciais beneficiaram sobretudo os países centrais. Consequentemente, as áreas dominadas sofreram a extração predatória de seus recursos e suas economias foram reorganizadas para atender aos interesses metropolitanos, intensificando a desigualdade entre um pequeno núcleo de países industrializados e o restante do planeta. A dominação imperialista também implicou uma ocidentalização dos povos colonizados e, ao mesmo tempo, fortaleceu o racismo pseudocientífico que justificava a supremacia branca em todo o mundo.

Em termos políticos, o equilíbrio europeu foi fragilizado pela crescente competição entre as grandes potências pelos territórios coloniais. Houve conflitos localizados de curta duração. Também se formavam blocos mutáveis de alianças, que, de certa forma, prefiguravam as coalizões de uma guerra global, vista como uma possibilidade cada vez mais presente no início do século XX. A simples possibilidade de um conflito em escala mundial global gerou uma poderosa indústria armamentista e o aumento dos exércitos nacionais. Isso, por si, tornava a guerra mais provável, especialmente em razão do acelerado fortalecimento da Alemanha, que ameaçava a já desgastada hegemonia britânica.

> **ORGANIZANDO AS IDEIAS**
>
> 11. Que ligações você pode estabelecer entre a concorrência imperialista e a Primeira Guerra Mundial?

Revisando o capítulo

▸ APROFUNDANDO O CONHECIMENTO

1. Observe a imagem e responda as questões.

Thomas Jones Barker. *Rainha Vitória presenteando uma Bíblia no salão de audiências em Windsor*, c. 1861.

a. Quem é o receptor do presente na imagem? Como ele é representado?

b. Por que a pintura pode ser entendida como uma forma de legitimar a expansão imperialista inglesa?

2. Leia o texto abaixo, de autoria de um dos principais escritores da Europa no século XIX, Victor Hugo (1802-1885). O romancista se empenhou em diversas causas humanitárias durante sua vida, mas nesse discurso, proferido em 1879 em um congresso que comemorava a abolição da escravidão nas colônias francesas, defendeu a expansão imperial sobre a África.

> O Mediterrâneo é um lago de civilização; não é à toa que o Mediterrâneo tem, de um lado, o velho universo e, do outro, o universo ignorado, isto é, de um lado, toda a civilização e, do outro, toda a barbárie. Chegou a hora de dizer ao ilustre grupo de nações [a Europa]: Uni-vos, ide para o Sul. Lá está, diante de vós, esse bloco de areia e de cinzas, esse monte inerte e passivo, que há seis mil anos é um obstáculo para a marcha universal. Deus oferece a África à Europa. Tomai-a. Tomai-a não pelo canhão, mas pelo arado; não pelo sabre, mas pelo comércio; não pela batalha, mas pela indústria; não pela conquista, mas pela fraternidade. Passai os vossos sobejos para a África e, ao mesmo tempo, resolvei vossas questões sociais, transformai vossos proletários em proprietários. Ide, agi! Fazendo estradas, portos, cidades; crescei, cultivai, colonizai, multiplicai.
>
> Disponível em: <https://www.monde-diplomatique.fr/mav/107/HUGO/18320>. Acesso em: 27 abr. (Tradução nossa).

a. Quais justificativas foram apresentadas por Victor Hugo para defender o avanço europeu sobre a África?

b. De acordo com o seu discurso, quais seriam os benefícios econômicos, políticos e sociais que a expansão imperialista traria para os países europeus?

3. Leia o texto e responda às questões.

No dia 22 de fevereiro de 1927, data do aniversário de George Washington, o embaixador dos Estados Unidos na França, Myron Herrick, reuniu num banquete, em Paris, os representantes diplomáticos dos países latino-americanos membros da União Panamericana. "Os Estados Unidos não cobiçam terras", declarou em seu *speech*. "Não desejam novos territórios. Como é do conhecimento de todas as pessoas bem informadas, os Estados Unidos recusaram durante os últimos quarenta anos, de forma constante e deliberada, ocasiões frequentes e fáceis de expandir seus domínios. Aqueles que nos acusam de propósitos imperialistas ignoram os fatos e não estão sendo sinceros." Com a memória sem dúvida embotada pelos vinhos e joias da Cidade Luz, ele esquecia deliberadamente o México desmembrado, Cuba acorrentada, o Haiti e a República Dominicana sob controle, o Panamá arrancado da Colômbia, a invasão da Nicarágua, a anexação das Filipinas...

[...]

Terminada a Guerra da Secessão, os Estados Unidos da América do Norte perceberam a enorme força que detinham. A partir de 1880, após terminar a conquista do Oeste, essa força virou-se resolutamente na direção Sul. Durante a presidência do general Grant (1869-1877), a teoria do Destino Manifesto expôs cruamente o projeto dos Estados Unidos: o controle total do continente. Isto, logicamente, invocando sempre a mística da "defesa da democracia". Mas foi com a Política do *Big Stick* (grande porrete) e o envio dos marines (fuzileiros navais) que a puseram em prática. Às intervenções militares pontuais [até 1860], sucederam-se invasões que culminaram com a criação de protetorados.

[...]

Um persistente comportamento ruim, ou uma impotência que resulte numa negligência generalizada dos vínculos adequados a uma sociedade civilizada, podem eventualmente tornar necessária – na América como em qualquer outro lugar – uma intervenção por parte de uma nação civilizada. No hemisfério ocidental, a adesão dos Estados Unidos à doutrina Monroe pode forçá-los, nos casos flagrantes em que se depararem com tais comportamentos ruins, ou com tal impotência, a exercer, por mais que lhes repugne fazê-lo, um poder internacional de polícia. "Eleito presidente em 1903, Theodore Roosevelt lançou essa advertência como corolário da doutrina Monroe."

[...]

Menos hipócrita, o presidente Taft declararia, em 1912: "Todo o hemisfério ocidental nos pertencerá, de fato, devido à superioridade de nossa raça, pois moralmente já nos pertence".

LEMOINE, Maurice. Em nome do "destino manifesto". *Le Monde Diplomatique* – Brasil. Disponível em: <www.diplomatique.org.br/print.php?tipo=ac&id=784>. Acesso em: 13 abr. 2016.

a. Relacione a afirmação do presidente Taft em 1912 com a ideologia do Discurso Manifesto.

b. Por que o autor critica a política dos EUA para a América Latina?

4. Analise a imagem a seguir e, a partir dela, caracterize as relações econômicas entre o centro do mundo capitalista e a periferia.

Fonte: MARSEILLE, J. (org.) *Histoire 1ère L/ES, Le monde, l'Europe, la France (1850-1945)*. Paris: Nathan, 2003. p. 80.

A segunda Revolução Industrial e o neocolonialismo **Capítulo 33**

CAPÍTULO 34

A CONSTRUÇÃO DA REPÚBLICA

Construindo o conhecimento

- Em sua opinião, por que as desigualdades se mantiveram após a Proclamação da República?
- Você acha que manifestações, protestos e revoltas são formas eficazes de ação política?

Plano de capítulo

- Golpe Militar e formação do governo (1889-1894)
- A República Oligárquica
- A economia da Primeira República
- Urbanização, industrialização e seus aspectos sociais

Vejamos: 1889 trouxe um novo regime, 1891 uma nova Constituição, e logo depois chegou um novo século. Os conflitos que levaram ao fim do Império não foram resolvidos no 15 de novembro, mas continuaram a perseguir a Primeira República. Militares e civis disputaram o controle do Estado, até que as oligarquias regionais conseguiram afirmar seu poder. Mas o que mudou?

Fora do mundo da alta política, os embates eram ainda mais acirrados. Como ex-escravos, imigrantes e sertanejos foram tratados pela República? E como essa população reagiu a um Estado que persistia em excluí-los? O racismo continuou a se fazer presente, assim como a desigualdade social, mas a população buscou afirmar sua cidadania e demonstrar sua insatisfação de diversas formas.

Charge publicada na revista *O Malho*, em 1904. Nela se vê alguns males que afligiam o povo da jovem República brasileira, como a miséria e os altos impostos.

Marcos cronológicos

- **1889** Proclamação da República. Banimento da família imperial do Brasil.
- **1891** Promulgação da Constituição dos Estados Unidos do Brasil.
- **1893** Revolução Federalista no Rio Grande do Sul. Revolta da Armada no Rio de Janeiro.
- **1894-1898** Governo de Prudente de Morais.
- **1896-1897** Guerra de Canudos.
- **1898-1902** Governo de Campos Sales.
- **1900** Campos Sales institui a "política dos estados" ou "política dos governadores".
- **1902** Revolução Acreana.
- **1903** Tratado de Petrópolis, pelo qual a Bolívia cede sua parte do território do Acre ao Brasil.
- **1904** Revolta da Vacina no Rio de Janeiro.
- **1910** Eleição do marechal Hermes da Fonseca.
- **1912-1916** Guerra do Contestado.
- **1917-1919** Greves gerais nas cidades de São Paulo e Rio de Janeiro.

470 Unidade 9 Os limites do progresso

Golpe Militar e formação do governo (1889-1894)

O estabelecimento de uma nova Constituição

Desde 1870, o movimento republicano brasileiro começou a se organizar para discutir o estabelecimento de uma federação e outras mudanças. Clubes e jornais foram fundados, ajudando a disseminar suas ideias. Mas a derrubada do Império em 15 de novembro de 1889 resultou de um golpe militar apoiado por alguns setores republicanos.

Formou-se um governo provisório encarregado de dirigir o país até a aprovação de uma legislação republicana. O chefe desse novo regime era o líder da rebelião militar, o marechal alagoano Deodoro da Fonseca (1827-1892), e o vice-chefe era o baiano Rui Barbosa (1849-1923), que também assumiu a função de ministro da Fazenda. A sede do governo permaneceu no Rio de Janeiro, agora chamado Distrito Federal.

Proclamada em 1891, a primeira Constituição republicana do Brasil tomava como base o modelo dos Estados Unidos da América. Os constituintes optaram por fazer do Brasil uma federação, em que os estados-membros da federação – as antigas províncias – adquiriram amplas prerrogativas, como as de organizar força militar própria, constituir a Justiça estadual, criar impostos e obter empréstimos. À União coube a organização das forças armadas, a emissão da moeda e o poder de intervir nos estados em caso de perigo para a ordem republicana.

Foi mantida a separação de poderes entre o Executivo, o Legislativo e o Judiciário, mas foi extinto o Poder Moderador. Adotou-se o sistema presidencialista, em que o Poder Executivo federal passou a ser exercido por um presidente da República eleito para um mandato de quatro anos, auxiliado por ministros de sua livre escolha. O corpo legislativo do país, agora chamado de Congresso Nacional, compunha-se da Câmara dos Deputados – com deputados eleitos proporcionalmente à população dos estados – e do Senado Federal – com três senadores por estado. Número proporcional de deputados significa que quanto mais populoso um estado, mais deputados ele poderia eleger. Também é importante salientar que o cargo de senador deixou de ser vitalício, ou seja, o mandato passou a ser renovado via eleição, e não mais a durar por toda a vida do eleito.

O sistema eleitoral também passou por mudanças. Eliminou-se a exigência de renda mínima para ser eleitor; a partir de então, todos os homens brasileiros com mais de 21 anos e alfabetizados poderiam participar das votações. Embora essa medida tenha contribuído para aumentar a participação do povo na vida política do país, diversas práticas, como a troca de votos por dinheiro, benefícios e favores, garantiram que os ricos e poderosos mantivessem seu monopólio sobre o poder político no país. Não poderiam votar nas eleições diretas os analfabetos, os praças de pré (soldados, cabos e sargentos), os religiosos de ordens que impunham a renúncia à liberdade individual e as mulheres. A exclusão dos analfabetos, instituída ainda no final do Império, foi um dos principais fatores a restringir a participação popular nas eleições, pois a inexistência de um sistema abrangente de ensino público garantia que a maior parte do povo não recebesse educação formal.

Henrique Bernardelli. *Proclamação da República*. Óleo sobre tela, 1900.
O quadro coloca Deodoro como figura de destaque e herói militar que domina totalmente a cena da proclamação, enfatizando o caráter elitista desse evento.

Os símbolos da República

Entre as mudanças introduzidas na vida do país pela República inclui-se a criação de um conjunto de novos símbolos nacionais. Com fontes de inspiração diversas – a França revolucionária, o ideário positivista, o federalismo norte-americano –, a nova simbologia deveria contribuir para dar legitimidade popular ao regime recém-instalado, reforçando a coesão nacional em torno da República.

Assim, foi organizado um concurso para escolher o novo hino nacional, de que saíram vencedores Leopoldo Miguez (1850-1902) (música) e Medeiros e Albuquerque (1867-1934) (letra). No entanto, o público manifestou-se a favor do antigo hino do Império, de autoria de Francisco Manuel da Silva (1795-1865). Por seu maior apelo, a melodia original foi preservada e 19 anos depois ganhou nova letra de Osório Duque Estrada (1870-1927). Quanto à obra de Leopoldo Miguez e Medeiros e Albuquerque, tornou-se o Hino da Proclamação da República.

A construção de Tiradentes como herói nacional foi outra importante obra dos artistas republicanos. Retratado com a barba crescida e uma bata simples, o inconfidente foi associado à imagem de Cristo. Tratava-se de elaborar um mito republicano a partir de um personagem executado por ordem da bisavó (D. Maria I) do imperador deposto (D. Pedro II).

Em relação à bandeira do novo regime, uma das opções era inspirada no pavilhão dos Estados Unidos, formado por listras horizontais e estrelas. Mas os positivistas lideraram a definição de uma bandeira para a República. Assim, a nova bandeira preservava aspectos da tradição – daí a manutenção do verde-amarelo representativo da riqueza nacional – e ao mesmo tempo apontava para o futuro da nação – daí a divisa "Ordem e progresso", baseada no lema positivista "O Amor por princípio e a Ordem por base; o Progresso por fim".

Décio Vilares. *Tiradentes*, 1890.

Bandeira Republicana.

As eleições tornaram-se diretas para a Presidência da República, para as presidências dos estados (os cargos que hoje conhecemos como sendo de "governadores") e para os órgãos legislativos federais e estaduais. Com a aprovação de um dispositivo que separou a Igreja católica do Estado, decidiu-se que nenhum culto ou igreja poderia receber subvenção oficial e estabeleceram-se o casamento civil, a secularização dos cemitérios e o registro de nascimentos.

As vertentes republicanas e a instabilidade política

A aprovação da Constituição e a eleição do marechal Deodoro da Fonseca para a Presidência da República marcaram a instalação da República brasileira em bases legais. A partir daí, segundo os **ideólogos** do novo regime, estavam criadas as condições para a estabilização das relações políticas no país. No entanto, iniciou-se um ciclo de crises político-militares que iria se prolongar por toda a década de 1890.

Os conflitos resultaram principalmente da falta de unanimidade sobre como conduzir o regime republicano. Para os defensores do modelo norte-americano de democracia liberal, o importante era fazer valer o texto constitucional e impedir a implantação de uma ditadura militar. Já Deodoro da Fonseca não confiava nos políticos civis e adotou medidas para reforçar sua autoridade frente aos grupos dominantes no Congresso Nacional.

Ideólogo: indivíduo que teoriza sobre determinada ideologia, ideia ou instituição.

> **Encilhamento: um contexto só de crises?**
>
> O sistema econômico-financeiro herdado do Império tinha como base a atividade agrícola. Rui Barbosa, entretanto, ministro de Finanças durante o governo provisório, tentou pela primeira vez incentivar um projeto industrializante. Sua proposta visava a expandir o crédito, facilitar a criação de sociedades anônimas e permitir a emissão de papel-moeda por alguns bancos.
>
> Entretanto, suas ações acabaram incentivando a criação de empresas fantasmas e um aumento extraordinário da quantidade de papel-moeda em circulação, o que causou uma onda inflacionária e especulativa que ficou conhecida como crise do "encilhamento". Era uma referência ao clima de confusão, desordem e jogatina nas corridas de cavalos, onde os animais ficavam encilhados.
>
> Alguns estudos recentes mostram que, apesar da crise econômica, muitas indústrias surgiram e sobreviveram a esse período conturbado, destacando-se aí o ramo da indústria têxtil do Rio de Janeiro.
>
> Charge de Angelo Agostini sobre o "encilhamento". Rio de Janeiro, c. 1890.

Os positivistas, tanto militares quanto civis, entendiam que o regime republicano colocava o país em um estágio de civilização mais avançado e propunham a instalação de uma ditadura republicana, única forma vista como capaz de promover reformas sociais. Durante os debates constituintes, os positivistas obtiveram uma importante vitória: a separação entre a Igreja e o Estado brasileiro.

A primeira crise político-militar de grandes proporções da República ocorreu ainda em 1891, quando Deodoro da Fonseca, em resposta às tentativas de limitar o poder do chefe de Estado, dissolveu o Congresso e decretou o estado de sítio. Em apenas três semanas, ele foi obrigado a renunciar em razão da perda de apoio político.

Tomou posse então o vice-presidente, Floriano Peixoto (1839-1895), que governou de 1891 a 1894. Como a Constituição previa a convocação imediata de eleições em caso de vacância da Presidência antes da metade do quadriênio, sua legitimidade foi inicialmente contestada. Mas, com base em pareceres jurídicos e, principalmente, uma dura repressão contra seus adversários civis e militares, conseguiu permanecer no cargo.

A oposição organizou revoltas, como a Armada (1893), em que os rebeldes chegaram a bombardear o Rio de Janeiro e Niterói. Foram, porém, vencidos em 1894.

No Rio Grande do Sul, a Rebelião Federalista opôs duas tendências políticas: a positivista – representada pelo Partido Republicano Rio-Grandense, que defendia a predominância do Executivo e a autonomia estadual – e a liberal, composta pelo Partido Federalista, favorável ao parlamentarismo. Em 1893, a guerra civil teve início. Os federalistas, conhecidos como "maragatos" (em razão da região do Uruguai onde haviam se exilado), uniram-se a outros grupos que haviam sido excluídos pelos republicanos no poder, iniciando a insurgência militar. Os castilhistas (favoráveis a Júlio de Castilhos, presidente do Rio Grande do Sul) foram apelidados de "pica-paus", provavelmente uma alusão ao quepe vermelho que portavam. Mais de 10 mil pessoas morreram no conflito, muitas executadas a sangue-frio. O movimento se espalhou para Santa Catarina, Paraná e pretendia alcançar São Paulo. No entanto, desavenças entre as lideranças federalistas o enfraqueceram e os republicanos mantiveram-se no poder no Rio Grande do Sul, contando para isso com o auxílio decisivo do poder central em 1895.

Floriano Peixoto enfrentou as insurgências sempre com o apoio do Congresso, comandado pelas oligarquias regionais, e dos grupos radicais republicanos – os chamados jacobinos –, principais opositores da restauração monárquica e de todos aqueles vistos como inimigos da República. A oligarquia cafeeira paulista deu a Floriano um apoio decisivo, nos âmbitos financeiro, militar e político. Não por acaso, nas eleições de 1894 o marechal apoiou o paulista Prudente de Morais como seu sucessor. Foi ele o primeiro civil a ocupar a Presidência da República brasileira.

> **ORGANIZANDO AS IDEIAS**
>
> 1. Comente os principais aspectos da Constituição republicana de 1891.
> 2. Explique o contexto em que Floriano Peixoto assumiu o governo em 1891.
> 3. Como a oposição a Floriano Peixoto se manifestou?

A República Oligárquica

Consolidando o funcionamento de um sistema político

O principal objetivo de Prudente de Morais (1894-1898) foi normalizar a vida política do país após anos seguidos de confrontação político-militar. Aprovou então medidas pacificadoras, como a anistia aos rebeldes federalistas gaúchos, e buscou definir em lei as relações entre o poder central e os estados.

Em 1896, o presidente enfrentou a guerra camponesa de Canudos, no interior da Bahia. O movimento teve origem em um contexto marcado pela crise social e pelas mudanças nas relações entre o poder público e a Igreja católica. Uma dessas mudanças foi o fim do regime do padroado, que separou explicitamente o poder temporal do poder religioso. No interior do país, ocorreram manifestações populares a favor da Igreja, pois a República era vista como um regime herético. Essas agitações deram origem a movimentos **messiânicos**, que propunham um caminho para a salvação: a organização de comunidades segundo as leis de Deus. Apesar disso, interpretações historiográficas mais recentes chamam a atenção para o fato de Antônio Conselheiro, líder de Canudos, jamais ter se declarado um messias.

Tais movimentos devem ser entendidos dentro das condições de vida da população sertaneja no Brasil. Em meio a uma estrutura agrária baseada no latifúndio, a população rural sofria com a miséria, o abandono por parte do Estado e a escassez agravada nos períodos de seca. Mediante a privação material, a devoção religiosa e o misticismo ganhavam espaço.

Antônio Conselheiro era uma figura controversa: acusado de matar a esposa – que havia fugido com um militar – e a própria mãe, foi preso, mas saiu da cadeia por falta de provas em 1877. Passou então a vagar pelo sertão, a pregar e a dar conselhos para as pessoas pobres, recebendo daí o apelido Conselheiro. Em 1893, na região conhecida como Canudos, ele estabeleceu o arraial de Belo Monte. No povoado, bebidas alcoólicas e jogos de azar eram proibidos e todos deveriam participar das orações. Praticava-se agricultura de subsistência e não havia propriedade privada da terra.

Messiânico: indivíduo que se apresenta como um messias, detentor da graça divina, encarregado de transformar a ordem existente, estabelecendo o reino de Deus na Terra.

Banditismo social e o cangaço

Ao lado dos movimentos messiânicos e no mesmo ambiente social em que estes emergiam, surgiram os bandos armados. Organizados inicialmente a partir de laços de parentesco, com o objetivo de pilhagem ou de vingança familiar, esses grupos profissionalizaram-se e passaram a ter um campo de atuação mais ampliado, dando início ao fenômeno do cangaço no sertão.

Os cangaceiros, que frequentemente eram foragidos da justiça, passaram a praticar roubos, saques e invasões em fazendas. Por vezes redistribuíam seus ganhos para a população pobre, daí a associação com a figura de Robin Hood.

Entretanto, em meio às disputas de poder local, passaram a se aliar a alguns latifundiários – chamados de coronéis –, formando com eles laços de clientelismo: serviam como braço armado dos fazendeiros em troca de incentivos materiais.

Destaca-se a figura de Lampião, Virgulino Ferreira (1898-1938), que passou a atuar como bandoleiro em 1919, depois de seu pai ser morto pela polícia. O mais famoso cangaceiro da história do Brasil morreu em 1938, em uma emboscada na divisa de Sergipe e Alagoas. Pouco tempo depois, desapareceria o fenômeno do cangaço.

Lampião e sua mulher, Maria Bonita, também morta em 1938 durante a emboscada na qual tombou seu companheiro.

Exército brasileiro na campanha em Canudos. Foto de Flávio de Barros. Retirada da *Revista de História da Biblioteca Nacional*, dez. 2014.

Os donativos que Conselheiro recebia eram repassados à comunidade. Com o tempo, o local tornou-se um centro de romaria e chegou a reunir cerca de 20 mil pessoas.

A comunidade começou a incomodar as oligarquias e os líderes políticos locais, pois oferecia um estilo de vida alternativo que escapava do controle das elites tradicionais. Em Salvador, chegavam boatos de que Conselheiro intencionava invadir as cidades vizinhas. A partir daí organizaram-se expedições militares contra Canudos.

Nas duas primeiras expedições, os sertanejos conseguiram vencer rapidamente as tropas estaduais, que dispunham de pouca água e alimento. Os 1 300 homens da terceira expedição, organizada no Rio de Janeiro, sofreram pesadas baixas antes mesmo de assaltarem o arraial, em março de 1897. A derrota no ataque custou a vida do coronel Moreira César (1850-1897), um dos nomes de maior destaque do jacobinismo militar. Foi apenas na quarta expedição, ocorrida em outubro de 1897, sob o comando do general Artur Oscar de Andrade Guimarães, que o arraial foi finalmente destruído. Para isso foi necessário mobilizar, porém, uma grande tropa federal com cerca de 10 mil soldados.

Em novembro de 1897, Prudente de Morais sofreu um atentado durante a recepção das forças vitoriosas em Canudos. O episódio gerou uma reviravolta política e o recuo do jacobinismo florianista. O presidente obteve apoio para terminar seu mandato e eleger seu sucessor, Campos Sales (1898-1902), ex-presidente do estado de São Paulo.

Para assistir

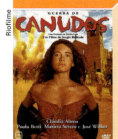

Canudos
Brasil, 1997. Direção: Sérgio Rezende. Duração: 170 min.

Em 1893, Antônio Conselheiro e seus seguidores começam a tornar um simples movimento em algo grande demais para a República, que acabara de ser proclamada e decidira por enviar vários destacamentos militares para destruí-los. Os seguidores de Antônio Conselheiro apenas defendiam seus lares, mas a nova ordem não podia aceitar que humildes moradores do sertão da Bahia desafiassem a República. Assim, em 1897, esforços são reunidos para destruir os sertanejos. Esses fatos são vistos pela ótica de uma família com opiniões conflitantes sobre Conselheiro.

A imprensa no combate

Canudos pode ser um dos primeiros eventos a produzir um fenômeno midiático no Brasil. Jornais e revistas ficaram encarregados de disseminar as notícias sobre as campanhas, que geravam interesse nacional. Cerca de 85% dos brasileiros eram analfabetos, mas as notícias corriam nas ruas de boca em boca e por meio das leituras públicas. Além disso, as charges publicadas muitas vezes falavam por si só. As fotografias também foram importantes para situar o público sobre as contradições da modernidade brasileira: a miséria e a pobreza ficavam evidentes nesse coração do sertão. Entre os relatos mais famosos sobre o episódio de Canudos, destaca-se o livro de Euclides da Cunha, *Os Sertões*, publicado cinco anos após o término do conflito e considerado um clássico da literatura brasileira. Inicialmente um apoiador fervoroso da República contra os "bárbaros" sertanejos, Cunha acabou por criticar a campanha. Uma das últimas frases do livro foi: "Canudos foi um crime. Denunciemô-lo".

Quatrocentos prisioneiros sobreviventes do massacre de Canudos. Foto de Flávio de Barros, s/d.

A construção da República Capítulo 34 475

Campos Sales estabeleceu um novo arranjo político entre o Executivo federal e os presidentes dos estados. Pelo acordo, o presidente impediria o avanço da oposição nos estados, não interferiria na nomeação de cargos públicos estaduais e apoiaria a concessão de verbas para os estados.

No âmbito estadual, o pacto dava ao presidente da província a prerrogativa de acionar seus contatos nos municípios, em especial os coronéis. Sendo em geral latifundiários, os coronéis exerciam influência sobre boa parte da população mais pobre, devido às relações clientelísticas que estabeleciam com ela. Ou seja, amparavam financeiramente, com empregos ou terras, esses indivíduos, em troca de sua lealdade e serviço. O "auxílio" e os benefícios eram cobrados no momento das eleições de deputados e senadores: os coronéis aliciavam os votos dessa população, prática que ficou conhecida como "voto de cabresto", e assim o "curral eleitoral" do coronel votava de acordo com os interesses dos governos estadual e federal. Em troca, os coronéis recebiam do governo estadual cargos políticos, benefícios públicos e empregos, o que permitia o controle e a perpetuação dessas oligarquias locais.

Como o voto era aberto, todo o mecanismo era facilitado. Entretanto, caso houvesse a escolha de um nome incerto, a comissão de verificação dos poderes invalidava a eleição, mecanismo que ficou conhecido como "degola". Cabe ressaltar que não existia no período uma Justiça Eleitoral autônoma, e quem reconhecia a eleição dos novos deputados e senadores era a própria Câmara. Tal sistema inviabilizava a renovação do Congresso e garantia a perpetuação do situacionismo (ou seja, do partido de governo). O poder passou a se concentrar nas mãos de poucos atores políticos, o que, em um primeiro momento, garantiu maior estabilidade ao sistema. Assim, a "política dos estados" de Campos Sales resultou em um Poder Executivo reforçado, um Poder Legislativo neutralizado e a formação de poderosos núcleos regionais.

Esse jogo político ocorria basicamente no âmbito das elites. Durante toda a República Oligárquica, foi baixa a participação dos cidadãos nas eleições presidenciais. É o que mostra o quadro a seguir, que registra, entre outros dados, o número de votantes nas eleições para a Presidência da República de 1894 a 1930.

Em consonância com esses mecanismos, desenvolveu-se ainda a chamada política do "café com leite", ou seja, a proeminência de paulistas (café) e mineiros (leite, em razão da importância da pecuária) no Executivo federal. Os historiadores divergem quanto ao momento

Eleições presidenciais (1894-1930)

Candidato	Nº de votantes (mil)	% de votantes sobre a população	% de votos do vencedor sobre o total de votantes
Prudente de Morais (1894)	345	2,2	84,3
Campos Sales (1898)	462	2,7	90,9
Rodrigues Alves (1902)	645	3,4	91,7
Afonso Pena (1906)	294	1,4	97,9
Hermes da Fonseca (1910)	698	3,0	57,9
Venceslau Brás (1914)	580	2,4	91,6
Rodrigues Alves (1918)	390	1,5	99,1
Epitácio Pessoa (1919)	403	1,5	71,0
Artur Bernardes (1922)	833	2,9	56,0
Washington Luís (1926)	702	2,3	98,0
Júlio Prestes (1930)	1 890	5,6	57,7

CARVALHO, José Murilo de. Os três povos da República. In: CARVALHO, Maria Alice de (Org.). *República no Catete*. Rio de Janeiro: Museu da República, 2001. p. 72.

fundador dessa aliança, mas o fato é que paulistas – representados pelo Partido Republicano Paulista (PRP) – e mineiros – representados pelo Partido Republicano Mineiro (PRM) – revezaram-se na maior parte do tempo na Presidência da República. Os dois estados contavam com as maiores bancadas no Congresso e eram as economias mais pujantes do país.

Entretanto, não se deve menosprezar a participação de outros atores na cena política nesse período: Rio Grande do Sul, Bahia, Rio de Janeiro e Pernambuco também se destacaram nas negociações, já que nem sempre houve acordo entre mineiros e paulistas. Nas eleições de 1910 e 1919, que elegeram respectivamente Hermes da Fonseca e Epitácio Pessoa, as regras de distribuição do poder que analisamos anteriormente foram alteradas. Na primeira, o Rio Grande do Sul aliou-se a Minas Gerais e lançou o marechal Hermes da Fonseca. Contra a candidatura estavam São Paulo e Bahia, que apoiavam Rui Barbosa e defendiam, por meio da Campanha Civilista, que o poder continuasse nas mãos dos civis. Eleito, Hermes da Fonseca modernizou e profissionalizou o Exército e implementou a Política das Salvações, voltada a diminuir a influência das oligarquias estaduais. No entanto, nas eleições seguintes, a política dos estados voltaria a garantir a eleição do mineiro Venceslau Brás (1914-1918) e de Rodrigues Alves (1848-1919), que assumiu em 1918. Após a sua morte, em 1919, o paraibano Epitácio Pessoa foi eleito com o apoio de Minas Gerais. Pela primeira vez um presidente lançava um olhar particular para o Nordeste e defendia seus interesses.

Política externa

Na política externa, o governo republicano priorizou solucionar os problemas de fronteiras com os países vizinhos e aproximar-se dos Estados Unidos, posição expressa no apoio ao pan-americanismo. Em termos culturais, a elite brasileira continuou muito vinculada à Europa, especialmente à França, e assim seguia os padrões da *Belle Époque*.

No início da República, os principais problemas de fronteira do Brasil se localizavam no norte-noroeste – dissídios com a França e a Grã-Bretanha em função dos limites com as Guianas, e com a Bolívia e o Peru em razão do Acre – e no sul: disputa com a Argentina em torno da região de Palmas, no oeste dos estados de Santa Catarina e Paraná. Quanto às Guianas, as partes envolvidas acataram as decisões da arbitragem internacional. No caso do Amapá, a vitória coube à diplomacia brasileira; já na chamada "questão do Pirara", a delimitação proposta pelo Brasil foi derrotada pela britânica.

Em relação ao Acre, a situação se mostrou de difícil encaminhamento diplomático. No território em litígio, pertencente à Bolívia e ao Peru, tropas bolivianas entraram em choque com levas de brasileiros que haviam se fixado na região em busca da borracha, produto cada vez mais valorizado nos mercados internacionais – em razão do avanço da Segunda Revolução Industrial, estudada no capítulo anterior.

A radicalização aumentou de lado a lado. Um grupo de brasileiros proclamou repúblicas no Acre em 1899 e 1900 (ambas desarticuladas por tropas bolivianas) e em 1903, no bojo da chamada Revolução Acreana. Por sua vez, a Bolívia decidiu arrendar o território para um consórcio de empresas com sede nos Estados Unidos. Afinal, chegou-se a um acordo. Em 1903, pelo Trata-

Indígenas e fronteiras

A consolidação dos limites territoriais e a expansão da ocupação geraram, assim como nos séculos anteriores, contatos e conflitos com povos nativos. Apesar de sua presença ser muito mais significativa do que por vezes se pensa, os autóctones foram praticamente ignorados no debate público na época. No oeste paulista, tribos guaranis e xavantes foram "integradas", perdendo a maior parte de suas terras e tendo suas práticas culturais tradicionais atacadas. Já os kaingang resistiram duramente contra a invasão de seu território para a construção da estrada de ferro Noroeste do Brasil, sendo quase exterminados entre 1905 e 1911.

O esforço de ligar o Norte e o Centro-Oeste ao Sul e Sudeste do país passou pela construção de estradas de ferro, mapeamento do território, instalação de linhas de telégrafo e contato com os nativos. Embora as relações iniciais muitas vezes tenham sido amistosas, a busca por terras nativas para garantir a expansão agrícola fez com que muitos grupos indígenas fossem massacrados e recusassem a "civilização". Assim, apesar da criação do Serviço de Proteção aos Índios em 1910, somente na segunda metade do século XX se consolidou uma política efetiva de preservação dos territórios e culturas das populações indígenas, em larga medida como consequência dos esforços e reivindicações dos próprios povos autóctones.

Arquivo fotográfico da Comissão Rondon, apud: LIMA, Antônio Carlos de Souza. O governo dos índios sob a gestão do SPI. In: CUNHA, Manuela Carneiro de (Org.). *História dos índios no Brasil*. São Paulo: Companhia das Letras, 1992. p. 163.

As fotografias produzidas após os primeiros contatos buscavam contrastar a "civilização" branca com a "barbárie" ou "primitivismo" indígena, especialmente por meio das vestimentas. Por outro lado, os frequentes conflitos não eram registrados, para que pudessem ser apagados da memória coletiva com mais facilidade.

do de Petrópolis, a Bolívia cedeu ao Brasil seus direitos sobre o Acre em troca de uma indenização e de algumas compensações territoriais e comerciais. Seis anos depois, a questão do Acre foi definitivamente resolvida com a assinatura de um tratado com o Peru.

No Sul, por decisão arbitral norte-americana, a diplomacia brasileira obteve em 1895 a vitória sobre a Argentina na questão de Palmas. À frente da maior parte dessas negociações esteve José Maria da Silva Paranhos Júnior, o barão do Rio Branco, primeiro como representante do governo brasileiro e a seguir como chanceler, cargo que exerceu de 1902 a 1912. Sob a orientação de Rio Branco foram criadas as condições para a afirmação do Ministério das Relações Exteriores no conjunto das instituições políticas brasileiras, graças à formação de uma burocracia de alto nível. Ele tratou também de ampliar o número de representantes do Brasil no exterior, a fim de intensificar as relações internacionais do país.

ORGANIZANDO AS IDEIAS

4. Que tipo de pacto foi selado com a política dos governadores implantada por Campos Sales?
5. Elabore uma definição para o chamado voto de cabresto.
6. Explique os conflitos que envolveram o Acre no início do século XX.

A economia da Primeira República

O café e suas crises

Os governos da Primeira República tiveram de enfrentar não só pressões políticas e militares, mas também graves problemas de ordem financeira e econômica.

Um desses problemas foi o *deficit* crescente das contas públicas, provocado, entre outros fatores, pelo aumento dos gastos com as operações militares na luta contra os rebeldes federalistas e contra Canudos. Outro problema foi a acentuada queda dos preços do café no mercado internacional, especialmente por ocasião da supersafra de 1896 e 1897.

Para equilibrar as contas públicas, os governos republicanos contrataram empréstimos externos, que deveriam cobrir também os juros de empréstimos anteriores. A sucessiva utilização desse instrumento fez com que, de 1890 a 1897, a dívida externa brasileira crescesse cerca de 30%.

A fim de estabilizar a situação financeira do país, o presidente Campos Sales assinou em 1898 um acordo com credores brasileiros no exterior, conhecido como *funding loan*. Em troca de um novo empréstimo de 10 milhões de libras, o governo oferecia como garantia as rendas da alfândega do Rio de Janeiro e se comprometia a adotar uma rígida política monetária. Tal política pressupunha a paralisação das obras públicas, o controle do volume de dinheiro em circulação no país e a manutenção do valor da moeda brasileira em relação à libra inglesa, até então a principal moeda do comércio internacional. Como consequência da tentativa de equilibrar o orçamento, houve uma elevação dos impostos e um aumento do custo de vida, desemprego e falência das indústrias nacionais, uma vez que a valorização da moeda barateou os produtos importados e atingiu as fábricas nascentes no Brasil.

Durante toda a Primeira República, o café continuou a responder por grande parte do valor das exportações brasileiras, mas a economia cafeeira esteve o tempo todo sujeita a crises, em virtude da influência do clima sobre os cafezais, da superprodução e da concorrência de outras regiões produtoras.

Fonte: *Atlas histórico escolar*. 8. ed. Rio de Janeiro: FAE, 1991. p. 36.

A Guerra do Contestado

Os estados do Paraná e Santa Catarina entraram em confronto em relação aos limites de seus territórios desde o início do século XX. As regiões contestadas foram palcos de conflitos que se agravaram com a contratação de uma empresa estrangeira para construir uma estrada de ferro que ligaria São Paulo ao Rio Grande do Sul. Com o início das obras, muitas pessoas foram expulsas de suas terras por não possuírem o título da propriedade, pois a empresa, chamada *Brazil Railway*, havia se tornado proprietária de uma faixa de 15 quilômetros de cada lado do traçado da ferrovia. As terras contestadas pelos dois governos estaduais estavam incluídas no trecho de expropriações, aumentando o clima de animosidade na região.

Muitos posseiros expulsos de seus lotes e trabalhadores demitidos pela ferrovia agruparam-se em torno da figura do monge José Maria, considerado curador e rezador. O número de seus seguidores foi aumentando, pois ele acabou canalizando a ampla insatisfação popular com o abandono da região pelo Estado e a miséria em que viviam.

Em 1912, o monge catarinense chegou a Irani, no Paraná, com seus seguidores. As autoridades entenderam a migração como uma "invasão catarinense" ao território em disputa, dando início à Guerra do Contestado. O monge foi morto, mas seus adeptos acreditavam que ele voltaria com um "exército encantado", e assim os conflitos se arrastaram até 1916, quando enfim foram debelados após uma sangrenta repressão.

Fonte: MACHADO, Paulo Pinheiro. Tragédia anunciada. *Revista de História da Biblioteca Nacional*, v. 63, out. 2012, p. 19.

Na passagem do século XIX para o século XX, o setor cafeicultor, já afetado pela queda de preços no mercado internacional, foi obrigado a enfrentar a rigidez da política monetária dos governos Campos Sales e de seu sucessor Rodrigues Alves (1902-1906). Aos exportadores de café interessava a desvalorização cambial, pois assim, ao trocar as libras obtidas com a venda de seu produto no exterior, poderiam embolsar maior quantidade de dinheiro brasileiro. Mas o governo federal, preso a seus compromissos, negava-se a atendê-los.

Em busca de uma solução, os governos de São Paulo, Minas Gerais e Rio de Janeiro assinaram um convênio em 1906, na cidade paulista de Taubaté, comprometendo-se a garantir preços mínimos ao produtor e a estimular o consumo. Também deveriam contrair um empréstimo externo para comprar o excedente da produção e aguardar melhores condições de comercialização.

Em um primeiro momento, coube ao governo paulista colocar em prática as decisões do Convênio de Taubaté. Em 1908, quando o presidente era Afonso Pena (1906-1909), o governo federal deu sua garantia – participando como fiador – para o estado de São Paulo contrair um novo empréstimo de 15 milhões de libras a fim de intensificar a política de valorização do café. A partir do ano seguinte, os preços começaram a se recuperar.

A borracha brasileira e sua crescente importância

Nas últimas décadas do século XIX, a produção da borracha ganhou grande impulso. A Segunda Revolução Industrial, que então se desenrolava, foi primordial para esse dinamismo.

Em 1839, o processo de vulcanização da borracha tornou-a mais resistente e imune a variações de temperatura. Desde então, ela passou a ser utilizada nas indústrias, em hospitais, na confecção de materiais automobilísticos, em materiais bélicos – nos mais diversos artigos.

O *boom* da procura pelo material causou deslocamentos para a região amazônica. Nela era encontrada a seringueira – *Hevea brasiliensis* –, que fornecia uma borracha de excelente qualidade. A região, a menos

Principais produtos de exportação, 1891-1923 (% na receita das exportações)						
Período	Café	Açúcar	Algodão	Borracha	Couros e peles	Outros
1891-1900	64,5	6,0	2,7	15,0	2,4	9,4
1901-1910	52,7	1,9	2,1	25,7	4,2	13,4
1911-1913	61,7	0,3	2,1	20,0	4,2	11,7
1914-1918	47,4	3,9	1,4	12,0	7,5	27,8
1919-1923	58,8	4,7	3,4	3,0	5,3	24,8

Fonte: ARIAS NETO, José Miguel. Primeira República: economia cafeeira, urbanização e industrialização. In: FERREIRA, Jorge; DELGADO, Lucília de Almeida Neves (Org.). *O Brasil Republicano*: o tempo do liberalismo excludente – da Proclamação da República à Revolução de 1930. 3. ed. Rio de Janeiro: Civilização Brasileira, 2008. p. 212. (adaptado)

povoada do Brasil, recebeu milhares de migrantes, vindos principalmente do Nordeste, assolado pelas secas e pela decadência da economia açucareira.

A extração inicialmente era feita de maneira predatória e de forma desordenada. O *rush*, porém, proporcionou o início da legalização das posses de terras na Amazônia, o que, aliás, não se deu de forma pacífica. Era comum mais de um indivíduo reivindicar um mesmo local, o que gerava conflitos entre os **seringalistas**. Além disso, a abertura de novos caminhos na mata para a exploração das seringueiras causava conflitos com os povos indígenas da região.

Os trabalhadores das florestas mergulhavam em um mar de dívidas com o seu patrão, por exemplo, com a compra de alimentos no armazém da propriedade em que viviam. Alguns tentavam fugir, mas, sem poder pagar a passagem para o seu local de origem, passavam a vagar pela região ou eram recapturados pelos capangas a serviço do seringalista.

Por volta de 1910, a exportação da borracha na Amazônia alcançou o seu ápice, ficando atrás somente do café. O principal importador era a Grã-Bretanha, que depois distribuía a matéria-prima para outros países. Nesse período, cidades como Manaus e Belém ganharam novo dinamismo, expresso em uma série de reformas urbanas. No Teatro Amazonas, inaugurado em Manaus em 1896, apresentavam-se óperas, balés e concertos. A cidade ganhou também, em 1907, um porto fluvial totalmente fabricado na Inglaterra.

Entretanto, desde o início do século XX, a concorrência da borracha asiática suplantou a produção brasileira. Britânicos e holandeses, antes consumidores da mercadoria brasileira, preferiram dar início à produção nas suas colônias asiáticas. Apesar de serem criados projetos para recuperar a atividade seringueira na Amazônia, nunca foram de fato postos em prática, e a produção da borracha brasileira entrou em colapso na década de 1920.

> **ORGANIZANDO AS IDEIAS**
>
> **7.** Explique como funcionava a política de valorização do café implementada durante quase toda a República Velha.
>
> **8.** Além do café, a borracha ganhou grande proeminência no mercado brasileiro na virada do século XIX para o XX. Analise essa importância levando em consideração o contexto econômico externo.

Urbanização, industrialização e seus aspectos sociais

O crescimento industrial

A participação da indústria no conjunto da economia brasileira começou a ganhar vulto nas décadas de 1880 e 1890, quando foram reunidas condições favoráveis para a criação de um número considerável de pequenas oficinas e algumas grandes fábricas nas principais cidades do país.

Na origem desse processo, pode-se registrar, em primeiro lugar, a magnitude do setor agroexportador. Foi seu dinamismo que, ao gerar renda, ao possibilitar a montagem de uma infraestrutura de transportes e portos, e ao ampliar o mercado interno, terminou por induzir a expansão das atividades industriais. Isso ocorreu principalmente no estado de São Paulo, onde grande parte da economia girava em torno da lavoura cafeeira.

Seringalista: dono de seringal, indivíduo que emprega trabalhadores para extrair das seringueiras o látex que dá origem à borracha.

Dois outros fatores também merecem ser levados em conta. O primeiro foi a imigração em massa – que chegou a cerca de 2,7 milhões de pessoas entre os anos de 1887 e 1914. O segundo foram os investimentos externos diretos, dirigidos tanto para setores como transporte e geração de energia, quanto para a indústria de transformação. Nesse período a Europa buscava estender sua influência exportando seus capitais, como vimos no capítulo anterior.

Na Primeira República, os principais ramos da indústria foram os de bens de consumo não duráveis, como o têxtil e o alimentar, voltados para o mercado interno. A respeito da indústria têxtil de algodão, os estudos históricos registram que, do final do século XIX até a década de 1910, o principal centro produtor foi o Rio de Janeiro, onde foram erguidas fábricas com centenas de operários. Datam dessa época, por exemplo, a América Fabril e a Fábrica Bangu. Já nos anos 1920, a produção industrial paulista de tecidos de algodão ultrapassou a do Rio de Janeiro. Àquela altura, São Paulo se tornara o principal polo industrial do país.

Na indústria de alimentos, dois ramos se destacaram: o da cerveja e o da carne congelada. No primeiro, foi importante a presença de capitais de imigrantes europeus na formação das primeiras fábricas, localizadas no Rio de Janeiro, em São Paulo e particularmente no Rio Grande do Sul, onde era grande a influência da colônia alemã. Também em terras gaúchas floresceu a indústria de carnes congeladas. Durante a Primeira Guerra Mundial, o setor receberia enorme impulso com o ingresso no país de grandes empresas norte-americanas, como a Armour e a Swift.

Durante o conflito global, a redução do comércio internacional trouxe graves problemas para a importação de itens essenciais à produção industrial brasileira, tanto de matérias-primas (como ferro e cimento), quanto de máquinas e equipamentos. Diante disso, o poder público procurou estimular e proteger setores capazes de produzir, dentro do país, bens que reduzissem a sua dependência econômica.

Para alcançar seus objetivos, o governo valeu-se de instrumentos como a desvalorização cambial e a proteção tarifária, além da concessão de subsídios. Foi nesse contexto que ocorreu a maior diversificação da atividade industrial no país, com o estabelecimento de usinas siderúrgicas e de indústrias de máquinas e equipamentos.

Condições de vida e trabalho nas cidades

Na sociedade brasileira, a formação de um mercado de trabalho começou a ganhar expressão no fim do século XIX, quando a escravidão foi abolida e se estabeleceram as bases jurídicas do trabalho livre. Na mesma época o país estava recebendo grandes levas de imigrantes (italianos, portugueses, espanhóis, alemães e japoneses), o que também serviu para impulsionar o mercado. Não havia, porém, falta de braços no mercado de trabalho; pelo contrário, os ex-escravizados e seus descendentes formavam um grande contingente de trabalhadores que poderiam ser empregados na indústria e na lavoura. A opção pelo trabalhador estrangeiro, em detrimento do trabalhador nacional, fazia parte de um projeto político racista das elites brasileiras, que procurava assim "branquear" o povo brasileiro por meio da miscigenação com o europeu.

No começo do século XX, o imigrante ou era levado para as fazendas de café, para trabalhar como colono, ou se deslocava, em busca de ocupação, para os centros urbanos, como o Rio de Janeiro e São Paulo, onde engrossava as fileiras do operariado. Alguns desses imigrantes contavam com condições socioeconômicas mais favoráveis e, aproveitando contatos, experiência e recursos próprios, fundavam negócios e indústrias.

Os europeus recém-chegados estiveram longe, porém, de substituir os afrodescendentes, que continuaram a compor a maior parte da população brasileira. No campo, por exemplo, muitos libertos realizaram acordos com seus antigos senhores para permanecerem nas fazendas, exigindo em troca acesso a terra para cultivar seus próprios produtos e a diminuição das horas de trabalho. Tal situação foi especialmente comum no Rio de Janeiro, cuja produção cafeeira em decadência atraiu poucos imigrantes europeus. Muitos ex-escravizados viviam nas mesmas propriedades há gerações, tendo criado laços de parentesco e amizade entre si que tornavam a permanência uma opção mais interessante do que a imigração. Em algumas regiões, chegou a se formar um campesinato negro. Por outro lado, em diversos momentos os grandes proprietários reagiram, utilizando-se da polícia ou de capangas para coagir os descendentes de seus antigos cativos a trabalhar por baixos salários.

Os estudos sobre a formação do operariado brasileiro costumam relacioná-la ao crescimento de cidades como Rio de Janeiro e São Paulo. Nelas ocorreu o surgimento de vilas e bairros operários, espaços nos quais os trabalhadores viviam com suas famílias, estabeleciam redes de apoio na vizinhança, criavam grêmios culturais e esportivos e associações de moradores.

Em certa medida, essas redes serviam de compensação diante das duras condições das fábricas. Nelas, o trabalho era organizado por um regulamento disci-

Mundo da fábrica

Imprimir álbuns fotográficos comemorativos foi uma prática comum entre os empresários brasileiros nas primeiras décadas do século XX. Produzidos como instrumentos de divulgação das empresas, costumavam ser oferecidos às autoridades e hoje são fontes preciosas para se examinar o universo da indústria brasileira. As fotografias aqui apresentadas fazem parte do álbum da Companhia Nacional de Tecidos de Juta (Fábrica Sant'Ana). Instalada em 1889, em São Paulo, a Fábrica Sant'Ana voltava-se principalmente para a produção de sacos para o café e para outros produtos de exportação. Quando foi fundada, possuía 600 teares e 800 empregados, entre os quais meninos e jovens, que trabalhavam com os adultos na preparação da matéria-prima.

Instalações da Fábrica Sant'Ana em maio de 1931.

Engomadores de algodão, muitos deles meninos e jovens, na Fábrica Sant'Ana da Companhia Nacional de Tecidos de Juta, instalada em 1889, em São Paulo.

plinar que devia ser seguido à risca. O regulamento definia a jornada de trabalho – que chegava a ser de 11 a 12 horas por dia –, o horário de entrada, de saída, de almoço, lanche etc. Entre os trabalhadores adultos, fossem eles homens ou mulheres, era comum a presença de jovens e até de crianças menores de 12 anos. As mulheres participavam do trabalho pesado ao lado dos homens e muitas vezes eram vítimas de assédio por parte de supervisores, gerentes e patrões.

Os negros também compuseram parte fundamental da mão de obra operária, especialmente fora de São Paulo. Entretanto, o racismo largamente difundido na sociedade brasileira da época garantia que os melhores empregos fossem destinados para europeus brancos, relegando os afrodescendentes a trabalhos mal remunerados, como na produção têxtil. No Nordeste, área que recebeu poucos imigrantes, o incipiente movimento operário foi majoritariamente organizado por ex-escravos e seus descendentes, que utilizaram suas experiências de mobilização no cativeiro para reivindicar novos direitos. Também foram fundadas associações e jornais negros, pioneiros no combate ao preconceito e descaso governamental.

Durante a Primeira República, a dinâmica do mercado de trabalho se orientou fundamentalmente pelo princípio da liberdade do exercício profissional, expresso no artigo 72 da Constituição de 1891. Com base nesse artigo foram sistematicamente rejeitadas, pela maioria do Congresso Nacional, as propostas de parlamentares que se autodenominavam trabalhistas, como Maurício de Lacerda (1888-1959) e Nicanor do Nascimento (1871-1948), que lutavam pela aprovação de leis de regulamentação das relações de trabalho. Consequentemente, os operários tinham pouquíssima proteção legal, o que beneficiava seus patrões.

Apesar de as diferenças de origem entre os imigrantes dificultarem, de início, a organização coletiva, à medida que iam compartilhando de experiências comuns, as dificuldades começaram a ser suplantadas – inclusive entre brancos e negros, nos setores e regiões em que os dois grupos conviviam. Dois fatores interligados também influenciaram esse quadro. De um lado, como nos demais países ocidentais, houve um contínuo avanço da luta operária, que tomou corpo na segunda metade da década de 1910. Foram então realizadas, em São Paulo e no Rio de Janeiro, greves de grande repercussão, nas quais não só se faziam reivindicações imediatas (melhorias de salário e de condições de trabalho), como se exigia que o poder público regulasse o mercado de trabalho, estabelecendo a jornada de oito horas, controlando o trabalho feminino e infantil, instituindo o seguro de trabalho etc.

Do outro lado, a vitória dos bolcheviques na Revolução Russa de 1917 assustou os governantes. Para responder à crise social e evitar a expansão do socialismo, os países que participaram da Conferência de Paz em Versalhes, em 1919, comprometeram-se a adotar medidas de regulamentação do trabalho. Signatário desse compromisso, o Brasil também se tornou mais ativo nesse campo, finalmente começando a responder às demandas dos trabalhadores.

Quem eram os operários que exigiam melhores condições de trabalho? Os estudos sobre a formação do proletariado brasileiro registram que em São Paulo houve uma expressiva presença de imigrantes, em particular italianos. Muitos deles lideravam tanto a organização dos sindicatos quanto a criação de entidades políticas destinadas a lutar contra o capitalismo e a transformar as condições gerais da classe trabalhadora.

Das correntes que influenciaram o movimento operário nas primeiras décadas republicanas, a mais importante foi o anarquismo. Não é difícil entender o porquê. Naquela sociedade, na qual se verificava um mercado de trabalho em formação, em que praticamente inexistia qualquer proteção ao trabalhador, com condições de trabalho extremamente duras e um espaço eleitoral limitado, as ideias de supressão do Estado e de todas as formas de repressão encontravam boa receptividade. Governo e patrões eram igualmente vistos como inimigos que deveriam ser combatidos a todo custo.

As correntes anarquistas em geral, e o **anarcossindicalismo** em particular, não confiavam nas instituições liberais, desprezando os políticos, os partidos e o Parlamento. Foram duros adversários tanto dos socialistas – defensores da reunião da classe trabalhadora em torno de um partido operário e da participação na vida político-eleitoral – quanto dos reformistas, que acreditavam na pressão e no acordo com os patrões e com o governo. De acordo com o que registra a historiografia, a liderança anarquista foi bem mais expressiva em São Paulo do que no Distrito Federal.

Um dos principais períodos de afirmação do movimento operário na Primeira República foram os anos 1917-1919, quando, acompanhando uma tendência de ascensão da luta revolucionária em vários países da Europa, milhares de trabalhadores participaram de greves gerais que pararam as cidades de São Paulo e do Rio de Janeiro.

Para isso, foi importante a divulgação na imprensa operária, especialmente na anarquista, de um conjunto de ideias que procurava dar uma imagem positiva do trabalhador: um homem honesto, explorado economica e socialmente e, por isso mesmo, digno da atenção da sociedade em geral. Dessa forma, combatia-se a imagem, difundida pelo governo e pela grande imprensa, do trabalhador brasileiro como vítima da ação de anarquistas "baderneiros e terroristas", em geral estrangeiros.

Lutas urbanas

Após a abolição, muitos ex-escravizados migraram para as cidades em busca de novas oportunidades, destinando-se quase sempre às ruas estreitas e congestionadas do centro urbano. Essa população habitava cortiços com precárias condições sanitárias e sem infraestrutura. Nesses locais, doenças de todo tipo proliferavam, principalmente as chamadas "doenças tropicais", como a febre amarela e a varíola. Não por acaso, o Rio de Janeiro era chamado de "túmulo de estrangeiros".

Em 1902, porém, as elites republicanas aprovaram um amplo programa de reformas na capital. O projeto estava em consonância com o ideal de mo-

Imigrantes italianos, na cidade de São Paulo, início do século XX.

> **Anarcossindicalismo:** corrente do movimento operário que sustenta que os sindicatos, e não os partidos políticos, podem transformar a sociedade por meio de greves gerais.

dernização que acompanhou o novo regime: além do reordenamento político, era necessário também um reordenamento dos espaços urbanos seguindo modelos europeus.

À frente do projeto estava o presidente Rodrigues Alves, que nomeou como prefeito da cidade o engenheiro Pereira Passos (1836-1913). O prefeito, que estudara na França e havia acompanhado a reurbanização de Paris no Segundo Império, teve ampla autonomia para conduzir a reforma urbana – isso porque Rodrigues Alves permitiu que ele governasse com a Câmara Municipal fechada nos seus primeiros seis meses de mandato.

As mudanças tiveram dois eixos fundamentais: a modernização do porto e o saneamento da cidade. As obras do porto tiveram início em 1904 e foram conduzidas pelo engenheiro Lauro Muller (1836-1926), enquanto o médico Oswaldo Cruz (1872-1917), nomeado diretor do Serviço da Saúde Pública, ficou responsável pela política sanitária. A construção de avenidas no centro e a modernização da área portuária foram importantes para facilitar a distribuição e o escoamento das mercadorias desembarcadas no porto. Ao mesmo tempo, Pereira Passos buscou estimular a cultura, construindo o Teatro Municipal, a Biblioteca Nacional e a Escola Nacional de Belas Artes.

Entretanto, para dar lugar às ruas largas e ao novo ordenamento da área portuária, que fizeram derrubar centenas de cortiços e casas de cômodos, milhares de pessoas foram desapropriadas sem indenização ou política de realocação. Foi o chamado "bota-abaixo". Muitos se deslocaram para os morros da cidade, onde se iniciou a disseminação das favelas. No mesmo período, várias normas municipais foram postas em vigor, desde aquelas que recolhiam os mendigos nas ruas até a proibição do cuspe nas vias públicas e dentro dos veículos. Todas buscavam "civilizar" e europeizar a cidade, adotando uma atitude discriminatória contra os pobres e negros.

O sanitarista Oswaldo Cruz combateu primeiro a febre amarela e a peste bubônica, incentivando as "brigadas de mata-mosquitos" e a caça a ratos nas cidades. Daí surgiu uma nova ocupação, os chamados ratoeiros.

Nesse ambiente, após um regulamento aprovado pelo Congresso Nacional, a administração de saúde promoveu uma campanha de vacinação obrigatória para pôr fim aos focos de varíola que tomavam conta do Rio de Janeiro. Ao partir de uma posição elitista e excludente, a medida tinha como objetivo principal garantir o bem-estar da população das áreas nobres. Os mais pobres eram, por sua vez, tratados com violência. Não apenas a população de baixa renda se colocou contra a obrigatoriedade, mas também muitos intelectuais, que pela imprensa apontavam os diversos efeitos colaterais da vacinação. Para fazer valer a medida, o governo passou a exigir o atestado de vacinação para empregos públicos, matrícula em escolas, hospedagem em hotéis, casamento e votação, com a aplicação de multas aos recalcitrantes.

A ausência de uma campanha de conscientização da sociedade aliada ao constrangimento da vistoria e desinfecção das casas invadidas pelos agentes de saúde, causou uma agitação popular conhecida como Revolta da Vacina. Muitos sentiam que sua privacidade havia sido violada por um Estado que os ignorava e excluía. Os embates nas ruas entre a população e a polícia causaram mortes e destruição. Os confrontos duraram dez dias, e só chegaram ao fim depois que tropas da Guarda Nacional e de outros estados auxiliaram a repressão.

Em 1910, outro levante, dessa vez na Marinha, assustou os moradores do Rio de Janeiro. A Revolta da Chibata teve como um de seus principais líderes João Cândido Felisberto (1880-1969), mais tarde chamado de "almirante negro". Filho de libertos, ele lutava contra o racismo e a desigualdade social, por melhores condições de trabalho para os negros dentro da Marinha e pelo fim dos castigos físicos a que eram submetidos. Apesar de a constituição imperial já proibir os castigos corporais, em 1890 eles foram retomados pela Marinha. Era comum que os marujos (muitos dos quais negros e pobres, em razão das péssimas condições de trabalho) que cometessem faltas graves fossem penalizados com chibatadas, numa punição reminiscente da violência escravista.

O movimento teve início a bordo do encouraçado *Minas Gerais*, depois de 42 marinheiros terem sido castigados com chibatadas. Parte da tripulação se rebelou e dominou o encouraçado, que estava ancorado na baía de Guanabara. Outros navios de guerra aderiram à revolta, ameaçando bombardear a capital.

O presidente Hermes da Fonseca (1855-1923), favorável às reivindicações dos marinheiros, permitiu o fim dos castigos e anistiou os rebeldes. Porém, um segundo levante, dessa vez dos fuzileiros navais e sem a participação de João Cândido, teve início na Ilha das Cobras, também no Rio de Janeiro. Houve uma violenta repressão

Leônidas Guerra (1882-1943). Vacina obrigatória. Em *O Malho*, 20 de outubro de 1904.

ao movimento e o governo chegou a decretar estado de sítio. Como resultado, a anistia foi revogada e os revoltosos de ambos os conflitos foram mortos nas prisões ou enviados para o Acre para prestarem trabalhos forçados nos seringais e na construção de ferrovias.

Num contexto mais amplo, a Revolta da Chibata pode ser vista como um momento marcante de um processo em andamento, a trajetória dos negros no pós-abolição. Percebe-se que as reivindicações dos marinheiros perpassavam a questão étnico-racial: eles não aceitavam mais serem tratados com métodos que lembravam o tempo da escravidão. Diante disso, assumiram o papel de sujeitos ativos que demonstravam descontentamento, num mundo em que se reconheciam como livres e cidadãos. Da mesma forma, as práticas de segregação encontradas entre a alta oficialidade naval era uma das facetas de uma sociedade abertamente racista, em que negros e pardos encontravam obstáculos para ascender social e profissionalmente. Jornais e revistas faziam representações negativas da imagem e personalidade dos negros, evidenciavam sua predileção pelos imigrantes e tentavam desmoralizar a mão de obra negra, o que dificultava ainda mais sua inserção no mercado de trabalho. Nesse sentido, a luta por direitos iniciou-se com os movimentos e associações de negros que passaram por ascensão social e que denunciavam o racismo presente na sociedade. As conquistas ocorridas a partir do século XX foram resultados das duras lutas desses grupos.

De certa forma, os movimentos sociais – nas cidades e no campo – que ocorreram no período de construção da República proporcionavam a inserção dos setores populares na arena política. Apesar de muitos continuarem excluídos do exercício do voto, milhares de brasileiros emergiam por meio do cangaço, de greves, insurreições e manifestações, ou seja, por fora do sistema eleitoral. O quadro de instabilidade da ordem republicana se tornaria mais claro na década de 1920, quando a realidade oligárquica, que reeditava a arquitetura hierarquizada da política imperial, passou de fato a ruir. Os novos atores que entravam em cena reivindicavam, se não o protagonismo, um papel mais significativo no contexto da nova ordem que começava a se erigir.

Revolta da Chibata. Insurgentes a bordo do navio Bahia. Rio de Janeiro, 26 jan. 1910.

ORGANIZANDO AS IDEIAS

9. Explique o motivo das primeiras manifestações operárias no Brasil.
10. Explique o que defendiam as correntes de pensamento que influenciaram a organização dos trabalhadores nas primeiras décadas do século XX.
11. Quais eram as propostas do presidente Rodrigues Alves para a modernização das cidades brasileiras no início do século XX?
12. Explique em que contexto a Revolta da Vacina eclodiu do Rio de Janeiro.

Revisando o capítulo

APROFUNDANDO O CONHECIMENTO

1. Leia atentamente o texto abaixo:

> Sabemos que a abolição não desencadeou um processo que significasse grandes melhorias para a população negra, do mesmo modo que a República, de imediato, não representou a vigência no país de práticas políticas representativas muito diferentes das experimentadas no período imperial.
>
> Mas, mesmo assim, é possível argumentar que a abolição e a República tornaram realidade jurídica, no Brasil, o princípio de equidade política, isto é, o princípio de que todos os homens são iguais perante a lei, podendo potencialmente exercer sua cidadania. Ou seja, que a República se rege por um princípio formal inclusive, a partir do qual todos podem gozar direitos de cidadania previstos em lei, não havendo mais a convivência com privilégios legais, fossem eles formalizados por títulos nobiliárquicos ou por qualquer outra forma de distinção social.
>
> GOMES, Ângela de Castro. Venturas e desventuras de uma República de cidadãos. In: ABREU, Martha & SOIHET, Rachel (Orgs.). *Ensino de história*: conceitos, temáticas e metodologia. Rio de Janeiro: Casa da Palavra, 2003. p. 157.

a. De acordo com a autora, qual foi a principal inovação sociopolítica do Brasil após a Abolição e a Proclamação da República?

b. Apesar da vigência do "princípio de que todos os homens são iguais perante a lei", muitas pessoas não podiam exercer seus direitos políticos. Aponte um grupo nessa situação na Primeira República, justificando sua resposta.

2. Leia com atenção as observações a seguir, feitas sobre o movimento de Canudos, a guerra do Contestado e o Cangaço:

Canudos, contestado e cangaço

> Problema que ainda hoje nos aflige, a concentração de terras se apresentava como o principal ingrediente motivador das rebeliões que ocorreram nos campos brasileiros na passagem do século XIX para o XX. A exploração da mão de obra camponesa e as dificuldades de acesso à propriedade rural podem ser encontradas, assim, nas origens da "Revolta de Canudos", da "Guerra do Contestado" e do movimento do "Cangaço".
>
> Ocorridos em locais distintos, a formação do arraial de Canudos (Bahia) e a Revolta do Contestado (região fronteiriça entre Paraná e Santa Catarina) fizeram-se a partir da luta dos mesmos atores sociais, ou seja, camponeses explorados em decorrência da expansão latifundiária. Do mesmo modo, possuíam a liderança de personagens entendidos por seus seguidores como verdadeiros "messias". Antônio Conselheiro e José Maria representavam, portanto, um comando que era ao mesmo tempo político e religioso.
>
> Os destinos dos dois movimentos foram igualmente semelhantes, com seus integrantes sendo ferozmente combatidos pelas tropas federais. E este foi o mesmo tratamento dado aos "cangaceiros". Interpretados pela historiografia ora como "heróis" que roubavam dos ricos para dar aos pobres, ora como bandidos que corrompiam a ordem estabelecida, estes indivíduos se utilizavam de práticas não legais como forma de resistência à miséria que os afligia. O enfrentamento a tais movimentos correspondia, deste modo, tanto aos interesses das oligarquias latifundiárias, quanto aos de um governo que ainda almejava se consolidar em âmbito nacional e que, portanto, não poderia admitir tamanhas convulsões sociais.
>
> MARTINS Jr., Leandro Augusto. Movimentos sociais da Primeira República. *Globo.com*. Disponível em: <http://educacao.globo.com/historia/assunto/primeira-republica/movimentos-sociais-da-primeira-republica.html>. Acesso em: maio 2016.

a. Segundo o autor, de que maneira poderíamos entender o desenvolvimento dessas manifestações?

b. Aponte uma semelhança e uma diferença entre os movimentos.

Conecte-se

Quando estudamos a Guerra de Secessão nos Estados Unidos, o imperialismo do século XIX na Ásia, na África e na América Latina, bem como a Primeira República no Brasil, podemos observar que a questão racial é um tema que perpassa todos esses acontecimentos. Nos Estados Unidos, por exemplo, a guerra civil estava relacionada, principalmente, à abolição da escravidão. Apesar da vitória dos estados do norte e o fim do trabalho escravo, os negros continuaram sem cidadania e foram marginalizados, inclusive por meio de políticas segregacionistas. Já no Brasil da Primeira República, algumas revoltas, como a da Chibata, demonstraram que os negros, após a abolição da escravidão, não foram incorporados à sociedade e continuaram marginalizados, sofrendo todo tipo de preconceito.

Como podemos observar, o racismo se manifestou de diferentes maneiras em diversas regiões do planeta, em meados do século XIX e começo do século XX. Nos dias atuais, infelizmente, essa prática discriminatória ainda é comum e reflete a grande desigualdade racial existente no mundo contemporâneo. Sobre o tema, leia o texto a seguir.

Que o Brasil é um país racista não necessitamos de muito esforço para comprová-lo: basta olharmos à nossa volta para constatar a ausência quase completa de negros inseridos no âmbito da classe média. Embora representem, segundo dados do Instituto Brasileiro de Geografia e Estatística (IBGE), metade do total da população, dificilmente nos deparamos com médicos, engenheiros, professores, advogados, jornalistas, escritores, oficiais militares ou políticos negros. A renda média mensal dos negros, mesmo registrando um significativo crescimento ao longo das últimas décadas, ainda equivale a apenas 57,4% da dos brancos. [...]

O desdobramento do caso da torcedora do Grêmio, Patrícia Moreira, flagrada gritando ofensas contra o goleiro do Santos, Aranha, torna-se bastante sintomático da maneira como lidamos com a questão do racismo. Aranha registrou queixa na delegacia de polícia e o time gaúcho foi excluído da Copa do Brasil. Em entrevista coletiva, Patrícia pediu desculpas a Aranha e afirmou que não é racista: "Aquela palavra macaco não foi racismo da minha parte. Foi no calor do jogo, o Grêmio estava perdendo". Outro torcedor, Rodrigo Rychter, que negou ter injuriado Aranha, contra-atacou dizendo que os torcedores somente reagiram às provocações do goleiro.

Tanto um quanto outro argumento esbarram em um empecilho de difícil transposição. Chamar alguém de macaco pelo fato de ser negro é racismo e, portanto, não interessa em que contexto a agressão é proferida, se num estádio de futebol, num escritório de contabilidade ou num posto de gasolina. [...] O preconceito racial molda o imaginário brasileiro e é crime que não permite atenuantes.

Lá mesmo em Porto Alegre, uma semana antes das ofensas contra o goleiro Aranha, o escritor Jeferson Tenório aguardava uma carona, na calçada do edifício onde mora, no centro da cidade, para ir trabalhar. De repente, surgiu um carro da Brigada Militar e dele desceu um policial exigindo-lhe os documentos. Em contato por rádio com a central, relatou: "O suspeito é negro, natural do Rio de Janeiro, estatura mediana, casaco preto". Ao ser informado que o "suspeito" estava "limpo", o policial desculpou-se, dizendo que apenas cumpria seu trabalho: alguém do prédio em frente havia solicitado a abordagem. Jeferson foi considerado perigoso pelo vizinho por ser negro! Em seus 37 anos de existência, esta foi a 12ª vez que ele sofreu uma abordagem policial, duas delas com uma arma apontada para seu peito... [...]

Dados do censo de 2010 mostram que, dos 16 milhões de brasileiros vivendo na extrema pobreza (renda de até 70 reais mensais), 11,5 milhões são pardos ou pretos, ou seja, 72% do total. Além disso, enquanto o analfabetismo entre os negros alcança 13,3%, entre os brancos reduz-se a 5,3%; a expectativa de vida para os brancos eleva-se a 73 anos, seis a mais que entre os negros; dos brasileiros brancos, 15% possuem nível universitário, enquanto, entre os negros, esse número se reduz a apenas 4,7%; a possibilidade de ser assassinado é mais que o dobro entre os negros, 64%, que entre os brancos, 29% do total de homicídios. [...]

Emblemático, o caso de racismo contra o goleiro Aranha serve para iluminar a ocorrência de um problema que [...] permanece, infelizmente, longe do palco dos debates nacionais. [...] Aranha, Jeferson, [...] esses têm nome e têm rosto – eles podem interceder pelos milhões de anônimos que todos os dias sofrem ataques os mais diversos, sob as mais diferentes justificativas, pelo simples fato de a cor de sua pele ser negra. E nós, o que temos feito para modificar essa situação?

RUFFATO, Luiz. O Brasil hipócrita: a questão do racismo. *El País*. 16 set. 2014. Disponível em: <http://brasil.elpais.com/brasil/2014/09/16/opinion/1410894019_400615.html>. Acesso: em 4 maio 2016.

ATIVIDADES

1. Segundo os dados do texto, de que forma o racismo se manifesta na sociedade brasileira atualmente?
2. Você já presenciou cenas de racismo ou foi vítima de preconceito racial? Descreva a situação e converse com os colegas sobre o assunto.
3. As políticas afirmativas voltadas para os afrodescendentes são essenciais para combater o preconceito racial e garantir oportunidades iguais para todos. Você conhece alguma dessas medidas adotadas no Brasil nos últimos anos? Quais? O que você pensa sobre o tema?

UNIDADE 10

O GLOBO EM CHAMAS

Os 31 anos que separam o início da Primeira Guerra Mundial em 1914 e o fim da Segunda em 1945 trouxeram transformações e destruição numa escala inimaginável. Mais de 20 milhões de pessoas morreram no primeiro conflito e mais de 70 milhões no segundo – sem contar os cerca de 10 milhões de mortos da Revolução Russa e nas perseguições durante a consolidação do regime soviético.

Como isso foi possível? O avanço tecnológico ampliou a capacidade de destruição humana, enquanto as tensões internacionais fizeram com que as principais potências europeias recorressem às armas. Ao mesmo tempo, a ascensão de ideologias que buscaram criar um novo mundo e um novo homem e os meios violentos utilizados para pô-las em prática geraram ainda mais conflitos.

Do outro lado do Atlântico também ocorreram transformações: os Estados Unidos se afirmaram como uma potência mundial, mas também conheceram a maior crise de sua história, que gerou repercussões globais. Por sua vez, a América Latina precisou enfrentar diversas questões: Como desenvolver indústrias? Como lidar com um povo que exigia participar da política? Não seria fácil encontrar respostas a essas perguntas, que permanecem em aberto até hoje.

"Nuvem de cogumelo" formada após explosão de bomba atômica em Hiroshima, em 6 de agosto de 1945. A devastação da cidade japonesa tornou-se um dos símbolos da Segunda Guerra Mundial e do poder destruidor das armas nucleares.

Plano de unidade

▶ **Capítulo 35**
A Primeira Guerra Mundial

▶ **Capítulo 36**
As revoluções russas de 1917 e a formação da União Soviética

▶ **Capítulo 37**
O entreguerras e a crise de 1929

▶ **Capítulo 38**
A República brasileira em transformação

▶ **Capítulo 39**
A ascensão do fascismo e do nazismo

▶ **Capítulo 40**
A Segunda Guerra Mundial (1939-1945)

▶ **Capítulo 41**
Modernização, lutas sociais e populismo na América Latina

▶ **Capítulo 42**
A Era Vargas (1930-1945)

CAPÍTULO 35
A PRIMEIRA GUERRA MUNDIAL

Construindo o conhecimento

- Por que você acha que o conflito de 1914-1918 foi conhecido inicialmente como "Grande Guerra" e não como "Primeira Grande Guerra" ou "Primeira Guerra Mundial"?
- Em sua opinião, por que essa guerra foi a primeira a assumir um caráter global?

Plano de capítulo

▸ Uma engrenagem fatal
▸ Guerra total
▸ As consequências da Primeira Guerra Mundial

Em agosto de 1914, a Europa incendiou-se. A guerra, que os Estados-maiores supunham que seria curta, alastrou-se e atingiu direta ou indiretamente todos os continentes, envolvendo os combatentes e a população civil numa impiedosa espiral de violência. Como isso foi possível? Para responder a essa pergunta, precisamos examinar as tensões sociais e políticas da Europa no início do século XX.

Quais foram as consequências do conflito? Monarquias e impérios ruíram. A guerra transformou o mapa político da Europa, da África e da Ásia. No final, foram lançadas as sementes de novos confrontos. Assim, a Grande Guerra, como foi designada na época, terminou em 1918, mas os problemas resultantes do conflito estavam longe de acabar, como veremos ao longo desta unidade.

Infantaria alemã em trincheira, em algum lugar da Frente Ocidental, durante a Primeira Guerra Mundial. As trincheiras, o uso de metralhadoras, as armas químicas (como os gases tóxicos de cloro e de mostarda) e os carros de combate (tanques) foram algumas das novas tecnologias bélicas utilizadas no primeiro grande confronto mundial, que ocorreu de 1914 a 1918.

Marcos cronológicos

1907 — Formação da Tríplice Entente entre Grã-Bretanha, França e Rússia, desdobramento da aliança Franco-Russa (1892), da Entente Cordial entre França e Grã-Bretanha (1904) e da Entente Anglo-Russa (1907).

1912-1913 — Guerras Balcânicas.

1915 — A Itália rompe a Tríplice Aliança e alia-se à Tríplice Entente. A Bulgária alia-se à Tríplice Aliança.

1916 — Batalhas de Verdum e Somme, na França.

1882 — Formação da Tríplice Aliança, envolvendo Alemanha, Áustria-Hungria e Itália.

1908 — Anexação da Bósnia pelo Império Austro-Húngaro.

1914 — Assassinato do arquiduque Francisco Ferdinando, herdeiro do trono austro-húngaro, e de sua esposa, em Sarajevo, na Bósnia, em um atentado organizado por um grupo nacionalista sérvio.

1915-1916 — Guerra de trincheiras e utilização de novos recursos bélicos, como armas químicas e tanques.

1917 — Revoluções de Fevereiro e Outubro na Rússia. Início da guerra submarina indiscriminada pela Alemanha.

Uma engrenagem fatal

A segunda metade do século XIX assistiu a importantes mudanças no cenário internacional. Desde a derrota em 1870-1871 da França para a Prússia, as tensões se mantiveram por toda a Europa. No entanto, até junho de 1914, as desavenças foram resolvidas por meio da diplomacia.

Nesse período, velhas disputas se acirraram com a corrida imperialista; o planeta foi dividido entre as principais potências mundiais. As economias integravam-se, gerando uma globalização financeira, enquanto o deslocamento das pessoas era facilitado graças ao desenvolvimento dos transportes. Tudo, claro, sob o impacto da Segunda Revolução Industrial, então em curso.

Minorias europeias começaram a pleitear o direito de se autogovernarem. As Forças Armadas dos países europeus se fortaleceram, e na maioria deles o serviço militar tornou-se obrigatório. Não por acaso, o período ficou conhecido como "paz armada", pois a guerra permanecia uma ameaça no horizonte.

O contexto era de desconfiança, temor e rivalidade. A formação de amplas alianças passou a ser a melhor maneira de se proteger de um possível ataque inimigo. A recém-unificada Alemanha, com seu vigor industrial e militar, procurou obter aliados para expandir sua influência. De outro lado, diversos países, como a França, formaram acordos com o objetivo de contrabalançar o poderio alemão.

De início, as grandes aliadas dos alemães foram a Áustria – transformada em Áustria-Hungria em 1867 –, e a Rússia, por meio do Tratado de Resseguro assinado em 1887. O principal articulador dessas alianças foi o primeiro-ministro alemão Otto von Bismark, que permaneceu no poder até 1890. A Alemanha procurava, assim, neutralizar a França, que ansiava pela revanche desde a derrota na guerra franco-prussiana. Em 1882, a Itália aderiu à aliança militar austro-alemã, formando a Tríplice Aliança. Se um desses países fosse atacado, os demais deveriam apoiá-lo militarmente.

Quando Bismark saiu do governo por discordar do novo *kaiser*, Guilherme II, os focos de tensão nas relações internacionais se agravaram. O Tratado de Resseguro com a Rússia não foi renovado. O czar Alexandre III tinha rivalidades com a Áustria-Hungria em relação aos Bálcãs e optou por firmar um acordo com a França, em 1892. O compromisso franco-russo era um contrapeso ao sistema alemão de alianças.

Por sua vez, a Grã-Bretanha mantinha sua política de isolamento e concentrava-se em controlar seu império – o maior já visto no mundo. Em razão da tradicional rivalidade com a França, pensava-se que sua aliada natural seria a Alemanha – inclusive porque o *kaiser* alemão era primo dos monarcas ingleses. Entretanto, o fortalecimento da Marinha germânica sob Guilherme II ameaçava a supremacia da *Royal Navy*. Assim, em 1904, Grã-Bretanha e França tornaram-se aliadas. Surgiu assim a Entente ("acordo" ou "entendimento") Cordial.

Em 1905, reagindo à Entente Cordial, a Alemanha passou a incentivar a independência do Marrocos, o que prejudicava os interesses franceses. Em 1911, houve nova disputa franco-alemã envolvendo o Marrocos. Em ambos os casos, as crises foram solucionadas por meio de concessões mútuas.

Na sequência, a França, o Império Russo e o Império Britânico se uniram na Tríplice Entente, o que ampliou as tensões entre as potências europeias. Mas o motor da Primeira Guerra Mundial deve ser buscado na chamada Questão Oriental, que analisaremos a seguir.

Os Estados Unidos entram na guerra contra a Alemanha. Assinatura do Tratado de Brest-Litovsk entre a Rússia bolchevique e as potências centrais. A Alemanha, derrotada, solicita um armistício. Proposta dos "14 pontos" do presidente dos Estados Unidos Woodrow Wilson.
1918

1919
Conferência de Paris; assinatura do Tratado de Versalhes pela Alemanha.

Anônimo. A charge mostra Britannia (símbolo da Grã-Bretanha) e Marianne (símbolo da República Francesa) celebrando a assinatura da Entente Cordial, em 1904.

Os Bálcãs e a questão do nacionalismo

Em 1878, a Península Balcânica emancipou-se do Império Otomano, fragmentando-se em Estados disputados pela Áustria e pela Rússia. A efervescência nacionalista era crescente, e a região era chamada de "barril de pólvora", em razão de sua crônica instabilidade política. Em 1908, a Áustria (católica) anexou a Bósnia-Herzegovina. Ali vivia uma importante minoria sérvia (ortodoxa) que desejava unir-se ao vizinho reino da Sérvia, próximo aos russos. Assim, qualquer desavença entre a Áustria (Tríplice Aliança) e a Rússia (Tríplice Entente) poderia provocar um conflito generalizado, pois, em princípio, os aliados de cada um desses países seriam obrigados a intervir.

> ### O Império Otomano: entre as reformas e o declínio
>
> O Império Otomano estendia-se pela Europa, Ásia e África. Em 1853, o czar Nicolau I o descreveu como "o homem doente da Europa". A região abrigava diversas nacionalidades e religiões, mas vinha enfraquecendo desde o início do século XIX, ao mesmo tempo em que cresciam as reivindicações nacionais de suas minorias.
>
> Em 1856, a Sublime Porta (designação dada ao governo otomano) tentou o caminho das reformas, concedendo direitos à totalidade dos cidadãos. Mais tarde, os movimentos Jovens Otomanos e Jovens Turcos defenderam a modernização do império, mas este passou por contratempos e perdeu territórios. A Grécia, por exemplo, emancipou-se (1832) e tomou territórios otomanos habitados por gregos, estimulando outras minorias a buscarem a independência.

Os Bálcãs: linhas do cessar-fogo depois da primeira guerra dos Bálcãs

Fonte: CLARK, Christopher. *Os sonâmbulos*: como eclodiu a Primeira Guerra Mundial. São Paulo: Companhia das Letras, 2014. p. 282-283.

Os Bálcãs em 1912

Fonte: CLARK, Christopher. *Os sonâmbulos*: como eclodiu a Primeira Guerra Mundial. São Paulo: Companhia das Letras, 2014. p. 282-283.

Os Bálcãs: após a segunda guerra dos Bálcãs

Fonte: CLARK, Christopher. *Os sonâmbulos*: como eclodiu a Primeira Guerra Mundial. São Paulo: Companhia das Letras, 2014. p. 282-283.

No mesmo período, grupos extremistas e secretos, como o Unificação ou Morte, composto de militares e mais conhecido como Mão Negra, formaram-se na Sérvia com o objetivo de unificar os eslavos. O discurso do **pan-eslavismo**, alimentado pela Rússia, também ganhava força.

Como resultado, entre 1912 e 1913, duas guerras estouraram nos Bálcãs. Na primeira, os Estados balcânicos (Sérvia, Montenegro, Bulgária e Grécia) lutaram contra o Império Otomano com o objetivo de expulsar os turcos da península. Na segunda, os combatentes lutaram pelos espólios territoriais tomados dos turcos na guerra anterior. A Sérvia foi o país mais beneficiado, tendo seu território e sua população duplicados.

Em 28 de junho de 1914, o arquiduque Francisco Ferdinando, herdeiro do trono austro-húngaro, e sua esposa foram assassinados em Sarajevo, na Bósnia, em um atentado cometido pela organização Mão Negra. A ação foi justificada pela opressão que a Bósnia-Herzegovina sofria dos austríacos. Outro fator foi a crença de que o arquiduque pretendia transformar a monarquia dual (Áustria-Hungria) em uma monarquia tríplice, com o ingresso da Bósnia, pois tal medida enfraqueceria as reivindicações dos sérvios daquela região.

A Áustria responsabilizou a Sérvia pelo atentado e fez-lhe uma série de exigências, reivindicando principalmente que a investigação do duplo assassinato e o processo judicial fossem realizados por austríacos. A Sérvia aceitou apenas algumas das demandas, pois as cobranças austríacas foram percebidas como um ataque à soberania sérvia. Em consequência, a Áustria declarou guerra à Sérvia, contando com o apoio alemão.

Ocorreu, assim, uma reação em cadeia, para a incredulidade da maior parte das pessoas que não acreditavam que um conflito generalizado poderia começar. A Rússia, aliada da Sérvia, declarou guerra à Áustria, arrastando a Alemanha para o conflito. Já a França e a Grã-Bretanha entraram na guerra para apoiar os russos e impedir a hegemonia germânica na Europa centro-oriental. A Itália declarou sua neutralidade depois de condenar o ataque austro-húngaro à Sérvia. O Império Otomano declarou seu apoio à Tríplice Aliança, que também contou com a adesão da Bulgária em 1915. O confronto expandiu-se para além da Europa: o Japão declarou guerra à Alemanha com o objetivo de conquistar territórios dominados pelos alemães na China e no Pacífico. Todos apostavam em uma solução rápida para o enfrentamento. Mas, no fim de 1914, as frentes se estabilizaram, os soldados se entrincheiraram e a Grande Guerra prosseguiu por mais quatro anos.

ORGANIZANDO AS IDEIAS

1. Explique o objetivo dos sistemas de alianças traçadas pelos países europeus durante o período conhecido como "paz armada".
2. Esclareça por que a Grã-Bretanha, que vinha mantendo uma política de isolamento, cedeu à política de alianças tratadas anteriormente.

Pan-eslavismo: projeto político-ideológico que defendia a união de todos os povos eslavos, sob a orientação da Rússia.

Anônimo. "A Sérvia deve morrer!" Propaganda austríaca de julho de 1914.

A Primeira Guerra Mundial   Capítulo 35   493

Guerra total

O desenvolvimento da guerra e suas diversas frentes

A guerra que estourou em agosto de 1914 foi diferente de todas as anteriores. Na frente ocidental, os alemães puseram em prática o Plano Schlieffen, que pretendia derrotar rapidamente a França para depois lidar com a Rússia. Para isso, invadiram a Bélgica, violando a neutralidade desse país e determinando a entrada da Grã-Bretanha na guerra. A resistência belga atrasou o avanço dos alemães e permitiu que a França aprimorasse suas defesas.

Para proteger seus aliados austro-húngaros da contraofensiva russa, os alemães precisaram dividir suas forças, abrindo caminho para a vitória dos franceses e britânicos na Batalha de Marne. A Alemanha precisou recuar.

Em 1915, multiplicaram-se as trincheiras. Escavadas no solo e cobertas de arame farpado e outros obstáculos, elas dificultavam o avanço das tropas e geravam um impasse na frente ocidental. Iniciava-se um conflito de desgaste, pois as ofensivas não conseguiam penetrar em território inimigo.

Soldados franceses em trincheira durante a Primeira Guerra Mundial. Foto de c. 1914-1918.

O engajamento na guerra exigia a mobilização de imensos efetivos. Quase todos os homens em idade de combater foram enviados para a frente de batalha, o que gerou escassez de mão de obra. Nesse contexto, as mulheres passaram a ocupar novos espaços, tanto no campo quanto nas fábricas. Atuaram também como enfermeiras nas linhas de frente, na Cruz Vermelha Internacional e nos hospitais. Na Rússia, chegaram mesmo a lutar.

As forças políticas, incluindo as correntes socialistas, formaram governos de união nacional que apoiavam a guerra. A opinião pública era mobilizada por propagandas governamentais que exaltavam a nação e depreciavam o inimigo. A Tríplice Entente justificava o conflito como a luta da civilização e da democracia contra o autoritarismo das potências centrais. Por sua vez, a Alemanha enaltecia sua pretensa superioridade cultural. Na frente oriental, a Áustria atacava os sérvios enquanto os russos avançavam pelo sul, para auxiliá-los. Apesar de contar com mais soldados, o exército czarista passou por

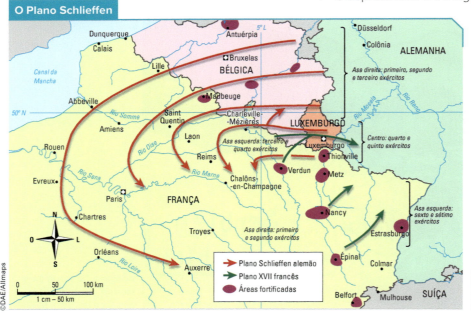

Fonte: STOREY, William Kelleher. *The First World War.* Lanham: Rowman & Littlefield, 2009. p. 22.

Mulheres trabalham em fábrica de munições durante a Primeira Guerra Mundial. A mobilização dos homens desorganizou a produção e os serviços. A indústria e o campo convocaram a mão de obra feminina.

reuniu mais de um milhão de voluntários australianos, canadenses, neozelandeses e sul-africanos.

A guerra teve consequências catastróficas para os otomanos. Em 1915, ao lutar contra os russos, o governo deportou para o leste os armênios – cristãos ortodoxos acusados de apoiar a Rússia. A medida culminou com o extermínio de 600 a 800 mil armênios, e o episódio é considerado um dos primeiros **genocídios** do século XX.

Em maio de 1915, a Itália declarou guerra à Áustria-Hungria e à Tríplice Entente em troca de concessões territoriais. No mesmo ano, os alemães começaram a utilizar armas químicas na frente ocidental, como os gases de mostarda e de cloro, que causavam sérios danos no sistema respiratório.

No ano seguinte, a Alemanha lançou uma nova ofensiva na França, utilizando lança-chamas e gases tóxicos na investida contra Verdun. Foi uma das mais violentas batalhas da guerra. Ocorreram mais de 714 mil baixas.

Além das armas químicas, surgiram outras inovações bélicas nesse período, como os aviões de combate e os tanques, utilizados pela primeira vez pelos britânicos em setembro de 1916.

Genocídio: extermínio deliberado de uma comunidade, grupo étnico ou religioso, cultura ou civilização.

sucessivas derrotas em 1914, diante dos austríacos e principalmente dos alemães. Como consequência, os russos perderam os territórios da Polônia e da Lituânia.

A guerra ultrapassou rapidamente os limites do continente europeu. A participação do Império Otomano desencadeou operações militares no Oriente Médio. Os aliados (a Tríplice Entente) passaram a atacar as colônias alemãs no Pacífico e na África. Neste continente, a guerra se concentrou nas colônias alemãs – como Togo, Camarões, Sudoeste Africano (atual Namíbia) e África Oriental Alemã –, que foram ocupadas, entre 1914 e 1915, por franceses e britânicos. Por sua vez, a França e a Grã-Bretanha utilizavam os homens e as riquezas de seus impérios. A França recorreu a 600 mil soldados, a maioria da África Negra, enquanto a Grã-Bretanha

Cartão postal incitando a participação na Primeira Guerra Mundial.

A Primeira Guerra Mundial   Capítulo 35   495

A guerra no mundo (1914-1918)

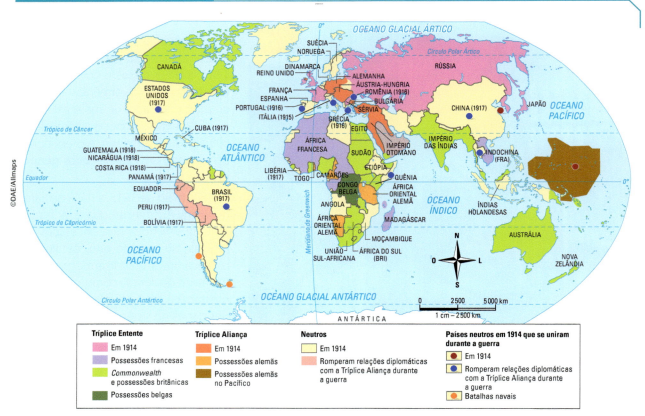

Fonte: Mapa baseado no original. DUBY, Georges (Coord.). *Grand atlas historique*. L'histoire du monde en 520 cartes. Paris: Larousse, 1999. p. 91.

A guerra no mar e o desfecho do conflito

Os dois lados do conflito sabiam que era fundamental interromper o acesso do inimigo aos suprimentos de víveres e matérias-primas. Surgia assim a guerra por mar – afinal, o transporte de cargas era feito por navios.

Em 1916, ocorreu o único confronto de vulto entre as marinhas de guerra britânica e alemã, durante a Batalha da Jutlândia. Os alemães bateram em retirada e a *Royal Navy* firmou seu domínio sobre os mares.

Os alemães recorreram então aos submarinos. Em fevereiro de 1917, declararam uma guerra submarina irrestrita, prejudicando inclusive as nações neutras. Tal medida atingia frontalmente os interesses econômicos dos Estados Unidos e de outros países.

A Rússia, que já havia sofrido numerosas derrotas nas frentes de batalha, abandonado o czarismo e assistido à ascensão dos bolcheviques ao poder, optou por sair da guerra. Em 1918, assinou o acordo de paz de Brest-Litovsk. O tratado selou a perda da Finlândia, da Polônia Russa, da Ucrânia e dos países bálticos (Lituânia, Letônia e Estônia).

Em abril do mesmo ano, após a perda de um dos seus navios mercantes, os Estados Unidos abandonaram a neutralidade e enviaram tropas para combater na França com os aliados. A chegada dos americanos mudou definitivamente o curso da guerra.

A Itália, por sua vez, combatia o exército austro-húngaro, cujo território estava assolado por rebeliões de diversas minorias. Entre setembro e outubro de 1918, os turcos e os búlgaros pediram a paz. O Império Austro-Húngaro também entrou em colapso. Em novembro de 1918, a Alemanha, esgotada, negociou o **armistício**: no dia 11, às 11 horas da manhã, no horário local, as armas silenciaram.

Para assistir

Eterno amor

França/EUA, 2004.
Direção: Jean-Pierre Jeunet.
Duração: 133 min.

Uma jovem (Audrey Tautou) busca seu noivo, desaparecido nas trincheiras do Somme, na França.

A participação do Brasil

Apesar de ter mantido a neutralidade nos primeiros anos de guerra, o Brasil também se envolveu no conflito ao ter navios mercantes torpedeados por submarinos germânicos, em fevereiro de 1917. Em janeiro de 1918, criou a Divisão Naval de Operações de Guerra (DNOG), composta de dois **cruzadores**, cinco **contratorpedeiros** e mais alguns navios de apoio, que auxiliaram na luta contra os alemães no litoral ocidental da África. Mas houve problemas mecânicos enfrentados nos navios e a tripulação sofreu várias baixas em decorrência de um surto de gripe espanhola. O país também enviou uma junta médica com 130 membros, que atuaram em diversos hospitais franceses.

Após o armistício, o país participou das negociações de paz em Versalhes e ingressou como membro não permanente na Liga das Nações, criada com o objetivo de garantir a paz.

Missão médica brasileira enviada à França despede-se do presidente Venceslau Brás no Palácio do Catete, no Rio de Janeiro. Foto de agosto de 1918.

Cruzador: tipo de navio de guerra.
Contratorpedeiro: navio de guerra rápido.

ORGANIZANDO AS IDEIAS

3. Duas estratégias militares se destacaram durante a Primeira Guerra Mundial. Quais foram elas e como foram desenvolvidas?
4. Explique por que o final de 1917 e o início de 1918 foram momentos decisivos da Primeira Guerra Mundial.

As consequências da Primeira Guerra Mundial

Uma paz impiedosa com os vencidos

Em janeiro de 1919, foram abertas em Paris negociações para determinar as consequências do conflito e evitar uma nova guerra. Apenas os representantes dos 32 países aliados à Tríplice Entente participaram da conferência, dominada pelos quatro principais vencedores – França, Grã-Bretanha, Estados Unidos e Itália. A França era a nação mais intransigente: além de querer ser compensada pelas destruições sofridas, desejava resguardar-se de uma possível agressão da Alemanha. Já os Estados Unidos, que pouco haviam sofrido com a guerra e saíram com seu poderio econômico reforçado, preconizavam a reconciliação entre os dois lados.

O presidente norte-americano da época, Woodrow Wilson, empenhou-se em implantar uma "paz sem vencedores" com base em certos princípios – conhecidos como "os 14 pontos" –, mas a Grã-Bretanha e a França rechaçaram diversas de suas propostas.

O Tratado de Versalhes, assinado em 28 de junho de 1999, impunha condições muito duras à Alemanha, que perdeu todas as suas colônias, colocadas sob a tutela dos vencedores. A França conseguiu de volta as províncias de Alsácia e Lorena (tomadas pela Alemanha em 1871) e adquiriu o direito de explorar economicamente, pelo prazo de 15 anos, a região germânica do Sarre – uma rica bacia carbonífera.

A Polônia, agora independente, obteve um corredor de acesso ao mar dentro do território alemão. As fronteiras com a Bélgica e a Dinamarca foram revistas. O exército germânico foi limitado a um contingente máximo de 100 mil homens, e foram impostos limites ao arsenal bélico que poderia ser possuído pelo país.

Anônimo. *Visão por trás*. Charge publicada no *Chicago Tribune* em 30 de agosto de 1919. O presidente estadunidense Woodrow Wilson dirige o coro na canção "Paz Perpétua", mas Japão, Grã-Bretanha, França e Itália mantêm intenções ocultas.

A Primeira Guerra Mundial   Capítulo 35

A Alemanha também se viu obrigada a pagar pesadas somas para reparar as destruições causadas pela guerra, o que deixou indignada a opinião pública germânica. No país todo, o clima era de ódio revanchista contra os vitoriosos. A Alemanha não desistiria de querer corrigir o que eles chamavam de *Diktat* – imposição – de Versalhes. As humilhações impostas pelo *Diktat* ajudam a entender a radicalização do nacionalismo alemão no pós-guerra.

O Império Austro-Húngaro e a Bulgária também assinaram seus respectivos tratados de paz e sofreram perdas territoriais. No lugar do antigo Império, surgiram novos Estados: Áustria, Hungria, Tchecoslováquia, Polônia e Iugoslávia, enquanto a Bulgária cedia suas costas no mar Egeu para a Grécia.

O secular Império Otomano também se desfez. Em 1918, estava reduzido à Ásia Menor (Anatólia) e às suas adjacências, região que ficou conhecida como Turquia. Com o desmembramento, novos países surgiram – entre eles, Iraque, Síria, Líbano, Palestina e Transjordânia.

O desmantelamento dos grandes impérios redesenhou o mapa da Europa. Surgiram novos Estados-nações. Mas, neles, as etnias muitas vezes continuaram a conviver, mesmo que a contragosto, acarretando sérios problemas.

Os tratados assinados em Versalhes previam a criação da Sociedade das Nações (SDN), também conhecida como Liga das Nações – organismo internacional com sede em Genebra, na Suíça, e que deveria garantir a segurança coletiva e preservar a paz. As colônias alemãs e as províncias retiradas do Império Otomano foram confiadas à SDN, que deixou sua administração provisória a cargo de algumas potências. Assim, a Grã-Bretanha recebeu mandatos sobre a Palestina, a Transjordânia, o Iraque e parte do Togo e de Camarões; a França, sobre partes do Togo, Camarões e Síria-Líbano; e a Bélgica, sobre Ruanda-Burundi.

Mas a SDN tinha inúmeras limitações. Os Estados Unidos, por exemplo, ficaram fora do organismo por decisão de seus congressistas, que voltaram à tradicional política isolacionista do país, que buscava evitar compromissos internacionais. As feridas provocadas pela Primeira Guerra Mundial e as decisões de Versalhes alimentaram as tensões internacionais, preparando o terreno para novos conflitos no futuro.

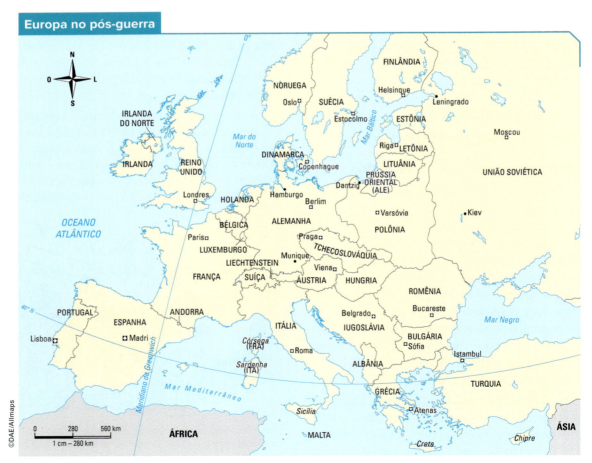

Fonte: STOREY, William Kelleher. *The First World War*. Lanham: Rowman & Littlefield, 2009. p. 159.

O novo mapa do mundo árabe

O sionismo surgiu no fim do século XIX como um movimento de reação às perseguições e ao antissemitismo sofridos pelos judeus na Europa. Inspirados pelas ideias de seu fundador, o escritor Theodor Herzl (1860-1904), os sionistas acreditavam que os judeus só poderiam viver em paz se tivessem seu próprio Estado no berço histórico de sua cultura e religião. Diante disso, associações sionistas financiaram a emigração e a instalação dos judeus na Palestina. Em 1917, por meio da Declaração Balfour, a Grã-Bretanha declarou ser favorável "à implantação de um lar nacional judaico na Palestina".

Em 1916, ainda com a guerra em curso, franceses e britânicos delimitaram suas zonas de influência no Oriente árabe. As antigas províncias do Império Otomano foram colocadas sob a tutela da Grã-Bretanha (Palestina e Iraque) e da França (Líbano e Síria), que exerciam mandatos em nome da Sociedade das Nações.

Houve insurreição na Síria, contra a França. No Egito e no Iraque, os britânicos só restabeleceram sua autoridade fazendo uso da repressão. Ocorreram milhares de mortes.

A independência do Egito foi negociada em 1922, mas o Iraque permaneceu sob vigilância. Em contrapartida, o príncipe árabe Ibn Saud conquistou territórios que viriam a constituir o reino da Arábia Saudita — o primeiro Estado árabe soberano e independente, e até hoje uma das principais potências da região, graças à sua riqueza petrolífera.

Sociedades transformadas

A Primeira Guerra Mundial custou a vida de 8 milhões de soldados e 9 milhões de civis. Os Estados beligerantes ficaram arruinados. A Grã-Bretanha e a França, principais potências exportadoras de capital antes de 1914, tornaram-se devedoras. O principal credor era os Estados Unidos, que forneceram alimentos, armas e empréstimos durante a guerra.

Dotados até então de moedas estáveis e conversíveis em ouro, esses países conheceram a inflação e a escassez. No pós-guerra, era preciso pagar pensões aos soldados e investir na reconstrução. Para os vencedores, a conta deveria ser paga pela Alemanha. A reparação dos prejuízos da guerra foi um dos grandes temas das negociações do tratado de paz e um dos fatores mais controversos nas relações internacionais de 1920 a 1930.

Ex-combatentes franceses mutilados na Primeira Guerra Mundial, durante desfile em Bruxelas, na Bélgica. Foto de 1918.

A GRIPE ESPANHOLA

Em 1918, quando o mundo começava a respirar aliviado com o fim dos combates da Primeira Guerra, uma nova e devastadora epidemia, que concorreu com a peste negra (epidemia de peste bubônica que ocorreu na Europa no século XVI) em termos de disseminação e mortalidade, apareceu: a gripe espanhola. Iniciada ainda nas trincheiras e difundida entre os combatentes que enfrentavam duras condições de sobrevivência e eram originários de muitos países – especialmente dos Estados Unidos e das potências europeias –, a doença recebeu esse nome devido ao fato de os jornais espanhóis terem sido os primeiros a divulgá-la.

A gripe espanhola foi provocada por uma mutação genética violenta de uma cepa do vírus da gripe comum, caso semelhante ao que acontece em nossos dias com o vírus H1N1 (gripe suína) e o H5N1 (gripe aviária). Os principais sintomas da doença eram: dor de cabeça intensa, cansaço excessivo, febre alta (mais de 38 graus), manchas marrons no rosto e dificuldade para respirar. A pandemia afetou 50% da população mundial e, por isso, foi considerada a mais grave epidemia de todos os tempos.

Em princípio, o Brasil não se preocupou com a gripe por achar que o vírus não atravessaria o Oceano Atlântico. Mas, em setembro de 1918, a gripe chegou ao país. Acredita-se que o vírus tenha sido trazido pela tripulação do navio inglês Demerara, que aportou em Recife e Salvador provocando o contágio da doença nas cidades nordestinas. Inicialmente morreram 100 marinheiros, e em pouco tempo a doença se espalhou por outras partes do país, especialmente pelo Rio de Janeiro e por São Paulo. Em todo o território nacional morreram cerca de 35 mil pessoas. O maior índice desses óbitos ocorreu na cidade do Rio de Janeiro, onde nos dois primeiros meses da epidemia foram registradas 12 mil mortes. Em São Paulo, foram registrados 5 328 mortos.

Como as autoridades ainda desconheciam medidas preventivas e tratamentos apropriados, os jornais recomendavam à população que evitasse aglomerações, o que provocou o esvaziamento dos grandes centros urbanos. Quartéis, fábricas e escolas paralisaram suas atividades e faltaram alimentos, remédios, leitos e caixões.

Como podemos verificar, apesar de ser considerada uma doença "democrática" do ponto de vista social, a gripe afetou principalmente as camadas mais populares, tornando-as alvo de preocupação tanto da imprensa quanto dos sanitaristas da época. Uma de suas vítimas mais famosas no Brasil foi o presidente eleito Rodrigues Alves, que não pôde tomar posse do cargo em 1918, para o segundo mandato, por estar doente. Ele faleceu no início do ano seguinte.

Trabalhadores da Cruz Vermelha americana transportando vítimas da epidemia de gripe espanhola. Foto de 1918.

A ascensão do voto feminino

Em diversos países ocidentais, o voto feminino foi conquistado no início do século XX. Em muitos lugares, como a Inglaterra, essa vitória foi resultado de uma longa luta iniciada em meados de Oitocentos, quando surgiram as primeiras associações sufragistas. O conservadorismo de boa parte da elite (inclusive de muitas mulheres) retardou, porém, a obtenção dessa conquista. Assim, foi em áreas novas e ainda pouco povoadas, como Nova Zelândia e Austrália, que o direito de voto fora conquistado primeiro, a partir de 1893. Nos países nórdicos (Finlândia, Dinamarca e Noruega), isso ocorreu na primeira década do século XX. Em muitos casos, tratava-se de manobras políticas para favorecer os partidos conservadores, pois acreditava-se que as mulheres seriam, em geral, menos radicais que os homens. Por esses anos, o movimento sufragista se fortaleceu na Inglaterra e realizou cada vez mais manifestações no espaço público, várias delas violentas. Diversas militantes foram presas, mas, com o início da Primeira Guerra Mundial e o aumento da importância do trabalho feminino para o funcionamento da economia e da máquina de guerra britânica, a resistência à ampliação ao direito de voto diminuiu. Assim, em 1918 instituiu-se o sufrágio feminino na Grã-Bretanha e, pouco depois, o mesmo ocorreu na Áustria, Alemanha, Canadá, Bélgica, Holanda e Estados Unidos.

Sufragista sendo presa por policiais em Manchester, Inglaterra. Foto de 5 de julho de 1910. As britânicas só obtiveram o direito ao voto em 1918.

As monarquias e os impérios autoritários ou semiautoritários foram derrubados e diversas nações erigiram Estados independentes na Europa. A democracia parecia triunfar. Mas a verdade é que o **liberalismo** e as instituições democráticas perdiam força, enquanto as ideologias autoritárias, tanto de direita como de esquerda, ganhavam fôlego. Uma reação nacionalista se sucedia as frustrações causadas pela Grande Guerra.

> **ORGANIZANDO AS IDEIAS**
>
> 5. Analise algumas consequências político-econômicas da Primeira Guerra Mundial.
> 6. Faça pesquisas e aponte algumas alterações geopolíticas da Europa após a assinatura dos tratados do pós-guerra.

Liberalismo: doutrina que tem raízes nas concepções iluministas, na Revolução Industrial e na Revolução Francesa. Afirma a liberdade individual nas esferas religiosa, intelectual e, sobretudo, política e econômica, restringindo o papel do Estado na vida social.

A Primeira Guerra Mundial   Capítulo 35   501

Revisando o capítulo

APROFUNDANDO O CONHECIMENTO

1. Observe a imagem a seguir:

Anônimo. "Papai, o que você fez na Grande Guerra?". Cartaz de recrutamento britânico para a Primeira Guerra Mundial, 1915.

a. No período de guerra foi comum a elaboração de cartazes que incentivavam a participação no conflito. Qual o recurso que foi utilizado no cartaz acima para incentivar o alistamento?

b. Se a maioria da propaganda dirigia-se aos homens com o objetivo de recrutá-los, as mulheres também exercem importantes papéis no período. Analise a atuação feminina durante a Primeira Guerra Mundial.

2. A Primeira Guerra Mundial foi a Terceira Guerra dos Bálcãs antes de se transformar na Primeira Guerra Mundial.

CLARK, Christopher. *Os sonâmbulos*: como eclodiu a Primeira Guerra Mundial. São Paulo: Companhia das Letras, 2014. p. 270.

a. Explique a frase acima.

b. Aponte as duas coligações da Primeira Guerra Mundial.

3. O democrata Thomas Woodrow Wilson (1856-1924) foi presidente dos Estados Unidos entre 1912 e 1920. Conservou uma posição de neutralidade até fevereiro de 1917, momento em que a guerra submarina foi desencadeada pela Alemanha. Após o ingresso dos norte-americanos e de seus principais aliados (entre eles, o Brasil) no conflito, Wilson passou a defender o princípio de uma guerra sem anexações. Observe abaixo um trecho de seu discurso e responda às questões a seguir:

> A atual guerra da Alemanha contra o comércio é uma guerra contra a humanidade; é uma guerra contra todas as nações. Navios norte-americanos foram afundados, e nossos cidadãos perderam a vida em circunstâncias que muito nos abalaram. Mas os navios e os cidadãos de outras nações neutras e amigas foram afundados e atirados às ondas do mesmo modo. Totalmente ciente do caráter solene, trágico até, da medida que estou tomando [...], recomendo ao Congresso que declare que a conduta recente do governo imperial alemão nada mais é que a guerra contra o governo e o povo dos Estados Unidos, e que aceite oficialmente a posição de beligerante que assim lhe é imposta. [...] A neutralidade já não é possível nem desejável quando se trata da paz do mundo e da liberdade dos povos. E a ameaça para a paz e para a liberdade jaz na existência de governos autocráticos, apoiados por uma força organizada que está inteiramente em suas mãos e não nas de seu povo.

WILSON, Thomas Woodrow. *Mensagem do presidente ao Congresso dos Estados Unidos*, 2 de abril de 1917. Disponível em: <wwi.lib.byu.edu/index.php/Wilson's_War_Message_to_Congress>. Acesso em: 4 maio 2016. (Tradução nossa).

a. Aponte as justificativas que o presidente Wilson apresentou ao Congresso norte-americano ao recomendar a declaração de guerra contra a Alemanha.

b. Aponte outro provável motivo para a entrada dos Estados Unidos na guerra que não é mencionado no texto.

AS REVOLUÇÕES RUSSAS DE 1917 E A FORMAÇÃO DA UNIÃO SOVIÉTICA

CAPÍTULO 36

Construindo o conhecimento

- O que você entende por comunismo?
- O que a imagem que abre o capítulo lhe diz sobre a Revolução Russa?

Plano de capítulo

- O processo revolucionário
- As revoluções de 1917
- A fundação de um governo bolchevique
- A grande virada de Stálin

Anônimo, c. 1917. Gravura colorida. Pôster bolchevique mostra Lênin varrendo os capitalistas, os clérigos e os czaristas da Rússia.

Marcos cronológicos

1902 Fundação do Partido Socialista Revolucionário.

1903 Fundação do Partido Operário Social-Democrata Russo, que posteriormente se dividiria entre as alas bolchevique (majoritária) e menchevique (minoritária), as quais evoluíram para se tornarem partidos políticos separados.

1904 Início da Guerra Russo-Japonesa.

1905 Domingo Sangrento. Greve geral. Revolução de 1905, com o surgimento dos sovietes.

1906 Publicação das Leis Fundamentais (Constituição).

1914 Início da guerra contra a Alemanha. Os alemães esmagam o exército russo na Batalha de Tannenberg.

1915 O czar Nicolau II assume o controle do exército russo.

1916 Assassinato de Rasputin, curandeiro de grande influência junto à família imperial.

1917 Revolução de Fevereiro. O czar Nicolau II abdica. Forma-se o Governo Provisório. Os revolucionários conquistam a maioria no importante Soviete de Petrogrado e depois nos sovietes de toda a Rússia. Os bolcheviques e outros grupos socialistas se apossam do poder com a Revolução de Outubro.

1918 Assinatura do Tratado de Brest-Litovsk. Transferência da capital de Petrogrado para Moscou. Início da guerra civil na Rússia, que se estenderia até 1921.

A destruição causada pela Primeira Guerra Mundial gerou uma série de transformações, mas poucas tiveram tanto impacto quanto as revoluções russas. Em 1917, foi derrubada uma das mais antigas dinastias reinantes do mundo e iniciou-se a construção do primeiro Estado comunista da história. Como uma monarquia secular foi destruída? O resultado da Revolução não estava pré-determinado. A oposição ao czarismo assumiu várias vertentes, e o processo revolucionário vai refletir essas disputas. Por que o radicalismo bolchevique vai ser vitorioso? Em grande medida, porque seus líderes foram capazes de responder a algumas demandas populares, como a saída da guerra e a coletivização da agricultura. A partir daí, surgia outra questão: quais seriam as características de um regime que até então só existira nos sonhos e nas aspirações de alguns intelectuais e ativistas políticos?

O processo revolucionário

Uma monarquia em agonia e a experiência constitucional

Desde o século XIX, os russos esforçavam-se para modernizar o país e aproximá-lo das outras potências europeias. Assim, a Rússia tornou-se líder mundial na exportação de cereais e obteve avanços econômicos importantes. No entanto, as relações sociais permaneceram arcaicas, pois a aristocracia continuava a governar com mão de ferro.

Embora a servidão tivesse sido abolida pelo czar Alexandre II em 1861, os camponeses continuavam presos às terras que lhes foram destinadas. E estavam endividados, pois teriam de pagar pelas propriedades aos antigos senhores. Era uma situação muito mais dura do que a de outros camponeses europeus.

Havia também a questão demográfica. Na medida em que a população crescia, diminuíam as possessões individuais dos trabalhadores agrícolas, já que a área sob responsabilidade da comuna (associação de camponeses que recebia uma porção de terras distribuída pelo Estado) continuava idêntica.

Parte dessa população rural foi absorvida pela indústria nascente. Na década de 1890, a Rússia iniciou seu processo de industrialização, financiado pelo capital estrangeiro e voltado especialmente para os setores de infraestrutura no país. Estradas de ferro foram construídas e houve avanços consideráveis nos campos da metalurgia, siderurgia e indústrias de carvão e petróleo. Com o desenvolvimento industrial e urbano, começou a formar-se um proletariado, sobretudo em grandes cidades, como São Petersburgo, Moscou, Odessa e Kiev. Geralmente, os operários viviam em condições precárias, recebiam baixos salários, enfrentavam longas jornadas de trabalho e estavam submetidos a uma disciplina extremamente severa.

Como os sindicatos e partidos eram proibidos pela legislação czarista, a oposição se organizava na clandestinidade. Formou-se uma *intelligentsia* subversiva composta de intelectuais que buscavam criar condições para implementar mudanças. No final do século XIX, houve uma tentativa de organizar todas as correntes contrárias ao czar em um partido único, mas as divergências existentes entre elas inviabilizaram o projeto.

1919 — Fundação da Internacional Comunista.

1920 — II Congresso da Internacional Comunista.

1921 — Tem início a Nova Política Econômica (NEP).

1922 — Stálin torna-se secretário-geral do Partido Comunista da União Soviética (PCUS). Criação da União das Repúblicas Socialistas Soviéticas (URSS).

1924 — Morte de Lênin. Stálin e Trótski, fundador do Exército Vermelho, disputam o poder.

1927 — Stálin consolida sua hegemonia no Partido Comunista e no governo soviético.

1929 — Adoção do Primeiro Plano Quinquenal. Trótski é expulso da URSS.

1934 — O assassinato de Serguei Kirov, dirigente de Petrogrado, desencadeia perseguições em massa contra reais ou supostos partidários de Trótski e outros líderes revolucionários.

A partir de 1902, os partidos políticos começaram a se organizar. O mais radical era o Partido Socialista Revolucionário, que defendia práticas terroristas contra funcionários do governo e tinha sua base política entre camponeses e trabalhadores urbanos. O Partido Operário Social-Democrata Russo (POSDR), marxista, era voltado principalmente para o proletariado. Já o Partido Constitucional Democrático (os *Kadets*, a partir das iniciais do partido, KD) representava as ideias liberais. Todos defendiam a queda do czar, e apesar de suas propostas díspares, aliaram-se por um período, canalizando suas forças para a derrubada do regime autocrático na Rússia.

Havia, porém, embates dentro dos próprios partidos. O POSDR conheceu uma divisão em 1903 que teve consequências duradouras: uma ala do partido – que ficou conhecida como Menchevique – defendia a construção de uma organização aberta a um grande número de simpatizantes que lutasse para melhorar a condição econômica dos trabalhadores, enquanto um dos principais líderes do movimento, Lênin, favorecia um partido pequeno composto por militantes profissionais que se tornariam a *vanguarda do proletariado*, capaz de levar os operários à revolução. Essa facção ficou conhecida como Bolchevique.

As greves e sublevações dos trabalhadores em busca de maiores salários e melhores condições de trabalho se tornaram mais frequentes e começaram a incomodar cada vez mais as autoridades russas. Além disso, o governo estava fragilizado em razão do fracasso das tropas czaristas na Guerra Russo-Japonesa (1904-1905), motivada pela disputa dos territórios da Coreia e da Manchúria.

A derrota no conflito tornou ainda mais evidente a situação precária de uma Rússia corrupta, autoritária e com a maior parte da população vivendo na miséria. Em janeiro de 1905, durante uma manifestação pacífica de operários diante do Palácio de Inverno, em São Petersburgo, a guarda do czar atirou nos manifestantes. Houve cerca de 200 mortes. Conhecido como Domingo Sangrento, o episódio provocou uma onda de insurreições e protestos, tanto nas cidades quanto no campo. Era o início da Revolução de 1905.

As manifestações tinham pautas bem objetivas, de ordem econômica – por exemplo, salários mais altos e jornadas de trabalho menores –, mas os sindicatos também abordavam questões mais amplas com os trabalhadores, o que contribuía para a politização da classe.

Os sindicatos eram dominados por militantes dos partidos socialistas que atuavam na clandestinidade e defendiam o fim do regime autocrático. Nesse período, surgiram os sovietes – uma assembleia de representantes de fábricas que organizava os trabalhadores – que viriam a desempenhar um papel crucial nesta onda revolucionária e na seguinte.

Album/akg-images/Russian Picture Service/Latinstock

Ivan Vladimirov. *A execução dos trabalhadores perto do Palácio de Inverno em São Petersburgo*, início do século XX. Representação do Domingo Sangrento, ocorrido em 1905 em frente ao Palácio de Inverno, em São Petersburgo, Rússia.

As revoluções russas de 1917 e a formação da União Soviética   Capítulo 36

Ainda em 1905, o czar Nicolau II (1894-1917) assinou o Manifesto de Outubro, concedendo aos russos liberdade de associação e direito universal ao voto para os homens. Comprometeu-se também a realizar eleições para eleger um Parlamento (*Duma*).

Entre 1905 e 1906, alguns itens do Manifesto de Outubro de fato foram institucionalizados. A censura foi abolida, a liberdade de reunião foi instituída e o parlamento foi eleito. As medidas significavam a vitória dos ideais liberais, representados pelos *Kadets*. Foram eles que ocuparam a maioria das cadeiras na primeira *Duma*, pois os grupos mais radicais se recusaram a participar na eleição. Eles alegavam que o Parlamento não tinha qualquer poder efetivo, uma vez que o monarca possuía a prerrogativa de dissolver a assembleia e de aprovar ou vetar todas as leis.

De fato, o czar dissolveu a primeira *Duma* ainda em 1906, e a segunda foi eleita apenas em 1907. Durante esse período, o novo primeiro-ministro da Rússia, Pedro Stolypin, limitou os poderes da *Duma*, diminuiu a representação dos camponeses e ampliou a participação dos nobres. Também fez aprovar uma lei que praticamente acabava com as comunas, por meio do incentivo à posse individual da terra, instaurando elementos capitalistas no campo. A medida beneficiou os camponeses mais ricos, enquanto os mais pobres continuaram sofrendo com a escassez de terras.

Entre 1900 e 1913, o Império Russo viveu dias melhores: a economia cresceu, em grande medida impulsionada pelo aumento vertiginoso do comércio internacional. No plano político, o regime autocrático havia conseguido transformar a *Duma* em um organismo submisso ao czar após a Revolução de 1905. Por outro lado, as greves continuavam a ocorrer e os partidos clandestinos estavam cada vez mais organizados.

A Rússia também se envolvia em conflitos imperialistas: a ambição de se expandir para os Bálcãs em virtude da fragilidade do Império Otomano desgastava o poder do czar. O fato é que o poder autocrático russo só ruiu quando a Primeira Guerra Mundial revelou as fraquezas da Rússia – nos campos militar, sociopolítico e econômico.

A Rússia na Grande Guerra

Diante das crises do Império Russo, a guerra iniciada em 1914 parecia uma boa oportunidade para unir a população em torno da pátria. De fato, uma onda de nacionalismo russo emergiu nos primeiros tempos, culminando na troca do nome da capital: de São Petersburgo – derivado do alemão – para Petrogrado. Mas o exército russo foi esmagado pelos alemães na Batalha de Tannenberg, travada em 1914 na Prússia Oriental. Com as sucessivas derrotas das tropas russas – atribuídas ao czar, chefe das Forças Armadas a partir de novembro de 1915 –, o patriotismo e o moral dos soldados não resistiram.

Tropas alemãs na Batalha de Tannenberg, na Prússia oriental, onde os russos foram derrotados em 1914.

Unidade 10 O globo em chamas

Um curandeiro no palácio

Grigori Rasputin (c. 1871-1916) era um camponês curandeiro, que exerceu grande influência sobre a esposa de Nicolau II, a imperatriz Alexandra. Acreditava-se que Rasputin possuísse dons sobrenaturais, como o de estancar os sangramentos de Alexei, herdeiro do trono e **hemofílico**. A czarina passou a crer que Rasputin era o único capaz de salvar seu filho e o queria sempre por perto. Depois que Nicolau II partiu para o *front*, Rasputin adquiriu grande influência política, nomeando e destituindo funcionários do Estado. Mas ele incomodava os aristocratas mais conservadores, pois bebia muito e era conhecido por sua libertinagem. Rasputin acabou assassinado por um grupo de jovens nobres em dezembro de 1916.

Fotografia colorizada de Grigori Rasputin, 1916.

Hemofilia: doença genética que dificulta a coagulação do sangue.

As indústrias estavam concentradas na produção de armamentos, mas o atraso econômico russo ficava evidente na incapacidade de suprir os soldados nos campos de batalha. Faltava de tudo: armas, botas, equipamentos em geral. Em 1914, 6,5 milhões de soldados foram mobilizados, mas apenas 4,5 milhões possuíam fuzis. A população civil também sofria. Como os meios de transporte estavam voltados para a guerra, simplesmente não havia como distribuir os alimentos produzidos no campo. A situação piorou quando os trabalhadores rurais começaram a ser convocados para o Exército. A queda na produção, o desabastecimento interno e o posterior bloqueio naval alemão desorganizaram a economia russa.

Em maio de 1915, a Rússia perdeu a Polônia e a Lituânia. A guerra não dava sinais de acabar e o governo necessitava de divisas para se manter no conflito. Assim, optou-se por aumentar impostos, emitir mais papel-moeda e tomar empréstimos com credores estrangeiros. A crise acarretou inflação, carestia e desemprego, que afetavam principalmente os setores mais pobres da população. Em resposta a essas condições, novas manifestações começaram a emergir no final de 1916, e as greves se tornaram cada vez mais recorrentes.

ORGANIZANDO AS IDEIAS

1. Caracterize a Rússia no século XIX.
2. Uma manifestação de operários em 1905 culminou na morte de 200 manifestantes pela guarda do czar. O evento ficou conhecido como Domingo Sangrento. Analise as consequências desse evento.
3. Explique o que eram os sovietes.
4. Analise o efeito da guerra na população russa no início das batalhas e ao longo do conflito.

As revoluções de 1917

A Revolução de Fevereiro

Em fevereiro de 1917, a crise chegou ao auge: faltava comida e as manifestações se alastravam pelo país. O estopim da Revolução de Fevereiro foi o massacre de cerca de 40 civis pela guarda imperial em uma praça de Petrogrado. Ao saberem do episódio, os soldados do regimento da cidade – que em teoria deveriam conter eventuais sublevações – começaram um motim, unindo-se à população.

De 27 de fevereiro a 2 de março, os distúrbios tomaram a dimensão de uma revolução, e a bandeira vermelha passou a tremular na capital russa. Em 15 de março, o czar Nicolau II abdicou. Com a queda da monarquia, todas as categorias sociais, corporações, nacionalidades e minorias passaram a exprimir suas reivindicações. Multiplicaram-se os sovietes, conselhos de trabalhadores criados durante a Revolução de 1905.

Um governo provisório foi instituído, tendo à frente o aristocrata e latifundiário Georgii Lvov, que apoiava ideias liberais e favorecia as classes médias e a burguesia. Entretanto, ao novo governo somava-se o *Ispolkón*, uma espécie de comitê executivo dos sovietes, criado para agilizar as decisões legislativas e executivas do dia a dia. Dessa maneira, os trabalhadores começaram a exercer influência na atuação do Estado russo. Os mencheviques controlavam a maior parte dos sovietes, buscando mobilizar os trabalhadores em busca de um gradual avanço social, político e econômico. O governo funcionava, então, como uma coalizão entre liberais e socialistas moderados que desejavam pôr em prática uma revolução similar à que ocorrera na França em 1789, de modo a completar a transição russa para o capitalismo e a democracia liberal.

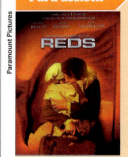

Para assistir

Reds
EUA, 1981. Direção: Warren Beatty. Duração: 194 min.

Reds é um drama biográfico baseado na vida do jornalista americano John Reed, que retratou em seu livro *Dez dias que abalaram o mundo* seu testemunho sobre a Revolução de 1917.

Um acordo foi firmado entre essas duas instâncias de poder e a *Duma* comprometeu-se a aceitar uma nova constituição que ampliasse os direitos civis e políticos. Pretendia-se, por exemplo, conceder anistia a todos os presos políticos, dissolver os órgãos de polícia e realizar eleições para conselhos distritais de autogestão. Contudo, o parlamento não se pronunciava sobre duas questões fundamentais para os russos: a terra e a guerra.

Enquanto isso, o Soviete de Petrogrado ganhava força, legitimidade política e o apoio da população. Dominava as fábricas, os quartéis e os meios de comunicação. Em acréscimo, os diversos órgãos representativos surgidos após a queda do czar – dentre eles, conselhos populares, comitês e sovietes – fragmentavam o poder do Governo Provisório, dificultando qualquer tipo de atuação conjunta para resolver os muitos problemas enfrentados pela Rússia.

A manutenção da Rússia na guerra, o adiamento da Assembleia Constituinte e a relutância em tratar questões como a reforma agrária foram fatores importantes para que o Governo Provisório durasse apenas oito meses.

A queda do Governo Provisório

A grande virada que colocou fim ao Governo Provisório foi a conquista, pelos bolcheviques, da liderança nos sovietes. O Partido Bolchevique era o único que se colocava resolutamente contra a guerra. Lênin, principal líder e fundador do partido, que havia ficado anos no exílio e voltara à Rússia em abril, posicionou-se contra o Governo Provisório e passou a divulgar seu lema – "Pão, paz e terra". Foi em cima dessas diretivas, conhecidas como *Teses de Abril*, que a atuação de Lênin se basearia.

Desmontagem de monumento ao czar Alexandre III, após a abdicação de Nicolau II. Moscou, Rússia. Foto de 3 de agosto de 1919.

Lênin, líder revolucionário

O advogado Vladimir Ilitch Ulianov (1870-1924) tornou-se um marxista revolucionário e, por esse motivo, foi deportado para a Sibéria e exilado na Europa ocidental. Em 1903, chefiou a tendência bolchevique do POSDR e, em 1912, fundou o Partido Bolchevique. Voltou à Rússia em 1917 e liderou a Revolução de Outubro.

Lênin discursando em Moscou, Rússia, 1917. Trótski aparece no canto direito, abaixo do pedestal.

O líder bolchevique defendia a implantação de um regime socialista, no qual os sovietes teriam fundamental importância, pois representavam diretamente os trabalhadores.

Em abril, Lvov deixou o cargo; em julho, uma série de manifestações revolucionárias varreu Petrogrado. O motivo foi mais um fracasso na guerra do exército russo, agora chefiado por Alexandre Kerenski (1881-1970), ministro da Guerra que substituiu Lvov.

Membros importantes dos bolcheviques foram presos durante os tumultos, e o governo optou por adotar medidas autoritárias e conservadoras, isolando-se e perdendo o controle de uma situação cada vez mais anárquica. O momento era de invasões de terras, greves, deserção de soldados, inflação e movimentos de emancipação na Finlândia, Ucrânia e Polônia.

As *Teses de Abril*, de Lênin, foram essenciais para o fortalecimento do Partido Bolchevique, que no início era minoritário nos sovietes, dominados pelos mencheviques e pelos socialistas revolucionários. Porém, em setembro, os bolcheviques assumiram o controle dos dois maiores sovietes: Moscou e Petrogrado. Este último passou a ter à frente Leon Trótski, membro dissidente dos mencheviques, que declarou seu apoio aos bolcheviques por se opor à guerra.

Lênin previa que a decomposição do Estado possibilitaria uma insurreição, o que de fato ocorreu. Trótski teve uma participação fundamental na decisão de desfechar o golpe, ocorrido entre a noite de 24 e o dia 25 de outubro de 1917, sob orquestra do Comitê Militar Revolucionário, criado pelo Soviete de Petrogrado no início do mês. Sob o comando do Comitê Militar, os guardas

Trótski, principal dirigente do Soviete de Petrogrado, passa em revista a Guarda Vermelha, subordinada a esse órgão. Moscou, Rússia, 1918.

vermelhos (organizações paramilitares bolcheviques) ocuparam pontos estratégicos da cidade e depois rumaram para o Palácio de Inverno, sede do Governo Provisório. Kerenski fugiu disfarçado da Rússia e os bolcheviques tomaram o poder quase sem encontrar resistência. Surgia, assim, o primeiro governo socialista do mundo.

> **ORGANIZANDO AS IDEIAS**
>
> 5. Analise o contexto de queda do czarismo.
> 6. Explique o lema "Pão, paz e terra", defendido por Lênin.

A fundação de um governo bolchevique

A guerra civil

No dia seguinte à revolução, Lênin formou o Conselho de Comissários do Povo, que substituiria o Governo Provisório. Ele assumiu o posto de presidente, enquanto Trótski – que havia se tornado o segundo líder revolucionário mais influente em razão de seu papel de liderança na tomada do poder – ficou responsável pela pasta de Assuntos Estrangeiros. Apesar de instalada no início de 1918, a Assembleia Constituinte foi dissolvida meses depois, quando as eleições confirmaram que os bolcheviques não haviam conseguido a maioria na Assembleia. Ao acreditarem que não conseguiriam chegar a um acordo em relação ao estabelecimento da ditadura do proletariado baseada nos sovietes por vias democráticas, os bolcheviques fecharam o Congresso.

Os sovietes também foram perdendo a sua autonomia e passaram a funcionar como órgãos meramente consultivos. Gradativamente, o Partido Bolchevique, que em 1918 passou a se intitular Partido Comunista, estabelecia um governo ditatorial.

Uma das primeiras medidas de Lênin foi negociar a paz com as potências beligerantes, retirando o país unilateralmente da guerra. O Tratado de Brest-Litovsk, firmado em março de 1918, trouxe a paz para a Rússia, mas o país perdeu quase 1 milhão de km² de território. As áreas cedidas eram grandes produtoras de carvão, ferro e petróleo. Em protesto, os socialistas revolucionários de esquerda, que possuíam alguns cargos no Conselho de Comissários do Povo, deixaram o governo. Os bolcheviques passaram a governar sozinhos.

Comunismo de exportação

Em março de 1919 foi fundada a III Internacional – também conhecida como Internacional Comunista ou Komintern – com o objetivo de incentivar a criação de partidos revolucionários, neutralizar a ofensiva dos países capitalistas contra a Rússia e promover a revolução mundial. De certa forma, tratava-se de retomar a tradição da Associação Internacional dos Trabalhadores (AIT) – a I Internacional –, criada em Londres em 1864, da qual participaram Karl Marx e Friedrich Engels, e extinta em 1876. A II Internacional, ou Internacional Socialista, criada em 1889 com a participação de Engels, perdera parte de sua legitimidade em razão do apoio prestado por muitas de suas seções a seus respectivos Estados durante a Guerra.

Entretanto, o Komintern acabou por aprofundar as divisões nos movimentos de esquerda do Ocidente. Enquanto os comunistas passaram a obedecer às instruções vindas de Moscou, outros partidos adotaram estratégias distintas de acordo com seus interesses políticos e contextos nacionais próprios. Assim, socialistas e social-democratas se inseriram nas democracias liberais de seus países e buscaram ascender ao poder por meio da via eleitoral.

Reconstrução do monumento de Vladimir Tatlin à III Internacional (Petrogrado, 1920), feita por Christopher Cross, Jeremy Dixon, Sven Rindl, Peter Watson e Christopher Woodward para a Exposição de Arte em Londres, 1971.

O assassinato da família imperial

Após a abdicação, Nicolau II e sua família passaram cinco meses em prisão domiciliar. Posteriormente, foram enviados para a Sibéria ocidental e permaneceram na cidade de Tobolsk. Após a assinatura do Tratado de Brest-Litovsk, que deu novo fôlego à oposição, os comunistas realocaram a família real para Ekaterinburg. Mas Lênin receava que o ex-czar pudesse se tornar um líder antibolchevique e decidiu executá-lo, juntamente com toda a família. Em meados de julho de 1918, o agente Iakov Iuróvski, membro da *Tcheka* (polícia política), eliminou o czar, seus familiares, um médico que os acompanhava, dois criados e uma dama de companhia. Os corpos foram cobertos de ácido sulfúrico para dificultar o reconhecimento.

Na década de 1990, restos mortais de três membros da família do czar foram encontrados. Em 2007, em outra sepultura, foram encontrados os restos de Alexei e Anastásia, filhos do czar. Os restos mortais da família Romanov encontram-se hoje na Igreja de São Pedro e São Paulo, em São Petersburgo.

Da direita para a esquerda, a família Romanov em 1913: Olga, Maria, Nicolau II, Alexandra, Anastásia, Alexei e Tatiana, todos assassinados em 1918.

Lênin também foi rápido em expropriar as grandes propriedades pertencentes aos antigos nobres, à Coroa e à Igreja. As terras foram redistribuídas aos camponeses, garantindo o suporte dessa grande parcela da população ao novo regime. O líder também nacionalizou os bancos, as estradas de ferro e as indústrias básicas.

As reformas despertaram as forças oposicionistas. Estas se organizaram no Exército Branco, composto por nacionalistas conservadores que defendiam os interesses dos grandes proprietários de terras e industriais. Seus recursos vinham de países capitalistas e de setores contrarrevolucionários russos, muitos dos quais haviam emigrado (entre 1917 e 1921, quase 2 milhões de pessoas de posses deixaram a Rússia). Contra eles, os bolcheviques organizaram o Exército Vermelho, chefiado por Trótski, que também foi responsável por reprimir as minorias étnicas que tentavam se tornar independentes, assim como revoltas de grupos considerados dissidentes, como os anarquistas.

Foi em meio a um cenário de devastação, mortes, conflitos, proliferação de doenças e crise econômica que o governo implantou uma série de políticas por volta de 1920, posteriormente conhecidas como comunismo de guerra. O objetivo era dar um fim à economia de mercado, proibindo qualquer empreendimento privado. Todos os setores da economia foram estatizados. O Estado monopolizou a distribuição de grãos, obrigando os camponeses a entregar todos os seus excedentes ao governo. O racionamento dos bens de consumo, a estrita organização do trabalho a partir da disciplina militar e o estabelecimento do igualitarismo salarial também foram implantados.

O confisco de alimentos gerou revolta no campo. Greves operárias também ocorreram em reação à rígida disciplina de trabalho. A fome e o alistamento obrigatório produziram insatisfação. Em março de 1921, após o governo anunciar que reduziria a ração de pão para Petrogrado, teve início a Revolta de Kronstadt, liderada por marinheiros de uma fortaleza que ficava alocada no Báltico. O governo reprimiu rápida e duramente o movimento.

A polícia política, conhecida como *Tcheka*, ficou encarregada de prender, executar e frustrar todas as tentativas de contrarrevolução. Estava instituído o Terror Vermelho. Campos de trabalhos forçados foram abertos para aprisionar os oponentes. Após três anos de guerra civil, os bolcheviques saíram vitoriosos em 1921, mas a economia russa estava arruinada.

Do comunismo de guerra à NEP: economia aberta, política fechada

Em março de 1921, a economia russa estava em ruínas. A produção industrial entrou em colapso e a fome matou quase 5 milhões de pessoas. Implementou-se então o NEP (Nova Política Econômica), que trazia uma série de propostas para reformar a economia do país – dentre elas, o confisco forçado da produção e o pagamento de impostos em dinheiro pelos camponeses, que foram autorizados a comercializar livremente sua produção excedente. Procurava-se, assim, estimular a produção, o mercado e o pequeno comércio.

O Estado também passou a permitir pequenos negócios para abastecer a população local. Dessa maneira, a economia russa desnacionalizava as pequenas empresas e o comércio a varejo, abrindo-se novamente para alguns componentes capitalistas. Lênin justificaria essas medidas com o argumento de que o Partido Comunista teria de elevar o país econômica e culturalmente antes de implementar o modelo comunista. Em 1925, a extensão da área cultivada realmente cresceu, chegando aos níveis de 1913, antes da crise detonada pela Primeira Guerra.

Ao entrar em vigor, a NEP penalizou os pequenos proprietários rurais, que precisaram vender suas terras para os *kulaks* (camponeses prósperos) e trabalhar como assalariados em suas antigas glebas. Enquanto isso, o regime soviético continuava a controlar os setores tidos como estratégicos, a exemplo dos bancos, dos transportes, da siderurgia e do petróleo. O governo também passou a permitir os empreendimentos de capital misto, na expectativa de atrair investimentos do exterior. A diferença salarial também foi reintroduzida, beneficiando alguns trabalhadores e prejudicando outros. A NEP esteve em funcionamento até 1928, quando se considerou que ela já havia cumprido a sua missão, abrindo caminho para a instauração do socialismo.

O afrouxamento do controle econômico pelo Estado durante a vigência da NEP foi acompanhado, porém, pela intensificação da repressão política. Em 1922, a *Tcheka*, já comprometida pela sua péssima fama, foi trocada pela Administração Política do Estado (GPU, posteriormente denominada de OGPU), teoricamente dotada de poderes mais limitados do que o órgão anterior. O Partido Comunista era o único permitido dentro do país. Entretanto, a eliminação de todos os grupos políticos rivais acabou por acentuar as lutas internas presentes no cerne do próprio PC, que se tornou o único espaço legítimo para a ação política.

Em dezembro de 1922, foi elaborada uma nova constituição para as repúblicas que passavam a formar a União das Repúblicas Socialistas Soviéticas (URSS): Rússia, Ucrânia, Bielo-Rússia, Federação Transcaucasiana (fusão de Azerbaijão, Armênia e Geórgia). Ao todo, o novo estado contava com mais de 100 povos, mas os russos dominavam todos os demais.

> **ORGANIZANDO AS IDEIAS**
>
> 7. Qual era o papel do Komintern?
> 8. Cite medidas que mostram como o Partido Bolchevique começou a exercer um governo de caráter ditatorial.
> 9. O comunismo de guerra trouxe à tona complicações econômicas e sociais. A fim de superar essas dificuldades, o governo executou a Nova Política Econômica (NEP). Explique como essa política amenizou os problemas.

REALISMO SOVIÉTICO

No início do século XX, a arte russa assumiu um tom de crítica social e de denúncia ao czarismo. Os artistas russos, ao flertarem com a vanguarda artística europeia (expressionismo, futurismo, surrealismo e cubismo), produziram obras originais, seja no campo da literatura, com Vladimir Maiakovski, ou no cinema, com Sergei Eisenstein. A revolução e a transformação social eram a inspiração desse movimento artístico que rompia com o academicismo e não se subordinava ao Estado czarista.

A ascensão de Stálin ao poder significou um retrocesso ao vanguardismo russo. A perseguição aos opositores e a censura culminaram numa expressão artística completamente domesticada: o Realismo Socialista. Stálin transformou a arte em aparato propagandístico de seu governo, exaltando a si próprio, idealizando o trabalho e o povo. Camponeses, operários, soldados e lideranças nacionais eram representados com corpos vigorosos, saudáveis e felizes, desempenhando papéis desejados na sociedade soviética. Entre os anos de 1930 e 1950, o Realismo Socialista foi elevado ao *status* de arte oficial de Estado e expressões variadas, do teatro às artes visuais, deveriam refletir o compromisso de conformar às massas à ideologia do Partido Comunista.

Monumento soviético projetado por Vera Mukhina, em 1937, para a Exposição Universal de Paris. Está localizado hoje no VDNKh, em Moscou, Rússia. Foto de agosto de 2015.

A grande virada de Stálin

A planificação econômica e o terror

Se a NEP possibilitou o parcial reerguimento da economia russa, provocou também inflamados debates no Partido Comunista, que se acirraram com a morte de Lênin, ocorrida em 1924. Apesar de Leon Trótski parecer o herdeiro natural do cargo em razão de seu papel de liderança na Revolução e na guerra civil, muitos desconfiavam de um revolucionário que criticava diversas políticas do próprio partido, especialmente por Trótski ter pertencido aos mencheviques. Dentro desse quadro, destacou-se a figura de Stálin, codinome do georgiano Ioseb Besarionis Dze Djughashvili. Bolchevique de longa data, Stálin havia se destacado em funções burocrático-administrativas e construído uma ampla rede de apoiadores.

Trótski e Stálin tinham posições diferentes sobre muitos temas e as lutas internas do partido se aguçaram. Enquanto o primeiro afirmava que a revolução mundial seria a única maneira de consolidar o Estado operário na URSS, Stálin dava ênfase à política interna e priorizava o fortalecimento do comunismo dentro da Rússia. Suas ideias foram sintetizadas no slogan "Socialismo num só país".

Em 1923, Trótski fez uma série de críticas ao Partido Comunista, acusando-o de haver se burocratizado ao extremo, impedindo que os trabalhadores expressassem suas opiniões sobre o Partido. Foi acusado de facciosismo (isto é, de estimular divisões sectárias dentro do Partido) e obrigado a renunciar a seu posto de comissário de Guerra. Também acabou expulso do Partido e exilou-se na Ásia central. O trotskismo foi declarado incompatível com a filiação partidária, de maneira que, em 1927, Stálin conseguiu se consolidar no poder.

Em 1928, sua vitória foi acompanhada pela "grande virada", que acelerava a implantação do socialismo e punha fim à NEP.

Logo após a ascensão de Stálin, os *kulaks* foram acusados de estocar grãos para aumentar os preços e angariar mais lucros. O novo governo implantou então seu primeiro Plano Quinquenal (1929-1933), cujas diretrizes incluíam a industrialização acelerada do país e a coletivização do campo. Os planos quinquenais também fixavam metas de produção para vários setores da economia. Porém, estas eram irrealistas e superdimensionadas, visando justamente gerar uma constante mobilização social em torno da produção. Regiões, trabalhadores e setores econômicos eram exaltados ou estigmatizados conforme sua capacidade de cumprir a taxa de produção estabelecida no plano.

A coletivização do campo começou com a liquidação dos *kulaks* e a instauração da igualdade entre todos os camponeses. Pouco a pouco, a coletivização agrícola produziu dois novos modelos de estabelecimentos rurais: os *kolkhoz*, cooperativas em que os instrumentos para trabalhar a terra eram coletivos – e nas quais os lucros eram divididos entre camponeses e Estado; e os *sovkhoz*, fazendas estatais nas quais os camponeses atuavam como servidores públicos que recebiam um salário.

Muitos *kulaks*, revoltados com as medidas e o confisco de suas terras, matavam o gado – que se tornaria propriedade de todos – e recusavam-se a semear nos períodos determinados. Vários deles se negaram a aderir ao processo de coletivização e foram

Cartaz do "7º Congresso do Partido Comunista da URSS, realizado em 1934. Em primeiro plano está Stálin. Em cima, de perfil, vê-se Lênin.

Fonte: LAMBIN, J. M. (Coord.) *Histoire 1ère L, ES, S*. Paris: Hachette, 1997. p. 299.

Gulag é uma abreviação russa que designa o conjunto do sistema de concentração soviético em campos de trabalho forçado. Durante o Império Russo, os prisioneiros políticos eram mandados para a Sibéria. Na URSS, essa prática foi sistematizada e os prisioneiros (cerca de 5 milhões nos anos 1930) serviram como mão de obra gratuita para o regime.

deportados para regiões pouco povoadas. Em 1930, metade da população rural já estava instalada em terras coletivizadas.

Com poucos estímulos, a agricultura coletiva teve baixa produtividade nas primeiras décadas. De exportadora de produtos agrícolas no século XIX, a Rússia, no século XX, passou a importar alimentos. Mas o grande interesse do governo era controlar os recursos oriundos da agricultura, pois estes seriam usados para financiar a indústria, principalmente a manufatura pesada e os setores de energia (petróleo, carvão e ferro), armamentos, transporte e infraestrutura. Ao final do Primeiro Plano Quinquenal, a URSS estava fortemente industrializada, mas à custa do sacrifício brutal dos russos, principalmente dos camponeses. Dois planos quinquenais foram colocados em prática – o terceiro sequer chegou a ser implantado, por causa da Segunda Guerra Mundial. Tais planos permitiram que a URSS desenvolvesse sua indústria pesada e sua infraestrutura, embora os soviéticos continuassem atrás dos países capitalistas avançados na produção de bens de consumo para a população. Além disso, a transformação brusca de milhões de camponeses em operários desencadeou intensas migrações para as cidades e uma crise habitacional sem precedentes.

Stálin aproveitou-se das tensões geradas pelo Primeiro Plano Quinquenal para reforçar seu poder e perseguir sistematicamente os antigos opositores. Em 1934, o assassinato de Serguei Kirov, dirigente comunista em Leningrado (a antiga Petrogrado) e amigo íntimo de Stálin, serviu como pretexto para novos e maciços expurgos contra pessoas acusadas de conspiração. As autoridades declararam que o assassinato havia sido arquitetado pelos trotskistas e, entre os anos de 1936 e 1938, milhares de suspeitos considerados "inimigos do povo" foram detidos.

Nos processos públicos organizados em Moscou pela NKVD, que substituiu a GPU em 1934 como polícia secreta, até mesmo antigos membros do Partido Comunista foram obrigados a confessar crimes imaginários, relacionados sobretudo à espionagem para governos estrangeiros. Muitos suspeitos foram enviados a campos de trabalho forçado na Sibéria.

O Partido também passou a criar formas de desqualificar as divergências em relação à doutrina oficial – qualquer "desvio" da ideologia oficial era visto como dissidência. A promulgação de uma doutrina oficial do marxismo-leninismo flertava com a religiosidade popular e a construção de uma imagem sagrada do comunismo oficial e suas lideranças. Os líderes dissidentes, por sua vez, eram tratados como "heréticos". Os cadáveres de Lênin e Stálin foram embalsamados, seguindo uma espécie de ritual de santificação. Stálin, aliás, era classificado como o "grande pai" e "líder infalível" da Rússia, refletindo a herança cultural de uma Rússia onde o cristianismo ortodoxo e o Estado imbricavam-se na reprodução de um conservadorismo político que não toleraria divergências. Para garantir o respeito à sua autoridade e à doutrina marxista-leninista, Stálin fez uso sistemático do terror e eliminava qualquer suspeita de oposição.

Trótski, ainda no exílio, denunciou os crimes que estavam ocorrendo no país. Acabou assassinado em 1940, no México, por um agente da polícia secreta soviética. No total, estima-se que 2 milhões de pessoas foram aprisionadas nos campos de trabalho russos, e 700 mil prisioneiros executados. Durante a mesma época, desenvolveu-se o culto à personalidade de Stálin. Em geral, o estabelecimento e a manutenção do comunismo na Rússia basearam-se no recurso quase ilimitado à vigilância opressora da polícia política dentro do país.

ORGANIZANDO AS IDEIAS

10. Como os planos quinquenais acabaram por sacrificar os trabalhadores do campo para fortalecimento das indústrias de base e de infraestrutura?
11. O governo de Stálin se deu mediante muita repressão a qualquer oposição, o que envolvia exílio, torturas e expurgos. Apesar disso, Stálin mantinha perante o povo uma imagem de "grande pai". Como isso se dava?

Revisando o capítulo

APROFUNDANDO O CONHECIMENTO

1. Leia o texto a seguir e responda às questões.

Os sovietes em ação

O Estado Soviético é baseado nos Sovietes – ou Conselhos – de trabalhadores e nos Sovietes de camponeses. Estes Conselhos – instituições características da Revolução Russa – originaram-se em 1905, quando durante a primeira greve geral dos trabalhadores, as fábricas de Petrogrado e as organizações operárias enviaram delegados ao Comitê Central. Este Comitê de Greve foi chamado Conselho de Deputados Operários. Convocou a segunda greve geral no outono de 1905, mandou organizações a toda a Rússia e, por um breve lapso de tempo, foi reconhecido pelo Governo Imperial como o interlocutor autorizado da classe trabalhadora revolucionária russa.

Com a derrota da Revolução de 1905, os membros do Conselho fugiram ou foram deportados para a Sibéria. Mas este tipo de união foi tão surpreendentemente efetivo como órgão político que todos os partidos revolucionários incluíram um Conselho de Deputados Operários nos seus planos para um futuro levantamento.

Em março [fevereiro segundo o calendário então usado na Rússia] de 1917, quando perante uma Rússia que bramava como um oceano o czar abdicou [...] e a relutante Duma (o pseudoparlamento czarista) foi forçada a tomar as rédeas do governo, o Conselho de Deputados Operários renasceu mais uma vez. Em poucos dias foi alargado para incluir delegados do Exército, passando a se denominar Conselho de Deputados de Operários e Soldados. [...] A luta tinha de continuar, devia ser restabelecida a ordem, a frente devia se manter... Os membros do Comitê da Duma não estavam em condições de levarem a cabo tais tarefas; viram-se obrigados a chamar os representantes dos trabalhadores e soldados, por outras palavras, o Conselho. [...] Desde o momento em que a Duma se viu forçada a apelar ao Conselho, na Rússia existiram dois governos, e dois governos lutaram pelo poder até novembro [outubro] de 1917, quando os Sovietes, sob controle bolchevique, derrubaram a coligação de governo.

O Soviete baseia-se diretamente nos trabalhadores nas fábricas e nos lavradores nos campos. Na origem, os delegados dos Sovietes de Operários, Soldados e Camponeses eram eleitos consoante regras que variavam segundo as necessidades e a população dos diferentes lugares. Nalgumas aldeias, os lavradores elegiam um delegado por cada 50 eleitores. Os soldados nos quartéis tinham direito a um certo número de delegados por regimento, sem apreciar a sua força; as tropas na frente, porém, elegiam os seus Sovietes de maneira diferente. Quanto aos trabalhadores nas grandes cidades, logo descobriram que os Sovietes eram difíceis de gerir se não fossem limitados os delegados a um por cada 500 votantes. De igual forma, os primeiros Congressos Pan-russos dos Sovietes assentaram-se aproximadamente num delegado por cada vinte e cinco mil votantes [...].

As eleições dos delegados baseiam-se na representação proporcional, o que significa que os partidos políticos estão representados em proporção exata ao número total de votantes da cidade. E são nos partidos políticos e nos programas que se votam, não nos candidatos. Os candidatos são eleitos pelos comitês centrais dos partidos políticos, que podem substituí-los por outros membros do partido. Do mesmo modo, os delegados não são eleitos por um prazo de tempo determinado e podem ser revogados a qualquer momento.

Nunca antes fora criado um corpo político mais sensível e perceptivo à vontade popular. Isto era necessário, pois nos períodos revolucionários a vontade popular muda com grande rapidez. Por exemplo, durante a primeira semana de dezembro de 1917, houve desfiles e manifestações em favor da Assembleia Constituinte – quer dizer, contra o poder soviético. Um desses desfiles foi tiroteado por algum Guarda Vermelho irresponsável e várias pessoas morreram. A reação a essa estúpida violência foi imediata. Mais de uma dúzia de deputados bolcheviques foram cassados e substituídos por mencheviques. Passaram três semanas antes de que o sentimento popular se tranquilizasse e os mencheviques fossem substituídos um por um, novamente, pelos bolcheviques. [...].

REED, John. Os sovietes em ação. *The Liberator*, Nova York, Liberator Publishing Company, outubro de 1918. Tradução nossa.

a. A partir de que momento houve uma situação de duplo poder na Rússia?

b. Por que o autor afirma que "Nunca antes fora criado um corpo político mais sensível e perceptivo à vontade popular?".

c. Compare a organização da Câmara dos Deputados brasileira atual com a dos sovietes da Rússia de 1917, tal como descrita por John Reed.

2. Observe novamente o cartaz do 17º Congresso do PCUS (1934), mostrado neste capítulo, e responda às questões.

a. Como é apresentada a figura de Lênin?

b. Como é apresentada a figura de Stálin?

c. Qual é o objetivo dessa representação?

3. Leia o texto abaixo e responda às questões.

Enquanto Lênin dirigia o Conselho dos Comissários do Povo, as divergências, querendo explodir, mantiveram-se dentro de certos limites. Depois de seu desaparecimento, porém, vieram à tona, envenenando os debates. De um lado, a ênfase ortodoxa na necessidade da revolução internacional. Sem ela a revolução russa estava perdida. Tudo o que os revolucionários pudessem fazer estava hipotecado pelo atraso e pelo isolamento. De outro, a ideia de que os bolcheviques deveriam concentrar energias na construção do socialismo nos limites da União Soviética, enquanto uma nova onda revolucionária internacional não ocorresse.

A polarização, como sempre acontece nesses casos, soterrou as nuanças e caricaturou ambos os lados: revolução internacional *a qualquer custo*, ou construção do socialismo *num só país*, atribuídas a Trótski e Stálin, respectivamente. A rigor, pelo menos formalmente, nenhuma formulação pretendeu abandonar a revolução internacional nem a construção do socialismo na União Soviética. Restava a questão da ênfase, de modo algum desprezível.

REIS FILHO, Daniel Aarão. *Uma revolução perdida*: a história do socialismo soviético. São Paulo: Fundação Perseu Abramo, 1997. p. 107-108.

a. As divergências mencionadas pelo autor opunham quais líderes soviéticos?

b. O autor afirma que "nenhuma formulação pretendeu abandonar a revolução internacional nem a construção do socialismo na União Soviética". Em que consistia, então, a divergência entre Stálin e Trótski?

c. Quando chegou a nova onda revolucionária aguardada pelos bolcheviques?

O ENTREGUERRAS E A CRISE DE 1929

CAPÍTULO 37

Construindo o conhecimento

- Como você acha que a Primeira Guerra Mundial contribuiu para as dificuldades econômicas das décadas de 1920 e 1930?
- Você já ouviu falar de outras crises econômicas? Consegue apontar alguma característica desses processos?

Plano de capítulo

▸ O pós-guerra
▸ Uma nova era: os loucos anos 1920 e as mudanças na sociedade dos Estados Unidos
▸ O *crash* da Bolsa de Nova York

Após a destruição causada pela Grande Guerra, foi preciso que os diversos países que nela se envolveram procurassem se reconstruir. A Rússia adotou um caminho inédito, tentando instaurar o comunismo. Mas e as sociedades capitalistas? Como lidaram com as dívidas, a destruição e, no caso dos perdedores, o ressentimento? Os anos 1920 assistiram desse modo a um profundo contraste: enquanto a maioria das nações europeias acordava para enfrentar a devastação em seus territórios, os Estados Unidos passavam por um período de grande prosperidade.

James N. Rosenberg. *Dies Irae*, 1929. Litografia em papel, 35,0 cm × 26,7 cm. O artista representa Wall Street, onde se localiza a Bolsa de Valores de Nova York, com a multidão em pânico e edifícios ruindo no "Dia da Ira", o dia da quebra da Bolsa.

Marcos cronológicos

1919 — A 18ª Emenda é aprovada nos Estados Unidos proibindo a produção, a venda ou o transporte de bebidas alcoólicas.

1923 — Hiperinflação na Alemanha.

1924 — Lançamento do **Manifesto Surrealista** por André Breton.

1929 — Quebra da Bolsa de Valores de Nova York.

1930 — Revolução de 1930 no Brasil.

1932 — Roosevelt, do Partido Democrata, é eleito presidente dos Estados Unidos, iniciando o *New Deal*.

Mas o sonho americano começou a desmoronar em 1929, quando a economia entrou em crise, culminando no *crash* da Bolsa de Valores de Nova York. Era possível, porém, que em um mundo cada vez mais conectado, a crise afetasse apenas o país mais rico do mundo? As outras nações capitalistas também foram prejudicadas. A soma dos efeitos da Grande Guerra e da depressão econômica marcou indelevelmente as sociedades, economias e estruturas políticas de vários países, desorganizando-as e prenunciando grandes mudanças. Nesse contexto marcado pela inflação e pelo desemprego, a insatisfação popular aumentou, e os países procuraram novas saídas. A maior intervenção do Estado foi a resposta encontrada, ainda que tenha assumido formas muito distintas.

O pós-guerra

Uma aparente estabilização

O pós-guerra foi um período crucial para a história europeia, trazendo grandes transformações. Os tratados de paz empreenderam uma reordenação no continente, que não mais contava com os velhos impérios e também via emergir novas repúblicas, dando a impressão de que o sistema político liberal havia saído fortalecido.

Entretanto, a Grã-Bretanha, hegemônica antes de 1914, sofrera grande impacto econômico, do qual não se recuperaria facilmente. Também traumatizada pela guerra, a França ainda tinha como maior preocupação a Alemanha, procurando, por isso, debilitar esse país para garantir a segurança de suas fronteiras. Por sua vez, os Estados recém-criados na Polônia e nos Bálcãs, por meio de tratados de paz que não levaram em conta suas diversas minorias étnicas, mostraram-se muito frágeis.

A União Soviética surgia, nesse contexto, como a ovelha negra em uma Europa aparentemente democrática e liberal. A consolidação do regime resultou em uma política de isolamento da URSS por parte dos países capitalistas. Dessa forma, evitava-se a "exportação da revolução" e procurava-se enfraquecer o Estado operário.

O descontentamento com a paz se manifestou sobretudo na Itália e na Alemanha. Nesta última, após a Primeira Guerra Mundial, instituiu-se um novo regime, que ficou conhecido como República de Weimar – cidade onde foi promulgada a nova constituição germânica. Seu primeiro desafio foi enfrentar uma revolução comunista, brutalmente reprimida. Rosa Luxemburgo e Karl Liebknecht, líderes **espartaquistas** – movimento marxista da esquerda alemã surgido no final da Primeira Guerra Mundial – à frente da sublevação, foram assassinados. Assim, as esperanças dos bolcheviques russos de transformar a Alemanha em um reduto da revolução proletária, já que lá havia uma classe operária forte e organizada em sindicatos e partidos, foram frustradas.

Além das dificuldades políticas, o pós-guerra na Alemanha foi marcado por um período de hiperinflação, em virtude da desenfreada emissão de dinheiro que pretendia sanar o déficit orçamentário nacional. No auge da crise, em novembro de 1923, 1 dólar valia 4,2 bilhões de marcos alemães. Assim, a convulsão moral, política e econômica fragilizou o regime republicano.

Por sua vez, a Itália também teve seu orgulho ferido no pós-guerra por não ter recebido as concessões territoriais prometidas pelos aliados. Além disso, a nação foi engolfada por uma onda revolucionária sob liderança socialista. Dentro desse contexto, as classes dirigentes apelaram ao movimento fascista para impedir a tomada de poder pela esquerda, o que permitiria que Mussolini chegasse ao poder em 1922.

Em contrapartida, os Estados Unidos foram o país que mais se beneficiou com a Primeira Guerra Mundial. Eles emergiram do conflito como a mais poderosa nação do mundo, ocupando tanto o papel de primeira potência industrial quanto o de grande exportador de matérias-primas e alimentos para uma Europa em crise.

No campo diplomático, os Estados Unidos mantiveram sua característica política isolacionista. A Europa era vista apenas como um mercado para os produtos norte-americanos. Em termos econômicos, o isolacionismo significou a proteção do mercado interno com elevadas barreiras alfandegárias; os lucros gerados a partir desses mecanismos eram transformados em empréstimos aos países europeus – vencedores ou vencidos – que precisavam contrair dívidas para tentar reconstruir suas economias arrasadas. Dessa maneira, os Estados Unidos tornaram-se a maior nação credora do mundo.

Outro fator fundamental para a adoção dessa política isolacionista foi a vitória dos republicanos nas eleições de 1920. Estes restringiram a imigração a 150 mil pessoas por ano, enquanto nos anos anteriores à guerra o país recebia cerca de sete vezes mais pessoas.

A partir de 1924, houve uma mudança significativa nas relações com os países europeus. Isso resultou em grande parte do início de uma recuperação aparentemente mais sustentada na Europa. Como consequência, os Estados Unidos investiram nesse continente boa parte de seus capitais acumulados. O Plano Dawes, proposto em 1924, além de possibilitar que a Alemanha fizesse o pagamento anual das reparações de guerra de maneira mais razoável, impulsionou o aumento da influência econômica norte-americana. O plano tornou a Alemanha totalmente dependente da Bolsa de Nova York, mas permitiu que o país passasse por uma nova fase de crescimento.

O Tratado de Locarno, de 1925, também foi muito importante para recriar um clima de entendimento na Europa, pois, por meio dele, Alemanha, França e Bélgica se comprometeram a não alterar suas fronteiras pela força. Em obediência a esse acordo, a França gradualmente desmilitarizou a zona do Rhur e a Alemanha passou a integrar a Liga das Nações, consagrando a reconciliação franco-alemã. Assim, em meados dos anos 1920, um horizonte otimista despontava no continente europeu. Não demorou muito, porém, para que os conflitos voltassem a aparecer.

As mudanças sociais e culturais

Depois de quatro anos de um conflito brutal, os sonhos de progresso e a esperança de um futuro melhor desapareceram nos campos de batalha. Na arte, a desilusão com o mundo refletiu-se em dois movimentos, o Dadaísmo e o Surrealismo. O Dadaísmo surgiu em 1916, em Zurique, na Suíça. Formado por jovens franceses e alemães exilados, o grupo colocava-se claramente contra todas as guerras. As obras de arte dadaístas impactavam por contestarem os padrões estéticos em voga e retratarem a desordem, o caos e a incoerência. Assim, em 1917, Marcel Duchamp (1887-1968) expôs nos Estados Unidos um mictório público, dentro da concepção que desenvolveu de *ready-made*, um conceito de arte instantânea. Objetos cotidianos eram escolhidos ao acaso e depois de serem levemente transformados eram chamados de obras de arte. O objetivo era evidenciar que a arte não passava de uma série de convenções, que podiam e deviam ser rompidas.

Pessimista e niilista, o Dadaísmo já dava sinais de esgotamento por volta de 1920. De alguma forma, porém, ele foi o precursor do Surrealismo, importante

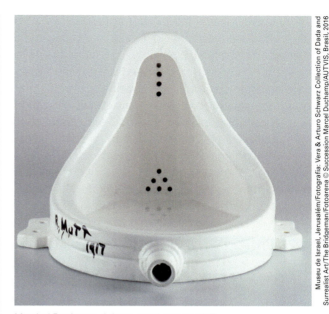

Marchel Duchamp. *A fonte*, *ready-made*, 1917, 36 cm × 48 cm × 61 cm. O urinol de porcelana branca convertido em objeto de arte é uma das mais famosas e controvertidas obras do artista francês.

movimento artístico iniciado na França e que teve grande influência das pesquisas psicanalíticas de Sigmund Freud (1856-1939).

Os surrealistas tentavam explorar o subconsciente, libertando-se da lógica imposta pelos padrões comportamentais e morais. Escrito pelo poeta André Breton (1896-1966), o primeiro manifesto surrealista (1924) exaltava a liberdade de criação e o automatismo psíquico, sem mediação do controle racional. Na literatura, por exemplo, é marca do Surrealismo a livre associação de ideias e a onomatopeia. Nas artes plásticas predominam massas de cores e formas não figurativas. Os catalães Salvador Dalí (1904-1989) e Juan Miró (1893-1983) foram expressões importantes desse movimento.

A década de 1920 também ficou marcada como a Era do *jazz*, a trilha sonora da modernidade. O som era a expressão musical dos negros americanos e tornou-se bastante popular em diversos países. A indústria do cinema desabrochou em Hollywood, onde, em 1927, tiveram início os filmes falados, sendo o primeiro deles *The jazz singer* (O cantor de *jazz*). Evidenciava-se a íntima relação entre a música e o cinema, ainda hoje dois dos principais setores da indústria do entretenimento.

> **Niilista:** partidário de uma visão de mundo caracterizada pelo ceticismo radical, que contesta valores e convicções para negar que a vida tenha qualquer propósito.

O universo feminino também mudou. Para além das conquistas econômicas (maior participação no mercado de trabalho) e políticas (obtenção do direito de voto), houve uma mudança radical na indumentária e no estilo das mulheres: cabelos acima dos ombros, maquiagem forte, saias mais curtas, chegando as mais corajosas a fumar em público e a usar calças compridas. As novas técnicas de controle da natalidade permitiram maior liberdade sexual e, ainda, que os casais limitassem o número de filhos. Ficou mais fácil para as mulheres trabalhar fora, de modo que muitas famílias tenderam a diminuir de tamanho.

> **ORGANIZANDO AS IDEIAS**
>
> 1. Analise as situações da Alemanha e da Itália no contexto de pós-Primeira Guerra Mundial.
> 2. Como os EUA foram beneficiados pela nova conjuntura internacional?
> 3. A destruição provocada pela guerra mundial gerou um sentimento de contestação à forma de ver a realidade e a racionalidade humana. Analise como isso influenciou as artes.

Pôster de *The jazz singer* (O cantor de *jazz*), dirigido por Alan Crosland e estrelado por Al Jolson. Lançado em 1927, é o primeiro filme falado da história do cinema.

Salvador Dalí. *A persistência da memória*, 1931. Óleo sobre tela, 24,1 cm × 33 cm. Relógios derretidos e uma criatura bizarra no centro do quadro – que provavelmente retratava o próprio pintor – revelam uma tela complexa, de múltiplas interpretações.

520 Unidade 10 O globo em chamas

Uma nova era: os loucos anos 1920 e as mudanças na sociedade dos Estados Unidos

Intolerância e prosperidade material

Dentro dos Estados Unidos, a década de 1920 assistiu a um retorno ao isolacionismo e ao conservadorismo, bem como à tentativa de recuperar valores "genuinamente americanos". Os imigrantes tiveram de lidar cada vez mais frequentemente com a discriminação da população branca, de origem anglo-saxã e protestante, que atribuía aos estrangeiros a culpa pelos mais diversos problemas, tais como pobreza, doenças e conflitos de classe.

O governo atuou para diminuir a intervenção do Estado e concedeu diversos benefícios aos empresários. O país passou a combater as ideias consideradas subversivas, especialmente anarquistas e comunistas, muitas vezes trazidas pelos imigrantes europeus. Nesse contexto, ocorreu um significativo enfraquecimento do movimento sindical: o número de trabalhadores sindicalizados caiu de cerca de cinco milhões em 1920 para três milhões em 1929. Em acréscimo, os sindicatos tenderam a ser inseridos no aparelho de Estado, diminuindo seu potencial contestador. Tais transformações foram facilitadas pela ampla prosperidade, pois, embora houvesse uma excepcional concentração de riqueza, até mesmo os trabalhadores tinham acesso a cada vez mais bens de consumo.

Assim, as relações entre patrões e trabalhadores modificaram-se. As horas de trabalho diminuíram, os salários reais aumentaram e as empresas introduziram importantes melhorias sociais para seus trabalhadores (por exemplo, o seguro de vida e a construção de centros recreativos).

Uma campanha pela moralidade nesses anos deu forças para a proibição do comércio e do consumo de bebidas alcoólicas no país. A proibição foi aprovada em 1919 como a 18ª Emenda à Constituição dos Estados Unidos. Entretanto, a lei foi sistematicamente descumprida, o que deu origem a um imenso mercado negro. Em consequência, ocorreu grande aumento da corrupção. As destilarias clandestinas cresceram com o crime organizado. Nesse triste cenário despontaram os gângsteres, sendo Al Capone o mais famoso deles, que atuaria também no mercado de droga, extorsão e prostituição.

A organização racista Ku Klux Klan, que havia perdido terreno no final dos anos 1870, também foi revivida nesse contexto de emergência do tradicionalismo, em especial no Sul e no Centro-Oeste. Diferentemente de seu nascimento após a Guerra Civil, o movimento caracterizou-se por um caráter não só racista mas também anticatólico, antissemita e conservador. Imigrantes, socialistas e feministas foram incluídos em seu discurso de ódio e atacados.

Anônimo. Charge sobre a redução de imigrantes nos Estados Unidos. Litografia, 1914. A imagem satiriza a dificuldade dos imigrantes de entrarem nos Estados Unidos depois da Primeira Guerra Mundial.

Membro da Segurança Pública da Filadélfia quebra barril de cerveja. Foto de 1924. A lei de proibição da produção e venda de bebidas alcoólicas vigorou nos Estados Unidos entre 18 de outubro de 1919 e 20 de fevereiro de 1933.

Durante a guerra, a falta de mão de obra obrigou os industriais do Norte a contratar trabalhadores negros sulistas, o que produziu um crescimento do número de afro-americanos nas grandes cidades. Ao término do conflito, muitos brancos começaram, por medo da concorrência no mercado de trabalho, a apoiar esses movimentos segregacionistas.

Em oposição, muitos ativistas afro-americanos reagiram e passaram a glorificar o passado africano e a proclamar o orgulho de ser negro. Escritores que resgataram as tradições da comunidade negra foram patrocinados por intelectuais brancos, e pela primeira vez a Broadway apresentou artistas negros em papéis dramáticos.

Esse ambiente também proporcionou o renascimento do fundamentalismo religioso. Em vários estados do Sul, por exemplo, o estudo das concepções darwinistas foi proibido nas escolas, devendo-se seguir a leitura literal do *Gênesis*. Até hoje, em algumas partes do país, o ensino da teoria da evolução nas escolas públicas gera um intenso debate.

Em termos econômicos, entre 1923 e 1928, os Estados Unidos viveram um período próspero: o país possuía metade das reservas de ouro do mundo. O aumento do consumo nesse período constituiu-se em um dos pilares do *american way of life* ("modo de vida americano"), simbolizado pela popularização do automóvel – indispensável também pelo crescimento das cidades –, pelo uso dos primeiros eletrodomésticos e telefones. Para o crescimento do mercado interno, foi importante, além da elevação dos salários, a facilidade de obtenção de crédito. O consumo foi potencializado pelo crescente avanço da propaganda, possibilitada pelo desenvolvimento dos meios de comunicação, sobretudo o rádio, o cinema e a imprensa.

A comercialização do modelo "T" pela Ford, um carro relativamente barato e acessível para muitas pessoas, popularizou a utilização do automóvel, o que ocasionou uma verdadeira revolução na vida dos americanos. O setor automobilístico foi um importante impulsionador do desenvolvimento, já que empregava milhões de trabalhadores e consumia grandes quantidades de aço, borracha, vidro e couro, estimulando o crescimento de outros setores. Henry Ford, dono da Ford Motor Company, defendia a elevação do salário do operário para fazer dele um consumidor. Suas ideias tiveram impacto em um contexto de ampliação dos salários, permitindo que o mercado dos Estados Unidos sofresse menos com a queda da imigração, pois a população existente passou a consumir cada vez mais.

Entretanto, a imagem idealizada dos loucos anos 1920 não foi uma realidade para o conjunto da sociedade. A prosperidade teve seus limites, principalmente no setor agrário (que ainda reunia quase metade da população). No campo, uma baixa de preços causou uma queda no nível de vida dos agricultores e o aumento de suas dívidas.

Ainda assim, por um período, o crescimento global dissimulou os desequilíbrios da economia mundial. O protecionismo, sobretudo nos Estados Unidos, substituiu o livre-comércio praticado antes de 1914. Enquanto os preços industriais subiram, os valores dos produtos agrícolas e das matérias-primas baixaram ou estagnaram. O desemprego permaneceu alto, a inflação persistiu e as principais moedas, com exceção do dólar e da libra esterlina, sofreram desvalorizações.

ORGANIZANDO AS IDEIAS

4. Como a década de 1920 representou um retorno ao conservadorismo nos EUA?
5. Relacione a proibição do comércio e consumo de bebidas alcoólicas nos EUA com o aumento da criminalidade.
6. O *american way of life* podia ser notado na popularização do automóvel, no uso de eletrodomésticos e era difundido pela publicidade e pelo cinema. Descreva esse período de prosperidade para os habitantes das grandes cidades norte-americanas.

O *crash* da Bolsa de Nova York

A Grande Depressão

De uma forma geral, quase todos os países do mundo capitalista estavam em expansão entre 1925 e 1929. A intensa atividade econômica dos Estados Unidos passou a ser expressa na Bolsa de Valores de Nova York, que via o preço dos títulos subir rapidamente desde 1927, para chegar ao ápice em agosto de 1929.

A quebra da Bolsa em outubro de 1929 não explica por si só a Grande Depressão. Ela se relaciona em grande parte com o ritmo de produção adotado nos Estados Unidos desde a Primeira Guerra Mundial e que não foi abandonado no período posterior.

Os sinais dos problemas econômicos puderam ser sentidos já em meados de 1929, quando houve uma queda na compra dos bens de consumo e de bens industriais, principalmente na indústria automobilística. Tal fato, além de provocar um corte significativo na produção e o desemprego em massa, reduziu a encomenda dos produtos utilizados para a confecção dos carros – como aço, borracha, couro –, provocando uma reação em cadeia que fragilizou o conjunto da atividade produtiva. Podemos destacar ainda a diminuição da procura de bens causada pela recuperação da produção europeia, o que provocou uma grande estocagem de mercadorias americanas.

A crise refletiu-se na Bolsa de Valores quando os especuladores começaram a vender suas ações para evitar ou diminuir prejuízos. Nesse contexto ocorreu, em 24 de outubro de 1929, o *crash* da Bolsa de Nova York: o valor das ações desabou, provocando um choque que se estendeu aos bancos e à economia como um todo, vítima da superprodução. Alguns investidores que haviam perdido tudo se suicidaram: os jornais da época relataram onze casos do tipo.

O sistema bancário foi um dos primeiros a ruir após a crise, pois muitos investidores tomavam dinheiro emprestado para comprar ações. Aqueles que receberam financiamentos – fazendeiros, negociantes ou países estrangeiros – não conseguiam quitar suas dívidas. Muitos americanos que possuíam alguma economia guardada no sistema bancário perderam suas poupanças, agravando a situação.

A quebra dos bancos e a consequente crise **creditícia** gerou automaticamente uma grande retração da demanda, ocasionando uma intensa diminuição do ritmo da produção. Em consequência, as empresas dispensaram em massa os seus funcionários. Em 1933, havia 14 milhões de pessoas sem trabalho, produzindo uma taxa de desemprego que ultrapassou os 20%. Uma parte significativa da população foi obrigada a enfrentar a extrema pobreza, fome, péssimas condições de moradia e migrações forçadas em busca de sustento.

Como a economia dos Estados Unidos fazia parte de um conjunto mundial – por meio do comércio de sua produção industrial e de seus investimentos e empréstimos – e o sistema financeiro estava fortemente internacionalizado, os problemas converteram-se em uma crise generalizada. Alemanha, Áustria, Japão, Reino Unido e América Latina foram rapidamente atingidos. Os Estados Unidos repatriaram seu capital e pararam de conceder empréstimos. Essa medida afetou principalmente a Alemanha e a Áustria, cujas economias em recuperação dependiam dos investimentos e créditos norte-americanos. O Reino Unido sofreu com a grande queda de seu comércio exterior e a desvalorização de sua moeda. A França, que havia se mantido à margem da crise nos primeiros momentos, também foi atingida, já que suas reservas monetárias eram em libras.

> **Creditício:** referente ao crédito ou à concessão de crédito.

Hooverville, barracas de desempregados em uma favela. Seattle, Washington. Foto de março de 1933. O nome era uma referência irônica ao presidente estadunidense Herbert Hoover, no poder durante a Grande Depressão, quando favelas construídas por desabrigados proliferaram nas periferias das cidades do Oeste.

Para assistir

A luta pela esperança

EUA, 2005. Direção: Ron Howard. Duração: 144 min.

Essa cinebiografia retrata a história do boxeador decadente James Braddock (Russell Crowe), que sofre os efeitos da Grande Depressão, enfrentando o desemprego e a pobreza, e sua volta por cima.

> ### A Grande Depressão no Brasil
>
> No Brasil, a crise de 1929 atingiu especialmente os cafeicultores, afetando todos os setores da economia ligados ao café. Esse produto era a principal exportação brasileira e já vinha sofrendo com as quedas do preço no mercado internacional no início da década de 1920. O valor do quilo do café de exportação brasileiro despencou de 56 para 16 centavos de dólar. Não por acaso, o governo empreendeu uma política de financiamento para promover a elevação do preço do produto desde 1906, conhecida como o Convênio de Taubaté. No Brasil e no mundo, a crise econômica gerou um processo de crítica do sistema político liberal e a ascensão de ideologias políticas que se colocavam como alternativa a ele, como veremos nos próximos capítulos.

Além dos problemas econômicos, a crise afetou e provocou mudanças políticas significativas na Alemanha, que viu emergir a direita radical e o autoritarismo expresso no nazismo. Também na América Latina implantaram-se diversas ditaduras, pois a instabilidade de muitos regimes foi amplificada pela baixa dos preços de seus produtos de exportação. A União Soviética foi o único país a não ser atingido pela crise de 1929, pois sua economia estava pouco integrada ao mercado internacional, em razão de seu caráter planificado. Não por acaso, o comunismo ganhou projeção no período, pois parecia imune aos problemas enfrentados pelo resto do planeta.

A experiência do *New Deal*

A crise econômica e social fragilizou os regimes democráticos liberais, que pareciam incapazes de superá-la. Com esse objetivo, os Estados Unidos lançaram-se em uma experiência original: o *New Deal* ("novo acordo"), proposto por Franklin Roosevelt, candidato democrata vencedor da eleição presidencial de 1932. Em linhas gerais, a política econômica se basearia a partir de então em um intervencionismo moderado do Estado (principalmente do governo federal) na economia; os objetivos eram conter a crise, restaurar a confiança na organização econômica, promover um alívio das tensões sociais ao oferecer auxílio aos mais pobres e, acima de tudo, criar empregos. Nesse sentido, o *New Deal* se apresentou como um modelo alternativo na economia de mercado norte-americana.

A equipe de Roosevelt, influenciada pelas ideias do britânico John Maynard Keynes, opôs-se à ortodoxia liberal e defendeu o aumento das despesas públicas para alavancar a economia. Com o *New Deal*, o governo atuou no sistema financeiro, na agricultura, na indústria e na luta contra o desemprego. Assim, concedeu inicialmente subsídios aos bancos mais fortes (enquanto os menores permaneceram fechados), com o objetivo de estimular o restabelecimento do mercado de crédito. Passou ainda a desenvolver programas para proteger os agricultores por meio do controle da produção. Os Estados Unidos também abandonaram o padrão ouro e desvalorizaram o dólar em 40%, para favorecer as exportações.

Além disso, o governo financiou programas de grandes obras públicas, como os investimentos no Vale do Tennessee para a construção de represas, com o objetivo de controlar as inundações e facilitar a navegação, gerando, assim, novos empregos. Adotou ainda importantes leis sociais referentes a aposentadorias, sindicatos e indenização dos desempregados, estimulando a organização dos trabalhadores.

Roosevelt inovou na relação direta com o povo – como nas "conversas ao pé da lareira" (*fireside chats*) transmitidas pelo rádio – e foi reeleito em 1936. Suas políticas e seu carisma contribuíram para atrair para o Partido Democrata o eleitorado mais pobre e os afro-americanos.

É verdade que o desemprego continuou alto e somente durante a Segunda Guerra Mundial, com a mobilização econômica para a luta, o país saiu definitivamente da depressão. Entretanto, é certo que o governo de Roosevelt atenuou os efeitos da crise. O *New Deal* significou, assim, uma mudança importante na atuação do governo dos Estados Unidos ao incluir definitivamente entre seus objetivos a garantia do bem-estar social e qualidade de vida da população. Dessa maneira, alterou-se a relação entre cidadãos e Estado, produzindo uma nova configuração que influenciaria profundamente a sociedade estadunidense nas décadas seguintes.

ORGANIZANDO AS IDEIAS

7. Por que a Grande Depressão não pode ser explicada apenas pela quebra da Bolsa de Valores de Nova York?
8. Por que a crise nos EUA se tornaria mundial?
9. Comente as medidas adotadas pelo *New Deal* e seus resultados.

Revisando o capítulo

APROFUNDANDO O CONHECIMENTO

1. Examine o gráfico e responda às questões.

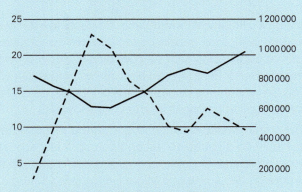

Desemprego como porcentagem da força de trabalho civil, medida no eixo vertical esquerdo, e o PIB em milhões de dólares de 1996, medido no eixo vertical direito.

Fonte: RAUCHWAY, Eric. *The Great Depression and the New Deal*: a very short introduction. Oxford: Oxford University Press, 2008, p. 55.

a. Em que anos o PIB dos EUA atingiu seu patamar mais baixo?

b. Em que anos o desemprego alcançou seu nível mais elevado?

c. Roosevelt assumiu a presidência em março de 1933 e lançou imediatamente o *New Deal*. O gráfico mostra que o PIB voltou a crescer em 1934, enquanto o desemprego diminuía. Com base no que você estudou neste capítulo, que medidas desse programa contribuíram para superar a depressão?

2. Leia o texto a seguir e responda às questões.

Rumo ao abismo econômico

[...] Os loucos anos 20 não foram uma era de ouro para os fazendeiros dos EUA. Além disso, o desemprego na maior parte da Europa Ocidental permaneceu assombroso [...] mesmo nos anos de *boom* da década de 1920 (1924-9) o desemprego ficou em média entre 10% e 12% na Grã-Bretanha, Alemanha e Suécia, e nada menos de 17% a 18% na Dinamarca e na Noruega. Só os EUA, com uma média de desemprego de 4%, eram uma economia realmente a pleno vapor. Os dois fatos indicam uma fraqueza na economia. A queda dos preços dos produtos primários [...] demonstrou que a demanda deles não conseguia acompanhar a capacidade de produção. Tampouco devemos desdenhar o fato de que o *boom*, como se deu, foi em grande parte alimentado pelo enorme fluxo de capital internacional que invadiu os países industriais naqueles anos [...].

O que ninguém esperava [...] era a extraordinária universalidade e profundidade da crise que começou [...] com a quebra da Bolsa de Nova York em 29 de outubro de 1929. Equivaleu a algo muito próximo do colapso da economia mundial, que agora parecia apanhada num círculo vicioso, onde cada queda dos indicadores econômicos (fora o desemprego, que subia a alturas sempre mais astronômicas) reforçava o declínio em todos os outros.

HOBSBAWM, Eric. *Era dos extremos* – o breve século XX. São Paulo: Companhia das Letras, 1996. p. 95-96.

a. Que fatores o autor cita como prenúncio da crise de 1929?

b. Segundo o autor, como se desenvolveu a crise?

3. Observe a imagem e responda às questões.

Louisville, Kentucky, c. de 1937. Afro-americanos vítimas de enchentes fazem fila para receber alimentos e roupas. Ironicamente, na frente há um *outdoor* com os dizeres: "Mais alto padrão de vida do mundo. Não há nenhum jeito como o jeito americano", explicitando a contradição estadunidense.

a. Qual a provável intenção do fotógrafo?

b. Que elementos você pode destacar no *outdoor*?

c. Que elementos você pode destacar na fila de desempregados?

CAPÍTULO 38

A REPÚBLICA BRASILEIRA EM TRANSFORMAÇÃO

Construindo o conhecimento

- Por que você acha que alguns grupos sociais estavam insatisfeitos com o domínio oligárquico?
- A partir do que discutimos na introdução, por que podemos dizer que a Revolução de 1930 lançou as bases da sociedade em que vivemos?

Plano de capítulo

▸ Transformações sociais e econômicas do pós-Primeira Guerra Mundial
▸ Modernização e modernismos
▸ A Reação Republicana
▸ O Tenentismo
▸ O governo de Washington Luís e as dissidências oligárquicas

Imagine o Brasil sem os Ministérios do Trabalho e da Educação; sem Justiça do Trabalho e sem direitos assegurados a todos os assalariados; sem eleições diretas e sem o voto secreto e universal. Seria um país bem diferente do atual, certo? Pois bem: nenhuma dessas instituições existia, ou existia apenas em caráter embrionário, antes dos anos 1930.

Até o final da década anterior, continuou a vigorar um regime político oligárquico, escondido sob a fachada da democracia liberal. O poder central era dominado pelas elites agrárias de São Paulo e Minas Gerais, que se alternavam no governo. O voto aberto e o domínio dos grandes fazendeiros sobre seus empregados e protegidos favoreciam todo tipo de fraude nas eleições. Praticamente não havia leis de proteção ao trabalhador, e as poucas existentes muitas vezes eram ignoradas. Era esse o quadro existente na Primeira República, que você já estudou.

Tarsila do Amaral. *Operários*, 1933. Óleo sobre tela, 150 cm × 205 cm. Dois aspectos do processo de modernização brasileiro se mesclam na tela da pintora: o Modernismo nas artes plásticas e a presença de uma classe operária que, apesar das greves de 1917-1920, permaneceu em larga medida ignorada, juntamente com os diversos aspectos da "questão social", até a Revolução de 1930.

Marcos cronológicos

1922 — Reação Republicana. Semana de Arte Moderna em São Paulo. Fundação do Partido Comunista do Brasil (PCB). Revolta dos "tenentes" do Forte de Copacabana no Rio de Janeiro. Exposição do Centenário da Independência no Rio de Janeiro.

1924 — Revolta dos "tenentes" em São Paulo.

1925-1927 — Marcha da Coluna Prestes.

1926 — Reforma da Constituição de 1891. Fundação do Partido Democrático de São Paulo. Governo de Washington Luís.

1928 — Criação do Bloco Operário e Camponês (BOC).

1929 — Quebra da Bolsa de Valores de Nova York.

1930 — Fundação da Aliança Liberal. Eleição de Júlio Prestes para a Presidência. Revolução de 1930.

Surgiram então diferentes atores que passaram a questionar a ordem oligárquica. A urbanização e a industrialização abriram espaço para operários e classes médias problematizarem as fraudes eleitorais e a chamada questão social – a proteção dos direitos do trabalhador. Setores militares mobilizaram-se no movimento "tenentista", levantando como bandeira o voto secreto. Dissidências das oligarquias regionais reivindicavam reformas políticas, sociais e maior centralização do regime político. Em resumo, todos eles exigiam novos caminhos para a construção de um país moderno.

O evento conhecido como Revolução de 1930 articulou esses diversos atores e os projetos de modernização da sociedade e de construção do Estado. A transformação das estruturas econômicas, sociais e políticas iniciada a partir daí lançou as bases do Brasil em que vivemos.

Transformações sociais e econômicas do pós-Primeira Guerra Mundial

O Brasil da década de 1920 continuava a ser uma economia agrária, em que a principal cultura exportadora era a do café, da qual dependia grande parte da elite do Estado mais rico do país: São Paulo. Os trabalhadores rurais compunham a maioria dos assalariados – aqueles que dependiam apenas do seu próprio trabalho para sobreviver. No princípio do século XX, esse quadro começou a mudar graças à expansão da indústria. Concentrados nas cidades, distantes do universo do coronelismo, os operários transformaram-se paulatinamente numa força social e política com interesses, valores e ideologias próprios. Ao mesmo tempo, o crescimento populacional fazia com que o mercado interno respondesse por uma parte considerável da economia, apesar da pobreza da maior parte da população.

A Primeira Guerra Mundial impulsionou a industrialização do Brasil, de modo a atender às demandas do mercado interno. Durante o conflito, as fábricas existentes no país utilizaram de forma plena a capacidade instalada e expandiram seus investimentos. A crise internacional acarretada pela guerra e as depressões conjunturais do comércio mundial abriram espaço para os produtos brasileiros competirem com os importados; a classe trabalhadora ganhou um peso crescente no cenário político.

O surto industrial, concentrado fortemente no Sudeste, privilegiou São Paulo e Rio de Janeiro, e essa tendência foi reforçada nos anos subsequentes. Não surpreende que os dois principais polos do processo de industrialização tenham sido o palco privilegiado para o ciclo de greves de 1917 a 1920.

O ciclo de greves de 1917 a 1920

A tabela a seguir apresenta o número de greves por empresa, ramo, interprofissional ou geral, nas cidades do Rio de Janeiro e de São Paulo. Nota-se o aumento da quantidade de greves no final da década de 1910.

O ciclo de greves iniciado em 1917 colocou em pauta a "questão social" – estava na hora de o Estado intervir e regular as relações de trabalho. Em 1918, foi criado o Departamento Nacional do Trabalho (DNT)

Número de greves, (1917-1920)	1917 Rio de Janeiro	1917 São Paulo	1918 Rio de Janeiro	1918 São Paulo	1919 Rio de Janeiro	1919 São Paulo	1920 Rio de Janeiro	1920 São Paulo
Empresa (ou seção)	6	6	19	1	7	56	2	33
Ramo	5	–	7	–	8	6	4	3
Interprofissional	–	–	1	–	2	1	1	1
Geral	1	1	–	–	–	1	–	–
Total	12	7	27	1	17	64	7	37

Fonte: FAUSTO, Boris. *Trabalho urbano e conflito social*. São Paulo: Difel, 1976. p. 162-163 (adaptado).

Crescimento urbano-industrial no Brasil, 1920-1940

Como se pode observar na tabela ao lado, a indústria concentrou-se no Sudeste, seguido pela região Sul. O liberalismo econômico em vigor favorecia a abertura do mercado nacional aos produtos e capitais estrangeiros, principalmente britânicos e norte-americanos, e protegia o café com uma política de compra de excedentes e controle dos preços internacionais, como fixado no Convênio de Taubaté (1906). Na década de 1930, a política econômica seria alterada com a adoção de uma política industrializante que privilegiaria o Sudeste.

Fonte: MONTEIRO, Hamilton de Mattos. Da República Velha ao Estado Novo. In: LINHARES, Maria Yeda (org). *História Geral do Brasil*. 9. ed. Rio de Janeiro: Elsevier, 1990. p. 312.

Brasil: estabelecimentos industriais (1920-1940)

Região	1920	1940
Norte	247	912
Nordeste	2 408	8 059
Sudeste	7 458	28 007
Sul	3 187	11 668
Centro-Oeste	36	772
Total	13 336	49 418

---

para propor legislações trabalhistas e, no Congresso Nacional, fundou-se a Comissão de Legislação Social. O Código de Trabalho passou a ser debatido, trazendo questões como jornada de oito horas, licença para mulheres grávidas e limitações ao trabalho de mulheres e crianças. Ainda que o Código não fosse regulamentado, sendo fortemente criticado por industriais, aprovou-se uma lei que regulava a indenização por acidentes de trabalho. Publicada em 1919, essa legislação, assim como outras iniciativas, foi um marco para a discussão da questão social.

Em 1923, foi regulamentado o Conselho Nacional do Trabalho (CNT), que tinha como incumbência debater, intervir e regular os problemas relacionados ao trabalho. No mesmo ano, a Lei Eloy Chaves regulamentou as Caixas de Aposentadoria e Pensão para os trabalhadores das estradas de ferro; esse texto legal serviria de modelo para outras iniciativas que tratavam do direito de aposentadoria, pensão e indenização por acidentes de trabalho. Em 1925, foram aprovadas leis que previam 15 dias de férias anuais para os trabalhadores da indústria e comércio e limitavam o trabalho infantil.

Ao final da década de 1920, existia um consenso sobre a necessidade de intervir na questão social. Mas o patronato insistia em não aplicar a legislação trabalhista, e quase não havia fiscalização. Somente na década de 1930, quando se instituiu o Ministério do Trabalho, Indústria e Comércio e a Justiça do Trabalho foi criada, os direitos trabalhistas começaram a ganhar algum destaque na sociedade e na política brasileiras.

O Partido Comunista do Brasil e o movimento operário

As paralisações do período 1917-1920 marcaram o apogeu do anarquismo no movimento operário brasileiro. Entretanto, a partir da Revolução Russa ocorreu em todo o mundo uma tendência ao crescimento do comunismo e o refluxo das correntes libertárias e socialistas no movimento operário.

Em março de 1922, um pequeno grupo de militantes fundou o Partido Comunista do Brasil – Seção Brasileira da Internacional Comunista (PCB-SBIC). Os demais partidos políticos existentes no país eram de âmbito estadual, mas o PCB foi, desde o início, um partido nacional e predominantemente urbano. Seu surgimento estava inserido em um movimento em escala mundial, baseado no internacionalismo proletário. Seguindo o modelo da III Internacional Comunista, fundava-se um partido político que tinha por principal objetivo estabelecer a vanguarda da luta operária para instituir a revolução social. Os comunistas passaram a rivalizar com os anarquistas no projeto em que a classe trabalhadora era apresentada como protagonista revolucionária.

Os sindicatos operários foram os principais lugares de divulgação do ideário comunista. Na luta pela liderança do movimento sindical, os comunistas tiveram que enfrentar, de um lado, os anarquistas e, de outro, os **"amarelos"**. Mas os militantes do PCB logo

---

Sindicatos amarelos: expressão que designava os sindicatos organizados ou financiados pelos patrões, que atuavam com o objetivo de paralisar lutas e quebrar a unidade da classe trabalhadora.

Unidade 10 O globo em chamas

Os fundadores do PCB

Os delegados presentes no congresso de fundação do PCB foram: **Astrojildo Pereira**, jornalista do Estado do Rio [terceiro em pé, da esquerda para a direita]; **Cristiano Cordeiro**, professor de Pernambuco [3º sentado]; **João da Costa Pimenta**, gráfico de São Paulo [4º de pé]; **José Elias da Silva**, sapateiro, marítimo e operário da construção civil, nascido em Pernambuco, mas trabalhando no Rio de Janeiro [6º de pé]; **Joaquim Barbosa**, alfaiate nascido em Sergipe, mas trabalhando no Rio de Janeiro [2º de pé]; **Luís Peres**, vassoureiro do Estado do Rio [5º de pé]; **Hermogêneo da Silva**, eletricista de Cruzeiro, Minas Gerais [1º sentado]; **Abílio de Nequete**, barbeiro de Porto Alegre, nascido na Síria [2º sentado]; e **Manoel Cendón**, alfaiate, nascido na Espanha, o único do grupo que não tinha origem anarquista, mas socialista [1º de pé]. O mais moço do grupo tinha 20 anos e o mais velho, menos de 40. Por indicação de Astrojildo Pereira, o principal articulador daquele congresso, Abílio de Nequete foi escolhido secretário-geral do PCB, o cargo mais importante na estrutura partidária. [...] Poucos meses depois da fundação, Nequete foi substituído na secretaria geral por Astrojildo.

PANDOLFI, Dulce. Camaradas e companheiros: história e memória do PCB. Rio de Janeiro: Relume Dumará, 1995 (adaptado).

Delegados presentes no congresso de fundação do Partido Comunista Brasileiro (PCB). Foto de 25 de março de 1922.

cuidaram de desqualificar a todos: sobre os anarquistas, alegavam que não tinham uma política definida e consolidada em um partido; sobre os amarelos, denunciavam que sempre "davam um jeito" de paralisar as lutas. A presença dos comunistas nos sindicatos cresceu a partir de 1926, quando obtiveram o controle dos sindicatos dos gráficos, dos metalúrgicos e dos operários têxteis da cidade do Rio de Janeiro, dentre outros. O objetivo maior era estabelecer a unidade sindical com a criação da Confederação Geral do Trabalho, o que só viria a ocorrer em 1929.

Ao contrário dos anarquistas, os comunistas tentavam se fazer mais presentes na política. Mas esse projeto era prejudicado pelo fato de o PCB viver sob a constante ameaça de ser posto na ilegalidade. Foi o que aconteceu em julho de 1922, poucos meses depois de sua fundação, quando o presidente Epitácio Pessoa decretou o estado de sítio.

ORGANIZANDO AS IDEIAS

1. Explique o que foi a industrialização por substituição de importados desenvolvida no Brasil no período da Primeira Guerra Mundial.
2. Analise o significado da fundação do Partido Comunista para o movimento operário.

Modernização e modernismos

A cultura também sofreu mudanças radicais na década de 1920. Os traumas gerados pela Primeira Guerra Mundial e as rápidas transformações tecnológicas na passagem do século XIX para o século XX trouxeram uma sensação multifacetada de ruptura com o passado. Inovações econômicas e tecnológicas, transformações urbanas (com a pavimentação de ruas e a iluminação pública, por exemplo), além da introdução de uma série de bens de consumo – como o rádio, a vitrola, o cinema –, favoreciam e disseminavam novos valores e comportamentos sociais.

A palavra "moderno" foi utilizada por diferentes movimentos. Em cada país do Ocidente, movimentos culturais e estéticos realizavam releituras do passado e críticas a suas respectivas tradições nacionais. No Brasil, a Semana de Arte Moderna de 1922 marcou o surgimento do Modernismo no país.

A Exposição Internacional do Centenário da Independência e a Semana de Arte Moderna de 1922

Em 1922, o Brasil comemorava cem anos de independência. Para muitos, era o momento certo de mostrar do que o país era capaz.

Com esse objetivo, foi preparada a Exposição Internacional do Centenário da Independência, no Rio de Janeiro. Antes desse evento, outro similar já havia sido realizado, a Exposição Nacional de 1908, organizada para celebrar o centenário da abertura dos portos e apresentar a capital federal saneada e reformada pelo prefeito Pereira Passos. Assim como a primeira, a Exposição de 1922 também ficou associada a uma obra urbana: o polêmico arrasamento do morro do Castelo, marco simbólico da fundação da cidade. Pavilhões e palácios foram construídos no terreno resultante do desmonte, e a exposição, chamada pela imprensa de "antessala do paraíso", foi afinal inaugurada no dia 7 de setembro, revelando as novas tendências econômicas e sociais do mundo após o fim da Primeira Guerra Mundial. Além da exibição de produtos – máquinas britânicas, vinhos portugueses, madeiras do Pará etc. –, realizaram-se congressos e conferências sobre áreas do conhecimento cada vez mais especializadas – Engenharia, Química, Geografia e Direito.

Di Cavalcanti, 1922. Capa do catálogo da Semana de Arte Moderna.

O propósito de mostrar que o Brasil centenário estava sintonizado com a modernidade do século XX não ficou restrito à exposição no Rio de Janeiro. Em São Paulo, um grupo de intelectuais e artistas ligados às vanguardas europeias, e por isso chamados de futuristas, avessos às regras da arte acadêmica e do **parnasianismo**, decidiu organizar uma Semana de Arte Moderna no Teatro Municipal. Assim, nos dias 13, 15 e 17 de fevereiro deste mesmo ano, artistas das mais diversas áreas – escritores e poetas como Mário de Andrade, Oswald de Andrade e Menotti Del Picchia, ao lado de pintores como Anita Malfatti e Di Cavalcanti e músicos como Villa-Lobos – apresentaram a arte moderna ao público, causando grande escândalo. No entanto, nos anos seguintes, divulgado em obras, manifestos e revistas, o Modernismo ganharia o país.

> **Parnasianismo:** escola literária que propunha a retomada das formas artísticas da Antiguidade Clássica. Seu nome é uma alusão ao Monte Parnaso, consagrado a Apolo e às musas segundo a mitologia grega. Valorizou os sonetos, muitos deles sobre temas greco-romanos, cheios de figuras de linguagem rebuscadas. Um dos principais nomes dessa corrente no Brasil foi Olavo Bilac.

Pavilhões do Distrito Federal (à esquerda) e da Agricultura (à direita), no Rio de Janeiro. Foto de 1922.

> **ORGANIZANDO AS IDEIAS**
>
> 3. Quais transformações ocorridas na passagem do século XIX para o XX favoreceram uma nova forma de perceber como "moderno" o tempo social experimentado?
> 4. Como a celebração do centenário da Independência do Brasil foi recebida no Rio de Janeiro e em São Paulo?

A Reação Republicana

A política partidária na Primeira República ganhou novos componentes na década de 1920. As eleições, até então dominadas por partidos estaduais controlados pelas oligarquias rurais regionais, limitavam a participação política com a prática do coronelismo (o exercício do poder local por meio da troca de favores e da violência), da fraude eleitoral e das restrições ao voto – apenas homens alfabetizados podiam votar.

Nas eleições presidenciais, as oligarquias regionais, lideradas por São Paulo e Minas Gerais, negociavam um nome de consenso, que "vencia" o pleito.

Em março de 1922, seria eleito o sucessor de Epitácio Pessoa para a Presidência da República. Mas, refletindo a inquietação transformadora que o país vivia, essa campanha eleitoral foi diferente das anteriores. Pela primeira vez, organizou-se um forte movimento oposicionista: a Reação Republicana, que lançou um candidato próprio – o político fluminense Nilo Peçanha, que havia sido presidente em 1909-1910 – contra o candidato do governo, Arthur Bernardes, presidente de Minas Gerais.

Embora Arthur Bernardes tenha vencido a eleição, seu governo (1922-1926) foi marcado por sucessivas crises políticas. No Brasil, agora, existia uma oposição.

Logo após a derrota, a Reação Republicana denunciou fraudes eleitorais e sugeriu a criação de um "tribunal de apuração" para a recontagem dos votos. Também difundiu uma nova agenda política, por meio do Manifesto da Reação Republicana, que teve forte repercussão no período e reivindicava, por exemplo, uma distribuição mais equitativa do poder na Federação (opondo-se ao predomínio de São Paulo e Minas Gerais na política), a formação de partidos políticos nacionais, a ampliação da "credibilidade" das Forças Armadas, a incorporação das massas urbanas no jogo político etc.

O movimento político da Reação Republicana também trouxe um ator que ganharia destaque nos anos subsequentes: os tenentes.

> **ORGANIZANDO AS IDEIAS**
>
> 5. A Reação Republicana questionou o pacto oligárquico? Justifique sua resposta.

O Tenentismo

Dá-se o nome de Tenentismo ao conjunto de movimentos rebeldes liderados por jovens militares – chamados genericamente de tenentes, embora nem todos o fossem – que ocorreram em várias regiões do país a partir de 1922. Insatisfeitos com as condições do Exército e com o governo, os "tenentes" tinham como principal objetivo forçar a República a mudar os procedimentos políticos e jurídicos que sustentavam a chamada "política dos estados", vista como um obstáculo à transformação do Brasil em uma nação moderna.

As "Cartas Falsas" e os "18 do Forte de Copacabana"

Antes da campanha eleitoral de 1922, a imprensa publicou cartas atribuídas ao então candidato situacionista Arthur Bernardes, nas quais ele afirmava que o Exército era indisciplinado e que o ex-presidente da República, marechal Hermes da Fonseca, era um "sargentão sem compostura". Soube-se depois que as cartas eram forjadas, mas elas serviram de mote para o apoio e a mobilização dos militares junto à Reação Republicana.

Anônimo. *O Carnaval político*, charge publicada na revista *O Malho*, do Rio de Janeiro, em 25 fev. 1922. A imagem faz alusão à Reação Republicana.

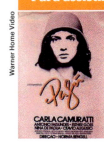

Para assistir

Eternamente Pagu

Brasil, 1987. Direção: Norma Bengell. Duração: 110 min.

Parte do movimento modernista e militante no Partido Comunista, Pagu conviveu com artistas e militantes de esquerda. Este filme conta a história de sua vida.

No dia 5 de julho do mesmo ano, antes da posse de Bernardes, jovens oficiais que serviam no Forte de Copacabana, no Rio de Janeiro, levantaram-se contra o governo. Eles se ressentiam pela nomeação de um civil para o Ministério da Guerra, pela prisão do ex-presidente Hermes da Fonseca e pelo fechamento do Clube Militar, ocorrido três dias antes. Não passavam de um punhado de jovens oficiais e soldados, os "18 do Forte de Copacabana". No dia 6, avançaram pela praia contra tropas federais que somavam 3 mil homens. Aos rebeldes juntou-se um civil, um dos primeiros a morrer. Dos tenentes, sobreviveram apenas Siqueira Campos e Eduardo Gomes, que teriam uma participação destacada no cenário político brasileiro.

A principal motivação dos "tenentes" foi o ressentimento contra o papel secundário dos militares na cena republicana. De acordo com eles, a política era dominada pelos "casacas" ou "carcomidos", termos pejorativos com que designavam os políticos civis.

A Revolução de 1924 e a Coluna Prestes

Em 1924, o núcleo das conspirações tenentistas deslocou-se para São Paulo. A escolha do dia 5 de julho para o início de uma nova rebelião visava marcar a continuidade da luta contra o governo constituído. Mas os tenentes paulistas elaboraram declarações e manifestos com a intenção de obter o apoio das classes médias urbanas. Ao defenderem reformas como o voto secreto, a independência do Poder Judiciário e um Estado mais forte, não só buscavam aliados entre as forças novas que surgiam na sociedade, mas também se colocavam, eles próprios, como agentes da regeneração política.

O levante contou com o apoio de setores da Força Pública estadual e foi comandado por um general da reserva, Isidoro Dias Lopes. Acossados pelas tropas do governo, os revoltosos deixaram a capital paulista e se dirigiram para o sul, onde se encontraram com as forças rebeldes comandadas pelo capitão Luís Carlos Prestes. Gaúchos e paulistas uniram-se e, em abril de 1925, decidiram prosseguir a marcha pelo interior do país. Formou-se assim a chamada Coluna Prestes, que tinha como principais objetivos fazer propaganda armada da revolução e transformar o regime republicano. Depois de dois anos, e mais de 25 mil quilômetros percorridos, os revoltosos decidiram cruzar a fronteira boliviana e se exilar.

A Coluna não conseguiu derrubar o governo, mas sua simples existência desgastou o regime oligárquico. Além disso, gerou um herói de enorme impacto: Luís Carlos Prestes, que ficou conhecido como o "cavaleiro da esperança".

> **ORGANIZANDO AS IDEIAS**
>
> 6. Por que os "tenentes" se mobilizaram em 1922 contra o governo de Arthur Bernardes?
> 7. Qual era o objetivo estratégico da Coluna Prestes?

O governo de Washington Luís e as dissidências oligárquicas

As crises políticas do governo de Arthur Bernardes não impediram que ele escolhesse seu sucessor na eleição de 1926. Com o apoio da oligarquia mineira, Washington Luís, do Partido Republicano Paulista, foi indicado para disputar a Presidência.

O pacto oligárquico, embora muito criticado, não encontrou uma oposição organizada que de fato o desestabilizasse. A ação repressiva do governo Bernardes controlava as dissidências políticas estaduais eficientemente. Além de intervir nos estados oposicionistas, o governo aprovou, em 1926, uma revisão da Constituição de 1891 que centralizava ainda mais o poder.

Washington Luís foi eleito praticamente sem oposição. Seu governo (1926-1930) foi caracterizado pela renovação das elites oligárquicas. Em 1926, surgiu o Partido Democrático (PD) de São Paulo. A nova agremiação política difundiu-se para o Rio de Janeiro, Distrito Federal, Santa Catarina, Maranhão, Ceará e Pernambuco. Em 1928, foi criado o Partido Democrático Nacional, que se organizou no Pará, Piauí, Maranhão, Rio Grande do Norte, Paraíba e Ceará. A agremiação dos PDs reunia elites regionais dissidentes, contrapunha-se à fraude eleitoral, opunha-se à revisão da constituição e tentava arregimentar grupos urbanos que demandavam maior atenção à questão social e participação política.

Da mesma forma, buscando reformar o regime político liberal e conquistar a adesão de grupos urbanos, as oligarquias de Minas Gerais, Rio Grande do Sul e Paraíba também se renovaram, atuando no âmbito da política estadual e dos Partidos Republicanos regionais. Em Minas Gerais, uma nova geração de políticos ascendeu ao poder no PRM; no Rio Grande do Sul, Getúlio Vargas se elegeu para o governo do estado e quebrou a hegemonia da família Borges de Medeiros na política; na Paraíba, sob a liderança de João Pessoa, ocorria uma renovação política que se contrapunha às práticas de mandonismo local e promovia tentativas de incorporação das classes médias urbanas. A organização política com vistas às eleições também ocorria na base da sociedade. Assim, o Partido Comunista organizou o Bloco Operário e Camponês (BOC), que disputou eleições no Distrito Federal em 1927 e 1928 e chegou a concorrer ao pleito presidencial de 1930.

As dissidências oligárquicas e a renovação das oligarquias nos estados do Rio Grande do Sul, Minas Gerais e Paraíba foram fundamentais para a construção da Aliança Liberal, que surgiria no contexto eleitoral conturbado de 1930.

A eleição e a Revolução de 1930

Em março de 1930, Washington Luís procurou fazer o seu sucessor na Presidência. Encorajado pelo forte crescimento econômico de São Paulo na década de 1920, ele tentou evitar acordos com as oligarquias mineiras. Mas em 1929 iniciou-se veio uma grave crise econômica: os preços do café caíram vertiginosamente e a Bolsa de Nova York quebrou em 29 de outubro, dando início à Grande Depressão, que espalhou seus efeitos pelo mundo. Como resultado, não havia recursos no mercado financeiro internacional para o governo brasileiro sustentar os crescentes estoques resultantes da superprodução de café.

Em nome da consolidação de sua hegemonia, São Paulo resolveu impor a candidatura do presidente do estado, Júlio Prestes, em vez de apoiar o então presidente de Minas, Antônio Carlos. Em resposta, os estados de Minas Gerais, Rio Grande do Sul e Paraíba organizaram a Aliança Liberal, reunindo também as oligarquias dissidentes dos PDs, os militares e os segmentos sociais urbanos. As propostas da Aliança Liberal giravam em torno das reformas políticas e geraram empolgação nos principais centros urbanos. Mesmo assim, o candidato do governo, Júlio Prestes, venceu.

Capa da revista *Careta*. Rio de Janeiro, 18 jan. 1930. No céu, Rui Barbosa – liderança da Campanha Civilista (1910) – e Nilo Peçanha – liderança da Reação Republicana (1922) – leem uma plataforma semelhante à da Aliança Liberal, defendida por Getúlio Vargas. O povo se pergunta: "Isso não é novidade, seu Getúlio, tudo já me foi prometido por outra gente boa, mas cadê?".

A oposição firmou alianças inéditas e lançou-se à conspiração contra o governo, recorrendo inclusive às Forças Armadas, como haviam feito os tenentes rebelados.

Com avanços e recuos, a revolução foi sendo preparada. Em 3 de outubro, estourou simultaneamente no Rio Grande do Sul, em Minas Gerais e no Nordeste. Daí, espraiou-se por todo o país. Washington Luís foi deposto no dia 24, abrindo caminho para a ascensão de Getúlio Vargas, que assumiu a chefia do Governo Provisório em 3 de novembro. Chegava ao fim aquela que passou a ser chamada de República Velha.

Mandonismo: termo usado para designar o exercício personalizado do poder por alguns potentados, em geral grandes proprietários rurais, que dispunham de milícias privadas e dominavam os que deles dependiam mediante uma mescla de troca de favores e violência.

Que revolução foi essa?

Como outros movimentos de grande impacto político, a Revolução de 1930 deu origem a uma série de interpretações. Imediatamente surgiu uma linha historiográfica que viu o movimento como uma revolução das classes médias, que se opunham à grande burguesia e haviam encontrado expressão política no movimento tenentista. Nos anos 1960, historiadores marxistas começaram a ver essa revolução como o momento de ascensão da burguesia industrial contra o setor agrário-exportador ligado ao capital imperialista. Em 1970, porém, o professor da USP Boris Fausto demonstrou que não havia um programa industrialista e que o Tenentismo se caracterizou pelo elitismo e pela centralização, para além de ser socialmente diversificado. Por isso, 1930 deveria ser entendido como resultado de conflitos intraoligárquicos fortalecidos por movimentos militares dissidentes, que tinham como objetivo derrubar a hegemonia da burguesia cafeeira paulista. Como nenhum outro grupo seria forte o suficiente para controlar sozinho o poder, foi preciso estabelecer um *estado de compromisso* entre várias forças distintas. Essa interpretação se tornou consensual, mas outros historiadores, como Edgar de Decca, enxergam em 1930 um golpe preventivo da burguesia contra o fortalecimento do movimento operário, embora muitas vezes tenham sido criticados pela dificuldade de encontrar fontes que sustentem seus argumentos.

Uma pergunta se coloca: estaria Washington Luís correndo o risco real de ser deposto pelo Exército, assim como o fora D. Pedro II? Apesar das inúmeras intervenções militares no período republicano, a estrutura do Exército era mais complexa e profissional do que em 1889, o que dificultava uma ação em bloco contra o governo. Além disso, a República dispunha de forças de defesa mais poderosas do que o Império, destacando-se as polícias militares estaduais. Só uma rebelião dos estados, aproveitada pelo tenentismo, seria capaz de derrubar a política dos estados. A "Revolução de 1930" foi esse movimento que uniu tenentes, oligarcas e atores políticos civis para derrubar o arranjo oligárquico do sistema político da Primeira República.

ORGANIZANDO AS IDEIAS

8. Situe os Partidos Democráticos fundados na década de 1920 no sistema político da Primeira República.
9. Explique a crise da Primeira República na década de 1920.

Revisando o capítulo

APROFUNDANDO O CONHECIMENTO

1. Leia o Manifesto da Reação Republicana e responda às questões a seguir.

   Por delegação das forças políticas regionais a que estamos filiados apresentamos aos sufrágios da nação no pleito de 1º de março próximo vindouro, o dr. Nilo Peçanha, para presidente da República, e o dr. José Joaquim Seabra, para vice-presidente. [...]

   Enquanto as circunstâncias políticas do país não determinarem a formação de partidos nacionais, a eleição presidencial há de correr sob a responsabilidade das agremiações partidárias existentes nos Estados. Assim tem sido, assim há de ser, e daí não virá dano ao interesse público, se no entendimento prévio para a escolha dos candidatos comuns à maioria de tais organizações, não se apartarem estes do propósito de auscultar cuidadosamente o sentimento nacional. Digam o que disserem, a verdade é que num país como o nosso, onde a grande massa dos cidadãos não tem o exercício do direito do voto, o pleito presidencial é ineficaz para corrigir o desacerto das candidaturas, em cuja escolha houver sido preterida aquela condição essencial ao desafogo da opinião pública. Aqui, mais do que em qualquer outra parte, o título de eleitor [...], no sentido de que os deveres da cidadania, que lhe são inerentes, vão acompanhados de um mandato de consciência assumido tacitamente pela maioria ativa para com a grande maioria dos nossos concidadãos privados de voz numa deliberação que se empenham seus destinos [...]

A conciliação entre operários e patrões, singularmente facilitada pelo inteligente liberalismo dos chefes da indústria nacional, deverá encontrar no governo um mediador imparcial, atento à manutenção do princípio da propriedade – base da economia e entre nós, porta fácil ascensão do operário – mas disposto ao desenvolvimento das instituições de progresso social, que elevam as classes proletárias a um padrão mais largo de vida [...]

A REAÇÃO contra a candidatura de Arthur Bernardes. *Correio da Manhã*, Rio de Janeiro, p. 3, 25 jun. 1921.

a. Em 24 de junho de 1921, foi publicado e divulgado na imprensa o Manifesto da Reação Republicana, que expressou o descontentamento com o sistema político oligárquico da Primeira República. Identifique no manifesto as críticas ao sistema político.

b. No sistema político oligárquico, os estados de São Paulo e Minas Gerais tinham bastante peso na definição dos pleitos nacionais. Explique a posição da Reação Republicana na eleição para presidente em 1922.

c. Para se contrapor ao pacto oligárquico de São Paulo e Minas Gerais, a Reação Republicana buscou apoio na opinião pública. Cite os outros segmentos sociais que se aliaram à Reação Republicana.

d. A Reação Republicana abordava a questão social em seu manifesto? Justifique sua resposta copiando um trecho do documento.

2. Leia a carta atribuída a Arthur Bernardes e responda às perguntas que seguem.

Belo Horizonte, 3/06/1921.
Amigo *Raul Soares*, Saudações afetuosas.

Estou informado do ridículo e acintoso banquete dado pelo Hermes, esse sargentão sem compostura, aos seus apaniguados e de tudo que nessa orgia se passou. Espero que use com toda energia, de acordo com as minhas últimas instruções, pois essa canalha precisa de uma reprimenda para entrar na disciplina. Veja se o Epitácio mostra agora a sua apregoada energia, punindo severamente esses ousados, prendendo os que saíram da disciplina e removendo para bem longe esses generais anarquizadores. Se o Epitácio com medo não atender, use de diplomacia que depois do meu reconhecimento ajustaremos contas.

A situação não admite contemporização, os que forem venais que é quase a totalidade, compre-os com todos bordados e galões.

Abraço do *Arthur Bernardes*.

INJURIOSO E ULTRAJANTE – O Senhor Arthur Bernardes lança pecha de venalidade sobre os oficiais do Exército. *Correio da Manhã*, Rio de Janeiro, p. 2, 25 jun. 1921.

a. Em 1921, duas cartas supostamente escritas por Arthur Bernardes, candidato mineiro à Presidência da República, a Raul Soares, senador pelo Partido Republicano Mineiro, vazaram na imprensa. Publicadas pelo jornal *Correio da Manhã*, o conteúdo das missivas gerou grande comoção no Exército. Selecione no documento as expressões usadas para se referir aos militares.

b. Explique a partir de elementos da carta vazada na imprensa o apoio dos militares à Reação Republicana.

c. Antes da posse do presidente eleito Arthur Bernardes, os tenentes do Forte de Copacabana lideraram uma revolta com o objetivo de reformar a República. Explique a importância política do Exército no regime republicano que o tenentismo buscava resgatar.

d. Explique quais eram as afinidades entre os tenentistas e as propostas das classes médias urbanas.

CAPÍTULO 39

A ASCENSÃO DO FASCISMO E DO NAZISMO

Construindo o conhecimento

- Por que você acha que os líderes autoritários conquistaram o apoio de grande parte da população?
- Em sua opinião, qual era o interesse do regime nazista em controlar toda a vida social, especialmente dos jovens?

Plano de capítulo

▸ Um panorama europeu no pós-guerra
▸ A Itália fascista
▸ A Alemanha nazista
▸ A Guerra Civil Espanhola
▸ A marcha para o conflito mundial

Após a Primeira Guerra Mundial e a Crise de 1929, o modelo político e econômico liberal passou a ser cada vez mais questionado. Qual era, então, a alternativa? Uma maior intervenção do Estado. Na Rússia, uma revolução instaurou o comunismo. Nos EUA, o Estado interviu para tentar reanimar a economia e construir uma rede de segurança para uma população que sofria com o desemprego. E na Europa devastada pela guerra e, depois, pela crise econômica internacional?

Adolf Hitler e Benito Mussolini na Piazza San Marco, em Veneza, Itália, 1934.

Marcos cronológicos

1919 — Criação dos *Fasci di Combattimento* na Itália.

1920 — Fundação do Partido Fascista.

1922 — Benito Mussolini é chamado para constituir o governo italiano. Surgimento da União das Repúblicas Socialistas Soviéticas (URSS).

1923 — Golpe militar liderado pelo general Primo de Rivera, na Espanha.

1925 — Publicação do *Mein Kampf* de Adolf Hitler.

1929 — Crise econômica internacional.

1932 — António de Oliveira Salazar torna-se chefe do governo português.

Em alguns países, a solução foi drástica. O aumento da intervenção estatal tomou a forma de uma nova direita que rejeitava não apenas o comunismo e o socialismo mas também o liberalismo e a democracia parlamentar. Apesar de alguns traços que variavam de região para região, a extrema-direita como um todo compartilhava um nacionalismo agressivo, uma liderança carismática, o uso da mídia voltada para as massas e a perseguição às minorias étnicas, religiosas e políticas. Na Itália, esse fenômeno ficou conhecido como fascismo e, na Alemanha, como nazismo.

Você consegue imaginar a vida cotidiana nesse tipo de Estado? Veja o caso da Alemanha. Dos 6 aos 10 anos, os garotos ingressavam em associações infantis ligadas ao Partido Nazista e ao Estado. Aos 10 anos entravam para a Juventude Hitlerista, na qual permaneciam até os 18 anos. Não existiam mais clubes esportivos ligados a igrejas, sindicatos ou outras organizações da sociedade civil; esportes, festividades, tudo transcorria dentro da *Hitlerjugend*, em meio a uma forte doutrinação destinada a transformá-los em leais seguidores do *Führer*. As meninas, por sua vez, dos 10 aos 14 anos integravam as Jovens Donzelas. Depois entravam para a Liga das Jovens Alemãs, na qual ficavam até casarem ou completarem 21 anos. Ali aprendiam a cuidar da casa, do marido e dos filhos – e, claro, a ser boas nazistas.

Aos 18 anos os rapazes se alistavam nas Forças Armadas ou nas frentes de trabalho. Já os chefes de família, se fossem cidadãos comuns, viam seus salários se achatarem em virtude da proibição de greves e das decisões das câmaras corporativas que reuniam representantes de patrões, trabalhadores e do Estado, quase sempre favoráveis aos primeiros.

Foi essa tentativa de controle do Partido-Estado sobre todas as manifestações da vida social, desde a educação infantil até o universo do trabalho, que valeu à Itália fascista e à Alemanha nazista a qualificação de sistemas totalitários. Paralelamente, em vários outros países, a ascensão da direita contribuiu para dar origem a governos que restringiam as liberdades individuais e coletivas e os direitos políticos dos cidadãos, sem, no entanto, invadir todos os nichos da sociedade civil. Foram os chamados regimes autoritários, entre os quais se pode incluir o Estado Novo varguista (1937-1945).

Um panorama europeu no pós-guerra

Nos anos 1920, por toda a Europa houve uma erupção de movimentos políticos direitistas que, ao mesmo tempo que investiam contra o socialismo e o comunismo, desprezavam o liberalismo e pretendiam fundar Estados autoritários nacionalistas. Em alguns lugares, esses movimentos – que ficaram conhecidos de forma geral como fascismos – alcançaram maiores proporções, como na Itália e na Alemanha. Nesses países desenvolveram-se regimes totalitários que buscavam controlar todos os aspectos da vida social. Em outros locais, como Portugal, Espanha, Hungria e Croácia, também emergiram grupos políticos fascistas, mas a configuração política desses países não pode ser qualificada como totalitária, e sim como autoritária. Isso porque neles havia restrições às liberdades individuais e políticas e o controle dos trabalhadores em benefício dos patrões, mas em geral o Estado não procurava dominar toda a sociedade civil.

Fenômeno universal, o fascismo desenvolveu suas próprias especificidades em cada país – e por isso falamos em fascismos, no plural. Desse modo, analisaremos alguns casos específicos, porém demonstrando sempre que possível as semelhanças entre todos os seus tipos: no programa, nos mecanismos de propaganda, no controle exercido sobre as camadas populares e na perseguição às minorias.

1933 Adolf Hitler torna-se chanceler da Alemanha. Início das perseguições contra os judeus.

1934 Com a morte de Hindenburg, Hitler acumula as funções de chanceler e chefe de Estado.

1935 Início das ofensivas italianas na Etiópia.

1936 Sublevação do general Francisco Franco contra o governo republicano espanhol: início da Guerra Civil Espanhola.

1938 Ocupação alemã da Áustria.

1939 Fim da Guerra Civil Espanhola. Assinatura do Pacto Germano-Soviético de Não Agressão. Início da Segunda Guerra Mundial.

Entretanto, é impossível entender o ápice do fascismo sem compreender o quanto a gênese desse movimento se liga aos abalos econômicos e sociais do entreguerras. Assim, a ascensão fascista está conectada à Crise de 1929 e ao próprio descrédito ideológico do liberalismo político e econômico, que se mostrou incapaz de amenizar os efeitos da crise. Dentro desse contexto conturbado, que só se agravava com a radicalização dos trabalhadores, surgia uma nova política de massas representadas pelos movimentos comunistas e socialistas que ameaçavam a hegemonia das elites tradicionais. Para anular as alternativas da esquerda, o fascismo pretendia superar os antagonismos de classe – tão nítidos dentro do Estado liberal e dos partidos políticos que ele agrupava –, alcançando diferentes camadas da sociedade.

Em um primeiro momento, os fascistas mobilizaram principalmente a classe média, assim como grandes empresários seduzidos em boa medida pela promessa de manter os trabalhadores em uma posição subordinada. Sua influência espalhou-se, porém, por grande parte da sociedade, o que evidencia a ressonância de seus projetos políticos.

Além disso, os próprios valores invocados pela democracia eram combatidos pelo fascismo: o individualismo seria substituído por valores exaltados pelo grupo, enquanto o racionalismo daria lugar ao apelo à emoção pela pátria. Assim, primeiro na Itália e depois em outros países, pretendia-se erigir uma sociedade coesa, capaz de restaurar uma identidade nacional abalada.

> **ORGANIZANDO AS IDEIAS**
>
> 1. Por que o capítulo utiliza o termo fascismos no plural?

A Itália fascista
A ascensão de Mussolini

Entre 1919 e 1922, a sociedade italiana passou por uma intensa crise. A vitória na Primeira Guerra Mundial não beneficiou diretamente a população. Havia muita frustração entre os italianos, em parte porque os tratados de paz não trouxeram as compensações territoriais esperadas. Socialmente, os problemas foram agravados com o término da guerra. O desemprego decorrente da desmobilização ganhou terreno, a inflação provocou miséria, a classe média empobreceu e as reivindicações dos operários tornaram-se mais radicais em virtude da influência da Revolução Russa. Em cidades industriais como Turim, Milão e Gênova, os operários desencadearam greves e ocupações de fábricas em 1920. No campo exigia-se a reforma agrária e em diversas áreas os camponeses ocuparam os latifúndios. A perspectiva de uma revolução atemorizou muitos proprietários.

Fábrica ocupada em 1920, em Milão, por operários armados. Na Itália do pós-guerra, a onda de greves e ocupações colocou a revolução socialista na ordem do dia.

Nesse contexto conturbado surgiram em Milão, em 1919, os primeiros *Fasci di combattimento* (Ligas de combate), grupos paramilitares fundados por Benito Mussolini. Ele havia sido membro do Partido Socialista Italiano, mas fora expulso em 1914 ao defender a entrada da Itália na Primeira Guerra Mundial, contrariando a linha internacionalista e pacifista do partido. O programa fascista divulgado meses depois contava com elementos tanto da esquerda quanto da direita. Propunha, por exemplo, a jornada de trabalho de oito horas e o salário mínimo, mas, ao mesmo tempo, utilizava a retórica patriótica e nacionalista da direita. Ao denunciar a vitória mutilada da Itália, o fascismo exigia a retomada da expansão colonial, sobretudo nos Bálcãs e na orla do Mediterrâneo.

Ainda inexpressivos, os fascistas foram derrotados nas eleições de novembro de 1919, que deram ao Par-

Integrantes das Ligas de combate (*Fasci di Combattimento*), criadas por Benito Mussolini, em 1919, que deram origem ao movimento fascista.

lamento uma maioria socialista. Mussolini passou então a descartar as reivindicações esquerdistas do programa. A partir de 1920, o movimento ganhou maior proeminência, contando com o apoio das classes médias e dos grandes capitalistas. O fascismo foi percebido como a principal arma para impedir a tomada do poder pela esquerda. Foi nesse período que se tornou habitual a ação violenta das *squadre d'azione* (comandos de ação) fascistas, formadas majoritariamente por jovens estudantes e ex-combatentes, conhecidos pela brutalidade com que atacavam as manifestações socialistas.

Em outubro de 1921, o movimento transformou-se em um partido político, o Partido Nacional Fascista (PNF). Nesse período já contava com mais de 250 mil membros. Nas eleições parlamentares daquele ano, os fascistas aliaram-se aos liberais e republicanos e elegeram 35 deputados, entre os quais Mussolini. Mas no Congresso o Partido Socialista, com 122 cadeiras, era majoritário.

Em julho de 1922, os sindicatos socialistas convocaram uma greve geral. Prometendo restabelecer a ordem, em outubro de 1922, Mussolini deu início à Marcha sobre Roma, que tinha como objetivo forçar a entrada dos fascistas no governo. Temendo uma guerra civil, o rei Vítor Emanuel III decretou estado de sítio e convidou Mussolini a assumir o cargo de primeiro-ministro. Sem saber, o monarca decretava a vitória do despotismo sobre a democracia.

Da ditadura ao Estado fascista

No início de seu governo, Mussolini preocupou-se em fortalecer o seu poder e o de seu partido. Transformou os *esquadristas* em uma milícia estatal nacional, a Milícia Voluntária da Segurança Nacional (MVSN). Seus integrantes juravam fidelidade a Mussolini, não ao rei, e recebiam um soldo superior ao do exército.

A doutrina do fascismo

Benito Mussolini (1883-1945), filho de uma professora primária e de um ferreiro, iniciou-se na vida política como um militante e dirigente socialista. Após a Primeira Guerra Mundial, na qual foi ferido, fundou o Fasci, organismo anticomunista que exaltava os valores patrióticos e dizia aspirar à justiça social. Uma vez no poder, o regime se tornou objeto de teorização do próprio Mussolini com a ajuda de alguns intelectuais fascistas. No documento abaixo, originalmente publicado em 1930, é possível perceber algumas de suas posições em relação à democracia, ao Estado e à economia.

O fascismo nega que o número, pelo simples fato de ser número, possa dirigir as sociedades humanas; nega que esse número possa governar graças a uma consulta periódica. Afirma a desigualdade indelével, fecunda, benfazeja dos homens, impossível de nivelar por um ato mecânico e exterior como o sufrágio universal. Pode-se definir os regimes democráticos como aqueles que dão ao povo, de tempos em tempos, a ilusão da soberania. A soberania efetiva aí repousa noutras forças, quantas vezes irresponsáveis e secretas. A democracia é um regime sem rei, mas que o substitui por numerosos reis, por vezes mais exclusivos, mais tirânicos, mais ruinosos que um rei-tirano. […] O fascismo rejeita na democracia a mentira absurda e convencional da igualdade política, o hábito de irresponsabilidade coletiva, o mito da felicidade e do progresso indefinidos. […] Anti-individualista, a concepção fascista é feita para o Estado; mas também é para o indivíduo, enquanto forma corpo com o Estado, consciência e vontade universal do Homem na sua existência histórica. Ela contraria o liberalismo clássico, nascido da necessidade de reagir contra o absolutismo, e que, desde aí, esgotou a sua função histórica, desde que o Estado se transformou e passou a possuir a mesma consciência e a mesma vontade que o povo. O liberalismo coloca o Estado ao serviço do indivíduo. […] Para o fascista, tudo está no Estado, nada de humano ou espiritual existe fora do Estado. Nesse sentido, o fascismo é totalitário e o Estado fascista, síntese e unidade de todo o valor, interpreta, desenvolve e dá potência à vida integral de um povo. Nem agrupamentos (partidos políticos, associações, sindicatos), nem indivíduos fora do Estado. Por consequência, o fascismo opõe-se ao socialismo, que retrai o movimento histórico a ponto de reduzir à luta de classes e que ignora a unidade do Estado que, por si, funde as classes num único bloco econômico e moral.

PINTO, Ana Lídia; COUTO, Célia; NEVES, P. *Temas de História*. Porto: Porto Editora, 1998, 12º ano, v. I, p. 244.

Bem mais significativa foi a reforma eleitoral: o partido que recebesse a maior quantidade de votos nas eleições gerais ficaria com a maioria das cadeiras no Congresso.

Espalhando o terror contra a oposição no período eleitoral, os fascistas conseguiram a maioria no Parlamento em 1924. No mesmo ano, porém, o assassinato do deputado socialista Giacomo Matteotti pelos "camisas pretas" (militantes fascistas) gerou uma crise no país. Todos os indícios e pistas do crime levavam a crer que Mussolini era o mandante, o que provocou uma furiosa onda de críticas ao primeiro-ministro. Nessas circunstâncias, Mussolini introduziu a censura à imprensa e proibiu as reuniões dos partidos de oposição.

A partir de janeiro de 1925, começou a delinear-se um sistema cada vez mais autoritário e interventor. Ao final desse ano, Mussolini assumiu o cargo de Chefe de Governo, aprovado pelo Parlamento, e adotou o título de Duce (do latim *dux*, "líder"). Logo depois foram promulgadas as leis fascistas, sendo proibidos os partidos políticos – com exceção do PNF, que ficou sob controle do Estado – e os sindicatos independentes. O rei, já bastante afastado dos assuntos internos do país, não se opôs à medida.

O termo "totalitário" passou a ser utilizado para caracterizar a estrutura desse novo Estado. Ele deveria se tornar proeminente frente às esferas conflitivas do país, cabendo a Mussolini a mediação entre os diversos grupos heterogêneos. Os opositores eram, por sua vez, assassinados, presos ou exilados.

No plano econômico, entre 1922 e 1925, a Itália passou por um período de expansão, graças à recuperação da economia europeia. As exportações de veículos, de têxteis e de produtos agrícolas aumentaram significativamente. Ao mesmo tempo, o Estado fascista tentou obter o apoio dos grandes empresários, impondo uma prática estatal dirigista. Entretanto, já a partir de 1926, a expansão econômica italiana chegou ao fim.

Em 1927, foi promulgada a Carta do Trabalho, instaurando o corporativismo. Esse sistema agrupava os trabalhadores por profissão em associações controladas pelo Estado, proibia greves e tornava o Estado o árbitro dos conflitos entre patrões e empregados. Assim, os trabalhadores perderam seus sindicatos independentes e viram reduzida a capacidade de defenderem seus próprios interesses. Tal modelo foi adotado em outros países como Alemanha, Portugal e Hungria.

O *crash* da Bolsa de Nova York provocou crise também na Itália: muitas companhias quebraram e a produção de automóveis caiu bruscamente, o que provocou uma onda de desemprego. O Estado Fascista dedicou-se então a uma política intervencionista de investimentos em obras públicas e busca da autossuficiência, limitando as importações. Foram realizadas obras de grande porte, como a construção de autoestradas, estações de trem e novos bairros que proporcionaram emprego aos trabalhadores.

No campo, um dos problemas do país era a questão do trigo, importado em grandes quantidades para alimentar a população. Por isso, em 1928 Mussolini começou a Batalha do Trigo, que buscou ampliar a produção desse cereal. O desenvolvimento rural também tinha como objetivo esvaziar as cidades e fixar a população no campo, garantindo a estabilidade social.

Nesse mesmo ano, pelo Tratado de Latrão, a Igreja reconheceu o reino da Itália e Roma como sua capital. Em troca, o catolicismo tornou-se a religião oficial do país, e o papado recebeu uma compensação pelos Estados pontifícios perdidos na unificação italiana no século XIX. O acordo contribuiu para consolidar o apoio ao fascismo em um país de população fortemente católica.

Em 1935, teve início a conquista da Etiópia. A invasão italiana foi responsável por cerca de 275 mil mortos na região, entre soldados e civis. A imprensa, o rádio e os jornais foram instrumentos importantes para garantir o apoio público à guerra. O *Duce* alcançou o seu maior nível de popularidade após a vitória das tropas na África, que apagou a vergonha da derrota italiana na primeira tentativa de invasão da Etiópia, em 1895-1896.

Entretanto, a guerra na África onerou os cofres públicos italianos e gerou uma grave crise diplomática internacional, pois tanto a Itália quanto a Etiópia eram membros da Sociedade das Nações. Essa or-

Benito Mussolini participa da "batalha do trigo" em Littoria, Itália, 1932.

> ### A propaganda como meio de construir um novo Estado
>
> A imprensa foi um instrumento importante para o regime fascista pois, por meio dela, Mussolini atingiu um número maior de italianos e conseguiu transmitir suas ideias e carisma mesmo para aqueles que nunca o viram pessoalmente. Assim, os meios de comunicação auxiliaram na criação de uma imagem viril e atlética de Mussolini. Aspecto importante e resultado em grande medida da difusão dessas ideias foi o culto ao *Duce*: suas estátuas se multiplicavam e praças e ruas eram rebatizadas com seu nome. Em junho de 1935, foi criado o Ministério de Imprensa e Propaganda, para cuidar da imagem do líder.
>
> Mussolini era apresentado como um novo César, apto a restaurar a glória da Itália. Mas para isso era necessário reconstruir a identidade política nacional, criar uma nova civilização e um novo homem. Nesse sentido, o trabalho com a juventude e com as crianças foi feito pela propaganda fascista dentro das escolas e universidades. Todos os meios propagandísticos foram explorados, entre os quais o cinema e o rádio. Este último, em funcionamento desde 1924, fazia com que os discursos e as propagandas fascistas chegassem aos locais mais remotos no país. Em 1942, dois milhões de italianos escutavam regularmente o rádio.

ganização, já fragilizada em razão de sua impotência frente à crise da Manchúria, envolvendo China e Japão, ficou desacreditada após seu fracasso em impedir a conquista da Etiópia pela Itália fascista.

Em razão de seu isolamento internacional, a Itália aproximou-se da Alemanha. Sob a influência nazista, o fascismo assumiu, a partir de 1938, um contorno racista e antissemita. Foram aprovadas leis que penalizavam a coabitação entre italianos e etíopes. Também foram tomadas medidas contra os judeus, excluindo-os das escolas públicas, do PNF e proibindo-se que fossem donos de grandes propriedades ou de companhias.

Etíopes saúdam o conquistador, representado numa bandeira com a imagem de Benito Mussolini, em 1935.

> **ORGANIZANDO AS IDEIAS**
>
> 2. Explique a estratégia de Mussolini para chegar ao poder.

A Alemanha nazista

A frágil República de Weimar

Em julho de 1919, na cidade de Weimar, a Alemanha tornou-se uma república federal e parlamentar, na qual o presidente da República e os deputados do *Reichstag* (Parlamento) eram eleitos pelo voto direto.

Até 1923, a República sofreu uma série de tentativas de golpe. Se, inicialmente, o partido Social-Democrata (SPD) e os partidos Democrático e de Centro obtiveram a maioria dos votos, a tendência começou a mudar a partir de 1920. Com as crises políticas no país, boa parte da população passou a apoiar grupos radicais de esquerda ou de direita.

A esquerda, representada pelo Partido Comunista Alemão (KDP), herdeiro dos espartaquistas, recusava qualquer compromisso com a república burguesa. Ainda mais ameaçadores eram os movimentos e partidos de extrema-direita, que repudiavam o Tratado de Versalhes, ratificado pela República de Weimar.

> **Para assistir**
>
>
>
> *Um Homem Bom*
> EUA, 2008. Direção: Vicente Amorim. Duração: 96 min.
>
> Um professor de literatura, John Halder (Viggo Mortensen), é cooptado pelo movimento nazista em ascensão, acabando por participar das transformações na Alemanha da década de 1930 mesmo sem acreditar nas ideias racistas do nazismo.

Eles propagavam o mito da "punhalada pelas costas" – a falsa ideia de que o exército alemão não fora vencido, e sim traído por inimigos internos, como judeus e socialistas. Essa percepção justificava a perseguição, a discriminação e até a eliminação física dos supostos traidores. Multiplicaram-se as tentativas de golpe e de assassinato a personalidades que haviam assinado o tratado de paz.

Nessa atmosfera, surgiu, em 1919, o Partido dos Trabalhadores Alemães. Nacionalista, o grupamento atribuía os males da Alemanha aos judeus, apelando em seus discursos não só aos trabalhadores da indústria mas também à classe média baixa alemã.

Em setembro desse mesmo ano, Adolf Hitler filiou-se ao partido. Hitler não era cidadão alemão, mas austríaco. Isso não o impediu, porém, de lutar pela Alemanha na Grande Guerra, recebendo a Cruz de Ferro por bravura. Seu talento para falar em público foi logo notado no partido, que mudou de nome em 1920 para Partido Nacional Socialista dos Trabalhadores Alemães (NSDAP). A adoção do termo "socialista" não impedia que o Partido Nazista, como ficou conhecido, fosse totalmente contrário à social-democracia e ao comunismo. Na verdade, o NSDAP inverteu os termos da ideologia socialista, utilizando o conceito de raça ao invés do conceito de classe como elemento central de sua ideologia. Os nazistas viam-se, portanto, como os legítimos representantes da raça ariana. O partido tornou-se cada vez mais violento com a sua ala paramilitar, as Tropas de Assalto (SA), conhecidas como camisas pardas.

Em 1923, a situação da República de Weimar ficou ainda mais delicada em virtude de fatores como a ocupação francesa do Vale do Ruhr e a emissão

A ARTE PERFEITA E A ARTE DEGENERADA NA ALEMANHA NAZISTA

Para os nazistas, a transformação da sociedade e o resgate da cultura ariana passavam também pela renovação artística e cultural. Assim, a pintura, o cinema e diversas outras modalidades artísticas sofreram forte censura e perseguição, pois deveriam refletir os ideais de perfeição, força e pureza da raça ariana.

No início da década de 1920, pintores expressionistas – importante vanguarda artística surgida da Alemanha – utilizaram a pintura com grande liberdade e subjetividade para criticar a decadente sociedade alemã e rejeitar a suposta ideia de perfeição e tradição arianas. Em 1925, organizaram uma exposição denunciando problemas sociais, como a hipocrisia da sociedade, os horrores da guerra e os socialmente rejeitados, antecipando o que o mundo assistiria nas décadas seguintes.

A partir de 1933, com a ascensão de Hitler ao poder, a Liga de Combate pela Cultura Germânica emplacou uma ampla ação política na área cultural. Isto significaria calar os indesejáveis e nortear os padrões estéticos do regime, proibindo a diversidade criativa e impondo o neoclassicismo e a restauração do naturalismo, revestidos pelas teorias da eugenia e do darwinismo social como um modelo a ser seguido. Teve início a perseguição aos artistas considerados antinacionalistas, a queima de livros considerados proibidos, o confisco das obras classificadas como degeneradas e o fechamento da primeira escola de *design*, arte e arquitetura de vanguarda, a Bauhaus (1919-1933), considerada uma escola vanguardista.

Em 1937 os nazistas organizaram em Munique a exposição *Entartete Kunst* (arte degenerada), com o objetivo de produzir estranheza e desagrado para difamar as pinturas expressionistas. As obras selecionadas pelo Ministro da Propaganda Joseph Goebbels foram vistas por mais de 2 milhões de pessoas e a iniciativa representou o combate do nazismo no campo da arte, revelando o desejo de impor uma nova estética para a sociedade alemã.

Ironicamente os artistas considerados perfeitos, tão valorizados durante o período do nazismo, caíram no esquecimento após o final do regime, diferentemente dos degenerados, considerados ainda hoje gênios da pintura e que continuam a protagonizar grandes eventos e enormes filas de entrada das exposições ao redor do mundo.

Wassily Kandinsky. *Oscilação*, 1925. Óleo sobre tela, 7,05 cm × 5,02 cm.

desenfreada de papel-moeda, que causava hiperinflação e expandia a miséria. Em novembro desse ano um grupo de nacionalistas, inspirado na Marcha sobre Roma de Mussolini, preparou-se para realizar uma marcha em direção a Berlim. A iniciativa fracassou e Hitler foi preso, acusado de alta traição nessa tentativa de golpe que ficou conhecida como o *Putsch* ("motim") de Munique. Condenado a cinco anos de prisão, Hitler cumpriu apenas cerca de um, quando saiu em condicional. Foi durante o cárcere que escreveu sua autobiografia, *Mein Kampf* (*Minha Luta*). Nela, organizando de forma mais sistemática suas ideias, explicitou seu caráter antissemita, antimarxista e seu projeto de conquistar o "espaço vital" que considerava necessário para a Alemanha por meio da anexação de territórios de outros povos.

No ano de 1924, a República de Weimar se estabilizou. Com o Plano Dawes, a Alemanha conseguiu melhores condições para pagar a indenização pela guerra. Os investimentos dos Estados Unidos e da Grã-Bretanha promoveram o crescimento econômico, diminuindo significativamente a taxa de desemprego. Para combater a inflação, o governo implantou uma nova moeda, cujo valor estava vinculado ao preço do ouro e que rapidamente ganhou aceitação geral. Nesse período a Alemanha também chegou a um acordo diplomático com a França por meio do Tratado de Locarno.

Entre 1924 e 1928, o Partido Nazista procurou ampliar sua base social. Dessa forma, voltou-se para a área rural, ao perceber que não conseguiria conquistar com tanto sucesso a classe operária. Pequenos e médios proprietários rurais passaram a se filiar ao partido, que também angariou o apoio de grupos da classe média alta.

Para assistir

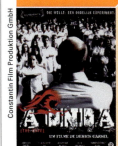

A Onda

Alemanha, 2008. Direção: Dennis Gansel. Duração: 107 min.

Rainer Wegner (Jürgen Vogel), professor de ensino médio, deve ensinar seus alunos sobre autocracia. Devido ao desinteresse deles, propõe um experimento que explique na prática os mecanismos do fascismo. Wegner se denomina o líder daquele grupo, escolhe o lema "força pela disciplina" e dá ao movimento o nome de "A Onda". Em pouco tempo, os alunos começam a propagar o poder da unidade e ameaçar os outros. Quando o jogo fica sério, Wegner decide interrompê-lo. Mas é tarde demais, e *A Onda* já saiu de seu controle. Baseado em uma história real ocorrida na Califórnia em 1967.

Em meio a essa conjuntura, a depressão de 1929 alterou drasticamente a situação alemã. Como o crescimento do país estava alicerçado em investimentos estadunidenses e britânicos, com a crise os capitais foram retirados e os mercados estrangeiros passaram a evitar importações. As duas medidas atingiram em cheio a Alemanha. O resultado foi a falência dos seus principais bancos, o fechamento de diversas empresas e o desemprego da metade da população ativa na cidade e no campo.

Nas eleições de 1930, a radicalização tornou-se cada vez mais evidente. Enquanto o Partido Comunista passava de 54 para 77 cadeiras, o nazista conquistou 107 – na eleição anterior, em 1928, só havia conseguido doze. O NSDAP tornou-se o segundo maior partido no *Reichstag*.

A concepção da bandeira nazista

Se o nome do Partido Nazista remetia ao socialismo, a bandeira nazista, escolhida pessoalmente por Hitler, fazia uma alusão ao comunismo. Nela, um fundo vermelho brilhante e um símbolo principal se sobressaem. Enquanto na bandeira comunista o emblema da foice e do martelo representaria, respectivamente, a força dos camponeses e operários e a importância da união dessas duas classes, na bandeira nazista é a suástica, emblema do nacionalismo racista, que se destaca. As cores da bandeira nazista se associam às do pavilhão imperial, e não às da República de Weimar, demonstrando uma clara rejeição em relação a esta.

Bandeira do Império alemão.

Bandeira da República de Weimar.

Bandeira nazista.

Bandeira comunista.

De chanceler a Führer

Após 1930, grande parte da população foi seduzida pela retórica de Hitler. Este oferecia a perspectiva de transformar a Alemanha em uma potência com o fim dos conflitos sociais, promovendo o crescimento econômico por meio da união dos alemães. Com esse apelo, o NSDAP conseguia atingir todos os grupos sociais do país. Ao mesmo tempo, Hitler aproximou-se dos meios industriais e dos partidos conservadores. Nas ruas, suas milícias espalharam o terror contra os adversários políticos, sobretudo os comunistas.

Hitler candidatou-se às eleições presidenciais de 1932. Paul von Hindenburg, no poder desde 1925, já com 84 anos, era seu grande opositor. A propaganda nazista sugeria que a Alemanha precisava de alguém mais jovem e com mais energia para liderá-la; só assim o caos econômico e a anarquia política chegariam ao fim. Hitler foi para o segundo turno com Hindenburg, mas não se elegeu. Entretanto, seu partido ganhou mais destaque do que nunca.

Em julho do mesmo ano, as eleições parlamentares confirmaram a proeminência nazista: com 230 assentos, o NSDAP tornou-se o maior partido do *Reichstag*. Entretanto, o presidente e o chanceler acabaram dissolvendo o Parlamento, e outras eleições foram convocadas em novembro. Como o Partido Nazista havia apoiado uma greve dos trabalhadores de transporte em Berlim – visando melhorar sua imagem junto ao proletariado –, alguns setores conservadores da classe média se afastaram. Consequentemente, os nazistas viram sua bancada cair para 196 deputados, enquanto os comunistas aumentavam o número de seus representantes para 100.

Logo depois das eleições, o chanceler Franz von Papen renunciou. Em meio ao impasse do Parlamento e à violência nas ruas em razão do confronto entre gangues paramilitares nazistas e comunistas, a situação da Alemanha beirava a guerra civil.

Diante desse quadro e do temor das elites frente a uma possível tomada do poder pelos comunistas, em janeiro de 1933 Hindenburg convidou Hitler para fazer parte do governo e o nomeou chanceler. Ao aceitar o convite, Hitler solicitou que novas eleições parlamentares se realizassem em março. O terror político espalhou-se pela Alemanha; as investidas não foram apenas contra o Partido Comunista mas também contra o Partido Social Democrata e os sindicatos. Os camisas pardas realizavam espancamentos, intimidações e invasões de residências de esquerdistas conhecidos. Como não havia interferência governamental para conter as organizações paramilitares nazistas, a violência tornava-se onipresente.

Um mês depois, o *Reichstag* estava em chamas. O incêndio foi atribuído aos comunistas, que foram declarados criminosos. No entanto, o Partido Comunista não foi extinto e participaria das eleições de março. Muitos apontam que a decisão foi uma manobra de Hitler, pois, se nesse momento eliminasse o Partido Comunista, fortaleceria os socialistas. Com a crise deflagrada, os parlamentares (exceto os social-democratas) aprovaram um decreto por meio

Racismo e antissemitismo: os fundamentos do nazismo

Tanto o regime da Alemanha nazista quanto o da URSS stalinista podem ser caracterizados como totalitários por compartilharem de algumas características: a dominação de um partido-Estado, o culto ao chefe, a repressão maciça, o ódio ao individualismo burguês e à democracia liberal e a vontade de forjar um "homem novo". Mas o nazismo se distinguia pela defesa aberta do racismo e do antissemitismo.

Desde o final do século XVIII a discriminação aos judeus vinha diminuindo na Europa, mas no final do século XIX, com o desenvolvimento das teorias biológicas e raciais, os judeus foram objeto de uma nova onda de hostilidade racista. Surgiu, assim, o antissemitismo, que se difundiu por toda a Europa e pelos Estados Unidos. Desde a origem, ele constituiu um dos principais eixos do programa nazista; era uma obsessão pessoal de Hitler, para quem a raça superior era a ariana e os judeus o principal inimigo. Os judeus alemães – cerca de 500 mil quando ele assumiu o poder em 1933 – pertenciam a todas as classes sociais e exerciam vários tipos de profissão, pouco se distinguindo de seus compatriotas. Muitos sequer praticavam sua religião, enquanto outros haviam se casado com indivíduos "arianos".

As primeiras medidas discriminatórias contra os judeus foram postas em prática logo após a ascensão de Hitler. A política antissemita foi se tornando cada vez mais violenta, até culminar na "Solução Final", ou seja, no extermínio em massa dos judeus da Europa – decisão tomada em janeiro de 1942.

O fascismo no Brasil

Com inspiração nos movimentos de extrema-direita europeus, a Ação Integralista Brasileira (AIB) surgiu na década de 1930, durante o governo de Getúlio Vargas. Os adeptos dessa agremiação política reconheciam-se por símbolos identificadores: camisa verde, uma braçadeira com a letra grega sigma, que lembrava a suástica nazista, e a saudação *Anauê* – que em tupi significaria algo como "você é meu irmão" – com o braço direito estendido para o alto. Assim como seus congêneres europeus, os integralistas eram a favor de um partido único, defendiam um nacionalismo radical, repudiavam o socialismo e o liberalismo. O movimento recebeu 250 mil votos nas eleições de 1936, mas no ano seguinte foi colocado na ilegalidade.

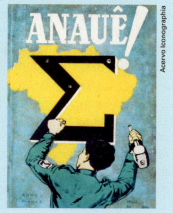

Capa da revista *Anauê!*, n. 2, 1935. Nela se vê membro com o uniforme da Ação Integralista, o símbolo do movimento e sua saudação.

do qual foram suspensos diversos artigos da Constituição de Weimar que garantiam liberdades individuais e coletivas. Assim, a liberdade de imprensa, o direito de reunião e o de expressão foram cerceados, enquanto uma avassaladora campanha de propaganda nazista denunciava os perigos da revolução bolchevique alemã.

Nas eleições de 5 de março, os nazistas conquistaram 43,9% dos votos. Mesmo somando a votação dos outros partidos nacionalistas, não haviam obtido a maioria de dois terços para alterar a Constituição de Weimar.

Após as eleições, Hitler colocou na ilegalidade o Partido Comunista, impedindo que este assumisse suas cadeiras no Parlamento. Pouco tempo depois, o chefe nazista conseguiu aprovar, no *Reichstag*, a Lei de Plenos Poderes. Por ela, convenceu o Partido de Centro e outros grupamentos menores de direita a permitir que durante quatro anos o chanceler do *Reich* preparasse leis que não precisariam da aprovação dos deputados e do presidente da República, o que na prática abolia a Constituição de Weimar e o próprio Poder Legislativo. Apesar de os social-democratas terem se colocado contra a medida, nem todos estiveram presentes na votação. Muitos dos faltosos estavam, aliás, presos ou prefeririam não participar por temerem futuras retaliações de um partido que se provava cada vez mais violento e preconceituoso.

Com a aprovação da medida, Hitler passou a governar sem precisar de apoio parlamentar. Como resultado, ainda em 1933 todos os partidos foram extintos – com exceção do NSDAP – e os sindicatos, fechados. Por sua vez, os trabalhadores passaram a ser controlados pela Frente Trabalhista Alemã (DAF), enfraquecendo cada vez mais os oponentes dos nazistas.

Os prisioneiros políticos foram colocados em campos de trabalho, o primeiro dos quais foi aberto em Dachau, ainda em março de 1933. Para lá eram enviados os elementos considerados "antissociais", como inimigos políticos, judeus, homossexuais e ciganos. Além disso, aqueles que defendiam a liberdade sexual, o aborto, que fossem desviantes – criminosos ou "vadios" – ou simplesmente qualquer um que se colocasse contra as medidas então adotadas passaram a ser perseguidos.

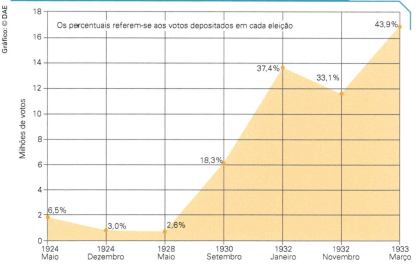

A votação nazista nas eleições para o *Reichstag*, 1924-1933

Fonte: EVANS, Richard. *A chegada do Terceiro Reich*. São Paulo: Planeta, 2010. p. 527.

Funcionários públicos foram obrigados a renunciar a seus cargos ou a entrar para o Partido Nazista. Entre 30 de janeiro e 1º de maio, cerca de 1,6 milhão de pessoas ingressou no NSDAP.

Um dos problemas enfrentados por Hitler nesse período foi o relacionamento com sua Tropa de Assalto, a SA, que passou a rivalizar com o Exército e a SS. Assim, para tentar frear a SA, Hitler a acusou de estar conspirando para realizar uma segunda revolução. O chefe nazista planejou a execução das principais lideranças do grupo paramilitar e também de alguns de seus oponentes no próprio Partido Nazista. O assassinato em massa ficou conhecido como a Noite dos Longos Punhais.

Com a morte de Hindenburg, no início de agosto de 1934, Hitler aprovou um decreto que fundia os cargos de presidente e chanceler, tornando-se chefe de Estado ou *Führer*. Para dar uma aparência de legitimidade ao processo, convocou um plebiscito para aprovar o novo regime. Com a intensa propaganda e a repressão nas ruas e nos locais de votação por parte dos nazistas, poucos eleitores se aventuraram a escolher o "não".

O Terceiro *Reich*

Os nazistas esforçaram-se para reerguer a economia alemã por meio de grandes obras, como autoestradas, além de se dedicarem a um programa de rearmamento que violava o Tratado de Versalhes. Inicialmente mantido em segredo, o programa foi anunciado em 1935 juntamente com a introdução do serviço militar obrigatório e a reativação da força aérea alemã. No período, Hitler buscou também incentivar a autossuficiência de matérias-primas e alimentos na Alemanha.

Outra característica importante da política e da economia do período foi a sua completa "arianização": os judeus foram expropriados e boicotados em seus estabelecimentos, lojas ou firmas. Por outro lado, multiplicaram-se os campos de concentração, que às vésperas da guerra reuniam mais de 21 mil detentos. Todos os prisioneiros vestiam um uniforme listrado com um triângulo invertido do lado esquerdo. Os judeus eram identificados pela cor azul do triângulo; os homossexuais, pela cor rosa, e os políticos, pela cor vermelha, enquanto o verde indicava os criminosos profissionais.

A sociedade foi reorganizada em corporações controladas por um Estado repressivo, que se apoiava na SS – a guarda pessoal de Hitler, que posteriormente se transformou em uma polícia interna –, e na polícia secreta do Estado, a Gestapo. O enquadramento da sociedade passava pelo NSDAP, partido-Estado que encabeçava a totalidade das associações.

Os jovens alemães eram alistados nas brigadas da Juventude Hitlerista, e o controle cultural e intelectual era garantido por uma propaganda maciça controlada por um Ministério criado em 1933. Divulgada pelo rádio, pelo cinema, pela arquitetura monumental e pela realização de paradas grandiosas, a propaganda cultural foi transformada em uma arma poderosa do Estado. O culto a Hitler na vida cotidiana alcançou nesse período grandes proporções e ficou marcado pela saudação *Heil Hitler*. Amplifiava-se, assim, uma estratégia de comunicação já posta em prática na Itália fascista.

O ditador e o atleta

Em 1936, os Jogos Olímpicos foram celebrados em Berlim. Apesar de inicialmente a equipe alemã não contar com nenhum atleta judeu, a pressão internacional, sobretudo dos Estados Unidos, que ameaçavam boicotar os jogos em virtude do tratamento desigual aos judeus, foi importante para a convocação de pelo menos três meio-judeus para as equipes alemãs. Inicialmente, Hitler cumprimentava pessoalmente os atletas alemães vitoriosos mas foi orientado pelo Comitê Internacional a parabenizar todo e qualquer ganhador independentemente do seu país de origem ou a desistir das felicitações. Hitler preferiu a segunda opção e tal fato gerou interpretações controvertidas sobre a vitória do afro-americano Jesse Owens na prova de salto a distância. Para alguns, Hitler teria se recusado a apertar a mão de um atleta negro. Porém atualmente acredita-se que Hitler teria abandonado o estádio durante a prova de salto assim que o último competidor alemão foi derrotado. Assim, apesar de a vitória de Owens ter fragilizado as teorias raciais nazistas, a retirada do *Führer* não teve exatamente a ver com a conquista de Owens.

O corredor Jesse Owens, durante os Jogos Olímpicos de Berlim, em 1936.

> ### Os primeiros "carros do povo"
>
> Hitler decidiu incentivar a indústria automobilística, que ainda tinha números inexpressivos em relação a outros países: somente 1 em cada 44 alemães possuía carro. Em 1937, apresentou os primeiros Volkswagen (literalmente, "carros do povo"), um veículo familiar, que deveria sair por menos de mil *reichsmarks*. No entanto, como a produção de aço logo foi dirigida para o esforço de guerra, a popularização do modelo só ocorreria após a queda do nazismo.
>
>
>
> Adolf Hitler durante a inauguração de fábrica da Volkswagen, em Fallersleben, em 27 de maio de 1938.

O sistema escolar também recebeu as atenções nazistas. Colégios e universidades passaram a ligar-se ao Estado, contribuindo para desenvolver o orgulho de raça ariana, a fidelidade ao país e a obediência a Hitler. Queimas públicas de livros, considerados desviantes de judeus, esquerdistas e estrangeiros eram realizadas com objetivo de eliminar obras que não tivessem "o espírito alemão". Cientistas famosos foram demitidos por serem judeus ou terem esposas judias, caso de Albert Einstein, que revolucionou a Física moderna, e do químico Fritz Haber. As medidas cada vez mais duras contra os judeus alemães provocaram a expulsão ou emigração de muitos deles, mas as anexações territoriais acabariam provocando o aumento da população judaica no interior do *Reich*.

A interferência do nazismo, portanto, deu-se também na esfera cultural. Segundo as instruções de Hitler, movimentos artísticos de vanguarda como o cubismo ou o expressionismo não deveriam existir na Alemanha. O *jazz*, assim como outras formas de música popular, também deveria ser banido, considerado fruto da cultura "inferior" dos afro-americanos, racialmente degenerada. No lugar deveria emergir uma cultura verdadeiramente alemã.

Entretanto, as ambições de Hitler se voltaram principalmente para a política externa. Ele tinha um triplo objetivo: abolir o *Diktat* de Versalhes, reunir sob um grande *Reich* todos os povos de língua alemã e conquistar espaço vital a leste.

Um dos primeiros passos da política externa foi o abandono da Conferência de Genebra sobre o desarmamento e logo depois da Liga das Nações em 1933. Hitler também procurou firmar um acordo de não agressão durante dez anos com a Polônia. Além disso, um ano depois, a região do Sarre, que desde o final da Primeira Guerra Mundial estava sob controle da França, passou por um plebiscito para que seus habitantes declarassem a qual país gostariam de se integrar. O resultado foi esmagador: 91% deles expressaram o desejo de pertencer à Alemanha.

Em 1935, a situação política da Europa passava por uma série de mudanças. A Itália, como vimos, invadiu a Etiópia. A Liga das Nações impôs sanções econômicas à Itália, que, isolada diplomaticamente, voltou-se para a Alemanha. É verdade que os dois países se relacionavam com profunda desconfiança em razão do interesse de ambos na Áustria. Contudo, a Alemanha manteve seus negócios com a Itália e ficou neutra em relação à invasão da África, o que reaproximou os dois países.

O imobilismo da França e da Grã-Bretanha em relação aos avanços imperialistas da Itália convenceu Hitler de que o momento era oportuno para a invasão da Renânia. Em março de 1936, soldados alemães marcharam para a região, controlada pela França. Todos esperavam uma contraofensiva francesa, o que não aconteceu: a França e a Grã-Bretanha temiam nova guerra geral. Nesse mesmo ano Hitler conseguiria um outro aliado no plano internacional: a Espanha, como analisaremos a seguir.

> ### ORGANIZANDO AS IDEIAS
>
> **3.** Cite dois dos projetos de Hitler veiculados junto aos eleitores alemães.
>
> **4.** Aponte duas medidas de Hitler, formalmente aprovadas pelo *Reichstag*, mas de caráter antidemocrático, que reforçaram seu poder em 1933.

A Guerra Civil Espanhola

No início do século XX, a Espanha era considerada um país marginal e secundário no quadro europeu. Durante a Primeira Guerra Mundial, porém, a situação mudou. Neutro, o país exportou seus produtos – como alimentos, tecidos e minerais – para os Estados em guerra, o que permitiu a obtenção de grandes lucros.

Entretanto, com o fim da guerra, os problemas econômicos começaram a reaparecer e diversas empresas tiveram que fechar por falta de mercado, ocasionando desemprego. Essa situação gerou diversas greves. Ainda em 1917, os anarquistas agrupados ao redor da Confederação Nacional do Trabalho (CNT) e os socialistas da União Geral dos Trabalhadores (UGT) se uniram e organizaram uma grande greve geral, que só foi dissipada quando o exército investiu contra os grevistas.

O país passava por uma grave crise militar no atual Marrocos, onde a Espanha tinha um pequeno protetorado, cabendo à França o controle da maior parte do território. Em 1921, os espanhóis sofreram uma séria derrota: cerca de 10 mil homens morreram e 4 000 km^2 foram perdidos.

Diante da incapacidade do governo de lidar com essas situações, em 1923 o general Miguel Primo de Rivera pronunciou-se publicamente contra o Ministério e anunciou um estado de guerra. Acuado, o rei Afonso XIII dissolveu o gabinete e as Cortes e nomeou Miguel Primo de Rivera primeiro-ministro.

A partir daí, diversas medidas autoritárias foram adotadas. A guerra no Marrocos chegou ao fim e o Parlamento foi substituído por um diretório militar, que priorizou o restabelecimento da ordem pública. Para isso, os sindicatos foram banidos e greves e boicotes passaram a ser encarados como crimes de traição, o que enfraqueceu o movimento operário. As camadas dirigentes e a classe média aplaudiram essas medidas.

A extrema-direita em Portugal

Portugal, que se tornara uma república em 1910, conheceu, nos anos 1920, um período de grande instabilidade política e graves problemas financeiros. Em 1926, um golpe militar instaurou um governo autoritário, que logo se deparou com a perspectiva de uma crise econômica.

António de Oliveira Salazar (1889-1970), professor de Economia na Universidade de Coimbra, foi convidado em 1928 a assumir o Ministério das Finanças e conseguiu reverter a situação – o que lhe garantiu o *status* de salvador da pátria e aumentou sua influência junto ao governo. Salazar, de família pobre e muito religiosa, aparecia pouco, detestava multidões e nada tinha de um tribuno popular. Em 1932, tornou-se presidente do Conselho de Ministros e lançou as bases de um novo regime político em Portugal: o Estado Novo.

Salazar manteve-se na Presidência do Conselho até 1968, quando um acidente cerebral o obrigou a abandonar suas funções. Seu sucessor, Marcelo Caetano (1906-1980), prolongou o Estado Novo até o dia 25 de abril de 1974, quando foi derrubado pela Revolução dos Cravos. O Estado Novo português foi a mais longa ditadura da Europa ocidental. Muitos historiadores ainda discutem se ele constituiu ou não um governo fascista, pois, mesmo tendo alguns pontos em comum com os regimes italiano e alemão, adotou uma postura tradicionalista, sem compartilhar com eles o discurso antiburguês e o caráter belicoso.

O Estado Novo português, assim como o espanhol e diferentemente do fascismo e do nazismo, deixou a Igreja católica atuar livremente e nela se apoiou para se legitimar. O regime encorajou a devoção a Nossa Senhora do Rosário de Fátima, e, em 1930, mandou construir uma basílica no local em que pastores disseram ter visto a Virgem em 1917. A imagem, ao lado, pretende representar a unidade básica da sociedade portuguesa: uma modesta família camponesa. O menino usa a camisa verde da Mocidade Portuguesa e a menina prepara-se para assumir seu papel de futura mãe de família. A profissão por excelência era a de camponês, o que refletia não apenas uma realidade sociológica, pois Portugal era na época majoritariamente rural, mas também uma visão tradicionalista do mundo.

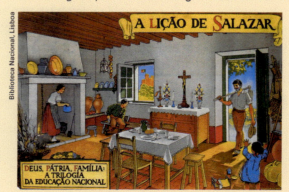

Anônimo. Cartaz de propaganda salazarista. s.d.

Fonte: PUELL, Fernando. *Atlas de la Guerra Civil Española*. Madri: Editorial Sintesis, 2007. p. 114.

Entretanto, a partir de 1927, a oposição à ditadura foi se tornando mais evidente não só por parte do povo mas também da chamada aliança republicana, que pretendia derrubar o governo e a monarquia. A impopularidade levou Afonso XIII a afastar Rivera. Mas, com o impasse político e o aprofundamento dos problemas econômicos com a Grande Depressão, o descontentamento continuou. Afonso XIII convocou eleições municipais em abril de 1931. A vitória republicana foi esmagadora e o rei, sem apoio popular, acabou fugindo da Espanha com sua família.

A segunda República na Espanha – a primeira durara apenas de 1873 a 1874 – teve início em um momento marcado pela grande crise de 1929. Nasceu, porém, cheia de projetos de transformação social. Foi escolhido como presidente o conservador Niceto Alcalá-Zamora e, como chefe de governo, Manuel Azaña, representando a coalizão republicano-socialista. Uma das primeiras medidas foi a redação de uma nova constituição. Inspirado na carta da República de Weimar, o texto definia a Espanha como "uma república de trabalhadores de todas as classes". A nova constituição confirmou a separação entre Igreja e Estado, assim como a possibilidade de autonomia regional e a extensão do sufrágio universal para as mulheres.

Agudas polêmicas surgiram em relação a alguns de seus artigos. No plano religioso, as reformas atingiram as ordens regulares; a Companhia de Jesus foi dissolvida. Além disso, o ensino tornou-se laico. Isso ocasionou confrontos num país em que muitos colégios, sobretudo do Ensino Médio, eram controlados pelas ordens religiosas e o catolicismo ainda exercia grande influência cultural e política.

A questão agrária também foi debatida. Os latifúndios considerados improdutivos deveriam ser expropriados e entregues a famílias sem terra. Mas foram as mudanças nas Forças Armadas que causaram maior impacto. Uma parte considerável do Exército foi aposentada. Além disso, como a recém-fundada República não tinha confiança na guarda civil, criou-se um novo corpo policial, as guardas de assalto.

A década de 1930 também assistiu ao surgimento da extrema-direita. Em 1933 foi organizada a Falange Espanhola (FE), grupo de tendência fascista liderado por José António Primo de Rivera, filho do ditador. A Falange distinguia-se de seus correspondentes italianos e alemães por sua natureza profundamente conservadora: por exemplo, aliou-se e deu apoio à Igreja católica.

Nas eleições de novembro de 1933, a coalizão republicano-socialista que governava a Espanha desde 1931 foi derrotada pela aliança de monarquistas, católicos e nacionalistas, organizados ao redor da Confederação Espanhola de Direitas Autônomas (Ceda). Até 1935, os vencedores tentaram reverter as reformas do primeiro

Pablo Picasso. *Guernica*, 1937. Óleo sobre tela, 349,3 × 776,6 cm.

biênio. Isso gerou uma revolução socialista, em 1934, que teve nas Astúrias o seu ápice e representou um grande desafio ao governo cedista. A situação só foi restabelecida com uma intervenção extremamente violenta do exército. Foi comandada pelo general Francisco Franco (1892-1975), veterano de campanhas no Marrocos.

Em fevereiro de 1936, novas eleições ocorreram no país. A coalizão conservadora encontrava-se enfraquecida em virtude dos escândalos de corrupção. Por sua vez, os partidos de esquerda concorreram juntos no programa da Frente Popular e obtiveram a vitória. Assim, uma série de temas polêmicos voltou a ser debatida: a reforma agrária, a anistia aos presos políticos da revolução nas Astúrias e a autonomia de algumas províncias.

Após a vitória da Frente Popular, as lutas intensificaram-se: nas ruas, os falangistas combatiam os sindicalistas, enquanto, no campo, os camponeses enfrentavam os latifundiários. José António e outros chefes falangistas foram presos, assim como vários líderes sindicalistas.

Entretanto, os grupos políticos que estavam descontentes com as medidas da Frente Popular uniram-se por volta de abril para orquestrar uma rebelião que deu origem, em julho de 1936, a um golpe de Estado. O general Franco deveria iniciar a sublevação que se espalharia por outras unidades militares. Porém, muitos quartéis de cidades importantes como Madri, Barcelona e Valência não aderiram à rebelião e a população resistiu, demonstrando a profunda cisão política da sociedade espanhola. Assim, apoiado por grupos civis conservadores, o golpe militar desdobrou-se em uma guerra civil que se prolongaria até 1º de abril de 1939.

De maneira geral, foi a articulação entre militares, parte da Igreja católica e grandes proprietários que se sentiram lesados com a reforma agrária que deu origem à Guerra Civil Espanhola. Assim, ela representou uma tentativa dos grupos privilegiados de reverter as várias reformas então em andamento.

Em larga medida, a guerra civil na Espanha foi decidida pela ajuda estrangeira. As forças republicanas foram apoiadas apenas pela União Soviética e o México, pois a Grã-Bretanha e a França preferiram manter-se afastadas do conflito. Mesmo assim, cerca de 35 mil voluntários de 54 países foram para a Espanha lutar contra o fascismo, integrando as Brigadas Internacionais. Enquanto isso, Itália, Alemanha e também Portugal apoiaram abertamente os rebeldes, fornecendo-lhes suprimentos, artilharia e até mesmo tropas italianas e esquadrilhas da Força Aérea alemã. O mais famoso testemunho da guerra foi produzido pelo artista espanhol pró-republicano Pablo Picasso, que tentou retratar em uma de suas pinturas a dor dos habitantes da cidadezinha de Guernica, destruída por ataques da Força Aérea alemã em 26 de abril de 1937.

Derrotados, os republicanos encerraram os combates em março de 1939. A guerra civil havia causado a morte de 600 mil espanhóis e provocado o exílio de meio milhão de pessoas. Vitorioso, Franco impôs à Espanha uma longa ditadura que sobreviveu até 1976.

ORGANIZANDO AS IDEIAS

5. Pode-se dizer que o general Franco e outros chefes militares organizaram com antecedência a guerra civil?
6. Explique o que foi a Guerra Civil Espanhola, identificando os grupos sociais que lutaram contra os republicanos.

A marcha para o conflito mundial

As efêmeras sanções adotadas pela Sociedade das Nações contra a Itália após a guerra contra a Etiópia contribuíram para aproximar Mussolini e Hitler, que estabeleceram uma aliança em 1936, com a formação do Eixo Roma-Berlim. Posteriormente o Japão, que havia invadido a Manchúria em 1931, abandonado a Liga das

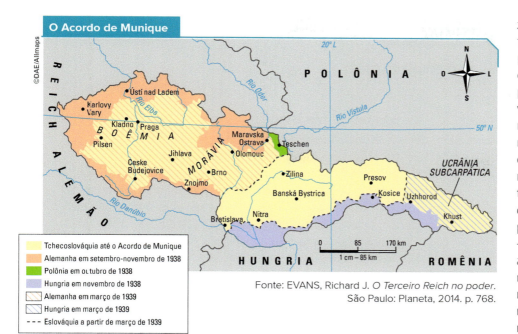

O Acordo de Munique

- Tchecoslováquia até o Acordo de Munique
- Alemanha em setembro-novembro de 1938
- Polônia em outubro de 1938
- Hungria em novembro de 1938
- Alemanha em março de 1939
- Hungria em março de 1939
- Eslováquia a partir de março de 1939

Fonte: EVANS, Richard J. *O Terceiro Reich no poder*. São Paulo: Planeta, 2014. p. 768.

Nações em 1933 e tentava na época estender sua influência sobre toda a China, uniu-se a essa aliança militar. Formou-se desse modo o Pacto Anti-Komintern, contra a União Soviética e contra o comunismo.

A França e o Reino Unido não se opuseram a esses arranjos, e, em 1938, as atenções de Hitler se voltaram para a Áustria, vista pelos nazistas como parte da nação alemã. A anexação do território ao Terceiro Reich ocorreu em março de 1938, sem qualquer resistência. Pouco tempo depois, os alemães reivindicaram a região dos Sudetos, que pertencia à Tchecoslováquia e tinha maioria alemã. À beira de uma guerra entre Alemanha e Tchecoslováquia, os governantes da Itália, Alemanha, Reino Unido e França reuniram-se em Munique, em setembro de 1938, para discutir a questão dos Sudetos. A Tchecoslováquia não foi convidada para as conversações.

O Acordo de Munique permitiu que a Alemanha ocupasse os Sudetos. O primeiro-ministro britânico acreditava que, com a incorporação desse território, a Alemanha não teria mais exigências a fazer na Europa. Como logo se percebeu, ele estava profundamente enganado.

Pouco tempo depois, Hitler também ocuparia as regiões tchecas da Boêmia e da Morávia, constituindo ali um protetorado. A Hungria e a Polônia também ocuparam terras da ex-Tchecoslováquia.

Para o dirigente soviético Josef Stálin, o Tratado de Munique sinalizava o intuito das potências capitalistas ocidentais: fortalecer Hitler para atacar a União Soviética. Stálin procurou se aproximar de Hitler, tentando apaziguá-lo. Ao mesmo tempo, o líder nazista percebeu que, para conseguir realizar seu próximo passo – a invasão da Polônia –, era necessário garantir a neutralidade de Stálin; do contrário, a Alemanha corria o risco de travar uma guerra em duas frentes. Assim, pelo Pacto Germano-Soviético, firmado em agosto de 1939, os dois regimes totalitários firmaram um acordo de não agressão e secretamente dividiram entre si a Polônia.

Em setembro de 1939, os nazistas invadiram a Polônia, enquanto a URSS reconquistou os Estados bálticos, o leste da Polônia e a Romênia, perdidos desde a Revolução de 1917. No dia 3 de setembro de 1939, a França e a Grã-Bretanha declaravam guerra à Alemanha, em cumprimento às garantias dadas à Polônia algum tempo antes. Hitler errou nos cálculos ao achar que mais uma vez as duas potências democráticas da Europa assistiriam impassíveis às suas ações. Assim teve início a Segunda Guerra Mundial.

Clifford K. Berryman. Charge sobre o anúncio do pacto de não agressão nazi-soviético, 1939. Nele vê-se Adolf Hitler com sua "noiva" Joseph Stálin, acompanhados do texto "Quanto tempo a lua de mel vai durar?", que põe em xeque o anúncio do Pacto Germano-Soviético.

Revisando o capítulo

APROFUNDANDO O CONHECIMENTO

1. Leia o texto a seguir e responda às questões.

O que é o fascismo?

O fascismo tem que ser definido como uma forma de comportamento político marcada por uma preocupação obsessiva com a decadência e a humilhação da comunidade, vista como vítima, e por cultos compensatórios da unidade, da energia e da pureza, nas quais um partido de base popular formado por militantes nacionalistas engajados, operando em cooperação desconfortável, mas eficaz com as elites tradicionais, repudia as liberdades democráticas e passa a perseguir objetivos de limpeza étnica e expansão externa por meio de uma violência redentora e sem estar submetido a restrições étnicas ou legais de qualquer natureza.

PAXTON, Robert. *A anatomia do fascismo.* São Paulo: Paz e Terra, 2007. p. 358-359.

   a. Com o auxílio do boxe "A doutrina do fascismo", na página 539, identifique o elemento do regime político italiano que os fascistas consideravam responsáveis pela decadência da Itália antes da ascensão de Mussolini.

   b. Ainda no caso italiano, qual era a base para a "cooperação desconfortável, mas eficaz" entre o partido fascista e as elites tradicionais?

2. Observe a charge de Belmonte, publicada em 17 de setembro de 1938 na revista *Careta*, e responda.

   a. Descreva a charge.

   b. Quais eram as "más intenções" de Hitler em relação à Tchecoslováquia?

   c. Por que Belmonte intitula seu trabalho de "O pior surdo é aquele que não quer ouvir"?

3. O mapa da Guerra Civil Espanhola apresentado neste capítulo mostra os territórios e poder dos rebeldes e dos republicanos em julho de 1936. A partir dele:

   a. Pesquise na internet mapas de etapas posteriores do conflito e informações sobre o conflito (além daquelas fornecidas no capítulo) e elabore um pequeno texto que registre o avanço dos franquistas. Os mapas estão disponíveis em vários *sites*, entre eles <http://centros1.pntic.mec.es/ies.maria.moliner3/guerra/mapas.htm#>. Acesso em: maio 2016.

   b. O mapa de julho de 1936 mostra uma grande quantidade de focos rebeldes neutralizados. Pesquise o que provocou o insucesso inicial dos golpistas.

   c. Levando em conta a definição de fascismo apresentada na questão 1 e o que você estudou neste capítulo, você acha que o franquismo foi uma modalidade de fascismo? Expresse a sua opinião em um pequeno texto.

A SEGUNDA GUERRA MUNDIAL (1939-1945)

CAPÍTULO 40

Você conhece o movimento da maré, com o avanço, uma fase de estabilização e depois o recuo do oceano? A Segunda Guerra Mundial seguiu um ritmo similar. Nos dois primeiros anos, a Alemanha e seus aliados, Itália e Japão, conseguiram ocupar a maior parte da Europa e do Oriente: foi a "maré enchente" das potências do Eixo. A fase de equilíbrio iniciou-se em 1941, com a invasão alemã à União Soviética e o ataque japonês à base naval de Pearl Harbor, no Havaí. Mas os soviéticos resistiram e os Estados Unidos mobilizaram seu gigantesco parque industrial para a luta. A guerra se intensificou, exigindo um enorme sacrifício de vidas e um esforço produtivo que os países do Eixo não poderiam manter a longo prazo.

A maré virou em 1943, com a rendição da Itália e o recuo dos exércitos alemães e japoneses em todas as frentes. Os Aliados desembarcaram na França em 1944. Em maio de 1945, os nazistas renderam-se. Em agosto, o lançamento de bombas nucleares sobre Hiroshima e Nagasaki precipitou a capitulação japonesa. A Segunda Guerra Mundial chegou ao fim, deixando um rastro de dezenas de milhões de mortos.

Construindo o conhecimento

- Um dos aspectos mais chocantes da Segunda Guerra Mundial foi o Holocausto. Como você o definiria?
- Por que você acha que países tão distintos como URSS e EUA se uniram para lutar contra o Eixo?

Plano de capítulo

▶ As conquistas do Eixo (1939-1942)
▶ A vida nos territórios ocupados pelo Eixo
▶ A vitória dos Aliados (1942-1945)
▶ O difícil retorno à paz

Quatro mãos aliadas no aquartelamento da suástica, 1945. Litogravura colorida. No cartaz de propaganda estadunidense, a cruz gamada ou suástica, símbolo do nazismo, é quebrada por braços que representam o Reino Unido, a França, os Estados Unidos e a União Soviética, países que se aliaram contra o Eixo (Alemanha, Itália e Japão) na Segunda Guerra Mundial.

Marcos cronológicos

1939
Invasão da Polônia pelos alemães. França e Grã-Bretanha declaram guerra à Alemanha.

1940
Derrota da França e armistício com a Alemanha. A Itália entra na guerra ao lado da Alemanha. O campo de Auschwitz entra em funcionamento.

1941
Ataque alemão à URSS. Ataque japonês a Pearl Harbor. Declaração de guerra dos Estados Unidos ao Japão.

1942
Conferência de Wansee, em que é estabelecida a política da **Solução Final**. Início da Batalha de Stalingrado. Vitória dos Estados Unidos na Batalha Naval de Midway, no Pacífico. Vitória britânica em El Alamein, no norte da África.

1943
Derrota alemã em Stalingrado. Desembarque aliado na Sicília e depois no sul da Península Itálica. Destituição de Mussolini.

1944
Desembarque anglo-americano na Normandia, na França. Acordos de Bretton Woods.

1945
Conferência de Yalta. Suicídio de Hitler em Berlim. Rendição da Alemanha. Conferência de Potsdam. São lançadas bombas atômicas sobre as cidades japonesas de Hiroshima e Nagasaki. Capitulação do Japão.

As conquistas do Eixo (1939-1942)

A guerra-relâmpago

A invasão da Polônia foi conduzida por meio da *Blitzkrieg*, ou seja, da "guerra-relâmpago", iniciada com ataques aéreos da *Luftwaffe* (Força Aérea alemã). Em menos de um mês, o país estava sob controle alemão.

Graças ao pacto de não agressão assinado com a URSS, a Alemanha não temia enfrentar combates em duas frentes, como ocorrera em 1914. Os soviéticos aproveitaram a situação para anexar a Estônia, a Letônia e a Lituânia. Stálin também tentou invadir a Finlândia para reforçar a defesa de suas fronteiras, mas sofreu perdas consideráveis. A vitória só veio em 1940, quando um acordo de paz foi assinado e por meio deste a URSS ocupou cerca de 10% do território finlandês, alcançando seus principais objetivos.

O período, de setembro de 1939 a abril de 1940, ficou conhecido como a Guerra Esquisita, pois franceses e britânicos acreditavam que derrotariam a Alemanha por meio de um bloqueio econômico. Assim, os combates ficaram basicamente restritos a campanhas marítimas.

Sofrendo com o bloqueio dos Aliados, os alemães voltaram seus olhos para o oeste. Como o abastecimento de ferro para a Alemanha era feito pela Suécia,

Soldados da Força Expedicionária Britânica são desembarcados em Dover, no Reino Unido, após a evacuação da cidade francesa de Dunquerque.

os ingleses e franceses cogitaram intervir na Noruega – país que se declarara neutro – para impedir o fornecimento desse material aos alemães. Mas Hitler foi mais rápido e invadiu a Dinamarca, que serviu como base para suas operações na Noruega. Assim, em maio de 1940, os dois países estavam ocupados. No mesmo período, os alemães invadiram a Bélgica, os Países Baixos, Luxemburgo e a França. Nesse meio tempo, com a renúncia de Neville Chamberlain, Winston Churchill, que tinha uma posição muito mais agressiva na guerra contra os nazistas, tornou-se primeiro-ministro do Reino Unido.

Os alemães invadiram a França a partir da Bélgica. O poderoso exército francês foi varrido em pouco mais de seis semanas de guerra-relâmpago. Um episódio épico da campanha foi a Retirada de Dunquerque: o transporte de mais de 330 mil soldados aliados em embarcações de guerra, comerciais e mesmo de cidadãos comuns, levados para Dover, na Inglaterra, entre 26 de maio e 4 de junho.

Diante desse quadro, o marechal Pétain, chefe do governo francês, pediu o armistício em junho de 1940. 1,6 milhão de soldados franceses foram feitos prisioneiros na Alemanha. A França foi desarmada e dividida em duas: a metade norte – inclusive Paris – foi ocupada pelos alemães; a metade sul constituiu o Estado francês – na verdade, uma ditadura dirigida por Pétain, com capital na cidade de Vichy. O governo de Vichy colaborou oficialmente com a Alemanha nazista, inclusive na perseguição aos judeus, iniciando um dos períodos mais obscuros da história do país.

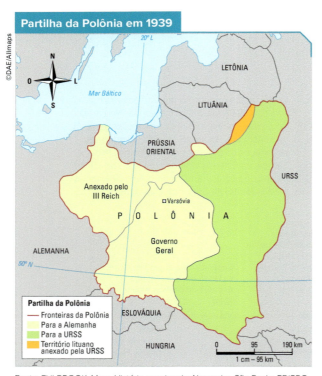

Fonte: FULBROOK, Mary. *História concisa da Alemanha*. São Paulo: EDIPRO, 2012. p. 209.

> **Sangue, trabalho, lágrimas e suor**
>
> Em maio de 1940, Winston Churchill (1874-1965), primeiro-ministro da Inglaterra, formou no país um governo de união nacional. A determinação de Churchill, evidenciada por esse discurso no Parlamento britânico, foi fundamental para estimular os britânicos a enfrentar a máquina de guerra nazista.
>
> Convido agora a Câmara a registrar, por meio de uma resolução, sua aprovação às medidas tomadas e a declarar a sua confiança no governo.
>
> A resolução:
>
> Que esta Câmara saúda a formação de um governo que representa a vontade única e inflexível da Nação, de levar a guerra contra a Alemanha a uma conclusão vitoriosa. [...]
>
> Digo à Câmara o que disse aos ministros que se uniram a este Governo: nada tenho a oferecer além de sangue, trabalho, lágrimas e suor. Temos à nossa frente uma provação das mais terríveis. Temos à nossa frente muitos, muitos meses de luta e sofrimento. Pergunta-me: Qual é a nossa política? Digo que é guerrear por terra, mar e ar. Guerra com todo o nosso poder e como toda a força que Deus nos deu; guerrear contra uma monstruosa tirania jamais ultrapassada no sombrio e lamentável catálogo dos crimes humanos. É essa a nossa política.
>
> Pergunta-me: Qual é o nosso objetivo? Posso responder como uma palavra. É a vitória, Vitória a qualquer custo – vitória apesar de todos os terrores –, vitória, por mais longo e penoso que seja o caminho, porque sem a vitória não haverá sobrevivência. [...]
>
> Disponível em: <www.winstonchurchill.org/resources/speeches/1940-the-finest-hours/92-blood-toil-tears-and-sweat>.
> Acesso em: jun 2016. Tradução nossa.

Diante das sucessivas vitórias de Hitler, Mussolini entrou na guerra em junho de 1940, com o objetivo de também obter ganhos territoriais. Para isso, invadiu a Grécia – com o intuito de formar um império balcânico – e o norte da África, para dominar a orla do Mediterrâneo. Mas a Itália encontrou dificuldades muito maiores, já que suas tropas eram mal-equipadas.

Com a França fora de combate, os alemães passaram a se preparar para cruzar o Canal da Mancha e invadir a Grã-Bretanha. De início foi travada uma intensa batalha aérea, que, por parte dos alemães, tinha como objetivos destruir as instalações costeiras britânicas e expulsar dos céus a Royal Air Force (RAF), para facilitar a invasão. Posteriormente, cidades inglesas foram bombardeadas.

Mas os britânicos resistiram, impondo um bloqueio marítimo à Alemanha e à Itália e destruindo inúmeras aeronaves alemãs em pleno ar. Desse modo, a Grã-Bretanha infligiu à Alemanha nazista sua primeira derrota.

Os Estados Unidos mantinham-se fora da guerra, de acordo com a sua tradição isolacionista, que buscava minimizar seu envolvimento nos conflitos europeus. Ainda assim, deram início a um programa de produção de armas, navios, aviões e tanques que eram remetidos à Grã-Bretanha com gêneros alimentícios e outros suprimentos.

Ao mesmo tempo, com o fiasco italiano em conquistar o Canal de Suez, Hitler enviou o *Afrika Korps*

Fonte: NAGORSKI, Andrew. *A Batalha de Moscou*. São Paulo: Contexto, 2013. p. 46.

A Segunda Guerra Mundial (1939-1945) **Capítulo 40**

ao norte da África. Tropas alemãs também foram encaminhadas aos Bálcãs e ao Mediterrâneo, para a invasão da Iugoslávia, da Grécia e da ilha de Creta. Assim se ampliava a influência nazista. Entretanto, foi em junho de 1941 que o conflito tomaria seu rumo decisivo, com o ataque alemão à URSS. Era o início do que Hitler havia evitado até então: uma guerra em duas frentes.

A mundialização da guerra

Com o fracasso das investidas contra a Grã-Bretanha, desde julho de 1940, Hitler começou a planejar a invasão da URSS. Ele tinha plena convicção de que obteria uma vitória rápida, conquistando recursos naturais e eliminando uma das principais ameaças à hegemonia germânica sobre a Europa. Em consequência, ficaria mais fácil derrotar a Grã-Bretanha.

Em 22 junho de 1941, a Alemanha rompeu o pacto assinado com a URSS. Foram mobilizados mais de 3 milhões de alemães para a campanha – sem falar nos soldados aliados, como os romenos –, os quais, a partir da Polônia, se dividiriam em três grupos que combateriam no norte, no sul e no centro. As forças desse último tinham como objetivo a conquista de Moscou, enquanto os grupos do norte invadiriam os países bálticos (Letônia, Lituânia e Estônia) e atacariam Leningrado, a antiga São Petersburgo. Já os do sul se dirigiriam a Kiev e às áreas agrícolas e industriais da Ucrânia.

Apanhada de surpresa, a URSS se encontrava desorganizada, pois Stálin e a cúpula dirigente do Estado soviético tiveram dificuldade em acreditar que os nazistas haviam adotado uma estratégia tão arriscada. Assim, as primeiras semanas foram catastróficas para o Exército Vermelho. As tropas alemãs chegaram às portas de Leningrado e Moscou, mas tiveram seu avanço interrompido pelo inverno e pela reação militar da URSS, apesar do imenso número de baixas. Para completar, em abril de 1941, Stálin havia assinado um pacto de não agressão com o Japão, e pôde retirar tropas do leste, deslocando-as para combater os invasores germânicos.

Com isso, os exércitos nazistas dirigiram-se para o sul e para os campos de petróleo do Cáucaso. Apesar da grande euforia que tomou conta dos alemães por acharem que já estavam vitoriosos, os russos continuaram a resistir. O terrível frio do inverno, para o qual as tropas invasoras não estavam preparadas, também funcionou como um aliado dos soviéticos, retardando o progresso da ofensiva alemã.

Nos Estados Unidos, a opinião pública mantinha sua postura isolacionista mesmo com o avanço do poderio alemão, mas o presidente Franklin Roosevelt era hostil ao Eixo. Desde março de 1941, a lei do *Lend Lease* ("empréstimos e arrendamentos") garantia ao Reino Unido, e depois à URSS, fornecimento de material bélico estadunidense em condições vantajosas. Em agosto de 1941, Roosevelt e Churchill assinaram a Carta do Atlântico. Ela determinava os princípios sobre os quais deveriam se basear as relações internacionais depois da queda do nazismo, assumindo o compromisso de manter a integridade territorial dos Estados envolvidos no conflito.

Mas foi um episódio envolvendo o Japão que provocou a entrada dos Estados Unidos na guerra. No início de 1940, na tentativa de conter o expansionismo japonês, os Estados Unidos suspenderam o Tratado Americano-Japonês de Comércio e Navegação, dando início ao embargo a produtos fundamentais para a indústria de guerra japonesa.

Com a invasão nipônica da Indochina francesa, a situação piorou, pois os Estados Unidos e seus aliados suspenderam todo tipo de exportação de matérias-primas para o Japão. A atitude, entretanto, não freou o Japão; antes, potencializou suas ofensivas imperialistas sobre a Ásia, pois desejava-se conquistar fontes de matéria-prima para garantir a autossuficiência do país e a defesa do território.

Em dezembro de 1941, o Japão atacou de surpresa a base naval estadunidense de Pearl Harbor, no Havaí, destruindo cinco encouraçados, 350 aeroplanos e matando milhares de pessoas. A virtual destruição da Frota do Pacífico dos Estados Unidos fazia parte de uma operação maior que pretendia alcançar o controle das colônias ocidentais do Sudeste Asiático, de onde os japoneses esperavam obter diferentes matérias-primas, como petróleo, borracha e estanho.

Com a expectativa de que o ataque japonês afastasse os americanos do cenário europeu, a Alemanha declarou guerra aos Estados Unidos, ordenando que seus navios no Atlântico fossem afundados. A medida tinha como objetivo cortar o abastecimento da Grã-Bretanha e da URSS realizado pelos EUA. Assim, com o crescente avanço do Eixo sobre os territórios da URSS, África, Oriente Médio, Sudeste da Ásia e com o ataque de surpresa a Pearl Harbor, os estadunidenses entraram no conflito, pois sua influência comercial e geopolítica estava sendo desafiada. Dessa maneira, todas as grandes potências se envolveram na guerra, que se tornou efetivamente mundial.

Na Ásia, os japoneses ocuparam a Indochina (francesa), a Indonésia (holandesa), as Filipinas (estadunidenses), a Tailândia, a Malásia e a Birmânia (britânicas); em 1942, ameaçaram chegar à Península Indiana. Em contrapartida, a Alemanha controlava a Europa e avançava pelo território da URSS.

Em agosto de 1942, os Estados Unidos, a Grã-Bretanha e a URSS formaram uma grande aliança, à qual se juntaram 23 outras nações. Os Aliados decidiram, a princípio, concentrar forças contra o inimigo mais poderoso: a Alemanha.

> **ORGANIZANDO AS IDEIAS**
>
> 1. Por que foi dada a denominação Guerra Esquisita para o conflito da França e da Grã-Bretanha contra a Alemanha no período final de 1939 a abril de 1940?
> 2. Hitler pôs fim ao pacto de não agressão assinado com a URSS, ao determinar sua invasão pelas tropas nazistas. Analise o que significou o rompimento desse pacto para os rumos da Segunda Guerra Mundial.
> 3. A entrada dos EUA na guerra, após o ataque japonês a Pearl Harbor, tornou o conflito mundial. Explique a posição isolacionista que até então o país tomava.

A vida nos territórios ocupados pelo Eixo

A "nova ordem"

Nos territórios ocupados – a maior parte da Europa ocidental, da URSS e do Sudeste Asiático –, alemães e japoneses impuseram uma "nova ordem", ou seja, uma estrutura socioeconômica e política baseada na ideologia militarista e racista desses dois países. Os territórios conquistados eram administrados diretamente pelos ocupantes ou por governos fantoches – caso da Eslováquia, Croácia, Sérvia, Grécia, Birmânia, das Filipinas, entre outros.

Para a Alemanha foi fundamental o emprego de mão de obra estrangeira nas suas indústrias. Milhares de prisioneiros de guerra foram levados para as fábricas alemãs, onde recebiam salários muito menores que os cidadãos germânicos. Além disso, prisioneiros dos campos de concentração foram submetidos a trabalhos forçados nas unidades industriais.

Nas regiões ocupadas, as condições de vida eram terríveis. Cerca de seis milhões de poloneses (de uma população de 35 milhões, em 1939) morreram sob a ocupação nazista. Na Ásia, a construção de uma ferrovia que ligava a Birmânia à Tailândia custou a vida de cerca de 80 mil prisioneiros asiáticos e europeus. Na China, em 1941, um general japonês resumiu sua ação na frase: "Matar tudo, queimar tudo, pilhar tudo". Duzentas mil mulheres coreanas e filipinas foram reduzidas à condição de prostitutas para os soldados japoneses.

Seguindo a doutrina do espaço vital, os alemães buscaram colonizar e germanizar regiões ocupadas na Polônia e na URSS. Foi nessas áreas, onde os judeus eram muito numerosos, que ocorreram os primeiros grandes massacres. Num primeiro momento houve fuzilamentos em massa – como a execução de 100 mil pessoas em setembro de 1941, em Babi Yar, na Ucrânia – e, depois, a atividade incessante dos campos de extermínio.

Fonte: EVANS, Richard. *O Terceiro Reich em guerra*. São Paulo: Planeta, 2012. p. 330.

A Segunda Guerra Mundial (1939-1945) Capítulo 40 557

O Holocausto

Como estudamos no capítulo anterior, uma das ideias que norteavam a ideologia nazista era o antissemitismo. Com a guerra e a anexação de territórios em que subsistiam grandes comunidades judaicas, o discurso antissemita se tornou muito mais hostil. Assim, além da brutalidade, iniciaram-se ações de extermínio sistemático.

No início de 1942, uma conferência convocada em Wannsee, a oeste de Berlim, impulsionou a chamada Solução Final – o assassinato em massa de judeus nos campos de extermínio. A conferência deu legitimidade ao genocídio – termo que não existia antes de 1944 e que significa "extermínio deliberado de determinada raça ou grupo étnico" – que viria a ocorrer na Europa.

Fuzilamentos e o uso de gases letais eram os meios mais comuns de aniquilamento. Entre os campos de extermínio, destaca-se Auschwitz, na atual Polônia, onde possivelmente 1,5 milhão de pessoas foram mortas, sendo 90% delas judias. Ao todo, estima-se que 6 milhões de judeus tenham sido assassinados pelos nazistas ou seus aliados até o fim da guerra.

Para assistir

A Lista de Schindler

EUA, 1993. Direção: Steven Spielberg. Duração: 195 min.

Oskar Schindler (Liam Neeson) é um alemão rico que transforma sua fábrica em um refúgio para os judeus, conseguindo salvar mais de mil pessoas da morte nos campos de concentração. Baseado em uma história real.

A guerra chega ao Brasil

Apesar de ter optado pela neutralidade no início da guerra, o Brasil alinhou-se pouco a pouco com os Aliados, declarando guerra aos países do Eixo em agosto de 1942. Dentro do país, o discurso patriótico de "esforço de guerra nacional" permitiu o aumento de produção de matérias-primas, como a bauxita, o alumínio, o manganês e a borracha. A borracha era um dos produtos mais importantes para os Aliados, uma vez que o Japão passou a controlar mais de 97% das regiões produtoras de borracha no Pacífico e o produto era fundamental para a indústria bélica. Assim, os estadunidenses se voltaram para a Amazônia e seus estoques de seringueiras. Por meio de um acordo de cooperação, ficou decidido que os Estados Unidos investiriam na produção enquanto o governo brasileiro arregimentaria a mão de obra. Como a região Nordeste estava assolada pela seca entre os anos de 1941 e 1942, muitos viram na extração da borracha a possibilidade para melhorar de vida. Assim, A Batalha da Borracha estimulou a migração de cerca de 60 mil pessoas entre 1942 e 1945 para a Amazônia; o Serviço Especial de Mobilização de Trabalhadores para a Amazônia (SEMTA) ficou encarregado de convencer os trabalhadores a se alistar para a reativação dos seringais na região. Apesar de toda a mobilização, a produção cresceu abaixo do esperado e muitos trabalhadores morreram em razão das doenças tropicais e das péssimas condições de trabalho.

Jean-Pierre Chabloz. *Antiga fonte de abastecimento de borracha/Fonte nova (Brasil)*, 1943. Nanquim e giz colorido sobre cartão, 12 cm × 16,5 cm.

Jean-Pierre Chabloz. *Estudo para cartaz Mais borracha para a vitória*, 1943. Lápis de cor, aquarela e nanquim, 96 cm × 66 cm.

As resistências

Nos territórios ocupados pelo Eixo, parte da população organizou-se em movimentos políticos e militares para continuar a lutar. Na Europa ocupada, os movimentos de resistências distribuíam folhetos encorajando a luta contra os nazistas, envolviam-se em atos de sabotagem e preparavam projetos para o pós-fascismo. Os resistentes, além de combater os invasores, forneciam informações aos Aliados sobre as forças alemãs. Diversos grupos de judeus resistiram, rebelando-se em mais de uma centena de guetos na Polônia e na URSS, enquanto outros atacaram os guardas dos campos de extermínio, como ocorreu em Treblinka e Sobibor (1943), e até mesmo em Auschwitz (1944). Outros se juntaram aos diversos movimentos nacionalistas de resistência, como ocorreu na França. Torturas, deportações e execuções eram o destino dos que eram capturados.

Em geral, as resistências eram politicamente heterogêneas. Na Grécia, por exemplo, apesar de a resistência comunista ter assumido o controle do interior, teve que enfrentar uma resistência de direita que era apoiada pelos britânicos. O confronto culminou em uma guerra civil. Na Iugoslávia, a situação foi parecida, mas dessa vez eram os comunistas dirigidos por Josip Broz Tito (1892-1980) que tinham o apoio britânico e se contrapunham aos *Chetnik*, grupo nacionalista sérvio. As forças lideradas por Tito libertaram o país praticamente sem ajuda soviética e eliminaram as outras correntes de resistência.

Diante do avanço alemão, alguns governantes abandonaram seus países e se refugiaram em Londres. O general francês Charles de Gaulle (1890-1970) recusou o pedido de armistício feito pelo governo francês e conclamou seus compatriotas a prosseguirem na luta. O general instalou na Inglaterra o Comitê da França Livre e obteve o reconhecimento de sua legitimidade por Winston Churchill e Franklin Roosevelt. Os "franceses livres" participaram dos combates na África e na Europa. A BBC de Londres desempenhou importante papel na coordenação dos esforços de guerra dos Aliados e das resistências, transmitindo mensagens em código.

> **ORGANIZANDO AS IDEIAS**
>
> 4. Explique em que consistia a "nova ordem" estabelecida por alemães e japoneses nos territórios que eles ocupavam.
> 5. A Conferência convocada em Wannsee, em 1942, determinou como Solução Final o extermínio em massa de judeus. Explique o que foi o Holocausto.
> 6. Relacione o aumento da produção de borracha no Brasil à Segunda Guerra Mundial.

A vitória dos Aliados (1942-1945)

Os Aliados em vantagem

Os Aliados mobilizaram todos os seus recursos econômicos para a guerra. Os Estados Unidos lançaram o Programa da Vitória em janeiro de 1942 e conseguiram, graças à padronização de modelos, produzir aviões, veículos e armas em ritmo acelerado.

No plano militar, a relação de forças começou a mudar em meados de 1942. Com a vitória na Batalha Naval de Midway, os Estados Unidos iniciaram sua contraofensiva no Pacífico, iniciando um movimento que ficou conhecido por "saltar de ilha em ilha".

Em novembro, na África, os Aliados também derrotaram os italianos e os alemães na Batalha de El Alamein, fechando-lhes a rota do Egito e possibilitando o controle do Mediterrâneo. Contribuiu para a vitória nessa batalha a pesada capacidade de fogo dos Aliados e a decifração do código de comunicação alemã, chamado de Enigma pelos britânicos.

Em maio de 1943, estadunidenses, britânicos e "franceses livres" terminaram de expulsar as forças do Eixo do território africano. Mas uma das reviravoltas mais importantes do conflito se deu na frente russa, com a derrota alemã às portas de Stalingrado, em fevereiro de 1943. A derrota trágica da Alemanha é perceptível no

Kukryniksy. *Metamorphosis of the Fritz*, 1942. Aquarela sobre papel. A caricatura soviética mostra Hitler enviando seus soldados para a morte. O pseudônimo Kukryniksy combinava a assinatura de três artistas russos: Mikhail Kupriyanov, Porfiri Krylov e Nikolai Sokolov.

Enigma

Durante a Segunda Guerra Mundial, a comunicação entre os alemães se dava por meio da criptografia, ou seja, de um tipo de escrita à primeira vista indecifrável, realizada por uma máquina apelidada de Enigma. A quebra do código foi realizada pelos britânicos no final de 1942. Alan Turing (1912-1954), matemático pioneiro no campo da Informática, teve papel fundamental na descoberta, já que foi responsável por criar um dispositivo chamado de Colossus – uma espécie de precursor dos computadores modernos –, que tinha como objetivo decifrar os códigos secretos do Enigma, que mudavam diariamente. A decodificação permitiu, por exemplo, que os comboios aliados descobrissem a posição dos submarinos alemães e sofressem menos perdas. Apesar de sua contribuição para o esforço de guerra, Turing foi condenado pela Justiça por haver se relacionado com um homem, pois a homossexualidade masculina permaneceu criminalizada na Inglaterra até 1967. O filme *O jogo da imitação*, que retratou a história do pioneiro da computação, recebeu o Oscar de Melhor Roteiro Adaptado.

Máquina de codificação Enigma, da Marinha alemã.

Cena do filme *O jogo da imitação*, de 2014, em que Benedict Cumberbatch interpreta Alan Turing.

---

reduzido número de homens que sobreviveram: 6 mil, do efetivo de 300 mil enviados a Stalingrado. Dentro da Alemanha, o carisma de Hitler foi abalado. Além disso, a derrota obrigou a uma mudança no discurso da propaganda nazista. Esta passou a apelar para uma guerra total, ou seja, uma guerra em que o povo seria impelido a um empenho ainda maior, com o objetivo de evitar a temida ocupação bolchevique. Assim, o medo do invasor passou a ser a grande arma da propaganda nazista.

Em abril de 1942, os alemães cessaram suas operações no Atlântico Norte. Os esforços industriais dos estadunidenses, britânicos e soviéticos superaram as capacidades do Eixo, o que acabou proporcionando aos Aliados uma decisiva vantagem militar. A Alemanha e o Japão tiveram de assumir uma postura defensiva.

Depois de ocupar o norte da África, os Aliados desembarcaram em julho de 1943 na Sicília, que se rendeu. Ao mesmo tempo, dentro da Itália crescia o descontentamento com o Partido Fascista. No final do mesmo mês, Mussolini foi demitido como primeiro-ministro pelo rei. Seu sucessor, Pietro Badoglio, assinou em setembro a rendição aos Aliados, que desembarcaram ao sul da Itália.

Os alemães, por sua vez, que consideraram a Itália traidora, organizaram a resistência ao avanço das tropas aliadas. Em junho de 1944 Roma foi libertada, mas os alemães ainda controlavam o norte da península. A luta contou com a participação de 25 mil soldados brasileiros. Com as derrotas sistemáticas dos nazistas nessa campanha de desgaste, aumentou a percepção de que a vitória aliada sobre a Alemanha era apenas questão de tempo.

A libertação da Europa

Em outubro de 1943, os ministros das Relações Exteriores das três maiores potências aliadas se encontraram com o objetivo de firmar uma aliança até a derrota completa do Eixo. Em novembro, na Conferência de Teerã, no Irã, Churchill, Stálin e Roosevelt se reuniram para definir algumas questões fronteiriças após o encerramento da guerra, comprometeram-se a continuar as conversas sobre a criação da Organização das Nações Unidas (ONU) – organismo de segurança nacional que substituiria a Liga das Nações – e, o mais importante, discutiram sobre a abertura de uma frente ocidental. O desembarque na Europa ocidental deveria coincidir com os novos ataques da frente oriental e, consequentemente, diminuir a resistência diante do Exército Vermelho.

Desembarque de soldados estadunidenses na Normandia, na França, em 6 de junho de 1944. A ação chamada de Dia D é considerada a maior operação anfíbia da história.

Grandes preparativos foram necessários para a organização do desembarque aliado na costa francesa. Britânicos e estadunidenses, visando destruir o potencial industrial e abalar o moral das populações civis, recorreram a bombardeios maciços: Hamburgo, em 1943, e Dresden, em 1945, foram praticamente varridas do mapa, contabilizando cerca de 150 mil mortos.

O desembarque nas praias da Normandia, apesar de preparado na Grã-Bretanha em sigilo absoluto desde 1942, aconteceu somente no amanhecer de 6 de junho de 1944, conhecido como o Dia D. Apesar das inúmeras perdas, a ação obteve êxito: dois meses depois do Dia D, dois milhões de homens, dois milhões de toneladas de material e 50 mil veículos haviam sido levados para a França. Em 23 de agosto, os Aliados libertaram Paris.

Os alemães, por sua vez, também não estavam conseguindo deter a contraofensiva comunista: o Exército Vermelho os expulsou do território soviético em meados de 1944 e avançou até a fronteira alemã no final do ano. Assim, enquanto os russos avançavam no leste, britânicos e estadunidenses avançavam no oeste.

Foram as tropas soviéticas que descobriram o primeiro campo de extermínio em Majdanek, na Polônia. O avanço dos inimigos fez com que Hitler e sua equipe deportassem mais rapidamente os judeus e os enviassem, assim que podiam, para os campos de extermínio.

A morte de Roosevelt, em 12 de abril de 1945, reacendeu as esperanças de Hitler, que cogitou um acordo com seu sucessor, Harry Truman, contra a União Soviética. O novo presidente continuou, porém, colaborando com os Aliados.

Em 28 de abril de 1945, Mussolini e sua amante Clara Petacci foram mortos pela resistência italiana, que deixou seus corpos expostos na praça Loreto, em Milão, para que a população os profanasse. Dessa forma, o fascismo não só havia sido arrancado do poder, mas também destruído simbolicamente. Dois dias depois, Hitler e sua companheira Eva Braun se suicidaram com cianureto em Berlim, sitiada pelos soviéticos. Seus corpos foram incinerados por instrução anterior do próprio Hitler. Enfim, em 8 de maio de 1945, o governo alemão capitulou incondicionalmente. A Segunda Guerra Mundial tinha acabado na Europa, mas continuava no Pacífico.

A libertação dos campos nazistas

O exército estadunidense libertou, em 11 de abril de 1945, o campo de Buchenwald, no leste da Alemanha. Como os soviéticos no leste, os estadunidenses encontraram por toda a parte montanhas de cadáveres e prisioneiros esqueléticos com uniformes listrados. Com a chegada dos Aliados, os nazistas tentaram evacuar o campo, o que condenou boa parte dos prisioneiros a morrer de fome, esgotamento ou pancadas. Os Aliados haviam sido informados a respeito dos campos e do extermínio dos judeus, mas a realidade ultrapassou tudo o que poderiam imaginar. Foram feitos esforços para levar o horror ao conhecimento de todos: à população alemã, obrigada a ir ver os campos que alegava não conhecer; aos soldados estadunidenses, para lembrar-lhes a razão de seu engajamento na guerra; e ao mundo, para informá-lo a respeito da barbárie nazista.

Prisioneiros libertados do campo de concentração de Ebensee, na Áustria, em 7 de maio de 1945. O campo era usado para experimentos "científicos". Ao serem libertados, os sobreviventes estavam desnutridos e em péssimas condições de saúde.

Hasteamento da bandeira dos Estados Unidos no topo do Monte Suribachi, em Iwo Jima, Japão, em 23 de fevereiro de 1945. Capturada pelo fotógrafo estadunidense Joe Rosenthal, a imagem se tornou uma das mais célebres da Segunda Guerra Mundial, estampando diversos jornais do dia seguinte e tornando-se icônica com o passar do tempo.

O fim da guerra no Pacífico

Os japoneses tiveram de abandonar pouco a pouco suas conquistas no Pacífico e retornar a seu arquipélago. Em 19 de fevereiro, os fuzileiros navais estadunidenses desembarcaram na pequena ilha de Iwo Jima, muito próxima do território nipônico, depois de um intenso bombardeio. A batalha, que deveria durar apenas 10 dias, se estendeu e somente em 27 de março a ilha foi finalmente tomada.

As atenções se voltaram então para a ilha de Okinawa, com cerca de 150 mil habitantes, muito próxima do Japão. Sua tomada seria fundamental para as ofensivas futuras dos norte-americanos. A Batalha de Okinawa durou 82 dias e custou aos Estados Unidos cerca de 45 mil homens, entre mortos e feridos.

Os soldados japoneses e a população civil estavam dispostos a se sacrificar. Destacaram-se sobretudo os ataques *kamikazes*, nos quais pilotos voluntários se lançavam contra embarcações inimigas em um avião carregado de explosivos.

Os estadunidenses desejavam terminar a sangrenta guerra o mais rápido possível. Foi nessa ocasião que se pensou em utilizar a recém-inventada bomba atômica para evitar um desembarque de tropas estadunidenses em território nipônico. De todo modo, o Japão encontrava-se à beira de um colapso tanto militar como econômico e, portanto, o país acabaria se rendendo. Assim, alguns estudiosos acreditam que o lançamento das bombas atômicas foi uma demonstração de força e um aviso à União Soviética referente ao poderio militar dos Estados Unidos. Anunciava-se um embate e um congelamento na relação entre as duas superpotências, diante de uma Europa destruída.

No dia 25 de julho, o Japão recusou-se a aceitar o ultimato dos Aliados. Assim, em 6 de agosto de 1945, uma bomba atômica foi lançada sobre a cidade de Hiroshima. O governo japonês, dominado pela facção bélica, não se pronunciou.

Em 9 de agosto, uma segunda bomba caiu sobre Nagasaki. No mesmo dia, a URSS, até então neutra em relação ao Japão, atacou a Manchúria. Temendo novas bombas e a invasão soviética, o imperador Hirohito gravou, em 14 de agosto, uma mensagem de capitulação, difundida no dia seguinte. Pela primeira vez, o soberano japonês entrava em contato direto com seus súditos, negando toda a propaganda nacionalista que afirmava que o Japão estava ganhando a guerra. Em 2 de setembro de 1945, as autoridades japonesas assinaram a capitulação. A Segunda Guerra Mundial chegava ao fim.

ORGANIZANDO AS IDEIAS

7. Explique o significado da Batalha de Stalingrado para os rumos da guerra.
8. Reflita sobre o impacto mundial da disseminação da informação sobre os campos de extermínio nazistas.
9. Contextualize a ação dos *kamikazes* dentro da postura geral adotada pelo Japão no final do conflito.
10. Analise a decisão dos EUA de utilizar bombas atômicas contra um Japão quase derrotado.

O difícil retorno à paz

Reorganizando o mundo

Antes mesmo do fim do conflito, os Aliados procuraram desenhar uma nova ordem internacional. Conscientes de que a manutenção de um sistema econômico capitalista global seria a base para sua hegemonia no pós-guerra, os Estados Unidos lideraram a Conferência de Bretton Woods, em julho de 1944, em que 44 países assinaram acordos que instauravam uma cooperação monetária. Foram instituídos o Fundo Monetário Internacional (FMI) – financiado pelos Estados signatários –, e o Banco Internacional de Reconstrução e Desenvolvimento (BIRD), mais tarde fundido ao Banco Mundial, que tinha o objetivo de contribuir para a reconstrução dos países europeus devastados. O dólar passou a ser moeda de referência em todo o mundo capitalista.

Por outro lado, a União Soviética defendia uma economia planificada, na qual o Estado assumia o controle da produção e a política era dominada pelo Partido Comunista e pelas organizações a ele relacionadas. Essa foi a forma de organização que prevaleceu na parte do globo dominada pelos comunistas.

Na Conferência de Yalta, ocorrida entre 4 e 11 de fevereiro de 1945, os três líderes aliados discutiram suas respectivas áreas de influência. Para obter o comprometimento de Stálin a entrar em guerra contra o Japão, Roosevelt e Churchill concordaram que a URSS recuperaria territórios perdidos durante a Primeira Guerra Mundial (como os estados bálticos). Poucos meses depois, na Conferência de Potsdam, realizada entre 17 de julho e 2 de agosto de 1945, depois da rendição dos nazistas, houve uma posição muito mais firme dos Estados Unidos e do Reino Unido em relação à União Soviética. Na Conferência, dividiu-se a Áustria e a Alemanha (e Berlim) em quatro zonas de ocupação, atribuídas aos estadunidenses, soviéticos, britânicos e franceses. Embora a administração desses espaços devesse ser partilhada entre as quatro nações, na prática, cada zona tinha políticas, regras e organização social próprias, muitas vezes divergentes entre si.

Quando a guerra chegou ao fim, a Alemanha estava numa situação catastrófica. Com a crescente degradação das relações entre os soviéticos e seus ex-aliados, as três zonas ocidentais e a zona soviética afastaram-se cada vez mais.

Após o encontro de Potsdam, os Estados Unidos explodiram a bomba atômica no Japão. O evento demonstrou a superioridade militar dos EUA, então o único país a possuir a bomba atômica. Com o ato, o país ao mesmo tempo derrotava o Japão, poupava a vida dos soldados estadunidenses e freava as pretensões e reivindicações soviéticas.

No imediato pós-guerra, os soviéticos buscaram estabelecer um cinturão de proteção, construindo uma rede de estados-satélites na Europa oriental, enquanto os Estados Unidos despontavam como o país mais rico e poderoso do mundo, até porque a guerra não havia ocorrido em seu território.

Uma nova configuração política bipolar com duas propostas excludentes de organização econômica e social foi se consolidando. Por mais de quarenta anos, o confronto entre os blocos capitalista e socialista organizou o cenário geopolítico internacional. Já em 1946, a ruptura se delinearia claramente quando, na Grécia, conflitos entre os comunistas e o governo de direita se intensificaram e as duas superpotências apoiaram as facções em luta.

A herança de um conflito

Nos países dos vencedores ou dos libertados, o período do pós-guerra foi muito difícil. O saldo devastador era de cerca de 70 milhões de mortos entre civis e militares, incontáveis feridos e enormes perdas materiais.

Novos líderes aliados na Conferência de Potsdam em 1945: Clement Attlee (sentado, à esquerda), do Partido Trabalhista, vitorioso nas eleições, substituiu Winston Churchill no decorrer do encontro; e Harry Truman (sentado, no centro), assumiu a presidência dos Estados Unidos após a morte de Roosevelt. Dos organizadores da derrota nazista, apenas Stálin (sentado, à direita) continuava no poder.

O julgamento de Nuremberg: início de uma justiça internacional

O principal oficial nazista sobrevivente, Hermann Göering, testemunhando em seu julgamento, em 16 de março de 1946. Posteriormente, foi condenado à morte.

Durante a guerra, os Aliados haviam acordado que os dirigentes nazistas responderiam judicialmente por seus crimes. Ao fim do conflito, ainda em 1945, um tribunal internacional militar foi estabelecido em Nuremberg, cidade-sede das paradas triunfais do Partido Nazista e das leis raciais de 1935 contra os judeus.

Os juízes de Nuremberg – na maioria civis estadunidenses, britânicos, soviéticos e franceses – apresentaram quatro pontos de acusação contra 24 réus: crimes de guerra, contra a paz, contra a humanidade e de conspiração. A acusação de conspiração permitia responsabilizá-los pela organização de crimes que não haviam cometido diretamente.

Durante o processo, recorreu-se à recém-criada noção de genocídio, porque o projeto nazista escapava às categorias jurídicas tradicionais. O cinema foi utilizado para comprovar acusações: filmes rodados pelos Aliados durante a libertação dos campos, material de propaganda nazista, entre outros. O veredicto, anunciado em 10 de outubro de 1946, condenou à morte por enforcamento 12 dos acusados; três foram perdoados e os outros permaneceram presos. Contudo, o julgamento, organizado pelos vencedores, não se pronunciou sobre todos os crimes de guerra. Muitos dos excessos dos Aliados, como os cometidos pelos soviéticos na Polônia, permaneceram impunes. Além disso, o julgamento de uma série de dirigentes (na ausência de Hitler, Himmler e Goebbels, mortos na derrota) deixou em suspenso a questão da responsabilidade coletiva dos alemães.

O julgamento dos crimes de guerra no Extremo Oriente foi realizado no Japão, entre maio de 1946 e novembro de 1948. Às quatro potências de Nuremberg juntaram-se Canadá, Nova Zelândia, Países Baixos, China, Filipinas e Índia. Dos 28 acusados, sete foram enforcados.

Depois de diversas reuniões preparatórias, em junho de 1945, os delegados de 50 países assinaram a Carta de São Francisco, fundando a Organização das Nações Unidas (ONU). Dentro dela, o órgão mais importante, o Conselho de Segurança, era formado por cinco potências: Estados Unidos, URSS, Grã-Bretanha, França e China.

Em geral, um vento de renovação e de reformas soprou sobre a maioria dos países no pós-guerra. O Estado de Bem-Estar Social, esboçado nos países escandinavos no período entreguerras, expandiu-se pela Europa: sistemas de proteção social (saúde, aposentadorias) foram implantados com o objetivo de contemplar as expectativas populares. No continente africano e no asiático, por sua vez, ganhou impulso a luta pela emancipação política, uma vez que as grandes potências imperialistas estavam enfraquecidas.

ORGANIZANDO AS IDEIAS

11. Caracterize a geopolítica europeia após a rendição alemã, em 1945.
12. Escreva um pequeno texto analisando o legado da Segunda Guerra Mundial.

Revisando o capítulo

▸ APROFUNDANDO O CONHECIMENTO

1. Observe as charges abaixo:

Leslie Gilbert Illingworth. *O velho inverno*. Charge publicada no *Daily Mail* em 10 nov. 1941.

Leslie Gilbert Illingworth. *"Perdoe-me camarada, mas parecia uma boa oportunidade!"*. Charge publicada no *Daily Mail* em 23 jun. 1941.

a. Descreva a primeira charge levando em consideração o período histórico a que ela se refere.

b. Com base na segunda charge, explique por que o ataque à URSS pode ser entendido como um evento decisivo no conflito mundial.

c. Que outro acontecimento transformou a guerra europeia em uma guerra mundial e foi de grande importância para a futura vitória aliada?

2. Leia o texto a seguir e observe as imagens para responder às questões:

Para o professor de História da Universidade Estadual de Campinas, Márcio Seligmann-Silva, são necessários e transformadores os depoimentos de sobreviventes do Holocausto e outros crimes de genocídio, uma vez que "faz parte deste tipo de crime uma política de apagamento das suas marcas. O testemunho significa o triunfo da vida. Daí a ambiguidade desses testemunhos de sobreviventes: eles falam de muita morte, mas também da força da vida. Eles devem ser lidos e vistos, pois transmitem uma mensagem que reforça a luta pelos direitos humanos".

ARAUJO, Déborah. Memórias de um sobrevivente. *Revista de História da Biblioteca Nacional*, Rio de Janeiro, n. 107, ago. 2014. Disponível em: <www.revistadehistoria.com.br/secao/em-dia/memorias-de-um-sobrevivente>. Acesso em: 15 ago. 2015.

Desde 1945, a Alemanha fez um importante trabalho de preservação da memória a respeito do nazismo e seus crimes.

Locais de horror que não deveremos jamais esquecer, placa localizada no coração de Berlim Ocidental, com uma lista de campos de extermínio nazista, 1989.

O chefe do governo alemão, Willy Brandt, oponente do nazismo, ajoelha-se em frente ao memorial para vítimas do nazismo do gueto de Varsóvia, 7 de dezembro de 1970.

a. Explique o que foi o Holocausto.

b. Levando em consideração os textos e as imagens, em sua opinião, qual é a razão do trabalho desenvolvido na Alemanha e em outros países para manter viva a memória sobre os nazistas e o Holocausto?

c. Faça uma pesquisa sobre outro caso de violação em massa dos direitos humanos no século XX e compare-o com o Holocausto.

A Segunda Guerra Mundial (1939-1945) Capítulo 40

CAPÍTULO 41

MODERNIZAÇÃO, LUTAS SOCIAIS E POPULISMO NA AMÉRICA LATINA

Construindo o conhecimento

- Você já ouviu o termo "populismo"? Sabe o significado dessa palavra?
- Na sua opinião, como deve ser a relação entre governo e sociedade – especialmente os pobres e trabalhadores?

Plano de capítulo

▸ A inserção no mercado mundial e as transformações sociais
▸ Revolução Mexicana: "Terra e Liberdade"
▸ Da Primeira Guerra Mundial à Grande Depressão
▸ Argentina: a crise da oligarquia
▸ México: o aprofundamento das transformações
▸ Argentina: os trabalhadores e a política

Por volta de 1870, a América Latina era pouco povoada, amplamente agrária e dominada por uma oligarquia rural, mineradora e comercial, com pouco espaço para a participação política de sua população. Em meados do século seguinte, a população era muito mais numerosa; a industrialização, um projeto em curso em vários países; as cidades, muito mais importantes; e os trabalhadores faziam parte do cenário político. Como ocorreram essas mudanças? Essa questão é fundamental para compreender a América Latina contemporânea, pois muitas das características da região no presente afirmaram-se nesse período. Muitos dos problemas enfrentados na época, como a desigualdade social e a relação entre o povo e o Estado, começaram a ser discutidos nessa fase, e suas respostas permanecem influentes – como atesta a continuidade do peronismo até os dias de hoje na Argentina.

A importância da vitória em eleições disputadas com ampla participação popular, a obtenção de direitos sociais

Ato pela candidatura de Juan Domingo Perón como presidente da Argentina e sua esposa Eva como vice-presidente, em 31 de agosto de 1951, em Buenos Aires. O evento foi promovido pela Confederação Geral dos Trabalhadores e reuniu grande número de pessoas, evidenciando o apoio popular ao peronismo.

Marcos cronológicos

- **1874** – Início do domínio do conservador Partido Autonomista Nacional na Argentina.
- **1876** – Início do governo de Porfirio Díaz no México.
- **1880** – Ampliação da imigração europeia.
- **1910** – Início da Revolução Mexicana.
- **1911** – Ascensão ao poder de Francisco Madero e início do movimento zapatista no México.
- **1912** – Aprovação do voto universal masculino, secreto e obrigatório na Argentina.
- **1913** – Execução de Madero e ascensão do general Huerta à presidência do México.
- **1914-1918** – Primeira Guerra Mundial.
- **1916** – Eleição do candidato da UCR, Hipólito Yrigoyen, à presidência argentina.
- **1917** – Promulgação da nova Constituição mexicana.
- **1919** – Assassinato do líder camponês Emiliano Zapata.
- **1923** – Assassinato de Pancho Villa.
- **1928** – Eleição de Yrigoyen para presidente da Argentina pela segunda vez.
- **1929** – Quebra da Bolsa de Valores de Nova York e início da Grande Depressão.
- **1930** – Golpe militar e derrubada de Yrigoyen na Argentina.

(aposentadoria, férias, salário mínimo) pelos trabalhadores e o papel de líderes carismáticos na política são legados do período que permanecem atuais, embora, sem dúvida, possam ser interpretados de diferentes formas. Enfim, a necessidade de adaptar a estrutura política às transformações sociais e econômicas exigiu transformações profundas. Mas será que os problemas enfrentados foram resolvidos? É o que analisaremos neste capítulo.

A inserção no mercado mundial e as transformações sociais

A partir do final do século XIX, a crescente inserção da América Latina nas redes comerciais internacionais e o aumento da demanda dos seus produtos por parte das potências industrializadas impulsionaram a economia latino-americana. Os benefícios do crescimento não foram, porém, igualmente distribuídos, o que ocasionou uma intensificação das desigualdades socioeconômicas. Com o avanço da industrialização, das cidades e da burocracia estatal, surgiram novos grupos sociais.

As camadas médias e os trabalhadores urbanos passaram a lutar por mudanças sociais e por uma maior participação popular na vida política de seus países. Em alguns deles, as contradições e tensões causadas por essa modernização recém-instaurada provocaram abalos revolucionários nas estruturas do poder oligárquico – foi o caso do México. Em outros países, a ruptura foi mais lenta e gradual, e os novos setores sociais reivindicaram sua participação na tomada de decisões, como aconteceu na Argentina. A partir desses dois estudos de caso, é possível perceber como as mudanças socioeconômicas foram fundamentais para desencadear questionamentos em relação à ordem vigente.

> **ORGANIZANDO AS IDEIAS**
>
> 1. Sintetize as transformações sociais em curso na América Latina desde o final do século XIX.

Revolução Mexicana: "Terra e Liberdade"

Entre 1876 e 1911, o México foi governado com mão de ferro por Porfírio Díaz (1830-1915). Sob seu comando, desenvolveram-se os setores econômicos voltados para a exportação, como as plantações de café, algodão e **sisal**, além da mineração, que se abriu sobretudo aos investimentos norte-americanos.

Essa política permitiu o crescimento econômico do país, mas, em contrapartida, gerou fortes desigualdades sociais e regionais. Os estados do norte, por exemplo, mais ligados aos Estados Unidos, aproveitaram as oportunidades comerciais para alcançar uma prosperidade maior. A produção de gêneros alimentícios básicos, como o milho, diminuiu consideravelmente, embora a população tivesse aumentado, o que gerou o encarecimento do custo de vida, sentido principalmente pelos mais pobres.

O problema agrário era uma questão crucial em todo o país: cerca de 9 milhões de camponeses sem terra opunham-se a 900 grandes proprietários, donos de mais da metade das áreas agricultáveis. A concentração da propriedade fundiária se deu principalmente em razão da progressiva expropriação das reservas comunais dos índios, demolindo uma estrutura multissecular. Os nativos foram transformados em assalariados nas grandes fazendas que produziam para a exportação. Contudo, ao serem obrigados a comprar produtos nos mercados de propriedade dos latifundiários, endividavam-se, ficando atrelados às fazendas até pagarem suas dívidas – algo dificilmente alcançável, pois os preços eram elevados e os salários, baixos. Além disso, foram submetidos a um intenso ritmo de trabalho, com o objetivo de aumentar a produtividade para atender às demandas do mercado externo.

Sisal: planta cuja resistente fibra é utilizada para a confecção de diversos produtos, como cordas e tapetes.

- **1934** — Lázaro Cárdenas é eleito presidente no México.
- **1938** — Decreto de expropriação da indústria petrolífera no México.
- **1939-1945** — Segunda Guerra Mundial.
- **1940** — Realização do I Congresso Indigenista Internacional no México.
- **1943** — Novo golpe militar na Argentina.
- **1944** — Nomeação do coronel Juan Domingo Perón ao cargo de ministro da Guerra e, depois, vice-presidente argentino.
- **1944-1946** — Eleição de Perón à presidência da Argentina.
- **1947** — Criação do Partido Peronista e aprovação do voto feminino na Argentina.
- **1951** — Reeleição de Perón.
- **1952** — Morte de Eva Perón, esposa do presidente.
- **1955** — Golpe militar e derrubada de Perón.

Modernização, lutas sociais e populismo na América Latina — Capítulo 41

Assim, o aumento da exploração dos trabalhadores foi fundamental para o crescimento econômico mexicano e o enriquecimento de suas elites. Mas, ao mesmo tempo, houve a intensificação de demandas sociais, que explodiram com a crise política em 1910.

O estopim da Revolução Mexicana foi a eleição presidencial de 1910. Porfirio Díaz candidatou-se à reeleição, apesar de já estar com 80 anos – trinta dos quais passados como governante do México. Entretanto, o ditador enfrentou um opositor de 36 anos, Francisco Madero (1873-1913), rico latifundiário que atuou como porta-voz da elite reformista que desejava desalojar o grupo de Díaz. A oposição de Madero à ditadura serviu como um pretexto para a mobilização de muitos setores populares descontentes com a crescente desigualdade social. Temendo a derrota, Díaz ordenou a prisão de Madero. Em 26 de junho, apesar dos protestos que apontavam fraude na eleição, o ditador proclamou-se vitorioso, esperando manter-se no poder como nas décadas anteriores.

Pouco tempo depois, Madero foi libertado graças à influência de sua poderosa família. Aproveitando sua popularidade, conclamou em novembro de 1910 o povo mexicano a rebelar-se, propondo a deflagração de um movimento revolucionário e a realização de uma reforma agrária. Nesse contexto de divisão entre as elites, setores populares revoltaram-se, reivindicando mais acesso à terra e outras melhorias sociais, ao mesmo tempo que apoiavam Madero. Díaz viu-se obrigado a renunciar em maio de 1911, exilando-se na França. Madero tornou-se presidente em novembro do mesmo ano.

A Revolução Mexicana estava, porém, apenas começando. Ela mesclava dimensões políticas, como a luta contra o autoritarismo, às dimensões sociais, como a reforma agrária. Embora Madero tentasse convencer os camponeses a depor as armas, diversos líderes populares não confiaram em suas promessas. Por outro lado, os setores conservadores opunham-se às propostas reformistas, até mesmo uma tentativa de distribuir terras. A recém-instaurada liberdade de imprensa foi utilizada pelos jornais para criticar o presidente, enfraquecendo-o.

Emiliano Zapata e Pancho Villa

Emiliano Zapata (1879-1919) era um camponês do estado de Morelos que participou desde o início da luta contra Porfirio Díaz. Em novembro de 1911, Zapata, bradando o lema "Terra e liberdade" (imagem ao lado), que foi adotado por muitos camponeses mexicanos, pegou em armas para lutar por profundas modificações econômicas e sociais. Apesar de ter apoiado Francisco Madero na luta contra o porfirismo, Zapata e seus seguidores rapidamente se deram conta das limitações das mudanças empreendidas pelo novo governo. Assumiram, assim, a iniciativa de lançar o Plano de Ayala, um manifesto que exigia a restituição das terras tomadas das comunidades camponesas pelos grandes proprietários rurais. O plano não foi em frente, e a guerra de guerrilha empreendida pelos zapatistas para esse fim foi duramente reprimida. Mesmo assim, o movimento conseguiu diversas vitórias, obtendo terras para muitos camponeses pobres.

Por sua vez, José Doroteo Arango (1878-1923), nascido em Durango, ficou conhecido pelo pseudônimo de Pancho Villa. Após conflitos com diversos proprietários e com as autoridades, passou a ganhar a vida furtando fazendas na região. Com o início da Revolução, Villa tornou-se o comandante de mais de 30 mil pessoas pertencentes a diversos setores da sociedade, como

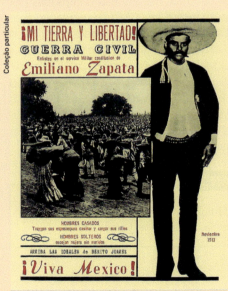

Panfleto de 1913 convoca população mexicana a aderir ao movimento zapatista.

mineiros, desempregados, vaqueiros e bandidos – um grupo muito mais diversificado socialmente do que os zapatistas.

Zapata e Villa são considerados os principais líderes populares mexicanos e até hoje estão muito presentes na consciência e no imaginário coletivo do país.

Ampliou-se, assim, a tensão social e várias insurreições camponesas começaram a irromper, alegando que Madero havia traído seus interesses. Os camponeses, que já haviam demonstrado seu poder ao serem decisivos para a derrubada de Díaz, queriam mais que a promessa de eleições livres. Acreditavam que reformas profundas que atacassem a desigualdade e a concentração fundiária ainda se faziam necessárias. Entre os líderes populares do período destaca-se Emiliano Zapata, que liderou um grande número de camponeses, demonstrando a capacidade de mobilização autônoma da população mais pobre em defesa de seus interesses. Madero estava, portanto, sob ataque, tanto de setores populares, que não o consideravam reformista o suficiente, quanto da elite conservadora, que o considerava excessivamente revolucionário. Aproveitando-se da fragilidade do presidente, Victoriano Huerta, nomeado general para conter os rebeldes camponeses, comandou um golpe contra Madero em fevereiro de 1913. No dia 22, depois de ser obrigado a renunciar à Presidência, Madero foi executado e Huerta assumiu o comando do país. A ditadura foi reinstaurada, constituindo-se um governo dominado por políticos porfiristas, favorável aos latifundiários e sustentado pelo Exército. Diversos grupos de oposição articularam-se contra o novo governo, em especial os setores populares que viam suas poucas conquistas dos anos anteriores ameaçadas por esse retorno à velha ordem.

Ao norte destacava-se o exército liderado por Pancho Villa, o qual, apesar de ser majoritariamente camponês, expressava a heterogeneidade das relações de trabalho no México. Assim, participaram dele peões de fazenda, trabalhadores têxteis, bandidos rurais, mineradores e ferroviários, somando mais de 30 mil combatentes. Enquanto isso, no estado de Coahuila, o governador Venustiano Carranza não reconheceu a autoridade de Huerta e passou a comandar as tropas militares na região, posteriormente conhecidas como o Exército Constitucionalista. No centro e no sul do país, mais uma vez os zapatistas intensificaram sua luta em prol da reforma agrária. Em Sonora, no noroeste do México, o pequeno empresário Álvaro Obregón também conduzia um grupo armado revolucionário contra Huerta. O avanço do movimento revelou o comprometimento de diferentes setores populares – tanto urbanos quantos camponeses – e das classes médias contra a ditadura de Huerta. Entretanto, ao mesmo tempo que partilhavam objetivos comuns, os diversos chefes revolucionários disputavam a liderança do movimento.

A aliança entre os líderes reformistas Obregón e Carranza permitiu a projeção do Exército Constitucionalista sobre os demais. Em meio a esses acontecimentos, a relação entre o governo ditatorial de Huerta e os Estados Unidos também deteriorava-se. O presidente Woodrow Wilson, no poder desde 1913, não reconheceu o governo huertista. Após alguns incidentes na zona petrolífera de Tampico entre forças huertistas e estadunidenses, os Estados Unidos invadiram o México pelo porto de Vera Cruz em abril de 1914. Apesar de malsucedida, a operação acirrou os ânimos no México e enfraqueceu ainda mais Huerta. Assim, em agosto de 1914 o Exército Constitucionalista entrou na Cidade do México, obrigando Huerta a fugir.

O futuro do país seria discutido em uma convenção na cidade de Aguascalientes em dezembro de 1914 pelos diversos grupos revolucionários. Sem chegar a um acordo, Zapata e Villa se uniram contra Carranza e Obregón, retomando os conflitos. As forças populares conseguiram entrar na Cidade do México em dezembro, mas em 1915 Carranza se impôs no país. Por meio de promessas, leis e reformas, ele ampliou suas bases de apoio e consolidou seu poder. Para não sofrer o mesmo destino dos seus antecessores, deu início a um programa de reforma agrária com o objetivo de receber apoio dos camponeses. Também aprofundou reformas iniciadas por Madero que beneficiavam o proletariado, aprovando algumas leis trabalhistas. A eclosão da Primeira Guerra Mundial elevou a demanda por diversos produtos produzidos pelo México, como petróleo, sisal, metais, café e borracha, favorecendo a retomada do crescimento econômico, até então muito prejudicado pelos conflitos internos do país. Graças a essa nova conjuntura internacional, os Estados Unidos finalmente reconheceram o governo revolucionário mexicano em 1915.

Pancho Villa, sentado na cadeira presidencial (ao centro) e Zapata ao seu lado direito, em 1914, após a entrada de suas forças na Cidade do México.

A arte muralista

David Alfaro Siqueiros. O povo pega em armas (detalhe), 1957. Afresco.

Após a Revolução Mexicana, no terreno cultural, a arte popular e nacional tentava se firmar no México diante das tendências internacionais. Foi nesse contexto que surgiu o muralismo. Financiada pelo governo, que também estava interessado em criar uma identidade nacional compatível com os ideais revolucionários, a arte muralista deveria ser exposta em espaços públicos e não em pequenas coleções privadas, pois assim poderia ser apreciada por todos. As pinturas eram realizadas em paredes de edifícios e retratavam, na maioria das vezes, cenas cotidianas protagonizadas por pessoas comuns – trabalhadores e índios, por exemplo –, além de cenas da própria história do México desde sua origem pré-hispânica. Os episódios da Revolução e os personagens ligados a ela também foram retratados, com o objetivo de legitimar os governos pós-revolucionários. Dentre os muralistas mais destacados, podemos citar Diego Rivera, José Clemente Orozco e Davi Alfaro Siqueiros.

Em fevereiro de 1917, com a promulgação de uma nova Constituição – que substituía a liberal de 1857 –, definiu-se um novo projeto para o país. Além de caracterizar o México como uma república federal, representativa, democrática e anticlerical com o predomínio do Poder Executivo, a Carta previa reformas sociais importantes, assegurando, por exemplo, leis trabalhistas (jornada de trabalho de oito horas, direito de organização de greves e de associação, limitação do trabalho feminino e infantil). Uma grande reforma agrária também foi posta em prática e nela o Estado concederia unidades fundiárias – os chamados *ejidos* – para usufruto de uma família. Além disso, toda a riqueza do subsolo mexicano passou a ser propriedade do Estado. Assim, as empresas estrangeiras que atuavam no país interessadas nas riquezas minerais – principalmente o petróleo – foram duramente atacadas.

As dificuldades de Carranza nos anos que se seguiram foram muitas, principalmente porque o país carecia de uma cultura política democrática e os problemas militares continuaram. Villa e Zapata ainda representavam uma possível ameaça ao governo e Obregón, por sua vez, distanciou-se do presidente. Em 1919, Zapata foi morto em uma emboscada governamental. Já Pancho Villa morreu numa emboscada em 1923, na cidade de Chihuahua, em razão de conflitos locais – embora alguns atribuam a ordem para o assassinato ao governo federal.

Em 1920, ano das eleições presidenciais, Carranza foi assassinado enquanto dormia e Obregón venceu o pleito. A Revolução Mexicana deixava o seu legado, do qual fazia parte um declínio significativo da população – o censo de 1921 registrou quase 1 milhão de mexicanos a menos do que a década anterior. Ao mesmo tempo, consagrou direitos trabalhistas que asseguravam condições mínimas aos trabalhadores e iniciou a reforma agrária, consolidou uma economia capitalista e, depois de quase uma década de guerra civil, procurou construir um Estado centralizado com o objetivo de exercer domínio pleno sobre a sociedade, ainda marcada pelas tendências autoritárias do período porfirista. O processo revolucionário reconheceu, em síntese, a necessidade de incorporar novas demandas à política nacional e prenunciou reformas que seriam debatidas em vários outros países latino-americanos na década de 1930.

ORGANIZANDO AS IDEIAS

2. Caracterize o projeto de Francisco Madero.
3. Analise o objetivo de Emiliano Zapata.

Da Primeira Guerra Mundial à Grande Depressão

Durante a Primeira Guerra Mundial, uma crise financeira abriu-se na América Latina, pois os bancos estrangeiros diminuíram seus investimentos e passaram a cobrar os empréstimos realizados para os países da região.

Em meio ao conflito, os países europeus foram obrigados a voltar-se para suas necessidades imediatas – principalmente a produção de material bélico. Em consequência, suas exportações sofreram uma expressiva queda, e abriu-se uma janela para o fortalecimento da produção industrial da América Latina, de maneira a garantir o atendimento ao crescente mercado interno. Por outro lado, esse período também assistiu à consolidação da hegemonia dos Estados Unidos, que desde finais dos anos 1890 vinham disputando esse espaço com a Grã-Bretanha. A produção de produtos primários – tanto matérias-primas estratégicas (principalmente cobre e petróleo) como alimentos – também foi impulsionada, uma vez que a produção interna dos países europeus foi prejudicada e a demanda cresceu. Os países exportadores receberam, portanto, um significativo impulso econômico. Como no final do século XIX, porém, os benefícios desse desenvolvimento não se distribuíram de forma igualitária. A inflação crescia, produzindo um aumento do custo de vida – o que, combinado com o desemprego, afetou duramente os setores mais pobres.

Após o conflito mundial, a América Latina ficou cada vez mais vulnerável à demanda dos países que importavam seus produtos, em especial os Estados Unidos. A dívida externa também se ampliou. Ao mesmo tempo, o período assistiu ao avanço dos movimentos trabalhistas. Surgido na América Latina em finais do século XIX e fortemente influenciado pelos imigrantes europeus, o movimento operário inspirou-se em doutrinas anarquistas, socialistas e comunistas para reivindicar melhores salários e condições de trabalho, assim como o direito de participar da política. Em diversos momentos, os trabalhadores foram contidos por uma violenta repressão policial, pois o Estado desejava evitar contestações à ordem. Ainda assim certas reivindicações foram atendidas e os trabalhadores obtiveram alguns ganhos sociais nesse período. A possibilidade de um "contágio" do radicalismo da Revolução Russa e da Revolução Mexicana atemorizava os grupos governantes. Greves gerais passaram a ser deflagradas por movimentos operários de vários países, demonstrando a nova força política dos trabalhadores latino-americanos no início do século XX.

A quebra da Bolsa de Nova York em 1929 atingiu em cheio as economias exportadoras latino-americanas. Com a redução da demanda dos países industrializados, os preços dos produtos primários caíram dramaticamente. Como os impostos aduaneiros eram a principal fonte de arrecadação de muitos países da América Latina, suas receitas diminuíram, dificultando o funcionamento do Estado. Os investimentos estrangeiros também foram interrompidos, paralisando diversos projetos que deles necessitavam, como a construção de ferrovias. Em consequência, a região passou por uma crise econômica generalizada.

A crise colocou em cheque os princípios do liberalismo e tanto os Estados Unidos como os países europeus passaram a adotar políticas protecionistas. Ocorreu, assim, uma queda brusca no comércio internacional, uma vez que todos os países buscavam reservar o mercado interno para a produção nacional. Ao mesmo tempo, passaram a emergir regimes autoritários, ameaçando as democracias existentes.

A América Latina também se inseriu nesse novo contexto. Nela, a presença de um Estado forte e intervencionista muitas vezes foi acompanhada pela figura de um líder carismático que conduzia as classes populares, aglutinava diferentes grupos sociais e promovia a industrialização pela substituição de importações. A atuação ativa do Estado na economia seria qualificada como nacional-desenvolvimentismo.

Muitos historiadores conceituam esse período histórico como populismo, sendo o governo de Vargas no Brasil uma das principais manifestações desse fenômeno. Entretanto, recentemente os pesquisadores têm chamado a atenção para o fato de que o populismo não pode ser analisado de forma genérica, em razão de suas particularidades em cada país. Por isso, analisaremos a seguir as experiências do México e da Argentina, tentando perceber as particularidades e as possibilidades da política populista na América Latina.

> **ORGANIZANDO AS IDEIAS**
>
> **4.** Qual o impacto da crise de 1929 sobre a maioria dos Estados latino-americanos?

Argentina: a crise da oligarquia

Na Argentina, assim como no México, o setor economicamente mais dinâmico era o exportador de produtos primários, sobretudo agropecuários. A inserção no mercado mundial e os investimentos estrangeiros permitiram que o país crescesse num ritmo acelerado. A expansão contribuiu para atrair milhões de imigrantes europeus – os quais, por sua vez, aumentaram a oferta de mão de obra, dando novo impulso à economia. O aumento demográfico também gerou um significativo mercado interno. Todos esses fatores se combinaram para impulsionar um processo de industrialização mais vigoroso do que no restante da América Latina.

Ao mesmo tempo, desde o final do século XIX a Argentina passava por mudanças políticas e sociais importantes. Desde 1874, o Partido Autonomista Nacional (PAN) – dominado por algumas famílias de latifundiários que produziam para o mercado externo – monopolizava o sistema político. A oligarquia garantia seu sucesso eleitoral por meio da fraude e da corrupção, pois o voto aberto facilitava a intimidação e a manipulação dos eleitores, enquanto a exigência de alfabetização excluía a maior parte da população.

Entretanto, o crescimento das cidades (especialmente Buenos Aires, a maior da América Latina), da economia e da burocracia estatal impulsionou a ascensão de importantes setores médios urbanos, assim como o aumento do número de operários. Todos esses grupos começaram a se organizar para se opor ao domínio político da oligarquia agrária. Por outro lado, diferentemente do México, não havia um setor camponês capaz de liderar uma revolução agrária, de modo que os conflitos políticos se deram principalmente no meio urbano.

Esses novos atores pressionaram o governo argentino a reformar o sistema eleitoral, tornando o voto secreto, universal e obrigatório. As cisões entre a própria oligarquia contribuíram para o sucesso do ímpeto reformista: o PAN estava dividido entre conservadores e progressistas, sendo estes favoráveis às reformas para garantir que a estabilidade não fosse destruída por revoltas de grupos insatisfeitos com o regime oligárquico. Assim, ganhou força o principal partido de oposição: a União Cívica Radical (UCR), fundada na década de 1890 e que tentara chegar ao poder por meio de um golpe fracassado em 1905.

Frente às pressões, em 1912 o presidente Roque Sáenz Peña propôs uma nova lei eleitoral, posteriormente aprovada no Parlamento. Com ela, o sufrágio na Argentina tornou-se secreto e obrigatório para todos os homens maiores de 18 anos, permitindo uma maior participação da população. Entretanto, como os imigrantes que não haviam se naturalizado não poderiam votar, a classe trabalhadora viu seu potencial eleitoral grandemente diminuído. Foram os setores médios, portanto, os mais beneficiados pela mudança.

A UCR não havia sido constituída como um partido fundamentalmente distinto do PAN, mas, ao buscar eleitores, precisou se diferenciar da oligarquia, apelando cada vez mais às classes médias. Por isso, foi a força política que mais se beneficiou com a reforma, assumindo a Presidência em 1916, com a eleição de seu candidato Hipólito Yrigoyen. Rompia-se, assim, o regime oligárquico, construindo-se uma das poucas

Radicais de classe média

Manifestação da UCR em Buenos Aires após a anistia dos exilados por sua participação no malsucedido golpe de 1905. Por um lado, o grande número de participantes demonstra a popularidade do partido. Por outro, as vestimentas e o comportamento indicam a predominância das camadas médias e até de membros da elite.

Protesto da UCR. Buenos Aires, 1906.

democracias representativas da região. Essa transformação se deu, porém, no contexto de uma crise econômica iniciada em 1913 e agravada pela Primeira Guerra Mundial. O conflito entre as potências globais diminuiu o fluxo de investimentos, importações e imigrantes para a Argentina, forçando o governo a cortar custos. Alguns setores da indústria aproveitaram a diminuição da concorrência com os produtos estrangeiros para crescer. Contudo, o principal efeito sentido pela maior parte da população foi uma grande elevação do desemprego, e mesmo os que continuaram a trabalhar viram seus salários corroídos pela inflação.

O primeiro governo da UCR foi, portanto, obrigado a lidar com tensões sociais, especialmente a intensificação da atuação do movimento operário, que realizou uma série de greves gerais a partir de 1917. Ao mesmo tempo, não podia entrar em conflito direto com a oligarquia, que ainda dominava o Congresso, o Exército, a Igreja Católica e a maioria das províncias. Por isso, embora Yrigoyen tenha tentado se aproximar dos sindicatos, a necessidade de contemporizar com as elites tradicionais – e o conservadorismo de parte das classes médias, principal base social da UCR – dificultava a realização de reformas significativas.

A constante expansão econômica, porém, permitia que os interesses das classes médias e das oligarquias fossem contemplados, garantindo o funcionamento do sistema político. Assim, a UCR conseguiu vencer as eleições presidenciais de 1922 e 1928, pois sua posição como o partido que havia lutado pela democratização eleitoral havia produzido muitos eleitores fiéis, que confiavam mais nos radicais que nos conservadores.

> **ORGANIZANDO AS IDEIAS**
>
> 5. Qual o significado da eleição de Yrigoyen na Argentina em 1916?
> 6. Quais eram os limites para a aproximação entre o governo Yrigoyen e os sindicatos?

México: o aprofundamento das transformações

A década de 1920 foi um período de reconstrução do Estado Mexicano e de institucionalização do regime. Para além dos conflitos internos, o presidente Álvaro Obregón teve de enfrentar um incidente diplomático com os Estados Unidos, que se negavam a reconhecer o seu governo em virtude do artigo da Constituição de 1917, que estabelecia como propriedade mexicana as riquezas do solo e do subsolo. Somente em 1923, por meio do Tratado de Bucareli, o qual obrigava o governo mexicano a indenizar os proprietários estadunidenses prejudicados com a revolução e garantia as antigas concessões de exploração das minas e do petróleo, que esse reconhecimento foi obtido.

O sucessor de Obregón foi Plutarco Elías Calles (1924-1928). Seu governo aprofundou algumas provisões anticlericais contidas na Constituição de 1917, com o objetivo de cercear a participação da Igreja Católica na vida pública. As medidas despertaram grande insatisfação nos católicos, culminando na rebelião conhecida como Guerra Cristera (1926-1929). Em meio às hostilidades, Obregón foi assassinado por um militante católico em 1928, logo após ser eleito para um segundo mandato. Somente no governo de Portes Gil (1928-1930) seria alcançada uma acomodação com a Igreja Católica: o Estado absteve-se de aplicar as leis que restringiam a autonomia eclesiástica, enquanto os líderes católicos não faziam reclamações públicas nem atacavam diretamente o governo.

Como outros países da América Latina, o México foi afetado pela contração do comércio mundial causada pela crise de 1929, que afetou tanto o valor quanto o volume das exportações. Muitas empresas foram fechadas, elevando o desemprego; este foi ainda mais ampliado pela deportação de 3 milhões de mexicanos dos Estados Unidos. Mesmo assim, o impacto não foi tão forte quanto em outros países, como Argentina e Brasil, pois as exportações mexicanas não se baseavam em um único produto, caso do café brasileiro.

No México, o *crash* da Bolsa de Nova York reforçou a defesa do desenvolvimento do mercado interno e da indústria em vez da atividade agroexportadora. A atuação estatal ampliar-se-ia com Lázaro Cárdenas, que assumiu a Presidência em 1º de dezembro de 1934. Cárdenas havia sido eleito pelo Partido Nacional Revolucionário (PNR), criado em 1929 por Calles. Durante o governo Cárdenas, as demandas sociais da revolução foram recuperadas com o objetivo de superar os efeitos da crise e pacificar as tensões sociais. Para se libertar da influência de Calles, Cárdenas construiu uma base política entre os camponeses, prometendo realizar a reforma agrária, praticamente paralisada havia décadas.

O presidente mexicano Lázaro Cárdenas, durante a reforma agrária, rodeado por camponeses. Foto da década de 1930.

Pelo Plano Sexenal (isto é, para os seis anos de governo), o Estado passaria a dirigir a economia nacional para garantir altas taxas de crescimento e de criação de empregos. A expropriação dos latifúndios não encontrou maiores resistências dos grandes proprietários por conta da instabilidade do mercado internacional e das possibilidades de reinvestir na indústria ou no comércio nacional o capital recebido do governo como indenização.

A indústria nacional voltada para a produção de bens de consumo não duráveis – como alimentos, roupas e calçados – foi incentivada, sendo seu crescimento facilitado pelos custos relativamente baixos para a instalação e a ampliação desse tipo de fábrica. O desenvolvimento econômico também foi estimulado mediante a criação de bancos que deveriam fornecer crédito para empreendimentos considerados prioritários para o governo. Em 1936, por exemplo, foram criados o Banco de Fomento Industrial e o Banco Nacional de Crédito Ejidal, este voltado para o financiamento da produção dos *ejidos*.

O desenvolvimento do projeto de industrialização permitiu a prosperidade tanto de empresários como de trabalhadores urbanos. No início do governo de Cárdenas, o número de greves foi o mais alto da história contemporânea do país. Entretanto, os movimentos não eram reprimidos, pois o presidente considerava a greve uma arma legítima para os trabalhadores. Em 1936, surgiu a Confederação de Trabalhadores do México (CTM), uma central sindical que estabeleceu estreitas relações com o governo e dele recebia subsídios, permitindo que o Estado funcionasse como um árbitro das questões trabalhistas. Os camponeses também possuíam uma organização semelhante: a Confederação Nacional Camponesa (CNC), criada em 1935.

O Estado interveio fortemente em outros setores importantes da economia, como o petrolífero e o de transportes. Assim, as estradas de ferro (1937) e a produção de petróleo (1938) foram nacionalizadas, de modo que sua exploração passou para o controle governamental. A medida gerou graves conflitos com os Estados Unidos. Entretanto, a Política da Boa Vizinhança, instaurada por Franklin Roosevelt para as relações com a América Latina, contribuiu para que a questão fosse resolvida sem conflitos armados.

A percepção de que a situação na Europa estava rapidamente degenerando em uma guerra também contribuiu para que o governo americano procurasse estreitar as relações com o México, garantindo o suprimento de diversos produtos, como o próprio petróleo. O antifascismo declarado de Cárdenas facilitou essa aproximação. Com a Segunda Guerra Mundial e a entrada dos Estados Unidos no conflito em 1941, a economia mexicana recebeu novo impulso, já que as demandas de exportação se elevaram.

O governo também tomou várias medidas indigenistas, reconhecendo a contribuição dos povos autóctones para a história do país. Em 1940 realizou-se o I Congresso Indigenista Internacional na cidade de Pátzcuaro, no qual se reuniram representantes indígenas de todo o continente americano. Nele instituiu-se o dia 19 de abril como o Dia do Índio e deliberou-se a criação do Instituto Indigenista Interamericano, que deveria garantir os direitos indígenas na América, valorizando seus traços culturais. O Brasil, sob o governo de Getúlio Vargas, aderiu às deliberações do Congresso em 1943.

Reformista e nacionalista, a política de Cárdenas buscava modernizar a economia nacional, estimulando o crescimento do capitalismo por meio da intervenção do Estado e tentando conciliar esse processo com o bem-estar dos trabalhadores. Inevitavelmente, ao aprofundar esse processo, o presidente entrou em choque com alguns grupos, sobretudo conservadores e católicos. Para esses últimos, o grande problema foi a proposta governamental de promover uma educação laica que buscava impulsionar uma ética coletivista e valores socialistas na escola. Para as organizações católicas, isso representava um atentado aos valores cristãos. Era um indício da consolidação do regime, porém, diferentemente da década de 1920, essa oposição não gerou rebeliões ou conflitos políticos desestabilizadores.

Em 1938, o presidente mexicano transformou o PNR em Partido da Revolução Mexicana (PRM), que passou a buscar apoio das classes médias, do campesinato, dos trabalhadores e dos militares na tentativa de conciliar os interesses desses diversos setores. Cárdenas descartou a possibilidade de reeleição, e Manuel Ávila Camacho, candidato do PRM, foi eleito em 1940. Ao fim do mandato de Cárdenas, o México tinha sofrido transformações significativas. As mudanças que ocorreriam na segunda metade do século XX seriam muitas vezes o aprofundamento das reformas iniciadas na década de 1930.

Mais tarde, em 1946, o PRM se transformaria no Partido Revolucionário Institucional (PRI), que se manteve no poder até 2000.

ORGANIZANDO AS IDEIAS

7. Qual o projeto de Cárdenas ao assumir a Presidência do México?
8. Como seria possível sintetizar os seis anos do governo Cárdenas?

Argentina: os trabalhadores e a política

Principal líder da União Cívica Radical, Yrigoyen foi eleito novamente em 1928, em grande medida graças à imagem que construíra de um líder honesto e preocupado com o povo. Entretanto, os conservadores temiam que as tentativas de aproximação da UCR com as classes médias e os setores populares reduzissem o poder da oligarquia. A situação tornou-se ainda mais complexa com os efeitos da crise de 1929 na América Latina, pois a diminuição dos investimentos estrangeiros e a queda dos preços das exportações argentinas – em razão da menor demanda americana e europeia – reduziram as receitas do Estado e geraram uma depressão econômica. Assim, setores nacionalistas da elite e do Exército aproveitaram a perda de apoio popular de Yrigoyen em razão da crise para derrubá-lo por um golpe militar em 1930.

O novo regime logo perdeu popularidade por causa da continuidade da crise econômica. A instabilidade política retornou, com conflitos entre os conservadores e tentativas da UCR de retornar ao poder. As eleições voltaram a ocorrer a partir de 1931, mas a exclusão dos grupos concorrentes e as fraudes eleitorais garantiram o retorno da oligarquia que havia comandado o país até 1916.

A depressão econômica continuou a afetar a Argentina na década de 1930, dando origem a um nacionalismo que criticava a subordinação do país aos interesses dos investidores estrangeiros. A busca pela autonomia levou à adoção de uma política de substituição de importações que deu significativo impulso à industrialização, especialmente no caso da produção dos bens de consumo. A eclosão da Segunda Guerra Mundial em 1939 só reforçou essas tendências, embora a continuidade das exportações argentinas (especialmente para o Reino Unido) tenha garantido a construção de uma elevada reserva de recursos internacionais. Em razão do crescimento da indústria, o número de trabalhadores elevou-se rapidamente e estes se organizaram em sindicatos maiores e mais articulados.

O conflito global gerou outros problemas na política argentina. Alguns temiam que a relação com os Estados Unidos mantivesse a Argentina numa posição subordinada, havendo mesmo discussões sobre a possibilidade de aliança com a Alemanha nazista. Em razão da recusa argentina em romper relações com o Eixo, os norte-americanos deixaram de vender material bélico para os argentinos, mas o fizeram para o Brasil. O Exército argentino começou, consequentemente, a temer uma invasão brasileira estimulada pelos Estados Unidos. Aproveitando a insatisfação das classes médias com as fraudes eleitorais e o apoio norte-americano, os militares deram um novo golpe em 1943 e dissolveram todos os partidos políticos.

Apesar de suas divisões internas, as Forças Armadas argentinas cresceram em tamanho e influência, e uma figura começou a se destacar: o coronel Juan Perón. Nacionalista, anticomunista e anti-imperialista, Perón foi nomeado ministro da Guerra em 1944 e, meses depois, vice-presidente.

Para além de construir sua popularidade entre os militares ao defender o armamento do país, Perón procurou aproximar-se dos trabalhadores, utilizando os recursos do Estado para conceder-lhes benefícios. Assim, ampliou a concessão de direitos sociais havia muito exigidos pelo movimento operário: aposentadorias, férias, moradia e indenizações por acidentes de trabalho. Favoreceu, em especial, os sindicatos que o apoiavam. Essa política reconhecia o crescente peso político que os trabalhadores haviam obtido, em razão de seu número e sua capacidade de mobilização. Os dirigentes sindicais dispostos a resistir à influência do Estado foram, porém, eliminados como força política. O objetivo de Perón era, portanto, conciliar patrões e trabalhadores por meio da ação do Estado, evitando uma revolução social.

A aproximação entre Perón e os sindicatos fez com que os industriais passassem a lhe fazer oposição, enquanto os Estados Unidos, após a derrota da Alemanha em maio de 1945, pressionaram pela realização de eleições.

Evita Perón, "Dama da Esperança" e "Amparo dos Humildes"

Eva Perón (1919-1952) foi a única primeira-dama a aparecer no retrato oficial de um presidente argentino, um destaque que se explica por sua importância política. Enquanto Perón se ocupava das tarefas cotidianas de governo, Evita (diminutivo carinhoso pelo qual era conhecida) mobilizava os aliados do peronismo com discursos vibrantes e combativos. Por meio da Fundação Eva Perón, criou uma vasta rede de assistência social para auxiliar os mais pobres, obtendo recursos através de doações (voluntárias e compulsórias) de empresas, recursos públicos e contribuições dos próprios trabalhadores. Foi uma importante defensora do voto feminino, aprovado em 1947. Chegou também a ser cogitada como vice-presidente na campanha de reeleição de Perón em 1951. Construiu, assim, uma imagem carismática e duradoura que ampliou a popularidade de seu marido. Sua morte prematura aos 33 anos, resultado de um câncer cervical, foi amplamente lamentada: cerca de 3 milhões de pessoas participaram de seu funeral.

Numa Ayrinhac. Retrato oficial do presidente Juan Perón e sua esposa Eva Perón, primeira-dama da Argentina, 1948, óleo sobre tela.

As oposições organizaram-se e Perón foi posto na prisão em outubro. No entanto, graças às manifestações operárias e ao apoio de setores das Forças Armadas, foi solto dias depois e acabou por vencer as eleições presidenciais de 1946 pelo recém-criado Partido Laborista (PL). Seu discurso nacionalista em favor de um Estado forte para garantir a estabilidade atraiu muitos conservadores, e sua proximidade com a Igreja Católica – obtida graças à reintrodução do ensino religioso nas escolas – contribuiu para a ampliação de sua popularidade. A oposição entre radicais da UCR e conservadores – que havia sido central na história política argentina no meio século anterior – fora destruída pela ascensão de um novo movimento político, impulsionado pela emergência da classe trabalhadora sindicalizada. A esquerda também viu-se enfraquecida, pois a maioria de seus eleitores migrou para o PL, capaz de entregar-lhe benefícios tangíveis imediatamente.

Após a vitória, os partidos aliados foram dissolvidos, e fundou-se um Partido Peronista em 1947, consolidando o poder do presidente. O governo também estabeleceu uma relação próxima com as Forças Armadas, as quais, juntamente com os sindicatos aliados, o Partido Peronista e a Igreja Católica, serviram como base do poder presidencial. Opositores no Judiciário, Congresso, universidades e imprensa foram perseguidos.

Ao mesmo tempo, as divisas acumuladas durante a guerra, os elevados preços dos produtos exportados e o crescimento da indústria de bens de consumo produziram recursos que o governo redistribuiu entre a população. Incentivou-se, assim, o consumo e o mercado interno, gerando uma melhoria significativa das condições de vida através da elevação dos salários e da expansão dos direitos sociais. Os trabalhadores tornaram-se parte essencial do sistema político, pois era seu apoio que dava legitimidade ao peronismo. O crescente déficit comercial com o exterior sugeria, porém, que o modelo teria dificuldades em continuar por muito tempo.

Assim, Perón saiu vitorioso em sua campanha pela reeleição em 1951, na qual o poder do Estado foi utilizado de diversas formas para dificultar a atuação da oposição. Completava-se, assim, o atrofiamento do pluralismo político brevemente ensaiado nos anos anteriores. Entretanto, começaram a aparecer rachas que ameaçavam a continuidade de seu projeto político.

Na economia, a recuperação da agricultura europeia após o desastre da Segunda Guerra Mundial diminuiu a demanda por produtos argentinos, derrubando seu preço. Já a competição com os produtos norte-americanos dificultara as exportações industriais para os países vizinhos. As reservas internacionais acumuladas durante o conflito mundial esgotaram-se. A inflação elevava rapidamente o custo de vida e o desemprego crescia.

Nesse contexto de crise, empresários e sindicatos começaram a entrar em confronto, pois os primeiros desejavam diminuir os benefícios obtidos pelos trabalhadores. Por outro lado, a Igreja se distanciou do

Populismo: o que há em um nome?

Cada país possui uma história política peculiar, como se percebe pelas trajetórias mexicana e argentina. Na primeira, questões rurais assumem uma importância muito maior, em razão de sua grande população camponesa, enquanto o movimento operário assumiu uma posição central na Argentina, mais industrializada. Entretanto, nesses casos, assim como no Brasil, o conceito de populismo tem sido utilizado para analisar a história política das décadas de 1930-1950, por vezes estendendo-se até o presente e para outros países latino-americanos. O termo recebe, porém, diferentes interpretações de acordo com cada autor, sendo muitas vezes acusado de imprecisão por abarcar fenômenos muito distintos.

Para alguns estudiosos, o populismo apareceria num momento de transição de uma sociedade tradicional para a modernidade, evidente no deslocamento do predomínio social e político do campo e da agricultura para a cidade e a indústria. A atuação do Estado seria fundamental para completar essa transição. O termo também foi utilizado em alguns momentos para qualificar um fenômeno político visto como "atrasado" por não se enquadrar nos modelos dos países capitalistas avançados da Europa e dos Estados Unidos. Por isso, entrou para o senso comum com uma conotação negativa de personalismo e irresponsabilidade.

Contra essa visão generalista, diversos historiadores procuraram analisar as características específicas desses movimentos. Atualmente, o termo é utilizado para referir-se a movimentos políticos que buscaram unir grupos sociais distintos (principalmente trabalhadores e industriais) em torno de um líder carismático. Esses chefes políticos se legitimavam por meio de eleições, obtendo vitórias ao prometer desenvolver a economia através da ação do Estado na concessão de benefícios há muito reivindicados pelos trabalhadores. Com isso, pela primeira vez o povo era incorporado em larga escala na política latino-americana, pois seu apoio era essencial para o sucesso dos líderes populistas. Entretanto, o autoritarismo desses regimes e a persistência do poder das oligarquias dificultavam transformações mais profundas, enquanto a exaltação do líder impedia a continuidade de seu projeto político após sua saída do governo.

---

governo, pois o regime defendia cada vez mais um cristianismo peronista, que idolatrava Perón e Evita, num domínio que culminou no fim do ensino religioso nas escolas, na aprovação da lei que regulamentava o divórcio e na tentativa de separar a Igreja do Estado. A popularidade do regime despencou, de modo que a Marinha aproveitou a oportunidade para organizar em junho de 1955 uma rebelião que deixou mais de 300 mortos. Em setembro de 1955, Perón acabou sendo deposto pelos militares no terceiro golpe de Estado na Argentina em 25 anos. Mais de sessenta anos depois, o peronismo continua a influenciar a política do país.

ORGANIZANDO AS IDEIAS

9. Cite dois elementos da política de Perón em relação aos trabalhadores.
10. Qual o fundamento da política trabalhista de Perón?

Revisando o capítulo

APROFUNDANDO O CONHECIMENTO

1. Leia o texto e responda às questões.

> Nos anos 1930, as teses favoráveis à construção de um Estado com capacidade para planejar/organizar/dirigir o desenvolvimento econômico e intervir nos conflitos sociais e políticos ganharam terreno, e os regimes fascista italiano e nazista alemão passaram a ser indicados como alternativas de sucesso aos regimes liberais em descrédito. Mesmo governantes contrários ao nazifascismo procuraram introduzir em seus países um Estado forte, promotor da legislação social e mediador dos conflitos sociais, tendo à sua frente um líder carismático em contato direto com as massas. Alguns regimes da América Latina do pós-guerra adotaram essa política, denominada populista por muitos autores.
> [...]

Considerando o "moderno" e o "tradicional" como partes constitutivas de um mesmo todo onde elas se integram de forma contraditória, o período pode ser entendido como um momento específico da conjuntura histórica mundial (o período entre guerras) em que novas formas de controle social foram engendradas com vistas à preservação da ordem ameaçada por conflitos sociais.

CAPELATO, Maria Helena. Populismo latino-americano em discussão. In: FERREIRA, Jorge. O populismo e sua história: debate e crítica. Rio de Janeiro: Civilização Brasileira, 2001.

a. Qual a ideia central expressa no trecho selecionado?

b. Pense em exemplos das dimensões "tradicional" e "moderna" que se entrelaçam no fenômeno populista.

2. Leia o texto a seguir e responda às questões.

Em seu posto de secretário do Trabalho e, depois, vice-presidente do governo militar instaurado em 1943, Juan Domingo Perón dedicou-se a atender a algumas das reivindicações fundamentais da emergente força trabalhadora industrial. Ao mesmo tempo, empenhou-se em minar a influência das forças de esquerda que competiam com ele na esfera sindical. [...] O crescente apoio operário a Perón, produzido por essas circunstâncias, manifestou-se pela primeira vez em 17 de outubro de 1945, data em que uma manifestação popular conseguiu tirá-lo da prisão e colocou-o no caminho para a vitória, ao vencer as eleições presidenciais de fevereiro de 1946.

Embora no período 1943-1946 tenham melhorado muito as condições específicas de trabalho e a legislação social, a década de governo peronista, 1946-1955, produziu efeitos ainda muito mais profundos sobre a posição da classe trabalhadora na sociedade. Antes de mais nada, houve nesse período um considerável aumento da capacidade de organização e do peso social da classe trabalhadora. A combinação da simpatia do Estado pelo fortalecimento da organização sindical com o anseio da classe trabalhadora em traduzir sua vitória política em vantagens concretas determinou uma rápida ampliação do sindicalismo. Em 1948, o índice de sindicalização havia subido para 30,5% da população assalariada e, em 1954, era de 42,5%. [...] Entre 1946 e 1951, o total de filiados a sindicatos aumentou de 520.000 para 2.334.000. [...] Além disso, pela primeira vez, um grande número de funcionários públicos se sindicalizou. Essa ampliação do sindicalismo em grande escala foi acompanhada da implantação de um sistema global de negociações coletivas. Os acordos assinados em toda a indústria argentina no período 1946-1948 regulavam os níveis salariais, as especificações trabalhistas e incluíam, ainda, um conjunto de dispositivos sociais que incluía a licença médica, a licença-maternidade e as férias pagas.

JAMES, Daniel. O peronismo e a classe trabalhadora, 1943-1955. In: ROLLEMBERG, Denise; QUADRAT, Samantha Viz. A construção social dos regimes autoritários. Legitimidade, consenso e consentimento no século XX. Brasil e América Latina. Rio de Janeiro: Civilização Brasileira, 2011.

a. Quais as políticas desenvolvidas por Perón no período 1943-1946?

b. Mencione dois resultados das políticas do governo peronista (1946-1955).

c. O que a elevada sindicalização e os direitos obtidos pelos trabalhadores argentinos indicam sobre sua capacidade de atuação?

3. Examine a pintura O arsenal, produzida por Diego Rivera em 1928 e responda às questões.

Diego Rivera. O arsenal, 1928. Pintura-mural. Tribunal de Fiestas, Secretaria de Educación Pública, México.

a. Que elementos se destacam no mural?

b. Pesquise sobre o artista Diego Rivera e sua obra O arsenal, reunindo informações sobre o contexto em que foi produzida.

c. A partir desses dados, analise o significado político da imagem, relacionando a obra à Revolução Mexicana iniciada em 1910.

A ERA VARGAS (1930-1945)

CAPÍTULO 42

Após a Revolução de 1930 surgiram instituições bem conhecidas, como as leis trabalhistas e o voto direto e secreto para homens e mulheres. Elas apareceram durante a chamada Era Vargas, no período entre 1930 e 1945, durante o qual Getúlio Vargas foi presidente do Brasil. Nesses quinze anos, sucederam-se diferentes projetos de transformação da sociedade e diferentes imagens vinculadas ao chefe de Estado. Por exemplo, o líder revolucionário que indicava membros do Movimento Tenentista como interventores nos estados transmitia uma imagem bem diversa daquela do austero governante dos primeiros anos do Estado Novo (1937-1945). Esta, por sua vez, guardava poucas semelhanças com a do estadista que declarou guerra ao nazifascismo (1942) ou com a do benévolo "pai dos pobres" que promulgou a Consolidação das Leis do Trabalho (1943).

Construindo o conhecimento

- Na sua opinião, que imagem de Vargas lançou raízes mais profundas no imaginário brasileiro: a do líder revolucionário, a do governante autoritário do Estado Novo ou a do "pai dos pobres"?
- Por que você acha que Vargas apresentou diversas imagens à população ao longo de seu período no poder?

Plano de capítulo

- A Revolução de 1930 e a modernização da sociedade brasileira
- O Governo Provisório
- A Constituição de 1934 e o acirramento dos confrontos
- O Estado Novo e o projeto autoritário
- O Brasil na Segunda Guerra Mundial

Trabalhadores saúdam o presidente Getúlio Vargas na Avenida Rio Branco, próximo ao Palácio do Catete, no Rio de Janeiro. Foto de 1946.

Marcos cronológicos

1930 — Revolução de 1930. Instauração do Governo Provisório. Criação do Ministério da Educação e Saúde Pública. Criação do Ministério do Trabalho, Indústria e Comércio.

1931 — Publicação do Código dos Interventores.

1932 — Promulgação do Código Eleitoral de 1932. Revolução Constitucionalista em São Paulo. Fundação da Ação Integralista Brasileira (AIB).

1933 — Eleição da Assembleia Nacional Constituinte.

1934 — Promulgação da Constituição e eleição indireta de Getúlio Vargas para presidente.

1935 — Fundação da Aliança Nacional Libertadora (ANL). Promulgação da Lei de Segurança Nacional. Levante Comunista ou Intentona Comunista.

1936 — Decretação do Estado de Guerra.

1937 — Divulgação do Plano Cohen. Início do Estado Novo.

A Era Vargas (1930-1945) Capítulo 42 579

Acompanhar a sucessão dessas imagens pode tornar menos enigmática a figura de Vargas. Do mesmo modo, examinar os projetos de desenvolvimento impulsionados por ele, com a intervenção do Estado em apoio à indústria privada, complementada por uma série de reformas em benefício dos trabalhadores, pode nos ajudar a entender melhor o país urbanizado e industrializado em que vivemos.

A Revolução de 1930 e a modernização da sociedade brasileira

A Revolução de 1930 levou Getúlio Vargas ao poder. As oligarquias dissidentes e os tenentes conduziram uma ruptura política que, partindo de Minas Gerais e do Rio Grande do Sul, contou com o apoio de outras unidades da Federação. O movimento culminou na deposição do presidente Washington Luís – no afastamento de Júlio Prestes, vitorioso na eleição presidencial de 1930 –, na revogação da Constituição de 1891 e na introdução de reformas na vida social e política do país. A Primeira República passou a ser chamada de República Velha, de maneira a demarcar a diferença do novo governo diante da ordem oligárquica. Diferentemente do regime instituído pela Constituição de 1891, caracterizado pela forte descentralização política, a revolução instituiu um governo centralizado que procurou impulsionar uma política pró-industrialização do país.

Diversificação econômica e política industrializante

O primeiro grande desafio que o governo revolucionário teve de enfrentar na área econômica foi a crise do café. Dando continuidade às práticas anteriores, Vargas tornou permanente a política de defesa do produto. O preço foi sustentado pela redução da oferta, feita por meio da queima de estoques de café.

Embora se mantivesse como o principal produto de exportação e contasse com o incentivo do governo federal, o café passou a conviver com a crescente diversificação da economia brasileira. Algodão, cacau, fumo, açúcar e erva-mate, produtos de peso nas economias regionais, ampliaram sua participação na pauta de exportações. O incentivo à diversificação da produção agrícola foi reforçado com a criação do Instituto do Cacau da Bahia (1931), do Departamento Nacional do Café (1933), do Instituto Nacional do Açúcar e Álcool (1933), do Instituto Nacional do Mate (1938) e do Instituto Nacional do Sal (1941).

A diversificação da economia ocorria também com o investimento industrial. Quando se observa a distribuição setorial do Produto Interno Bruto (PIB) entre as décadas de 1930 e 1950, verifica-se a tendência de aumento da indústria e a redução do peso da agricultura. A industrialização foi colocada como motor do desenvolvimento. Tratava-se de superar o modelo agrário exportador que prevaleceu durante a maior parte da história do país.

A sociedade brasileira já contava com uma base industrial instalada, concentrada principalmente no eixo Rio de Janeiro-São Paulo. A crise de 1929 e a redução do comércio internacional favoreceram a industrialização pela substituição de importações. Além disso, a partir de 1930, a elevação das tarifas alfandegárias sobre importados e o impedimento de instalação de máquinas que concorressem com a indústria nacional favoreceram o crescimento do setor.

Na década de 1930 assistiu-se a um crescimento da indústria de bens de capital, alimentos, produtos químicos, farmacêuticos, têxteis, metalúrgica e siderúrgica. O Estado iria fomentar a indústria de base – fundamental para organizar a infraestrutura para o crescimento industrial – e oferecer linhas de crédito para essa expansão econômica. O Banco do Brasil assumiu papel preponderante no

1938
Levante da Intentona Integralista.

1939
Início da Segunda Guerra Mundial. Criação do Departamento de Imprensa e Propaganda (DIP).

1940
Acordo para o financiamento norte-americano da indústria siderúrgica no Brasil.

1942
Destruição de navios mercantes brasileiros por submarinos alemães. Início da política "trabalhista" liderada por Marcondes Filho. Entrada do Brasil na Segunda Guerra Mundial.

1943
Formação da Força Expedicionária Brasileira (FEB). Manifesto dos Mineiros. Promulgação da Consolidação das Leis do Trabalho (CLT).

1944
Chegada das tropas da FEB à Itália.

1945
Fim do Estado Novo. Término da Segunda Guerra Mundial.

fornecimento de crédito para esses setores econômicos. A administração também estabeleceu um franco diálogo com setores industriais, que ampliaram seu espaço, sua representatividade e sua voz no governo.

O acompanhamento do PIB brasileiro mostra que o crescimento negativo, no início da década de 1930, resultado da crise internacional e da queda das cotações do café, reverteu-se em resultados positivos expressivos a partir de 1933. Nesse ano, a taxa de crescimento foi de 11,1%.

Paralelamente ao incentivo ao desenvolvimento urbano-industrial, o Estado buscou arbitrar as relações estabelecidas no mercado de trabalho, regulando-o.

Crescimento do Produto Interno Bruto (PIB) brasileiro, 1930-1950					
1930	1931	1932	1933	1934	1935
−4,2	−3,8	3,7	11,1	9,1	3,8
1936	1937	1938	1939	1940	1941
12,5	4,5	3,6	3,0	−2,0	5,5
1942	1943	1944	1945	1946	1947
−3,7	10,1	8,0	2,9	11,6	3,9
1948	1949	1950			
9,6	7,9	6,6			

Fonte: LEOPOLDI, Maria Antonieta P. "A economia política do primeiro governo Vargas (1930-1945): a política econômica em tempos de turbulência." In: FERREIRA, Jorge; ALMEIDA, Lucília (Orgs.). *O Brasil Republicano*: o tempo do nacional estatismo. Rio de Janeiro: Civilização Brasileira, 2003. p. 284.

O Ministério da Revolução e a legislação trabalhista

Atribui-se a expressão "a questão social é caso de polícia" a Washington Luís, presidente deposto pelo movimento revolucionário. A frase silenciava sobre os processos políticos iniciados antes de 1930, quando a ampliação da cidadania dos trabalhadores ganhou espaço na formação do Estado e da sociedade brasileira. A legislação trabalhista despontou na década de 1920 como uma resposta às lutas dos trabalhadores e ao ciclo de greves de 1917 a 1920. Ademais, vários movimentos reformistas na década enfatizavam a importância de o Estado regular o mercado de trabalho.

A expressão é mais um exemplo de como a memória política da Revolução de 1930 buscou estabelecer marcos temporais para romper com a República Velha. Para arbitrar as relações de trabalho e promover a "paz social" – evitando os conflitos de classe –, foi instituído o Ministério do Trabalho, Indústria e Comércio, em 26 de novembro de 1930. Conhecida como o Ministério da Revolução, a pasta centralizou a fiscalização da regulação do mercado de trabalho, que antes ficava a cargo dos governos estaduais e era muito pouco efetiva.

Com o Ministério do Trabalho, instituiu-se o corporativismo como meio de arbitrar os conflitos de classe. Durante o período entreguerras, várias nações questionaram o livre acordo entre as partes do contrato de trabalho como forma justa de regular o mercado. Para evitar greves, ameaças à ordem política e garantir os acordos entre patrões e empregados, vários países investiram na construção de sistemas de representação corporativos em que os representantes de trabalhadores e empresários pudessem estabelecer acordos.

Em 1931, o Ministério do Trabalho foi instituído como o único órgão que poderia reconhecer um sindicato como representante de uma classe. Além disso, estabeleceu o critério de apenas um sindicato por categoria profissional. Tais dispositivos, consolidados durante o Estado Novo, levaram a uma adaptação da estrutura sindical existente às regras outorgadas pelo poder público. Nesse processo, anarquistas e comunistas foram reprimidos e abriu-se espaço para o surgimento de lideranças alinhadas ao Ministério do Trabalho.

Paralelamente à institucionalização do corporativismo, o ministério esforçou-se por produzir uma extensa legislação de proteção social do operariado urbano. Entre 1931 e 1934, foram regulamentados a jornada de oito horas no comércio e na indústria, o trabalho da mulher e do menor, a lei de férias, a criação da Carteira de Trabalho e o direito a aposentadorias e pensões. Em 1934, estabeleceu-se a Justiça do Trabalho como órgão do Poder Judiciário especializado no trato das contendas trabalhistas. O Estado Novo reforçaria essa legislação instituindo o salário mínimo e promulgando a Consolidação das Leis do Trabalho (CLT) em 1943.

Em síntese, a Era Vargas constituiu uma cidadania social para os trabalhadores, valorizados como elemento de construção da nacionalidade. Essa valorização resultou em legislações como a de 1934, em que se exigia a presença de dois terços de trabalhadores nacionais nas empresas.

Todavia, deve-se notar que o direito social do período não foi estendido ao trabalhador rural, ficando restrito àquele sindicalizado e com acesso ao emprego formal por meio da Carteira de Trabalho assinada.

O populismo e sua história no Brasil

A história do uso da palavra "populismo" para designar períodos históricos, governos ou políticos é uma constante na política brasileira e da América Latina. Ao analisarmos a história da América Latina no século XX (Capítulo 41), vimos como o conceito sociológico tenta explicar a transformação de uma sociedade tradicional e rural em moderna e urbana. A modernização acompanhava um processo de incorporação dos grupos populares à política e de transformações nas formas de representação, com predomínio de eleições, partidos e lideranças carismáticas. Os regimes marcados pela incorporação das massas na comunidade política caracterizam-se pela crítica ao liberalismo e pela tentativa de formar governos de base popular.

No Brasil, o conceito de populismo designa o período de 1930 a 1964 e a centralidade que a figura de Getúlio Vargas assumiu na modernização da sociedade. O fato de ter governado o país por 15 anos e depois ter sido eleito presidente em 1950 colocava Vargas no cerne das disputas e discussões sobre as formas de incorporar as massas na política.

A interpretação do período e do governo Vargas como "populista" foi iniciada pelas Ciências Sociais nos anos 1950. Todavia, no Brasil, antes de serem conceitos históricos e sociológicos, as palavras "populismo" e "populista" foram uma arma política usada para qualificar governos e políticos. Na referida década, elas eram usadas para falar de forma positiva dos grupos políticos próximos aos trabalhadores. Ser um político "populista" significava ser popular. Após o Golpe Militar de 1964, tais palavras ganharam uma conotação negativa, sendo usadas para representar lideranças demagógicas e pouco compromissadas com a democracia.

Ainda hoje, o termo "populismo" assume conotações ambíguas na imprensa, nas universidades e nos discursos políticos, servindo para desqualificar o adversário político. Assim, o conceito serve tanto para analisar um período histórico quanto como uma arma nas discussões e nos debates políticos.

O Ministério da Educação e Saúde (MES) e a política cultural

A valorização do trabalhador nacional ocorria simultaneamente à construção da nacionalidade. Se até a década de 1930 a mestiçagem foi vista como um traço da "debilidade" do povo brasileiro e impedimento ao desenvolvimento nacional, na Era Vargas observou-se um discurso de valorização da mestiçagem como sinônimo de "democracia racial".

O posicionamento do "trabalhador brasileiro" e do "povo mestiço" como base da nacionalidade era efetivado também no investimento em políticas de educação e cultura, vistas como capazes de formar a identidade nacional e construir o caráter moral do cidadão. Visando a operacionalização dessas políticas, em novembro de 1930, foi criado o Ministério da Educação e Saúde.

Em 1934, Gustavo Capanema assumiu o Ministério da Educação, permanecendo no cargo nos 11 anos seguintes. Ele estabeleceu as diretrizes que orientariam o sistema educacional brasileiro até o início dos anos 1960.

Nas políticas educacionais, investiu-se na formação de uma elite, em detrimento de uma educação democratizada, voltada para o Ensino Básico. Em 1935, fundou-se a Universidade do Distrito Federal (UDF) e, com o objetivo de fixar um padrão nacional para o Ensino Superior, criou-se em 1937 a Universidade do Brasil (UB), atual Universidade Federal do Rio de Janeiro (UFRJ). O projeto concorrente era o da Universidade de São Paulo (USP), fundada em 1934 pela elite paulista.

Não foi só com o ensino que se preocupou o ministro Capanema. Por sua iniciativa, intelectuais de tendências diversas participaram de projetos patrocinados pelo Estado. São exemplos a criação do Serviço do Patrimônio Histórico e Artístico Nacional (SPHAN) e a construção do edifício-sede do Ministério da Educação, marco da arquitetura moderna brasileira, de que participaram o arquiteto Oscar Niemeyer e o pintor Cândido Portinari, ambos identificados como comunistas.

O governo Vargas também atuou em vários outros setores, como os de rádio, música, teatro e futebol, sempre com o objetivo de formar o sentimento de nacionalidade. Os efeitos de sua intervenção na modernização da economia, da cidadania social do trabalhador e da política cultural marcaram a comunidade política nacional por longos anos além da Era Vargas.

O rádio, a modernização social e o "samba"

A primeira transmissão de rádio no Brasil ocorreu em 7 de setembro de 1922, como parte das comemorações do centenário da Independência, no Rio de Janeiro. Além de tocar o hino nacional, a transmissão foi o veículo da palavra presidencial, apresentando o Brasil como uma nação moderna. A transmissão foi difundida para 80 aparelhos de rádio, instalados na capital da República, em Niterói, Petrópolis e São Paulo. Posteriormente, porém, o rádio tornou-se um dos principais veículos de comunicação de massa.

Num país onde predominavam a oralidade e a baixa escolaridade da população, o rádio era visto como um veículo essencial para a integração nacional e a transformação social. Nos anos 1930, Getúlio Vargas outorgava concessões para a transmissão de rádio em todo o país, e regulamentava a atividade radiofônica, fixando limites e o formato para propagandas. É nesse período que surgem programas musicais e de variedades patrocinados por empresas, e há um maior investimento do Estado no controle dessas atividades. Em 1931, com o Departamento Oficial de Publicidade, transformado em Departamento de Propaganda e Difusão Cultural em 1934, estabelece-se o controle e a censura dos programas radiofônicos. Em 1938, foi instituída a *Hora do Brasil*, então transmitida diariamente entre as 20 e 21 horas, e em 1940 foi criada a *Rádio Nacional*, que passaram a ser vinculadas ao Departamento de Imprensa e Propaganda (DIP), criado em 1939.

Além das mensagens e dos discursos oficiais, o regime varguista investiu na identificação do estilo musical que seria apresentado como símbolo da cultura nacional. Gênero estigmatizado por pertencer às práticas culturais dos grupos populares, o samba passou a ser apresentado na indústria cultural como a autêntica representação da nacionalidade, chegando a veicular mensagens de valorização do "trabalhador brasileiro", da "mestiçagem" e da grandeza nacional.

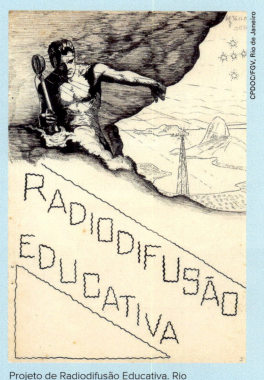

Projeto de Radiodifusão Educativa. Rio de Janeiro, 1937.

ORGANIZANDO AS IDEIAS

1. Explique como o discurso do movimento revolucionário de 1930 criava uma diferença em relação à experiência da Primeira República.
2. Identifique três reformas importantes instituídas pela Revolução de 1930.

O Governo Provisório

A Revolução de 1930 foi articulada por civis e militares com diferentes projetos políticos, unidos em torno do programa de reformas da Aliança Liberal. O movimento revolucionário eclodiu em outubro; no dia 3 de novembro, Getúlio Vargas assumiu plenos poderes para governar o país até a eleição de uma Assembleia Constituinte. O primeiro ponto de discórdia entre os diferentes grupos vitoriosos foi exatamente a reconstitucionalização após a revogação da Carta de 1891. Cada grupo tinha uma visão quanto à forma de restabelecer a ordem constitucional do país.

Os "tenentes" e seus aliados, organizados no Clube 3 de Outubro, consideravam necessário adiar a eleição para a Constituinte, de modo que Vargas pudesse implantar a "obra revolucionária". Eles formaram a principal base de apoio do Governo Provisório, com um projeto centralizador e intervencionista. Já as oligarquias dissidentes desejavam limitar os poderes da União e restabelecer uma nova Constituição que garantisse as liberdades políticas. Para os estados das regiões Norte e Nordeste, o federalismo de 1891 foi amplamente desfavorável; eles desejavam um governo mais centralizador e intervencionista, aproximando-se do projeto dos "tenentes".

De imediato, os legislativos federal, estaduais e municipais foram fechados, e os governos estaduais, depostos. O presidente nomeou para cada estado um interventor, criando o Código dos Interventores (1931), que retirava a autonomia dos estados, diminuindo o poder das oligarquias regionais.

Entre 1930 e 1935, foram nomeados 95 interventores para os 20 estados mais o Distrito Federal. A maior parte dos interventores era de militares alinhados com o tenentismo. Apenas em Minas Gerais e no Rio Grande do Sul, estados em que as elites regionais lideraram a Revolução de 1930, os interventores eram provenientes das antigas oligarquias. O "tenente" Juarez Távora foi encarregado de supervisionar as interventorias do Acre até a Bahia, sendo chamado de "vice-rei do Norte".

A Revolução Constitucionalista de 1932

Em São Paulo, a nomeação do "tenente" João Alberto para a interventoria abriu uma crise que desem-

Página da cartilha *A Juventude no Estado Novo*: textos do presidente Getúlio Vargas, extraídos de discursos, manifestos e entrevistas à imprensa, publicada pelo Departamento de Imprensa e Propaganda (DIP), durante o Estado Novo (1937-1945).

Candido Portinari executa com auxiliares os afrescos do edifício modernista construído para ser a sede do Ministério da Educação e Saúde, no Rio de Janeiro. O edifício, projetado por Lucio Costa com a consultoria de Le Corbusier, é tido como um clássico da arquitetura modernista brasileira. Foto de 1938.

Cartão-postal em homenagem ao MMDC, 1932. Nele se veem as inscrições em latim: *Dulce et decorum est pro patria mori* ("É doce e honraco morrer pela pátria"), *Pro brasilia fiant eximia* ("Pelo Brasil faça-se o melhor"), *Non ducor, duco* ("Não sou conduzido, conduzo") e *In Hoc Signo Vinces* ("Com este sinal vencerás").

bocou na Guerra Civil. O evento ficou conhecido como Revolução de 1932 (ou Revolução Constitucionalista) e envolveu a forte mobilização de civis, trabalhadores, industriais e oligarquias paulistas, que, em julho daquele ano, pegaram em armas contra o governo central.

O evento que deflagrou a forte mobilização civil em São Paulo foi a morte dos estudantes Martins, Miragaia, Dráuzio e Camargo. Numa das manifestações contra o governo de Vargas, estudantes depredaram a sede da Legião Revolucionária e dos jornais favoráveis ao governo, *A Razão* e o *Correio da Tarde*. A morte dos estudantes nos confrontos de rua serviu para a formação da associação MMDC – sigla que reunia as iniciais dos quatro rapazes mortos. A entidade prepararia o levante armado contra Vargas.

No pano de fundo do conflito estava a insatisfação paulista com a configuração política instalada após a Revolução de 1930. A campanha da Revolução Constitucionalista cobrava o fim do regime ditatorial de Vargas e a convocação imediata de uma Assembleia Constituinte. Além disso, o estado de São Paulo ressentia-se da diminuição de sua influência no sistema político, com a nomeação de um interventor que não tinha origem nas elites paulistas. A perda da presidência, com a deposição de Washington Luís, e a maior centralização após a Revolução de 1930 alteravam o quadro político que garantia ao estado de São Paulo destaque no federalismo da Primeira República. As oligarquias dissidentes que apoiavam a Aliança Liberal uniram-se ao Partido Republicano Paulista para reivindicar um pacto federativo favorável ao estado, formando a Frente Única Paulista (FUP).

Manifesto, estatutos e programa do Clube 3 de Outubro. Rio de Janeiro, 1933.

Sem apoio de nenhum outro governo estadual, o levante paulista foi derrotado três meses após o início do movimento. No dia 2 de outubro, as tropas federais forçaram as forças constitucionalistas a se render. Apesar de derrotado, o estado conseguiu ganhos. A partir de agosto de 1933, São Paulo teve um interventor civil e paulista, Armando Sales de Oliveira.

A experiência de 1932 e a eleição de uma Assembleia Constituinte em 1933 marcam o declínio dos tenentes e de seus aliados civis. A partir de então, cada liderança do tenentismo assumiu uma posição política distinta, alguns concorrendo a eleições, outros, desiludidos, assumindo posições que contestavam o regime estabelecido em 1930. Vargas reforçaria seu poder nas Forças Armadas, nomeando novos generais para substituir os que haviam assumido o cargo antes de 1930.

ORGANIZANDO AS IDEIAS

3. Identifique as estratégias de Vargas para controlar as ações do Governo Provisório.
4. Cite as reivindicações da Revolução de 1932. Elas foram alcançadas? Justifique sua resposta.

A Constituição de 1934 e o acirramento dos confrontos

Realizada entre novembro de 1933 e julho de 1934, a Assembleia Constituinte ampliou os direitos políticos dos cidadãos brasileiros. A eleição para a Constituinte ocorreu nos moldes do Código Eleitoral aprovado em 1932, que contestava as práticas políticas da Primeira República.

Diferentemente da experiência republicana anterior, em que a fiscalização dos pleitos era realizada pelas Comissões de Verificação de Poderes, ligadas ao Legislativo, o Código Eleitoral de 1932 criou uma justiça específica para fiscalizar os processos políticos. Isso contribuiu para a redução das fraudes eleitorais.

Outra medida de valorização da cidadania foi a instituição do sufrágio universal, direto e secreto. Rompia-se com o voto aberto que facilitava coerções físicas e sociais dos coronéis sobre os eleitores. As mulheres também conquistaram o direito de voto, ainda que se mantivesse a exclusão dos analfabetos, praças de pré e religiosos de ordens monásticas.

O código instituía a representação classista. Além dos candidatos escolhidos pelo voto popular, delegados eleitos pelos sindicatos de suas respectivas categorias profissionais participaram da Constituinte de 1933. Esse era um meio de reduzir a influência das antigas oligarquias e consolidar os direitos sociais e o corporativismo instituídos após a Revolução de 1930.

De acordo com a nova legislação eleitoral, foi permitido a agremiações partidárias provisórias e mesmo a candidatos avulsos concorrerem à Constituinte. O Código Eleitoral também previa a formação de partidos nacionais, em oposição aos partidos estaduais constituídos na Primeira República. Vargas tentou formar máquinas partidárias nacionais convocando, em novembro de 1932, um Congresso Revolucionário que reuniria os interventores estaduais. Todavia, prevaleceram as agremiações regionais estaduais.

A nova Constituição foi promulgada em 16 de julho de 1934. Ela garantiu a intervenção do Estado na ordem econômica, consolidou os direitos sociais e a Justiça do Trabalho e reafirmou o sentido da reforma política do Código Eleitoral de 1932. Contudo, em contraposição à dinâmica que foi instituída após a Revolução de 1930, ela garantia o predomínio do Legislativo sobre o Executivo e a autonomia aos estados, favorecendo assim as instituições liberal-democráticas.

Após a aprovação da Constituição, Vargas foi eleito presidente pelo Congresso, sendo prevista sua permanência no cargo até as próximas eleições, marcadas para janeiro de 1938.

Descontente com a redução do poder do Executivo estabelecido na Constituição, Vargas atuou para fortalecer seu poder de ação e restringir o das oligarquias regionais e dos partidos políticos que se formavam tendo em vista o pleito de 1938.

Ação Integralista Brasileira (AIB) e Aliança Nacional Libertadora (ANL)

A Constituição de 1934 retomou a rotina de eleições para os órgãos legislativos. Com a anistia aos revoltosos de 1932, prevista na nova Carta, e a eleição das Assembleias Legislativas e do Congresso Nacional, houve uma rearticulação das oligarquias regionais para se contrapor a Vargas. Em muitos estados, as forças derrotadas na Revolução de 1930 voltaram ao poder pelo voto.

O aumento da participação política popular e a competitividade política entre as elites oligárquicas colaboraram para a eclosão de movimentos sociais. Entre 1934 e 1935, houve um aumento do número de greves de operários que lutavam para que as empresas aplicassem os direitos garantidos na legislação social. Além disso, organizaram-se duas agremiações políticas em âmbito nacional: a Ação Integralista Brasileira (AIB) e a Aliança Nacional Libertadora (ANL).

Esses movimentos caracterizavam-se pelo confronto no campo político, a AIB alinhando-se aos valores da direita fascista e a ANL aos da esquerda revolucionária. Ambos faziam críticas profundas aos preceitos liberais da República Velha e aos caminhos da Revolução de 1930. Eles contribuíram para a construção de uma ordem política mais complexa, marcada pela mobilização de categorias sociais urbanas.

A AIB foi fundada em outubro de 1932 e existiu oficialmente até 1938. Estima-se que chegou a reunir entre 500 e 800 mil integrantes. Entre as características da AIB estavam o culto a seu líder Plínio Salgado, a formação de uma estrutura hierárquica e a organização de manifestações militarizadas no espaço público.

Os principais intelectuais ligados ao projeto integralista eram Plínio Salgado, Gustavo Barroso e Miguel Reale. Esses autores difundiram um discurso antiliberal, vendo na democracia e no parlamentarismo expressões negativas da modernidade capitalista e do individualismo.

No empenho de negar os valores liberais e discutir a "realidade brasileira", a AIB manifestava valores anticomunistas e antissemitas.

Cartaz de propaganda da Ação Integralista Brasileira (AIB) para recrutamento de novos adeptos, 1937.

Como as organizações fascistas internacionais da década de 1930, os integralistas vinculavam os movimentos revolucionários comunistas e os judeus à evolução do liberalismo no mundo ocidental. Divulgavam imagens negativas desses dois segmentos e exigiam a construção de um Estado autoritário como meio de conservar a família e os valores tradicionais contra as ações de comunistas e judeus.

Em oposição aos integralistas, formou-se a ANL, criada em março de 1935. Alinhada ao campo das esquerdas, a entidade reunia "tenentes", organizações sindicais, profissionais liberais e, principalmente, comunistas em torno da defesa da "liberdade e da emancipação nacional".

A ANL defendia de forma geral a luta anti-imperialista e o combate ao latifúndio por meio da reforma agrária, propondo a intervenção do Estado na economia para dirimir as desigualdades sociais. Tinha como objetivo a derrubada de Vargas.

A principal liderança da ANL foi Luís Carlos Prestes. Ele tornara-se nacionalmente famoso com a "Coluna Prestes", quando a imprensa mitificou a sua figura na campanha tenentista contra a Primeira República.

No final dos anos 1920, exilou-se na Bolívia e entrou em contato com lideranças comunistas. A partir desse contato, ingressou no Partido Comunista, constituindo-se em um de seus principais líderes. O ingresso de Prestes na ANL contribuiu para o aumento da adesão aos aliancistas, principalmente no meio militar – em que o "Cavaleiro da Esperança" era muito conhecido e respeitado.

A ANL foi fechada em julho de 1935, por um decreto federal. O fechamento precipitou uma insurreição: entre 23 e 29 de novembro de 1935, militares aliancistas de Natal, Recife e Rio de Janeiro realizaram um levante contra o governo Vargas.

O movimento da ANL foi reprimido e serviu para Vargas reafirmar seu poder na cena pública. A rebelião ficou taxada de Intentona Comunista pelo governo. O nome marcava o evento como uma tentativa fracassada de conquistar o poder por parte da esquerda revolucionária. Ao construir a lenda negra da Intentona Comunista, buscava-se unir os militares contra a ameaça esquerdista e fortalecer a posição de Vargas nas Forças Armadas. A derrota do levante em 29 de novembro seria celebrada nos anos posteriores pelo governo.

O levante de 1935 abriu espaço para uma forte onda repressiva. Antes mesmo da Intentona, em abril de 1935, o Congresso aprovou a Lei de Segurança Nacional, permitindo a cassação de lideranças políticas vistas como ameaçadoras ao regime; seguiu-se a decretação do fim da ANL. Após o levante, Vargas aprovou o estado de sítio e medidas que ampliavam o poder do Executivo sobre o Legislativo. Ao final desse processo, o Estado conseguiu reforçar a estrutura das polícias políticas estaduais e instaurar o Tri-

> **Para assistir**
>
>
>
> *Olga*
>
> Brasil, 2004. Direção: Jayme Monjardim. Duração: 141 min.
>
> Olga Benário (Camila Morgado) é uma jovem judia alemã. Militante comunista, ela é perseguida pela polícia e foge para Moscou, onde recebe treinamento militar e é encarregada de acompanhar Luís Carlos Prestes (Caco Ciocler) de volta ao Brasil. Na viagem, enquanto planejam a Intentona Comunista contra o presidente Getúlio Vargas, os dois acabam apaixonando-se. Parceiros na vida e na política, Olga e Prestes terão de lutar pelo amor, pelo comunismo e, principalmente, pela sobrevivência.

bunal de Segurança Nacional (1936), um tribunal de exceção para julgar grupos e militantes tidos como ameaça ao governo.

Em 1936, após a prisão de Luís Carlos Prestes, Vargas decretou o estado de guerra. O Legislativo concedeu poderes irrestritos ao presidente. Simultaneamente as forças políticas se rearticulavam para a eleição prevista para o fim do mandato de Vargas, que não dava sinais de apoiar nenhum concorrente. Em junho de 1937, o Congresso negou-se a prorrogar o estado de guerra.

Diante da recusa, o governo divulgou, no dia 30 de setembro, o Plano Cohen. Era o detalhamento de uma conspiração liderada pelo Partido Comunista, orientado pela União Soviética, para a tomada do poder. Vargas cobrou do Congresso a decretação do estado de guerra para agir contra a conspiração. O Plano Cohen era falso, uma peça política escrita pelo militar integralista Olímpio Mourão Filho. Não obstante, o documento

Luís Carlos Prestes (ao centro) é entrevistado na prisão. Foto de 1941.

serviu para justificar o endurecimento do regime, que conseguiu a aprovação do estado de guerra.

Articulando com governadores estaduais que o apoiavam, Vargas mobilizou as Forças Armadas para cercar e fechar as sedes do Senado e da Câmara Federal, em 10 de novembro. Com um pronunciamento pelo rádio, Vargas decretou o fim da Constituição de 1934 e anunciou a nova Carta Constitucional de 1937, elaborada por Francisco Campos.

ORGANIZANDO AS IDEIAS

5. A Constituição de 1934 foi um dos marcos da conquista de direitos políticos. Explique como a Carta valorizava a participação política do cidadão brasileiro.
6. Explique as estratégias de Vargas para reforçar seu poder durante o Governo Constitucional.

O Estado Novo e o projeto autoritário

Ao anunciar o Estado Novo pelo programa *A hora do Brasil*, Vargas diria que "a ordem constitucional de 1934, vazada nos moldes claros do liberalismo e do sistema representativo, evidenciara falhas lamentáveis. A Constituição estava, evidentemente, desentendida em relação ao espírito do tempo. Destinava-se a uma realidade que deixava de existir". Contrapondo a "realidade brasileira" aos modelos políticos e culturais estrangeiros, o discurso que legitimava o Estado Novo criticava o liberalismo e o sistema político representativo, justificando a implantação de uma ditadura que concentrava o poder de decisão no presidente.

Monumento aos heróis da Batalha de Laguna e Dourados, no Rio de Janeiro (RJ). O monumento em homenagem aos mártires da Intentona Comunista prestou-se a solidificar a união entre as Forças Armadas, usando uma legenda anticomunista para unir o Exército e a Marinha. Apesar das forças policiais estaduais de Natal (RN) e Recife (PE) terem participado da repressão ao levante, elas não são citadas.

O novo governo dissolveu as liberdades civis, o poder Legislativo e os partidos políticos. Vargas diria que, nos períodos de crise, "a democracia partidária subverte a hierarquia, ameaça a unidade da pátria e põe em risco a existência da nação".

Ainda que afirmasse ser um "novo" momento nacional, o Estado Novo recuperava os significados políticos instituídos na Revolução de 1930. Assim, endossava a centralização, o corporativismo e as políticas culturais instauradas no início da década, dando a essas um significado autoritário e vinculando-as à figura de Getúlio Vargas. Todavia, muitos políticos que participaram da Revolução de 1930 não apoiaram o projeto do Estado Novo. Em princípio, a base de apoio do Estado Novo concentrava-se no setor militar, nas lideranças civis que governavam estados e se alinhavam com a centralização do poder e nos grupos fascistas, destacando-se os integralistas. Mas a AIB foi dissolvida em novembro de 1937, como os demais partidos políticos, e em maio de 1938 tentou organizar um golpe para depor Vargas. O golpe não se concretizou e foi estigmatizado como a Intentona Integralista. A partir daquele momento, os integralistas foram reprimidos e perseguidos pelo regime.

Diferentemente do fascismo europeu, Vargas não organizou uma ditadura de partido único como forma de garantir a mobilização popular e o controle do governo. Mas, como os outros regimes da voga autoritária dos anos 1930, o presidente estabeleceu o culto a sua personalidade, recorrendo a um discurso nacionalista de viés conservador. A criação do Departamento de Imprensa e Propaganda (DIP) foi fundamental para a construção da legitimidade do regime político.

Departamento de Imprensa e Propaganda (DIP)

O Departamento de Imprensa e Propaganda (DIP) foi instituído em dezembro de 1939 e existiu até 1945. Organizado no âmbito do Ministério da Justiça, o DIP substituiu o Departamento Nacional de Propaganda (DNP). Cuidou da propaganda de todos os órgãos e ministérios do governo, das festas em homenagem à Vargas e ao regime, e da produção de material educativo e concursos culturais. O órgão também era responsável pela censura prévia das transmissões radiofônicas, das músicas, do teatro, da literatura e da imprensa.

Sintonizado com a difusão das técnicas de comunicação social modernas, o DIP forjou novos instrumentos de controle social. Contrário à pluralidade cultural e política, o departamento reforçava a imagem de uma sociedade una e indivisa com mecanismos de propaganda e censura. Difundiu o nacionalismo e o culto à liderança carismática de Vargas, que passou a ser identificado como "pai dos pobres".

O trabalho do DIP dividia-se em cinco subdivisões: divulgação, rádio, teatro, cinema e imprensa. A divisão de rádio ocupou-se da censura às músicas. Cuidava para que elas não apresentassem imagens negativas do Brasil, mas representassem a grandeza da nação e do trabalho como valor social.

Página da cartilha *A Juventude no Estado Novo*: textos do presidente Getúlio Vargas, extraídos de discursos, manifestos e entrevistas à imprensa, publicada pelo Departamento de Imprensa e Propaganda (DIP), durante o Estado Novo (1937-1945).

Cartilha *Getúlio Vargas, o amigo das crianças*, publicada pelo Departamento de Imprensa e Propaganda (DIP), em novembro de 1940.

Cultura Política – Revista Mensal de Estudos Brasileiros, 1944.

Uma das canções que se tornaram ícone da nacionalidade nesse período foi a música "Aquarela do Brasil", de Ari Barroso, vencedora de um concurso promovido pelo DIP.

A divisão de rádio do DIP ganhou grande importância, sendo responsável pela produção de *A hora do Brasil* – programa oficial do governo. Com a divisão de cinema, o Estado estimulou a produção nacional de cinejornais e cinema educativo. O teatro, da mesma forma, ganhou estímulo, sendo a profissão de artista regularizada. Outro setor de destaque do DIP foi a divisão de imprensa, que exercia a censura aos jornais e às revistas. Assim, com o Ministério da Educação e Saúde, o DIP foi um dos grandes promotores da política cultural da Era Vargas.

> **ORGANIZANDO AS IDEIAS**
>
> 7. Explique como o Estado Novo se justificou e se legitimou na comunidade política brasileira.
> 8. Como as atividades do Departamento de Imprensa e Propaganda (DIP) colaboravam para a construção do regime autoritário?

O Brasil na Segunda Guerra Mundial (1939-1945)

Uma diplomacia ambígua

Durante a Era Vargas, o Brasil oscilou entre o alinhamento às potências democráticas e às fascistas. O governo procurava estabelecer uma política externa independente, mantendo uma equidistância pragmática dos Estados Unidos e da Alemanha. Buscava vantagens e barganhas nas relações internacionais, tendo em vista a soberania nacional e o desenvolvimento econômico. No Estado Novo não foi diferente, mas a Segunda Guerra Mundial (1939-1945) viria a alterar esse quadro.

O conflito foi marcado pela polarização entre os países do Eixo (Itália, Alemanha e Japão) e os Aliados (Reino Unido, Estados Unidos e França). O Estado Novo, ainda que próximo ideologicamente do fascismo, tentava barganhar melhores posições entre esses dois blocos. As elites políticas e econômicas também se dividiam no apoio a um dos lados. O acirramento da guerra implicava a revisão e o menor espaço para uma política externa autônoma.

Em 1939, os Estados Unidos iniciaram um acordo para discutir as formas de cooperação econômica com o Brasil. O pagamento da dívida externa, suspenso em 1937, foi retomado com a contrapartida de melhores prazos e promessas de créditos. Vargas vazou os acordos feitos com os Estados Unidos, que receberam críticas de vários setores do governo, e fez um pagamento simbólico da dívida externa com os Estados Unidos. Esse gesto de independência causou grande irritação aos Aliados.

A manutenção de uma política externa pragmática e não alinhada aos Aliados, no contexto da Segunda Guerra Mundial, manteve-se até o início de 1940, quando Getúlio Vargas fez uma saudação a Hitler. Após esse discurso, o presidente Roosevelt liberou o financiamento estadunidenses para a instalação do parque siderúrgico no Brasil. Esse foi o primeiro passo para o alinhamento do Brasil ao bloco dos Aliados, que culminaria no envio de tropas à Europa em 1942.

Com recursos estadunidenses, o governo brasileiro instalaria a Companhia Siderúrgica Nacional (CSN) em Volta Redonda e daria impulso à Companhia Vale do Rio Doce. A siderurgia era um setor estratégico para o desenvolvimento industrial brasileiro. Além disso, o Brasil conseguiu fazer acordos de compra de equipamentos militares dos Estados Unidos, tornando seu Exército um dos mais bem equipados na América do Sul.

Por outro lado, graças a sua política da boa vizinhança, os Estados Unidos conseguiram permissão para usar bases militares no Nordeste brasileiro, além de garantir o fornecimento, pelo Brasil, de matérias-primas estratégicas. O alinhamento com os Aliados foi feito pela barganha em favor de um projeto de desenvolvimento que visava alterar a inserção do Brasil no sistema político e econômico mundial, reduzindo o seu atraso em relação às potências ocidentais. Contudo, esse alinhamento aumentou a dependência brasileira em relação aos estadunidenses.

Após a entrada de Estados Unidos e Brasil na Segunda Guerra, o presidente estadunidense Franklin Delano Roosevelt visita a Base Aérea de Natal, no Rio Grande do Norte, acompanhado do presidente Getúlio Vargas. Foto de janeiro de 1943.

Em 1941, foi criada a Companhia Siderúrgica Nacional e iniciada a construção de Volta Redonda. O presidente Getúlio Vargas visita as obras em 7 de maio de 1943.

1942: a oficialização do alinhamento ao bloco dos Aliados e a política interna

Em janeiro de 1942, o Brasil anunciou o rompimento com os países do Eixo. Em represália, nos sete meses seguintes, 19 navios mercantes brasileiros foram atingidos por submarinos alemães, gerando grande comoção nacional. A União Nacional dos Estudantes (UNE), por exemplo, em uma passeata no centro do Rio de Janeiro exigiu a entrada do Brasil na guerra, atacando o nazismo e o integralismo e defendendo a democracia no mundo.

Em agosto de 1942, o Brasil anunciou a entrada na Segunda Guerra Mundial. Em 1943, foi organizada a Força Expedicionária Brasileira (FEB), que desembarcou na Itália no ano seguinte. O Brasil foi o único país sul-americano a enviar tropas para a luta na Europa. Mas como combater pela democracia se o país vivia sob uma ditadura?

Diante dessas contradições, surgiram várias manifestações contrárias ao Estado Novo. A mais contundente foi o Manifesto dos Mineiros, lançado em 24 de outubro de 1943. Não sendo publicado em nenhum meio de comunicação, que sofria a censura do Estado, o manifesto circulou de mão em mão. Reunia antigos apoiadores de Vargas e participantes da Revolução de 1930, bem como antigas oligarquias excluídas do arranjo do poder no Estado Novo. O manifesto, assim como a manifestação da UNE, em 1942, exigia a volta à democracia e o combate aos países do Eixo.

Com a mudança da configuração, o próprio governo tratou de reforçar a concepção de "democracia social" dentro do Estado Novo. Apresentavam-se as ações do Ministério do Trabalho, Comércio e Indústria na valorização dos "trabalhadores do Brasil" como um elemento de representação popular no regime. Marcondes Filho, ministro do Trabalho entre 1942 e 1945, foi um dos principais arquitetos e condutores de um discurso que vinculava os benefícios da legislação social ao presidente Vargas. Assim, o Ministério do Trabalho apresentava os direitos sociais como "dádiva" oferecida pelo presidente aos "pobres". Estes retribuíam lembrando de Vargas em diversos momentos, principalmente, no aniversário do presidente (19 de abril), no Primeiro de Maio e na efeméride do Estado Novo (10 de novembro). Ao mesmo tempo, desenvolveram-se esforços do poder público para que o corporativismo sindical conseguisse apresentar as demandas dos operários junto ao Estado e para reforçar a representação do sindicato na estrutura sociopolítica do Ministério do Trabalho.

Em 1945, a derrota dos países do Eixo marcou internacionalmente a valorização e expansão de regimes democráticos no Ocidente. No Brasil, a mudança

Distintivo dos soldados da Força Expedicionária Brasileira (FEB).

Pracinhas na Itália entre 1944 e 1945.

da conjuntura nacional e as manifestações populares pedindo a abertura do regime colaboraram para a promulgação de medidas liberalizantes, como a anistia aos presos políticos e o fim da censura. Nesse mesmo ano, o Estado Novo teria seu fim e se instituiria um regime democrático balizado pela expansão dos direitos políticos dos cidadãos brasileiros.

ORGANIZANDO AS IDEIAS

9. Explique como a Segunda Guerra Mundial alterou a política externa independente e a dinâmica interna do Estado Novo.

Revisando o capítulo

APROFUNDANDO O CONHECIMENTO

1. Leia o texto abaixo e responda às questões.

> Na gestão de Gustavo de Capanema (1933-1945), os setores de atuação foram amplos, desde a radiodifusão e o cinema ao decisivo apoio prestado à arquitetura e às artes plásticas contemporâneas. Nesse período, foram criados vários museus nacionais – Museu Nacional de Belas Artes, Museu Imperial, Museu da Inconfidência – e, no âmbito do Serviço do Patrimônio Histórico e Artístico Nacional (SPHAN), inúmeros museus regionais e casas históricas. Capanema fez, inclusive, incursões em áreas como o artesanato e a questão indígena. Terminada sua gestão, estava esboçado o desenho básico da organização institucional da cultura no Estado brasileiro e plantado o embrião do que, em 1981, veio a se constituir na Secretaria de Cultura do Ministério da Educação e Cultura (MEC) e, em 1985, no Ministério da Cultura (MinC).
>
> LONDRES, Cecília. A invenção do patrimônio e a memória nacional. In: BOMENY, Helena (Org.). *A Constelação Capanema*. Rio de Janeiro: Ed. FGV, 2001. p. 85-86 (Adaptado).

a. Cite os setores atingidos pela política cultural do ministério.

b. Segundo a autora, pode-se afirmar que o ministério de Capanema influenciou a atual organização institucional do Estado Brasileiro? Justifique sua resposta com um trecho do texto.

c. Explique os objetivos da política cultural implementada após a Revolução de 1930.

2. Leia o texto e responda às questões a seguir.

A Constituição de 1988 trouxe em seu bojo uma inesperada liberação do debate intelectual e político. Até que os constituintes decidissem cortar alguns elos essenciais entre o Ministério do Trabalho e os sindicatos, praticamente tudo o que dizia respeito ao corporativismo brasileiro era anátema. Os opositores da intervenção estatal no âmbito das relações de trabalho, com as exceções de praxe, pouquíssimas vezes lograram transcender o plano da indignação contra o que era percebido como mero esquema de controle e manipulação dos sindicatos. [...]

Perdeu-se de vista, por essa razão, o que havia de fundamental na Consolidação das Leis do Trabalho (CLT) visando construir instituição para organizar a ação coletiva e processar os conflitos de trabalho de modo regulado. Talvez mais grave, a preocupação obsessiva com o controle governamental alimentou a ilusão de que seria possível eliminá-lo como um apêndice indesejável, sem comprometer o sistema em sua totalidade.

SOUZA, Amaury. Sindicalismo e corporativismo: o princípio do fim. In: GOMES, Ângela de Castro (Org.). *Trabalho e Previdência* – sessenta anos em debate. Rio de Janeiro: Ed. FGV, 1992. p. 13.

a. A discussão e promulgação da Constituição de 1988 foi um importante passo para a formação da democracia brasileira que experimentamos na atualidade. Um dos aspectos centrais para a instituição da democracia brasileira foi o debate sobre o sindicalismo corporativista, um dos mais perenes legados do governo de Getúlio Vargas. Caracterize o sindicalismo corporativista implantado na Era Vargas.

b. Identifique, a partir do texto, as posições políticas em relação ao sindicalismo corporativista nos debates sobre a Constituição de 1988.

c. Contextualize o momento em que a Consolidação das Leis do Trabalho (CLT) foi publicada, em 1943.

d. Segundo o cientista político Amaury Souza, o debate sobre o corporativismo durante a Constituição de 1988 alimentou "a preocupação obsessiva com o controle governamental e alimentou a ilusão de que seria possível eliminá-lo como um apêndice indesejável, sem comprometer o sistema em sua totalidade". Identifique os prós e contras do direito social instituído durante a Era Vargas, justificando sua posição.

3. Leia o texto e responda às questões a seguir.

A política do Estado não feriu nem se afastou totalmente dos múltiplos interesses oligárquicos e agroexportadores; contemplou interesses imediatos dos setores médios urbanos e da burguesia industrial e, excluindo o campesinato, incorporou progressivamente os setores populares urbanos. Essa política sustentou no plano econômico a defesa do nível de emprego e, por conseguinte, do mercado interno e da indústria nacional, por meio de fortes investimentos estatais na infraestrutura assim como pela ampliação dos controles governamentais.

DRAIBE, Sônia. *Rumos e metamorfoses*: Estado e industrialização no Brasil. 2. ed. Rio de Janeiro: Paz e Terra, 2004. p. 18. (Adaptado).

a. O texto trata da política econômica do Estado brasileiro após a Revolução de 1930. Identifique os segmentos sociais que foram beneficiados pela política econômica da Era Vargas e explique como cada grupo teve atendidos seus interesses.

b. Explique o motivo pelo qual a autora não inclui o "campesinato" como um dos segmentos favorecidos pela Era Vargas.

c. A tabela apresenta o crescimento da produção industrial e do Produto Interno Bruto a cada três anos. Pode-se afirmar que o crescimento industrial foi superior ao PIB no período enfocado? Justifique sua resposta com dados da tabela.

Crescimento do PIB e da produção industrial (1929-1953)

	Produção Industrial	PIB
1929-1932	0	0,3
1933-1936	14,1	7,4
1937-1941	8,3	4,5
1942-1945	4,3	1,8
1946-1949	11,2	7,8
1950-1953	8,2	4,0

Fonte: SUZIGAN, Wilson. "Industrialização e Política Econômica: Uma Interpretação em Perspectiva Histórica". *Pesquisa e Planejamento Econômico*, v. 2, n. 5, p. 331-384, 1975; ABREU, Marcelo de Paiva (Org.). *A Ordem do Progresso*: dois séculos de política econômica no Brasil. 2. ed. Rio de Janeiro: Campus, 2014.

4. Leia o texto e responda às questões a seguir.

As instruções do Komitern para a ação dos seus agentes contra o Brasil – O tenebroso plano foi apreendido pelo Estado-Maior do Exército.

O Estado Maior do exército apreendeu os planos de ação organizados pelo Komitern para orientação de seus agentes no Brasil.

Trata-se de uma série de instruções destinadas a preparar e levar a efeito um golpe comunista conforme se verá do resumo que a seguir divulgamos:

Vejamos

O fracasso de 1935

No capítulo segundo das novas 'Instruções e programas de ação do Partido Comunista para o Brasil', depois de uma explicação sobre os motivos determinantes do fracasso da Intentona de 1935 e da afirmação de que os erros dessa época, "em hipótese alguma", deverão ser repetidos, alude ao desenvolvimento de um plano de agitação das massas necessário ao golpe de mão sobre os quartéis. As massas deverão ser "agitadas tecnicamente" [...]

Incêndio das casas de família

Cogitam os comunistas de um "Comitê de Incêndios", para atacar simultaneamente casas de família, incendiá-las a fim de obrigar o Corpo de Bombeiros a agir em vários pontos, tornando-se inútil como força militarizada para a defesa da ordem. "Em cada rua principal do bairro deverá ser ateado fogo a um prédio, no mínimo", concluem as instruções. [...]

As instruções do Komitern para a ação de seus agentes contra o Brasil. *Correio da Manhã*. Rio de Janeiro, 1º out. 1937. p. 3.

a. A notícia acima foi publicada no *Correio da Manhã* após a leitura do Plano Cohen. Identifique os medos associados à ação dos comunistas descritos na reportagem.

b. Explique o que foi o Levante Comunista de 1935 e como ele aparece na notícia.

c. Explique as transformações na conjuntura política após a Intentona Comunista.

d. Após a divulgação do Plano Cohen, foi aprovado o estado de guerra no Congresso Nacional, o que facilitou o golpe de estado de 1937, descartando as eleições presidenciais previstas para 1938. Tendo em vista essa situação, coloque-se no lugar de um leitor da notícia divulgada pelo *Correio da Manhã*, e escreva uma carta para a redação do jornal. A carta deve assumir uma posição defendendo ou criticando o estado de guerra.

Unidade 10   O globo em chamas

Conecte-se

Nesta Unidade, estudamos grandes eventos que marcaram o século XX e continuam sendo muito analisados na atualidade: duas grandes guerras que envolveram diversas regiões do planeta e provocaram milhares de mortes e muita destruição, a grave crise econômica em 1929, a primeira revolução de caráter comunista da história, bem como a ascensão de regimes totalitários na Europa e de governos populistas na América Latina. Esse contexto conturbado também foi acompanhado por um grande desenvolvimento científico-tecnológico que, por um lado, contribuiu para melhorar as condições de vida da população e, por outro, criou armamentos com enorme capacidade de destruição em massa, como a bomba atômica.

Em alguns desses eventos, os meios de comunicação foram muito utilizados pelos Estados nas propagandas políticas, para mobilizar o apoio da população em tempos de guerra (recrutamento, nacionalismo etc.), reforçar ideologias ou glorificar a imagem de líderes (como os casos de Stalin, Hitler e Vargas). Cartazes, programas de rádio, pinturas murais, pôsteres, cinema etc. foram usados de diferentes maneiras pelos governos para inúmeros fins. Leia o texto a seguir que discute a propaganda política no século XX.

O termo *propaganda* possui uma conotação pejorativa ao sugerir estratégias manipuladoras de persuasão, intimidação e engano. Apesar disso, as conotações negativas e emotivas da palavra propaganda estão intimamente ligadas às lutas ideológicas do século XX.

A propaganda moderna se fez presente na Primeira Guerra Mundial (1914-1918), quando os governos em luta se deram conta de que os métodos tradicionais de recrutamento não obtiveram sucesso em repor o número de combatentes necessários para o *front* de batalha. Necessitaram, então, conquistar o apoio da opinião pública e, para isso, utilizaram os meios de comunicação de massas, como a imprensa de grande tiragem, o rádio, o cinema e todos os novos processos de reprodução gráfica, para disseminar mensagens favoráveis às diretrizes da política estatal em tempos de guerra. Além de utilizar os meios de comunicação como armas de propaganda política, os governos também fizeram uso da censura e da manipulação de informações que foram combinadas à crescente aplicação da guerra psicológica empreendida contra a moral do inimigo.

Depois da Primeira Guerra Mundial, a propaganda governamental prosseguiu nos países democráticos, ainda que as agências oficiais preferissem, a partir de então, referir-se a ela com eufemismos do tipo 'serviços de informação' ou 'educação pública'. Esse afã por evitar a palavra foi motivado pela ideia de sua incompatibilidade com os ideais da democracia, já que a palavra *propaganda* foi sendo associada cada vez mais com os emergentes Estados unipartidaristas, tais como a União Soviética e a Alemanha nazista, que empregaram-na abertamente em sua terminologia oficial. Nas democracias ocidentais, a palavra *propaganda* era vinculada à noção de *Totalitarismo* [...].

A história da propaganda política moderna está, portanto, intimamente ligada ao desenvolvimento da política, da sociedade e da cultura de massas, consolidada a partir da década de 1920, com o avanço tecnológico dos meios de comunicação. Valendo-se de ideias e conceitos, a propaganda os transforma em imagens, símbolos, mitos e utopias que são transmitidos pela mídia. A referência básica da propaganda é a sedução, elemento de ordem emocional de grande eficácia na conquista de adesões políticas. Em qualquer governo, a propaganda é estratégica para o exercício do poder, mas adquire uma força muito maior naqueles em que o Estado, graças à censura ou monopólio dos meios de comunicação, exerce controle rigoroso sobre o conteúdo das mensagens, procurando bloquear toda atividade espontânea ou contrária à ideologia oficial. [...] Em governos dessa natureza, a propaganda política se torna onipresente, atua no sentido de aquecer as sensibilidades e tende a provocar paixões, visando assegurar o domínio sobre os corações e mentes das massas.

PEREIRA, Wagner Pinheiro. *O império das imagens*: cinema e política nos governos de Adolf Hitler e de Franklin Roosevelt. São Paulo: Alameda, 2013. p. 15-17.

ATIVIDADES

1. Segundo o texto, qual é a função da propaganda política? Cite os exemplos históricos destacados pelo autor.
2. Por que, de acordo com Wagner Pinheiro, o termo "propaganda" foi evitado pelas democracias ocidentais da época?
3. Explique como Vargas recorreu à propaganda política para promover seu governo.
4. Atualmente, políticos e governos fazem propaganda política para se autopromover? Como isso é feito? Converse com os colegas sobre o assunto.

UNIDADE 11

MUNDOS EM CONFLITO

Após duas guerras mundiais, muitos esperavam que os anos seguintes fossem marcados pela paz. Entretanto, as superpotências vitoriosas iniciaram imediatamente um novo conflito: a Guerra Fria, que opunha os Estados Unidos à União Soviética. A maior parte do mundo dividiu-se em dois blocos, o capitalista e o socialista. Ambos os lados possuíam, porém, armas nucleares, tão poderosas que, se utilizadas, poderiam destruir o planeta. Embora não tenha ocorrido um confronto direto entre as superpotências, muitos outros embates aconteceram ao redor do mundo, no qual cada lado apoiava combatentes locais numa tentativa de expandir sua esfera de influência. A Ásia e a África foram palco da maioria dessas guerras, pois os povos colonizados buscaram conquistar sua independência e, para isso, faziam alianças com os Estados Unidos ou com a União Soviética. Mas os efeitos da Guerra-Fria também se fizeram sentir na América Latina. Assim, após anos de conflito no território europeu, a violência foi transferida para outros lugares do globo.

Crianças sul-vietnamitas fogem de bombardeio estadunidense com bombas napalm em aldeia. Entre elas, a menina Kim Phuc (centro), de 9 anos na época. A imagem tornar-se-ia um símbolo dos horrores da guerra. Foto de 8 de junho de 1972.

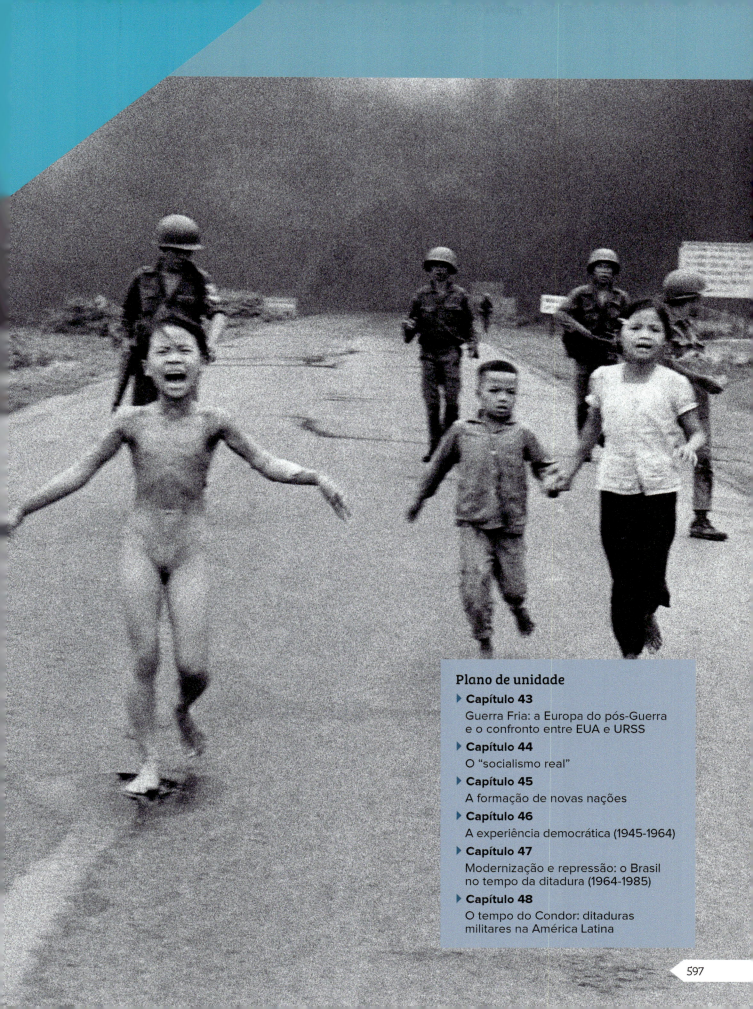

Plano de unidade

▶ **Capítulo 43**
Guerra Fria: a Europa do pós-Guerra e o confronto entre EUA e URSS

▶ **Capítulo 44**
O "socialismo real"

▶ **Capítulo 45**
A formação de novas nações

▶ **Capítulo 46**
A experiência democrática (1945-1964)

▶ **Capítulo 47**
Modernização e repressão: o Brasil no tempo da ditadura (1964-1985)

▶ **Capítulo 48**
O tempo do Condor: ditaduras militares na América Latina

CAPÍTULO 43

GUERRA FRIA: A EUROPA DO PÓS-GUERRA E O CONFRONTO ENTRE EUA E URSS

Construindo o conhecimento

- Em sua opinião, por que EUA e URSS buscaram evitar um conflito direto?
- Se a Guerra Fria não se dava por meio de um embate militar, como você acha que as superpotências poderiam vencer o conflito?

Plano de capítulo

▶ Um planeta dividido
▶ O risco de guerra nuclear e a *détente*
▶ A "Era de Ouro"

Você já parou para pensar o que seria uma "Guerra Fria"? Após as guerras "quentes" da primeira metade do século XX, o termo designou o conflito velado entre Estados Unidos e União Soviética, duas superpotências que evitavam um confronto direto.

Com o fim da Segunda Guerra, o mundo tornava-se polarizado entre duas posições extremamente opostas pela primeira vez na história. Entre 1945 e 1989, Estados Unidos e União Soviética entregaram-se a uma competição política e ideológica sem tréguas. O objetivo não era conquistar novos territórios, mas sim manter seu próprio campo de influência e, se possível, ampliá-lo com novos aliados. Temia-se, porém, que essa rivalidade piorasse a qualquer momento e um novo conflito se desenrolasse. O desenvolvimento de bombas nucleares por parte das duas potências significava que os embates poderiam culminar até mesmo na destruição da humanidade.

O Checkpoint Charlie, posto de fronteira no setor ocidental, era o principal ponto de passagem entre Berlim ocidental e Berlim oriental. Foto de agosto de 1989.

Marcos cronológicos

1944 — Tratado de Bretton Woods. Criação do Fundo Monetário Internacional (FMI) e do Banco Internacional de Reconstrução e Desenvolvimento (Bird).

1945 — Fim da Segunda Guerra Mundial. Divisão da Alemanha em quatro zonas de influência. Lançamento da bomba atômica em Hiroshima e Nagasaki, no Japão.

1946 — Golpe de Estado comunista na Polônia.

1947 — Criação da Doutrina Truman pelos EUA. Lançamento do Plano Marshall para reconstruir a Europa. Proposição da Doutrina Jdanov pela URSS.

1948 — Unificação das zonas de influência dos Estados Unidos, da Grã-Bretanha e da França.

1949 — Divisão do território alemão em República Federal da Alemanha (RFA) e República Democrática Alemã (RDA). Formação da Organização do Tratado do Atlântico Norte (Otan).

Unidade 11 Mundos em conflito

Um planeta dividido

Um mundo bipolar: políticas de contenção e zonas de influência

O término do conflito entre os Aliados e as potências do Eixo concorreu para um novo desenho das relações internacionais: Estados Unidos, União Soviética e Reino Unido buscavam redefinir a ordem política e social global. As Conferências de Yalta e de Potsdam (estudadas no Capítulo 40) foram os eventos de maior relevo para essa reconfiguração.

Os interesses divergentes das potências vitoriosas logo vieram à tona. Norte-americanos e soviéticos ofereciam modelos distintos para redesenhar o quadro político internacional. Os Estados Unidos apresentavam-se como defensores e líderes do "Mundo Livre" – noção vaga que opunha as democracias capitalistas ao comunismo. A União Soviética, por sua vez, nos primeiros anos do pós-guerra, associava-se à perspectiva de revoluções, favorecidas pelo cenário de destruição econômica e desordem social. Além disso, a dura resistência do Exército Vermelho aos nazistas aumentou o prestígio dos partidos comunistas.

A via revolucionária não foi o único caminho proposto por Moscou. Na Polônia, porta de entrada para a invasão do território soviético, Stálin reprimiu opositores e construiu um regime satélite da URSS. Esse roteiro, em que os comunistas assumiam o poder por meio de golpes de Estado, tornou-se constante na Europa oriental.

George Marshall anuncia seu plano

Em junho de 1947, o secretário George Marshall (1880-1959) anunciou a intenção do governo estadunidense de financiar a reconstrução europeia com o *European Recovery Program*, o chamado Plano Marshall. Desde o final da guerra, os Estados Unidos ajudavam a Europa, e decidiram então estabelecer meios para que o próprio continente conseguisse suprir suas necessidades. A Europa ocidental – sobretudo Grã-Bretanha, França, Alemanha e Itália – se beneficiou dos US$ 13 bilhões liberados em quatro anos pelo Congresso dos EUA.

A verdade é que as necessidades da Europa para os próximos três ou quatro anos, em termos de alimentação e outros produtos de primeira necessidade – principalmente americanos – são tão maiores do que sua possibilidade de pagá-los; que ela deve receber uma ajuda suplementar substancial, sob pena de enfrentar uma deterioração econômica, social e política extremamente grave. [...] É normal que os Estados Unidos façam tudo o que está ao seu alcance para possibilitar um retorno a uma situação econômica sadia no mundo, sem a qual não pode haver garantia de estabilidade política e paz. Nossa política não se dirige contra qualquer país ou doutrina, mas contra a fome, a pobreza, o desespero e o caos. Seu objetivo deve ser o restabelecimento de uma economia que funcione, a fim de permitir a emergência de condições políticas e sociais nas quais possam existir instituições livres [...]

Este é um assunto europeu. A iniciativa, penso eu, deve partir da Europa.

Disponível em: <www.oecd.org/general/themarshallplanspeechatharvarduniversity5june1947.htm>. Acesso em: 15 maio 2016. (Tradução nossa.)

Tendo em vista a ameaça comunista e as dificuldades de reconstrução do continente, várias lideranças europeias reclamavam uma ação mais incisiva dos norte-americanos. Em 1946, ao discursar nos Estados Unidos, o primeiro-ministro britânico Winston Churchill denunciou a existência de uma "cortina de ferro" que dividia a Europa e salientou a importância da ação americana para conter o avanço soviético.

Em março de 1947, num discurso no Congresso dos Estados Unidos, o presidente Harry Truman (1945-1952) declarou seu apoio a ações que visassem conter o avanço do comunismo: era a chamada Doutrina Truman. Ele insistiu que as "nações deveriam escolher entre modos de vida alternativos" – a liberdade ou a sujeição ao comunismo. Os Estados Unidos liderariam o combate à expansão comunista.

Em resposta à Doutrina Truman, os soviéticos criaram a Doutrina Jdanov, segundo a qual o mundo estava dividido em dois campos: o imperialista, dirigido pelos EUA, e o anti-imperialista e democrático, guiado pela URSS.

Ao discurso de Truman seguiu-se o anúncio do Plano Marshall, cujos recursos foram usados para financiar a reconstrução do continente. O dinheiro do Plano Marshall, lançado em 1947, foi recusado por Stálin para a reconstrução tanto da URSS quanto dos países da Europa oriental.

Stálin pretendia evitar qualquer influência capitalista em territórios controlados pela URSS. Também foi criado o Bureau de Informação Comunista (Cominform), que instituiu uma vigilância maior sobre a dissidência política nas democracias populares e nos partidos comunistas da Europa oriental.

A Alemanha

As divergências políticas entre as duas superpotências evidenciaram-se na Alemanha. Foi na disputa pelo controle do território alemão que se formalizou uma aliança de segurança continental que unia os países da Europa ocidental aos Estados Unidos.

Em junho de 1948, os Estados Unidos, o Reino Unido e a França unificaram suas zonas de ocupação e formularam uma nova organização econômica e política para a Alemanha. Ficava claro que a recuperação do dinamismo econômico do território alemão seria importante para a reconstrução da Europa ocidental.

A URSS reagiu cortando as comunicações da parte oeste de Berlim, situada no meio da Alemanha oriental. Em resposta, os norte-americanos estabeleceram uma "ponte aérea" para abastecer Berlim ocidental.

Em maio de 1949, a União Soviética desistiu do bloqueio, mas o episódio fez nascer uma forte solidariedade entre a Alemanha ocidental e os Estados Unidos. Em setembro do mesmo ano, na parte oeste do território, surgiu a República Federal da Alemanha (RFA), apoiada pelos Estados Unidos. Em outubro foi criada no leste a República Democrática Alemã (RDA), de orientação comunista. Estava, assim, consumada a divisão da Alemanha, menos de 80 anos após sua unificação.

Aproveitando o sucesso das ações militares contra os soviéticos no bloqueio de Berlim, norte-americanos e líderes dos países da Europa ocidental assinaram o Pacto Atlântico, em 1949. Esse acordo estabelecia que a agressão a uma das nações do tratado significava um ataque a todas; foi criada a Organização do Tratado do Atlântico Norte (Otan), órgão que manteria essa união defensiva contra o comunismo na Europa. A União Soviética, por sua vez, estabeleceu com os países comunistas o Pacto de Varsóvia, em 1955, com o objetivo de garantir o controle e a defesa da Europa oriental.

As fronteiras da Guerra Fria na Europa

Fonte: SWIFT, John. *The Palgrave Concise Historical Atlas of the Cold War*. Nova York: Palgrave, 2003. p. 29 (adaptado).

Fonte: DUBY, Georges (ed.). *Atlas Histórico Mundial*. Barcelona/Madri: Círculo de Lectores/Editorial Debate, 1989, p. 107 (adaptado).

Ainda que prevalecesse no discurso público a intenção de unificação, tanto estadunidenses quanto soviéticos viam a divisão da Alemanha como fator importante para o equilíbrio de poder na Europa. Essa perspectiva ficou ainda mais evidente após a construção do muro de Berlim, em 1961. Com a justificativa de conter o avanço americano e evitar a fuga de trabalhadores especializados, a União Soviética (URSS) buscou, novamente, isolar Berlim ocidental, construindo um muro para separar as duas partes da cidade.

Para assistir

A vida dos outros

Alemanha, 2006. Direção: Florian Henckel von Donnersmarck. Duração: 137 min.

Nos anos 1980, quando a Alemanha ainda era dividida pelo Muro de Berlim, o bem-sucedido dramaturgo Georg Dreyman e sua companheira, a atriz Christa-Maria Sieland, vivem em meio à elite intelectual da Alemanha oriental. Quando o ministro da Cultura se interessa pela atriz, o agente do serviço secreto, Wiesler, recebe a missão de observar o casal, passando a achar suas vidas e personalidades cada vez mais fascinantes.

ORGANIZANDO AS IDEIAS

1. Explique o que foi o Plano Marshall.
2. Diferencie a Doutrina Truman e a Doutrina Jdanov.
3. Explique as motivações para a divisão da Alemanha e a construção do muro de Berlim.

O Muro e a Guerra

A destruição do Muro de Berlim e a unificação alemã ocorreram em 1989-1990. Esses eventos são marcos do fim da Guerra Fria. Na década de 1990, a reunificação alemã e o surgimento de outros movimentos nacionais nos territórios soviéticos assinalaram a reconfiguração do mapa sociopolítico da Europa.

Mulher acena em Berlim ocidental para conhecidos do outro lado do Muro de Berlim. Foto de 26 de outubro de 1961.

População em torno do Portão de Brandemburgo, por ocasião da queda do Muro de Berlim. Foto de 10 de novembro de 1989.

O risco de guerra nuclear e a *détente*

As divergências entre EUA e URSS provocaram uma nova corrida armamentista e a ameaça de um novo tipo de conflito: a guerra nuclear. Esta eliminava a possibilidade de uso do território pelo país vencedor, em razão da radiação e da contaminação do solo, do ar e de outros recursos naturais.

O presidente norte-americano Eisenhower (1952--1960) cogitava que "ninguém poderia vencer uma guerra termonuclear", considerada um risco à vida no planeta. Isso não impediu que os Estados Unidos buscassem constituir sua superioridade em termos de armamentos atômicos. Em 1952, lançaram o dispositivo termonuclear, ou "bomba H", exponencialmente mais poderoso que a bomba atômica.

Seguiu-se o desenvolvimento tecnológico de dispositivos de lançamento de ogivas. No início da década de 1950, os Estados Unidos instalaram bombardeiros de médio alcance na Europa para um possível ataque nuclear à União Soviética. Ao final da década, haviam desenvolvido bombardeiros intercontinentais, podendo atingir a URSS a partir do território americano. No início dos anos 1960, os EUA também desenvolveram mísseis balísticos intercontinentais que equipavam submarinos e bases terrestres.

A tríade bombardeiros, bases terrestres e submarinos equipados com armas atômicas voltadas para a destruição de alvos soviéticos constituiu o alicerce da superioridade dos EUA na guerra atômica. A URSS testou seu primeiro dispositivo termonuclear em 1953. Antes de 1955, ela continuava incapaz de atingir o continente americano. Apenas no início da década de 1960, a URSS desenvolveu a construção de mísseis balísticos intercontinentais, conseguindo mirar em alvos nos EUA.

Durante a Guerra Fria, vários analistas consideraram irracional a possibilidade de uma guerra atômica e compreenderam que, mesmo que as superpotências usassem uma retórica de guerra e eliminação, os avanços dos armamentos nucleares de ambos os lados inviabilizariam um conflito armado direto. As armas atômicas funcionavam de parte a parte como um elemento de dissuasão do confronto, levando ao congelamento dos conflitos no campo de batalha, principalmente no cenário europeu. Em suma, nenhuma das superpotências ousava atacar diretamente a outra, por medo de que isso desencadeasse um conflito que destruiria ambas.

O Sputnik e a corrida espacial

O Sputnik foi um satélite lançado em órbita pela URSS em 1957. O evento acirrou as disputas na Guerra Fria, servindo de propaganda do desenvolvimento científico soviético e de um novo passo para a humanidade: a conquista do espaço. A URSS lançou nove missões com o nome Sputnik.

Ainda em 1957, os soviéticos enviaram a cadelinha Laika em um satélite. Comprovava-se que seres vivos poderiam sobreviver no espaço. Em 1961, Yuri Gagarin foi enviado numa missão para o espaço, tornando-se o primeiro homem a orbitar a Terra.

Os norte-americanos responderam com o lançamento do satélite Explorer e a criação da Administração Nacional da Aeronáutica e do Espaço (Nasa) em 1958. A agência estatal desenvolveu o projeto Apolo, responsável pela chegada do homem à Lua em 1969.

Laika, o primeiro cão no espaço, na cápsula do Sputnik 2.

Cuba e a crise dos mísseis

A Revolução Cubana ocorreu em 1959, mas seu alinhamento com o bloco socialista só veio em 1961. As forças políticas que se aglutinaram para depor o então presidente Fulgêncio Batista não eram compostas exclusivamente de comunistas. A aproximação com o comunismo ocorreu em virtude do desfecho das ações políticas e militares do início dos anos 1960.

O movimento que culminou na revolução foi organizado por uma guerrilha rural que prometia a reforma agrária no país. Os revolucionários cubanos uniram-se em torno de um programa de reformas sociais e anti-imperialistas. Assim, depuseram o governo de Fulgêncio Batista, visto como antipopular e pró-imperialista.

Fidel Castro e Nikita Khruschev encontram-se durante a Assembleia Geral da ONU em Nova York, Estados Unidos. Foto de 20 de setembro de 1960.

Após a revolução, a reação americana foi restringir a compra de açúcar e o fornecimento de petróleo a Cuba, pois a mudança de regime ameaçava os interesses das companhias norte-americanas, que, desde o início do século, exerciam grande influência no país. Nesse primeiro momento, Cuba recorreu à União Soviética, que passou a realizar essas transações. Em abril de 1961, os EUA apoiaram cubanos exilados na Flórida, na tentativa de invadir a ilha caribenha e destituir o governo revolucionário. O desembarque na baía dos Porcos fracassou, mas o caso serviu como sinal para o rompimento das relações entre Cuba e Estados Unidos e para a declaração do caráter socialista da Revolução Cubana, que se alinhou definitivamente com a União Soviética.

Era uma oportunidade única para os soviéticos instalarem uma base militar no continente americano, tentando superar a desvantagem estratégica em relação aos EUA – cujas bases militares na Europa ameaçavam diretamente a URSS. Desse modo, Moscou planejou a instalação de mísseis carregados com ogivas nucleares em Cuba.

Apesar do segredo que envolvia a operação, em 14 de outubro um avião de reconhecimento norte-americano descobriu a montagem de mísseis em Cuba. O anúncio da instalação dos mísseis à população americana, em 22 de outubro de 1962, e o bloqueio naval à ilha caribenha foram eventos explosivos. A notícia foi recebida com alarme em todo o mundo, sendo vista como estopim para uma possível guerra nuclear entre americanos e soviéticos.

O impasse foi superado por um acordo. Os soviéticos retiraram os mísseis de Cuba e os norte-americanos comprometeram-se a não invadir a ilha, além de, secretamente, retirar parte de seus mísseis europeus apontados para a URSS. Passado o risco iminente, as relações acalmaram-se. Em 1963, foi instalada uma linha direta, o "telefone vermelho", ligando o Kremlin – centro do governo da URSS – à Casa Branca.

A instalação da "linha vermelha" foi um primeiro passo para o início da *détente* – palavra francesa que significa o relaxamento de tensões entre rivais. No contexto da Guerra Fria, implicou o restabelecimento de relações diplomáticas entre os Estados Unidos e a União Soviética, que haviam sido rompidas desde os acordos que selaram o fim da Segunda Guerra Mundial.

Um dos marcos dessa política foi a assinatura do Tratado de Limitação de Armas Estratégicas (SALT). Assinado em 1972, representou um esforço dos EUA e da URSS para conter a corrida armamentista e administrar as zonas de influências geopolíticas de cada bloco.

Ainda assim, a *détente* transcorreu no clima de concorrência pela expansão da influência do capitalismo e do socialismo no Terceiro Mundo. A África e a Ásia no pós-guerra viveram um período de florescimento das lutas por independência e combate ao colonialismo. Esse cenário serviu para alimentar as disputas entre os EUA e a URSS.

Na década de 1980, assistiu-se novamente à retomada da retórica de confronto da Guerra Fria e ao abandono da distensão. Todavia, contrariando o discurso do conflito, novos acordos foram assinados, visando o controle das armas atômicas.

ORGANIZANDO AS IDEIAS

4. Explique como a bomba atômica inicia um novo tipo de guerra.
5. Relacione a crise dos mísseis cubanos à *détente*.

A "Era de Ouro"

Um crescimento excepcional

No pós-guerra, a economia mundial, incluindo os países socialistas, conheceu um excepcional crescimento. Entre 1950 e 1973, a produção mundial triplicou, e, em setores como o petrolífero e o automotivo, cresceu mais de dez vezes. Para muitas economias capitalistas, os anos 1950 e 1960 foram tempos de "milagre econômico".

Diversos fatores favoreceram o crescimento, dentre eles o intervencionismo do Estado no mercado, para construir uma rede de proteção social e estimular investimentos, e a própria Guerra Fria, que estimulou o rearmamento e amplos investimentos na pesquisa científica, favorecidos também no domínio civil, contribuindo para a expansão da economia.

A partir de 1945, o crescimento demográfico mundial, provocado pelo aumento da taxa de natalidade após o fim da guerra (o *baby boom*) e pela queda da mortalidade, sobretudo infantil, também favoreceu o desenvolvimento.

A crescente oferta de emprego incentivou o consumo, facilitado pelo crédito fácil. A indústria mais dinâmica foi a de bens de consumo duráveis, como automóveis e eletrodomésticos, possibilitando a melhoria das condições de vida de grande parte da população dos países ocidentais.

O período de crescimento coincidiu com a ampliação do comércio internacional. Em 1947, 23 países assinaram o Acordo Geral sobre Tarifas e Comércio (GATT) e se engajaram em um esforço duradouro de negociação para liberar as trocas comerciais, diminuindo as tarifas alfandegárias. Esse processo culminaria na criação da Organização Mundial do Comércio (OMC), em 1995.

O desenvolvimento econômico transformou as sociedades dos países industrializados: o conforto doméstico aumentou e a pobreza pareceu destinada a desaparecer. A população empregada no setor agrícola, também em pleno processo de modernização, foi reduzida, adotou modos de vida urbanos e ingressou na era do consumo.

A Europa rumo à unificação

Durante a "Era de Ouro", a Europa experimentou um período de relativa paz e integração econômica de sua porção ocidental. O crescimento favoreceu a vinda de uma cultura de consumo e pleno emprego que era desconhecida para a maior parte das gerações que nasceram no entreguerras.

A distribuição dos recursos do Plano Marshall exigiu a criação de um organismo de coordenação entre 17 países da Europa. O primeiro passo nesse sentido foi dado com a criação, em maio de 1949, do Conselho da Europa, sediado em Estrasburgo, na França. Em 1960, ele se transformou na Organização de Cooperação e Desenvolvimento Econômico (OCDE).

Foi um projeto econômico, a Comunidade Europeia do Carvão e do Aço (Ceca), que, em 1952, lançou as bases de uma cooperação supranacional. Depois disso, longas negociações culminaram na assinatura de dois tratados, em Roma, em março de 1957. O primeiro criou a Comunidade Europeia da Energia Atômica (Euratom), empreendimento que logo fracassou; o segundo, mais ambicioso, estabeleceu a Comunidade Econômica Europeia, também chamada de Mercado Comum Europeu, que previa a união alfandegária e a livre circulação de mercadoria, capitais e mão de obra.

O PODER DOS ÁTOMOS

Uma das principais características da Guerra Fria foi a corrida armamentista, voltada para o desenvolvimento de armas nucleares. Todo o poder de destruição da bomba atômica está na apropriação do conhecimento sobre o processo de fissão nuclear, caracterizado pelo bombardeio de um nêutron sobre o núcleo de um elemento radioativo e gerador de um isótopo do átomo instável, que se quebra e forma dois novos elementos em meio a liberação de grandes quantidades de energia.

A evolução dos saberes científicos sobre a tecnologia nuclear, contudo, também representou a tomada de consciência e o desenvolvimento de iniciativas que visavam conter sua proliferação. Muitos foram os estudiosos e ativistas que se manifestaram contra o desenvolvimento de armas e tecnologia nuclear, uma vez que tais dispositivos colocavam em perigo a segurança da sociedade em virtude do risco de vazamentos e acidentes que poderiam causar a contaminação de territórios, animais e seres humanos. Esse cenário foi propício para que se assinasse o Tratado de Não Proliferação de Armas Nucleares, firmado em 1968, pelo qual as potências detentoras da bomba atômica se comprometiam a não repassar essa tecnologia aos demais países, salvo para fins pacíficos ou ligados à pesquisa acadêmica.

Embora a Guerra Fria tenha acabado na década de 1990, o risco gerado por essa tecnologia ainda está presente: além dos acidentes e falhas técnicas, existe ainda o perigo possibilitado pelo comércio, no mercado negro, de armas nucleares e também pela existência de reatores em diferentes países, que, motivados por interesses e antagonismos, podem levar a um conflito nuclear de consequências catastróficas, ainda que não seja global. O que nos leva a destacar a responsabilidade social dos usos das descobertas científicas.

A Europa

O continente europeu tem cerca de 10 180 000 km². Existe nesse espaço grande heterogeneidade de nações, marcadas por longa trajetória de disputas políticas e econômicas. Contudo, a dinâmica da Guerra Fria levou à construção de instituições supranacionais que possibilitaram a representação de uma Europa unificada. A perda da hegemonia para os EUA e a URSS levou ao estabelecimento de acordos entre os países europeus para articularem uma melhor colocação no cenário internacional.

A instituição supranacional de maior sucesso foi a Comunidade Europeia de Carvão e Aço (1952), que reuniu França, Alemanha ocidental, Bélgica, Itália, Holanda e Luxemburgo. A instituição contribuiu para a redução das rivalidades entre França e Alemanha. Em 1957, essas mesmas nações fundaram a Comunidade Econômica Europeia (CEE).

A CEE ou Mercado Comum Europeu era dirigida por um Conselho de Ministros, em cuja presidência se alternavam representantes dos Estados-membros. A partir de 1979, os deputados europeus passaram a ser eleitos pelo sufrágio universal, e a cidade de Bruxelas, na Bélgica, tornou-se a sede das principais instituições. O Mercado Comum obteve sucesso imediato, alavancando o crescimento econômico e estimulando novas iniciativas e adesões. Os anos 1990 foram a base para a formação da União Europeia, que engloba vários países, unificou a moeda (euro) e permitiu a livre circulação de mercadorias, capitais e pessoas.

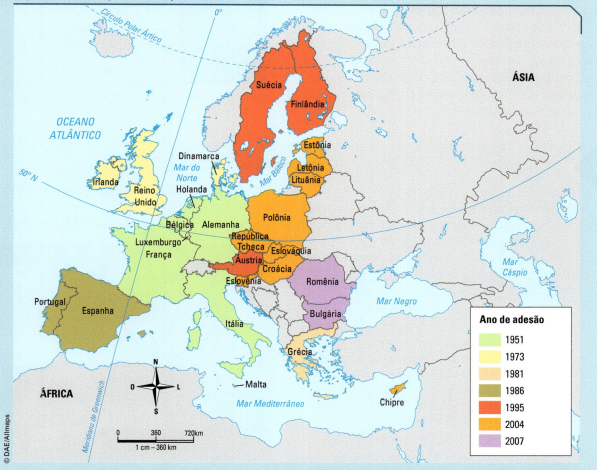

Fonte: Evolução da União Europeia. Baseado em: <www.bbc.com/news/world-middle-east-24367705>. Acesso em: 23 maio 2016. (adaptado).

Cultura e Guerra Fria

Nos Estados Unidos, a Guerra Fria alterou profundamente a vida das pessoas comuns. Numa república que tinha como marca a autonomia dos estados, o pós-guerra constituiu um momento de crescimento do poder "imperial" do presidente. Esse aumento do poder federal foi consequência de uma expansão dos gastos no complexo industrial-militar subsidiado pelo Estado.

A alteração da vida dos cidadãos era seguida de uma ascensão do anticomunismo no cotidiano. Surgiu um movimento de "caça aos vermelhos" que limitou as liberdades civis.

A prosperidade reforçou os valores conservadores na sociedade. O PIB dos EUA cresceu 250% entre 1945 e 1960, desenvolvimento acompanhado pela expansão dos bairros suburbanos. A construção civil e a indústria cultural vendiam os subúrbios como um paraíso familiar e de consumo. A propaganda, o cinema, a música e os produtos culturais representavam o consumo de massa e a família mononuclear, os ideais associados à identidade americana. Esse estilo de vida reforçava padrões culturais que limitavam o papel das mulheres ao âmbito familiar e construíam visões homogêneas de uma classe média branca em favor do consumo e do capitalismo.

Esse padrão cultural difundido na sociedade contribuiu para restringir a ação dos movimentos sociais. A luta pelos direitos civis dos negros e das mulheres, bem como os movimentos sindicais que denunciavam a desigualdade social nos EUA eram tachados de "comunistas" e reprimidos. Assim, eram vistos como "marginais" na cultura e na sociedade prósperas do capitalismo e como ameaça ao estilo de vida americano. Mesmo assim, a mobilização social foi capaz de alcançar grandes vitórias.

Nos anos 1960 e 1970, também surgiram vários movimentos que contestavam esse estilo de vida. Na década de 1950, um grupo de intelectuais formou um movimento que ficou conhecido como "Geração Beat".

Para assistir

Boa Noite, e Boa Sorte

Estados Unidos/França/Reino Unido/Japão, 2005. Direção: George Clooney. Duração: 93 min.

Na década de 1950, a ameaça comunista criou uma paranoia nos Estados Unidos. Esse clima foi explorado pelo senador Joseph McCarthy. Entretanto, dois repórteres decidem enfrentá-lo e denunciá-lo, apesar das represálias.

O macarthismo

Em 1950, o senador Joseph McCarthy lançou uma campanha de caça aos comunistas. O Partido Comunista Americano anunciava no mesmo ano a existência de 32 mil membros, mas a retórica dos políticos que fizeram da caça aos comunistas uma plataforma política exagerava os números e a ameaça de espionagem.

Nos anos 1950, o discurso sensacionalista do anticomunismo e as acusações de traição à pátria serviram para reprimir a liberdade de expressão. No período, políticos, funcionários públicos, cineastas, professores, entre outros, foram alvos privilegiados de inquéritos e debates jornalísticos que abordavam a ameaça comunista nos Estados Unidos. No Senado, McCarthy dirigiu a Comissão de Atividades Americanas, incentivou a delação de comunistas e se tornou ícone da "caça às bruxas".

Os resultados do macarthismo foram inúmeras demissões, prisões e algumas execuções de pessoas suspeitas de subverter os "valores americanos". Governos estaduais, associações civis privadas, comunidades artísticas e instituições universitárias eram estimulados e coagidos a garantir e promover os valores do patriotismo e a "lealdade" de seus membros ao Estado americano.

O senador Joseph McCarthy durante exposição em Washington, Estados Unidos. Foto de maio de 1954.

Movimento negro e luta pelos direitos civis

Um dos pontos centrais da história americana é a escravidão e seu legado. A Guerra Civil entre Norte e Sul (1861-1865) e a Décima Terceira Emenda à Constituição acabaram com a escravidão, mas, após a breve experiência da Reconstrução (1865-1877), a segregação e a discriminação prevaleceram no sul dos EUA.

Após a Segunda Guerra Mundial, o discurso de liberdade e prosperidade divulgado como estilo de vida americano contrastava com a situação dos afro-americanos. Eles viviam em sua maioria na pobreza, sofriam a segregação formal e informal em espaços públicos e experimentavam agressões, violência policial e discriminação no acesso à educação e aos serviços públicos. Nos anos 1950, após a Suprema Corte decidir que a discriminação em escolas e universidades era ilegal, vários movimentos negros ganharam impulso.

Organizaram-se manifestações contra a segregação em cinemas, ônibus, restaurantes, bibliotecas, denunciando a política formal e informal que proibia os negros de terem acesso aos mesmos espaços que os brancos. No bojo desse embate, surgiu a liderança de Martin Luther King, pastor batista da Geórgia que fundou a Conferência de Liderança Cristã em 1957 para impulsionar a luta pelos direitos civis. King tornou-se uma importante liderança do movimento. Sua tática principal era a "desobediência civil", uma forma de resistência pacífica para se contrapor à discriminação racial e à violência da sociedade branca e dos policiais.

O ápice das manifestações ocorreu em 1963. A luta pelos direitos civis passou a envolver comunidades negras, organizações estudantis e uma gama variada de apoiadores políticos. Contra essa articulação, houve uma forte repressão policial levando a prisão e assassinato de militantes, fechamento de organizações e igrejas protestantes e violência contra manifestantes. Não obstante, a indignação causada pelas imagens da repressão contribuiu para a ampliação do apoio ao movimento nos Estados Unidos e no mundo. Além de Martin Luther King, outras lideranças, como Malcolm X, tornaram-se importantes referências para a valorização da cultura negra nos Estados Unidos e a luta contra a discriminação racial.

Ainda que os militantes pelos direitos civis dos afro-americanos tenham conseguido o reconhecimento de algumas demandas, a discriminação e a violência contra os negros continuaram. Não por acaso, Malcolm X foi assassinado em 1965 e Martin Luther King em 1968.

Brancos e negros reunidos em manifestação pelos direitos civis em Washington, Estados Unidos. Foto de agosto de 1963. "Fim das leis de segregação nas escolas", "América tem uma dívida secular", "Empregos e liberdade para todos os americanos" e "Um fim para o preconceito agora!" eram algumas das palavras de ordem apresentadas no protesto.

Seus membros procuraram criticar as atitudes conservadoras e discriminatórias dos Estados Unidos. Juntamente com isso surgiram expressões, como o *rock and roll*, que representavam uma cultura jovem e reinventavam a liberdade em termos de comportamento. Construíam-se os símbolos de contestação dos valores tradicionais familiares e de rebeldia ante a homogeneidade cultural representada pelo estilo de vida americano.

Na década de 1960, esses movimentos ganharam relevo na contracultura e também feições específicas em cada sociedade; mas foi em 1968, mais especificamente, que se manifestaram mundialmente, incluindo as revoltas estudantis na França, a tentativa (reprimida) de abertura política na Tchecoslováquia, as lutas pelos direitos civis e contra a Guerra do Vietnã nos EUA, entre muitos outros exemplos.

ORGANIZANDO AS IDEIAS

6. Cite e explique três motivos do crescimento industrial no pós-guerra.
7. Qual o significado da "Era de Ouro" para a Europa?
8. Por que o conservadorismo foi um dos componentes da "Era de Ouro" nos Estados Unidos?
9. Explique a importância dos movimentos de 1968 na cultura ocidental.

Revisando o capítulo

APROFUNDANDO O CONHECIMENTO

1. Leia o texto e responda às perguntas.

> Desenvolvimentos políticos na época moldaram esses arranjos econômicos internacionais. Crescentes tensões entre os Estados Unidos e a União Soviética, sobre a divisão de poderes políticos e econômicos na Alemanha até o fim dos anos 1940, culminaram na Guerra Fria. Os dois superpoderes e suas alianças rivais disputaram a dominância econômica, política e militar mundial no pós-guerra. Motivados pela segurança nacional, expansão econômica e vantagem militar internacional, ambos mantiveram controle dos seus aliados e de outras esferas de interesse por meio da força bruta.
>
> PURDY, Sean. O século americano. In: KARNAL, Leandro (Org.). *História dos Estados Unidos*. 3. ed. São Paulo: Contexto, 2003. p. 228.

   a. O historiador Sean Purdy salienta como as rivalidades entre as nações moldaram a Guerra Fria. Explique em que consistia o conflito entre Estados Unidos e União Soviética.

   b. Como o final da Segunda Guerra Mundial contribuiu para o início da Guerra Fria?

2. Observe a imagem e responda às perguntas a seguir.

   a. O filme de Stanley Kubrick narra a história de uma possível guerra nuclear a partir da paranoia de um cientista, de um general e dos políticos estadunidenses. Relacione o cartaz do filme com a Guerra Fria.

   b. O filme teve algumas partes censuradas quando foi lançado nos Estados Unidos. Identifique o contexto de produção e lançamento do filme no início dos anos 1960 e explique o motivo da censura.

Pôster do filme *Dr. Fantástico*, dirigido por Stanley Kubrick em 1964.

3. Releia o boxe "George Marshall anuncia seu plano" (p. 599) para responder às perguntas a seguir.

   a. O discurso foi proferido pelo secretário George Marshall (1880-1959) quando lançou o Programa de Recuperação Europeia. Identifique as principais justificativas para a ajuda europeia.

   b. Relacione o Plano Marshall com a Doutrina Truman.

   c. Explique como o Plano Marshall favoreceu a unificação europeia num bloco econômico.

O "SOCIALISMO REAL"

CAPÍTULO 44

Até a Segunda Guerra Mundial, a União Soviética era o único bastião do socialismo no mundo. Após a derrota do Eixo, porém, a URSS consolidou-se como superpotência e líder de um bloco em expansão. Como funcionava esse "socialismo realmente existente"? A capacidade de competir com os Estados Unidos durante décadas evidenciava a força de seu modelo econômico. Entretanto, o regime soviético caracterizava-se pelo autoritarismo e pela incapacidade de fornecer um padrão de vida aos seus habitantes comparável ao dos principais países capitalistas. Essa contradição perseguiria o mundo socialista, produzindo graves tensões.

Assim como na Rússia, décadas antes, a vitória comunista na China deu-se num país agrário e destruído por anos de guerra. O Partido Comunista Chinês também buscou acelerar rapidamente o crescimento da nação por meio da industriali-

Construindo o conhecimento

- Por que você acha que os países socialistas buscavam restringir o contato com o mundo capitalista?
- Na sua opinião, quais seriam os benefícios e as desvantagens de viver no "socialismo real"?

Plano de capítulo

▸ A URSS e seu império, de Stálin a Brejnev (1945-1982)
▸ A China comunista (1949-1980)

Desfile militar de Primeiro de Maio, na Praça Vermelha, em Moscou, União Soviética. Foto de 1947. As imagens de Lênin e Stálin tinham presença obrigatória nas comemorações do "socialismo real".

Marcos cronológicos

1945 Rendição do Japão e etapa final da Revolução Chinesa.

1947 Ruptura entre os países capitalistas ocidentais e a URSS.

1948 Ruptura entre Stálin e o líder iugoslavo Tito. Início da repressão do "titoísmo" e do "nacionalismo" na Europa oriental.

1949 Proclamação da República Popular da China.

1950-1953 Guerra da Coreia.

1953 Morte de Stálin e ascensão de Nikita Khrushchov no PCUS. Início do "degelo" na União Soviética e no campo socialista. Primeiro Plano Quinquenal na República Popular da China.

1956 Discurso de Khrushchov no XX Congresso do PCUS denunciando os crimes de Stálin. Revolução Húngara e motins antissoviéticos na Europa oriental. Início do movimento das "Cem Flores".

1957-1962 Política do Grande Salto para Frente na China.

1959 Revolução Cubana.

zação, o que gerou imensos custos humanos. Mesmo assim, a China conseguiu afirmar sua autonomia perante a URSS, emergindo como uma liderança concorrente dentro do mundo socialista.

No sistema político internacional da Guerra Fria, os países que implantaram o "socialismo real" abrangiam cerca de um terço da população mundial, mas o isolamento e a autossuficiência econômica que caracterizavam o mundo socialista separavam-no do bloco capitalista, restringindo a circulação de informações, de pessoas e de mercadorias.

A URSS e seu império, de Stálin a Brejnev (1945-1982)

O stalinismo e a Europa oriental no pós-guerra

A vitória na Segunda Guerra Mundial não resultou na moderação do regime stalinista. Ao contrário, longe de restringir a repressão, o governo exaltou a identidade russa em detrimento das demais nacionalidades soviéticas e daquelas dos territórios dominados. O culto à personalidade de Stálin foi reforçado, e a censura recaiu sobre intelectuais e artistas, até então tolerados ou mesmo favorecidos. A repressão assumiu também um tom antissemita: judeus passaram a ser perseguidos, pois eram vistos como possíveis traidores ligados ao Ocidente capitalista.

Os êxitos do Exército Vermelho contribuíram para consagrar o modelo de modernização erigido nos anos 1930. O regime autoritário baseado no partido único, na coletivização da agricultura, na economia planificada e focada na expansão da grande indústria e na repressão aos dissidentes foi difundido no pós-guerra como um modelo alternativo ao capitalismo.

A URSS estava em ruínas, mas expandira sua área de influência e seu poder no jogo político internacional.

Essa expansão do poder soviético ocorreu principalmente na Europa oriental – território ocupado durante o conflito mundial. Tchecoslováquia, Hungria, Romênia, Bulgária, Polônia, Alemanha oriental e Albânia (que se afastou em 1968) integraram o Pacto de Varsóvia, uma aliança militar organizada em 1955 pela URSS.

O modelo de desenvolvimento soviético transplantado para a Europa oriental desconsiderava as características econômicas e sociais de cada país. A URSS explorava os países em sua zona de influência, retirando reservas monetárias e condicionando os produtos que poderiam ser produzidos em complementaridade a sua produção. As resistências nacionais ao modelo foram severamente reprimidas.

Na Iugoslávia, o Partido Comunista, sob a liderança de Josip Tito, não aceitou a interferência soviética. Ainda que aderisse aos padrões do socialismo real, não aceitava a submissão ao Partido Comunista da União Soviética (PCUS) nem o domínio que este exercia no movimento comunista internacional. A crise resultou no rompimento diplomático entre Iugoslávia e URSS, em 1948.

Entre 1948 e 1953, o "nacionalismo" e o "titoísmo" foram declarados posturas dissidentes do comunismo. Vários líderes na União Soviética e nas democracias populares foram mortos, presos ou enviados a campos de concentração. Os processos públicos de julgamento das dissidências eram, em sua maioria, forjados, sendo os réus torturados e obrigados a assumir publicamente a culpa. Os julgamentos tinham como principal objetivo reforçar a obediência ao PCUS, eliminar quadros não alinhados ao stalinismo e reprimir outras manifestações de descontentamento nacionalista na Europa oriental e na Rússia.

A "Grande Guerra Patriótica"

A Segunda Guerra Mundial ficou conhecida na União Soviética como "Grande Guerra Patriótica". O nome é uma referência ao esforço de guerra do país e à mobilização de centenas de milhares de soldados para contrapor-se ao avanço das tropas nazistas em 1941. A vitória sobre o nazismo serviu para encobrir, ao menos temporariamente, os crimes da ditadura stalinista.

Anônimo. *Ao nosso querido Stálin*, anos 1940. Litografia. A imagem louva Stálin e a vitória na "Grande Guerra Patriótica".

O "degelo" (1953-1964)

Depois da morte de Stálin, em 1953, Nikita Khrushchov (1894-1971) assumiu a direção do PCUS e impôs mudanças na política externa, na economia e na direção do Estado e do partido. Seu período de predomínio na direção da União Soviética ficou conhecido como "degelo" (1953-1964), termo que se relaciona tanto à revisão do stalinismo como à reforma da estrutura sociopolítica da URSS.

A rápida industrialização da União Soviética nos anos 1930 ampliou a mobilidade social na Rússia. A coletivização da agricultura e o desenvolvimento da indústria de base desencadearam o deslocamento voluntário e forçado da população dos campos para as cidades. A adaptação às novas ocupações e a expectativa de melhoria do padrão de vida, associadas à urbanização, vieram acompanhadas de oportunidades na estrutura política e administrativa. As transformações na estrutura social abalaram a família tradicional russa. Jovens de ambos os sexos eram estimulados a participar da "nova sociedade comunista" com expectativas igualitárias. Esses segmentos sociais em ascensão passaram a pressionar por reformas políticas.

Para os soviéticos, a morte de Stálin ofereceu a oportunidade para atender às demandas reprimidas de reformas. No plano internacional, gerou protestos contra a tentativa da URSS de manter o monopólio da direção do comunismo internacional. As pressões internas e externas levaram a direção do PCUS a rever suas posições. Esse processo ficou conhecido como "desestalinização". Khrushchov passou a representar esses anseios de transformação social. Em 1956, em sessão extraordinária e secreta do XX Congresso do PCUS, ele reconheceu as arbitrariedades cometidas por Stálin e o culto à personalidade do líder.

A "desestalinização" era um discurso que valorizava a direção coletiva e a legalidade socialista, exprimindo a recusa da sociedade ao terror como forma de governo. De líder e principal artífice do comunismo, Stálin passava a ser reconhecido como o grande malfeitor. O pronunciamento "secreto" de Khrushchov, que só viria a ser publicado na União Soviética em 1988, não abrangia as arbitrariedades cometidas em períodos anteriores a Stálin e se recusava a vislumbrar toda a escala do terror em massa instituído pelo comunismo. Culpando exclusivamente Stálin por todos os desmandos, eximia-se a liderança soviética de qualquer responsabilidade.

Várias reformas foram implementadas no regime. O Ministério da Segurança do Estado (MGB), responsável pelas investigações de crimes políticos, foi reduzido à condição de um comitê (KGB); as lideranças acusadas em processo sumário entre 1948 e 1953 foram anistiadas; os *gulags* (sistema de trabalho forçado na URSS em campos de concentração) tiveram seu número reduzido; o cargo de secretário-geral do partido, ocupado por Stálin, foi extinto.

Khrushchov tentou uma reaproximação com países que adotavam modelos socialistas diferentes do soviético. Assim, em 1956, a Iugoslávia restabeleceu relações diplomáticas com a União Soviética. No mesmo ano, a virada contra o stalinismo despertou exigências de reformas. Em junho, ocorreram motins antissoviéticos na Polônia que levaram a reformas graduais. Na Hungria, Imre Nagy (1896-1958), um líder comunista que se posicionava contra a repressão stalinista, retirado do poder em 1955, foi reconduzido em função dos protestos e da mobilização antissoviética dos húngaros.

Nagy radicalizou as propostas de reforma. Propôs a volta à democracia e ao pluralismo dos partidos políticos e exigiu a retirada das tropas soviéticas da capital, Budapeste. O exército soviético esmagou o levante, matando mais de 20 mil pessoas. Nagy e seu grupo foram presos e julgados publicamente, sendo vários condenados à morte.

A revolução húngara mostrou os limites do degelo para a União Soviética nos anos 1950. Ela não estava disposta a abrir mão de sua zona de influência na Europa oriental e não admitia contestações a sua liderança no plano internacional.

A Era Brejnev (1964-1983)

Sob o impulso da abertura política com as denúncias dos crimes praticados por Stálin, Khrushchov aprovou o voto secreto para a eleição de dirigentes do partido e para estabelecer um limite à reeleição. As reformas políticas provocaram a reação de grupos da *nomenklatura* – elites burocráticas do PCUS –, que se esforçaram para aprovar propostas de centralização do poder.

De Stalingrado a Volgogrado

O topônimo de cidades russas carrega os sinais da cultura comunista instituída na formação da União Soviética. Assim como a capital São Petersburgo teve seu nome alterado para Leningrado em referência a Lênin, em 1925, o Partido Comunista alterou o nome da cidade de Tsaritsin para Stalingrado. A mudança referia-se à vitória comandada por Stálin durante a guerra civil russa (1919-1921) contra o exército "branco". Durante a Segunda Guerra Mundial, a cidade ganhou destaque por sua resistência contra o nazismo. Em fevereiro de 1943, os exércitos alemães sofreram importante derrota em Stalingrado, cujo nome se tornou um marco da Segunda Guerra Mundial. A desestalinização iniciada em 1956 terminou por alterar novamente o nome do núcleo. Na crítica às atrocidades por ele cometidas na URSS, o corpo de Stálin na Praça Vermelha, em Moscou, foi retirado do mausoléu e enterrado fora da cidade e, em 1961, Stalingrado foi rebatizada de Volgogrado ("cidade do Volga").

Monumento a Stálin erguido na entrada do canal de navegação Volga-Don, na então Stalingrado, hoje Volgogrado. Foto de 1952.

A LITERATURA RUSSA DO SÉCULO XX

Apesar de a literatura russa ser famosa por escritores que viveram ou produziram suas obras durante o século XIX, como Fiódor Dostoiévski e Liev Tolstói, há importantes escritores russos do século XX que trataram em suas obras de questões ligadas ao comunismo. Um deles foi Alexander Soljenítsin (1918-2008).

Soljenítsin aderiu aos ideais bolcheviques em sua juventude e lutou no exército russo durante a Segunda Guerra Mundial, mas foi preso algumas semanas antes do fim do conflito acusado de fazer críticas ao governo de Stálin. De 1945 a 1953 foi prisioneiro em *gulags*, campos de trabalho forçado criados por Stálin, e, durante a década de 1960, produziu obras literárias narrando suas próprias experiências e o cotidiano dos prisioneiros nos *gulags*.

Seu livro mais conhecido é *Um dia na vida de Ivan Denisovich*, de 1962. Sua obra foi uma importante fonte de informações, para o Ocidente, sobre o cotidiano violento nos *gulags*. Soljenítsin recebeu o Prêmio Nobel de Literatura em 1970, mas declinou com receio de não poder retornar à URSS. Mesmo assim, tendo em vista a crítica ao regime socialista presente em suas obras, o escritor foi exilado em 1974 e só pôde retornar ao seu país natal em 1994.

Apesar da inspiração nos romancistas russos do século XIX, Soljenítsin ficou conhecido por suas obras literárias sempre críticas em relação à política de seu país, e é considerado um dos principais escritores do século XX.

A "Primavera de Praga"

A Tchecoslováquia era um dos países mais desenvolvidos da Europa no período anterior à Segunda Guerra Mundial. Contudo, no início dos anos 1960, o país tinha uma das mais baixas taxas de crescimento do bloco socialista. Em 1962, surgiram as reformas econômicas "não socialistas" que previam a participação nos lucros das fábricas e a descentralização de decisões visando à revitalização da economia. Essas propostas foram apresentadas no XII Congresso do Partido Comunista da Tchecoslováquia (1962) como consequência da "desestalinização". Serviram como um sinal para outras manifestações culturais que passaram a criticar o partido comunista, apontando para a necessidade de revigorar o modelo de governo.

As propostas de reformas do socialismo ganharam espaço com a eleição de Alexander Dubcek como primeiro secretário do Partido Comunista da Tchecoslováquia em 1968. Dubcek reduziu o controle sobre a censura, permitindo a pluralidade de manifestações políticas. Descentralizou a administração, instaurando uma república federada dividida entre a República Socialista Tcheca e a República Socialista Eslovaca, e declarou uma transição de dez anos para o pluripartidarismo.

No bojo dos protestos estudantis em escala mundial do ano de 1968, as reformas anunciadas na Tchecoslováquia resultaram em manifestações a favor da liberalização. Outros países da zona de influência soviética protestaram, seguindo o exemplo da chamada Primavera de Praga. Temendo a perda do monopólio do poder exercido pelos partidos comunistas, o Pacto de Varsóvia obrigou o Partido Comunista da Tchecoslováquia a retificar as reformas, restaurou a censura e impôs uma intervenção militar no país, enfrentando a resistência da população nas ruas de Praga.

Tanques do Pacto de Varsóvia invadem Praga, na então Tchecoslováquia. Foto de agosto de 1968.

Nos anos 1960, jornais dissidentes, greves e protestos em diversas cidades exigiram a ampliação das reformas e da participação política. Somando-se a essas tensões, a redução dos resultados econômicos e o fracasso da política soviética na crise dos mísseis cubanos (1962) permitiram que os conservadores do PCUS tomassem o poder por meio de um golpe de Estado.

Khrushchov foi afastado pelo Comitê Central do PCUS, acusado de realizar culto à própria personalidade e de cometer vários erros de avaliação sobre os caminhos do socialismo. Seu sucessor foi Leonid Brejnev (1906-1982), que tranquilizou os membros da *nomenklatura* e garantiu que não precisariam temer nem os expurgos stalinistas nem a perda de seus privilégios, como na Era Khrushchov. A *nomenklatura* estabeleceu-se no poder, impedindo a renovação das lideranças. No início dos anos 1980, a média de idade dos principais nomes do Comitê Central do PCUS era 70 anos.

Brejnev não retomou o terror stalinista, mas deixou claro: os contestadores que se opunham à "legalidade socialista" não seriam tolerados. No campo internacional, Brejnev defendia uma doutrina na qual os países alinhados com a União Soviética teriam autonomia limitada, desde que respeitassem o "internacionalismo proletário" – as políticas e as definições do PCUS. No entanto, foi mantida uma das principais iniciativas de Khrushchov: o estímulo à coexistência pacífica entre os blocos socialista e capitalista.

O governo Brejnev culminou com a expansão político-militar do Estado soviético, que alargou sua esfera de influência para incluir diversos países de Terceiro Mundo. A Marinha de Guerra ampliou sua área de atuação para o Mediterrâneo oriental, o Mar Vermelho, o Atlântico e o Índico.

As ações e intervenções soviéticas na Europa oriental e em outras partes do mundo eram declaradas "contrapartida" à atuação dos Estados Unidos em sua área de influência.

A economia soviética na Era Brejnev permaneceu aquecida, mas ao final de seu governo já era possível perceber indícios de debilidade. A taxa média de crescimento da indústria ficou em 3,5% no X Plano Quinquenal (1980-1985), em contraste com a média de 8,4% para o período de 1965 a 1970. A URSS teve de importar cereais para garantir o abastecimento. O impacto dessa crise econômica e a morte de Brejnev, em 1982, trouxeram uma nova onda de reformas para o socialismo.

ORGANIZANDO AS IDEIAS

1. A vitória dos Aliados na Segunda Guerra Mundial teve grande importância para a história do comunismo no século XX. Explique como a União Soviética saiu fortalecida do conflito.
2. O pós-guerra levou à libertação da Europa do nazismo, com o compromisso de se instalarem democracias nos territórios ocupados pelos Aliados. Identifique quais eram os países envolvidos e caracterize o regime implantado na Europa oriental.
3. Explique a situação particular da Iugoslávia no campo comunista.
4. O que foi o "degelo" na União Soviética?

A China comunista (1949-1980)

Do Império à República

A China no século XIX teve de conviver com o imperialismo de nações como Grã-Bretanha, França, Alemanha e Estados Unidos. Após a Primeira Guerra do Ópio (1839-1842) e a abertura forçada do mercado chinês à Grã-Bretanha, delegações estrangeiras conseguiram direito de extraterritorialidade (não se submetendo às autoridades e às leis do país) e firmaram tratados comerciais desfavoráveis aos chineses, que garantiam as isenções alfandegárias e o controle de portos, faixas de territórios e ferrovias. A influência estrangeira gerou conflitos e revoltas contra o poder imperial.

A instituição da República da China foi o resultado da Revolução de 1911. Após crises e tentativas de reformar o poder, várias províncias se declaravam independentes do poder central e favoráveis à instalação de uma república. Em 1912, foi proclamada a República e realizada a primeira eleição geral do novo regime. O Partido Nacionalista (*Kuomintang*), fundado e liderado por Sun Yat-sen, surgiu como o maior no parlamento. Sun Yat-sen foi proclamado presidente. Além do desafio de enfrentar as potências imperialistas, o Partido Nacionalista propunha várias reformas com intuito de industrializar e contestar tradições

O Pioneiro da Revolução

Sun Yat-sen é tratado pelos comunistas na China como "o pioneiro da Revolução". Em boa medida, seu projeto de modernizar a China surgiu de sua experiência educacional em escolas ocidentais, onde se tornou crítico da sociedade chinesa tradicional. Nascido em 1866, foi em 1879 para o Havaí, onde estudou em um colégio de missionários britânicos e na Escola Americana. Em 1883, retornou à China e foi batizado como cristão. Em 1886, matriculou-se na Escola Médica do Hospital de Cantão, transferindo-se para a Escola de Medicina da China em Hong Kong em 1892, ano em que se graduou.

Em 1894, formou a Sociedade para a Regeneração da China e no ano seguinte tentou iniciar uma revolução a partir de Hong Kong e de Cantão. A derrota do levante levou-o a quinze anos de exílio. Na Revolução de 1911, ele se encontrava fora do país, mas ainda assim foi aclamado presidente da República da China. Como resultado da ascensão dos "senhores da guerra", novamente foi exilado em 1912, só retornando à China em 1917.

Em 1923, reorganizou o Partido Nacionalista, com o apoio da União Soviética, de estudantes e de chefes locais interessados em reunificar a China fragmentada pelos "senhores da guerra". Sua doutrina política afirmava três pontos chaves para a modernização da China: nacionalismo, democracia e bem-estar. Faleceu de câncer, em Hong Kong, no ano de 1925.

Estátua de bronze de Sun Yat-sen, na China.

enraizadas na cultura chinesa, como o confucionismo, visto como obstáculo à modernização. Essas reformas, contudo, enfrentaram a oposição dos "senhores da guerra" das províncias, líderes de tropas que desejavam manter seu poder pessoal. Eles obrigaram Sun Yat-sen a renunciar à presidência e a exilar-se. A democracia parlamentar foi revogada e o *Kuomintang*, proibido de atuar.

Na Conferência de Paz que selou o fim da Primeira Guerra Mundial, a China tinha expectativa de conquistar parte das colônias alemãs no território chinês por haver participado do conflito do lado vencedor. Todavia, em função de acordos secretos, esses territórios foram entregues ao Japão, o que gerou uma série de protestos contra as potências estrangeiras.

Em 1921, intelectuais e alguns participantes do 4 de maio de 1919 fundaram o Partido Comunista Chinês (PCC). Em 1923, Sun Yat-sen, que havia retornado do exílio em 1917, reorganizou o Partido Nacionalista, com o apoio da União Soviética.

O PCC foi orientado pela União Soviética a unir-se aos nacionalistas na formação do partido liderado por Sun Yat-sen. Ambos os partidos tinham como objetivo afirmar a soberania do Estado chinês, contestar a influência imperialista no território, combater o domínio dos senhores da guerra e modernizar a estrutura social e política da China, por meio da industrialização e da reforma da milenar cultura chinesa.

Em 1925, o Partido Nacionalista e o PCC formaram o Exército Revolucionário Nacional. Treinado pela União Soviética, o Exército Revolucionário realizou a "Expedição do Norte", que culminou com a ascensão de Chiang Kai-shek ao poder em 1928. Ele rompeu imediatamente a aliança com os comunistas e assassinou milhares de ativistas do PCC.

Durante o governo de Chiang Kai-shek (1928-1949), o governo central buscou industrializar o país e fazer alianças com os líderes das províncias para articular a modernização da sociedade chinesa. Ao contrário do PCC, porém, o regime nacionalista não era a favor da reforma agrária, pois essa medida abalaria o poder de vários chefes políticos locais. Entre 1931 e 1935, Chiang perseguiu os comunistas nas principais cidades, forçando-os a migrarem para o campo.

Os comunistas se organizaram nas zonas rurais, formando o Exército de Libertação Popular (ELP). O PCC passou a enfatizar o camponês como principal ator da revolução, em razão da predominância numérica desse grupo na sociedade chinesa. Nesse período, Mao Tsé-Tung despontou como principal liderança comunista.

Uma caminhada épica

Mao Tsé-Tung foi obrigado a recuar em razão da perseguição do regime contra os comunistas. Ao percorrer mais de 6 500 quilômetros na chamada Longa Marcha para se refugiar na província de Shaanxi, o líder comunista chinês produziu um forte símbolo da resistência ao *Kuomintang*. A caminhada épica dos comunistas, em que, dos 80 mil participantes, apenas 4 mil sobreviveram, foi representada de diferentes maneiras na cultura chinesa.

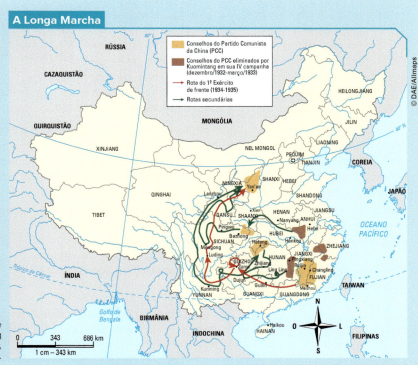

Fonte: SHUYUN, Sun. *The Long March*: the true history of Communist China's founding myth. Nova York: Anchor Books, 2008, p. xii-xiii (adaptado).

A Guerra Sino-Japonesa, a República Popular da China e a geopolítica do Sudeste Asiático

A Guerra Sino-Japonesa teve início em 1937. Contudo, o Japão ameaçava o território chinês desde a década de 1920.

Chiang Kai-shek optou por concentrar seus exércitos no combate aos comunistas, mesmo depois da ocupação japonesa no leste da China, em 1931. Essa situação veio a se alterar com a Guerra Sino-Japonesa. Entre dezembro de 1937 e janeiro de 1938, o exército japonês invadiu o leste da China, cometendo diversas violações dos direitos humanos. O mais notório foi o Massacre de Nanjing: soldados japoneses realizaram estupros e assassinatos em massa.

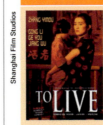

Para assistir

Tempo de viver

China/Hong Kong, 1994. Direção: Zhang Yimou. Duração: 125 min.

Uma família chinesa perde tudo com a Revolução, e precisa lutar para sobreviver, enfrentando guerras e transformações culturais, políticas e sociais do regime de Mao Tsé-Tung.

A invasão obrigou o *Kuomintang* a aliar-se aos comunistas para enfrentar o Japão. Estes saíram do isolamento do noroeste da China e, em 1945, quando o Japão foi derrotado, ocuparam quase um terço do território chinês.

A disputa entre comunistas e nacionalistas voltou imediatamente ao primeiro plano. Teve início

O regime comunista da Coreia do Norte

No final da Segunda Guerra Mundial, com a divisão da Coreia nas zonas de influência americana e soviética, formaram-se dois governos na região. O líder guerrilheiro Kim Il-sung recebeu apoio de Stálin e formou um governo no Norte. No sul, Syngman Rhee, cristão e formado na Universidade de Harvard, foi apoiado pelos americanos. Os dois governos tinham o objetivo de unificar o país e restaurar um Estado que havia sido destruído pela ocupação japonesa (1910-1945).

A República Democrática Popular da Coreia do Norte reivindica sua origem em Kokuryo, primeiro Estado centralizado no século III e que abrangia tanto o norte quanto o sul. Essa origem mítica se soma à lembrança do Estado de Koryo que, entre os séculos X e XIV, centralizou o governo — dele provém o nome do país. O nacionalismo norte-coreano inscreve-se também na trajetória de seu principal líder, Kim Il Sun, que participou da guerra contra os japoneses e conduziu o país na Guerra da Coreia.

O governo comunista da Coreia do Norte tem como característica principal seu profundo autoritarismo, baseada no controle estatal da economia e no culto à liderança de Kim Il-sung e sua família. A Constituição de 1998 trata Kim Il-sung como "Presidente eterno" e "Grande líder" da Coreia. Seu filho e sucessor, Kim Jong-il, tratado como "Chefe dirigente", assumiu o governo em 1994. Após a morte de Kim Jong-il, em 2011, seu filho mais novo Kim Jong-un tornou-se o governante do país. Apesar da pobreza disseminada no país, o regime garante uma vida luxuosa para os líderes e elevados investimentos no exército e em tecnologia bélica. Sua busca por armas nucleares faz com que a Coreia do Norte frequentemente seja alvo de sanções internacionais, reforçando seu isolamento.

Monumento a Kim Il-sung e seu filho Kim Jong-il, na Assembleia Popular Suprema (APS), em Pyongyang, Coreia do Norte.

Cartaz de propaganda glorifica Kim Il-sung como líder supremo da República Democrática Popular da Coreia do Norte. Elaborado no estilo realista socialista, deseja mostrar lealdade popular e militar a ele.

uma guerra civil que durou quatro anos (1945-1949). Chiang Kai-shek recebeu apoio norte-americano, mas os comunistas saíram vitoriosos. Quando, em outubro de 1949, Mao Tsé-Tung (1893-1976) proclamou a República Popular da China e Chiang Kai-shek se refugiou em Formosa (Taiwan), a economia chinesa estava arruinada e a população era refém do desemprego e do banditismo. Na ONU, quem continuou a ocupar o assento da China no Conselho de Segurança foi o governo nacionalista de Taiwan. A China comunista, isolada, aproximou-se da URSS, com a qual assinou, em 1950, um tratado de amizade e uma aliança militar, passando a receber ajuda técnica e financeira.

A Revolução Chinesa alterou o equilíbrio de poder no Sudeste Asiático, mas isso não significou o predomínio comunista na região. Após rendição do Japão, os Estados Unidos ocuparam o arquipélago. A Constituição japonesa de 1947, redigida sob orientação dos Estados Unidos, proibia a manutenção de Forças Armadas e garantia a democracia como sistema político. Na década de 1950, os norte-americanos firmaram acordos e empréstimos, visando reconstruir a economia japonesa no intuito de se contrapor à expansão comunista.

Em 1950, a tensão entre os países do Sudeste Asiático ficou evidente com a Guerra da Coreia. Com o apoio da União Soviética e da China, o exército comunista norte-coreano avançou para além do paralelo 38°, estabelecido por americanos e soviéticos na Conferência de Potsdam (1945) como limite entre suas zonas de ocupação na Península Coreana. A reação americana foi imediata em apoio ao governo sul-coreano, enviando tropas para o combate e deslocando sua frota naval para a região. Forças da ONU também foram enviadas à Coreia. A guerra se estendeu até 1953, quando foi assinado um armistício que garantiu a troca de prisioneiros e o restabelecimento da fronteira do paralelo 38° entre o Norte comunista e o Sul capitalista.

O Plano Quinquenal e o Grande Salto para Frente

A primeira tarefa do governo comunista chinês foi estabilizar a situação econômica. Já em 1950, implementou-se uma reforma agrária sem indenizações para satisfazer o campesinato, que havia possibilitado a vitória comunista. Durante a Revolução Chinesa, Mao Tsé-Tung prometia "distribuir terras a quem trabalhasse", e, com a vitória, a reforma agrária ocorreu em escala nacional, confiscando latifúndios e distribuindo-os aos camponeses. A participação em massa dos chineses na Guerra da Coreia (1950-1953) ajudou o PCC a coletivizar a agricultura, instalar uma economia de guerra e reprimir a oposição.

A Guerra da Coreia também serviu para reforçar os laços com a União Soviética. Em 1953, a China adotou um Primeiro Plano Quinquenal (1953-1957), destinado, como o modelo soviético, a desenvolver a indústria pesada e a coletivizar os campos. Em princípio, a reforma agrária mantinha a propriedade privada, mas, tendo em vista a baixa produtividade das pequenas propriedades e a necessidade de matérias-primas para a indústria, Mao deu início ao processo de coletivização dos campos, reunindo os camponeses em torno de cooperativas controladas pelo Estado.

O controle estatal da produção encontrou resistências. Embora a Constituição de 1954 garantisse a liberdade de expressão e organização, o governo reprimiu os opositores. Mobilizando a sociedade com uma campanha de "repressão aos contrarrevolucionários escondidos", o PCC assumiu o controle de todas as associações voluntárias e instituições educacionais.

Diante da retomada dos protestos, Mao Tsé-Tung lançou a Campanha de Retificação, conhecida pelo *slogan* "deixar as cem flores desabrocharem e as cem escolas rivalizarem". A campanha convidava várias lideranças políticas a se manifestar sobre os caminhos do comunismo. Em maio de 1957, estudantes da Universidade de Pequim protestaram contra o obscurantismo e a nova autocracia, reivindicando democracia. Diante da ameaça ao seu poder, Mao Tsé-Tung organizou uma nova campanha de caça aos "direitistas", reprimindo todos aqueles que haviam se oposto à política do PCC.

Em 1956, Mao Tsé-Tung lançou uma revisão do Primeiro Plano Quinquenal, decidido a avançar de maneira rápida na instauração do comunismo; foi a política do grande salto em todos os setores da economia, aprovada pelo PCC em 1958. O principal instrumento do Grande Salto para Frente seriam as comunas populares rurais, criadas em 1958. As comunas reuniram os camponeses e funcionaram como centros de produção agrícola e industrial. Milhares de pequenas siderúrgicas, que utilizavam fornos artesanais, foram instaladas. As mulheres foram instigadas a abandonar o trabalho doméstico e participar da produção rural.

O Grande Salto gerou euforia entre as lideranças do PCC. Mao Tsé-Tung lançou a ideia de "planos duplos": seria anunciada uma meta de produção obrigatória e outra que lançava a expectativa de superar o primeiro plano. Os "planos duplos" levaram várias províncias a anunciar números falsos de produção agrícola e de expectativa de produção econômica.

A Grande Fome

A política do Grande Salto para Frente gerou uma desorganização da produção agrícola com o deslocamento de camponeses para siderúrgicas e obras de irrigação. A média de grãos disponíveis por pessoa no campo caiu de 205 quilos, em 1957 para 154 quilos, em 1961. Segundo os dados oficiais, a população da China reduziu-se de 679,07 milhões para 658,59, entre 1959 e 1961, demonstrando os elevados custos humanos dessa política, que gerou milhões de mortos.

Os dados da catástrofe social produzida pelo Grande Salto para Frente nem sempre são confiáveis, em função das estatísticas falsificadas e do ciclo de mentiras dos "planos duplos" mantidos em virtude de interesses políticos de lideranças do PCC. Na tabela abaixo, apresentam-se a produção agrícola e a população da província de Anhui.

Província de Anhui: produção de grãos e população (1957-1962)		
Ano	Grãos (milhões de toneladas)	População
1957	10,27	33 370 244
1958	8,845	33 941 565
1959	7,01	34 265 037
1960	6,746	30 425 058

SHENG, Shu. *A história da China Popular no século XX*. Rio de Janeiro: FGV, 2012. p. 57.

Camponeses e dirigentes que se opusessem aos números irreais dos "planos duplos" eram acusados de "direitismo" ou "derrotismo".

Os resultados foram catastróficos. Ocorreu uma desestruturação da produção agrícola e um aumento da carestia e das taxas de mortalidade por causa da fome. Em 1962, o Grande Salto – abandonado, na prática, desde 1960 – foi oficialmente denunciado sob a pressão de dirigentes do PCC.

A Revolução Cultural e a abertura do PCC

Em 1963, contrapondo-se às críticas provocadas pela fome e pela mortandade maciça, o dirigente maoísta Lin Biao reforçou o culto à personalidade de Mao Tsé-Tung, distribuindo às massas o *Pequeno livro vermelho*, um resumo do pensamento do líder.

O culto à personalidade de Mao ganhava cada vez mais expressão. Na crise do socialismo iniciada com as denúncias dos crimes de Stálin, a China criticou as reformas de Khrushchov e apresentou-se como potência socialista alternativa à União Soviética. As relações diplomáticas com a URSS foram rompidas em 1960.

Ao reagir às críticas de lideranças comunistas à fome provocada pelo Grande Salto, Jiang Qing, esposa de Mao, atacou os intelectuais que ela considerava culpados de difundir "as teorias envenenadas da burguesia". Mao resolveu destituir diversas lideranças do partido numa campanha que ficou conhecida como Grande Revolução Cultural Proletária. Em 1966, os jovens foram convocados a varrer os "intelectuais burgueses". Formaram-se os Guardas Vermelhos, milícias de jovens entre 13 e 19 anos que se reuniam em torno do culto à personalidade de Mao Tsé-Tung e perseguiam os supostos opositores da implantação do socialismo na China.

Em agosto de 1966, Mao ratificou a Grande Revolução Cultural Proletária e afirmou seu apoio aos Guardas Vermelhos, que se enfureciam contra tudo que lembrasse as tradições chinesas e o mundo ocidental. Os embates culminaram em diversos conflitos, numa situação caótica que gerou mortes e destruição. Os Guardas Vermelhos pareciam incontroláveis, e por isso Mao decidiu, em setembro de 1967, restabelecer a ordem pública e frear a Revolução Cultural.

Nos anos 1970, várias lideranças comunistas que se opunham à política maoísta retornaram aos cargos de direção do PCC. Em 1973, China e Estados Unidos reaproximaram-se diplomaticamente, num claro indicativo da mudança dos rumos do país.

Formou-se uma oposição a Mao Tsé-Tung organizada em torno de Deng Xiaoping (1904-1997) e Zhou Enlai (1898-1976). Em abril de 1976, manifestantes reuniram-se na Praça da Paz Celestial e apoiaram as lideranças opositoras ao maoísmo. A morte de Mao Tsé-Tung, em setembro desse mesmo ano, abriu espaço para as amplas mudanças que a China vivenciaria nas décadas seguintes.

ORGANIZANDO AS IDEIAS

5. Explique o significado da instauração da República da China na Revolução de 1911.
6. Os movimentos sociais que ocuparam a Praça Celestial, em Pequim, marcaram a cena política na China durante o século XX. Em 19 de maio de 1919, os protestos na localidade deram origem a dois partidos importantes para a história do país. Identifique esses partidos e seus projetos políticos.
7. Relacione o culto à personalidade de Mao Tsé-Tung e a Revolução Cultural.

Revisando o capítulo

APROFUNDANDO O CONHECIMENTO

1. Leia o texto e responda às questões abaixo.

> O Partido Comunista da União Soviética é a força que lidera e guia a sociedade soviética, constituindo-se no núcleo de seu sistema político e das organizações estatais e sociais. O PCUS existe para o povo e serve para o povo.
> Armado com os ensinamentos marxistas-leninistas, o Partido Comunista determina a perspectiva geral de desenvolvimento da sociedade, a linha política interna e externa da URSS, lidera a grande atividade criativa do povo soviético e inculca um caráter planejado e de base científica à sua luta pela vitória do comunismo.
> Todas as organizações partidárias funcionam dentro dos limites constitucionais da URSS.
>
> Artigo 6 da Constituição Soviética de 1977. Apud SEGRILLO, Angelo. URSS: coerção e consenso no estilo soviético. In: QUADRAT, Samantha; ROLLEMBERG, Denise (Orgs.). *A construção social dos regimes autoritários*: legitimidade, consenso e consentimento no século XX. Rio de Janeiro: Civilização Brasileira, 2010. p. 127.

a. A Constituição da União Soviética de 1977 afirmava a posição do partido comunista na sociedade constituída ao longo do século XX. Identifique duas características do partido na sociedade soviética.

b. Cite um evento que contestou a autoridade do PCUS para definir a "linha política" no campo socialista.

2. Leia o texto e responda às questões a seguir.

> O *degelo*, no entanto, foi mais forte do que a censura. Havia perguntas que não queriam e não poderiam ser caladas. Alguns intelectuais tomariam a vanguarda, tentando exprimir o mal-estar difuso de aspirações insatisfeitas e elaborar um pensamento crítico que fosse além do discurso oficial do Partido.
> Uma obra causou um grande impacto: *Dr. Jivago*, de Boris Pasternak, sugeria que o sistema criticado era produto da revolução e não de um desvio autoritário. O livro foi censurado, mas, contrabandeado, alcançou sucesso estrondoso na Europa e nos Estados Unidos, conferindo ao autor nada menos do que o Prêmio Nobel. Pasternak foi expulso da União de Escritores, perdeu regalias que tinha na União Soviética e foi para o ostracismo.
>
> REIS FILHO, Daniel Aarão. *As Revoluções Russas e o socialismo soviético*. São Paulo: Unesp, 2003. p. 124.

a. Qual era o discurso oficial do PCUS sobre o *degelo*?

b. Explique por que o livro *Dr. Jivago*, de Boris Pasternak, rompeu o limite da linha oficial do PCUS.

c. A modernização ocorrida durante a rápida industrialização da URSS concorreu para surgirem críticas ao regime comunista. Explique como as transformações sociais favoreceram o surgimento das críticas à sociedade soviética nos anos 1950.

3. Leia o texto a seguir e observe a imagem abaixo.

> No centro da cidade de Chongqing, encontra-se uma estátua alta, agora um tanto eclipsada pelos arranha-céus de vidro e aço que a circundam. É o Monumento da Libertação. Há várias referências à "libertação" (*jiefang*) da China hoje em dia, mas quase todas elas aludem a 1949, ano em que os comunistas finalmente ganharam o controle da China continental. Contudo, em Chongqing, o Monumento da Libertação celebra outro acontecimento: a vitória sobre o Japão em 1945. Foi esse momento que marcou o ponto decisivo. Que espécie de país seria a China pós-guerra?
>
> MITTER, Rana. *China moderna*. Porto Alegre: L&PM, 2011. p. 61.

Monumento da libertação, de 1950, ofuscado por modernos *shopping centers* e torres de escritórios, no centro de Chongqing, China. Foto de 2015.

a. A palavra "libertação" (*jiefang*) aparece em dois sentidos no texto do historiador Rana Mitter. Explique esses dois significados da expressão.

b. A Guerra Sino-Japonesa foi decisiva para a ascensão do comunismo na China. Explique essa afirmativa.

CAPÍTULO 45

A FORMAÇÃO DE NOVAS NAÇÕES

Construindo o conhecimento

- Como você acha que as metrópoles reagiram aos movimentos de independência na Ásia e na África?
- Quais as dificuldades você imagina que as novas nações tiveram de enfrentar?

Entre 1945 e 1975, foram criadas dezenas de novas nações na África e na Ásia. Por que, após décadas de dominação imperialista, as metrópoles perderam o controle direto sobre suas colônias? Por um lado, a participação colonial na Segunda Guerra Mundial e a derrota das ideologias racistas do nazismo desmontaram as pretensões de superioridade europeias e impulsionaram a resistência contra o imperialismo. Por outro, os Estados Unidos e a União Soviética quiseram estender sua luta pela hegemonia mundial para esses dois continentes.

Plano de capítulo

▸ A descolonização da Ásia
▸ A descolonização da África
▸ A questão do Oriente Médio

Realizada em 1955, na Indonésia, a Conferência de Bandung reuniu representantes de 23 países africanos e seis asiáticos. Nela, o Terceiro Mundo foi proclamado como força política não alinhada, separada do Primeiro Mundo (bloco capitalista) e do Segundo Mundo (bloco socialista).

Marcos cronológicos

1945 — Rendição do Japão e fim do império nipônico no Sudeste asiático. Criação da Liga Árabe. Ho Chi Minh proclama a República Independente do Vietnã.

1946 — Criação da República Independente da Cochinchina.

1947 — Fim da dominação britânica sobre o subcontinente indiano. Nascimento da União Indiana e do Paquistão.

1948 — Criação do Estado de Israel. Assassinato de Gandhi.

1952 — Ascensão de Nasser no Egito.

1954 — Assinatura do Tratado de Genebra. Fim da guerra entre o Vietminh e a França. Início da Guerra da Argélia.

1955 — Conferência Afro-asiática de Bandung, na Indonésia.

1956 — Nacionalização do canal de Suez pelo Egito. Ataque israelense ao Egito, contido por pressões estadunidenses e soviéticas.

Conhecidas posteriormente como "Terceiro Mundo", as nações recém-criadas passaram a utilizar a aliança com uma ou outra superpotência para tentar alavancar seus próprios projetos nacionais. Assim, mesmo que não pudessem escapar da influência externa, procuraram afirmar sua autonomia, na medida de suas forças, e algumas chegaram a adotar uma posição de não alinhamento dentro da Guerra Fria.

A descolonização da Ásia

Os movimentos de libertação nacional na Ásia e na África retomaram os discursos anti-imperialistas do início do século XX. Todavia, a conjuntura decisiva no processo de descolonização foi o pós-guerra. Depois de 1945, primeiro na Ásia e depois na África, ocorreram os processos de emancipação dos impérios coloniais, período em que a França e o Reino Unido, principais potências colonialistas, estavam seriamente enfraquecidos pelo conflito mundial.

Na Ásia, o Japão havia derrotado as potências coloniais do Sudeste asiático alegando lutar pela libertação dos povos dominados pelo Ocidente. Depois de 1945, o orgulho oriental e a hostilidade aos colonizadores subsistiram nas áreas até então ocupadas pelo imperialismo japonês.

A independência da Índia

A colonização britânica da Índia teve início com a Companhia Britânica das Índias Orientais, no século XVIII. Desde o século XVII, a maior parte da Índia era controlada pelo Império Mogol, muçulmano. Os britânicos trataram de reforçar o poder de classes dirigentes e comerciais hindus para se contrapor aos grupos populares e muçulmanos.

Em 1858, em reação à revolta dos soldados indianos da Companhia, Londres assumiu a administração direta do subcontinente. Em 1876, a rainha Vitória foi proclamada imperatriz das Índias, coroando o processo de colonização. Todavia, a Índia permanecia dividida entre os territórios subordinados à administração britânica e as regiões governadas por príncipes muçulmanos e hindus. Em 1885, para lidar com as tensões entre europeus, muçulmanos e hindus, foi preparada a primeira reunião para o Congresso Nacional indiano. Nesse mesmo ano surgiu o Partido do Congresso, formado por membros anglicizados da elite indiana, com maioria hindu. Apoiado por intelectuais e empresários de Calcutá e Bombaim (a atual Mumbai), o partido defendia a instauração de um governo mais representativo. Diante do aumento do poder dos comerciantes hindus e da reivindicação de autonomia, os britânicos passaram a se apoiar nos muçulmanos para tentar frear as manifestações de independência.

Em 1919, após a Primeira Guerra Mundial, houve uma transformação na luta pela independência na Índia. A Grã-Bretanha havia sido a principal beneficiária da dissolução do Império Otomano; diante disso, lideranças muçulmanas indianas passaram a se opor ao colonialismo. A Liga Muçulmana, que procurava representar os islamitas na Índia, e o Partido do Congresso realizaram uma união inusitada em favor da independência.

Nessa configuração surgiu uma das lideranças mais expressivas do movimento autonomista: o advogado Mohandas Gandhi (1869-1948), também conhecido como Mahatma ("a grande alma", em sânscrito). Ele pertencia ao Partido do Congresso e, em 1920, propôs a "não colaboração" com os britânicos, a supressão da "intocabilidade" – eliminando o

---

1960
"Ano Africano" – independência de 17 Estados na África.

1961
Início das guerras de libertação na África portuguesa.

1962
Fim da Guerra da Argélia.

1967
Guerra dos Seis Dias entre Israel e os Estados árabes.

1973
Guerra do Yom Kippur entre Israel e os Estados árabes.

1975
Independência das colônias portuguesas na África. Tomada do poder pelos comunistas no Vietnã do Sul, no Camboja e no Laos.

1979
Assinatura do Tratado de Camp David entre israelenses e palestinos.

A formação de novas nações   Capítulo 45   621

A *Commonwealth* e a descolonização do Império Britânico

A Grã-Bretanha criou, no século XIX, um império organizado de acordo com a noção de *dominion* – membro da Comunidade Britânica das Nações (*British Commonwealth of Nations*). Formaram-se governos representativos parlamentares nas colônias, de autonomia limitada apenas pela presença de um governador e por pactos comerciais com a metrópole. Na Índia, o estatuto de *dominion* passou a ser reivindicado por parte dos líderes do Partido do Congresso.

Bandeira da *Commonwealth of Nations*.

O modelo de colonização trazia como pressuposto a participação de elites locais e de colonos no governo dos territórios dominados. No processo de descolonização, a tradição do autogoverno favoreceu a negociação com os colonizados para o estabelecimento da independência.

---

sistema de castas que excluía camponeses e grupos populares considerados impuros – e a união entre hindus e muçulmanos.

Gandhi lançou, com grande sucesso, campanhas de boicote aos produtos britânicos e movimentos de desobediência civil seguidos por milhões de pessoas. Esses atos conseguiram paralisar a administração europeia e levaram muitos dirigentes do Partido do Congresso à prisão. Alguns deles, porém, passaram a advogar a concessão de autonomia à Índia, nos quadros da *Commonwealth*.

Em 1939, no momento da declaração da Segunda Guerra Mundial, o Partido do Congresso decidiu retirar sua solidariedade à Grã-Bretanha, a menos que a Índia fosse considerada parceira (e não colônia). Uma facção chegou a aproximar-se do Japão, demonstrando sua oposição radical ao domínio britânico. Em 1942, enquanto a violência e os atentados se multiplicavam, Gandhi lançou a campanha "Saiam da Índia" (*Quit India*), dirigida aos britânicos.

Ao final da Segunda Guerra Mundial, Londres estava pronta para aceitar a independência, mas os indianos encontravam-se divididos. Os muçulmanos não se reconheciam no Partido do Congresso, dominado pelos hindus, e eram representados pela Liga Muçulmana. Desde 1940, a Liga defendia a ideia de um Estado para os islâmicos – o Paquistão, que seria formado pelas províncias do norte da Índia, de maioria muçulmana –, mas o Partido do Congresso rejeitava o projeto.

A partir de setembro de 1946, o recrudescimento dos confrontos entre hindus e muçulmanos deixou claro que a união seria impossível. Os britânicos lançaram então um plano que previa a independência de dois Estados separados. As províncias de Punjab e de Bengala, povoadas igualmente por muçulmanos e hindus, seriam divididas entre os dois novos países.

Em agosto de 1947, nasceram a União Indiana e o Paquistão – este composto pelo Paquistão Ocidental e pelo Paquistão Oriental, distantes 1.700 quilômetros um do outro. A divisão iniciou uma guerra civil que resultou em mais de 300 mil mortos e provocou a migração de 10 a 15 milhões de pessoas. Após retirar-se da Índia, a Grã-Bretanha concedeu a independência ao Ceilão (atual Sri Lanka) e à Birmânia (atual Mianmar).

Para assistir

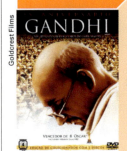

Gandhi
Reino Unido/Índia, 1982.
Direção: Richard Attenborough.
Duração: 191 min.

A cinebiografia retrata a luta pela independência indiana através da figura de seu líder, Mahatma Gandhi.

Gandhi e a utopia da independência indiana

Mahatma Gandhi defendia a união entre muçulmanos e hindus, compreendendo que essas rivalidades favoreceriam a dominação europeia. Em 30 de janeiro de 1948, porém, foi assassinado por um hinduísta fanático, que o acusava de favorecer os muçulmanos.

Além da aproximação entre muçulmanos e hindus, Gandhi propunha o resgate de uma vida tradicional como forma de regenerar a sociedade. Durante a luta pela independência, fundou vários *ashram*, comunidades que propunham o retorno à vida simples com base nos princípios de: não violência, não roubo, não posse de bens materiais e no ascetismo fundamentado no trabalho manual, em restrições alimentares e sexuais, na prática da oração e no serviço social. O *ashram* era uma releitura das tradições hinduístas contraposta ao estilo de vida ocidental e serviu de base de treinamento dos participantes dos protestos de desobediência civil.

Essa releitura do hinduísmo deveria conduzir à abolição das restrições de castas e à incorporação do campesinato à vida política. Gandhi imaginava uma Índia formada por "aldeias", que seriam como "Repúblicas que teriam plenos poderes".

Mahatma Gandhi em Nova Délhi, na Índia. Foto de novembro de 1947. Gandhi fiava o próprio tecido, rejeitando roupas e produtos ocidentais. Considerava que a introdução de tecidos pela Companhia Britânica das Índias orientais destruiu um estilo de vida e o artesanato camponês característico da Índia. A bandeira nacional esboçada por ele em 1921 tinha como centro a roca de fiar.

A Guerra do Vietnã e o Sudeste Asiático

França e Reino Unido diferenciaram-se no processo de descolonização, estabelecendo arranjos próprios para negociar a autonomia de suas colônias. Enquanto a Grã-Bretanha fez uso da Comunidade Britânica de Nações – e dos governos representativos instalados nas colônias – como instrumento para a negociação das independências, a França reafirmou o unitarismo de seu império. A estrutura política criada pela Constituição francesa de 1946 garantia direitos políticos aos colonizados, mas mantinha a administração dos territórios sob controle francês.

De fato, a União Francesa, assim como a *Commonwealth*, eram peças da estratégia para conter os movimentos de independência. Protestos e guerras logo surgiram contra as tentativas da metrópole de conservar seus domínios ultramarinos.

A Guerra da Indochina foi um dos cenários mais importantes no processo de descolonização do Império francês. Entre as duas guerras mundiais, Ho Chi Minh tornou-se um importante líder comunista, participando do Partido Comunista Francês e fundando o Partido Comunista da Indochina, em 1930. Em 1941, com o objetivo de lutar contra a dominação japonesa e francesa, Ho Chi Minh formou o Vietminh – uma aliança política com predomínio comunista, para a independência do Vietnã. Após a rendição do Japão, declarou a República Independente do Vietnã, com a capital em Hanói.

A França negou-se a reconhecer o regime instalado pelo Vietminh. Em 1946, apoiou a constituição da República da Cochinchina, instalando um governo com capital em Saigon. Também chamou de volta Bao Dai, ex-imperador do Vietnã, para presidir a nova república. A partir desse momento, instaurou-se uma guerra aberta. Ela ocorria no contexto da Guerra Fria e após o surgimento da República Popular da China (1949), que havia alterado o cenário político no Sudeste asiático. O governo Vietminh era reconhecido pela União Soviética e pela China. Para se contrapor aos comunistas, os Estados Unidos forneceram apoio financeiro e militar à França.

Em maio de 1954, o Vietminh derrotou o Exército francês em Dien Bien Phu, forçando a França a assinar, em Genebra, um acordo que previa a retirada de suas tropas do Vietnã. Porém permaneceu a divisão do país entre o Norte, controlado pelos comunistas, e o Sul, administrado por um governo nacionalista. O acordo também previa uma eleição para reunificar o país. Isso nunca aconteceu, uma vez que a tensão entre os regimes comunista e capitalista desdobrou-se numa guerra que se prolongou até os anos 1970.

A guerra contra o Vietminh alterou o quadro político internacional. As colônias francesas viram na luta um meio de conquistar a independência. Já os Estados Unidos abandonaram seu *status* de neutralidade – que os levara, em 1949, a pressionar a Holanda a negociar com o movimento de independência liderado por Sukarno, que havia proclamado a independência da Indonésia após a rendição japonesa em 1945. Eles passaram, em vez disso, a apoiar movimentos nacionalistas de perfil moderado e anticomunista. Assim, constituíram alianças militares e econômicas com a Tailândia, a Birmânia e as Filipinas. Era uma clara tentativa de barrar a expansão do comunismo, em vista da liderança de Mao Tsé-Tung e Ho Chi Minh no cenário asiático.

ORGANIZANDO AS IDEIAS

1. Explique como a constituição e a dissolução do Império Japonês interferiram no processo de descolonização da Ásia.
2. Como o conflito entre muçulmanos e hindus definiu a Independência da Índia?
3. Conceitue a desobediência civil de acordo com Mahatma Gandhi.
4. Relacione a Guerra do Vietnã com a Guerra Fria.

A Guerra do Vietnã

Os acordos de Genebra, assinados em 1954, estabeleceram a paz entre o governo francês e o Vietminh, mas traçaram um novo marco para a continuidade do conflito. Em 1954, sob a liderança de Ho Chi Minh, formou-se a República Democrática do Vietnã do Norte, e no sul Ngo Dinh Diem (1901-1963) depôs o governo de Bao Dai e instaurou uma ditadura anticomunista.

Após o acordo, o Exército norte-vietnamita apoiou os guerrilheiros vietcongues na luta no Vietnã do Sul, com o apoio das potências comunistas. Os norte-americanos sustentaram a ditadura do Sul, dando início a uma guerra de grande repercussão no cenário internacional. Os EUA despejaram sobre o Vietnã 2,5 vezes mais bombas que na Segunda Guerra Mundial e utilizaram desfolhantes e herbicidas como o "agente laranja" – produto químico devastador para a saúde humana e para o meio ambiente. Eles tinham a supremacia aérea e os armamentos mais avançados. Por sua vez, os vietcongues e os norte-vietnamitas recorriam à guerra de guerrilha para resistir aos ataques estadunidenses.

A Guerra do Vietnã prolongou-se até 1975 e tornou-se central no debate sobre a Guerra Fria. Diferentemente de outros enfrentamentos, esse foi um conflito que recebeu ampla cobertura dos meios de comunicação. Seu impacto na política estadunidense foi imediato, dando origem a um forte movimento pacifista.

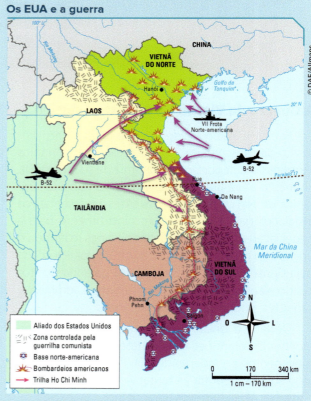

Fonte: LAMBIN, Jean-Michel (Coord.) *Histoire terminales*. Paris: Hachette, 1998. p. 211.

A descolonização da África

Se entre os séculos XV e XVIII os reinos e as tribos africanas estabeleceram limites, negociações e resistências à ocupação europeia, restringindo-a ao litoral, no final do século XIX ocorreu a partilha e efetiva ocupação da África, sob a égide do imperialismo europeu. As metrópoles constituíram territórios desconsiderando distinções culturais e estabeleceram novos parâmetros culturais, econômicos e políticos centrados na Europa.

A maior parte das nações africanas surgiu dos processos de descolonização após a Segunda Guerra Mundial. No entreguerras, o único país a conquistar a independência foi o Egito. O país libertou-se em 1922 da Grã-Bretanha, que, no entanto, manteve bases militares e influência sobre a monarquia instaurada. A participação de africanos na Segunda Guerra Mundial, em campanhas na Europa e na África, e a derrota do nazifascismo, que legitimava discursos racistas como meio de dominação, delinearam um quadro social e político para o surgimento dos movimentos de independência e de crítica ao imperialismo, pois não seria possível continuar a utilizar a superioridade europeia e branca como argumento para justificar a dominação colonial.

O pan-africanismo tornou-se nesse momento uma ideologia política central nos processos de independência da África, defendendo a união do continente contra as nações europeias. Todavia, ele foi confrontado com várias situações políticas regionais

Negritude e pan-africanismo

Durante a era colonial, o domínio metropolitano levava europeus às principais cidades da África, além de criar cargos na burocracia estatal e nas companhias comerciais para africanos educados nos moldes ocidentais.

A presença de africanos nessas esferas e mesmo nas escolas e universidades das metrópoles possibilitou uma percepção do que os unia perante os grupos exteriores ao continente. Os movimentos culturais do pan-africanismo e da negritude estruturaram-se a partir desse contato dos intelectuais africanos com a cultura ocidental. Eles percebiam que poderiam se contrapor à dominação europeia a partir da formulação de ideais que poderiam unir a África.

O movimento da negritude surgiu entre descendentes de escravos nas Antilhas Francesas e estudantes africanos em Paris. Entre outros pontos, defendia a manutenção e a preservação da cultura pré-moderna da África e estabelecia os traços de uma "personalidade africana" voltada para a "sensibilidade para as artes" contra o "materialismo" do homem branco.

A negritude relia as teorias racistas que afirmavam a inferioridade do negro para defender o contrário. Tal ideologia foi reapropriada para a criação de entidades políticas continentais, nas lutas de independência na África e no combate ao racismo nos Estados Unidos e na África do Sul. Dois líderes desse movimento foram o poeta Aimé Césaire e Léopold Senghor, patriarca da independência do Senegal.

O pan-africanismo surgiu na América, na passagem do século XIX para o XX. Inicialmente, o movimento estava voltado para a situação dos negros na América e nas colônias inglesas do Caribe; no decorrer do século XX, defendeu a unidade cultural e política do continente africano contra o colonizador europeu.

Os quatro primeiros congressos pan-africanos (1919; 1921; 1923, na Europa; e 1927, nos EUA) tiveram baixa participação de representantes africanos. Em 1945, no V Congresso Pan-africano, organizado na Grã-Bretanha, houve significativa participação de delegados africanos que posteriormente atuariam no processo de descolonização.

O pan-africanismo serviu de base para a criação da Organização de Unidade Africana (OUA), em 1963, e de inspiração para tentativas de estabelecimento de organizações que representassem a África na política internacional.

Aimé Césaire, poeta, ensaísta político francês e representante do movimento da negritude, profere o discurso "Mutualité" no Centro de Conferências de Paris, na França, em maio de 1968.

de disputas pelo poder e pela "balcanização" do continente africano, dividido em vários territórios. É possível perceber também como os novos países conservaram os laços de dependência com as antigas metrópoles, pois as ligações econômicas e políticas eram fortes demais para ser completamente rompidas de imediato.

O processo de dissolução dos antigos impérios coloniais na África foi marcado por diferentes temporalidades. No final da década de 1950, o nacionalismo árabe deu o tom das lutas anticoloniais e das independências no Norte da África. No início da década de 1960, a África subsaariana foi o foco das independências e de disputas entre Estados Unidos e União Soviética; as regiões dominadas por Portugal lutaram por sua independência durante um longo período, saindo vitoriosas na década de 1970 com a dissolução da ditadura salazarista.

Nos anos 1950 e 1960, a Guerra da Argélia (1954-1962) e a ascensão do general Gamal Abdel Nasser (1918-1970) no Egito tiveram forte influência na descolonização da África. A França e o Reino Unido tiveram de rever suas políticas. Como visto anteriormente, a Grã-Bretanha acenou com a possibilidade de as nações ingressarem na *Commonwealth*, e a França tentou integrar as regiões colonizadas na União Francesa.

Os limites dessa política, que concedia autonomia limitada, foram contestados por movimentos nacionalistas árabes no Norte da África. Em 1949, formou-se no Egito um grupo de oficiais nacionalistas, os "oficiais livres", entre os quais se destacou Gamal Abdel Nasser. Em 1952, eles proclamaram a república. Nasser tentou mobilizar o nacionalismo árabe, unindo vários países e grupos contra os interesses britânicos e franceses no Norte da África e no Oriente Médio.

Como presidente, Nasser quis modernizar a economia egípcia promovendo a reforma agrária, estatizando a exploração de riquezas nacionais e construindo uma série de obras de infraestrutura com a ajuda de capital ocidental. Aproveitou-se do acirramento da Guerra Fria para barganhar apoio dos estadunidenses e soviéticos ao seu programa de modernização. Em 1955, foi uma das lideranças centrais da Conferência de Bandung, que reuniu os países do Terceiro Mundo para constituir o "movimento dos não alinhados" no contexto da Guerra Fria, buscando garantir a autonomia das novas nações diante das duas superpotências.

Em 1956, diante do cancelamento do empréstimo ocidental para a construção da barragem de Assuã, Nasser aproximou-se da União Soviética. No mesmo ano, nacionalizou o canal de Suez, então sob controle britânico, com a justificativa de obter recursos para construir a barragem. A medida teve forte impacto no Norte da África e no Oriente Médio.

Visando barrar a expansão do nacionalismo árabe, a Grã-Bretanha aceitou a independência do Sudão em 1956, com o objetivo de isolar o Egito. Pouco tempo depois, a Somália também teria sua emancipação reconhecida. Ao mesmo tempo, as disputas pelo controle do canal juntaram a França e o Reino Unido contra a política nasserista. Ambas apoiaram Israel num ataque à Península do Sinai e à Faixa de Gaza. No entanto, as tropas israelenses foram obrigadas a recuar devido à pressão dos Estados Unidos e da União Soviética e à condenação da operação militar pelo Conselho de Segurança da ONU. A derrota da estratégia anglo-francesa aumentou o prestígio de Nasser e mostrou os limites das ações das potências europeias no contexto da Guerra Fria.

Outro eixo importante para a compreensão da crise do colonialismo na África foi a Guerra da Argélia. Aproveitando o contexto gerado pela ascensão do nasserismo e pela derrota da França no Vietnã (1954), Tunísia e Marrocos pressionaram por maior autonomia. Simultaneamente, na Argélia, a França enfrentou, a partir de 1954, uma revolta comandada pela Frente de Libertação Nacional (FLN). De inspiração comunista e nacionalista árabe, o movimento recorreu a táticas terroristas, atacando prédios públicos, mercados e ônibus, atingindo muçulmanos e franceses. O temor de que a revolta se alastrasse para países vizinhos acelerou as negociações da independência da Tunísia e do Marrocos em 1956, sustentada por colonos franceses nesses países.

No caso argelino, porém, os franceses da Argélia, apoiados pelos militares, recusaram-se a fazer qualquer negociação com a FLN. A intransigência da Frente e dos defensores da Argélia francesa culminou em uma guerra sangrenta. Se a FLN cometeu atentados e massacres, o Exército francês respondeu com o terror, a tortura e o desaparecimento de centenas de prisioneiros.

O general Charles de Gaulle – inspirador da "França Livre" na Segunda Guerra Mundial e presidente em 1945-1946 – voltou ao poder em 1958 com o apoio dos partidários da Argélia francesa. No mesmo ano em que fundou a Quinta República na França, aprovando uma nova Constituição, Charles de Gaulle convocou um referendo tendo em vista a manifestação das colônias e a formação de uma Comunidade Francesa. Apenas a Guiné Francesa votou contra a opção da Comunidade, que se constituiu de 12 nações.

1960: o "ano africano" e a descolonização

O ano de 1960 ficou conhecido como o "Ano Africano" em função do reconhecimento da independência de diversos países da África subsaariana. Na Comunidade Francesa, ocorreram vários processos de negociação e reconhecimento de independências, com acordos que visavam à manutenção de laços econômicos e sociais favoráveis à antiga metrópole.

As unidades políticas e administrativas criadas pelo Reino Unido com o objetivo de manter suas colônias e integrá-las à Comunidade Britânica também fracassaram. Na África Oriental, tentou-se, no pós-guerra, formar uma Federação da África Oriental, reunindo Tanganica, Uganda e Quênia. Essas nações tornaram-se independentes respectivamente em 1961, 1962 e 1963. Na África Central, tentou-se reunir Zâmbia, Malauí e Zimbábue (ex-Rodésia do Sul); as duas primeiras conquistaram a independência em 1964, enquanto o Zimbábue teve sua independência reconhecida em 1980, apesar de ter sido proclamada em 1965. Na África Ocidental britânica, sucederam-se as independências de Gana (1957), Nigéria (1960) e Serra Leoa (1961), formando repúblicas.

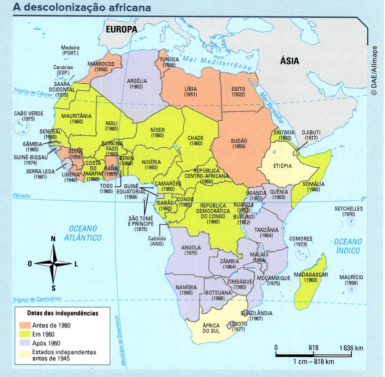

Fonte: ZANGHELLINI, Valéry (coord.). *Histoire terminales L*, ES, S. Paris: Belin, 1998.

Diante da impossibilidade de manter os territórios africanos, em um contexto internacional desfavorável ao colonialismo, teve início um processo de "balcanização" da África em várias unidades políticas nacionais que permaneciam dependentes das economias centrais.

Em 1960, a maior parte das colônias que integravam a Comunidade Francesa passou a exigir a independência. Togo, Senegal, Madagascar, Benin, Níger, Burkina Faso, Costa do Marfim, Congo Mali, Chade Gabão e Mauritânia – a maior parte dos países da África subsaariana – conquistaram sua soberania de forma negociada com a França. Mas, no mesmo ano, a decisão de conceder a independência à Argélia levou a uma tentativa de golpe militar em 1961 e a vários atentados contra o presidente. Após os acordos de cessar-fogo, em julho de 1962, a Argélia tornou-se independente.

Diferentemente do Reino Unido e da França, Bélgica e Portugal não fizeram reformas que levassem à independência de suas colônias. Todavia, o desmonte dos dois maiores impérios no continente africano também afetaria a política colonial desses países.

Em janeiro de 1959, o rei belga Balduíno I prometeu a independência do Congo, que ocorreu em junho de 1960. Seguiram-se uma guerra civil e uma tentativa de reconquista por parte da Bélgica. Patrice Lumumba – primeiro-ministro congolês, considerado pró-soviético – foi sequestrado, torturado e assassinado em janeiro de 1961. De 1965 a 1997, o Congo (que adotou o nome Zaire em 1971) foi governado pelo marechal Mobutu Seko, ditador pró-Ocidente, e em 1997 voltou a denominar-se República Democrática do Congo.

Após 1945, as colônias portuguesas obtiveram algum tipo de autonomia. A partir de 1961, no entanto, começou a explodir a luta armada: em Angola e, depois, na Guiné portuguesa e em Moçambique. Contra o pano de fundo da Guerra Fria, os ocidentais sustentaram o esforço de guerra português, enquanto os movimentos de libertação nacional receberam apoio socialista.

A extensão dos conflitos esgotou a sociedade portuguesa. Em abril de 1974, a Revolução dos Cravos – um golpe de Estado organizado por militares de esquerda – pôs fim ao Estado Novo português. Os combates na África cessaram após a queda da ditadura e, em 1975, Moçambique, Guiné Bissau, Cabo Verde e Angola tornaram-se independentes. No mesmo ano, uma guerra civil que duraria até 2002 começou em Angola, onde os movimentos de independência lutaram entre si.

> **ORGANIZANDO AS IDEIAS**
>
> 5. A descolonização da África foi marcada pelo pan-africanismo. Explique esse movimento e sua relação com as lutas por independência na África.
> 6. Diferencie Bélgica e Portugal de França e Grã-Bretanha no processo de descolonização da África.
> 7. Contextualize a Guerra da Argélia no processo de descolonização da África.

A questão do Oriente Médio

Durante o domínio otomano, as várias províncias do Oriente Médio eram unificadas basicamente pela língua árabe e pela lealdade ao sultão (chefe civil, militar e religioso). Havia a pluralidade étnica e a tolerância religiosa no Império, que abrangia Oriente Médio, norte da África e parte da Europa Oriental; o Islã estava longe de se constituir em fator de unidade política.

Todavia, durante o declínio do Império Otomano, surgiram demandas de autonomia por parte das províncias e um nacionalismo de base religiosa islâmica. Diante do enfraquecimento do sultão e da penetração do imperialismo ocidental, surge uma ideia de pátria associada à noção de *watan* – sentimento de saudade em relação a um passado de glórias do povo árabe – e uma tentativa de retomar as bases do islã como contraposição ao estrangeiro e remédio para reconstrução do poder do Império Otomano.

Com a derrota otomana na Primeira Guerra Mundial, foram criados mandatos no Oriente Médio. Assim, a Liga das Nações ficou encarregada de organizar o território e preparar os povos para a independência. A Grã-Bretanha ficou com os mandatos da Palestina, do Iraque e da Transjordânia (Jordânia), e a França ficou com a Síria e com o Líbano.

As correntes nacionalistas árabes perceberam esses mandatos como ilegítimos e estimularam protestos políticos antibritânicos e antifranceses. A descoberta de ricas jazidas petrolíferas no Oriente Médio tornou ainda mais acirrados os embates pelo controle da região entre as potências coloniais e os nacionalistas árabes.

O Estado Judeu

Em 1897, o I Congresso Sionista, realizado na Basileia (Suíça), enviou dois representantes à Palestina, território otomano, para sondar a viabilidade de constituição de um Estado judaico no local onde os judeus viveram na Antiguidade. O congresso havia aprovado o estabelecimento de um "lar nacional" na Palestina, mas minimizou a presença da população árabe, majoritária na região. Como percebeu o professor judeu-russo Yitzhak Epstein em 1907, entre "as graves questões suscitadas pelo conceito do renascimento do nosso povo em seu próprio solo, há uma que é mais importante do que todas as outras juntas: é a questão das nossas relações com os árabes". O nacionalismo sionista, além de justificar historicamente a nação, promoveu a colonização por meio da compra de terras e da formação de comunidades (os *kibutz*). Ambas as estratégias eram apresentadas como meio de fugir ao antissemitismo disseminado nos Estados que buscavam culpar os judeus pelas crises econômicas e sociais do capitalismo. A quebra da Bolsa de Nova York em 1929, a ascensão do nazismo e a guerra mundial impulsionaram a migração para a Palestina e o projeto de criação de um Estado judaico.

Judeus sobreviventes do campo de concentração nazista de Buchenwald, na Alemanha, chegando à Palestina em 1945 com o objetivo de fundar o Estado de Israel. A imagem tem forte simbolismo: eles ainda vestem uniformes do campo de concentração e um deles está carregando a bandeira de Israel.

Apesar de ter se comprometido com a independência da Palestina, o Reino Unido estimulou a migração de judeus para a região. Pela Declaração de Balfour (1917), aprovada pela Liga das Nações em 1922, o projeto sionista de um "lar nacional" judeu na Palestina foi legitimado. Os árabes, por sua vez, viram nele uma traição aos acordos que garantiam apoio ao prefeito de Meca, Hussein ibn Ali, na fundação de um Estado independente palestino.

O nacionalismo árabe constituiu-se nessa configuração delineada pelo fim do Império Otomano, pelos mandatos das potências estrangeiras no controle de uma região rica em petróleo e pelo confronto com o projeto sionista. Os desdobramentos desse jogo sociopolítico são sentidos até hoje nas disputas do Oriente Médio.

Durante a Segunda Guerra Mundial, os países árabes identificaram-se com as potências do Eixo na luta contra franceses, britânicos e judeus. Buscando suporte para se contrapor aos nazistas e frear o nacionalismo árabe, o Reino Unido retirou o apoio à imigração judaica para a Palestina, apoiou a independência da Síria e do Líbano e criou a Liga Árabe. Esta foi ratificada em março de 1945, para defender a autonomia e a independência de todos os Estados árabes.

Com o fim da Segunda Guerra Mundial, as duas potências que exerciam mandatos no Oriente Médio ficaram fragilizadas diante do fortalecimento dos nacionalismos na região. A França encerrou seu mandato sobre a Síria e o Líbano em 1946. A Grã-Bretanha sofria hostilidades no Egito e no Iraque, reinos independentes, mas sob domínio de Londres. Na Palestina, os britânicos enfrentaram a reivindicação de um Estado judaico que as atrocidades nazistas contribuíram para tornar legítima aos olhos de grande parte da opinião internacional.

Em 1945, os sionistas passaram à luta armada, e, em julho de 1946, a sede do Estado-maior britânico foi destruída por um atentado à bomba. Impotente, o Reino Unido transmitiu a questão palestina à ONU. Em novembro de 1947, a Assembleia Geral da ONU adotou, por 33 votos (inclusive o da URSS) contra 13 (dos países árabes), um plano que determinava o fim do mandato britânico na Palestina, a criação de um Estado judaico, de um Estado árabe e a internacionalização de Jerusalém.

Em 14 de maio de 1948, o Conselho Nacional do povo judeu e do movimento sionista proclamou o nascimento do Estado de Israel, imediatamente reconhecido pelos Estados Unidos e pela União Soviética. No dia seguinte, teve início o conflito entre Israel e as forças da Liga Árabe, que, derrotadas, assinaram um armistício em 1949. Israel dispunha então de um território maior do que o cedido pela ONU em 1947. Cerca de um milhão de palestinos se refugiaram em países árabes vizinhos.

O Oriente Médio e a "paz" com Israel

A criação de Israel e a derrota militar traumatizaram os países árabes. Nos anos que se seguiram, militares reformadores assumiram o poder por meio de golpes de Estado que buscavam construir nações árabes independentes e expulsar os israelenses da Palestina, "empurrando os judeus para o mar". Utilizava-se o Estado judaico como um inimigo comum para promover a unidade das novas nações árabes.

A Síria (1949) e o Egito (1952) derrubaram monarquias pró-ocidentais e construíram regimes nacionalistas e autoritários. Em 1951, o rei da Jordânia, Abdullah, visto como favorável a Israel, foi assassinado por um muçulmano que temia que o monarca estabelecesse uma sinalização de paz em separado com os sionistas. Em 1958, no Iraque, os "oficiais livres", liderados pelo general Abdul Kassem, aboliram a monarquia.

Esses governos abrigavam-se na bandeira do pan-arabismo. Surgido no século XIX, esse projeto político tentava unificar as nações árabes diante da dissolução do Império Otomano; na década de 1950, a esse objetivo somou-se o de expulsar os israelenses da Palestina. Em 1964, a Liga Árabe declarou, pela primeira vez, o objetivo de destruir o Estado de Israel e formou a Organização para a Libertação da Palestina (OLP).

Na configuração política da Guerra Fria, Israel aproximou-se do bloco capitalista para se contrapor ao cerco árabe. A Guerra do Sinai (1956) alinhou Israel, Reino Unido e França contra o Egito, em represália à nacionalização do canal de Suez. Além de acelerar o processo de independência dos povos africanos, o evento reforçou a posição terceiro-mundista e a aproximação dos países árabes ao bloco socialista. Em contrapartida, os Estados Unidos trataram de solidificar a aliança com Israel e a Arábia Saudita.

Nos anos subsequentes à Guerra do Sinai, Egito, Síria, Jordânia e Iraque uniram-se por pactos mútuos, o último deles assinado em junho de 1967, deslocando tropas e armamentos para a fronteira israelense. Israel atacou primeiro; na Guerra dos Seis Dias, entre 5 e 10 de junho de 1967, infligiu aos árabes uma derrota humilhante e apoderou-se de territórios egípcios, jordanianos e de toda a cidade de Jerusalém. Em novembro, o Conselho de Segurança da ONU aprovou por unanimidade a Resolução 242 – que reconhecia a todos os Estados da região o direito de viver em paz, dentro das fronteiras definidas, e determinava que Israel desocupasse os territórios invadidos. Tal resolução, porém, permaneceu letra morta, pois os Estados árabes recusaram o reconhecimento de Israel, que, por sua vez, o exigia como condição prévia para a sua retirada dos territórios conquistados.

O sucessor do general Nasser, no Egito, Anwar Al-Sadat, pretendia vingar-se da derrota sofrida em 1967 e garantir melhores condições de negociação com Israel. Assim, em outubro de 1973, em plena festa judaica do *Yom Kippur* ("Dia do Perdão"), Egito e Síria atacaram Israel. Em novembro, a Guerra do *Yom Kippur* terminou em clima de extrema tensão entre o bloco socialista, que apoiava a Síria e o Egito, e o bloco capitalista, que apoiava Israel.

O alto custo da guerra e a pressão estadunidense fizeram Sadat levar adiante um processo de paz com Israel. Em setembro de 1979, em Camp David, foram assinados acordos de paz entre o presidente egípcio e o primeiro-ministro israelense Menachem Begin. Os acordos sepultaram o pan-arabismo e a herança política de Nasser, aprovando os termos da Resolução 242, da ONU.

A Guerra dos Seis Dias e a política israelense

A Guerra dos Seis Dias redefiniu as fronteiras de Israel. Vitorioso, o país ocupou Cisjordânia, Gaza, Jerusalém Oriental e as colinas de Golã. A recusa dos Estados árabes em reconhecer Israel reforçou a posição conservadora, que defendia uma política expansionista do Estado judaico, visando à construção da "Grande Israel".

O acordo assinado em Camp David, em 1979, referendava a resolução da ONU em 1967, que estabelecia a retirada das forças israelenses dos territórios ocupados. O tratado garantiu ao Egito a recuperação do território da Península do Sinai e a Israel, a ocupação dos territórios da Cisjordânia, Colinas do Golã e Faixa de Gaza.

A instalação de colônias judaicas no território conquistado transformou-se em uma questão política internacional. Organizações fundamentalistas como o Movimento de Resistência Islâmica (Hamas) e a Jihad (Guerra Santa), com ações terroristas na Faixa de Gaza e Cisjordânia, cresceriam nos anos seguintes.

> ### ORGANIZANDO AS IDEIAS
>
> 8. Contextualize a criação da Liga Árabe.
> 9. A criação do Estado de Israel na Palestina alterou as bases do nacionalismo árabe. Explique essa transformação.
> 10. Quais foram os efeitos da Guerra dos Seis Dias no Oriente Médio?

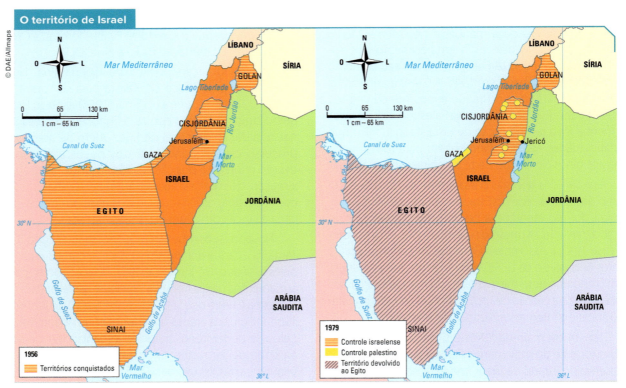

Após os conflitos de 1956 e a Guerra dos Seis Dias, o território judeu foi ampliado para 89 400 km².

Com a assinatura dos acordos de Camp David, em 1979, Israel devolveu ao Egito a a Península do Sinai, ficando com uma área de 21 900 km².

Fonte dos mapas: GILBERT, Martin (ed.). *The Routledge Atlas of Jewish History*. 6a. ed. Nova York: Routledge, 2003. p. 109.

Revisando o capítulo

APROFUNDANDO O CONHECIMENTO

1. Leia a entrevista de Ho Chi Minh (1890-1969) e resolva as questões abaixo.

> — Sim, precisaremos lutar. [...]
>
> — Vocês não têm armas, não têm armas modernas.
>
> — Podemos obtê-las, se for preciso. [...] E vocês parecem negligenciar os exemplos recentes do que bandos esfarrapados podem fazer contra tropas modernas. Esqueceram-se do heroísmo dos resistentes iugoslavos contra os alemães? O espírito do homem é mais poderoso do que suas próprias máquinas. [...] Esta será a guerra do tigre contra o elefante. Se o tigre por acaso parar, o elefante o transpassará com suas possantes defesas. Só que o tigre não vai parar. Ele se esconde na selva durante o dia para só sair à noite. Ele se lançará sobre o elefante e lhe arrancará as costas aos pedaços e depois desaparecerá de novo na selva escura. E, lentamente, o elefante morrerá de esgotamento e hemorragia. Assim será a guerra na Indochina.
>
> Ho Chi Minh em entrevista à CBS, 1946.
> Extraído de: LOGEVALL, Frederick. *Embers of war*: the fall of an empire and the making of America's Vietnam. Nova York: Random House, 2012. p. 143-144. Tradução nossa.

a. A entrevista de Ho Chi Minh ocorreu em 1946. Contextualize a Indochina nesse momento.

b. Em 1949, a Revolução Chinesa alterou o quadro político do Sudeste asiático. Explique como a Revolução Chinesa interferiu na conjuntura política da Indochina.

c. Ho Chi Minh aborda a luta do "tigre" contra o "elefante" como metáfora da guerra. Identifique e descreva as táticas do Vietminh que podem ser associadas à metáfora usada pelo líder comunista.

d. Explique as consequências da derrota francesa na Indochina para o processo de descolonização.

2. Leia o discurso do primeiro-ministro da União Indiana e resolva as perguntas a seguir.

> Não concordamos com os ensinamentos comunistas e não concordamos com os ensinamentos anticomunistas, porque ambos se baseiam em princípios errados. Eu nunca questionei o direito do meu país de se defender; ele precisava fazê-lo. Nós nos defenderemos com todas as armas e forças que tivermos e, se não tivermos armas, nos defenderemos sem elas. Tenho certeza absoluta de que nenhum país pode conquistar a Índia; nem mesmo a bomba atômica ou a bomba de hidrogênio. Conheço meu povo. Mas também sei que, se dependermos de outros, quaisquer que sejam as grandes potências, se esperarmos que delas venha o apoio, então seremos realmente fracos.
>
> [...]
>
> No que me diz respeito, não importa que a guerra aconteça; não participaremos dela a menos que tenhamos que nos defender. Se eu me unir a qualquer um desses grandes grupos, perderei minha identidade. [...] Se todo o mundo precisasse ser dividido entre esses dois grandes blocos, qual seria o resultado? O inevitável resultado seria a guerra. Assim, cada passo dado para reduzir essa área do mundo que poderia ser chamada de "área não alinhada" é um passo perigoso e leva à guerra. Isso reduz o objetivo, o equilíbrio, a perspectiva que outros países sem força militar talvez pudessem experimentar.
>
> Jawaharlal Nehru. Discurso diante do Comitê Político da Conferência de Bandung, 1955. Retirado de: *Modern History Sourcebook*, Fordham University. Disponível em: <http://legacy.fordham.edu/halsall/mod/1955nehru-bandung2.html>. Acesso em: 2 maio 2016. Tradução nossa.

a. Jawaharlal Nehru (1889-1966) é considerado um dos pais da independência da Índia. Qual é a posição dele no contexto da Guerra Fria?

b. Relacione a posição de Nehru com a situação dos países descolonizados.

c. Ao se referir à resistência sem armas, Nehru faz referência direta às campanhas de desobediência civil de Gandhi. Explique as continuidades e as rupturas entre o projeto político de Gandhi e o momento vivido pela Índia em 1955.

CAPÍTULO 46
A EXPERIÊNCIA DEMOCRÁTICA (1945-1964)

Construindo o conhecimento

- Por que você acha que os meios de comunicação, como o rádio e a imprensa, contribuíram para o aumento da participação popular na política nesse período?
- A democracia brasileira, entendida como a participação ampla da população na política, conheceu um avanço significativo durante o período que vai de 1945 a 1964. Em sua opinião, o processo de democratização brasileira já se completou? Por quê?

Plano de capítulo

- A dissolução do Estado Novo e o início da abertura política
- Os governos do período democrático
- O golpe de 1964

A historiografia brasileira já tratou o período de 1945 a 1964 a partir do conceito de populismo. Mas o que vem a ser populismo? A expressão nomeava tanto a experiência partidária como a continuidade da política de massas instituída por Vargas desde os anos 1930, além de referir-se também ao processo de desenvolvimento econômico apoiado na intervenção do Estado. Além disso, apresentava uma comparação entre os governos latino-americanos que questionavam os valores liberais e afirmavam projetos de modernização com o intuito de incorporar os segmentos populares urbanos ao jogo político.

Dessa terceira perspectiva, o conceito de populismo obscurece as especificidades da experiência social e política de cada país. Serve, muitas vezes, para homogeneizar a história da América Latina a partir de um viés que não reconhece nem aprofunda diferenças. Ademais, o termo foi difundido após o golpe civil-militar de 1964, com o intuito de denegrir a expe-

O presidente da União Nacional dos Estudantes (UNE), José Batista de Oliveira Júnior, discursa na Cinelândia, Rio de Janeiro, durante a campanha "O petróleo é nosso!", nos anos 1950. Comícios e outros modos de incorporar as massas à cena política serviram para a afirmação da cidadania.

Marcos cronológicos

1945
Promulgação de uma nova legislação eleitoral.
Formação da UDN, do PTB e do PSD.
Movimento queremista.
Deposição do presidente Getúlio Vargas.
Eleições presidenciais com o enfrentamento entre "Dutra" e o "Brigadeiro".

1946 — Promulgação da Constituição de 1946.

1947
Declaração da Ilegalidade do Partido Comunista do Brasil.
Criação do Centro de Estudos e Defesa do Petróleo e da Economia Nacional (CEDPEN).

1948 — Cassação dos mandatos dos parlamentares comunistas eleitos.

1949
Plano Salte.
Criação da Escola Superior de Guerra.

1950 — Eleições presidenciais e volta de Getúlio Vargas ao poder.

1952
Instituição da Comissão Mista Brasil-Estados Unidos.

1953
Criação da Petrobras.
Criação do Banco Nacional de Desenvolvimento (BNDES).

632 Unidade 11 Mundos em conflito

riência política do período democrático de 1945 a 1964, taxando-a de "demagógica". Assim, a pecha de "populista" justificava o regime autoritário. E essa prática continua: você provavelmente já ouviu alguém criticar determinado político ou partido chamando-o de "populista".

De fato, no período em foco, as eleições regulares, a formação de partidos nacionais e a rotatividade dos atores políticos no governo geraram maior participação cívica. A urbanização e a existência de liberdades civis favoreceram a proliferação de movimentos sociais. Comícios e campanhas pelo rádio e pelos jornais em torno de temas como a nacionalização do petróleo brasileiro mobilizaram milhões de pessoas. Buscando rastrear as distinções entre governos, políticas públicas e numerosos atores políticos e sociais, a historiografia passou a valorizar as diferentes experiências ocorridas entre 1945 e 1964.

Esse tempo foi fundamental para o desenvolvimento e para a construção da cidadania política no país. Representou um importante momento de afirmação do direito ao voto e à participação na construção do Estado, da sociedade e da comunidade política nacional. Compreender as temporalidades envolvidas na experiência democrática tornou-se imperativo para entender a maneira como se constituiu a democracia no país.

A dissolução do Estado Novo e o início da abertura política

O próprio governo Vargas encaminhou reformas no sentido da redemocratização. Pouco antes do término da Segunda Guerra Mundial, o ditador suspendeu a censura à imprensa e concedeu anistia aos políticos cassados. Em maio de 1945, promulgou o decreto-lei que regulamentava a formação de partidos e a disputa eleitoral, marcando para 2 de dezembro do mesmo ano o pleito para a presidência e para o Congresso Constituinte. E foi sob a influência desse novo Código Eleitoral que se deu a formação dos principais partidos políticos.

O novo Código regulamentou a vida político-partidária, instituindo regras que seriam incorporadas à Constituição de 1946 e ao Código Eleitoral aprovado em 1950. Para evitar a formação de partidos estaduais, como na Primeira República, as entidades a serem registradas deveriam ser partidos nacionais e obter apoio de pelo menos dez mil eleitores, distribuídos em cinco ou mais estados.

A partir desse novo regulamento, seria institucionalizado o Tribunal Superior Eleitoral (TSE), composto por estruturas regionais – os Tribunais Regionais Eleitorais (TREs) – responsáveis pela organização e pela fiscalização dos pleitos em cada estado. Esses dispositivos jurídicos concorreriam para a redução das fraudes eleitorais e para uma maior legitimidade das disputas político-partidárias.

Os critérios de participação política foram ampliados. Manteve-se o direito de voto da mulher, conquista feminina prevista no Código Eleitoral de 1932. A idade mínima para votar foi reduzida de 21 para 18 anos. O voto seria obrigatório para os que atingissem a idade mínima.

O contingente de votantes cresceu de forma contínua a partir de 1945, alçando níveis muito superiores aos da Primeira República. No entanto, durante toda a experiência democrática, quem era analfabeto não teve direito ao voto. Essa restrição limitava grandemente a participação política da população mais pobre, que em geral não tinha acesso à educação, especialmente no meio rural.

1954
Crise do governo Vargas e atentado a Carlos Lacerda.
Suicídio de Vargas e posse do vice-presidente Café Filho.

1955
Eleição de Juscelino Kubitschek (JK) com o apoio do PTB.

1956
Lançamento do Plano de Metas.

1958
Lançamento da Operação Pan-americana (OPA).

1959
Revolução Cubana.

1960
Inauguração de Brasília.
Eleição de Jânio Quadros.

1961
Renúncia de Jânio Quadros.
Campanha da Legalidade e posse de João Goulart sob o regime parlamentarista.

1963
Volta ao presidencialismo.
Anúncio do Plano Trienal de Celso Furtado.

1964
Comício de 13 de Março na Central do Brasil, no Rio de Janeiro.
Golpe de 1964.

A participação eleitoral

A cidadania política foi ampliada e valorizada na experiência democrática de 1945-1964. As eleições regulares concorreram para a ampliação da participação popular.

Número de eleitores sobre o conjunto da população

Ano	%
1945	15
1950	22
1955	25
1958	22
1964	25

Fonte: LINHARES, Maria Yeda (Org.). *História Geral do Brasil*. 9. ed. Rio de Janeiro: Elsevier, 1990. p. 355.

A reorganização do sistema político brasileiro

A configuração de apoio e oposição ao governo Vargas foi decisiva para a formação dos partidos políticos brasileiros. Ao final do Estado Novo, o presidente tentou formar um partido que reunisse dois segmentos de apoio ao seu governo. De um lado, buscava alicerçar os trabalhadores, a burocracia do Ministério do Trabalho e as lideranças sindicais; de outro, os interventores estaduais. Mas a tentativa de aglutinar grupos tão heterogêneos não foi bem-sucedida. Conflitos regionais, bem como o receio dos trabalhadores de uma união com políticos tradicionais que podiam se opor às reformas sociais instituídas a partir de 1930, conduziram a um impasse nas negociações para a formação do partido único getulista.

Em consequência, surgiram em 1945 o Partido Social Democrático (PSD) e o Partido Trabalhista Brasileiro (PTB). O primeiro reunia os interventores estaduais e as oligarquias rurais que dominavam a política regional do Brasil. O segundo dispunha de uma base política urbana que defendia as reformas sociais varguistas, contando com o apoio dos trabalhadores e dos sindicatos aliados ao governo. Ainda que tivessem bases e propostas políticas diversas, eles atuaram em coalizão em todas as eleições presidenciais, vencendo a maioria dos pleitos.

Ao contrário do trabalhismo britânico, que surgiu da luta operária e sindical, o trabalhismo no Brasil foi marcado pelas tentativas de Vargas de implantar reformas sociais e estruturar uma representação sindical por meio do Ministério do Trabalho. Uma de suas principais lideranças foi Marcondes Filho, o ministro do Trabalho que promulgou a CLT em 1943 e difundiu a imagem de Vargas como "pai dos pobres". O PTB reunia "grupos fisiológicos" instalados no Ministério do Trabalho e também líderes comprometidos com a expansão das leis de proteção do trabalhador.

O PTB teceu relações ambíguas com a esquerda comunista. A formação do partido visava defender a legislação sindical, mas também se opor à força dos comunistas nesse meio. Durante a Segunda Guerra Mundial, quando o Exército Vermelho foi decisivo para o esmagamento do nazismo, os partidos comunistas de todo o mundo ganharam proeminência. Reorganizado na clandestinidade em 1941, o Partido Comunista do Brasil (PCB) tornou-se importante força política, que forjaria alianças com os trabalhistas.

O PSD foi o partido majoritário na maior parte da experiência democrática. Além de eleger dois presidentes, compôs as maiores bancadas no Congresso Nacional. Ficou conhecido pela habilidade de negociar bases de apoio heterogêneas para suas propostas.

A União Democrática Nacional (UDN) foi o segundo maior grupamento político. Assim como o PSD, representava as elites regionais, mas também tinha uma base social mais urbana, ligada às classes médias. Durante todos os pleitos nacionais, cumpriu o papel de pivô da coalizão antivarguista contra a forte aliança pessedista-trabalhista.

A UDN representou o liberalismo na política nacional e suas ambiguidades. No final da ditadura de Vargas, liderou uma frente ampla contra o Estado Novo, acusando o getulismo de representar a "corrupção" e a "demagogia" na política brasileira. Diante do avanço eleitoral de pessedistas e trabalhistas e da expectativa de que o crescimento da urbanização ampliasse a massa de votos em candidatos que defendessem o legado getulista, os udenistas propuseram repetidas vezes um golpe de Estado. Essa ambiguidade do liberalismo da UDN alimentou diversos conflitos políticos durante o período democrático.

Ao todo, nessa época, treze partidos políticos se formaram no Brasil, mas os três abordados acima tiveram proeminência. O partido que mais cresceu durante o período foi o PTB, mostrando a importância do legado varguista na experiência política da República democrática.

As eleições e os partidos políticos (1945-1964)

A predominância dos três principais partidos no cenário político pode ser verificada pelas estatísticas eleitorais para presidente.

Eleições para presidente

1945		1950		1955		1960	
Candidato	Votação	Candidato	Votação	Candidato	Votação	Candidato	Votação
Eurico Dutra (PSD/PTB)	55,3%	Getúlio Vargas (PTB/PSP)	48,7%	Juscelino Kubitschek (PSD/PTB)	36%	Jânio Quadros (PDC/UDN)	48%
Eduardo Gomes (UDN)	34,5%	Eduardo Gomes (UDN)	29,7%	Juarez Távora (UDN)	30%	Herique Lott (PSD/PTB)	28%
Yedo Fiúza (PCB)	9,7%	Cristiano Machado (PSD)	21,5%	Adhemar de Barros (PSP)	26%	Adhemar de Barros (PSP)	23%

Fonte: MOTTA, Rodrigo Patto Sá. *Introdução à História dos Partidos*. Belo Horizonte: UFMG, 1999. p. 98-99 (adaptado).

Homologação da candidatura de Eurico Gaspar Dutra à presidência da República, no Teatro Municipal, Rio de Janeiro. Foto de 17 de julho de 1945.

Edição de 30 de outubro de 1945 da Folha da Manhã noticia a "renúncia" de Getúlio Vargas da Presidência da República, um dia após o golpe de Estado que o afastou do poder. Para o pleito de 2 de dezembro, foram apresentados três candidatos: o general Eurico Gaspar Dutra (PSD/PTB), o brigadeiro Eduardo Gomes (UDN) e o civil Yedo Fiúza (PCB), sagrando-se vitorioso Dutra, que fora apoiado por Vargas.

A experiência democrática (1945-1964)   Capítulo 46

O movimento queremista e as eleições presidenciais

Em 1945, criou-se um forte debate acerca da permanência de Getúlio Vargas no poder. Os udenistas exigiam a sua renúncia; caberia ao presidente do Supremo Tribunal Federal (STF) conduzir o processo de redemocratização.

A campanha udenista conseguiu mobilizar os principais jornais do país, os intelectuais e as classes médias urbanas. Vargas era acusado de "fascista", "ditador", "demagogo", de haver instituído uma legislação social com o objetivo de manipular os operários. Essa campanha passou a ser vista com receio pela classe trabalhadora, que percebia seus direitos e a perspectiva de aprofundamento de reformas sociais ameaçados pela crítica udenista.

O movimento queremista surgiu apoiado por trabalhistas, comunistas, sindicatos e quadros da administração do Ministério do Trabalho. Com *slogans* como "Queremos Getúlio" e "Constituinte com Getúlio Vargas", os queremistas realizaram manifestações urbanas com ampla participação popular. Suas propostas caminhavam para o adiamento das eleições presidenciais de 2 de dezembro para depois da aprovação da nova Constituição. Até lá, Getúlio Vargas deveria permanecer na presidência. No entanto, os ministros militares e diversos políticos percebiam o queremismo como uma tentativa de Vargas se perpetuar no poder. Alegando a defesa da democracia, em 29 de outubro, militares e civis articularam um golpe de Estado e derrubaram Getúlio Vargas, mantendo o calendário eleitoral. O presidente do STF governou o país até a posse dos candidatos eleitos em 2 de dezembro.

Três candidaturas foram apresentadas no pleito de 1945. O general Eurico Gaspar Dutra, pelo PSD, o brigadeiro Eduardo Gomes, pela UDN, e Yedo Fiúza, pelo PCB. A campanha foi polarizada pelos candidatos da UDN e do PSD. O brigadeiro Eduardo Gomes, expressiva liderança do tenentismo, tinha forte adesão das classes médias urbanas. O general Eurico Gaspar Dutra, ex-ministro da Guerra no Estado Novo, articulou-se aos interventores para conquistar votos usando a máquina administrativa dos estados.

Ambos os candidatos tinham pouco apelo popular, embora Eduardo Gomes tivesse forte respaldo nas classes médias urbanas. Em um de seus discursos, o candidato usou a expressão "marmiteiro" para se referir ao trabalhador. Tal referência passou a ser usada pelos adversários para criticar o caráter elitista da campanha de Gomes.

O general Dutra contava com a máquina eleitoral dos interventores estaduais, mas não conseguiu empolgar os grupos populares. Tentou durante todo o período eleitoral articular o apoio de Vargas, que havia se isolado em sua fazenda em São Borja, no Rio Grande do Sul. Apenas no final da campanha o PSD conseguiu esse apoio, divulgado no *slogan* "Ele disse: vote em Dutra".

A adesão varguista foi decisiva para a vitória do candidato do PSD. A UDN ficou surpresa com a derrota, que ficaria ainda mais evidente com o expressivo número de cadeiras do PSD na Assembleia Constituinte. Por sua vez, Yedo Fiúza, um candidato desconhecido, conquistou 9,5% do eleitorado, demonstrando o vigor do Partido Comunista. O bom desempenho do PCB seria confirmado na eleição para a Assembleia Constituinte. Num universo de 320 cadeiras, elegeram 15 congressistas, atrás apenas do PSD (117), da UDN (87) e do PTB (24).

> **ORGANIZANDO AS IDEIAS**
>
> 1. Identifique e diferencie os dois partidos políticos que surgiram das articulações de Getúlio Vargas em 1945.
> 2. Explique o que foi o queremismo.

Os governos do período democrático

O governo Dutra

Eurico Gaspar Dutra governou o país entre 1946 e 1951. Nesse período, em setembro de 1946, foi aprovada a nova Constituição brasileira. Ela reafirmou as liberdades civis, o direito de greve e de participação no sistema político. Além disso, garantiu direitos sociais e a intervenção do Estado na esfera econômica, com o fim de assegurar a justiça social.

Diferentemente do Estado Novo, a Constituição de 1946 retomava uma dinâmica política liberal e descentralizada, reafirmando a importância de estados e municípios na organização política nacional. O governo Dutra acompanhou essa dinâmica descentralizadora, desmontando algumas estruturas do Estado Novo. Também iniciou um processo de liberalização econômica, realizando cortes de gastos públicos, congelamentos de salários e a abertura da economia brasileira ao mercado internacional.

O viés liberal dessa política trouxe como consequências a queima das reservas acumuladas durante a década de 1940 e a redução da capacidade do Estado de intervir na economia. Essa postura liberalizante foi revista no final do governo. Em 1949, Dutra lançou o Plano Salte, que se destacava pelo planejamento quinquenal de diversas ações do Estado, principalmente para a expansão dos setores de alimentação, saúde, transporte e energia elétrica. A ausência de recursos financeiros contribuiu para que o plano fosse abandonado.

A orientação liberal sofreu a oposição do movimento operário. O congelamento dos salários gerou várias manifestações contra o governo. Ademais, os sindicatos aproveitaram a volta das liberdades civis para organizar diversas greves entre 1945 e 1947.

Dutra assumiu uma postura repressiva diante dessas greves, considerando-as fruto da desordem e da ação comunista. Em 1947, a expectativa de uma escalada de radicalização política dos trabalhadores e o alinhamento ao bloco capitalista liderado pelos Estados Unidos na Guerra Fria nascente levaram Dutra a suspender o registro do PCB. Seus parlamentares foram cassados no ano seguinte, em uma atitude de evidente permanência de elementos autoritários durante a experiência democrática, pois houve desrespeito ao voto popular dado a esses parlamentares.

Os projetos de modernização nacional

Durante os 19 anos de democracia, seis presidentes governaram o país e traçaram propostas de transformação da sociedade. Os projetos modernizadores visavam o "desenvolvimento" da estrutura produtiva e das relações sociais, alterando a inserção do Brasil no sistema político e econômico internacional.

Os governos do período democrático, cada um a sua maneira, desenharam pactos políticos e acordos tanto no âmbito interno quanto no externo visando à superação do "atraso" ou "subdesenvolvimento".

Os projetos de modernização estabeleciam relações de continuidade e ruptura entre si, mas todos mantiveram a meta da industrialização do país. Tal medida delineia uma continuidade em relação às propostas da Era Vargas, que apontavam para a diversificação econômica e o crescimento da indústria como estratégias de desenvolvimento.

A Escola Superior de Guerra (ESG)

Criada em 1949 pelo governo Dutra, a ESG tinha o objetivo de se tornar um centro de altos estudos para a formação da elite militar. Afinado com a nova divisão político-ideológica gerada pela Guerra Fria, o projeto da ESG baseava-se no binômio segurança (luta contra a ameaça comunista) e desenvolvimento (indispensável para o reequipamento das forças armadas). Embora o componente nacionalista estivesse presente na ideologia da ESG, era temperado pela necessária aproximação com os Estados Unidos.

Membros da Escola Superior de Guerra, entre eles Cordeiro de Farias (no centro). Foto de 1949.

Além do fechamento do PCB, Dutra realizou intervenções em cerca de 150 sindicatos. A Confederação Geral dos Trabalhadores Brasileiros (CGTB), uma organização criada para fugir dos limites do sindicato corporativista controlado pelo Ministério do Trabalho, também foi fechada. A CGTB unia diversos segmentos profissionais e era influenciada pelos comunistas. Buscava-se, assim, reafirmar o controle do governo sobre os trabalhadores.

Entretanto, as medidas repressivas enfraqueceram o governo Dutra e o intento do PSD de eleger o próximo presidente. Foi nesse cenário que Getúlio Vargas passou a ser sondado para concorrer à presidência da República. O legado getulista e a imagem de "pai dos pobres" seriam recuperados na eleição de 1950, contrapostos ao autoritarismo e às difíceis condições de vida nos últimos anos. Como havia feito nos seus primeiros 15 anos no poder, Vargas buscou reinventar sua imagem de acordo com as necessidades do momento.

Getúlio Vargas (ao centro, de óculos) e Alberto Pasqualini (à sua esquerda), entre outros, durante reunião do Partido Trabalhista Brasileiro no Rio Grande do Sul, 1950. Na faixa, lê-se: "O PTB é uma força política a serviço do Brasil!".

Multidão aplaude Getúlio Vargas, que estava de volta à Presidência da República. Rio de Janeiro. Foto de fevereiro de 1951.

O segundo governo Vargas

Nas eleições de 1950, Vargas candidatou-se pelo PTB. Sofrendo feroz oposição dos meios de comunicação, concorria contra Cristiano Machado (PSD) e o brigadeiro Eduardo Gomes (UDN), avesso ao legado antipopular do governo Dutra. Percebendo a impossibilidade de uma vitória do seu candidato, parte do PSD apoiou o ex-ditador. Tal ação, decisiva para a vitória getulista, ficou conhecida como "cristianização" do candidato pessedista.

Vargas governou entre 1951 e 1954, sofrendo a oposição do PSD, da UDN e de boa parte da grande imprensa. Logo após a eleição, a UDN tentou impedir a posse do presidente, alegando – sem base legal – que ele não havia conseguido a maioria absoluta de votos. A Guerra Fria acentuava a pressão sobre um governo que tentava traçar uma política econômica relativamente independente dos Estados Unidos.

O governo criou, no Ministério da Fazenda, a Comissão Mista Brasil-Estados Unidos, responsável por identificar os principais pontos de estrangulamento do desenvolvimento industrial brasileiro. O poder público também criou empresas e agências para o fomento econômico. Assim surgiu, em 1952, o Banco Nacional de Desenvolvimento Econômico (BNDE, atual BNDES), com o objetivo de financiar projetos de interesse nacional.

Ao mesmo tempo, houve uma retomada da política de benefícios sociais. Em 1953, Vargas nomeou João Goulart para o Ministério do Trabalho. O novo ministro passou a negociar diretamente com sindicalistas e concedeu um aumento de cem por cento do salário mínimo, com o objetivo de garantir o apoio popular ao governo, especialmente entre os trabalhadores urbanos.

A repercussão das ações do ministro e as campanhas nacionalistas, como "O petróleo é nosso", encheram de temor as elites políticas. Estas acusaram o governo de pretender instalar uma "república sindicalista" no país. Em fevereiro de 1954, foi lançado o Manifesto dos Coronéis, que alertava contra o risco de subversão da hierarquia nas Forças Armadas. Em junho, foi protocolado um pedido de *impeachment* do presidente.

Para assistir

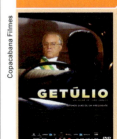

Getúlio

Brasil, 2013. Direção: João Jardim. Duração: 140 min.

A intimidade de Getúlio Vargas, então presidente do Brasil, em seus 19 últimos dias de vida. Pressionado por uma crise política sem precedentes, em decorrência das acusações de que teria ordenado o atentado contra o jornalista Carlos Lacerda, ele avalia os riscos existentes até tomar a decisão de se suicidar.

"O petróleo é nosso!"

Em 1947, o presidente Dutra criou uma comissão para estudar a forma como o petróleo deveria ser explorado no país. A comissão apresentou o Estatuto do Petróleo, declarando a exploração da riqueza mineral como de interesse público, mas sem estabelecer o monopólio estatal da produção, tendo em vista a incapacidade do Estado de reunir capitais para explorar a atividade econômica.

Em 1947, o Clube Militar passou a discutir a questão do petróleo numa série de conferências. O *slogan* "O petróleo é nosso" surgiu dessas discussões. A campanha pelo petróleo logo conquistou grande apoio popular.

Pelo projeto de criação da empresa "Petróleo Brasileiro S.A." (Petrobras), de economia mista, um décimo do capital seria aberto à participação estrangeira. Esse ponto recebeu oposição no Congresso Nacional e nas ruas, levando o governo a estabelecer o monopólio da exploração. Em 1953, o projeto foi colocado em votação e recebeu várias emendas, com o acirramento dos embates entre "nacionalistas" e "entreguistas". Pela Lei n. 2.004/1953, que criou a Petrobras, a empresa detinha o monopólio da exploração do petróleo, que não se estendeu às atividades de refino, distribuição e comercialização do produto.

Capa de *O monopólio do petróleo*, cordel de Mestre Azulão, 1950.

Panfleto do PCB contra o "entreguismo": "Brasil, o petróleo é nosso!", 1950.

Em 5 de agosto, Gregório Fortunato, chefe da guarda pessoal de Vargas, planejou um atentado contra o jornalista Carlos Lacerda, liderança udenista que se contrapunha a Vargas. No atentado, Lacerda foi ferido e um major da guarda pessoal do jornalista foi morto. O evento gerou furiosas pressões sobre Vargas, o que o levou ao suicídio.

Vargas já havia escrito cartas em que anunciava o suicídio como solução política em contextos de crise, uma última jogada para reverter uma situação desfavorável. De fato, em agosto de 1954, o suicídio de Vargas e a "Carta Testamento", divulgada em seguida, "viraram o jogo".

O suicídio gerou uma enorme comoção popular. Os opositores chegaram a ser atacados nas ruas. O vice-presidente Café Filho assumiu o governo. Entre 1954 e o final de 1955, quando foi deposto, ele daria continuidade às ações de Vargas, mas estabeleceria uma aliança com a UDN para garantir a governabilidade.

Por trás de uma carta-testamento

Um dos principais documentos da história republicana brasileira, a carta-testamento de Vargas (24 de agosto de 1954), nos revela a imagem que o então presidente buscou construir de si e de seu governo. Colocando-se como defensor do povo e dos "humildes" e reafirmando a figura de "pai dos pobres", Vargas lembra o quanto seu governo lutava contra a espoliação do povo e os havia beneficiado através da legislação social.

João Goulart e o ministro da Justiça Tancredo Neves durante o enterro de Getúlio Vargas, em São Borja, Rio Grande do Sul. Foto de 25 de agosto de 1954. Com o suicídio de Vargas, Goulart colocava-se como o principal herdeiro de seu legado.

> Mais uma vez, as forças e os interesses contra o povo coordenaram-se novamente e se desencadeiam sobre mim. Não me acusam, insultam; não me combatem, caluniam e não me dão direito de defesa. Precisam sufocar a minha voz e impedir minha ação, para que eu não continue a defender como sempre defendi, o povo e principalmente os humildes. Sigo o destino que me é imposto. Depois de decênios de domínio e espoliação dos grupos econômicos e financeiros internacionais, fiz-me chefe de uma revolução e venci. Iniciei o trabalho de libertação e instaurei o regime de liberdade social. Tive de renunciar. Voltei ao governo nos braços do povo [...]. Cada gota do meu sangue será uma chama imortal na vossa consciência e manterá a vibração sagrada para a resistência. Ao ódio respondo com o perdão. E aos que pensam que me derrotaram respondo com a minha vitória. Era escravo do povo e hoje me liberto para a vida eterna. Mas esse povo de quem fui escravo não será escravo de mais ninguém [...] Lutei contra a espoliação do Brasil. Lutei contra a espoliação do povo. [...]. Eu vos dei a minha vida. Agora ofereço a minha morte. Nada receio. Serenamente dou o primeiro passo no caminho da eternidade e saio da vida para entrar na história.

Fonte: ALVES FILHO, Ivan (Org.). *Brasil, 500 anos em documentos*. Rio de Janeiro: Mauad, 1999. p. 521.

O nacional-desenvolvimentismo de Juscelino Kubitschek

A campanha presidencial de 1955 realizou-se sob o impacto do suicídio de Vargas. O cenário político ficou polarizado entre os getulistas, concentrados no PTB e no PSD, e os antigetulistas, liderados pela UDN. Juscelino Kubitschek (JK), ex-governador de Minas Gerais, candidatou-se pelo PSD. Teve o apoio de João Goulart, que concorreu à vice-presidência pelo PTB. A UDN lançou como candidato Juarez Távora, liderança tenentista com grande prestígio no Nordeste e no Norte do Brasil.

Por um percentual pequeno de votos, a coligação PSD-PTB venceu a eleição. A UDN novamente questionou o resultado do pleito, acusando-o de fraudulento. Buscou uma aliança com os militares com o fito de impedir a posse de JK e Jango, acusados de receber apoio comunista.

A tensão político-militar prosseguiu até 11 de novembro de 1955. Nesse dia, o marechal Henrique Lott deu um golpe preventivo, que ficou conhecido como Movimento 11 de novembro, e garantiu a posse de JK em 31 de janeiro de 1956. Ao acirramento do debate político provocado pela atuação da UDN no Congresso, JK respondeu negociando alianças e buscando trazer antigos adversários para o seu lado.

Juscelino Kubitschek é lançado candidato à presidência da República na convenção do PSD em 10 de fevereiro de 1955.

Brasília

A relação entre política e arquitetura como meio de expressar a modernidade não era uma novidade na trajetória de JK. Em 1940, quando foi prefeito de Belo Horizonte, ele realizou uma reforma urbana e criou o bairro da Pampulha, marco da arquitetura modernista no país. Sua associação com o arquiteto Oscar Niemeyer para planejar a Pampulha repetiu-se em Brasília.

Projetada pelo engenheiro Lúcio Costa, Brasília surpreendia pela forma urbana. O traçado da planta da cidade lembrava a forma de um avião. Foi planejada de forma racionalista, onde cada parte da cidade cumpria uma função, dividindo-se em setores de comércio e serviços, centro de poder e setores residenciais. Entretanto, a cidade terminou por reproduzir as desigualdades sociais do país, com a segregação dos pobres em bairros periféricos, as chamadas "cidades satélites" de Brasília.

A construção de Brasília, projetada pelo urbanista Lúcio Costa no centro do país, exigiu enormes recursos. Em contrapartida, criou um fluxo migratório de trabalhadores que participaram da edificação, gerou

O presidente Juscelino Kubitschek de Oliveira e o vice João Goulart na inauguração de Brasília, em 21 de abril de 1960.

rodovias que ligavam a nova capital ao restante do país e estimulou a indústria da construção civil.

A cidade foi inaugurada em 1960. Hoje, é reconhecida como patrimônio da humanidade pela Organização das Nações Unidas.

Juscelino Kubitschek prometeu que nos cinco anos de seu governo, entre 1956 e 1961, o país teria um desenvolvimento equivalente a 50 anos. Logo na primeira reunião ministerial, criou o Conselho do Desenvolvimento e apresentou seu Plano de Metas. Tratava-se de um plano quinquenal de desenvolvimento, composto de 30 objetivos, que, se atingidos, eliminariam os "pontos de estrangulamento" da economia brasileira. A 31ª meta, ou meta síntese, era a edificação de Brasília, pois se argumentava que a construção de uma capital no interior do país seria uma grande contribuição para a integração da nação.

Em termos gerais, esse modelo desenvolvimentista se sustentou no tripé Estado, capital estrangeiro e empresa nacional. Enquanto o Estado atuou, sobretudo, na montagem da infraestrutura (energia, transporte etc.) e na instalação da indústria de base (siderurgia, petróleo etc.), o capital privado investiu no setor produtivo, dando seguimento ao processo de substituição de importações. As empresas multinacionais ficaram com o setor de bens de consumo duráveis – automotivos, eletroeletrônicos (televisão, geladeira) etc. –, e as nacionais passaram a produzir em larga escala mercadorias de consumo rápido. A coordenação dos investimentos públicos ficou a cargo do BNDE, enquanto aos grupos executivos coube a concessão de incentivos ao setor privado envolvido na execução do Plano de Metas.

O Plano de Metas identificava vários "gargalos" do desenvolvimento brasileiro e indicava os investimentos em infraestrutura necessários para superá-los. Tal modelo de desenvolvimento dava continuidade às ações do segundo governo de Vargas, reforçando o investimento estatal em infraestrutura para a instalação de indústrias. A novidade da política econômica de JK foi a abertura do Brasil ao capital estrangeiro e a instalação de indústrias de consumo de bens duráveis.

A percepção de que as diferenças regionais eram um obstáculo ao desenvolvimento como um todo resultou na criação da Superintendência do Desenvolvimento do Nordeste (Sudene), em 1959. Destinada a promover e coordenar o desenvolvimento da região, a Sudene tinha entre suas metas o combate às secas e a criação de empregos. Seria consolidada nos governos posteriores, no início da década de 1960.

Com o intuito de obter dos Estados Unidos mais investimentos públicos para a erradicação do subdesenvolvimento na América Latina, em 1958 JK propôs a criação da Operação Pan-Americana (OPA). O argumento ganhou força com a vitória, em 1959, da Revolução Cubana, que colocava em xeque a hegemonia norte-americana na região. O quadro internacional foi também marcado pela descolonização afro-asiática, que levou à formação de um bloco de países distantes tanto do Primeiro Mundo capitalista quanto do Segundo Mundo socialista. Era o Terceiro Mundo, denominação que posteriormente passou a designar o grupo de países em desenvolvimento, de que fazia parte o Brasil.

"Anos Dourados"

O período JK ficou gravado na memória política do país como os "Anos Dourados". Nessa fase houve um crescimento médio de 8,2% do PIB, tendo destaque o setor industrial. Instalou-se uma indústria de bens de consumo, difundindo o carro, televisores, geladeiras e outros produtos identificados com o *american way of life* e a modernidade capitalista. Tudo isso dentro da legalidade democrática. Essas mudanças construíram a imagem de um período de prosperidade e bem-estar.

A construção ideológica de uma "era de ouro" seria endossada no campo da cultura. Foi durante o governo JK que surgiu a bossa nova, fundindo influências do jazz, um estilo intimista de cantar, e o samba. O gênero musical foi um dos principais responsáveis pela internacionalização da produção musical brasileira na indústria cultural dos anos 1960.

Não por acaso, JK é identificado como o "presidente bossa nova" na memória política brasileira.

Outro elemento central na imaginação dos "Anos Dourados" é o futebol. Em 1958, o Brasil se consagraria como campeão mundial de futebol. Após o fiasco da derrota no Maracanã em 1950, a vitória da seleção "canarinho" foi central na imaginação de um país que superava suas limitações e ascendia no cenário internacional.

Tudo isso compõe o quadro de um país que se imaginava rompendo o atraso e subdesenvolvimento para atingir o mesmo patamar das nações capitalistas desenvolvidas. Era a derrota – mesmo que, talvez, temporária – do "complexo de vira-latas", o sentimento de inferioridade característica do povo brasileiro, segundo o cronista esportivo Nelson Rodrigues (1912-1980).

Juscelino Kubitschek apresenta o Plano de Metas em seu gabinete. Rio de Janeiro, 1958.

"Finalmente o grande carro brasileiro." *O Cruzeiro*, 16 de abril de 1960.

O governo Jânio Quadros

Em meados de 1959, surgiu o Movimento Popular Jânio Quadros (MPJQ), com intuito de lançar o então governador de São Paulo à presidência. Jânio Quadros tivera uma carreira política meteórica. Professor de Língua Portuguesa, ele assumiu o primeiro cargo político em 1947 como vereador em São Paulo. Destacou-se por defender as demandas de melhoramentos urbanos de bairros pobres e criticar a corrupção na administração pública. Elegeu-se deputado estadual em 1950, prefeito de São Paulo em 1953 e governador do estado em 1954.

Apresentando-se como o candidato do "tostão contra o milhão" (ou seja, dos pobres contra os ricos) e prometendo "varrer" a corrupção do governo federal, Jânio Quadros era candidato do Partido Democrata Cristão (PDC) e obteve apoio da UDN. Milton Campos, um udenista histórico, foi indicado para a vice-presidência.

Por sua vez, o PSD apoiou o marechal Henrique Lott. Para vice-presidente, repetia-se a aliança com o PTB, com o candidato João Goulart. Para vencer a chapa do PSD-PTB, Jânio Quadros, cujo símbolo de campanha era uma vassoura, prometia uma "limpeza" na política nacional, apontando os malfeitos na gestão JK. Além disso, denunciava o aumento do custo de vida e a inflação como consequência do "desenvolvimentismo" do governo anterior.

Diante da popularidade do vice da chapa de PSD-PTB, muitos políticos estimularam o voto na dobradinha "Jan-Jan", Jânio para presidente e Jango

Unidade 11 Mundos em conflito

para vice –, pois não se votava na chapa fechada, mas em cada candidato. Jânio Quadros elegeu-se com uma das maiores votações que um candidato à presidência da República já recebera: 48% dos votos. Como vice-presidente, foi eleito Goulart.

Jânio Quadros ficou no governo apenas sete meses, entre fevereiro e agosto de 1961. O grande desafio que então se colocava para o Brasil era como combinar estabilidade de preços com alto nível de investimentos. O financiamento do programa desenvolvimentista esbarrava na progressiva diminuição das receitas, com as contas públicas e a balança de pagamentos deficitárias. Essa redução era compensada pela entrada de capital estrangeiro ou pela emissão de moeda, causadora de inflação.

O governo recorreu à cartilha ortodoxa. Restringiu os gastos públicos e buscou acordos no Fundo Monetário Internacional (FMI) para renegociar a dívida pública e garantir acesso a investimentos. Desvalorizou o cruzeiro, procurando estimular as exportações.

As "sindicâncias" de Jânio contra a corrupção na máquina pública geraram um forte conflito com o Congresso Nacional e com outras instituições. Outras iniciativas provocavam risos, como a proibição das rinhas de galo e dos biquínis nas praias com o intuito de moralizar o país.

Contrariando a base política udenista, que defendia o alinhamento aos Estados Unidos, Jânio estimulou uma política externa independente. Diante da polarização entre os blocos capitalista e socialista na Guerra Fria, propôs uma política externa "terceiro-mundista", sem alinhamento automático a um dos blocos. Buscava, assim, melhores vantagens ao estabelecer relações diplomáticas e comerciais com qualquer país de seu interesse.

A política externa independente dava continuidade a algumas ações da política externa do governo JK, além de ampliá-las. Todavia, criou situações controvertidas. Após a Revolução Cubana, quando a América Latina tornou-se um dos palcos principais das estratégias geopolíticas das duas superpotências, o presidente recebeu como herói o argentino Ernesto Che Guevara, ministro em Cuba, condecorando-o com a Ordem do Cruzeiro do Sul. Em agosto de 1961, João Goulart viajou em uma missão diplomática e comercial de políticos e empresários à China e à União Soviética.

Um presidente caricato?

Jânio Quadros ficou marcado na memória popular como um governante pitoresco. Durante as campanhas eleitorais, em suas visitas a bairros populares de São Paulo, o candidato do "tostão contra o milhão" comia pão com mortadela e tomava cachaça com os trabalhadores. O objetivo era construir uma relação direta com a população mais pobre.

Os opositores de Jânio passaram a acusá-lo de demagogia. Após a crise institucional aberta por sua Carta de Renúncia, na qual afirmava a existência de "forças ocultas" que o impediam de governar, sua imagem caricata seria ainda mais explorada pelos adversários.

Jânio Quadros empunha seu símbolo político em campanha eleitoral no Porto de Santos, litoral de São Paulo. Foto de 1960.

Jânio Quadros. Foto de 1961.

Durante a visita do vice-presidente à China, Jânio Quadros renunciou à presidência. Até hoje não se sabe quais eram os objetivos da renúncia. A hipótese mais plausível é que Jânio imaginava uma forte mobilização em apoio a sua permanência no cargo e que o Congresso Nacional não aceitaria o pedido, concedendo-lhe poderes extraordinários. Todavia, a carta de renúncia foi aceita e abriu uma grave crise institucional.

O governo João Goulart

Ao longo de sua trajetória, João Goulart havia se mostrado como herdeiro do legado getulista. Em 1953, tornou-se presidente do PTB (cargo que exerceria até 1964) e conduziu uma aproximação com sindicatos e lideranças comunistas. Desde então, passou a ser visto como uma ameaça para setores conservadores, que o acusavam de desejar implantar uma "república sindicalista" no país. Esse segmento social e político tentou impedir a posse de Jango.

Diante da renúncia de Jânio Quadros, Ranieri Mazzilli, presidente da Câmara dos Deputados, foi empossado presidente. Ao mesmo tempo constituiu-se uma Junta Militar com os três ministros das Forças Armadas para governar o país. A Junta Militar manifestou a "inconveniência" da posse de Goulart, que estava em missão diplomática na China (o que contribuiu para reforçar a histeria sobre o esquerdismo do vice-presidente), e tentou impedir seu regresso ao país.

Entre 25 de agosto, data da renúncia, e 7 de setembro, ocorreram várias manifestações e articulações políticas para se contrapor à Junta Militar. No Rio Grande do Sul, o governador Leonel Brizola iniciou a Campanha da Legalidade. Exigia o cumprimento da Constituição e o direito legal de Jango tomar posse como presidente. Brizola organizou a "Rede da Legalidade", cadeia de rádio para furar a censura imposta pela Junta Militar e mobilizar a população civil. No Congresso, um grupo de políticos do PSD e do PTB buscou negociar a volta e a posse de Jango.

A Campanha da Legalidade

A Campanha da Legalidade foi o movimento criado em torno do governo do Rio Grande do Sul para garantir a posse de Jango. Posicionando-se contra a Junta Militar, acusando-a de golpismo, defendia a volta e a posse imediata do vice-presidente. Enquanto os congressistas moderados do PTB e do PSD tentavam atrasar ao máximo o retorno de Jango para negociar com a Junta Militar, o governador gaúcho Leonel Brizola apostou na mobilização popular como meio de pressionar as instituições e garantir o cumprimento da Constituição de 1946.

A mobilização assumiu formas dramáticas no Rio Grande do Sul. Milhares de pessoas concentraram-se na Praça da Matriz, em frente ao Palácio Piratini – sede do governo estadual. Formaram-se barricadas, distribuíram-se armas à população para resistir ao golpe e instalaram-se ninhos de metralhadoras no alto do prédio da Catedral Metropolitana. Para se comunicar com a população gaúcha e do restante do Brasil, furando a censura imposta pela Junta Militar, Brizola criou a "Rede da Legalidade". Uma rádio foi instalada no Palácio Piratini, de onde o governador discursava e informava a população sobre o que ocorria no país.

Um momento chave para a campanha de Brizola foi a adesão do comando do III Exército. A Junta Militar ordenou ao general Machado Lopes, então comandante, que dialogasse com o governador e, caso este se mantivesse irredutível, bombardeasse o Palácio Piratini.

A ordem foi interceptada por Brizola. Num discurso dramático pelo rádio, ele informou que permaneceria até o fim no palácio. A possibilidade de uma guerra civil transformou a ordem de bombardeio em uma potencial tragédia. Contudo, no encontro com Brizola, o general Machado Lopes declarou seu apoio à legalidade e ao direito de Jango de assumir a presidência.

O apoio do general foi fundamental para o sucesso da Campanha da Legalidade. Situado na fronteira com a Argentina e o Paraguai, o III Exército era o mais bem armado, por defender uma área de potencial conflituoso maior. Assim, o apoio do comandante do III Exército era um trunfo de que Brizola não dispunha no início de sua mobilização, mas que se mostrou decisivo para pressionar a Junta Militar.

O governador do Rio Grande do Sul, Leonel Brizola, discursa durante a Campanha da Legalidade. Foto de 18 de setembro de 1961.

Pressionada pelo povo e pelo Congresso Nacional, a Junta Militar buscou negociar uma saída honrosa. Ficou estabelecido que Jango assumiria a presidência sob o regime parlamentarista e que não poderia fazer um discurso público logo após a sua volta. Ainda que contrariado, ele aceitou as restrições.

Jango assumiu o governo com poderes limitados, num regime parlamentarista, e desde o princípio buscou a convocação de um plebiscito para a volta do presidencialismo. A reforma que instituiu o parlamentarismo previa um plebiscito apenas em 1965, às vésperas da nova eleição para presidente. No entanto, o parlamentarismo teve fim em 1963, após uma forte campanha pela antecipação do plebiscito e pela volta do presidencialismo.

Entre setembro de 1961 e março de 1964, o governo Goulart foi marcado pelas tentativas de encaminhar as reformas de base e controlar a crise econômico-financeira. Assim como o governo Jânio Quadros, o de Goulart herdava uma crise econômica de grandes proporções deixada por JK. O Estado estava endividado, a inflação estava alta e havia sinais de esgotamento do modelo de desenvolvimento econômico, com a redução do Produto Interno Bruto.

Desde o momento em que assumiu a presidência, Jango anunciou medidas para conter a crise. Em 1961, nomeou o banqueiro Walter Moreira Salles para o Ministério da Fazenda, num gesto de aproximação com as elites econômicas. A negociação de um empréstimo com os americanos, a limitação dos gastos públicos, o controle da inflação e da evasão de divisas nas remessas de lucros das multinacionais foram o foco de ação do ministro.

Tal planejamento não surtiu efeito, o que levou o governo a nomear Celso Furtado como ministro da Fazenda em 1963. Criador da Sudene e um dos artífices do pensamento social e econômico da Comissão Econômica para a América Latina e o Caribe (CEPAL), Celso Furtado apresentou um Plano Trienal como solução da crise econômica. O plano combinava ações ortodoxas, como o controle inflacionário mediante a restrição de investimentos e do aumento de salários, e reformas estruturais na economia.

Sob a pressão de constantes greves de trabalhadores, os planos econômicos que tentavam controlar gastos e salários não atingiram os resultados esperados. Além disso, o governo recebia críticas de setores da esquerda: Jango estaria cedendo aos grupos conservadores ao assumir programas ortodoxos de controle inflacionário.

Paralelamente, realizaram-se reformas para impulsionar a economia. O governo instituiu o Fundo Federal de Eletrificação e criou a Eletrobrás. Também inaugurou a Copisa, Usiminas e Ação Vitória no setor siderúrgico. A criação de empresas públicas para fomentar o crescimento era acompanhada pela continuidade de uma política externa independente, destinada a expandir o mercado dos produtos brasileiros.

As "reformas de base"

Na década de 1950, a esquerda brasileira construiu uma agenda política que propunha a reforma das estruturas sociais e políticas do Brasil. Tal programa ficou conhecido como "reformas de base". Visando superar o subdesenvolvimento, a dependência do Brasil dos países desenvolvidos e a desigualdade social do país, propunham-se a reforma administrativa, urbana, agrária, universitária, fiscal e bancária.

As "reformas de base" constituíram-se numa plataforma política que unia trabalhistas, comunistas, socialistas e outros segmentos da esquerda. Esse discurso influenciou estudantes, sindicatos e trabalhadores rurais, sendo uma bandeira que ganhou grande visibilidade nos movimentos sociais durante o governo Goulart. A reforma agrária, um dos temas mais debatidos, emergiu na cena pública em 1961, após o Congresso Nacional dos Trabalhadores Agrícolas. Propunha, entre outros pontos, a desapropriação dos latifúndios e a divisão da terra entre os trabalhadores do campo como meio de aumentar a produtividade e reduzir desigualdades.

Convocação para o Comício da Central do Brasil em 1964.

No campo social, Jango deu impulso à reforma educacional. Para tanto, instituiu o Plano Nacional de Educação e criou a Universidade de Brasília. Seu governo tomou várias iniciativas para expandir a sindicalização rural e consolidar os direitos sociais do trabalhador do campo. Também abriu a discussão sobre a reforma agrária, com o intuito de combater o latifúndio e reduzir as disparidades sociais.

O governo Goulart assumiu um projeto de modernização arrojado, que buscava conciliar o controle da crise econômico-financeira do Estado com as reformas sociais. Esse projeto foi interrompido pelo golpe de Estado articulado por forças civis e militares em 1964.

ORGANIZANDO AS IDEIAS

3. Explique a diferença entre a política econômica do governo Dutra (1945-1951) e a do governo Vargas (1951-1954).
4. O que era o Plano de Metas de Juscelino Kubitschek?
5. Explique o que é a indústria de bens duráveis e a estratégia de JK para desenvolvê-la.
6. Quais foram os desafios econômicos enfrentados pelos governos Jânio Quadros (1961) e João Goulart (1961-1964)?

O golpe de 1964

No período de 1945 a 1964, houve diversas tentativas de golpe para depor presidentes eleitos. Isso demonstra que as forças políticas colocavam a intervenção das Forças Armadas como parte das estratégias normais para assumir o poder. Essas ações foram barradas por movimento sociais em favor da democracia. As mobilizações de massa após a morte de Getúlio Vargas (1954), o Movimento de 11 de Novembro (1955) e a Campanha da Legalidade (1961) mostram a importância das articulações entre partidos e sociedade civil para derrotar os golpes.

As Forças Armadas atuaram nessas ações políticas de forma dividida, uma parte articulada com os legalistas e outra coligada aos projetos golpistas. As intervenções militares eram quase sempre feitas de forma episódica, com o objetivo de arbitrar o acirramento de contendas políticas civis e depois retornar aos quartéis. No entanto, em 1964, a intervenção não foi momentânea. Um dos fatores que explicam essa mudança de posicionamento das Forças Armadas relaciona-se ao contexto e à configuração social e política do início de 1964.

A reforma agrária era o ponto mais crítico da agenda reformista do governo. No Congresso Nacional, ela abalava a relação entre o PSD e o Executivo, pois atingia as bases de apoio do PSD no meio rural: os latifundiários. Por isso, era fonte de tensões entre Goulart e o PSD, dividindo a bancada governista no Congresso Nacional.

Enquanto o PSD desejava que a reforma agrária ocorresse com a indenização integral dos proprietários, lideranças do PTB buscavam a desapropriação tendo em vista o princípio da justiça social, previsto na Constituição de 1946. Os ruralistas e parte do PSD viam essa intervenção como ilegítima, pois interferia no direito à propriedade privada e à indenização em dinheiro, também garantidos pela Constituição. Esse conflito se acirrou com o aumento da sindicalização rural e a atuação das esquerdas no campo.

Diante do impasse, Jango passou a pressionar o Legislativo com a mobilização popular. Marcou para 13 de março de 1964, em frente à estação Central do Brasil, no Rio de Janeiro, um comício no qual assinaria o decreto que tornava desapropriáveis terras às margens de rodovias, ferrovias e de obras públicas, como açudes. O Comício da Central envolveu cerca de 200 mil pessoas. Jango foi imediatamente acusado de "comunizar" o país e perdeu a maior parte de sua base de apoio no parlamento. Em 19 de março, a Marcha da Família com Deus pela Liberdade, que reuniu mais de 300 mil pessoas em São Paulo, evidenciou a capacidade de mobilização dos opositores do presidente.

Após o Comício do dia 13 e a Marcha da Família, veio a manifestação dos suboficiais. Em 23 de março de 1964, a Associação dos Marinheiros e Fuzileiros Navais do Brasil comemorou o seu aniversário de fundação. Seus membros aproveitaram o evento para criticar a Marinha e reivindicar melhores condições e direitos para os militares subalternos, com o apoio de lideranças políticas trabalhistas e sindicalistas. O evento foi visto com receio pelas Forças Armadas, que temiam a quebra da disciplina, valor estruturante da vida militar. Na crise subsequente, Jango anistiou os suboficiais. A medida indignou o comando militar e reforçou a opinião daqueles que acusavam o presidente de articular um golpe para implantar o comunismo no país.

Nessa configuração, em que o governo Goulart perdia apoio tanto no Congresso Nacional quanto nas Forças Armadas, o golpe civil e militar foi desferido. Ele foi dado em nome da defesa da "democracia" contra a "comunização" do país. Ou seja, foi o medo das reformas de base que serviu como mote para a mobilização golpista de militares e civis.

Em 31 de março, o general Olímpio Mourão Filho deslocou tropas de Juiz de Fora (MG) para o Rio de Janeiro, com o intuito de prender João Goulart. O presidente viajou para Brasília, onde soube que o Congresso Nacional havia aprovado a cassação de seu mandato e seus direitos políticos. Foi então para São Borja, no Rio Grande do Sul, e depois para o Uruguai. O golpe de 1964 foi seguido de uma onda de repressão e prisões contra lideranças de esquerda. No começo, o movimento recebeu apoio de importantes jornais, como *O Globo*, *O Estado de S.Paulo* e *Correio da Manhã*.

ORGANIZANDO AS IDEIAS

7. O que era a reforma agrária?
8. Explique por que a reforma agrária foi um dos elementos desestabilizadores do governo Goulart.
9. Qual o papel das revoltas de suboficiais na desestabilização do governo Goulart?

O Ipes-Ibad e o anticomunismo

O governo Goulart foi alvo de uma maciça mobilização anticomunista. A Revolução Cubana colocava a América Latina no centro das disputas da Guerra Fria, radicalizando os embates políticos entre esquerdistas e defensores do "mundo livre". Abandonando a estratégia da intervenção direta, Washington passou a sustentar grupos políticos alinhados ao bloco capitalista e que instalavam ditaduras para dominar a oposição. A embaixada dos Estados Unidos chegou a fornecer armas e combustível aos golpistas de 1964, por meio da *Operação Brother Sam*.

Os Estados Unidos também fomentaram organizações que propagavam o anticomunismo na América Latina. O Instituto Brasileiro de Ação Democrática (Ibad) e o Instituto de Pesquisas e Estudos Sociais (Ipes), criados respectivamente em 1959 e 1961, mantinham estreitas relações com a embaixada americana e recebiam material de propaganda e recursos financeiros para municiar a oposição ao governo Goulart. A articulação entre o Ipes e o Ibad unia setores conservadores ligados à Igreja Católica, empresários, políticos, ruralistas e militares. Destacou-se entre esses militares Golbery do Couto e Silva, um dos principais articuladores do Ipes.

Juntamente com o Ipes e o Ibade, uma série de outras entidades anticomunistas foi criada: Comando de Caça aos Comunistas (CCC), Movimento Anticomunista (MAC), Voluntários da Pátria para a Defesa do Brasil Cristão, Liga contra o Comunismo, Resistência Democrática dos Trabalhadores Livres (Redetral), Cruzada Cristã Anticomunista, Centro Brasileiro da Europa Livre, Grupo de Ação Patriótica (GAP), Rearmamento Moral, Campanha da Mulher pela Democracia (Camde), União Cívica Feminina (UCF), Movimento de Arregimentação Feminina, Liga da Mulher Democrática (Limde), Cruzada Democrática Feminina (CDF), Ação Democrática Feminina Gaúcha (ADFG). Essas entidades tinham perfil bastante diversificado, mas seu conjunto demonstrava a penetração do anticomunismo na sociedade brasileira e a forte oposição ao governo Goulart.

A Marcha da Família com Deus pela Liberdade foi destaque do jornal *Folha de S. Paulo* em 20 março de 1964. Reuniu grupos conservadores e setores da classe média que deram apoio aos golpes militares na América Latina.

A experiência democrática (1945-1964) Capítulo 46

Revisando o capítulo

APROFUNDANDO O CONHECIMENTO

1. Observe a tabela e responda às questões abaixo.

Votação por partido na Câmara dos Deputados (percentual)

Partido	1945	1950	1954	1958	1962
PSD	42,4	32,8	32,6	33,6	30,1
UDN	26,8	24,3	21,9	21,1	22,6
PTB	10,2	18,5	18,7	20,5	24,8
PCB	8,7	-	-	-	-

Fonte: NICOLAU, Jairo. Partidos na República de 1946: velhas teses, novos dados. *Dados – Revista de Ciências Sociais*, Rio de Janeiro, v. 47, n. 1, 2004. p. 89. (adaptado).

Consulte a tabela e identifique:

a. os três maiores partidos no Congresso Nacional entre 1945 e 1964;

b. o partido que mais cresceu no período;

c. o maior partido no Congresso Nacional durante todo o período;

d. Explique as diferenças de base social de cada um dos quatro partidos.

2. Leia o texto e responda às questões abaixo.

Pesquisa Ibope

Pesquisa do Instituto de Opinião Pública e Estatística (Ibope) realizadas no estado da Guanabara concluiu que 81% dos eleitores desejam que Goulart tome posse no regime presidencialista; 10% no regime parlamentarista, 9% não souberam responder. Entre os eleitores do governador Carlos Lacerda, 69% desejam que Goulart assuma a presidência da República no regime presidencialista.

Jornal do Brasil. Rio de Janeiro, 2 set. 1961, p. 1. Apud GOMES, Angela de Castro; FERREIRA, Jorge. *1964 – o golpe que derrubou um presidente, pôs fim ao regime democrático e instituiu a ditadura no Brasil*. Rio de Janeiro: Civilização Brasileira, 2014. p. 45.

a. Carlos Lacerda, governador eleito pelo estado da Guanabara, foi um dos maiores opositores da Campanha da Legalidade. A reportagem mostra que a população do estado divergia de Lacerda. Explique o movimento intitulado Campanha da Legalidade.

b. Identifique o período em que vigorou o parlamentarismo no Brasil republicano e explique os motivos que levaram a adoção desse tipo de regime político.

3. Leia o texto e responda às questões que seguem.

FAZENDEIRO!

Aere e cultive suas terras.

O governo quer dividi-las, sob alegação de que você é preguiçoso.

Prove o contrário!

Demonstre que você é capaz de produzir apesar de todas as dificuldades

O projeto de reforma agrária preconiza a desapropriação de áreas não cultivadas.

Não deixe que isso aconteça com você.

Plante qualquer lavoura, mas não deixe de plantar; mesmo que sem a ajuda do governo, que tem se omitido técnica e financeiramente.

De que vale uma indústria exuberante ou um comércio altamente desenvolvido?

Sem o seu trabalho o país passará fome.

Mostre à Nação o seu valor, para que o governo o reconheça.

PLANTE!

Panfleto da Associação Rural de Pedro Leopoldo. Apud GOMES, Angela de Castro; FERREIRA, Jorge. *1964 – o golpe que derrubou um presidente, pôs fim ao regime democrático e instituiu a ditadura no Brasil*. Rio de Janeiro: Civilização Brasileira, 2014. p. 171.

a. Identifique tema, autor e possível período de publicação do panfleto.

b. Explique o que era a reforma agrária no governo Goulart.

MODERNIZAÇÃO E REPRESSÃO: O BRASIL NO TEMPO DA DITADURA (1964-1985)

CAPÍTULO 47

Os militares eram uma presença importante na política brasileira desde a Proclamação da República, em 1889, mas pela primeira vez se mantiveram por um longo período no poder. Por que essa mudança de atitude? Diversos setores sociais apoiaram a intervenção e o governo militares em reação às transformações sociais e políticas das duas décadas anteriores. Além disso, o contexto da Guerra Fria favorecia a polarização política e fortalecia o discurso anticomunista.

O golpe de Estado de 1964 foi concebido por forças heterogêneas, reunindo liberais, nacionalistas e conservadores. Após chegar ao poder, que medidas essa coalizão diversificada poderia tomar? De início não havia um projeto que unificasse essas forças. Foi no exercício do poder que militares e civis de diferentes tendências construíram um projeto de modernização autoritária, conduzida pela cúpula

Construindo o conhecimento

- Você já ouviu relatos de parentes ou de conhecidos seus sobre a ditadura? Quais foram essas histórias? Você tem uma opinião sobre esse período?
- De acordo com o que já estudamos, o que diferencia um regime democrático de um regime autoritário?

Plano de capítulo

▸ Brasil: ame-o ou deixe-o!
▸ É proibido proibir!
▸ O Brasil Grande
▸ A abertura política

Manifestação pela anistia política reúne 5 mil pessoas na Praça da Sé, em São Paulo. Foto de 22 de agosto de 1979. A faixa com os dizeres "Todo apoio à greve de fome dos presos políticos do Rio" faz referência a 11 presos em greve de fome havia 32 dias contra o projeto de anistia do Governo.

Marcos cronológicos

1964 — Ato Institucional nº 1. Posse do presidente marechal Castelo Branco. Criação do Sistema Nacional de Informações (SNI).

Ato Institucional nº 2. **1965**

1966 — Ato Institucional nº 3.

Ato Institucional nº 4. Constituição de 1967. Posse do presidente marechal Costa e Silva. Delfim Neto assume o Ministério da Fazenda e define a política econômica do "milagre". Criação da Funai. **1967**

1968 — Auge das manifestações estudantis e dos movimentos de contracultura. Ato Institucional nº 5.

Posse do presidente general Médici. Sequestro do embaixador dos Estados Unidos. Emenda Constitucional nº 1. Criação do Departamento de Operações e Informações (DOI) e dos Centros de Operação e Defesa Interna (CODI). I Plano Nacional de Desenvolvimento (I PND). **1969**

1970 — A Seleção Brasileira conquista o tricampeonato de futebol.

Início da Guerrilha do Araguaia. **1972**

1973 — Crise econômica internacional do petróleo.

das Forças Armadas e voltada para o desenvolvimento econômico e industrial sem atenção aos direitos civis, políticos e sociais da população. Assim, o período foi de grandes mudanças no Brasil, que, intensificando a trajetória iniciada no princípio do século XX, tornou-se definitivamente um país urbano e industrial.

A ditadura manteve-se no poder durante mais de duas décadas. Como isso foi possível? Longe de ser um corpo estranho que oprimiu uma sociedade brasileira inocente, o Regime Militar contou com muitos apoiadores que se beneficiavam das políticas do regime. Entretanto, outros grupos resistiram à ditadura de diversas formas, da luta armada à oposição parlamentar, abrindo caminho para a saída dos militares do poder.

"Brasil: ame-o ou deixe-o!"

O governo militar e a legislação autoritária

Ao contrário do que ocorrera em intervenções anteriores, em 1964 os militares consideraram que sua própria permanência no poder era a melhor solução para o país. Várias estratégias foram então traçadas para o estabelecimento do Regime Militar.

Uma delas foi a escolha de líderes que representassem os principais grupos dentro das Forças Armadas. Assim, ao primeiro presidente, marechal Humberto de Alencar Castelo Branco (1964-1967), ligado aos "intelectuais" da Escola Superior de Guerra (ESG), tidos como mais "liberais", sucedeu o marechal Artur da Costa e Silva (1967-1969), mais próximo da tropa, representante da "linha dura".

Os militares não eram uma força política homogênea. A "linha dura" ficou conhecida pela perseguição às esquerdas e pela repressão dos direitos civis e políticos. Os "liberais" tentaram negociar com elites políticas e econômicas as reformas para transformar o país e impor controles ao aparato de repressão.

O presidente Castelo Branco entre generais, no Palácio Laranjeiras, então residência oficial do governador do estado da Guanabara, atualmente Rio de Janeiro. Foto de dezembro de 1966.

Uma segunda estratégia para o estabelecimento do Regime Militar foi a montagem de uma nova estrutura político-jurídica baseada em Atos Institucionais (AIs). Eles eram elaborados sem a aprovação do Congresso Nacional e alteravam direitos civis e políticos fundamentais previstos na Constituição. Os governos militares justificavam esses mecanismos jurídicos excepcionais como uma necessidade da "Revolução de 1964", uma maneira de reformar o regime político e garantir a segurança e o desenvolvimento nacional.

Em 11 de abril de 1964, tendo em vista o combate à "corrupção" e a caça aos comunistas, o Ato Institucional nº 1 reforçou o poder do Executivo em detrimento do poder do Congresso Nacional, autorizou a cassação de mandatos políticos e a suspensão de direitos de grupos que foram acusados de cometer crimes políticos no Brasil. Calcula-se que foram instaurados cerca de 760 Inquéritos Policiais Militares (IPMs), atingindo sindicalistas, lideranças e políticos com vínculos com o PTB e o clandestino

---

1974 — Vitória do MDB nas eleições parlamentares. Posse do presidente general Ernesto Geisel. II Plano Nacional de Desenvolvimento (II PND) e política econômica do "Brasil Grande".

1975 — Lei Falcão.

1977 — Pacote de Abril. Demissão do ministro do Exército, Silvio Frota.

1978 — Surgimento do "novo sindicalismo" e de "novos movimentos sociais". Fim do AI-5.

1979 — Posse do presidente general Figueiredo. Lei da Anistia. Lei da Reforma Partidária.

1981 — Atentado do Rio Centro. Criação da Central Única dos Trabalhadores (CUT) e da Central Geral dos Trabalhadores (CGT).

1982 — Eleições para os governos estaduais.

1983-1984 — Campanha das Diretas Já.

1985 — O Colégio Eleitoral elege Tancredo Neves presidente da República.

650 Unidade 11 Mundos em conflito

Uma ditadura com o Congresso aberto

Os manuais de política estabelecem que uma ditadura é um governo que tem como prerrogativas o fechamento do Congresso Nacional, a suspensão das eleições e a abolição dos partidos políticos. A ditadura militar brasileira diverge desse modelo, uma vez que manteve em funcionamento os órgãos legislativos e as eleições. Tentando se distinguir da ditadura do Estado Novo, que fechou o Congresso Nacional e extinguiu os partidos políticos, os militares formaram um governo em que o Legislativo tinha poder limitado. Ademais, o discurso "democrático" garantia uma fachada de legitimidade para as ações arbitrárias do regime.

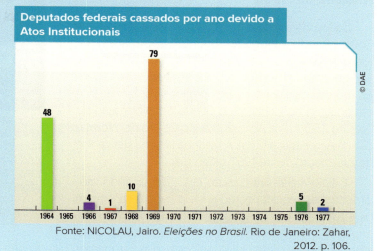

Fonte: NICOLAU, Jairo. *Eleições no Brasil*. Rio de Janeiro: Zahar, 2012. p. 106.

PCB, militares de esquerda, funcionários públicos, professores universitários e estudantes. Nos anos seguintes, muitos brasileiros foram forçados a se exilar no exterior para preservar sua liberdade ou mesmo sua vida em razão das perseguições da ditadura.

No governo Castelo Branco, os órgãos de repressão que estavam vinculados às polícias estaduais passaram a se submeter a um comando central. Em 1964, foi criado o Sistema Nacional de Informação (SNI). Ligado diretamente à presidência, com coordenação de agências estaduais e instaladas em cada ministério, o SNI coligia informações sobre os diversos setores da sociedade e estabelecia estratégias de segurança e repressão de grupos políticos contrários ao regime.

Em 1965, realizaram-se eleições estaduais. A coalizão PSD-PTB venceu nos importantes estados de Minas Gerais e da Guanabara. Diante de tal situação e sob pressão da "linha dura", Castelo Branco editou outro Ato Institucional, reformando o sistema político partidário.

O Ato Institucional nº 2 extinguiu os partidos políticos existentes. Posteriormente, permitiu-se a formação de apenas dois grupamentos. Surgiram então a Aliança Renovadora Nacional (Arena), congregando os políticos alinhados ao regime militar, e o Movimento Democrático Brasileiro (MDB), reunindo os opositores. O bipartidarismo seria reformado apenas em 1979.

Se ainda em 1964 o Congresso havia estendido o mandato de Castelo Branco até março de 1967, o AI-2 aboliu a eleição direta para presidente. A partir de 1965, a escolha ocorreria via Congresso Nacional, no qual o controle militar, a repressão e o sistema bipartidário garantiam a ampla maioria da Arena. O Brasil só voltaria a eleger diretamente o presidente em 1989.

Em fevereiro de 1966, foi editado o Ato Institucional nº 3, que complementava as reformas do AI-2. Pelo novo ato, as eleições para os governos estaduais também seriam indiretas, feitas em voto aberto nas Assembleias Legislativas. Os prefeitos das capitais não eram mais eleitos pelo voto popular, sendo escolhidos por indicação do governador estadual.

O governo de Castelo Branco, apesar de se afirmar "liberal", foi responsável pela instituição das principais reformas que consolidaram a ditadura no Brasil. Em 1967, por meio do Ato Institucional nº 4, o governo convocou o Congresso Nacional para votar uma nova Constituição Federal. A Constituição aprovada em 1967 referendou a restrição aos direitos civis e políticos por meio dos Atos Institucionais.

ORGANIZANDO AS IDEIAS

1. Identifique e explique as duas tendências políticas existentes entre os militares.
2. Diferencie o Ato Institucional nº 1 do Ato Institucional nº 2.

"É proibido proibir!"

Anos de Chumbo

Ligado à "linha dura" das Forças Armadas, o marechal Costa e Silva foi eleito pelo Congresso Nacional em outubro de 1966 e assumiu a presidência no ano seguinte. Seu governo consolidou o SNI e instituiu novos arranjos repressivos. Foram criados órgãos de informação e espionagem no Exército – o Centro de Informação do Exército (CIE) – e na Aeronáutica – o Centro de Informação da Aeronáutica (Cisa). A Marinha já tinha seu centro de informação desde 1957, o Cenimar.

A ação repressiva cresceu em 1968, quando movimentos de rebeldia como o Maio francês sacudiram os estudantes em vários países do mundo. No Brasil, a grande manifestação contra o governo ocorreu em junho. Liderada pela União Nacional dos Estudantes (UNE), intelectuais e artistas, a chamada Passeata dos Cem Mil ocupou o centro do Rio de Janeiro protestando contra a Ditadura Militar.

Os enfrentamentos entre manifestantes e forças da repressão tornaram-se frequentes nas principais cidades. Ao confronto nas ruas, somou-se a crise política quando a Câmara dos Deputados se recusou a conceder licença para que o deputado Márcio Moreira Alves, acusado de ter ofendido as Forças Armadas, fosse processado. Em resposta, no dia 13 de dezembro, o governo editou o Ato Institucional nº 5 (AI-5). Seguiram-se novas prisões e cassações, e o Congresso Nacional foi posto em recesso.

O AI-5 foi o mais drástico de todos os atos institucionais. Por ele, o presidente da República estava autorizado a decretar o recesso do Congresso Nacional e de outros órgãos legislativos, intervir nos estados e municípios, cassar mandatos eletivos, suspender os direitos políticos de qualquer cidadão, suprimir a garantia do *habeas corpus* e decretar o confisco de bens obtidos por meios ilícitos. A intensificação da repressão produziu outra leva de exilados.

O fechamento do Regime fortaleceu os radicais de ambos os lados. Cresceram as ações de guerrilha urbana realizadas por organizações de esquerda, ao mesmo tempo em que a linha dura conquistava autonomia para atuar ainda mais violentamente, torturando os opositores e eliminando sumariamente os chamados "terroristas" e "subversivos" – incluindo muitos que não estavam envolvidos com a luta armada. Em agosto de 1969, o afastamento do presidente Costa e Silva por doença e sua substituição por uma junta formada pelos ministros militares aumentaram a tensão política.

Com a morte de Costa e Silva, o governo passou ao general Emílio Garrastazu Médici (1969-1974), indicado pelo Alto Comando do Exército e eleito presidente em outubro de 1969 pelo Congresso Nacional, recém-reaberto. Médici reforçou o aparato repressivo criando os DOI-Codi (Departamentos de Operação e Informações / Centros de Operação e Defesa Interna), que utilizaram recorrentemente a tortura em sua perseguição aos opositores do Regime. Com esse mesmo objetivo, reunindo oficiais, policiais e civis, foi formada a Operação Bandeirantes no Estado de São Paulo, financiada por diversos empresários aliados da Ditadura.

> **Para assistir**
>
> **Zuzu Angel**
>
> Brasil, 2006. Direção: Sérgio Rezende. Duração: 100 min.
>
> Brasil, década de 1960. A ditadura militar faz o país mergulhar em um dos momentos mais opressores de sua história. Alheia a tudo isto, Zuzu Angel, uma estilista de modas, fica cada vez mais famosa no Brasil e no exterior. Paralelamente seu filho, Stuart, ingressa na luta armada, que combatia as arbitrariedades dos militares. Numa noite Zuzu recebe uma ligação, dizendo que Stuart tinha sido preso pelos militares. As Forças Armadas negam. Pouco tempo depois ela recebe uma carta dizendo que Stuart foi torturado até a morte na Aeronáutica. Ela inicia então uma batalha aparentemente simples: localizar o corpo do filho e enterrá-lo. Mas Zuzu vai se tornando uma figura cada vez mais incômoda para a Ditadura.

Passeata dos Cem Mil, no Rio de Janeiro. Foto de 26 de junho de 1968.

A Guerrilha do Araguaia

Dissidência do PCB, o Partido Comunista do Brasil (PC do B), formado em 1962, defendia a luta armada como meio de realizar a revolução social. O golpe e o subsequente fechamento do Regime Militar levaram o PC do B a ratificar essa estratégia, então intitulada "guerra popular prolongada".

Em 1972, o PC do B iniciou a luta armada no Araguaia. Escolheu a região por ser longe de qualquer centro urbano, apta a se tornar um foco de guerrilha rural. Quando os militares descobriram a guerrilha, ela foi isolada do restante do país, sendo organizadas três campanhas para destruí-la.

Em 1974, o Exército esmagou a Guerrilha do Araguaia. O resultado foi um massacre com 76 mortos, 59 deles do PC do B e 17 recrutados no Araguaia.

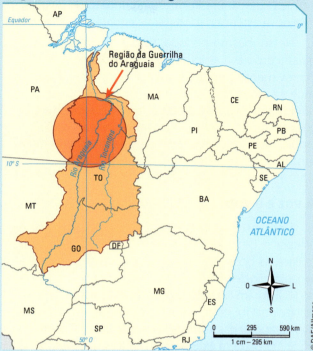

Fonte: http://atlas.fgv.br/marcos/de-castelo-branco-medici-1964-1974/mapas/o-araguaia-xambioa-em-1972-75 (adaptado). Acesso em: 27 mai. 2016.

Região onde foram enterrados os mortos da Guerrilha do Araguaia. Foto de 1978.

A luta armada

Após o golpe de 1964, algumas lideranças de esquerda desencantaram-se com o Partido Comunista Brasileiro (PCB) e sua estratégia de estabelecer alianças com setores da burguesia para realizar reformas. Sob a inspiração da Revolução Cubana, houve um novo impulso à luta armada como caminho para a realização de uma revolução no país.

A ampliação do autoritarismo do regime durante os governos Costa e Silva e Médici favoreceu o surgimento de várias organizações – como o Movimento Revolucionário 8 de Outubro (MR-8), a Aliança Libertadora Nacional (ALN) e a Vanguarda Popular Revolucionária (VPR), entre outras – que pregavam a guerra revolucionária contra a Ditadura Militar.

Divididos entre a guerrilha urbana e a guerrilha rural, promovida pelo Partido Comunista do Brasil (PC do B) na região do Araguaia, os militantes da luta armada não conseguiram envolver a sociedade em seu projeto, isolaram-se e acabaram dizimados pelos órgãos de repressão.

A resistência cultural

Outros setores da sociedade, principalmente intelectuais e artistas, tentaram resistir à ditadura por meio de manifestações culturais. A indústria televisiva e a fonográfica procuravam dar espaço aos grupos de cultura jovem que se disseminavam no meio estudantil. Ao mesmo tempo, o Teatro Opinião, o Teatro de Arena e o Teatro Oficina montavam *shows* e peças críticas sobre a realidade do país. A rebeldia ganhava as artes plásticas, enquanto o Cinema Novo, movimento iniciado no final dos anos 1950, prosseguia em sua busca de uma nova linguagem para exprimir a identidade brasileira. Nos festivais da canção, músicas de jovens compositores expressavam o protesto de toda uma geração. Foi nesse contexto que a indústria fonográfica e alguns artistas criaram o acrônimo "MPB" (Música Popular Brasileira), com o intuito de divulgar essa nova estética nacionalista e engajada.

Nesse mesmo período, surgiu a Jovem Guarda, que incorporava as influências do *rock* internacional. O movimento surgido desse encontro entre a juventude e a indústria cultural foi o Tropicalismo. Incorporando influências da estética *hippie* e experimentações artísticas com diferentes mídias nos anos 1960, o Tropicalismo buscou as raízes da identidade nacional misturando o tradicional e o moderno.

A voz e o voto

Embora tenha preservado o sistema partidário e eleitoral, a Ditadura Militar impôs limitações à atuação política da oposição. Assim, por exemplo, proibiu-se a organização de uma Frente Ampla oposicionista, líderes do MDB foram cassados e mais de uma vez o Congresso Nacional foi posto em recesso. Foi por meio da imprensa, apesar das restrições da censura, que a oposição pôde mal ou bem externar suas críticas ao governo.

O clima repressivo de 1970 contaminou as eleições parlamentares de novembro. Pregado por setores da esquerda, o voto nulo procurou caracterizar como ilegítima uma disputa eleitoral em que a oposição não podia se manifestar livremente. Já em 1974, o MDB resolveu apostar na via política como forma de enfrentar a Ditadura. Foi esse o sentido da anticandidatura do deputado Ulisses Guimarães, presidente do partido, às eleições presidenciais de janeiro de 1974, nas quais o Colégio Eleitoral elegeu o general Ernesto Geisel (1974-1979).

Encenação da peça *O rei da vela*, de Oswald de Andrade, pelo Teatro Oficina, de José Celso Martinez Corrêa. São Paulo, 1967.

A eliminação da guerrilha urbana e rural e a proposta de abertura política do novo presidente acabaram reforçando a opção político-eleitoral como o melhor caminho para a redemocratização do país.

ORGANIZANDO AS IDEIAS

3. Os governos Costa e Silva e Médici têm sido designados como "Anos de chumbo". Explique o significado da expressão.
4. Por que o AI-5 reforçou as posições radicais tanto do governo quanto da oposição?

O "Brasil Grande"

Do ajuste ao "milagre econômico"

Com o estabelecimento do primeiro governo militar, em 1964, os monetaristas assumiram o comando da política econômica.

Para os ministros da Fazenda e do Planejamento do governo Castelo Branco, Otávio Gouveia de Bulhões e Roberto Campos, responsáveis pelo Programa de Ação Econômica do Governo (Paeg), o controle da inflação e a estabilidade monetária eram prioridades. Para isso, foram reformulados o sistema financeiro do país, as relações trabalhistas e a política fiscal e tributária.

Essas mudanças traduziram-se em uma série de novas instituições, como o Banco Central e o Fundo de Garantia por Tempo de Serviço (FGTS). A primeira tinha como fim estabelecer as balizas da política monetária do governo, controlando o valor da moeda. A segunda acabava com a estabilidade do trabalhador no emprego, facilitando sua demissão.

No plano internacional, o governo militar adotou uma política de alinhamento com os Estados Unidos. A expectativa era facilitar os empréstimos internacionais para renegociar a dívida externa brasileira.

O ajuste econômico, associado ao ingresso de capitais externos, gerou uma massa de recursos que permitiu ao país retomar o crescimento. Além disso, era grande a insatisfação com a política de controle de crédito e de salários em vigor. O governo viu-se pressionado a adotar medidas de cunho menos restritivo na economia, impulsionando a indústria.

Depois do freio, chegara a hora de acelerar. A condução da economia foi entregue ao paulista Delfim Neto, que comandou o Ministério da Fazenda nos governos Costa Silva e Médici (1967-1974). O modelo de desenvolvimento se apoiou, como antes, no tripé empresas estatais, empresas privadas nacionais e multinacionais, mas também em taxas crescentes de endividamento externo e de concentração de renda, pois a repressão política inibia as reivindicações dos trabalhadores e permitia a manutenção dos salários em patamares baixos. Além disso, muitas empresas próximas ao regime se beneficiaram, obtendo grandes lucros.

Com a oposição política neutralizada e o acesso fácil a capitais externos, o país conseguiu o que a propaganda do Regime chamava de "milagre econômico": altos níveis de crescimento com baixas taxas de inflação. Essa imagem, divulgada ainda no governo Costa e Silva, foi recuperada no governo Médici no lançamento do Primeiro Plano Nacional de Desenvolvimento (I PND).

A expansão do crédito e a inserção de parcelas significativas da população brasileira no mercado foram um importante trunfo de legitimação da ditadura. Esse crescimento ocorria, contudo, ao custo do aumento das desigualdades sociais e regionais.

O "milagre", no entanto, não resistiu à crise econômica mundial provocada pelo aumento dos preços do petróleo. Em 1973, após a Guerra do Yom Kippur entre Israel e alguns países árabes, a Organização dos Países Exportadores de Petróleo (Opep) dobrou o preço do produto. Fato que resultou em alta inflacionária, restrição dos créditos internacionais, aumento dos juros sobre os empréstimos e uma crise econômica em escala mundial.

Empossado em março de 1974, o presidente Ernesto Geisel teria de enfrentar o dilema entre frear ou continuar acelerando a economia. Buscando a legitimidade política por meio da eficácia econômica, o governo, em vez do freio, preferiu a marcha forçada para o desenvolvimento.

Traçado pelo II Plano Nacional de Desenvolvimento (II PND), o projeto "Brasil Grande" tinha como meta principal a realização de grandes obras de infraestrutura – como a hidrelétrica de Itaipu e as usinas nucleares de Angra dos Reis –, que exigiam pesados investimentos. O resultado foi o rápido aumento da dívida externa e da inflação, pois se fazia necessário captar dinheiro no estrangeiro para financiar as obras, enquanto os grandes gastos governamentais aqueciam a demanda para além da capacidade de produção do país.

Apesar da filiação do Brasil ao bloco liderado pelos Estados Unidos, a relação entre os dois países apresentava alguns pontos de tensão. Um deles ligava-se ao "pragmatismo responsável" da política externa do presidente Geisel. Entre 1974 e 1979, o governo buscou mais autonomia em relação aos Estados Unidos e procurou estabelecer relações com a África, a Ásia e o Oriente Médio. Um exemplo: o Brasil foi o primeiro país a reconhecer a independência de Angola, em 1975.

A nova doutrina internacional definia a energia, o comércio e os financiamentos como prioridade da política de governo para enfrentar a crise econômica internacional. Um de seus principais resultados foi a assinatura do Acordo Militar Brasil-Alemanha e o início da construção de uma usina nuclear em Angra dos Reis.

Propaganda do governo Médici (1969-1974).

O tricampeonato brasileiro

Esporte popular e de grande difusão em escala mundial, o futebol era cenário para comparações entre países e suas rivalidades. No Brasil, a conquista do campeonato mundial em 1958 e em 1962 reforçou os mitos que associavam o caráter do brasileiro ao estilo de seu futebol.

Em 1970, durante a Copa do Mundo, a Ditadura vivia um de seus momentos mais duros e repressivos. O governo aproveitou-se do triunfo da seleção brasileira em seu tricampeonato, que consagrou o Brasil como o maior campeão no esporte, para realizar a propaganda pró-Regime Militar, alimentar uma onda de euforia ufanista e exaltar o "milagre econômico".

O presidente Médici comemora o tricampeonato brasileiro de futebol no saguão do Palácio Alvorada, Brasília, 1970.

Política indigenista e "desenvolvimento"

Ao longo da história do Brasil, as tribos indígenas foram tratadas de diferentes maneiras pelo Estado. Em 1967, substituindo o Serviço de Proteção aos Índios, foi criada a Fundação Nacional do Índio (Funai) e houve uma reformulação da política indigenista.

Após serem consideradas no período colonial uma "fronteira viva" para a proteção e expansão territorial, no governo militar as tribos indígenas tornaram-se um problema do "desenvolvimento" e "segurança nacional". O Estado procurou afastá-las das áreas em que seriam construídas estradas e barragens. Terras indígenas localizadas em sítios de grandes reservas minerais foram cobiçadas no projeto desenvolvimentista. As fronteiras ocupadas por reservas e tribos indígenas passaram a ser vistas como um risco à soberania brasileira.

A atuação de lideranças nativas em aliança com grupos da sociedade civil foi fundamental para a denúncia dessa política indigenista implantada na Ditadura, que resultou no deslocamento e na dizimação de várias tribos. Os protestos tiveram início na década de 1970 por meio das artes e dos movimentos sociais.

Construção da Rodovia BR-163 (Cuiabá-Santarém). Mato Grosso, 1971. A abertura de rodovias, como a BR-163, a BR-104 (Manaus-Boa Vista) e a BR-210 (Perimetral Norte), na década de 1970, levou ao deslocamento de diversas tribos e à morte de indígenas por doenças e conflitos por terras.

O deputado Ulysses Guimarães, presidente do MDB, enfrenta a polícia em Salvador, Bahia, em dia de comício de seu partido. Foto de 13 de maio de 1978.

Devido à política de direitos humanos do presidente americano Jimmy Carter (1976-1980), o Brasil e outras ditaduras da América Latina passaram a ser denunciadas internacionalmente pela prática de tortura e pela supressão das liberdades civis e políticas. A política externa brasileira e a dos Estados Unidos permaneceram, desse modo, em franco confronto.

O presidente Ernesto Geisel e seu sucessor, general João Baptista Figueiredo, em Brasília. Foto de 22 de fevereiro de 1979.

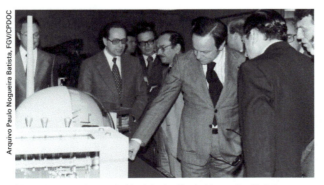

Visita do presidente da Nuclebrás, Paulo Nogueira Batista, a Frankfurt, Alemanha, para assinatura do contrato de construção das usinas nucleares Angra I e II. Foto de julho de 1976.

ORGANIZANDO AS IDEIAS

5. O que foi o Plano de Ação Econômica do Governo (Paeg)?
6. Explique o significado da expressão "milagre econômico".

A abertura política

Os caminhos da distensão

O presidente Geisel iniciou seu governo com um projeto de distensão política lenta, gradual e segura, cujo objetivo final seria a volta ao pleno funcionamento das instituições democráticas no país. No entanto, esse projeto conheceu idas e vindas nos governos Geisel e João Figueiredo.

A notória vitória do MDB nas eleições parlamentares de 1974 revelou a insatisfação popular com o Regime. O MDB deixou de ser visto como um partido artificial criado para abrigar a oposição consentida e passou a ser percebido como uma alternativa de poder. Parte dele formou o grupo dos "autênticos", liderado por Ulysses Guimarães, que buscou confrontar a ditadura no parlamento e em mobilizações populares.

Preocupados com o controle da abertura e com as eleições de 1978, o presidente Geisel e seu chefe do Gabinete Civil, general Golbery do Couto e Silva, continuaram a combater aqueles que eram considerados inimigos do Regime: a cúpula do PCB foi eliminada, líderes do MDB "autêntico" foram cassados, o Congresso foi fechado e realizaram-se reformas políticas para controlar o Congresso Nacional.

Em junho de 1975, o governo fez aprovar a Lei Falcão. Levando o nome do ministro da Justiça, Armando Falcão, limitava a propaganda eleitoral nos meios de comunicação. Entre 1976 e 1977, foram cassados mandatos de deputados de São Paulo, do Rio Grande do Sul e do Rio de Janeiro.

Em 1977, o MDB recusou-se a aprovar uma reforma do Judiciário. Em represália, o governo fechou o Congresso Nacional e editou o Pacote de Abril. O Congresso adiou as eleições diretas para os governos estaduais, que estavam previstas para 1978, aumentou o mandato presidencial para seis anos a partir do governo seguinte e criou a figura do "senador biônico". Um dos dois senadores de cada estado seria eleito indiretamente, o que garantia a maioria governista.

O Pacote de Abril era uma peça na estratégia de abertura lenta e segura, pois garantia o domínio político da ditadura por mais alguns anos. Ao mesmo tempo, foram afastados os militares radicais que lutavam contra a abertura: o comandante do II Exército foi substituído após a morte do jornalista Vladimir Herzog e do operário Manuel Fiel Filho nas dependências do DOI-Codi, e o ministro do Exército, Sílvio Frota, que pretendia ser o sucessor de Geisel, foi sumariamente demitido.

A repressão aos militares radicais da "linha dura" não impediu que os órgãos de repressão continuassem a atuar. Durante esse período, formaram-se grupos paramilitares da extrema direita que mantinham ligação com órgãos de repressão policial e militar. Esses grupos executaram ações com o objetivo de afastar o país da redemocratização.

O novo sindicalismo

A distensão política foi acompanhada do surgimento do "novo sindicalismo". Com esse nome ficou conhecido o movimento sindical nascido em meados dos anos 1970 na região do ABC (cidades de Santo

---

Os "novos movimentos sociais" e o movimento negro

Nas décadas de 1960 e 1970, em vários lugares do mundo surgiram novos atores com demandas ligadas não apenas ao mundo do trabalho. As questões ambientais, as desigualdades de gênero e as diferenças étnico-raciais ganharam destaque em diferentes movimentos sociais organizados pelo mundo. Por se diferenciarem das demandas tradicionais ligadas ao movimento operário, eles foram chamados de "novos movimentos sociais". Traziam reivindicações de direitos que nem sempre estavam contempladas na pauta de demandas materiais e melhores condições de vida no capitalismo. Levantavam questões éticas e políticas que nem sempre sobressaíam na luta proletária.

Um dos movimentos expressivos nesse cenário foi o "movimento negro" que havia se destacado nos Estados Unidos, nas campanhas pelos direitos civis na década de 1960. No Brasil, a expressão foi difundida pelo Movimento Negro Unificado (MNU), num ato público em São Paulo que protestava contra a morte de um operário negro em uma delegacia paulistana. O protesto ocorreu em 1978; a partir dele a expressão ganhou destaque no espaço público, denominando as várias manifestações de organizações negras.

Militante do Movimento Negro Unificado Contra a Discriminação Racial, durante passeata em São Paulo. Foto de 1984.

Modernização e repressão: o Brasil no tempo da ditadura (1964-1985) — Capítulo 47

Luiz Inácio Lula da Silva discursa durante assembleia dos metalúrgicos do ABC, em São Bernardo do Campo, São Paulo. Durante as décadas de 1970 e 1980, Lula dedicou-se intensamente à atividade sindical, como presidente do Sindicato dos Metalúrgicos do ABC, e à criação do Partido dos Trabalhadores (PT) e da Central Única dos Trabalhadores (CUT). Foto de 13 de maio de 1979.

André, São Bernardo do Campo e São Caetano), em São Paulo, onde se localizava o parque industrial mais desenvolvido do país. O novo sindicalismo tinha como principais reivindicações o direito de greve por melhores condições de vida, a autonomia sindical e a negociação coletiva entre sindicatos e empregadores, sem a interferência do Ministério do Trabalho.

Em 1978, sob a presidência de Luiz Inácio da Silva, o Lula, o Sindicato dos Metalúrgicos de São Bernardo do Campo rejeitou o acordo salarial proposto pela Justiça do Trabalho. Os trabalhadores da Ford, da Volkswagen, da Mercedes e da Scania entraram em greve. A dura repressão desencadeou um ciclo de protestos que mesclavam a demanda pela redemocratização com a reivindicação de melhorias nas condições de vida dos trabalhadores.

Após 1978, ocorreram outras mobilizações, como as greves dos metalúrgicos de 1979 e 1980, às quais se incorporaram outras categorias – bancários, petroleiros, professores. Em 1981, sob o impacto desse ciclo de greves, foi realizado o I Encontro Nacional das Classes Trabalhadoras (Conclat). Ali nasceram a Central Única dos Trabalhadores (CUT) e a Central Geral dos Trabalhadores (CGT).

Paralelamente à mobilização dos sindicatos, esse período também viu o ressurgimento dos movimentos populares e de classes médias que problematizavam as condições de vida dos trabalhadores. Em diversas cidades, os moradores reuniram-se em asso-

A ABERTURA POLÍTICA E OS MOVIMENTOS SOCIAIS

O processo de redemocratização do país não se restringiu à distensão política, iniciada no governo Geisel e levada à termo com Figueiredo. O escândalo da morte de Herzog, em 1975, mais um caso de violação dos Direitos Humanos cometidos pelo regime ditatorial, resultou em uma ampla frente de mobilizações que reunia diversos setores da sociedade: o Sindicatos dos Jornalistas, a Associação Brasileira de Imprensa (ABI), a OAB, a Conferência Nacional dos Bispos do Brasil (CNBB), o Movimento Estudantil e o MDB.

Tal confluência pressionava pelo retorno ao Estado democrático de direito. Embora a abertura só tenha ocorrido 10 anos mais tarde, o evento alimentou a organização política de uma parcela desassistida pelos poderes centrais: organizações de bairros periféricos, clubes de mães, associação das favelas, encontravam respaldo nas Comunidades Eclesiais de Base (CEBs). A pressão popular pela democracia foi alargada pela participação dos movimentos de "minorias", tais como: o Movimento Negro Unificado contra a Discriminação Racial (MNUCDR), o Centro da Mulher Brasileira (CMB) e o Grupo de Afirmação Homossexual (Somos).

As pesquisadoras Lilia Schwarcz e Heloisa Starling argumentam que todas essas ações unidas aos movimentos artísticos e estudantil resultaram na palavra de ordem "Pelas liberdades democráticas", presente nas manifestações de rua desde o final da década de 1970 e no decorrer da década de 1980.

Não por acaso, o *Programa Abertura*, da extinta emissora Tupi, foi uma das grandes expressões desse período de distensão. O programa semanal, exibido nas noites de domingo entre os anos 1979 de 1980, era ao mesmo tempo motor e reflexo da nova configuração política que estava se desenhando no período. A opinião dos artistas ligados à música, cinema, teatro e artes plásticas, dos cientistas políticos e sociais, enfim, de um amplo espectro de intelectuais da sociedade brasileira era acrescida da participação popular que manifestava sua opinião em rede nacional, ainda que com certa desconfiança do autoritarismo do regime ditatorial que agonizava.

Toda essa efervescência cultural, social e popular foi determinante para consolidar o movimento das "Diretas Já!", que, em 1985, ganhou as ruas de diversas capitais brasileiras, pressionando efetivamente por um ideário que se consumaria apenas em 1989.

A Lei da Anistia e a Comissão Nacional da Verdade

Desde o início da República brasileira, a anistia aparece como um caminho para conciliar posições contrárias que em algum momento estiveram em confronto na comunidade política. No início do século XX, o jurista e político Rui Barbosa equiparou a anistia ao esquecimento, firmando uma tradição que foi reiterada nas anistias de 1934, 1945 e 1979.

Todavia, em 1979 esse instituto serviu para encobrir as ações dos agentes do Estado que perpetraram assassinatos, torturas e outros tipos de desrespeito ao Estado de Direito. Em um contexto de forte pressão internacional e nacional para punir os crimes contra os direitos humanos, serviu também para obstruir processos que visavam punir agentes do Estado. Ainda que decisões da Justiça e a própria Constituição de 1988 reafirmem o sentido da Lei da Anistia de 1979, ela tem sido questionada por movimentos sociais de perseguidos políticos e familiares de vítimas da Ditadura.

Em 2012, o governo Dilma Rousseff instituiu a Comissão Nacional da Verdade (CNV). Entre 2012 e 2014, a CNV procurou apurar os crimes da Ditadura e indicou a possibilidade de revisão da Lei da Anistia para atender às demandas de perseguidos e familiares de vítimas do governo militar. O relatório de conclusão dos trabalhos da comissão sinalizava para os crimes do Estado, a cadeia de comando desses crimes e vislumbrava a punição desses agentes do poder público.

Desde a década de 1990, existe um esforço para a revisão do "entulho" autoritário – instituições e valores formados durante os anos da Ditadura. Atuando nesse sentido, a CNV representou um importante passo no processo de reforço da democracia no país.

Cartaz da campanha pela "Anistia ampla, geral e irrestrita", 1979.

---

ciações civis para reivindicar melhorias urbanas e lutar contra o aumento do custo de vida. Esses protestos adotaram um discurso de crítica à ditadura, exigindo a redemocratização do país.

Um dos atores centrais na organização dos movimentos populares foi a Igreja Católica. Por meio da aproximação entre os temas do cristianismo e a questão social, estimulou-se em bairros populares, favelas e no campo a fundação de Comunidades Eclesiais de Base (CEBs). Elas foram centrais no questionamento das desigualdades sociais e dos problemas experimentados pelas classes populares.

O novo sindicalismo e os movimentos sociais do período mostram como a classe trabalhadora marcava presença como um ator fundamental no processo de abertura política. Eles desafiavam a ordem autoritária e pressionavam pela redemocratização do país.

Anistia, partidos e eleições

Um importante impulso ao processo de redemocratização foi a aprovação, pelo Congresso Nacional, do fim do AI-5 para 1º de janeiro de 1979. A autonomia do Judiciário, o restabelecimento do *habeas corpus* e o fim do controle do presidente sobre o Congresso Nacional voltaram à ordem do dia.

Um dos pontos mais delicados da abertura política era a reintegração daqueles que haviam sido punidos pela Ditadura. Em 1977, iniciaram-se manifestações de estudantes e familiares de exilados, cassados e banidos políticos exigindo a anistia. Esse movimento culminou com a fundação, em 1978, dos Comitês Brasileiros pela Anistia (CBAs).

O sucessor do general Geisel, general João Batista Figueiredo (1979-1985), havia se comprometido com a concessão da anistia, mas não ampla, geral e irrestrita, como queria boa parte da sociedade. Em 28 de agosto de 1979, o governo publicou a Lei da Anistia, que contrariava o movimento pela anistia em dois sentidos. Primeiro, ficavam de fora os condenados por crimes de "terrorismo, assalto e sequestro" – ou seja, os participantes da guerrilha urbana e rural eram excluídos. Segundo, a lei estendia a anistia aos agentes e funcionários da repressão.

A anistia tentava conciliar o interesse dos opositores da Ditadura com o do Regime Militar. Este evitava as denúncias de que servidores e autoridades públicas eram culpados por crimes contra os direitos humanos. Até o final de 1979, todos os presos políticos foram libertados e foi aberto o caminho da volta para os banidos ou exilados. Mas a punição dos agentes do Estado que cometeram crimes contra os direitos humanos continua em discussão na sociedade brasileira.

A redemocratização do país se fez acompanhar da reformulação partidária, que pôs fim ao bipartidarismo.

Em 29 de novembro de 1979, Figueiredo realizou uma reforma política que atendia à demanda dos opositores, mas também tinha o intento de fragmentar as forças políticas adversárias do Regime. O MDB, que tinha se tornado a frente política que reunia vários opositores à ditadura, tentou manter a legenda e a unidade, mas a Lei da Reforma Partidária previa que todas as novas organizações deveriam ter o nome "partido".

Com o restabelecimento do pluripartidarismo, Arena e MDB se transformaram, respectivamente, em Partido Democrático Social (PDS) e Partido do Movimento Democrático Brasileiro (PMDB). A tradição do trabalhismo se dividiu entre o Partido Trabalhista Brasileiro (PTB) e o Partido Democrático Trabalhista (PDT), enquanto o novo sindicalismo deu origem ao Partido dos Trabalhadores (PT).

Antes das eleições de 1982, o governo buscou fragmentar a oposição proibindo as coligações partidárias e instituindo a vinculação dos votos. Assim, o eleitor só poderia votar em candidatos a vereador, deputado estadual, deputado federal e senador se fossem do mesmo partido.

No intento de atrasar as eleições de 1982 e o processo de redemocratização, militares ligados à "linha dura" coordenaram atentados terroristas contra os opositores do regime. Uma das ações de maior destaque ocorreu no Riocentro. No centro de convenções no Rio de Janeiro, durante um festival de música, estourou uma bomba em um carro no estacionamento, matando um sargento e ferindo um capitão do Exército. Eles planejavam simular um atentado de esquerda, para justificar um novo endurecimento do Regime.

Apesar do atentado, a abertura se consolidou com a vitória nas eleições, agora diretas (em 1982), de políticos da oposição para governador. Em 10 dos 23 governos estaduais, partidos de oposição venceram, com destaque para três importantes colégios eleitorais: em Minas Gerais, ganhou Tancredo Neves (PMDB), em São Paulo, Franco Montoro (PMDB), e, no Rio de Janeiro, Leonel Brizola (PDT). Na Câmara dos Deputados, enquanto os governistas obtiveram 225 cadeiras, PMDB, PDT, PTB e PT conseguiram eleger 244 deputados.

Após as eleições estaduais de 1982, intensificou-se a campanha para a eleição direta do presidente da República. A campanha das Diretas Já pressionava o Congresso para a votação da emenda do deputado Dante de Oliveira, que propunha a eleição direta para presidente em 15 de novembro de 1984. Por uma diferença de 27 votos, a emenda foi rejeitada na Câmara Federal.

A derrota na aprovação dessa emenda dividiu a base do governo, visto que muitos deputados do PDS votaram pelas eleições diretas. Na escolha do sucessor do presidente Figueiredo houve nova divisão. Parte do PDS apoiou o ministro Mário Andreazza, e outra, o ex-governador de São Paulo, Paulo Maluf, que saiu vitorioso da disputa. Quadros expressivos do PDS rejeitaram o nome de Paulo Maluf e formaram uma dissidência, que depois se transformaria no Partido da Frente Liberal (PFL).

Paulo Maluf enfrentou no colégio eleitoral Tancredo Neves, candidato do PMDB que conseguiria o apoio dos dissidentes do partido governista. Para tanto, o vice-presidente da chapa de Tancredo foi José Sarney, uma importante liderança aliada à ditadura que havia rompido há pouco com o PDS. Com o discurso da necessidade de

Diretas já!

A campanha das Diretas Já constituiu um movimento suprapartidário, sem uma liderança política personalizada, que reuniu os principais atores que faziam oposição ao Regime Militar. PMDB, PDT e PT formaram o Comitê Partidário Pró-Diretas, reunindo também líderes do PCB e PC do B que na época eram proibidos de funcionar legalmente.

Juntamente com esses partidos, inúmeras organizações da sociedade civil participaram do movimento, destacando-se a Ordem dos Advogados do Brasil (OAB), a Associação Brasileira de Imprensa (AIB), a Confederação Nacional dos Bispos do Brasil (CNBB) e a Central Única dos Trabalhadores (CUT).

As mobilizações pelas eleições diretas em 1984 reuniram trabalhadores, estudantes, artistas, intelectuais, clérigos, mulheres, jornalistas e desportistas, ganhando um caráter de festa cívica e ocupando o espaço público das cidades brasileiras. As manifestações tinham uma conotação nacional e serviam de canal para a manifestação de diversos descontentamentos com a situação política e econômica do Brasil.

Adesivo das Diretas Já, distribuído por todo Brasil em 1984.

Os protestos pelas Diretas Já chegaram a reunir um milhão de participantes no Rio de Janeiro e um milhão e meio em São Paulo, sendo uma das manifestações de maior vulto na história recente do país.

instituir uma "Nova República", Tancredo Neves venceu Paulo Maluf por 480 votos contra 180 e 16 abstenções.

Todavia, na véspera da posse do novo presidente, o país tomou conhecimento de que Tancredo fora hospitalizado. José Sarney assumiu a presidência em caráter interino. Em 21 de abril, Tancredo Neves faleceu. Sarney se tornaria o primeiro presidente civil após a sucessão de generais no poder.

ORGANIZANDO AS IDEIAS

7. Explique o que foi o processo de abertura "lenta, gradual e restrita" do governo militar.
8. Qual o significado do Pacote de Abril (1977) no processo de abertura?
9. Relacione a Lei da Anistia com o processo de abertura política no Brasil.

Revisando o capítulo

APROFUNDANDO O CONHECIMENTO

1. Leia o texto e responda às questões abaixo.

   > É indispensável fixar o conceito do movimento civil e militar que acaba de abrir ao Brasil uma nova perspectiva sobre o seu futuro. O que houve e continuará a haver neste momento, não só no espírito e no comportamento das classes armadas, como na opinião pública nacional, é uma autêntica revolução. A revolução se distingue de outros movimentos armados pelo fato de que nela se traduz não o interesse e a vontade de um grupo, mas o interesse e a vontade da Nação. A revolução vitoriosa se investe no exercício do Poder Constituinte. Este se manifesta pela eleição popular ou pela revolução. Esta é a forma mais expressiva e mais radical do Poder Constituinte. Assim, a revolução vitoriosa, com Poder Constituinte, se legitima por si mesma.
   >
   > (BRASIL. *Ato Institucional nº 1*, de 9 de abril de 1964.)

   a. O preâmbulo do AI-1 criava um tipo de justificativa que foi repetida em outras circunstâncias para legitimar Atos Institucionais. Retire do texto o argumento para legitimar as ações tomadas pelo governo.

   b. A deposição do presidente João Goulart foi um "golpe de Estado" ou uma "revolução"? Justifique sua resposta.

2. Examine a tabela e responda às questões.
   a. Identifique os dados econômicos que permitem falar que, de 1962 a 1966, o país experimentou uma crise econômica.
   b. Explique as ações do governo militar para controlar a crise econômica em 1964.
   c. Identifique o período em que o Brasil teve maior crescimento da economia.
   d. Por que o período de crescimento econômico foi chamado de "milagre econômico"?
   e. Identifique os dados da economia que se alteraram no contexto da crise econômica mundial na década de 1970.

Índices econômicos – 1961-1980

Ano	1961	1962	1963	1964	1965	1966	1967	1968	1969	1970
Crescimento PIB (%)	9	7	1	3	2	7	4	10	10	10
Inflação (%)	35	50	78	90	58	38	27	27	20	16
Exportações US$ bilhões	1,4	1,2	1,4	1,4	1,6	1,7	1,7	1,9	2,3	2,7
Importações US$ bilhões	1,3	1,3	1,3	1,1	0,9	1,3	1,4	1,9	2,0	2,5
Dívida externa US$ bilhões	3,8	4,0	4,0	3,9	4,8	5,2	3,3	3,8	4,4	5,3

Ano	1971	1972	1973	1974	1975	1976	1977	1978	1979	1980
Crescimento PIB (%)	11	12	14	8	5	10	5	5	7,2	9,1
Inflação (%)	20	20	23	35	34	48	46	39	53	83
Exportações US$ bilhões	2,9	4,0	6,2	8,0	8,7	10,1	12,1	12,7	15,3	20,1
Importações US$ bilhões	3,2	4,2	6,2	12,6	12,2	12,4	12,0	13,7	18,1	22,9
Dívida externa US$ bilhões	6,6	9,5	12,6	17,2	21,2	26,0	32,0	43,5	49,9	53,8

Fonte: PRADO, Luiz Carlos & EARP, Fábio Sá. O "milagre" brasileiro: crescimento acelerado, integração internacional e concentração de renda (1967-1973) in: FERREIRA, Jorge & DELGADO, Lucília (orgs.). *O Brasil Republicano*, vol. IV: *O tempo da ditadura*. Regime militar e movimento sociais em fins do século XX. Rio de Janeiro: Civilização Brasileira, p. 408-412.

CAPÍTULO 48

O TEMPO DO CONDOR: DITADURAS MILITARES NA AMÉRICA LATINA

Construindo o conhecimento

- Por que você acha que os EUA procuraram intervir nos países latino-americanos nesse período?

Plano de capítulo

▶ América para os (norte-)americanos
▶ A "República das bananas"
▶ O terror mora ao sul
▶ O céu não é azul para todos
▶ O último avanço do condor

Assim como o Brasil, muitos países latino-americanos conheceram governos autoritários durante a Guerra Fria. Por que isso ocorreu? Não foi uma coincidência, mas sim consequência dos dilemas comuns que as nações da América Latina enfrentaram durante esse período. A tradicional proximidade econômica e política em relação aos EUA as impelia à integração no bloco capitalista. Ao mesmo tempo, a ampliação da participação popular na política produziu um questionamento das estruturas políticas e produtivas tradicionais que beneficiavam uma pequena elite.

Como essa tensão foi resolvida? Em muitos casos, as elites locais se aliaram a setores conservadores – como boa parte da classe média urbana – e recorreram às Forças Armadas para derrubar governos democraticamente eleitos. Para isso, frequentemente contaram com apoio estadunidense. As novas ditaduras contaram com apoios, mas também enfrentaram opositores, que muitas vezes foram selvagemente reprimidos. Até hoje, as sociedades latino-americanas precisam lidar com as marcas desse passado violento.

Estádio Nacional de Santiago do Chile. Foto de setembro de 1973. Durante o governo Pinochet, foi convertido no primeiro campo de concentração do regime militar no país. Simpatizantes do presidente deposto, Salvador Allende, foram detidos, torturados e executados no local.

Marcos cronológicos

1946 Criação da Escola das Américas.

1954 Intervenção dos EUA na Guatemala. Golpe militar no Paraguai.

1959 Revolução Cubana.

1962 Criação do Colégio Interamericano de Defesa. Golpe militar na Argentina.

1964 Golpe militar no Brasil.

1966 Golpe militar no Peru. Golpe militar na Argentina (deposição do presidente Arturo Illia).

1973 Golpe militar no Uruguai. Golpe militar no Chile.

1975 Articulação da Operação Condor.

1976 Golpe militar na Argentina (deposição de Isabelita Perón).

Unidade 11 Mundos em conflito

América para os (norte-) americanos

Os EUA e as ditaduras de Segurança Nacional

Muito antes da Guerra Fria, a América Latina já era vista pelos Estados Unidos como uma área sob sua influência, uma extensão de sua base política e econômica de poder. Essa dominação se fortaleceu por meio de várias intervenções militares no início do século XX, principalmente nos pequenos países da América Central, como Cuba. Durante a Segunda Guerra Mundial, os EUA demarcaram sua posição de liderança com ações de propaganda que divulgavam o *american way of life*, marcando o ingresso definitivo da indústria cultural americana no subcontinente.

A disputa entre Estados Unidos e União Soviética na Guerra Fria acabou intensificando a presença estadunidense nos vizinhos do Sul, que também eram grandes fornecedores de matéria-prima para sua indústria. Na década de 1950, o "perigo vermelho", representado pelas forças de oposição internas nos países latino-americanos, passou a preocupar os EUA. A chamada Doutrina da Segurança Nacional nasceu desse contexto, que buscava manter a estabilidade política da região pelas armas, o que implicava combater projetos alternativos de sociedade.

Em 1954, ocorreu a primeira intervenção direta dos EUA contra um governo latino-americano, com a derrubada do então presidente da Guatemala, Jacobo Arbenz. No mesmo ano, houve um golpe militar no Paraguai, quando o general Alfredo Stroessner assumiu o poder. Ao longo das décadas de 1960 e 1970, a intervenção militar tornou-se um expediente recorrente toda vez que algum governo democrático propunha reformas sociais ou contrariava interesses estadunidenses.

Em 1959, a Revolução Cubana acabaria por aumentar o cerco sobre os países latinos. Ao derrubar o governo de Fulgêncio Batista, os revolucionários nacionalizaram e estatizaram bancos e empresas estadunidenses, aproximando-se em seguida do bloco soviético. A perda de negócios importantes na ilha e o inconveniente de ter um governo comunista muito próximo ao país levaram os EUA a reforçarem a articulação militar no subcontinente. Em 1962, foi criado o Colégio Interamericano de Defesa, instituição que se somava à Escola das Américas (1946) na formação de quadros militares para os Estados da região. Muitas das técnicas de tortura largamente empregadas na América Latina foram praticadas por oficiais mandados a essas escolas por seus países de origem.

A aliança entre o capital norte-americano e as elites locais, como o empresariado e os latifundiários, permitiu a realização de sucessivos golpes contra governos democráticos. Em 1962, militares argentinos depuseram o presidente Arturo Frondizi. Em 1964, foi a vez do Brasil. Dois anos depois, militares tomaram o poder no Peru. Em 1973, Chile e Uruguai sofreram golpes contra governos de frentes populares. Em todos esses países, houve adesão de civis aos novos regimes, com amplo apoio de setores abastados da classe média e de instituições religiosas, como a Igreja Católica.

Uma das primeiras ações dos regimes militares era perseguir os grupos políticos de oposição. Socialistas, comunistas e até mesmo liberais que passaram a denunciar o terror de Estado tiveram seus direitos políticos cassados. Muitos foram presos e por vezes torturados, outros exilados ou assassinados, e ainda resta uma quantidade considerável de casos de desaparecimento a resolver. A imprensa foi oficialmente censurada. As massas foram excluídas dos processos decisórios, com a participação pelo voto reduzida. Na década de 1970, foi instituída a Operação Condor, uma aliança entre Brasil, Argentina, Bolívia, Chile e Paraguai que realizava ações coordenadas para vigiar, sequestrar, torturar e assassinar militantes e políticos de oposição.

Forte Lesley J. McNair, onde foi instalado o Colégio Interamericano de Defesa (CID), em outubro de 1962. A primeira turma formou-se em março de 1963, com 29 estagiários representando 15 países americanos.

Terror de Estado

As ditaduras de Segurança Nacional na América Latina recorreram à força para reprimir projetos de mudança social. Uma vez tomado o poder, a violência generalizada passava a integrar os mecanismos de dominação do Estado, garantindo os interesses das elites associadas ao capital estadunidense. Na década de 1970, surgiu o conceito de "terrorismo de Estado", que designava Estados que praticavam tais atos contra a própria população.

No plano histórico, o terror de Estado foi verificado nas décadas de 1960 a 1980 em todo o subcontinente, visando à destruição de movimentos revolucionários, à eliminação das lideranças, ao enfraquecimento e ao isolamento das esquerdas partidárias. O termo "terror de Estado" passou a indicar uma série de modalidades de terror (uso maciço de tortura, desaparecimentos, Esquadrões da Morte, internacionalização da repressão) promovidas por um estado de exceção permanente.

Para o historiador Enrique Serra Padrós, o terror de Estado apresenta uma contradição: para gerar medo na população, era necessário que as práticas repressivas fossem de conhecimento geral; ao mesmo tempo, o Estado buscou negar oficialmente que recorria a expedientes contrários aos direitos humanos, evitando as denúncias internacionais.

Junta Interamericana de Defesa, que uniu as Forças Armadas dos países da América Latina, durante reunião em São Paulo (SP). Foto de 31 de outubro de 1968. O Brasil participou ativamente da rede clandestina de troca de informações e perseguição de opositores políticos.

O apoio interno de parcelas da classe média se manteve em função da estabilidade e do crescimento econômico. Desde meados dos anos 1960, os governos militares tiveram acesso fácil a empréstimos de organismos internacionais comandados pelos EUA, o que permitiu a execução de grandes obras de infraestrutura. Os gastos de governo tiveram efeito positivo sobre as taxas de crescimento nas economias nacionais. Mas o processo de acumulação das riquezas não sofreu nenhuma mudança de padrão. As massas pobres da América Latina continuaram alijadas de bens e serviços básicos.

Com o sistema político sob controle, o subcontinente acabou se tornando, nos anos 1970, um grande laboratório para medidas neoliberais, com a privatização de algumas empresas, a abertura da economia e a liberdade de mercado, como ocorreu no Chile durante o governo de Pinochet.

No final da década de 1970, o esgotamento desse modelo econômico e os excessos do terror de Estado levaram a críticas crescentes aos regimes ditatoriais. A sociedade civil passou a exigir abertura política, fim da censura e retorno do Estado de Direito. No contexto internacional, o crescimento de movimentos emancipatórios mobilizava a opinião pública ocidental contra governos antidemocráticos. A Guerra do Vietnã, desastrosa para os EUA, ainda levou a pressões, inclusive internas, contra intervenções militares estadunidenses.

ORGANIZANDO AS IDEIAS

1. As ditaduras de Segurança Nacional militarizaram as sociedades latino-americanas. Cite algumas consequências da implantação do Estado de exceção.
2. Por que alguns grupos sociais que apoiaram os golpes militares passaram, ao longo dos anos, a condená-los?

A "República das bananas"

A Guatemala contra a CIA

O golpe na Guatemala serviu de modelo experimental para as intervenções dos EUA no subcontinente. A Agência Central de Inteligência americana (CIA, na sigla em inglês) promoveu uma campanha de terror no país, com ações armadas e intensa propaganda. Depois do golpe, forneceu armamentos e apoio logístico contra as guerrilhas de oposição, além de encobrir os crimes contra os direitos humanos cometidos pelo governo.

Na década de 1950, cerca de 2% da população controlava os recursos naturais do país, em associação com empresas estadunidenses, como a United Fruit Company, que atuava no país desde o início do século. Em 1951, a Guatemala elegeu o primeiro presidente comprometido com reformas sociais, Juan Jacobo Árbenz. Militar nacionalista, ele havia participado da Revolução de 1944, que em junho derrubara o ditador Jorge Ubico e, em outubro, a junta militar designada por ele para substituí-lo. Ao propor um tímido projeto de reforma agrária, o novo governo começou a ser atacado pela elite local, com apoio estadunidense. John Foster Dulles, então secretário de Estado, e seu irmão Allen Dulles, agente da CIA, convenceram o governo dos EUA de que Árbenz era um comunista perigoso. A partir de então, foi articulada a primeira intervenção da CIA na América Latina.

A propaganda criava um clima de crise econômica no país, enquanto as ações armadas promoviam conflitos nas fronteiras. O golpe de Estado veio quando a Guatemala considerou desapropriar vastas áreas improdutivas da United Fruit. Em junho de 1954, o presidente foi deposto pelo coronel Castillo Armas e por outros militares, e exilado.

Logo após a queda de Árbenz, grupos guerrilheiros se organizaram em todo o país. Os EUA sustentaram o governo Castillo Armas, o que jogou a Guatemala em uma guerra civil por cerca de 30 anos. Calcula-se que aproximadamente 200 mil pessoas morreram no período.

Quando soube do golpe, o poeta chileno Pablo Neruda teria chamado o novo regime de "República das bananas", em referência à economia local, mas principalmente ao desrespeito pelas instituições republicanas. O termo se popularizou para designar os governos de fachada na América Central, todos ligados às empresas estadunidenses.

ORGANIZANDO AS IDEIAS

3. Explique por que o golpe militar na Guatemala pode ser considerado o modelo experimental de intervenção dos EUA na América Latina.
4. Cite duas medidas do governo Árbenz que entraram em choque com interesses estadunidenses.

Diego Rivera. *Gloriosa Vitória*, 1954. Têmpera sobre tela, 260 cm × 450 cm. O mural do pintor mexicano denuncia o golpe militar na Guatemala. No centro, vê-se o secretário de Estado dos EUA, John Foster Dulles, apertando a mão do coronel Castillo Armas. À sua esquerda, está seu irmão Allen Dulles, diretor da CIA. Na bomba que é segurada pelo secretário, foi desenhada a face do então presidente dos EUA, Dwight D. Eisenhower.

O terror mora ao sul

Argentina: muitos golpes e duas ditaduras "permanentes"

Em 1962, pela quarta vez, os militares argentinos depuseram um presidente, repetindo o que já havia ocorrido em 1930, 1943 e 1955. A intervenção anterior, de 1955, havia colocado na ilegalidade o Movimento Nacional Justicialista, organizado em torno do presidente Juan Domingo Perón, eleito em 1946 e em 1951, como vimos no Capítulo 41.

Em 1962, no final do governo Arturo Frondizi, os peronistas contaram com a popularidade de Perón para vencer as eleições, embora seu líder tenha sido proibido de se candidatar. Descontentes, os militares derrubaram Frondizi, mas um civil, o senador José Maria Guido, acabou assumindo o governo. Guido prometeu manter o peronismo na ilegalidade. As eleições foram anuladas e o Congresso Nacional foi fechado. Em 1963, novo pleito foi convocado, mantendo-se o veto aos peronistas. Arturo Illia, da União Cívica Radical, foi eleito presidente.

O quinto golpe de Estado argentino, em 1966, deu origem a uma ditadura que permaneceu no poder até 1973. Ao derrubar o presidente Illia, o movimento militar se autodenominou "Revolução Argentina", indicando almejar uma intervenção permanente. Para garantir suporte legal ao novo regime, apoiado pelos EUA, foi criado um Estatuto juridicamente superior à Constituição do país. Em sete anos, três ditadores se sucederam no poder. Exceto por um breve período nacional-desenvolvimentista, predominaram na economia medidas neoliberais que tiveram efeitos negativos, como a concentração de renda.

Em 1969, o "Cordobazo", insurreição popular na cidade de Córdoba, mostrou a insatisfação dos argentinos. Diante disso, foram convocadas eleições para 1973, mantendo-se a interdição de Perón. Héctor Cámpora, candidato peronista, saiu vitorioso. Após assumir, promoveu a anistia dos presos políticos. Poucos meses depois, convocou novas eleições, totalmente livres, em que Perón obteve 62% dos votos para presidente.

O retorno de Perón não significou uma vitória das esquerdas. Ao contrário, sua volta ao país foi acordada entre os peronistas de direita e os militares. Era uma maneira de frear as manifestações populares, que exigiam mudanças sociais mais profundas. O líder populista acabou falecendo no primeiro ano do governo. Sua esposa, a vice-presidente María Estela Martínez de Perón, conhecida como Isabelita, assumiu o cargo, aproximando-se ainda mais dos militares e dos setores conservadores. A esquerda peronista não reconhecia o projeto de Isabelita. Os mais radicais formaram guerrilhas, como o grupo Montoneros. Três anos depois, a presidente sofreu o último golpe militar do país.

A nova ditadura militar argentina também perdurou por sete anos, entre 1976 e 1983. O regime foi provavelmente o mais violento da América Latina. Perseguiu, torturou e fez desaparecer milhares de opositores políticos; fala-se de um número entre 13 mil e 30 mil assassinatos no período. Muitos deles aconteciam de maneira chocante, como os chamados "voos da morte", quando prisioneiros políticos eram jogados no Rio da Prata por aviões da Aeronáutica. Outra prática criminosa comum era o sequestro de bebês, filhos de militantes de esquerda. As famílias eram informadas de que as crianças haviam morrido no parto. Elas eram posteriormente encaminhadas para adoção, em famílias de perfil conservador.

O Estado instaurado pela ditadura argentina foi governado por juntas militares compostas de três representantes, um para cada uma das Armas (Exército, Aeronáutica e Marinha). Quatro juntas se sucederam no poder ao longo de seis anos. Como na ditadura anterior, foi criado um Estatuto com valor jurídico superior ao da Constituição; os poderes Executivo e Legislativo concentraram-se nas mãos do presidente escolhido pela junta (geralmente um dos três membros). Na área econômica, intensificaram-se as medidas neoliberais, com um processo de desindustrialização e abertura ao capital estrangeiro. Assim como no Brasil, o governo militar tomou empréstimos volumosos, expandindo a dívida externa em benefício de setores da elite nacional.

Em 1982, o governo argentino entrou em guerra contra o Reino Unido pela posse das Ilhas Malvinas, próximas ao litoral argentino, porém dominadas pelos britânicos desde 1833. A derrota resultou na queda da terceira junta militar. O grande desgaste interno e externo levou a quarta junta a convocar eleições para outubro de 1983, quando Raúl Alfonsín (União Cívica Radical) foi escolhido presidente, pondo fim ao regime de exceção.

As mães e avós da Praça de Maio

A lei argentina proibia reuniões com mais de três pessoas em espaços públicos, para evitar protestos contra o regime. No dia 30 de abril de 1977, algumas senhoras, em sua maioria donas de casa, encontraram uma maneira de burlar a censura e resistir. Mães e avós de crianças e jovens desaparecidos se encontraram na Praça de Maio, em frente à Casa Rosada, sede do governo. A aglomeração foi dispersa pela polícia. Na semana seguinte, elas retornaram ao local e passaram a caminhar em torno do monumento comemorativo da independência do país, a Pirâmide de Maio. Como as mães não estavam paradas, seu encontro não configurava legalmente um ato público. Ao longo de semanas, o grupo foi aumentando e ganhando visibilidade.

Em 1978, durante a Copa do Mundo de futebol na Argentina, o movimento das mães da Praça de Maio acabou chamando a atenção da imprensa internacional. Mesmo com o sequestro e a morte das três fundadoras do grupo, em 1977, o movimento de senhoras não se intimidou, aumentando em número e tornando-se um símbolo da resistência à ditadura militar.

As Mães e Avós da Praça de Maio continuam a se encontrar no local todas as quintas-feiras, exigindo a localização dos corpos dos desaparecidos e das crianças sequestradas. Até 2015, a Associação já havia localizado 119 netos tomados pela ditadura. Restavam ainda cerca de 400 a encontrar.

O movimento das Mães da Praça de Maio conseguiu burlar a legislação repressiva durante a última ditadura argentina. Acima, à esquerda, Mães e Avós da Praça de Maio em frente à Casa Rosada, sede da presidência argentina, em Bueno Aires, durante manifestação para celebrar o 30º aniversário da fundação do grupo (foto de 30 de abril de 2007). A Associação continua a lutar pela localização de crianças e jovens sequestrados durante a ditadura; à direita, imagem dos anos 1970.

O tempo do condor: ditaduras militares na América Latina · Capítulo 48

"Desaparecidos", mural na Escola Superior de Mecânica da Marinha, que foi centro de tortura na ditadura argentina. Na imagem, vê-se uma integrante da Associação das Mães da Praça de Maio durante reinauguração do espaço como Parque Memorial de Buenos Aires. Foto de 7 de novembro de 2007.

ORGANIZANDO AS IDEIAS

5. Qual é a diferença entre os golpes militares na Argentina das décadas de 1940 e 1950 e as ditaduras "duradouras" de 1966 e 1976?
6. Explique por que a ditadura militar argentina de 1976 é considerada uma das mais violentas da América Latina. Cite duas práticas de repressão específicas do país.

O céu não é azul para todos

O Uruguai e o autogolpe de Bordaberry

Como nos demais países latino-americanos, a crise econômica da década de 1960 levou a intensas mobilizações populares no Uruguai. A política de arrocho salarial adotada pelo presidente Pacheco Areco (1968-1971), agravou o empobrecimento da população. Para garantir seu programa, o presidente civil militarizou empresas, fábricas e bancos e perseguiu trabalhadores, estudantes e organizações de esquerda.

Em 1971, ocorreram eleições presidenciais. A Frente Ampla, coalizão de centro-esquerda, lançou a candidatura do general Líber Seregni. Mas o candidato de situação, Juan María Bordaberry, saiu vitorioso do pleito, apesar de acusações de fraude. Uma de suas primeiras medidas foi obter do Parlamento o decreto de "Estado de Guerra Interna", legitimando a presença das Forças Armadas no cotidiano uruguaio. Em seguida, o governo incrementou a repressão com perseguições, prisões arbitrárias, torturas e julgamentos de civis pela Justiça Militar. Grupos armados, como o Movimento de Libertação Nacional – Tupamaros, recorreram à guerrilha urbana. Milícias de direita, como o Esquadrão da Morte, também realizaram ações contra a oposição.

Em julho de 1973, um golpe de Estado articulado pelo próprio Bordaberry veio selar o processo. O novo regime contou com apoio dos EUA e das demais ditaduras militares no subcontinente, como a brasileira, com financiamento e treinamento antiguerrilha.

Foram cerca de 11 anos de terror de Estado, com fechamento do Parlamento, intervenção na universidade pública, dissolução dos sindicatos de trabalhadores e associações de estudantes, além das organizações políticas de esquerda. As guerrilhas foram combatidas com ferocidade e os presos políticos permaneceram na cadeia durante anos, como o tupamaro José Mujica, capturado em 1972 e liberado somente em 1985, com o fim do regime. A censura foi um dos principais recursos empregados, com o fechamento de editoras e jornais de oposição, perseguição de editores, jornalistas e escritores. Nomes importantes da literatura uruguaia, como Mario Benedetti e Eduardo Galeano, precisaram se exilar.

Em 1980, o governo submeteu uma reforma constitucional a plebiscito público. Com o rechaço das urnas, deu-se início à abertura política, que culminou em eleições livres para presidente em novembro de 1984.

O ditador civil Juan María Bordaberry, em 1971.

FICÇÃO, EXÍLIO E RESISTÊNCIA

Durante as ditaduras militares latino-americanas, diversos artistas e intelectuais foram forçados a deixar seus países ou migraram voluntariamente para escapar da repressão. No exílio, escritores, como o argentino Julio Cortázar e o uruguaio Eduardo Galeano, denunciavam o terror de Estado na América Latina.

A literatura foi, em verdade, uma forma de resistência tanto dos escritores que permaneceram quanto daqueles que precisaram partir. Os primeiros tentavam, e muitas vezes conseguiam, driblar a censura recorrendo a recursos narrativos e poéticos que permitiam fazer a crítica sem explicitar seus alvos políticos. No Brasil, Erico Verissimo, por exemplo, construiu uma narrativa fantástica no livro *Incidente em Antares* (1971), em que sete mortos abandonados em seus caixões passam a circular pela cidade, como se estivessem vivos, denunciando a hipocrisia da classe dominante local. Os exilados, por sua vez, também usaram da ficção para fazer crítica política. A escritora chilena Isabel Allende (parente do presidente derrubado Salvador Allende), exilada na Venezuela, narrou com toques de realismo fantástico experiências trágicas de uma família chilena após a ascensão de Pinochet ao poder em seu best-seller *A casa dos espíritos* (1982).

O escritor uruguaio Mario Benedetti, falecido em 2009, foi exilado durante a ditadura de Bordaberry. Sua obra é marcada pela experiência trágica de perseguição e exílio. No teatro, denunciou a instituição da tortura com *Pedro y el capitán* (1979). Refletiu sobre política no livro *El desexilio y otras conjeturas* (1984).

Na foto à esquerda, integrantes do Movimento de Libertação Nacional (MLN), organização guerrilheira da qual fizeram parte, entre outros, no primeiro plano, José Mujica (à esquerda), Adolfo Wassen Jr. (centro) e Mauricio Rossencof (à direita), no dia de sua libertação como prisioneiros políticos em Montevidéu, em 14 de março de 1985. Na foto à direita, vê-se novamente José Mujica, que passou 13 anos na prisão. Em 2009, ele foi eleito presidente do país, com 53% dos votos.

Venceu o pleito Julio Maria Sanguinetti, do Partido Colorado, marcando o retorno dos civis à presidência.

A abertura política prosseguiu e, em 2004, Tabaré Vázquez, da Frente Ampla, foi eleito presidente. Ele foi sucedido pelo ex-preso político José Mujica (2010-2015), também da Frente Ampla. Em 2015 Vázquez foi eleito mais uma vez, com mandato até 2020.

ORGANIZANDO AS IDEIAS

7. Qual a principal diferença da ditadura uruguaia em relação à da Guatemala e à da Argentina?
8. Cite algumas ações dos governos Pacheco Areco e Bordaberry que ajudaram a militarizar a sociedade uruguaia.

O último avanço do condor

Chile: uma transição frustrada para o socialismo

Antes do golpe militar de 1973, a sociedade chilena vivia uma experiência talvez única no mundo: um programa visando ao socialismo por via democrática. A vitória de Salvador Allende, da Unidade Popular, nas eleições de 1970 levou o país a reformas sociais profundas. Entre as medidas do novo governo, estavam: aumento de 66% no valor do salário mínimo, congelamento de preços de produtos de primeira necessidade, políticas para a diminuição do desemprego, construção de habitações populares, controle da inflação, estímulo à produção nacional, melhoria nos serviços públicos de saúde, criação de um sistema único de segurança social, nacionalização de reservas de minérios e estatização de empresas consideradas de interesse social, como indústrias de aço e cimento, bancos e a companhia telefônica.

Uma conjuntura política bastante específica permitiu a ascensão de um projeto socialista pela via eleitoral. Frente a crescentes demandas populares, a direita acenou com reformas sociais nas eleições de 1964, quando foi escolhido presidente Eduardo Frei, do Partido Democrático Cristão (PDC). Frei empreendeu uma reforma agrária limitada e colocou em marcha um programa de habitação popular nas grandes cidades. As oligarquias que haviam apoiado sua eleição logo passaram a fazer oposição ao governo. No final do mandato, o Partido Nacional (PN), que abrigava setores industriais, latifundiários e interesses do capital estrangeiro, lançou candidatura própria, dividindo o eleitorado conservador.

De outro lado, a Unidade Popular de Allende conseguiu reunir as principais forças de esquerda do país, como o Partido Comunista (PC), o Partido Socialista (PS), o Partido Radical (PR), de orientação social-democrata, e dissidentes à esquerda da democracia cristã, organizados no Movimento Ação Popular Unitário (Mapu). A plataforma de governo aliava propostas socialistas ao respeito incondicional à lei e às instituições vigentes.

O resultado das eleições foi apertado: 36,3% para Allende, 34,9% para Jorge Alessandri (PN) e 27,8% para Radomiro Tomic (PDC). Dessa forma, a legitimidade do governo era constantemente questionada pela oposição. As Forças Armadas, dirigidas naquele momento por um comandante constitucionalista, defendiam o respeito às urnas.

No primeiro ano do governo Allende, a economia cresceu 8,5% e a inflação foi mantida sob controle. A distribuição de renda melhorou a qualidade de vida da população, assim como os investimentos nos serviços públicos. No entanto, o governo passou a sofrer oposição dos setores tradicionais associados ao capital estadunidense, que perdia terreno com as nacionalizações e estatizações. A queda do preço no mercado internacional do principal produto de exportação, o cobre, empurrou o país para uma recessão, ao mesmo tempo em que a inflação aumentou.

O segundo ano de Allende no poder foi de enfrentamento. Os operários continuaram a lhe dar apoio e a Unidade Popular cresceu nas eleições legislativas. Apesar disso, Allende enfrentou uma forte campanha de oposição. O PN e o PDC barravam propostas do

O presidente Salvador Allende discursa no Estádio Nacional de Santiago do Chile, em 1973.

Manifestação dos defensores do candidato Salvador Allende, em Santiago, Chile, em 5 de setembro de 1973.

Para assistir

Machuca

Chile/Espanha, 2004. Direção: Andrés Wood. Duração: 120 min.

Chile, 1973. Gonzalo Infante é um garoto que estuda no Colégio Saint Patrick, o mais conceituado de Santiago. Gonzalo é de uma família de classe alta, morando em um bairro na área nobre da cidade com seus pais e sua irmã. Inspirado no governo de Salvador Allende, o diretor do colégio, padre McEnroe, decide implementar uma política que faça com que alunos pobres também estudem no Saint Patrick. Um deles é Pedro Machuca, que, assim como os demais, fica deslocado em meio aos antigos alunos da escola. Provocado, Pedro é segurado por trás e um deles manda que Gonzalo bata nele. Gonzalo não só se recusa a fazer isso, como ainda o ajuda a fugir. A partir de então nasce uma amizade entre os dois garotos, apesar do abismo de classe existente entre eles.

---

governo, apoiados pelo Judiciário. Os setores médios da burguesia passaram a defender seus privilégios nas ruas, conclamando uma intervenção militar.

Em 29 de junho de 1973, houve uma primeira tentativa de golpe, conhecida como *tancazo*, que foi abortada por tropas legalistas. O general Carlos Prats, que defendia a Constituição, recomendou a expulsão dos militares golpistas. Allende, no entanto, preferiu tentar uma conciliação. Prats pediu demissão e o general Augusto Pinochet assumiu o Ministério da Guerra. No dia 11 de setembro, Pinochet traiu o presidente e bombardeou o Palácio de La Moneda, sede do Executivo. Allende, que resistiu ao ataque, acabou se suicidando ao perceber que a derrota era iminente. Estava instalada uma ditadura que duraria 17 anos.

Pinochet perseguiu ferozmente a oposição. Criou campos de concentração, onde presos políticos eram torturados e assassinados sem julgamento. Muitos brasileiros que estavam exilados no Chile foram obrigados a fugir repentinamente para outros países. O ditador também intensificou as ações de colaboração com as demais ditaduras da América Latina, articulando a Operação Condor. Com essa rede montada, mandou assassinar inclusive opositores que estavam no exílio, como o general Prats. Calcula-se que cerca de 40 mil chilenos foram vítimas da ditadura de Pinochet.

No plano econômico, a ditadura reverteu todas as medidas de Allende, privatizando empresas e barrando a reforma agrária. Com volumosos empréstimos

---

Feridas abertas da América Latina: história, memória e justiça

Em 1998, Augusto Pinochet foi preso durante uma viagem a Londres, por intermédio de um mandado expedido por um juiz espanhol, pelos assassinatos e crimes contra os direitos humanos cometidos durante a Ditadura chilena. Permaneceu preso 16 meses, até ser liberado para retornar ao Chile, onde enfrentou diversos processos criminais. Em 2004, o Supremo Tribunal do Chile decidiu que Pinochet podia ser julgado pelo seu envolvimento na Operação Condor. Em 2005, a mesma instância permitiu seu julgamento pela participação na Operação Colombo, quando 119 opositores do Regime desapareceram. Falecido em 2006, o ex-ditador não chegou a ser condenado em vida.

A condenação por crimes cometidos pelo Estado durante as ditaduras militares de Segurança Nacional permanece em aberto em muitos países. No Brasil, a Comissão Nacional da Verdade (CNV), instituída em 2012, entregou à presidenta Dilma Rousseff, em dezembro de 2014, um relatório responsabilizando 377 pessoas pelos crimes da ditadura. Foram apurados 434 casos de morte/desaparecimento. Destes, apenas 34 corpos foram identificados. A Argentina é o país que mais avançou em relação aos processos de crimes cometidos pela Ditadura, tendo levado a julgamento mais de 2 700 pessoas entre 2007 e 2015. No entanto, a recente eleição para presidente de um candidato da direita liberal, Mauricio Macri, pode ameaçar essas conquistas. Logo após a vitória de Macri, um editorial do jornal *La Nación* equiparou os julgamentos de militares à vingança, pedindo a liberação dos condenados idosos. Estela Carlotto, líder da Associação Avós da Praça de Maio, declarou que: "quem comete um delito tem que pagar por ele com o que corresponda à lei. Se são prisões perpétuas, não importa a idade".

Em que pesem as dificuldades em levar adiante tais processos, muitos crimes continuam a ser elucidados. Em 2011, por exemplo, foi aberto processo no Chile para averiguar a verdadeira causa da morte do poeta Pablo Neruda, oficialmente dada como decorrência de câncer de próstata. Em 2015, um documento do Programa de Direitos Humanos do Ministério do Interior reconheceu que o escritor pode ter sido assassinado pelo regime. Após a exumação de seu corpo, médicos encontraram fortes indícios de que o câncer estava sob controle e a morte tinha ocorrido por "intervenção de terceiros".

Cerco ao Palacio de La Moneda, sede do governo presidencial chileno, em 11 de setembro de 1973, data que marca a morte de Salvador Allende e consolida o golpe do general Augusto Pinochet.

dos EUA, apoio da burguesia nacional e uma política econômica liberal, conseguiu manter o PIB em crescimento, o que garantiu a adesão da classe média chilena ao Regime. Em 1988, Pinochet submeteu seu mandato a referendo público, previsto pela Constituição, certo de que se manteria no poder. No entanto, a população escolheu o retorno da democracia, com a convocação de eleições gerais para 1989.

ORGANIZANDO AS IDEIAS

9. Cite três medidas do governo de Salvador Allende que desagradaram a burguesia chilena associada ao capital estadunidense.
10. Como Pinochet reverteu a transição socialista em curso no país e obteve o apoio de setores médios da sociedade?

Revisando o capítulo

APROFUNDANDO O CONHECIMENTO

1. Observe a imagem da página 665 e responda às questões que seguem.
   a. No segundo plano, atrás do militar anônimo, outros personagens não identificados são representados pelo pintor mexicano. Descreva a cena.
   b. Explique a que coletividade eles se referem.

2. Leia o trecho de depoimento a seguir e responda às perguntas.

> O submarino (o mergulho no balde) era uma das táticas deles. Também passei dias seguidos com olhos vendados e fui submetida a choques elétricos em todo o meu corpo, incluindo meus (órgãos) genitais. Quando eu estava comendo, com olhos vendados, eles me davam socos no estômago. Muitas vezes, me deixavam nua e me apalpavam, sem escrúpulos.
>
> Não me arrependo de nada do que fiz. Pela democracia e contra o autoritarismo, teria feito tudo de novo. Não tenho sonhos ou pesadelos com aqueles dias. Mas a vida durante aquele período (de torturas) e depois não foi fácil.

Depoimento de Leonor Albagli, ex-militante do Partido Comunista do Uruguai, sobre sua experiência de tortura durante o governo Bordaberry. Albagli foi presa duas vezes. Na primeira, foram 9 meses de cárcere, de dezembro de 1975 a agosto de 1976. Na segunda, foram seis anos, de 1977 a 1983.

In: CARMO, Márcia. Vítima de torturas no Uruguai conta detalhes pela primeira vez. *BBC Brasil*, 21 nov. 2011. Disponível em: <www.bbc.com/portuguese/noticias/2011/11/111118_urugual_vitima_tortura_mc.shtml>. Acesso em: 8 dez. 2015.

a. Leonor Albagli decidiu procurar a Justiça porque descobriu que os crimes da Ditatura uruguaia por ela sofridos poderiam prescrever no dia 1º de novembro de 2011. Explique o tipo de crime relatado por ela.
b. A ex-militante comunista passou vários anos na prisão, prática comum no regime de exceção uruguaio. Cite um líder político uruguaio que também permaneceu em cativeiro durante muitos anos.

Unidade 11 Mundos em conflito

Conecte-se

No final da Segunda Guerra Mundial, a ONU foi criada, entre outros aspectos, com os objetivos de promover a paz mundial e proteger os direitos humanos. Com isso, em 1948, a Assembleia Geral da ONU, composta hoje por 193 países-membros, aprovou a Declaração Universal dos Direitos Humanos. No entanto, o documento, que apresenta uma série de artigos a fim de combater a opressão e a discriminação, e promover uma vida digna a todos, não foi respeitado na época por muitos países. Inúmeros exemplos, que foram estudados na Unidade 2, podem ser citados, como a perseguição aos comunistas nos Estados Unidos com o macarthismo, a Revolução Cultural na China que perseguiu e matou milhares de pessoas contrárias ao Regime de Mao, as sangrentas guerras do Vietnã e da Argélia, a Questão Palestina e os violentos governos militares na América Latina. Hoje, os direitos humanos ainda são desrespeitados de diferentes maneiras. Para refletir sobre o tema, leia alguns artigos da Declaração Universal dos Direitos Humanos e observe a charge.

Artigo 1º: Todas as pessoas nascem livres e iguais em dignidade e direitos. São dotadas de razão e consciência e devem agir em relação umas às outras com espírito de fraternidade. [...]

Artigo 3º: Toda pessoa tem direito à vida, à liberdade e à segurança pessoal.

Artigo 4º: Ninguém será mantido em escravidão ou servidão; a escravidão e o tráfico de escravos serão proibidos em todas as suas formas.

Artigo 5º: Ninguém será submetido à tortura, nem a tratamento ou castigo cruel, desumano ou degradante. [...]

Artigo 7º: Todos são iguais perante a lei e têm direito, sem qualquer distinção, a igual proteção da lei. [...]

Artigo 9º: Ninguém será arbitrariamente preso, detido ou exilado. [...]

Artigo 13 §1: Toda pessoa tem direito à liberdade de locomoção e residência dentro das fronteiras de cada Estado. [...]

Artigo 14 §1: Toda pessoa, vítima de perseguição, tem o direito de procurar e de gozar asilo em outros países. [...]

Artigo 18: Toda pessoa tem direito à liberdade de pensamento, consciência e religião; este direito inclui a liberdade de mudar de religião ou crença e a liberdade de manifestar essa religião ou crença, pelo ensino, pela prática, pelo culto e pela observância, isolada ou coletivamente, em público ou em particular.

Artigo 19: Toda pessoa tem direito à liberdade de opinião e expressão; este direito inclui a liberdade de, sem interferência, ter opiniões e de procurar, receber e transmitir informações e ideias por quaisquer meios e independentemente de fronteiras. [...]

Artigo 23 §1: Toda pessoa tem direito ao trabalho, à livre escolha de emprego, a condições justas e favoráveis de trabalho e à proteção contra o desemprego. §2. Toda pessoa, sem qualquer distinção, tem direito a igual remuneração por igual trabalho. [...]

Artigo 26 §1: Toda pessoa tem direito à instrução. A instrução será gratuita, pelo menos nos graus elementares e fundamentais. A instrução elementar será obrigatória. [...]"

Declaração Universal dos Direitos Humanos, 10 dez. 1948. Disponível em: <www.direitoshumanos.usp.br/index.php/Declara%C3%A7%C3%A3o-Universal-dos-Direitos-Humanos/declaracao-universal-dos-direitos-humanos.html>. Acesso em: 5 maio 2016.

Charge de Junião, 2014.

ATIVIDADES

1. Com base no texto e na declaração, identifique outros exemplos de violação aos direitos humanos ocorridos nos processos históricos estudados na Unidade 11.
2. Quais foram as conquistas e os avanços relacionados aos direitos humanos nas últimas décadas? Converse com os colegas sobre o assunto.
3. De que forma os direitos humanos são desrespeitados no mundo atual? Em grupos, citem um exemplo de violação aos direitos humanos para cada artigo apresentado nesse trecho da declaração.
4. Descreva a charge. O que ela denuncia? O tema tratado na charge fere os princípios da Declaração Universal dos Direitos Humanos? Explique.

UNIDADE 12

TEMPO DE MUDANÇAS

As últimas décadas trouxeram grandes transformações. O bloco socialista desmoronou, e a globalização avançou, impulsionada por novas tecnologias.

Entretanto, o mundo provou ser mais complexo do que muitos imaginavam, e a hegemonia dos Estados Unidos foi desafiada. Alguns países asiáticos conheceram um desenvolvimento excepcionalmente rápido, de modo que a China, com sua imensa população, tornou-se a locomotiva que puxa grande parte da economia mundial. Além disso, o terrorismo e a instabilidade de regiões como o Oriente Médio intensificaram conflitos cuja resolução parece cada vez mais difícil. Uma crise econômica recente trouxe novas dificuldades.

O aquecimento global tornou-se uma questão cada vez mais urgente. As várias conferências globais procuraram encaminhar soluções, mas sempre encontraram dificuldades em transformar as propostas em ações efetivas.

Em meio a esse turbulento cenário, o Brasil precisou lidar com os próprios desafios no processo de redemocratização. Como atender às aspirações de uma população sedenta por direitos civis, sociais e políticos? Conquistas foram obtidas, mas ainda restam muitos desafios. A nossa história continua, portanto, em curso.

Degelo em Svalbard, no Ártico norueguês. Foto de maio de 2016. O derretimento das calotas polares é uma das consequências do aquecimento global, um dos grandes desafios a serem enfrentados na contemporaneidade.

Plano de unidade

▸ **Capítulo 49**
Da Guerra Fria ao mundo globalizado

▸ **Capítulo 50**
A ascensão asiática: um desafio à hegemonia do Ocidente?

▸ **Capítulo 51**
A Nova República: avanços da democracia brasileira e seus obstáculos

▸ **Capítulo 52**
O novo milênio e os conflitos contemporâneos

CAPÍTULO 49
DA GUERRA FRIA AO MUNDO GLOBALIZADO

Construindo o conhecimento

- Em sua opinião, por que as tecnologias criadas no fim do século XX aceleraram o processo de globalização?
- Em que medida a queda do socialismo real impulsionou o avanço do neoliberalismo?

Plano de capítulo

▶ A crise econômica dos anos 1970 e a Terceira Revolução Industrial
▶ O fim do bloco soviético e da Guerra Fria
▶ A ascensão do neoliberalismo e a Nova Ordem Mundial

O fim do século XX trouxe grandes e inesperadas transformações. Quem imaginaria o colapso de uma das duas superpotências mundiais? No entanto, foi isso o que ocorreu com a União Soviética. A emergência de uma Nova Ordem Mundial não significou o fim dos conflitos e a plena hegemonia dos Estados Unidos, mas a constituição de um sistema político internacional multipolar, com várias potências e blocos regionais em disputa. "Guerras quentes" continuaram a ocorrer, por exemplo,

Multidão nas proximidades do portão de Brandemburgo, após a queda do Muro de Berlim. Foto de 10 de novembro de 1989. O evento marcou o fim da Guerra Fria, substituindo a polarização entre Estados Unidos e União Soviética por uma Nova Ordem Mundial e anunciando simbolicamente a chegada de um século XXI multipolar.

Marcos cronológicos

1969 Criação da rede ARPANet, origem da internet.

1971 Quebra da paridade dólar-ouro. Invenção do *chip*.

1973 Guerra do Yom Kippur. Alta do preço do petróleo e de outras *commodities*.

1974 Prêmio Nobel de Economia para Friedrich August von Hayek.

1975 Comercialização do computador pessoal.

1976 Prêmio Nobel de Economia para Milton Friedman.

1979 Invasão soviética no Afeganistão e suspensão da *détente* na Guerra Fria. Escolha de Margaret Thatcher como primeira-ministra do Reino Unido.

1980 Boicote dos Estados Unidos aos Jogos Olímpicos de Moscou.

1981 Ascensão de Ronald Reagan ao poder nos Estados Unidos. Consolidação do neoliberalismo como orientação econômica internacional.

1983 Lançamento da Iniciativa de Defesa Estratégica (IDE), como forma de combater a União Soviética. Morte de Brejnev, secretário-geral do Partido Comunista da União Soviética (PCUS).

676 Unidade 12 Tempo de mudanças

na Iugoslávia e no Oriente Médio. O mundo permanecia tão inseguro quanto antes, embora a perspectiva de um conflito nuclear tenha se tornado menos evidente.

Essa, porém, não foi a única mudança importante no fim do segundo milênio. Muitas coisas que consideramos parte essencial de nossas vidas também surgiram nesse período, como a internet, o telefone celular e o computador pessoal. Qual foi a consequência dessas mudanças? Um mundo cada vez mais conectado, com grande circulação de informações, pessoas, produtos e ideias. Com a queda do socialismo, o neoliberalismo parecia triunfar, permitindo o avanço do capitalismo por todo o planeta.

A crise econômica dos anos 1970 e a Terceira Revolução Industrial

Nos anos 1970, as políticas que alicerçaram o crescimento e a prosperidade da Europa e dos EUA nas duas décadas anteriores enfrentaram uma crise. O aumento da inflação e do desemprego, bem como a redução das taxas de crescimento econômico tornaram-se um problema central para os países desenvolvidos.

Um dos principais alicerces da prosperidade do pós-guerra foi o padrão de equivalência dólar-ouro. Em 1944, o Acordo de Bretton Woods estabeleceu a conversibilidade do ouro em dólar numa cotação fixa de 35 dólares por onça de ouro. O padrão dólar-ouro tinha como fiador os Estados Unidos. Garantia aos governos capitalistas uma moeda para o restabelecimento do comércio internacional.

O valor fixo do dólar gerava uma vantagem para os Estados Unidos, que, com a valorização da moeda, podiam comprar produtos e investir no exterior. Os demais Estados, cujo poder de compra era diminuído pela desvalorização de suas próprias moedas, começaram a questionar essa desvantagem.

Vários governos, principalmente da França e Grã-Bretanha, passaram a comprar ouro. O caso gerou uma forte pressão nos Estados Unidos, pois era uma ameaça às reservas de metal que garantiam a paridade dólar-ouro. Entre manter o padrão dólar-ouro, instaurando uma política de austeridade fiscal e alta de juros, ou quebrar a paridade da troca, o governo Richard Nixon (1969-1974) optou pela segunda alternativa.

As ações do governo Nixon explicavam-se também pelo contexto eleitoral americano de 1974. Uma política de austeridade geraria desemprego; assim, a guinada na política econômica visou evitar descontentamentos.

O fim da paridade dólar-ouro ofereceu aos Estados Nacionais mais autonomia para formular suas políticas monetárias. Com a desvalorização das moedas nacionais, foram traçadas diferentes estratégias de expansão do comércio exterior. Entre 1970 e 1973, as indústrias das principais economias europeias e americanas cresceram entre 15% e 25%. Contudo, a expansão monetária também gerava inflação. Isso ficou ainda mais evidente com o aumento dos preços das *commodities*, fomentado pela demanda dos países industrializados por matérias-primas.

A crise no Oriente Médio foi uma das principais causas da alta dos preços das *commodities*. Em 1973, foi deflagrada a Guerra do Yom Kippur: os países árabes aproveitaram-se da festa judaica do Yom Kippur (Dia do Perdão) e atacaram Israel, avançando sobre os territórios conquistados pelos israelenses na Guerra dos Seis Dias (1967).

Em seguida, a Organização dos Países Exportadores de Petróleo (Opep), que reunia Irã, Iraque, Kuwait, Arábia Saudita e Venezuela, promoveu o aumento do preço do petróleo, o que gerou inflação em escala mundial. Em 1974 e 1975, a produção industrial das principais nações industrializadas caiu cerca de 10%. Vivia-se um fenômeno conhecido em economia como "estagflação": baixas taxas de crescimento com alta da inflação e do desemprego.

1985 — Mikhail Gorbatchev assume a secretaria-geral do PCUS. Lançamento das reformas do sistema político na União Soviética. Acidente nuclear de Chernobyl, na Ucrânia.

1987 — Assinatura do Tratado de Forças Nucleares de Alcance Intermediário (INF).

1988 — Vitória da oposição aos comunistas na eleição da Polônia. Legalização do sindicato Solidariedade.

1989 — Queda do Muro de Berlim.

1991 — Dissolução da União Soviética. Eleição de Boris Yeltsin (1931-2007) para a Presidência da Federação Russa. Formação da Comunidade dos Estados Independentes. Início da Guerra da Sérvia.

1992 — Surgimento da União Europeia.

1994 — Fundação da Organização Mundial do Comércio (OMC). Criação do Nafta (Tratado Norte-Americano de Livre-Comércio).

2001 — Criação do Fórum Social Mundial (FSM).

> ## O mercado de *commodities* e a economia mundial
>
> *Commodity* significa mercadoria. Todavia, o uso corrente da palavra nomeia um conjunto de produtos primários, produzidos em larga escala para o mercado externo e comercializados em bolsas de valores.
>
> No contexto de intensificação das trocas internacionais, redução de custos de transporte e comunicação, o mercado de *commodities* ganhou evidência. Nos anos 1970, porém, a crise do petróleo e a alta inflacionária mundial golpearam as cotações.
>
> A globalização e o livre mercado fortaleceram a posição dos produtores de *commodities* a partir do fim dos anos 1990. Em 2014, existiam 57 bolsas de *commodities* no mercado financeiro. Além da compra e da venda de insumos agrícolas e minerais, vendiam-se a participação acionária e as dívidas das empresas desse setor.
>
>
>
> *New York Mercantile Exchange*, uma das maiores bolsas de valores voltadas para *commodities* no mundo. As imagens apresentam a fachada do prédio moderno e do antigo, construído em 1882. Fotos de 2013.

Esse foi o mote para o embate entre as propostas keynesianas que haviam sido adotadas na década de 1930 e o neoliberalismo, que defendia uma diminuição da intervenção estatal na economia.

O sucesso da integração econômica proporcionada por Bretton Woods fortaleceu empresas que atuavam em uma base internacional. Nos anos 1970, elas aproveitavam as vantagens oferecidas por diferentes regiões para alocar capital e maximizar lucros. Com movimentações financeiras de grande monta, elas reduziam a autonomia dos governos para definir políticas econômicas, uma vez que estes ficavam dependentes da quantidade de investimentos externos no país.

A Terceira Revolução Industrial

A crise ocorria em um contexto de crescimento e integração do mercado internacional. Esse crescimento foi impulsionado pelo desenvolvimento tecnológico, que acelerou a circulação de informações, pessoas e capital nas décadas de 1960 e 1970. Superpetroleiros e contêineres baratearam o custo do transporte pelo mar; o mesmo ocorreu com o transporte aéreo. A difusão dos satélites e cabos de fibra óptica facilitou e reduziu os custos da comunicação internacional e o tempo das trocas de informações.

A maior transformação ocorreu no campo da microeletrônica por volta de 1970, ganhando força nas décadas seguintes. Surgiram então produtos como computadores, fornos de micro-ondas, CDs, DVDs, telefones celulares, leitores de MP3 e máquinas fotográficas digitais. Reconhecida como a Terceira Revolução Industrial, a renovação tecnológica afetou tanto a base da indústria quanto a comunicação e a integração dos mercados e processos produtivos.

Em 1947, foi inventado o transistor, que possibilitou a transmissão rápida de impulsos elétricos em base binária (com base em dois números: 0 e 1), permitindo a codificação da lógica e da comunicação entre as máquinas. Nos anos 1950, tornou-se possível a integração de vários transistores em circuitos integrados em placas de silício. Em 1971, surgiu o *chip*: um microprocessador, reunindo milhares de transistores capazes de processar informações e armazenar dados.

Inicialmente previsto para uso na comunicação via telefone e rádio, no setor militar, com o tempo o transistor foi utilizado amplamente na indústria doméstica. A velocidade das transformações tecnológicas e a redução dos custos de produção favoreceram a difusão da microeletrônica em telefones, televisores, geladeiras, aparelhos de som etc.

Um dos produtos criados com a evolução da microeletrônica foi o computador. Ele surgiu durante a Segunda Guerra Mundial graças aos esforços concorrentes de britânicos e alemães, na tentativa de decifrar códigos do inimigo e calcular ataques de aeronaves. No pós-guerra, passou-se a desenvolver o computador com objetivos militares e comerciais. Em 1975, após o advento dos microprocessadores, foi criado o computador pessoal (PC, *Personal Computer*), tornando viável sua produção em larga escala para objetivos comerciais.

A difusão dos computadores nos anos 1980 e 1990 criou um novo segmento da indústria de alta lucratividade, ligado ao setor de informática. A internet e as empresas de serviço nesse segmento nos anos 1990 fizeram parte desse processo de transformação da base econômica e da alteração da velocidade de comunicação e troca de bens e serviços em escala global.

Em razão do tipo de integração econômica e social proporcionada pela nova base tecnológica, as distâncias encurtaram-se e constituiu-se uma concepção de comunicação e produção em escala global e em tempo real. As principais indústrias passaram a se organizar não mais por meio de uma cadeia produtiva linear concentrada em uma localidade, mas em rede, com vários centros de produção gerenciados a partir de diferentes regiões, numa troca incessante de informações.

Contudo, a nova base produtiva e tecnológica não basta para explicar a globalização. A integração política e econômica constituída no fim do século XX só pode ser compreendida quando se consideram as transformações políticas nos mundos socialista e capitalista das décadas de 1980 e 1990.

Da ARPANet à internet

No fim dos anos 1950, o governo dos Estados Unidos deu início a uma série de pesquisas e desenvolvimentos tecnológicos por meio de várias agências. Uma delas foi a Agência de Projetos de Pesquisa Avançada (ARPA), ligada ao Departamento de Defesa estadunidense e responsável pela criação dos projetos que deram origem à internet.

Visando construir um sistema de comunicação de pacotes de dados invulnerável a um ataque nuclear, em 1969 foi criada a ARPANet – rede que unia pesquisadores da Universidade da Califórnia em Los Angeles, do Standford Research Institute, na Universidade da Califórnia em Santa Lúcia e da Universidade de Utah. A rede cresceu nos anos 1970 e 1980, incorporando outras universidades e centros de pesquisa.

A tecnologia da comunicação tornava a rede independente dos centros de comando e controle. Os cientistas passaram a usá-la para comunicações científicas e pessoais. Nos anos 1980, a rede passou a se chamar ARPANet-internet, sendo operada pelo Departamento de Defesa americano e pela *National Science Foundation* (NSF). Em 1983, ocorreu uma divisão entre a ARPANet-internet, voltada para fins científicos, e a milnet, ligada a objetivos militares. Em 1990, ocorreu o fim da ARPANet; a internet passou a ser gerenciada apenas pelo NSF. A rede popularizou-se com a difusão dos computadores pessoais, favorecendo a globalização da economia.

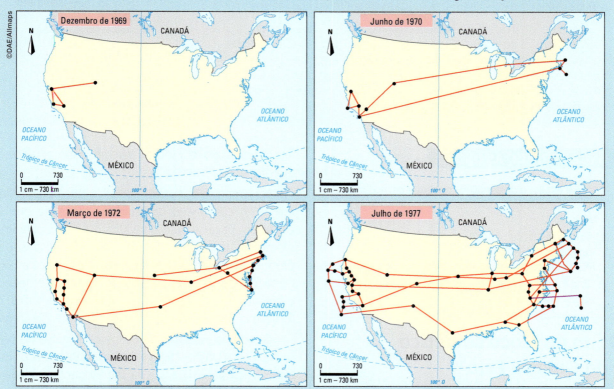

Evolução da ARPANet mostrando a rede de computadores conectados nos Estados Unidos, nos anos 1970.
Fonte: Disponível em: <www.fibel.org/linux/lfo-0.6.0/node457.html>. Acesso em: 2 dez. 2015.

Cultura, globalização e música

A globalização e a intensificação das trocas culturais e econômicas colaboraram para o processo de formação de novas identidades, o ressurgimento de tradições locais e a reorganização das diferentes culturas, como podemos observar na cena musical dos *rappers* norte-americanos.

Em razão da reestruturação imposta pela economia globalizada nos anos 1970, muitas indústrias de Detroit e Chicago reduziram o quadro de funcionários, levando esses trabalhadores, em sua maior parte de negros, a conviver com a exclusão e a perda de expectativas de melhoria social.

Concomitantemente, a mudança da tecnologia analógica para a digital, nas décadas de 1970 e 1980, levou muitas pessoas a substituírem suas coleções de vinis (LPs) por CDs e seus toca-discos por leitores digitais. Esse material descartado foi incorporado à cultura dos jovens desempregados da região, que o aproveitavam para editar sons utilizando sintetizadores e outros equipamentos, criando efeitos rítmicos combinados, dando origem ao novo tipo de som: o *hip-hop*.

Marcado pela presença dos *disc jockeys* (DJs) e dos *rappers*, que improvisavam letras e canções para falar do cotidiano dos novos excluídos — os trabalhadores negros —, o novo gênero difundiu-se e ganhou novas tonalidades em diferentes partes do mundo. Essa iniciativa gerou condições sociais para a produção de uma nova identidade negra *rapper* e a associou ao mercado, ao integrá-la à indústria fonográfica globalizada.

Capa do disco *The Message*, de Grandmaster Flash & The Furious Five, lançado em 1982. Grandmaster Flash é o nome artístico do DJ Joseph Saddler, que ficou conhecido no início dos anos 1980 ao lançar a música "The Message", um clássico do *hip-hop*.

ORGANIZANDO AS IDEIAS

1. Cite e explique dois motivos que levaram ao fim da paridade dólar-ouro, prevista no Acordo de Bretton Woods.
2. Indique as transformações econômicas e tecnológicas que favoreceram a integração da economia mundial.
3. Qual é a sua relação com os avanços tecnológicos associados à globalização?

O fim do bloco soviético e da Guerra Fria

Após a superação da crise dos mísseis em Cuba, em 1962, as relações entre Estados Unidos e União Soviética melhoraram, reduzindo o risco de um conflito mundial. Foi o início da *détente* (palavra francesa que significa "distensão").

No entanto, a invasão soviética no Afeganistão, em 1979, convenceu os Estados Unidos de que a União Soviética se aproveitava da distensão para implementar uma política expansionista. Em resposta, o presidente americano Jimmy Carter suspendeu as exportações de cereais para a União Soviética, ordenou o boicote aos Jogos Olímpicos de Moscou em 1980 e forneceu uma discreta ajuda militar à resistência afegã.

Depois da ascensão de Margaret Thatcher ao poder no Reino Unido (1979) e de Ronald Reagan nos Estados Unidos (1981), a Guerra Fria esquentou. Reagan instalou novos mísseis na Europa e lançou, em 1983, a Iniciativa de Defesa Estratégica (IDE), escudo espacial antimísseis conhecido como Guerra nas Estrelas.

A *perestroika* e a *glasnost*

No fim da Era Brejnev (1964-1983), a economia planificada mostrava resultados pífios diante da expansão tecnológica e econômica ocidental. Microeletrônica, informática, biotecnologia – nada disso existia nos países do socialismo real. A União Soviética importava cereais do Ocidente, pois era incapaz de produzir alimentos suficientes para sua população. Os investimentos concentravam-se nas indústrias de base e militar, sem se estenderem à indústria doméstica. Além disso, os setores industriais voltados para o mercado interno mostravam-se incapazes de inovar. A ênfase para atingir metas quantitativas de produção limitava a incorporação de novas tecnologias pelos gerentes das fábricas. Em consequência, o nível de vida da população soviética era muito inferior ao dos países capitalistas avançados. Assim, no início dos anos 1980, havia forte pressão para reformar o sistema econômico. Mas o desafio só poderia ser enfrentado se fossem reduzidos os investimentos no complexo militar-industrial e se deslocassem recursos para outros setores da economia.

Em 1983, com a morte de Brejnev, uma nova geração ascendeu ao poder na União Soviética. O representante desse grupo foi Mikhail Gorbatchev, eleito secretário-geral do PCUS em 1985. Conscientes da ruína econômica do país, decorrente da corrida armamentista e do atraso industrial, os novos governantes iniciaram reformas profundas.

A primeira reforma ficou conhecida internacionalmente como *perestroika*, palavra russa que significa reestruturação. Buscava o equilíbrio entre a planificação da economia e o desenvolvimento da iniciativa privada.

Em meados de 1985, Gorbatchev anunciou, de forma unilateral, o fim dos testes nucleares, a redução de 50% dos armamentos estratégicos e mísseis de médio alcance, a diminuição do número de tropas e armamentos e a liquidação até o ano 2000 dos engenhos nucleares. Meses antes, em abril, ocorrera a explosão do reator da usina nuclear de Chernobyl, que evidenciou dramaticamente os riscos associados à energia atômica.

Em 1986, o governo soviético lançou outra reforma: a *glasnost*, palavra que significa transparência. Representava a possibilidade de abertura política do regime, com estímulo para a liberdade de expressão. A expectativa de ampliar a abertura para a democracia favoreceu o crescimento da imprensa e o recrudescimento das críticas à liderança política.

Diante do intento declarado de democratização na URSS, vários países da Europa Oriental passaram a reivindicar autonomia política. Com o novo espírito de abertura política, esses países não foram reprimidos, o que contribuiu para a desintegração do bloco soviético.

Museu Nacional de Chernobyl, em Kiev, na Ucrânia, mostrando fotos de crianças que foram vítimas do acidente nuclear ocorrido em 1988. Foto de 18 de abril de 2006. Estima-se que em Chernobyl tenha ocorrido a morte imediata de 4 mil pessoas, com centenas de vezes mais matérias radiotivas lançadas no ambiente do que nos bombardeios de Hiroshima ou Nagasaki, de 1945.

Gorbatchev e o fim da Guerra Fria

Mikhail Gorbatchev não conseguiu implementar plenamente seu projeto de reforma na União Soviética, mas deu passos fundamentais para o fim da Guerra Fria. Entre 1985 e 1989, num período de intensificação do discurso anticomunista e da corrida armamentista no governo Reagan (1981-1989), buscou o diálogo com o presidente americano, que respondeu de forma positiva. O resultado, por ocasião da conferência de cúpula de Washington, em 1987, foi a assinatura do Tratado de Forças Nucleares de Alcance Intermediário (INF), que proibiu a posse, testes e a produção dos mísseis intermediários. Reconhecido mundialmente como estadista, Gorbatchev recebeu o Prêmio Nobel da Paz em 1990.

As capas da revista *Time* de março de 1985 e de janeiro de 1990 apresentam Mikhail Gorbatchev, o líder soviético das reformas do comunismo e um dos responsáveis pelo fim da Guerra Fria.

O fim do comunismo no Leste Europeu e na União Soviética

Em 1988, na Polônia, foi legalizado o sindicato Solidariedade e realizaram-se eleições livres, que deram a vitória às forças não comunistas. Em maio de 1989, a Hungria abriu sua fronteira com a Áustria, facilitando a fuga de milhares de alemães-orientais que utilizaram o território húngaro para chegar ao Ocidente. Essa determinação acelerou a crise da Alemanha Oriental (RDA). Em novembro, as autoridades do Leste alemão, enfraquecidas, decidiram derrubar o Muro de Berlim.

Esse movimento de independência e de repúdio ao comunismo estendeu-se a várias Repúblicas soviéticas. No início dos anos 1990, muitas delas buscaram se separar da Rússia e constituir governos autônomos. Para lidar com as exigências de autonomia, formou-se um governo federativo na Rússia e realizaram-se eleições por voto direto.

Em 1991, Gorbatchev enfrentou a concorrência do presidente da Federação da Rússia, Boris Yeltsin (1931-2007), eleito pelo sufrágio universal. No fim de dezembro, Gorbatchev abdicou da liderança de um Estado que não mais existia, a União Soviética. Dias antes, Yeltsin e os presidentes da Ucrânia e da Bielorrússia haviam formado a Comunidade dos Estados Independentes (CEI), à qual logo aderiram outras oito ex-Repúblicas soviéticas.

A transição econômica foi bastante dolorosa no bloco socialista: foi preciso passar de uma economia administrada pelo Estado para uma economia de mercado. Nesse processo, a renda média e a expectativa de vida dos russos baixaram sensivelmente e a pobreza aumentou. Em 1998, o PIB por habitante havia retrocedido da 48ª para a 95ª posição mundial. Entretanto, alguns indivíduos com conexões políticas se beneficiaram, apossando-se das empresas estatais privatizadas, e em pouco tempo transformaram-se em bilionários. Consequentemente, ocorreu um rápido aumento da desigualdade social na Rússia e nos demais países do antigo bloco socialista.

ORGANIZANDO AS IDEIAS

4. Cite e explique as propostas de Mikhail Gorbatchev para a transformação da União Soviética.
5. Qual foi o efeito das reformas na Europa Oriental nos anos 1980?

A guerra da Iugoslávia

Na Iugoslávia, o fim do comunismo desencadeou uma tragédia associada ao renascimento dos discursos nacionalistas. O país caracterizava-se pela grande diversidade étnica, com seis nacionalidades reconhecidas: sérvia, croata, eslovena, montenegrina, macedônia e muçulmana (considerada uma nacionalidade e não uma religião). Não existia uma nacionalidade bósnia. Em 1981, a Bósnia era povoada por 40% de muçulmanos, 32% de sérvios e 18% de croatas.

Em 1990, as eleições livres realizadas nas Repúblicas elegeram governos não comunistas. Os antigos comunistas, comandados por Slobodan Milosevic (1941-2006), aliaram-se então à extrema direita ultranacionalista sérvia para manter o controle sobre a Federação e forjar uma Grande Sérvia. Esta reuniria todos os sérvios em um território único, do qual seriam expulsos os não sérvios. A autonomia das Repúblicas foi suprimida, o que levou a Eslovênia, a Croácia e, posteriormente, a Bósnia a optar pela independência.

Em julho de 1991, o Exército da Federação, dominado pelos sérvios, atacou a Eslovênia e a Croácia. Na Bósnia, milícias sérvias empreenderam um processo de "depuração étnica", eliminando muçulmanos e croatas. Em setembro de 1995, bombardeios da Otan puseram fim às ofensivas sérvias na Bósnia e obrigaram os protagonistas a assinar, em janeiro de 1996, os Acordos de Dayton.

Com o fim do conflito, a Iugoslávia se viu reduzida às Repúblicas da Sérvia e de Montenegro. Em 1998, Milosevic voltou-se contra Kosovo – província de maioria albanesa, mas considerada o berço da nação sérvia. Ataques da Otan contra a Sérvia novamente detiveram Milosevic, derrubado em 2000 e levado ao Tribunal Internacional de Haia sob a acusação de crimes de guerra, genocídio e crimes contra a humanidade.

Em seguida, toda a região se desintegrou. Em 2004, a Eslovênia ingressou na União Europeia; a Macedônia, a Croácia e a Bósnia tornaram-se Estados independentes; o Kosovo foi colocado sob administração internacional; e a secessão de Montenegro pôs fim à Federação Iugoslava.

O fim da Iugoslávia

Fonte: O'BRIEN, Patrick (Ed.). *Philip's Atlas of World History*. 2. ed. Londres: Philip, 2005. p. 265.

A ascensão do neoliberalismo e a Nova Ordem Mundial

Nos anos 1980, paralelamente ao desmonte do bloco socialista, a agenda política internacional foi marcada pela ascensão das políticas neoliberais. Políticos, analistas e grupos de interesse passaram a atacar o envolvimento do Estado na economia, vendo o mercado como autorregulável. Destacavam-se como referências intelectuais desses grupos os economistas liberais Friedrich August von Hayek e Milton Friedman, agraciados com o Prêmio Nobel de Economia, respectivamente, em 1974 e 1976.

Combatendo as políticas de bem-estar social do pós-guerra, os neoliberais preconizaram políticas monetaristas. Em vez da expansão fiscal do Estado como meio de dinamizar a economia, colocaram como meta o controle inflacionário, a redução dos impostos, a contenção dos gastos públicos, a privatização de empresas estatais e a desregulamentação dos direitos trabalhistas. Defendiam a quebra de barreiras alfandegárias para a formação de um mercado mundial único. Acreditavam que dessa maneira a economia cresceria mais rapidamente, pois as intervenções estatais seriam menos eficientes do que um mercado autorregulado pela oferta dos produtores e pela demanda dos consumidores.

Entre 1979 e 1990, a primeira-ministra britânica Margaret Thatcher adotou uma agenda neoliberal. Por sua vez, a administração Ronald Reagan (1981-1989) caracterizou-se pela austeridade anti-inflacionária, redução de impostos, desregulamentação e privatização de amplos setores da economia. Sob a liderança Thatcher-Reagan, as medidas neoliberais ganharam espaço. Na América Latina e nos ex-países comunistas, tiveram amplo alcance político. A adoção dessas reformas foi uma condição para o acesso a linhas de crédito e renegociação de dívidas.

Longe de serem uma opção técnica e neutra, as políticas neoliberais beneficiaram alguns setores econômicos em detrimento de outros. Ocorreu, por exemplo, uma intensificação da desigualdade social e da concentração de riqueza nas mãos de uma pequena parcela mundial. Ronald Reagan e George Bush (1989-1993), seus defensores, justificavam essas políticas como meio de reduzir os déficits públicos e a influência estatal no mercado. Todavia, após doze anos de governos neoliberais nos Estados Unidos, a dívida do governo federal aumentou de 1 trilhão de dólares para mais de 4 trilhões.

Consenso de Washington

A expressão "Consenso de Washington" foi cunhada pelo economista John Williamson em 1989, tornando-se célebre por explicitar a conjuntura de ascensão das políticas econômicas neoliberais. Para Williamson, os políticos do Congresso dos Estados Unidos, as agências do governo e os órgãos financeiros internacionais sediados em Washington – entre eles o Fundo Monetário Internacional (FMI) e o Banco Mundial – propunham um conjunto de ajustes para os países da América Latina se recuperarem da crise dos anos 1980, alcançando crescimento econômico, baixa inflação, balança de pagamentos viáveis e maior equidade na distribuição de riquezas.

Essas políticas consensuais na capital americana foram enumeradas por Williamson em dez pontos:

1. Redução dos déficits fiscais, estabelecendo cortes no orçamento.
2. Definição de gastos públicos prioritários, reduzindo a intervenção do governo na sociedade.
3. Reforma fiscal com redução da carga de tributos.
4. Taxas de juros definidas prioritariamente pelo mercado.
5. Taxas de câmbio também determinadas pelo mercado.
6. Assinatura de tratados internacionais visando à liberalização dos mercados.
7. Privatização de empresas públicas para garantir a saúde financeira dos Estados.
8. Adoção de uma atitude positiva para captar investimentos estrangeiros diretos.
9. Desregulação dos mercados visando ao aumento da concorrência e ao desenvolvimento da iniciativa privada.
10. Garantia dos direitos de propriedade privada, evitando a quebra de patentes e a "pirataria".

A comunidade financeira e os investidores tiveram ganhos visíveis com a política neoliberal. A contenção da inflação e a elevação dos juros favoreciam bancos e grupos de investidores. Ademais, a desregulamentação de setores da economia e a abertura dos mercados aumentaram os produtos e o fluxo de capital no mercado mundial.

Por sua vez, as empresas de alta tecnologia e telecomunicações lucravam com a integração dos mercados, graças a cadeias produtivas estruturadas em rede em diferentes localidades e à fusão de empresas locais aos seus negócios.

Ao lado da indústria de alta tecnologia, o setor terciário tornou-se dominante nos países economicamente desenvolvidos, representando cerca de 60% dos postos de emprego. A globalização estimulou o deslocamento dos empregos industriais dos países desenvolvidos para os emergentes, visando obter custos salariais mais baixos e consolidar novos mercados. Além disso, a microeletrônica e a expansão da internet dinamizaram o setor de serviços e comércio, seja criando novas oportunidades de negócios, seja reduzindo a utilização intensiva de mão de obra na indústria com a mecanização dos processos de produção.

Os trabalhadores ganharam com o controle da inflação, mas perderam, e muito, com o aumento do desemprego, a redução dos direitos trabalhistas e a contenção dos salários. O Estado de Bem-Estar Social constituído no pós-guerra foi atacado em suas bases pela agenda política do neoliberalismo.

A Nova Ordem Mundial

A regionalização da década de 1980 foi uma maneira de os diferentes países se posicionarem no sistema político internacional pós-Guerra Fria. O fim da bipolaridade característica desse período favoreceu a construção de um mundo multipolar, num rearranjo de interesses entre diferentes nações buscando alianças e maior força no cenário internacional. A Europa ocidental foi pioneira no processo de regionalização política e econômica, estabelecido pela necessidade de reconstrução após a Segunda Guerra Mundial. A identidade regional foi conseguida com a constituição da Comunidade Econômica Europeia (CEE), com o Tratado de Roma, em 1957, e com outros acordos que mostravam uma tentativa de apaziguar tensões e rivalidades no continente em prol de uma ação conjunta no teatro político da Guerra Fria.

Nos anos 1970 e 1980, a CEE deixou de abranger apenas França, Itália, Alemanha Ocidental, Bélgica, Luxemburgo e Países Baixos. Três ondas de expansão redefiniram seu espaço geopolítico: em 1973, incorporou Dinamarca, Irlanda e Reino Unido; em 1981, recebeu a Grécia; em 1986, englobou Portugal e Espanha. Paralelamente, a integração dos países europeus avançou. A CEE abriu o debate para a discussão de uma união monetária e política dos diferentes países, consagrada no Ato Único Europeu em 1986, prevendo o estabelecimento de um mercado único até 1992.

A queda do Muro de Berlim e o fim da Guerra Fria, em 1989, impulsionaram os debates em torno de um alinhamento europeu no âmbito internacional. Com o Tratado de Maastricht, em 1992, surgiu um novo fator político: a União Europeia (UE). A entidade instituiu a "cidadania europeia", permitindo a livre circulação de pessoas e a representação política dos cidadãos de diferentes países. O Parlamento europeu foi reforçado. O processo avançou com a criação do Banco Central europeu (BCE), em 1998, e de uma moeda única, o euro, que entrou em vigor em janeiro de 2002.

A UE teve dificuldades para constituir um sistema de defesa comum. Com o fim da Guerra Fria, a Organização do Tratado Atlântico Norte (Otan) perdeu sua função original de aliança militar para se contrapor ao bloco soviético. Todavia, permaneceu como principal organismo de segurança continental europeia.

De um lado, a manutenção da instituição serviu para a UE cortar custos com gastos militares e manter uma aliança que funcionou como contrapartida à influência russa na Europa. De outro, a Otan constituiu uma forma de os Estados Unidos conservarem sua influência sobre a Europa.

A partir da década de 1990, a Otan ampliou seu espaço de influência política, incorporando participantes da Europa Oriental. Nos anos 2000, expandiu seu escopo de ação para fora do continente, reconfigurando a aliança da Europa com os Estados Unidos.

Na América do Norte, coube aos Estados Unidos impulsionar a formação de um mercado regional. Em 1980, criaram a Iniciativa da Bacia do Caribe com o intuito de ampliar a colaboração com os países da região. Em 1986, firmaram um tratado de livre-comércio com o Canadá, que em 1994 foi estendido ao México, criando o Tratado Norte-Americano de Livre-Comércio (Nafta). Essa perspectiva era bem vista pelas empresas norte-americanas, como meio de ampliar sua posição no mercado global, e seduzia também outros países latino-americanos.

A integração regional era uma forma de reorientar a política norte-americana na América Latina, buscando renovar a cooperação econômica e política na região após a Guerra Fria. Contudo, o contorno dessas iniciativas era diferente quando comparado com a UE. Primeiro, a constituição de áreas de livre-comércio não implicava perda da autonomia dos Estados em favor de uma unidade política maior. Segundo, não se projetava a constituição de uma área de livre circulação de pessoas.

A opinião pública dos Estados Unidos não via com bons olhos a integração com a América Latina, uma vez que a região era associada à pobreza, ao tráfico de drogas, à imigração ilegal e à perda de postos de trabalho no país. Entretanto, se alguns países latino-americanos compreendiam a aliança como uma oportunidade, outros entendiam que a região perderia sua autonomia política e restringiria suas possibilidades de desenvolvimento econômico e social.

Dentro desse modelo de integração regional proposto pelos Estados Unidos, houve tentativas de ampliar a integração regional com a Área de Livre Comércio das Américas (Alca). Divulgada em 1994, a proposta visava quebrar barreiras alfandegárias e ampliar a zona de influência do Nafta.

Além disso, a Alca pretendia reduzir a importância de acordos regionais firmados na América do Sul e Caribe. Buscando criar áreas de livre circulação de mercadorias e capital, os países da região já haviam criado a Comunidade Andina (CAN) em 1969, a Comunidade do Caribe (Caricom) em 1973 e o Mercado Comum do Sul (Mercosul) em 1991.

Em 1967, por iniciativa de Japão, Cingapura, Hong Kong, Coreia do Sul e Tailândia, constituiu-se a Associação de Nações do Sudeste Asiático (Asean). A organização tinha por objetivo quebrar o isolamento diplomático do Japão após a Segunda Guerra Mundial, bem como reforçar laços econômicos e a troca de tecnologia. Nas décadas de 1970 e 1980, a Asean tornou-se o núcleo para a constituição de uma importante zona de comércio do mundo globalizado.

A transferência tecnológica e a atuação do Estado em favor da industrialização visando à intensificação das trocas comerciais no Sudeste Asiático abriram espaço para o crescimento de Hong Kong, Coreia do Sul, Tailândia e Cingapura – identificados como os "Tigres Asiáticos", que estudaremos no próximo capítulo. Nos anos 1990, a Asean incorporou o Vietnã, Mianma, Laos e Camboja e serviu de base para a construção de uma Área de Livre Comércio da Asean (Afta), envolvendo a China como parte interessada no acordo comercial.

Nos anos 2000, a Rússia procurou fortalecer sua posição política e econômica com base na atuação da Comunidade dos Estados Independentes (CEI), formada em 1991, dias antes da dissolução da União Soviética. A CEI serviu de base para a formulação de acordos visando à constituição de um espaço econômico comum entre algumas ex-Repúblicas soviéticas europeias e asiáticas.

O crescimento da imigração

As migrações não são uma novidade, porém, nos últimos anos, elas se tornaram mais intensas. Com a globalização, o aumento das trocas comerciais e culturais favorece a intensificação dos processos migratórios, em geral dos países subdesenvolvidos para os desenvolvidos.

O debate sobre a redefinição das fronteiras econômicas no processo de globalização convive com a discussão de estratégias para barrar imigrantes nos países desenvolvidos. Dessa maneira, na Europa e nos EUA, surgem políticas específicas voltadas para o controle da migração e a repressão desses deslocamentos.

As migrações no mundo no final do século XX

Fonte: Disponível em: <http://www.ladocumentationfrancaise.fr/dossiers/serbie-montenegro/carte-repartition-population1999.shtml>. Acesso em: 22 maio 2008.

A Organização Mundial do Comércio (OMC) e os movimentos antiglobalização

Em vista da reforma de organizações financeiras internacionais com o objetivo de atrair as nações em desenvolvimento e os antigos países comunistas, foi criada em 1995 a Organização Mundial do Comércio (OMC). A organização substituiu o Acordo Geral sobre Tarifas e Comércio (GATT), constituído em 1947 para o estímulo ao comércio internacional. À diferença do GATT, a OMC dispõe de estruturas administrativas para atuar na arbitragem de disputas sobre medidas tarifárias e fomenta reuniões periódicas para a consolidação do livre comércio.

O Consenso de Washington nas instituições financeiras globais e a OMC mantêm a desigualdade na representação dos interesses do Norte em relação ao Sul. Nas negociações da OMC (Rodada Doha), iniciadas em 2001, os países desenvolvidos buscavam barrar as exigências dos países em desenvolvimento. Desde a instituição do GATT, as questões relacionadas à quebra de tarifas alfandegárias e ao protecionismo dos países desenvolvidos à sua própria agricultura não são colocadas em discussão.

Em contraposição aos países periféricos, os desenvolvidos pressionam pela aprovação de acordos sobre propriedade intelectual e comércio e de tratados que mantenham o *status quo* no campo da agropecuária. Esse impasse nas negociações multilaterais da OMC tem sido característico da Rodada Doha. Em reação a essa desigualdade, foi organizado em 2003 o G20, reunindo as principais nações emergentes nas negociações da OMC.

Nos anos 1990, surgiram movimentos sociais antiglobalização. Heterogêneos, reuniam grupos religiosos, ambientalistas, anarquistas, sindicatos de trabalhadores, movimentos rurais e organizações não governamentais (ONGs) de diversos setores. Denunciavam o desmantelamento do Estado de Bem-Estar Social e as políticas que reproduziam a miséria e a desigualdade no capitalismo mundial. Propunham um tipo de integração que respeitasse a diversidade das culturas locais e construísse redes de solidariedade entre países, grupos e regiões afetadas pela globalização.

Os protestos em Seattle contra as propostas da Rodada do Milênio da OMC, em 1999, foram um marco para as campanhas públicas contra a globalização neoliberal. As manifestações eram organizadas para se contrapor a eventos das organizações financeiras internacionais, em especial do FMI e do Banco Mundial. Na época, os movimentos antiglobalização criaram redes de colaboração e associações civis em escala internacional. Em 1998, surgiu na França a Associação pela

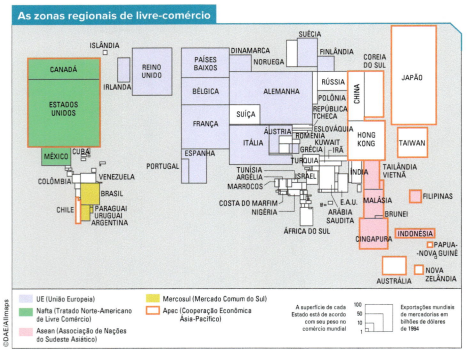

O comércio mundial é dominado pela tríade constituída pelo Nafta, UE e Asean. As principais transações, no entanto, são realizadas no interior de cada uma dessas zonas regionais. A UE, por exemplo, mantém três quartos de seu comércio na Europa. Nos últimos anos, blocos emergentes como o Mercosul vêm ganhando projeção no comércio internacional.

Fonte: ZANGHELLINI, Valéry (Coord.) *Histoire terminales L, ES, S*. Paris: Belin, 1998, p. 115.

Fórum Social Mundial

A proposta de organização do Fórum Social Mundial (FSM) surgiu no ano 2000, a partir das campanhas contra a globalização iniciadas em 1999. Diante de reuniões dos países desenvolvidos (G8), da OMC, do FMI e do Banco Mundial, grupos de manifestantes reuniam-se em frente aos locais de encontro para protestar contra a globalização. O FSM foi planejado para se realizar em Porto Alegre entre 25 e 30 de janeiro de 2001, em contraposição ao Fórum Econômico Mundial, que ocorria na mesma semana em Davos (Suíça) e reunia empresários e governos alinhados à agenda neoliberal.

O primeiro fórum ocorreu no *campus* da Pontifícia Universidade Católica do Rio Grande do Sul e tinha como mote "Um outro mundo é possível". O evento reuniu 4 mil delegados, 16 mil participantes credenciados de 114 países e um número incontável de interessados. O sucesso do evento representou a ascensão de vários movimentos sociais críticos ao neoliberalismo. O fórum era um lugar de articulação de atores heterogêneos que lutavam contra a integração econômica em curso e a reprodução das desigualdades no mundo contemporâneo.

Foi aprovada uma Carta de Princípios do Fórum Social Mundial e aglutinaram-se forças para a realização do evento nos anos seguintes. Entre 2001 e 2016, foram realizados 15 fóruns em diversos países da América do Sul, América do Norte, África e Oriente Médio. O movimento permanece como espaço de discussão de alternativas para a globalização, reunindo organizações civis e movimentos sociais internacionais, não assumindo caráter político partidário nem deliberativo.

Taxação de Transações Financeiras em Apoio aos Cidadãos (Attac), que fomentou a organização de protestos em escala internacional nos encontros da OMC, do FMI e do Banco Mundial, e no Fórum Econômico Mundial. No Brasil, uma das organizações instituídas com foco na crítica ao Consenso de Washington foi o Fórum Social Mundial (FSM).

ORGANIZANDO AS IDEIAS

6. O que é o neoliberalismo?
7. Quais foram os blocos econômicos surgidos e reconfigurados nos anos 1980 e 1990? Explique o significado da formação desses blocos nas relações internacionais.

Revisando o capítulo

APROFUNDANDO O CONHECIMENTO

1. Observe a imagem e responda às questões.

    a. A capa da *Veja* de 14 de novembro de 1973 fazia referência ao aumento do preço do petróleo. Descreva a imagem e explique a chamada "PETRÓLEO: uma arma decisiva na guerra".

    b. A crise do petróleo de 1973 constituiu um momento-chave da economia nos anos 1970. Cite duas características da crise econômica do período.

    c. As reações ao embargo da Opep mostravam a dependência do Ocidente em relação ao petróleo. Explique as razões dessa dependência na indústria e na vida moderna.

Capa da revista *Veja*, 14 nov. 1973.

2. Leia o texto e responda às perguntas.

    Em comunicado oficial, divulgado após 24 horas de absoluto silêncio a respeito do acidente, o governo soviético disse que este ocorreu em apenas um dos quatro reatores "causando a destruição parcial de elementos estruturais do edifício que continha, o que permitiu a saída para o exterior de determinada quantidade de substâncias radioativas". E acrescentou: "Duas pessoas morreram. Foram adotadas medidas de emergência para controlar os efeitos do acidente, o que permitiu a estabilização dos níveis de radiação na zona próxima à central". [...]

> A central nuclear de Chernobyl está localizada a 130 quilômetros de Kiev, capital da Ucrânia, e a 600 quilômetros de Moscou. Apesar das informações de uma moradora de Kiev sobre a existência de dois mil mortos, outros habitantes consultados por telefone disseram nada ter percebido de anormal na cidade, exceto um corte no fornecimento de água quente, uma medida, de qualquer maneira, mais ou menos frequente na área.
>
> MORTOS por radiação na URSS podem ser dois mil. *O Globo*. Rio de Janeiro, 30 abr. 1985. p. 16.

a. A reportagem publicada pelo jornal *O Globo* sobre o acidente nuclear em Chernobyl apresentava uma divergência entre o discurso oficial da União Soviética e a expectativa em relação à gravidade do acidente. Identifique a divergência apontada pelo jornal e pesquise sobre a estimativa atual da extensão do acidente nuclear.

b. A ameaça de um risco nuclear foi um dos elementos que impulsionaram os acordos que levaram ao fim da Guerra Fria. Nos anos 1980, Chernobyl foi símbolo e exemplo dos efeitos da corrida armamentista e tecnológica liderada por União Soviética e Estados Unidos. Contextualize a cúpula de Washington em 1987 nesse processo.

3. Leia o texto e responda às questões.

> O debate sobre a regionalização da economia global denota, contudo, uma questão importantíssima: o papel dos governos e das instituições internacionais no processo de globalização. As redes de empresas, negociando no mercado global, são apenas uma parte da história. Igualmente importantes são os atos das instituições públicas no patrocínio, na restrição e na formação do livre comércio, e no posicionamento dos governos em apoio a esses personagens econômicos cujos interesses representam.
>
> CASTELLS, Manuel. *A sociedade em rede*. São Paulo: Paz e Terra, 2011. p. 157.

a. Explique o que é a "regionalização da economia global".

b. O sociólogo Manuel Castells argumenta que a formação das empresas transnacionais e das redes de troca e comércio são apenas uma parte da história da globalização; a outra parte é um fenômeno político. Como os governos e as instituições internacionais favoreceram o processo de globalização?

4. Leia o texto e responda às perguntas.

> Se a globalização se faz sentir fortemente no âmbito da produção material, bem maiores são seus efeitos no referente ao mercado financeiro. Aqui, não somente é possível operar 24 horas por dia, unindo antípodas em tempo real. Uma vez que se trata de valores simbólicos, que independente de transporte material (como os bens fabricados), as aplicações financeiras se transferem com velocidade instantânea. Por conseguinte, a revolução tecnológica nas telecomunicações e nas operações ultrarrápidas de informação e cálculo potenciou o setor financeiro mais do que qualquer outro.
>
> GORENDER, Jacob. Globalização, tecnologia e relações de trabalho. *Estudos Avançados*, v. 11, n. 29, p. 325, 1997.

a. O historiador Jacob Gorender enfatiza a importância da comunidade financeira no arranjo produtivo da globalização. Como o desenvolvimento tecnológico favoreceu o setor financeiro?

b. Ao se referir à mudança nas relações de trabalho, Gorender faz uma diferenciação entre "produção material" e "valor simbólico", distinguindo, respectivamente, a indústria do setor financeiro no capitalismo. Explique as vantagens dos atores do mercado financeiro com as políticas neoliberais.

c. Explique os efeitos do neoliberalismo para o trabalhador.

A ASCENSÃO ASIÁTICA: UM DESAFIO À HEGEMONIA DO OCIDENTE?

CAPÍTULO 50

Você já viu celulares japoneses, automóveis coreanos, brinquedos e toda sorte de mercadorias *made in China*? É bem provável que sim: são objetos cada vez mais familiares nos dias atuais. Desde os anos 1960, o mapa econômico mundial foi redesenhado pelo surgimento de novas potências asiáticas. O Japão já havia se industrializado no fim do século XIX, mas como Coreia do Sul, China e Índia transformaram-se em alguns dos maiores produtores, exportadores e consumidores no mundo globalizado de hoje? Diversos fatores econômicos, políticos e sociais combinaram-se para gerar esse excepcional desenvolvimento que acompanharemos ao longo deste capítulo.

Construindo o conhecimento

- Desde a Antiguidade, China e Índia eram grandes economias. No século XIX, tornaram-se mercados cobiçados pelo imperialismo europeu. No início do terceiro milênio, transformaram-se em duas das maiores economias mundiais. A seu ver, qual fator ajuda a explicar a perene importância econômica desses países?
- Veja quais entre os seus pertences foram produzidos na Ásia e em que países. Em sua opinião, por que importamos esses produtos do outro lado do mundo?

Plano de capítulo

- Japão: renascimento e preeminência
- Os Tigres Asiáticos: da pobreza à prosperidade
- China: "não importa se o gato é branco ou preto, desde que cace ratos"
- Índia: desenvolvimento em meio ao subdesenvolvimento

Ingram Pinn. Charge publicada no jornal *Financial Times*, em 6 de junho de 2011. Nela, vê-se a China ultrapassando um Japão estacionário e aproximando-se dos Estados Unidos na corrida para se tornar a maior economia do mundo.

Marcos cronológicos

- **1945** — Fim da Segunda Guerra Mundial. Início da ocupação americana no Japão. Divisão das duas Coreias.
- **1949** — Fuga do Kuomintang para Taiwan.
- **1950-1953** — Guerra da Coreia.
- **1952** — Fim da ocupação americana no Japão.
- **1959-1963** — Independência de Cingapura.
- **1964** — Olimpíada de Tóquio.
- **1965** — Fracasso da união entre Cingapura e Malásia.
- **1966** — Início da Revolução Cultural Chinesa. Indira Ghandi torna-se primeira-ministra na Índia.
- **1970** — O Japão torna-se a terceira maior economia do mundo.
- **1975** — Declaração de Estado de Emergência na Índia.
- **1976** — Morte de Mao Tsé-Tung.

Japão: renascimento e preeminência

A ocupação americana (1945-1952)

Ao término da Segunda Guerra Mundial, o Japão havia perdido mais de 2 milhões de habitantes. Suas cidades, indústria e agricultura estavam arrasadas. O império nipônico na Ásia não existia mais.

Entre 1945 e 1952, os Estados Unidos ocuparam o Japão, tendo como principal objetivo desmilitarizar e ocidentalizar o país para evitar que ele ameaçasse novamente os interesses americanos. Entretanto, pressionada por anos de guerra e pelas imensas perdas materiais dela decorrentes, a economia nipônica entrou em colapso, a inflação disparou e a fome afetou milhões de japoneses, o que exigiu uma significativa ajuda americana.

A ocupação tratou de remodelar a sociedade japonesa: o exército e a polícia secreta foram dissolvidos, criminosos de guerra julgados e condenados, e muitos dos partidários do regime anterior perderam suas posições na burocracia e nas maiores empresas. O imperador, porém, foi preservado, na tentativa de garantir a estabilidade política do Japão.

Tais medidas foram acompanhadas de transformações radicais. Assim, as reformas constitucionais impostas aos japoneses garantiram pela primeira vez direitos iguais para as mulheres e minorias (inclusive o voto), a livre organização sindical, o fim da censura e a diminuição do nacionalismo na educação.

GUERRA E ENCONTRO ENTRE O ORIENTE E O OCIDENTE: O BUTOH

Na década de 1940, no Japão, Tatsumi Hijikata (1928-1986) e Kazuo Ohno (1906-2010) criaram uma expressão artística que mistura dança e teatro, o Butoh. Eles se inspiraram nos horrores vividos pelos japoneses na Segunda Guerra Mundial, em temas considerados tabus na sociedade japonesa da época, como o sexo, e em sentimentos como a raiva, a dor, a decrepitude, a angústia e a dor – que eles chamam de "demônios universais". Tendo em vista a presença cada vez maior do Ocidente no Japão, apropriaram-se de alguns elementos da dança ocidental, adaptando aos sentimentos que queriam transmitir e à estética oriental.

O Butoh que existe atualmente no Japão e em outros países do mundo, como o Brasil, ao contrário de outras expressões artísticas, não pretende entreter a plateia, mas fazê-la entrar em contato com os sentimentos considerados negativos, por meio de coreografias que se destacam por uma estética bastante diversa da que estamos acostumados, pelos movimentos lentos, quase ausência de figurinos, destacando a deformidade, utilizando-se da comicidade ou da tragédia para expressar as dores físicas e psíquicas dos seres humanos.

O Butoh está ligado à experiência das guerras e também aos sentimentos dos trabalhadores japoneses (e do Ocidente) diante da domesticação dos corpos exigida pelo trabalho capitalista.

Kazuo Ohno durante apresentação em Nova York, Estados Unidos. Foto de 1996.

1978 — Consolidação de Deng Xiaoping como principal líder da China. Início das reformas econômicas.

1980 — Violenta repressão a protestos na Coreia do Sul. Criação das Zonas Econômicas Especiais na China.

1984 — Assassinato de Indira Ghandi e ascensão ao poder de seu filho Ravij.

1985 — O Japão torna-se a segunda maior economia do mundo.

1989 — Massacre da Praça da Paz Celestial na China.

1991 — Assassinato de Ravij Ghandi. Reformas econômicas na Índia.

1992 — Eleições livres para presidente na Coreia do Sul.

1996 — Eleições livres para presidente em Taiwan.

1997 — Crise financeira das economias asiáticas. Hong Kong volta a ser território chinês.

2010 — A China torna-se a segunda maior economia do mundo.

2014 — Protestos exigindo mais democracia em Hong Kong.

Yakuza: crime, poder e política

Os grupos mafiosos japoneses reúnem mais de 100 mil pessoas. Estão divididos em vários bandos, muitas vezes concorrentes entre si. Praticam diversos tipos de crime, como tráfico de mulheres (geralmente estrangeiras), agiotagem, tráfico de drogas, extorsão e cobrança de "proteção" de negócios legítimos.

A desordem após a Segunda Guerra Mundial ofereceu grandes oportunidades de negócios ilegais. O crescimento econômico também abriu novos caminhos para o enriquecimento ilícito, como ameaçar proprietários para que vendessem suas casas para a construção de grandes empreendimentos imobiliários. Mesmo as maiores corporações podiam usar gângsteres para intimidar concorrentes ou acionistas minoritários da própria empresa. Políticos também se associaram em diversos momentos a esses criminosos. Essa relação era especialmente útil em épocas de campanha, garantindo votos e financiamento para os políticos em troca de proteção e favores para as gangues. Até mesmo um primeiro-ministro, Noburo Takeshida, teve sua ascensão ao poder em 1987 facilitada pelo apoio de um proeminente criminoso. No caso da extrema-direita, a relação com a *yakuza* é tão íntima que fica difícil separar os dois grupos.

Membros da *Yakuza* mostram suas tatuagens durante o Sanja Matsuri, em 17 de maio de 2014, no distrito de Asakusa, Tokyo, Japão. Dois milhões de pessoas são esperadas ao longo dos três dias do festival. O Sanja Matsuri é o maior festival em Tóquio ao lado da Kanda Matsuri e o Sanno Matsuri.

Os americanos também procuraram restringir a concentração de poder econômico característica do desenvolvimento japonês. Uma ampla reforma agrária transferiu um terço da área agricultável para os trabalhadores, criando um grande grupo de pequenos proprietários. Já a reforma tributária tornou a cobrança de impostos mais igualitária, o que permitiu que os pobres pudessem consumir e investir mais. Também se tentou dissolver os grandes conglomerados industriais que dominavam a economia japonesa, os *zaibatsu*, na tentativa de diminuir sua influência política e econômica.

Entretanto, tal objetivo foi abandonado com o início da Guerra Fria. A guinada na política americana buscou promover o crescimento econômico do Japão, de modo a anular o risco de que o país se aliasse aos soviéticos. A Guerra da Coreia (1950-1953) foi decisiva para a recuperação japonesa, pois o país se tornou o principal fornecedor para as tropas ocidentais, o que impulsionou suas exportações e ajudou a recuperar seu parque industrial. O renascimento econômico somou-se às reformas constitucionais para garantir estabilidade ao Japão, de modo que em 1952 a ocupação chegou ao fim. Os japoneses, porém, continuaram a depender dos Estados Unidos para a defesa do seu território. Com isso puderam limitar seus gastos militares, liberando recursos para o estímulo à economia.

O milagre japonês (1952-1989)

O governo, controlado por décadas pelo Partido Liberal Democrata (PLD), interviu vigorosamente na economia. A moeda japonesa, o iene, foi artificialmente desvalorizada, de modo a incentivar as exportações e encarecer as importações, e inovações tecnológicas foram importadas para aumentar a produtividade industrial. A diminuição da desigualdade

Inauguração de trecho entre Tóquio e Osaka da rede ferroviária Shinkansen, responsável pelo primeiro transporte ferroviário de passageiros de alta velocidade do mundo, conhecido como "trem-bala" ao atingir a velocidade de 210 km/h. Foto de 1º de outubro de 1964. Assim como a Olimpíada de Tóquio, disputada no mesmo ano, era uma evidência de que o Japão estava entre as nações mais ricas do mundo.

A ascensão asiática: um desafio à hegemonia do Ocidente? Capítulo 50

também ampliou o mercado interno para os produtos japoneses. A fragilidade dos sindicatos e uma cultura que valorizava o trabalho e a lealdade à empresa estimulavam a produtividade e diminuíam a ocorrência de greves. Os impostos também eram relativamente baixos, mesmo porque o governo não oferecia uma ampla rede de proteção social a sua população, como saúde e previdência públicas. Em consequência, os japoneses poupavam grande parte de sua renda, dinheiro que, depositado nos bancos, era utilizado para financiar novos investimentos.

Assim, o Japão tornou-se o país de mais rápido crescimento nas décadas de 1950 e 1960. Assumiu a liderança em diversas indústrias, como a construção naval – em 1975, quase a metade dos navios do mundo era produzida no Japão. Em 1967, empresas como a Nissan e a Toyota garantiram ao país a posição de segundo maior produtor mundial de veículos, atendendo tanto ao crescente mercado interno quanto ao externo. O mesmo pode ser dito em relação aos eletrodomésticos, que se tornaram uma especialidade nacional. Em 1970, o Japão havia se tornado a terceira maior economia do planeta, atrás apenas das duas superpotências.

Apesar da grande dependência do petróleo importado, o Japão continuou a crescer nos anos 1970, em meio às dificuldades que afetaram boa parte do mundo capitalista. Isso foi possibilitado pela transformação de seu parque industrial, cada vez mais voltado para áreas de grande tecnologia e inovações, que exigiam menos matérias-primas e aproveitavam o elevado nível educacional de seu povo. Assim, por volta de 1985, o país ultrapassou a União Soviética e tornou-se a segunda maior economia mundial. O enriquecimento nacional e a melhoria do nível de vida ampliaram consideravelmente o mercado interno. Ao mesmo tempo, os altos salários levaram cada vez mais empresas a produzir fora do Japão para diminuir seus custos.

O acelerado desenvolvimento teve, no entanto, consequências negativas. O ambiente foi seriamente poluído devido à falta de restrições governamentais à ação empresarial, o que causou o envenenamento de milhares de pessoas por metais pesados. A urbanização concentrada em grandes metrópoles – como Tóquio, que viria a se tornar a maior cidade do planeta em 1984, com 17 milhões de habitantes – elevou o custo de vida, especialmente no setor de habitação, com aluguéis e preços dos imóveis dentre os mais altos do mundo.

Esse crescimento acelerado não alterou a projeção dos grandes conglomerados empresariais, agora denominados *keiretsu*. Tais organizações apoiavam o conservador PLD, que governou o Japão entre 1955 e 1993. A corrupção política era generalizada, inclusive envolvendo a máfia japonesa (*yakuza*).

Estagnação

A crença de que o Japão continuaria a crescer ininterruptamente fez com que o preço das ações das empresas e dos imóveis subisse demais. O governo tentou combater a especulação financeira com a elevação dos juros. Como resultado, a Bolsa de Tóquio, que em 1989 representava 40% do valor de mercado das bolsas de todo o mundo, viu suas cotações caírem pela metade em um ano; processo similar ocorreu no mercado imobiliário. Muitos especuladores faliram. Os bancos, que serviam de base para os conglomerados empresariais, tiveram grandes prejuízos e diminuíram a oferta de crédito para novos investimentos. Assim, a economia como um todo foi afetada, permanecendo relativamente estagnada desde então.

A esses problemas somaram-se as denúncias de corrupção contra políticos, que em 1993 levaram à derrota do PLD. Nos anos seguintes, ficou difícil formar um consenso político que possibilitasse a realização de reformas econômicas. Apesar disso, os japoneses continuam a gozar de um dos mais elevados padrões de vida do mundo.

> **ORGANIZANDO AS IDEIAS**
>
> 1. Analise a importância geopolítica do Japão para os Estados Unidos após a Segunda Guerra Mundial.
> 2. Explique o desenvolvimento econômico japonês nos anos 1950 e 1960.

Os Tigres Asiáticos: da pobreza à prosperidade

Transformações políticas (1945-1965)

O crescimento japonês teve como base estruturas socioeconômicas anteriores à Segunda Guerra Mundial, mas a Coreia do Sul, Taiwan, Cingapura e Hong Kong desenvolveram-se rapidamente, partindo de patamares muito mais baixos. Embora de configurações geográficas diversificadas – por serem, respectivamente, uma península, uma ilha e duas cidades –, todas experimentaram acelerado

Vista de Seul. Foto de junho de 2015. Considerada uma das cidades mais modernas do mundo, a capital da Coreia do Sul é uma metrópole com 10 milhões de habitantes.

crescimento econômico na segunda metade do século XX, construído graças a uma agressiva integração no comércio mundial. Foram denominadas coletivamente "Tigres Asiáticos".

Entretanto, em 1945, nada indicava que seria esse o seu destino, uma vez que haviam sido dominadas pelo Japão, por longos períodos (Taiwan e Coreia) ou brevemente (Cingapura e Hong Kong). No pós-guerra, foi necessário reconstituir politicamente cada uma delas. Taiwan passou a ser controlada pelo Kuomintang de Chiang Kai-shek, que pretendia ser o legítimo representante de toda a China; a Coreia do Sul foi ocupada pelos Estados Unidos e, depois, estabeleceu uma frágil república; Hong Kong voltou ao domínio britânico; Cingapura conseguiu sua independência do Reino Unido, após uma fracassada tentativa de união com a Malásia.

A década de 1950 foi um período de problemas políticos e econômicos, agravados pelo temor dos regimes comunistas da China e da Coreia do Norte. A resposta unânime foi a consolidação de ditaduras, por vezes disfarçadas de democracias, com eleições manipuladas.

Rumo ao desenvolvimento (1961-1997)

Conscientes de que somente a coerção não bastaria para manterem o poder, esses governos procuraram construir sua legitimidade com o crescimento econômico e a consequente melhoria das condições de vida da população. Ao mesmo tempo, a industrialização também contribuiria para o reforço do poder militar, preocupação especialmente relevante para a Coreia do Sul e Taiwan.

Hong Kong foi uma das primeiras a se desenvolver. Os britânicos tinham interesse no crescimento econômico, que livraria a metrópole da responsabilidade de enviar recursos para manter a cidade.

O acesso ao mercado chinês (principalmente por meio do contrabando) e a fuga de capitalistas da China comunista ajudaram Hong Kong a se transformar em um polo industrial, exportando manufaturas de baixa qualidade e preços ainda menores, graças aos reduzidos salários pagos aos trabalhadores.

Por sua vez, Taiwan e Coreia do Sul receberam bilhões de dólares em auxílio econômico e militar dos Estados Unidos, que procuravam evitar que esses países fossem dominados por vizinhos comunistas – respectivamente, China e Coreia do Norte. Os dois "Tigres" construíram uma ampla base de apoio no campesinato ao realizar reformas agrárias que contribuíram para diminuir a desigualdade social, ampliar a produtividade agrícola e propiciar o surgimento de um mercado interno. Cingapura, por sua vez, compensou a ausência de um mercado interno com a concessão de grandes vantagens a empresas estrangeiras para estimular o investimento externo.

Esses elementos combinaram-se com o acesso privilegiado ao mercado americano para possibilitar uma industrialização baseada em produtos baratos, no modelo de Hong Kong. A intensa repressão aos sindicatos foi fundamental para diminuir os salários. A reduzida rede de proteção social permitia que o governo cobrasse poucos impostos das empresas e estimulava as pessoas a economizarem para emergências e para a aposentadoria, dinheiro que era utilizado pelos bancos para financiar mais investimentos. O Estado procurava apoiar o desenvolvimento capitalista, adotando muitas vezes planos quinquenais para coordenar os esforços da iniciativa privada.

Contudo, todas essas regiões investiram maciçamente em um ensino de qualidade, o que capacitou a mão de obra para atividades cada vez mais complexas. Para possibilitar esse investimento nas novas gerações, foram adotadas políticas de controle populacional, o que fez diminuir rapidamente a elevada natalidade até então predominante.

Assim, entre as décadas de 1960 e 1980 os Tigres Asiáticos foram as economias de crescimento mais acelerado no planeta, passando de regiões agrárias para potências industriais e comerciais em um mundo globalizado. Cada área especializou-se em setores avançados. A Coreia do Sul é uma das principais exportadoras de eletrônicos e automóveis; Hong Kong tornou-se um dinâmico centro financeiro, com a segunda Bolsa de Valores mais importante da Ásia; Taiwan é um ator global no mercado de programas para computador, e Cingapura é um dos portos mais movimentados do mundo, destacando-se também no refino e transporte de petróleo. Mesmo crises financeiras como a de 1997 – que forçou a Coreia do Sul a tomar um vultoso empréstimo do Fundo Monetário Internacional (FMI) para honrar suas dívidas – não reverteram esse quadro. Os Tigres Asiáticos permanecem entre as economias mais ricas do mundo.

Abertura política

Durante décadas, os quatro Tigres mantiveram-se autoritários, aprisionando, assassinando e exilando seus cidadãos. O serviço secreto da Coreia do Sul, por exemplo, capturou dezenas de opositores em outros países para executá-los e, em 1980, reprimiu protestos matando 2 mil manifestantes e estudantes.

No entanto, a população dessas regiões, que havia tido mais acesso à educação e maior contato com o exterior, começou a manifestar seu descontentamento com o autoritarismo. Assim, Taiwan e Coreia do Sul assistiram, a partir da década de 1980, a uma organização cada vez mais intensa da sociedade civil (especialmente estudantes e trabalhadores) para reivindicar maior participação política, forçando os governos dos dois países a iniciar em 1987 uma transição para a democracia. Em 1992, na Coreia do Sul, e, em 1996, em Taiwan, pela primeira vez os presidentes foram escolhidos em eleições livres.

Cingapura, porém, é governada pelo Partido da Ação Popular desde 1959, que impede o fortalecimento de qualquer oposição e manipula o sistema para manter-se no poder. Hong Kong, apesar de algumas reformas iniciadas pela Grã-Bretanha na década de 1990, restringe consideravelmente a participação política da população, uma vez que desde 1997 voltou a ser controlado pela China, que vive uma ditadura e não deseja implementar uma democracia dentro de seu próprio território.

ORGANIZANDO AS IDEIAS

3. Aponte as características comuns dos Tigres Asiáticos que contribuíram para seu crescimento a partir da década de 1960.
4. Quais foram as transformações políticas que os Tigres Asiáticos começaram a sofrer a partir da década de 1980?

China: "não importa se o gato é branco ou preto, desde que cace ratos"

O início das reformas (1976-1984)

Após os conflitos oriundos da Revolução Cultural, a China assistiu a um processo de normalização institucional a partir de 1972. Alguns importantes dirigentes que haviam caído em desgraça foram reabilitados, como o veterano Deng Xiaoping (1904-1997). Em torno dele aglutinou-se a oposição, pois era visto como menos autoritário e mais pragmático do que Mao Tsé-tung. Com a morte de Mao em 1976, acirrou-se a luta pelo poder dentro do Partido Comunista Chinês (PCC). Foram presos os principais líderes da esquerda radical, inclusive a viúva de Mao, Jianq Quing. A medida foi aplaudida pela população, que culpava esse grupo pelos excessos da Revolução Cultural. O novo líder chinês, Hua Guofeng, precisou reconhecer a importância de Deng, devido ao apoio que este recebia dentro do Partido e entre a população.

Em 1978, Deng suplantou Hua e tornou-se o verdadeiro líder do PCC. Ele propôs um novo *slogan* para a China: "a prática é o único critério da verdade", opondo-se aos dois "tudos" de Hua: "tudo o que o presidente Mao tenha dito deve ser obedecido; tudo o que ele tenha decidido deve ser respeitado". Buscava-se, assim, adotar um pragmatismo que livrasse a política chinesa do dogmatismo ideológico, com o objetivo de alcançar o crescimento econômico. Essa posição já havia sido esboçada por Deng décadas antes, quando disse: "não importa se o gato é branco ou preto, desde que cace ratos". Ou seja, o que importa são os resultados, não a forma como foram obtidos.

Houve, por alguns meses, maior liberdade política, com a reabilitação de muitos perseguidos políticos, artigos críticos à Revolução Cultural publicados na imprensa oficial e, principalmente, manifestações de rua e cartazes pregados em muros pedindo direitos humanos e democracia. Porém, quando os contestadores começaram a questionar os fundamentos do PCC foram duramente reprimidos. Instituíram-se, assim, as principais características da política chinesa desde então: abertura e reforma econômica sem liberalização política.

Lançaram-se as "Quatro Modernizações": agricultura, defesa nacional, indústria e ciência e tecnologia. De maneira geral, tais reformas procuraram introduzir as forças do mercado na economia chinesa, difundindo efetivamente o capitalismo pela China.

Para isso, o país precisava atrair investimentos e tecnologia do exterior. Assim, uma das primeiras iniciativas de Deng foi reaproximar-se dos Estados Unidos, país que visitou em 1979, lançando as bases para o arranque do comércio bilateral. Também ocorreu uma ampliação do comércio com o Japão.

As reformas possuíam um caráter marcadamente experimental e descentralizado, com muitas iniciativas originando-se em áreas específicas e, após seu sucesso, espalhando-se para o restante do país. Em geral, a coletivização foi revertida: famílias de camponeses assumiram responsabilidade por terras e mantiveram os lucros advindos da sua produção. Assim, entre 1978 e 1984, a produção agrícola aumentou em 49%. Da mesma maneira, as empresas estatais e comunitárias tiveram maior autonomia; passou-se a esperar que conseguissem cobrir seus próprios custos e gerar lucros. Mais importante, permitiu-se a constituição e a multiplicação de empresas privadas, que passaram de 100 mil em 1978 para 17 milhões sete anos mais tarde. Criaram-se ainda as Zonas Econômicas Especiais com condições privilegiadas para atrair capital estrangeiro, como impostos mais baixos e menor interferência estatal. Empresas internacionais investiram pesadamente nessas áreas, com o objetivo de aproveitar a mão de obra barata, pois os salários eram muito baixos e as regulações trabalhistas reduzidas.

Como consequência, a China alcançou excepcionais taxas de investimento. O Produto Interno Bruto (PIB) cresceu em torno de 10% ao ano até 1988. A renda média praticamente dobrou, de modo que os níveis de consumo, tanto de bens quanto de alimentos, aumentaram significativamente, acabando com os episódios de fome que haviam ceifado milhões de vidas no "Grande Salto para Frente" (1957-1962). Para tentar restringir o crescimento demográfico, adotou-se em 1978 a política do filho único, que evitou centenas de milhões de nascimentos ao custo de abortos e mesmo infanticídios de um número desconhecido de meninas, devido à preferência das famílias por filhos homens. Mesmo assim, a população chinesa ainda é a maior do mundo, com mais de 1,3 bilhão de pessoas.

Dificuldades (1985-1992)

A velocidade das transformações não poderia deixar de trazer dificuldades. A inflação disparou, alcançando taxas entre 25% e 40%. Contudo, a corrupção espalhava-se cada vez mais, pois o poder do PCC e do Estado fez dos políticos e funcionários públicos aliados essenciais dos empresários.

Entretanto, muitos trabalhadores foram demitidos das empresas estatais e milhões de camponeses

O homem do tanque

Em 5 de junho de 1989, após a intensa repressão do dia anterior, os militares chineses continuaram a atacar manifestantes e transeuntes na Praça da Paz Celestial e arredores. Na Avenida Chang'an, as tropas disparavam contra os civis, mas um homem carregando duas sacolas de compras postou-se na frente dos tanques para impedir seu avanço. O manifestante não só fez gestos para os veículos retornarem como subiu no primeiro tanque para conversar com os soldados. Após alguns minutos de tensão, o homem foi arrastado por duas pessoas e desapareceu; até hoje não se conhece sua identidade. Apesar da repressão chinesa, que procurou cercear a atuação dos repórteres estrangeiros, cinco deles conseguiram fotografar esse momento e uma equipe o filmou. A foto simboliza não só a violenta repressão com o uso de tanques e metralhadoras contra civis desarmados, mas também a resistência de pessoas comuns contra um regime ditatorial.

A imagem que se tornou símbolo de resistência ao massacre da Praça da Paz Celestial, em Pequim, na China. Foto de 5 de junho de 1989.

migravam ilegalmente para as cidades, elevando as taxas de desemprego. A criminalidade também cresceu. Por último, muitos estudantes desejavam mais liberdade individual, ao menos em alguns casos devido ao contato com o mundo ocidental, que recebia cada vez mais chineses em suas universidades.

Essas dificuldades levaram grupos dentro do Exército e do PCC a criticar as reformas econômicas, vistas como negativas – até mesmo por diminuírem seu controle sobre a sociedade chinesa. Assim, a própria elite política estava dividida entre tradicionalistas, que resistiam às mudanças, e reformistas, que desejavam continuar no curso estabelecido desde 1978. Em resposta aos problemas econômicos, o Estado diminuiu os gastos públicos a partir de 1989 para garantir o pagamento de suas dívidas. Essa medida reduziu o crescimento econômico, já em baixa.

Todos esses fatores se combinaram para produzir protestos estudantis a partir de abril de 1989, pedindo "ciência e democracia", o fim da corrupção e a substituição dos já idosos líderes do PCC. Milhares de estudantes ocuparam a Praça da Paz Celestial em Pequim, capital do país, a partir do fim de abril. O impacto internacional da ocupação foi maximizado pela visita de Mikhail Gorbatchev em maio. A visita do líder soviético recebeu ampla cobertura jornalística, o que acabou por oferecer um palco privilegiado para os protestos.

Durante as manifestações, os estudantes começaram a formar organizações mais duradouras e obter o apoio de alguns grupos de trabalhadores na capital, que haviam formado sindicatos ilegais. Alguns tomaram atitudes mais radicais, como greve de fome e a publicação de jornais clandestinos. Outros criaram uma estátua da "Deusa da Liberdade", claramente inspirada na Estátua da Liberdade de Nova York. Em 4 de junho de 1989, o Exército investiu com tanques contra manifestantes desarmados. Não se sabe o número de mortos e presos, mas as estimativas mais aceitas giram em torno de mil e 10 mil, respectivamente, sem contar aqueles que foram executados depois. Os anos seguintes ainda conheceram um endurecimento político-ideológico que restringiu os esforços de liberalização econômica, devido à ascendência conquistada pelo setor mais tradicionalista do PCC.

O Massacre da Praça da Paz Celestial, como ficou conhecido esse evento, gerou uma condenação internacional quase unânime e sanções econômicas por parte dos países ocidentais. Mesmo sabendo que isso poderia ocorrer, o PCC optou pela repressão, pois a organização de dezenas de milhares de estudantes, reforçados por trabalhadores, ameaçava o monopólio político do partido, o que, em um contexto de dissolução dos regimes socialistas do Leste Europeu, era visto como uma ameaça à continuidade do regime. Até hoje os censores do governo buscam impedir que os chineses acessem relatos, imagens e vídeos desse evento.

Rumo ao topo?

Em 1992, o PCC retomou o caminho das reformas e da ênfase no crescimento econômico capitalista.

Crescendo e poluindo

O crescimento acelerado da China teve como consequência uma degradação ambiental ainda mais intensa, devido à adoção de tecnologias baratas. Quase 70% da eletricidade do país é produzida em termelétricas movidas a carvão, uma das fontes de energia mais poluentes. As principais cidades são extremamente poluídas, mais de 60 milhões de pessoas não têm acesso à água potável em quantidade suficiente e diversas áreas conhecem um acelerado processo de desertificação. Em consequência, mais de 700 mil chineses morrem todos os anos, segundo o Banco Mundial. Apesar de avanços recentes, como o acordo entre China e Estados Unidos no fim de 2014 para limitar a emissão de gás carbônico, os efeitos no meio ambiente da acelerada transformação econômica chinesa dos últimos 40 anos podem ser desastrosos para o planeta.

Poluição do ar em Jinan, na província de Shandong, leste da China. Foto de dezembro de 2015.

Manifestantes usam a luminosidade de seus celulares em uma demonstração de solidariedade durante um protesto em frente à sede do Conselho Legislativo em Hong Kong, China. Foto de 29 de setembro de 2014. O número de manifestantes ultrapassou os 100 mil, especialmente após tentativas da polícia de dispersar o protesto usando gás lacrimogênio.

Após o desmoronamento do mundo socialista no Leste Europeu nos anos anteriores, ficou claro para os dirigentes do partido que somente a constante melhora das condições de vida da maioria da população poderia evitar a derrubada do regime. Assim, a economia chinesa cresceu numa velocidade excepcional, embora tenha ocorrido uma desaceleração desde a crise global de 2008. Em 2010, o PIB chinês ultrapassou o do Japão: a China tornou-se a segunda maior economia do mundo. Sua demanda por matérias-primas e alimentos foi essencial para o crescimento de muitos países (entre eles o Brasil, que exporta ferro, petróleo, soja e outros produtos agrícolas para a China), enquanto a venda de manufaturados fez dela o maior exportador do mundo. O aumento do consumo por parcelas cada vez maiores da população criou um gigantesco mercado interno. O desenvolvimento levou a China a investir cada vez mais em tecnologia, afastando-se do estereótipo de produtos baratos e de baixa qualidade.

Entretanto, o enriquecimento não atingiu igualmente a todos. A desigualdade acentuou-se: o país possui hoje o segundo maior número de bilionários do mundo. Muitos dos indivíduos mais ricos da China pertencem ao grupo dos "Príncipes", descendentes de importantes quadros do PCC que utilizaram suas conexões pessoais para obter postos de comando em empresas (geralmente estatais) e facilitar grandes negócios, muitas vezes ilegais. A maior parte das principais lideranças do país pertence a esse grupo, inclusive Xi Jinping, presidente da República e secretário-geral do PCC desde 2012. O nepotismo não está, porém, apenas no topo, permeando todos os elementos da política e economia chinesas.

As desigualdades também são regionais: o interior é mais pobre do que o litoral, assim como o campo (onde ainda vivem 46% dos chineses) em relação às cidades. Por isso, muitos camponeses migram para os núcleos urbanos sem autorização do governo, submetendo-se a péssimas condições de trabalho e sem acesso aos serviços públicos, por não possuírem o direito de residir nos locais onde trabalham.

As áreas em que predominam minorias étnicas, como o Tibete ou os muçulmanos uigures, também são mais pobres e sofrem mais repressão política.

Para evitar que esses problemas degenerem em contestação, o PCC desenvolveu um discurso profundamente nacionalista que, propagado pela imprensa oficial, tem ajudado a diminuir as críticas aos governantes. Além do controle sobre a maior parte dos jornais, rádios e TVs, a China emprega um exército de censores na internet, na tentativa de restringir críticas e influenciar a opinião pública. Qualquer manifestação que ameace se expandir ou denote uma significativa capacidade de organização é rapidamente reprimida. Os protestos mais importantes das últimas décadas ocorreram entre setembro e novembro de 2014, em Hong Kong (que passou para o controle chinês em 1997, após mais de 150 anos de domínio britânico), numa escala similar aos que ocorreram na Praça da Paz Celestial em 1989, mas dessa vez com uma repressão muito menos violenta.

ORGANIZANDO AS IDEIAS

5. Quais foram as mudanças implementadas na China após 1978, sob a liderança de Deng Xiaoping?
6. Identifique a contradição entre os objetivos do Partido Comunista Chinês e as demandas de parte da população por mais liberdade e democracia.
7. Analise a relação entre os problemas enfrentados pela China atual e seu desenvolvimento nos últimos 40 anos.

Índia: desenvolvimento em meio ao subdesenvolvimento

Dinastia e democracia (1975-1991)

Desde a sua independência em 1947, a Índia demonstrou uma considerável estabilidade política e ampliou a produção de alimentos para sustentar uma população em rápido crescimento. Em contrapartida, a pobreza generalizada, a milenar discriminação derivada das castas e as divisões religiosas e regionais ainda implicam grandes desafios para o país.

O caráter democrático da política indiana foi ameaçado em 1975, quando a primeira-ministra Indira Gandhi (sem parentesco com Mahatma Gandhi, era filha do primeiro governante após a independência, Jawaharlal Nehru), depois de ser condenada por irregularidades em uma campanha eleitoral, decretou estado de emergência para evitar sua saída do poder. Milhares de opositores foram presos, ainda que a maioria fosse libertada rapidamente. Mesmo assim, a Índia manteve-se como um dos poucos países em desenvolvimento que não passaram por uma ditadura desde sua independência.

Em 1977, a oposição venceu pela primeira vez as eleições, em um contexto de maior participação popular, inclusive das castas inferiores. A fragilidade do novo governo, porém, possibilitou o retorno ao poder do Partido do Congresso, principal ator político da Índia desde a luta contra o domínio britânico. Indira Ghandi voltou a ocupar o cargo de primeira-ministra.

Em 1984, ocorreu no estado do Punjab um confronto entre tropas governamentais e radicais da religião *sikh*, refugiados no Templo do Ouro. Os soldados assaltaram o santuário, matando centenas de rebeldes. No mesmo ano, a primeira-ministra foi assassinada por dois guarda-costas que pertenciam a essa minoria, o que resultou numa explosão de violência contra os *sikhs*, que deixou milhares de mortos.

A comoção nacional permitiu que o filho de Indira, Rajiv Gandhi, ascendesse ao poder. Rajiv incentivou a inovação tecnológica (principalmente por meio da utilização de computadores, então uma novidade), ampliou a alfabetização e valorizou a iniciativa privada, iniciando a reversão da longa tradição de intervencionismo estatal na economia indiana. Abalado por acusações de corrupção, Rajiv foi derrotado em 1989 e, na eleição seguinte, foi morto em um atentado terrorista no último dia de campanha. Ainda que sua viúva, a italiana naturalizada indiana Sonia Gandhi, continue a ser uma figura politicamente importante, a dominação da dinastia Nehru-Gandhi chegou ao fim.

Crescimento e pobreza

No início da década de 1990, a crise do maior parceiro comercial da Índia, a União Soviética, afetou seriamente a indústria indiana, pois seus produtos de baixa qualidade eram vendidos principalmente para os países socialistas. Além disso, a dívida externa havia crescido a tal ponto que o país estava sob sério risco de falir. Assim, foi pedido um empréstimo ao FMI e iniciou-se um processo de reforma que incentivou o investimento estrangeiro, privatizou empresas, desvalorizou a moeda, simplificou os impostos e acabou com monopólios estatais em áreas como televisão, aviação e telefonia. A esses fatores, acrescente-se o fato de países como Estados Unidos e Grã-Bretanha terem passado a utilizar mão de obra barata e falante de inglês da Índia em diversos serviços, como *telemarketing*, por exemplo.

Mais importante, porém, foi o surgimento de alguns setores avançados, como os de medicamentos genéricos e de programação de computadores. Foram criadas Zonas Econômicas Especiais, segundo o modelo chinês. O PIB alcançou taxas recordes entre 2004 e 2011, fazendo do país a 10ª economia mundial. Joga em seu favor o crescimento demográfico, pois, com mais de 1,2 bilhão de habitantes, supõe-se que brevemente a Índia se tornará o país mais populoso do mundo.

Entretanto, esse país em crescimento acelerado ainda está longe de erradicar as desigualdades sociais e regionais. O meio rural e as periferias urbanas abrigam centenas de milhões de miseráveis quase sem acesso à educação e saúde. Ainda mais do que na China, o crescimento econômico beneficiou aqueles que conseguiram ascender à classe média e os muito ricos, mas excluiu parcela considerável da população indiana.

Templo do Ouro, santuário *sikh* na cidade de Amritsar, localizada no estado do Punjab, no noroeste da Índia. Foi o cenário da crise político-militar de 1984, que resultou no assassinato de Indira Gandhi. Foto de 2015.

Por exemplo, ainda há mais de 300 milhões de analfabetos no país, cinco vezes mais do que na China, em sua maioria mulheres – sintoma da péssima condição em que vive grande parte das indianas e do descaso com a educação pública. A corrupção exclui da cidadania muitos dos mais pobres, pois muitas vezes é preciso pagar para ter acesso aos serviços públicos. Além disso, os conflitos religiosos continuam presentes, como demonstram os massacres perpetrados pela maioria hindu contra muçulmanos em 1989, 1992 e 2002.

A milenar divisão da sociedade em castas ainda influencia a vida de grande parte da população, especialmente no campo, onde vivem mais de 60% dos indianos, por mais que essa discriminação tenha sido declarada ilegal pela Constituição de 1949. As medidas que reservaram metade das vagas na educação e no serviço público para pessoas das castas inferiores desde 1990 beneficiaram principalmente os setores mais ricos desses grupos.

É de se destacar, porém, que vários "intocáveis" (*dalits*) conseguiram ascender social e politicamente nas últimas décadas, como K. R. Narayanan, primeiro-ministro entre 1997 e 2002. De modo geral, a pobreza, a falta de educação formal e os conflitos étnico-religiosos dificultam uma mobilização efetiva dos setores mais pobres e discriminados, embora avanços significativos tenham ocorrido desde a independência, em grande medida devido à importância numérica das castas mais baixas nas eleições.

ORGANIZANDO AS IDEIAS

8. Identifique as principais dificuldades políticas enfrentadas pela Índia nas últimas décadas.
9. Aponte as características da sociedade indiana que ainda remetem ao passado, apesar do crescimento econômico das últimas décadas.

Revisando o capítulo

APROFUNDANDO O CONHECIMENTO

1. Observe os gráficos abaixo.

Gráfico 1

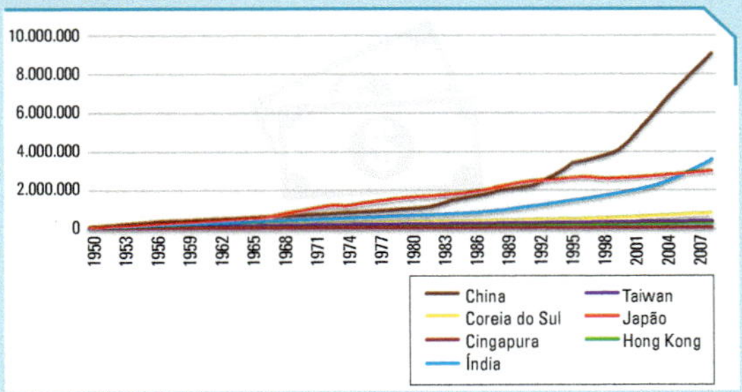

Gráfico 2

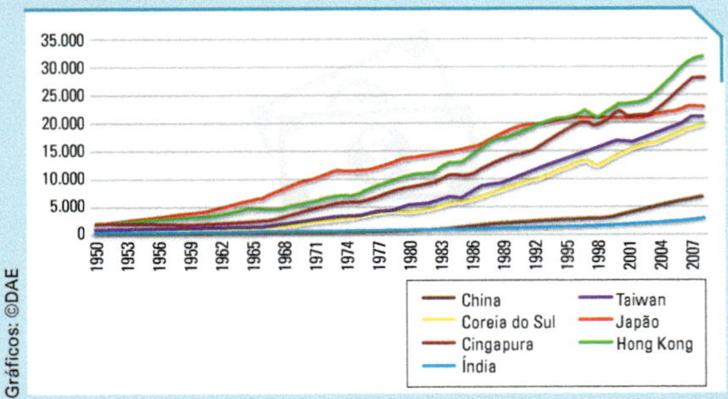

Fonte: *Madison Historical GDP Data* (adaptado). Disponível em: <www.worldeconomics.com/Data/MadisonHitoricalGDP/Madison%20Historical%20GDP%20Data.efp>. Acesso em: 17 jul. 2015.

Os gráficos acima representam o desenvolvimento econômico de alguns países da Ásia entre 1950 e 2007. O Produto Interno Bruto (PIB) corresponde à soma de todas as riquezas produzidas em um país em um ano. Por sua vez, a Paridade do Poder de Compra (PPC) é uma forma de ajustar o PIB de acordo com o custo de vida de cada país, pois, como os preços variam de um lugar para outro, é preciso calcular o poder de compra para comparar de maneira mais precisa a riqueza das nações.

   a. Comparando os dois gráficos, explique por que em 2007 China e Índia são os primeiros no Gráfico 1, mas os últimos no Gráfico 2.
   b. Quais são as consequências dessa discrepância para a população desses países?
   c. Por que o PIB *per capita* do Japão e da Coreia do Sul tem aumentado mais rápido do que o PIB em termos absolutos, enquanto com a China e, principalmente, com a Índia ocorre o contrário?

2. O Massacre da Praça da Paz Celestial é um dos eventos definidores da história contemporânea da China. Os historiadores têm procurado entender tanto suas causas quanto suas consequências, como se percebe no texto a seguir.

   A história da década de 1980 está repleta de experimentos levando a resultados inesperados e brigas entre líderes que produziam mudanças políticas bruscas para aumentar ou diminuir a velocidade da reforma. Assim, em 1989 a liderança do Partido [Comunista] estava num impasse [...]. Apesar das transformações impressionantes – pois, quando uma China que tinha permanecido "fechada" para o Ocidente por trinta anos se abria, a vida se tornava mais relaxada, aberta e dinâmica e a economia realmente se expandia a taxas impressionantes – em 1989 havia problemas reais e urgentes. Dois deles levaram as pessoas para as ruas, especialmente nas cidades: a maior inflação na história da China comunista e a percepção de que a corrupção estava pior do que nunca, ao menos desde 1949 [início do regime comunista].

   CHEEK, Timothy. *Living with reform*: China since 1989. Londres: Zed Books, 2006. p. 61-62. (Tradução nossa)

   a. O governo de países ditatoriais muitas vezes é visto como unificado, ignorando-se suas divisões internas. Como o debate sobre as reformas chinesas da década de 1980 permite questionar essa percepção?
   b. De acordo com o autor, quais foram as principais causas para o início das manifestações de 1989?

3. As manifestações em Hong Kong em 2014 atraíram a atenção internacional, visível, por exemplo, na produção de caricaturas. Na charge abaixo, o esforço de um funcionário do Centro de Controle de Doenças (CDC) dos Estados Unidos para combater o Ebola é posto ao lado da repressão policial chinesa.

John Cole. *Ebola e liberdade*. Charge publicada no *The Times Tribune*, 2014. (Tradução nossa)

   a. Qual é a ironia central da charge?
   b. Quais são as semelhanças e diferenças na reação do Estado chinês diante das grandes manifestações de massa em 1989 e 2014?

A NOVA REPÚBLICA: AVANÇOS DA DEMOCRACIA BRASILEIRA E SEUS OBSTÁCULOS

CAPÍTULO 51

Construindo o conhecimento

- Além de "Alagados", você conhece alguma outra canção de protesto sobre o Brasil contemporâneo? Você concorda com essas críticas?
- Em sua opinião, quais são os principais desafios que o Brasil enfrenta nos dias de hoje? Você consegue relacionar esses problemas com a história do país ao longo do último século?

Democracia para quem? O fim do regime militar em 1985 trouxe mudanças para as instituições e a administração do Estado, a fim de abarcar a participação popular na escolha de seus principais dirigentes. Mas o pacto da elite política que permitiu a abertura implicou uma lenta transição. Diversos grupos ansiavam por mudanças, enquanto forças conservadoras buscavam evitar transformações mais profundas.

Plano de capítulo

▶ "Que país é esse?"
▶ Collor, Itamar e a abertura econômica
▶ Estabilização econômica e permanência das desigualdades
▶ Entre o medo e a esperança
▶ Caminhos abertos, futuro incerto

Manchete do *Jornal do Brasil*, de 16 de novembro de 1989, um dia após o primeiro turno das eleições diretas para presidente. A matéria chama a atenção para uma transformação no comportamento político com a introdução do voto popular. Nas fotos, os candidatos Luiz Inácio Lula da Silva (PT) e Leonel Brizola (PDT), que ficaram em segundo e terceiro, respectivamente, na disputa. O segundo turno foi realizado em 17 de dezembro do mesmo ano, com a vitória de Fernando Collor de Mello (PRN) sobre Lula.

Marcos cronológicos

- **Plano Cruzado. 1986**
- **1985** — Morte de Tancredo Neves, presidente da República eleito pelo Colégio Eleitoral. Posse do vice-presidente José Sarney.
- **1987** — Plano Bresser. Congresso Constituinte.
- **Constituição Federal. 1988**
- **1989** — Eleições diretas para presidente da República. Vitória de Fernando Collor de Mello.
- **Início do governo Collor. Planos Collor I e II — retorno do cruzeiro e confisco das poupanças. Início das privatizações e abertura econômica ao capital estrangeiro. 1990**
- **1991** — Escândalo de corrupção envolvendo o presidente — esquema PC Farias.
- **Movimento dos Caras-Pintadas e processo de *impeachment*. Renúncia de Collor. 1992**
- **1993** — Governo Itamar Franco. Plano Real.
- **Eleição de Fernando Henrique Cardoso para a Presidência da República. 1994**

Como resultado desses embates, a Constituição Federal de 1988 apresentou uma legislação progressista, atenta à histórica dívida social. No entanto, muitas de suas propostas se provaram de difícil implementação. Em que pesem alguns avanços políticos e econômicos importantes, 30 anos de democracia não transformaram o abismo social no Brasil. Em 1986, a banda Paralamas do Sucesso denunciou a miséria das favelas brasileiras com a canção "Alagados". Apesar de termos algo a comemorar, os obstáculos persistem. E as nossas cidades, que já concentram cerca de 90% da população, seguem "de punhos fechados", negando oportunidades a milhões de brasileiros, que resistem na "arte de viver da fé/só não se sabe fé em quê".

"Que país é esse?"

O governo Sarney: o desafio da inflação e as reformas institucionais

O período em que José Sarney esteve à frente da Presidência da República (1985-1989) foi marcado por reformas institucionais significativas, como a elaboração da Constituição Federal de 1988. Mas seu compromisso com a distensão lenta e gradual do regime militar colocou, inicialmente, limites na participação popular.

A articulação da chapa Tancredo Neves-José Sarney, que unia o PMDB à dissidência do PDS dando origem ao Partido da Frente Liberal (PFL), já representava um sinal de que os termos da abertura política ditados pela ditadura seriam garantidos, como a anistia para os torturadores. Tancredo Neves, governador de Minas Gerais, era oriundo da oposição moderada ao regime, e Sarney chegou a ser presidente do PDS. Os militares mantinham, assim, o primeiro governo civil pós-ditadura numa espécie de tutela.

Durante todo o governo Sarney, a aliança PMDB-PFL contou com cerca de 70% dos parlamentares do Congresso. O sucesso temporário do Plano Cruzado, em 1986, que congelou os preços e garantiu o poder de compra dos assalariados, possibilitou uma grande vitória ao PMDB nas urnas, elegendo 20 dos 23 governadores. Passadas as eleições, no entanto, a política econômica seria flexibilizada. A liberação dos preços levou a uma alta inflacionária sem retorno, apesar de novos planos econômicos, todos fracassados. Já caminhando para o fim do governo, em março de 1989, o Índice Geral de Preços (IGP) havia atingido um aumento de 1 782,9%.

Convenção Nacional do PMDB, realizada em Brasília em 12 de agosto de 1984. Nela foi homologado o nome de Tancredo Neves (no centro da foto) à sucessão presidencial, tendo José Sarney (à esquerda) como vice.

1995 — Início das privatizações das grandes empresas públicas.

1998 — Reeleição de Fernando Henrique Cardoso.

1999 — Crise econômica.

2002 — Eleição de Lula para a Presidência da República.

2004 — Início de uma nova fase de crescimento econômico.

2005 — "Mensalão".

2006 — Reeleição de Lula.

2010 — Eleição de Dilma Rousseff para a Presidência da República.

2013 — Protestos de junho.

2014 — Reeleição de Dilma Rousseff.

2015 — Crise política e fiscal no governo Dilma.

Mas a ideia de que os anos 1980 significaram uma "década perdida" para a economia brasileira não corresponde exatamente à realidade. Em 1989, o PIB cresceu 3,2%, taxa mais alta do que em anos de estabilidade inflacionária da década de 1990. A parcela considerável dos capitalistas chegou a se beneficiar da hiperinflação, mediante especulação financeira. No último ano do governo, os bancos privados nacionais apresentaram lucro líquido de 17,3%. Os bancos estrangeiros, de 20%.

A manutenção do sistema político do regime militar gerava críticas. Era esperado que o primeiro governo civil, mesmo escolhido pelo voto indireto, restabelecesse a eleição presidencial direta. Sarney e muitos juristas conservadores a ele aliados, no entanto, acreditavam que bastaria uma emenda à Carta de 1967 – emendada em 1969 – em vigor. Uma comissão de 50 intelectuais escalados pelo próprio Sarney foi composta em 1985, com a missão de estudar possíveis alterações constitucionais. Mas a instauração da Assembleia Constituinte no Congresso recém-eleito, ou Congresso Constituinte, acabou fugindo ao controle governamental. O anteprojeto do texto foi formulado por um conjunto de 20 comissões e subcomissões temáticas, que receberam quase 10 mil sugestões de diferentes setores, incluindo movimentos sociais e forças políticas progressistas. Cento e vinte e duas emendas populares, propostas por coletivos de 30 mil cidadãos com apoio de entidades sociais representativas (sindicatos, associações corporativas, organizações laicas e religiosas), também foram apreciadas pelo Congresso. A participação popular na construção da nova Carta Magna levou o deputado Ulysses Guimarães, presidente da Constituinte, a chamá-la de "Constituição Cidadã". Além do voto direto em todos os níveis de eleição para o Executivo (presidente, governadores e

Os planos econômicos

Com o Plano Cruzado (1986), substituiu-se a moeda: mil cruzeiros tornaram-se um cruzado. Além dos preços, os salários foram congelados por um ano. Inicialmente bem-sucedido, o pacote do governo chegou a contar com amplo apoio da população, que supervisionava os preços nos supermercados. Eram cidadãos comuns conhecidos como "fiscais do Sarney". Contudo, após alguns meses, o empresariado e os produtores rurais, que não podiam aumentar o preço das mercadorias, passaram a retê-las, o que gerou uma crise geral de abastecimento.

No primeiro semestre de 1987, o governo implantou o Plano Bresser, elaborado pelo ministro Luiz Carlos Bresser Pereira, com novo congelamento de preços por noventa dias. A partir desse período previamente fixado, houve uma flexibilização, com reajustes mensais de preços e salários. O novo plano buscou valer-se do aumento das taxas de juros para diminuir o consumo. Essa política exigia a redução do déficit público (a diferença negativa entre o que o governo arrecadava e o que gastava), que costumava ser resolvida com a emissão de mais moeda (outro fator inflacionário). Essa medida também era utilizada para dar conta dos gastos crescentes com a dívida pública herdada do regime militar e com a reestruturação do Estado, impulsionando ainda mais a inflação.

Broche usado por cidadãos que denunciavam ao governo os pontos de venda que descumpriam o congelamento de preços do Plano Cruzado, em 1987.

Com as negociações no Congresso para aprovar o mandato presidencial de cinco anos e a nova Constituição, o governo acabou liberando mais verbas para projetos dos deputados e senadores, aumentando os gastos públicos. Essa prática exigiu novas intervenções na economia, como o Plano Verão, que introduziu o cruzado novo.

Todos os planos fracassaram no controle da inflação. Contribuiu para esse insucesso o aumento dos valores do serviço da dívida pública, puxados pelas taxas de juro elevadas. Durante seu governo, Sarney chegou a decretar a moratória (suspensão do pagamento) dos juros sobre a dívida externa, que se estendeu de fevereiro de 1987 a setembro de 1988.

Os debates eleitorais promovidos pelas redes de televisão tiveram papel decisivo no pleito. A população acompanhou a disputa do segundo turno, como numa final de campeonato de futebol. Ao lado, uma chamada para o debate promovido pelo SBT, brincando com sua posição de vice-líder de audiência. Acima, imagem do debate, em 14 de dezembro de 1989.

prefeitos) e do fim da censura, a Constituição Federal de 1988 foi responsável por diversos avanços em relação aos direitos dos trabalhadores, como o direito de greve, liberdade sindical, licença-maternidade de 120 dias e seguro-desemprego, entre outros.

Os escândalos de corrupção

O governo Sarney foi alvo de diversas denúncias de corrupção, como no caso da licitação fraudulenta da Ferrovia Norte-Sul, em 1987, que envolvia um montante de cerca de 2,4 bilhões de dólares. As empresas participantes do processo haviam acordado os preços entre si, num esquema que envolveu membros do governo federal. No ano seguinte, o Congresso instaurou uma Comissão Parlamentar de Investigação para apurar outros casos de desvio de dinheiro público, a CPI da Corrupção. Jorge Murad, então genro do presidente Sarney, foi acusado de negociar o repasse de verbas federais para o Maranhão, reduto eleitoral da família. Na época, Murad também foi denunciado por tentar beneficiar empreiteiras, com as quais tinha negócios, nas licitações do governo.

O clima geral de desconfiança em relação aos políticos do alto escalão governamental e de descrença no sistema foi narrado pelas bandas de *rock* nacional, como Legião Urbana, Barão Vermelho e Titãs. Composta por Renato Russo em 1978, a música "Que país é esse?" foi gravada pela banda Legião Urbana em 1987. Versos como "Nas favelas, no Senado/Sujeira pra todo lado" embalaram a crítica política da nova geração.

ORGANIZANDO AS IDEIAS

1. Identifique algumas formas com as quais o governo Sarney manteve seu compromisso com a distensão política lenta e gradual do regime militar.
2. Explique o sucesso inicial do Plano Cruzado. Por que ele contou com o apoio de cidadãos comuns, os chamados "fiscais do Sarney"?
3. Explique por que a Constituição Federal de 1988 foi chamada de "Constituição Cidadã".

Collor, Itamar e a abertura econômica

A disputa de 1989 para presidente não coincidiu com a escolha dos governadores e demais cargos públicos. Assim, todo o foco da mídia e da população se dirigia à primeira eleição direta realizada em 29 anos para a mais alta posição da República, que deveria ser decidida em dois turnos.

Leonel Brizola, de volta do exílio, havia conquistado o governo do Rio de Janeiro pelo Partido Democrático Trabalhista (PDT) no primeiro pleito depois da anistia, tornando-se o grande nome nacional de oposição. No entanto, seu favoritismo foi ultrapassado pelo alagoano Fernando Collor de Mello, governador de seu estado natal pelo inexpressivo Partido da Reconstrução Nacional (PRN). Autoproclamando-se "caçador de marajás" (referência aos funcionários de alto escalão do governo que acumulavam cargos e salários volumosos), Collor tornou-se um fenômeno eleitoral. Seus discursos inflamados seduziam eleitores indignados com a corrupção e a corrosão de seus salários pela hiperinflação.

Brizola foi ultrapassado também pelo candidato do PT, Luiz Inácio Lula da Silva (Lula), que disputou o segundo turno com Fernando Collor. O crescimento de Lula, que contou com os votos brizolistas, não foi suficiente para derrotar o candidato da grande mídia. O medo de um governo esquerdista, que apostava em um programa de estatização de empresas privadas para recuperar a economia, levou Collor à vitória.

A aposta em Collor para estabilizar a economia foi logo frustrada. O Plano Collor lançava mão de políticas monetárias semelhantes às do governo Sarney, como a criação de nova moeda (retorno do cruzeiro) e o congelamento de preços e salários. As medidas tiveram efeito apenas temporário na contenção da inflação. O plano também confiscou por 24 meses as contas correntes e poupanças com depósitos superiores a 50 mil cruzeiros, atingindo o empresariado e os pequenos e médios investidores. Collor abriu a economia para o capital internacional, iniciando o processo de privatizações de empresas do Estado. Também diminuiu as taxas alfandegárias, permitindo o crescimento das importações de produtos estrangeiros.

O *impeachment* e os Caras-Pintadas

O impedimento de ocupar a função pública para a qual o acusado foi eleito, ou *impeachment*, é um processo administrativo de origem anglo-saxônica, presente no Brasil desde a Constituição de 1891. É iniciado após a verificação de crime de responsabilidade e não é restrito ao cargo de presidente da República. Nesse caso, de acordo com a Constituição de 1988, a Câmara dos Deputados examina a denúncia contra o presidente eleito, proferindo juízo político. Quer dizer, havendo bases para a admissão da acusação, é o plenário quem decide se o presidente permanece ou não em sua função. Em 1992, os fortes indícios de envolvimento de Fernando Collor no Esquema PC Farias levaram à apreciação do *impeachment* pelos deputados federais. No dia 29 de setembro, a Câmara aprovou a saída de Collor com 441 votos a favor e somente 38 contra.

Pesou para essa decisão a grande pressão da opinião pública. Quando as acusações ganharam consistência, Collor foi à televisão, incitando a mobilização popular. Sua estratégia teve efeito contrário: o povo foi às ruas, mas exigiu seu afastamento. Ficaram famosos os jovens que pintavam o rosto de verde e amarelo nas manifestações, denominados Caras-Pintadas. A participação desses jovens acabou selando o destino de Collor.

Organizados por entidades como a União Nacional dos Estudantes (UNE), os jovens foram às ruas exigir o afastamento do presidente Fernando Collor. São Paulo, SP. Foto de 25 de agosto de 1992.

> **Para assistir**
>
> **Central do Brasil**
>
> Brasil/França, 1998. Direção: Walter Salles. Duração: 113 min.
>
> Dora (Fernanda Montenegro) trabalha escrevendo cartas para analfabetos na estação Central do Brasil, no Rio de Janeiro. A escrivã ajuda um menino (Vinícius de Oliveira), após sua mãe ser atropelada, a tentar encontrar o pai que nunca conheceu, no interior do Nordeste brasileiro.

Embora a abertura econômica tenha ampliado a concorrência, beneficiando os consumidores, diversos setores produtivos foram duramente afetados. Após seis meses, o Plano Collor II renovou as medidas monetárias. Foi um novo fracasso.

Em 1991, denúncias de corrupção abalaram a imagem do governo. Paulo César Farias, conhecido como PC Farias, ex-tesoureiro da campanha presidencial de Collor, foi acusado de tráfico de influência. O esquema montado criava documentos falsos e contas fantasmas para onde era desviado o dinheiro público. O próprio irmão do presidente, Pedro Collor, denunciou a fraude em entrevista à revista *Veja*. A Câmara dos Deputados instituiu uma CPI para investigar a participação do presidente no esquema, culminando com o processo de *impeachment*. Em 29 de dezembro de 1992, Collor renunciou à Presidência, mas teve seus direitos políticos cassados por oito anos. Seu vice, Itamar Franco, assumiu o governo.

O novo presidente recebeu um país com inflação acelerada, desemprego e total descrença nas instituições. Para viabilizar o governo, ele procurou construir uma coalizão de diversos partidos. A articulação política permitiu-lhe conduzir o plebiscito previsto pela Constituição de 1988, sobre a forma e o sistema de governo do Brasil. Em 1993, a população escolheu manter a estrutura republicana e presidencialista.

A segunda frente de ação do governo Itamar foi o combate à inflação. No mesmo ano, seu ministro Fernando Henrique Cardoso (FHC), sociólogo de renome internacional e senador de São Paulo pelo Partido da Social Democracia Brasileira (PSDB) – uma dissidência do PMDB – lançou o Plano Real. Houve, na verdade, uma série de medidas preparatórias até a sua efetivação, como a transformação do cruzeiro em cruzeiro real e a criação da chamada Unidade Real de Valor (URV) para os bens e produtos; cada URV correspondia a 1 dólar. Por fim, ela foi transformada no real, moeda ainda vigente no país. O plano foi eficiente no controle da inflação, porque foi aliado ao saneamento das contas públicas. Outra medida que ajudou a conter a alta de preços foi o desestímulo ao consumo, por meio da elevação das taxas de juros, que diminuiu o acesso ao crédito.

Na gestão de FHC no Ministério da Fazenda, deu-se prosseguimento às privatizações de empresas públicas. Na verdade, Collor e Itamar prepararam o terreno para a venda das grandes empresas estatais no governo seguinte.

O controle da inflação fez Itamar Franco terminar seu mandato com altos índices de aprovação. Isso favoreceu a eleição de seu ex-ministro Fernando Henrique Cardoso, em 1994, em disputa contra Lula.

> **ORGANIZANDO AS IDEIAS**
>
> 4. Identifique motivos do fracasso da política econômica de Fernando Collor.
> 5. Apresente as duas principais marcas do governo de Itamar Franco. A primeira, no domínio político. A segunda, no plano econômico.

Estabilização econômica e permanência das desigualdades

O governo FHC

O governo FHC ainda mobiliza discussões acaloradas. Seus defensores costumam lembrar o controle inflacionário e a moeda forte como contribuições fundamentais para a preservação do poder de compra do brasileiro – inclusive dos mais pobres.

Posse do presidente Fernando Henrique Cardoso em seu primeiro mandato, de mão dada com Itamar Franco e ao lado do vice Marco Maciel. Brasília, DF. Foto de 1º de janeiro de 1995.

Capa do *Jornal do Brasil* de 29 de janeiro de 1997, após a aprovação da emenda da reeleição presidencial por votação parlamentar.

Seus opositores criticam a timidez das políticas sociais e a venda de grandes empresas estatais. A memória da chamada "Era FHC" encontra-se em disputa porque sua definição oferece armas para o debate ideológico atual.

O primeiro governo FHC (1995-1998) aprofundou as tendências experimentadas durante sua gestão no Ministério da Fazenda. Para manter a inflação sob controle, o presidente aumentou as taxas de juros. Tendo como justificativas o saneamento das contas públicas e a amortização da dívida externa, vendeu grandes empresas, como a Vale do Rio Doce (mineração e siderurgia) e o sistema Telebras (telecomunicações).

Em 1997, o governo submeteu ao Congresso uma emenda constitucional que permitiu a reeleição para cargos do Executivo: presidente, governadores e prefeitos.

Apesar das denúncias de compra de votos de deputados para a aprovação da reeleição e de problemas nas privatizações, a popularidade do presidente manteve-se alta, principalmente em razão da estabilidade econômica. A disputa eleitoral de 1998 ficou polarizada entre FHC e Lula. Mesmo com a união da esquerda, representada pela indicação de Leonel Brizola a vice de Lula, FHC saiu vitorioso já no primeiro turno, com 54,28% dos votos.

O segundo governo FHC (1999-2002) não conseguiu manter a cotação do dólar sob controle e a desvalorização do real provocou um choque inflacionário. Os juros elevados utilizados para conter a inflação levaram o país a uma recessão. A queda do PIB causou um aumento de 38% na taxa de desemprego, que atingiu 9% da população economicamente ativa em janeiro de 1999. Uma crise internacional também afetou o país, levando o governo a solicitar novo empréstimo junto ao Fundo Monetário Internacional (FMI). A contrapartida exigida pela instituição foi o avanço de políticas como a redução de gastos e investimentos do Estado, e a nova alta nos juros. O Estado enfraquecido acabava deslocando seus recursos para o pagamento de juros, beneficiando o sistema financeiro e os detentores de títulos da dívida. No último ano da Era FHC, a renda dos 20% mais ricos da população era cerca de 25 vezes maior do que a dos 20% mais pobres.

Em 2000-2001, o governo também enfrentou uma crise política deflagrada pelas denúncias de corrupção contra três importantes senadores da base aliada: Jader Barbalho (PMDB-PA), Antônio Carlos Magalhães (PFL-BA) e José Roberto Arruda (PSDB-DF), que renunciaram a seus mandatos. No mesmo ano, a falta de investimento no setor energético levou a uma crise de abastecimento que afetou quase todo o território nacional, conhecida como "apagão".

Esse contexto encaminhou mais uma candidatura de Luiz Inácio Lula da Silva, com chances de vitória só vistas em 1989. A escolha de José Alencar para vice do petista – um rico industrial, membro do pequeno Partido Liberal (PL), mas que pertencera ao quadro histórico do PMDB – era um aceno de Lula e do PT à elite política e econômica. O candidato da situação, José Serra (PSDB), que contava com o apoio do PMDB e do PFL, não conseguiu derrotar Lula nas urnas.

ORGANIZANDO AS IDEIAS

6. Indique as medidas monetárias do Plano Real mantidas no primeiro mandato de FHC.
7. Cite as causas da crise econômica enfrentada pelo Brasil em 1999.
8. Explique as condições econômicas e políticas que permitiram a eleição de Lula, em 2002.

A Nova República: avanços da democracia brasileira e seus obstáculos Capítulo 51

Entre o medo e a esperança
Lula e o lulismo: conciliação de interesses e crescimento econômico

Ficou famosa a participação da atriz Regina Duarte na campanha eleitoral de 2002, quando declarou ter medo do governo Lula. A fala polêmica indicava um sentimento presente na elite econômica e em setores da classe média mais abastada desde a eleição de 1989, que consideravam o discurso petista muito radical. Seja porque Lula conseguiu desconstruir a ideia de que não poderia manter a estabilidade econômica, seja porque os desejos de mudança eram muito maiores, o PT saiu vencedor daquele pleito. Passadas as eleições, o novo presidente afirmou que a esperança tinha vencido o medo – ideia-argumento utilizada na campanha de reeleição, em 2006, e na eleição de sua sucessora, Dilma Rousseff, em 2010.

O primeiro governo Lula (2003-2006) frustrou tanto os opositores, que consideravam sua eleição uma aventura perigosa, quanto os apoiadores que ansiavam por mudanças mais profundas. O novo presidente ampliou a aliança com partidos como o PMDB e o PTB, construindo ampla base de sustentação no Congresso Nacional. Também manteve a política econômica de seu antecessor, escolhendo Henrique Meirelles, ex-diretor do Bank of Boston, deputado federal recém-eleito pelo PSDB, para presidir o Banco Central. Dando autonomia à instituição, o governo prosseguiu com a política de juros altos para frear o consumo e o risco de inflação, além de estabelecer metas mais arrojadas para o *superavit* da balança comercial – saldo positivo na diferença entre o que o país importa e o que vende para o exterior. Lula levou projetos impopulares ao Congresso Nacional, como a Reforma da Previdência, que acabou com a aposentadoria integral dos funcionários públicos e aprovou a contribuição previdenciária dos aposentados.

Para compensar a política econômica recessiva, Lula começou a investir em programas sociais, como o Fome Zero, que buscava sanar a dívida histórica do país com a parcela considerável da população que vivia abaixo da linha da pobreza. Seguiu-se o Bolsa Família, instrumento de transferência de renda utilizado até hoje. As famílias beneficiadas recebem um pequeno valor para complementar sua renda. Em troca, devem atender a uma série de exigências, como manter os filhos de até 15 anos na escola e com poucas faltas, além de vaciná-los. Mais tarde o governo passou a oferecer cursos de capacitação profissional para membros das famílias participantes do programa e adotar uma política de valorização do salário mínimo. Apesar de a enorme desigualdade social no Brasil subsistir, milhões de brasileiros foram resgatados da miséria absoluta.

Em grande medida, esses avanços foram possíveis graças ao início de um novo ciclo de crescimento a partir de 2004. Um dos principais fatores para esse avanço foi o crescimento chinês, que elevou o preço de produtos primários produzidos pelo Brasil, como o minério de ferro, o petróleo e a soja. O crescimento do PIB a taxas próximas de 5% ao ano permitiu novos investimentos e programas, como o Reuni (2007), que ajudou a expandir o sistema federal de Ensino Superior, e o Minha Casa Minha Vida (2009), que financiou habitações com subsídios para as camadas populares. Com a diminuição do desemprego, mantendo a inflação sob controle, Lula chegou ao último ano de seu mandato com altos índices de aprovação.

O presidente eleito, Luiz Inácio Lula da Silva, posa na tribuna com seu antecessor, Fernando Henrique Cardoso, após receber a faixa presidencial em cerimônia realizada em 1º de janeiro de 2003, no Palácio do Planalto, Brasília, DF.

VOCÊ TEM FOME DE QUÊ?

Em primeiro lugar é preciso explicar que fome não é aquilo que você sente antes das refeições ou quando passa algumas horas sem se alimentar. Quando falamos de fome, estamos nos referindo a uma situação de insegurança alimentar, quando famílias ou grupos de pessoas se encontram subnutridos, não têm condições econômicas para alimentar suas famílias de maneira apropriada, não sabem como irão providenciar as próximas refeições e os problemas médicos e sociais que resultam dessa situação.

Apesar de o Brasil historicamente ser um país produtor de alimentos, até o início do século XXI, de acordo com a Organização das Nações Unidas (ONU), parte significativa da população vivia em situação de insegurança alimentar. De acordo com dados do Instituto Brasileiro de Geografia e Estatística (IBGE), em 1990, 9 175 famílias brasileiras eram classificadas como indigentes, ou seja, a renda total não era suficiente nem para alimentar de forma adequada os membros da família. Ainda de acordo com o IBGE, a extrema pobreza e, consequentemente, a fome, em 1990 era maior nas cidades rurais e com menos habitantes. Uma das principais consequências da fome é alta taxa de mortalidade infantil, ou seja, bebês que morrem antes de completar um ano de vida. No início da década de 1990 a taxa de mortalidade infantil era de 62 bebês a cada mil nascidos. Cerca de 75% dos bebês que nasciam abaixo do peso, vítimas da desnutrição das mães, não chegavam a completar dois anos de idade.

Diante desses dados, a sociedade civil e algumas entidades se mobilizaram para compreender melhor e buscar resoluções para o problema da fome no Brasil. Em 1993, o sociólogo Herbert de Souza, conhecido como Betinho (1935-1997), criou a Organização Não Governamental (ONG) Ação da Cidadania contra a fome, a miséria e pela vida, com o objetivo de mobilizar pessoas de vários lugares do país para, de forma emergencial, promover a redistribuição de alimentos. Além disso, em 1994 ocorreu a Primeira Conferência Nacional de Segurança Alimentar e Nutricional que reuniu cerca de duas mil pessoas para discutir formas de diminuir o problema da fome. Entre as metas apontadas na conferência estavam: diminuir a concentração de renda, estimular a produção agrícola, diminuir o desperdício de alimentos, fazer a reforma agrária, identificar e proteger grupos de maior vulnerabilidade social, oferecer distribuição emergencial de alimentos, melhorar a distribuição da merenda escolar, melhorar serviços de saneamento e saúde públicos, cuidar da saúde das mulheres e crianças, incentivar a amamentação, estimular as hortas e padarias comunitárias, construir poços artesianos, oferecer cursos profissionalizantes, aumentar a oferta de empregos, dentre outras medidas.

Em 2004, a ONU divulgou um relatório afirmando que o Brasil não fazia mais parte do mapa da fome, apontando que entre 1990 e 2014 o percentual de queda da subnutrição da população foi de 84,7%. A ONU indica também que isso se deu devido ao crescimento da oferta de alimentos, ao aumento da renda das famílias mais pobres, à melhoria na distribuição de renda e à criação do Conselho Nacional de Segurança Alimentar e Nutricional.

A miséria e os problemas ligados à fome no Brasil ainda existem, bem como questões ligadas à profunda desigualdade social, à concentração de renda e à concentração fundiária. No entanto, é preciso que estejamos atentos para que essas conquistas sejam mantidas e ampliadas para garantir um país menos desigual.

Esse aspecto favoreceu sua vitória, no segundo turno, contra o governador de São Paulo, Geraldo Alckmin (PSDB), nas eleições presidenciais de 2006.

Nem as denúncias de corrupção que atingiram membros importantes de seu governo abalaram a popularidade de Lula. Em 2005, um esquema de compra de votos de congressistas para aprovação de projetos de lei do governo, apelidado pela mídia de Mensalão, gerou grande comoção. O deputado federal Roberto Jefferson (PTB-RJ), acuado por uma possível CPI que investigaria seu envolvimento com licitações fraudulentas na Empresa Brasileira de Correios e Telégrafos (ECT), denunciou o esquema, em que os deputados da base aliada receberiam 30 mil reais mensais para votar a favor do governo. Entre os envolvidos, estariam o ministro da Casa Civil, José Dirceu, o presidente do PT, José Genoíno, e o tesoureiro Delúbio Soares. Outros homens fortes de Lula foram denunciados, como o ministro da Fazenda, Antonio Palocci. Todos foram afastados do governo.

O caso maculou a imagem do PT, historicamente ligada a bandeiras de ética na política. Muitos parlamentares e líderes históricos do partido exigiram um retorno às suas origens. Alguns deles acabaram expulsos, outros se desfiliaram voluntariamente e passaram a fazer uma oposição de esquerda ao governo.

Lula conseguiu desvincular sua imagem do Mensalão, afastando-se, inclusive, da crise política de seu

O lulismo

A chegada de um operário e sindicalista combativo ao mais alto posto da nação gerou grandes expectativas. Essa origem humilde despertou um forte sentimento de identidade entre as camadas populares e o presidente. Identidade reforçada pela política, ainda que tímida, de distribuição de renda.

Seja como for, o termo lulismo aponta para algumas características e tendências importantes, como o grande poder pessoal do presidente e o pacto social estabelecido na época, com a conciliação dos conflitos entre capitalistas e trabalhadores, entre setores arcaicos da economia e setores mais modernos e até progressistas, entre parcelas tradicionais da elite política e novos agentes etc. É o que aponta o cientista político André Singer, ex-porta-voz da Presidência da República entre 2003 e 2007. Como evento específico, o lulismo teria sido uma mescla de discursos e práticas da esquerda e da direita, aliando de forma pragmática políticas sociais e conservadorismo, benefícios à população mais pobre e manutenção da ordem.

O presidente Luiz Ignácio Lula da Silva em visita à cidade de Lauro de Freitas, na Bahia. Foto de maio de 2008.

partido. Esse jogo de cintura gerou o termo "lulismo": o presidente passou a ser visto como o grande mediador de conflitos e interesses nacionais, acima de querelas e de posições específicas.

Beneficiando-se do ciclo de crescimento econômico, o segundo governo Lula (2007-2010) desenvolveu mais programas sociais e políticas públicas, aumentando os investimentos do Estado. Isso sem romper com o grande capital nacional e internacional. Garantiu *superavit* do orçamento para sustentar o pagamento de juros da dívida pública e evitou reformas estruturais que atacassem a concentração de renda. Também buscou realizar grandes obras de infraestrutura, favorecendo as grandes empreiteiras que haviam se tornado importantes atores da política brasileira no período da ditadura militar. O crescimento do PIB permitia atender as duas pontas da sociedade, os mais ricos e os mais pobres.

Em 2010, Lula indicou a ministra da Casa Civil, Dilma Rousseff, como sua sucessora. Apesar da pouca experiência eleitoral, a candidata saiu vencedora, beneficiada pelo bom momento econômico do país e pela transferência de votos de Lula.

ORGANIZANDO AS IDEIAS

9. Explique as tendências políticas manifestadas na aliança entre PT e PL.
10. Indique o que possibilitou o lulismo e a conciliação de interesses sociais antagônicos no governo Lula.

Caminhos abertos, futuro incerto

O governo Dilma: crise econômica e tensões políticas

De forma geral, as tendências de conciliação econômica e de articulação de uma base política de centro no Congresso Nacional foram mantidas no primeiro mandato da presidenta Dilma (2011-2014). Mas desde o início de seu governo a economia já não dava mais os mesmos sinais de crescimento do período anterior. O desaquecimento da economia mundial – especialmente da China, nossa maior parceira comercial – e o esgotamento da política econômica de concessão de subsídios a alguns setores com um crescente endividamento público cobraram seu preço. As alianças petistas com a elite política tradicional geraram ainda mais desconforto. Nomes importantes da esquerda, líderes de movimentos sociais e intelectuais que haviam apoiado Lula passaram a reforçar a crítica ao governo. O julgamento dos acusados no caso do Mensalão, amplamente coberto pela grande mídia, arranhou ainda mais a imagem do partido. Assim, Dilma recebeu das urnas a difícil missão de administrar um Executivo posto em xeque.

Em 2013, os jovens saíram às ruas das grandes capitais em protesto contra o aumento das passagens de ônibus e metrô, organizados de maneira espontânea por meio das redes sociais na internet.

Protesto em Porto Alegre, durante as chamadas Jornadas de Junho, em 2013. A capital gaúcha foi uma das primeiras cidades a realizar atos contra o aumento das passagens de ônibus, desencadeando manifestações com pauta mais ampla em todo o Brasil.

À medida que os atos ganhavam visibilidade nessas mídias eletrônicas, burlando o monopólico tradicional da informação das grandes empresas de comunicação, o movimento ganhava corpo. A pauta inicial expressava a insatisfação com a situação do transporte público, mas também passou a abrigar críticas à incapacidade de o sistema político trazer ganhos sociais mais amplos e permanentes, como a melhora da saúde e da educação pública. Os atos foram batizados posteriormente de "Jornadas de Junho", mês de sua eclosão. A bandeira anticorrupção levou parte da população às ruas.

A realização da Copa do Mundo Fifa no Brasil, em 2014, previa manifestações ainda maiores, o que não aconteceu. Seja porque a população se envolveu com a torcida pela seleção brasileira, seja porque algumas medidas econômicas (como a diminuição das taxas de juro e o aumento dos gastos públicos) surtiram algum efeito na preservação do emprego em tempo de crescimento baixo do PIB, Dilma foi poupada durante o evento. A recuperação momentânea de sua aprovação como presidenta e o legado social, positivo para as parcelas mais pobres da população, de 12 anos de governo petista, garantiram uma reeleição apertada, em segundo turno, para Dilma Rousseff.

O debate eleitoral foi, no entanto, extremamente polarizado. Apesar de vencer o candidato Aécio Neves (PSDB-MG), a presidenta saiu enfraquecida das urnas, tendo que enfrentar atos públicos organizados pela oposição nos primeiros meses de seu novo mandato. Também perdeu espaço no Congresso Nacional, com o crescimento da oposição. Por fim, a rápida baixa nas taxas de juros em 2013 e o aumento dos gastos públicos levaram ao crescimento da inflação, com a consequente

Dilma e as batalhas de memória sobre a ditadura

Já na eleição de 2010, uma parcela da oposição de direita tentou classificar Dilma Rousseff como "ex-terrorista", criticando-a por sua participação na luta armada contra a ditadura. O caso revela o estado dos debates sobre os crimes da ditadura. A anistia irrestrita, concedida também aos torturadores, não permitiu que a sociedade discutisse o problema, deixando em aberto tanto a responsabilização dos mandantes dos crimes, que levaram à morte e ao desaparecimento de diversos opositores, como o direito de luto e de assistência às famílias dos desaparecidos. Em maio de 2012, foi instituída a Comissão da Verdade, com o objetivo de apurar as violações dos direitos humanos durante o regime militar. Os trabalhos foram concluídos no final de 2014, recomendando a necessidade de punir os responsáveis pelos crimes da ditadura. Mas isso permanece em aberto, pois necessitaria de uma revisão na legislação, difícil de ser encampada pela atual configuração do Congresso Nacional.

depreciação do poder de compra dos salários. Mas a principal consequência dessa política, que inicialmente conservou a taxa de desemprego baixa, foi uma crise fiscal no governo, pois a dívida pública conheceu um crescimento acelerado.

Evidenciou-se, portanto, a necessidade de equilibrar as contas públicas. Entretanto, a fragilidade da economia, a polarização política e novas denúncias de corrupção dificultaram a resolução dos problemas enfrentados pelo Brasil, dando início a uma severa crise em 2015 e 2016.

Apesar das muitas dificuldades, passados pouco mais de 30 anos do fim da ditadura, o Brasil avançou consideravelmente ao vencer a hiperinflação, reduzir a pobreza extrema e garantir a estabilidade democrática.

ORGANIZANDO AS IDEIAS

11. Cite o motivo inicial das Jornadas de Junho e explique suas causas mais profundas.
12. Explique o que levou à grande ideologização das eleições de 2014.

Revisando o capítulo

APROFUNDANDO O CONHECIMENTO

1. Leia o texto e responda às questões.

> Nós, representantes do povo brasileiro, reunidos em Assembleia Nacional Constituinte para instituir um Estado Democrático, destinado a assegurar o exercício dos direitos sociais e individuais, a liberdade, a segurança, o bem-estar, o desenvolvimento, a igualdade e a justiça como valores supremos de uma sociedade fraterna, pluralista e sem preconceitos, fundada na harmonia social e comprometida, na ordem interna e internacional, com a solução pacífica das controvérsias, promulgamos, sob a proteção de Deus, a seguinte CONSTITUIÇÃO DA REPÚBLICA FEDERATIVA DO BRASIL.
>
> BRASIL. *Constituição da República Federativa do Brasil*, de 5 out. 1988.

   a. O preâmbulo da Constituição de 1988 define o objetivo geral da Assembleia Constituinte: instituir um Estado democrático. Identifique, no trecho, ideias que remetem a direitos políticos básicos em uma democracia.
   b. Aponte ideias que remetem a direitos sociais básicos.
   c. Relacione a garantia de direitos individuais/políticos e sociais na Constituição às condições de cidadania no regime militar.

2. Leia abaixo um trecho do depoimento do ex-presidente Itamar Franco e responda às questões a seguir.

> Sempre imaginaram que o Brasil não era um país realmente democrata. Pensavam que não éramos um país que buscava, como sempre buscou, o Estado de Direito. O Brasil vivia sob um Estado de Direito no final do meu governo. Fomos nessa época, em dezembro de 1994, à famosa Cúpula das Américas, a reunião em que se ia discutir a Alca (Área de Livre Comércio das Américas), em Miami.
>
> Resolvi levar comigo o presidente eleito Fernando Henrique Cardoso. Eu era o presidente da República, ele era o presidente eleito. O fato [...] surpreendeu aos que pensaram "O Brasil, então, mudou! O Brasil tem um presidente que traz o presidente eleito!" Por que eu levei? Porque ele tinha sido eleito por nós. A eleição de Fernando Henrique Cardoso dependeu do Plano Real, sobretudo. Pode ele não gostar, porque costuma dizer que ele é quem fez o Plano Real.

> Não discuto nem brigo: um dia, vão ver que a assinatura não foi a de Fernando Henrique. Porque muitos trabalharam no Plano Real: Paulo Haddad, Gustavo Krause, Eliseu Resende, Fernando Henrique Cardoso e o grande sacerdote do plano, o ministro da Fazenda, Rubens Ricupero. Lamentavelmente, o ministro Ricupero teve de sair, pelas condições que todo o Brasil conhece. Depois, veio o ministro Ciro Gomes, a quem muito devo também. Mas, naquele instante, Fernando Henrique se agarrou ao Plano Real. Como o plano não era uma planta de beira de rio, que vai embora na primeira enchente, Fernando Henrique ficou agarrado a ele. Assim, elegeu-se, independentemente de todas as qualidades que tenha.
>
> MORAES NETO, Geneton. *Dossiê Brasília*: os segredos dos presidentes. São Paulo: Globo, 2005.

a. Identifique o personagem entrevistado. Qual é o seu papel na cena política? A que momento recente da história se refere o depoimento?

b. Cite o motivo, segundo Itamar Franco, da suposta surpresa de líderes internacionais com a participação do presidente recém-eleito, Fernando Henrique Cardoso, na Cúpula das Américas.

c. O ex-presidente acredita que a eleição de Fernando Henrique dependeu do Plano Real. Comente essa afirmação.

3. Examine a tabela a seguir e responda às questões.

Crescimento do PIB no Brasil e no mundo (em %) – 1995-2002

Ano	Brasil	Mundo
1995	4,4	3,0
1996	2,2	3,3
1997	3,4	3,7
1998	0,3	2,6
1999	0,5	3,4
2000	4,1	4,3
2001	1,7	1,8
2002	3,0	2,1
Média dos anos FHC	2,3	3,0

Fonte: BANCO MUNDIAL. Disponível em: <http://data.worldbank.org/data-catalog/world-development-indicators>. Acesso em: maio 2016.

a. Relacione os dados referentes ao crescimento econômico no Brasil e no mundo. Durante o governo FHC, o crescimento do PIB acompanhou tendências internacionais? O país cresceu mais ou menos do que o restante do mundo?

b. Como você poderia explicar as tendências verificadas entre o crescimento econômico brasileiro e mundial?

c. Identifique os anos de menor crescimento do PIB brasileiro. Explique a relação entre as medidas da equipe econômica do governo FHC e a recessão no período.

CAPÍTULO 52

O NOVO MILÊNIO E OS CONFLITOS CONTEMPORÂNEOS

Construindo o conhecimento

- Qual é o evento internacional que mais marcou o mundo nos últimos 15 anos?
- Dos desafios mundiais mencionados, qual você acha que é o mais grave? Por quê?

Plano de capítulo

- "Guerra ao Terror"
- O mundo árabe em ebulição
- Globalização e crise

Qual é o maior desafio enfrentado pelo mundo hoje em dia? O terrorismo, os conflitos no Oriente Médio, a crise econômica, o aquecimento global... As opções são tantas que é difícil escolher uma só. Longe de vivermos o "fim da história", como se chegou a prever após a queda da União Soviética, nosso presente é uma época tão movimentada e dinâmica quanto qualquer outro período da história.

O século XXI começou de forma turbulenta, em razão do atentado terrorista às Torres Gêmeas em 2001, que abalou a ilusão de invulnerabilidade dos Estados Unidos e deu início a uma série de conflitos no Oriente Médio. Poucos anos depois, uma crise econômica quase tão forte quanto a de 1929 atingiu o mundo. Além disso, as mudanças climáticas tornaram-se um problema cada vez mais urgente. Como lidar com

Mais de 250 mil pessoas se reuniram em 1º de fevereiro de 2011 na Praça Tahrir (libertação, em árabe), no Egito, para pedir a saída do ditador Hosni Mubarak, depois de quase 30 anos no poder.

Marcos cronológicos

- **1979-1989** Guerra entre União Soviética e Afeganistão.
- **1991** Guerra do Golfo.
- **1993** Primeiro atentado contra o World Trade Center (WTC), em Nova York.
- **1996** Tomada do poder pelo Talibã no Afeganistão.
- **1997** Protocolo de Kyoto.
- **1999** Início do governo de Hugo Chávez na Venezuela.
- **2000** Eleição de George W. Bush para a Presidência dos Estados Unidos.
- **2001** Ataque ao WTC e ao Pentágono. Invasão do Afeganistão pelos Estados Unidos e aliados.
- **2003** Invasão do Iraque pelos Estados Unidos e aliados.
- **2004** Reeleição de Bush.
- **2005** Atentado terrorista em Londres.

tantos desafios? Essa é uma pergunta que nós ainda estamos tentando responder e que depende do nosso engajamento, tanto individual quanto coletivo, como habitantes de um mesmo planeta.

"Guerra ao Terror"
A expansão da *jihad* pelo mundo (1979-2001)

Em 1979, a União Soviética invadiu o Afeganistão, em apoio a um governo obrigado a lidar com revoltas de muçulmanos conservadores. Os Estados Unidos, as monarquias árabes e o Paquistão apoiaram os rebeldes com ajuda financeira, armas e treinamento. A guerra, que causou a morte de mais de 1 milhão de pessoas até seu término em 1989, fortaleceu o fundamentalismo islâmico na região: milhares de *mujahidin* (combatentes) de várias nacionalidades participaram da *jihad* (guerra santa) contra os invasores ateus. Após uma guerra civil, um grupo chamado Talibã (estudantes) tomou o poder em 1996 e instaurou um regime baseado nas rígidas normas da *Sharia* (lei muçulmana). Uma de suas características foi a forte repressão às liberdades civis, especialmente das mulheres, as quais, entre muitas outras restrições, foram proibidas de frequentar escolas.

Nas décadas de 1980 e 1990, o fundamentalismo islâmico disseminou-se pelo Oriente Médio. A rica monarquia petrolífera da Arábia Saudita financiou pregadores e organizações radicais. Construiu-se, assim, um movimento que buscava alterar radicalmente as sociedades árabes mediante a adoção da *Sharia* como guia de toda a atividade política. Nesse contexto, um grupo terrorista sediado no Afeganistão, Al-Qaeda (O Alicerce), causaria grande impacto na história mundial. Sua figura mais emblemática era Osama bin Laden (1957-2011), nascido em uma das famílias mais ricas da Arábia Saudita, veterano da luta contra os soviéticos no Afeganistão. Seu principal foco eram os Estados Unidos, vistos como inimigos do islã por causa da sua presença militar no mundo muçulmano.

Terroristas ligados à Al-Qaeda realizaram ataques ao World Trade Center (WTC) em Nova York em 1993, à missão militar da Arábia Saudita em 1995 e 1996, às embaixadas americanas na Tanzânia e no Quênia em 1998 e a um navio da Marinha americana no Iêmen em 2000, mas sua ação de maior repercussão foi o atentado às Torres Gêmeas do WTC em 11 de setembro de 2001.

As Torres Gêmeas do World Trade Center, em Nova York, Estados Unidos, logo após o choque do segundo avião, no ataque terrorista de 11 de setembro de 2001. Mais de 10 mil pessoas conseguiram escapar com vida após os ataques, mas cerca de mil socorristas, trabalhadores e moradores da região desenvolveram câncer em razão da exposição às toxinas liberadas pelas explosões e desmoronamentos. Entre os mortos, 400 eram bombeiros e policiais que tentavam resgatar as vítimas.

2006 Vitória do Hamas nas eleições palestinas.

2007 Início da crise financeira mundial.

2008 Eleição de Barack Obama para a Presidência dos Estados Unidos.

2009 Conferência das Nações Unidas sobre as Mudanças Climáticas, em Copenhague.

2010 Início da Primavera Árabe.

2011 Execução de Osama bin Laden. Retirada da maior parte do exército americano do Iraque.

2012 Reeleição de Barack Obama.

2013 Painel Intergovernamental sobre Mudanças Climáticas (IPCC), da ONU, afirma que há 95% de certeza entre os cientistas de que o aquecimento global é causado pela humanidade.

2014 Retirada da maior parte do Exército americano do Afeganistão. Ascensão do Estado Islâmico.

2015 Eleição de um governo de esquerda radical na Grécia. Grande migração de refugiados para a Europa. Ataques terroristas em Paris.

Quatro aviões foram capturados por terroristas árabes: dois bateram nas Torres, derrubando-as, e um caiu no Pentágono (o quartel-general das Forças Armadas americanas). Apenas o último não atingiu seu alvo – a Casa Branca – e caiu numa área desabitada, pois os passageiros, informados dos outros ataques terroristas por seus celulares, atacaram os sequestradores. Cerca de 3 mil pessoas morreram, na mais grave agressão sofrida pelos Estados Unidos desde Pearl Harbor.

"Eles odeiam nossas liberdades" (2001-2003)

Os Estados Unidos e o mundo ficaram chocados com o atentado. A luta contra o terrorismo imediatamente tornou-se o foco da política americana. O presidente republicano George W. Bush declarou "Guerra ao Terror", contra todos aqueles que odiavam as "liberdades americanas". O Congresso aprovou a Lei Patriota, que concedia ao Estado amplos poderes de investigação para ouvir conversas telefônicas, realizar buscas e prender suspeitos indefinidamente sem acusá-los. Foi estabelecido em Guantánamo, território controlado pelos Estados Unidos em Cuba, um campo de detenção onde quase 800 suspeitos de terrorismo ficaram aprisionados, sem acusações formais ou direito a advogado, submetidos a torturas físicas e psicológicas.

O Talibã recusou-se a expulsar a Al-Qaeda do Afeganistão e a entregar Bin Laden. Assim, menos de um mês após os ataques terroristas, os Estados Unidos invadiram o país com amplo apoio internacional e rapidamente afastaram os fundamentalistas islâmicos do poder. Entretanto, a maioria dos membros do Talibã e da Al-Qaeda conseguiu fugir para áreas montanhosas ou atravessar a fronteira para o Paquistão. O próprio Bin Laden só foi encontrado em 2011, quando foi executado por tropas americanas em seu esconderijo no Paquistão.

Em seguida, o governo americano começou a planejar uma invasão ao Iraque, país controlado há décadas pelo violento ditador Saddam Hussein. Muitos conselheiros do presidente Bush desejavam derrubar Saddam Hussein desde a Guerra do Golfo (1990-1991), deflagrada durante o governo de seu pai, George Bush, em resposta à invasão iraquiana no Kuait.

George W. Bush acusou o Iraque de possuir armas de destruição em massa e apoiar o terrorismo internacional. Decidiu atacar o país mesmo sem o apoio da ONU, acreditando que os soldados seriam recebidos como libertadores. Apesar de grandes manifestações nos Estados Unidos e em outros países contra a guerra, em fevereiro de 2003, e da condenação de governos amigos, os americanos invadiram o Iraque em março do mesmo ano, tendo como único aliado importante o Reino Unido. Conseguiram ocupar a capital do país, Bagdá, em apenas um mês; logo, porém, se comprovou que o Iraque não possuía armas de destruição em massa, demonstrando a falsidade do principal pretexto para a guerra. Em dezembro de 2003 Saddam Hussein foi capturado. Três anos depois foi julgado e executado.

Mushin Hasan, vice-diretor do Museu Nacional do Iraque. Foto de 13 de abril de 2003. A importante coleção do museu, que reunia muitas peças com milhares de anos de idade, foi saqueada durante o caos que se instalou após a invasão americana.

A ocupação do Afeganistão e do Iraque (2001-2014) e o terrorismo internacional

As guerras do Afeganistão e do Iraque se arrastaram, mostrando-se muito mais custosas em vidas e em dinheiro do que havia sido previsto. A derrubada das ditaduras causou um desmoronamento do Estado nos dois países. Tanto a polícia quanto as Forças Armadas foram praticamente dissolvidas; como consequência, facções passaram a dominar grande parte do território e a criminalidade disparou. No Afeganistão, um dos principais problemas é a persistência do Talibã, que continua a controlar diversas áreas do país, enquanto o Iraque assiste ao violento conflito entre os sunitas, minoria dominante na ditadura de Saddam Hussein, e os xiitas, maioria que desejava conquistar o poder.

A resistência à ocupação tomou a forma de guerrilhas e atentados terroristas contra as forças estrangeiras e seus aliados civis. A presença ocidental acabou por estimular a adesão a grupos fundamentalistas, vistos como os únicos capazes de se opor aos americanos. Tal sentimento foi potencializado por denúncias de abusos, como tortura de iraquianos na prisão de Abu Ghraib. Assim, a própria "Guerra ao Terror" acabou por expandir o espaço de ação das organizações terroristas. Embora tenham ocorrido ataques no Ocidente, como em Madri e Londres respectivamente em 2004 e 2005, a grande maioria das vítimas são muçulmanos da mesma região que os terroristas. Estima-se que desde 2001 tenham morrido no Iraque e Afeganistão cerca de 10 mil militares ocidentais, dezenas de milhares de insurgentes e centenas de milhares de civis. Os conflitos também destruíram a frágil infraestrutura local e prejudicaram gravemente a economia desses países. Para os Estados Unidos, o custo estimado das guerras ultrapassou 2 trilhões de dólares.

Foram promovidas eleições democráticas no Iraque e no Afeganistão, mas os dois países continuam divididos por questões étnicas e religiosas e assolados por uma corrupção endêmica. Após uma diminuição da violência a partir de 2007, o governo Obama retirou gradualmente as tropas americanas, saindo em 2011 do Iraque e em 2014 do Afeganistão.

ORGANIZANDO AS IDEIAS

1. Pode-se afirmar que o fortalecimento do fundamentalismo islâmico nas décadas de 1980 e 1990 é, em parte, consequência da intervenção estrangeira no Oriente Médio?
2. Por que o ataque terrorista de 11 de setembro de 2001 transformou radicalmente o cenário político internacional?

O mundo árabe em ebulição

Israelenses e palestinos: um conflito interminável?

As tensões no Oriente Médio são mais antigas do que as intervenções americanas das últimas duas décadas. Um dos embates mais duradouros opõe israelenses e palestinos desde a fundação do Estado judaico, em 1948. Após o fracasso das negociações de paz na década de 1990, os assentamentos israelenses na Cisjordânia continuaram a se expandir, embora a comunidade internacional os considere ilegais. Por sua vez, o fundamentalismo islâmico ganhou espaço entre os palestinos, especialmente por meio do Hamas, classificado como uma organização terrorista pela maioria dos países ocidentais.

Essas tensões explodiram no ano 2000, após uma visita do político conservador Ariel Sharon ao Monte do Templo, lugar sagrado tanto para judeus quanto para muçulmanos, e sua afirmação de que a região continuaria perpetuamente sob controle israelense. Iniciou-se, assim, a Segunda Intifada – na primeira, entre 1987 e 1993, jovens palestinos enfrentaram os israelenses com paus e pedras. A revolta ganhou fôlego após a morte de vários manifestantes pelas forças de segurança israelense. Foi liderada pelo Hamas e pelo Fatah, partido do principal líder palestino, Iasser Arafat, que controlava a Autoridade Nacional Palestina (ANP). Sharon, primeiro-ministro em 2004-2005, ordenou a ocupação militar da Faixa de Gaza e da Cisjordânia e impôs diversas restrições aos palestinos para dificultar a realização de ataques terroristas, prejudicando a economia das áreas ocupadas. Estima-se que a Segunda Intifada tenha causado a morte de cerca de 3 mil palestinos e 780 israelenses entre 2000 e 2004.

A dificuldade da ANP em melhorar a vida de seus cidadãos, assim como sua ação corrupta e incompetente, diminuiu a legitimidade dessa organização. Esses fatores se somaram à crescente rigidez de Israel no trato com a questão palestina para ampliar a popularidade dos extremistas islâmicos. Assim, o Hamas venceu as eleições democráticas de 2006.

Para assistir

Quatro Leões
Reino Unido/França, 2010.
Direção: Christopher Morris.
Duração: 97 min.

Essa comédia dramática segue a história de quatro pretensos terroristas britânicos de origem paquistanesa em tentativa de pôr em prática suas ideologias.

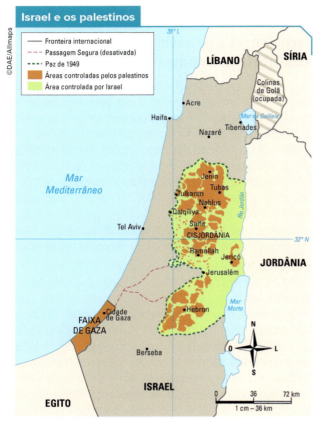

Fonte: GOLDSCHMIDT JR., Arthur & BOUM, Aomar. *A concise history of the Middle East*. 11. ed. Boulder: Westview Press, 2015. p. 411; CLEVELAND, William & BUNTON, Martin. *A history of the Modern Middle East*. 5. ed. Boulder: Westview Press, 2013. p. 470.

Neste mapa é possível perceber como parte considerável do território que, segundo a comunidade internacional, pertence aos palestinos é administrada por Israel, de modo que a Cisjordânia é atualmente composta de uma série de enclaves, em um território controlado por tropas israelenses.

A oposição entre Fatah e Hamas degenerou em conflito aberto, de modo que o Hamas passou a controlar em 2007 a Faixa de Gaza (desocupada unilateralmente por Israel em 2005); e o Fatah, a Cisjordânia. Já o governo israelense iniciou a construção de um muro na Cisjordânia para proteger a população de atentados terroristas, mas o fez englobando diversas áreas que a comunidade internacional considera palestinas. A construção de assentamentos na Cisjordânia também continua.

Em resposta aos mísseis constantemente disparados pelo Hamas contra cidades israelenses, Israel invadiu novamente a Faixa de Gaza em junho de 2006 e dezembro de 2008. Situação similar se repetiu em 2012 e 2014. Ambos os lados foram responsáveis pela morte de inocentes e pela destruição de casas e infraestrutura, prejudicando ainda mais a economia de Gaza, onde a taxa de desemprego é uma das maiores do mundo. A tensão continua, sem perspectivas de resolução de um longo conflito, no qual a maior prejudicada é a população palestina.

Primavera e Inverno

Durante a década de 2000, os Estados Unidos apoiaram diversas ditaduras no Oriente Médio e no Norte da África, vistas como aliadas contra o terrorismo. Assim, Egito e Tunísia receberam bilhões de dólares em ajuda militar, e mesmo a Líbia, patrocinadora do terrorismo internacional nas décadas de 1980 e 1990, normalizou suas relações com o Ocidente. Os governantes desses Estados seguiram o exemplo das monarquias do Golfo Pérsico e prepararam seus filhos para sucedê-los. Na Síria, por exemplo, após 30 anos de ditadura de Hafez al-Assad, seu filho Bashar o sucedeu e mostrou ser tão autoritário quanto o pai. Corrupção e abusos dos direitos humanos eram problemas endêmicos, como em todas as ditaduras. Ao mesmo tempo, o elevado desemprego e a pobreza geravam uma crescente insatisfação popular, especialmente após a queda dos preços do petróleo a partir de 2008 em razão da crise mundial. Sindicatos faziam protestos e cada vez mais jovens manifestavam sua indignação. A disseminação da internet na região facilitava a comunicação e diminuía o risco de uma prisão por dissidência política. Na tentativa de aumentar sua aprovação, os governantes tenderam a adotar uma linguagem religiosa, mas isso acabou reforçando a legitimidade de sua principal força de oposição: o islã político, o qual, por meio de organizações como a Irmandade Muçulmana, oferecia assistência social a milhões de pessoas.

Nesse contexto, iniciou-se em dezembro de 2010 a chamada "Primavera Árabe" (em referência à onda de revoluções que tomou a Europa em 1848 conhecida como "Primavera dos Povos"). O estopim do conflito foi inesperado: Mohamed Bouazizi, um tunisiano desempregado que vivia de vender frutas na rua, teve suas mercadorias confiscadas por um fiscal por não pagar propina. Revoltado, Bouazizi protestou ateando fogo ao próprio corpo em frente ao prédio do governo. Seu exemplo inflamou multidões de trabalhadores e estudantes, que tomaram as ruas para protestar contra a pobreza, a inflação e os abusos de agentes do Estado. O governo, comandado pelo ditador Zine El Abidine Ben Ali há 23 anos, reprimiu os protestos violentamente, mas as imagens dos ataques circularam na internet, o que levou cada vez mais pessoas às manifestações. O Exército foi chamado, mas se recusou a atirar na população. A pressão pública e a perda de legitimidade fizeram que Ben Ali renunciasse e fugisse do país menos de um mês após o início dos protestos, demonstrando a insuspeitada capacidade das manifestações de massa no mundo árabe de derrubar ditadores longamente entrincheirados no poder.

O sucesso da rebelião tunisiana inspirou a eclosão de protestos em outros países, como o Egito, onde o

Barco repleto de refugiados vindos do Norte da África é resgatado pela Marinha italiana, em 8 de junho de 2014. A intensificação de inúmeras crises em diversas regiões da África e do Oriente Médio, a partir do fim de 2013, gerou um crescimento sem precedentes do número de refugiados para a Europa. Isso vem criando muita tensão na União Europeia, devido aos custos de acolher tamanho número de pessoas e à resistência de governos a acolherem esses imigrantes. Em razão da insegurança dos navios, milhares morrem na travessia, enquanto traficantes que fazem esse transporte ilegal obtêm enormes lucros.

assassinato brutal de um jovem deflagrou um movimento de massas similar. O roteiro se repetiu de maneira quase idêntica: manifestações, repressão governamental, crescimento do movimento, recusa do Exército em atirar nos manifestantes e renúncia do ditador (Hosni Mubarak, no poder desde 1981) em menos de um mês (em fevereiro de 2011). Em ambos os países, os militares assumiram o governo temporariamente e promoveram eleições democráticas, com a vitória de grupos islâmicos moderados. A Tunísia conseguiu aprovar a Constituição mais progressista do mundo árabe e, em 2014, um partido laico alcançou o poder.

Esses dois movimentos estimularam o início de revoltas contra os regimes autoritários de outros países, como Líbia e Iêmen (cujos ditadores, há décadas no poder, também foram derrubados), além da Síria e Bahrein. Nesses lugares, porém, os conflitos se provaram muito mais duradouros e sangrentos, dando início ao que por vezes se chamou de "Inverno Árabe", período marcado por guerras civis, atentados e desestruturação de Estados.

No Egito, a Irmandade Muçulmana conseguiu eleger presidente seu candidato, Mohamed Morsi, mas a continuidade da crise econômica e o autoritarismo de Morsi fizeram com que ele se tornasse alvo de novas manifestações. Contando com o apoio de boa parte da população (e de outros regimes autoritários, como a Arábia Saudita), os militares depuseram o presidente, mas acabaram por instalar uma ditadura ainda mais repressora e violenta que a de Mubarak. Conseguiram, assim, preservar o poder e a riqueza conquistados ao longo das décadas anteriores.

Já a Líbia e a Síria enfrentam violentas guerras civis que acabaram por transbordar para o território iraquiano, destruindo a limitada estabilidade conseguida entre 2007 e 2012. Como no Iraque, a população desses países é dividida em diversas tribos, etnias e seitas. O colapso do poder estatal permitiu que muitos grupos conseguissem se armar, recebendo apoio de outros países (como o Irã, um dos principais aliados do governo sírio, enquanto a Arábia Saudita ofereceu armamentos e recursos a grupos rebeldes sunitas).

O caos vigente permitiu que uma organização terrorista sunita, o Estado Islâmico (EI), alcançasse grande poder na região. Fundado em 1999 na Jordânia, o EI transferiu-se para o Iraque após a invasão americana e esteve ligado à Al-Qaeda por vários anos. Expandiu-se após a retirada dos Estados Unidos do Iraque em 2011, tornando-se um dos mais importantes atores na guerra civil síria. A forte atuação do grupo na internet, tanto nas redes sociais quanto em vídeos de grande impacto nos quais documentavam suas atrocidades, ajudou-os a atrair dezenas de milhares de recrutas de diversos países (inclusive ocidentais). Ao mesmo tempo, a tomada de áreas produtoras de petróleo e a construção de uma burocracia bem organizada lhes permitiram obter recursos para financiar suas atividades e governar os territórios conquistados. Assim, diferentemente de outras organizações terroristas, o EI se notabilizou em 2014 por controlar parte do Iraque, da Síria e, em menor escala, da Líbia, um território habitado por mais de 10 milhões de pessoas.

O novo milênio e os conflitos contemporâneos   Capítulo 52

Apesar dos ataques aéreos liderados pelos países ocidentais desde 2014, o EI tem mantido sua força e até expandido seu raio de ação, promovendo atentados terroristas, como a explosão de um avião com 224 passageiros russos em outubro de 2015 e uma série de ataques coordenados a Paris, em novembro do mesmo ano, que deixaram 130 mortos. Em consequência desses múltiplos conflitos, centenas de milhares de pessoas morreram e milhões fugiram de seus países para áreas próximas e para a Europa, gerando o maior fluxo de refugiados desde a Segunda Guerra Mundial.

ORGANIZANDO AS IDEIAS

3. Identifique uma razão da continuidade do conflito entre israelenses e palestinos.
4. Analise duas causas da eclosão de diversas revoltas no Oriente Médio e no Norte da África, conhecidas como Primavera Árabe.
5. Aponte duas razões da dificuldade que essas sociedades enfrentaram na formação de regimes democráticos após a derrubada de ditaduras.

Globalização e crise
Um mundo cada vez mais conectado (2000-2007)

A economia dos países mais ricos iniciou o novo milênio seguindo uma tendência estabelecida desde a década de 1980: menor interferência governamental, com a fragilização do Estado de bem-estar social, e ampliação da desigualdade, com a concentração da riqueza nas mãos de um número cada vez menor de pessoas. Nos Estados Unidos, o presidente George W. Bush promoveu a desregulamentação e ampliou o espaço da iniciativa privada. Também diminuiu os impostos para os mais ricos, fazendo com que o bilionário Warren Buffett comentasse em 2005: "Há luta de classes, sem dúvida, mas é a minha classe, os ricos, que está fazendo a guerra, e estamos ganhando".

Ao mesmo tempo, acelerou-se o processo de globalização. As diferentes etapas da produção industrial foram dispersas em regiões onde os custos – especialmente de mão de obra – eram menores, eliminando muitos postos de trabalho nos países desenvolvidos. O caso mais intenso de integração supranacional é a

Flores e velas na Praça da República em Paris durante um memorial improvisado para as vítimas dos ataques de 13 de novembro. Os atentados geraram uma grande comoção na Europa e fizeram com que a França decretasse um longo estado de emergência, temendo novos atos terroristas. Foto de 15 de novembro de 2015.

União Europeia (UE), cujos membros (com algumas exceções, como o Reino Unido) abandonaram suas moedas próprias em favor do euro, a moeda comum, em 2002. Entre 2004 e 2007, a UE incorporou 11 países, formando uma imensa área de livre circulação de pessoas, bens, capital e serviços, que configura a segunda maior economia do mundo. Alguns países se beneficiaram mais, como a Alemanha, que adquiriu um imenso mercado regional para suas exportações, enquanto outros precisaram tomar empréstimos cada vez maiores na tentativa de se equilibrarem – caso da Grécia, Espanha e Portugal, por exemplo.

A globalização também provocou descontentamentos em ambos os extremos do espectro político. Muitos da esquerda protestaram contra um processo que aumentava os lucros dos capitalistas e reduzia os rendimentos dos trabalhadores, o seguro-desemprego e as aposentadorias. Entretanto, movimentos de direita começaram a se fortalecer nos países ricos, culpando a imigração de estrangeiros dispostos a trabalhar por baixos salários e a transferência de indústrias para outras regiões pelas dificuldades enfrentadas pela classe trabalhadora nacional.

A desregulamentação da economia acelerou-se, especialmente nos Estados Unidos. O setor financeiro expandiu-se rapidamente. Oferecia-se crédito a um número cada vez maior de pessoas, mesmo que a capacidade de pagá-los fosse duvidosa, pois muitos dos contemplados recebiam baixos salários e não tinham estabilidade no emprego. Esses empréstimos ficaram conhecidos como *subprime* – isto é, crédito de risco – e foram utilizados, sobretudo, no mercado imobiliário, aumentando a demanda por residências e, consequentemente, elevando o preço dos imóveis. Assim, mesmo quando um devedor deixava de pagar o que devia, os bancos podiam revender a casa a um preço maior do que o total da dívida. Em geral, bancos e grandes empresas obtiveram lucros enormes, enquanto os trabalhadores

O primeiro presidente negro dos Estados Unidos

Em 2008, Bush terminou seu governo como o presidente mais impopular das últimas décadas, prejudicando o candidato republicano John McCain. Ao mesmo tempo, o democrata Barack Hussein Obama foi capaz de mobilizar os votantes negros, hispânicos e jovens. Filho de uma americana branca e um imigrante queniano, Obama foi o primeiro presidente negro dos Estados Unidos. Sua eleição se deu em um contexto de mudança demográfica, em que a nação está se tornando cada vez mais racial e etnicamente diversa.

Como parte de um redirecionamento da política externa, Obama anunciou o fechamento da prisão de Guantánamo, mas não conseguiu cumprir a promessa. Também se propôs a enfatizar a cooperação internacional. Embora os órgãos de inteligência tenham continuado a espionar cidadãos americanos e até líderes estrangeiros aliados (como Dilma Roussef, presidenta do Brasil, e Angela Merkel, primeira-ministra da Alemanha), e a utilizar aviões não tripulados (drones) para atacar supostos terroristas no Oriente Médio (o que por vezes resulta na morte de civis), Obama adotou uma estratégia diplomática baseada na busca por acordos. Assim, negociou um tratado climático com a China em 2014, um acordo para evitar que o Irã desenvolvesse armas nucleares em 2015 e um tratado global contra a mudança climática no mesmo ano – além de se aproximar de Cuba após mais de 50 anos.

O candidato presidencial Barack Obama e sua família chegam ao palco para o comício da vitória em Chicago, Illinois, Estados Unidos. Foto de 4 de novembro de 2008.

foram obrigados a lidar com o desemprego, salários estagnados e residências cada vez mais caras, mantendo seu padrão de consumo por meio do crédito. Em 2008, as famílias americanas deviam, em média, mais do que o dobro de seu rendimento anual.

O retorno da depressão

O constante aumento na concessão de crédito e nos preços dos imóveis não poderia continuar para sempre. A partir de 2007, cada vez mais pessoas se tornaram incapazes de pagar suas dívidas e não havia compradores suficientes para a grande quantidade de imóveis. Devedores e bancos procuraram vender as casas, mas como havia muitas disponíveis no mercado os preços caíram rapidamente. Como consequência, tanto as instituições financeiras quanto a população tiveram de lidar com perdas incalculáveis. As pessoas passaram a comprar menos, diminuindo a demanda doméstica, e os bancos deixaram de emprestar dinheiro, pois temiam novos prejuízos. A redução do crédito (essencial para manter uma economia funcionando) levou muitas empresas a paralisar investimentos e a demitir trabalhadores. O desemprego aumentou rapidamente, prejudicando ainda mais a demanda num círculo vicioso, de modo que os Estados Unidos entraram em recessão. O preço das ações negociadas na Bolsa de Valores de Nova York sofreu a maior queda desde 1931.

Em 2008, após a falência de uma das maiores instituições financeiras do mundo, o Lehman Brothers, o governo Bush despendeu mais de 700 bilhões de dólares para resgatar outros bancos em dificuldades, tentando evitar um colapso do sistema financeiro americano. A crise econômica foi fundamental para a eleição do democrata Barack Obama em 2008. Ele procurou estimular a economia ampliando os gastos do governo, ao mesmo tempo que procurou garantir a todos os americanos acesso a planos de saúde, iniciativa de grande impacto em um país onde não existia um sistema público de saúde. O discurso neoliberal que enfatizava o livre-comércio, predominante desde os anos 1980, foi fragilizado pela necessidade de uma ação estatal sem precedentes para evitar um desastre econômico generalizado. A mais longa recessão desde a década de 1930 prejudicou a vida de milhões de americanos, cujos impostos ainda foram usados para resgatar empresas que haviam obtido grandes lucros nos anos anteriores. Jovens, latinos e negros foram os mais prejudicados pela crise, pois foram os mais afetados pelo desemprego.

Os efeitos da depressão foram sentidos por toda parte: em 2010, estimou-se que 170 milhões de pessoas haviam perdido o emprego. A produção industrial e o comércio internacional desabaram. O crédito também se tornou muito escasso em regiões como a Europa. Assim, os países que haviam tomado grandes empréstimos após ingressarem na UE, como Grécia, Irlanda, Portugal e Espanha, viram os juros de sua dívida aumentarem e tiveram dificuldade de tomar novos empréstimos. Para garantir que conseguissem cumprir seus compromissos financeiros, esses países foram forçados pela UE (liderada pela Alemanha, que assumiu definitivamente o papel dominante na região) a adotar uma política de corte de gastos públicos com salários, benefícios sociais e investimentos, agravando a crise econômica. A taxa de desemprego disparou, especialmente entre os jovens, numa crise social ainda mais grave do que a enfrentada pelos Estados Unidos. A situação mais séria era a da Grécia, onde a corrupção, a evasão de impostos (principalmente por parte dos ricos), os gastos militares exagerados e a concessão indiscriminada de benefícios a setores privilegiados levavam o Estado a gastar muito mais do que arrecadava. Assim como nos Estados Unidos, o sistema financeiro europeu e a própria zona do euro só foram preservados graças à forte intervenção dos Estados e do Banco Central Europeu, mas os mais beneficiados por essa intervenção foram as empresas, enquanto a população sofreu as consequências da crise e da estagnação econômica.

A grave situação econômica e a dificuldade dos governos em preservar a população dos efeitos da crise, como o desemprego e o despejo dos devedores que não conseguiam pagar a prestação de suas casas, geraram uma insatisfação generalizada. Movimentos contestatórios conseguiram obter uma visibilidade muito maior nesse novo contexto. Partidos políticos de direita xenófobos (isto é, que rejeitam estrangeiros e desejam diminuir a imigração) e conservadores ganharam importância. Foi o caso do *Tea Party* (em referência

Para assistir

A Grande Aposta
EUA, 2015. Direção: Adam McKay. Duração: 130 min.

Três histórias paralelas são usadas para contar a história da grande crise financeira global que se iniciou em 2007 nos Estados Unidos. Baseado em fatos reais.

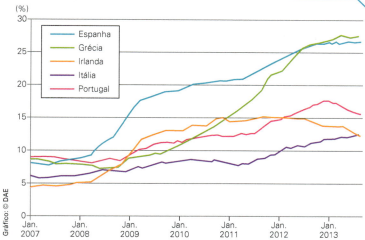

Taxa de desemprego

Fonte: WOLF, Martin. *As transições e os choques*: o que aprendemos – e o que ainda temos que aprender – com a crise financeira. São Paulo: Companhia das Letras, 2015.

Neste gráfico podemos perceber que, a partir de 2008, ocorreu um rápido aumento do desemprego nos países mais afetados pela crise na Europa. A situação entre os jovens é ainda mais dramática, pois na Espanha e na Grécia mais da metade deles não consegue encontrar trabalho remunerado.

à Festa do Chá de Boston, evento de 1773, considerado um dos estopins da independência das Treze Colônias) nos Estados Unidos. A partir de 2009, esse grupo empurrou o Partido Republicano para posições cada vez mais radicais, opondo-se a muitas medidas propostas pelo presidente Obama. Na Europa, a Frente Nacional francesa se fortaleceu, e partidos ainda mais radicais, como o racista Aurora Dourada, na Grécia, também obtiveram apoios consideráveis. Nenhum desses movimentos conseguiu ainda chegar ao poder, mas suas críticas à UE e à imigração como principais responsáveis pelas dificuldades enfrentadas pela população têm conquistado cada vez mais eleitores. Um exemplo é o Reino Unido, onde o Partido da Independência (UKIP) e setores do Partido Conservador obtiveram vitória apertada em junho de 2016 em um referendo que propunha a saída do Reino Unido da União Europeia, com o pretexto de que isso ajudaria a diminuir a imigração e restauraria a soberania do país, provocando um grande impacto político e econômico na Inglaterra e, em menor escala, em toda a Europa.

À esquerda, surgiram diversos movimentos contra as políticas de austeridade e a desigualdade. Inspirado na Primavera Árabe, o Movimento dos Indignados (em espanhol, Movimiento de los Indignados) organizou protestos em dezenas de cidades da Espanha a partir de 2011, reunindo mais de 6 milhões de manifestantes. Um dos principais motes do movimento foi a crítica ao sistema político como um todo, com a acusação de que nenhum partido representava os verdadeiros interesses da população. Nesse mesmo ano os Indignados inspiraram um movimento similar nos Estados Unidos, o Ocupe Wall Street (em inglês, *Occupy Wall Street*), quando milhares de pessoas protestaram no coração financeiro americano contra a desigualdade social, a corrupção e a influência das grandes empresas no Estado. Se os protestos não conquistaram mudanças significativas, conseguiram colocar no debate político o problema do crescimento da desigualdade e enfatizar os efeitos da crise sobre as pessoas comuns.

No país mais afetado, a Grécia, a política de austeridade não foi acompanhada por uma reforma do Estado capaz de torná-lo mais eficiente e romper com o clientelismo e a corrupção, mesmo em um contexto em que a população sofre com elevado desemprego e a diminuição dos salários. Assim, a insatisfação popular permitiu que um pequeno partido, *Syriza* (Coalizão da Esquerda Radical), vencesse as eleições em 2014 prometendo estimular a economia. Entretanto, o partido foi forçado pela piora da economia grega e pela pressão dos demais países da Zona do Euro a manter a política de austeridade. Na Espanha, um partido de esquerda, o Podemos, fundado em 2014 a partir do Movimento dos Indignados, tornou-se rapidamente um dos maiores do país. Em 2015, candidatas apoiadas por ele foram eleitas prefeitas das duas maiores cidades do país, Madri e Barcelona. Entretanto, as políticas de austeridade continuam em vigor por toda a Europa e a maior parte da população ainda sofre com os efeitos da crise.

Países emergentes?

Em 2001, o economista Jim O'Neill criou uma categoria para englobar grandes países em acelerado crescimento que transformariam o panorama global: o Bric. O termo englobava Brasil, Rússia, Índia e China, quatro nações que possuem populações numerosas e expectativas de ocuparem um lugar entre as principais economias do mundo. Na primeira década do século XXI, essas economias cresceram rapidamente, assim como diversos outros países pobres. Em grande medida, esse desenvolvimento foi impulsionado pela China, pois os investimentos chineses exigiam muitos produtos primários como minérios, petróleo e alimentos, comprados em geral da América do Sul e da Rússia. Como a demanda aumentou, o preço desses produtos elevou-se, beneficiando seus produtores. Como consequência, os laços comerciais entre países antes considerados periféricos se fortaleceram.

Na América do Sul, o novo contexto econômico impulsionou a ascensão de governos de esquerda, que se opuseram à influência estadunidense no continente, à política de abertura econômica e à diminuição da influência do Estado predominante na década de 1990. Assim, utilizaram a renda oriunda da exportação de recursos naturais para implementar programas de assistência social e transferência de renda. O primeiro país a seguir esse caminho foi a Venezuela, que em dezembro de 1998 elegeu o presidente Hugo Chávez, um ex-militar. Chávez construiu uma base social de apoio e ampliou a participação popular na política, mas foi muito criticado pela excessiva concentração de poder em suas mãos. Em 2002, um golpe liderado pelas elites venezuelanas e apoiado pelo governo Bush quase foi bem-sucedido, mas o apoio popular e de parte dos militares garantiu a permanência de Chávez no comando do país. Seu partido obteve diversas vitórias em eleições e referendos. Ao mesmo tempo, Chávez utilizou os grandes recursos petrolíferos venezuelanos para influenciar países próximos e apoiar Cuba, afirmando-se como um polo regional de poder. Entretanto, a desigualdade social, a corrupção e o clientelismo continuaram a ser problemas crônicos na Venezuela, apesar da diminuição da pobreza. A morte de Chávez em 2013, o crescente autoritarismo de seu sucessor, Nicolás Maduro, e a queda abrupta dos preços do petróleo a partir de meados de 2014 mergulharam o país em uma grave crise.

Já a Argentina passou por uma séria crise econômica entre 1998 e 2002, que empobreceu a população e fez com que o governo não conseguisse pagar sua

Retorno ao autoritarismo

Então chefe do Serviço Federal de Segurança da Rússia, Vladimir Putin cumprimenta o presidente Boris Yeltsin, a quem sucederia. Foto de novembro de 1998.

A Rússia foi um dos países interessados na construção dos Brics como um importante ator político internacional. Isso se deveu à tentativa de reverter a percepção de que o país seria, desde o fim da União Soviética, em 1991, uma potência em decadência. Após a crise dos anos 1990, o antigo agente da KGB (a polícia secreta soviética), Vladimir Putin, foi escolhido por Boris Yeltsin como primeiro-ministro e seu sucessor. Para fortalecê-lo como candidato, Yeltsin renunciou e Putin venceu as eleições em 2000. Desde então, Putin ampliou os poderes da presidência, reprimiu os oligarcas (os homens mais poderosos do país, que enriqueceram na década de 1990 em razão de suas ligações políticas), perseguiu opositores e ativistas (a exemplo dos defensores dos direitos dos homossexuais), restringiu a liberdade de expressão e fraudou eleições, de modo a garantir sua permanência no poder. Em 2008, por causa da proibição de concorrer a um terceiro mandato presidencial, Putin apoiou Dmitri Medvedev, que, em troca, o nomeou primeiro-ministro. Em 2012, inverteram as posições, deixando claro que Putin pode se perpetuar no comando do país por muito tempo.

A diminuição do preço do petróleo e do gás natural – os dois principais produtos russos de exportação – deixou o país em dificuldades. Visando manter sua popularidade, Putin aproveitou uma situação de conflito na Ucrânia, em 2014, para ocupar e anexar a Crimeia, um território de população majoritariamente russa, apelando ao nacionalismo dessa população. Em 2015, passou a intervir na Síria em defesa do seu aliado Bashar Al-Assad, evidenciando que a Rússia pretendia estender sua influência até o Oriente Médio.

dívida externa. Os protestos populares forçaram a renúncia de dois presidentes em dezembro de 2001 e facilitaram a ascensão de Nestor Kirchner, governador da província de Santa Cruz, membro da ala esquerda do peronismo. Eleito presidente em 2003, Kirchner (até 2007) e, posteriormente, sua esposa Cristina Kirchner mantiveram-se no poder até 2015, quando ela foi substituída pelo liberal Mauricio Macri.

Em 2006, Evo Morales foi eleito o primeiro presidente indígena da Bolívia. Em seguida, Rafael Correia tornou-se presidente do Equador; ambos adotaram políticas similares às de Chávez. No Chile, Paraguai, Uruguai e Peru políticos moderados de esquerda foram eleitos entre 2006 e 2011. Todos colaboraram na construção e fortalecimento de organizações internacionais que visavam ampliar as relações entre os países do continente e diminuir a influência americana, como a União das Nações Sul-Americanas (Unasul) e a Comunidade de Estados Latino-Americanos e Caribenhos (Celac), criadas respectivamente em 2008 e 2010.

Em termos de impacto mundial, porém, a transformação do Bric em uma organização multinacional foi muito mais relevante. Insatisfeitos com a predominância dos países ricos tradicionais (simbolizados pelo G7: Estados Unidos, Alemanha, Canadá, França, Itália, Japão e Reino Unido) no FMI e em outros organismos multilaterais, Brasil, Rússia, Índia e China aproveitaram o fato de não terem sido tão afetados pela crise mundial quanto os Estados Unidos e a Europa para se afirmarem como um importante fórum na política internacional. Assim, conseguiram que, em 2008, o G7 concordasse em aumentar a importância do G20 (que reúne as 20 principais economias do mundo, incluindo as do Bric) e reformar o FMI em 2010, ampliando a influência internacional dos países emergentes. Graças principalmente à crescente importância política da China, o século XXI tem se mostrado muito menos dominado pelos Estados Unidos do que se imaginava na década de 1990, após a queda da União Soviética. Entretanto, a diminuição do dinamismo econômico do Brasil, da Rússia e, em menor escala, da Índia e da China a partir de 2011 sugere que a ascensão dos emergentes vai ser lenta e desigual.

Em 2011, a África do Sul foi incluída no Bric, que se transformou em Brics ("S" de *South Africa*, África do Sul em inglês), em razão de sua posição como principal economia da África. Trata-se do reconhecimento de que o continente africano tem aumentado sua relevância internacional, crescendo a taxas elevadas graças à demanda por suas *commodities* (minérios e petróleo, principalmente), mesmo no contexto da crise global. Entretanto, pobreza, corrupção, autoritarismo, epidemias (como aids e ebola) e guerras continuam a ser problemas crônicos do continente, além do fundamentalismo islâmico, que tem se tornado mais perigoso em países como Nigéria e Somália, na última década.

Mudanças climáticas

A crise econômica, o terrorismo e a desigualdade são questões centrais para o século XXI. Entretanto, tão ou mais importante é o aquecimento global. A partir da década de 1950, alguns cientistas começaram a afirmar que certos gases produzidos pela queima de combustíveis fósseis (carvão e petróleo), como o dióxido de carbono, estavam intensificando o efeito estufa e levando ao aumento da temperatura média no planeta. Somente em 1988, porém, foi estabelecido o Painel Intergovernamental sobre Mudanças Climáticas (IPCC), na ONU, para investigar o tema. Na Eco-92 – a primeira grande reunião internacional sobre o meio ambiente, realizada no Rio de Janeiro em 1992 –, os países desenvolvidos começaram a levantar a possibilidade de restringirem suas emissões de gases produtores do efeito estufa. Esse compromisso foi reforçado pelo Protocolo de Kyoto, em 1997, mas os Estados Unidos se recusaram a ratificar o tratado sob as justificativas de que ele prejudicaria a economia do país e de que não havia provas cabais da responsabilidade humana pelo aquecimento global. Assim, o efeito do Protocolo de Kyoto foi limitado, traçando metas de redução modestas e apenas para os países desenvolvidos.

Desde então, a esmagadora maioria dos cientistas tem reafirmado que a ação humana é a principal responsável pelo aquecimento global desde o século XIX e que é preciso reverter esse processo. Caso contrário, a elevação do nível dos oceanos em razão do derretimento das calotas polares, a mudança do regime de chuvas, o aumento das temperaturas e a maior frequência de eventos climáticos extremos (como secas, enchentes e furacões) causarão sérios impactos sociais – como já vêm causando.

As imagens mostram a cobertura de gelo do Ártico (Polo Norte) em 1980 (foto A) e em 2012 (foto B), evidenciando uma redução de cerca de 50% em apenas 32 anos, resultado do aquecimento global.

A partir de 2007, as negociações internacionais se intensificaram, mas a discordância sobre o esforço a ser requerido de cada país dificulta a realização de acordos. Os emergentes argumentam que, historicamente, as nações que se industrializaram primeiro são responsáveis pela maior parte dos gases causadores do efeito estufa existentes na atmosfera e que a emissão *per capita* nas áreas em desenvolvimento é significativamente menor que nos países desenvolvidos. Estes, por sua vez, afirmam que não faz sentido permitir que grandes poluidores, como a China e a Índia, não façam esforços para reduzir o impacto que causam no meio ambiente. Assim, as várias Conferências das Nações Unidas sobre as Mudança Climáticas têm obtido poucas conquistas. Entretanto, Estados Unidos e China assinaram um acordo em 2014 para a redução da produção de poluentes, o que sugere que avanços estão acontecendo, ainda que em ritmo lento. No fim do ano seguinte, foi assinado um novo acordo global em Paris, para tentar limitar o aquecimento global e evitar seus efeitos mais catastróficos. A mudança climática continua a ser uma das grandes questões políticas do novo milênio.

ORGANIZANDO AS IDEIAS

6. Assinale uma semelhança e uma diferença entre as crises econômicas iniciadas em 2007 e 1929.
7. Como a emergência dos Brics alterou a política internacional?
8. Quais são as principais dificuldades para a coordenação de uma ação internacional contra o aquecimento global?

Revisando o capítulo

APROFUNDANDO O CONHECIMENTO

1. Observe a charge e leia o texto a seguir.

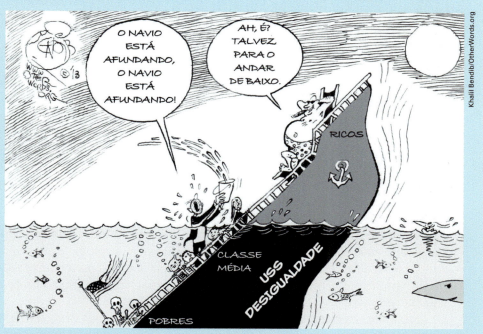

Khalil Bendib. Charge publicada no *site* noticioso *Other Words*, em 25 de setembro de 2013. (Tradução nossa.)

Seis longos anos após o início da Grande Recessão, o número de britânicos que se veem obrigados a procurar instituições beneficentes para se alimentar cresceu 20 vezes, segundo um relatório recente da ONG Trussell Trust. O governo da Itália reconheceu, na semana passada, que os níveis de pobreza têm batido recordes desde 1997. O total de espanhóis atendidos pelos serviços de assistência da Cáritas aumentou de 370.000 para 1,3 milhão durante a crise. Doenças como a malária e a peste estão de volta à Grécia.

PÉREZ, Claudi. A desigualdade corrói o projeto europeu. *El País Brasil*, 6 de jan. 2014. Disponível em: <http://brasil.elpais.com/brasil/2014/01/05/economia/1388953809_021102.html>. Acesso em: 28 dez. 2015.

a. Qual é a mensagem central da charge?

b. Qual foi o principal efeito social da crise econômica iniciada em 2007 na Europa e nos Estados Unidos?

2. Leia os trechos abaixo e responda às questões.

As grandes lutas do século XX entre liberdade e totalitarismo terminaram com uma vitória decisiva para as forças da liberdade – e um único modelo sustentável para o sucesso: liberdade, democracia e o livre mercado. Esses valores são importantes para todas as pessoas, em todas as sociedades. [...] Nós atuaremos ativamente para levar a esperança da democracia, desenvolvimento, livre mercado e livre comércio para todos os cantos do mundo. [...] Todas as nações têm importantes responsabilidades. Nações que gozam de liberdade devem lutar ativamente contra o terror. Nações que dependem da estabilidade internacional devem impedir a disseminação de armas de destruição em massa. [...] Através da história, a liberdade foi ameaçada

▶ pela guerra e pelo terror; foi desafiada pelas vontades opostas de Estados poderosos e pelos desígnios malignos de tiranos; e foi posta à prova pela pobreza e pela doença. Hoje, a humanidade segura em suas mãos a possibilidade de aprofundar o triunfo da liberdade sobre todos esses inimigos. Os Estados Unidos abraçam a oportunidade de liderar essa grande missão.

Estratégia de Segurança Nacional dos Estados Unidos, set. 2002. Disponível em: <www.state.gov/documents/organization/63562.pdf>. Acesso em: 28 dez. 2015. (Tradução nossa.)

Eu vim aqui para buscar um novo início entre os Estados Unidos e muçulmanos de todo o mundo, baseado em interesses comuns e respeito mútuo. [...] Deixem-me falar sobre o Iraque. Diferentemente do Afeganistão, o Iraque foi uma opção que provocou grande dissidência em meu país e ao redor do mundo. Ainda que eu acredite que em última instância os iraquianos estão melhores sem a tirania de Saddam Hussein, também acredito que os eventos no Iraque relembraram a América de que devemos usar a diplomacia para atingir consensos sempre que possível. [...] E, finalmente, assim como a América nunca poderá tolerar a violência de extremistas, não devemos nunca mudar nossos princípios. O 11 de setembro foi um choque para nosso país. O medo e a raiva que provocaram são compreensíveis, mas, em alguns casos, nos levaram a agir de forma contrária aos nossos ideais. Nós estamos tomando medidas concretas para mudar isso. Eu proibi terminantemente a tortura e ordenei o fechamento da prisão da Baía de Guantánamo.

Deixe-me ser claro: nenhum sistema de governo pode ou deve ser imposto a uma nação por outra. Isso não diminui meu compromisso, porém, com governos que refletem a vontade de seu povo. Cada nação dá vida a esse ideal de sua própria forma, baseada nas tradições de seu povo. Os Estados Unidos não presumem saber o que é melhor para o mundo.

Um novo começo: discurso do Presidente Obama no Cairo, Egito, 4 jun. 2009. Disponível em: <http://content.time.com/time/politics/article/0,8599,1902738,00.html>. Acesso em: 28 dez. 2015. (Tradução dos autores)

a. Em quais contextos foram produzidos cada um desses documentos?

b. De que maneira o discurso de Obama representa uma crítica aos princípios enunciados na Estratégia de Segurança Nacional do governo Bush?

Conecte-se

Os últimos capítulos deste livro analisaram temas contemporâneos e mais próximos de nós: a globalização, a Terceira Revolução Industrial, o fortalecimento de grupos terroristas, as crises econômicas e os movimentos sociais atuais, o processo de redemocratização do Brasil etc.

Vimos que o processo de globalização, caracterizado por um intenso intercâmbio cultural e econômico e pela integração do planeta, torna o mundo cada vez mais dinâmico, marcado pelo desenvolvimento sem precedentes de novas tecnologias que transformam as relações sociais. Porém, segundo o geógrafo brasileiro Milton Santos (1926-2001), essa visão de que a globalização aproximou e uniu o mundo e as pessoas é uma farsa. Isso porque ela atende apenas aos interesses dos atores hegemônicos, estimulando um consumo desenfreado, aumentando as desigualdades sociais e distanciando-nos de um mundo mais justo, igual e solidário. Apesar disso, Milton Santos acredita que a globalização é um fenômeno que pode ser usado para o bem da humanidade. Leia o que o geógrafo afirmou no trecho a seguir:

Uma outra globalização supõe uma mudança radical das condições atuais, de modo que a centralidade de todas as ações seja localizada no homem. [...]

A primazia do homem supõe que ele estará colocado no centro das preocupações do mundo, como um dado filosófico e como uma inspiração para as ações. Dessa forma, estarão assegurados o império da compaixão nas relações interpessoais e o estímulo à solidariedade social, a ser exercida entre indivíduos, entre o indivíduo e a sociedade e vice-versa e entre a sociedade e o Estado, reduzindo as fraturas sociais, impondo uma nova ética, e, destarte, assentando bases sólidas para uma nova sociedade, uma nova economia, um novo espaço geográfico. O ponto de partida para pensar alternativas seria, então, a prática da vida e a existência de todos.

A nova paisagem social resultaria do abandono e da superação do modelo atual e sua substituição por um outro, capaz de garantir para o maior número a satisfação das necessidades essenciais a uma vida humana digna, relegando a uma posição secundária necessidades fabricadas, impostas por meio da publicidade e do consumo conspícuo. Assim o interesse social suplantaria a atual precedência do interesse econômico e tanto levaria a uma nova agenda de investimentos como a uma nova hierarquia nos gastos público, empresarias e privados. Tal esquema conduziria, paralelamente, ao estabelecimento de novas relações internacionais. Num mundo em que fosse abolida a regra da competitividade como padrão essencial de relacionamento, a vontade de ser potência não seria mais um norte para o comportamento dos Estados, e a ideia de mercado interno será uma preocupação central.

Agora, o que está sendo privilegiado são as relações pontuais entre grandes atores, mas falta sentido ao que eles fazem. Assim, a busca de um futuro diferente tem de passar pelo abandono das lógicas infernais que, dentro dessa racionalidade viciada, fundamentam e presidem as atuais práticas econômicas e políticas hegemônicas.

A atual subordinação ao modo econômico único tem conduzido a que se dê prioridade às exportações e importações, uma das formas com as quais se materializa o chamado mercado global. Isso, todavia, tem trazido como consequência para todos os países uma baixa de qualidade de vida para a maioria da população e a ampliação do número de pobres em todos os continentes, pois, com a globalização atual, deixaram-se de lado políticas sociais que amparavam, em passado recente, os menos favorecidos, sob o argumento de que os recursos sociais e os dinheiros públicos devem primeiramente ser utilizados para facilitar a incorporação dos países na onda globalitária. Mas, se a preocupação central é o homem, tal modelo não terá mais razão de ser.

SANTOS, Milton. *Por uma outra globalização*: do pensamento único à consciência universal. 6. ed. Rio de Janeiro; São Paulo: Editora Record, 2001. p. 147-149.

Fonte: André Dahmer. Tirinha de 2012.

ATIVIDADES

1. Para Milton Santos, como a globalização atual pode ser transformada em algo benéfico e favorável a todos?

2. Explique a crítica presente na tirinha de André Dahmer sobre os valores e as relações humanas no mundo atual. De que modo ela dialoga com o texto de Milton Santos?

3. Você concorda com as ideias de Milton Santos e de André Dahmer? O que você pensa sobre o tema? Debata essa questão com os colegas.

Bibliografia

ABREU, Marcelo de Paiva. *A ordem do progresso*: dois séculos de política econômica no Brasil. 2. ed. Rio de Janeiro: Campus/Elsevier, 2014.

AGGIO, Alberto. *Democracia e socialismo*: a experiência chilena. São Paulo: Annablume, 2002.

ALENCASTRO, Luiz Felipe de. *O trato dos viventes*: formação do Brasil no Atlântico Sul. São Paulo: Companhia das Letras, 2000.

ALMEIDA, Maria Regina Celestino de. *Os índios na História do Brasil*. Rio de Janeiro: FGV Editora, 2010.

ALONSO, Angela. *Flores, votos e balas*: o movimento abolicionista brasileiro (1868-1888). São Paulo: Companhia das Letras, 2015.

ANDERSON, Perry. *Linhagens do estado absolutista*. 3. ed. São Paulo: Brasiliense, 1995

_____. *Passagens da Antiguidade ao Feudalismo*. 2. ed. São Paulo: Ed. da Unesp, 2016.

ANDREWS, George Reid. *América Afro-Latina*: 1800-2000. São Carlos: Ed. da Ufscar, 2007.

ARIÈS, Philippe; CHARTIER, Roger (Org.). *História da vida privada*. São Paulo: Companhia das Letras, 2009. v. 3.

AZEVEDO, Célia Marinho de. *Abolicionismo*: Estados Unidos e Brasil, uma história comparada (século XIX). São Paulo: Annablume, 2003.

BASCHET, Jérôme. *A civilização feudal*: do ano mil à colonização da América. São Paulo: Globo, 2006.

BERNSTEIN, Sérgio; MILZA, Pierre (Org.). *História do século XX*. São Paulo: Editora Nacional, 2009. 3 v.

BETHELL, Leslie (Org.). *História da América Latina*. São Paulo/Brasília: Edusp/Fundação Alexandre de Gusmão, 2002-11. 8 v.

BETHENCOURT, Francisco; CHAUDHURI, Kirti (Org.). *História da expansão portuguesa*. Lisboa: Círculo de Leitores, 1998. v. 1.

BLACKBURN, Robin. *A construção do escravismo no Novo Mundo*. Rio de Janeiro: Record, 2003.

BLOCKMANS, Wim; HOPPENBROUWERS, Peter. *Introdução à Europa medieval*: 300-1550. São Paulo: Forense Universitária, 2012.

BOAHEN, Albert Adu (Ed.). *História geral da África*: África sob dominação colonial, 1880-1935. 2. ed. Brasília, DF: Unesco, 2010. v. 7.

BORGES, Vavy Pacheco. *Tenentismo e revolução brasileira*. São Paulo: Brasiliense, 1992.

BOXER, Charles. *O império marítimo português*: 1415-1825. São Paulo: Companhia das Letras, 2002.

BRAUDEL, Fernand. *Civilização material, economia e capitalismo*: séculos XV-XVIII. São Paulo: Martins Fontes, 1997, 3 v.

BUADES, Josep. *A Guerra Civil Espanhola*: o palco que serviu de ensaio para a Segunda Guerra Mundial. São Paulo: Contexto, 2013.

BURKE, Peter. *O Renascimento italiano*: cultura e sociedade na Itália. 2. ed. São Paulo: Nova Alexandria, 2010.

BUSHKOVITCH, Paul. *História concisa da Rússia*. São Paulo: Edipro, 2014.

CAMERON, Euan (Org.). *O século XVI*. Porto: Fio da Palavra, 2009.

CAMÍN, Héctor; MEYER, Lorenzo. *À sombra da Revolução Mexicana*: história mexicana contemporânea, 1910-1989. São Paulo: Edusp, 2000.

CAPELATO, Maria Helena Rolim. *Multidões em cena*: propaganda política no Varguismo e no Peronismo. 2. ed. São Paulo: Edunesp, 2009.

CARDOSO, Ciro F. *Sete olhares sobre a antiguidade*. Brasília: Ed. da UnB, 1998.

CARTLEDGE, Paul (Org.). *História ilustrada da Grécia Antiga*. 2. ed. São Paulo: Ediouro, 2009.

CARVALHO, José Murilo de. *A construção da ordem*. Teatro das sombras. 6. ed. Rio de Janeiro: Civilização Brasileira, 2011.

_____. *Cidadania no Brasil*: o longo caminho. Rio de Janeiro: Civilização Brasileira, 2008.

_____. *Os bestializados*: o Rio de Janeiro e a República que não foi. 3. ed. São Paulo: Companhia das Letras, 2012.

CHALHOUB, Sidney. *Visões da liberdade*: uma história das últimas décadas da escravidão na corte. São Paulo: Companhia de Bolso, 2011.

CHASTEEN, John Charles. *América Latina*: uma história de sangue e fogo. 3. ed. Rio de Janeiro: Campus, 2003.

CLARK, Christopher. *Os sonâmbulos*: como eclodiu a Primeira Guerra Mundial. São Paulo: Companhia das Letras, 2014.

CLINE, Eric H.; GRAHAM, Mark W. *Impérios antigos*: da Mesopotâmia à origem do Islã. São Paulo: Madras, 2012.

COCKBURN, Patrice. *A origem do Estado Islâmico*: o fracasso da "Guerra ao Terror" e a ascensão jihadista. São Paulo: Autonomia Literária, 2015.

COLLINSON, Patrick. *A Reforma*. Rio de Janeiro: Objetiva, 2006.

COSTA E SILVA, Alberto da. *A enxada e a lança*: a África antes dos portugueses. 5. ed. Rio de Janeiro: Nova Fronteira, 2011.

_____. *A manilha e o libambo*: a África e a escravidão, de 1500-1700. 2. ed. Rio de Janeiro: Nova Fronteira, 2011.

CUNHA, Manoela Carneiro da (Org.). *História dos índios no Brasil*. São Paulo: Companhia das Letras, 1992.

DARNTON, Robert. *Boemia literária e revolução*: o submundo das letras no Antigo Regime. São Paulo: Companhia das Letras, 1987.

DÁVILA, Jerry. *Hotel Trópico*: o Brasil e o desafio da descolonização africana. São Paulo: Paz e Terra, 2011.

DELUMEAU, Jean. *A civilização do Renascimento*. Lisboa: Editorial 70, 2007.

DINGES, John. *Os anos do Condor*: uma década de terrorismo internacional no Cone Sul. São Paulo: Companhia das Letras, 2005.

DORATIOTO, Francisco. *Maldita Guerra*: nova história da Guerra do Paraguai. São Paulo: Companhia das Letras, 2002.

DUBY, Georges. *Idade Média na França*: de Hugo Capeto a Joana d'Arc. São Paulo: Jorge Zahar, 1992.

EVANS, Richard. *A chegada do Terceiro Reich*. São Paulo: Planeta, 2010.

_____. *O Terceiro Reich em guerra*: como os nazistas conduziram a Alemanha da conquista ao desastre. 2. ed. São Paulo: Planeta, 2014.

_____. *O Terceiro Reich no poder*. 2. ed. São Paulo: Planeta, 2014.

FAIRBANK, John F.; GOLDMAN, Merle. *China*: uma nova história. São Paulo: L&PM, 2006.

FARIA, Sheila de Castro. *A colônia em movimento*: fortuna e família no cotidiano colonial. Rio de Janeiro: Nova Fronteira, 1998.

FAUSTO, Boris. *A Revolução de 1930*. 16. ed. São Paulo: Companhia das Letras, 1997.

FAUSTO, Carlos. *Os índios antes do Brasil*. Rio de Janeiro: Jorge Zahar, 2010.

FERNÁNDEZ-ARMESTO, Felipe. *Os desbravadores*: uma história mundial da exploração da Terra. São Paulo: Companhia das Letras, 2009.

FERREIRA, Jorge; DELGADO, Lucilia de Almeida Neves (Org.). *O Brasil Republicano*. Rio de Janeiro: Civilização Brasileira, 2003. 4 v.

_____; GOMES, Ângela de Castro. *1964*: o golpe que derrubou um presidente, pôs fim ao regime democrático e instituiu a ditadura no Brasil. Rio de Janeiro: Civilização Brasileira, 2014.

FERREIRA, Marieta de Moraes et al. (Org.). *Ditadura e democracia na América Latina*: balanço histórico e perspectivas. Rio de Janeiro: FGV Editora, 2008.

FICO, Carlos. *História do Brasil contemporâneo*: da morte de Vargas aos dias atuais. São Paulo: Contexto, 2015.

_____. *O golpe de 1964*: momentos decisivos. Rio de Janeiro: FGV Editora, 2014.

FINLEY, Moses I. *Escravidão antiga e ideologia moderna*. São Paulo: Paz e Terra, 2012.

FONER, Eric. *Nada além da liberdade*. Rio de Janeiro: Paz e Terra, 1988.

FRAGOSO, João; BICALHO, Maria Fernanda; GOUVÊA, Maria de Fátima (Org.). *O antigo regime nos trópicos*: a dinâmica imperial portuguesa (séculos XVI-XVIII). Rio de Janeiro: Civilização Brasileira, 2001.

_____; FLORENTINO, Manolo. *O arcaísmo como projeto*: sociedade agrária e elite mercantil em uma economia colonial tardia. 4. ed. Rio de Janeiro: Civilização Brasileira, 2001.

_____; GOUVÊA, Maria de Fátima (Org.). *O Brasil colonial*. Rio de Janeiro: Civilização Brasileira, 2014. 3 v.

FRANCO JÚNIOR, Hilário. *A Idade Média*: nascimento do Ocidente. São Paulo: Brasiliense, 2001.

GADDIS, John Lewis. *História da Guerra Fria*. Rio de Janeiro: Nova Fronteira, 2006.

GARIN, Eugénio (Org.). *O homem renascentista*. Lisboa: Presença, 1991.

GOMES, Ângela de Castro. *A invenção do trabalhismo*. 3. ed. Rio de Janeiro: FGV Editora, 2005.

GOMES, Flávio dos Santos. *Palmares*: escravidão e liberdade no Atlântico Sul. São Paulo: Contexto, 2005.

GOODY, Jack. *O roubo da história*: como os europeus se apropriaram das ideias e invenções do Oriente. São Paulo: Contexto, 2012.

GOSDEN, Chris. *Pré-História*. São Paulo: L&PM, 2012.

GOTT, Richard. *Cuba*: uma nova história. Rio de Janeiro: Jorge Zahar, 2006.

GRIMAL, Pierre. *História de Roma*. São Paulo: Ed. da Unesp, 2011.

GRINBERG, Keila; SALLES, Ricardo (Org.). *O Brasil Imperial*. Rio de Janeiro: Civilização Brasileira, 2009. v. I, II e III.

GUARINELLO, Norberto Luiz. *História antiga*. São Paulo: Contexto, 2013.

HALE, John. *A civilização europeia no Renascimento*. Lisboa: Presença, 2000.

HARARI, Yuval N. *Sapiens*: uma breve história da humanidade. São Paulo: L&PM, 2015.

HARVEY, David. *O Neoliberalismo*: história e implicações. São Paulo: Loyola, 2008.

HENSHALL, Kenneth. *História do Japão*. Lisboa: Edições 70, 2008.

HOBSBAWM, Eric. *A era das revoluções*: 1789-1848. 34. ed. Rio de Janeiro: Paz e Terra, 2014.

_____. *Era dos extremos*: o breve século XX (1914-1991). 2. ed. São Paulo: Companhia das Letras, 2012.

_____. *Globalização, democracia e terrorismo*. São Paulo: Companhia das Letras, 2008.

_____. *Nações e nacionalismo desde 1780*: programa, mito e realidade. Rio de Janeiro: Paz e Terra, 2013.

HOURANI, Albert. *Uma história dos povos árabes*. São Paulo: Companhia das Letras, 2006.

HUNT, Lynn. *Política, cultura e classe na Revolução Francesa*. São Paulo: Companhia das Letras, 2007.

JANCSÓ, István (Org.). *Brasil*: formação do estado e da nação. São Paulo: Hucitec, 2003.

JUDT, Tony. *Pós-Guerra*: uma história da Europa desde 1945. São Paulo: Objetiva, 2008.

KLEIN, Herbert; LUNA, Francisco Vidal. *Escravismo no Brasil*. São Paulo: Edusp/Imprensa Oficial, 2010.

LARA, Sílvia. *Fragmentos setecentistas*: escravidão, cultura e poder na América portuguesa. São Paulo: Companhia das Letras, 2007.

LE GOFF, Jacques. *As raízes medievais da Europa*. Rio de Janeiro: Vozes, 2007.

LEVINE, Robert. *Pai dos pobres?*: O Brasil e a Era Vargas. São Paulo: Companhia das Letras, 2001.

LINHARES, Maria Yedda. *A luta contra a metrópole*: Ásia e África. São Paulo: Brasiliense, 1981.

LOCKHART, James; SCHWARTZ, Stuart B. *A América Latina na época colonial*. 2. ed. Rio de Janeiro: Civilização Brasileira, 2010.

LOVEJOY, Paul E. *A escravidão na África*: uma história de suas transformações. Rio de Janeiro: Civilização Brasileira, 2002.

M'BOKOLO, Elikia. *África negra*: história e civilizações. Salvador: Ed. da UFBA, 2009.

MALERBA, Jurandir (Org.). *A independência brasileira*: novas dimensões. Rio de Janeiro: FGV, 2006.

MANN, Charles C. *1491*: novas revelações das Américas antes de Colombo. São Paulo: Objetiva, 2007.

_____. *1493*: como o intercâmbio entre o novo e o velho mundo moldou os dias de hoje. Campinas: Verus, 2012.

MATTOS, Hebe. *Escravidão e cidadania no Brasil monárquico*. Rio de Janeiro: Jorge Zahar, 2000.

MATTOS, Ilmar. *O tempo saquarema*: formação do estado imperial. 5. ed. São Paulo: Hucitec, 2004.

MAXWELL, Kenneth. *A devassa da devassa*: a Inconfidência Mineira: Brasil e Portugal [1750-1808]. 7. ed. Rio de Janeiro: Paz e Terra, 2009.

MAYER, Arno. *A força da tradição*: a persistência do Antigo Regime, 1848-1914. São Paulo: Companhia das Letras, 1987.

MAZOWER, Mark. *O império de Hitler*: a Europa sob o domínio nazista. São Paulo: Companhia das Letras, 2013.

MAZRUI, Ali; WONDJI, Christophe (Ed.). *História geral da África*: África desde 1935. Brasília: UNESCO, 2010. v. 8.

MELLO, Evaldo Cabral de. *A outra independência*: o federalismo pernambucano de 1817 a 1824. 2. ed. Rio de Janeiro: 34, 2014.

METCALF, Barbara; METCALF, Thomas. *História concisa da Índia moderna*. São Paulo: Edipro, 2013.

MITTER, Rana. *China moderna*. São Paulo: L&PM Pocket, 2011.

MONTEIRO, John M. *Negros da terra*: índios e bandeirantes nas origens de São Paulo. São Paulo: Companhia das Letras, 1994.

NAPOLITANO, Marcos. *1964*: história do regime militar brasileiro. São Paulo: Contexto, 2014.

NOVAIS, Fernando A.; MELLO E SOUZA, Laura de (Org.). *História da vida privada no Brasil*. São Paulo: Companhia das Letras, 1997, 3 v.

NOVARO, Marcos; PALERMO, Vicente. *A ditadura militar argentina, 1976-1983*: do golpe de Estado à reestruturação democrática. São Paulo: Edusp, 2007.

OGOT, Bethwell Allan (Ed.). *História Geral da África*: África do século XVI ao XVIII. Brasília: Unesco, 2010. v. 5.

PARRON, Tâmis. *A política da escravidão no império do Brasil*: 1826-1865. Rio de Janeiro: Civilização Brasileira, 2011.

PAXTON, Robert. *A anatomia do fascismo*. Rio de Janeiro: Paz e Terra, 2007.

PERROT, Michelle. *Os excluídos da história*: operários, mulheres, prisioneiros. Rio de Janeiro: Paz e Terra, 1988.

PIKETTY, Thomas. *O capital no século XXI*. São Paulo: Intrínseca, 2014.

POLANYI, Karl. *A grande transformação*: as origens de nossa época. Rio de Janeiro: Campus, 1980.

PONS, Silvio. *A revolução global*: história do comunismo internacional (1917-1991). Rio de Janeiro: Contraponto, 2014.

PRADO, Maria Ligia; PELLEGRINO, Gabriela. *História da América Latina*. São Paulo: Contexto, 2014.

QUADRAT, Samantha; ROLLEMBERG, Denise (Org.). *A construção social dos regimes autoritários*: legitimidade e consenso no século XX. Rio de Janeiro: Civilização Brasileira. 3 v.

RAMINELLI, Ronald. *A era das conquistas*: América espanhola, séculos XVI e XVII. Rio de Janeiro: FGV Editora, 2013.

REDIKER, Marcus; LINEBAUGH, Peter. *A hidra de muitas cabeças*: marinheiros, escravos, plebeus e a história oculta do Atlântico revolucionário. São Paulo: Companhia das Letras, 2008.

REIS, Daniel Aarão. *Ditadura e democracia no Brasil*: do golpe de 1964 à Constituição de 1988. Rio de Janeiro: Jorge Zahar, 2014.

_____; FERREIRA, Jorge; ZENHA, Celeste (Org.). *O século XX*. Rio de Janeiro: Civilização Brasileira, 2000, v. II e III.

REIS, João José. *Rebelião escrava no Brasil*: a história do levante dos malês em 1835. 2. ed. São Paulo: Companhia das Letras, 2003.

RESTALL, Matthew. *Sete mitos da conquista espanhola*. Rio de Janeiro: Civilização Brasileira, 2006.

ROMERO, Luis Alberto. *História contemporânea da Argentina*. Rio de Janeiro: Zahar, 2006.

ROUQUIÉ, Alain. *O Estado militar na América Latina*. Rio de Janeiro: Alfa-Ômega, 1984.

SCHIAVONE, Aldo. *Uma história rompida*: Roma Antiga e Ocidente Moderno. São Paulo: Edusp, 2005.

SCHWARCZ, Lilia M. *História do Brasil nação*. Rio de Janeiro: Objetiva, 2012. 4 v.

SCHWARTZ, Stuart B. *Segredos internos*: engenhos e escravos na sociedade colonial. São Paulo: Companhia das Letras, 1988.

SEVCENKO, Nicolau. *A corrida para o século XXI*: no *loop* da montanha-russa. São Paulo: Companhia das Letras, 2001.

_____. *Literatura como missão*: tensões sociais e criação cultural na Primeira República. 5. ed. São Paulo: Companhia das Letras, 2003.

SHAPIN, Steven. *A revolução científica*. Lisboa: Difel, 1999.

SHENG, Shu. *História da China popular no século XX*. Rio de Janeiro: FGV Editora, 2012.

SINGER, André. *Os sentidos do Lulismo*: reforma gradual e pacto conservador. São Paulo: Companhia das Letras, 2012.

SKINNER, Quentin. *As fundações do pensamento político moderno*. São Paulo: Companhia das Letras, 2006.

SMITH, S. A. *Revolução Russa*. Porto Alegre: L&PM, 2013.

SNYDER, Timothy. *Terras de sangue*: a Europa entre Hitler e Stálin. Rio de Janeiro: Record, 2012.

SOARES, Mariza de Carvalho. *Devotos da cor*: identidade étnica, religiosidade e escravidão no Rio de Janeiro, século XVIII. Rio de Janeiro: Record, 2000.

SONDHAUS, Lawrence. *A Primeira Guerra Mundial*: história completa. São Paulo: Contexto, 2014.

SOUZA, Laura de Mello e. *Desclassificados do ouro*: a pobreza mineira no século XVIII. 4. ed. Rio de Janeiro: Graal, 2004.

SPENCE, Jonathan. *Em busca da China moderna*: quatro séculos de história. São Paulo: Companhia das Letras, 1996.

STONE, Lawrence. *Causas da Revolução Inglesa*: 1529-1642. São Paulo: Edusc, 2000.

THOMPSON, E. P. *A formação da classe operária inglesa*: a maldição de Adão. Rio de Janeiro: Paz e Terra, 1987. 3 v.

THORNTON, John K. *A África e os africanos na formação do mundo atlântico*: 1400-1800. Rio de Janeiro: Elsevier, 2004.

TILLY, Charles. *Coerção, capital e estados europeus*. São Paulo: Edusp, 1996.

VISENTINI, Paulo. *O caótico século XXI*. Rio de Janeiro: Alta Books, 2015.

VOVELLE, Michel. *A Revolução Francesa*: 1789-1799. São Paulo: Ed. da Unesp, 2012.

WOLF, Eric R. *A Europa e os povos sem história*. São Paulo: Edusp, 2009.

WOLF, Martin. *As transições e os choques*: o que aprendemos – e o que ainda temos que aprender – com a crise financeira. São Paulo: Companhia das Letras, 2015.

WOOD, Ellen. *A origem do capitalismo*. Rio de Janeiro: Jorge Zahar, 2001.

WOOD, Gordon. *A Revolução Americana*. São Paulo: Objetiva, 2013.